이렇게만 공부하면 자격증딴다!

ITQ 정보기술자격
OA Master
(한글+파포+엑셀)

발 행 일 : 2025년 12월 01일(1판 1쇄)
I S B N : 979-11-92695-80-8(13000)
정   가 : 30,000원

집   필 : KIE기획연구실
진   행 : 김동주
본문디자인 : 아카데미소프트 편집팀

발 행 처 : (주)아카데미소프트
발 행 인 : 유성천
주   소 : 경기도 파주시 정문로 588번길 24
홈페이지 : www.aso.co.kr

※ 이 책은 저작권법에 따라 보호를 받는 저작물이므로 무단 전재와 무단 복제를 금지하며,
  이 책 내용의 전부 또는 일부를 이용하려면 반드시 (주)아카데미소프트의 서면동의를 받아야 합니다.

PART 01 ITQ 시험 안내 및 자료 사용 방법

ITQ 시험 안내

☑ 정보기술자격(ITQ) 시험의 응시 자격 및 시험 과목
☑ 합격 결정기준 및 시험 시간

1. 정보기술자격(ITQ) 시험이란?

정보화 시대의 기업, 기관, 단체 구성원들에 대한 정보기술능력 또는 정보기술 활용능력을 객관적으로 평가하는 시험입니다. 정보기술 관리 및 실무능력 수준을 지수화, 등급화하여 객관성을 높였으며, 과학기술정보통신부에서 공식 인증하는 국가공인자격 시험입니다.

2. 응시 자격 및 시험 과목

❶ 정보기술자격(ITQ) 시험은 정보기술실무능력을 평가하는 시험으로 국민 누구나 응시가 가능합니다.

❷ ITQ 시험은 동일 회차에 아래 한글/MS 워드, 한글 엑셀/한셀, 한글 액세스, 한글 파워포인트/한쇼, 인터넷의 5개 과목 중 최대 3과목까지 시험자가 선택하여 신청할 수 있습니다.

※ 단, 한글 엑셀/한셀, 한글 파워포인트/한쇼, 아래 한글/MS 워드는 동일 과목군으로 동일 회차에 응시 불가
  (자격증에는 "한글 엑셀(한셀)", "한글 파워포인트(한쇼)"로 표기되며 최상위 등급이 기재됨)

자격종목		등급	ITQ시험 프로그램 버전		시험방식
			시험 S/W	공식버전	
ITQ 정보기술자격	아래 한글	A/B/C 등급	한컴 오피스	한컴오피스 2022/2020 선택 응시	PBT
	한셀			한컴오피스 2022 단일 응시	
	한쇼				
	MS 워드		MS 오피스	MS 오피스 2021 / 2016 선택 응시	
	한글 엑셀				
	한글 액세스				
	한글 파워포인트				
	인터넷			내장 브라우저 : IE8.0이상	

※ 한컴오피스 : 2022/2020 중 선택 응시(시험지 2022/2020 공용), 한쇼/한셀 : 2022 단일 응시
※ MS오피스 : 2021/2016 중 선택 응시(시험지 2021/2016 공용)

3. 합격 결정기준

❶ 합격 결정기준

ITQ 시험은 500점 만점을 기준으로 A등급부터 C등급까지 등급별 자격을 부여하며, 낮은 등급을 받은 수험생이 차기시험에 재응시하여 높은 등급을 받으면 등급을 업그레이드 해주는 방법으로 평가를 합니다.

A등급	B등급	C등급
400~500점	300~399점	200~299점

❷ 등급별 수준

등급	수준
A등급	주어진 과제의 80~100%를 정확히 해결할 수 있는 능력
B등급	주어진 과제의 60~79%를 정확히 해결할 수 있는 능력
C등급	주어진 과제의 40~59%를 정확히 해결할 수 있는 능력

4. 시험 배점 및 시험 시간

시험 배점	문항 및 시험방법	시험 시간
과목당 500점	5~10문항 실무작업형 실기시험	과목당 60분

5. 시험출제기준

▶ 아래한글

문항	배점	출제기준
❶ 스타일	50점	한글/영문 텍스트 작성능력과 스타일 기능 사용 능력을 평가 • 한글/영문 텍스트 작성 • 스타일 이름/문단모양/글자모양
❷ 표와 차트	100점	표를 작성하고 이를 이용하여 간단한 차트를 작성할 수 있는 능력을 평가 • 표 내용 작성/정렬/셀 배경색 • 표 계산 기능/캡션 기능/차트기능
❸ 수식 편집기	40점	수식편집기 사용 능력 평가 • 수식편집기를 이용한 수식작성
❹ 그림/그리기	110점	다양한 기능을 통합한 문제로 도형, 그림, 글맵시, 하이퍼링크등 문서작성시의 응용능력을 평가 • 도형 삽입 및 편집, 하이퍼링크 • 그림/글맵시(워드아트) 삽입 및 편집, 개체배치 • 도형에 문자열 입력하기
❺ 문서작성능력	200점	문서작성을 위한 다양한 능력을 평가 • 문서작성 입력 및 편집(글자모양/문단모양), 한자변환, 들여쓰기 • 책갈피, 덧말, 문단 첫글자장식, 문자표, 머리말, 쪽번호, 각주 • 표 작성 및 편집, 그림 삽입 및 편집(자르기 등)

※ 응시료 확인 : https://license.kpc.or.kr/ 홈페이지 접속 → [자격소개–정보기술자격(ITQ)]

▶ 한글 파워포인트

문항	배점	출제기준
❶ 전체구성	60점	전체 슬라이드 구성 내용을 평가 • 슬라이드 크기, 슬라이드 개수 및 순서, 슬라이드번호, 그림 편집, 슬라이드 마스터 등 전체적인 구성 내용을 평가
❶ 표지 디자인	40점	도형과 그림 이용한 제목 슬라이드 작성 능력 평가 • 도형 편집 및 그림삽입, 도형효과 • 워드아트(워드숍) • 로고삽입(투명한 색 설정 기능 사용)
❷ 목차슬라이드	60점	목차에 따른 하이퍼 링크와 도형, 그림 배치 능력을 평가 • 도형 편집 및 효과 • 하이퍼 링크 • 그림 편집
❸ 텍스트/동영상 슬라이드	60점	테스트 간의 조화로운 배치 능력을 평가 • 텍스트 편집 / 목록수준 조절 / 글머리기호 / 내어쓰기 • 동영상 삽입
❹ 표 슬라이드	80점	파워포인트 내에서의 표 작성 능력 평가 • 표 삽입 및 편집 • 도형 편집 및 효과
❺ 차트 슬라이드	100점	프리젠테이션을 위한 차트를 작성할 수 있는 종합 능력 평가 • 차트 삽입 및 편집 • 도형 편집 및 효과
❻ 도형 슬라이드	100점	도형을 이용한 슬라이드 작성능력 평가 • 도형 및 스마트아트 이용 : 실무에 활용되는 다양한 도형 작성 • 그룹화 / 애니메이션 효과

※ 괄호( ) 내용은 한쇼에서 사용하는 명칭임

▶ 한글 엑셀

문항	배점	출제기준
❶ 표작성	100점	출력형태의 표를 작성하고 조건에 따른 서식변환 및 함수 사용 능력 평가 • 데이터 입력 및 셀 편집 • 도형을 이용한 제목작성 및 편집 • 그림으로 복사, 이름정의, 유효성 검사 등
	140점	• 함수 (*함수 출제 범위 참조)를 이용한 수식작성 • 조건부 서식
❷ 필터, 목표값 찾기, 자동 서식	80점	[유형1] 필터 및 서식 기본 데이터를 이용한 데이터 필터 능력과 서식작성능력 평가 • 고급 필터 : 정확한 조건과 추출 위치 지정 • 자동 서식(표스타일) : 서식 적용
		[유형2] 목표값 찾기 및 필터 원하는 결과값을 구하기 위해 변경되는 값을 구하는 능력과 데이터 필터 능력 평가 • 목표값 찾기 : 정확한 목표값 산출 • 고급 필터 : 정확한 조건과 추출위치 지정
❸ 부분합 /피벗 테이블	80점	[유형1] 부분합 기본 데이터를 이용하여 특정 필드에 대한 합계, 평균 등을 구하는 능력을 평가 • 항목의 종류별 정렬/부분합 조건과 추출결과
		[유형2] 피벗 테이블 데이터 자료 중에서 필요한 필드를 추출하여 보기 쉬운 결과물을 만드는 능력을 평가 • 항목의 종류별 정렬/부분합 조건과 추출 결과
❹ 차트	100점	기본 데이터를 이용하여 보기 쉽게 차트로 표현하는 능력을 평가 • 차트 종류 • 차트 위치 및 서식 • 차트 옵션 변경

▶ 함수 출제 범위

구분	출제 함수 범위
날짜/시간 함수	DATE, HOUR, MONTH, TODAY, WEEKDAY, YEAR, DAY, MINUTE, NOW, SECOND, TIME
수학/삼각 함수	INT, MOD, PRODUCT, ROUND, ROUNDDOWN, ROUNDUP, SUM, SUMPRODUCT, SUMIF, TRUNC, ABS, CEILNG, ODD, PI, POWER, SUBTOTAL, TRIMMEAN
통계 함수	AVERAGE, COUNT, COUNTA, COUNTIF, LARGE, MAX, MEDIAN, MIN, RANK, COUNTBLANK, MODE, SMALL
찾기/참조 함수	CHOOSE, HLOOKUP, VLOOKUP, INDEX, MATCH, ADDRESS, OFFSET, TRANSPOSE
데이터베이스 함수	DAVERAGE, DCOUNT, DGET, DMAX, DMIN, DSUM, DCOUNTA, DVAR, DPRODUCT, DSTDEV
텍스트 함수	CONCATENATE, LEFT, MID, REPLACE, RIGHT, LEN, LOWER, PROPER, VALUE, WON, REPT
정보 함수	ISERROR
논리값 함수	AND, IF, OR, NOT, TRUE, FALSE

※ 함수 출제 범위는 검정지침에 따라 일부 추가될 수 있습니다.
※ 함수 출제 범위 : https://license.kpc.or.kr/ 홈페이지 접속 → [자격소개–정보기술자격(ITQ)]–[시험출제기준]–[한글 엑셀/한셀]

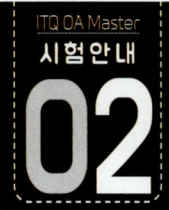

PART 01 ITQ 시험 안내 및 자료 사용 방법

ITQ 자료 사용 방법

- ☑ 자료 다운로드 방법
- ☑ 온라인 답안 시스템
- ☑ 개인용 채점 프로그램

1. 자료 다운로드 방법

❶ 웹 브라우저를 실행하여 아카데미소프트(https://aso.co.kr) 홈페이지에 접속합니다. 이어서, [교재소개]-[ITQ 자격증]-[26 ITQ OA Master(한글22+파포21+엑셀21)] 교재를 클릭합니다.

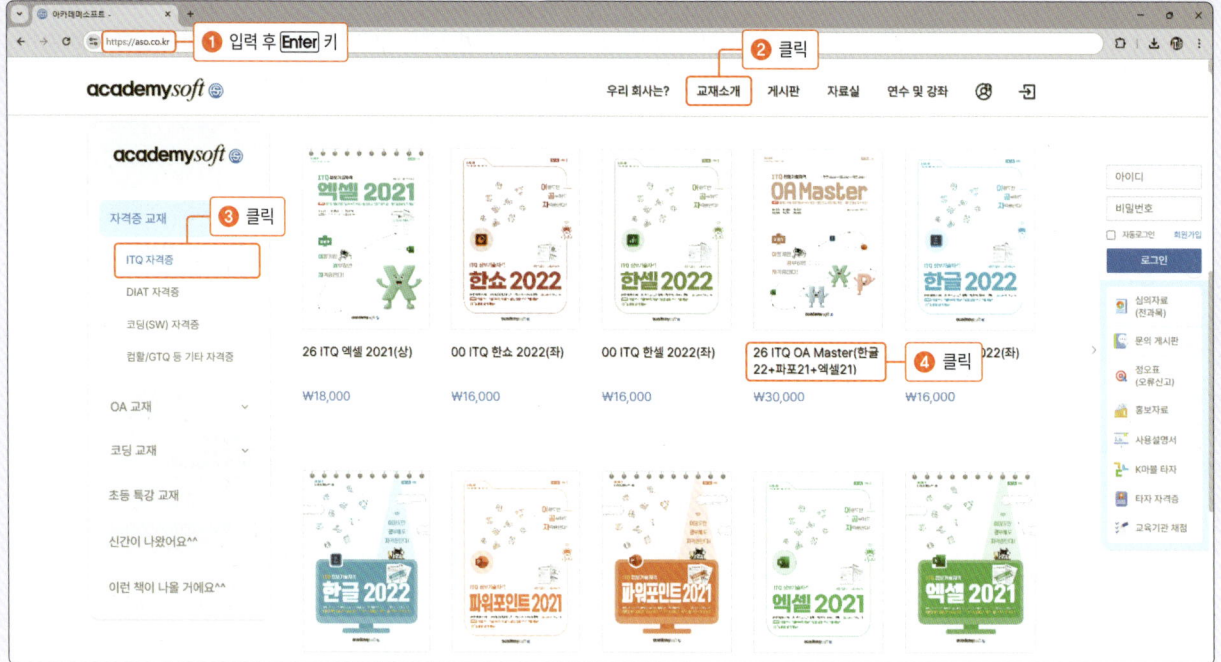

❷ 교재 이미지 오른쪽에 [교재 학습자료]를 클릭하면 [다운로드] 폴더에 저장됩니다.

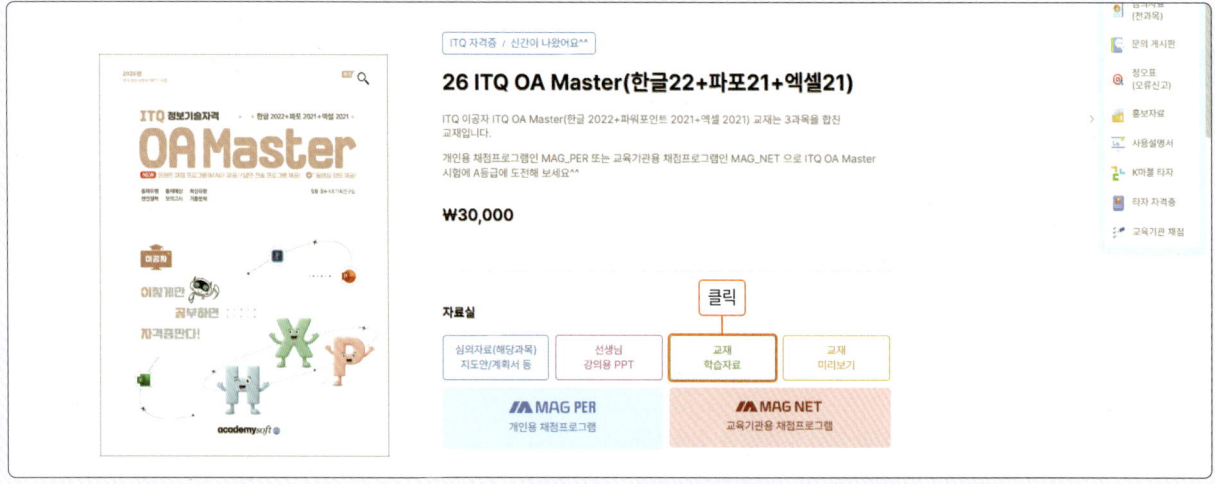

2. 아카데미소프트와 코딩아지트에서 개발한 '온라인 답안 시스템'

❶ 웹 브라우저를 실행하여 MAG 채점프로그램(https://asolicense.com) 홈페이지에 접속합니다. 이어서, [자료실]을 클릭합니다.

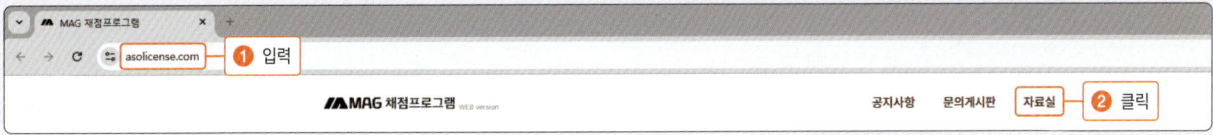

❷ [답안전송 프로그램(ITQ, DIAT 통합)]-〈다운로드〉 단추를 클릭합니다. 이어서, 압축을 해제한 후 [MAG-답안전송_프로그램] 폴더에서 'MAG-답안전송_프로그램.exe' 파일을 더블 클릭하여 실행합니다.

※ [DIAT_소스파일] 폴더에 해당 회차에서 필요한 그림 파일을 복사해서 넣어주면, 시험이 시작됨과 동시에 [KAIT]-[제출파일] 폴더에 복사한 그림 파일이 자동 생성되어 실제 시험처럼 연습할 수 있습니다.

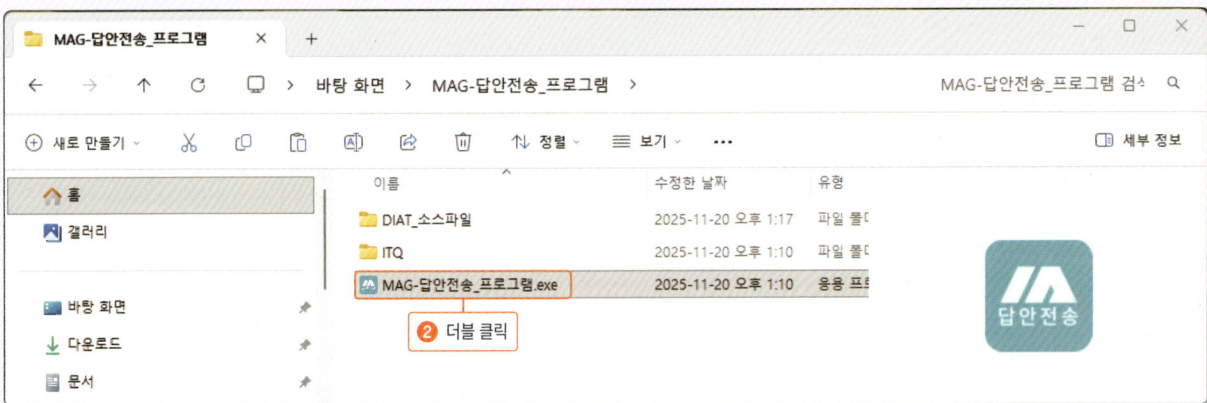

❸ 〈ITQ 답안전송 프로그램〉 단추를 클릭합니다.

❹ '**수험번호**' 입력란에 임의대로 숫자 8자리로 입력한 후 〈조회〉 단추를 클릭합니다. 이어서, '**이 름**' 입력란에 본인 이름을 입력합니다.

  ※ 시험장에서는 수험번호만 입력한 후 〈조회〉 단추를 클릭하면 수험자의 이름, 수험과목, 좌석번호 등이 자동으로 표시됩니다.

❺ [수험과목]을 클릭한 다음 '아래한글'을 선택합니다. 이어서, 〈확인〉 단추를 클릭합니다.

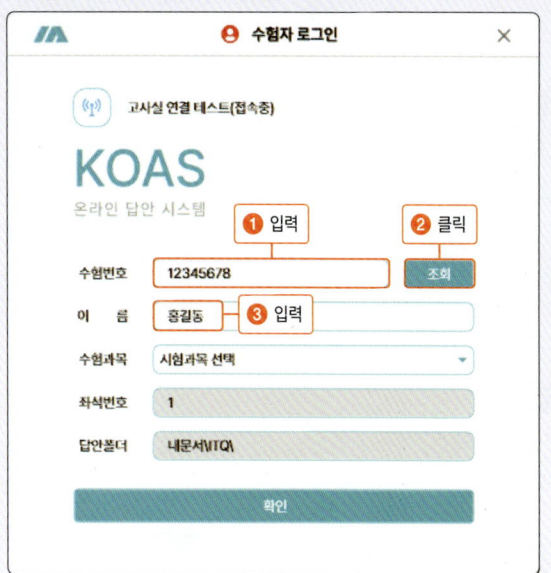 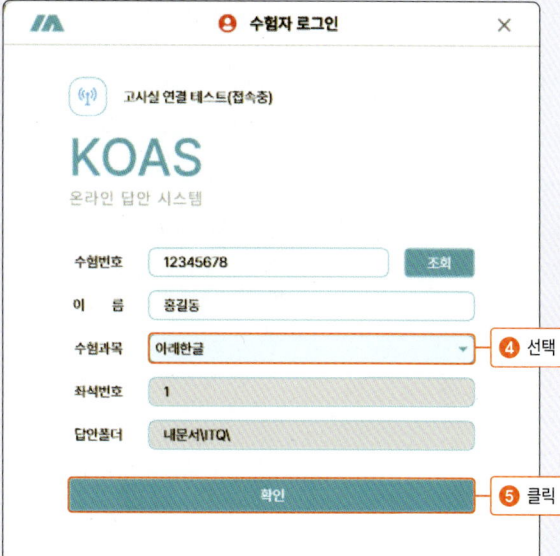

❻ [유의사항] 대화상자가 나오게 되면 유의사항을 숙지한 후 '동의합니다.'를 체크한 다음 〈확인〉 단추를 클릭합니다.

  ※ 시험장에서는 감독위원이 〈시험시작〉 단추를 누르게 되면 화면이 바탕 화면으로 바뀌면서 시험이 시작됩니다.

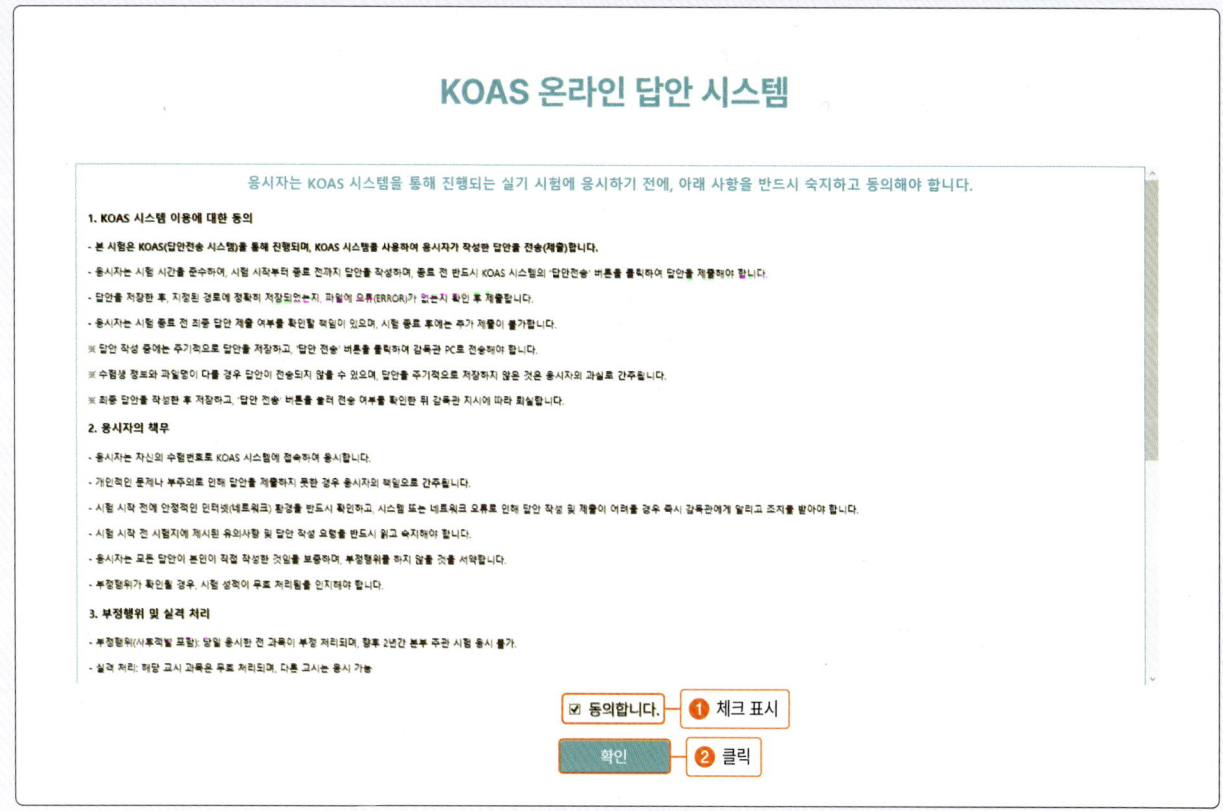

❼ 온라인 답안 시스템이 실행되면 모니터 오른쪽 상단에 답안 전송 프로그램이 나타납니다.

❶ 남은 시험 시간
❷ 답안 저장 파일명으로 '수험번호-수험자명'으로 구성
❸ 사용자가 선택한 수험 과목
❹ 답안을 마지막에 전송한 시간
❺ 수험자가 작성한 답안을 감독위원 PC로 전송
❻ 답안 작성시 필요한 그림의 폴더 보기
❼ 답안 작성시 필요한 그림 파일 등을 감독위원 PC에서 수험자 PC로 가져오기
❽ 수험자가 전송한 답안을 다시 불러옴
❾ 시험 종료(비밀번호 : 0000)

❽ 답안 파일 이름은 수험자 자신의 '수험번호-성명(12345678-홍길동)' 형태로 「내 PC₩문서₩ITQ」 폴더에 저장합니다.

※ 2025년 1월 정기시험부터 확장자가 *.hwp에서 *.hwpx로 변경되었으니 반드시 확장자를 확인합니다.

※ 간혹, 시험장에 따라 [내 PC] 폴더 안에 [문서] 폴더가 없을 수 있습니다. [문서] 폴더를 찾지 못할 때는 [라이브러리] 폴더 또는 [검색]-'문서'를 입력해서 찾는 방법도 있습니다.

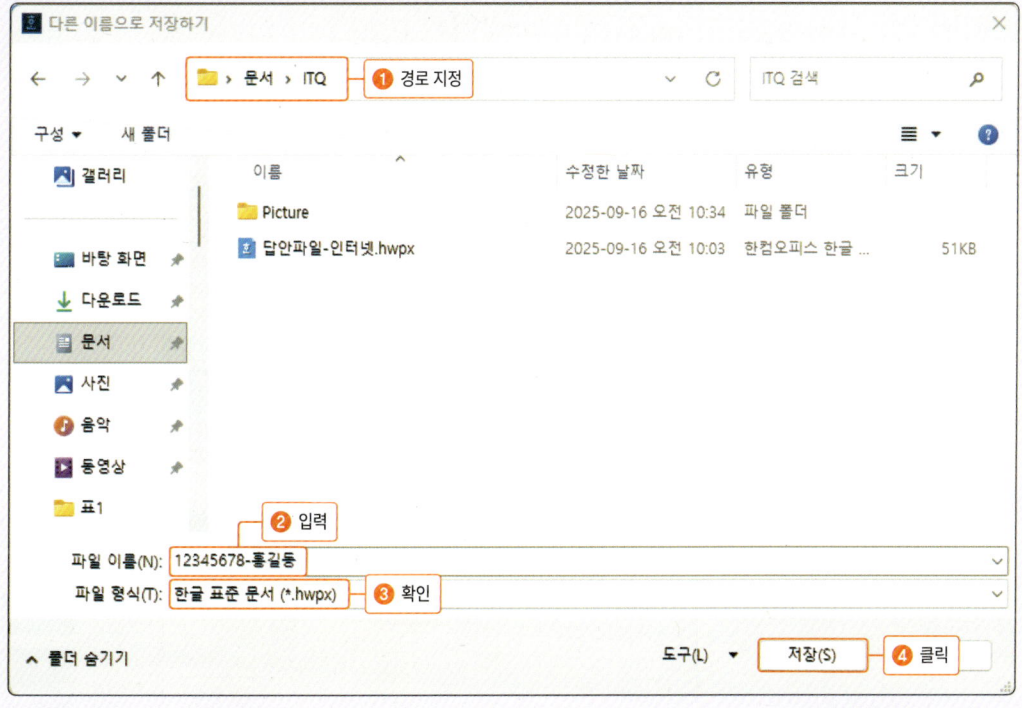

❾ 답안 전송 프로그램에서 〈답안 전송〉 단추를 클릭합니다.

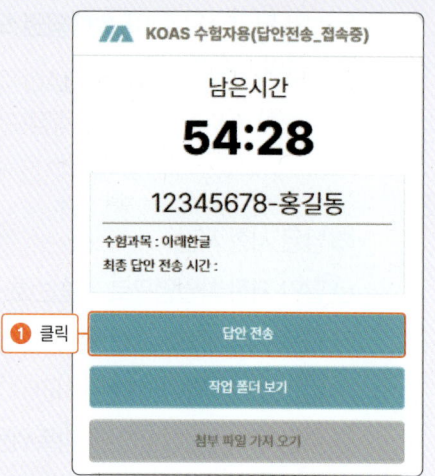

❿ 전송할 답안 파일이 맞는지 확인(파일목록과 존재)한 후 〈답안전송〉 단추를 클릭합니다. 이어서, 메시지 창이 나오면 〈확인〉 단추를 클릭합니다.

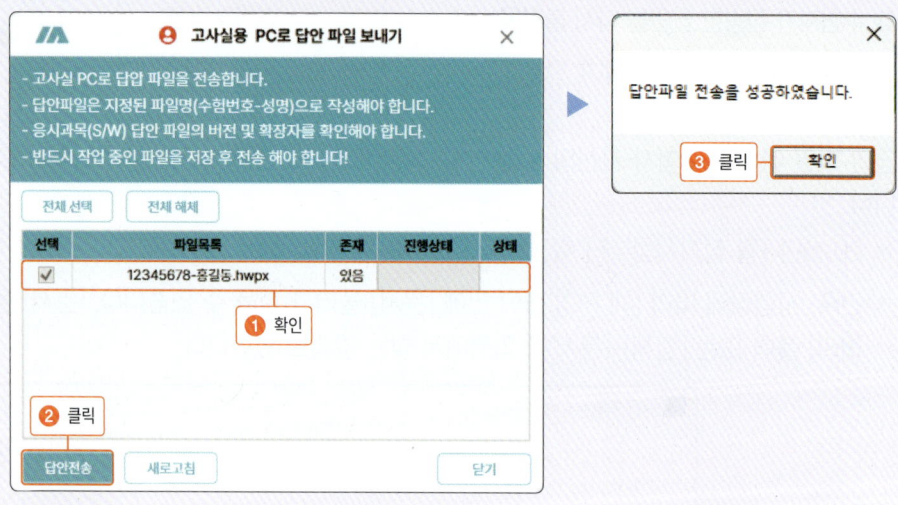

⓫ '상태' 항목이 '성공'인지 확인한 후 〈닫기〉 단추를 클릭합니다. 이어서, 감독위원의 지시를 따릅니다.

※ 해당 '온라인 답안 시스템'은 개인이 연습할 수 있도록 만들어진 프로그램으로 실제 답안 파일이 전송되지는 않습니다.

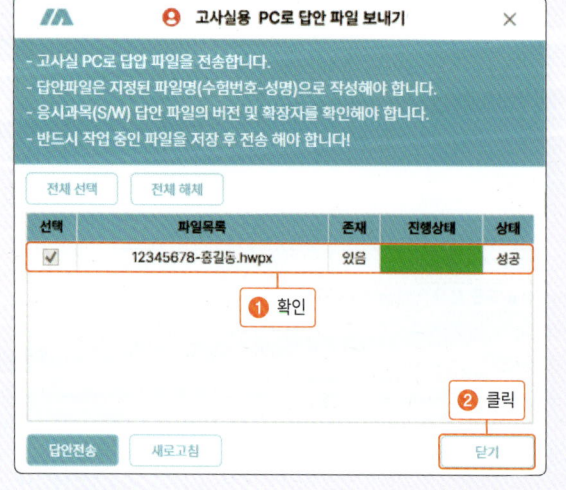

3. 아카데미소프트와 코딩아지트에서 개발한 '개인용 채점 프로그램(MAG_Personal)'

❶ 웹 브라우저를 실행하여 MAG 채점프로그램(https://www.asolicense.com/) 홈페이지에 접속합니다. 이어서, 화면 오른쪽에 [개인용 웹 채점프로그램]을 클릭합니다.

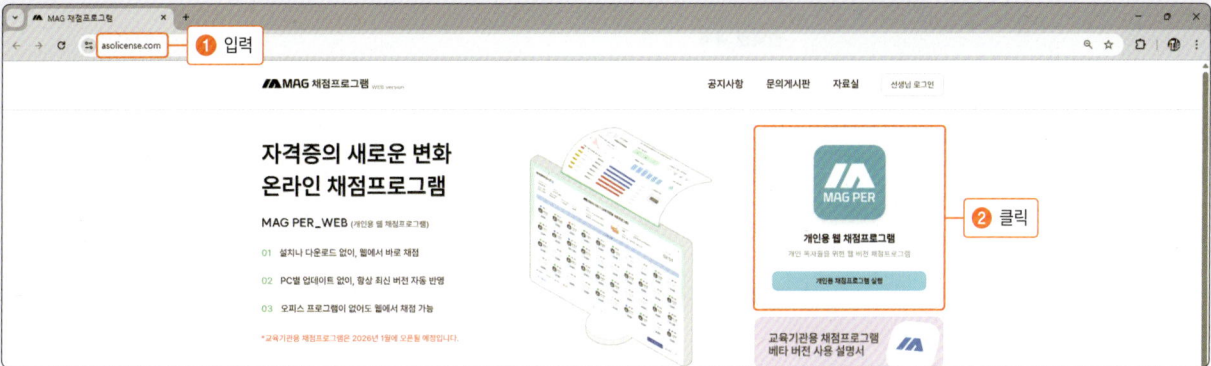

❷ [MAG PER 채점프로그램]이 실행되면 [ITQ 자격증]을 클릭한 후 채점하고자 하는 표지 아래 〈채점 시작〉 단추를 클릭합니다.

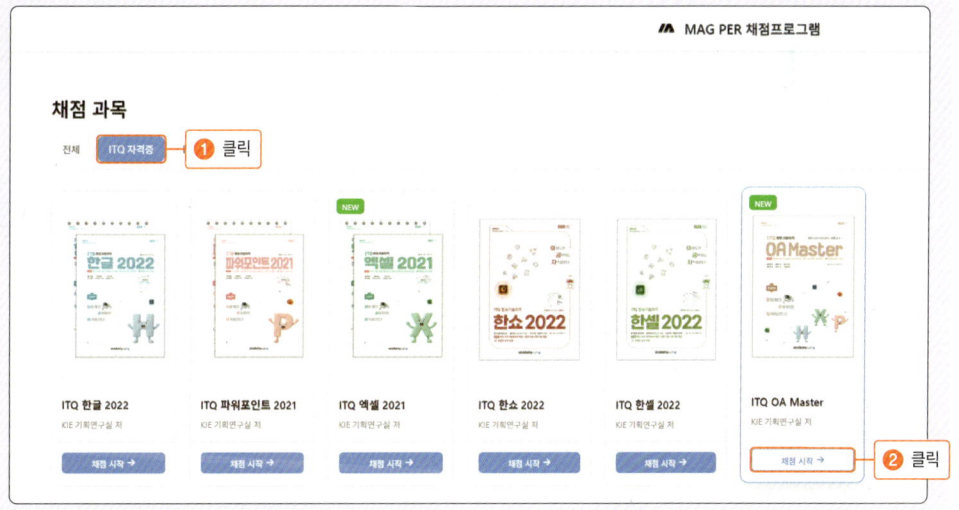

❸ [교재 정답 파일]에서 〈불러오기〉 단추를 클릭합니다. 이어서, [정답 파일 선택] 대화상자가 나오면 채점에 사용할 [과목 선택], [모의고사 선택], [정답 파일 선택]을 선택한 후 〈불러오기〉 단추를 클릭합니다.

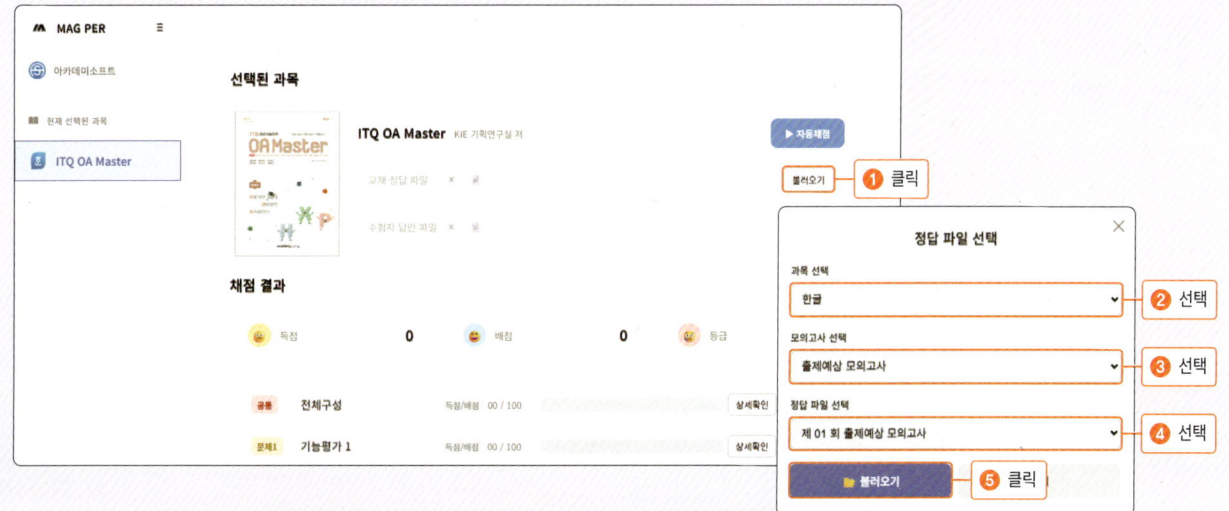

❹ 정답 파일이 열리면 [수험자 답안 파일]에서 〈불러오기〉 단추를 클릭합니다. 이어서, [열기] 대화상자가 나오면 정답 파일과 비교하여 채점할 학생 답안 파일을 선택한 후 〈열기〉 단추를 클릭한 다음 〈자동채점〉 단추를 클릭합니다.

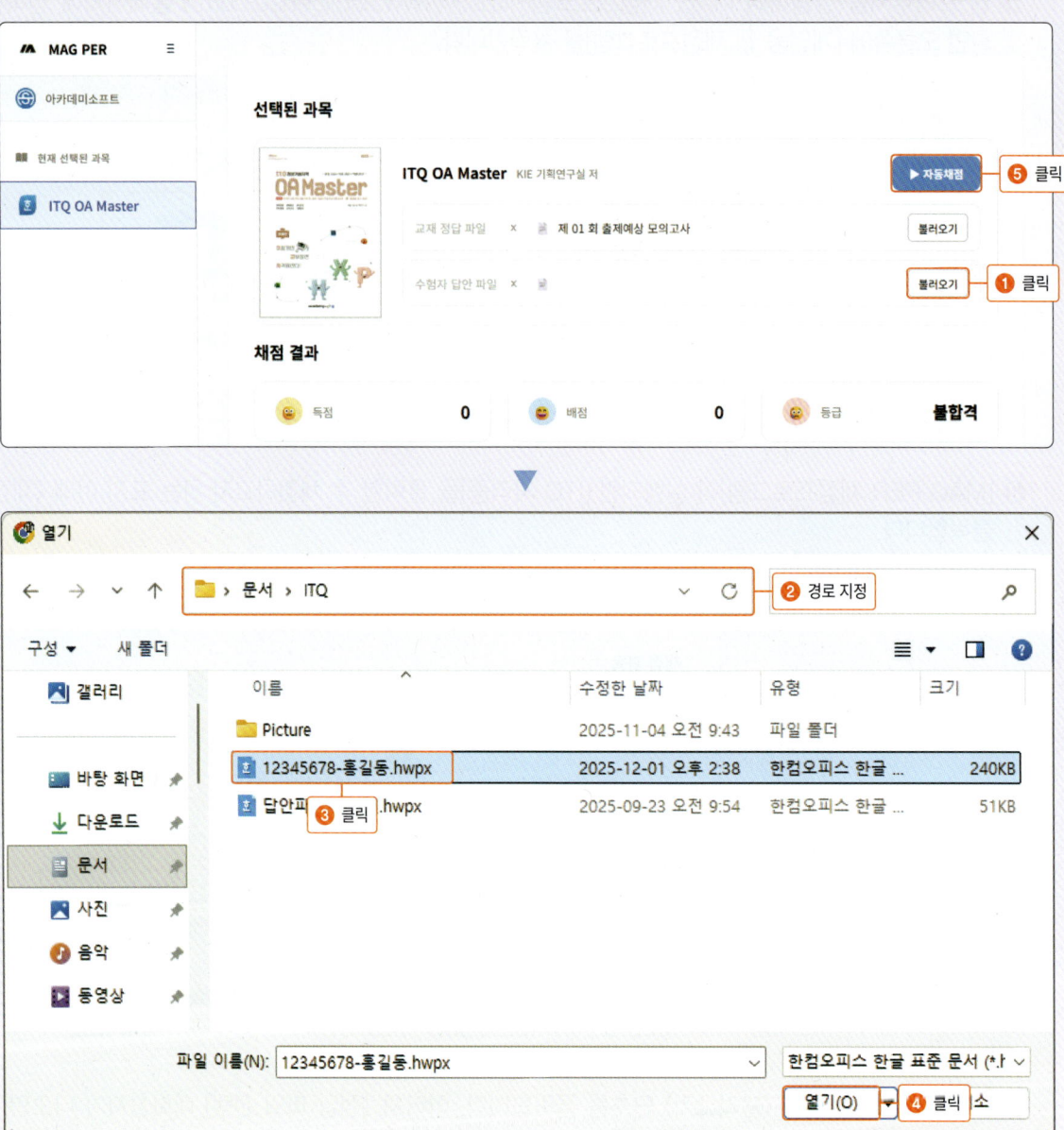

❺ 채점이 완료되면 문제별 전체 점수에서 맞은 점수를 확인하실 수 있습니다. 각 기능별로 자세하게 틀린 부분을 확인 할 때는 문제별 오른쪽에 〈상세분석〉단추를 클릭하여 [정답] 항목과 비교하여 틀린 부분을 다시 확인합니다.

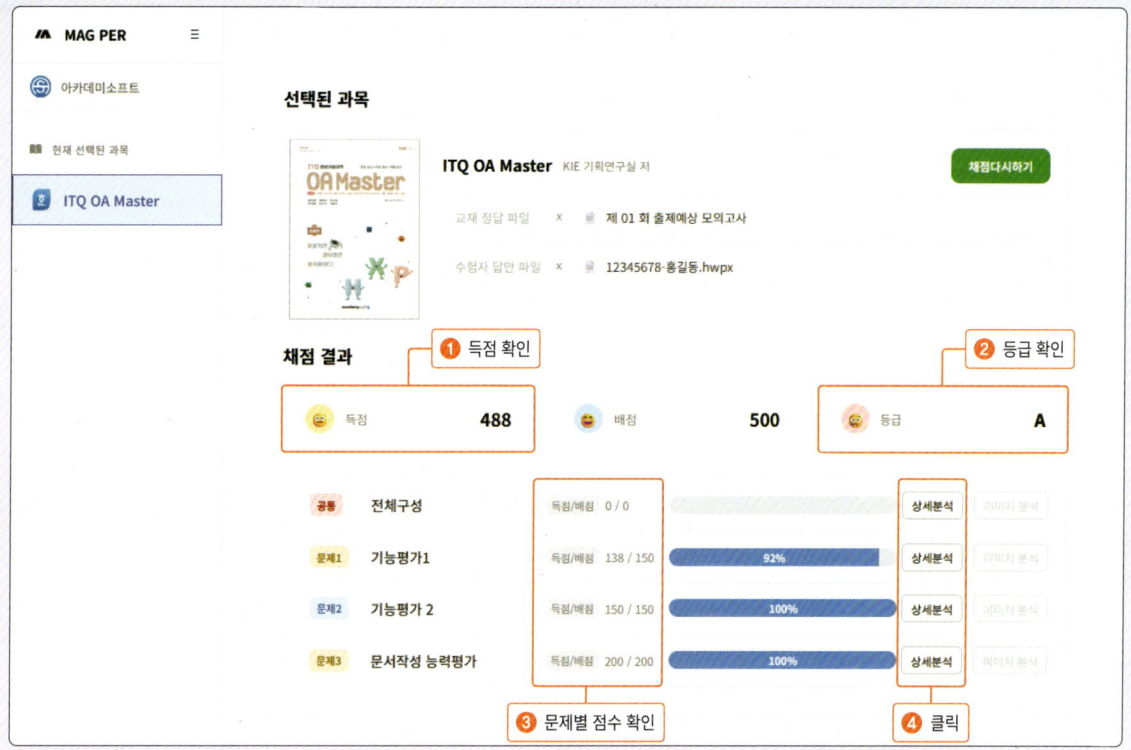

▲ 상세결과 페이지

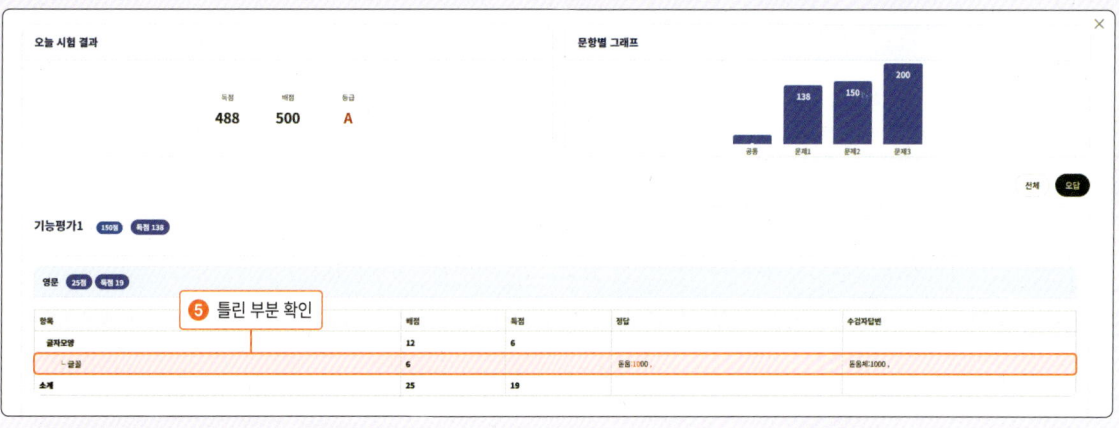

▲ 틀린 부분 확인

MEMO

ITQ OA Master
한글 2022

CONTENTS

PART 01　출제유형 완전정복

출제유형 01	수험자 유의사항 및 답안 작성 요령	1-04
출제유형 02	기능평가 Ⅰ - 스타일 지정	1-10
출제유형 03	기능평가 Ⅰ - 표 작성	1-20
출제유형 04	기능평가 Ⅰ - 차트 작성	1-34
출제유형 05	기능평가 Ⅱ - 수식 입력	1-54
출제유형 06	기능평가 Ⅱ - 도형 그리기	1-64
출제유형 07	문서작성 능력평가	1-90

PART 02　출제예상 모의고사

모의고사 01	제 01 회 출제예상 모의고사	1-124
모의고사 02	제 02 회 출제예상 모의고사	1-128
모의고사 03	제 03 회 출제예상 모의고사	1-132
모의고사 04	제 04 회 출제예상 모의고사	1-136
모의고사 05	제 05 회 출제예상 모의고사	1-140
모의고사 06	제 06 회 출제예상 모의고사	1-144
모의고사 07	제 07 회 출제예상 모의고사	1-148
모의고사 08	제 08 회 출제예상 모의고사	1-152
모의고사 09	제 09 회 출제예상 모의고사	1-156
모의고사 10	제 10 회 출제예상 모의고사	1-160
모의고사 11	제 11 회 출제예상 모의고사	1-164
모의고사 12	제 12 회 출제예상 모의고사	1-168

PART 03　최신유형 기출문제

기출문제 01	제 01 회 최신유형 기출문제	1-174
기출문제 02	제 02 회 최신유형 기출문제	1-178
기출문제 03	제 03 회 최신유형 기출문제	1-182
기출문제 04	제 04 회 최신유형 기출문제	1-186
기출문제 05	제 05 회 최신유형 기출문제	1-190

PART 01
출제유형 완전정복

- ☑ 출제유형 **01** 수험자 유의사항 및 답안 작성 요령
- ☑ 출제유형 **02** 기능평가 Ⅰ - 스타일 지정 (50점)
- ☑ 출제유형 **03** 기능평가 Ⅰ - 표 작성
- ☑ 출제유형 **04** 기능평가 Ⅰ - 차트 작성 (100점)
- ☑ 출제유형 **05** 기능평가 Ⅱ - 수식 입력 (40점)
- ☑ 출제유형 **06** 기능평가 Ⅱ - 도형 그리기 (110점)
- ☑ 출제유형 **07** 문서작성 능력평가 (200점)

출제유형 01 수험자 유의사항 및 답안 작성 요령

☑ 편집 용지 및 기본 글자 서식 지정하기   ☑ 문제 번호 입력 및 페이지 구분하기
☑ 답안 파일 저장하기

문제 미리보기

· 소스 : 없음   · 정답 : 유형01_정답.hwpx

[수험자 유의사항 및 답안 작성 요령]

정보기술자격(ITQ) 시험 한컴오피스

UTA1111

과 목	코드	문제유형	시험시간	수험번호	성 명
아래한글	1111	A	60분		

수험자 유의사항

- 수험자는 문제지를 받는 즉시 문제지와 **수험표상의 시험과목(프로그램)이 동일한지 반드시 확인**하여야 합니다.
- 파일명은 본인의 "수험번호-성명"으로 입력하여 답안폴더(내 PC\문서\ITQ)에 하나의 파일로 저장해야 하며, 답안파일을 전송하지 않아 미제출로 처리될 경우 실격 처리합니다(예:12345678-홍길동.hwpx).
- 답안 작성을 마치면 파일을 저장하고, '답안 전송' 버튼을 선택하여 감독위원 PC로 답안을 전송하십시오. 수험생 정보와 저장한 파일명이 다를 경우 전송되지 않으므로 주의하시기 바랍니다.
- 답안 작성 중에도 **주기적으로 저장하고, '답안 전송'**하여야 문제 발생을 줄일 수 있습니다. 작업한 내용을 저장하지 않고 전송할 경우 이전에 저장된 내용이 전송되오니 이점 유의하시기 바랍니다.
- 답안문서는 지정된 경로 외의 다른 보조기억장치에 저장하는 경우, 지정된 시험 시간 외에 작성된 파일을 활용할 경우, 기타 통신수단(이메일, 메신저, 네트워크 등)을 이용하여 타인에게 전달 또는 외부 반출하는 경우는 부정 처리합니다.
- 시험 중 부주의 또는 고의로 시스템을 파손한 경우는 수험자가 변상해야 하며, <수험자 유의사항>에 기재된 방법대로 이행하지 않아 생기는 불이익은 수험생 당사자의 책임임을 알려 드립니다.
- 문제의 조건은 한컴오피스 2022 / 2020 버전으로 설정되어 있으니 유의하시기 바랍니다.
- 시험을 완료한 수험자는 답안파일이 전송되었는지 확인한 후 감독위원의 지시에 따라 문제지를 제출하고 퇴실합니다.

답안 작성요령

- **온라인 답안 작성 절차**
  수험자 등록 ⇒ 시험 시작 ⇒ 답안파일 저장 ⇒ 답안 전송 ⇒ 시험 종료
- **공통 부문**
  - 글꼴에 대한 기본설정은 함초롬바탕, 10포인트, 검정, 줄간격 160%, 양쪽정렬로 합니다.
  - 색상은 조건의 색을 적용하고 색의 구분이 안 될 경우에는 RGB 값을 적용하십시오.
    (빨강 255,0,0 / 파랑 0,0,255 / 노랑 255,255,0)
  - 각 문항에 주어진 《조건》에 따라 작성하고 언급하지 않은 조건은 《출력형태》와 같이 작성합니다.
  - 용지여백은 왼쪽·오른쪽 11㎜, 위쪽·아래쪽·머리말·꼬리말 10㎜, 제본 0㎜로 합니다.
  - 그림 삽입 문제의 경우 「내 PC\문서\ITQ\Picture」폴더에서 지정된 파일을 선택하여 삽입하십시오.
  - 삽입한 그림은 반드시 문서에 포함하여 저장해야 합니다(미포함 시 감점 처리).
  - 각 항목은 지정된 페이지에 출력형태와 같이 정확히 작성하시기 바라며, 그렇지 않을 경우에 해당 항목은 0점 처리됩니다.
    ※ 페이지구분 : 1페이지 - 기능평가 I (문제번호 표시 : 1. 2.),
          2페이지 - 기능평가 II (문제번호 표시 : 3. 4.),
          3페이지 - 문서작성 능력평가
- **기능평가**
  - 문제와 《조건》은 입력하지 않으며 문제번호와 답(《출력형태》)만 작성합니다.
  - 4번 문제는 묶기를 했을 경우 0점 처리됩니다.
- **문서작성 능력평가**
  - A4 용지(210㎜×297㎜) 1매 크기, 세로 서식 문서로 작성합니다.
  - ▭ 표시는 문서작성에 대한 지시사항이므로 작성하지 않습니다.

 한국생산성본부

Information Technology Qualification

시험 분석

난이도	권장 시간 / 시험 시간
★★☆☆	5분 / 60분

➡ **주의 사항 : 실수가 많은 내용**

☑ 입력한 단어들의 끝 자리 글자가 맞지 않을 경우 오탈자 및 편집 용지 설정을 하지 않아 발생하므로, 오탈자와 편집 용지 설정을 확인합니다.

☑ 문서를 3페이지로 지정할 때 구역 나누기를 하지 않고 쪽 나누기를 하면 [문서작성 능력평가]의 페이지 번호를 지정할 때 문제가 발생하므로, 문서를 3페이지로 지정할 때는 [구역 나누기]를 합니다.

☑ 답안 저장은 '내 PC\문서\ITQ' 폴더에 '수험번호-성명.hwpx'로 저장해야 하는데, '내 PC\문서', '바탕 화면', '내 PC\문서\ITQ\Picture' 등 다른 위치에 저장하게되면 답안 전송이 안되므로, 저장 위치 및 파일명을 정확히 지정합니다('문서' 폴더가 보이지 않을 경우, '라이브러리' 폴더를 클릭하면 '문서' 폴더를 확인할 수 있습니다).

➡ **주요 단축키 : 문서 작성시 시간 단축에 도움**

☑ 편집 용지 : F7   구역 나누기 : Alt + Shift + Enter   저장하기 : Alt + S

Skill 01 편집 용지 설정 및 기본 글자 서식 지정하기

《답안 작성 요령》 공통 부문
- 글꼴에 대한 기본 설정은 함초롬바탕, 10포인트, 검정, 줄 간격 160%, 양쪽 정렬로 합니다.
- 용지 여백은 왼쪽·오른쪽 11mm, 위쪽·아래쪽·머리말·꼬리말 10mm, 제본 0mm로 합니다.

❶ 〈시작(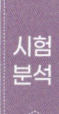)〉 단추를 눌러 [모두]-[한글 2022()]를 클릭합니다.

❷ [새 문서 서식] 창이 열리면 [새 문서]를 클릭합니다.

❸ 한글 2022 프로그램이 실행되면 [서식] 도구 상자에서 '글꼴(함초롬바탕), 글자 크기(10pt), 글자 색(검정), 양쪽 정렬(▤), 줄 간격(160%)'이 지정되어 있는지 확인합니다.

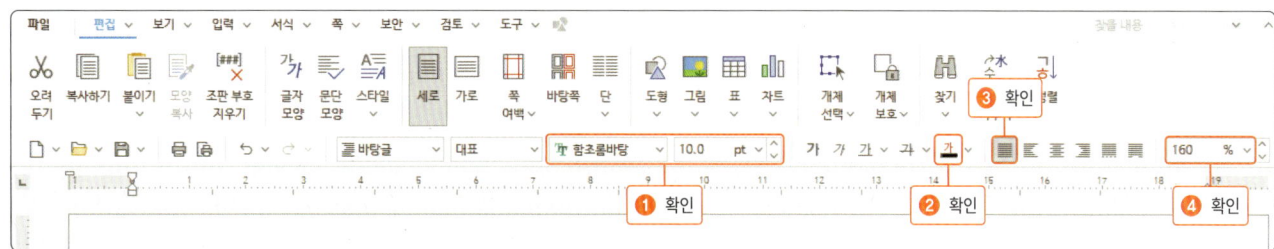

❹ [파일]-[편집 용지](또는 F7)를 선택합니다.

TIP 편집 용지

[쪽] 탭에서 [편집 용지(🗐)]를 클릭해도 됩니다.

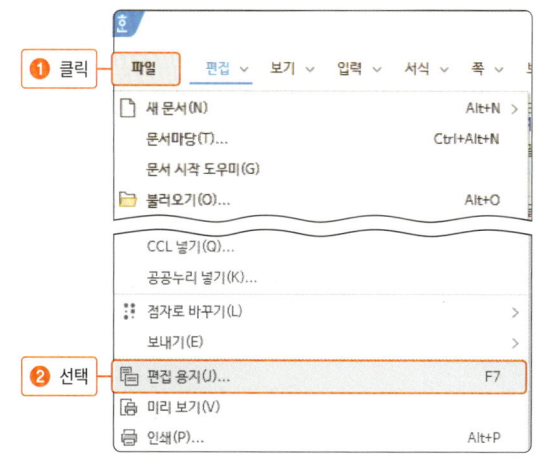

⑤ [편집 용지] 대화상자가 나오면 [기본] 탭에서 [용지 종류]–'A4(국배판) [210×297mm]', [용지 방향]–'세로', [제본]–'한쪽'을 확인합니다. 이어서, [용지 여백]–'왼쪽(11), 오른쪽(11), 위쪽(10), 아래쪽(10), 머리말(10), 꼬리말(10), 제본(0)'을 입력한 후 〈설정〉 단추를 클릭합니다.

TIP 설정된 편집 용지 알아보기

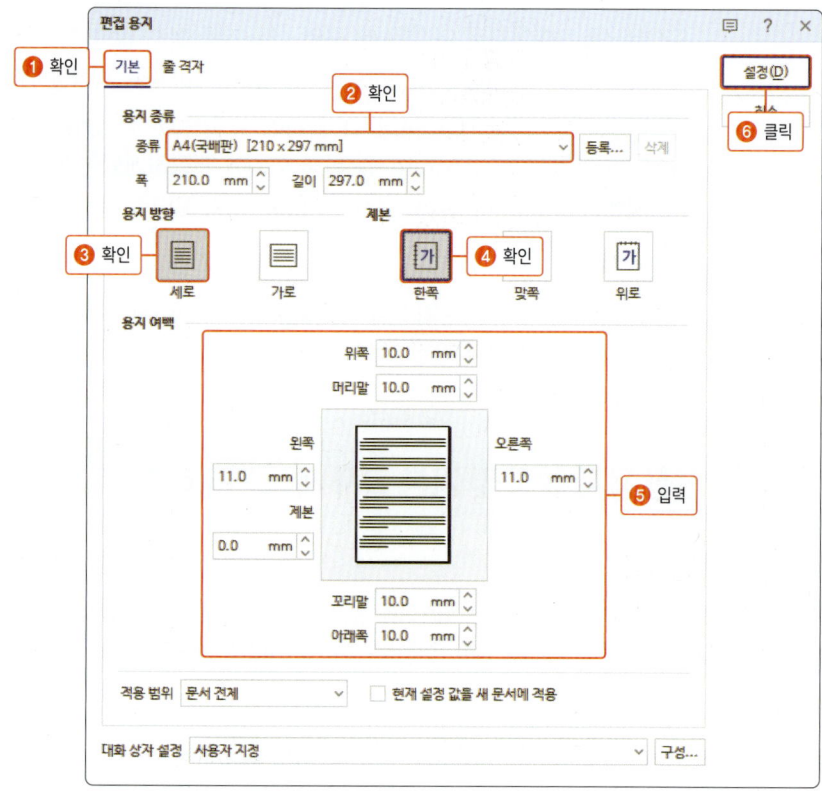

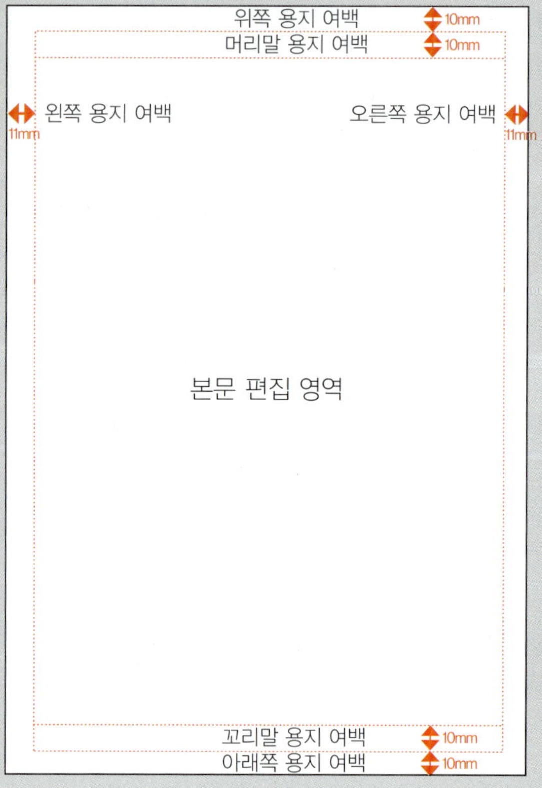

Skill 02 문제 번호 입력 및 페이지 구분하기

《답안 작성 요령》 공통 부문
- 각 항목은 지정된 페이지에 《출력형태》와 같이 정확히 작성하시기 바라며, 그렇지 않을 경우에 해당 항목은 0점 처리됩니다.
  ※ 페이지 구분 : 1페이지 – 기능평가Ⅰ (문제번호 표시 : 1. 2.),
  　　　　　　　2페이지 – 기능평가Ⅱ(문제번호 표시 : 3. 4.),
  　　　　　　　3페이지 – 문서작성 능력평가

❶ 1페이지의 맨 윗 줄을 클릭하여 커서를 위치시킵니다. 이어서, 문제 번호 1.을 입력한 후 Enter 키를 다섯 번 누릅니다.

❷ 문제 번호 2.를 입력한 후 Enter 키를 두 번 누릅니다.

❸ [쪽] 탭에서 '구역 나누기(⊟)'(또는 Alt + Shift + Enter)를 클릭합니다.

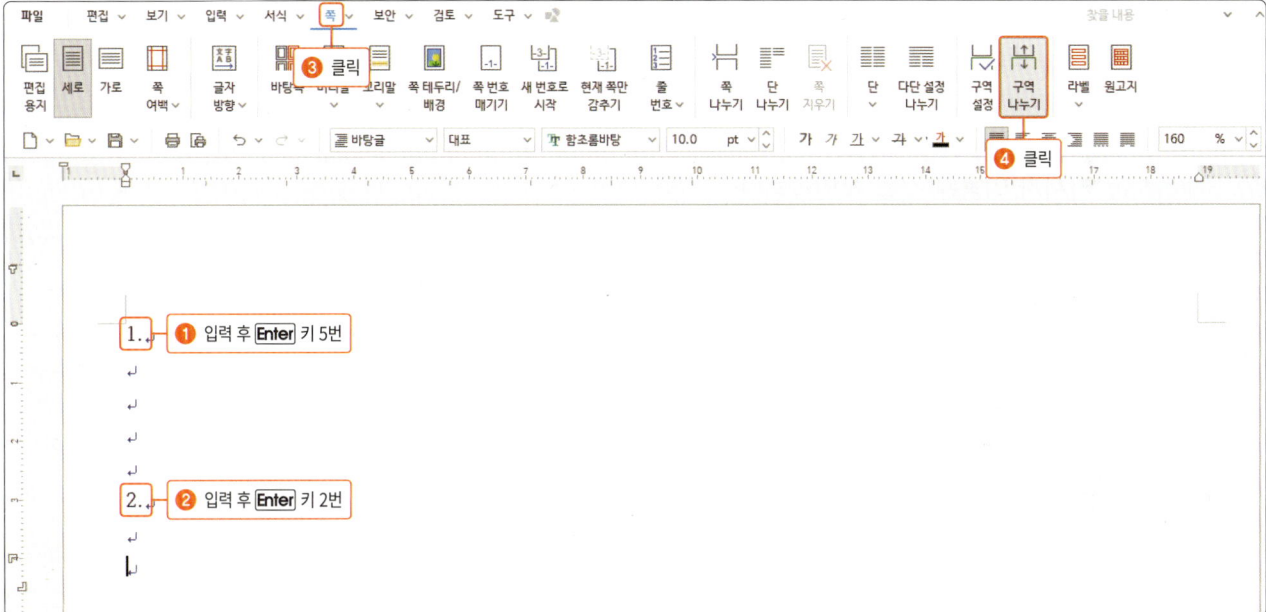

TIP 문단 부호
[보기]–'문단 부호 체크(✓)'

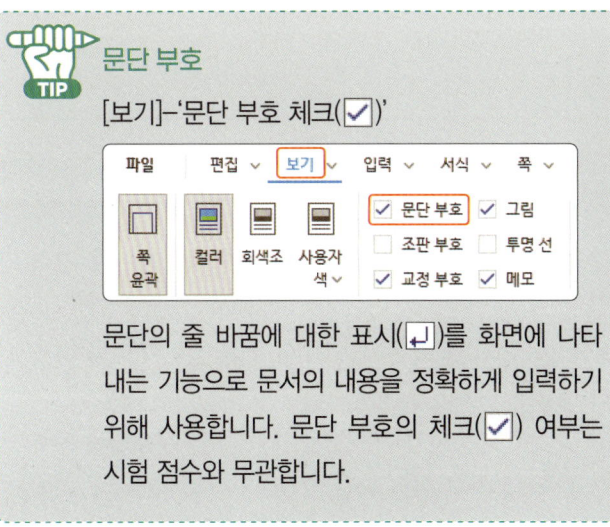

문단의 줄 바꿈에 대한 표시(↵)를 화면에 나타내는 기능으로 문서의 내용을 정확하게 입력하기 위해 사용합니다. 문단 부호의 체크(✓) 여부는 시험 점수와 무관합니다.

TIP 구역 나누기
[쪽]–'구역 나누기(⊟)'

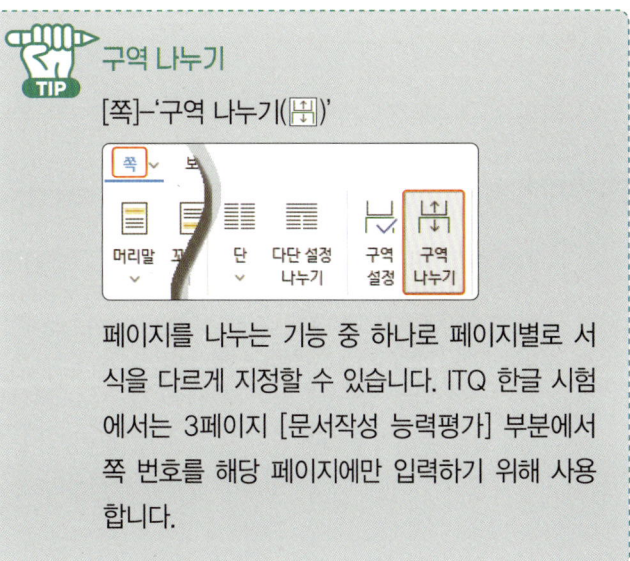

페이지를 나누는 기능 중 하나로 페이지별로 서식을 다르게 지정할 수 있습니다. ITQ 한글 시험에서는 3페이지 [문서작성 능력평가] 부분에서 쪽 번호를 해당 페이지에만 입력하기 위해 사용합니다.

❹ 2페이지로 커서가 이동하면 1페이지에 입력한 방법과 똑같이 문제 번호 3.과 4.를 입력한 후 '구역 나누기(▤)' (또는 Alt + Shift + Enter)를 한 번 더 클릭합니다.

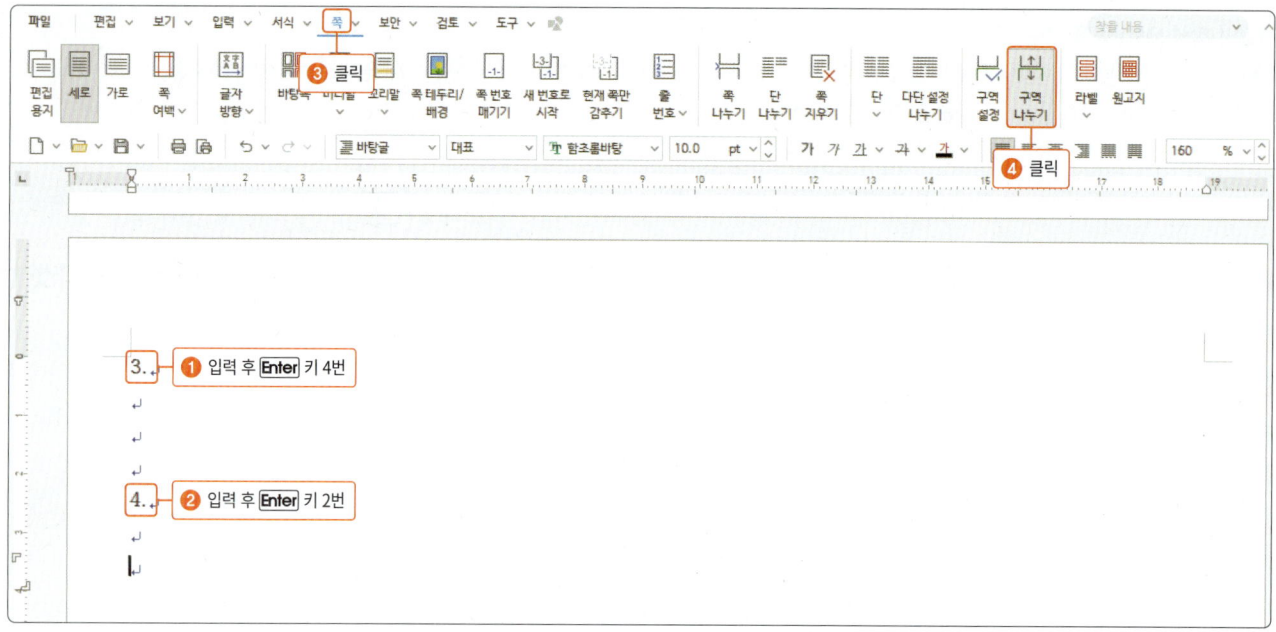

❺ 3페이지에 커서가 이동된 것을 확인합니다.

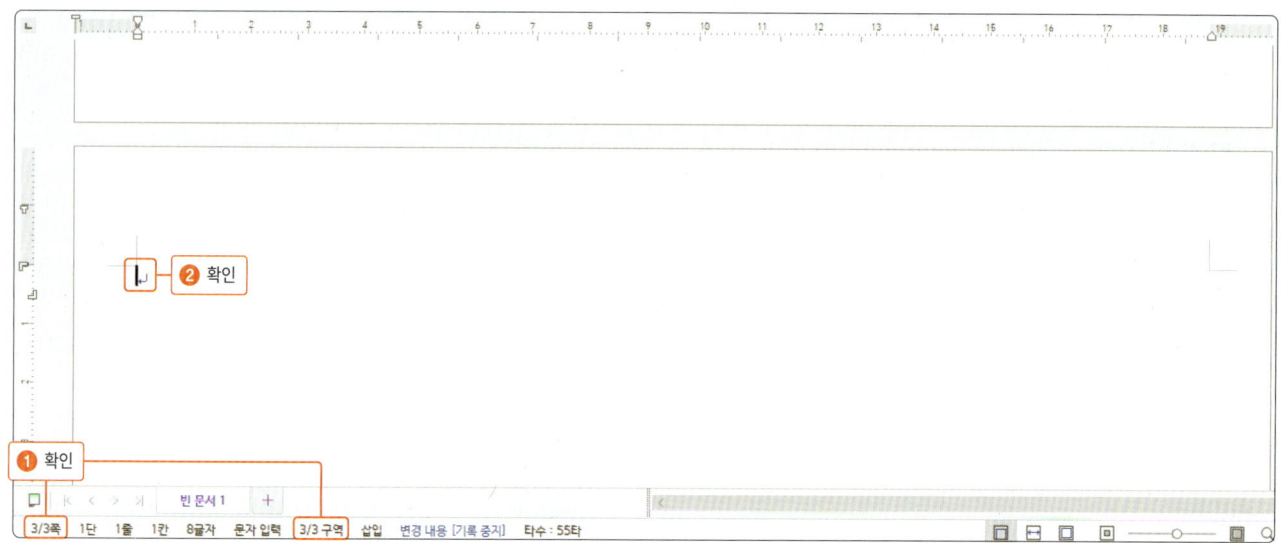

> **ITQ 한글 답안 작성 요령**
>
> ❶ 편집 용지(용지 종류, 용지 방향, 제본, 여백) 및 글꼴 기본 설정(함초롬바탕, 10pt, 검정, 양쪽 정렬, 줄 간격 (160%))을 지정합니다.
> ❷ 1페이지에 문제 번호(1, 2)를 입력한 후 구역 나누기를 실행하여 2페이지에 문제 번호(3, 4)를 입력한 다음 다시 구역 나누기를 실행하여 총 3페이지가 되도록 지정합니다.
> ❸ 모든 준비가 끝나면 문제 번호 순서(기능평가Ⅰ → 1페이지 1. 2. / 기능평가Ⅱ → 2페이지 3. 4. / 문서작성 능력 평가 → 3페이지)에 맞추어 답안을 작성합니다.

Skill 03 답안 파일 저장하기

《수험자 유의사항》
- 파일명은 본인의 "수험번호-성명"으로 입력하여 답안폴더(내 PC\문서\ITQ)에 하나의 파일로 저장해야 하며, 답안문서 파일명이 "수험번호-성명"과 일치하지 않거나, 답안파일을 전송하지 않아 미제출로 처리될 경우 실격 처리합니다(예 : 12345678-홍길동.hwpx).

❶ Ctrl + Page Up 키를 눌러 첫 페이지로 이동한 후 [파일]-[저장하기](또는 Alt + S)를 선택합니다.

※ [서식] 도구 상자에서 '저장하기(💾)'를 클릭해도 결과는 같습니다.

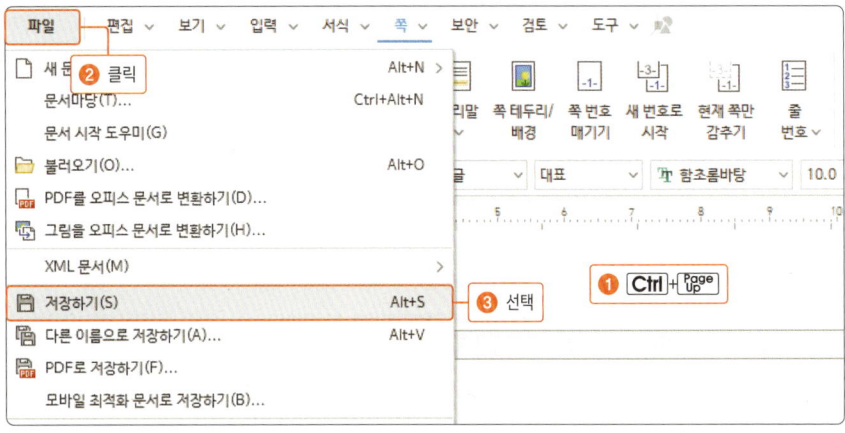

❷ [다른 이름으로 저장하기] 대화상자가 나오면 저장 위치(내 PC\문서\ITQ)를 지정한 후 파일 이름(수험번호-성명)을 입력합니다. 이어서, 파일 형식(한글 표준 문서(*.hwpx))이 맞게 되어 있는지 확인한 후 〈저장〉 단추를 클릭합니다.

※ 2025년 1월 정기시험부터 확장자가 *.hwp에서 *.hwpx로 변경되었으니 반드시 확장자를 확인합니다.

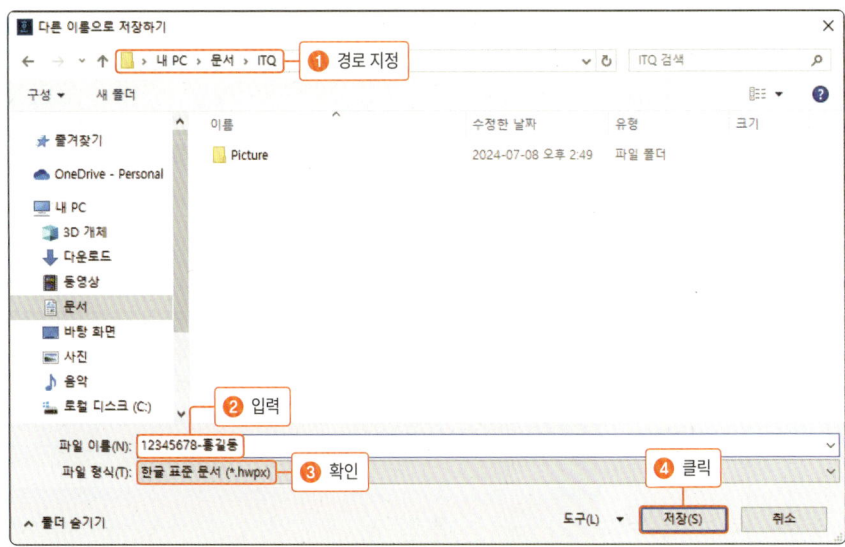

> **TIP 다른 이름으로 저장하기**
> 답안 파일을 잘못 저장했을 경우 [파일]-[다른 이름으로 저장하기]를 클릭합니다. [다른 이름으로 저장하기] 대화상자가 나오면 파일 이름과 저장 위치를 정확하게 입력 및 지정한 후 〈저장〉 단추를 클릭합니다.

기능평가 Ⅰ - 스타일 지정

PART 01 출제유형 완전정복
출제유형 02

- ☑ 스타일 내용 입력하기
- ☑ 기본 스타일(바탕글) 확인하기
- ☑ 스타일 지정하기

문제 미리보기

· 소스 : 유형02_문제.hwpx   · 정답 : 유형02_정답.hwpx

1. 다음의 《조건》에 따라 스타일 기능을 적용하여 《출력형태》와 같이 작성하시오. (50점)

※ 스타일 지정 세부 《조건》은 다음 페이지를 참고하시기 바랍니다.

1.

Since its establishment in 2008, it has been commissioned by the Korea Youth Activity Promotion Agency and has operated various international exchange programs to help teenagers grow into global leaders.

청소년들이 글로벌 리더로 성장하도록 다양한 국제교류 프로그램을 운영하고 있으며, 2008년 설치 이후 2013년부터 현재까지 한국청소년활동진흥원에서 위탁하고 있다.

2.

청소년국제교류 사업 효과성 변화(단위 : 점)

연도	2020년	2021년	2022년	2023년	평균
이해증진도	2.8	3.1	3.3	3.5	
시민의식	4.2	4.1	4.3	4.1	
가치관	3.6	4.2	4.7	4.1	
문화 개방성	3.5	4.1	4.4	4.9	

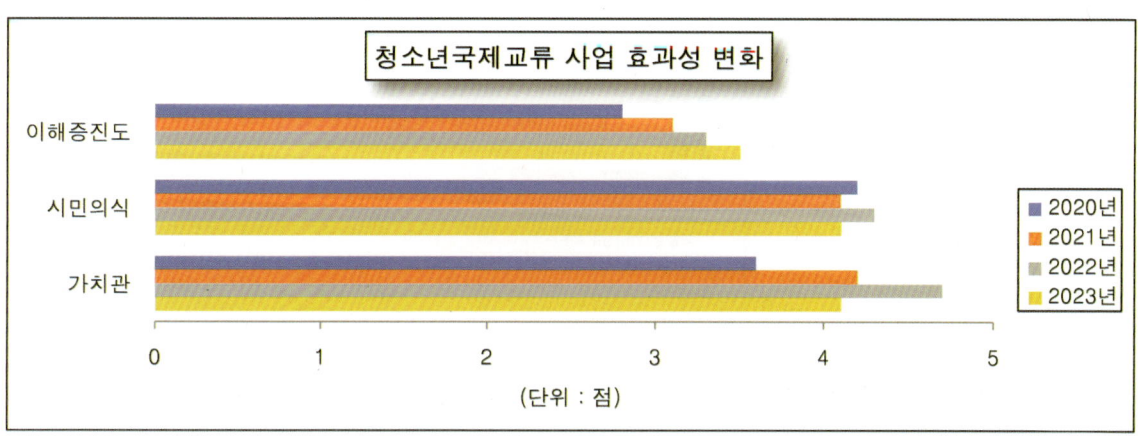

▲ 1번 문제만 연습합니다.

Information Technology Qualification

난이도	권장 시간 / 시험 시간	유형 점수 / 시험 점수
★★★☆☆	10분 / 60분	50점 / 500점

➡ **출제 경향** : 출제 문제를 분석
- ☑ 스타일의 문단 모양은 왼쪽 여백과 첫 줄 들여쓰기, 문단 아래 간격 지정이 가장 많이 출제되고 있습니다.
- ☑ 스타일에 사용되는 한글, 영문의 글꼴은 3개의 글꼴(돋움, 궁서, 굴림)이 번갈아가며 출제되고 있습니다.
- ☑ 내용을 입력한 후 텍스트 아래쪽에 빨간 밑줄(글로벌 리더로)이 생기더라도 《출력형태》와 똑같이 입력했다면 채점과 무관합니다.

➡ **주의 사항** : 실수가 많은 내용
- ☑ 시험지의 《출력형태》에 문제 번호가 없어 문서 작성시 누락하는 경우가 발생합니다. 문제 번호 작성은 답안 작성요령에 기술되어 있으므로, 문제 번호(1.)를 꼭 입력합니다.
- ☑ 문서를 저장할 때 블록이 설정된 상태에서 [파일]-'저장하기'(또는 [Alt]+[S])를 클릭하여 저장하면 블록으로 설정된 부분만 저장됩니다. 문서를 저장할 때는 블록을 해제한 후 저장해야 합니다.

➡ **주요 단축키** : 문서 작성시 시간 단축에 도움
- ☑ 스타일 : [F6]   바탕글 스타일 : [Ctrl]+[1]

Skill 01 스타일을 적용시킬 내용 입력하기

≪조건≫ : (1) 스타일 이름 – global
(2) 문단 모양 – 왼쪽 여백 : 15pt, 문단 아래 간격 : 10pt
(3) 글자 모양 – 글꼴 : 한글(굴림)/영문(돋움), 크기 : 10pt, 장평 : 95%, 자간 : –5%

≪출력형태≫

1.
Since its establishment in 2008, it has been commissioned by the Korea Youth Activity Promotion Agency and has operated various international exchange programs to help teenagers grow into global leaders.

청소년들이 글로벌 리더로 성장하도록 다양한 국제교류 프로그램을 운영하고 있으며, 2008년 설치 이후 2013년부터 현재까지 한국청소년활동진흥원에서 위탁하고 있다.

 한글 2022 프로그램을 실행한 후 [파일]-[불러오기]를 선택합니다. [불러오기] 대화상자가 나오면 [소스 및 정답]-[소스 파일]-[출제유형 완전정복]-[출제유형 02]-'유형02_문제.hwpx' 파일을 불러옵니다.

❷ 1페이지에 입력한 문제 번호 1.의 다음 문단을 클릭하여 커서를 위치시킵니다.

문제지 기능평가 I 의 1번 문제 《출력형태》를 보면서 다음과 같이 내용을 입력합니다.

   ※ 《출력형태》의 내용을 모두 입력한 후 Enter 키를 누르지 않도록 주의합니다.

   입력

   1.
   Since its establishment in 2008, it has been commissioned by the Korea Youth Activity Promotion Agency and has operated various international exchange programs to help teenagers grow into global leaders.
   청소년들이 글로벌 리더로 성장하도록 다양한 국제교류 프로그램을 운영하고 있으며, 2008년 설치 이후 2013년부터 현재까지 한국청소년활동진흥원에서 위탁하고 있다.

   TIP 기능평가 I 의 1번 문제 내용 입력

   기능평가 I 의 1번 문제 《출력형태》를 보면 영문과 한글의 문장 사이가 두 줄로 띄어진 것처럼 보이지만 실제 입력할 때는 영문 내용을 입력한 후 Enter 키를 한 번만 눌러 한글 내용을 입력합니다. 영문과 한글 문장의 사이 간격은 스타일 지정으로 해결할 수 있습니다.

Skill 02 스타일 지정하기

■ 스타일 추가 및 문단 모양 적용하기

(1) 스타일 이름 - global
(2) 문단 모양 - 왼쪽 여백 : 15pt, 문단 아래 간격 : 10pt

 《조건》에 따라 global 스타일을 만들기 위해 입력한 내용을 드래그하여 블록으로 지정한 후 [서식] 탭에서 '스타일 추가하기( )'를 클릭합니다.

   ※ 내용을 드래그할 때 문제 번호 '1.'이 같이 선택되지 않도록 주의합니다.

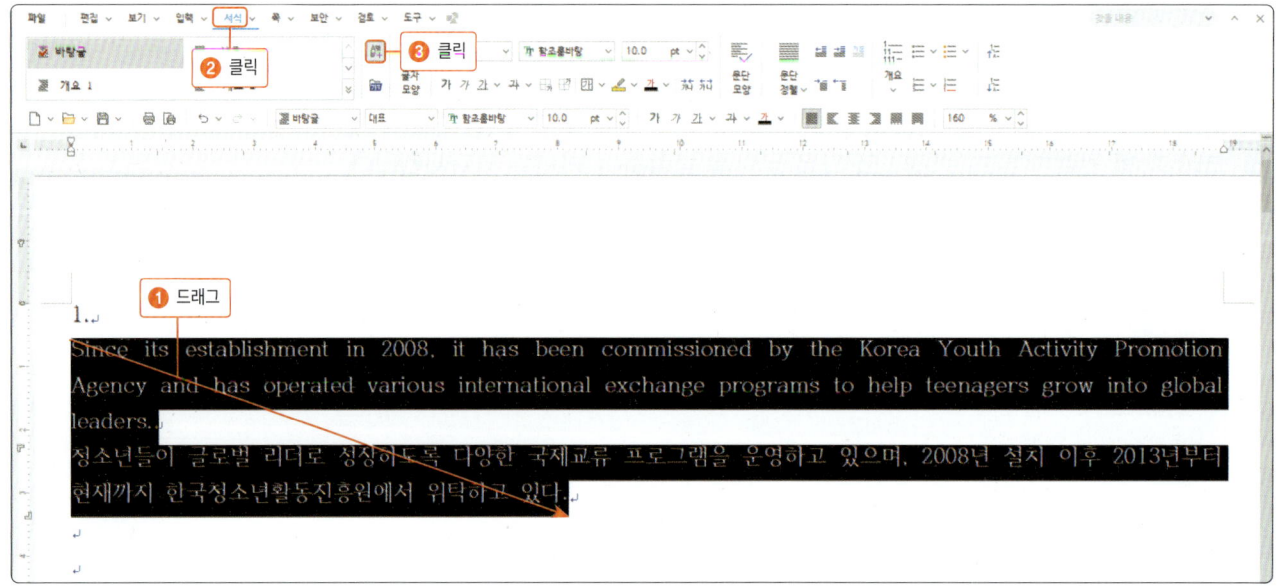

❷ [스타일 추가하기] 대화상자가 나오면 스타일 이름(global)을 입력한 후 문단 모양을 지정하기 위해 〈문단 모양〉 단추를 클릭합니다.

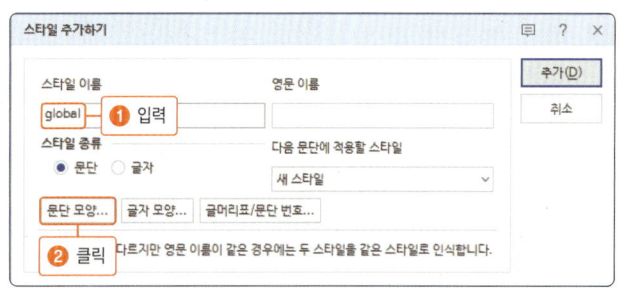

❸ [문단 모양] 대화상자가 나오면 [기본] 탭에서 [여백]-'왼쪽(15)', [간격]-'문단 아래(10)'를 입력한 후 〈설정〉 단추를 클릭합니다.

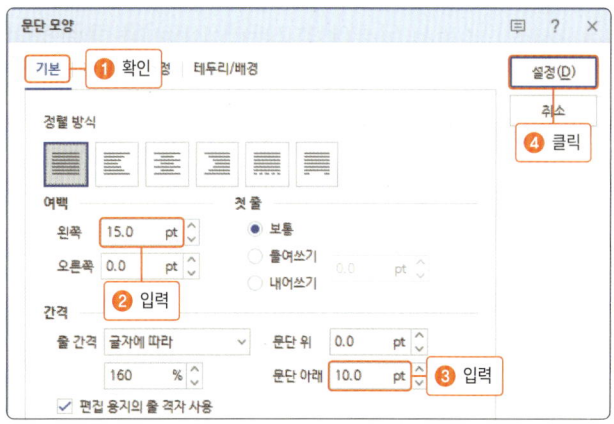

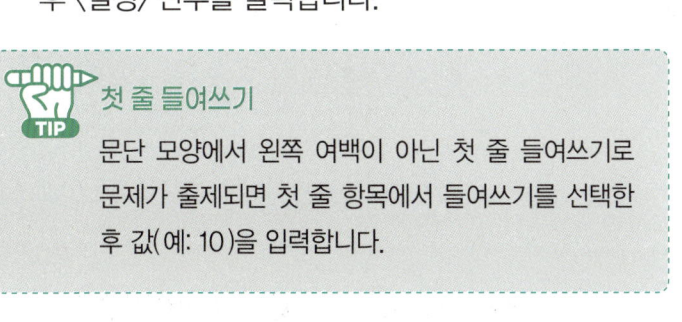

TIP 첫 줄 들여쓰기
문단 모양에서 왼쪽 여백이 아닌 첫 줄 들여쓰기로 문제가 출제되면 첫 줄 항목에서 들여쓰기를 선택한 후 값(예: 10)을 입력합니다.

■ 글자 모양 적용하기

(3) 글자 모양 - 글꼴 : 한글(굴림)/영문(돋움), 크기 : 10pt, 장평 : 95%, 자간 : -5%

❹ 스타일의 글자 모양을 지정하기 위해 〈글자 모양〉 단추를 클릭합니다.

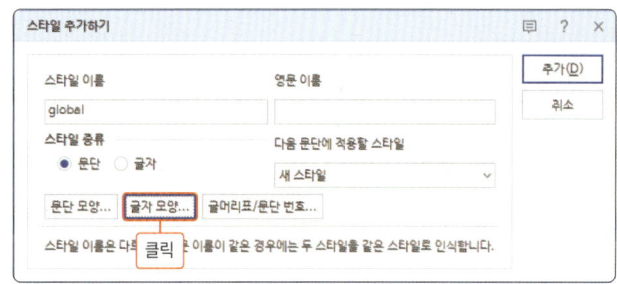

❺ [글자 모양] 대화상자가 나오면 [기본] 탭에서 '기준 크기(10)', [언어별 설정]-'장평(95), 자간(-5)'을 입력합니다.

❻ 이어서, [언어별 설정]-'언어(한글), 글꼴(굴림)'을 선택한 후 다시 [언어별 설정]-'언어(영문), 글꼴(돋움)'을 선택한 다음 〈설정〉 단추를 클릭합니다.

※ 기준 크기와 장평, 자간을 먼저 입력한 후 언어별 글꼴(한글, 영문)을 설정하는 것이 편리합니다.

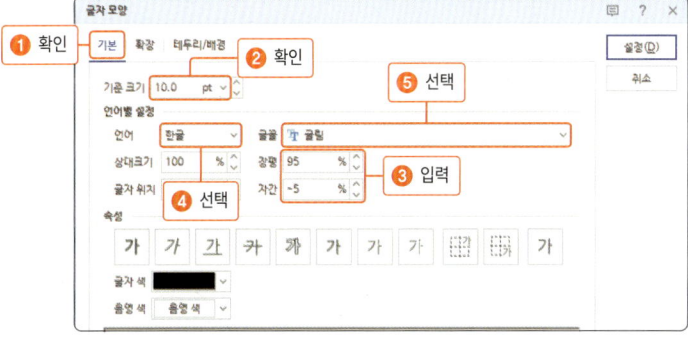

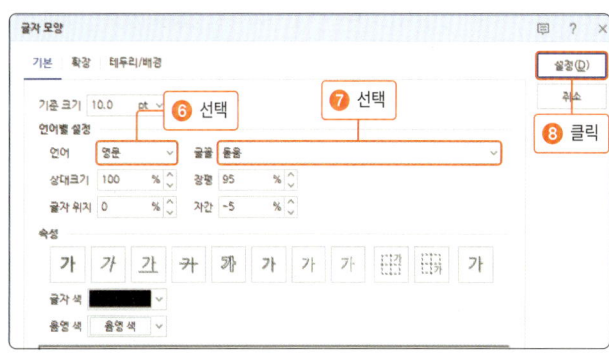

❼ 문단 모양과 글자 모양을 모두 지정한 후 [스타일 추가하기] 대화상자가 다시 나오면 〈추가〉 단추를 클릭합니다.

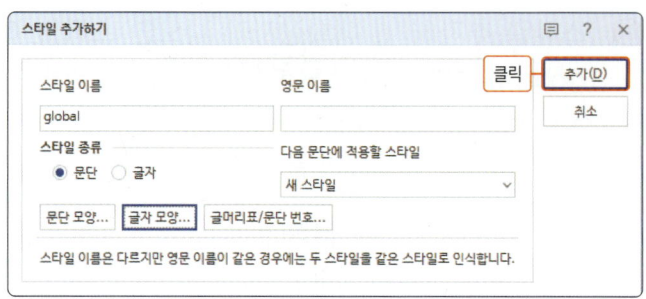

❽ [서식] 탭에서 목록에 추가된 [global]을 클릭하여 블록으로 지정한 문장에 스타일을 적용시킵니다.

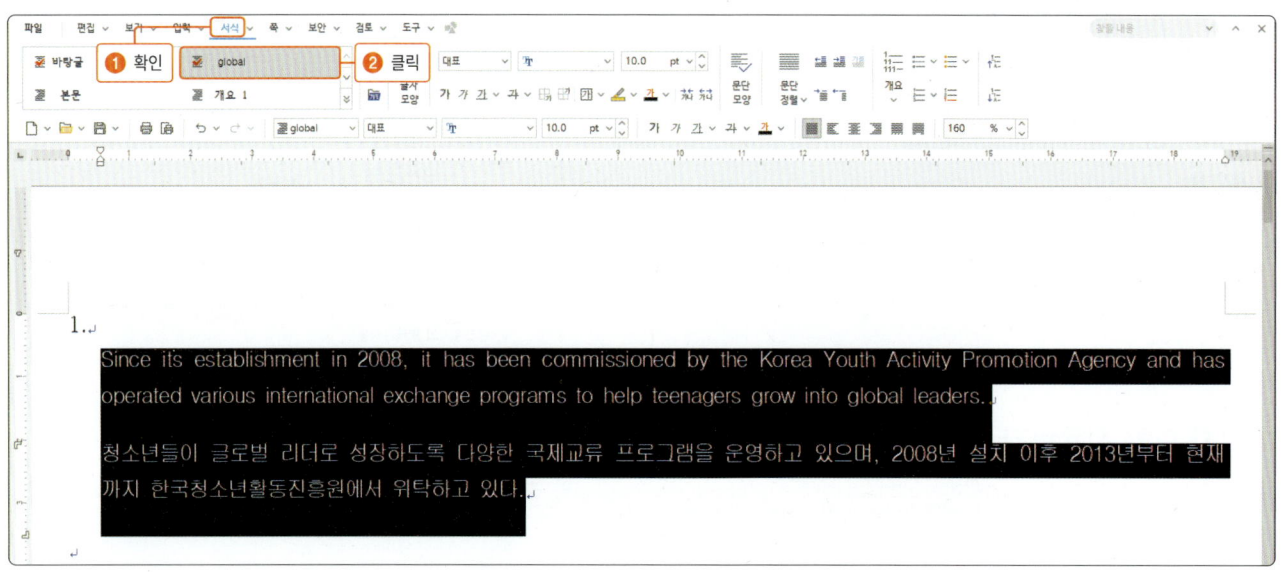

❾ Esc 키를 눌러 블록 지정을 해제한 후 《출력형태》와 같은지 확인합니다.

※ 《출력형태》와 비교하여 오탈자가 없는지 반드시 확인합니다.

스타일 편집하기

❶ [서식] 탭의 '목록 단추(▽)'를 클릭한 후 [스타일]을 클릭하거나 F6 키를 누릅니다.
❷ [스타일] 대화상자가 나오면 스타일 목록에서 변경할 스타일을 선택한 후 〈스타일 편집하기(✎)〉 단추를 클릭합니다.
❸ [스타일 편집하기] 대화상자가 나오면 스타일 이름, 문단 모양, 글자 모양 등을 수정할 수 있습니다.

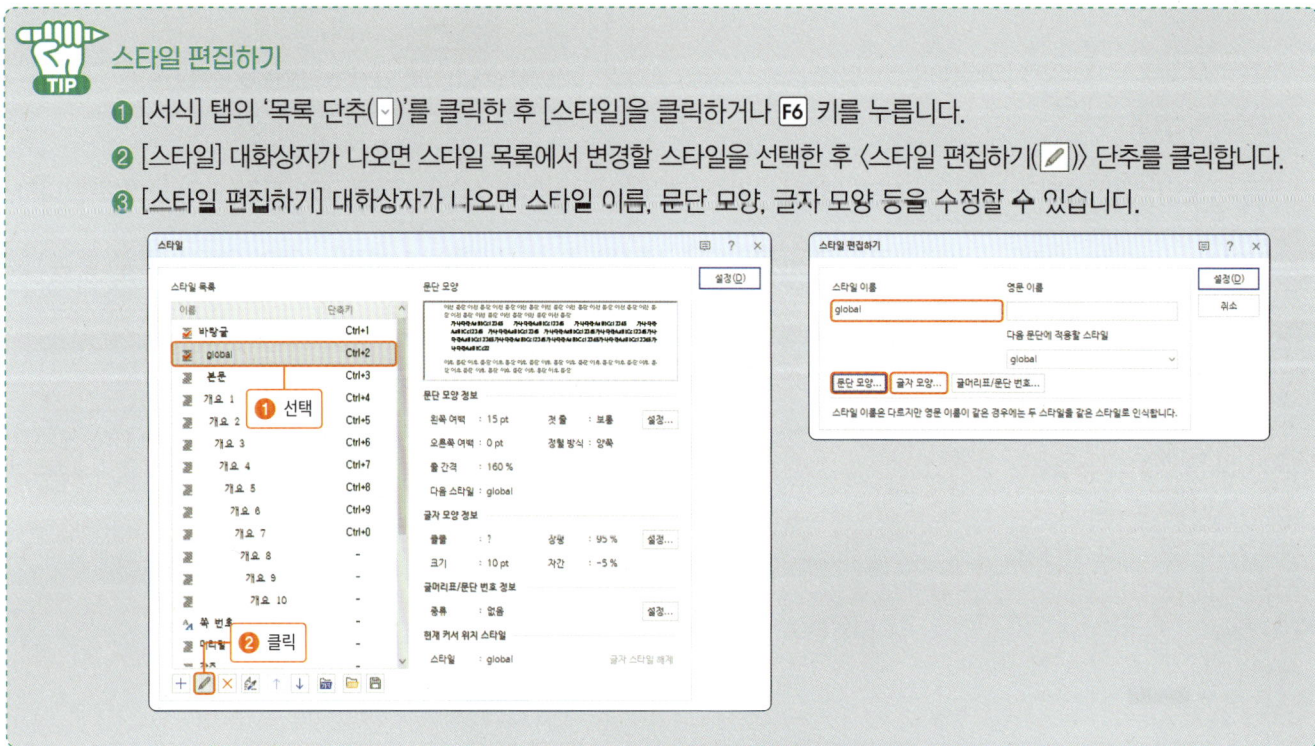

Skill 03 기본 스타일(바탕글) 확인하기

1. 스타일 작업이 완료되면 문제 번호 2.의 다음 문단을 클릭하여 커서를 위치시킵니다.

2. [서식] 도구 상자에서 '글꼴(함초롬바탕), 글자 크기(10pt), 글자 색(검정), 양쪽 정렬(▤), 줄 간격(160%)'이 지정되어 있는지 확인합니다.

   ※ 만약 글꼴 기본 설정이 변경되었을 때는 Ctrl+1 키를 눌러 글꼴과 글자 크기 등을 '기본 스타일(바탕글)'로 지정합니다.

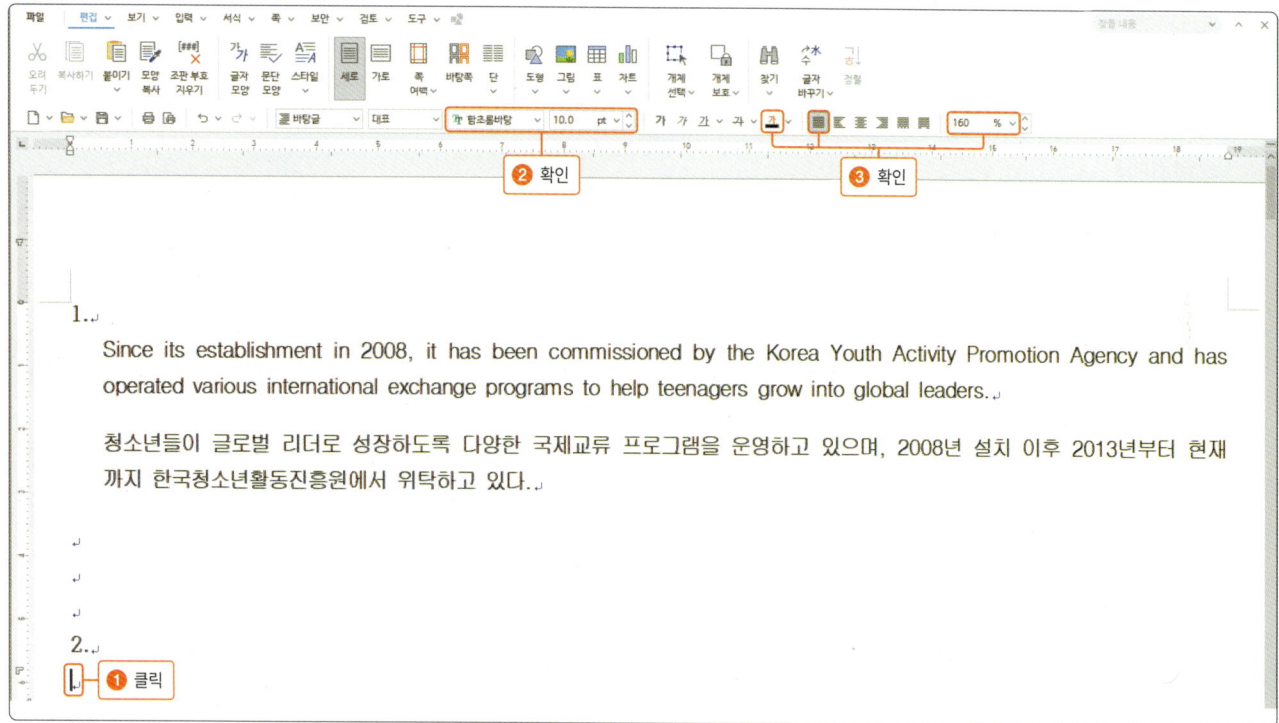

3. 모든 작업이 완료되면 [파일]-[저장하기](Alt+S) 또는 [서식] 도구 상자에서 '저장하기(💾)'를 클릭하여 파일을 저장합니다.

   ※ 실제 시험을 볼 때 작업 도중에 수시로(10분에 한 번 정도) 저장을 하는 것이 좋습니다.

출제유형 완전정복 — 스타일 지정

완전정복-01 다음의 《조건》에 따라 스타일 기능을 적용하여 《출력형태》와 같이 작성하시오.

- 소스 : 정복02_문제01.hwpx
- 정답 : 정복02_정답01.hwpx

작성 시간 / 권장 시간: 분 / 10분

《조건》
(1) 스타일 이름 – fairtrade
(2) 문단 모양 – 왼쪽 여백 : 15pt, 문단 아래 간격 : 10pt
(3) 글자 모양 – 글꼴 : 한글(굴림)/영문(돋움), 크기 : 10pt, 장평 : 95%, 자간 : –5%

《출력형태》

1.
Fair trade is an organized social movement that aims to help producers in developing countries to make better trading conditions and promote sustainability.

공정무역은 세계무역시장에서 공정하지 못한 무역 관행을 개선하고자 하는 노력에서 시작되었습니다. 정의, 공정성, 지속가능한 발전은 공정무역 구조의 핵심입니다.

2.

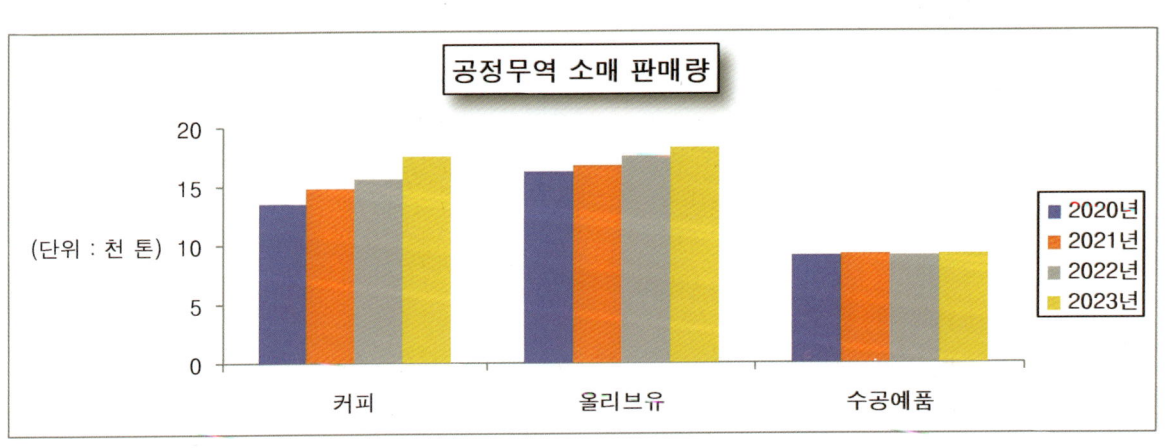

공정무역 소매 판매량(단위 : 천 톤)

구분	2020년	2021년	2022년	2023년	평균
커피	13.5	14.8	15.6	17.5	
올리브유	16.2	16.7	17.5	18.2	
수공예품	9.1	9.2	9.1	9.2	
쌀	6.1	6.9	7.1	8.2	

▲ 1번 문제만 연습합니다.

완전정복 - 02

다음의 《조건》에 따라 스타일 기능을 적용하여 《출력형태》와 같이 작성하시오.
- 소스 : 정복02_문제02.hwpx
- 정답 : 정복02_정답02.hwpx

작성 시간 / 권장 시간
분 / 10분

《조건》
(1) 스타일 이름 – pumba
(2) 문단 모양 – 왼쪽 여백 : 15pt, 문단 아래 간격 : 10pt
(3) 글자 모양 – 글꼴 : 한글(굴림)/영문(돋움), 크기 : 10pt, 장평 : 95%, 자간 : -5%

《출력형태》

1.
The Eumseong Pumba Festival is a festival that combines the benevolence of Pumba and grandfather Choi Gwi-dong, which are hardened like the pronouns of traditional a traveling marketeer.

거지 성자로 불리는 최귀동 할아버지의 숭고한 삶에서 비롯된 음성 지역의 품바축제는 삭막한 현대인들의 가슴에 따뜻한 나눔의 의미를 깊이 새기고 있다.

완전정복 - 03

다음의 《조건》에 따라 스타일 기능을 적용하여 《출력형태》와 같이 작성하시오.
- 소스 : 정복02_문제03.hwpx
- 정답 : 정복02_정답03.hwpx

작성 시간 / 권장 시간
분 / 10분

《조건》
(1) 스타일 이름 – dementia
(2) 문단 모양 – 왼쪽 여백 : 15pt, 문단 아래 간격 : 10pt
(3) 글자 모양 – 글꼴 : 한글(궁서)/영문(돋움), 크기 : 10pt, 장평 : 95%, 자간 : 5%

《출력형태》

1.
Dementia is not a natural consequence of aging. Memory loss due to aging is usually limited to trivial matters and does not seriously interfere with an individual's daily life.

나이가 들면서 생기는 기억력 저하는 대개 사소한 일들에 국한되어 있으며, 개인의 일상생활에 심각한 지장을 주지는 않는다. 그러나 치매는 나이가 들어서 생기는 자연스러운 결과가 아니다.

완전정복 - 04

다음의 《조건》에 따라 스타일 기능을 적용하여 《출력형태》와 같이 작성하시오.
- 소스 : 정복02_문제04.hwpx
- 정답 : 정복02_정답04.hwpx

작성 시간 / 권장 시간
분 / 10분

《조건》
(1) 스타일 이름 – disease
(2) 문단 모양 – 왼쪽 여백 : 15pt, 문단 아래 간격 : 10pt
(3) 글자 모양 – 글꼴 : 한글(궁서)/영문(돋움), 크기 : 10pt, 장평 : 95%, 자간 : 5%

《출력형태》

1.
The Centers for Disease Control and tools protect the public health based on research on the mechanism, prevention and management of infectious and chronic diseases.

질병관리본부는 감염병과 만성병의 기전과 예방, 치료, 관리에 관한 연구와 환경과 유전 요인에 대한 분석연구를 바탕으로 국민 건강을 지킬 과학적 근거와 수단을 마련한다.

완전정복-05

다음의 《조건》에 따라 스타일 기능을 적용하여 《출력형태》와 같이 작성하시오.

· 소스 : 정복02_문제05.hwpx   · 정답 : 정복02_정답05.hwpx

작성 시간 / 권장 시간
분 / 10분

《조건》
(1) 스타일 이름 – martial
(2) 문단 모양 – 첫 줄 들여쓰기 : 15pt, 문단 아래 간격 : 10pt
(3) 글자 모양 – 글꼴 : 한글(궁서)/영문(돋움), 크기 : 10pt, 장평 : 95%, 자간 : -5%

《출력형태》

1.
　　Martial art a traditional Japanese, Chinese, or Korean form of fighting or defending yourself, practised as a sport or as exercise. Martial arts include karate, judo, kung fu, and aikido

　　한국택견협회, 세계무술연맹 등 무예 관련 기관들이 거점을 두고 있어 무예의 고장으로 불리는 충주에서 '무예와 함께 삶을 건강하고 평등하게'라는 주제로 국제연무대회가 열립니다.

완전정복-06

다음의 《조건》에 따라 스타일 기능을 적용하여 《출력형태》와 같이 작성하시오.

· 소스 : 정복02_문제06.hwpx   · 정답 : 정복02_정답06.hwpx

작성 시간 / 권장 시간
분 / 10분

《조건》
(1) 스타일 이름 – metaverse
(2) 문단 모양 – 왼쪽 여백 : 15pt, 문단 아래 간격 : 10pt
(3) 글자 모양 – 글꼴 : 한글(돋움)/영문(굴림), 크기 : 10pt, 장평 : 95%, 자간 : 5%

《출력형태》

1.
　　In order to revitalize and continue to grow various industrial ecosystems, it is necessary to establish leading governance and establish and operate a metaverse partnership organization that can lead.

　　다양한 산업 생태계의 활성화와 지속적인 성장을 위해서는 선도적 거버넌스의 정립이 필요하며 견인할 수 있는 메타버스 파트너십 기구를 설치하고 운영할 필요가 있다.

완전정복-07

다음의 《조건》에 따라 스타일 기능을 적용하여 《출력형태》와 같이 작성하시오.

· 소스 : 정복02_문제07.hwpx   · 정답 : 정복02_정답07.hwpx

작성 시간 / 권장 시간
분 / 10분

《조건》
(1) 스타일 이름 – credit
(2) 문단 모양 – 왼쪽 여백 : 15pt, 문단 아래 간격 : 10pt
(3) 글자 모양 – 글꼴 : 한글(돋움)/영문(굴림), 크기 : 10pt, 장평 : 95%, 자간 : 5%

《출력형태》

1.
　　A high school credit system is a system in which students select courses, attend classes, and complete the necessary credits for graduation.

　　고교학점제란 대학처럼 학생들이 적성과 희망 진로에 따라 교과를 선택하고 강의실을 다니며 수업을 듣고 졸업에 필요한 학점을 이수하는 제도를 말한다.

완전정복-08

다음의 《조건》에 따라 스타일 기능을 적용하여 《출력형태》와 같이 작성하시오.

- 소스 : 정복02_문제08.hwpx   · 정답 : 정복02_정답08.hwpx

작성 시간 / 권장 시간

분 / 10분

《조건》
(1) 스타일 이름 – multicultural
(2) 문단 모양 – 왼쪽 여백 : 15pt, 문단 아래 간격 : 10pt
(3) 글자 모양 – 글꼴 : 한글(돋움)/영문(굴림), 크기 : 10pt, 장평 : 95%, 자간 : 5%

《출력형태》

1.
Multicultural Family Support Center supports stable living for multicultural families through a variety of services including counseling and cultural programs.

오늘날 교통, 통신 기술의 발달로 서로 다른 문화권에 속한 사람들 간의 접촉이 빈번해지면서 다양한 인종과 문화를 가진 사람들이 함께 공존하는 다문화 사회가 되었다.

완전정복-09

다음의 《조건》에 따라 스타일 기능을 적용하여 《출력형태》와 같이 작성하시오.

- 소스 : 정복02_문제09.hwpx   · 정답 : 정복02_정답09.hwpx

작성 시간 / 권장 시간

분 / 10분

《조건》
(1) 스타일 이름 – information
(2) 문단 모양 – 왼쪽 여백 : 15pt, 문단 아래 간격 : 10pt
(3) 글자 모양 – 글꼴 : 한글(굴림)/영문(돋움), 크기 : 10pt, 장평 : 95%, 자간 : 5%

《출력형태》

1.
In the age of based on big data personal information is becoming increasingly more important. Personal information is becoming a global problem.

4차 산업혁명 시대에 빅데이터 기반 개인정보의 중요성은 더욱 커지고 있다. 또한 개인정보는 더 이상 어느 한 국가의 문제가 아닌 전 세계적인 문제가 되었다.

완전정복-10

다음의 《조건》에 따라 스타일 기능을 적용하여 《출력형태》와 같이 작성하시오.

- 소스 : 정복02_문제10.hwpx   · 정답 : 정복02_정답10.hwpx

작성 시간 / 권장 시간

분 / 10분

《조건》
(1) 스타일 이름 – ransomware
(2) 문단 모양 – 첫 줄 들여쓰기 : 15pt, 문단 아래 간격 : 10pt
(3) 글자 모양 – 글꼴 : 한글(굴림)/영문(돋움), 크기 : 10pt, 장평 : 95%, 자간 : 5%

《출력형태》

1.
　Ransomware is malicious program that locks the system or encrypts data in combination with ransom and software, and requires money to be paid hostage.

　랜섬웨어는 몸값과 소프트웨어의 합성어로 시스템을 잠그거나 데이터를 암호화해 사용할 수 없도록 하고 이를 인질로 금전을 요구하는 악성 프로그램을 말한다.

기능평가 Ⅰ - 표 작성

- ☑ 표 만들기
- ☑ 셀 배경색 및 테두리 지정하기
- ☑ 표 내용 입력 및 정렬하기
- ☑ 블록 계산 및 캡션 입력하기

문제 미리보기

· 소스 : 유형03_문제.hwpx   · 정답 : 유형03_정답.hwpx

2. 다음의 《조건》에 따라 《출력형태》와 같이 표와 차트를 작성하시오. (100점)

※ 《표 조건》은 다음 페이지를 참고하시기 바랍니다.

1.

Since its establishment in 2008, it has been commissioned by the Korea Youth Activity Promotion Agency and has operated various international exchange programs to help teenagers grow into global leaders.

청소년들이 글로벌 리더로 성장하도록 다양한 국제교류 프로그램을 운영하고 있으며, 2008년 설치 이후 2013년부터 현재까지 한국청소년활동진흥원에서 위탁하고 있다.

2.

청소년국제교류 사업 효과성 변화(단위 : 점)

연도	2020년	2021년	2022년	2023년	평균
이해증진도	2.8	3.1	3.3	3.5	
시민의식	4.2	4.1	4.3	4.1	
가치관	3.6	4.2	4.7	4.1	
문화 개방성	3.5	4.1	4.4	4.9	

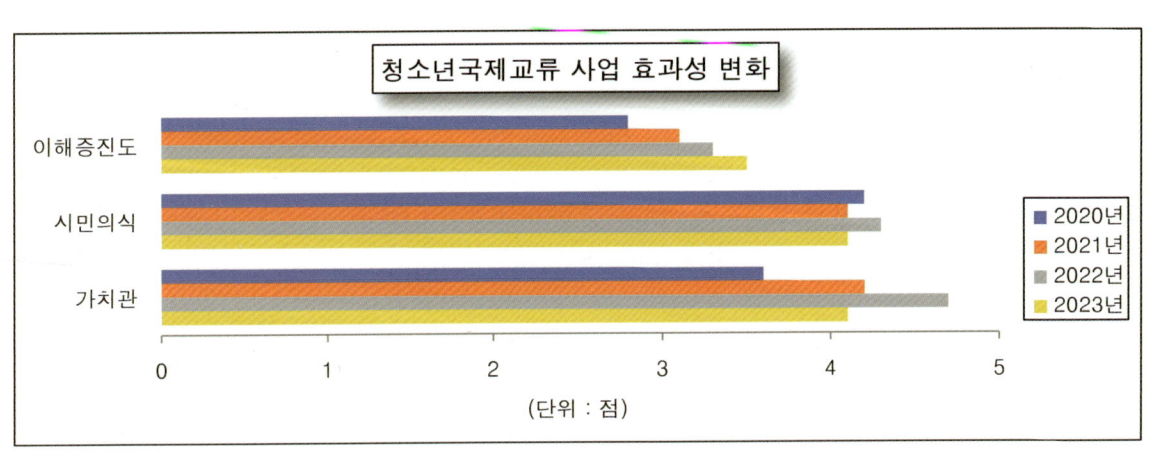

▲ 2번 문제 표만 연습합니다.

Information Technology Qualification

난이도	권장 시간 / 시험 시간	유형 점수 / 시험 점수
★★★☆☆	5분 / 60분	50점 / 500점

시험 분석

➡ **출제 경향 : 출제 문제를 분석**
- ☑ 표 전체(표, 캡션)의 글꼴은 3개의 글꼴(돋움, 궁서, 굴림)이 번갈아가며 출제되고, 셀 배경색은 노랑이 출제되고 있습니다.
- ☑ 블록 계산식은 합계와 평균(소수점 두 자리)이 출제되고 있습니다.

➡ **주의 사항 : 실수가 많은 내용**
- ☑ 시험에서는 표를 글자와 같게 취급하여 문단으로 이동할 수 있도록 만들어야 하기 때문에 글자처럼 처리하는 [글자처럼 취급]으로 만들어야 합니다.
- ☑ 캡션 영역에서 Delete나 Back space를 눌러 내용을 모두 지우고 본문으로 빠져나온 경우 내용은 비어 있지만 캡션 영역은 그대로 남아 있으므로 캡션 영역을 클릭하여 내용을 입력합니다.

➡ **주요 단축키 : 문서 작성시 시간 단축에 도움**
- ☑ 표 : Ctrl+N, T, 표 테두리 : L, 표 배경색 : C, 블록 합계 : Ctrl+Shift+S, 블록 평균 : Ctrl+Shift+A

Skill 01 표 만들기

≪표 조건≫ : (1) 표 전체(표, 캡션) – 굴림, 10pt
         (2) 정렬 – 문자 : 가운데 정렬, 숫자 : 오른쪽 정렬
         (3) 셀 배경(면색) : 노랑
         (4) 한글의 계산 기능을 이용하여 빈칸에 평균(소수점 두 자리)을 구하고, 캡션 기능 사용할 것
         (5) 선 모양은 ≪출력형태≫와 동일하게 처리할 것

≪출력형태≫

2.

청소년국제교류 사업 효과성 변화(단위 : 점)

연도	2020년	2021년	2022년	2023년	평균
이해증진도	2.8	3.1	3.3	3.5	
시민의식	4.2	4.1	4.3	4.1	
가치관	3.6	4.2	4.7	4.1	
문화 개방성	3.5	4.1	4.4	4.9	

① 한글 2022 프로그램을 실행한 후 [파일]-[불러오기]를 선택합니다. [불러오기] 대화상자가 나오면 [소스 및 정답]-[소스 파일]-[출제유형 완전정복]-[출제유형 03]-'유형03_문제.hwpx' 파일을 불러옵니다.

② 1페이지의 문제 번호 2. 다음 문단을 클릭하여 커서를 위치시킨 후 표를 작성하기 위해 [입력] 탭에서 '표(⊞)'(또는 Ctrl+N, T)를 클릭합니다.

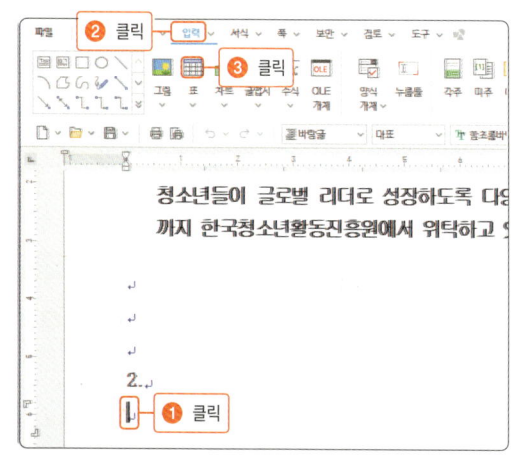

❸ [표 만들기] 대화상자가 나오면 《출력형태》를 참고하여 '줄 개수 (5), 칸 개수(6)'를 입력한 후 '글자처럼 취급'을 클릭하여 체크(☑) 한 다음 〈만들기〉 단추를 클릭합니다.

※ '글자처럼 취급'이 이미 체크(☑)가 된 상태라면 선택하지 않습니다.

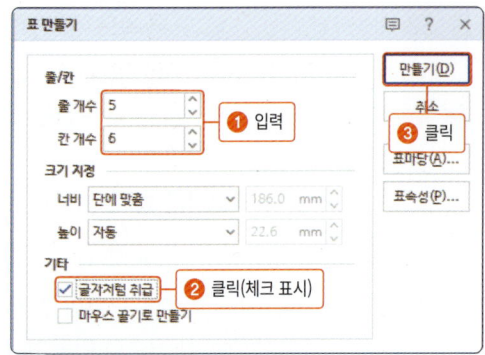

Skill 02 표 내용 입력 및 정렬하기

(1) 표 전체(표, 캡션) - 굴림, 10pt
(2) 정렬 - 문자 : 가운데 정렬, 숫자 : 오른쪽 정렬

❶ 표가 만들어지면 표 안쪽을 클릭한 후 문제지 기능평가 I 의 2번 문제 《출력형태》를 참고하여 다음과 같이 내용을 입력합니다.

연도	2020년	2021년	2022년	2023년	평균
이해증진도	2.8	3.1	3.3	3.5	
시민의식	4.2	4.1	4.3	4.1	
가치관	3.6	4.2	4.7	4.1	
문화 개방성	3.5	4.1	4.4	4.9	

 셀 안쪽의 커서 이동 방법
표 안의 내용을 입력한 후 Tab 키(오른쪽으로 이동) 또는 방향키(↑, ↓, ←, →)를 이용하여 커서를 이동할 수 있습니다.

❷ 모든 내용이 입력되면 표 전체를 드래그하여 블록으로 지정한 후 [서식] 도구 상자에서 '글꼴(굴림), 글자 크기(10)'를 지정합니다. 이어서, '가운데 정렬(☰)'을 클릭합니다.

※ [서식] 도구 상자에서 글꼴을 선택할 때는 [모든 글꼴]을 선택한 상태에서 글꼴을 찾습니다.

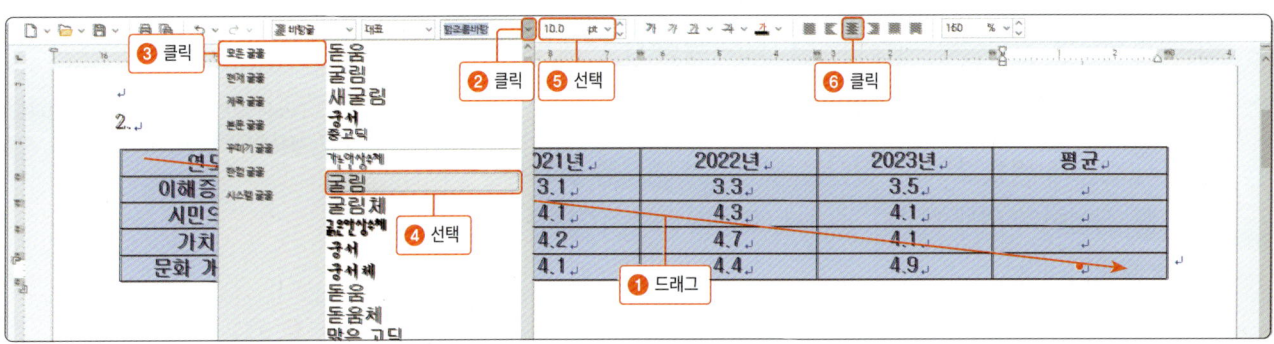

❸ 표 내용에서 숫자를 오른쪽으로 정렬하기 위해 다음과 같이 드래그하여 블록으로 지정한 후 [서식] 도구 상자에서 '오른쪽 정렬( )'을 클릭합니다.

※ 해당 빈 칸(평균 열)은 블록 계산식을 이용하여 숫자 값이 입력되기 때문에 《표 조건》에 맞추어 미리 오른쪽 정렬을 지정합니다.

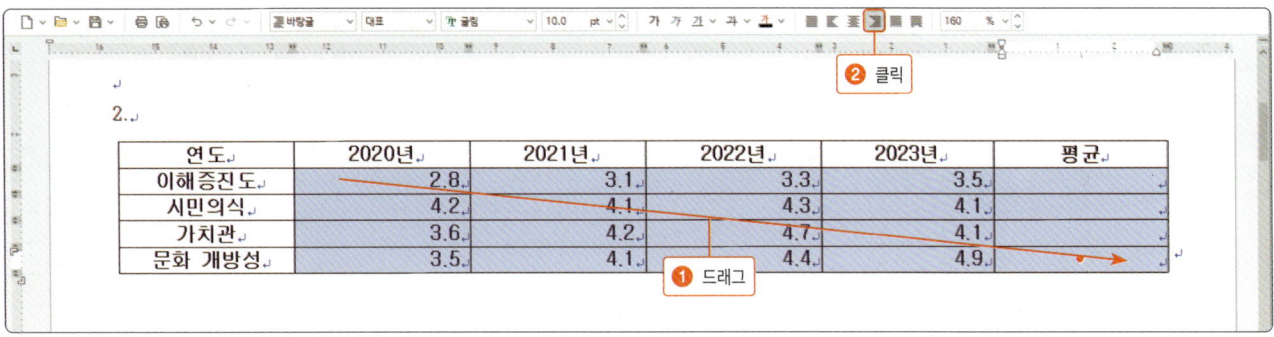

Skill 03 셀 배경색 및 테두리 지정하기

■ 셀 배경색 지정하기

(3) 셀 배경(면색) : 노랑

❶ 셀 배경색을 지정하기 위해 다음과 같이 드래그하여 블록으로 지정합니다.

❷ [표 디자인( )] 탭에서 [표 채우기( )]의 '목록 단추( )'를 클릭합니다. 이어서, '테마 색상표( )'를 클릭한 후 '오피스'를 선택합니다.

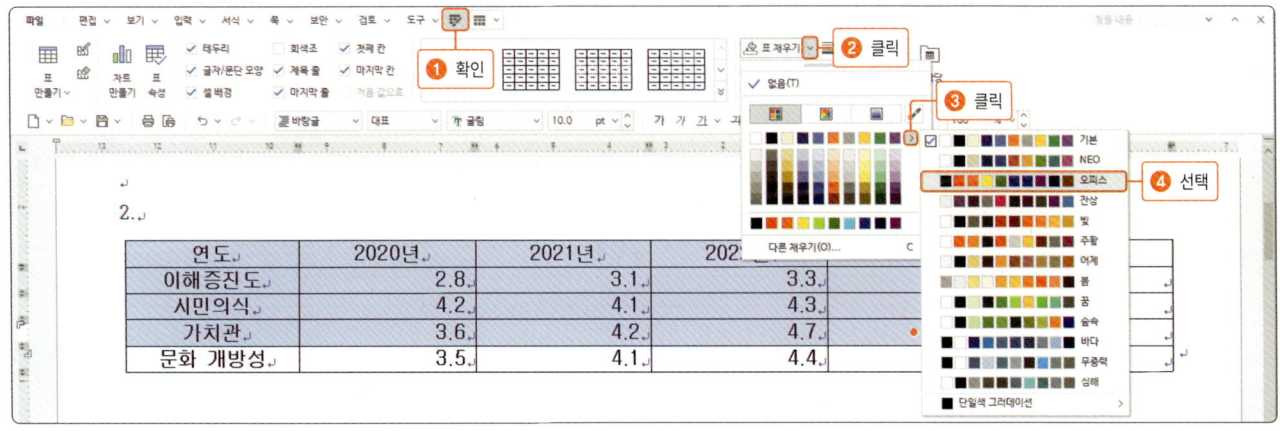

❸ 오피스 색상 팔레트가 나오면 '노랑'을 선택합니다.

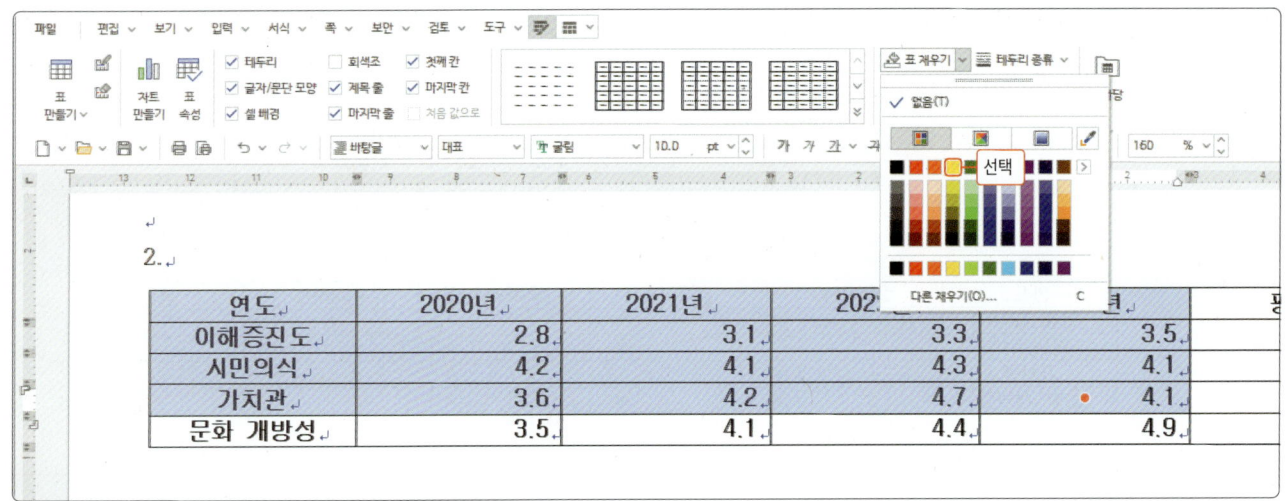

색상 테마

❶ 실제 시험에서 지시하는 색상(빨강, 파랑, 노랑, 하양, 검정)은 하양을 제외하고 모두 [오피스] 색상 테마입니다. 사용자 환경에 따라 다른 색상 테마가 설정되어 있을 수 있으니 반드시 색상 테마를 [오피스]로 변경한 후 작업합니다.

　※ 단, 하양은 [기본] 테마의 '하양'을 선택하여 사용합니다.

❷ 테마 색 이외에도 팔레트, 스펙트럼을 클릭한 후 RGB 값을 직접 입력 또는 클릭하여 색상을 지정할 수도 있습니다. (빨강 : 255, 0, 0, / 파랑 : 0, 0, 255, / 노랑 : 255, 255, 0.)

❹ Esc 키를 눌러 블록 지정을 해제한 후 셀 배경색을 확인합니다.

연도	2020년	2021년	2022년	2023년	평균
이해증진도	2.8	3.1	3.3	3.5	
시민의식	4.2	4.1	4.3	4.1	
가치관	3.6	4.2	4.7	4.1	
문화 개방성	3.5	4.1	4.4	4.9	

Esc 키 후 확인

■ 셀 테두리 지정하기

(5) 선 모양은 《출력형태》와 동일하게 처리할 것

❺ 셀 테두리를 변경하기 위해 표 전체를 드래그하여 블록으로 지정합니다. 이어서, [표 레이아웃()] 탭의 '목록 단추(▽)'를 클릭한 후 [셀 테두리/배경]-'각 셀마다 적용'(또는 ⓛ)을 선택합니다.

※ 표 전체를 블록으로 지정한 후 [마우스 오른쪽 단추]를 눌러 [셀 테두리/배경]-'각 셀마다 적용'을 선택할 수도 있습니다.

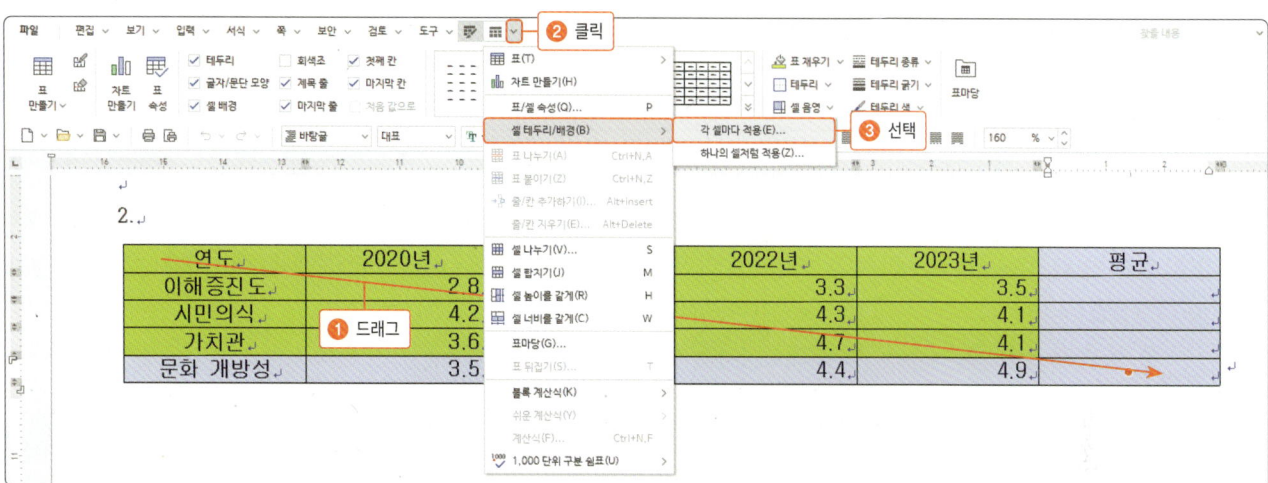

> **TIP** 각 셀마다 적용 / 하나의 셀처럼 적용
> ❶ 각 셀마다 적용 : 블록으로 지정된 셀에 테두리나 배경, 대각선 등을 지정하면 각 셀마다 지정되어 나타납니다.
> ❷ 하나의 셀처럼 적용 : 블록으로 지정된 셀에 테두리나 배경, 대각선 등을 지정하면 하나의 셀에 지정되는 것처럼 나타납니다.
>
> ▲ [각 셀마다 적용]-[대각선]을 적용한 경우   ▲ [하나의 셀처럼 적용]-[대각선]을 적용한 경우

❻ [셀 테두리/배경] 대화상자가 나오면 [테두리] 탭에서 [종류]-'이중 실선(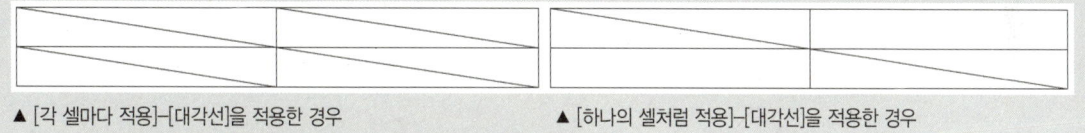)', '바깥쪽(⬜)'을 선택한 후 〈설정〉 단추를 클릭합니다.

※ 테두리 종류는 《출력형태》를 참고하여 작업합니다.

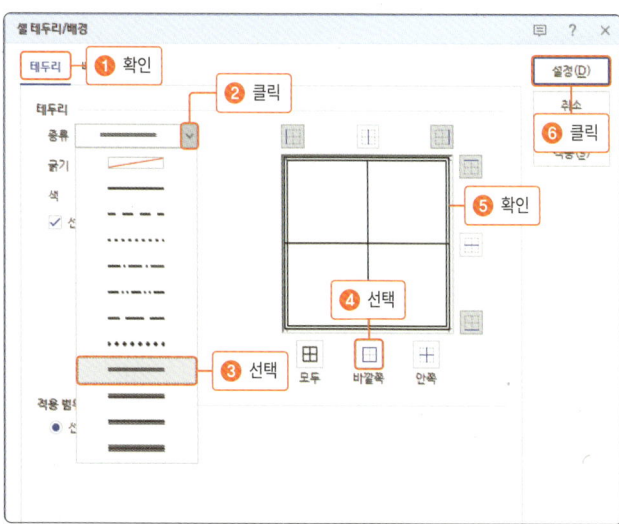

❼ 바깥쪽 테두리가 이중 실선으로 적용되면 똑같은 방법으로 다음과 같이 표의 테두리를 지정합니다.
- 첫 번째 행(연도, 2020년, 2021년, 2022년, 2023년, 평균)을 셀 블록으로 지정한 후 '이중 실선(====)'으로 '바깥쪽(▣)' 테두리 지정
- 첫 번째 열(연도, 이해증진도, 시민의식, 가치관, 문화 개방성)을 셀 블록으로 지정한 후 '이중 실선(====)'으로 '바깥쪽(▣)' 테두리 지정

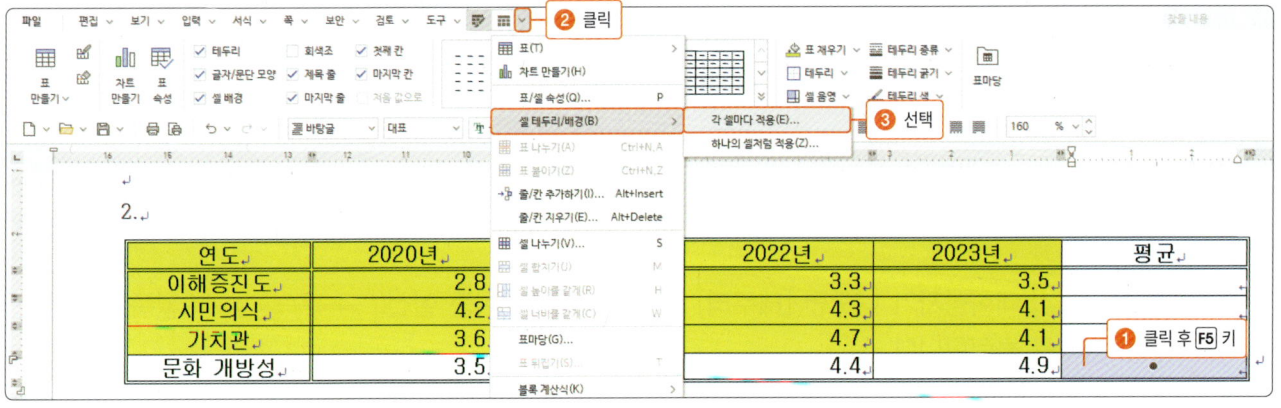

테두리 지정

❶ 첫 번째 행은 [셀 테두리/배경] 대화상자에서 [종류]-'이중 실선(====)', 아래쪽 테두리(▥)를 선택해도 결과는 같습니다.

❷ 첫 번째 열은 [셀 테두리/배경] 대화상자에서 [종류]-'이중 실선(====)', 오른쪽 테두리(▮)을 선택해도 결과는 같습니다.

❽ 하나의 셀에 대각선을 지정하기 위해 다음과 같이 표 안의 셀을 클릭하여 커서를 위치시킨 후 F5 키를 눌러 블록으로 지정합니다.

❾ [표 레이아웃(▦)] 탭의 '목록 단추(∨)'를 클릭한 후 [셀 테두리/배경]-'각 셀마다 적용'(또는 L)을 선택합니다.

❿ [셀 테두리/배경] 대화상자가 나오면 [대각선] 탭에서 [종류]-'실선(———)', [대각선]-'◤, ◢'을 선택한 후 〈설정〉 단추를 클릭합니다.

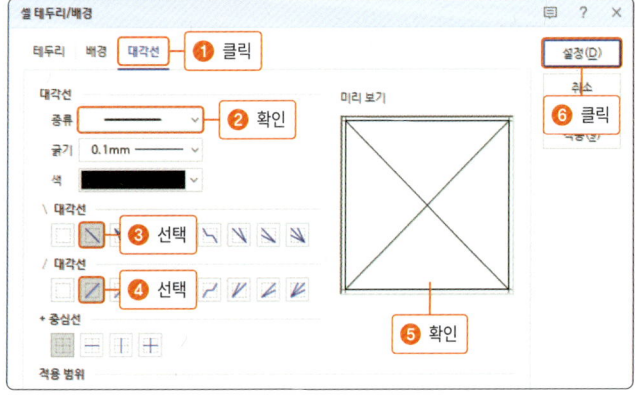

블록 계산(합계, 평균 등) 및 캡션 입력하기

(1) 표 전체(표, 캡션) - 굴림, 10pt
(2) 한글의 계산 기능을 이용하여 빈칸에 평균(소수점 두 자리)을 구하고, 캡션 기능 사용할 것

❶ 블록 계산식을 이용하여 평균을 구하기 위해 다음과 같이 드래그하여 블록으로 지정한 후 [표 레이아웃( )]
탭에서 [계산식( )]-'블록 평균'을 선택합니다.

※ 블록으로 지정된 셀 위에서 마우스 오른쪽 단추를 눌러 [블록 계산식]-'블록 평균'을 선택할 수도 있습니다.

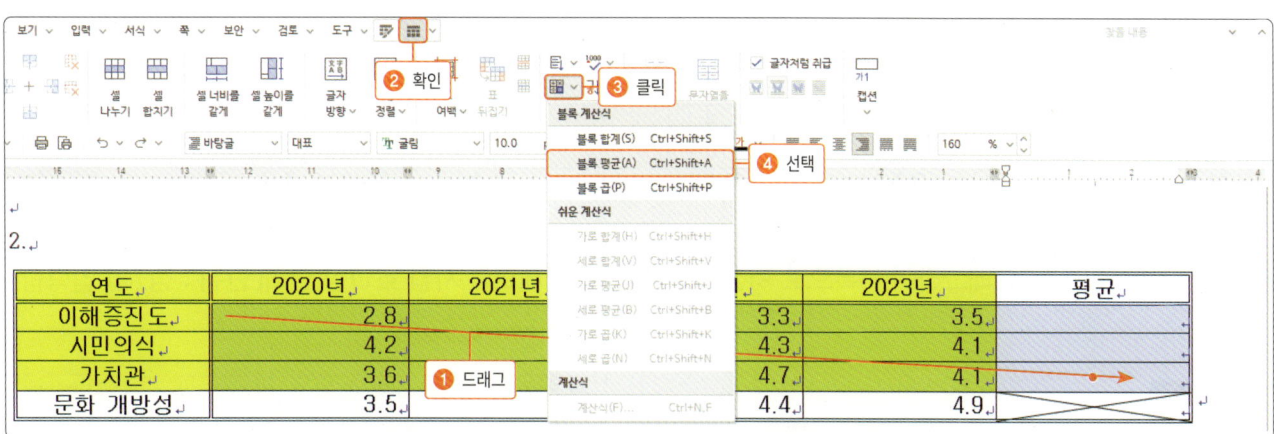

> **블록 계산**
> 표의 《출력형태》를 보면 평균 부분이 빈 칸으로 되어 있지만, 《표 조건》에는 계산 기능을 이용하여 빈 칸의 평균을
> 구하라고 되어있기 때문에 블록 계산식을 이용하여 평균을 구해야 합니다.

❷ 빈 셀에 평균이 계산되어 입력되면 `Esc` 키를 눌러 블록 지정을 해제합니다.

> **블록 계산식**
> ❶ 바로 가기 키 : 블록 합계(`Ctrl`+`Shift`+`S`), 블록 평균(`Ctrl`+`Shift`+`A`), 블록 곱(`Ctrl`+`Shift`+`P`)
> ❷ 소수점 자릿수 변경 : 만약 평균을 계산한 후 소수점 자릿수를 변경하고자 할 경우에는 평균으로 계산된 숫자(예
> : 60.50) 위에서 마우스 오른쪽 단추를 눌러 [계산식 고치기]를 클릭합니다. 이어서, [계산식] 대화상자가 나오면
> '형식'을 클릭한 후 원하는 자릿수를 지정합니다.
> ※ 현재 ITQ 한글 시험에서는 평균 계산식의 형식이 기본 자릿수(소수점 이하 두 자리)로 출제되고 있으니 참고
> 하시기 바랍니다.

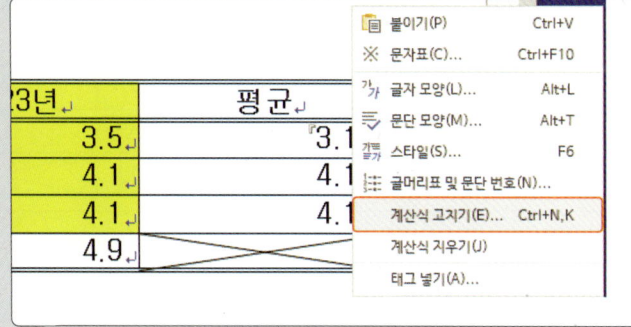

❸ 평균이 계산되면 [표 레이아웃(▦)] 탭에서 캡션(캡션)의 '목록 단추(▼)'를 클릭한 후 '위'를 선택합니다.

※ 캡션이란 표 또는 그림 등의 이해를 돕기 위하여 간단한 내용을 입력하는 기능으로 《출력형태》의 표 우측 상단을 참고하여 캡션 내용을 입력합니다.

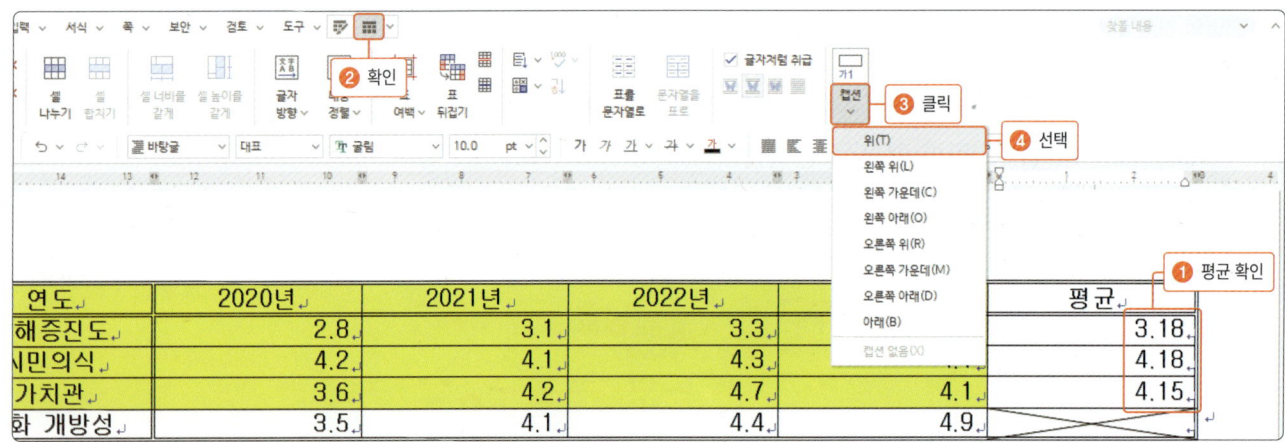

❹ 캡션 내용(표 1)을 드래그하여 블록으로 지정한 후 '**청소년국제교류 사업 효과성 변화(단위 : 점)**'을 입력합니다.

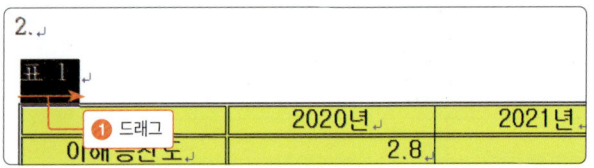 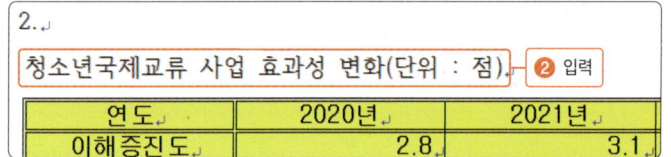

❺ 캡션을 블록으로 지정한 후 [서식] 도구 상자에서 '글꼴(굴림), 글자 크기(10pt), 오른쪽 정렬(▤)'을 지정합니다. 이어서, Esc 키를 눌러 블록 지정을 해제합니다.

❻ 표 전체를 드래그하여 블록으로 지정한 후 Ctrl 키를 누른 채 ↓ 키를 두 번 눌러 표의 크기를 조절합니다.

※ 표의 크기는 《출력형태》를 참고하여 작업하며, 표의 크기를 조절하지 않아도 감점사항은 아닙니다.

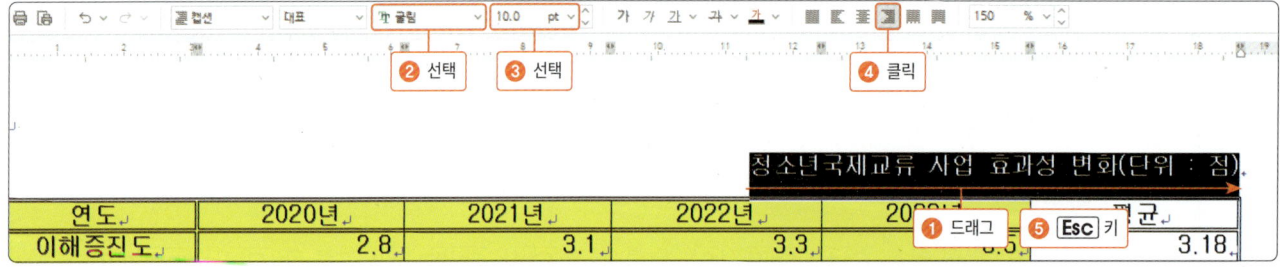

❼ 모든 작업이 완료되면 [파일]-[저장하기](Alt+S) 또는 [서식] 도구 상자에서 '저장하기(💾)'를 클릭하여 파일을 저장합니다. ※ 실제 시험을 볼 때 작업 도중에 수시로(10분에 한 번 정도) 저장을 하는 것이 좋습니다.

출제유형 완전정복 : 표 작성

완전정복-01
다음의 《조건》에 따라 《출력형태》와 같이 표와 차트를 작성하시오.

- 소스 : 정복03_문제01.hwpx
- 정답 : 정복03_정답01.hwpx

《표 조건》
(1) 표 전체(표, 캡션) - 굴림, 10pt
(2) 정렬 - 문자 : 가운데 정렬, 숫자 : 오른쪽 정렬
(3) 셀 배경(면색) : 노랑
(4) 한글의 계산 기능을 이용하여 빈칸에 평균(소수점 두 자리)을 구하고, 캡션 기능 사용할 것
(5) 선 모양은 《출력형태》와 동일하게 처리할 것

《출력형태》

1.
Fair trade is an organized social movement that aims to help producers in developing countries to make better trading conditions and promote sustainability.

공정무역은 세계무역시장에서 공정하지 못한 무역 관행을 개선하고자 하는 노력에서 시작되었습니다. 정의, 공정성, 지속가능한 발전은 공정무역 구조의 핵심입니다.

2.
공정무역 소매 판매량(단위 : 천 톤)

구분	2020년	2021년	2022년	2023년	평균
커피	13.5	14.8	15.6	17.5	
올리브유	16.2	16.7	17.5	18.2	
수공예품	9.1	9.2	9.1	9.2	
쌀	6.1	6.9	7.1	8.2	

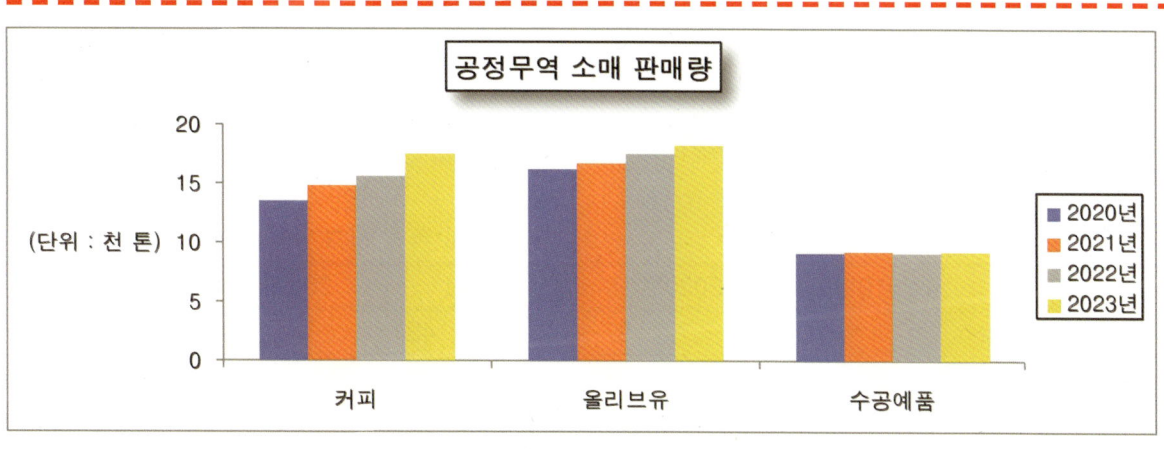

▲ 2번 문제의 표만 연습합니다.

완전정복-02

다음의 《조건》에 따라 《출력형태》와 같이 표와 차트를 작성하시오.

• 소스 : 정복03_문제02.hwpx   • 정답 : 정복03_정답02.hwpx

작성 시간 / 권장 시간
분 / 5분

《표 조건》
(1) 표 전체 (표, 캡션) – 굴림, 10pt
(2) 정렬 – 문자 : 가운데 정렬, 숫자 : 오른쪽 정렬
(3) 셀 배경(면색) : 노랑
(4) 한글의 계산 기능을 이용하여 빈칸에 평균(소수점 두 자리)을 구하고, 캡션 기능 사용할 것
(5) 선 모양은 《출력형태》와 동일하게 처리할 것

《출력형태》

2.

품바축제 관람객 현황(단위 : 천 명)

구분	2020년	2021년	2022년	2023년	평균
품바래퍼	437	378	349	416	
품바패션	325	397	118	597	
품바왕	321	253	406	463	
천인의 엿치기	264	328	384	451	

완전정복-03

다음의 《조건》에 따라 《출력형태》와 같이 표와 차트를 작성하시오.

• 소스 : 정복03_문제03.hwpx   • 정답 : 정복03_정답03.hwpx

작성 시간 / 권장 시간
분 / 5분

《표 조건》
(1) 표 전체 (표, 캡션) – 굴림, 10pt
(2) 정렬 – 문자 : 가운데 정렬, 숫자 : 오른쪽 정렬
(3) 셀 배경(면색) : 노랑
(4) 한글의 계산 기능을 이용하여 빈칸에 합계를 구하고, 캡션 기능 사용할 것
(5) 선 모양은 《출력형태》와 동일하게 처리할 것

《출력형태》

2.

재가 노인 복지 시설 서비스 현황(단위 : 10개소)

연도	2019년	2020년	2021년	2022년	합계
방문 요양	15	27	42	58	
주야간 보호	18	23	26	30	
단기 보호	8	7	6	7	
방문 간호	6	10	1	2	

완전정복 - 04

다음의 《조건》에 따라 《출력형태》와 같이 표와 차트를 작성하시오.

- 소스 : 정복03_문제04.hwpx   - 정답 : 정복03_정답04.hwpx

작성 시간 / 권장 시간
분 / 5분

《표 조건》
(1) 표 전체 (표, 캡션) – 굴림, 10pt
(2) 정렬 – 문자 : 가운데 정렬, 숫자 : 오른쪽 정렬
(3) 셀 배경(면색) : 노랑
(4) 한글의 계산 기능을 이용하여 빈칸에 합계를 구하고, 캡션 기능 사용할 것
(5) 선 모양은 《출력형태》와 동일하게 처리할 것

《출력형태》

2.

인천광역시 연도별 사고발생 현황(단위 : 건)

연도별	2018년	2019년	2020년	2021년	합계
교통사고(건)	1,127	1,229	1,141	1,150	
교통사고(인원)	1,607	1,658	1,563	1,550	
화재사고(건)	172	147	155	136	
화재사고(인원)	16	11	13	12	

완전정복 - 05

다음의 《조건》에 따라 《출력형태》와 같이 표와 차트를 작성하시오.

- 소스 : 정복03_문제05.hwpx   - 정답 : 정복03_정답05.hwpx

작성 시간 / 권장 시간
분 / 5분

《표 조건》
(1) 표 전체 (표, 캡션) – 돋움, 10pt
(2) 정렬 – 문자 : 가운데 정렬, 숫자 : 오른쪽 정렬
(3) 셀 배경(면색) : 노랑
(4) 한글의 계산 기능을 이용하여 빈칸에 평균(소수점 두 자리)을 구하고, 캡션 기능 사용할 것
(5) 선 모양은 《출력형태》와 동일하게 처리할 것

《출력형태》

2.

연도별 무예퍼포먼스 참가 현황(단위 : 팀)

구분	2019년	2020년	2021년	2022년	평균
개인전	25	24	20	15	
듀오	23	22	15	12	
단체전	15	10	10	16	
초청	2	3	4	4	

완전정복-06

다음의 《조건》에 따라 《출력형태》와 같이 표와 차트를 작성하시오.

- 소스 : 정복03_문제06.hwpx
- 정답 : 정복03_정답06.hwpx

작성 시간 / 권장 시간

분 / 5분

《표 조건》
(1) 표 전체 (표, 캡션) – 돋움, 10pt
(2) 정렬 – 문자 : 가운데 정렬, 숫자 : 오른쪽 정렬
(3) 셀 배경(면색) : 노랑
(4) 한글의 계산 기능을 이용하여 빈칸에 합계를 구하고, 캡션 기능 사용할 것
(5) 선 모양은 《출력형태》와 동일하게 처리할 것

《출력형태》

2.

글로벌 메타버스 시장 전망(단위 : 10억 달러)

구분	2022	2023	2024	2025	합계
가상현실(VR)	13.4	27.8	79.4	138.3	
증강현실(AR)	33.0	67.9	193.8	338.1	
VR+AR	46.5	95.7	273.2	476.4	
기타	7.5	9.2	21.4	85.3	

완전정복-07

다음의 《조건》에 따라 《출력형태》와 같이 표와 차트를 작성하시오.

- 소스 : 정복03_문제07.hwpx
- 정답 : 정복03_정답07.hwpx

작성 시간 / 권장 시간

분 / 5분

《표 조건》
(1) 표 전체 (표, 캡션) – 돋움, 10pt
(2) 정렬 – 문자 : 가운데 정렬, 숫자 : 오른쪽 정렬
(3) 셀 배경(면색) : 노랑
(4) 한글의 계산 기능을 이용하여 빈칸에 평균(소수점 두 자리)을 구하고, 캡션 기능 사용할 것
(5) 선 모양은 《출력형태》와 동일하게 처리할 것

《출력형태》

2.

제도 개선 사항 설문 응답(단위 : 명)

구분	교원연수	제도홍보	조직개편	업무경감	평균
학생	21,634	8,566	7,572	8,334	
학부모	1,589	1,587	1,127	2,942	
교사	2,967	2,235	2,181	4,825	
교수	694	829	967	894	

완전정복-08

다음의 《조건》에 따라 《출력형태》와 같이 표와 차트를 작성하시오.

- 소스 : 정복03_문제08.hwpx
- 정답 : 정복03_정답08.hwpx

작성 시간 / 권장 시간
분 / 5분

《표 조건》
(1) 표 전체 (표, 캡션) - 돋움, 10pt
(2) 정렬 - 문자 : 가운데 정렬, 숫자 : 오른쪽 정렬
(3) 셀 배경(면색) : 노랑
(4) 한글의 계산 기능을 이용하여 빈칸에 평균(소수점 두 자리)을 구하고, 캡션 기능 사용할 것
(5) 선 모양은 《출력형태》와 동일하게 처리할 것

《출력형태》

2.

학교급별 다문화 학생 수(단위 : 천 명)

구분	2020	2021	2022	2023	평균
초등학교	107.7	111.4	111.7	112.3	
중학교	26.8	34.1	39.8	40.1	
고등학교	12.7	14.5	17.2	17.5	
대학교	9.1	9.5	10.3	10.8	

완전정복-09

다음의 《조건》에 따라 《출력형태》와 같이 표와 차트를 작성하시오.

- 소스 : 정복03_문제09.hwpx
- 정답 : 정복03_정답09.hwpx

작성 시간 / 권장 시간
분 / 5분

《표 조건》
(1) 표 전체 (표, 캡션) - 굴림, 10pt
(2) 정렬 - 문자 : 가운데 정렬, 숫자 : 오른쪽 정렬
(3) 셀 배경(면색) : 노랑
(4) 한글의 계산 기능을 이용하여 빈칸에 평균(소수점 두 자리)을 구하고, 캡션 기능 사용할 것
(5) 선 모양은 《출력형태》와 동일하게 처리할 것

《출력형태》

2.

스팸 발송경로별 유통 현황(단위 : 십만 건)

구분	2018년	2019년	2020년	2021년	평균
유선전화	62	73	94	122	
인터넷전화	81	83	67	85	
휴대전화	21	26	31	30	
이메일(국내발송)	0.9	11	5	7	

기능평가 I - 차트 작성

PART 01 출제유형 완전정복

- ☑ 차트 만들기
- ☑ 축 제목 및 축 이름표 서식 지정하기
- ☑ 차트 제목 및 범례 서식 지정하기

· 소스 : 유형04_문제.hwpx   · 정답 : 유형04_정답.hwpx

2. 다음의 《조건》에 따라 《출력형태》와 같이 표와 차트를 작성하시오.   (100점)
※ 《차트 조건》은 다음 페이지를 참고하시기 바랍니다.

1.
Since its establishment in 2008, it has been commissioned by the Korea Youth Activity Promotion Agency and has operated various international exchange programs to help teenagers grow into global leaders.

청소년들이 글로벌 리더로 성장하도록 다양한 국제교류 프로그램을 운영하고 있으며, 2008년 설치 이후 2013년부터 현재까지 한국청소년활동진흥원에서 위탁하고 있다.

2.

청소년국제교류 사업 효과성 변화(단위 : 점)

연도	2020년	2021년	2022년	2023년	평균
이해증진도	2.8	3.1	3.3	3.5	
시민의식	4.2	4.1	4.3	4.1	
가치관	3.6	4.2	4.7	4.1	
문화 개방성	3.5	4.1	4.4	4.9	

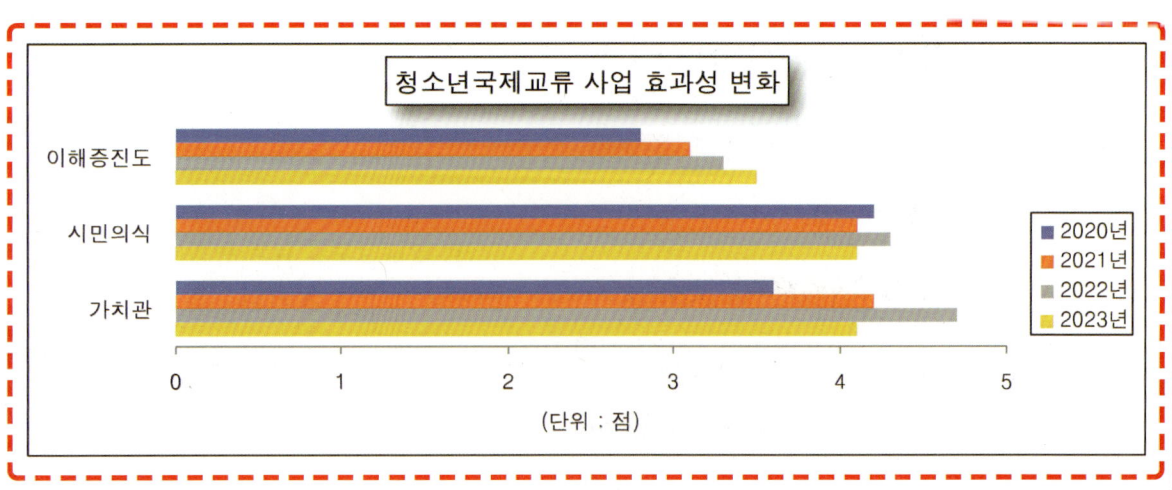

▲ 2번 문제 차트만 연습합니다.

Information Technology Qualification

난이도	권장 시간 / 시험 시간	유형 점수 / 시험 점수
★★★☆☆	5분 / 60분	50점 / 500점

시험 분석

➡ **출제 경향** : 출제 문제를 분석
  - ☑ 차트 범위는 표의 셀 배경색이 지정된 부분이 차트 데이터로 사용되고 있습니다.
  - ☑ 차트의 종류는 묶은 세로 막대형과 묶은 가로 막대형이 번갈아가며 출제되고 있습니다.

➡ **주의 사항** : 실수가 많은 내용
  - ☑ 축의 값은 대부분 《출력형태》와 똑같기 때문에 기본 값으로 두어도 무관하지만 만약 기본 값이 《출력형태》와 다를 경우에는 값을 입력하여 변경해야 합니다.
  - ☑ 숫자는 영문 글꼴 속성이 적용되기 때문에 [차트 글자 모양] 대화상자에서 한글과 영문 글꼴 모두 지정합니다.

➡ **주요 단축키** : 문서 작성시 시간 단축에 도움
  - ☑ 개체 속성 : P

Skill 01 차트 만들기

《차트 조건》: (1) 차트 데이터는 표 내용에서 연도별 이해증진도, 시민의식, 가치관의 값만 이용할 것
  (2) 종류 - 〈묶은 가로 막대형〉으로 작업할 것
  (3) 제목 - 글꼴 : 돋움, 진하게, 12pt
         속성 : 채우기(밝은 색 : 하양), 테두리, 그림자(바깥쪽 : 대각선 오른쪽 아래)
  (4) 제목 이외의 전체 글꼴 - 돋움, 보통, 10pt
  (5) 축제목과 범례는 《출력형태》와 동일하게 처리할 것

《출력형태》

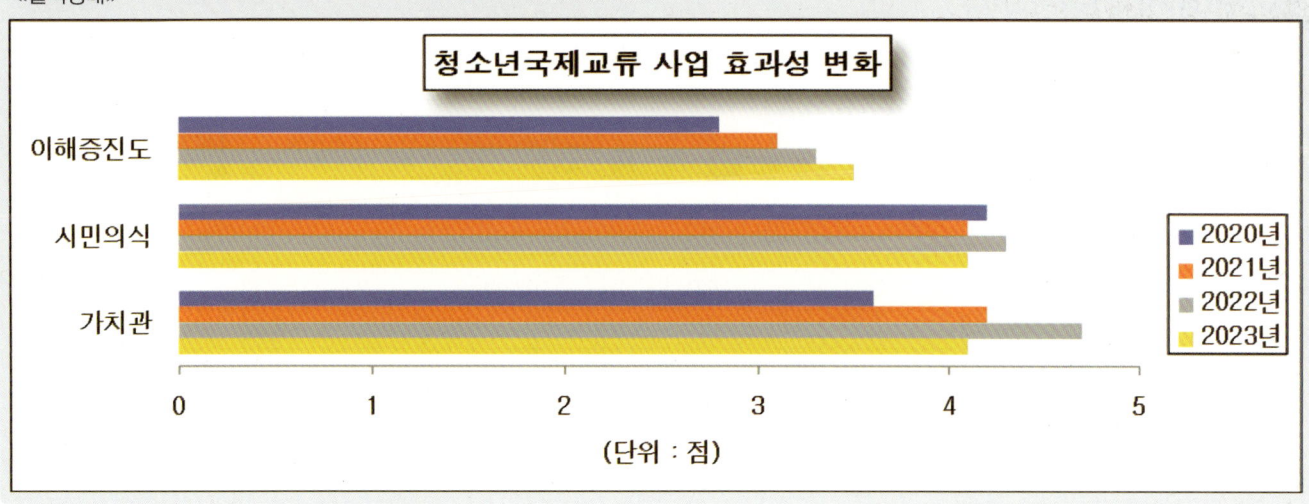

■ 표 내용을 이용하여 차트 만들기

(1) 차트 데이터는 표 내용에서 연도별 이해증진도, 시민의식, 가치관의 값만 이용할 것

 한글 2022 프로그램을 실행한 후 [파일]-[불러오기]를 선택합니다. [불러오기] 대화상자가 나오면 '유형04_문제.hwpx' 파일을 불러옵니다.

❷ 1페이지의 표에서 차트로 작성할 셀 범위를 드래그하여 블록으로 지정한 후 [표 디자인( )] 탭에서 [차트 만들기( )]를 클릭합니다.

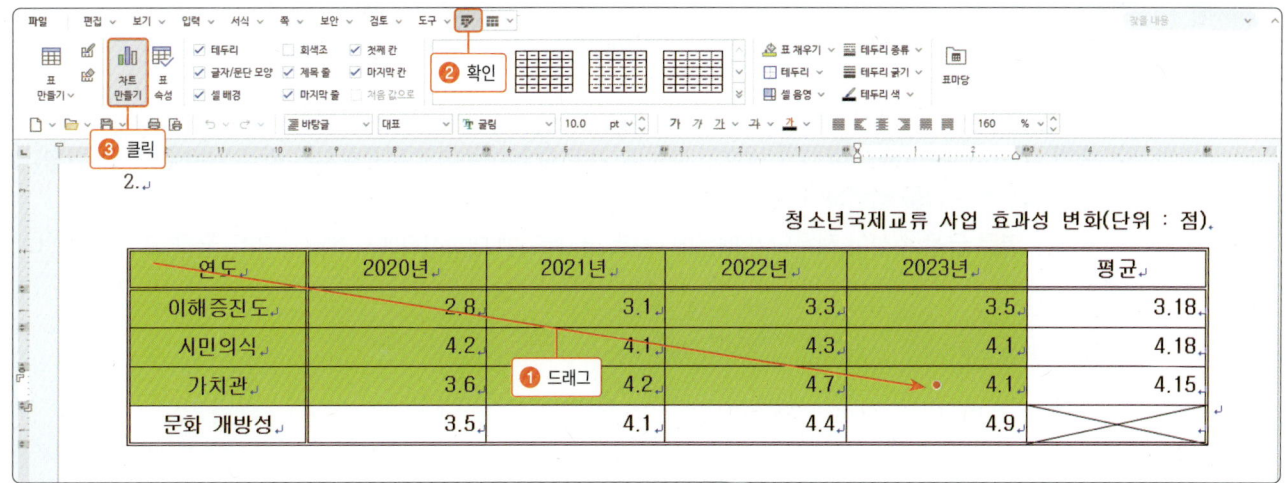

❸ [차트 데이터 편집] 대화상자가 나오면 ' '를 클릭하여 창을 닫습니다.

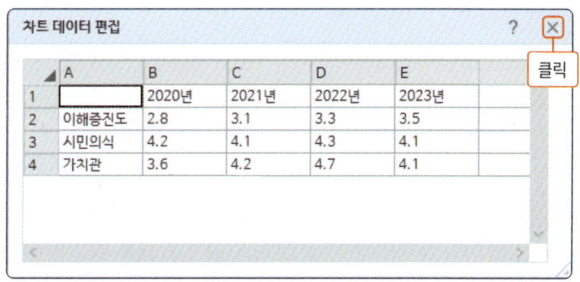

❹ 차트가 만들어지면 차트를 클릭한 후 [차트 서식( )] 탭에서 '글자처럼 취급'을 클릭하여 체크( )합니다.

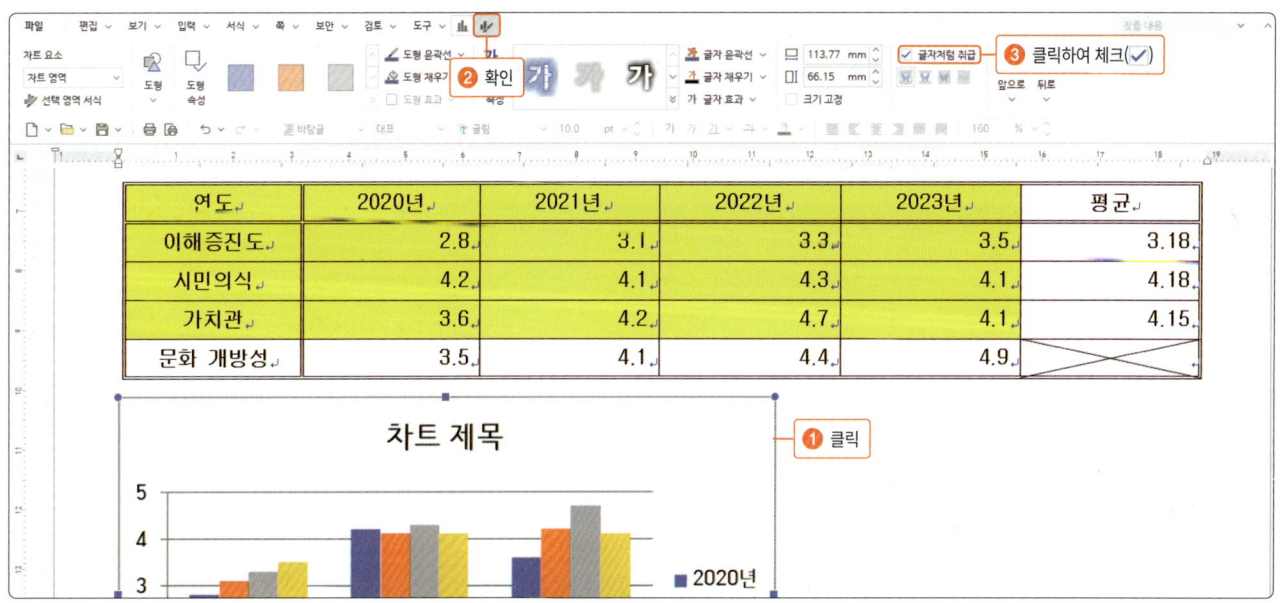

 글자처럼 취급

차트를 보통 글자와 똑같은 문단으로 취급합니다. 따라서, 글을 입력하거나 지우는 대로 개체의 위치가 같이 변합니다.

❺ 차트의 오른쪽 조절점(■)을 드래그하여 다음과 같이 차트의 크기를 조절합니다.

※ 차트 크기 조절은 《출력형태》를 참고하여 작업합니다.

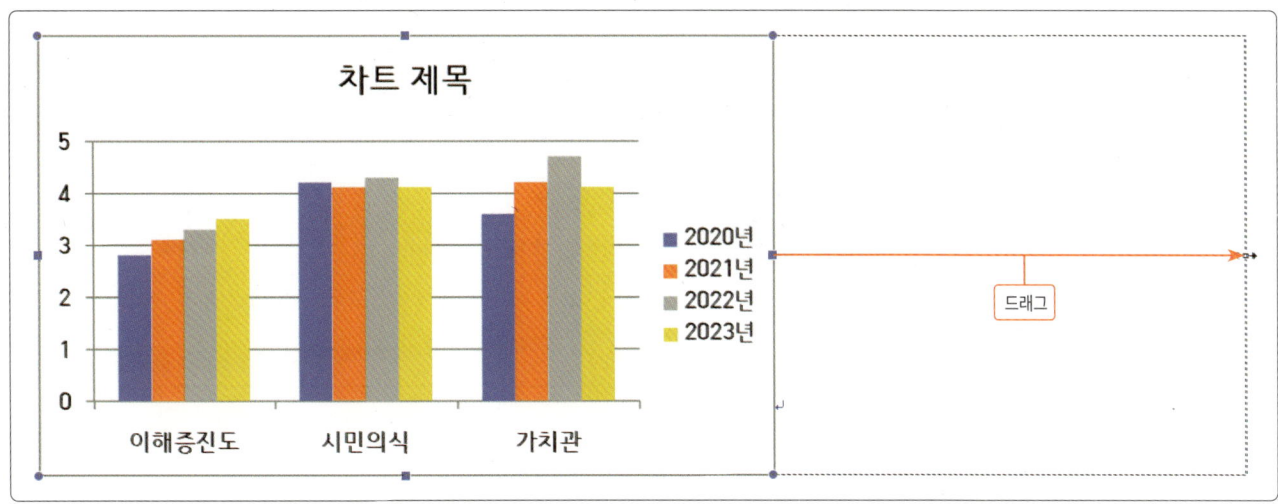

[개체 속성] 작업창

한글 2020버전 부터는 [차트 마법사]가 없습니다. 차트를 더블클릭하면 오른쪽에 [개체 속성] 작업창이 나옵니다. [개체 속성] 작업창에서 차트를 수정하거나 [차트 디자인()] 탭 또는 [차트 서식()] 탭에서 수정할 수 있습니다.

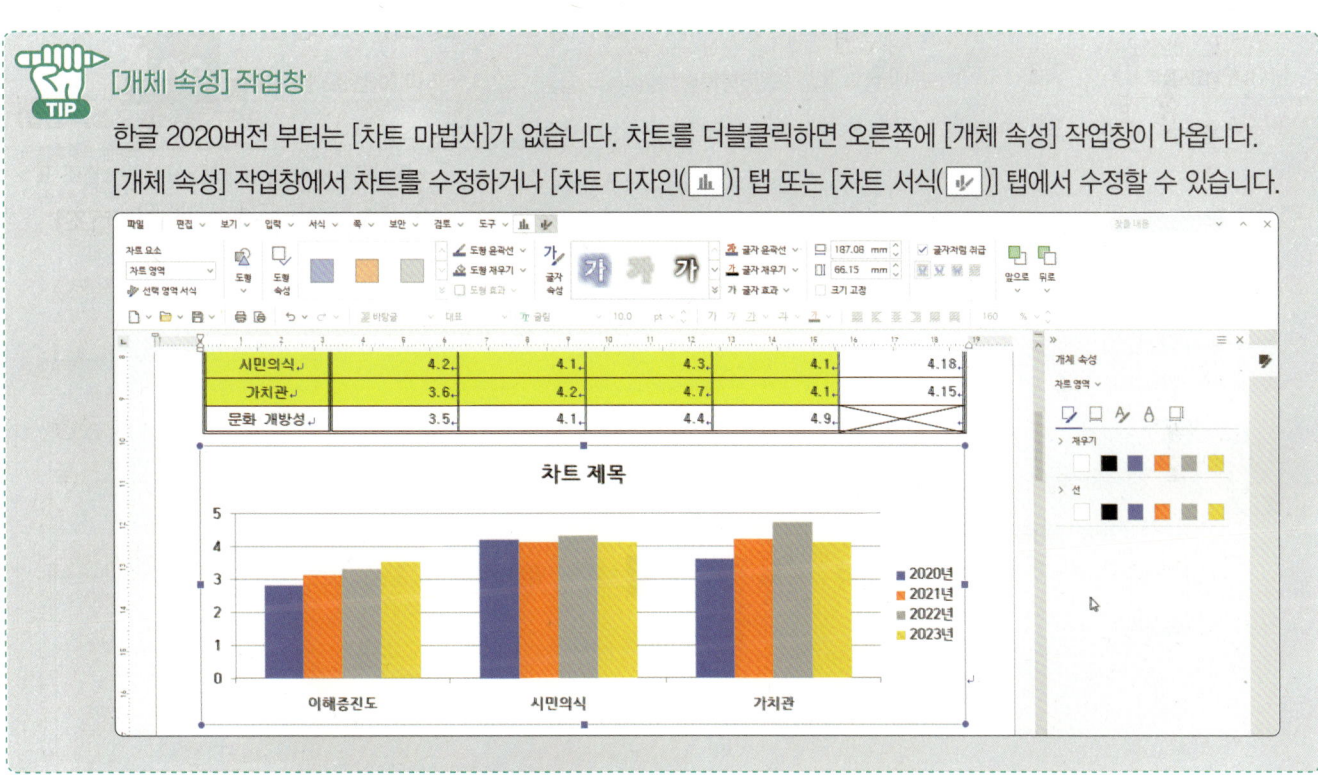

■ 차트 변경하기

(2) 종류 – 〈묶은 가로 막대형〉으로 작업할 것

❻ 차트가 선택된 상태에서 [차트 디자인( )] 탭에서 [차트 종류 변경( )]을 클릭한 후 《차트 조건》에서 지시한 대로 [가로 막대형]–'묶은 가로 막대형'을 선택합니다.

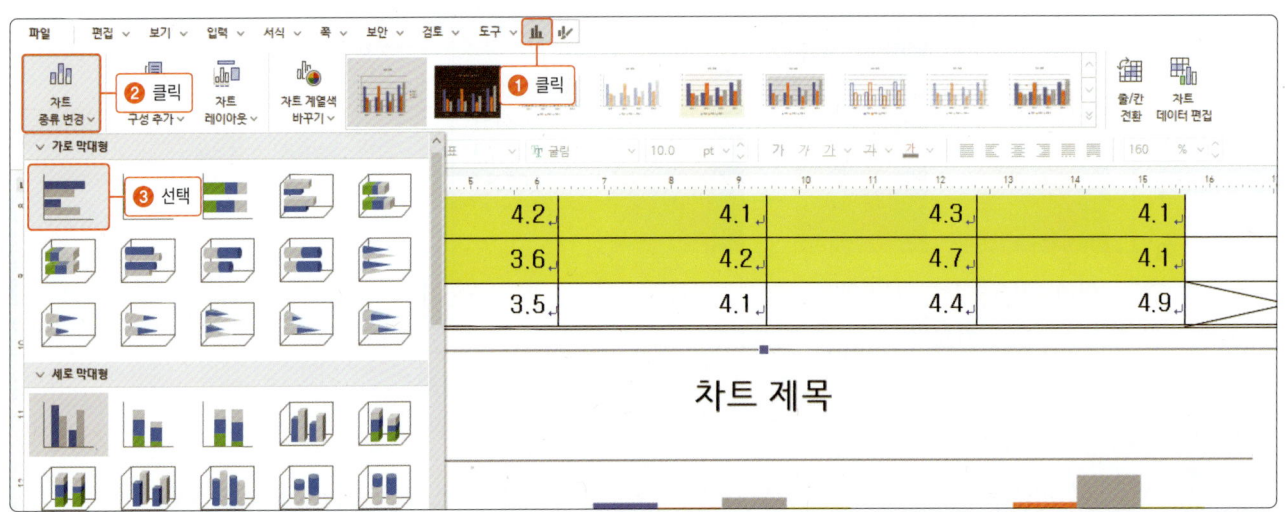

 세로 막대형 차트

시험에서는 '세로 막대형 차트(묶은 세로 막대형)'와 '가로 막대형 차트(묶은 가로 막대형)'가 번갈아가며 출제되고 있습니다.

 차트 행/열(축)

[줄/칸 전환( )]을 클릭하여 차트의 방향(행/열 또는 X/Y축)을 변경할 수 있습니다.

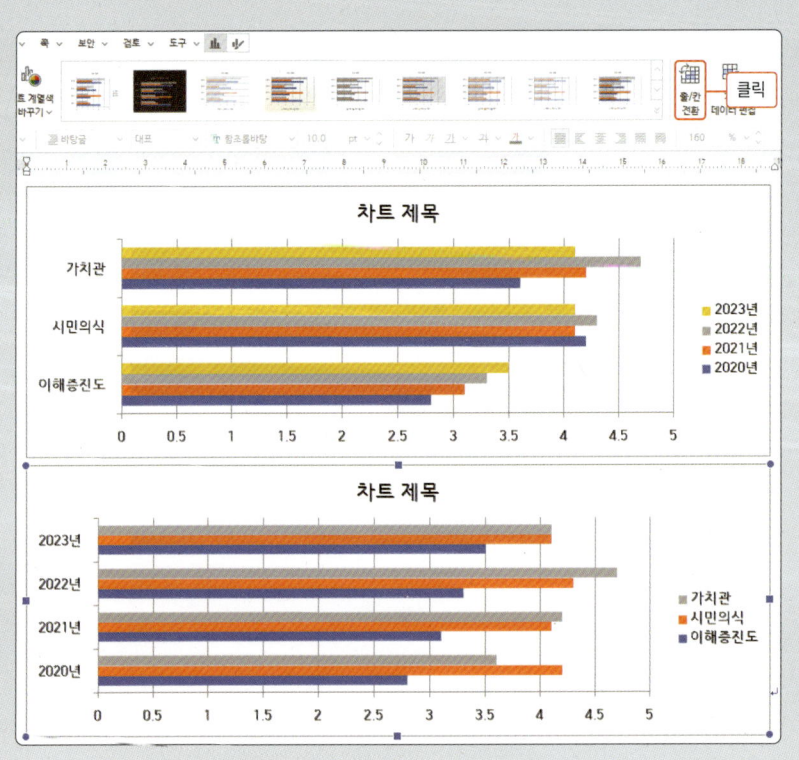

차트 구성 요소

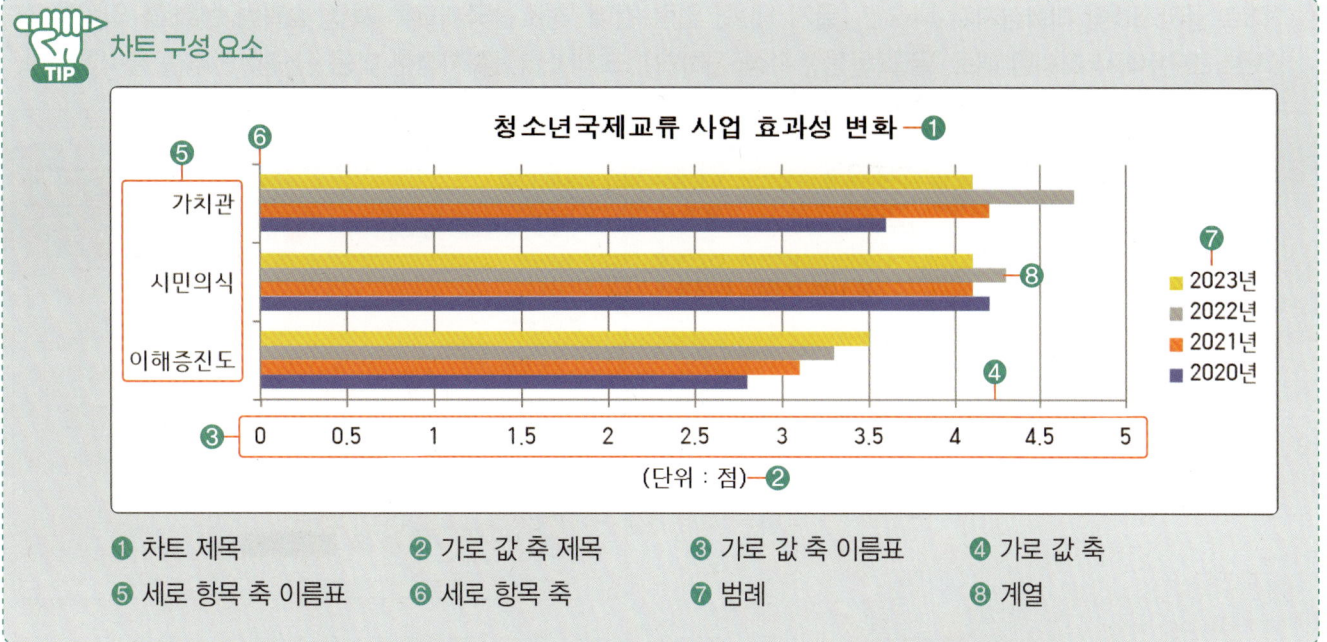

① 차트 제목　② 가로 값 축 제목　③ 가로 값 축 이름표　④ 가로 값 축
⑤ 세로 항목 축 이름표　⑥ 세로 항목 축　⑦ 범례　⑧ 계열

Skill 02 차트 제목 및 범례 서식 지정하기

(3) 제목 - 글꼴 : 돋움, 진하게, 12pt
　　　　속성 : 채우기(밝은 색 : 하양), 테두리, 그림자(바깥쪽 : 대각선 오른쪽 아래)
(4) 제목 이외의 전체 글꼴 - 돋움, 보통, 10pt
(5) 축제목과 범례는 《출력형태》와 동일하게 처리할 것

① 차트 제목을 클릭한 후 [마우스 오른쪽 단추]-'제목 편집'을 클릭합니다.

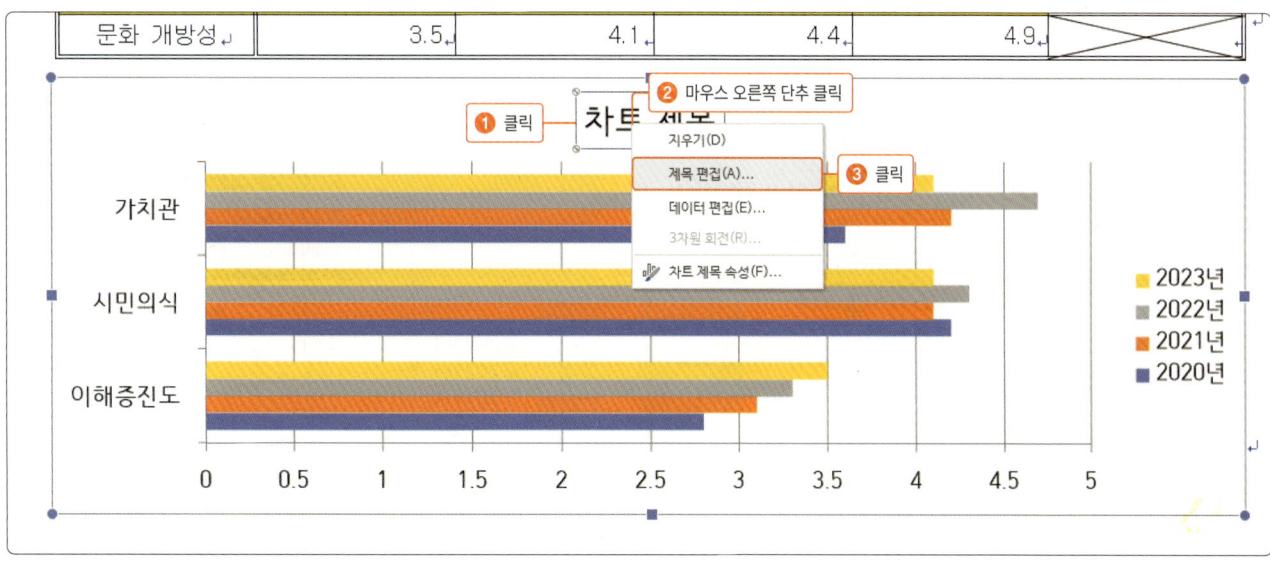

차트 방향(행/열)

행 또는 열을 번갈아가며 선택하여 차트 방향을 확인한 후 《출력형태》와 똑같은 모양을 선택합니다.

❷ [차트 글자 모양] 대화상자가 나오면 [글자 내용] 입력 칸에 '청소년국제교류 사업 효과성 변화'를 입력한 후 《차트 조건》에서 지시한 대로 '글꼴(돋움), 속성(진하게), 크기(12pt)'를 지정한 다음 〈설정〉 단추를 클릭합니다.

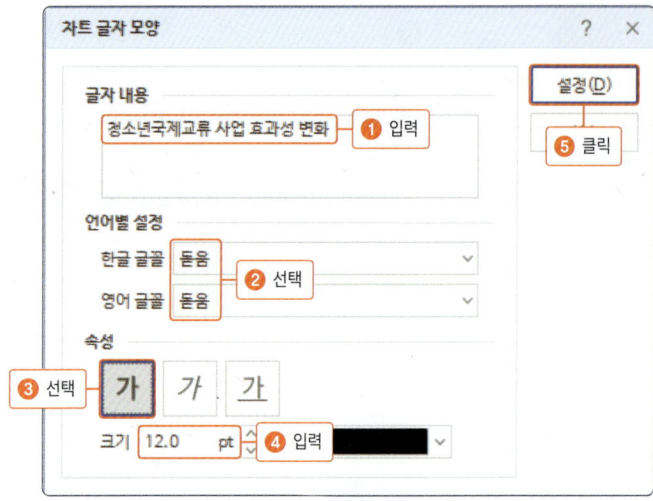

> **TIP** 한글 글꼴 / 영어 글꼴
> 차트 제목에서 한글 글꼴과 영어 글꼴을 구분해서 선택하고 실수하지 않도록 주의합니다. 영어와 숫자가 있을 경우 가급적 한글과 영어 글꼴 모두 시험지에 지시한 '돋움'을 지정하는 것이 바람직합니다.

❸ 차트 제목의 개체 속성을 변경하기 위해 차트 제목을 더블 클릭하면 오른쪽에 [개체 속성] 작업창이 열립니다.
※ 차트를 제목을 클릭한 후 [마우스 오른쪽 단추]-'차트 제목 속성'을 선택하여 나타낼 수도 있습니다.

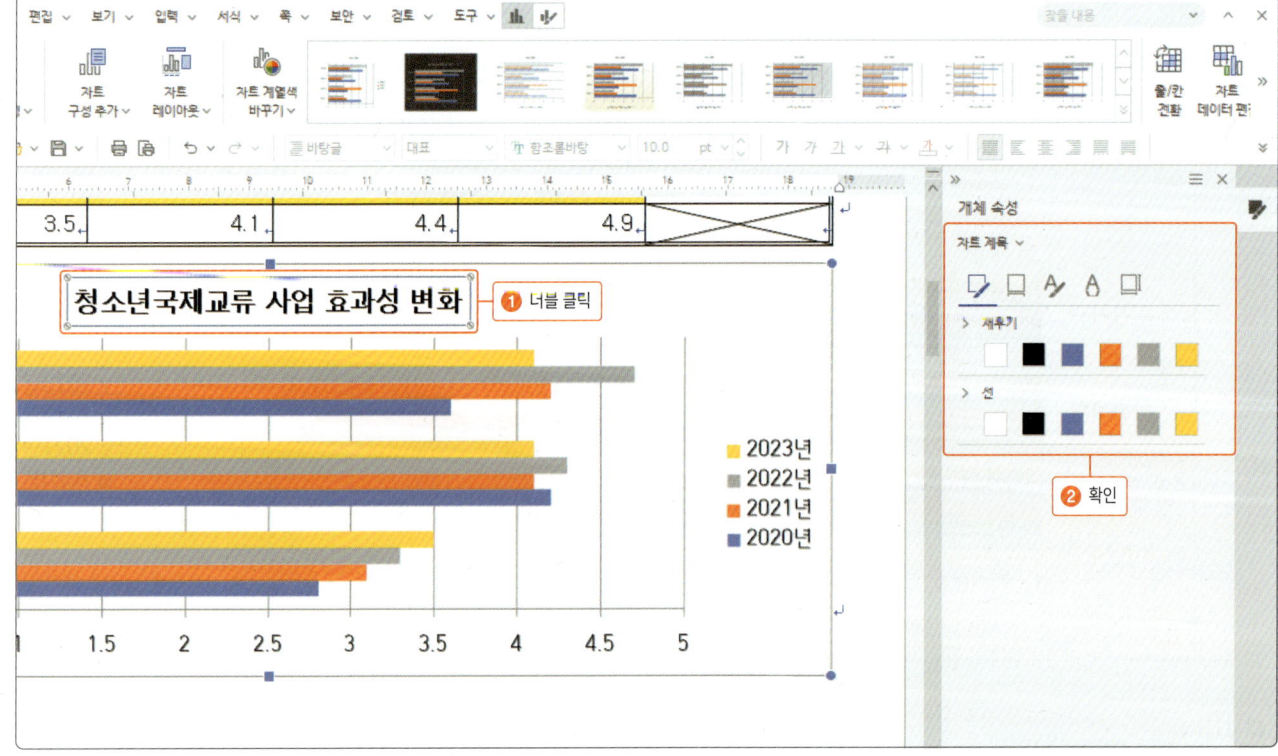

❹ 오른쪽 [개체 속성] 작업창에서 [차트 제목]-[그리기 속성(　)]-[선(　)]을 클릭한 후 [선]-'단색', [색]-'검정'을 지정합니다.

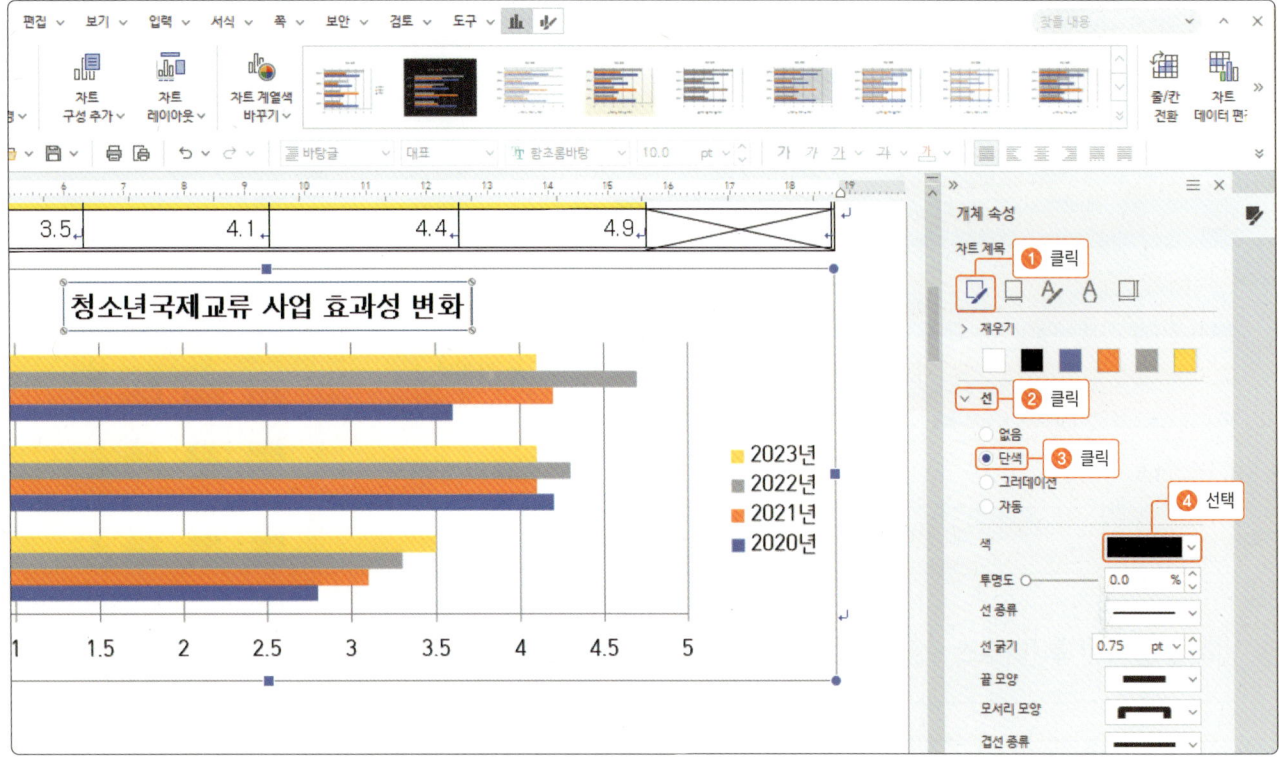

❺ 오른쪽 [개체 속성] 작업창에서 [차트 제목]-[그리기 속성(　)]-[채우기(　)]-[단색]-[색]에서 《차트 조건》에서 지시한 대로 '하양'을 선택합니다.

※ '하양'은 [테마 색상표(　)]의 [기본]에 있습니다.

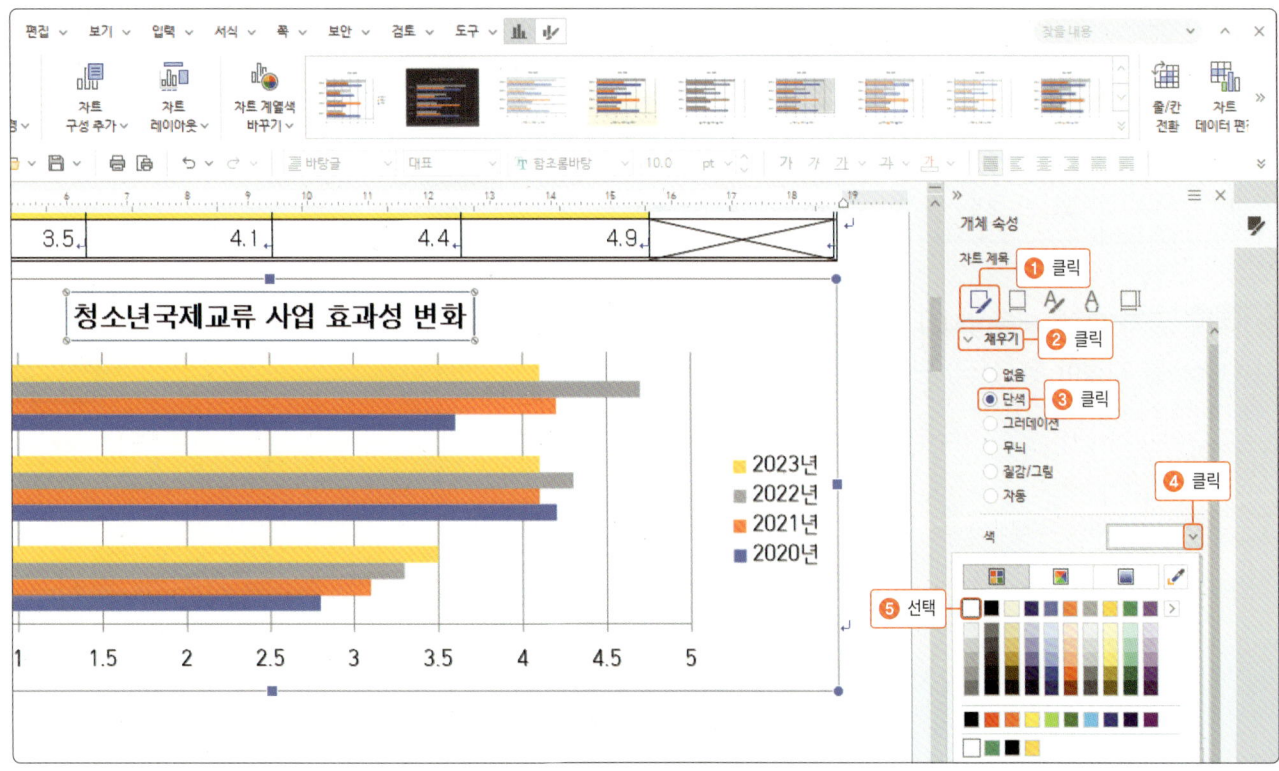

❻ 오른쪽 [개체 속성] 작업창에서 [차트 제목]-[효과(▢)]-[그림자]에서 《차트 조건》에서 지시한 대로 [바깥쪽]-'대각선 오른쪽 아래(▨)'를 선택합니다.

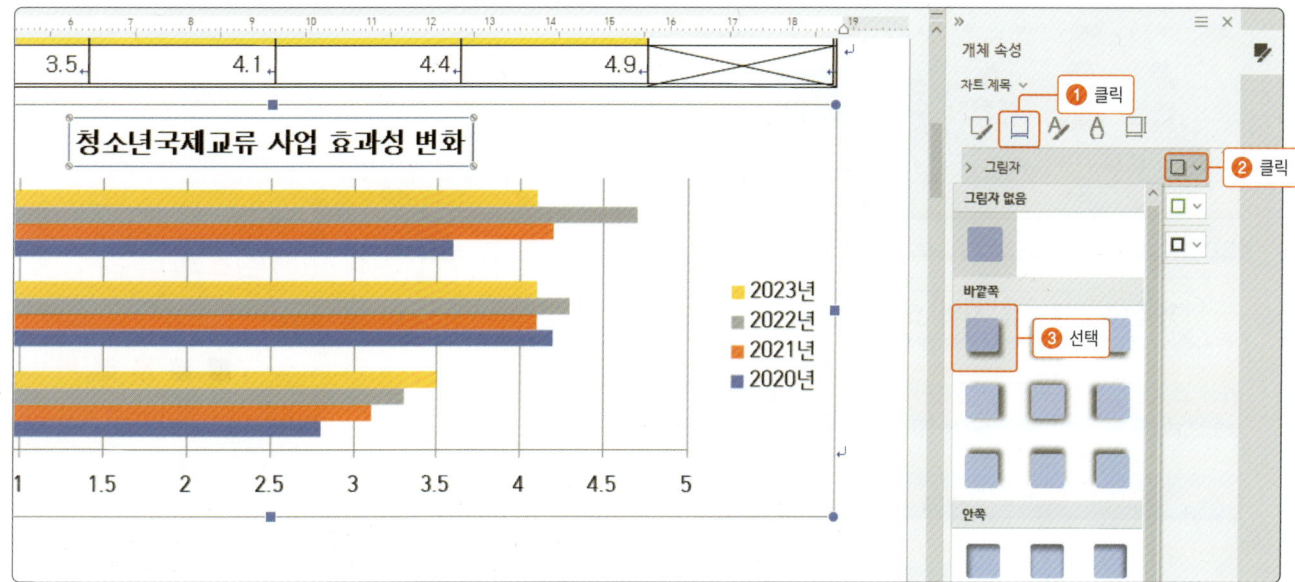

❼ 범례를 클릭한 후 [마우스 오른쪽 단추]-'글자 모양 편집'을 클릭합니다.

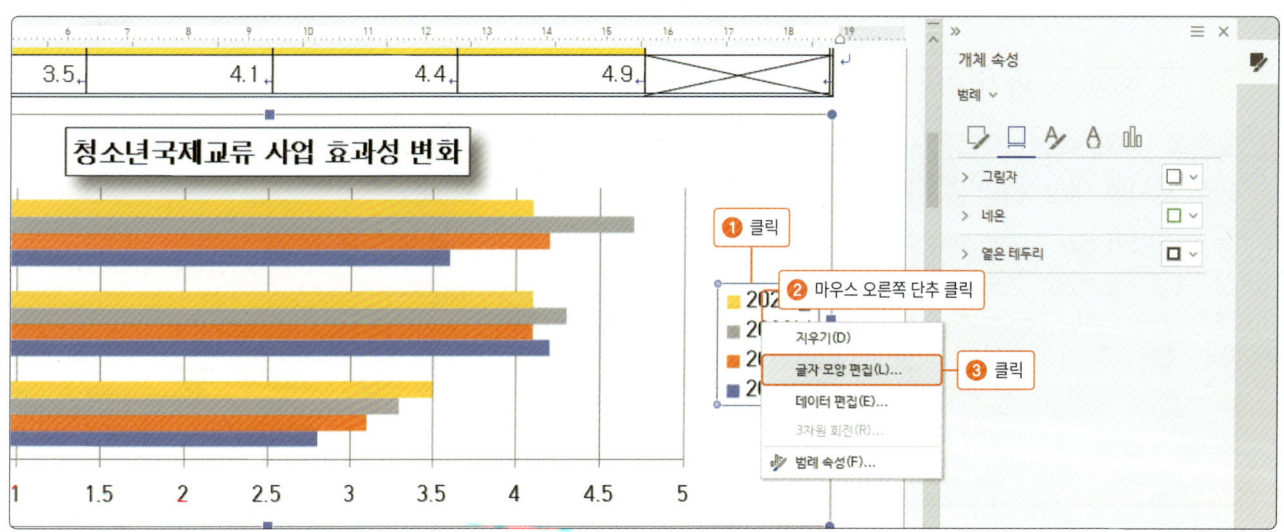

❽ [차트 글자 모양] 대화상자가 나오면 '글꼴(돋움), 크기(10pt)'를 지정한 후 〈설정〉 단추를 클릭합니다.

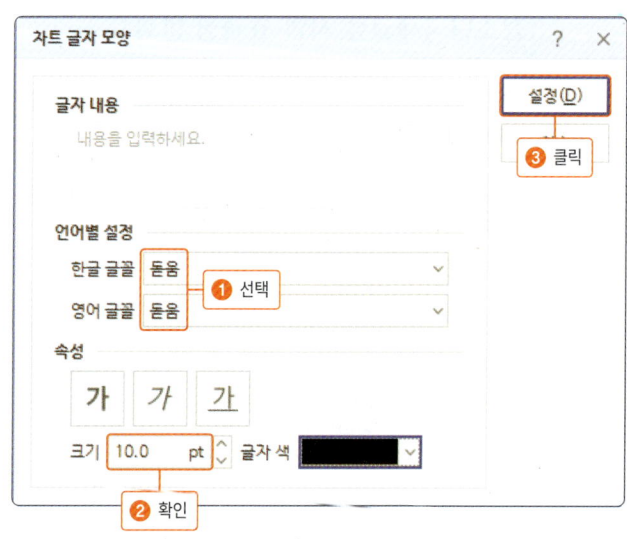

❾ 범례가 선택된 상태에서 오른쪽 [개체 속성] 작업창의 [범례]–[그리기 속성( )]–[선( )]–'단색', [색]–'검정'을 선택합니다.

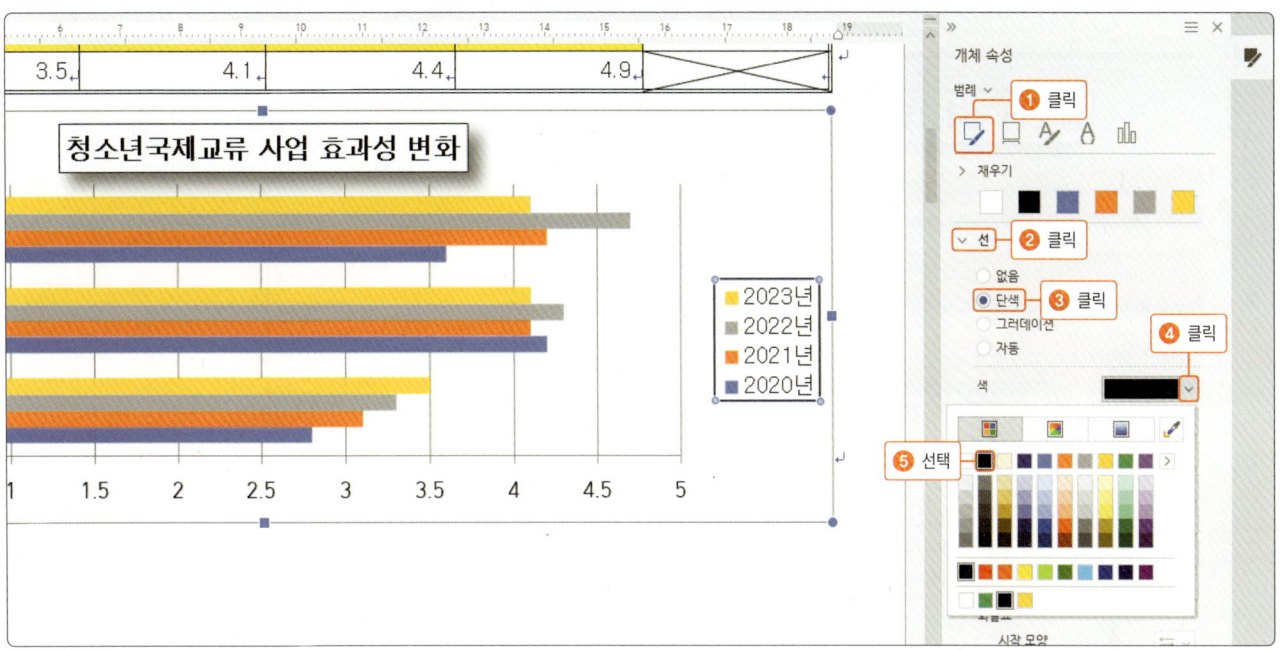

Skill 03 축 제목 및 축 이름표 서식 지정하기

■ 축 제목 추가 및 서식 지정하기

(4) 제목 이외의 전체 글꼴 – 돋움, 보통, 10pt
(5) 축제목과 범례는 《출력형태》와 동일하게 처리할 것

❶ 가로 축 제목을 추가하기 위해 차트를 선택한 후 [차트 디자인( )] 탭에서 [차트 구성 추가]–[축 제목]–'기본 가로'를 선택합니다.

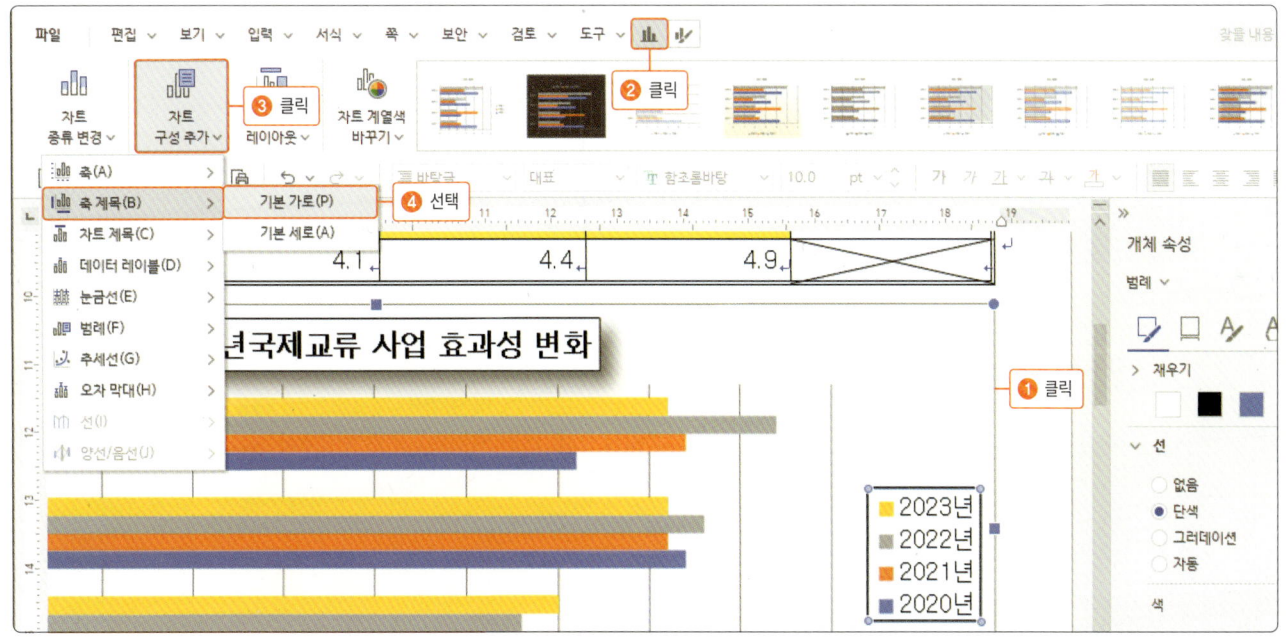

출제유형 04   1-43   기능평가 Ⅰ - 차트 작성

❷ 가로 축 제목을 클릭한 후 [마우스 오른쪽 단추]-'제목 편집'을 선택합니다.

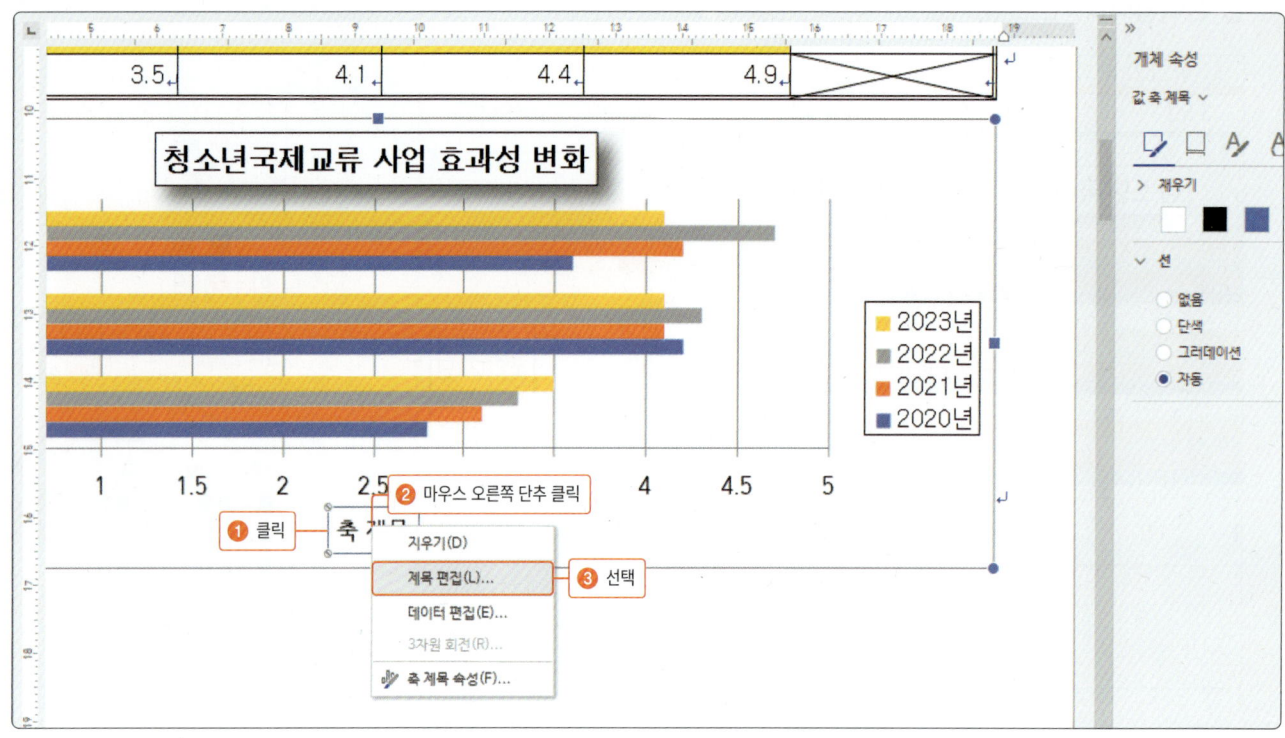

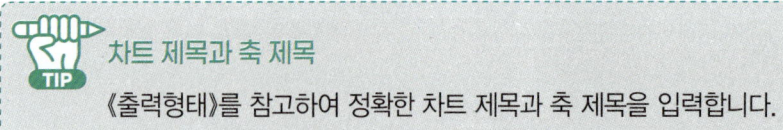

차트 제목과 축 제목
《출력형태》를 참고하여 정확한 차트 제목과 축 제목을 입력합니다.

❸ [차트 글자 모양] 대화상자가 나오면 [글자 내용] 입력 칸에 '(단위 : 점)'을 입력한 후 '글꼴(돋움), 속성(보통), 크기(10pt)'를 지정한 다음 〈설정〉 단추를 클릭합니다.

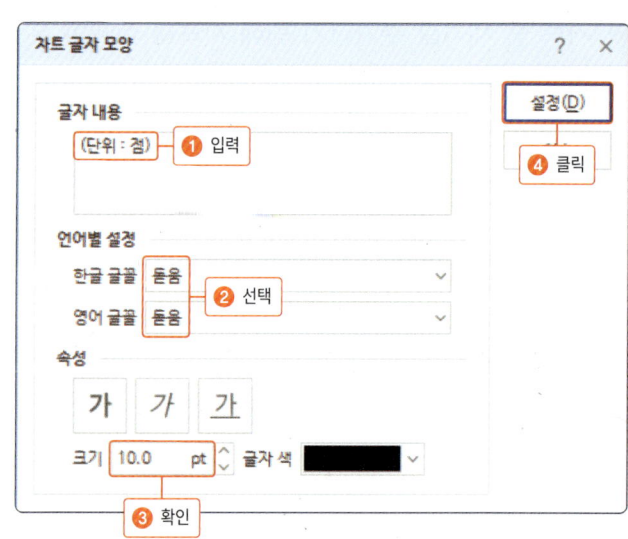

■ 축 이름표 서식 지정하기

④ 가로 값 축 이름표를 클릭한 후 [마우스 오른쪽 단추]-'글자 모양 편집'을 클릭합니다.

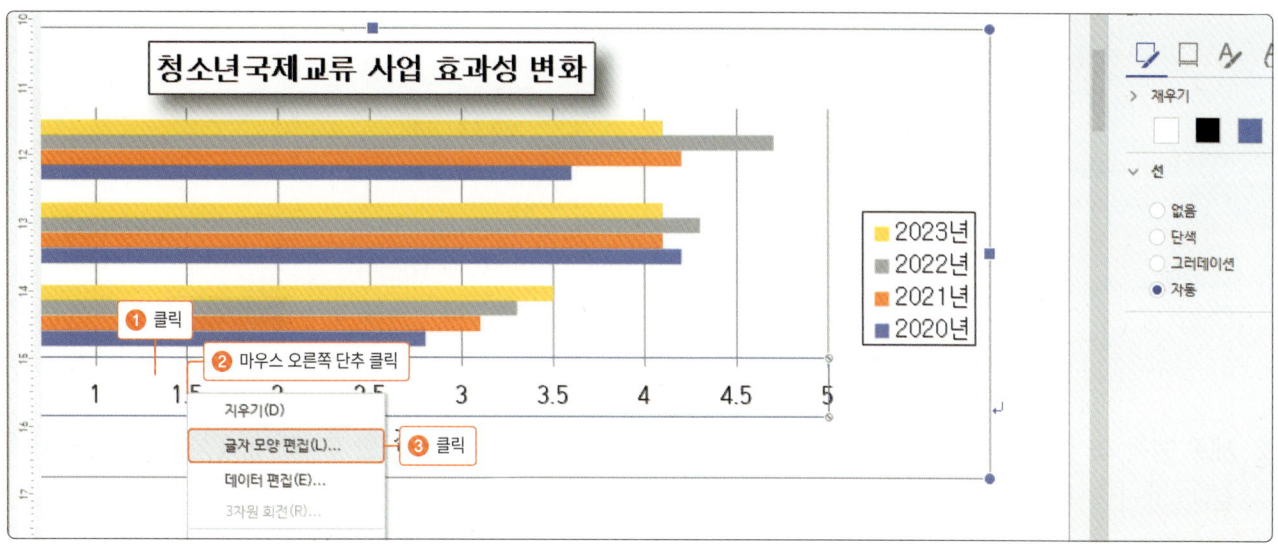

⑤ [차트 글자 모양] 대화상자가 나오면 '글꼴(돋움), 크기(10pt)'를 지정한 후 〈설정〉 단추를 클릭합니다.

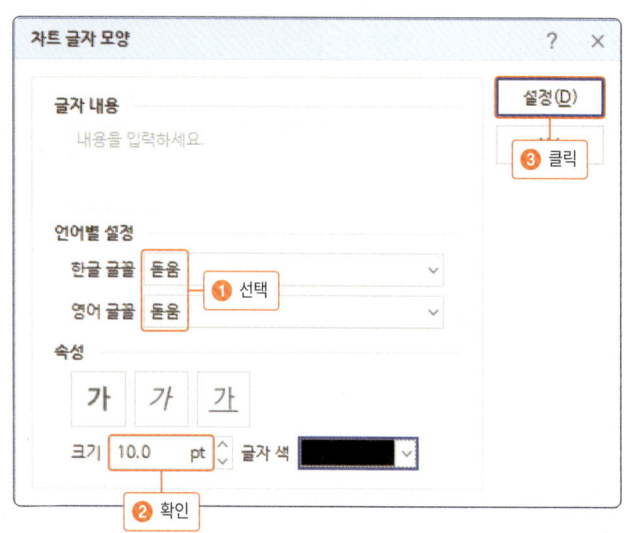

⑥ 세로 항목 축 이름표를 선택한 후 [마우스 오른쪽 단추]-'글자 모양 편집'을 클릭합니다.

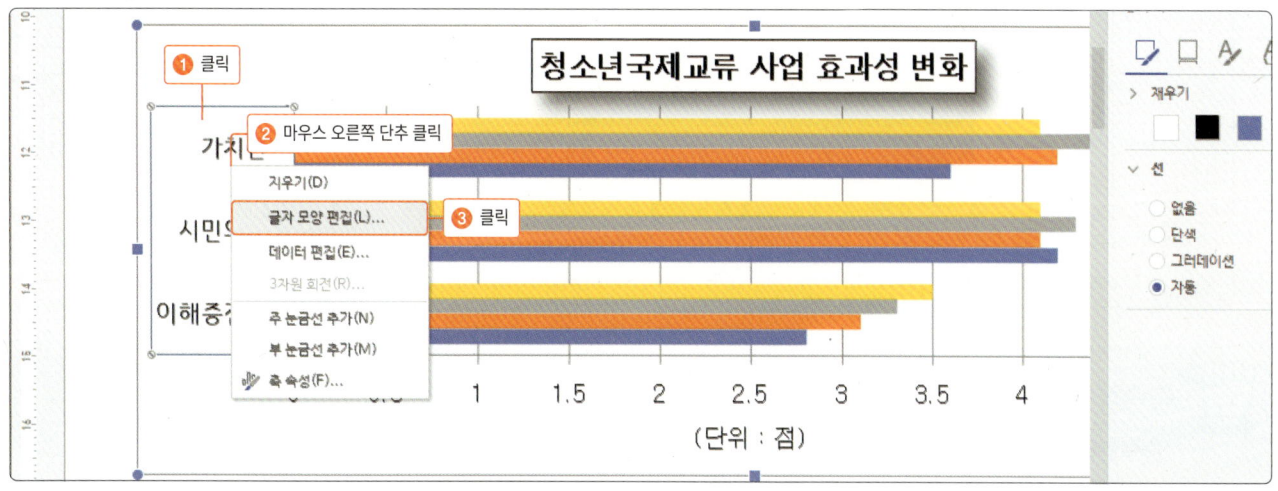

❼ [차트 글자 모양] 대화상자가 나오면 '글꼴(돋움), 크기(10pt)'를 지정한 후 〈설정〉 단추를 클릭합니다.

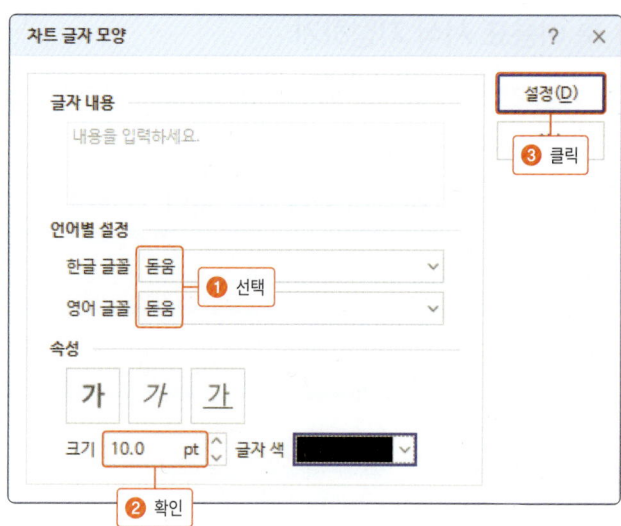

❽ 세로 항목 축 값을 위·아래로 바꾸기 위해 세로 항목 축 값 이름표를 클릭한 후 [개체 속성] 작업창에서 [축 속성(⬛)]–[축 속성(▷)]–[축 교차]에서 '최대 항목'을 선택(⦿)한 다음 '항목을 거꾸로'를 체크(☑)합니다.

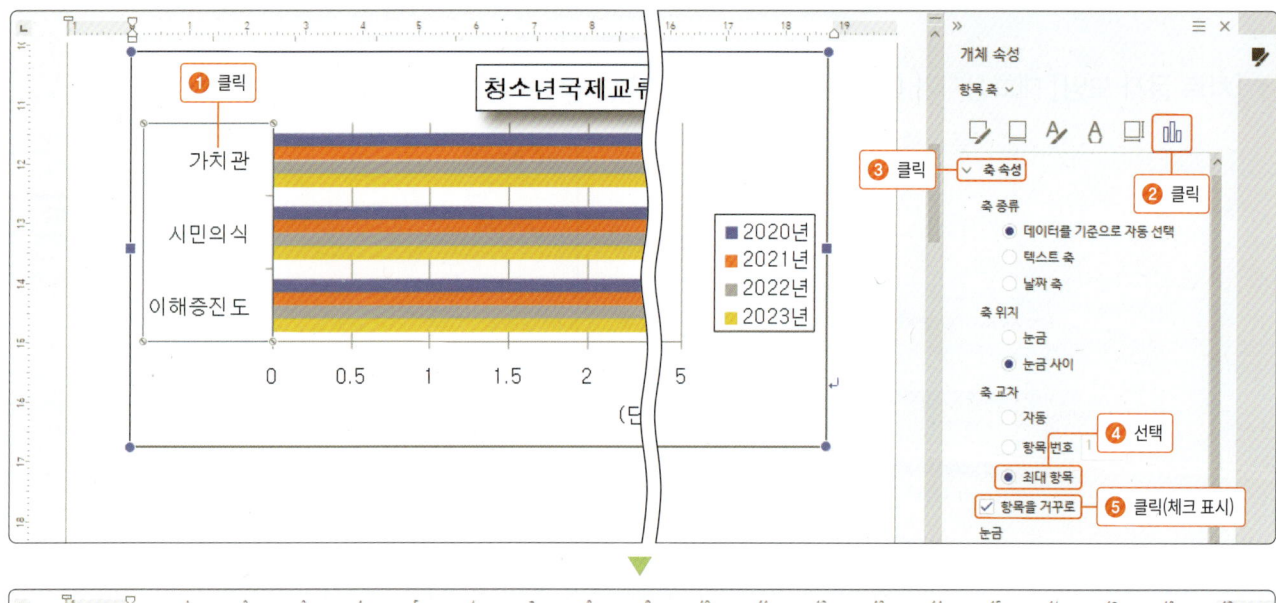

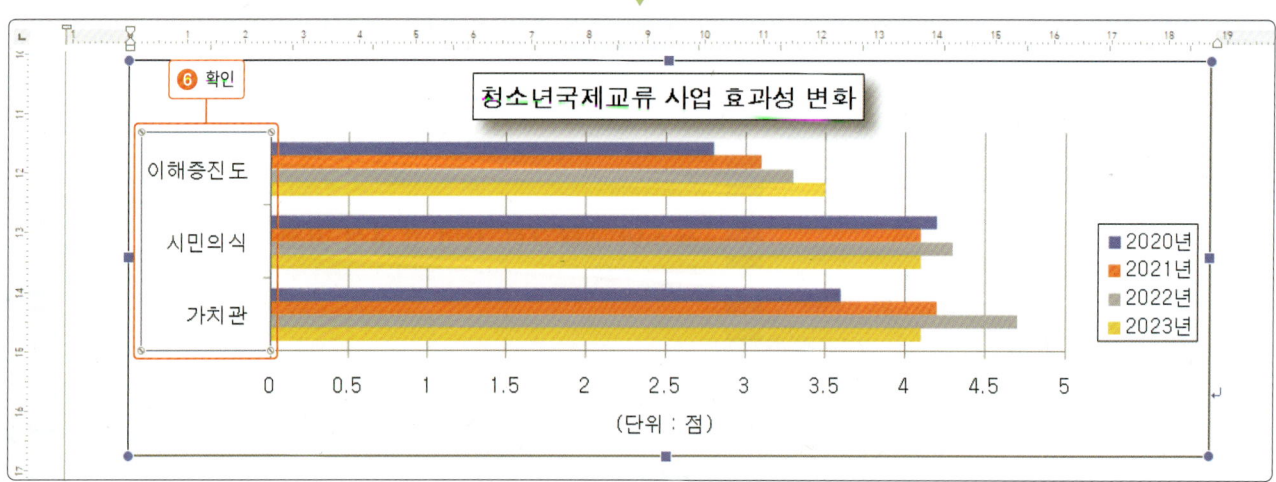

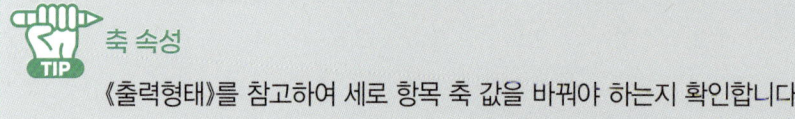

축 속성

《출력형태》를 참고하여 세로 항목 축 값을 바꿔야 하는지 확인합니다.

❾ 가로 값 축 이름표를 클릭한 후 [개체 속성] 작업창에서 [축 속성(📊)]-[축 속성(▶)]-[단위]에서 '주'를 체크(☑)한 다음 값 '1'을 입력하고 Enter 키를 누릅니다.(가로 값 축의 눈금 값이 1씩 증가합니다.)

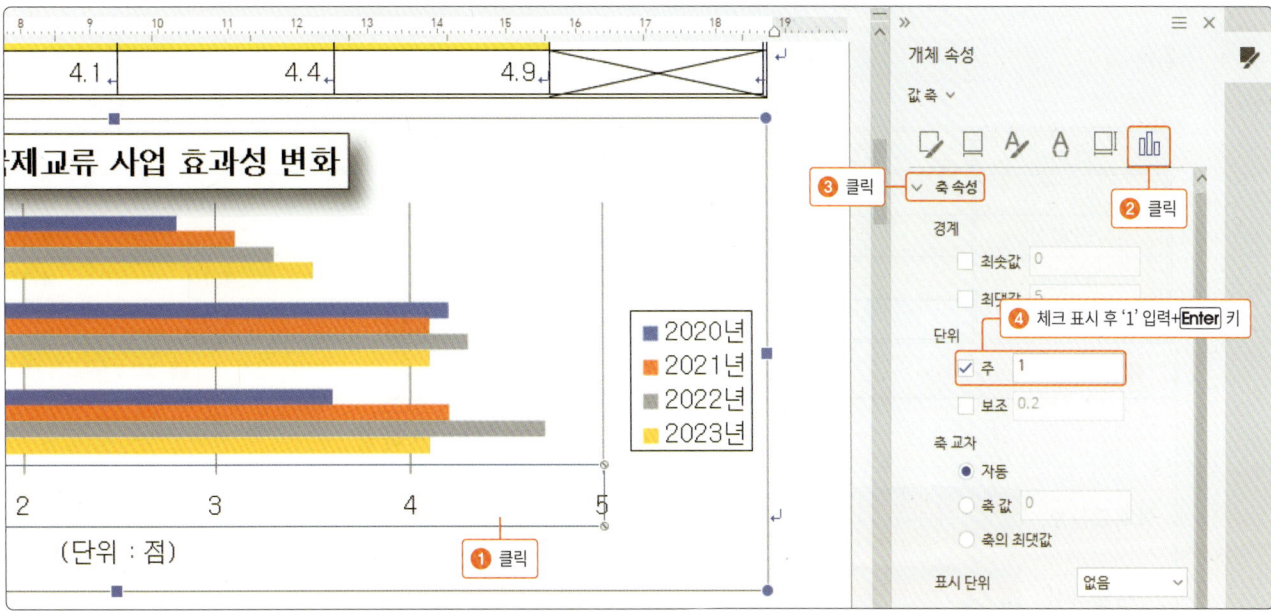

❿ 세로 항목 축의 눈금선을 《출력형태》와 동일하게 하기 위해 아래와 같은 순으로 작업합니다.

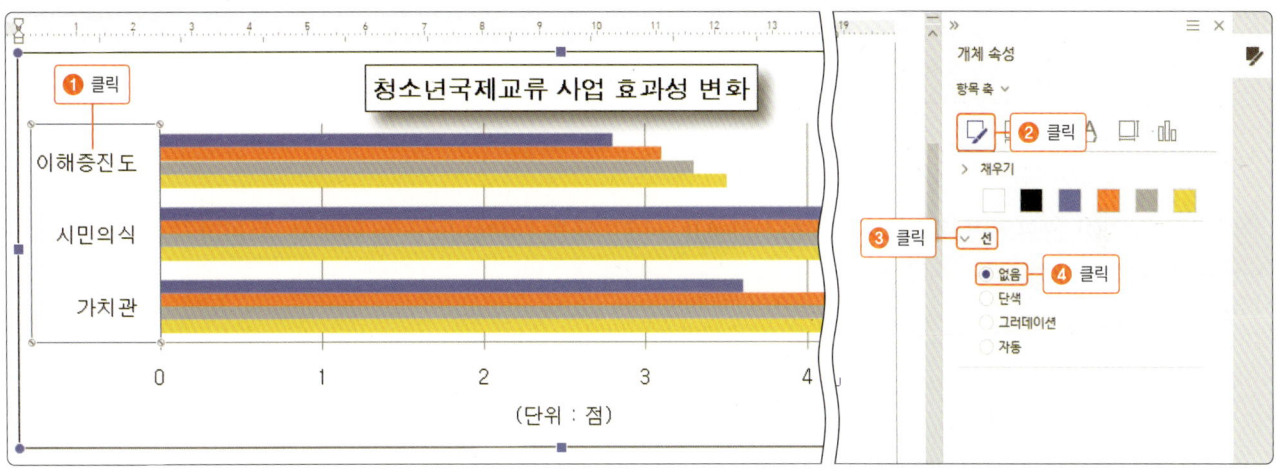

▲ [세로 항목 축]-[선]

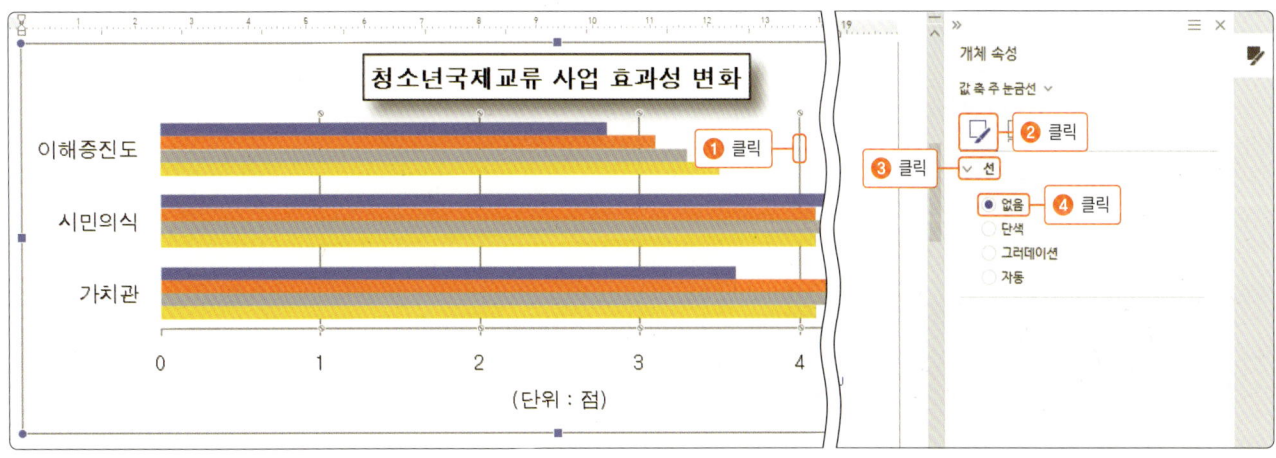

▲ [값 축 주 눈금선]-[선]

⓫ 모든 차트 작업이 끝나면 표의 오른쪽 끝을 클릭하여 커서를 위치시킨 후 Enter 키를 두 번 누릅니다. 이어서, 《출력형태》와 비교하여 결과가 같은지 확인합니다.

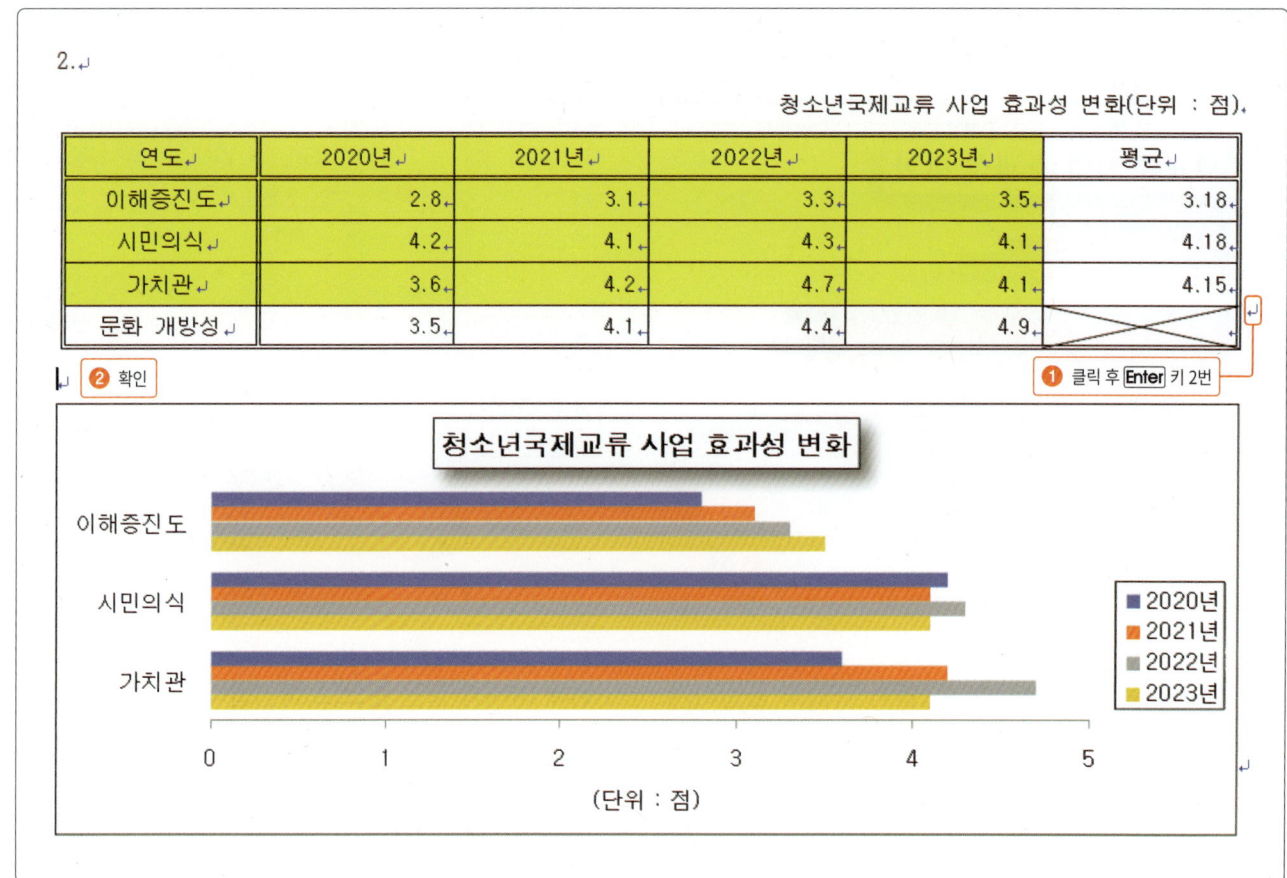

⓬ 모든 작업이 완료되면 [파일]-[저장하기](Alt+S) 또는 [서식] 도구 상자에서 '저장하기(💾)'를 클릭하여 파일을 저장합니다.

※ 실제 시험을 볼 때 작업 도중에 수시로(10분에 한 번 정도) 저장을 하는 것이 좋습니다.

차트 작성

완전정복-01 다음의 《조건》에 따라 《출력형태》와 같이 표와 차트를 작성하시오.

• 소스 : 정복04_문제01.hwpx   • 정답 : 정복04_정답01.hwpx

작성 시간 / 권장 시간
분 / 5분

《차트 조건》
(1) 차트 데이터는 표 내용에서 연도별 커피, 올리브유, 수공예품의 값만 이용할 것
(2) 종류 - 〈묶은 세로 막대형〉으로 작업할 것
(3) 제목 - 글꼴 : 돋움, 진하게, 12pt
    속성 : 채우기(밝은 색 : 하양), 테두리, 그림자(바깥쪽 : 대각선 오른쪽 아래)
(4) 제목 이외의 전체 글꼴 - 돋움, 보통, 10pt
(5) 축제목과 범례는 《출력형태》와 동일하게 처리할 것

《출력형태》

1.
Fair trade is an organized social movement that aims to help producers in developing countries to make better trading conditions and promote sustainability.

공정무역은 세계무역시장에서 공정하지 못한 무역 관행을 개선하고자 하는 노력에서 시작되었습니다. 정의, 공정성, 지속가능한 발전은 공정무역 구조의 핵심입니다.

2.

공정무역 소매 판매량(단위 : 천 톤)

구분	2020년	2021년	2022년	2023년	평균
커피	13.5	14.8	15.6	17.5	
올리브유	16.2	16.7	17.5	18.2	
수공예품	9.1	9.2	9.1	9.2	
쌀	6.1	6.9	7.1	8.2	

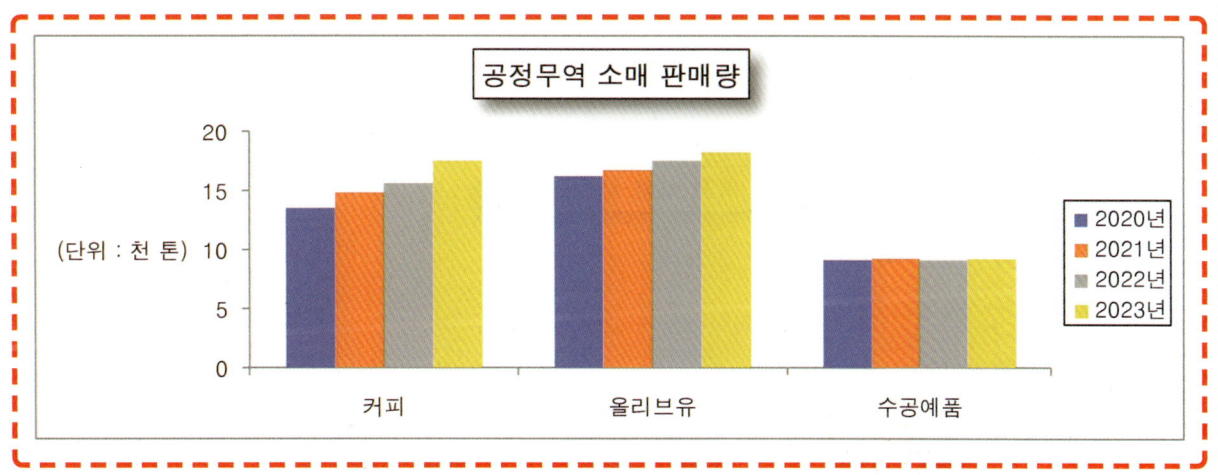

▲ 2번 문제 차트만 연습합니다.

완전정복-02

다음의 《조건》에 따라 《출력형태》와 같이 표와 차트를 작성하시오.

• 소스 : 정복04_문제02.hwpx   • 정답 : 정복04_정답02.hwpx

작성 시간 / 권장 시간
분 / 5분

《차트 조건》 (1) 차트 데이터는 표 내용에서 연도별 품바래퍼, 품바패션, 품바왕의 값만 이용할 것
(2) 종류 – 〈묶은 세로 막대형〉으로 작업할 것
(3) 제목 – 글꼴 : 돋움, 진하게, 12pt
속성 : 채우기(밝은 색 : 하양), 테두리, 그림자(바깥쪽 : 대각선 오른쪽 아래)
(4) 제목 이외의 전체 글꼴 – 돋움, 보통, 10pt
(5) 축제목과 범례는 《출력형태》와 동일하게 처리할 것

《출력형태》

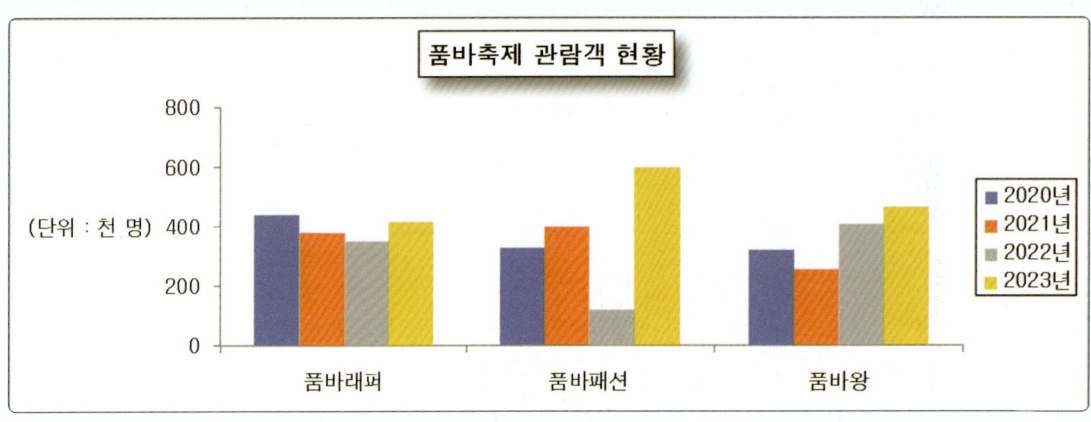

완전정복-03

다음의 《조건》에 따라 《출력형태》와 같이 표와 차트를 작성하시오.

• 소스 : 정복04_문제03.hwpx   • 정답 : 정복04_정답03.hwpx

작성 시간 / 권장 시간
분 / 5분

《차트 조건》 (1) 차트 데이터는 표 내용에서 연도별 방문 요양, 주야간 보호, 단기 보호 값만 이용할 것
(2) 종류 – 〈묶은 세로 막대형〉으로 작업할 것
(3) 제목 – 글꼴 : 굴림, 진하게, 12pt
속성 : 채우기(밝은 색 : 하양), 테두리, 그림자(바깥쪽 : 대각선 오른쪽 아래)
(4) 제목 이외의 전체 글꼴 – 굴림, 보통, 10pt
(5) 축제목과 범례는 《출력형태》와 동일하게 처리할 것

《출력형태》

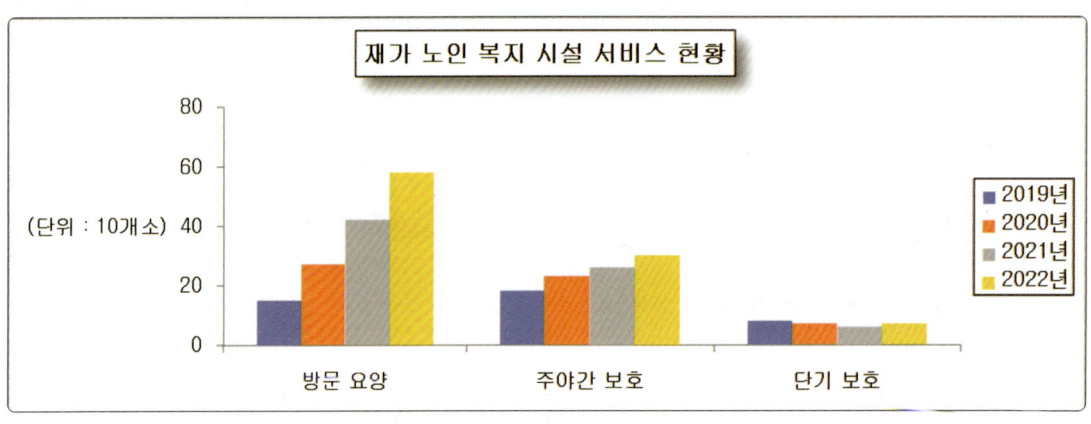

완전정복-04

다음의 《조건》에 따라 《출력형태》와 같이 표와 차트를 작성하시오.

- 소스 : 정복04_문제04.hwpx
- 정답 : 정복04_정답04.hwpx

작성 시간 / 권장 시간
분 / 5분

《차트 조건》 (1) 차트 데이터는 표 내용에서 연도별 교통사고(건), 교통사고(인원), 화재사고(건)의 값만 이용할 것
(2) 종류 – 〈묶은 가로 막대형〉으로 작업할 것
(3) 제목 – 글꼴 : 굴림, 진하게, 12pt
　　속성 : 채우기(밝은 색 : 하양), 테두리, 그림자(바깥쪽 : 오른쪽)
(4) 제목 이외의 전체 글꼴 – 굴림, 보통, 10pt
(5) 축제목과 범례는 《출력형태》와 동일하게 처리할 것

《출력형태》

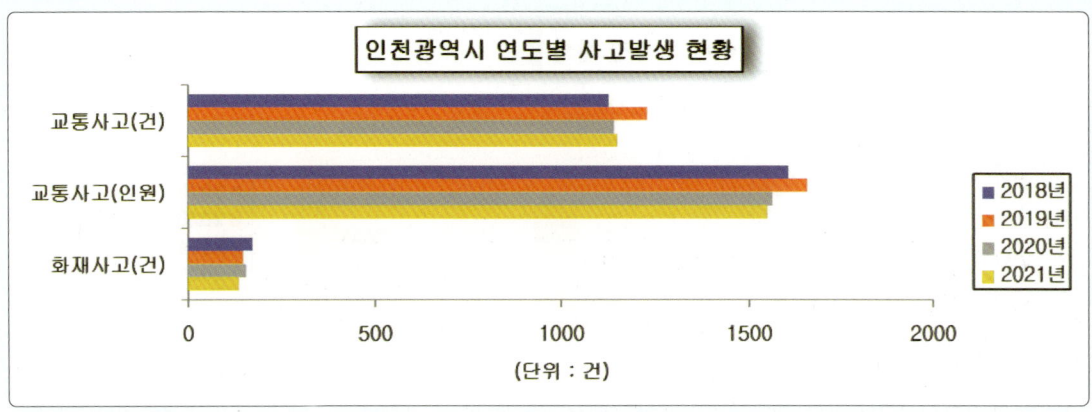

완전정복-05

다음의 《조건》에 따라 《출력형태》와 같이 표와 차트를 작성하시오.

- 소스 : 정복04_문제05.hwpx
- 정답 : 정복04_정답05.hwpx

작성 시간 / 권장 시간
분 / 5분

《차트 조건》 (1) 차트 데이터는 표 내용에서 연도별 개인전, 듀오, 단체전의 값만 이용할 것
(2) 종류 – 〈표식이 있는 꺾은선형〉으로 작업할 것
(3) 제목 – 글꼴 : 굴림, 진하게, 12pt
　　속성 : 채우기(밝은 색 : 하양), 테두리, 그림자(바깥쪽 : 대각선 오른쪽 아래)
(4) 제목 이외의 전체 글꼴 – 굴림, 보통, 10pt
(5) 축제목과 범례는 《출력형태》와 동일하게 처리할 것

《출력형태》

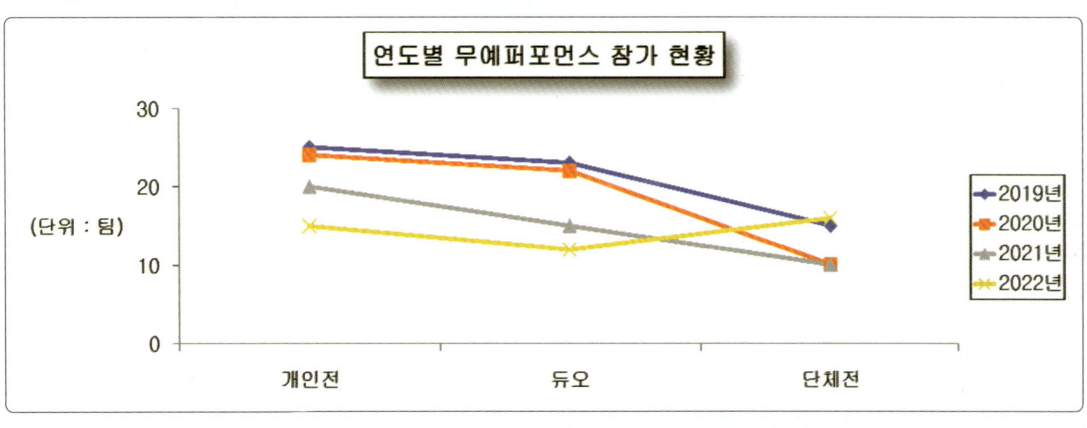

완전정복-06

다음의 《조건》에 따라 《출력형태》와 같이 표와 차트를 작성하시오.

• 소스 : 정복04_문제06.hwpx   • 정답 : 정복04_정답06.hwpx

《차트 조건》 (1) 차트 데이터는 표 내용에서 연도별 가상현실(VR), 증강현실(AR), VR+AR의 값만 이용할 것
(2) 종류 – 〈묶은 세로 막대형〉으로 작업할 것
(3) 제목 – 글꼴 : 궁서, 진하게, 12pt
  속성 : 채우기(밝은 색 : 하양), 테두리, 그림자(바깥쪽 : 대각선 오른쪽 아래)
(4) 제목 이외의 전체 글꼴 – 궁서, 보통, 10pt
(5) 축제목과 범례는 《출력형태》와 동일하게 처리할 것

《출력형태》

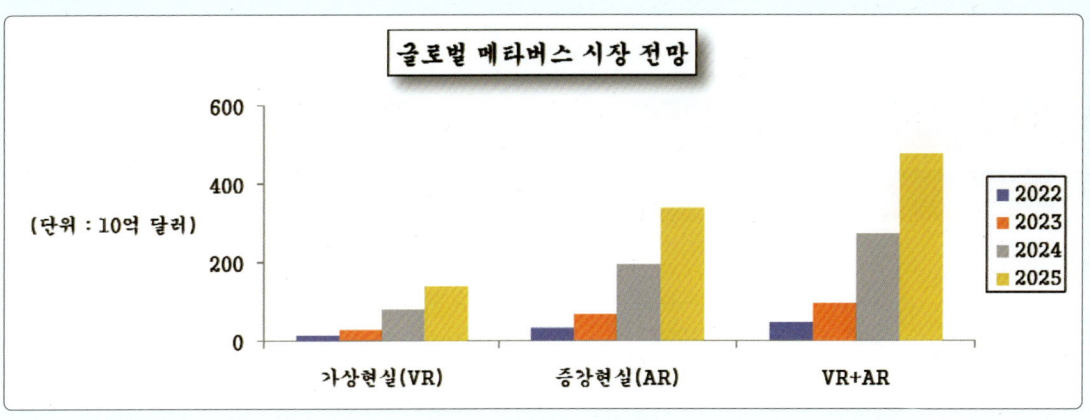

완전정복-07

다음의 《조건》에 따라 《출력형태》와 같이 표와 차트를 작성하시오.

• 소스 : 정복04_문제07.hwpx   • 정답 : 정복04_정답07.hwpx

《차트 조건》 (1) 차트 데이터는 표 내용에서 구분별 학생, 학부모, 교사의 값만 이용할 것
(2) 종류 – 〈묶은 세로 막대형〉으로 작업할 것
(3) 제목 – 글꼴 : 굴림, 진하게, 12pt
  속성 : 채우기(밝은 색 : 하양), 테두리, 그림자(바깥쪽 : 대각선 오른쪽 아래)
(4) 제목 이외의 전체 글꼴 – 굴림, 보통, 10pt
(5) 축제목과 범례는 《출력형태》와 동일하게 처리할 것

《출력형태》

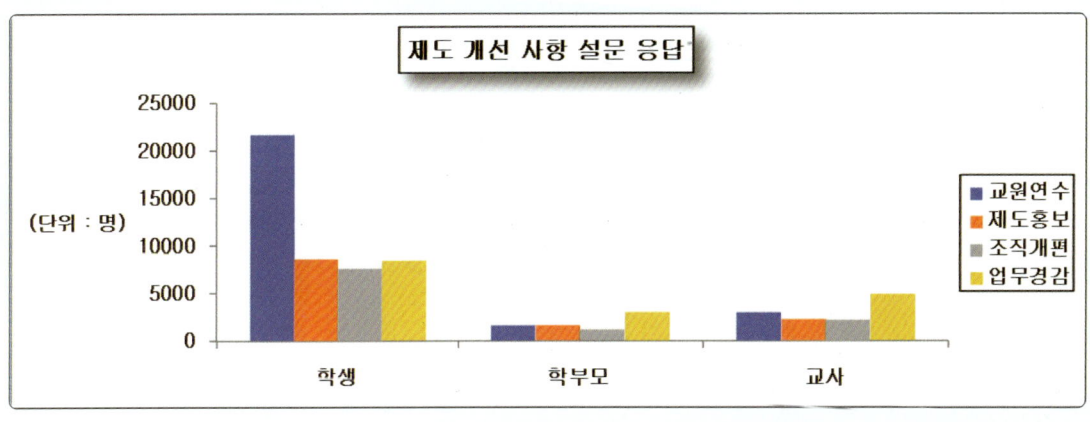

완전정복-08

다음의 《조건》에 따라 《출력형태》와 같이 표와 차트를 작성하시오.

- 소스 : 정복04_문제08.hwpx
- 정답 : 정복04_정답08.hwpx

작성 시간 / 권장 시간 : 분 / 5분

《차트 조건》
(1) 차트 데이터는 표 내용에서 연도별 초등학교, 중학교, 고등학교의 값만 이용할 것
(2) 종류 - 〈묶은 가로 막대형〉으로 작업할 것
(3) 제목 - 글꼴 : 궁서, 진하게, 12pt
   속성 : 채우기(밝은 색 : 하양), 테두리, 그림자(바깥쪽 : 아래쪽)
(4) 제목 이외의 전체 글꼴 - 궁서, 보통, 10pt
(5) 축제목과 범례는 《출력형태》와 동일하게 처리할 것

《출력형태》

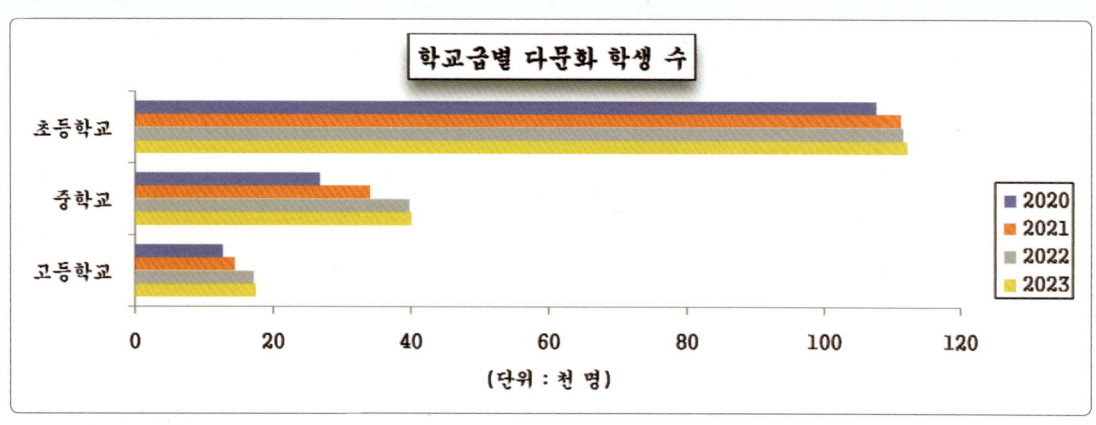

완전정복-09

다음의 《조건》에 따라 《출력형태》와 같이 표와 차트를 작성하시오.

- 소스 : 정복04_문제09.hwpx
- 정답 : 정복04_정답09.hwpx

작성 시간 / 권장 시간 : 분 / 5분

《차트 조건》
(1) 차트 데이터는 표 내용에서 연도별 유선전화, 인터넷전화, 휴대전화의 값만 이용할 것
(2) 종류 - 〈표식이 있는 꺾은선형〉으로 작업할 것
(3) 제목 - 글꼴 : 돋움, 진하게, 12pt
   속성 : 채우기(밝은 색 : 하양), 테두리, 그림자(바깥쪽 : 대각선 오른쪽 아래)
(4) 제목 이외의 전체 글꼴 - 돋움, 보통, 10pt
(5) 축제목과 범례는 《출력형태》와 동일하게 처리할 것

《출력형태》

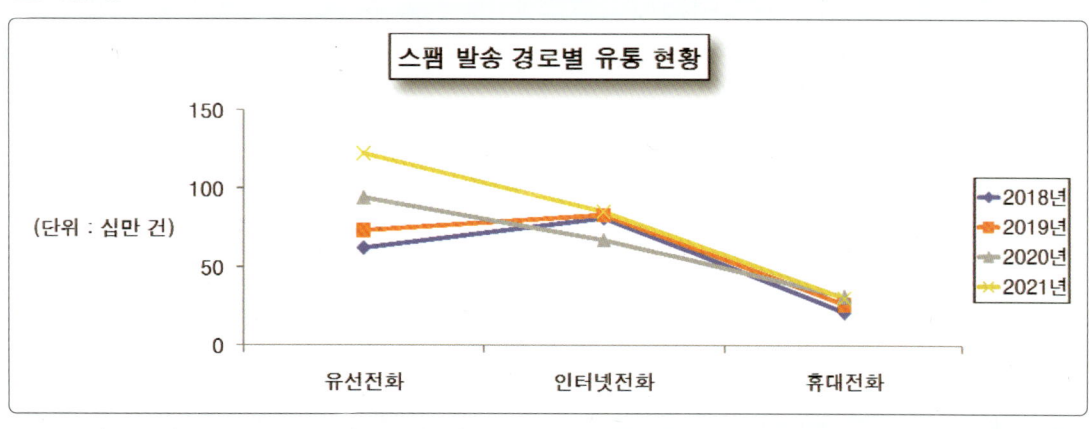

PART 01 출제유형 완전정복

기능평가 II - 수식 입력

☑ 첫 번째 수식 입력하기   ☑ 두 번째 수식 입력하기

 미리보기   • 소스 : 유형05_문제.hwpx   • 정답 : 유형05_정답.hwpx

3. 다음 (1), (2)의 수식을 수식 편집기로 각각 입력하시오.   (40점)

3.

(1) $1+\sqrt{3}=\dfrac{x^3-(2x+5)^2}{x^3-(x-2)}$ (2) $\Delta W = \dfrac{1}{2}m(f_x)^2 + \dfrac{1}{2}m(f_y)^2$

4.

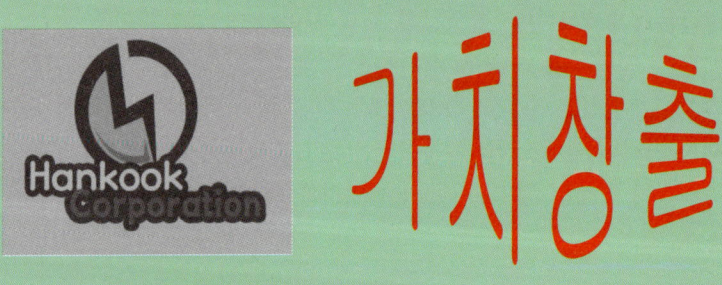

▲ 3번 문제 수식만 연습합니다.

Information Technology Qualification

난이도	권장 시간 / 시험 시간	유형 점수 / 시험 점수
★★★☆☆	5분 / 60분	40점 / 500점

시험 분석

➡ **출제 경향 : 출제 문제를 분석**
- ☑ 수식 입력은 번거로운 작업에 비해 배점(각 20점 - 총 40점)이 크게 높지 않으며, 문제 특성상 부분 점수가 없기 때문에 실제 시험에서는 다른 문제의 답안을 먼저 작성한 후 수식 입력 작업을 하는 것이 효율적입니다.
- ☑ 다양한 수식을 이용하여 답안을 작성하기 때문에 수식 도구의 위치와 입력 방법을 숙지합니다.

➡ **주의 사항 : 실수가 많은 내용**
- ☑ 모든 수식 입력은 반드시 [수식 편집기] 대화상자에서 작성해야 합니다.
- ☑ 수식은 문제번호(3.)와 다음 줄에 (1), (2)를 입력해야 하는데, 문제 번호 작성을 누락하는 경우가 발생합니다. 문제 번호 작성은 답안 작성요령에 기술되어 있으므로, 문제 번호를 꼭 입력합니다.

➡ **주요 단축키 : 문서 작성시 시간 단축에 도움**
- ☑ 수식 : Ctrl + N, M

Skill 01 첫 번째 수식 입력하기

《출력형태》

3.

(1) $1 + \sqrt{3} = \dfrac{x^3 - (2x+5)^3}{x^3 - (x-2)}$

(2) $\Delta W = \dfrac{1}{2}m(f_x)^2 + \dfrac{1}{2}m(f_y)^2$

❶ 한글 2022 프로그램을 실행한 후 [파일]-[불러오기]를 선택합니다. [불러오기] 대화상자가 나오면 '유형05_문제.hwpx' 파일을 불러옵니다.

❷ 2페이지에 입력된 문제 번호 3.의 다음 문단을 클릭합니다. 이어서, '(1)'을 입력한 후 Space Bar 키를 눌러 한 칸을 띄웁니다. 수식을 입력하기 위해 [입력] 탭에서 '수식($\sqrt{x}$)'(또는 Ctrl + N, M)을 클릭합니다.

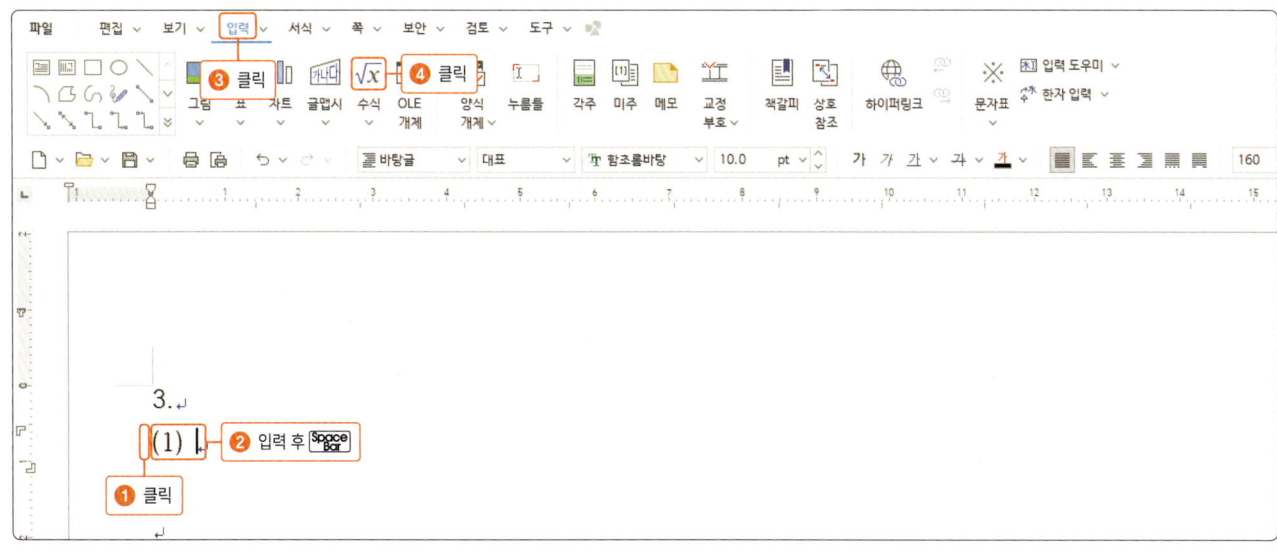

❸ [수식 편집기] 대화상자가 나오면 《출력형태》를 참고하여 다음 수식 입력 과정을 따라합니다.

❶ 1+ 입력

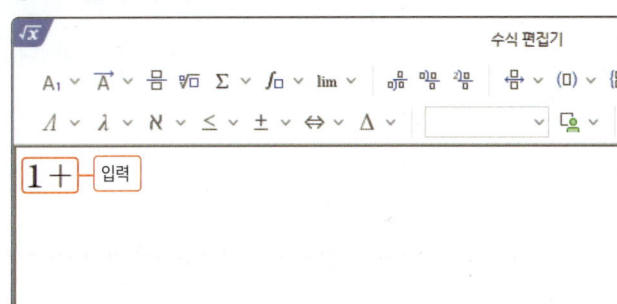

❷ 근호($\sqrt{\square}$) 클릭

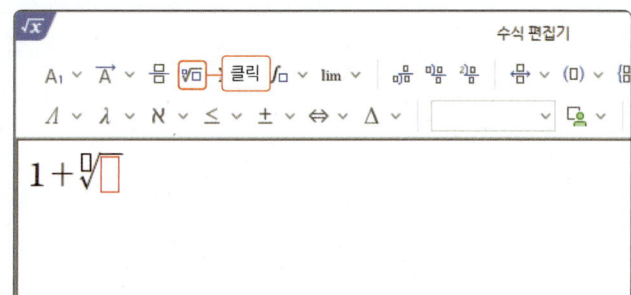

항목 이동

[수식 편집기] 대화상자에서 항목을 이동하려면 방향키(↑, ↓, ←, →) 또는 수식 도구 상자에서 이전 항목(←), 다음 항목(→)을 클릭하여 이동할 수 있으며 마우스로 원하는 위치의 항목을 선택하여 이동할 수도 있습니다.

❸ 3 입력 후 Tab 키 누르기

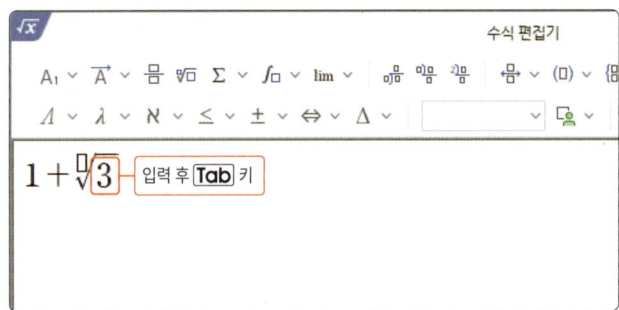

❹ = 입력 → 분수($\frac{\square}{\square}$) 클릭

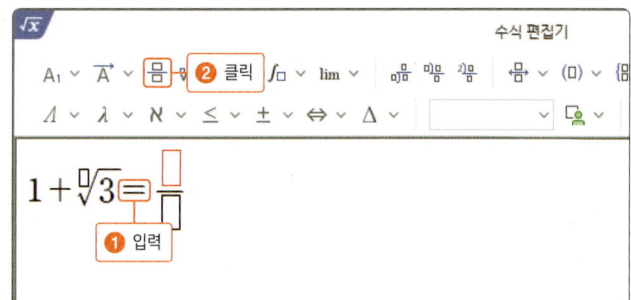

❺ x 입력 → 첨자(A_1)-위첨자(A^1) 클릭 → 3 입력 후 Tab 키 누르기

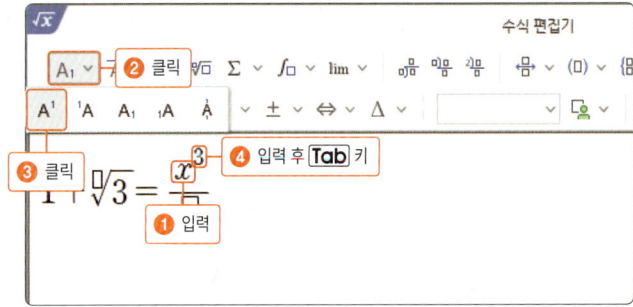

❻ −(2x+5) 입력

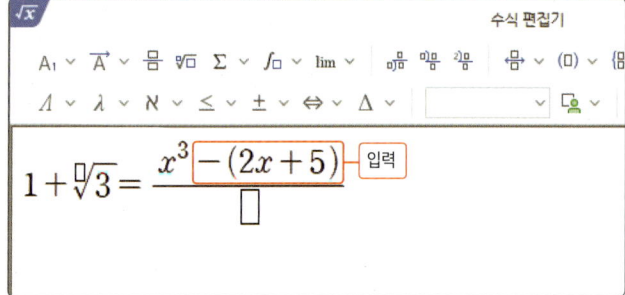

❼ 위첨자(A^1) 선택 → 3 입력 후 Tab 키 2번 누르기

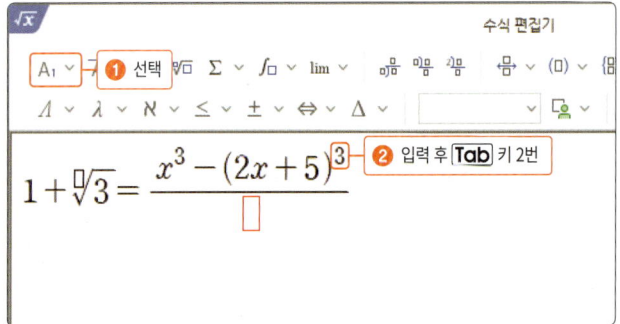

❽ x 입력 후 위첨자(A^1) 선택 → 3 입력 후 Tab 키 누르기

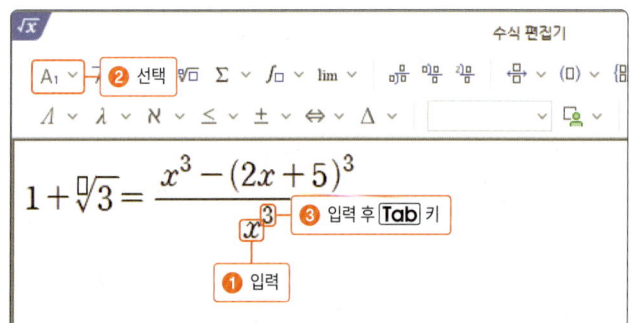

❾ –(x–2) 입력 후 넣기(⏎) 클릭

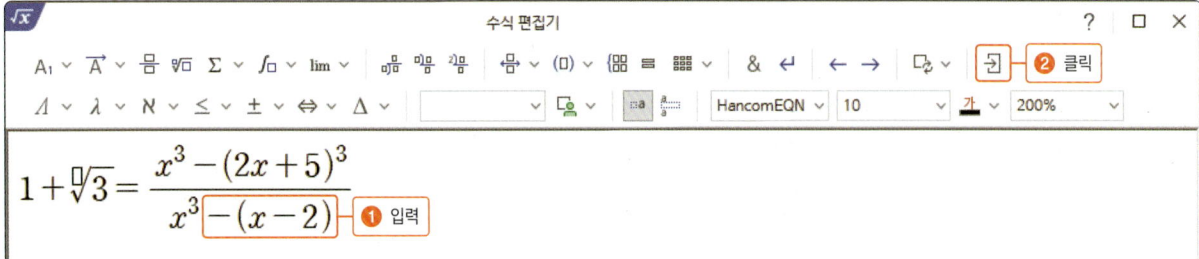

> **수식 수정**
> ❶ 수식을 잘못 입력했을 경우 [수식 편집기] 대화상자에서 수정할 수식 뒤로 커서를 위치시킨 후 Backspace 키를 누릅니다. 수정할 내용이 많을 경우에는 수식을 블록으로 지정한 후 Delete 키 또는 Backspace 키를 눌러 삭제합니다.
> ❷ 한글에 입력된 수식을 더블 클릭하면 [수식 편집기] 대화상자가 활성화되어 수식을 수정할 수 있습니다.

❹ 수식 문제 번호 (1) 뒤에 첫 번째 수식이 입력된 것을 확인합니다.

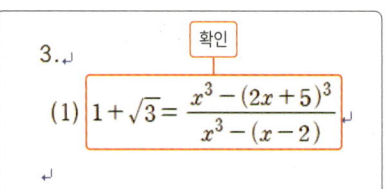

> **[수식] 도구 상자**
>
> ❶ 첨자(A₁ ˅) 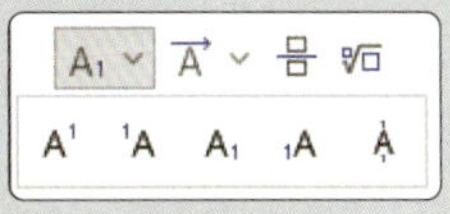
> ❷ 장식 기호(A ˅)
> ❸ 분수(몫)
> ❹ 근호(√⬚)
> ❺ 합(Σ ˅) 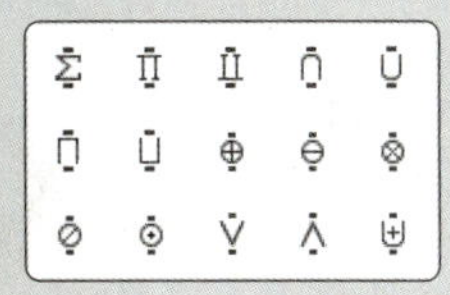
> ❻ 적분(∫⬚ ˅) 
> ❼ 극한(lim ˅) 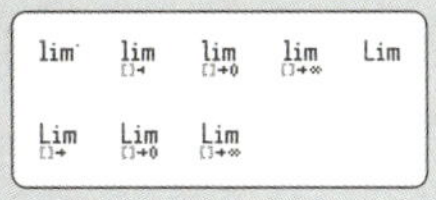
> ❽ 세로 나눗셈
> ❾ 최소공배수/최대공약수
> ❿ 2진수로 변환
> ⓫ 상호 관계(몫 ˅)
> ⓬ 괄호((⬚) ˅) 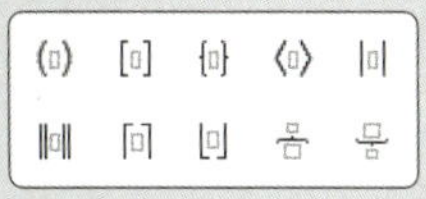
> ⓭ 경우
> ⓮ 세로 쌓기(⬚)
> ⓯ 행렬(▦ ˅)

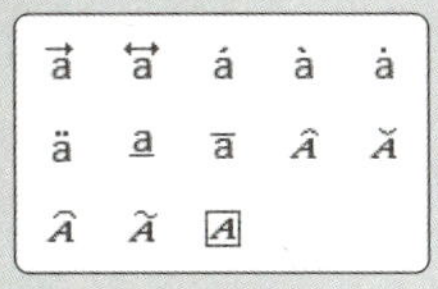

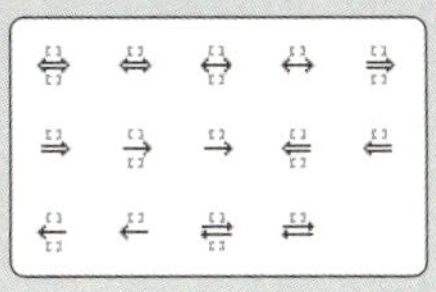

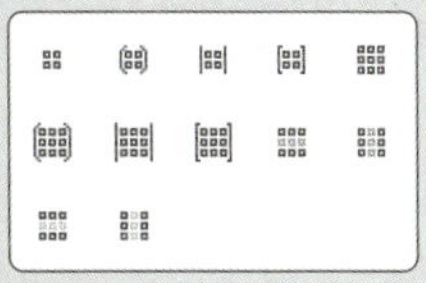

출제유형 05 **1-57** 기능평가 Ⅱ - 수식 입력

TIP

[수식] 도구 상자

⑯ 그리스 대문자(Λ)

Α	Β	Γ	Δ	Ε
Ζ	Η	Θ	Ι	Κ
Λ	Μ	Ν	Ξ	Ο
Π	Ρ	Σ	Τ	Υ
Φ	Χ	Ψ	Ω	

⑰ 그리스 소문자(λ)

α	β	γ	δ	ε
ζ	η	θ	ι	κ
λ	μ	ν	ξ	ο
π	ρ	σ	τ	υ
φ	χ	ψ	ω	

⑱ 그리스 기호(ℵ)

ℵ	ℏ	ı	ȷ	Ω
ℓ	℘	ℑ	Å	ϑ
ϖ	ς	ϒ	φ	ℇ

⑲ 합, 집합 기호(≤)

Σ	Π	∐	∩	∪
⊓	⊔	⊕	⊖	⊗
⊘	⊙	∨	∧	⊂
⊃	⊆	⊇	∈	∋
∉	≤	≥	⊏	⊐
⊑	⊒	≪	≫	⋘
⋙	<	>	⊎	

⑳ 연산, 논리 기호(±)

±	∓	×	÷	∘
•	°	∗	★	○
∅	∴	∵	∷	∃
≠	≐	≒	≓	~
≈	≃	≅	≡	≍
≎	⋄	∔	∀	′
∂	∞	¬	∝	⊻
∇	†	‡		

㉑ 화살표(⇔)

←	→	↑	↓	⇐
⇒	⇑	⇓	↕	↔
⇕	⇔	↖	↘	↗
↙	↩	↪	↦	∣
∥				

㉒ 기타 기호(Δ)

⋯	…	⋮	⋱	△
▽	∠	∡	∢	⊾
⊢	⊣	⊥	⊤	⊨
ℒ	℃	℉	／	＼
※	‰	‱	♯	⌂
⬡				

Skill 02 두 번째 수식 입력하기

$$(2)\ \ \Delta W = \frac{1}{2}m(f_x)^2 + \frac{1}{2}m(f_y)^2$$

❶ 첫 번째 수식 뒤에 커서를 위치시킨 후 Tab 키를 3번 눌러 일정하게 칸을 띄웁니다. 이어서, '(2)'를 입력한 후 Space Bar 키를 눌러 한 칸 띄웁니다. 두 번째 수식을 입력하기 위해 [입력] 탭에서 '수식($\sqrt{x}$)'(또는 Ctrl+N, M)을 클릭합니다.

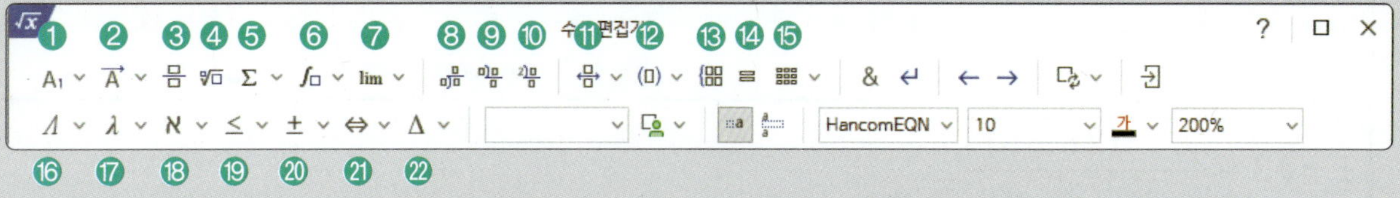

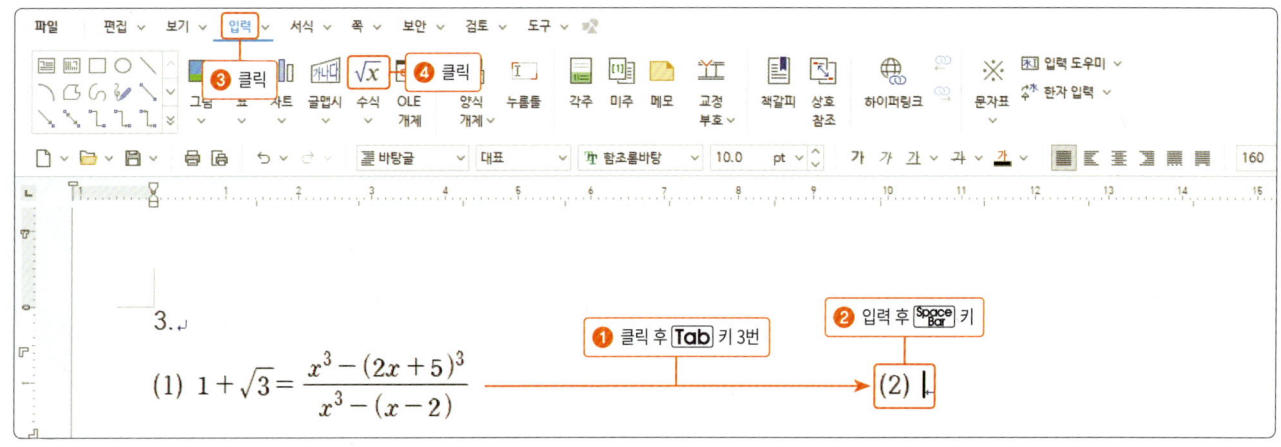

❷ [수식 편집기] 대화상자가 나오면 《출력형태》를 참고하여 다음 수식 입력 과정을 따릅니다.

❶ 기타 기호(△∨)–삼각형(△) 클릭

❷ W= 입력 → 분수(믐) 클릭

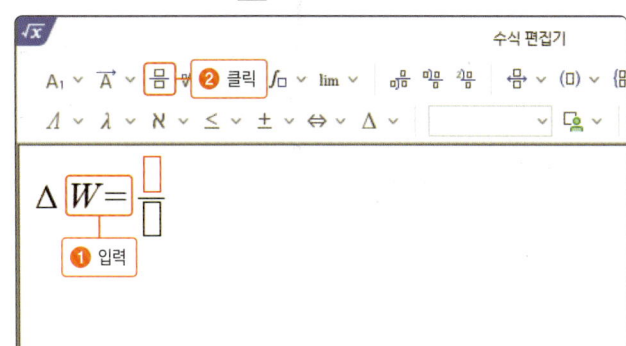

❸ 1 입력 후 Tab 키 누르기
　2 입력 후 Tab 키 누르기

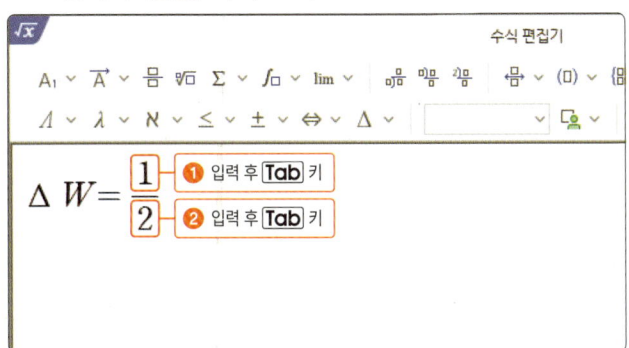

❹ m(입력

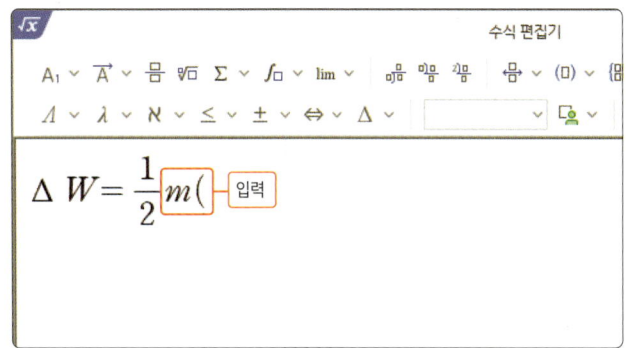

❺ f 입력 → 첨자(A₁∨)–아래 첨자(A₁) 클릭

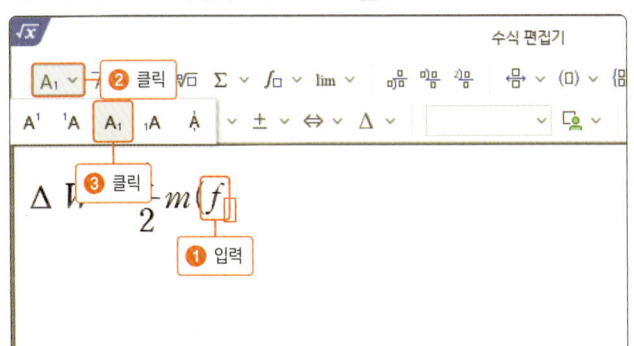

❻ x 입력 후 Tab 키 누르기 →) 입력

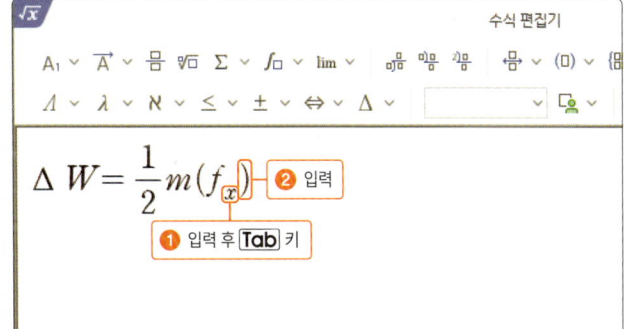

❼ 첨자(A₁∨)–위첨자(A¹) 클릭 → 2 입력 후 Tab 키 누르기

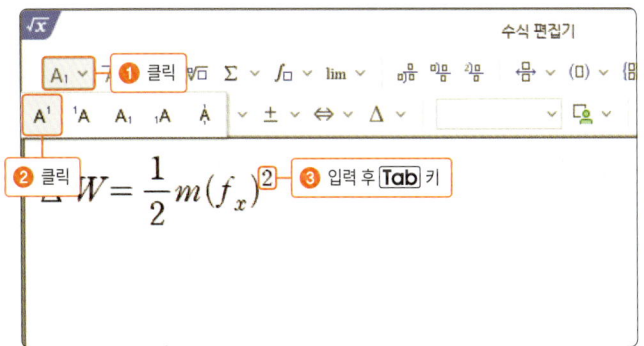

❽ + 입력 → 분수(믐) 클릭

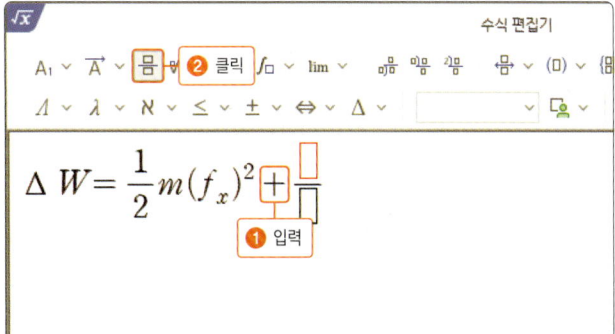

❾ 1 입력 후 Tab 키 누르기
    2 입력 후 Tab 키 누르기

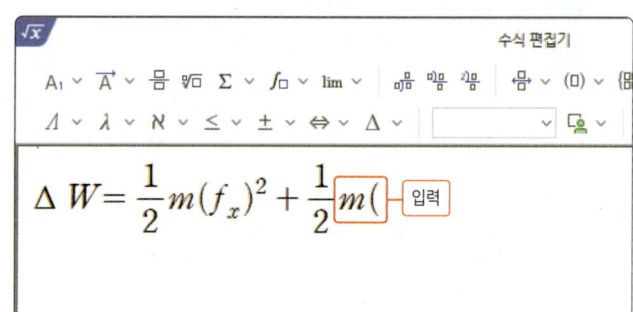

❿ m(입력

⓫ f 입력 → 첨자(A₁)-아래 첨자(A₁) 선택

⓬ y 입력 후 Tab 키 누르기 →) 입력

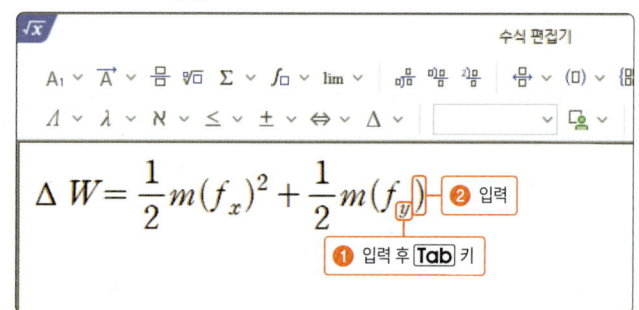

⓭ 첨자(A₁)-위첨자(A¹) 선택 → 2 입력 후 Tab 키 누르기 후 넣기 클릭

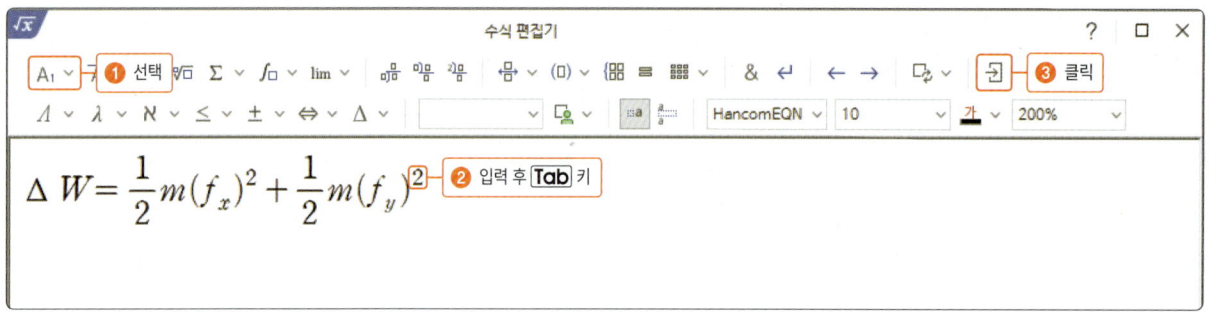

❸ 완성된 두 개의 수식을 《출력형태》와 비교하여 확인합니다.

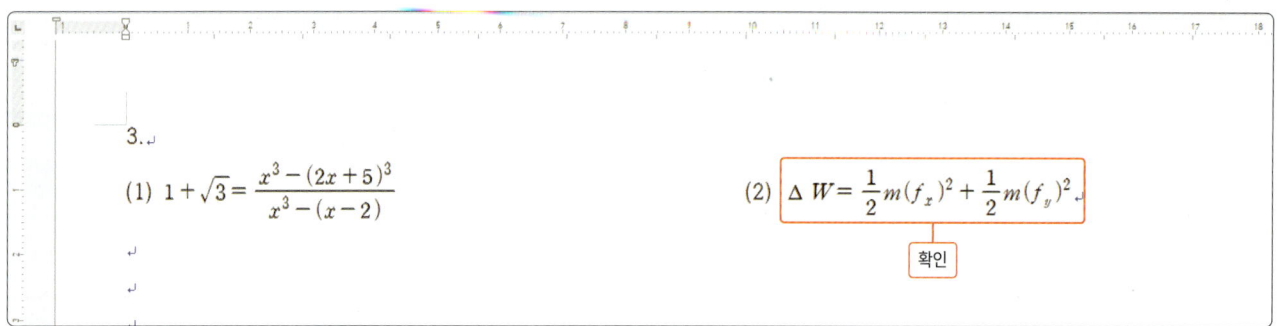

❹ 모든 작업이 완료되면 [파일]-[저장하기](Alt+S) 또는 [서식] 도구 상자에서 '저장하기(💾)'를 클릭하여 파일을 저장합니다.

  ※ 실제 시험을 볼 때 작업 도중에 수시로(10분에 한 번 정도) 저장을 하는 것이 좋습니다.

출제유형 완전정복 > 수식 입력

완전정복-01 다음 (1), (2)의 수식을 수식 편집기로 각각 입력하시오.

• 소스 : 정복05_문제01.hwpx   • 정답 : 정복05_정답01.hwpx

작성 시간 / 권장 시간
분 / 5분

《출력형태》

(1) $\dfrac{1}{2}mf^2 = \dfrac{1}{2}\dfrac{(m+M)^2}{b}V^2$ (분수, 위 첨자)

(2) $P_A = P \times \dfrac{V_A}{V} = P \times \dfrac{V_A}{V_A + V_B}$ (아래 첨자)

완전정복-02 다음 (1), (2)의 수식을 수식 편집기로 각각 입력하시오.

• 소스 : 정복05_문제02.hwpx   • 정답 : 정복05_정답02.hwpx

작성 시간 / 권장 시간
분 / 5분

《출력형태》

(1) $A(1+r)^n = \dfrac{a((1+r)^n - 1)}{\gamma}$ (그리스 소문자)

(2) $F = \dfrac{4\pi^2}{T^2} - 1 = 4\pi^2 K \dfrac{m}{\gamma^2}$ (그리스 소문자)

완전정복-03 다음 (1), (2)의 수식을 수식 편집기로 각각 입력하시오.

• 소스 : 정복05_문제03.hwpx   • 정답 : 정복05_정답03.hwpx

작성 시간 / 권장 시간
분 / 5분

《출력형태》

(1) $U_a - U_b = \dfrac{GmM}{a} - \dfrac{GmM}{b} = \dfrac{GmM}{2R}$

(2) $V = \dfrac{1}{R}\int_0^q q\,dq = \dfrac{1}{2}\dfrac{q^2}{R}$ (적분)

완전정복-04

다음 (1), (2)의 수식을 수식 편집기로 각각 입력하시오.

- 소스 : 정복05_문제04.hwpx
- 정답 : 정복05_정답04.hwpx

작성 시간 / 권장 시간
분 / 5분

《출력형태》

(1) $H_n = \dfrac{a(r^n - 1)}{r - 1} = \dfrac{a(1 + r^n)}{1 - r} (r \neq 1)$ ← 연산, 논리 기호

(2) $L = \dfrac{m + M}{m} V = \dfrac{m + M}{m} \sqrt{2gh}$ ← 근호

완전정복-05

다음 (1), (2)의 수식을 수식 편집기로 각각 입력하시오.

- 소스 : 정복05_문제05.hwpx
- 정답 : 정복05_정답05.hwpx

작성 시간 / 권장 시간
분 / 5분

《출력형태》

(1) $f = \sqrt{\dfrac{2 \times 1.6 \times 10^{-7}}{9.1 \times 10^{-3}}} = 5.9 \times 10^5$

(2) $\lambda = \dfrac{h}{mh} = \dfrac{h}{\sqrt{2mcV}}$ ← 그리스 소문자

완전정복-06

다음 (1), (2)의 수식을 수식 편집기로 각각 입력하시오.

- 소스 : 정복05_문제06.hwpx
- 정답 : 정복05_정답06.hwpx

작성 시간 / 권장 시간
분 / 5분

《출력형태》

(1) $K = \dfrac{a(1+r)((1+r)^n - 1)}{r}$

(2) $\displaystyle\int_a^b xf(x)dx = \dfrac{1}{b-a} \int_a^b x dx = \dfrac{a+b}{2}$

완전정복- 07

다음 (1), (2)의 수식을 수식 편집기로 각각 입력하시오.

- 소스 : 정복05_문제07.hwpx
- 정답 : 정복05_정답07.hwpx

작성 시간 / 권장 시간
분 / 5분

《출력형태》

(1) $H_n = \dfrac{a(r^n - 1)}{r - 1} = \dfrac{a(1 + r^n)}{1 - r} (r \neq 1)$

(2) $\sum_{k=1}^{n}(k^4 + 1) - \sum_{k=3}^{n}(k^4 + 1) = 19$

완전정복- 08

다음 (1), (2)의 수식을 수식 편집기로 각각 입력하시오.

- 소스 : 정복05_문제08.hwpx
- 정답 : 정복05_정답08.hwpx

작성 시간 / 권장 시간
분 / 5분

《출력형태》

(1) $\dfrac{1}{\lambda} = 1.097 \times 10^5 \left(\dfrac{1}{2^2} - \dfrac{1}{n^2}\right)$

(2) $\int_0^3 \dfrac{\sqrt{6t^2 - 18t + 12}}{5} dt = 11$

완전정복- 09

다음 (1), (2)의 수식을 수식 편집기로 각각 입력하시오.

- 소스 : 정복05_문제09.hwpx
- 정답 : 정복05_정답09.hwpx

작성 시간 / 권장 시간
분 / 5분

《출력형태》

(1) $1 + \sqrt{3} = \dfrac{x^3 - (2x + 5)^2}{x^3 - (x - 2)}$

(2) $\int_a^b x f(x) dx = \dfrac{1}{b - a} \int_a^b x dx = \dfrac{a + b}{2}$

기능평가 II - 도형 그리기

- ☑ 배경 도형 그리기
- ☑ 목차 도형 그리기
- ☑ 그림 및 글맵시 입력하기
- ☑ 제목 글상자 그리기
- ☑ 목차 글상자 만들어 복사하기
- ☑ 책갈피 삽입 및 하이퍼링크 지정하기

문제 미리보기

• **소스** : 유형06_문제.hwpx • **정답** : 유형06_정답.hwpx

4. 다음의 《조건》에 따라 《출력형태》와 같이 문서를 작성하시오. **(110점)**

《조건》 (1) 그리기 도구를 이용하여 작성하고, 모든 도형(글맵시, 지정된 그림 포함)을 《출력형태》와 같이 작성하시오.
(2) 도형의 면색은 지시사항이 없으면 색 없음을 제외하고 서로 다르게 임의로 지정하시오.

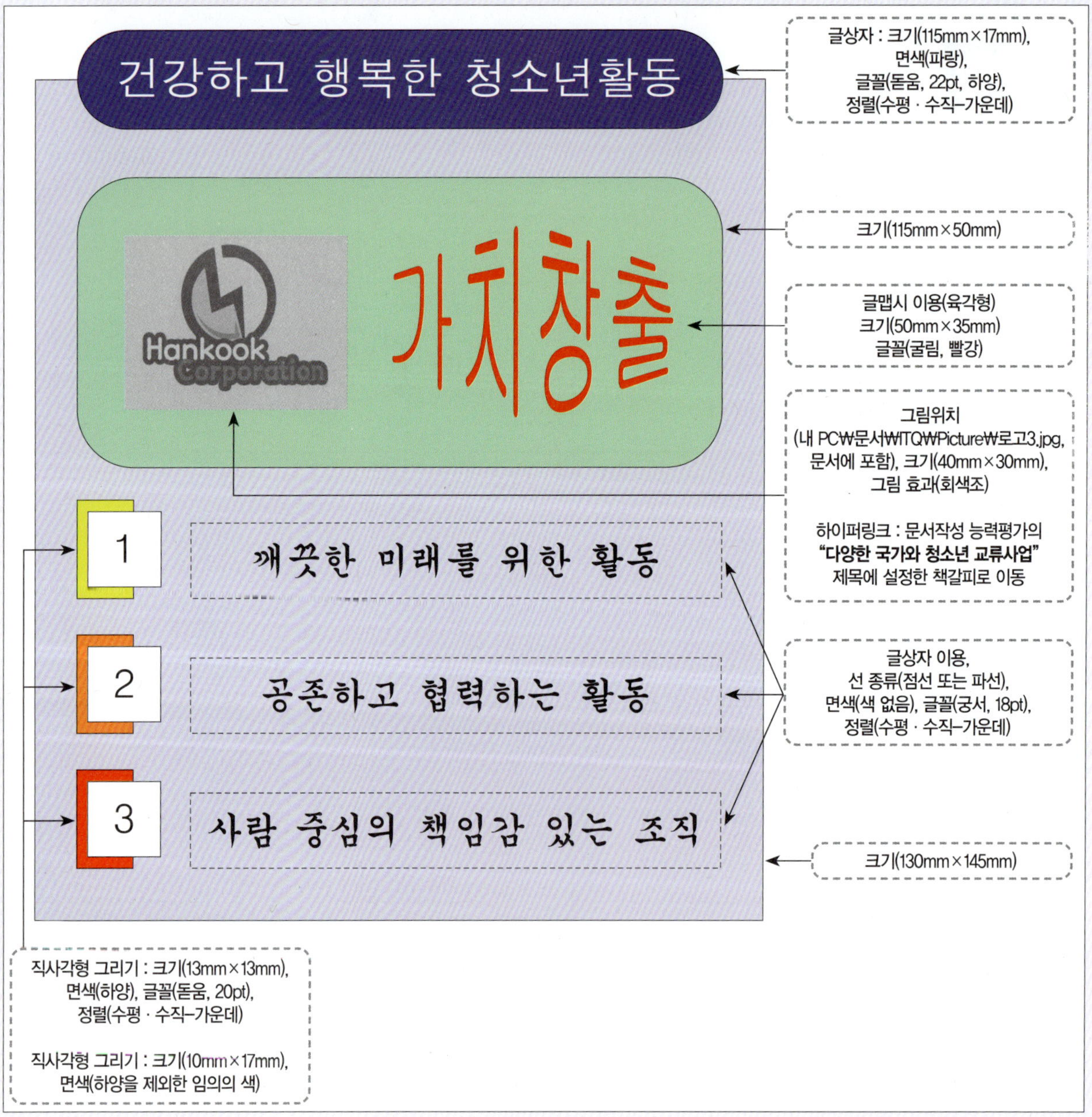
건강하고 행복한 청소년활동
글상자 : 크기(115mm×17mm),
면색(파랑),
글꼴(돋움, 22pt, 하양),
정렬(수평 · 수직-가운데)
크기(115mm×50mm)
Hankook Corporation
가치창출
글맵시 이용(육각형)
크기(50mm×35mm)
글꼴(굴림, 빨강)
그림위치
(내 PC₩문서₩ITQ₩Picture₩로고3.jpg,
문서에 포함), 크기(40mm×30mm),
그림 효과(회색조)
하이퍼링크 : 문서작성 능력평가의
"다양한 국가와 청소년 교류사업"
제목에 설정한 책갈피로 이동
1
깨끗한 미래를 위한 활동
2
공존하고 협력하는 활동
3
사람 중심의 책임감 있는 조직
글상자 이용,
선 종류(점선 또는 파선),
면색(색 없음), 글꼴(궁서, 18pt),
정렬(수평 · 수직-가운데)
크기(130mm×145mm)
직사각형 그리기 : 크기(13mm×13mm),
면색(하양), 글꼴(돋움, 20pt),
정렬(수평 · 수직-가운데)
직사각형 그리기 : 크기(10mm×17mm),
면색(하양을 제외한 임의의 색)

시험분석

Information Technology Qualification

난이도	권장 시간 / 시험 시간	유형 점수 / 시험 점수
★★★★☆	10분 / 60분	110점 / 500점

➤ **출제 경향 : 출제 문제를 분석**
- ☑ 글맵시의 모양은 역등변사다리꼴, 역갈매기형 수장, 갈매기형 수장, 나비넥타이, 육각형, 역아래로 계단식, 아래로 계단식 등이 자주 출제되었지만 이외에도 다양한 모양이 출제되고 있습니다.
- ☑ 도형의 모양은 직사각형의 테두리 선을 변경하여 반원과 둥근 모양으로 작업하는 유형이 자주 출제되고 있으며, 이외에도 타원과 호를 이용하는 작업이 출제된 적도 있었습니다.

➤ **주의 사항 : 실수가 많은 내용**
- ☑ 도형이나 글맵시, 글상자 등에 지시되어 있는 색상은 반드시 해당 색상으로 변경해야 하지만, 문제지에 색상이 지정되어 있지 않으면 서로 다른 임의의 색상(하양, 검정색 제외)을 선택하여 작업합니다.
- ☑ 《출력형태》를 참고하여 도형, 글상자, 글맵시, 그림의 위치를 지정하고, [개체 속성] 대화상자에서 '크기 고정'을 선택하여 크기가 변경되는 것을 방지합니다.
- ☑ 도형을 그룹으로 지정하면 0점 처리 되므로 그룹으로 지정하지 않습니다.

➤ **주요 단축키 : 문서 작성시 시간 단축에 도움**
- ☑ 개체 속성 : [P]   그림 : [Ctrl]+[N], [I]   하이퍼링크 : [Ctrl]+[K], [H]

Skill 01 배경 도형 그리기

■ 뒤쪽 배경 도형 그리기

크기(130mm×145mm)

① 한글 2022 프로그램을 실행한 후 [파일]-[불러오기]를 선택합니다. [불러오기] 대화상자가 나오면 '유형06_문제.hwpx' 파일을 불러옵니다.

② 2페이지에 입력된 문제 번호 '4.'의 다음 문단을 클릭한 후 뒤쪽 배경 도형을 그리기 위해 [입력] 탭에서 '직사각형(☐)'을 선택합니다.

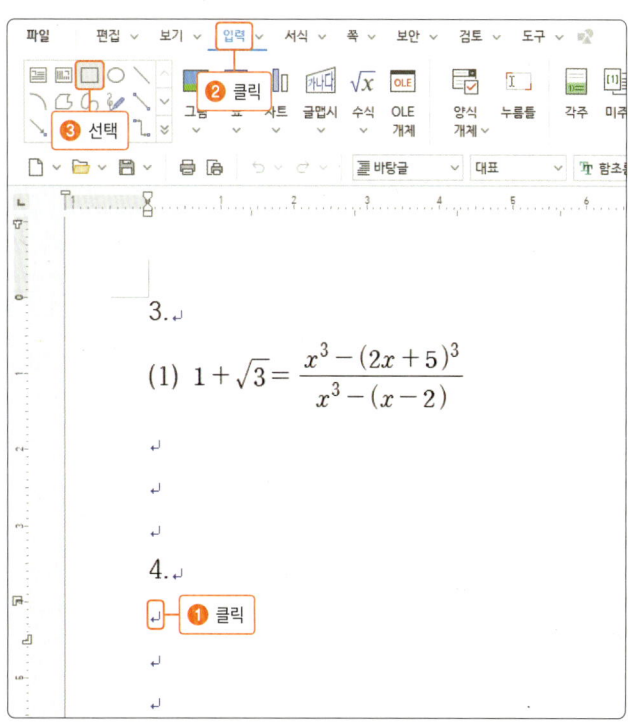

3.

(1) $1+\sqrt{3} = \dfrac{x^3-(2x+5)^3}{x^3-(x-2)}$

4.

③ 마우스 포인터 모양이 +로 변경되면 다음과 같이 드래그하여 뒤쪽 배경 도형을 그립니다.

　※ 도형을 그릴 때 《출력형태》를 참고하여 문제 번호 4.를 기준으로 그립니다.

④ 삽입된 도형 위에서 [마우스 오른쪽 단추]-'개체 속성'을 클릭합니다.

　※ [도형( )] 탭에서 [도형 속성( )]을 클릭하거나, 도형의 테두리를 더블 클릭하여 [개체 속성] 대화상자를 실행할 수도 있습니다.

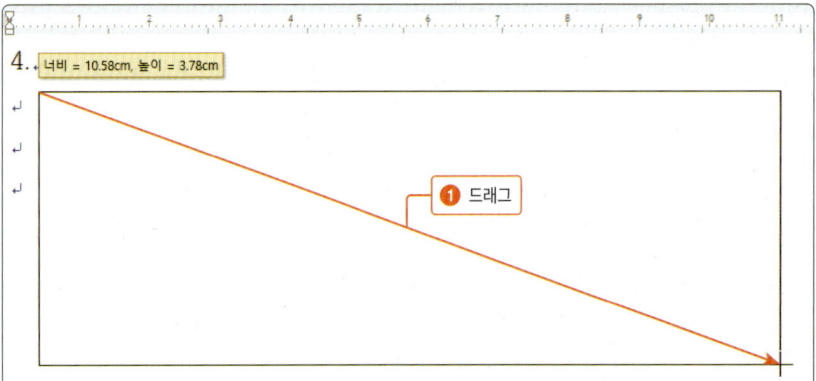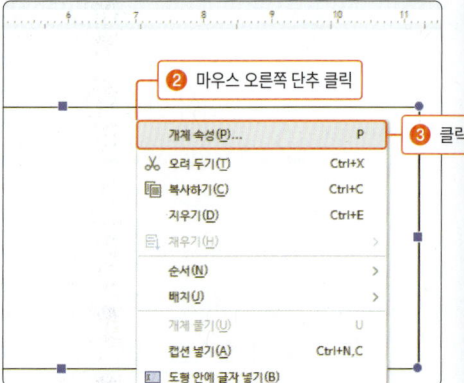

⑤ [개체 속성] 대화상자가 나오면 [기본] 탭에서 [크기]-'너비(130mm), 높이(145mm)'를 입력한 후 '크기 고정'을 클릭하여 체크(☑)합니다. 이어서, [채우기] 탭을 클릭합니다.

　※ '크기 고정'을 체크(☑)하는 이유는 도형의 크기가 변경되는 것을 방지하기 위해서입니다.

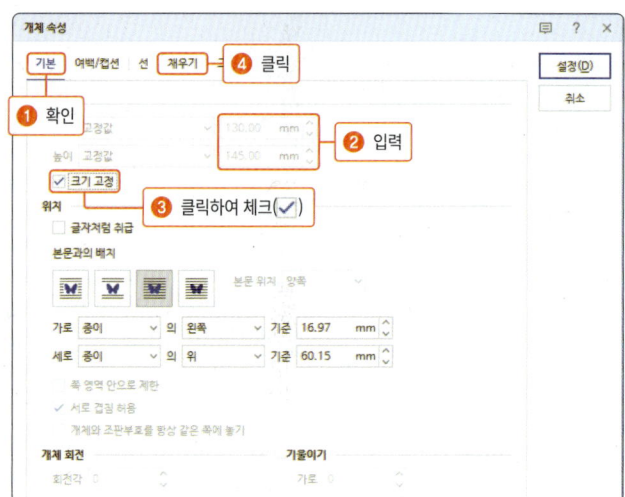

⑥ [채우기] 탭에서 [색]-'면 색'을 클릭합니다. 이어서, 임의의 색상을 선택한 후 〈설정〉 단추를 클릭합니다.

　※ 도형을 만들 때 면 색에 대한 별도의 지시사항이 없으면 [없음]을 제외한 임의의 색(검정색, 하양 제외)으로 지정합니다.

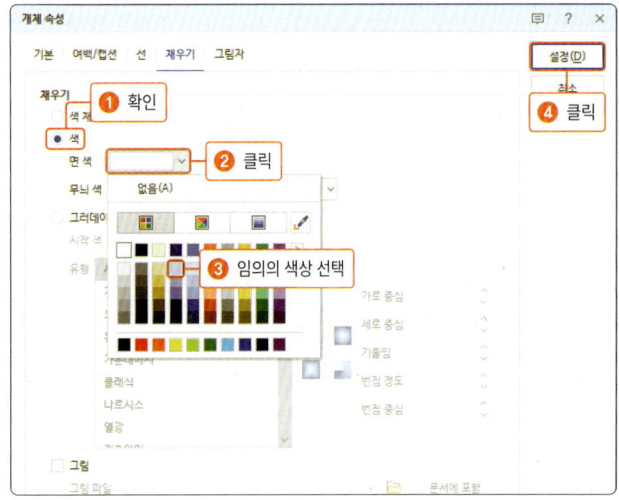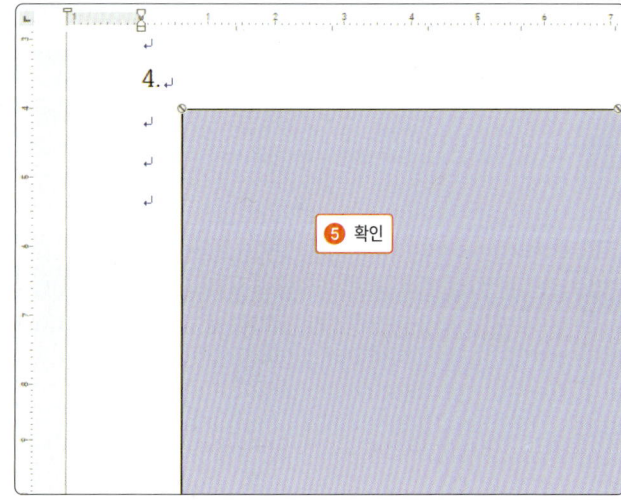

■ 앞쪽 도형 그리기

크기(115mm×50mm)

❼ 앞쪽 도형을 그리기 위해 [입력] 탭에서 '직사각형(□)'을 선택합니다. 이어서, 마우스 포인터 모양이 ＋로 변경되면 다음과 같이 드래그하여 앞쪽 도형을 그립니다.

 ※ 크기가 지시되어 있는 도형이나 글상자를 그릴 때는 임의의 크기로 드래그한 후 값을 입력하여 변경합니다.

❽ 입력된 도형 위에서 [마우스 오른쪽 단추]-'개체 속성'을 클릭합니다.

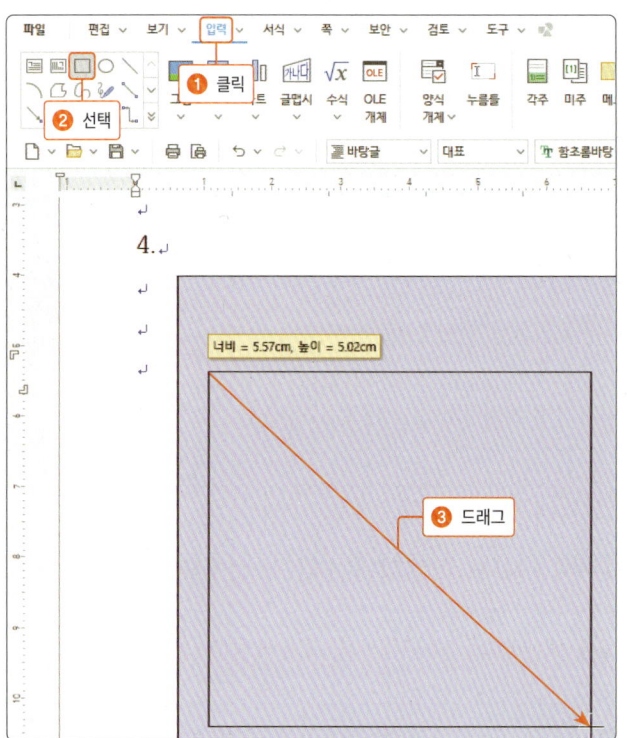
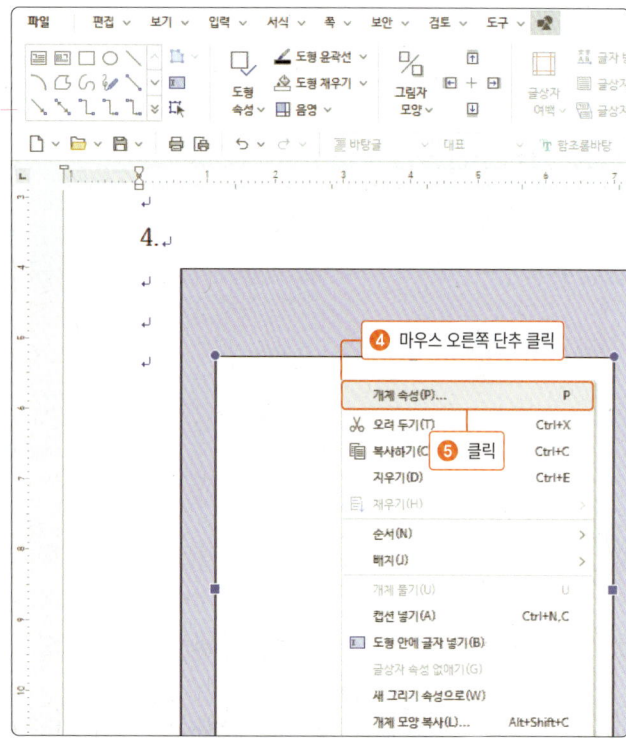

TIP 도형의 순서 변경하기

만약 도형이 뒤쪽 배경 도형에 가려 보이지 않을 경우 [마우스 오른쪽 단추]를 눌러 바로가기 메뉴에서 [순서]-'맨 앞으로', [배치]-'글 앞으로'를 지정합니다.

※ 도형(　) 탭에서 '맨 앞으로(　)' 또는 '맨 뒤로(　)'를 클릭하여 도형의 순서를 변경할 수도 있습니다.

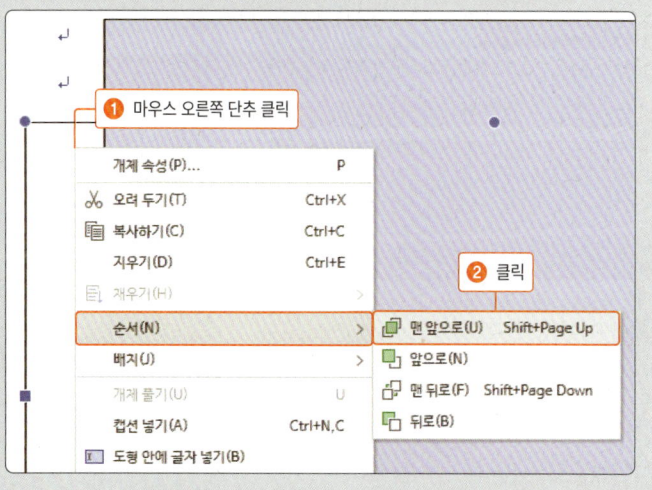

⑨ [개체 속성] 대화상자가 나오면 [기본] 탭에서 [크기]-'너비(115mm), 높이(50mm)'를 입력한 후 '크기 고정'을 클릭하여 체크(☑)합니다. 이어서, [선] 탭을 클릭합니다.

⑩ [선] 탭에서 [사각형 모서리 곡률]-'둥근 모양(▢)'을 선택한 후 [채우기] 탭을 클릭합니다.

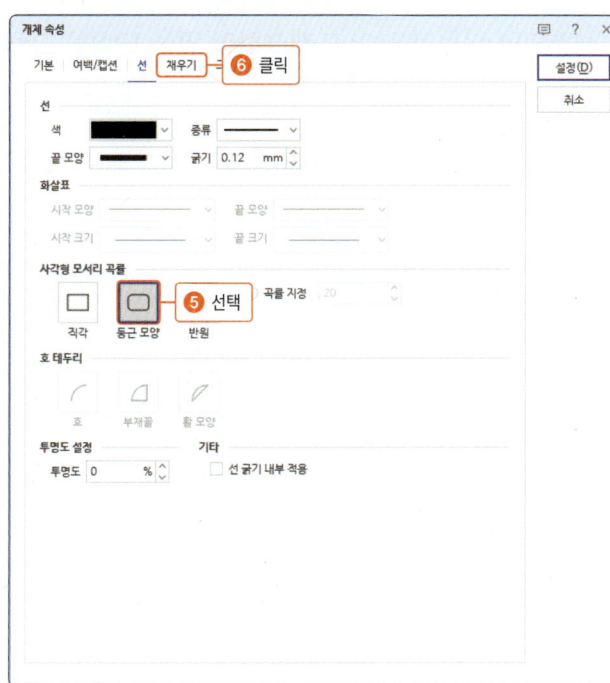

⑪ [채우기] 탭에서 [색]-'면 색'을 클릭합니다. 이어서, 임의의 색상을 선택한 후 〈설정〉 단추를 클릭합니다.

※ 도형을 만들 때 면 색에 대한 별도의 지시사항이 없으면 [없음]을 제외한 모든 색은 임의의 색(검정색, 하양 제외)으로 지정합니다.

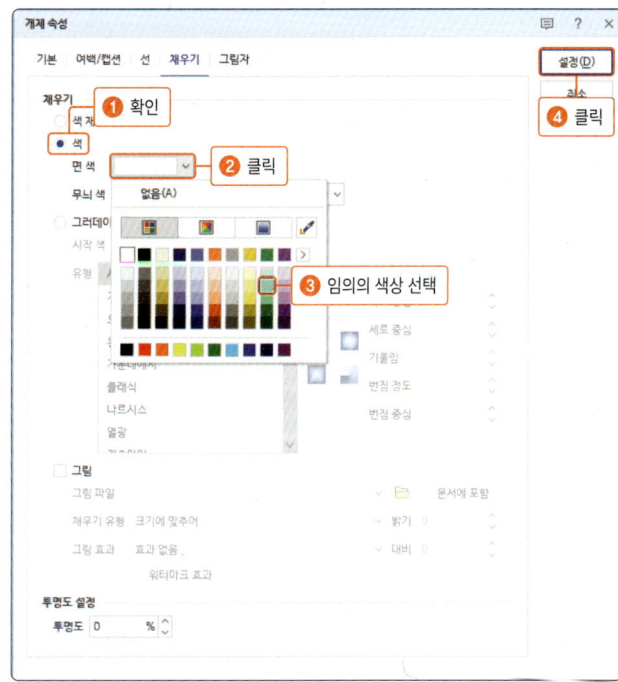

⑫ 앞쪽 도형이 완성되면 《출력형태》를 참고하여 도형의 위치를 변경합니다.

※ 도형을 선택한 후 키보드의 방향키(↑, ↓, ←, ↓)를 눌러 도형의 위치를 세밀하게 조절할 수 있습니다.

⑬ 모든 작업이 완료되면 Esc 키를 눌러 선택 상태를 해제합니다.

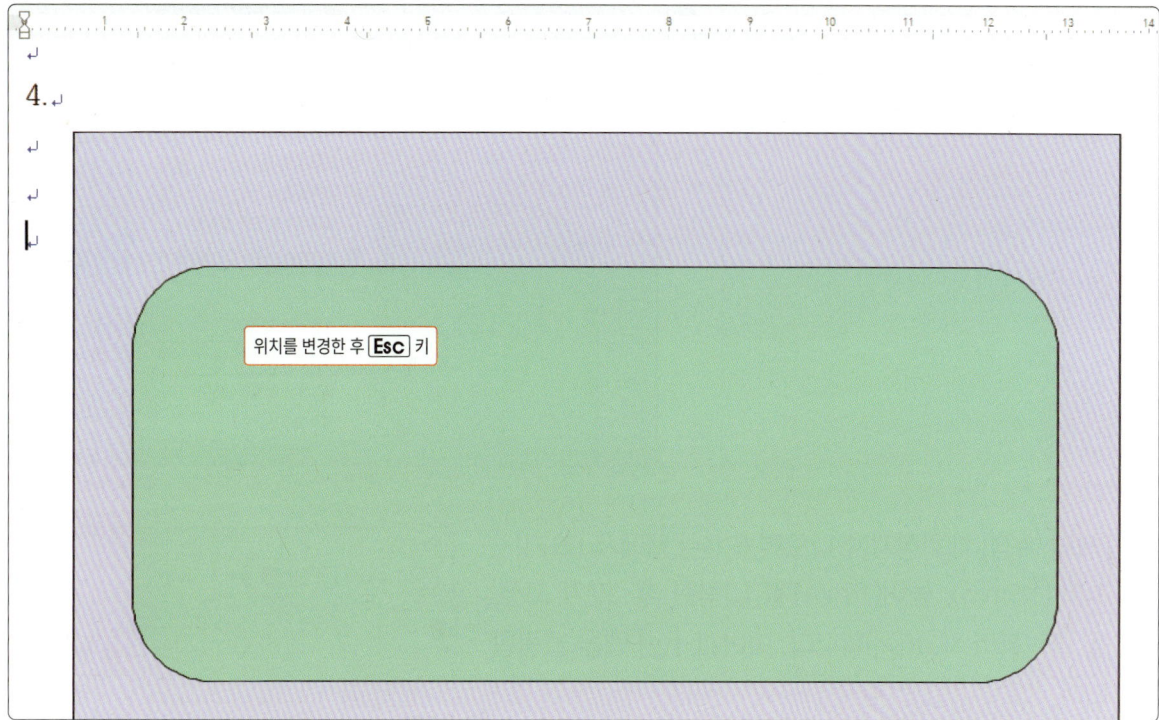

Skill 02 제목 글상자 그리기

글상자 : 크기(115mm×17mm), 면색(파랑), 글꼴(돋움, 22pt, 하양), 정렬(수평·수직-가운데)

① 글상자를 입력하기 위해 [입력] 탭에서 '가로 글상자(▭)'(또는 Ctrl + N, B)를 선택합니다.

② 마우스 포인터 모양이 +로 변경되면 《출력형태》를 참고하여 다음과 같이 드래그합니다.

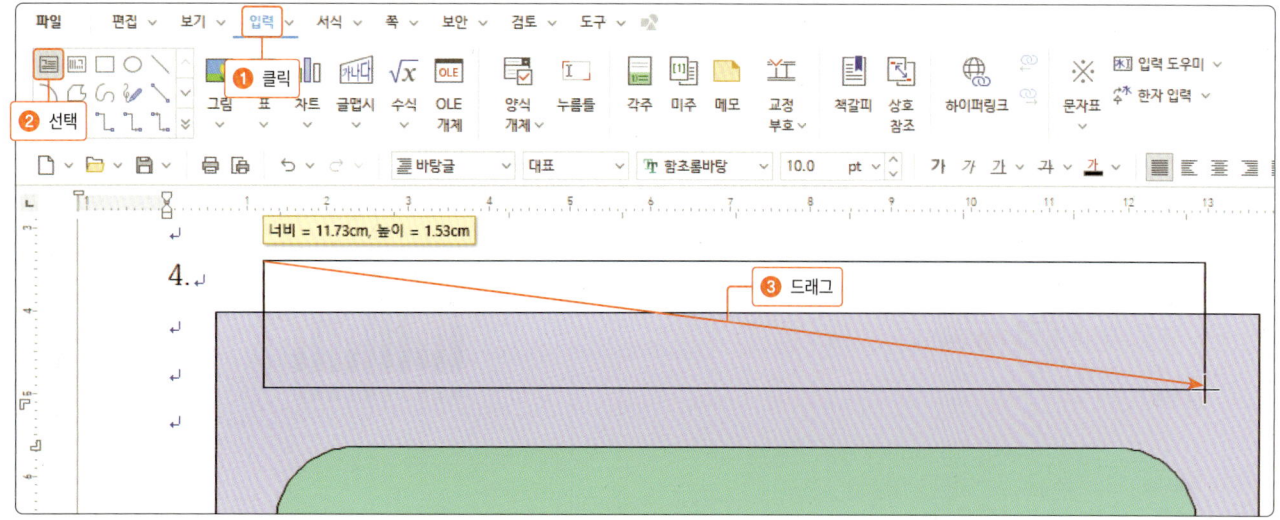

❸ 입력된 글상자 위에서 [마우스 오른쪽 단추]-'개체 속성'을 클릭합니다.
　※ 만약 글상자의 안쪽이 아닌 테두리에서 [마우스 오른쪽 단추]-'개체 속성'을 클릭하여 작업을 했다면 글상자 안에 내용을 바로 입력할 수 없습니다.

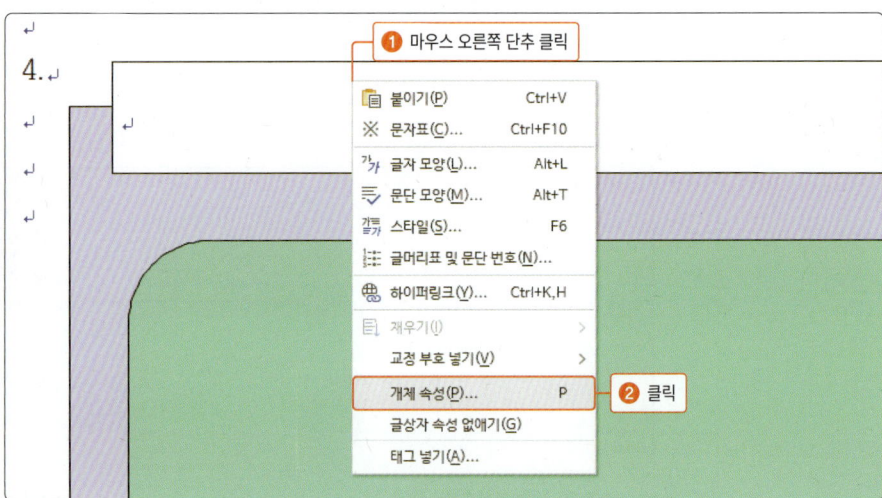

❹ [개체 속성] 대화상자가 나오면 [기본] 탭에서 [크기]-'너비(115mm), 높이(17mm)'를 입력한 후 '크기 고정'을 클릭하여 체크(✓)합니다. 이어서, [선] 탭을 클릭합니다.

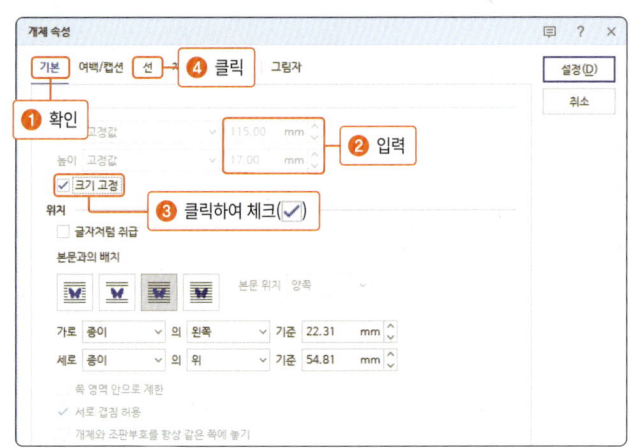

❺ [선] 탭에서 [사각형 모서리 곡률]-'반원(◯)'을 선택한 후 [채우기] 탭을 클릭합니다.

❻ [채우기] 탭에서 [색]-'면 색'을 클릭합니다. 이어서, '파랑'을 선택한 후 〈설정〉 단추를 클릭합니다.
　※ 실제 시험에서 지시하는 색상은 하양을 제외하고 모두 [오피스] 색상 테마에서 지정합니다.

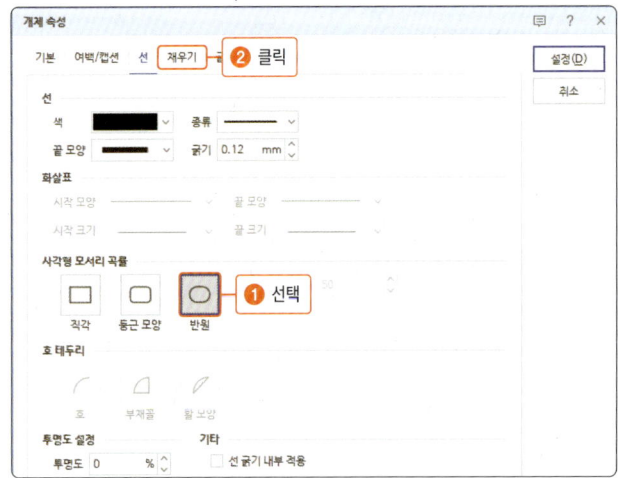
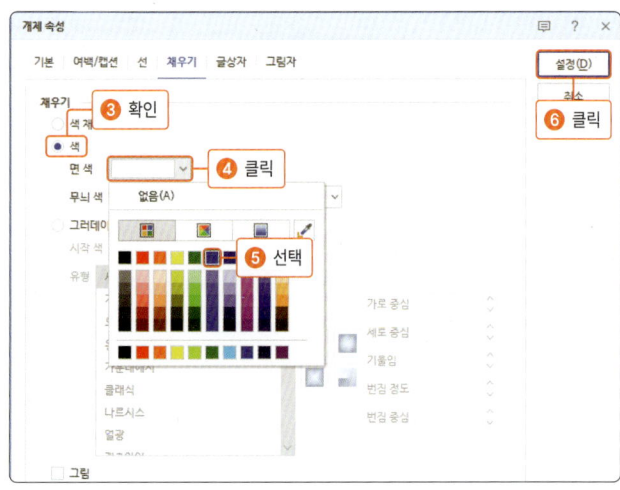

출제유형 06　1-70　기능평가 Ⅱ - 도형 그리기

❼ 속성 지정이 완료되면 '건강하고 행복한 청소년활동'을 입력한 후 글꼴 서식을 변경하기 위해 글상자의 테두리를 클릭합니다.

※ 글상자 안쪽의 텍스트를 블록으로 지정하여 서식 작업을 해도 결과는 동일합니다.

※ 만약 글상자에 텍스트가 바로 입력되지 않을 경우(테두리 선택 후 [개체 속성] 작업을 한 경우)에는 Esc 키를 누른 후 글상자 안쪽을 클릭하여 내용을 입력합니다.

❽ [서식] 도구 상자에서 '글꼴(돋움), 글자 크기(22pt), 글자 색(하양), 가운데 정렬(≡)'을 지정합니다.

※ 문제지의 지시사항 중 하양은 [기본] 색상 테마의 '하양(255, 255, 255)'을 선택합니다.

❾ 모든 작업이 완료되면 《출력형태》를 참고하여 키보드 방향키(↑, ↓, ←, ↓)로 위치를 변경한 후 Esc 키를 누릅니다.

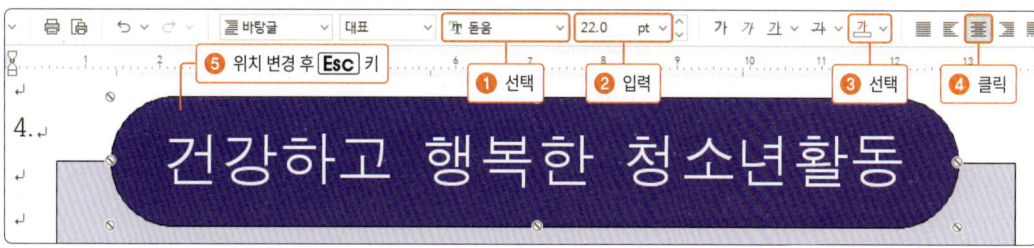

Skill 03 목차 도형 그리기

■ 뒤쪽 도형 그리기

직사각형 그리기 : 크기(10mm×17mm), 면색(하양을 제외한 임의의 색)

❶ 뒤쪽의 목차 도형을 그리기 위해 [입력] 탭에서 '직사각형(□)'을 선택합니다. 이어서, 마우스 포인터 모양이 +로 변경되면 다음과 같이 드래그하여 도형을 그립니다.

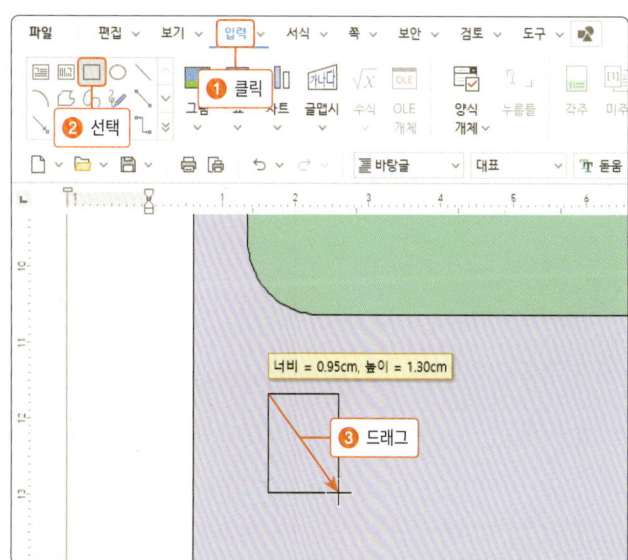

❷ 입력된 도형 위에서 [마우스 오른쪽 단추]-'개체 속성'을 클릭합니다.

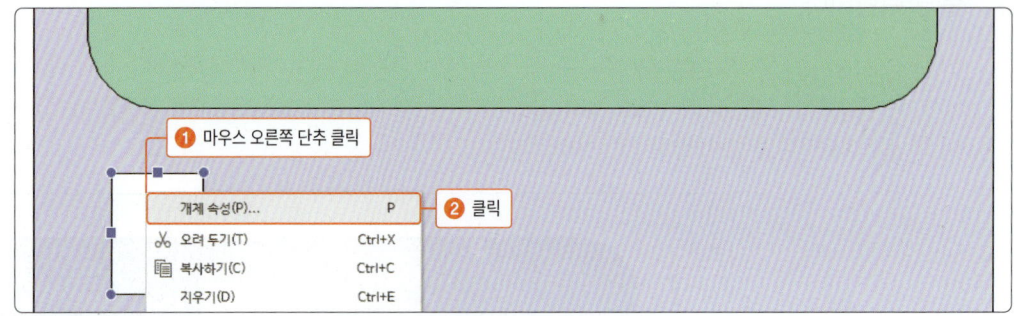

❸ [개체 속성] 대화상자가 나오면 [기본] 탭에서 [크기]-'너비(10mm), 높이(17mm)'를 입력한 후 '크기 고정'을 클릭하여 체크(✓)합니다. 이어서, [채우기] 탭을 클릭합니다.

❹ [채우기] 탭에서 [색]-'면 색'을 클릭합니다. 이어서, 임의의 색상을 선택한 후 〈설정〉 단추를 클릭합니다.

　※ 도형을 만들 때 면 색에 대한 별도의 지시사항이 없으면 [없음]을 제외한 임의의 색(검정색, 하양 제외)으로 지정합니다.

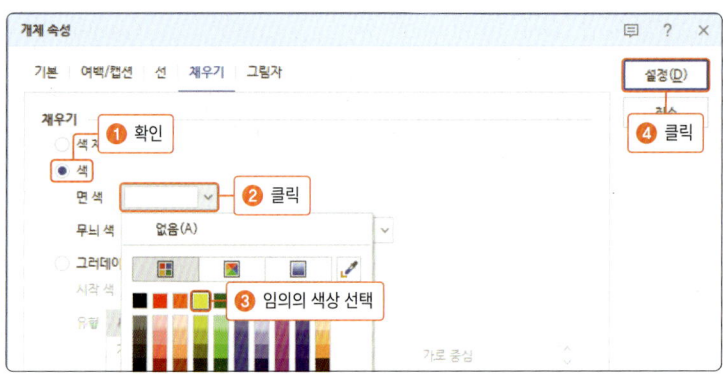

❺ 뒤쪽 도형이 완성되면 《출력형태》를 참고하여 키보드 방향키(↑, ↓, ←, ↓)로 위치를 변경합니다.

■ 앞쪽 도형 그리기

> 직사각형 그리기 : 크기(13mm×13mm), 면색(하양), 글꼴(돋움, 20pt), 정렬(수평·수직-가운데)

❻ 뒤쪽의 목차 도형이 완성되면 똑같은 방법으로 [입력] 탭에서 '직사각형(□)'을 선택합니다. 이어서, 마우스 포인터 모양이 +로 변경되면 다음과 같이 드래그하여 도형을 그립니다.

❼ 입력된 도형 위에서 [마우스 오른쪽 단추]-'개체 속성'을 클릭합니다.

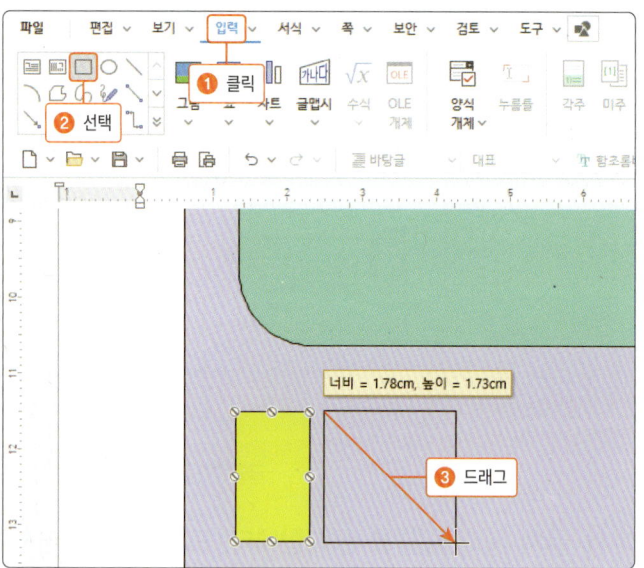
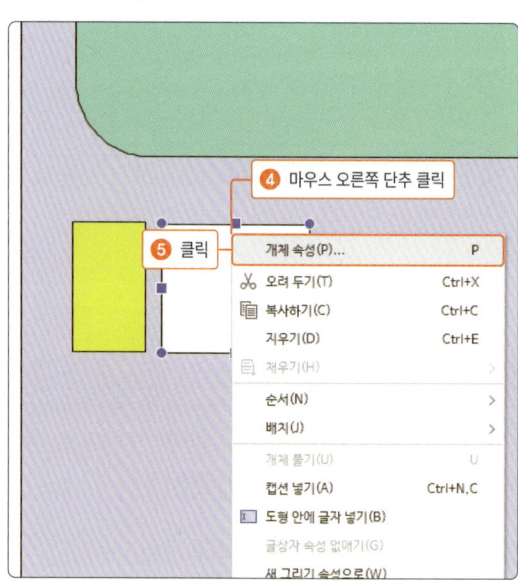

❽ [개체 속성] 대화상자가 나오면 [기본] 탭에서 [크기]-'너비(13mm), 높이(13mm)'를 입력한 후 '크기 고정'을 클릭하여 체크(☑)합니다. 이어서, [채우기] 탭을 클릭합니다.

❾ [채우기] 탭에서 [색]-'면 색'을 클릭하여 '하양'을 선택한 후 〈설정〉 단추를 클릭합니다.

※ 문제지의 지시사항 중 하양은 [기본] 색상 테마의 '하양(255, 255, 255)'을 선택합니다.

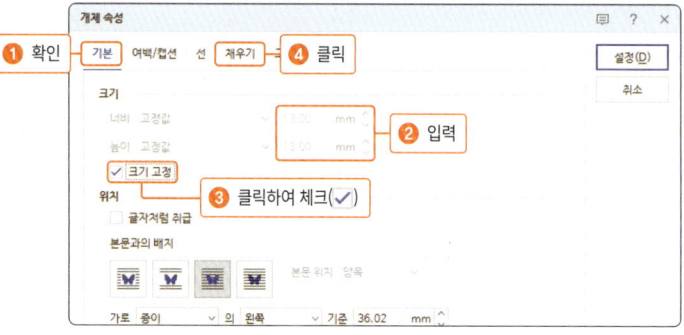
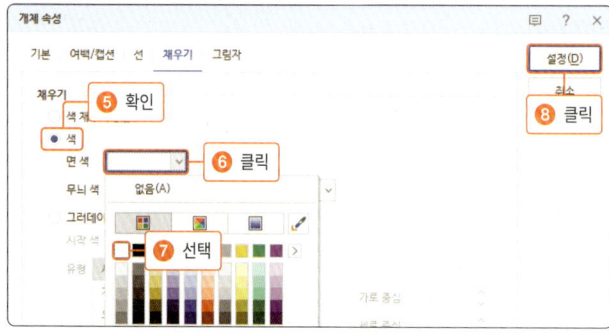

❿ 앞쪽의 목차 도형이 완성되면 다음과 같이 드래그하여 두 개의 도형을 겹칩니다.

※ 도형을 겹칠 때 《출력형태》를 참고하여 키보드 방향키(↑, ↓, ←, ↓)로 위치를 세밀하게 조절합니다.

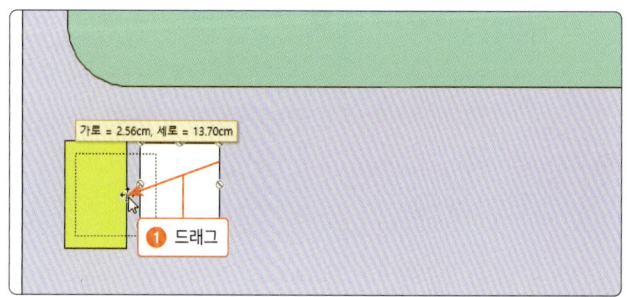
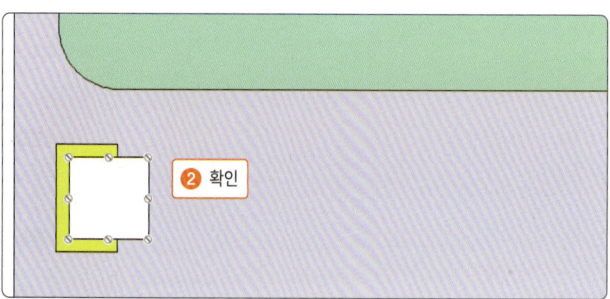

호(⌐) 그리기

실제 시험에서 호(⌐)를 이용하여 목차 도형을 작성하는 문제도 출제됩니다. 시험에 대비하여 호 테두리 모양을 미리 숙지하시기 바랍니다.

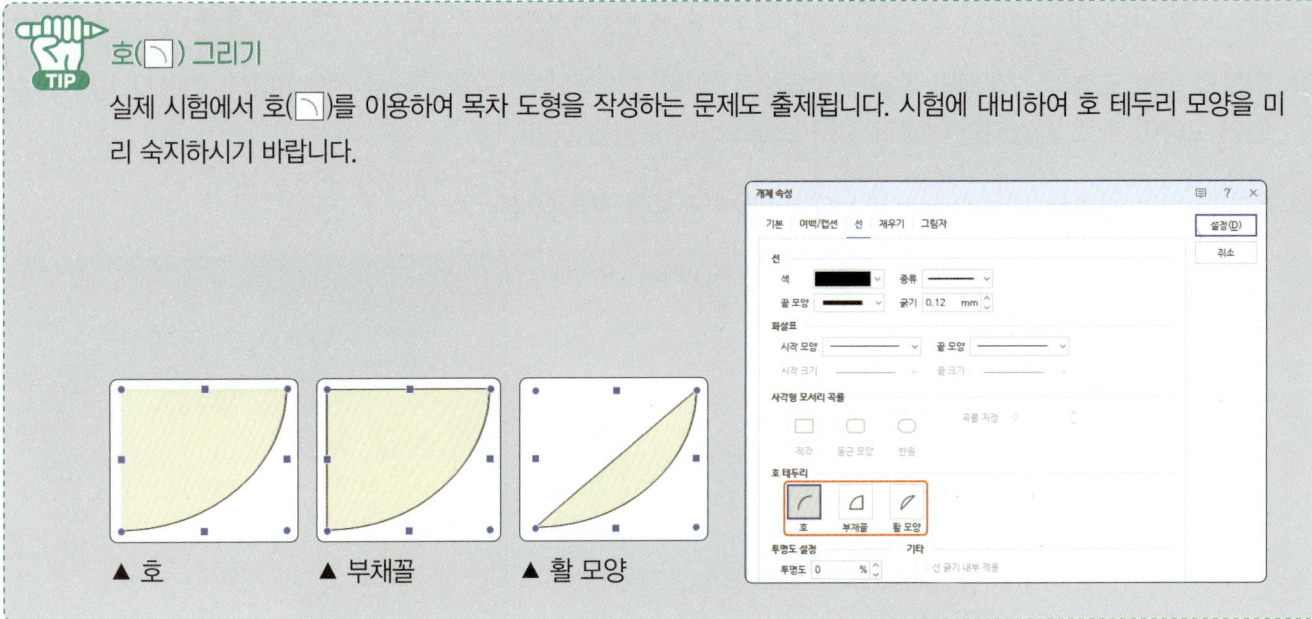

▲ 호   ▲ 부채꼴   ▲ 활 모양

■ 앞쪽 도형에 텍스트 입력하기

글꼴(돋움, 20pt), 정렬(수평·수직-가운데)

⑪ 앞쪽 도형이 선택된 상태에서 [도형(　)] 탭에서 '글자 넣기(　)'를 클릭합니다. 도형 안쪽에 커서가 활성화되면 '1'을 입력한 후 도형의 테두리를 클릭합니다.

※ 도형 위에서 [마우스 오른쪽 단추]-'도형 안에 글자 넣기'를 선택할 수도 있습니다.

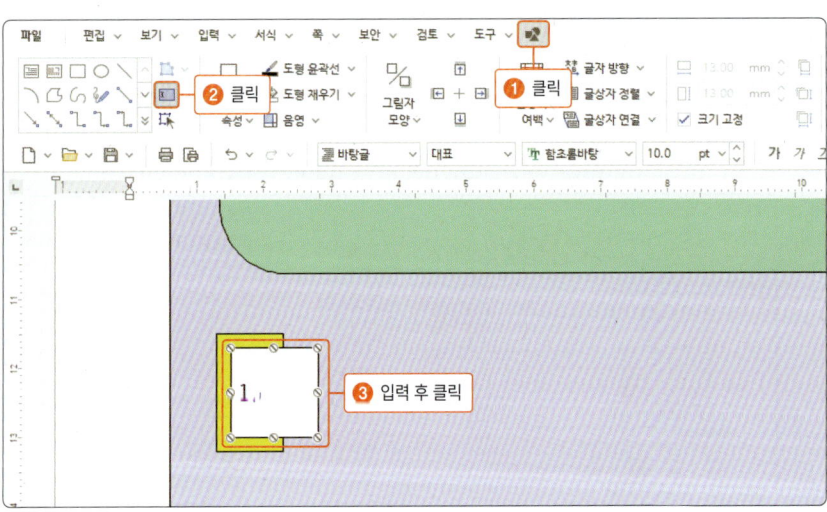

⑫ [서식] 도구 상자에서 '글꼴(돋움), 글자 크기(20pt), 글자 색(검정), 가운데 정렬(　)'을 지정합니다.

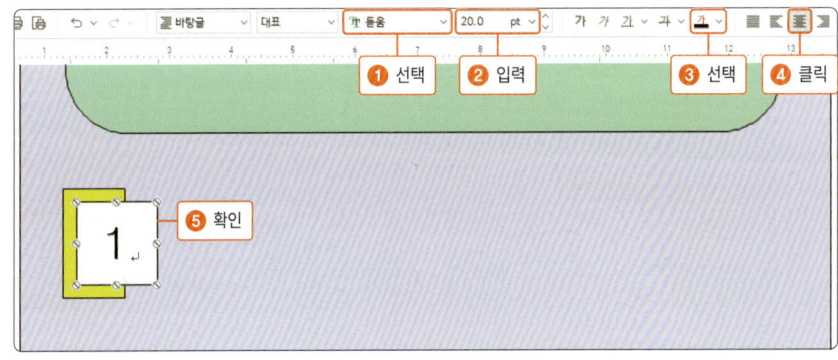

Skill 04 목차 글상자 만들어 복사하기

■ 목차 글상자 그리기

글상자 이용, 선 종류(점선 또는 파선), 면색(색 없음), 글꼴(궁서, 18pt), 정렬(수평 · 수직-가운데)

❶ 목차 글상자를 입력하기 위해 [입력] 탭에서 '가로 글상자(▦)'(또는 Ctrl + N , B)를 선택합니다.

❷ 마우스 포인터 모양이 + 로 변경되면 《출력형태》를 참고하여 다음과 같이 드래그합니다.

※ 목차 도형에 사용되는 글상자의 크기는 별도의 지시사항이 없으므로 《출력형태》를 참고하여 조절점으로 글상자의 크기를 조절합니다.

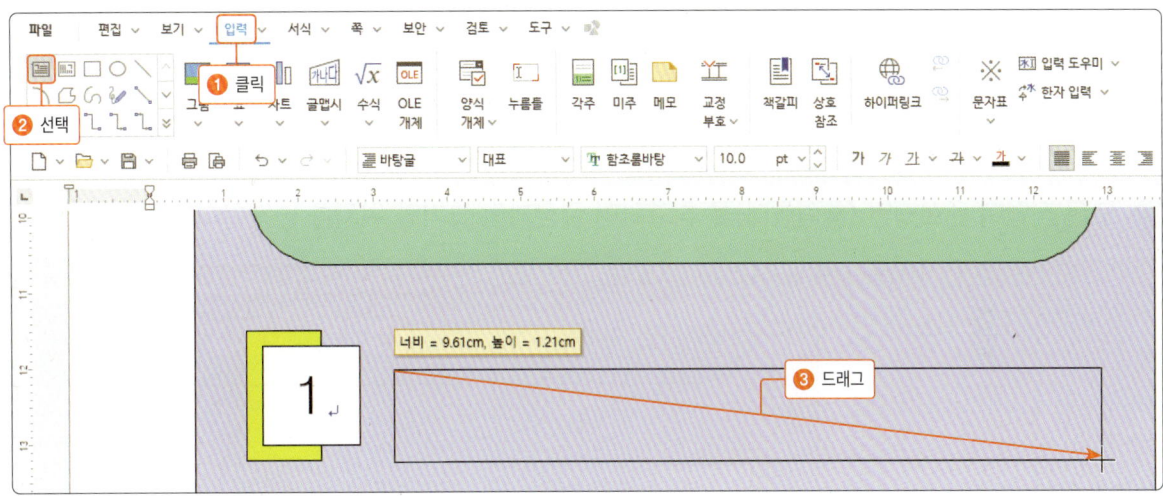

❸ 글상자 테두리 위에서 [마우스 오른쪽 단추] - '개체 속성'을 클릭합니다.

※ 글상자의 테두리를 더블 클릭하여 [개체 속성] 대화상자를 실행할 수도 있습니다.

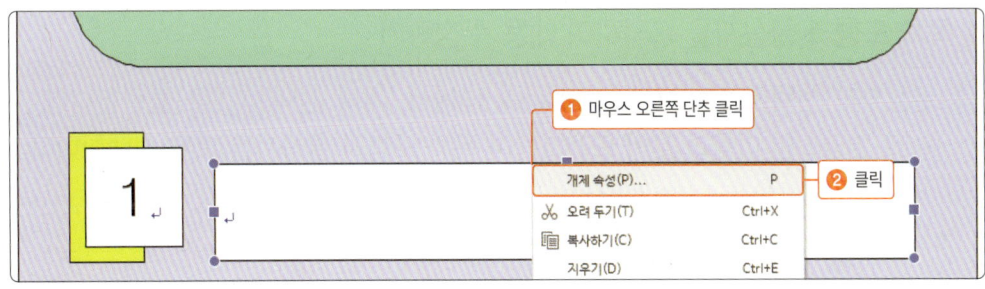

❹ [개체 속성] 대화상자가 나오면 [선] 탭에서 [선 종류] - '파선(— — — —)' 또는 '점선(··········)'을 선택합니다. 이어서, [채우기] 탭을 클릭합니다.

※ 교재에서는 파선을 사용했지만 《출력형태》를 참고하여 '파선' 또는 '점선'을 선택합니다.

❺ [채우기] 탭에서 [색] - '면 색'을 클릭하여 '없음'을 선택한 후 〈설정〉 단추를 클릭합니다.

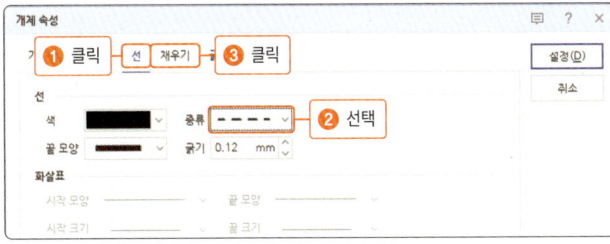
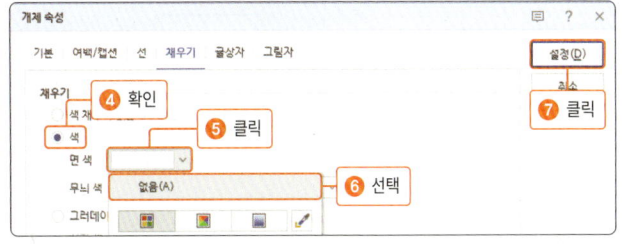

❻ 속성 지정이 완료되면 Esc 키를 눌러 글상자 선택을 해제한 후 안쪽을 클릭합니다. 이어서, '깨끗한 미래를 위한 활동'을 입력한 후 글상자의 테두리를 클릭합니다.

※ 글상자 안쪽의 텍스트를 블록으로 지정하여 서식 작업을 해도 결과는 동일합니다.

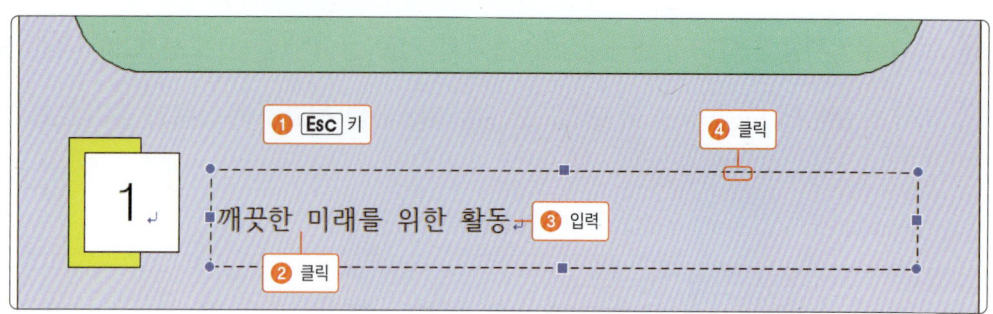

❼ [서식] 도구 상자에서 '글꼴(궁서), 글자 크기(18pt), 글자 색(검정), 가운데 정렬(≡)'을 지정합니다.

❽ 모든 작업이 완료되면 《출력형태》를 참고하여 글상자의 크기와 위치를 변경합니다.

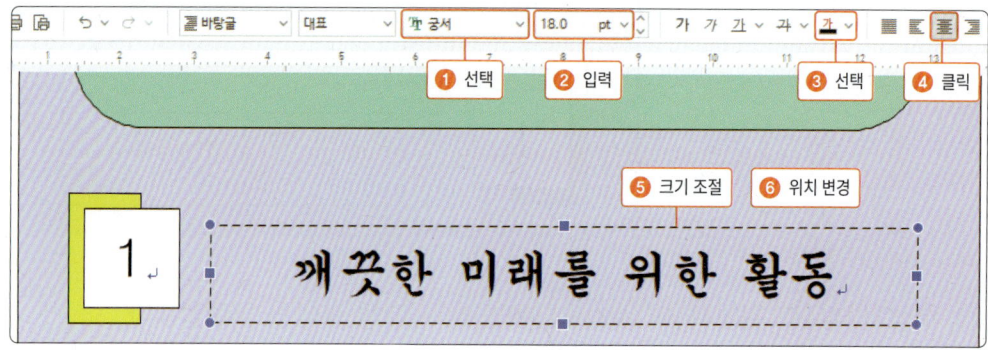

■ 목차 도형과 글상자를 복사하여 내용 수정하기

❾ 글상자가 선택된 상태에서 [도형( )] 탭에서 '개체 선택( )'을 클릭합니다. 이어서, 마우스 포인터 모양이 로 변경되면 다음과 같이 드래그하여 목차 도형과 글상자를 모두 선택합니다.

※ [편집] 탭에서 '개체 선택( )'을 클릭하여 선택하거나, Shift 키를 누른 채 각각의 도형들을 선택할 수도 있습니다.

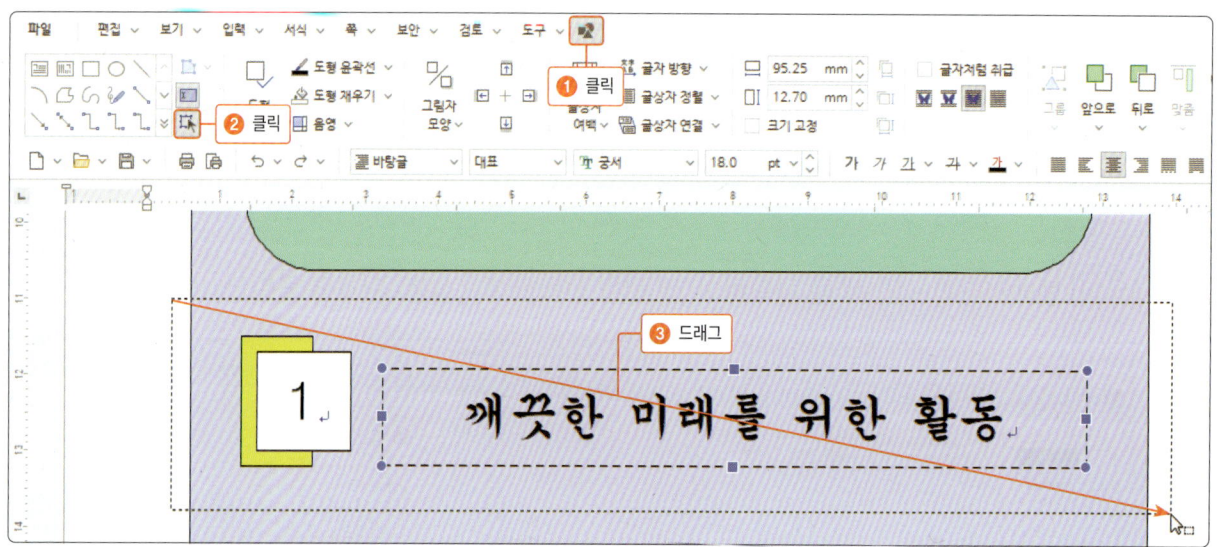

⑩ 다음과 같이 도형과 글상자들이 선택되면 Ctrl+Shift 키를 누른 채 아래로 드래그하여 복사합니다.

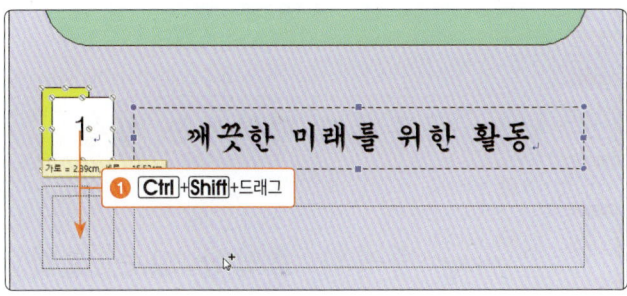 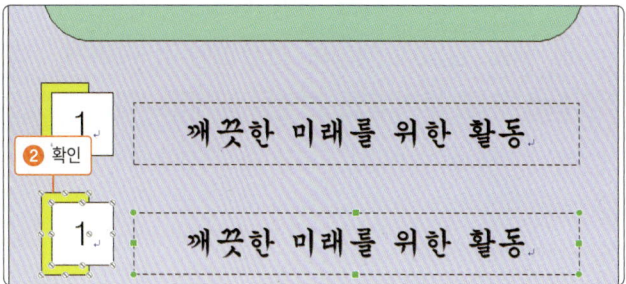

⑪ 똑같은 방법으로 Ctrl+Shift 키를 누른 채 아래로 드래그하여 복사합니다. 이어서, 다음과 같이 목차 도형과 글상자 안의 내용을 변경합니다.

※ 내용 수정 : 도형 및 글상자 안쪽의 내용을 블록으로 지정한 후 새로운 내용을 입력합니다.

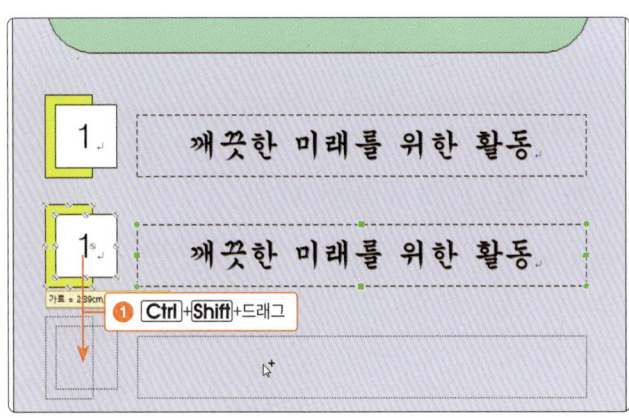 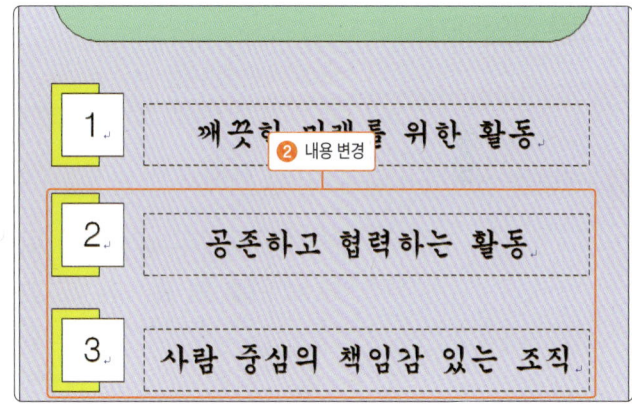

글상자 크기 조절

만약 글상자 안의 내용이 두 줄로 입력되는 경우에는 글상자의 대각선 조절점을 드래그하여 크기(너비 및 높이)를 조절합니다. 크기가 변경되면 나머지 글상자들도 변경된 글상자의 크기에 맞추어 조절합니다.

※ 목차 글상자 중에서 가장 긴 내용을 먼저 입력하여 복사한 후 내용을 수정하면 두 줄로 입력되는 것을 방지할 수 있습니다.

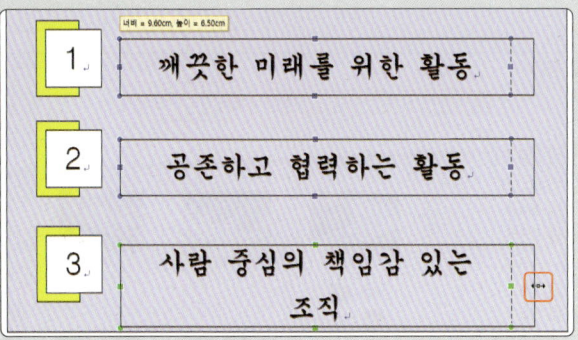 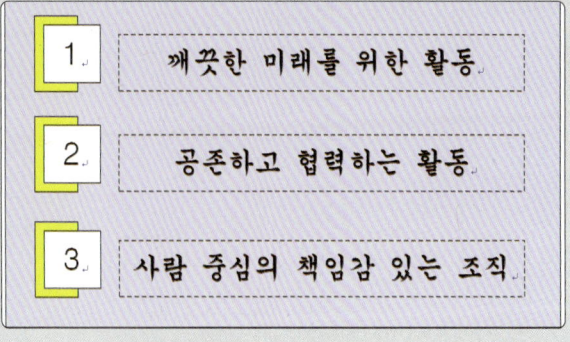

⑫ 글상자의 내용 수정이 완료되면 《출력형태》를 참고하여 복사된 뒤에 있는 직사각형의 면 색을 임의의 색으로 변경합니다. 이어서, Esc 키를 눌러 모든 선택을 해제합니다.

※ 도형의 색상 변경은 [개체 속성] 대화상자-[채우기] 또는 [도형] 탭에서 채우기를 이용하여 변경합니다.

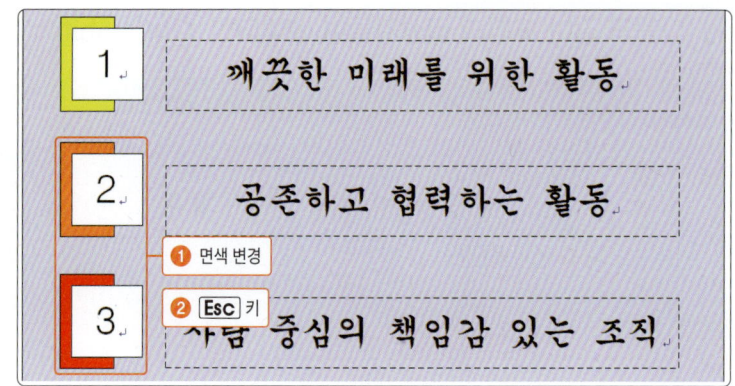

Skill 05 그림 및 글맵시 입력하기

■ 그림 삽입하기

그림위치(내 PC\문서\ITQ\Picture\로고3.jpg, 문서에 포함), 크기(40mm×30mm), 그림 효과(회색조)

① 그림을 삽입하기 위해 [입력] 탭에서 '그림( )'(또는 Ctrl + N, I)를 클릭합니다.

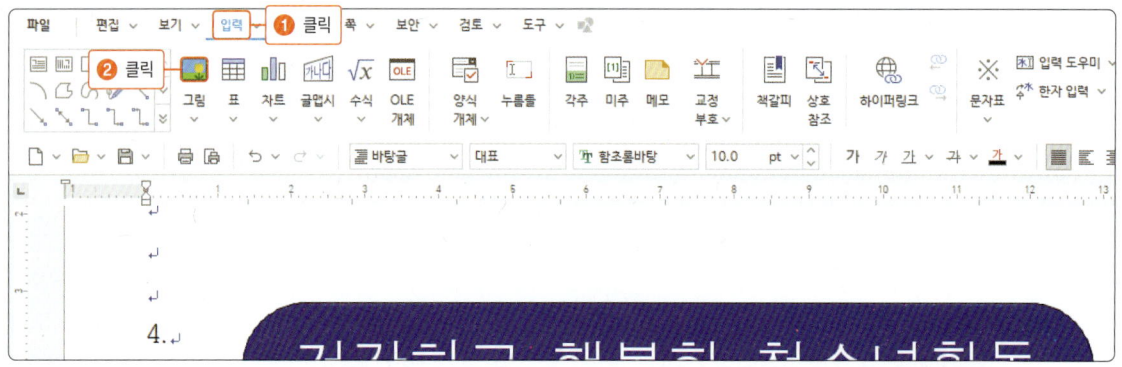

② [그림 넣기] 대화상자가 나오면 위치(내 PC\문서\ITQ\Picture)를 지정한 후 '로고3.jpg' 파일을 선택한 다음 〈열기〉 단추를 클릭합니다.

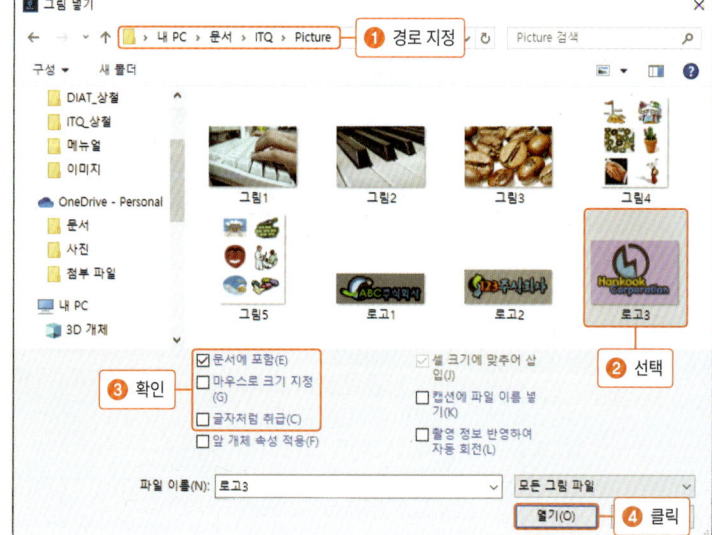

 그림 넣기

'문서에 포함'을 제외한 나머지 '글자처럼 취급'과 '마우스로 크기 지정'이 체크(☑)되어 있다면 체크를 해제합니다.

출제유형 06 **1-78** 기능평가 Ⅱ - 도형 그리기

❸ 삽입된 그림 위에서 [마우스 오른쪽 단추]-'개체 속성'을 클릭합니다.

※ [그림( )] 탭에서 '그림 속성( )'을 클릭하거나, 그림을 더블 클릭하여 [개체 속성] 대화상자를 실행할 수도 있습니다.

❹ [개체 속성] 대화상자가 나오면 [기본] 탭에서 [크기]-'너비(40mm), 높이(30mm)'를 입력한 후 '크기 고정'을 클릭하여 체크( )합니다. 이어서, [본문과의 배치]-'글 앞으로( )'를 선택한 후 [그림] 탭을 클릭합니다.

❺ [그림] 탭에서 [그림 효과]-'회색조( )'를 선택한 후 〈설정〉 단추를 클릭합니다.

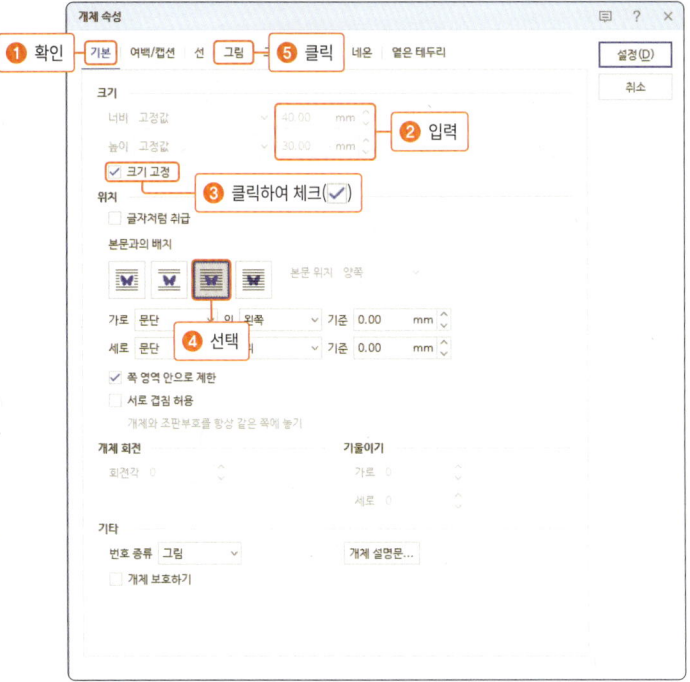
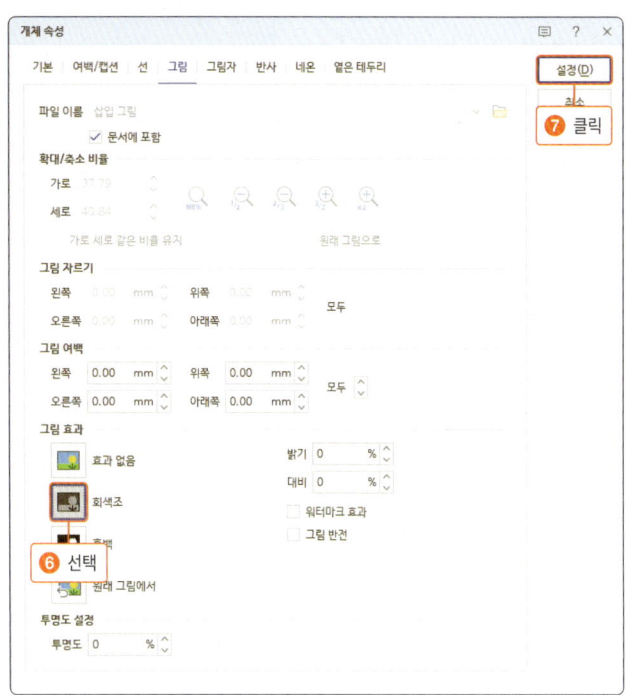

❻ 속성이 지정되면 《출력형태》를 참고하여 다음과 같이 그림의 위치를 변경한 후 Esc 키를 누릅니다.

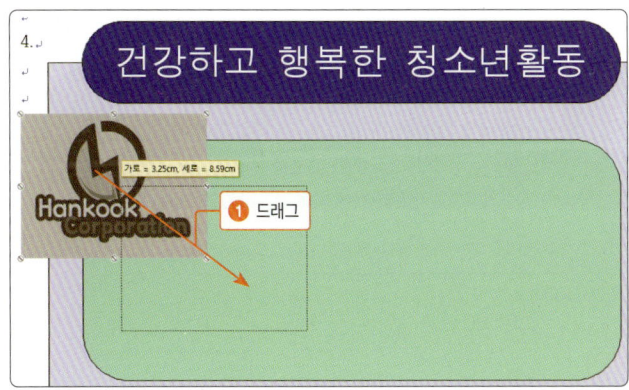

■ 글맵시 입력하기

글맵시 이용(육각형), 크기(50mm×35mm), 글꼴(굴림, 빨강)

❼ 글맵시를 입력하기 위해 [입력] 탭에서 '글맵시( )'를 클릭합니다.

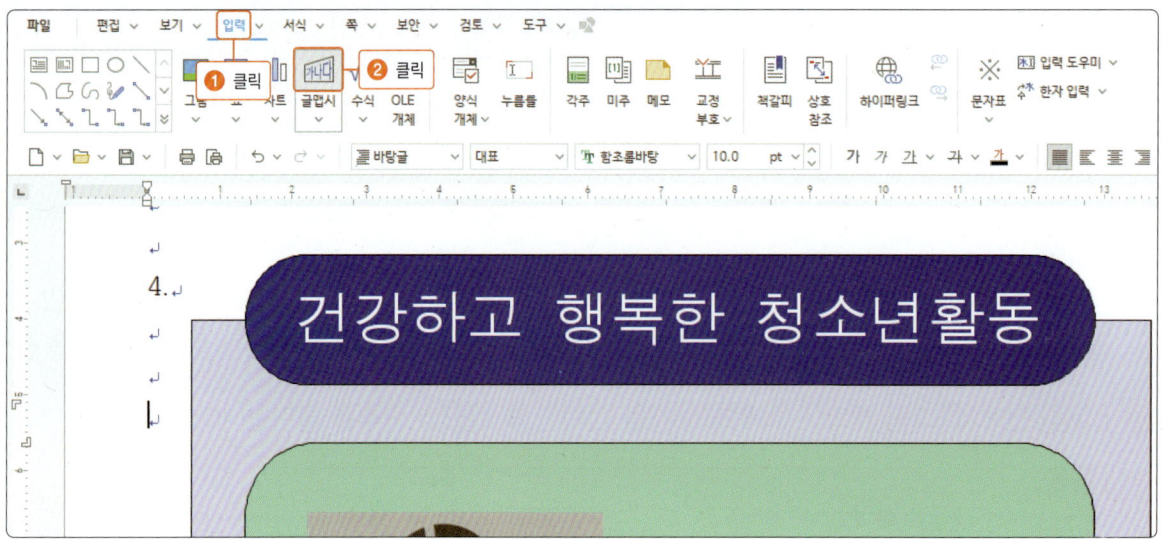

❽ [글맵시 만들기] 대화상자가 나오면 '내용(가치창출), 글꼴(굴림), 글맵시 모양(육각형( ))'을 지정한 후 〈설정〉 단추를 클릭합니다.

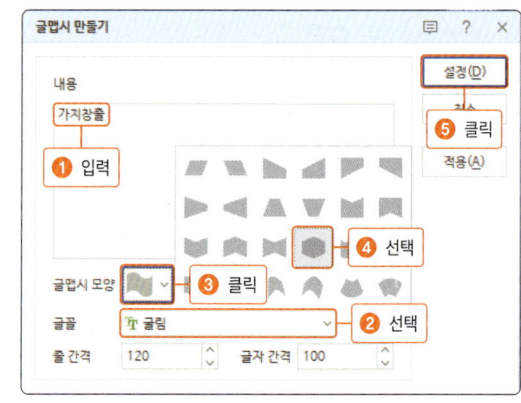

❾ 입력된 글맵시 위에서 [마우스 오른쪽 단추]-'개체 속성'을 클릭합니다.

※ [글맵시( )] 탭에서 '글맵시 속성( )'을 클릭하거나, 입력된 글맵시를 더블 클릭하여 [개체 속성] 대화상자를 실행할 수도 있습니다.

⑩ [개체 속성] 대화상자가 나오면 [기본] 탭에서 [크기]-'너비(50mm), 높이(35mm)'를 입력한 후 '크기 고정'을 클릭하여 체크(✓)합니다. 이어서, [본문과의 배치]-'글 앞으로(▦)'를 선택한 후 [채우기] 탭을 클릭합니다.

⑪ [채우기] 탭에서 [색]-'면 색'을 클릭하여 '빨강'을 선택한 후 〈설정〉 단추를 클릭합니다.

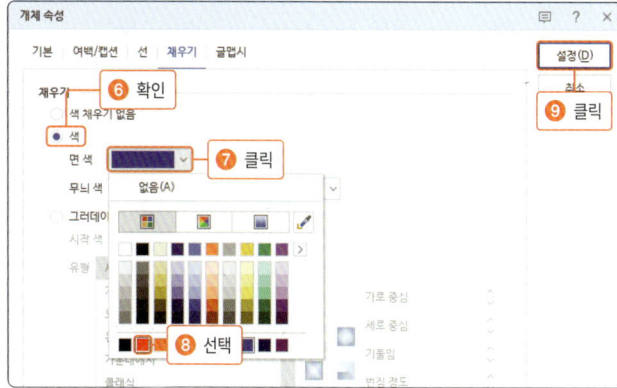

⑫ 속성이 지정되면 《출력형태》를 참고하여 다음과 같이 글맵시의 위치를 변경한 후 Esc 키를 누릅니다.

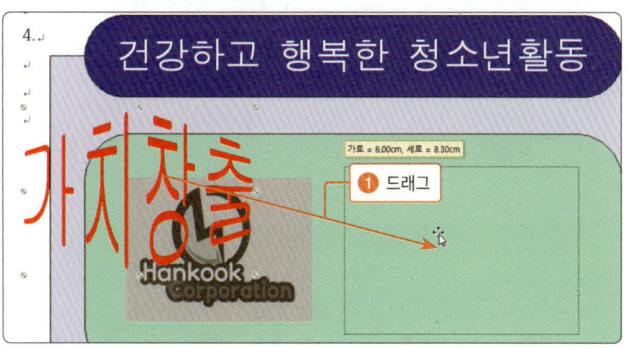

Skill 06 책갈피 삽입 및 하이퍼링크 지정하기

하이퍼링크 : 문서작성 능력평가의 "다양한 국가와 청소년 교류사업" 제목에 설정한 책갈피로 이동

① 3페이지의 첫 번째 문단을 클릭한 후 [문서작성 능력평가]의 '제목(다양한 국가와 청소년 교류사업)'을 입력합니다. 이어서, 제목의 맨 앞쪽을 클릭하여 커서를 이동한 후 [입력] 탭에서 '책갈피(▦)'(또는 Ctrl + K , B)를 클릭합니다.

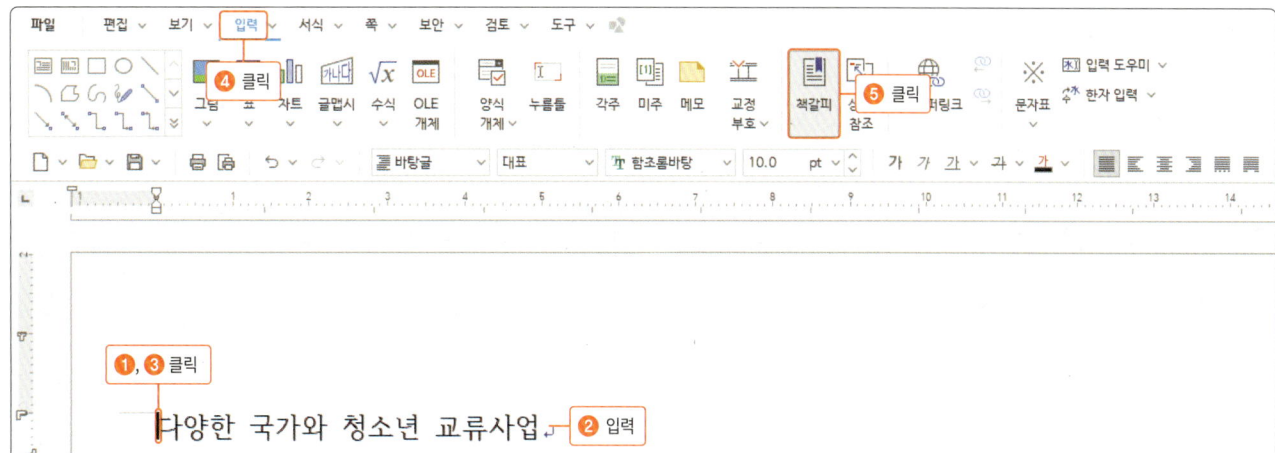

❷ [책갈피] 대화상자가 나오면 [책갈피 이름] 입력 칸에 '국제의식'을 입력한 후 〈넣기〉 단추를 클릭합니다.

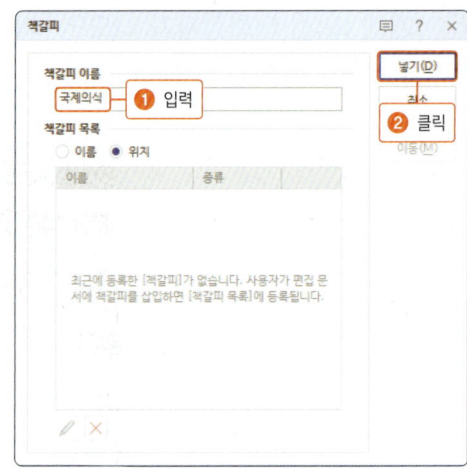

> **책갈피 이름**
>
> 책갈피 이름은 [문서작성 능력평가] 문제지의 제목 부분에 지시된 내용을 참고하여 입력합니다.
>
>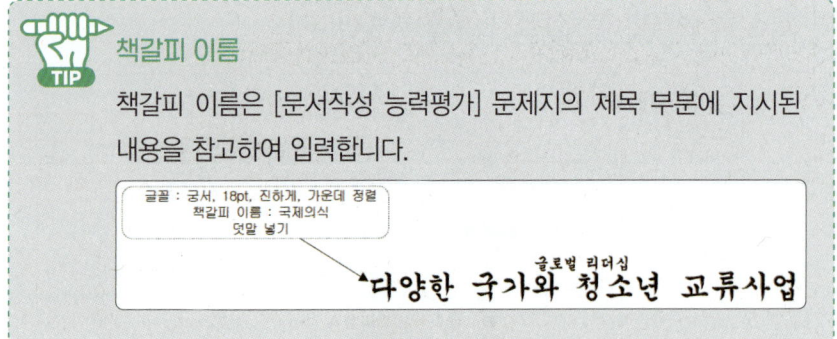

❸ 하이퍼링크를 지정하기 위해 2페이지에 삽입한 그림을 클릭한 후 [입력] 탭에서 '하이퍼링크(🌐)'(또는 Ctrl+K, H)를 클릭합니다.

※ 그림 위에서 [마우스 오른쪽 단추]-'하이퍼링크'를 선택할 수도 있습니다.

❹ [하이퍼링크] 대화상자가 나오면 [연결 대상]-[호글 문서]-[현재 문서]-[책갈피]-'국제의식'을 선택한 후 〈넣기〉 단추를 클릭합니다.

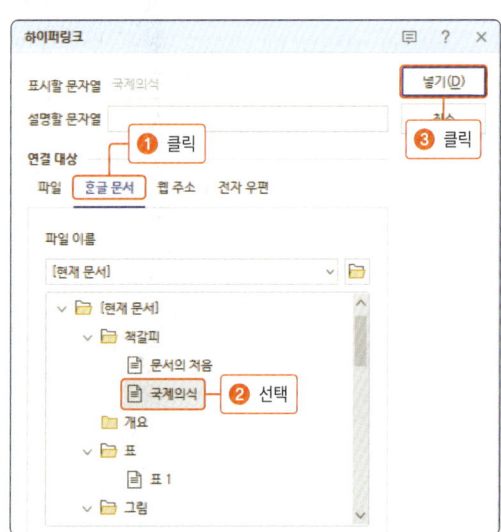

❺ Esc 키를 눌러 선택을 해제한 후 Ctrl 키를 누른 상태에서 그림을 클릭을 하면 3페이지의 첫 번째 문단(제목)으로 이동하는 것을 확인합니다.

❻ 이어서, 3페이지에 입력한 '다양한 국가와 청소년 교류사업' 뒤를 클릭한 후 Enter 키를 두 번 누릅니다.

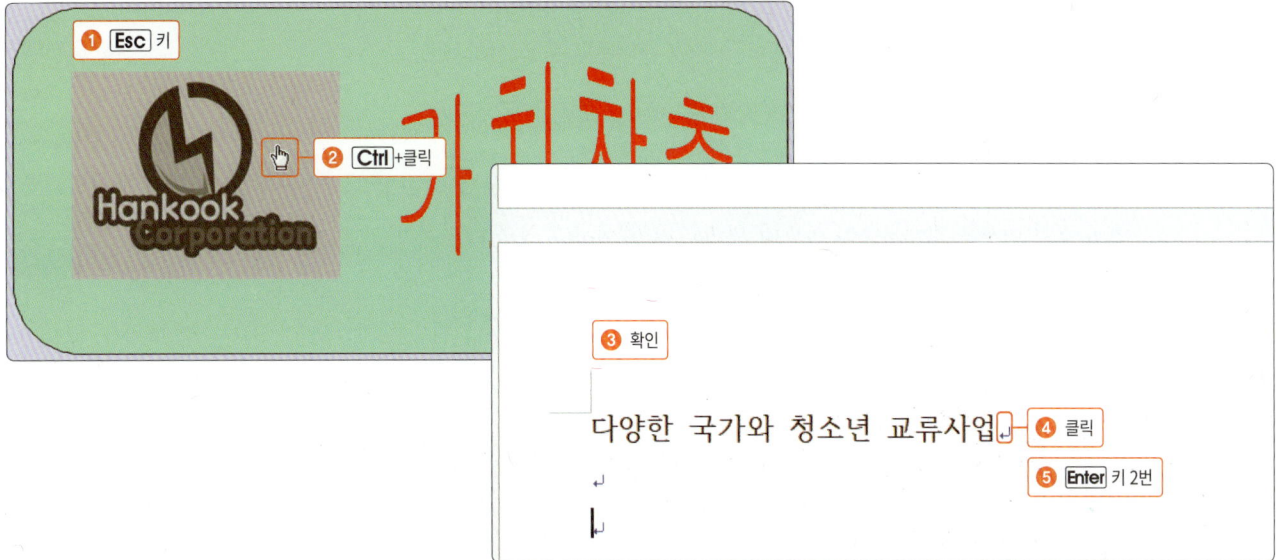

> **TIP 하이퍼링크 해제하기**
>
> 그림을 선택한 후 그림 위에서 [마우스 오른쪽 단추]-'하이퍼 링크 고치기'를 클릭합니다. [하이퍼링크 고치기] 대화 상자가 나오면 '링크 지우기'를 클릭하여 하이퍼링크를 해제할 수 있습니다.
> ※ 하이퍼링크가 지정된 개체는 Shift 키를 누른 채 클릭하여 선택할 수 있습니다.

❼ 모든 작업이 완료되면 [파일]-[저장하기](Alt+S) 또는 [서식] 도구 상자에서 '저장하기(💾)'를 클릭하여 파일을 저장합니다.

※ 실제 시험을 볼 때 작업 도중에 수시로(10분에 한 번 정도) 저장을 하는 것이 좋습니다.

출제유형 완전정복 — 도형 그리기

완전정복-01 다음의 《조건》에 따라 《출력형태》와 같이 문서를 작성하시오.
- 소스 : 정복06_문제01.hwpx
- 정답 : 정복06_정답01.hwpx

작성 시간 / 권장 시간 : 분 / 10분

《조건》 (1) 그리기 도구를 이용하여 작성하고, 모든 도형(글맵시, 지정된 그림 포함)을 《출력형태》와 같이 작성하시오.
(2) 도형의 면색은 지시사항이 없으면 색 없음을 제외하고 서로 다르게 임의로 지정하시오.

《출력형태》

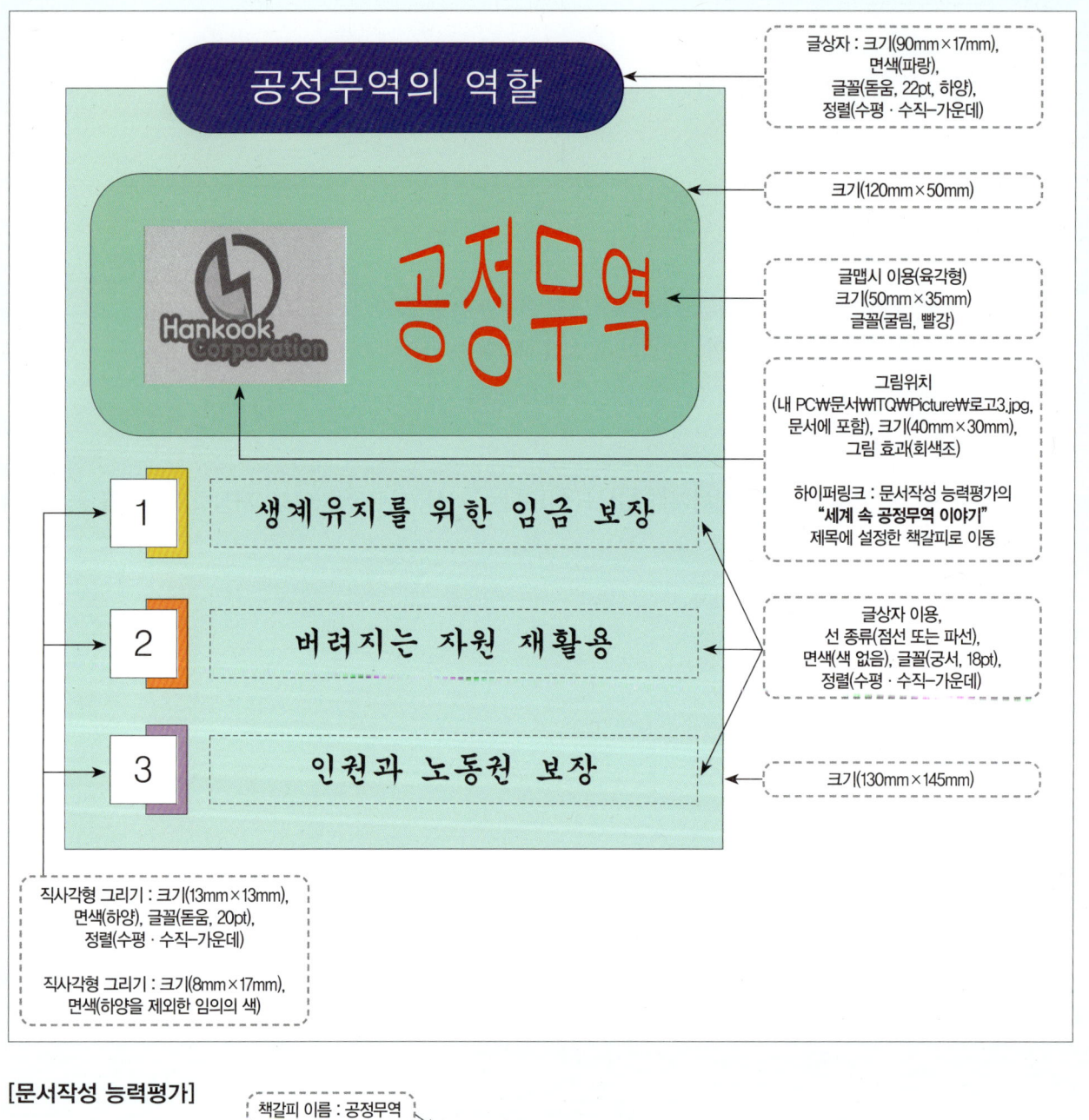

- 글상자 : 크기(90mm×17mm), 면색(파랑), 글꼴(돋움, 22pt, 하양), 정렬(수평·수직-가운데)
- 크기(120mm×50mm)
- 글맵시 이용(육각형), 크기(50mm×35mm), 글꼴(굴림, 빨강)
- 그림위치 (내 PC\문서\ITQ\Picture\로고3.jpg, 문서에 포함), 크기(40mm×30mm), 그림 효과(회색조)
- 하이퍼링크 : 문서작성 능력평가의 "세계 속 공정무역 이야기" 제목에 설정한 책갈피로 이동
- 글상자 이용, 선 종류(점선 또는 파선), 면색(색 없음), 글꼴(궁서, 18pt), 정렬(수평·수직-가운데)
- 크기(130mm×145mm)
- 직사각형 그리기 : 크기(13mm×13mm), 면색(하양), 글꼴(돋움, 20pt), 정렬(수평·수직-가운데)
- 직사각형 그리기 : 크기(8mm×17mm), 면색(하양을 제외한 임의의 색)

[문서작성 능력평가]
- 책갈피 이름 : 공정무역
- 세계 속 공정무역 이야기

완전정복-02

다음의 《조건》에 따라 《출력형태》와 같이 문서를 작성하시오.

- 소스 : 정복06_문제02.hwpx
- 정답 : 정복06_정답02.hwpx

작성 시간 / 권장 시간
분 / 10분

《조건》 (1) 그리기 도구를 이용하여 작성하고, 모든 도형(글맵시, 지정된 그림 포함)을 《출력형태》와 같이 작성하시오.
(2) 도형의 면색은 지시사항이 없으면 색 없음을 제외하고 서로 다르게 임의로 지정하시오.

《출력형태》

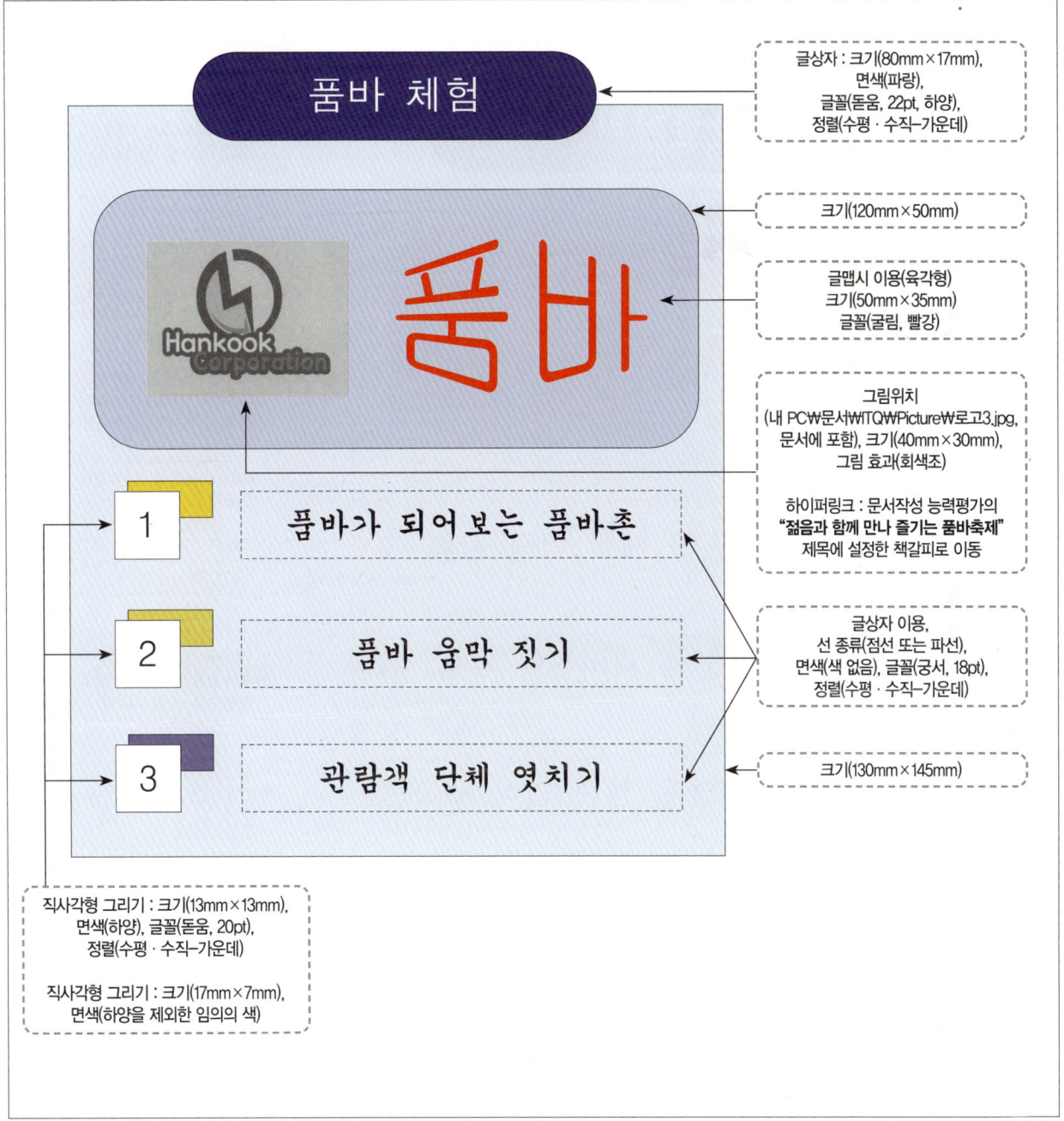

[문서작성 능력평가]

책갈피 이름 : 품바
젊음과 함께 만나 즐기는 품바축제

완전정복-03

다음의 《조건》에 따라 《출력형태》와 같이 문서를 작성하시오.

- 소스 : 정복06_문제03.hwpx
- 정답 : 정복06_정답03.hwpx

작성 시간 / 권장 시간
분 / 10분

《조건》 (1) 그리기 도구를 이용하여 작성하고, 모든 도형(글맵시, 지정된 그림 포함)을 《출력형태》와 같이 작성하시오.
(2) 도형의 면색은 지시사항이 없으면 색 없음을 제외하고 서로 다르게 임의로 지정하시오.

《출력형태》

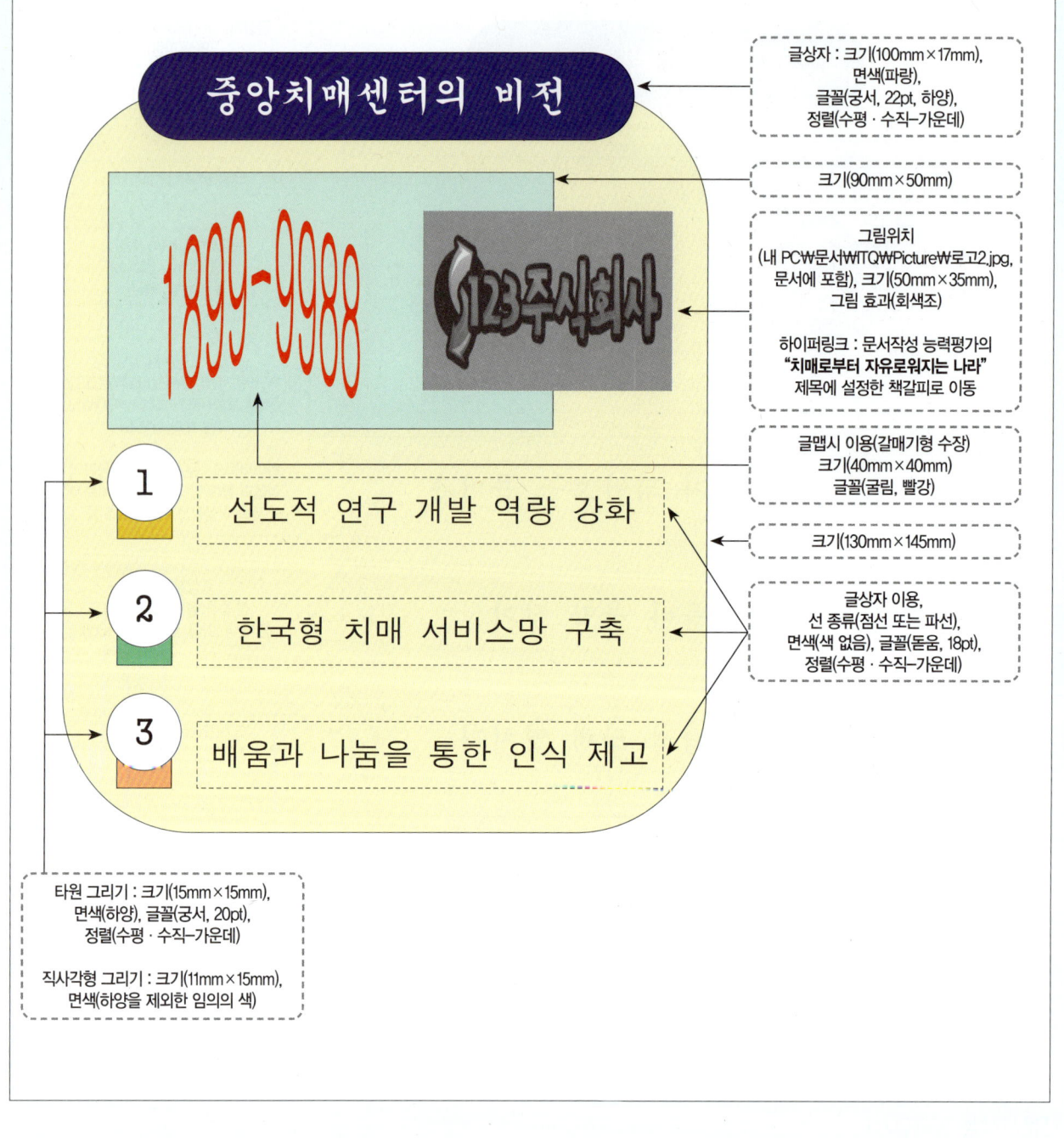

[문서작성 능력평가]

책갈피 이름 : 치매센터 → 치매로부터 자유로워지는 나라

완전정복- **04** 다음의 《조건》에 따라 《출력형태》와 같이 문서를 작성하시오.

- 소스 : 정복06_문제04.hwpx   · 정답 : 정복06_정답04.hwpx

작성 시간 / 권장 시간
분 / 10분

《조건》 (1) 그리기 도구를 이용하여 작성하고, 모든 도형(글맵시, 지정된 그림 포함)을 《출력형태》와 같이 작성하시오.
(2) 도형의 면색은 지시사항이 없으면 색 없음을 제외하고 서로 다르게 임의로 지정하시오.

《출력형태》

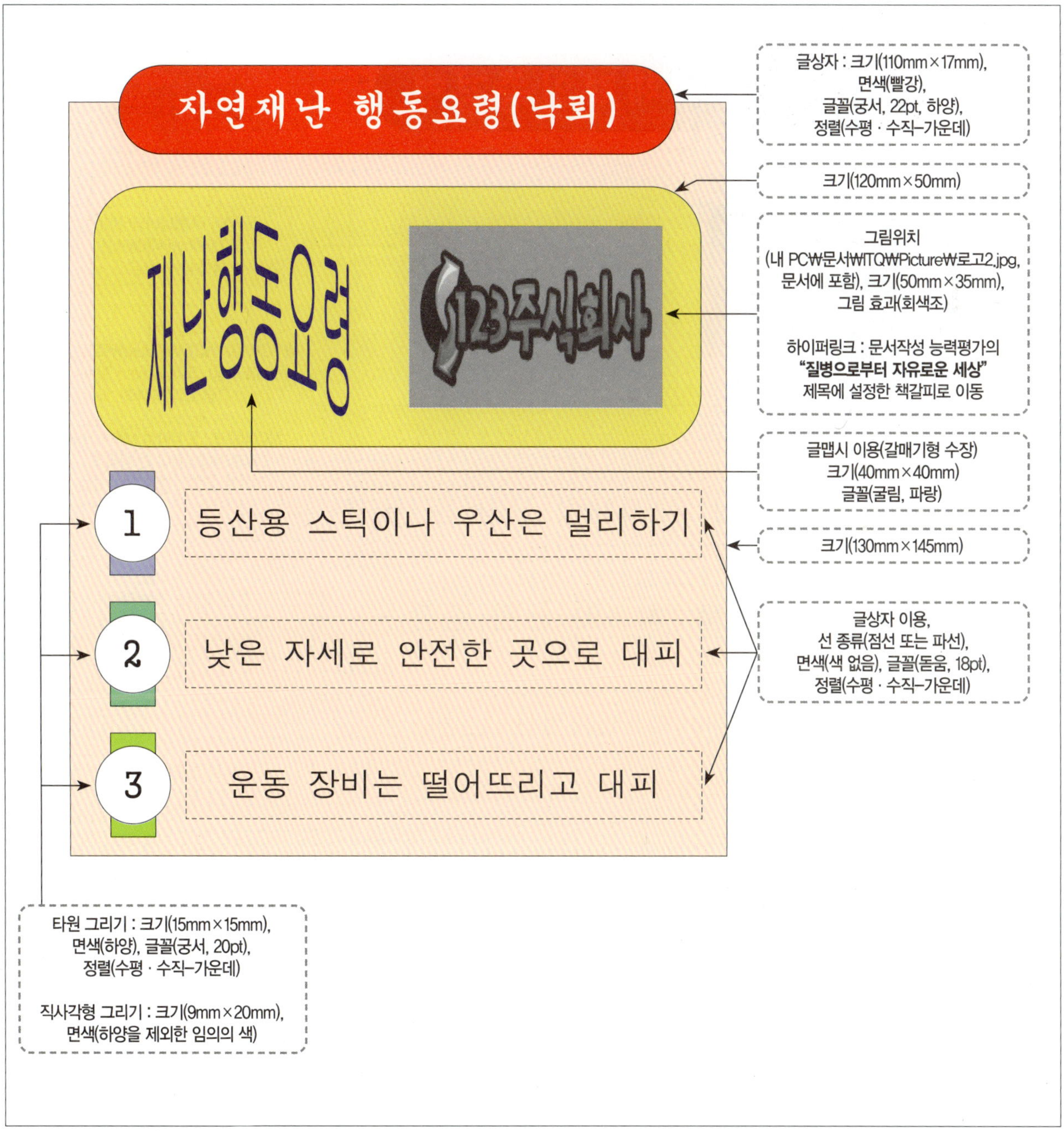

글상자 : 크기(110mm×17mm),
면색(빨강),
글꼴(궁서, 22pt, 하양),
정렬(수평·수직-가운데)

크기(120mm×50mm)

그림위치
(내 PC₩문서₩ITQ₩Picture₩로고2.jpg,
문서에 포함), 크기(50mm×35mm),
그림 효과(회색조)

하이퍼링크 : 문서작성 능력평가의
"질병으로부터 자유로운 세상"
제목에 설정한 책갈피로 이동

글맵시 이용(갈매기형 수장)
크기(40mm×40mm)
글꼴(굴림, 파랑)

크기(130mm×145mm)

글상자 이용,
선 종류(점선 또는 파선),
면색(색 없음), 글꼴(돋움, 18pt),
정렬(수평·수직-가운데)

타원 그리기 : 크기(15mm×15mm),
면색(하양), 글꼴(궁서, 20pt),
정렬(수평·수직-가운데)

직사각형 그리기 : 크기(9mm×20mm),
면색(하양을 제외한 임의의 색)

자연재난 행동요령(낙뢰)

재난행동요령

123주식회사

1 등산용 스틱이나 우산은 멀리하기

2 낮은 자세로 안전한 곳으로 대피

3 운동 장비는 떨어뜨리고 대피

[문서작성 능력평가]

책갈피 이름 : 안전

질병으로부터 자유로운 세상

완전정복-05

다음의 《조건》에 따라 《출력형태》와 같이 문서를 작성하시오.

• 소스 : 정복06_문제05.hwpx   • 정답 : 정복06_정답05.hwpx

작성 시간 / 권장 시간
분 / 10분

《조건》 (1) 그리기 도구를 이용하여 작성하고, 모든 도형(글맵시, 지정된 그림 포함)을 《출력형태》와 같이 작성하시오.
(2) 도형의 면색은 지시사항이 없으면 색 없음을 제외하고 서로 다르게 임의로 지정하시오.

《출력형태》

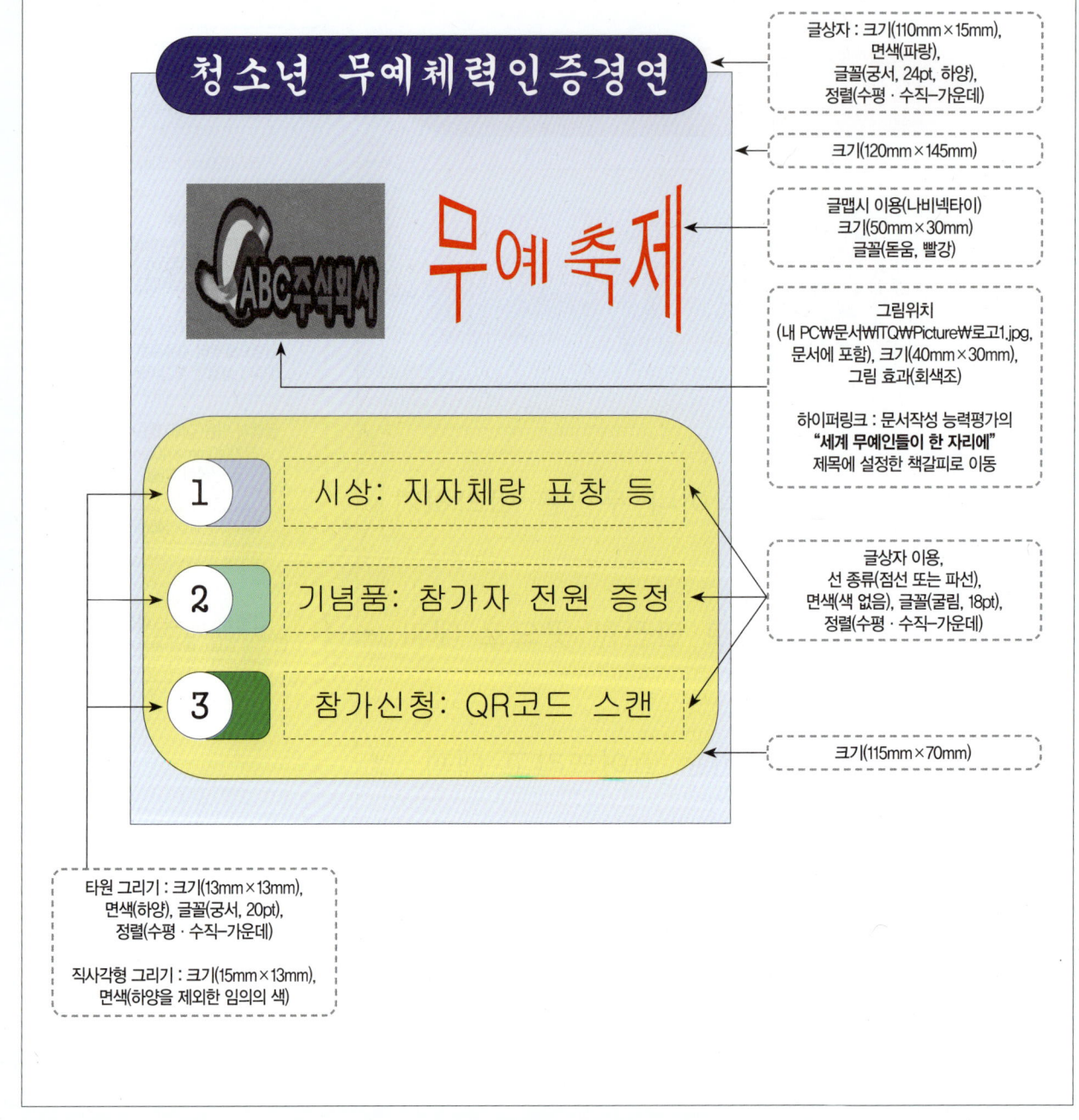

[문서작성 능력평가]

책갈피 이름 : 무예

세계 무예인들이 한 자리에

완전정복-06 다음의 《조건》에 따라 《출력형태》와 같이 문서를 작성하시오.

- 소스 : 정복06_문제06.hwpx
- 정답 : 정복06_정답06.hwpx

작성 시간 / 권장 시간
분 / 10분

《조건》 (1) 그리기 도구를 이용하여 작성하고, 모든 도형(글맵시, 지정된 그림 포함)을 《출력형태》와 같이 작성하시오.
(2) 도형의 면색은 지시사항이 없으면 색 없음을 제외하고 서로 다르게 임의로 지정하시오.

《출력형태》

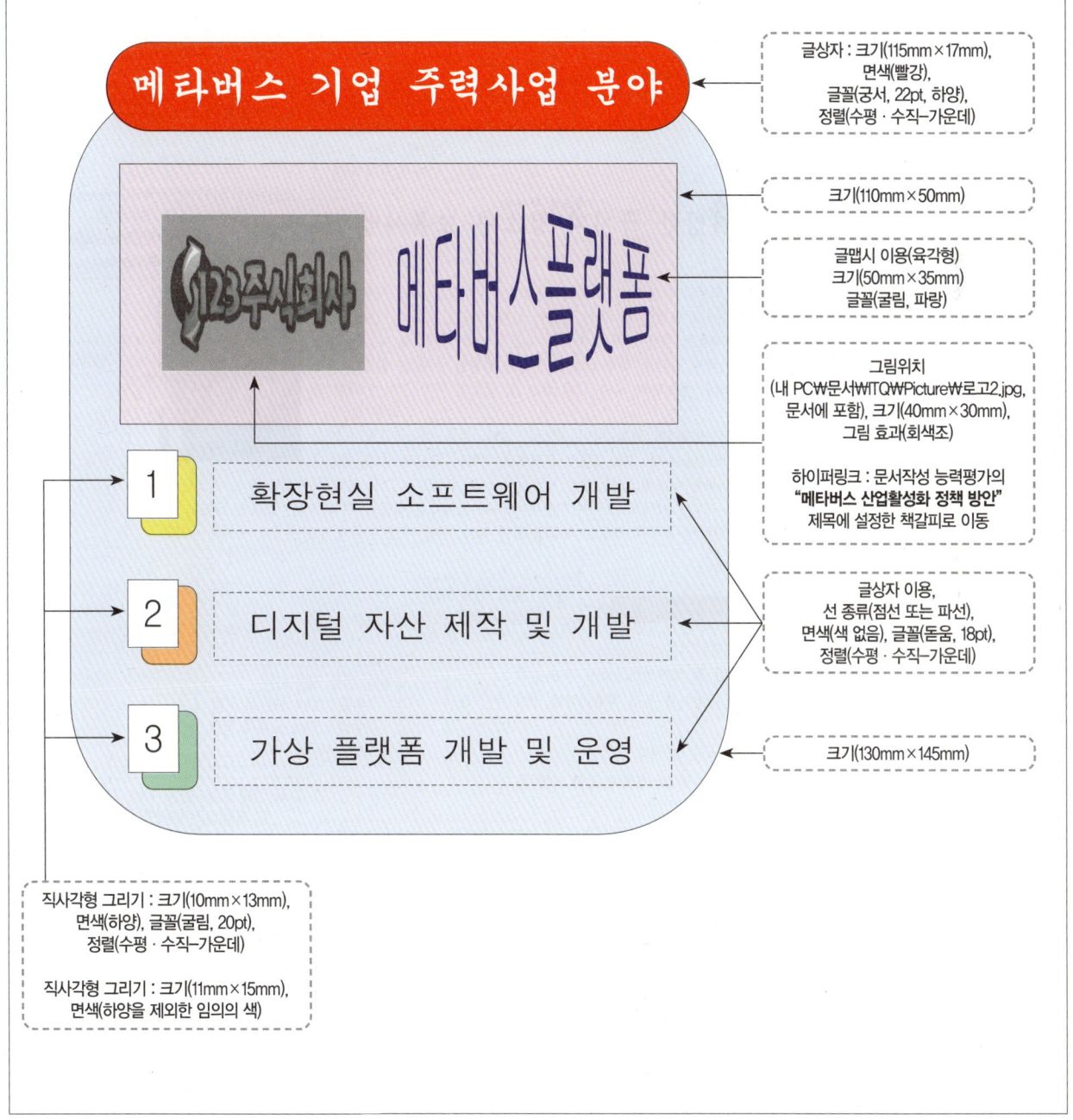

[문서작성 능력평가]

문서작성 능력평가

PART 01 출제유형 완전정복

- ☑ 내용 입력 후 편집하기-1 [제목 및 머리말]
- ☑ 문단 첫 글자 장식, 한자 및 각주 입력하기
- ☑ 그림 삽입하기
- ☑ 내용 입력 후 편집하기-2 [문자표 및 문단 번호]
- ☑ 표 제목 및 표 편집하기
- ☑ 기관명 편집 및 쪽 번호 입력하기

문제 미리보기

· 소스 : 유형07_문제.hwpx · 정답 : 유형07_정답.hwpx

〈문서작성 능력평가〉 (200점)

글꼴 : 궁서, 18pt, 진하게, 가운데 정렬
책갈피 이름 : 국제의식
덧말 넣기

머리말 기능
굴림, 10pt, 오른쪽 정렬 → 청소년 국제교류

글로벌 리더십
다양한 국가와 청소년 교류사업

그림위치(내 PC₩문서₩ITQ₩Picture₩
그림4.jpg, 문서에 포함)
자르기 기능 이용, 크기(35mm×45mm),
바깥 여백 왼쪽 : 2mm

문단 첫 글자 장식 기능
글꼴 : 돋움, 면색 : 노랑

우리 사회가 점점 세계화 되어감에 따라 서로 다른 문화(文化) 배경을 지닌 사람들에 대하여 서로의 문화를 존중하고 공감할 줄 아는 능력이 점차 중요한 사회적 역량으로 대두되고 있다. 특히 청소년(靑少年)들은 우리 사회의 미래를 이끌어 나갈 것이므로 우리의 청소년들이 국제교류 활동을 통하여 국제 감각을 갖춘 글로벌 인재로 성장할 수 있는 환경을 조성하는 일은 더더욱 중요한 과제이다. 청소년의 국제 감각 함양 및 글로벌 역량 강화에 대한 중요성은 일찍이 인식되었다.

외교부의 국제교류사업은 매우 방대하며 특정 나이, 대상은 없다. 주로 한국국제협력단ⓐ을 중심으로 이루어지고 있으며 지역이나 주제, 프로그램의 유형별로 기획이 되는데, 그중 청소년과 직접적으로 관련 있는 사업으로는 글로벌 인재 양성 사업이라고 볼 수 있다. 그간 활발히 추진되어 온 청소년 국제교류사업이 최근 들어 나타난 코로나 사태로 인하여 기존의 청소년 국제교류 활동을 위축시키는 결과를 낳았고, 기존의 방식과 같은 교류국 방문 형태의 교류가 사실상 어렵게 됨에 따라, 이에 대한 대응의 차원에서도 새로운 국제교류 운영방안이 필요한 실정이다.

각주

♣ 청소년 교류센터의 역할

글꼴 : 굴림, 18pt, 하양
음영색 : 빨강

A. 사업추진 방향
  ⓐ 청소년의 국제이해 증진 및 세계시민으로서 역량 강화
  ⓑ 국내외 청소년의 교류 다양화를 통한 상호이해와 신뢰 증진 등
B. 주요 기능
  ⓐ 국제활동 중장기 계획 수립 및 연구
  ⓑ 국내외 청소년 교류활동 운영 및 협력에 관한 사항 등

문단 번호 기능 사용
1수준 : 20pt, 오른쪽 정렬,
2수준 : 30pt, 오른쪽 정렬,
줄 간격 : 180%

♣ 청소년 국제교류사업 개요

글꼴 : 굴림, 18pt, 기울임, 강조점

표 전체 글꼴 : 돋움, 10pt, 가운데 정렬
셀 배경(그러데이션) : 유형(가로),
시작색(하양), 끝색(노랑)

사업명	대상	규모	근거
국가 간 청소년교류	만 16세 - 만 24세	초청 150명, 파견 150명	청소년활동 진흥법 제54조 (국제 청소년교류 활동의 지원)
국제회의 및 행사 파견		33명 내외	
해외지원 봉사단	만 15세 - 만 20세	약 140명	
국제 청소년 포럼	만 18세 - 만 24세	10여 개국 200명	
국제 청소년 캠페스트	초중고 청소년 및 지도자	20여 개국 5,000명	

글꼴 : 궁서, 24pt, 진하게
장평 105%, 오른쪽 정렬
→ **청소년 교류센터**

각주 구분선 : 5cm

ⓐ KOICA : 대한민국의 국제개발 사업을 주관하는 외교부 산하 위탁집행형 준정부기관

쪽 번호 매기기
5로 시작 → ⑤

Information Technology Qualification

난이도	권장 시간 / 시험 시간	유형 점수 / 시험 점수
★★★★★	20분 / 60분	200점 / 500점

시험 분석

➡ **출제 경향 : 출제 문제를 분석**
- ☑ 각주 모양은 Ⓐ, ⓐ, ㉮, ① 등 다양한 모양이 출제됩니다.
- ☑ 문자표 모양은 ※, ★, ■, ◆, ♠, ♣ 등 다양한 모양으로 출제되지만 대부분의 모양은 [문자표 입력] 대화상자의 [훈글(HNC) 문자표]-[전각 기호(일반)]에서 찾을 수 있습니다.
- ☑ 표의 그러데이션 유형은 '가로', '세로', '가운데에서'가 자주 출제되지만 여러 그러데이션 유형을 연습하여 실제 시험에 대비합니다.

➡ **주의 사항 : 실수가 많은 내용**
- ☑ 표의 크기와 너비는 별도의 지시사항이 없으므로 《출력형태》를 참고하여 크기를 조절합니다.
- ☑ 책갈피와 하이퍼링크의 지시사항은 다른 위치에 있기 때문에 누락하는 경우가 발생하므로 누락하지 않도록 주의합니다.
- ☑ 쪽 나누기로 페이지를 나눌 경우 문제의 쪽 번호를 매기면 1페이지 부터 쪽 번호가 시작하기 때문에 3페이지에는 3이 더해져서 쪽 번호가 매겨지니 구역으로 나누기를 합니다.
- ☑ 각 줄의 오른쪽 글자가 다를 경우 오탈자가 있을 수 있으니 《출력형태》를 참고하여 작성합니다.

➡ **주요 단축키 : 문서 작성시 시간 단축에 도움**
- ☑ 머리말/꼬리말 : Ctrl+N, H   그림 : Ctrl+N, I   각주 : Ctrl+N, N   문자표 : Ctrl+F10

Skill 01 내용 입력 후 편집하기-1 [제목 및 머리말]

■ **내용 입력 및 제목 편집하기**

글꼴 : 궁서, 18pt, 진하게, 가운데 정렬, 책갈피 이름 : 국제의식, 덧말 넣기

① 한글 2022 프로그램을 실행한 후 [파일]-[불러오기]를 선택합니다. [불러오기] 대화상자가 나오면 '유형07_문제.hwpx' 파일을 불러옵니다.

② 3페이지의 세 번째 문단을 클릭한 후 문제지를 보면서 다음과 같이 내용을 입력합니다.

다양한 국가와 청소년 교류사업

❶ 클릭
우리 사회가 점점 세계화 되어감에 따라 서로 다른 문화 배경을 지닌 사람들에 대하여 서로의 문화를 존중하고 공감할 줄 아는 능력이 점차 중요한 사회적 역량으로 대두되고 있다. 특히 청소년들은 우리 사회의 미래를 이끌어 나갈 것이므로 우리의 청소년들이 국제교류 활동을 통하여 국제 감각을 갖춘 글로벌 인재로 성장할 수 있는 환경을 조성하는 일은 더더욱 중요한 과제이다. 청소년의 국제 감각 함양 및 글로벌 역량 강화에 대한 중요성은 일찍이 인식되었다. ❷ Enter 키
외교부의 국제교류사업은 매우 방대하며 특정 나이, 대상은 없다. 주로 한국국제협력단을 중심으로 이루어지고 있으며 지역이나 주제, 프로그램의 유형별로 기획이 되는데, 그중 청소년과 직접적으로 관련 있는 사업으로는 글로벌 인재 양성 사업이라고 볼 수 있다. 그간 활발히 추진되어 온 청소년 국제교류사업이 최근 들어 나타난 코로나 사태로 인하여 기존의 청소년 국제교류 활동을 위축시키는 결과를 낳았고, 기존의 방식과 같은 교류국 방문 형태의 교류가 사실상 어렵게 됨에 따라, 이에 대한 대응의 차원에서도 새로운 국제교류 운영방안이 필요한 실정이다.

❸ Space Bar 키 2번

❸ 3페이지의 제목인 '다양한 국가와 청소년 교류사업'을 드래그하여 블록으로 지정한 후 [서식] 도구 상자에서 '글꼴(궁서), 글자 크기(18pt), 진하게(가), 가운데 정렬(흫)'을 지정합니다.

❹ [입력] 탭의 '목록 단추(∨)'를 클릭한 후 '덧말 넣기'를 클릭합니다.

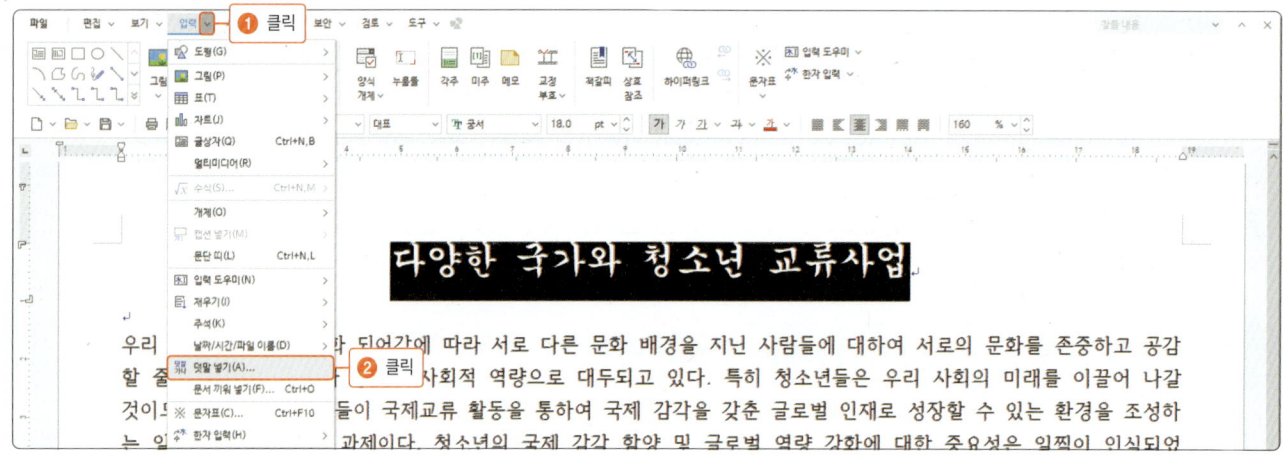

❺ [덧말 넣기] 대화상자가 나오면 [덧말] 입력 칸에 '글로벌 리더십'을 입력한 후 [덧말 위치]-'위'를 클릭한 다음 〈넣기〉 단추를 클릭합니다.

※ 덧말 위치는 《출력형태》를 참고하여 지정합니다.

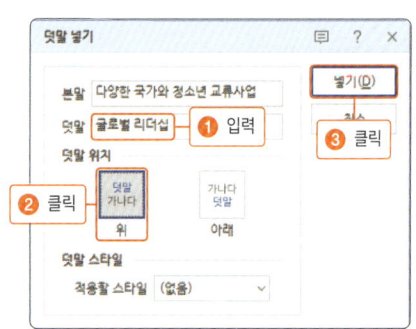

■ 머리말 입력 및 편집하기

머리말 기능 : 굴림, 10pt, 오른쪽 정렬

❻ 머리말을 추가하기 위해 [쪽] 탭에서 [머리말(▤)]-[위쪽]-'모양 없음'(또는 Ctrl+N, H)을 선택합니다.

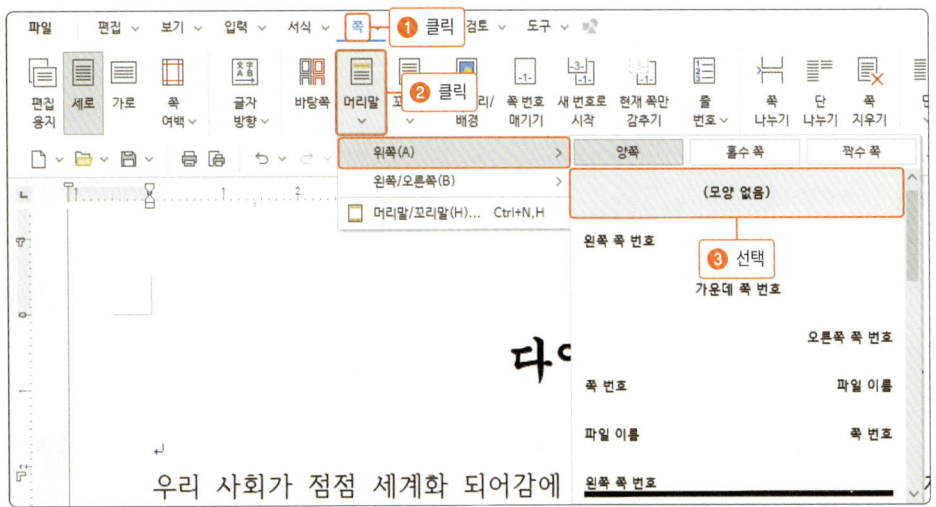

❼ 머리말 입력 화면을 클릭하여 '청소년 국제교류'를 입력한 후 해당 내용을 블록으로 지정합니다. 이어서, [서식] 도구 상자에서 '글꼴(굴림), 글자 크기(10pt), 오른쪽 정렬(▤)'을 지정합니다.

❽ 머리말 입력 작업이 끝나면 [머리말/꼬리말] 탭에서 '닫기(⊗)'(또는 Shift+Esc)를 클릭합니다.

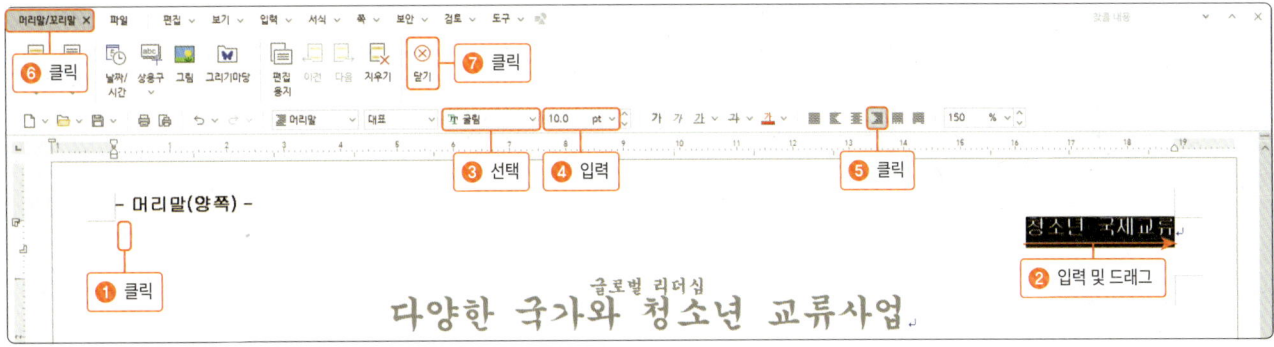

❾ 입력된 머리말을 확인합니다.

※ 입력된 머리말 또는 덧말을 더블 클릭하여 해당 내용을 수정할 수 있습니다.

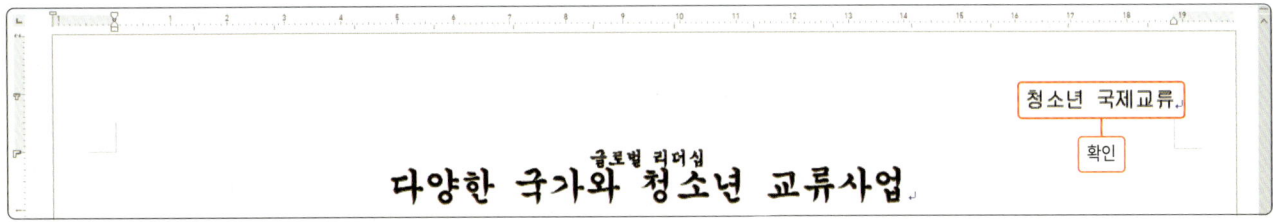

> **TIP 머리말이 보이지 않을 경우**
> 입력한 머리말이 보이지 않을 경우에는 [보기] 탭에서 '쪽 윤곽(▯)'(또는 Ctrl+G, L)을 클릭하여 활성화합니다.

Skill 02 문단 첫 글자 장식, 한자 및 각주 입력하기

■ 문단 첫 글자 장식하기

문단 첫 글자 장식 기능 - 글꼴 : 돋움, 면색 : 노랑

① 문단 첫 글자 장식을 지정하기 위해 첫 번째 문단 내용 '우리' 앞을 클릭한 후 [서식] 탭에서 '문단 첫 글자 장식 ()'을 클릭합니다.

※ [서식] 탭의 '목록 단추( )'를 클릭한 후 '문단 첫 글자 장식'을 클릭할 수도 있습니다.

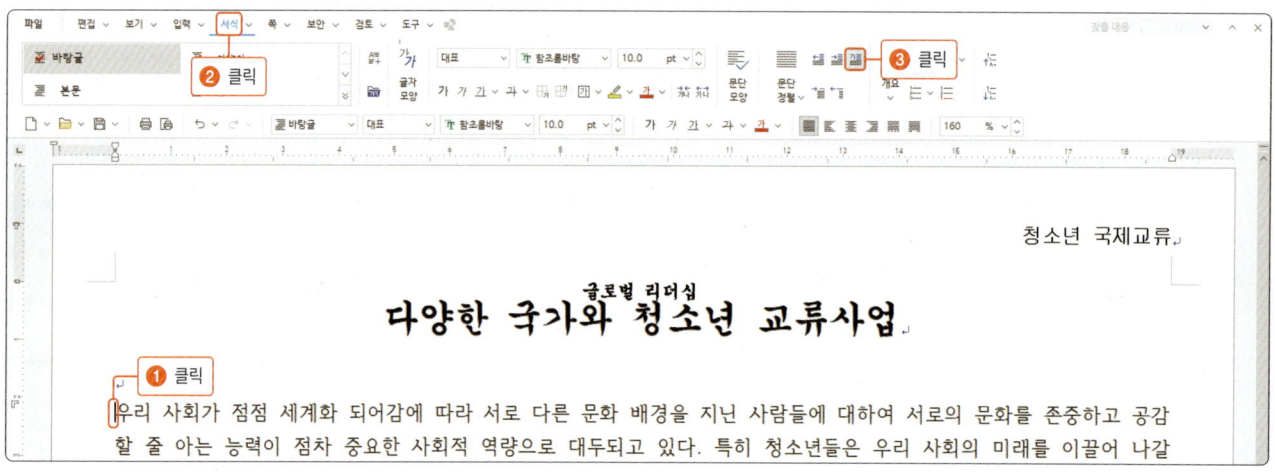

② [문단 첫 글자 장식] 대화상자가 나오면 [모양]-'2줄( )', [글꼴/테두리]-'글꼴(돋움), 면 색(노랑)'을 선택한 후 〈설정〉 단추를 클릭합니다.

※ 면 색(노랑)은 [오피스] 색상 테마에서 지정합니다.

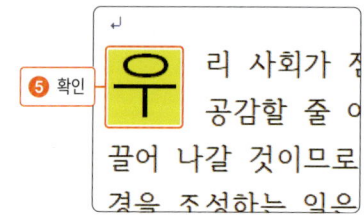

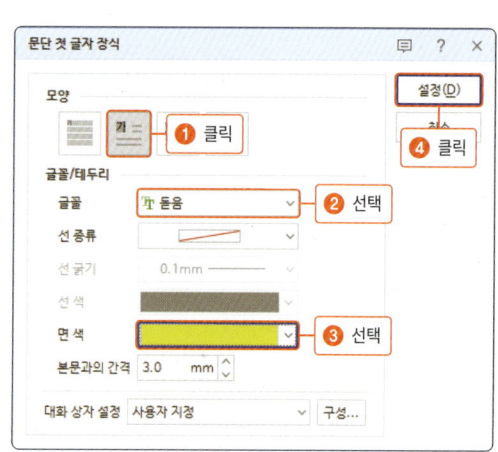

■ 한자 입력하기

③ 문제지에서 한자로 변환할 단어(문화)를 드래그하여 블록으로 지정합니다. 이어서, [입력] 탭에서 '한자 입력( )'(또는 F9)을 클릭합니다.

※ 한자로 변환할 단어(문화)를 블록 지정이 아닌 단어의 뒤쪽(화)을 클릭한 후 F9 또는 한자 키를 눌러도 결과는 동일합니다.

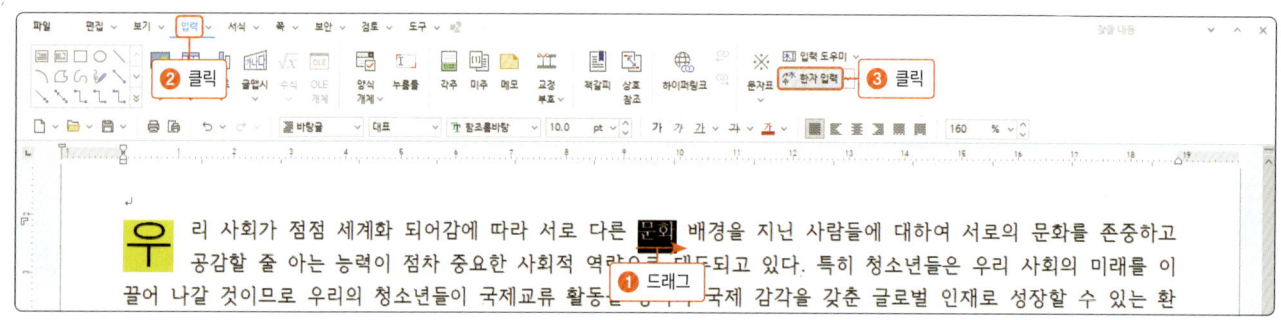

❹ [한자로 바꾸기] 대화상자가 나오면 한자 목록에서 문제지와 일치하는 한자를 찾아서 클릭합니다. 이어서, [입력 형식]-'한글(漢字)'를 선택한 후 〈바꾸기〉 단추를 클릭합니다.

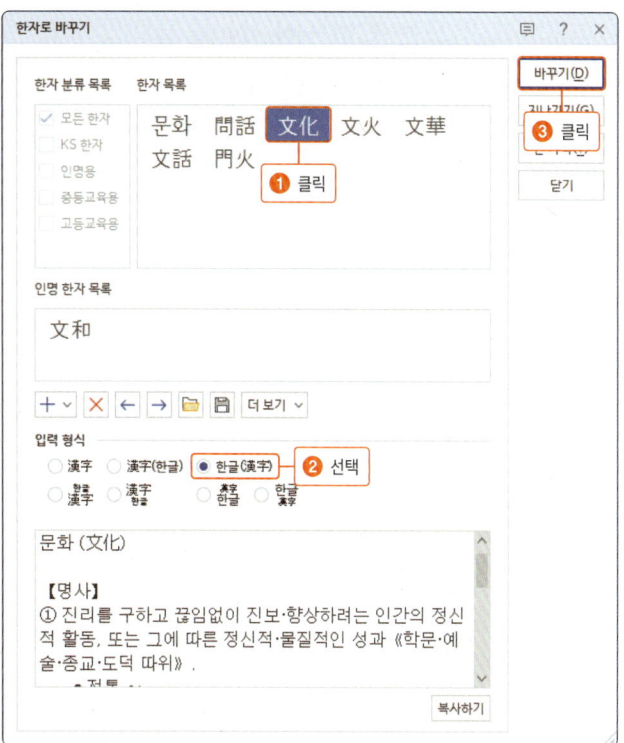

 입력 형식

- 漢字 : 한글 대신 한자를 입력합니다.
- 한글(漢字) : 한글 오른쪽에 한자를 입력합니다.
- 漢字(한글) : 한글 대신 한자를 입력하고 한글을 한자 오른쪽에 입력합니다.
- 한글(漢字 위) : 한글 위쪽에 한자를 입력합니다.
- 한글(漢字 아래) : 한글 아래쪽에 한자를 입력합니다.
- 漢字(한글 위) : 한자를 대신 입력하고, 한글을 위쪽에 입력합니다.
- 漢字(한글 아래) : 한자를 대신 입력하고, 한글을 아래쪽에 입력합니다.

❺ 한자가 변환되면 똑같은 방법으로 문제지를 확인하여 다른 단어(청소년)도 한자로 변환합니다.

> 우리 사회가 점점 세계화 되어감에 따라 서로 다른 문화(文化) 배경을 지닌 사람들에 대하여 서로의 문화를 존중하고 공감할 줄 아는 능력이 점차 중요한 사회적 ❶확인 로 대두되고 있다. 특히 청소년(靑少年)들은 우리 사회의 미래를 이끌어 나갈 것이므로 우리의 청소년들이 국제교류 활동을 통하여 국제 감각을 갖춘 ❷한자 변환 별 인재로 성장할 수 있는 환경을 조성하는 일은 더욱 중요한 과제이다. 청소년의 국제 감각 함양 및 글로벌 역량 강화에 대한 중요성은 일찍이 인식되었다.
> 외교부의 국제교류사업은 매우 방대하며 특정 나이, 대상은 없다. 주로 한국국제협력단을 중심으로 이루어지고 있으며 지역이나 주제, 프로그램의 유형별로 기획이 되는데, 그중 청소년과 직접적으로 관련 있는 사업으로는 글로벌 인재 양성 사업이라고 볼 수 있다. 그간 활발히 추진되어 온 청소년 국제교류사업이 최근 들어 나타난 코로나 사태로 인하여 기존의 청소년 국제교류 활동을 위축시키는 결과를 낳았고, 기존의 방식과 같은 교류국 방문 형태의 교류가 사실상 어렵게 됨에 따라, 이에 대한 대응의 차원에서도 새로운 국제교류 운영방안이 필요한 실정이다.

 한자로 바꾸기

- 실제 시험에서 출제되는 한자 단어의 개수는 대부분 2~3개이므로 문제지에 나오는 한자 단어의 개수를 세어 빠뜨린 부분이 없는지 확인합니다.
- 한자 변환 작업 시 두 개 이상의 단어를 하나로 합치는 문제가 나올 수도 있습니다. 2개의 단어로 구분된 한자를 문제지에 맞게 이어 붙이고 괄호를 지워서 답안을 작성합니다.
  예) 단일체제 → 단일(單一) 체제(體制) → 단일체제(單一體制)

■ **각주 입력하기**

각주 구분선 : 5cm

❻ 문제지 왼쪽 아래의 각주 내용을 확인하고 각주를 입력할 단어 '한국국제협력단' 뒤를 클릭한 후 [입력] 탭에서 '각주(📋)'(또는 Ctrl+N, N)를 클릭합니다..

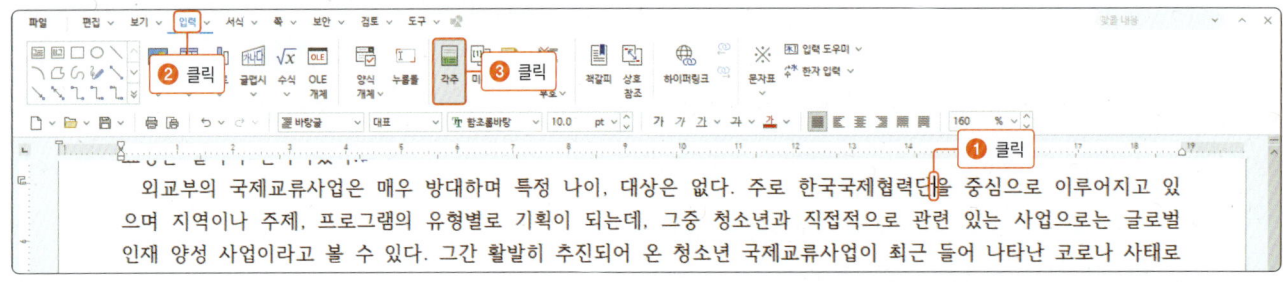

❼ 각주 입력 화면이 나오면 [주석] 탭에서 '각주/미주 모양(📝)'을 클릭합니다.

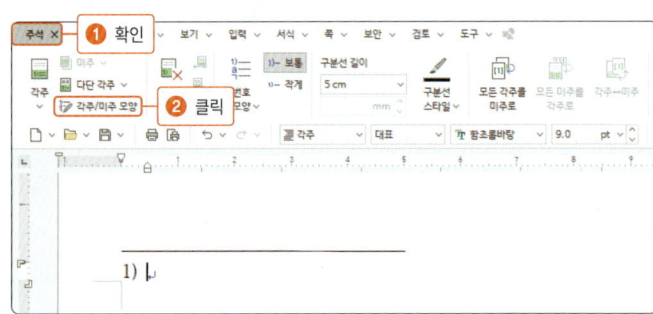

❽ [주석 모양] 대화상자가 나오면 [번호 서식]-[번호 모양]-'㉠, ㉡, ㉢'을 선택합니다. 이어서, '구분선 길이(5cm)'를 확인한 후 〈설정〉 단추를 클릭합니다.

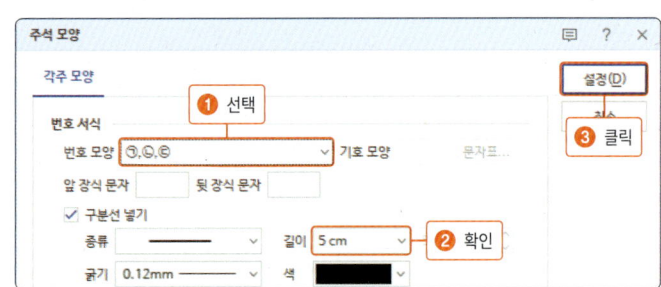

❾ 각주 번호 모양이 변경되면 문제지를 보면서 다음과 같이 각주 내용을 입력합니다. 이어서, [주석] 탭에서 '닫기(⊗)'(또는 Shift+Esc)를 클릭합니다.

> **TIP 각주**
>
> 각주란 본문 내용에서 특정 단어의 뜻을 보충 설명하기 위해 문서 아래쪽에 해당 내용을 추가하는 기능으로 ITQ 한글 시험에서는 한 개의 단어에 각주를 지정하는 문제가 출제되고 있습니다.

Skill 03 그림 삽입하기

그림위치(내 PC\문서\ITQ\Picture\그림4.jpg, 문서에 포함), 자르기 기능 이용, 크기(35mm×45mm), 바깥 여백 왼쪽 : 2mm

1. 그림을 삽입하기 위해 [입력] 탭에서 '그림(　)' (또는 **Ctrl**+**N**, **I**)을 클릭합니다.

2. [그림 넣기] 대화상자가 나오면 위치(내 PC\문서\ITQ\Picture)를 지정한 후 '그림4.jpg' 파일을 선택하고 〈열기〉 단추를 클릭합니다.

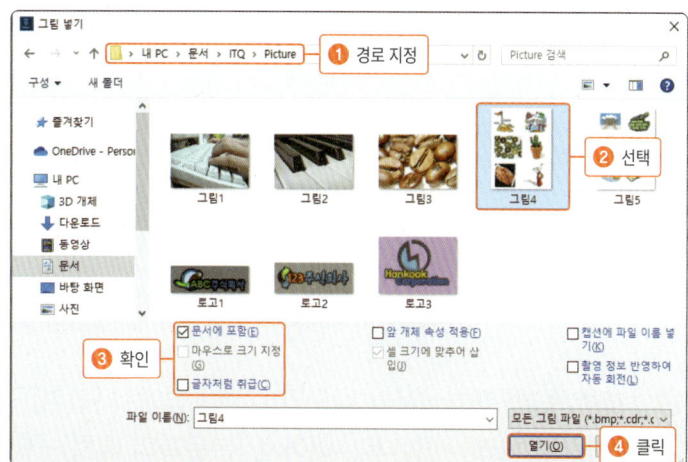

TIP 그림 넣기
'문서에 포함'을 제외한 나머지 '글자처럼 취급'과 '마우스로 크기 지정'이 체크(✓)되어 있다면 체크를 해제합니다.

3. 삽입된 그림을 클릭한 후 **Shift** 키를 누른 채 조절점(■)을 드래그하여 《출력형태》처럼 그림을 자릅니다.
   ※ [그림(　)] 탭에서 '자르기(　)'를 클릭하여 작업할 수도 있습니다.

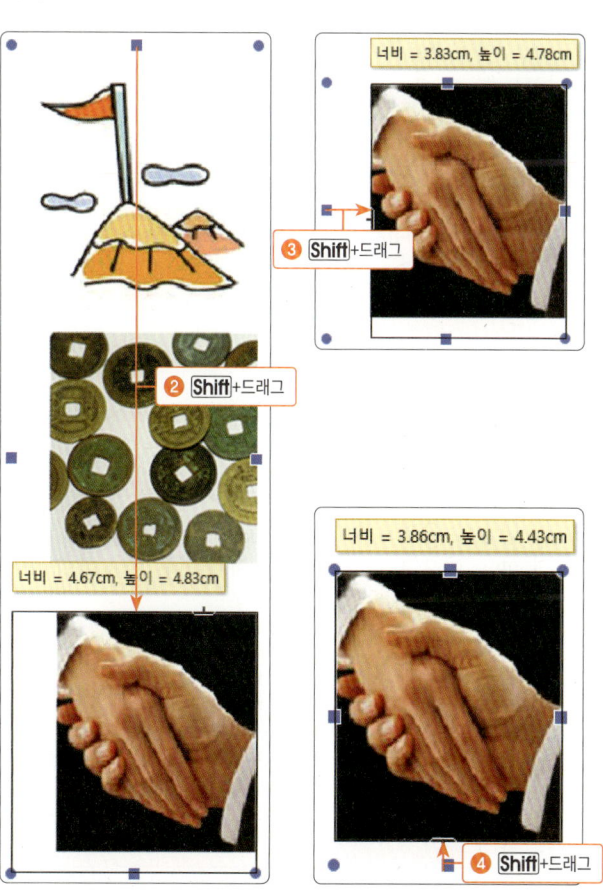

출제유형 07　문서작성 능력평가

❹ 그림의 속성을 지정하기 위해 그림 위에서 [마우스 오른쪽 단추]-'개체 속성'을 클릭합니다.

※ 삽입된 그림을 더블 클릭하여 [개체 속성] 대화상자를 실행할 수도 있습니다.

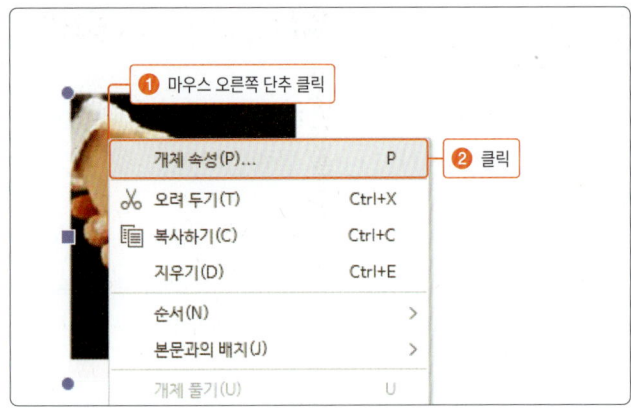

❺ [개체 속성] 대화상자가 나오면 [기본] 탭에서 [크기]-'너비(35mm), 높이(45mm)'를 입력한 후 '크기 고정'을 클릭하여 체크(☑)합니다. 이어서, [본문과의 배치]-'어울림(▨)'을 선택한 후 [여백/캡션] 탭을 클릭합니다.

❻ [여백/캡션] 탭에서 [바깥 여백]-'왼쪽(2mm)'을 입력한 후 〈설정〉 단추를 클릭합니다.

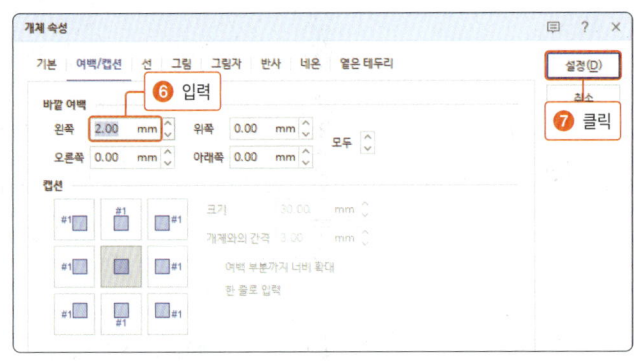

❼ 속성 지정이 완료되면 《출력형태》를 참고하여 다음과 같이 그림의 위치를 변경한 후 문장 오른쪽 끝의 글자들이 《출력형태》와 같은지 확인합니다.

※ 만약 오른쪽 끝 부분의 글자가 《출력형태》와 다를 경우에는 '글자 누락, 오타, 띄어쓰기' 등을 다시 한 번 확인하시기 바랍니다.

우리 사회가 점점 세계화 되어감에 따라 서로 다른 문화(文化) 배경을 지닌 사람들에 대하여 서로의 문화를 존중하고 공감할 줄 아는 능력이 점차 중요한 사회적 역량으로 대두되고 있다. 특히 청소년(靑少年)들은 우리 사회의 미래를 이끌어 나갈 것이므로 우리나라 청소년들이 국제교류 활동을 통하여 국제 감각을 갖춘 글로벌 인재로 성장할 수 있는 환경을 조성하는 일은 더더욱 중요한 과제이다. 청소년의 국제 감각 함양 및 글로벌 역량 강화에 대한 중요성은 일찍이 인식되었다.

　외교부의 국제교류사업은 매우 방대하며 특정 나이, 대상은 없다. 주로 한국국제협력단㉠을 중심으로 이루어지고 있으며 지역이나 주제, 프로그램의 유형별로 기획이 되는데, 그중 청소년과 직접적으로 관련 있는 사업으로는 글로벌 인재 양성 사업이라고 볼 수 있다. 그간 활발히 추진되어 온 청소년 국제교류사업이 최근 들어 나타난 코로나 사태로 인하여 기존의 청소년 국제교류 활동을 위축시키는 결과를 낳았고, 기존의 방식과 같은 교류국 방문 형태의 교류가 사실상 어렵게 됨에 따라, 이에 대한 대응의 차원에서도 새로운 국제교류 운영방안이 필요한 실정이다.

Skill 04 내용 입력 후 편집하기-2 [문자표 및 문단 번호]

■ 내용 입력 및 문자표 입력하기

① 입력한 내용의 마지막 문단 '필요한 실정이다.' 뒤를 클릭한 후 Enter 키를 두 번 누릅니다. 이어서, 문제지를 보면서 나머지 내용을 입력합니다.

② 표 입력은 [입력] 탭에서 '표(⊞)'를 클릭한 후 《출력형태》를 참고하여 '표(줄 수(6), 칸 수(4))'를 삽입하고 내용을 입력합니다.

   ※ 표를 작성할 때 '글자처럼 취급'을 지정한 후 표를 만듭니다.
   ※ 셀 합치기 : 셀을 블록으로 지정한 후 [표] 탭에서 '셀 합치기(⊞)'(또는 M)를 클릭합니다.

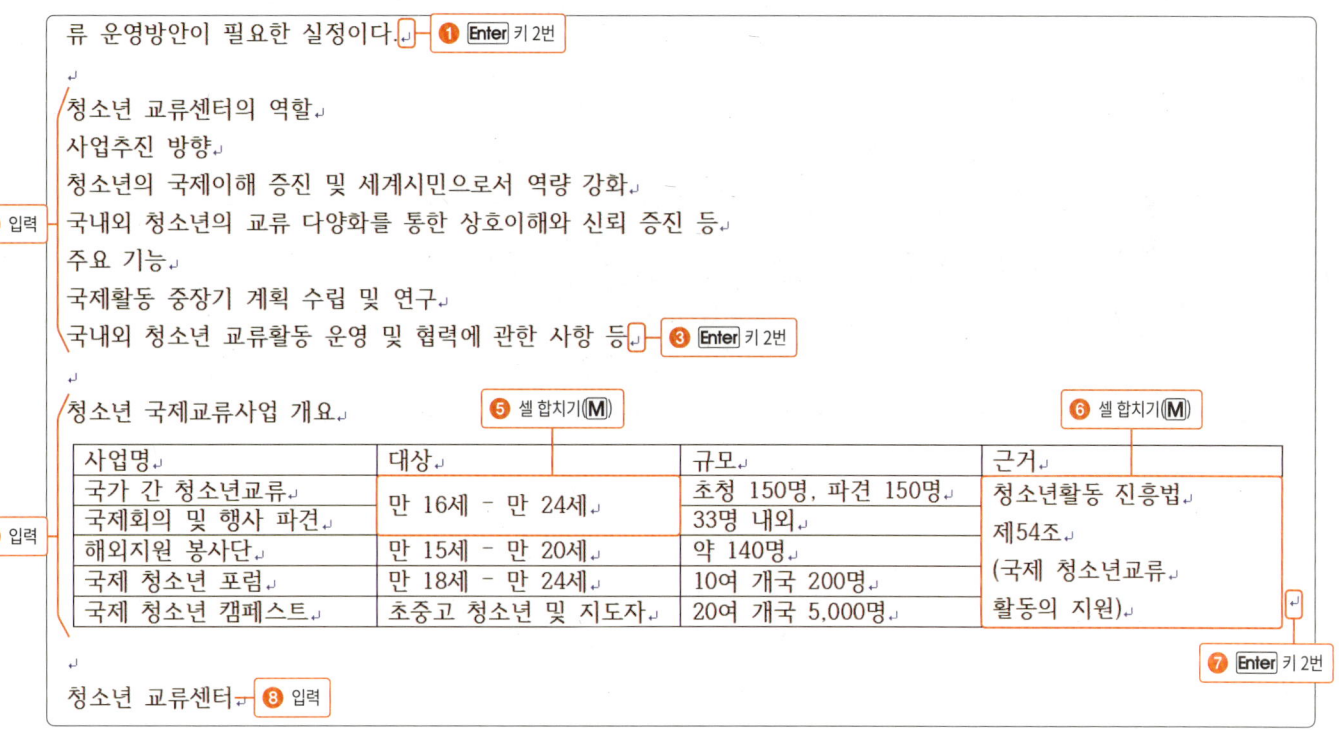

③ 문자표(♣)를 입력하기 위해 '청소년' 글자 앞쪽을 클릭합니다. 이어서, [입력] 탭에서 문자표(※)의 '목록 단추(문자표)'를 클릭한 후 '문자표(Ctrl+F10)'를 선택합니다.

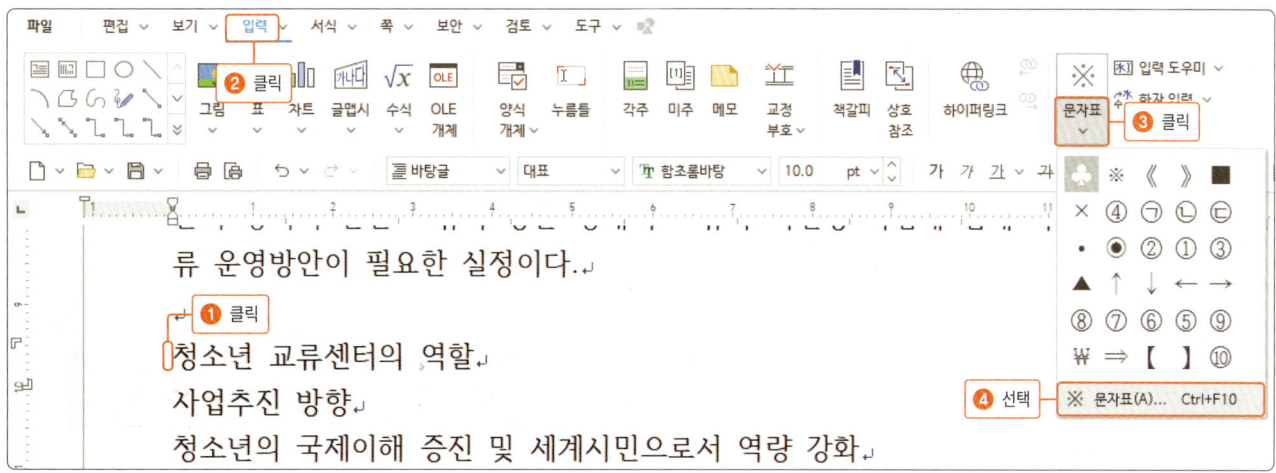

④ [문자표] 대화상자가 나오면 [훈글(HNC) 문자표]-[문자 영역]-[전각 기호(일반)]에서 '♣' 모양을 선택한 후 〈넣기〉 단추를 클릭합니다.

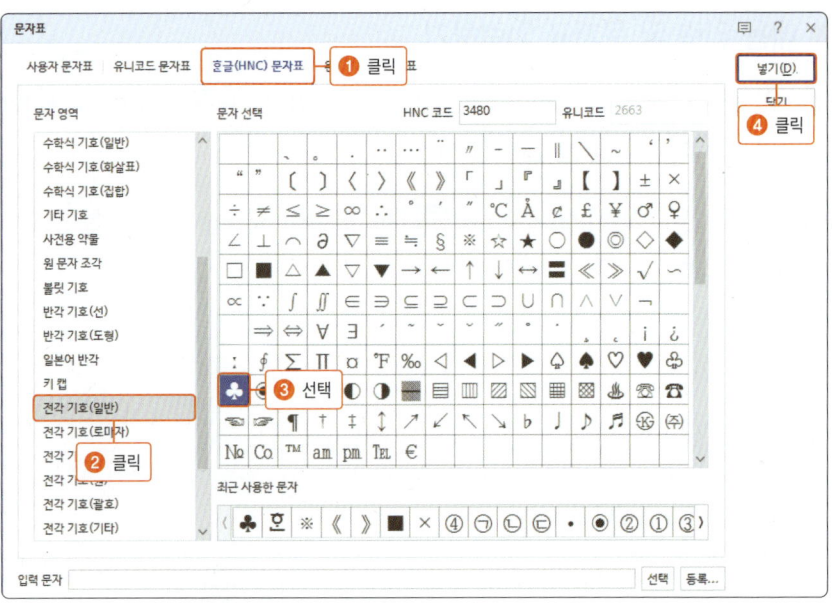

⑤ 문자표가 입력되면 Space Bar 키를 눌러 한 칸 띄웁니다. 이어서, 똑같은 방법으로 표 제목 앞에 문자표(♣)를 입력합니다.

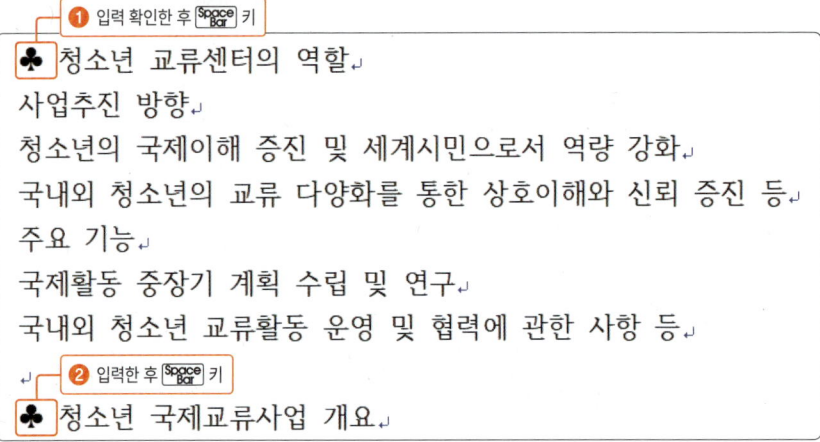

삽입/수정 전환(Insert)
만약 문자표 입력 후 Space Bar 키를 눌렀을 때 뒤쪽의 글자가 삭제(수정 상태)되면 Ctrl + Z 키를 눌러 이전 상태로 되돌립니다. 이어서, Insert 키를 눌러 '삽입' 상태로 전환한 후 다음 작업을 진행합니다.

■ **소제목 편집하기**

글꼴 : 굴림, 18pt, 하양, 음영색 : 빨강

⑥ '♣ 청소년 교류센터의 역할'을 드래그하여 블록으로 지정한 후 [서식] 도구 상자에서 '글꼴(굴림), 글자 크기(18pt)'를 지정합니다.

❼ [Esc] 키를 눌러 블록 지정을 해제한 후 '청소년 교류센터의 역할'만 드래그하여 블록으로 지정합니다. 이어서, [마우스 오른쪽 단추]–'글자 모양'을 클릭합니다.

※ [서식] 탭의 목록 단추(⌄)를 클릭한 후 '글자 모양'을 선택하거나, [Alt]+[L] 키를 눌러 글자 모양을 지정할 수도 있습니다.

❽ [글자 모양] 대화상자가 나오면 [기본] 탭에서 [속성]–'글자 색(하양), 음영 색(빨강)'을 지정한 후 〈설정〉 단추를 클릭합니다. 이어서, [Esc] 키를 눌러 《출력형태》와 같은지 확인합니다.

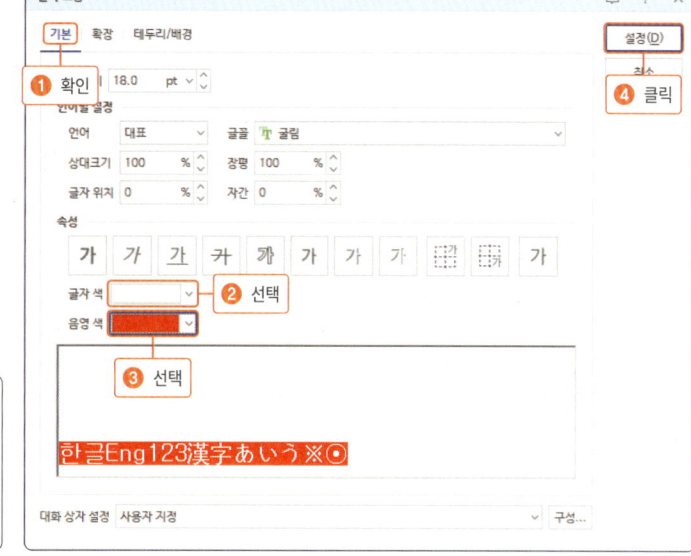

■ 문단 번호 지정하기

문단 번호 기능 사용
1수준 : 20pt, 오른쪽 정렬, 2수준 : 30pt, 오른쪽 정렬, 줄 간격 : 180%

❾ 문단 번호를 지정할 내용을 그림과 같이 드래그하여 블록으로 지정합니다. 이어서, [마우스 오른쪽 단추]–'글머리표 및 문단 번호'을 클릭합니다.

※ [서식] 탭의 '목록 단추(⌄)'를 클릭한 후 '글머리표 및 문단 번호'를 선택하거나, [Ctrl]+[K], [N] 키를 눌러 문단 번호를 지정할 수도 있습니다.

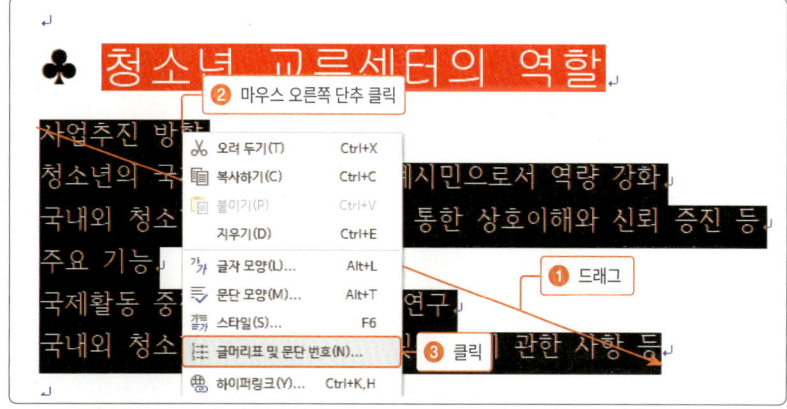

⑩ [글머리표 및 문단 번호] 대화상자가 나오면 [문단 번호] 탭에서 《출력형태》를 참고하여 문단 번호 모양을 선택한 후 〈사용자 정의〉 단추를 클릭합니다.

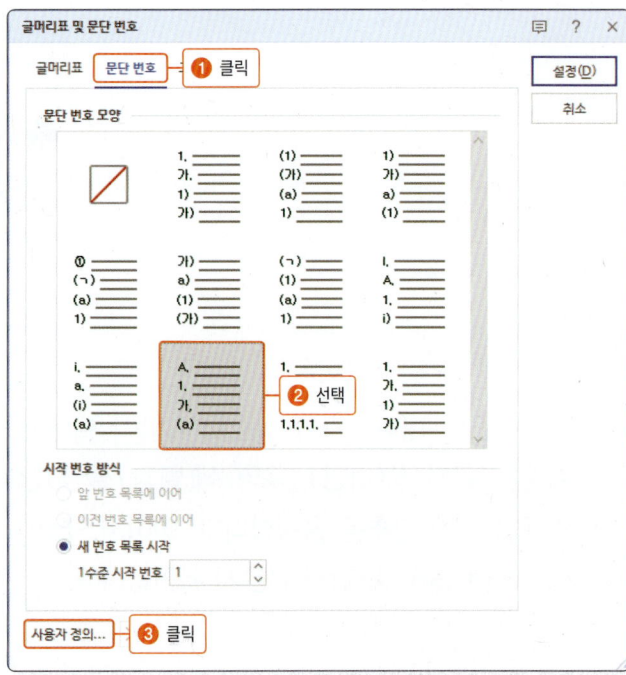

⑪ [문단 번호 사용자 정의 모양] 대화상자가 나오면 '1 수준'을 확인합니다. 이어서, [번호 위치]-[너비 조정]-'20pt', [정렬]-'오른쪽'으로 지정합니다.

  ※ 미리 보기 화면을 참고하여 《출력형태》와 같은지 확인합니다.

⑫ '1 수준' 작업이 끝나면 '2 수준'을 클릭합니다. 이어서, [번호 위치]-[너비 조정]-'30pt', [정렬]-'오른쪽'으로 지정한 후 〈설정〉 단추를 클릭합니다.
  - 번호 서식 : 번호 뒤에 아무 것도 없기 때문에 '.'을 삭제합니다.
  - 번호 모양 : '번호 모양'을 클릭하여 'ⓐ,ⓑ,ⓒ'를 선택합니다.

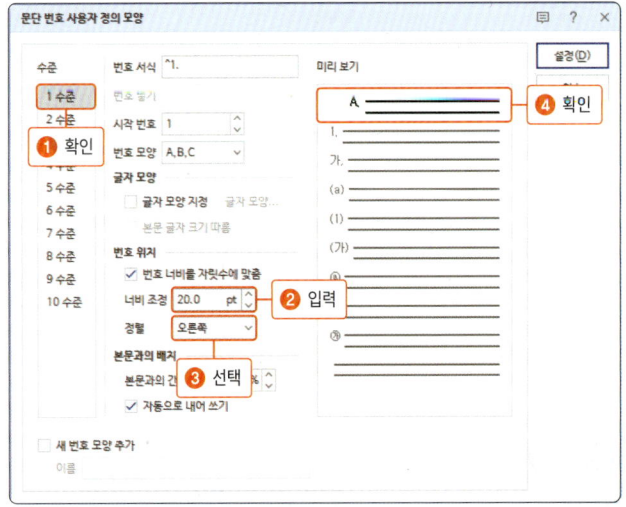 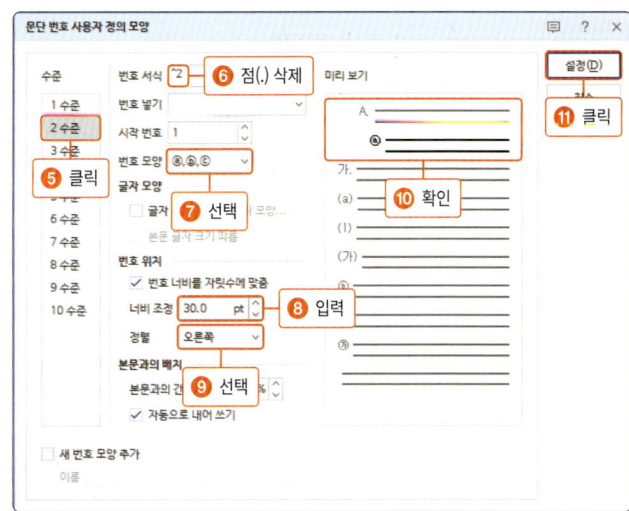

⑬ [글머리표 및 문단 번호] 대화상자가 다시 나오면 적용된 문단 번호 모양을 확인한 후 〈설정〉 단추를 클릭합니다. 이어서, Esc 키를 눌러 블록 지정을 해제합니다.

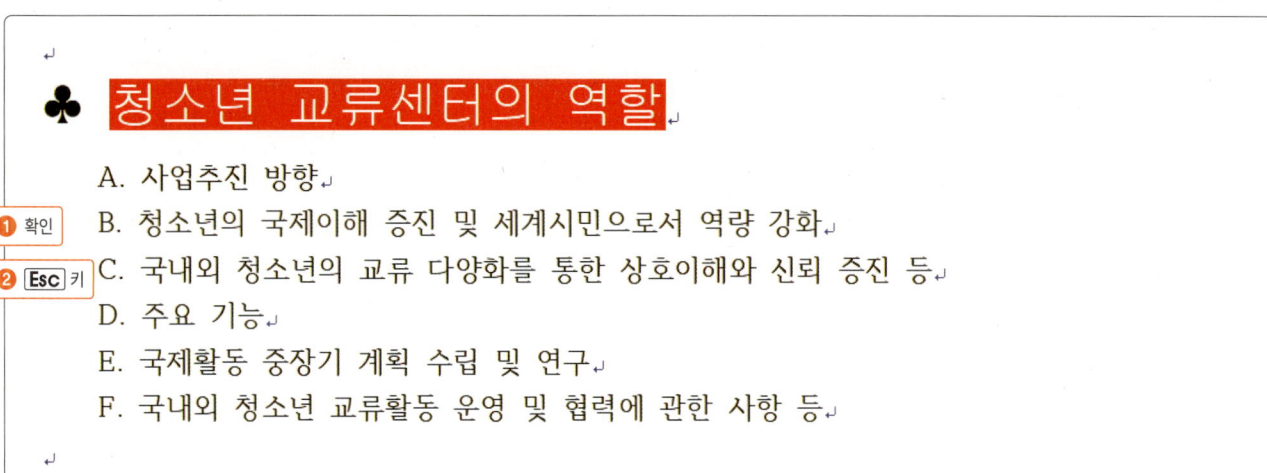

⑭ 문단 번호가 지정되면 한 수준을 감소하기 위해 다음과 같이 드래그하여 블록으로 지정한 후 [서식] 탭에서 '한 수준 감소( )'를 클릭합니다.

※ [서식] 탭의 '목록 단추( )'를 클릭한 후 '한 수준 감소'를 선택하거나, Ctrl+숫자 키패드 + 키를 눌러 문단 번호 수준을 낮출 수도 있습니다.

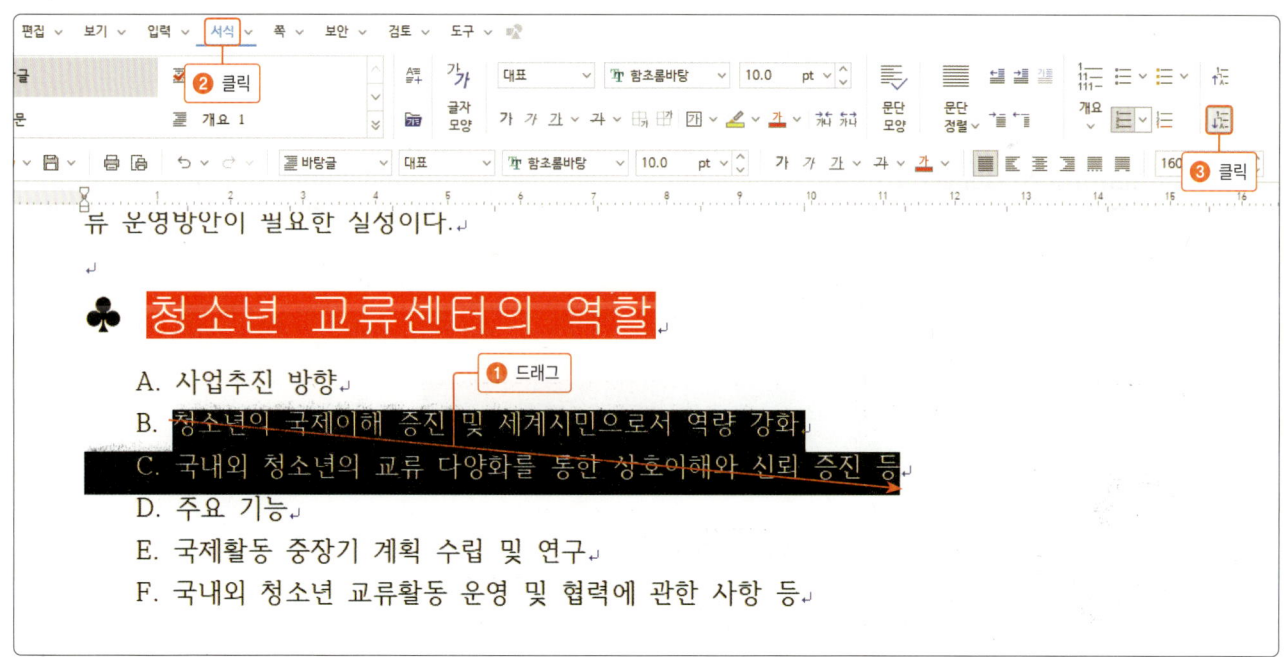

⓯ 이어서, 똑같은 방법으로 그림과 같이 문단 번호 수준을 한 수준 감소시킵니다.

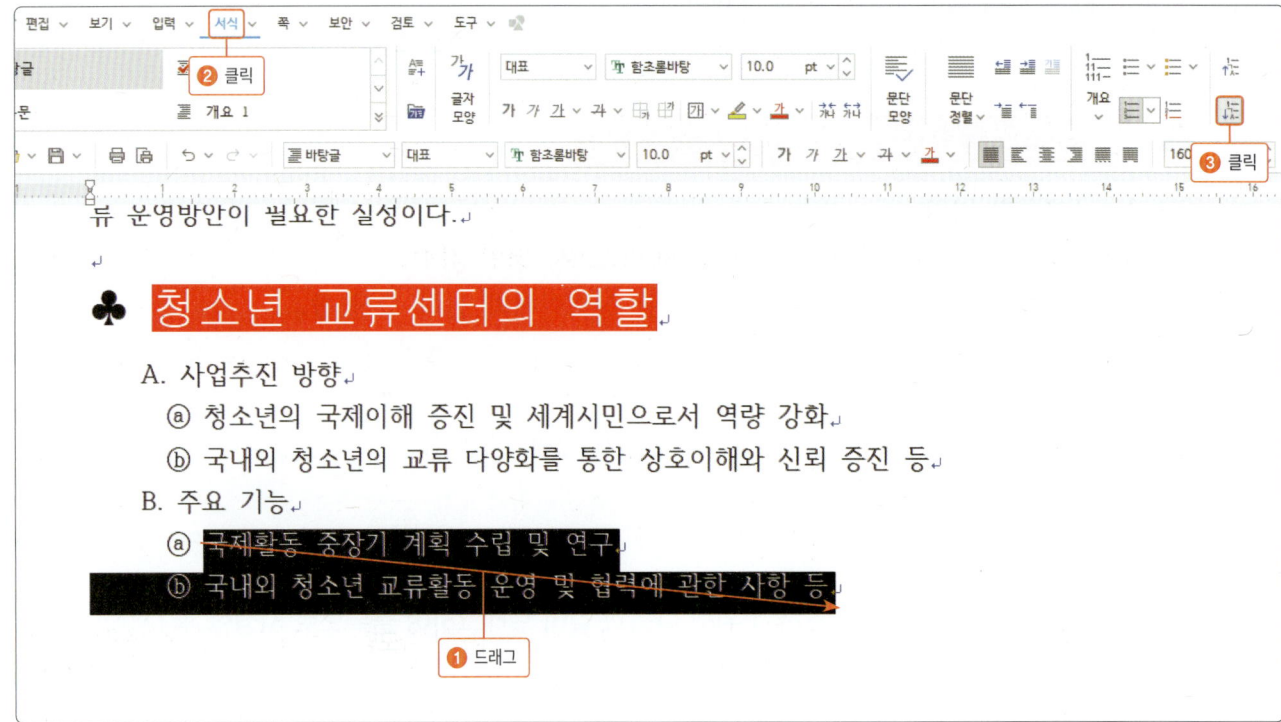

⓰ 줄 간격을 지정하기 위해 다음과 같이 드래그하여 블록으로 지정한 후 [서식] 도구 상자에서 '줄 간격(180%)'을 입력합니다. 이어서, Esc 키를 눌러 블록 지정을 해제합니다.

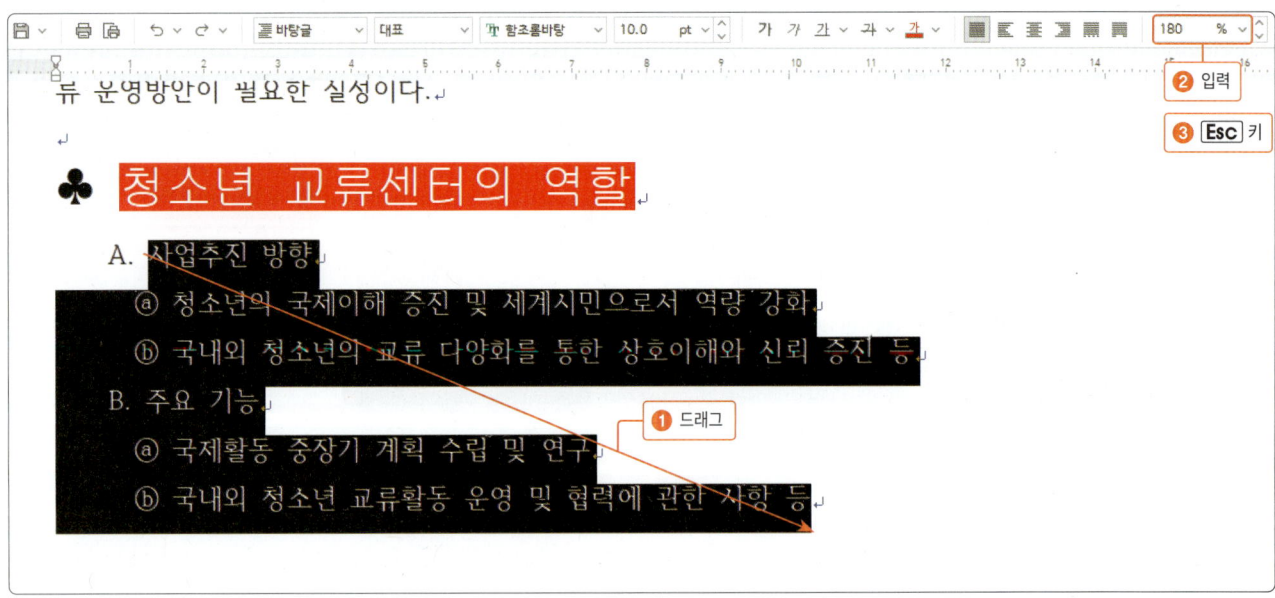

문단 번호 모양 직접 만들기

《출력형태》에서 제시한 번호 모양이 없는 경우에는 〈사용자 정의〉 단추를 클릭하여 직접 문단 번호 모양을 만들 수 있습니다.

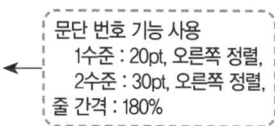

❶ 문단 번호 기능을 지정할 전체 내용을 블록으로 지정한 후 [마우스 오른쪽 단추]-'글머리표 및 문단 번호'을 클릭합니다.

❷ [글머리표 및 문단 번호] 대화상자가 나오면 《출력형태》와 1수준이 같은 모양을 선택한 후 〈사용자 정의〉 단추를 클릭합니다.

※ 임의의 문단 번호 모양을 선택할 때 1수준과 같은 모양 번호를 우선으로 선택합니다. 만약, 1수준과 같은 모양이 없을 경우에는 임의의 모양을 선택합니다.

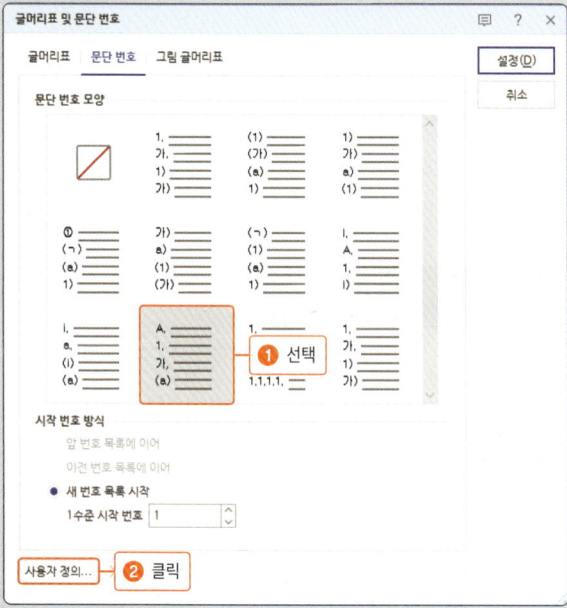

❸ [문단 번호 사용자 정의 모양] 대화상자가 나오면 《출력형태》를 참고하여 1 수준의 번호 서식과 번호 모양을 확인한 후 너비 조정(20pt) 및 정렬(오른쪽 정렬)을 지정합니다.

(※ 1수준의 번호 서식과 번호 모양이 동일하기 때문에 너비 조정과 정렬만 지정합니다.)

– 번호 서식(^1.) : 만약 1 수준 번호 서식이 'A.'가 아닌 'A)'라면 '.'을 삭제한 후 ')'를 입력합니다. → 예 : ^A)

– 번호 모양(A, B, C) : 만약 1 수준 번호 모양이 'A'가 아닌 'Ⓐ'라면 '번호 모양'을 클릭하여 'Ⓐ,Ⓑ,Ⓒ'를 선택합니다.

❹ 2 수준을 클릭하여 번호 서식과 번호 모양을 변경한 후 너비 조정(30pt) 및 정렬(오른쪽 정렬)을 지정합니다.

– 번호 서식 : 번호 뒤에 아무 것도 없기 때문에 '.'을 삭제합니다.

– 번호 모양 : '번호 모양'을 클릭하여 'ⓐ,ⓑ,ⓒ'를 선택합니다.

문단 번호 모양 직접 만들기

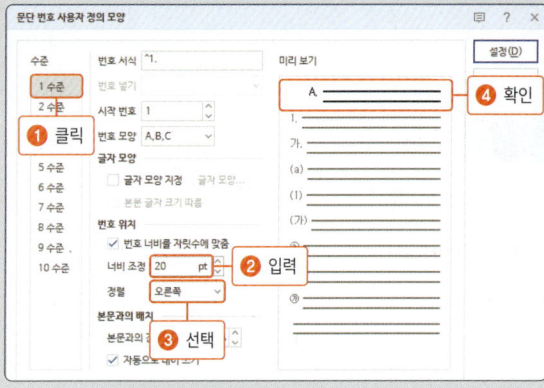 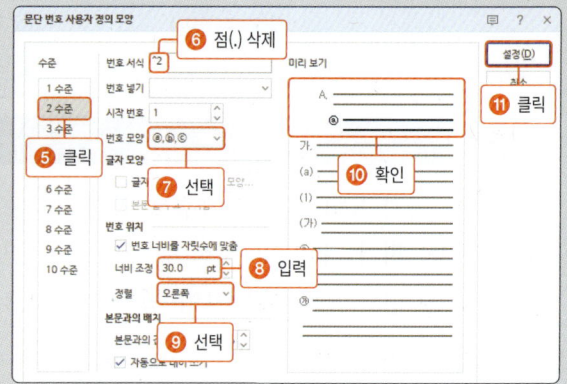

⑤ [글머리표 및 문단 번호] 대화상자가 다시 나오면 〈설정〉 단추를 클릭합니다.
⑥ 2 수준으로 변경할 내용을 블록으로 설정한 후 [서식] 탭에서 '한 수준 감소(↳)'(또는 Ctrl +숫자 키패드 + 키) 를 클릭합니다.

Skill 05 표 제목 및 표 편집하기

■ 표 제목 편집하기

글꼴 : 굴림, 18pt, 기울임, 강조점

① '♣ 청소년 국제교류사업 개요'를 드래그하여 블록으로 지정한 후 [서식] 도구 상자에서 '글꼴(굴림), 글자 크기(18pt)'를 지정합니다. 이어서, Esc 키를 눌러 블록 지정을 해제합니다.

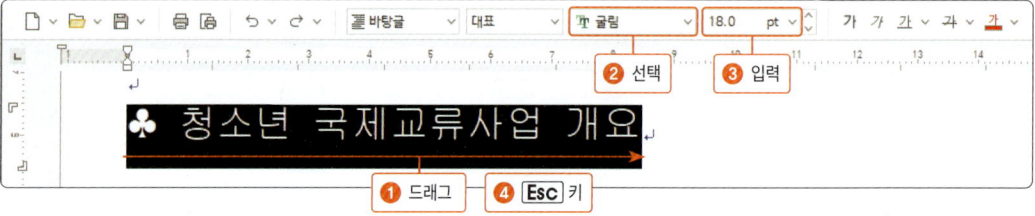

② '청소년 국제교류사업 개요'만 드래그하여 블록으로 지정한 후 [서식] 도구 상자에서 '기울임(가)'을 클릭합니다. 이어서, Esc 키를 눌러 블록 지정을 해제합니다.

③ '청소년'을 드래그하여 블록으로 지정한 후 [마우스 오른쪽 단추]-'글자 모양'을 클릭합니다.

※ [서식] 탭의 '목록 단추(▼)'를 클릭한 후 '글자 모양'을 클릭하거나, Alt + L 키를 눌러 글자 모양을 지정할 수도 있습니다.

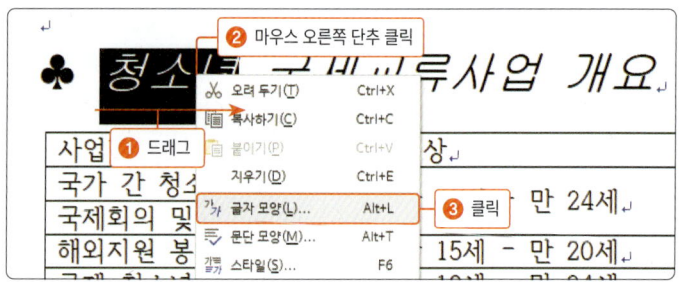

④ [글자 모양] 대화상자가 나오면 [확장] 탭에서 [기타]-'강조점(⚬)'을 선택한 후 〈설정〉 단추를 클릭합니다. 이어서, 똑같은 방법으로 '개요' 단어에도 강조점을 지정합니다.

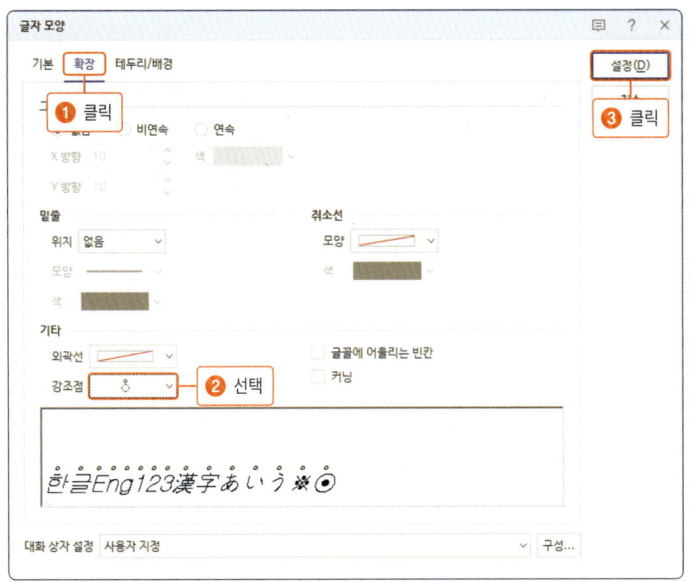

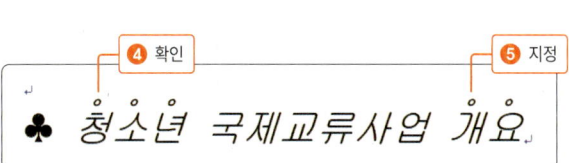

■ 표 편집하기

표 전체 글꼴 : 돋움, 10pt, 가운데 정렬

⑤ 표 전체를 드래그하여 블록으로 지정한 후 [서식] 도구 상자에서 '글꼴(돋움), 글자 크기(10pt), 가운데 정렬(≡)'을 지정합니다.

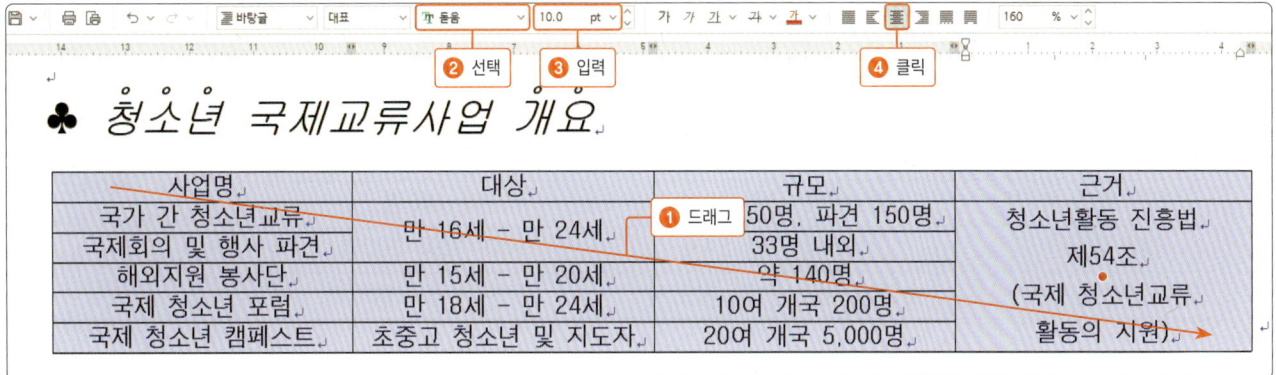

⑥ 첫 번째 열을 드래그하여 블록으로 지정한 후 Alt 키를 누른 채 ← 키를 눌러 칸의 너비를 조절합니다.

※ '사업명'과 '대상' 열 사이의 경계선을 마우스로 드래그하여 칸의 너비를 조절할 수도 있습니다.

❼ 두 번째 열을 드래그하여 블록으로 지정한 후 Alt 키를 누른 채 ← 키를 눌러 칸의 너비를 조절합니다.

※ Alt 키를 이용하여 칸의 너비를 조절할 때는 열 전체가 아닌 해당 열의 특정 셀만 블록으로 지정해도 결과는 동일합니다.

사업명	대상
국가 간 청소년교류	만 16세 - 만 24세
국제회의 및 행사 파견	
해외지원 봉사단	만 15세 - 만 20세
국제 청소년 포럼	만 18세 - 만 24세
국제 청소년 캠페스트	초중고 청소년 및 지도자

❽ 똑같은 방법으로 나머지 칸의 너비를 조절합니다. 단, '세 번째 열(규모)'은 Alt 키를 누른 채 → 키를 눌러 칸의 너비를 조절합니다.

사업명	대상	규모	근거
국가 간 청소년교류	만 16세 - 만 24세	초청 150명, 파견 150명	청소년활동 진흥법 제54조 (국제 청소년교류 활동의 지원)
국제회의 및 행사 파견		33명 내외	
해외지원 봉사단	만 15세 - 만 20세	약 140명	
국제 청소년 포럼	만 18세 - 만 24세	10여 개국 200명	
국제 청소년 캠페스트	초중고 청소년 및 지도자	20여 개국 5,000명	

❾ 행의 높이를 변경하기 위해 아래 그림처럼 블록을 지정한 후 Ctrl 키를 누른 채 ↓ 키를 두 번 누릅니다.

사업명	대상	규모	근거
국가 간 청소년교류	만 16세 - 만 24세	초청 150명, 파견 150명	청소년활동 진흥법 제54조 (국제 청소년교류 활동의 지원)
국제회의 및 행사 파견		33명 내외	
해외지원 봉사단	만 15세 - 만 20세	약 140명	
국제 청소년 포럼	만 18세 - 만 24세	10여 개국 200명	
국제 청소년 캠페스트	초중고 청소년 및 지도자	20여 개국 5,000명	

▼

사업명	대상	규모	근거
국가 간 청소년교류	만 16세 - 만 24세	초청 150명, 파견 150명	청소년활동 진흥법 제54조 (국제 청소년교류 활동의 지원)
국제회의 및 행사 파견		33명 내외	
해외지원 봉사단	만 15세 - 만 20세	약 140명	
국제 청소년 포럼	만 18세 - 만 24세	10여 개국 200명	
국제 청소년 캠페스트	초중고 청소년 및 지도자	20여 개국 5,000명	

❿ 변경된 표의 너비 및 높이를 확인합니다.

사업명	대상	규모	근거
국가 간 청소년교류	만 16세 - 만 24세	초청 150명, 파견 150명	청소년활동 진흥법 제54조 (국제 청소년교류 활동의 지원)
국제회의 및 행사 파견		33명 내외	
해외지원 봉사단	만 15세 - 만 20세	약 140명	
국제 청소년 포럼	만 18세 - 만 24세	10여 개국 200명	
국제 청소년 캠페스트	초중고 청소년 및 지도자	20여 개국 5,000명	

셀 합치기/나누기

① 셀 합치기

두 개 이상의 셀을 블록으로 지정한 상태에서 [표 레이아웃(▦)] 탭에서 '셀 합치기(▦)'를 클릭하거나, M 키를 눌러 하나의 셀로 합칠 수 있습니다.

※ '문서작성 능력평가' 부분에서 표를 만들 때 셀 합치기 기능이 자주 사용되기 때문에 반드시 숙지해야 합니다.

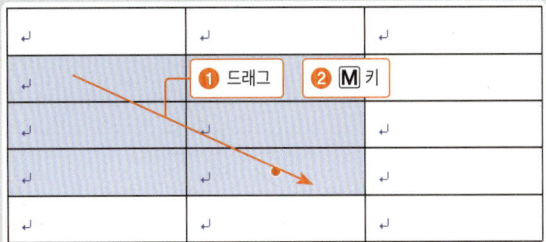

② 셀 나누기

한 개 이상의 셀을 블록으로 지정한 상태에서 [표 레이아웃(▦)] 탭에서 '셀 나누기(▦)'를 클릭하거나, S 키를 누릅니다. [셀 나누기] 대화상자가 나오면 줄 개수와 칸 개수를 입력하여 셀을 나눌 수 있습니다.

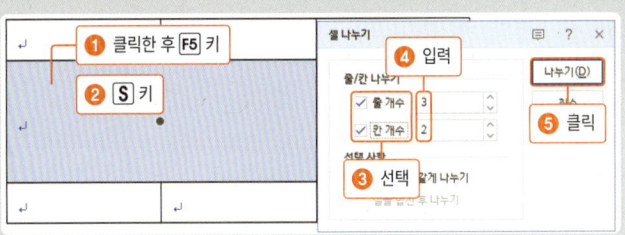

블록 지정

① F5 키 한 번 : 현재 커서 위치에 블록을 지정합니다. 방향 키를 이용하여 블록으로 지정된 셀을 변경할 수 있습니다.

② F5 키 두 번 : 현재 커서 위치를 블록으로 지정한 후 방향 키를 이용해 다른 연결된 셀들을 블록으로 지정할 수 있습니다.

③ F5 키 세 번 : 전체 셀을 블록으로 지정합니다. 방향 키를 이용하여 블록으로 지정된 셀의 범위를 줄일 수 있습니다.

▲ F5 키 한 번   ▲ F5 키 두 번   ▲ F5 키 세 번

 **표의 높이 및 너비 조절**

※ '문서작성 능력평가' 부분에서 표를 만들 때 표의 높이 및 너비를 조절하는 기능이 자주 사용되기 때문에 반드시 숙지해야 합니다.

❶ 키보드를 이용한 조절 방법
  - Ctrl+방향키 : 너비를 조절할 부분을 블록(F5)으로 지정한 후 Ctrl 키를 누른 채 방향키(↑, ↓, ←, →)를 누르면 표 전체 크기를 기준으로 칸의 높이 및 너비를 조절할 수 있습니다.

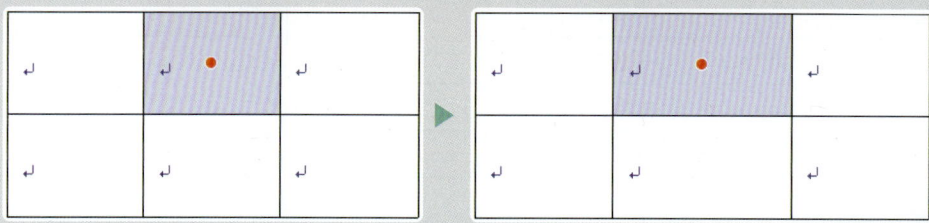
▲ Ctrl+→ 키를 눌러 칸의 너비를 조절

  - Alt+방향키 : 너비를 조절할 부분을 블록(F5)으로 지정한 후 Alt 키를 누른 채 방향키(↑, ↓, ←, →)를 누르면 해당 행의 높이 또는 열의 너비를 조절할 수 있습니다.
  - Shift+방향키 : 너비를 조절할 부분을 블록(F5)으로 지정한 후 Shift 키를 누른 채 방향키(↑, ↓, ←, →)를 누르면 해당 셀 높이 및 너비를 조절할 수 있습니다.

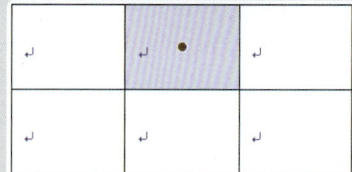 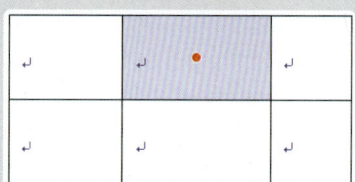 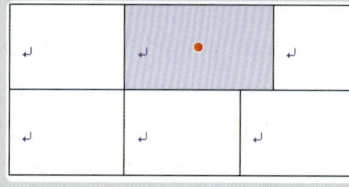
▲ Alt+→ 키를 눌러 열의 너비를 조절   ▲ Shift+→ 키를 눌러 열의 너비를 조절

❷ 마우스를 이용한 조절 방법
  - 조절점 드래그 : 표의 테두리를 클릭하여 조절점이 나오면 해당 조절점을 드래그하여 표의 전체 크기를 조절할 수 있습니다.

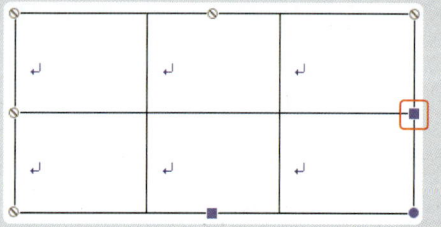 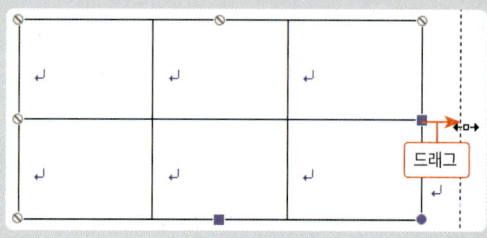
▲ 오른쪽 조절점을 마우스로 드래그하여 표의 전체 크기를 조절

  - 칸 너비 : 특정 칸의 테두리에 마우스 포인터를 위치시킨 후 좌-우로 드래그하여 너비를 조절할 수 있습니다.

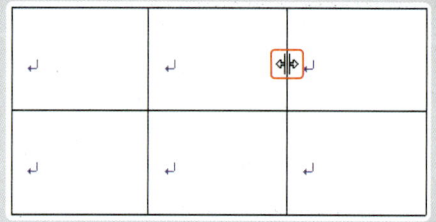 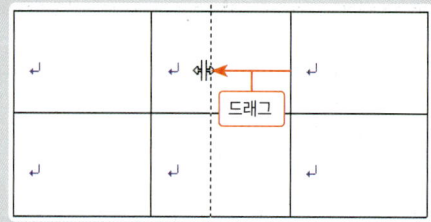
▲ 표 안쪽 테두리를 왼쪽으로 드래그하여 특정 열의 너비를 조절

■ 셀 테두리 및 배경색 지정

셀 배경(그러데이션) : 유형(가로), 시작색(하양), 끝색(노랑)

⑪ 셀 테두리 및 배경색을 지정하기 위해 첫 번째 행을 드래그하여 블록으로 지정한 후 [마우스 오른쪽 단추]-[셀 테두리/배경]-'각 셀마다 적용'(또는 [L])을 클릭합니다.

⑫ [셀 테두리/배경] 대화상자가 나오면 [테두리] 탭에서 [종류]-'이중 실선(━━)', '위쪽 테두리(▣)', 아래쪽 테두리(▣)'를 선택한 후 [배경] 탭을 클릭합니다.

※ 표의 셀 테두리 지정은 《출력형태》를 참고하여 작업합니다.

⑬ [배경] 탭에서 그러데이션을 클릭합니다. 이어서, '시작 색(하양), 끝 색(노랑)', [유형]-'가로'를 선택한 후 〈설정〉 단추를 클릭합니다.

※ Esc 키를 눌러 블록 지정을 해제한 후 그러데이션을 확인합니다.

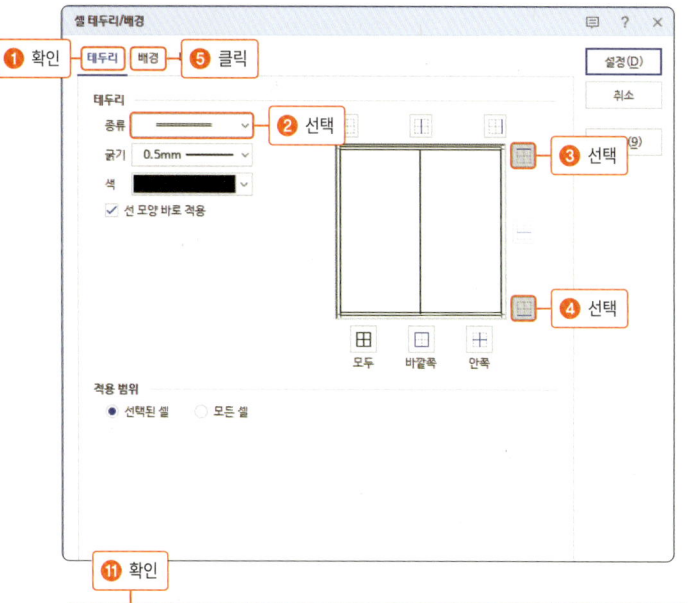
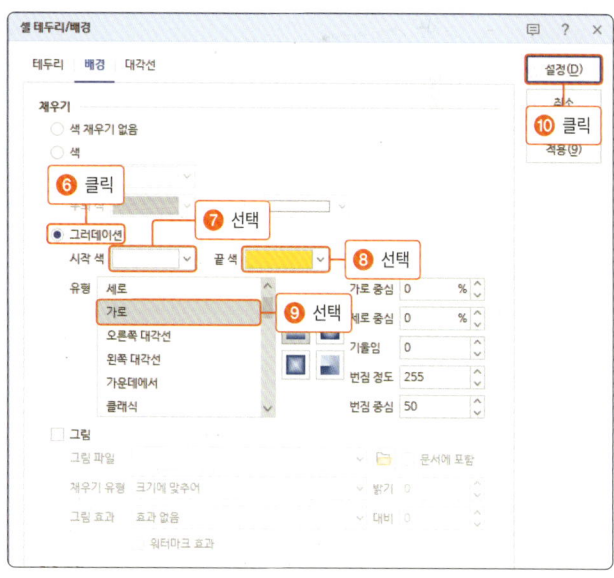

⑭ 배경색이 지정되면 표 전체를 드래그하여 블록으로 지정한 후 [마우스 오른쪽 단추]-[셀 테두리/배경]-'각 셀마다 적용'(또는 L)을 클릭합니다.

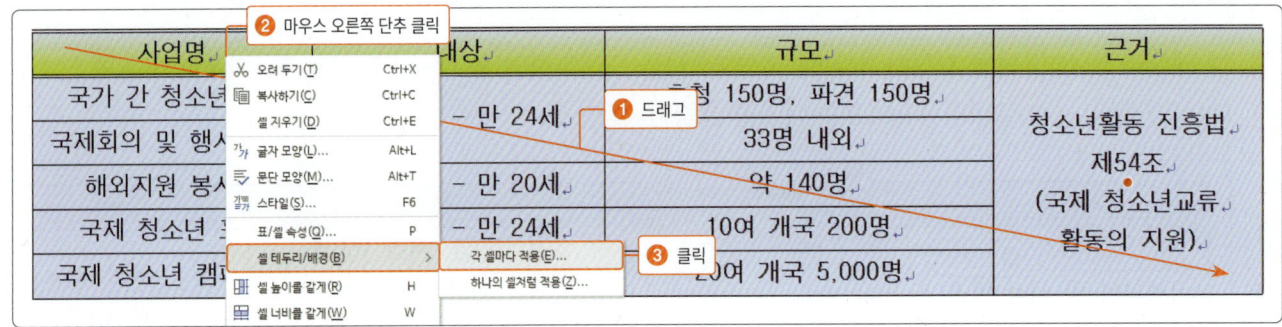

⑮ [셀 테두리/배경] 대화상자가 나오면 [테두리] 탭에서 [종류]-'이중 실선( )', '아래쪽 테두리( )'를 선택한 후 〈설정〉 단추를 클릭합니다.

※ Esc 키를 눌러 블록 지정을 해제한 후 테두리를 확인합니다.

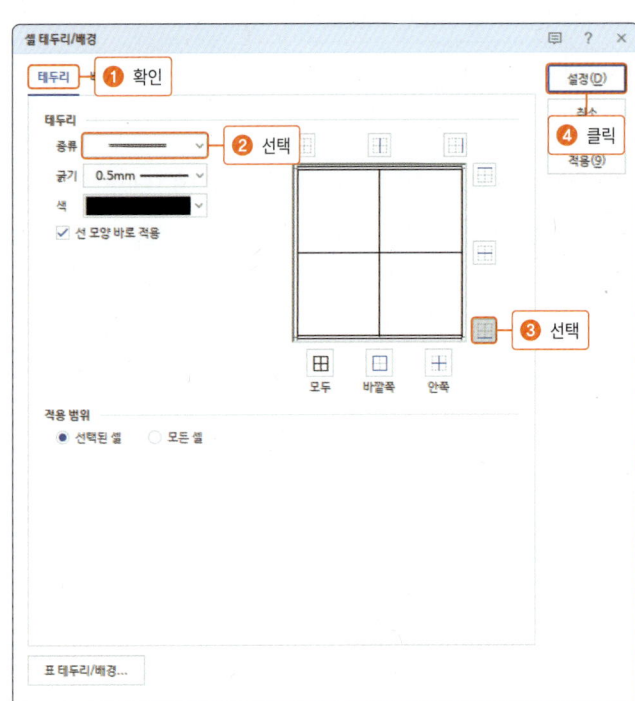

⑯ 다시 표 전체를 드래그하여 블록으로 지정한 후 [마우스 오른쪽 단추]-[셀 테두리/배경]-'각 셀마다 적용'(또는 L)을 클릭합니다.

⑰ [셀 테두리/배경] 대화상자가 나오면 [테두리] 탭에서 [종류]-'없음', '왼쪽 테두리(▯)', 오른쪽 테두리(▯)'를 선택한 후 〈설정〉 단추를 클릭합니다.

※ Esc 키를 눌러 블록 지정을 해제한 후 테두리를 확인합니다.

⑱ 모든 작업이 끝나면 《출력형태》와 같은지 확인합니다.

사업명	대상	규모	근거
국가 간 청소년교류	만 16세 - 만 24세	초청 150명, 파견 150명	청소년활동 진흥법 제54조 (국제 청소년교류 활동의 지원)
국제회의 및 행사 파견		33명 내외	
해외지원 봉사단	만 15세 - 만 20세	약 140명	
국제 청소년 포럼	만 18세 - 만 24세	10여 개국 200명	
국제 청소년 캠페스트	초중고 청소년 및 지도자	20여 개국 5,000명	

Skill 06 기관명 편집 및 쪽 번호 입력하기

■ 기관명 편집하기

글꼴 : 궁서, 24pt, 진하게, 장평 105%, 오른쪽 정렬

① 기관명인 '청소년 교류센터'를 드래그하여 블록으로 지정한 후 [서식] 도구 상자에서 '오른쪽 정렬(▤)'을 클릭합니다.

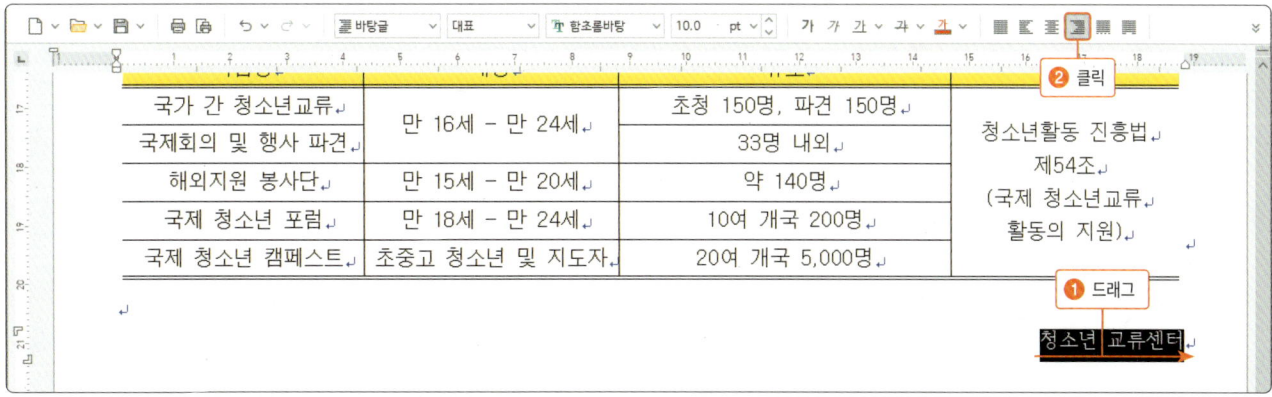

❷ 이어서, [마우스 오른쪽 단추]-'글자 모양'(또는 Alt+L)을 클릭합니다.

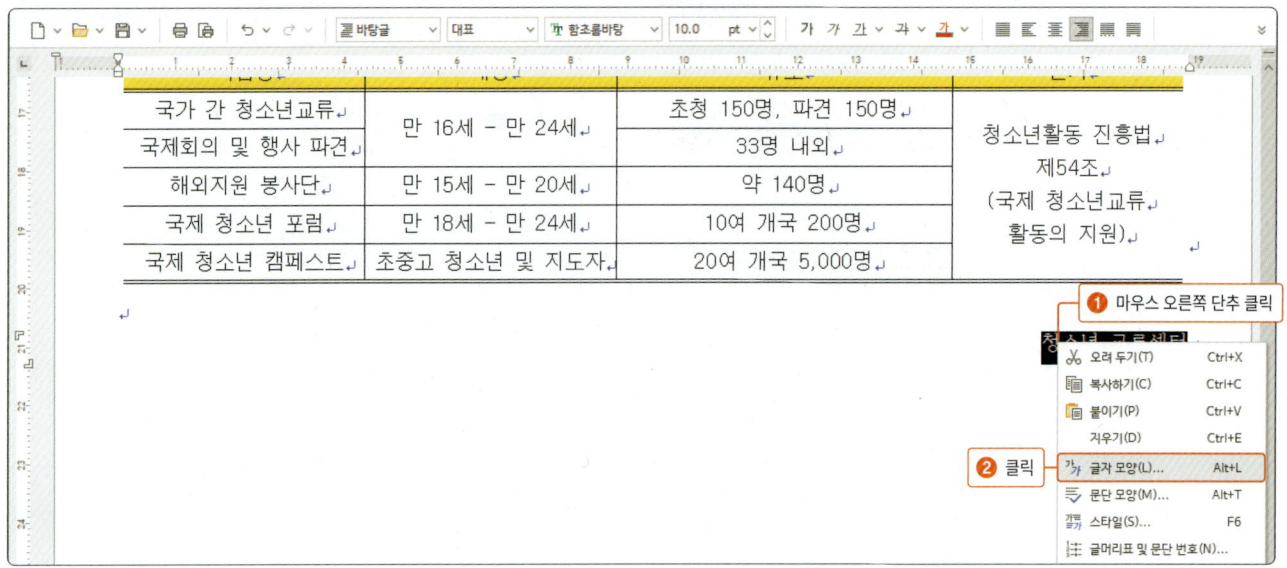

❸ [글자 모양] 대화상자가 나오면 [기본] 탭에서 '기준 크기(24pt)', [언어별 설정]-'글꼴(궁서), 장평(105%)', [속성]-'진하게(가)'를 지정한 후 〈설정〉 단추를 클릭합니다. 이어서, Esc 키를 눌러 블록 지정을 해제합니다.

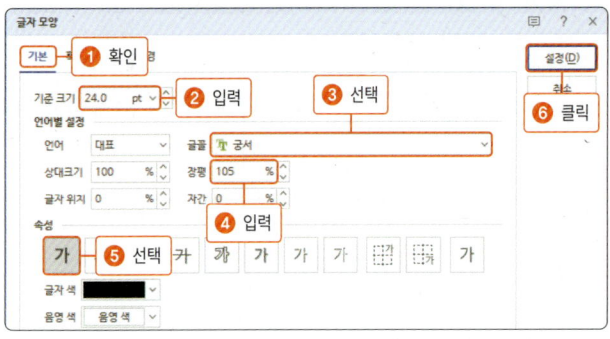 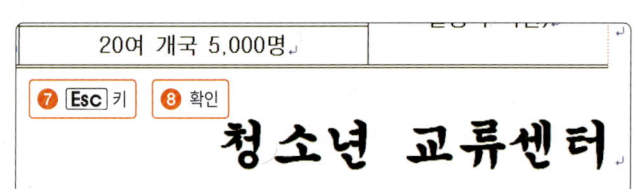

■ 쪽 번호 입력하기

쪽 번호 매기기 : 5로 시작

❹ 쪽 번호를 입력하기 위해 [쪽] 탭에서 '쪽 번호 매기기(⌐₁)'(또는 Ctrl+N, P)를 클릭합니다.

※ 쪽 번호 삽입은 반드시 3페이지가 선택된 상태에서 작업합니다.

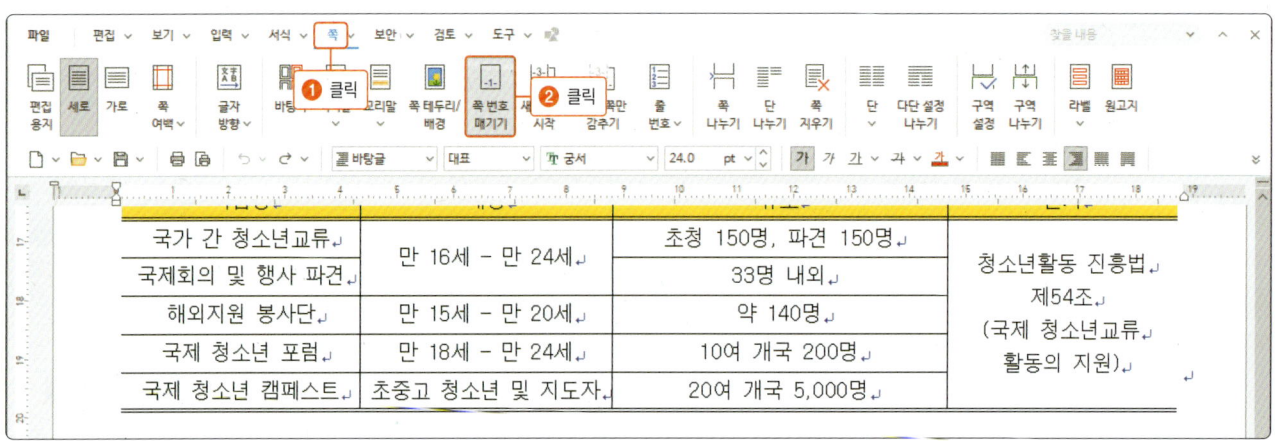

❺ [쪽 번호 매기기] 대화상자가 나오면 [번호 위치]-'오른쪽 아래', [번호 모양]-'①,②,③', [시작 번호]-'5'로 지정합니다. 이어서, 줄표 넣기의 체크(☑)를 해제한 후 〈넣기〉 단추를 클릭합니다.

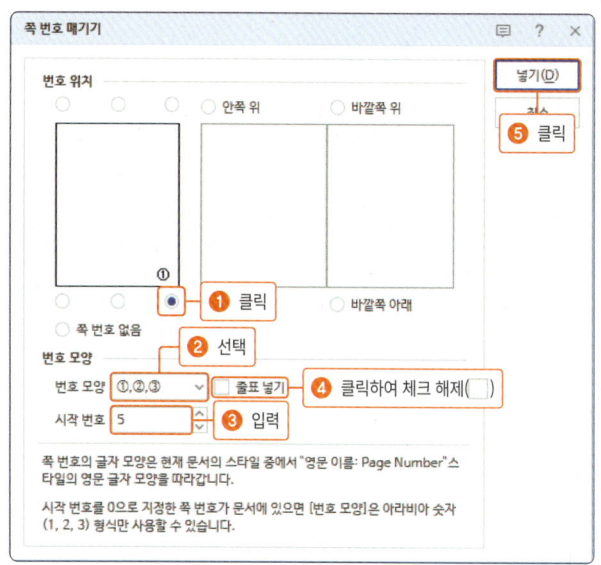

❻ 삽입된 쪽 번호가 《출력형태》와 같은지 확인합니다.

※ 답안을 작성하기 전에 '구역 나누기'로 페이지를 구분하였기 때문에 3페이지에만 쪽 번호가 입력됩니다.

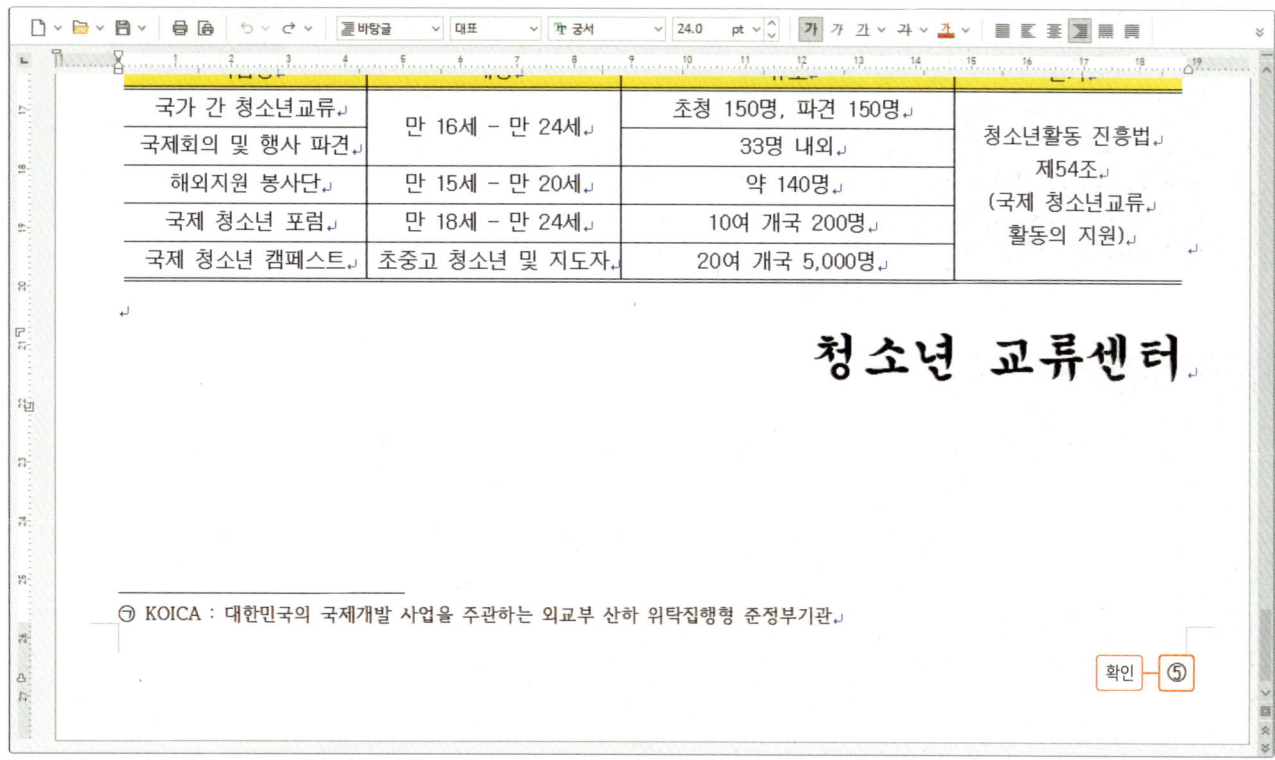

❼ 모든 작업이 완료되면 [파일]-[저장하기](Alt + S) 또는 [서식] 도구 상자에서 '저장하기(🖫)'를 클릭하여 파일을 저장합니다.

※ 실제 시험을 볼 때 작업 도중에 수시로(10분에 한 번 정도) 저장을 하는 것이 좋습니다.

세계 속 공정무역 이야기

공정무역은 공정한 가격을 지불하도록 촉진하기 위한 윤리적 소비 운동의 일환으로 추진되고 있는 국제적 사회운동이다. 매해 5월 세계 공정무역의 날은 WFTOⓐ에서 추진하는 사업으로 공정무역을 널리 알리고 활발한 참여를 촉구하기 위해 전 세계에서 다양한 캠페인을 벌이는 날이다. 1994년 유럽 15개국 3,000여 상점 협회로 설립(設立)한 유럽세계상점 네트워크에서 1995년에 공정무역 상품 판촉행사가 열린 것을 계기로 1999년 일본에서도 공정무역 행사가 개최되었다. 2001년 국제공정무역연합 회의에서 세계적인 운동으로 발전시키기로 합의(合意)하면서 매년 5월 둘째 주 토요일을 세계 공정무역의 날로 지정하였다.

세계 공정무역의 날에는 전 세계 곳곳에서 공정무역 아침 식사 모임, 제품 시식 및 품평회, 세미나, 강의, 커피나 차를 마시며 대화하기, 음악회, 패션쇼, 마라톤, 축구 경기, 가장행렬 등을 통해 더 많은 생산자와 소비자들에게 무역 정의와 지속 가능한 지구환경 보호를 위한 공정무역에 관한 생각을 서로 나눈다. 영국 등 유럽에서는 공정무역 재료로 만든 아침 식사 모임을 갖고 이를 인터넷으로 생중계하며 미국에서는 공정무역 활동에 공헌한 사업체 및 비영리 단체를 선정하여 '최고 공정무역상'을 시상한다.

◆ 공정무역 핵심원칙

가) 취약한 생산자들을 위한 시장 접근성
  a) 기존 시장에서 배제된 생산자들과 거래
  b) 무역사슬을 짧게 하여 생산자들의 최대 이익
나) 지속가능하고 공정한 무역관계
  a) 생산자와 소비자의 파트너십을 통한 비용 책임
  b) 장기적인 무역 관계를 통해 정보 공유 및 계획

◆ 공정무역 제품 소개

품목	제품 이름	원산지	제품에 관한 이야기
볼가 바구니	라운드 바구니 체크믹스	가나	가나의 북동부에 위치한 볼가라고 불리는 볼가탄가 지역의 이름을 딴 바구니
	라운드 바구니 블루마린		
행복한 장난감	노랑 스쿨버스	스리랑카	수공예로 만든 천연 목재 제품
	행복한 우리 집		무독성 페인트 사용, 물기와 직사광선 주의
패션 소품	꽃장식 장갑	페루	생산자 : 타이페 가족과 공동 그룹, 뜨개질 제품

한국공정무역협의회

ⓐ 1989년에 발족한 세계 공정무역기구로 73개국에 450여 개 조직을 대표함

젊음과 함께 만나 즐기는 품바축제

품바축제의 근간은 거지 성자로 불리는 최귀동 할아버지의 숭고한 삶에서 비롯되었다. 일제 강점기 때 심한 고문으로 장애를 얻은 그는 자신도 오갈 데 없는 처지임에도 불구하고 금왕읍 무극리 일대를 돌며 동냥으로 얻어 온 음식을 거동조차 힘든 다른 걸인들에게 나누어 주었다고 한다.

품바라는 낱말이 처음 등장한 역사적 문헌(文獻)은 신재효㉮의 한국 판소리 전집에 수록된 변강쇠가인데, 여기에서는 타령의 장단을 맞추는 소리라 하여 입장고로 기술되어 있다. 품바에 대한 설은 이외에도 다양한 형태로 전해지고 있다. 각설이 타령의 후렴구에 사용되는 일종의 장단 구실을 하는 의성어로 풀이되기도 하였으나 현재는 걸인들의 대명사로 일반화되었다. 품바를 현대적으로 해석하자면 '사랑을 베푼 자만이 희망을 가질 수 있다'라는 의미를 함축하고 있다. 이러한 뜻에 걸맞게 2000년부터 음성예총에서는 새 천년을 맞아 최귀동 할아버지의 숭고한 뜻을 본받고자 품바축제를 개최하게 되었다. 물질만능주의와 이기주의로 풍요 속 빈곤(貧困)을 겪고 있는 현대인들의 삶에 해학과 풍자를 통한 따뜻한 사랑의 나눔 정신을 심어 주고자 품바축제가 탄생하게 된 것이다.

◆ **2024 음성품바축제**

가) 기간 및 장소
  1. 기간 : 2024. 5. 22(수) - 5. 26(일) 5일간
  2. 장소 : 음성 설성공원 및 꽃동네 일원
나) 공연 프로그램
  1. 품바 플래시몹, 전국 품바 길놀이 퍼레이드
  2. 관광객과 함께하는 품바라이브 공연, 품바 뮤지컬

◆ *품바공연단 및 공연 일정*

공연단명	단원	참여공연 축제명	장소
깐돌이공연단	깐돌이, 칠봉이, 꽃나비	토속음식축제	강원도
금빛예술단	순심이, 하늘이, 허야	정선 아리랑 축제	
꾼품바공연단	청이, 금왕수, 방글이	무안 해넘이맞이공연	전라남도
뉴스토리공연단	나출세, 팔순이, 월매, 이기둥	장성 황룡강노란꽃잔치	
산적품바	산적, 최민, 고구마, 혜미	양산 삼량 및 문화축전	경상남도

품바축제위원회

㉮ 조선 고종 때의 판소리 작가로 광대 소리를 통일하여 판소리 사설을 정리한 인물

치매 전문 상담

치매로부터 자유로워지는 나라
(365일 상담서비스)

　급속한 고령화로 치매 규모는 더 커져 2024년에는 100만 명을 넘어설 것으로 추정된다. 1인 가구는 확대되고 노인은 더욱 가난해졌다. 돌봄의 위기에 치매는 더욱 혹독한 재난이 된다. 치매(癡呆)는 개인, 가족, 지역 공동체를 넘어 국가가 풀어야 하는 현대사회의 가장 치명적 문제의 하나이다. 치매는 정상적으로 생활해오던 사람에게 후천적인 다양한 원인으로 기억력을 비롯한 여러 가지 인지기능으 장애가 나타나 일상생활을 혼자 하기 어려울 정도로 심한 영향을 주는 상태를 말한다. 어떤 하나의 질병명이 아니라 특정 조건에서 여러 증상이 함께 나타나는 증상들의 묶음이다. 이러한 치매 상태를 유발할 수 있는 질환 중 가장 대표적인 것이 알츠하이머ⓐ병과 혈관성 치매이며 그 외 루이체 치매, 전두측두엽 치매 등이 있다.

　정부는 최근 전국에 걸쳐 256개 치매안심센터를 열고 예방부터 돌봄까지 환자 중심의 치매 관리 시스템을 구축하였다. 동시에 누구도 경험하지 못한 치매 환경의 변화(變化)에 대응하기 위해서 더 유연하면서도 일사불란하게 움직이는 국가 체계, 전국 치매 기관 간의 유기적 연계와 협력 체계도 강화되어야 한다.

◆ 노인복지시설 종류

　1. 여가 및 재가 노인 시설
　　① 여가시설 : 노인복지회관, 경로당, 노인 교실
　　② 재가시설 : 방문 요양, 방문 목욕, 방문 간호, 주야간 보호 등
　2. 노인 주거 및 의료 시설
　　① 주거시설 : 양로시설, 노인 공동생활 가정, 노인복지주택
　　② 의료시설 : 노인요양시설, 노인 요양 공동생활 가정

◆ 노인의 사회 활동 기반 조성

구분	유형	주요 내용	예산지원	활동 성격
공공성	공익활동 / 재능 나눔	자기만족과 성취감 / 지역 재능봉사	지자체 / 민간	봉사
	사회 서비스형	지역사회 돌봄, 안전 관련 서비스 일자리	지자체	근로
민간형	고령자 친화 기업	고령자를 고용하는 기업 설립 지원	민간	
	시니어 인턴십	기업에 인건비를 지원 / 계속 고용을 유도		

중앙치매센터

ⓐ 치매를 일으키는 가장 흔한 퇴행성 뇌질환으로 매우 서서히 발병하여 점진적으로 진행

D

질병보건연구

질병으로부터 자유로운 세상
인류와 미래를 위한

국립보건연구원은 질병을 예방하고 극복하는데 필요한 지식과 기술을 창출하고 보건정책에 필요한 과학적 근거를 제공(提供)하며 보건의료 연구자에게 과제와 연구자원을 지원하여 보건의료 연구를 활성화 시키고 궁극적으로는 국민 건강을 보호하고 증진하는데 기여하는 국가 연구기관이다. 국립보건연구원은 1945년 9월에 설립된 조선방역연구소를 모태로 시작하여, 1963년 12월에 국립방역연구소, 국립화학연구소, 국립생약시험소를 통합하여 국립보건원으로 발족하였다. 이후 세계적으로 유행한 사스 등에 효과적으로 대응하기 위해 2004년 1월 질병관리본부로 확대 개편되면서 본 연구원은 국가질병연구기관으로서의 중추적 역할을 강화하고 있다.

감염병 연구개발을 통해 감염병 발생 시 신속한 대응(對應)을 위한 수단과 과학적 근거를 마련하기 위하여 주요 감염병 극복을 위한 진단체, 치료제, 백신 개발 연구를 추진하고 있다. 인구 고령화에 따라 만성질환 유병률과 함께 사회, 경제적 부담이 증가 하고 있으며 주요 만성질환㉠에 대응하기 위한 조사연구와 진단, 치료, 예방을 위한 기술개발 연구를 수행하고 있다.

◆ **감염병 예방을 위한 행동요령**

　　A. 생활안전 행동요령
　　　1. 비누 또는 세정제 등을 사용하여 흐르는 물에 30초 이상 손을 씻는다.
　　　2. 기침, 재채기를 할 때는 휴지나 옷소매로 입과 코를 가린다.
　　B. 증상이 나타날 때 행동요령
　　　1. 설사, 발열 및 호흡기 증상 시 문의 후 의료기관을 방문한다.
　　　2. 해외 여행객은 귀국 시 발열, 호흡기 증상이 있으면 신고해야 한다.

◆ <u>연구기술 역량 확보</u>

구분	기반	추진내용	비고
추진전략	미션기반	질병관리 과학적 근거기반 마련	미해결 감염병 연구개발 지속 추진 확보
	수요기반	공익가치 지향 기초기반 연구	진단, 치료, 백신 등 현장 대응형 연구
	미래대비	미래 질병위험 대응 기술개발	신종 변종 및 원인불명 감염병 대응기술 확보
기대효과	국가 보건의료 정책 방향 설정 및 협력체계 구축		보건의료 R&D 연구 활성화 기반 마련

국립보건연구원

㉠ 보통 6개월 혹은 1년 이상 계속되는 질환을 말하며, 급성질환과 구분함

무예의 고장, 충주
세계 무예인들이 한 자리에

충주에서 '2023 국제연무®대회'가 열린다. 충주세계무술축제를 이어가는 국제연무대회는 지난 2022년부터는 조선 무과시험 및 전통놀이를 기반으로 개발된 '청소년 무예체력인증 경연' 종목이 추가 도입됨에 따라, 2세대 국제연무대회로 거듭났다. 대회 첫날에는 전 세계 무예인들이 한 자리에 모여 무예(武藝) 기량을 뽐내는 세계무예퍼포먼스 국가대표 대항전이 열린다. 부흐(몽골), 주르카네(이란), 펜칵실랏(인도네시아), 치다오바(조지아), 보카토(캄보디아) 등 6개국 무예 퍼포먼스팀과 가나, 베트남, 싱가포르, 우즈베키스탄, 인도, 카자흐스탄, 필리핀 무예 대표팀 등이 참가한다. 2019년과 2022년 문화체육관광부 장관상을 수상한 대한민국 태권도 팀도 참가해 15개국 전통무예 팀들의 화려한 연무(演武) 경연을 관람할 수 있다.

대회 둘째 날과 셋째 날에는 '청소년 무예체력인증경연'이 진행된다. 무예를 재해석하여 무예를 통해 체력을 측정하는 방식이다. 개인전은 조선 무과시험을 응용하여 개발된 손쓰기, 발쓰기, 무기쓰기, 힘쓰고 달리기 4종목이다. 특히 '힘쓰고 달리기' 종목은 조선 시대 호랑이 잡는 무사인 '착호갑사'에서 착안해 개발된 종목이다.

♥ 2023 국제연무대회 개요

1. 기간 및 장소
   가. 기간 : 2023. 8. 16(수) - 8. 20(일)
   나. 장소 : 충주시 (구)실내체육관
2. 대회 운영
   가. 주최/주관 : 유네스코 국제무예센터, 세계무술연맹
   나. 후원 : 문화체육관광부, 국민체육진흥공단, 충주시 등

♥ 청소년 무예체력인증경연

종목		내용	각 종목 시상
개인전	손쓰기, 발쓰기, 무기쓰기	제한 시간 안에 미션 완수, 기록 측정	장원(1등)
	힘쓰고 달리기	무거운 호랑이 인형 메고 달리기	아원(2등)
단체전	놋다리 쏘기	우리 전통놀이 놋다리와 활쏘기를 기반으로 개발	탐화(3등)
		8명 놋다리 만들어 이동하기, 다트 명중시키기	참가상

세계무술연맹사무국

ⓐ 무예를 단련한다는 뜻으로 수원 연무동과 논산 훈련소 연무대도 여기서 따온 이름

메타버스 산업육성

메타버스 산업활성화 정책 방안

서울연구원

메타버스 산업활성화를 견인(牽引)하는 정책 거버넌스 확립을 위해 다원화된 주체가 참여하고 다양한 부문의 기업이 연계(連繫)하는 메타버스와 같은 산업에서는 산업발전을 선도하는 거버넌스가 긴요하다. 다양한 가치와 이해관계를 지닌 다수의 주체가 메타버스 세계에 참여해 콘텐츠 및 서비스 생산과 활용, 소비와 거래에 관여한다. 민관협력체계를 구축하여 메타버스 산업 활성화에 기여하고자 정부 주도의 메타버스 관련 거버넌스 기구로 '메타버스 얼라이언스'㉠가 설치되어 운영 중이다.

메타버스 얼라이언스는 운영위원회와 분과 및 프로젝트 그룹 운영 등을 통해 기업의 의견수렴과 신규과제 발굴, 협력활동을 지원하는 등의 역할을 수행한다. 메타버스 산업의 중심성 및 선도성을 지닌 서울시도 산업발전을 견인할 수 있는 자체적인 정책 거버넌스 확립이 필요하다. 다양한 정책 방안을 추진하기 위해서는 메타버스 산업육성 및 활성화를 뒷받침하는 조례의 마련, 메타버스 이용 활성화를 위한 제도적 환경의 재정비이다. 메타버스 이용을 제약할 수 있는 불합리한 요소를 최소화하고 이용을 촉진할 수 있는 적극적 환경을 조성하기 위한 관련 조례 제정, 법률 및 제도 정비, 공용플랫폼의 건전한 이용 환경 조성이 있다.

◆ 서울시 메타버스 산업 전략적 방안

가. 산업생태계 육성 및 기업 경쟁력 강화
　㉠ 생태계에 속한 부문이나 업종의 균형적 성장
　㉡ 기업들의 경쟁력 강화 지원
나. 메타버스 우수 인적자원 개발 지원
　㉠ 메타버스 크리에이터 양성과정 설치 운영
　㉡ 교육 훈련 과정을 이수한 인적자원 DB 구축

◆ 조사분석에 활용한 자료원

자료원	보유기관	자료원의 설명	기업 수
메타버스	얼라이언스	2021년 5월에 출범, 프로젝트 단위로 기업과 유관기관 참여 중	654개
	산업협회	가상현실산업협회와 모바일산업협회 공동 출범으로 회원사 모집	약 80개
	허브 입주기업	콘텐츠, 플랫폼, 디바이스 솔루션 기업 인큐베이팅 공간 입주	46개
스타트업	혁신의 숲	'메타버스/AR/VR' 관련 사업 등록된 스타트업 데이터베이스 활용	148개
	서울경제진흥원	유관기관 협력을 통해 서울XR실증센터 운영	39개

경제연구실

㉠ 정부 주도 민관협력체계 구축, 메타버스 산업 활성화 기여하고자 출범한 기구

MEMO

PART 02
출제예상 모의고사

- ☑ 제 01 회 출제예상 모의고사
- ☑ 제 02 회 출제예상 모의고사
- ☑ 제 03 회 출제예상 모의고사
- ☑ 제 04 회 출제예상 모의고사
- ☑ 제 05 회 출제예상 모의고사
- ☑ 제 06 회 출제예상 모의고사
- ☑ 제 07 회 출제예상 모의고사
- ☑ 제 08 회 출제예상 모의고사
- ☑ 제 09 회 출제예상 모의고사
- ☑ 제 10 회 출제예상 모의고사
- ☑ 제 11 회 출제예상 모의고사
- ☑ 제 12 회 출제예상 모의고사

제 01 회 정보기술자격(ITQ) 출제예상 모의고사

작성 시간 / 시험 시간	채점 결과
분 / 60분	점 / 500점

• 작성 시간 : 수험자가 문제를 해결하는데 걸린 시간을 기록

과목	코드	문제유형	시험시간	수험번호	성명
아래한글	1111	A	60분		

한컴 오피스

· 수험자 유의사항 ·

- 수험자는 문제지를 받는 즉시 문제지와 **수험표상의 시험과목(프로그램)이 동일한지 반드시 확인**하여야 합니다.
- 파일명은 본인의 "수험번호-성명"으로 입력하여 답안폴더(내 PC₩문서₩ITQ)에 하나의 파일로 저장해야하며, 답안파일을 전송하지 않아 미제출로 처리될 경우 실격 처리합니다(예:12345678-홍길동.hwpx).
- 답안 작성을 마치면 파일을 저장하고, '답안 전송' 버튼을 선택하여 감독위원 PC로 답안을 전송하십시오. 수험생 정보와 저장한 파일명이 다를 경우 전송되지 않으므로 주의하시기 바랍니다.
- 답안 작성 중에도 **주기적으로 저장하고, '답안 전송'**하여야 문제 발생을 줄일 수 있습니다. 작업한 내용을 저장하지 않고 전송할 경우 이전에 저장된 내용이 전송되오니 이점 유의하시기 바랍니다.
- 답안문서는 지정된 경로 외의 다른 보조기억장치에 저장하는 경우, 지정된 시험 시간 외에 작성된 파일을 활용할 경우, 기타 통신수단(이메일, 메신저, 네트워크 등)을 이용하여 타인에게 전달 또는 외부 반출하는 경우는 부정 처리합니다.
- 시험 중 부주의 또는 고의로 시스템을 파손한 경우는 수험자가 변상해야 하며, 〈수험자 유의사항〉에 기재된 방법대로 이행하지 않아 생기는 불이익은 수험생 당사자의 책임임을 알려 드립니다.
- 문제의 조건은 한컴오피스 2022 / 2020 버전으로 설정되어 있으니 유의하시기 바랍니다.
- 시험을 완료한 수험자는 답안파일이 전송되었는지 확인한 후 감독위원의 지시에 따라 문제지를 제출하고 퇴실합니다.

· 답안 작성요령 ·

- 온라인 답안 작성 절차
  수험자 등록 ⇒ 시험 시작 ⇒ 답안파일 저장 ⇒ 답안 전송 ⇒ 시험 종료
- 공통 부문
  • 글꼴에 대한 기본설정은 함초롬바탕, 10포인트, 검정, 줄간격 160%, 양쪽정렬로 합니다.
  • 색상은 조건의 색을 적용하고 색의 구분이 안 될 경우에는 RGB 값을 적용하십시오.
  (빨강 255, 0, 0 / 파랑 0, 0, 255 / 노랑 255, 255, 0).
  • 각 문항에 주어진 《조건》에 따라 작성하고 언급하지 않은 조건은 《출력형태》와 같이 작성합니다.
  • 용지여백은 왼쪽·오른쪽 11mm, 위쪽·아래쪽·머리말·꼬리말 10mm, 제본 0mm로 합니다.
  • 그림 삽입 문제의 경우「내 PC₩문서₩ITQ₩Picture」폴더에서 지정된 파일을 선택하여 삽입하십시오.
  • 삽입한 그림은 반드시 문서에 포함하여 저장해야 합니다(미포함 시 감점 처리).
  • 각 항목은 지정된 페이지에 출력형태와 같이 정확히 작성하시기 바라며, 그렇지 않을 경우에 해당 항목은 0점 처리됩니다.
  ※ 페이지구분 : 1페이지 – 기능평가 I (문제번호 표시 : 1. 2.),
  2페이지 – 기능평가 II(문제번호 표시 : 3. 4.),
  3페이지 – 문서작성 능력평가
- 기능평가
  • 문제와 《조건》은 입력하지 않으며 문제번호와 답(《출력형태》)만 작성합니다.
  • 4번 문제는 묶기를 했을 경우 0점 처리됩니다.
- 문서작성 능력평가
  • A4 용지(210mm×297mm) 1매 크기, 세로 서식 문서로 작성합니다.
  • ┌┈┈┈┐ 표시는 문서작성에 대한 지시사항이므로 작성하지 않습니다.

kpc 한국생산성본부

기능평가 I   150점

1. 다음의 ≪조건≫에 따라 스타일 기능을 적용하여 ≪출력형태≫와 같이 작성하시오. (50점)

≪조건≫ (1) 스타일 이름 – intelligence
(2) 문단 모양 – 왼쪽 여백 : 15pt, 문단 아래 간격 : 10pt
(3) 글자 모양 – 글꼴 : 한글(돋움)/영문(굴림), 크기 : 10pt, 장평 : 95%, 자간 : 5%

≪출력형태≫

Current artificial intelligence is considered as life and culture, beyond the industry. Discussing life in the future will be impossible without mentioning artificial intelligence.

현재의 인공지능은 산업을 넘어 삶과 문화로 여겨지고 있다. 미래의 삶에 대한 논의는 인공지능에 대한 언급 없이는 불가능할 것이다.

2. 다음의 ≪조건≫에 따라 ≪출력형태≫와 같이 표와 차트를 작성하시오. (100점)

≪표 조건≫ (1) 표 전체(표, 캡션) – 굴림, 10pt
(2) 정렬 – 문자 : 가운데 정렬, 숫자 : 오른쪽 정렬
(3) 셀 배경(면색) : 노랑
(4) 한글의 계산 기능을 이용하여 빈칸에 합계를 구하고, 캡션 기능 사용할 것
(5) 선 모양은 ≪출력형태≫와 동일하게 처리할 것

≪출력형태≫

SW 신기술 인공지능 분야 활용 현황(단위 : %)

산업분류	서비스 개선	프로세스 관리	업무 효율화	고객 관리	합계
정보통신업	54.2	50.2	45.8	21.5	
금융 및 보험업	57.5	68.3	49.5	26.0	
광업 및 제조업	50.6	49.3	46.8	49.7	
건설업	79.9	94.1	20.1	4.8	

≪차트 조건≫ (1) 차트 데이터는 표 내용에서 분야별 정보통신업, 금융 및 보험업, 광업 및 제조업의 값만 이용할 것
(2) 종류 – 〈묶은 세로 막대형〉으로 작업할 것
(3) 제목 – 글꼴 : 돋움, 진하게, 12pt,
속성 : 채우기(밝은 색 : 하양), 테두리, 그림자(바깥쪽 : 대각선 오른쪽 아래)
(4) 제목 이외의 전체 글꼴 – 돋움, 보통, 10pt
(5) 축제목과 범례는 ≪출력형태≫와 동일하게 처리할 것

≪출력형태≫

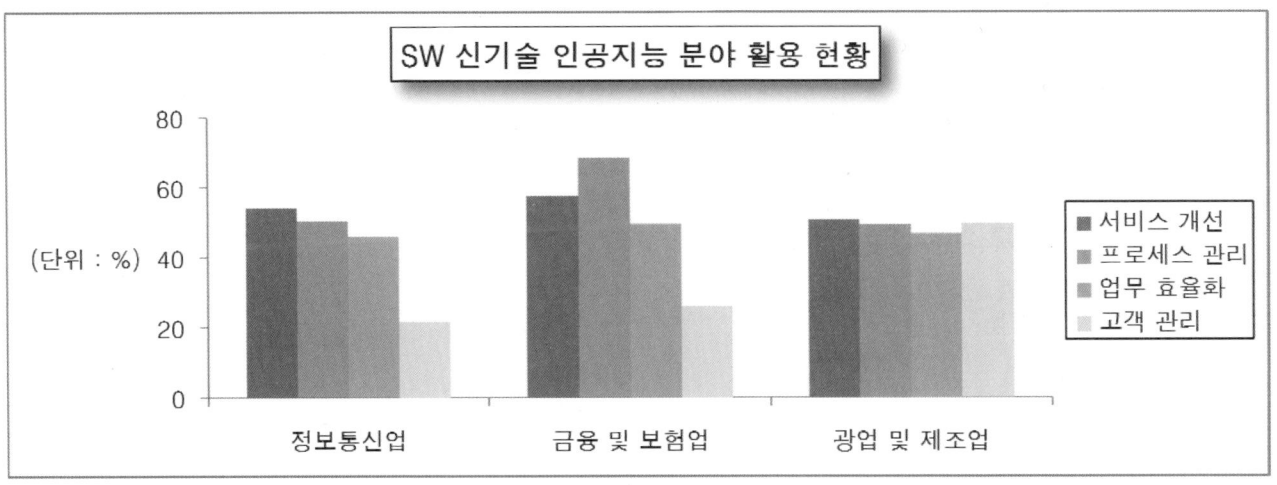

기능평가 II 150점

3. 다음 (1), (2)의 수식을 수식 편집기로 각각 입력하시오. (40점)

≪출력형태≫

(1) $\vec{F} = -\dfrac{4\pi^2 m}{T^2} + \dfrac{m}{T^3}$

(2) $\overline{AB} = \sqrt{(x_2 - x_1)^2 + (y_2 - y_1)^2}$

4. 다음의 ≪조건≫에 따라 ≪출력형태≫와 같이 문서를 작성하시오. (110점)

≪조건≫

(1) 그리기 도구를 이용하여 작성하고, 모든 도형(글맵시, 지정된 그림 포함)을 ≪출력형태≫와 같이 작성하시오.
(2) 도형의 면색은 지시사항이 없으면 색 없음을 제외하고 서로 다르게 임의로 지정하시오.

≪출력형태≫

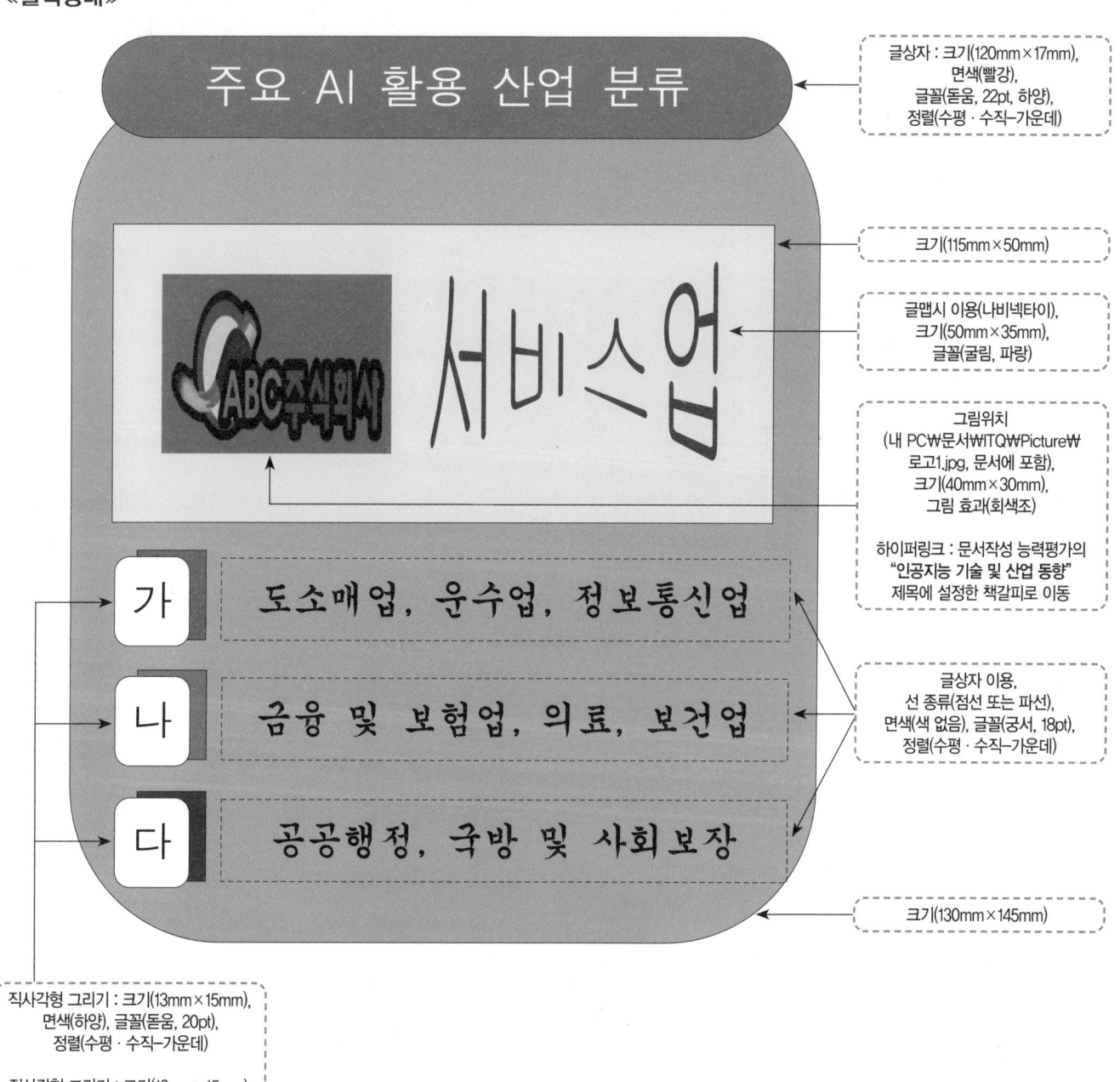

인공지능 기술 및 산업 동향

미국의 오픈AI는 GPT-3으로 불리는 초거대 인공지능을 공개하며 많은 관심을 받았다. 특정 상황이 아닌 범용적으로 사용이 가능한 인공 일반지능을 목표로 국내외 기업들의 초거대 인공지능(人工知能) 개발 경쟁이 지속되고 있다.

네이버의 경우 자체 개발한 초대규모 인공지능 하이퍼클로바의 성능을 향상시키고 있으며, 음성검색, 번역뿐만 아니라 서비스 범위를 확대해 가고 있다. LG AI 연구원은 엑사원을 통해 6,000억 개 이상의 말뭉치, 텍스트와 결합된 고해상도 이미지 2억 5,000만 장 이상을 학습하여 제조, 연구, 교육, 통신, 금융 등 전 산업 분야에서 최고 전문가의 지능 확보를 목표로 하고 있다. 카카오브레인은 2021년 11월 GPT-3 모델의 한국어 초거대 인공지능 언어모델 KoGPT를 공개했다. 긴 문장 요약, 문장 추론을 통한 결론 예측, 질문 문맥(文脈) 이해 등 모든 종류의 언어 과제 수행이 가능하며, 오픈소스ⓐ로 개방함으로써 접근성을 높이고자 하였다. KT도 초거대 인공지능 컴퓨팅 인프라를 클라우드 기반으로 구성하고 주요 인공지능 모델을 원클릭으로 손쉽게 구성하고 활용이 가능하도록 서비스하고 있다.

◆ 해외 주요국의 분야별 AI 적용 사례

가. 미국
　ⓐ 우즈홀 해양학 연구소 : 자율주행 로봇을 통한 심층 해양 탐사
　ⓑ 국립암연구소 : 암 영상 검사를 위한 AI 연구
나. 독일
　ⓐ 막스 플랑크 지능시스템 연구소 : AI 기반 로봇 터치 감지 개선
　ⓑ 드레스덴 대학 연구팀 : 질병 조기 발견 및 치료를 위한 이식형 AI 시스템

◆ OECD의 주요 AI 적용 산업 및 영역

구분	산업분류	주요 AI 적용 영역	핵심 내용
1	정보통신업	광고, AR, VR, 네트워크 보안, 소프트웨어 생산	
2	건설업	3D 빌딩 정보 모델링, 건물 시뮬레이터	OECD(2022) 정책 관점에서 AI 시스템 평가를 위한 도구 개발
3	제조업	제품 조립, 공급망 관리 및 계획	
4	교육	AI를 활용한 개인 학습, 챗봇, 시험 또는 채점 구성	
5	숙박 및 음식점업	AI 기반 챗봇, 고객 피드백 데이터 분석	

한국지능정보사회진흥원

ⓐ 소스 프로그램이 공개되어 자유롭게 수정하고 재배포할 수 있는 프로그램

제 02 회 정보기술자격(ITQ) 출제예상 모의고사

작성 시간 / 시험 시간	채점 결과
분 / 60분	점 / 500점

과목	코드	문제유형	시험시간	수험번호	성명
아래한글	1111	B	60분		

한컴 오피스

· 수험자 유의사항 ·

- 수험자는 문제지를 받는 즉시 문제지와 **수험표상의 시험과목(프로그램)이 동일한지 반드시 확인**하여야 합니다.
- 파일명은 본인의 "수험번호-성명"으로 입력하여 답안폴더(내 PC\문서\ITQ)에 하나의 파일로 저장해야하며, 답안파일을 전송하지 않아 미제출로 처리될 경우 실격 처리합니다(예:12345678-홍길동.hwpx).
- 답안 작성을 마치면 파일을 저장하고, '답안 전송' 버튼을 선택하여 감독위원 PC로 답안을 전송하십시오. 수험생 정보와 저장한 파일명이 다를 경우 전송되지 않으므로 주의하시기 바랍니다.
- 답안 작성 중에도 **주기적으로 저장하고, '답안 전송'**하여야 문제 발생을 줄일 수 있습니다. 작업한 내용을 저장하지 않고 전송할 경우 이전에 저장된 내용이 전송되오니 이점 유의하시기 바랍니다.
- 답안문서는 지정된 경로 외의 다른 보조기억장치에 저장하는 경우, 지정된 시험 시간 외에 작성된 파일을 활용할 경우, 기타 통신수단(이메일, 메신저, 네트워크 등)을 이용하여 타인에게 전달 또는 외부 반출하는 경우는 부정 처리합니다.
- 시험 중 부주의 또는 고의로 시스템을 파손한 경우는 수험자가 변상해야 하며, 〈수험자 유의사항〉에 기재된 방법대로 이행하지 않아 생기는 불이익은 수험생 당사자의 책임임을 알려 드립니다.
- 문제의 조건은 한컴오피스 2022 / 2020 버전으로 설정되어 있으니 유의하시기 바랍니다.
- 시험을 완료한 수험자는 답안파일이 전송되었는지 확인한 후 감독위원의 지시에 따라 문제지를 제출하고 퇴실합니다.

· 답안 작성요령 ·

- 온라인 답안 작성 절차
  수험자 등록 ⇒ 시험 시작 ⇒ 답안파일 저장 ⇒ 답안 전송 ⇒ 시험 종료
- 공통 부문
  - 글꼴에 대한 기본설정은 함초롬바탕, 10포인트, 검정, 줄간격 160%, 양쪽정렬로 합니다.
  - 색상은 조건의 색을 적용하고 색의 구분이 안 될 경우에는 RGB 값을 적용하십시오.
    (빨강 255, 0, 0 / 파랑 0, 0, 255 / 노랑 255, 255, 0).
  - 각 문항에 주어진 《조건》에 따라 작성하고 언급하지 않은 조건은 《출력형태》와 같이 작성합니다.
  - 용지여백은 왼쪽·오른쪽 11mm, 위쪽·아래쪽·머리말·꼬리말 10mm, 제본 0mm로 합니다.
  - 그림 삽입 문제의 경우 「내 PC\문서\ITQ\Picture」 폴더에서 지정된 파일을 선택하여 삽입하십시오.
  - 삽입한 그림은 반드시 문서에 포함하여 저장해야 합니다(미포함 시 감점 처리).
  - 각 항목은 지정된 페이지에 출력형태와 같이 정확히 작성하시기 바라며, 그렇지 않을 경우에 해당 항목은 0점 처리됩니다.
    ※ 페이지구분 : 1페이지 - 기능평가Ⅰ(문제번호 표시 : 1. 2.),
    　　　　　　 2페이지 - 기능평가Ⅱ(문제번호 표시 : 3. 4.),
    　　　　　　 3페이지 - 문서작성 능력평가
- 기능평가
  - 문제와 《조건》은 입력하지 않으며 문제번호와 답(《출력형태》)만 작성합니다.
  - 4번 문제는 묶기를 했을 경우 0점 처리됩니다.
- 문서작성 능력평가
  - A4 용지(210mm×297mm) 1매 크기, 세로 서식 문서로 작성합니다.
  - ┌┄┄┄┄┄┄┐ 표시는 문서작성에 대한 지시사항이므로 작성하지 않습니다.

kpc 한국생산성본부

기능평가 I 150점

1. 다음의 ≪조건≫에 따라 스타일 기능을 적용하여 ≪출력형태≫와 같이 작성하시오. (50점)

≪조건≫ (1) 스타일 이름 - platform
(2) 문단 모양 - 왼쪽 여백 : 15pt, 문단 아래 간격 : 10pt
(3) 글자 모양 - 글꼴 : 한글(굴림)/영문(돋움), 크기 : 10pt, 장평 : 95%, 자간 : 5%

≪출력형태≫

Online PACK is the business Online platform for the makers, suppliers and specialists in packaging, cosmetic, pharmaceutical, bio industries from all over the world.

온라인 국제포장기자재전-국제제약 화장품위크는 전 세계의 포장, 화장품, 제약, 바이오산업의 제조업체, 공급업체와 전문가를 위한 비즈니스 온라인 플랫폼이다.

2. 다음의 ≪조건≫에 따라 ≪출력형태≫와 같이 표와 차트를 작성하시오. (100점)

≪표 조건≫ (1) 표 전체(표, 캡션) - 돋움, 10pt
(2) 정렬 - 문자 : 가운데 정렬, 숫자 : 오른쪽 정렬
(3) 셀 배경(면색) : 노랑
(4) 한글의 계산 기능을 이용하여 빈칸에 합계를 구하고, 캡션 기능 사용할 것
(5) 선 모양은 ≪출력형태≫와 동일하게 처리할 것

≪출력형태≫

국제물류산업대전 관람객 현황(단위 : 천 명)

구분	10회	11회	12회	13회	합계
1일차	7.4	8.1	7.9	8.5	
2일차	12.2	13.7	12.8	13.1	
3일차	10.1	10.5	11.2	11.9	
4일차	4.8	5.2	5.7	6.2	

≪차트 조건≫ (1) 차트 데이터는 표 내용에서 횟수별 1일차, 2일차, 3일차의 값만 이용할 것
(2) 종류 - 〈묶은 세로 막대형〉으로 작업할 것
(3) 제목 - 글꼴 : 굴림, 진하게, 12pt,
  속성 : 채우기(밝은 색 : 하양), 테두리, 그림자(바깥쪽 : 대각선 오른쪽 아래)
(4) 제목 이외의 전체 글꼴 - 굴림, 보통, 10pt
(5) 축제목과 범례는 ≪출력형태≫와 동일하게 처리할 것

≪출력형태≫

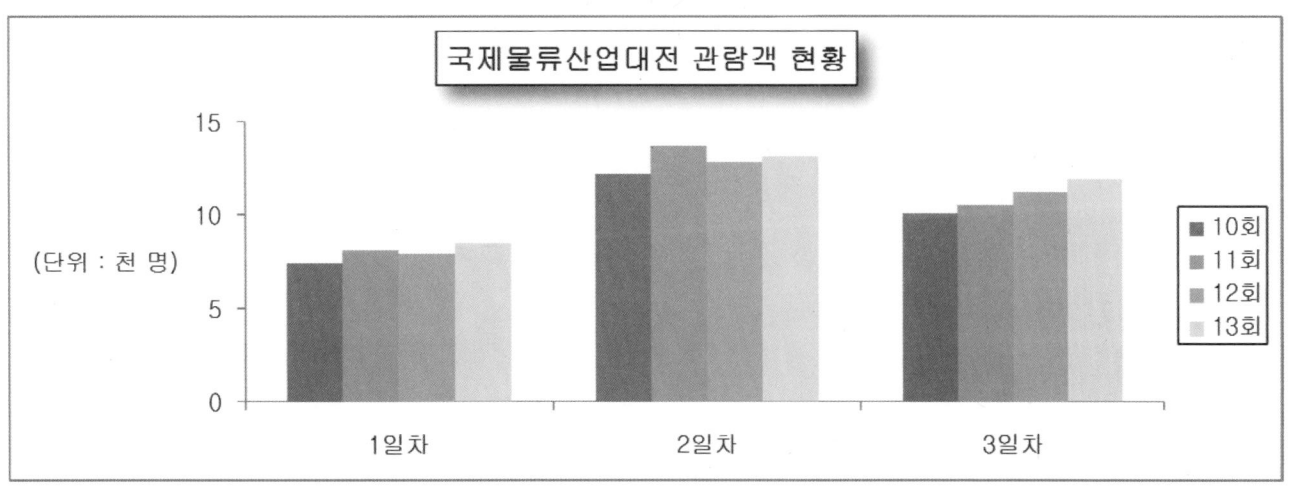

기능평가 II   150점

3. 다음 (1), (2)의 수식을 수식 편집기로 각각 입력하시오. (40점)

≪출력형태≫

(1) $Q = \lim_{\Delta t \to 0} \frac{\Delta s}{\Delta t} = \frac{d^2 s}{dt^2} + 1$

(2) $\int_a^b x f(x) dx = \frac{1}{b-a} \int_a^b x dx = \frac{a+b}{2}$

4. 다음의 ≪조건≫에 따라 ≪출력형태≫와 같이 문서를 작성하시오. (110점)

≪조건≫
(1) 그리기 도구를 이용하여 작성하고, 모든 도형(글맵시, 지정된 그림 포함)을 ≪출력형태≫와 같이 작성하시오.
(2) 도형의 면색은 지시사항이 없으면 색 없음을 제외하고 서로 다르게 임의로 지정하시오.

≪출력형태≫

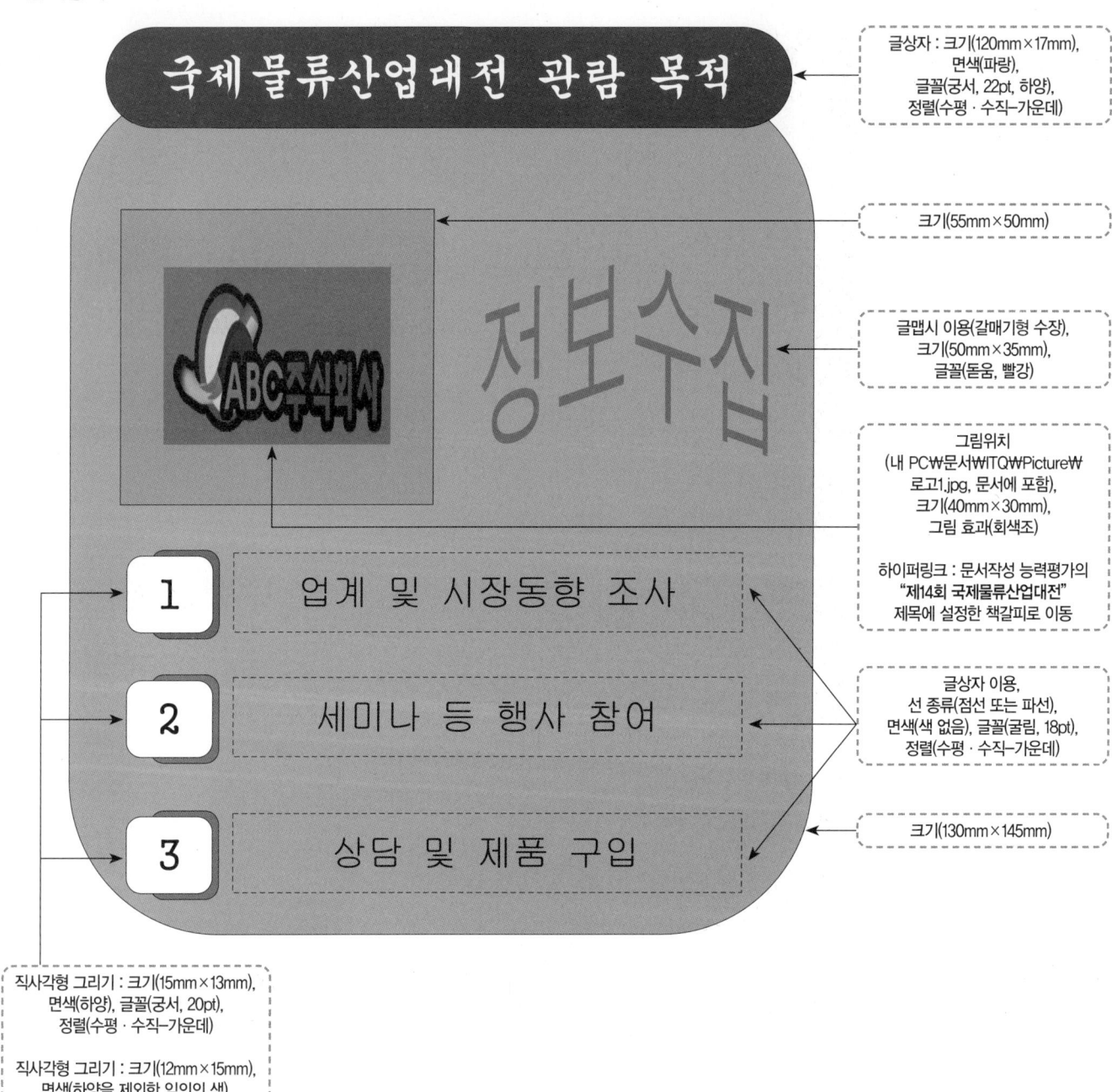

미래 물류 기술

제14회 국제물류산업대전

국제물류산업대전은 한국통합물류협회가 주최하고 국토교통부가 후원하는 운송, 서비스, 보관, 물류설비 분야를 아우르는 국내 최대 규모의 물류 전시회이다. 국제물류산업대전에서는 물류 IT, 물류 자동화 시스템, 유통 솔루션 및 기기, 콜드체인 솔루션 등 산업의 디지털 전환(轉換)을 이끌어가고 있는 국내외 기업들이 참가하여 제품 및 솔루션을 전시하고 물류산업의 트렌드를 한눈에 살펴볼 수 있는 자리이다.

이번 전시회에서는 물류 서비스 및 물류 스타트업㉠ 전용관을 통해 분야별 물류 전문가와의 만남의 장을 마련하고 글로벌 경쟁력을 갖춘 국내 화주(貨主) 및 물류기업의 해외 진출 지원을 위한 해외 투자 환경 정보 제공과 글로벌 네트워크 확보 기회를 제공한다. 별도로 마련된 국토교통 연구개발 홍보관과 스타트업관에서는 국가 물류 연구개발 사업에 관한 내용을 확인하고 물류 분야 창업 기업들을 만나볼 수 있으며, 전시회 방문 기업을 대상으로 스마트물류센터 인증제도 관련 설명회와 상담도 진행한다. 스마트물류센터 인증제도는 인공지능 기반 화물 처리와 물류센터 자동화 등 스마트 물류 기술을 활용하는 물류시설에 투자비의 일부를 지원하는 제도이다.

♣ 제14회 국제물류산업대전 개요

가. 기간 및 장소
 ① 기간 : 2024. 4. 23 - 26. 4일간
 ② 장소 : 킨텍스 제2전시장
나. 주최 및 후원
 ① 주최 : 한국통합물류협회, 산업전문전시회
 ② 후원 : 국토교통부, 경기도

♣ 물류 분야 및 콜드체인 분야 세미나

분야	일자	발표 주제	장소
물류 분야	2024. 4. 23	물류 분야 글로벌 환경 세미나	제2전시장 205호
	2024. 4. 24	물류산업 변화, 물류 기술 혁신과 안전	제2전시장 212호
		다채널 물류센터의 도전과 미래지향적 자동화 솔루션	제2전시장 210호
	2024. 4. 25	모빌리티 혁신	제2전시장 212호
콜드체인 분야	2024. 4. 26	콜드체인 고도화를 위한 신기술 세미나	

국제물류산업대전사무국

㉠ 혁신적인 기술 또는 아이디어를 가진 신생 창업 기업들을 의미

제 03 회 정보기술자격(ITQ) 출제예상 모의고사

작성 시간 / 시험 시간	채점 결과
분 / 60분	점 / 500점

과목	코드	문제유형	시험시간	수험번호	성명
아래한글	1111	C	60분		

한컴 오피스

· 수험자 유의사항 ·

- 수험자는 문제지를 받는 즉시 문제지와 **수험표상의 시험과목(프로그램)이 동일한지 반드시 확인**하여야 합니다.
- 파일명은 본인의 "수험번호-성명"으로 입력하여 답안폴더(내 PC₩문서₩ITQ)에 하나의 파일로 저장해야하며, 답안파일을 전송하지 않아 미제출로 처리될 경우 실격 처리합니다(예:12345678-홍길동.hwpx).
- 답안 작성을 마치면 파일을 저장하고, '답안 전송' 버튼을 선택하여 감독위원 PC로 답안을 전송하십시오. 수험생 정보와 저장한 파일명이 다를 경우 전송되지 않으므로 주의하시기 바랍니다.
- 답안 작성 중에도 **주기적으로 저장하고, '답안 전송'**하여야 문제 발생을 줄일 수 있습니다. 작업한 내용을 저장하지 않고 전송할 경우 이전에 저장된 내용이 전송되오니 이점 유의하시기 바랍니다.
- 답안문서는 지정된 경로 외의 다른 보조기억장치에 저장하는 경우, 지정된 시험 시간 외에 작성된 파일을 활용할 경우, 기타 통신수단(이메일, 메신저, 네트워크 등)을 이용하여 타인에게 전달 또는 외부 반출하는 경우는 부정 처리합니다.
- 시험 중 부주의 또는 고의로 시스템을 파손한 경우는 수험자가 변상해야 하며, 〈수험자 유의사항〉에 기재된 방법대로 이행하지 않아 생기는 불이익은 수험생 당사자의 책임임을 알려 드립니다.
- 문제의 조건은 한컴오피스 2022 / 2020 버전으로 설정되어 있으니 유의하시기 바랍니다.
- 시험을 완료한 수험자는 답안파일이 전송되었는지 확인한 후 감독위원의 지시에 따라 문제지를 제출하고 퇴실합니다.

· 답안 작성요령 ·

- 온라인 답안 작성 절차
  수험자 등록 ⇒ 시험 시작 ⇒ 답안파일 저장 ⇒ 답안 전송 ⇒ 시험 종료
- 공통 부문
  - 글꼴에 대한 기본설정은 함초롬바탕, 10포인트, 검정, 줄간격 160%, 양쪽정렬로 합니다.
  - 색상은 조건의 색을 적용하고 색의 구분이 안 될 경우에는 RGB 값을 적용하십시오.
    (빨강 255, 0, 0 / 파랑 0, 0, 255 / 노랑 255, 255, 0).
  - 각 문항에 주어진 ≪조건≫에 따라 작성하고 언급하지 않은 조건은 ≪출력형태≫와 같이 작성합니다.
  - 용지여백은 왼쪽·오른쪽 11mm, 위쪽·아래쪽·머리말·꼬리말 10mm, 제본 0mm로 합니다.
  - 그림 삽입 문제의 경우 「내 PC₩문서₩ITQ₩Picture」 폴더에서 지정된 파일을 선택하여 삽입하십시오.
  - 삽입한 그림은 반드시 문서에 포함하여 저장해야 합니다(미포함 시 감점 처리).
  - 각 항목은 지정된 페이지에 출력형태와 같이 정확히 작성하시기 바라며, 그렇지 않을 경우에 해당 항목은 0점 처리됩니다.
    ※ 페이지구분 : 1페이지 - 기능평가 I (문제번호 표시 : 1. 2.),
    　　　　　　　 2페이지 - 기능평가 II(문제번호 표시 : 3. 4.),
    　　　　　　　 3페이지 - 문서작성 능력평가
- 기능평가
  - 문제와 ≪조건≫은 입력하지 않으며 문제번호와 답(≪출력형태≫)만 작성합니다.
  - 4번 문제는 묶기를 했을 경우 0점 처리됩니다.
- 문서작성 능력평가
  - A4 용지(210mm×297mm) 1매 크기, 세로 서식 문서로 작성합니다.
  - ◯◯◯◯◯◯ 표시는 문서작성에 대한 지시사항이므로 작성하지 않습니다.

kpc 한국생산성본부

기능평가 I   150점

1. 다음의 ≪조건≫에 따라 스타일 기능을 적용하여 ≪출력형태≫와 같이 작성하시오. (50점)

≪조건≫ (1) 스타일 이름 - exhibition
(2) 문단 모양 - 왼쪽 여백 : 15pt, 문단 아래 간격 : 10pt
(3) 글자 모양 - 글꼴 : 한글(돋움)/영문(굴림), 크기 : 10pt, 장평 : 95%, 자간 : 5%

≪출력형태≫

Home table deco fair is an exhibition that the greatest number of industry professionals in the field of home living get together providing a wide range of business opportunities with a nationwide networking.

홈테이블데코페어는 리빙 분야의 관계자들이 가장 많이 모이는 전시회이자 전국적인 네트워킹을 갖춘 리빙 전시회로서 광범위한 비즈니스 기회를 제공한다.

2. 다음의 ≪조건≫에 따라 ≪출력형태≫와 같이 표와 차트를 작성하시오. (100점)

≪표 조건≫ (1) 표 전체(표, 캡션) - 굴림, 10pt
(2) 정렬 - 문자 : 가운데 정렬, 숫자 : 오른쪽 정렬
(3) 셀 배경(면색) : 노랑
(4) 한글의 계산 기능을 이용하여 빈칸에 평균(소수점 두 자리)을 구하고, 캡션 기능 사용할 것
(5) 선 모양은 ≪출력형태≫와 동일하게 처리할 것

≪출력형태≫

지역별 홈테이블데코페어 방문 목적(단위 : %)

방문 목적	부산	수원	대구	서울	평균
시장 및 제품조사	49.2	41.5	39.6	57.8	
인테리어 산업조사	27.2	27.4	29.9	23.4	
제품거래	16.8	19.8	14.2	19.2	
신규거래처 발굴	15.3	13.8	11.6	12.7	

≪차트 조건≫ (1) 차트 데이터는 표 내용에서 지역별 시장 및 제품조사, 인테리어 산업조사, 제품거래의 값만 이용할 것
(2) 종류 - 〈묶은 세로 막대형〉으로 작업할 것
(3) 제목 - 글꼴 : 돋움, 진하게, 12pt,
속성 : 채우기(밝은 색 : 하양), 테두리, 그림자(바깥쪽 : 대각선 오른쪽 아래)
(4) 제목 이외의 전체 글꼴 - 돋움, 보통, 10pt
(5) 축제목과 범례는 ≪출력형태≫와 동일하게 처리할 것

≪출력형태≫

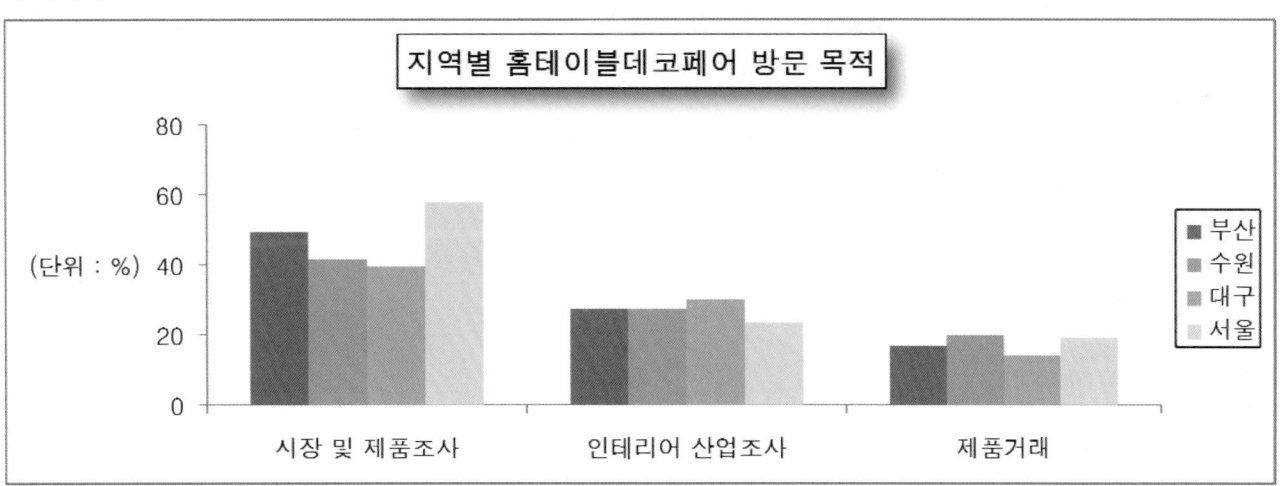

기능평가 II — 150점

3. 다음 (1), (2)의 수식을 수식 편집기로 각각 입력하시오. (40점)

≪출력형태≫

(1) $\dfrac{V_2}{V_1} = \dfrac{0.90 \times 10^3}{1.0 \times 10^3} = 0.80$

(2) $\sqrt{a+b+2\sqrt{ab}} = \sqrt{a} + \sqrt{b}\,(a>0, b>0)$

4. 다음의 ≪조건≫에 따라 ≪출력형태≫와 같이 문서를 작성하시오. (110점)

≪조건≫

(1) 그리기 도구를 이용하여 작성하고, 모든 도형(글맵시, 지정된 그림 포함)을 ≪출력형태≫와 같이 작성하시오.
(2) 도형의 면색은 지시사항이 없으면 색 없음을 제외하고 서로 다르게 임의로 지정하시오.

≪출력형태≫

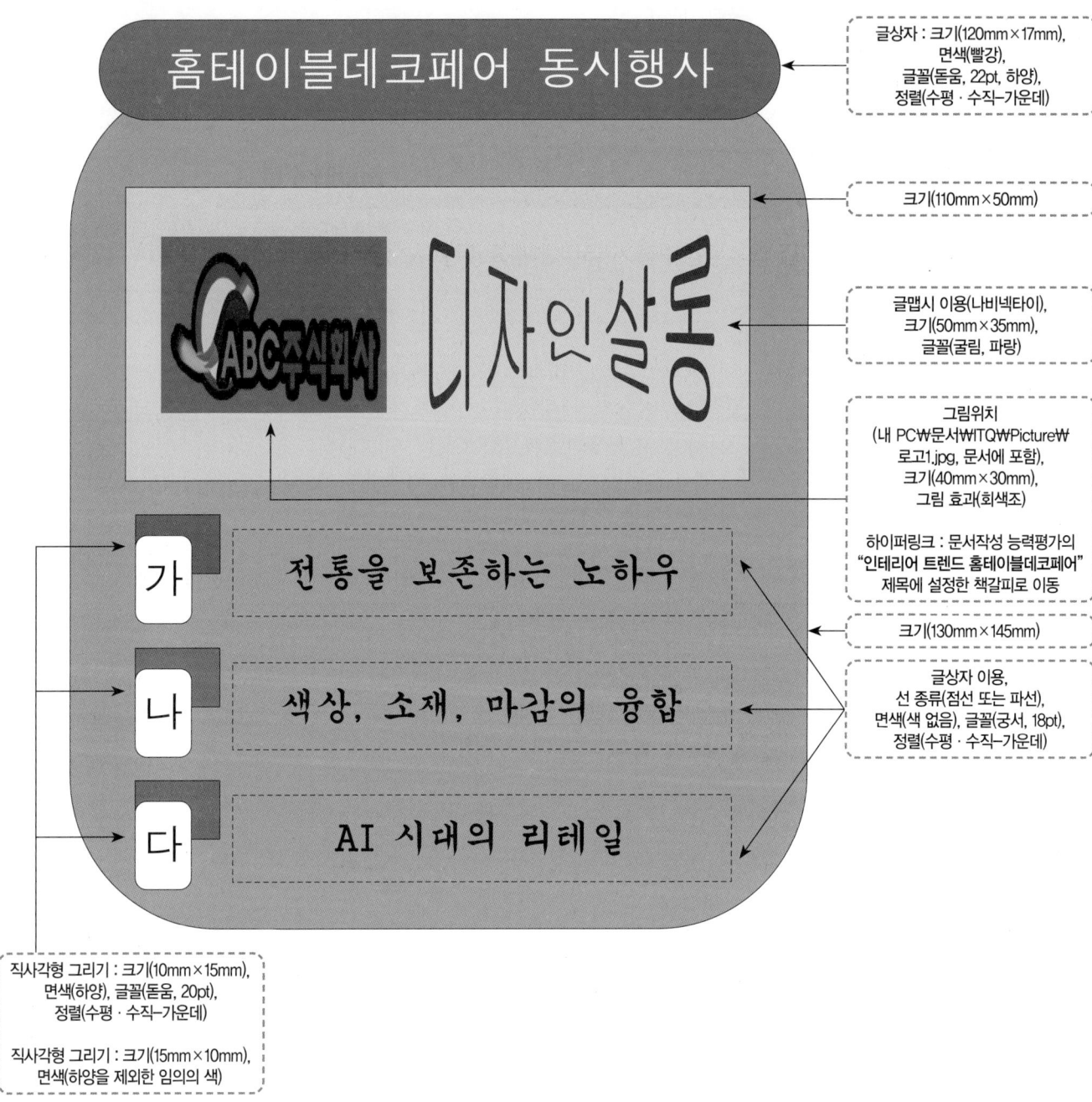

인테리어 트렌드 홈테이블데코페어

홈테이블데코페어는 인테리어 트렌드ⓐ와 감각적인 리빙 브랜드를 한 곳에서 소개하는 프리미엄 홈스타일링 전시회이다. 2019년에는 서울, 부산, 대구, 제주 4개의 도시에서 약 20만 명의 참관객들이 홈테이블데코페어를 방문하는 성과를 이루며 리빙 업계의 발전을 이끌어가는 비즈니스 전시회로 자리매김하고 있다. 2020년에는 수원 홈테이블데코페어를 새롭게 론칭하여 더욱 더 다양한 관람객이 방문할 기회를 제공한다. 관람객과 바이어 그리고 참가업체 모두를 만족시키는 홈테이블데코페어에서는 다양한 분야의 바이어들과 참관객들에게 브랜드를 알리고 전국적인 범위의 네트워크를 구축하는 장이 마련된다.

리빙 인테리어 시장에서도 독창적이며 트렌디한 작품을 찾는 소비자들은 예술(藝術), 디자인, 리빙, 공예의 경계를 무너뜨리기를 원한다. 이런 변화의 중심에 있는 공예는 테이블에서 공간(空間) 전체로 이동하여 공간에 예술성을 불어넣고자 한다. 홈테이블데코페어는 이러한 키친, 다이닝, 수면 공간의 변화를 주도하고 제안하고 있다. 또한 이번 페어에서는 기후 이상 변화와 감염병의 확산으로 친환경을 넘어 지구환경의 지속가능성을 추구하는 기획관도 운영된다.

♥ 2024 서울 홈테이블데코페어

　가) 장소 및 일정
　　a) 장소 : 서울 코엑스 A, B홀
　　b) 일정 : 2024. 2. 8(목)-11(일)
　나) 관람시간 및 동시개최
　　a) 관람시간 : 목/금(10:00-18:00), 토/일(10:00-19:00)
　　b) 동시개최 : 경기도자페어, 디자인 살롱

♥ 주요 컨퍼런스 프로그램 안내

구분	주제	시간	강연자	내용
1일차	글로벌 디자인 트렌드	11:00 - 11:50	사빈 마르셀리스	소재 탐구와 산업 연계를 통한 새로운 비전
		12:00 - 12:50	폴 코넷	건축과 디자인의 현재
		17:00 - 17:50	톰 딕슨	글로벌 브랜드의 구축 과정
2일차	라이프스타일, 인테리어 트렌드	10:30 - 11:30	이현주	2023/2024 트렌드 스트림
		15:00 - 15:50	이정민	2024 리테일 트렌드

홈테이블데코페어 사무국

ⓐ 사상이나 행동 또는 어떤 현상에서 나타나는 일정한 방향

제 04 회 정보기술자격(ITQ) 출제예상 모의고사

작성 시간 / 시험 시간	채점 결과
분 / 60분	점 / 500점

과목	코드	문제유형	시험시간	수험번호	성명
아래한글	1111	A	60분		

한컴 오피스

· 수험자 유의사항 ·

- 수험자는 문제지를 받는 즉시 문제지와 **수험표상의 시험과목(프로그램)이 동일한지 반드시 확인**하여야 합니다.
- 파일명은 본인의 "수험번호-성명"으로 입력하여 답안폴더(내 PC\문서\ITQ)에 하나의 파일로 저장해야하며, 답안파일을 전송하지 않아 미제출로 처리될 경우 실격 처리합니다(예:12345678-홍길동.hwpx).
- 답안 작성을 마치면 파일을 저장하고, '답안 전송' 버튼을 선택하여 감독위원 PC로 답안을 전송하십시오. 수험생 정보와 저장한 파일명이 다를 경우 전송되지 않으므로 주의하시기 바랍니다.
- 답안 작성 중에도 **주기적으로 저장하고, '답안 전송'**하여야 문제 발생을 줄일 수 있습니다. 작업한 내용을 저장하지 않고 전송할 경우 이전에 저장된 내용이 전송되오니 이점 유의하시기 바랍니다.
- 답안문서는 지정된 경로 외의 다른 보조기억장치에 저장하는 경우, 지정된 시험 시간 외에 작성된 파일을 활용할 경우, 기타 통신수단(이메일, 메신저, 네트워크 등)을 이용하여 타인에게 전달 또는 외부 반출하는 경우는 부정 처리합니다.
- 시험 중 부주의 또는 고의로 시스템을 파손한 경우는 수험자가 변상해야 하며, 〈수험자 유의사항〉에 기재된 방법대로 이행하지 않아 생기는 불이익은 수험생 당사자의 책임임을 알려 드립니다.
- 문제의 조건은 한컴오피스 2022 / 2020 버전으로 설정되어 있으니 유의하시기 바랍니다.
- 시험을 완료한 수험자는 답안파일이 전송되었는지 확인한 후 감독위원의 지시에 따라 문제지를 제출하고 퇴실합니다.

· 답안 작성요령 ·

- **온라인 답안 작성 절차**
  수험자 등록 ⇒ 시험 시작 ⇒ 답안파일 저장 ⇒ 답안 전송 ⇒ 시험 종료
- **공통 부문**
  - 글꼴에 대한 기본설정은 함초롬바탕, 10포인트, 검정, 줄간격 160%, 양쪽정렬로 합니다.
  - 색상은 조건의 색을 적용하고 색의 구분이 안 될 경우에는 RGB 값을 적용하십시오.
    (빨강 255, 0, 0 / 파랑 0, 0, 255 / 노랑 255, 255, 0).
  - 각 문항에 주어진 ≪조건≫에 따라 작성하고 언급하지 않은 조건은 ≪출력형태≫와 같이 작성합니다.
  - 용지여백은 왼쪽·오른쪽 11mm, 위쪽·아래쪽·머리말·꼬리말 10mm, 제본 0mm로 합니다.
  - 그림 삽입 문제의 경우 「내 PC\문서\ITQ\Picture」 폴더에서 지정된 파일을 선택하여 삽입하십시오.
  - 삽입한 그림은 반드시 문서에 포함하여 저장해야 합니다(미포함 시 감점 처리).
  - 각 항목은 지정된 페이지에 출력형태와 같이 정확히 작성하시기 바라며, 그렇지 않을 경우에 해당 항목은 0점 처리됩니다.
    ※ 페이지구분 : 1페이지 – 기능평가 I (문제번호 표시 : 1. 2.),
    　　　　　　　2페이지 – 기능평가 II (문제번호 표시 : 3. 4.),
    　　　　　　　3페이지 – 문서작성 능력평가
- **기능평가**
  - 문제와 ≪조건≫은 입력하지 않으며 문제번호와 답(≪출력형태≫)만 작성합니다.
  - 4번 문제는 묶기를 했을 경우 0점 처리됩니다.
- **문서작성 능력평가**
  - A4 용지(210mm×297mm) 1매 크기, 세로 서식 문서로 작성합니다.
  - ˙˙˙˙˙˙˙˙˙˙ 표시는 문서작성에 대한 지시사항이므로 작성하지 않습니다.

kpc 한국생산성본부

기능평가 I 150점

1. 다음의 ≪조건≫에 따라 스타일 기능을 적용하여 ≪출력형태≫와 같이 작성하시오. (50점)

≪조건≫ (1) 스타일 이름 - expo
(2) 문단 모양 - 왼쪽 여백 : 15pt, 문단 아래 간격 : 10pt
(3) 글자 모양 - 글꼴 : 한글(굴림)/영문(돋움), 크기 : 10pt, 장평 : 95%, 자간 : 5%

≪출력형태≫

K-SAFETY EXPO 2024 is the largest market place of safety industry in Korea to introduce advanced technologies in safety industry of Korea to public.

대한민국 안전산업박람회는 우리나라의 선진안전산업을 선보이고 국내외 공공 바이어와 민간 바이어가 한자리에 모이는 국내 최대의 안전산업 마켓 플레이스이다.

2. 다음의 ≪조건≫에 따라 ≪출력형태≫와 같이 표와 차트를 작성하시오. (100점)

≪표 조건≫ (1) 표 전체(표, 캡션) - 돋움, 10pt
(2) 정렬 - 문자 : 가운데 정렬, 숫자 : 오른쪽 정렬
(3) 셀 배경(면색) : 노랑
(4) 한글의 계산 기능을 이용하여 빈칸에 합계를 구하고, 캡션 기능 사용할 것
(5) 선 모양은 ≪출력형태≫와 동일하게 처리할 것

≪출력형태≫

연도별 안전산업박람회 참관객(단위 : 천 명)

구분	2020년	2021년	2022년	2023년	합계
20대	5.6	7.5	8.4	15.4	
30대	7.3	13.6	12.2	14.8	
40대	14.5	12.8	14.6	16.4	
50대 이상	6.2	7.4	9.2	11.7	

≪차트 조건≫ (1) 차트 데이터는 표 내용에서 연도별 20대, 30대, 40대의 값만 이용할 것
(2) 종류 - 〈표식이 있는 꺾은선형〉으로 작업할 것
(3) 제목 - 글꼴 : 굴림, 진하게, 12pt,
속성 : 채우기(밝은 색 : 하양), 테두리, 그림자(바깥쪽 : 대각선 오른쪽 아래)
(4) 제목 이외의 전체 글꼴 - 굴림, 보통, 10pt
(5) 축제목과 범례는 ≪출력형태≫와 동일하게 처리할 것

≪출력형태≫

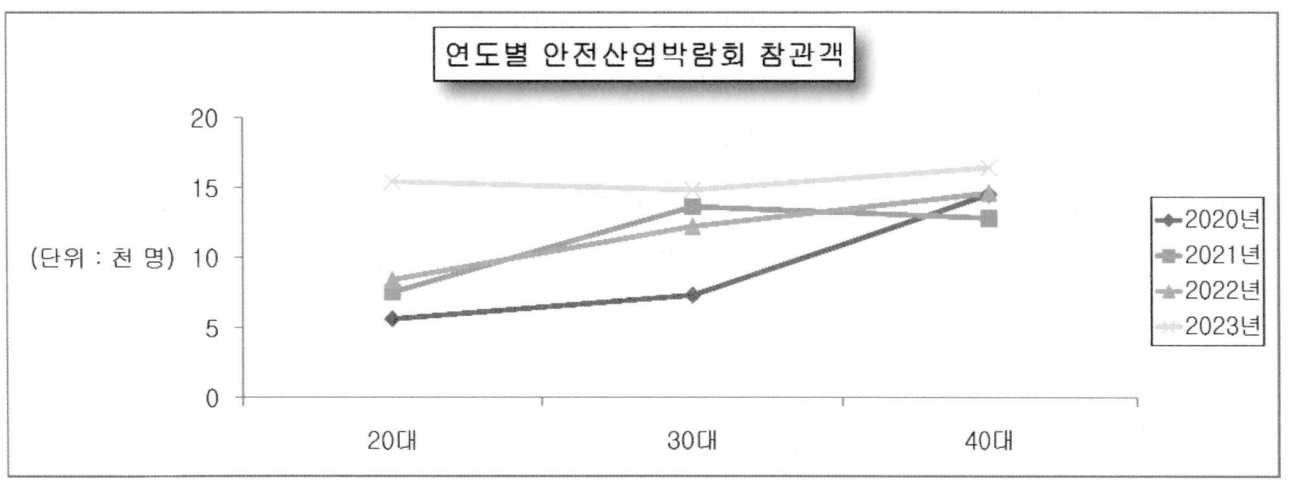

기능평가 II — 150점

3. 다음 (1), (2)의 수식을 수식 편집기로 각각 입력하시오. (40점)

≪출력형태≫

(1) $\int_{a}^{b} A(x-a)(x-b)dx = -\dfrac{A}{6}(b-a)^3$

(2) $A^3 + \sqrt{\dfrac{gL}{2\pi}} = \dfrac{gT}{2\pi}$

4. 다음의 ≪조건≫에 따라 ≪출력형태≫와 같이 문서를 작성하시오. (110점)

≪조건≫

(1) 그리기 도구를 이용하여 작성하고, 모든 도형(글맵시, 지정된 그림 포함)을 ≪출력형태≫와 같이 작성하시오.
(2) 도형의 면색은 지시사항이 없으면 색 없음을 제외하고 서로 다르게 임의로 지정하시오.

≪출력형태≫

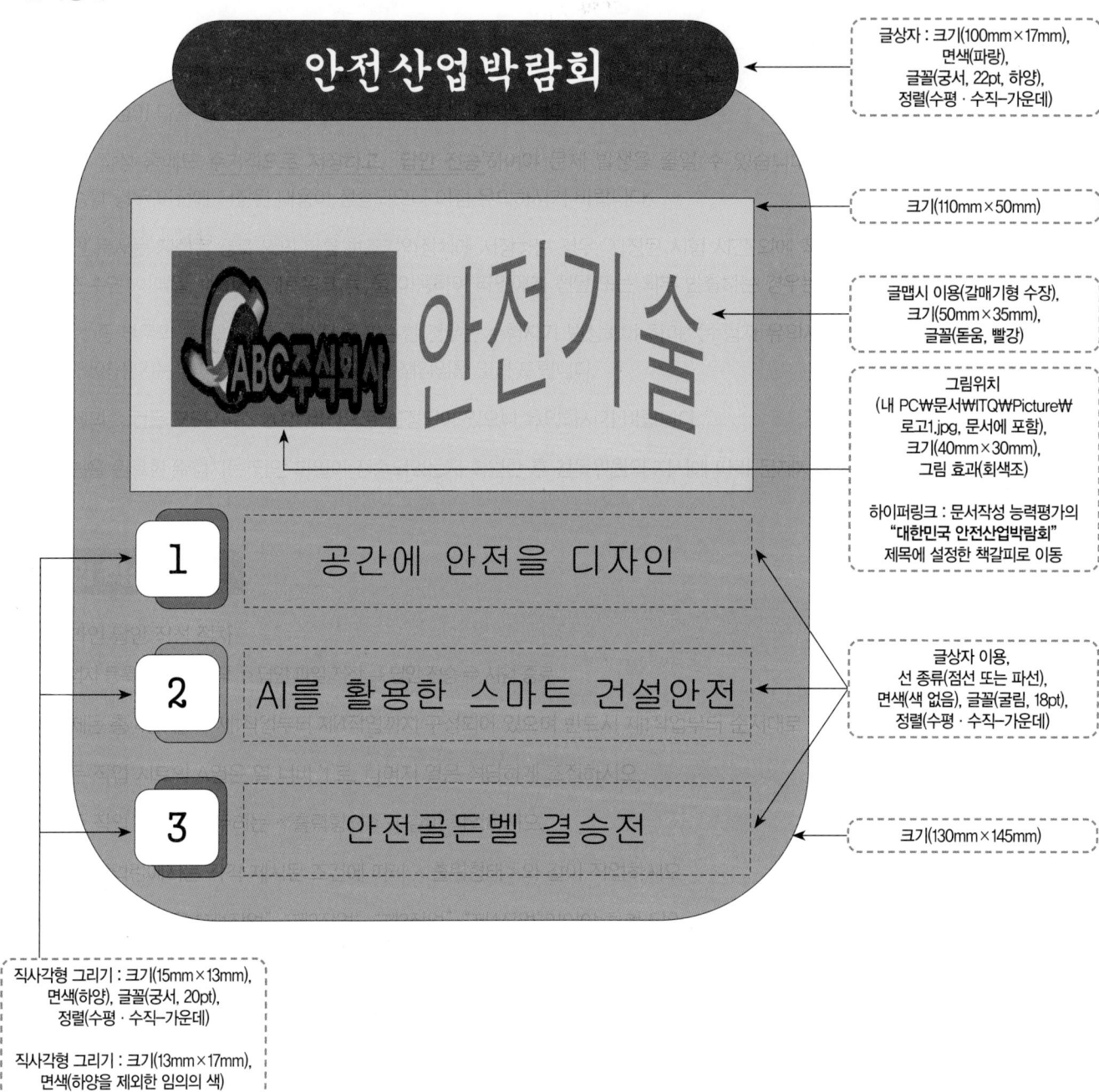

대한민국 안전산업박람회
안전문화 확산

4차 산업혁명이 세계적인 흐름으로 이어지면서 안전산업 분야에도 태풍, 지진 등의 자연재해 예측(豫測)부터 화재, 추락 등의 산업 안전사고 대비까지 이전에는 없었던 새로운 방향의 기술이 등장해 접목되고 있다. 4차 산업혁명 기술을 접목한 첨단 안전제품들을 한자리에서 볼 수 있는 대한민국 안전산업박람회는 안전관련 정부부처, 지자체, 공공기관이 참여하여 범정부적으로 추진되는 국내 최대 규모의 안전산업 종합박람회로 부처별 안전관련 사업 정책, R&D, 콘퍼런스 등을 연계하여 전시회를 개최한다.

첨단기술을 활용한 혁신(革新) 안전제품을 선보이며 사회 전반의 안전에 대한 경각심을 고취하고 안전관련 기업의 판로를 지원하는 대한민국 안전산업박람회는 로봇, 무인기, 생체인식, 인공지능, 사물인터넷 등의 다양한 신기술이 접목된 제품이 선보여지는 혁신성장관과 방재, 산업, 생활, 교통, 치안 등 분야별 안전제품을 볼 수 있는 안전제품관으로 나뉘어 진행된다. 또한 안전산업 관련 기관 및 기업들의 수출상담회를 통해 양질의 해외 바이어를 만날 수 있는 비즈니스존과 VR㉮, AR 등을 활용한 지진체험, 항공기 안전체험 등을 할 수 있는 안전체험마을 등을 부대행사로 운영한다.

♥ 대한민국 안전산업박람회 개요

가. 기간 및 장소
　① 기간 : 2024. 1. 8 - 1. 11. 4일간
　② 장소 : 킨텍스 제1전시장
나. 주최 및 프로그램
　① 주최 : 행정안전부, 산업통상자원부, 경기도
　② 프로그램 : 전시, 컨퍼런스, 안전체험마을 등

♥ 국민안전체험관 체험안내

안전체험	세부코너	체험인원	체험연령
산악안전	바위타기-흔들다리건너기-계곡횡단하기	20명	초등생 이상
호우안전	침수공간탈출-침수계단탈출-침수차량탈출-수난구조체험		
지진안전	지진VR-지진붕괴대피-72시간생존		
응급안전	영유아 심폐소생술 및 기도폐쇄처치, 생활응급처치	30명	미취학 아동
키즈안전	지진대피-가정 내 안전사고-화재 대피-119신고-차량안전		

안전산업박람회사무국

㉮ 현실이 아닌데도 실제처럼 생각하고 보이게 하는 가상현실

제 05 회 정보기술자격(ITQ) 출제예상 모의고사

작성 시간 / 시험 시간	채점 결과
분 / 60분	점 / 500점

과목	코드	문제유형	시험시간	수험번호	성명
아래한글	1111	B	60분		

한컴 오피스

· 수험자 유의사항 ·

- 수험자는 문제지를 받는 즉시 문제지와 **수험표상의 시험과목(프로그램)이 동일한지 반드시 확인**하여야 합니다.
- 파일명은 본인의 "수험번호-성명"으로 입력하여 답안폴더(내 PC\문서\ITQ)에 하나의 파일로 저장해야하며, 답안파일을 전송하지 않아 미제출로 처리될 경우 실격 처리합니다(예:12345678-홍길동.hwpx).
- 답안 작성을 마치면 파일을 저장하고, '답안 전송' 버튼을 선택하여 감독위원 PC로 답안을 전송하십시오. 수험생 정보와 저장한 파일명이 다를 경우 전송되지 않으므로 주의하시기 바랍니다.
- 답안 작성 중에도 **주기적으로 저장하고, '답안 전송'**하여야 문제 발생을 줄일 수 있습니다. 작업한 내용을 저장하지 않고 전송할 경우 이전에 저장된 내용이 전송되오니 이점 유의하시기 바랍니다.
- 답안문서는 지정된 경로 외의 다른 보조기억장치에 저장하는 경우, 지정된 시험 시간 외에 작성된 파일을 활용할 경우, 기타 통신수단(이메일, 메신저, 네트워크 등)을 이용하여 타인에게 전달 또는 외부 반출하는 경우는 부정 처리합니다.
- 시험 중 부주의 또는 고의로 시스템을 파손한 경우는 수험자가 변상해야 하며, 〈수험자 유의사항〉에 기재된 방법대로 이행하지 않아 생기는 불이익은 수험생 당사자의 책임임을 알려 드립니다.
- 문제의 조건은 한컴오피스 2022 / 2020 버전으로 설정되어 있으니 유의하시기 바랍니다.
- 시험을 완료한 수험자는 답안파일이 전송되었는지 확인한 후 감독위원의 지시에 따라 문제지를 제출하고 퇴실합니다.

· 답안 작성요령 ·

- 온라인 답안 작성 절차
  수험자 등록 ⇒ 시험 시작 ⇒ 답안파일 저장 ⇒ 답안 전송 ⇒ 시험 종료
- 공통 부문
  - 글꼴에 대한 기본설정은 함초롬바탕, 10포인트, 검정, 줄간격 160%, 양쪽정렬로 합니다.
  - 색상은 조건의 색을 적용하고 색의 구분이 안 될 경우에는 RGB 값을 적용하십시오.
    (빨강 255, 0, 0 / 파랑 0, 0, 255 / 노랑 255, 255, 0).
  - 각 문항에 주어진 ≪조건≫에 따라 작성하고 언급하지 않은 조건은 ≪출력형태≫와 같이 작성합니다.
  - 용지여백은 왼쪽·오른쪽 11mm, 위쪽·아래쪽·머리말·꼬리말 10mm, 제본 0mm로 합니다.
  - 그림 삽입 문제의 경우 「내 PC\문서\ITQ\Picture」 폴더에서 지정된 파일을 선택하여 삽입하십시오.
  - 삽입한 그림은 반드시 문서에 포함하여 저장해야 합니다(미포함 시 감점 처리).
  - 각 항목은 지정된 페이지에 출력형태와 같이 정확히 작성하시기 바라며, 그렇지 않을 경우에 해당 항목은 0점 처리됩니다.
    ※ 페이지구분 : 1페이지 - 기능평가 I (문제번호 표시 : 1. 2.),
       2페이지 - 기능평가 II(문제번호 표시 : 3. 4.),
       3페이지 - 문서작성 능력평가
- 기능평가
  - 문제와 ≪조건≫은 입력하지 않으며 문제번호와 답(≪출력형태≫)만 작성합니다.
  - 4번 문제는 묶기를 했을 경우 0점 처리됩니다.
- 문서작성 능력평가
  - A4 용지(210mm×297mm) 1매 크기, 세로 서식 문서로 작성합니다.
  - ┌------┐ 표시는 문서작성에 대한 지시사항이므로 작성하지 않습니다.

kpc 한국생산성본부

기능평가 I 150점

1. 다음의 ≪조건≫에 따라 스타일 기능을 적용하여 ≪출력형태≫와 같이 작성하시오. (50점)

≪조건≫ (1) 스타일 이름 – education
 (2) 문단 모양 – 첫 줄 들여쓰기 : 15pt, 문단 아래 간격 : 10pt
 (3) 글자 모양 – 글꼴 : 한글(돋움)/영문(굴림), 크기 : 10pt, 장평 : 95%, 자간 : 5%

≪출력형태≫

 Lifelong education is the "ongoing, voluntary, and self-motivated" pursuit of knowledge and this is being recognized by traditional schools.

 평생교육은 개인 또는 직업적인 이유를 위해 "지속적, 자발적, 자기 동기부여"로 지식을 추구하는 것으로, 학교에서도 인정받고 있으며 국가는 평생교육을 진흥하고 있다.

2. 다음의 ≪조건≫에 따라 ≪출력형태≫와 같이 표와 차트를 작성하시오. (100점)

≪표 조건≫ (1) 표 전체(표, 캡션) – 굴림, 10pt
 (2) 정렬 – 문자 : 가운데 정렬, 숫자 : 오른쪽 정렬
 (3) 셀 배경(면색) : 노랑
 (4) 한글의 계산 기능을 이용하여 빈칸에 평균(소수점 두 자리)을 구하고, 캡션 기능 사용할 것
 (5) 선 모양은 ≪출력형태≫와 동일하게 처리할 것

≪출력형태≫

지역별 학급당 학생수(단위 : 명)

구분	유치원	초등학교	중학교	고등학교	평균
부산	17	21	24	20	
대구	19	21	23	22	
인천	17	21	25	22	
광주	17	20	23	23	

≪차트 조건≫ (1) 차트 데이터는 표 내용에서 구분별 부산, 대구, 인천의 값만 이용할 것
 (2) 종류 – 〈묶은 가로 막대형〉으로 작업할 것
 (3) 제목 – 글꼴 : 돋움, 진하게, 12pt,
  속성 : 채우기(밝은 색 : 하양), 테두리, 그림자(바깥쪽 : 대각선 오른쪽 아래)
 (4) 제목 이외의 전체 글꼴 – 돋움, 보통, 10pt
 (5) 축제목과 범례는 ≪출력형태≫와 동일하게 처리할 것

≪출력형태≫

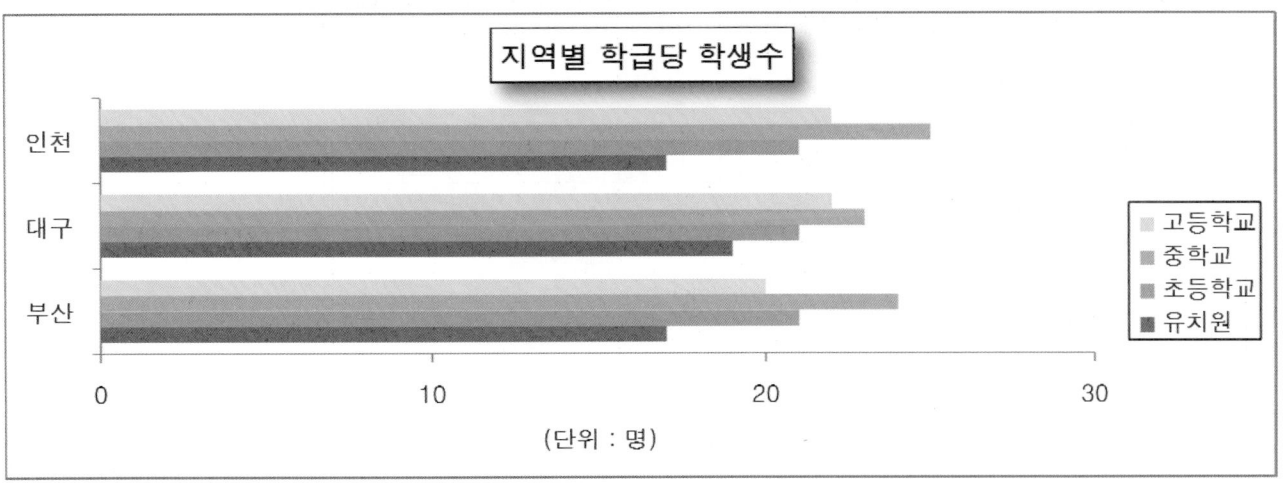

기능평가 II   150점

3. 다음 (1), (2)의 수식을 수식 편집기로 각각 입력하시오. (40점)

≪출력형태≫

(1) $\dfrac{h_1}{h_2} = (\sqrt{a})^{M_2 - M_1} \fallingdotseq 2.5^{M_2 - M_1}$

(2) $h = \sqrt{k^2 - r^2}, M = \dfrac{1}{3}\pi r^2 h$

4. 다음의 ≪조건≫에 따라 ≪출력형태≫와 같이 문서를 작성하시오. (110점)

≪조건≫

(1) 그리기 도구를 이용하여 작성하고, 모든 도형(글맵시, 지정된 그림 포함)을 ≪출력형태≫와 같이 작성하시오.
(2) 도형의 면색은 지시사항이 없으면 색 없음을 제외하고 서로 다르게 임의로 지정하시오.

≪출력형태≫

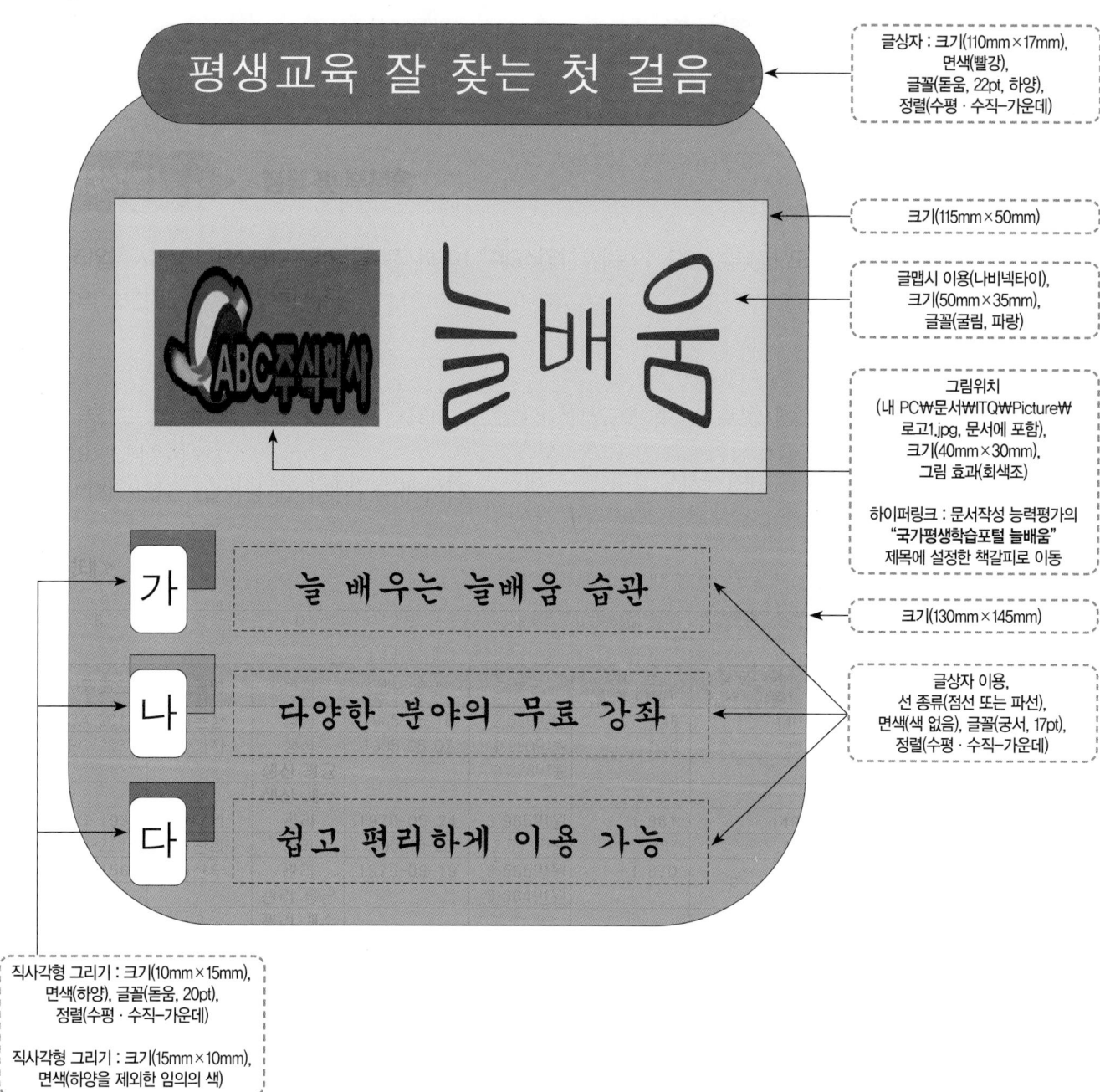

국가평생학습포털 늘배움

미래 한국의 연령별 인구분포도는 절벽 형상이다. 절벽 형상의 인구분포는 이미 일부 군지역에서는 선명하게 드러난다. 지역적으로 학령인구 감소가 뚜렷했던 30여 년 전 대응책은 학교 통폐합이었다. 2018년 기준 면 소재 초등학교 수는 1,552개교로 면당 1.3개 초등학교가 있는 셈인데, 더 이상 학교를 줄일 수 없는 한계 상황에 직면(直面)하였다. 양질의 학습권 보장의 관점에서 필요한 학교 운영 체제의 변화 등 문제에 대한 관점과 접근 방식의 근본적인 검토가 필요하다. 인구감소로 거주지로서 의미를 상실하고 있는 지역은 농촌으로 분류되는 지역에 집중되어 있다는 점도 간과(看過)할 수 없다.

학생 수가 급감하는 시기에 지역을 기반으로 공공성을 강화한 유연하고 개방적인 평생학습체제를 수립하는 기회로 삼아야 할 것이다. 이제는 제4차 산업혁명, 초연결사회, 인구절벽의 시대 격변기를 맞아 교육 현실을 혁신적으로 바꿔나가는 시대적 과제를 해결해야 한다. 한국교육개발원Ⓐ은 교육에 대한 국가적 책임을 다하고, 공유성장을 통해 미래 교육을 선도하는 교육 정책 연구의 핵심 기관이 되도록 차별적 연구 역량을 강화하도록 할 것이다.

♣ 국가평생학습포털 개요

    A. 추진배경
        1. 시간적 지리적 제약으로 참여하는데 어려운 불편함 해소
        2. 평생학습 정보의 개방, 공유, 평생학습 원스톱 서비스 지원
    B. 중점과제
        1. 포털, 모바일 등을 활용하여 평생학습 활성화 기반 마련
        2. 평생학습 빅데이터 데이터베이스(DB) 구축

♣ 방송통신학교 입학설명회 일정

시간	2월 8일	2월 9일	2월 10일	장소
09:00-10:00	등록 및 일정 안내	평생교육론	방송통신 수업 연구	대강당
10:20-12:00	방송통신고 입학 안내	이러닝 교수학습 방법	협동 수업 워크숍	
12:00-13:00	중식			
13:00-16:00	방송통신대 입학 안내	방송통신 수업의 실제	내용 정리 및 폐회	종합강의동

한국교육개발원

Ⓐ 1972년 정부 출연금으로 설립한 교육 연구 기관으로 평생교육을 담당

제 06 회 정보기술자격(ITQ) 출제예상 모의고사

작성 시간 / 시험 시간	채점 결과
분 / 60분	점 / 500점

과목	코드	문제유형	시험시간	수험번호	성명
아래한글	1111	C	60분		

한컴 오피스

· 수험자 유의사항 ·

- 수험자는 문제지를 받는 즉시 문제지와 **수험표상의 시험과목(프로그램)이 동일한지 반드시 확인**하여야 합니다.
- 파일명은 본인의 "수험번호-성명"으로 입력하여 답안폴더(내 PC₩문서₩ITQ)에 하나의 파일로 저장해야 하며, 답안파일을 전송하지 않아 미제출로 처리될 경우 실격 처리합니다(예:12345678-홍길동.hwpx).
- 답안 작성을 마치면 파일을 저장하고, '답안 전송' 버튼을 선택하여 감독위원 PC로 답안을 전송하십시오. 수험생 정보와 저장한 파일명이 다를 경우 전송되지 않으므로 주의하시기 바랍니다.
- 답안 작성 중에도 **주기적으로 저장하고, '답안 전송'**하여야 문제 발생을 줄일 수 있습니다. 작업한 내용을 저장하지 않고 전송할 경우 이전에 저장된 내용이 전송되오니 이점 유의하시기 바랍니다.
- 답안문서는 지정된 경로 외의 다른 보조기억장치에 저장하는 경우, 지정된 시험 시간 외에 작성된 파일을 활용할 경우, 기타 통신수단(이메일, 메신저, 네트워크 등)을 이용하여 타인에게 전달 또는 외부 반출하는 경우는 부정 처리합니다.
- 시험 중 부주의 또는 고의로 시스템을 파손한 경우는 수험자가 변상해야 하며, 〈수험자 유의사항〉에 기재된 방법대로 이행하지 않아 생기는 불이익은 수험생 당사자의 책임임을 알려 드립니다.
- 문제의 조건은 한컴오피스 2022 / 2020 버전으로 설정되어 있으니 유의하시기 바랍니다.
- 시험을 완료한 수험자는 답안파일이 전송되었는지 확인한 후 감독위원의 지시에 따라 문제지를 제출하고 퇴실합니다.

· 답안 작성요령 ·

- 온라인 답안 작성 절차
  수험자 등록 ⇒ 시험 시작 ⇒ 답안파일 저장 ⇒ 답안 전송 ⇒ 시험 종료
- 공통 부문
  · 글꼴에 대한 기본설정은 함초롬바탕, 10포인트, 검정, 줄간격 160%, 양쪽정렬로 합니다.
  · 색상은 조건의 색을 적용하고 색의 구분이 안 될 경우에는 RGB 값을 적용하십시오.
   (빨강 255, 0, 0 / 파랑 0, 0, 255 / 노랑 255, 255, 0).
  · 각 문항에 주어진 ≪조건≫에 따라 작성하고 언급하지 않은 조건은 ≪출력형태≫와 같이 작성합니다.
  · 용지여백은 왼쪽·오른쪽 11mm, 위쪽·아래쪽·머리말·꼬리말 10mm, 제본 0mm로 합니다.
  · 그림 삽입 문제의 경우「내 PC₩문서₩ITQ₩Picture」폴더에서 지정된 파일을 선택하여 삽입하십시오.
  · 삽입한 그림은 반드시 문서에 포함하여 저장해야 합니다(미포함 시 감점 처리).
  · 각 항목은 지정된 페이지에 출력형태와 같이 정확히 작성하시기 바라며, 그렇지 않을 경우에 해당 항목은 0점 처리됩니다.
   ※ 페이지구분 : 1페이지 - 기능평가Ⅰ(문제번호 표시 : 1. 2.),
       2페이지 - 기능평가Ⅱ(문제번호 표시 : 3. 4.),
       3페이지 - 문서작성 능력평가
- 기능평가
  · 문제와 ≪조건≫은 입력하지 않으며 문제번호와 답(≪출력형태≫)만 작성합니다.
  · 4번 문제는 묶기를 했을 경우 0점 처리됩니다.
- 문서작성 능력평가
  · A4 용지(210mm×297mm) 1매 크기, 세로 서식 문서로 작성합니다.
  · ⬚⬚⬚⬚⬚ 표시는 문서작성에 대한 지시사항이므로 작성하지 않습니다.

kpc 한국생산성본부

기능평가 I — 150점

1. 다음의 ≪조건≫에 따라 스타일 기능을 적용하여 ≪출력형태≫와 같이 작성하시오. (50점)

≪조건≫ (1) 스타일 이름 - tourism
(2) 문단 모양 - 왼쪽 여백 : 15pt, 문단 아래 간격 : 10pt
(3) 글자 모양 - 글꼴 : 한글(굴림)/영문(돋움), 크기 : 10pt, 장평 : 95%, 자간 : 5%

≪출력형태≫

Korea is a country visited by many travelers every year. With a long history of culture and tradition, this country has a lot to offer travelers.

관광자원은 자연과 인간의 상호작용의 결과로 개발을 통해서 관광대상이 된다. 개발 방법을 구체적으로 분류하면 교통수단의 건설, 숙박 시설의 건설, 제반 부대시설의 건설, 홍보 및 광고 등이 있다.

2. 다음의 ≪조건≫에 따라 ≪출력형태≫와 같이 표와 차트를 작성하시오. (100점)

≪표 조건≫ (1) 표 전체(표, 캡션) - 돋움, 10pt
(2) 정렬 - 문자 : 가운데 정렬, 숫자 : 오른쪽 정렬
(3) 셀 배경(면색) : 노랑
(4) 한글의 계산 기능을 이용하여 빈칸에 합계를 구하고, 캡션 기능 사용할 것
(5) 선 모양은 ≪출력형태≫와 동일하게 처리할 것

≪출력형태≫

외래 관광객 현황(단위 : 천 명)

구분	2018년	2019년	2020년	2021년	합계
프랑스	89.4	90.9	41.7	48.4	
그리스	30.1	31.3	7.4	14.7	
이탈리아	61.6	64.5	25.2	26.9	
스위스	11.7	11.8	3.7	4.4	

≪차트 조건≫ (1) 차트 데이터는 표 내용에서 연도별 프랑스, 그리스, 이탈리아의 값만 이용할 것
(2) 종류 - 〈묶은 세로 막대형〉으로 작업할 것
(3) 제목 - 글꼴 : 굴림, 진하게, 12pt,
속성 : 채우기(밝은 색 : 하양), 테두리, 그림자(바깥쪽 : 대각선 오른쪽 아래)
(4) 제목 이외의 전체 글꼴 - 굴림, 보통, 10pt
(5) 축제목과 범례는 ≪출력형태≫와 동일하게 처리할 것

≪출력형태≫

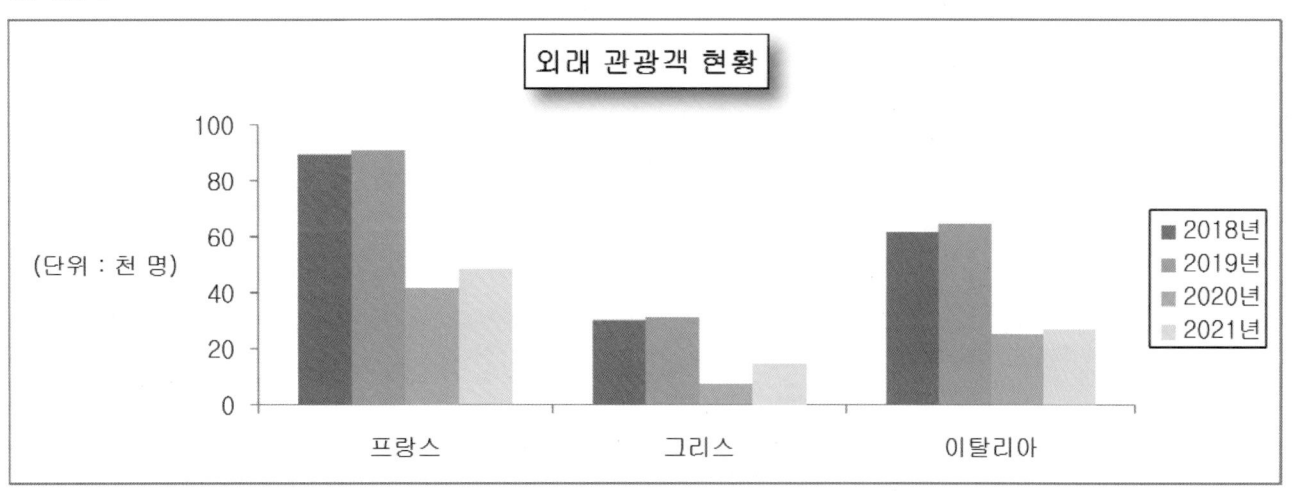

기능평가 II 150점

3. 다음 (1), (2)의 수식을 수식 편집기로 각각 입력하시오. (40점)

≪출력형태≫

(1) $h = \sqrt{k^2 - r^2}, M = \dfrac{1}{3}\pi r^2 h$

(2) $m = \dfrac{\Delta P}{K_a} = \dfrac{\Delta t_b}{K_b} = \dfrac{\Delta t_f}{K_f}$

4. 다음의 ≪조건≫에 따라 ≪출력형태≫와 같이 문서를 작성하시오. (110점)

≪조건≫
(1) 그리기 도구를 이용하여 작성하고, 모든 도형(글맵시, 지정된 그림 포함)을 ≪출력형태≫와 같이 작성하시오.
(2) 도형의 면색은 지시사항이 없으면 색 없음을 제외하고 서로 다르게 임의로 지정하시오.

≪출력형태≫

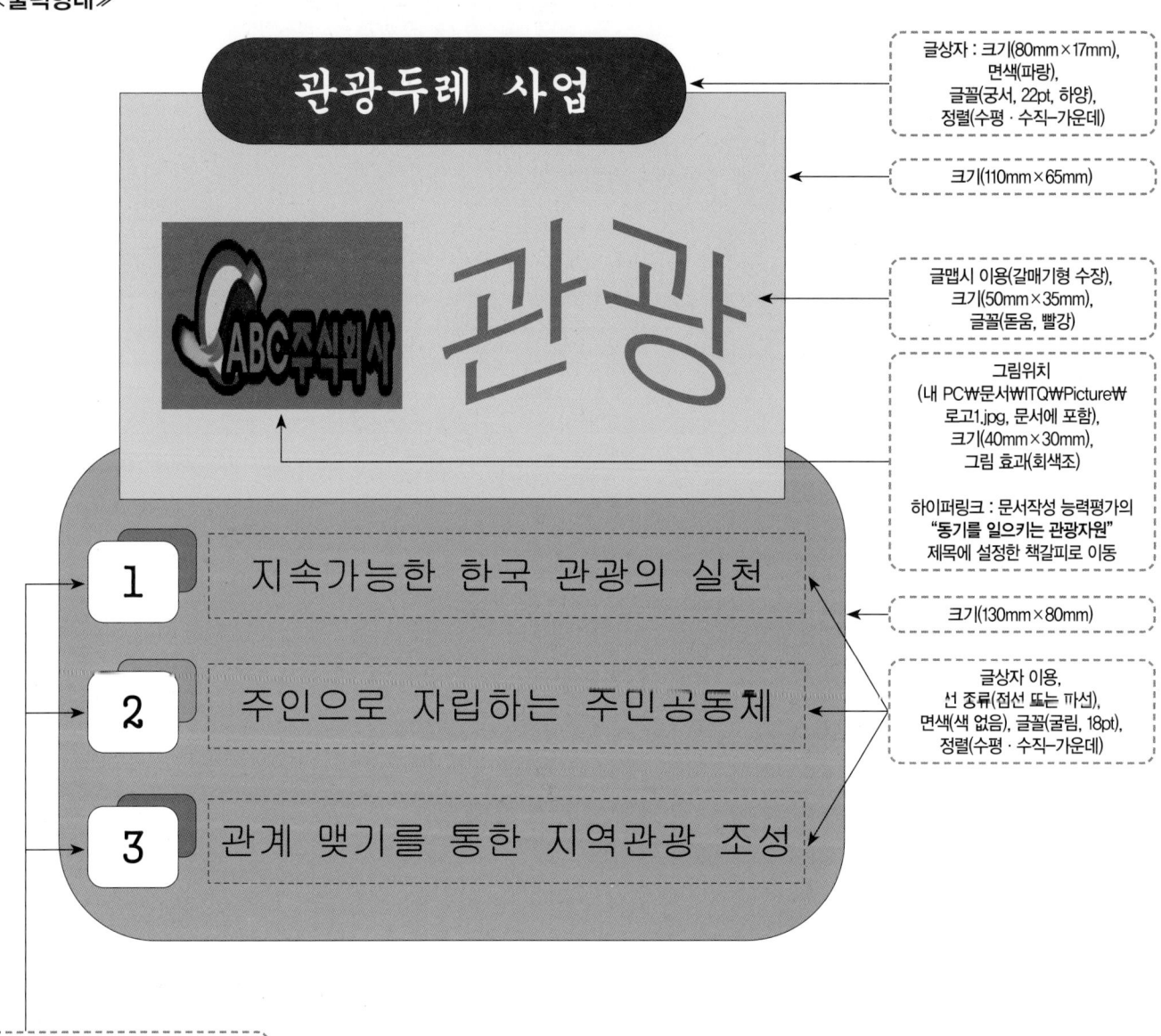

동기를 일으키는 관광자원

관광자원은 본래 그 자체로서 관광가치를 지니고 있으나 개발(開發)이라는 인공적 수단을 거쳐 보다 유용한 관광대상이 된다. 선진국들은 이미 오래전부터 지역 축제 등을 통해 관광객을 유치하여 지역 소득에 기여함은 물론 고용 효과까지 창출하고 있다. 우리나라도 그동안의 경제 성장과 국민의 소득 증가에 따른 일반 대중의 관광수요를 충족시키는 한편 1980년대에 들어와서 국제 관광지로서의 위상 확립과 외래 관광객의 증가에 대비하여 관광자원 사업을 적극 추진해 왔다.

관광자원 개발 사업은 현재 외래 관광객의 수용 시설이 서울을 비롯한 대도시에 편중되면서 빚어지는 불균형을 시정하는 한편 관광시설을 전국적으로 균형 있게 분산(分散)시켜 관광대상지를 확장하고 관광객의 체재 기간을 연장시켜 소비를 높이는 데 그 목적을 두고 있다. 이에 따른 균형 있는 국토의 개발과 주민 소득의 증대, 고용의 확대, 자연 및 문화재의 보전이라는 파급 효과도 기대할 수 있다. 정부는 국제 수준의 관광시설 확보와 함께 수려한 자연과 반만년의 역사를 배경으로 한 고유문화ⓐ의 보호라는 양면성을 조화시키면서 국토 개발 계획, 문화재 보존 계획 등과 상충되지 않는 방향으로 본 사업을 추진하고 있다.

★ 관광자원 분류의 필요성

가. 분류 작업의 필요성
　① 각각의 연구들을 단순하게 취급할 수 있도록 도움 제공
　② 분류에 따른 속성의 이해를 명확하게 함
나. 관광자원 분류의 목적
　① 관광자원의 역할과 가치를 평가
　② 관광자원의 합리적 이용, 관리, 보호를 위한 기초자료

★ 관광자원의 2분류 체계

1분류	2분류	이용시기
문화	인물	출생지, 생가, 유배지, 기념비, 묘, 문학비, 영정, 문학/영화/드라마 배경지, 기타
	축조물	누(정), 서원, 향교, 사찰, 궁궐, 성곽, 탑, 불상, 고궁, 고가옥, 사당, 칠성각
자연 및 생태환경	동/식물	희귀종, 자생지, 조류서식지, 번식지, 철새도래지, 방품림, 기타
	자연경관	산, 강, 폭포, 고개, 동굴, 화석지, 갯벌, 분화구, 8경, 오름 등

한국관광공사

ⓐ 어떠한 나라나 민족이 본래 가지고 있는 독특한 문화

제 07 회 정보기술자격(ITQ) 출제예상 모의고사

작성 시간 / 시험 시간	채점 결과
분 / 60분	점 / 500점

과목	코드	문제유형	시험시간	수험번호	성명
아래한글	1111	A	60분		

한컴 오피스

· 수험자 유의사항 ·

- 수험자는 문제지를 받는 즉시 문제지와 **수험표상의 시험과목(프로그램)이 동일한지 반드시 확인**하여야 합니다.
- 파일명은 본인의 "수험번호-성명"으로 입력하여 답안폴더(내 PC₩문서₩ITQ)에 하나의 파일로 저장해야하며, 답안파일을 전송하지 않아 미제출로 처리될 경우 실격 처리됩니다(예:12345678-홍길동.hwpx).
- 답안 작성을 마치면 파일을 저장하고, '답안 전송' 버튼을 선택하여 감독위원 PC로 답안을 전송하십시오. 수험생 정보와 저장한 파일명이 다를 경우 전송되지 않으므로 주의하시기 바랍니다.
- 답안 작성 중에도 **주기적으로 저장하고, '답안 전송'**하여야 문제 발생을 줄일 수 있습니다. 작업한 내용을 저장하지 않고 전송할 경우 이전에 저장된 내용이 전송되오니 이점 유의하시기 바랍니다.
- 답안문서는 지정된 경로 외의 다른 보조기억장치에 저장하는 경우, 지정된 시험 시간 외에 작성된 파일을 활용할 경우, 기타 통신수단(이메일, 메신저, 네트워크 등)을 이용하여 타인에게 전달 또는 외부 반출하는 경우는 부정 처리합니다.
- 시험 중 부주의 또는 고의로 시스템을 파손한 경우는 수험자가 변상해야 하며, 〈수험자 유의사항〉에 기재된 방법대로 이행하지 않아 생기는 불이익은 수험생 당사자의 책임임을 알려 드립니다.
- 문제의 조건은 한컴오피스 2022 / 2020 버전으로 설정되어 있으니 유의하시기 바랍니다.
- 시험을 완료한 수험자는 답안파일이 전송되었는지 확인한 후 감독위원의 지시에 따라 문제지를 제출하고 퇴실합니다.

· 답안 작성요령 ·

- 온라인 답안 작성 절차
  수험자 등록 ⇒ 시험 시작 ⇒ 답안파일 저장 ⇒ 답안 전송 ⇒ 시험 종료
- 공통 부문
  • 글꼴에 대한 기본설정은 함초롬바탕, 10포인트, 검정, 줄간격 160%, 양쪽정렬로 합니다.
  • 색상은 조건의 색을 적용하고 색의 구분이 안 될 경우에는 RGB 값을 적용하십시오.
    (빨강 255, 0, 0 / 파랑 0, 0, 255 / 노랑 255, 255, 0).
  • 각 문항에 주어진 ≪조건≫에 따라 작성하고 언급하지 않은 조건은 ≪출력형태≫와 같이 작성합니다.
  • 용지여백은 왼쪽·오른쪽 11㎜, 위쪽·아래쪽·머리말·꼬리말 10㎜, 제본 0㎜로 합니다.
  • 그림 삽입 문제의 경우 「내 PC₩문서₩ITQ₩Picture」 폴더에서 지정된 파일을 선택하여 삽입하십시오.
  • 삽입한 그림은 반드시 문서에 포함하여 저장해야 합니다(미포함 시 감점 처리).
  • 각 항목은 지정된 페이지에 출력형태와 같이 정확히 작성하시기 바라며, 그렇지 않을 경우에 해당 항목은 0점 처리됩니다.
    ※ 페이지구분 : 1페이지 - 기능평가Ⅰ(문제번호 표시 : 1. 2.),
                    2페이지 - 기능평가Ⅱ(문제번호 표시 : 3. 4.),
                    3페이지 - 문서작성 능력평가
- 기능평가
  • 문제와 ≪조건≫은 입력하지 않으며 문제번호와 답(≪출력형태≫)만 작성합니다.
  • 4번 문제는 묶기를 했을 경우 0점 처리됩니다.
- 문서작성 능력평가
  • A4 용지(210㎜×297㎜) 1매 크기, 세로 서식 문서로 작성합니다.
  • ( ) 표시는 문서작성에 대한 지시사항이므로 작성하지 않습니다.

kpc 한국생산성본부

기능평가 I   150점

1. 다음의 ≪조건≫에 따라 스타일 기능을 적용하여 ≪출력형태≫와 같이 작성하시오. (50점)

≪조건≫ (1) 스타일 이름 - ict
(2) 문단 모양 - 왼쪽 여백 : 10pt, 문단 아래 간격 : 10pt
(3) 글자 모양 - 글꼴 : 한글(궁서)/영문(돋움), 크기 : 10pt, 장평 : 95%, 자간 : -5%

≪출력형태≫

Companies are using ICT technology as a key tool for digital transformation, and the demand for SW manpower is rapidly increasing not only in ICT companies but also in general companies.

기업은 ICT 기술을 활용하는 수준을 넘어서 디지털 전환의 핵심 도구로 활용하고 있으며, 이에 따른 SW 인력의 수요는 ICT 기업뿐만 아니라 일반 기업에서도 급증하고 있다.

2. 다음의 ≪조건≫에 따라 ≪출력형태≫와 같이 표와 차트를 작성하시오. (100점)

≪표 조건≫ (1) 표 전체(표, 캡션) - 돋움, 10pt
(2) 정렬 - 문자 : 가운데 정렬, 숫자 : 오른쪽 정렬
(3) 셀 배경(면색) : 노랑
(4) 한글의 계산 기능을 이용하여 빈칸에 합계를 구하고, 캡션 기능 사용할 것
(5) 선 모양은 ≪출력형태≫와 동일하게 처리할 것

≪출력형태≫

2020-2024 디지털 신기술 인력 수요 전망(단위 : 천 명)

구분	인공지능	빅데이터	5G	IoT	클라우드
고급	18.1	16.3	19.9	10.3	1.9
중급	20.6	28.8	22.5	7.5	13.2
초급	6.3	11.7	3.7	2.2	2.2
합계					

≪차트 조건≫ (1) 차트 데이터는 표 내용에서 구분별 인공지능, 빅데이터, 5G, IoT의 값만 이용할 것
(2) 종류 - 〈묶은 세로 막대형〉으로 작업할 것
(3) 제목 - 글꼴 : 굴림, 진하게, 12pt,
속성 : 채우기(밝은 색 : 하양), 테두리, 그림자(바깥쪽 : 대각선 오른쪽 아래)
(4) 제목 이외의 전체 글꼴 - 굴림, 보통, 10pt
(5) 축제목과 범례는 ≪출력형태≫와 동일하게 처리할 것

≪출력형태≫

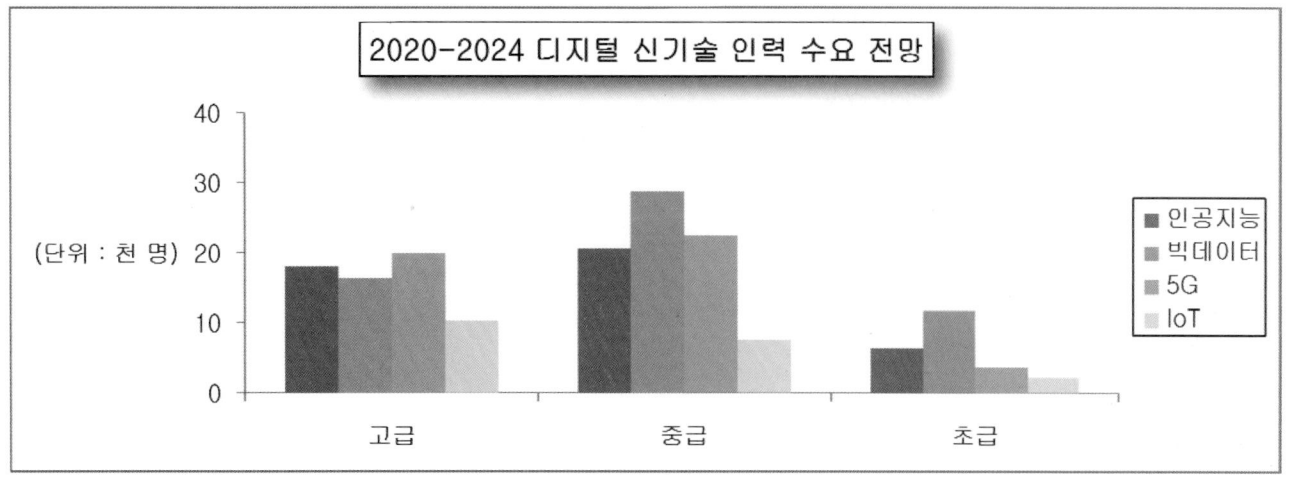

기능평가 II 150점

3. 다음 (1), (2)의 수식을 수식 편집기로 각각 입력하시오. (40점)

≪출력형태≫

(1) $Q = \lim\limits_{\Delta t \to 0} \dfrac{\Delta s}{\Delta t} = \dfrac{d^2 s}{dt^2} + 1$

(2) $\int_a^b x f(x) dx = \dfrac{1}{b-a} \int_a^b x dx = \dfrac{a+b}{2}$

4. 다음의 ≪조건≫에 따라 ≪출력형태≫와 같이 문서를 작성하시오. (110점)

≪조건≫
(1) 그리기 도구를 이용하여 작성하고, 모든 도형(글맵시, 지정된 그림 포함)을 ≪출력형태≫와 같이 작성하시오.
(2) 도형의 면색은 지시사항이 없으면 색 없음을 제외하고 서로 다르게 임의로 지정하시오.

≪출력형태≫

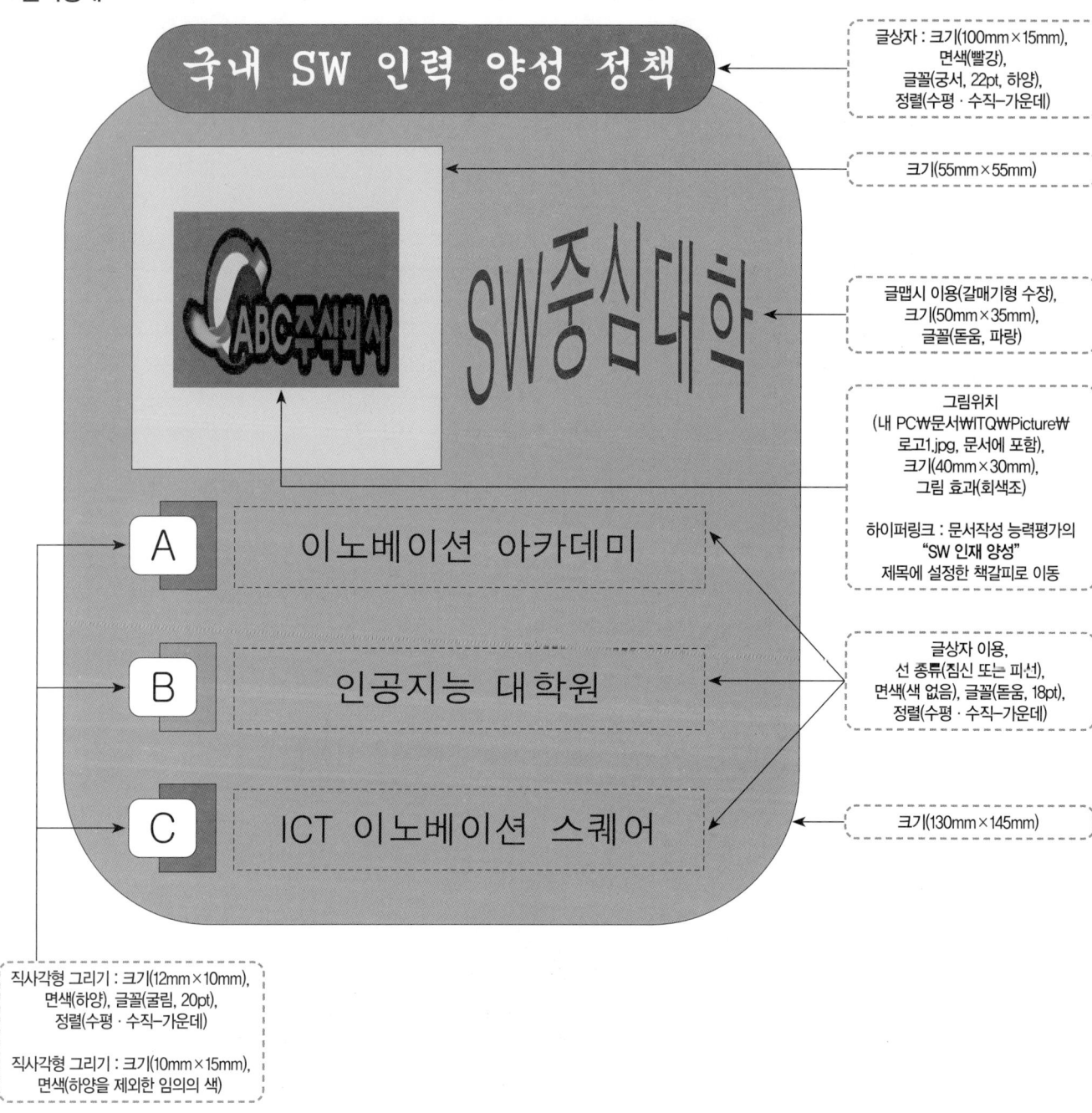

SW 인재 양성

디지털 역량 강화

최근 디지털 대전환이 가속화되는 가운데 정부는 SW 인재 양성을 위해 국가 차원의 정책을 마련하고 있다. 2021년 3월에 발표된 빅3+인공지능 인재 양성 방안은 미래차, 바이오 헬스, 시스템 반도체 등 빅3와 인공지능 인재 양성을 위해 인재 양성 제도 개선을 주요 내용으로 담고 있다. 혁신공유대학 사업을 신설하여 정규 교육과정에서의 학과, 학교 간 진입 장벽을 낮추고 범부처 인재 양성을 통합 관리하는 사업 틀을 구축(構築)하여 인재 양성을 효과적으로 지원하고 있다. 또한 디지털 전환 가속화로 인해 늘고 있는 SW 인재 수요를 충족시키기 위한 단기 및 중장기 인재 양성 대책도 마련하였다.

2021년 6월에 발표한 민관 협력 기반의 소프트웨어 인재 양성 대책에 따라 단기적으로는 기업 주도의 단기 훈련 과정을 확대하여 당장 필요한 인재 2만 1천 명을 2022년 상반기까지 양성하여 중소, 벤처기업ⓐ의 인재난 해소(解消)를 지원했다. 중장기적으로는 SW 전공자 양성을 위해 SW 중심 대학을 확대하고, 전문 인재 양성을 위한 기업과 대학 간 협력모델을 구축하여 4년간 6만 8천 명을 양성한다. 이를 통해 최근 폭증하고 있는 SW 인재 수급난을 해소하고 청년들에게 양질의 일자리 제공을 확대하고 있다.

■ 국내외 SW 인재 양성 정책

I. 국내 SW 인재 양성 정책
　a) 이노베이션 아카데미(비정규 교육과정) 개설 및 운영
　b) 이노베이션 스퀘어 전국 4개 권역에 확대 및 설치
II. 국외 SW 인재 양성 정책
　a) 미국 : 5개년 교육 전략 계획 수립
　b) 유럽 : 2030 디지털 나침반 발표

■ SW 중심대학 트랙별 지원 내용

지원유형	일반 트랙	특화형 트랙
선정규모	7개교 내외	2개교 내외
지원금액	대학당 연 20억 원 내외(1년 차 9.5억)	대학당 연 10억 원 내외(1년 차 4.75억)
지원기간	최장 8년(4+2+2년)	최장 6년(4+2년)
	기존 대학 선정 시 6년(4+2년)	
신청요건	SW학과 100명 이상 정원 유지	재학생 1만 명 미만 중, 소규모 대학
	SW학과 대학원 과정 설치 및 운영	

한국지능정보사회진흥원

ⓐ 고도의 전문 지식과 새로운 기술을 가지고 창조적, 모험적 경영을 전개하는 중소기업

제 08 회 정보기술자격(ITQ) 출제예상 모의고사

작성 시간 / 시험 시간	채점 결과
분 / 60분	점 / 500점

과목	코드	문제유형	시험시간	수험번호	성명
아래한글	1111	B	60분		

한컴 오피스

• 수험자 유의사항 •

- 수험자는 문제지를 받는 즉시 문제지와 **수험표상의 시험과목(프로그램)이 동일한지 반드시 확인**하여야 합니다.
- 파일명은 본인의 "수험번호-성명"으로 입력하여 답안폴더(내 PC\문서\ITQ)에 하나의 파일로 저장해야하며, 답안파일을 전송하지 않아 미제출로 처리될 경우 실격 처리합니다(예:12345678-홍길동.hwpx).
- 답안 작성을 마치면 파일을 저장하고, '답안 전송' 버튼을 선택하여 감독위원 PC로 답안을 전송하십시오. 수험생 정보와 저장한 파일명이 다를 경우 전송되지 않으므로 주의하시기 바랍니다.
- 답안 작성 중에도 **주기적으로 저장하고, '답안 전송'**하여야 문제 발생을 줄일 수 있습니다. 작업한 내용을 저장하지 않고 전송할 경우 이전에 저장된 내용이 전송되오니 이점 유의하시기 바랍니다.
- 답안문서는 지정된 경로 외의 다른 보조기억장치에 저장하는 경우, 지정된 시험 시간 외에 작성된 파일을 활용할 경우, 기타 통신수단(이메일, 메신저, 네트워크 등)을 이용하여 타인에게 전달 또는 외부 반출하는 경우는 부정 처리합니다.
- 시험 중 부주의 또는 고의로 시스템을 파손한 경우는 수험자가 변상해야 하며, 〈수험자 유의사항〉에 기재된 방법대로 이행하지 않아 생기는 불이익은 수험생 당사자의 책임임을 알려 드립니다.
- 문제의 조건은 한컴오피스 2022 / 2020 버전으로 설정되어 있으니 유의하시기 바랍니다.
- 시험을 완료한 수험자는 답안파일이 전송되었는지 확인한 후 감독위원의 지시에 따라 문제지를 제출하고 퇴실합니다.

• 답안 작성요령 •

- 온라인 답안 작성 절차
  수험자 등록 ⇒ 시험 시작 ⇒ 답안파일 저장 ⇒ 답안 전송 ⇒ 시험 종료
- 공통 부문
  - 글꼴에 대한 기본설정은 함초롬바탕, 10포인트, 검정, 줄간격 160%, 양쪽정렬로 합니다.
  - 색상은 조건의 색을 적용하고 색의 구분이 안 될 경우에는 RGB 값을 적용하십시오.
    (빨강 255, 0, 0 / 파랑 0, 0, 255 / 노랑 255, 255, 0).
  - 각 문항에 주어진 ≪조건≫에 따라 작성하고 언급하지 않은 조건은 ≪출력형태≫와 같이 작성합니다.
  - 용지여백은 왼쪽·오른쪽 11mm, 위쪽·아래쪽·머리말·꼬리말 10mm, 제본 0mm로 합니다.
  - 그림 삽입 문제의 경우「내 PC\문서\ITQ\Picture」폴더에서 지정된 파일을 선택하여 삽입하십시오.
  - 삽입한 그림은 반드시 문서에 포함하여 저장해야 합니다(미포함 시 감점 처리).
  - 각 항목은 지정된 페이지에 출력형태와 같이 정확히 작성하시기 바라며, 그렇지 않을 경우에 해당 항목은 0점 처리됩니다.
    ※ 페이지구분 : 1페이지 - 기능평가 I (문제번호 표시 : 1. 2.),
    　　　　　　　2페이지 - 기능평가 II (문제번호 표시 : 3. 4.),
    　　　　　　　3페이지 - 문서작성 능력평가
- 기능평가
  - 문제와 ≪조건≫은 입력하지 않으며 문제번호와 답(≪출력형태≫)만 작성합니다.
  - 4번 문제는 묶기를 했을 경우 0점 처리됩니다.
- 문서작성 능력평가
  - A4 용지(210mm×297mm) 1매 크기, 세로 서식 문서로 작성합니다.
  - ( ) 표시는 문서작성에 대한 지시사항이므로 작성하지 않습니다.

kpc 한국생산성본부

기능평가 I

1. 다음의 ≪조건≫에 따라 스타일 기능을 적용하여 ≪출력형태≫와 같이 작성하시오. (50점)

≪조건≫ (1) 스타일 이름 – mascot
　　　　(2) 문단 모양 – 왼쪽 여백 : 15pt, 문단 아래 간격 : 10pt
　　　　(3) 글자 모양 – 글꼴 : 한글(돋움)/영문(궁서), 크기 : 10pt, 장평 : 95%, 자간 : -5%

≪출력형태≫

Ever since Shuss, a red, white and blue mascot on skis, appeared at the Olympic Winter Games Grenoble 1968, mascots have been fun and festive ambassadors of the Olympic Movement.

1968년 동계 올림픽 그르노블에서 스키를 탄 빨간색, 흰색, 파란색 마스코트 슈스가 등장한 이래로 마스코트는 재미있고 축제 같은 올림픽 운동의 홍보대사였다.

2. 다음의 ≪조건≫에 따라 ≪출력형태≫와 같이 표와 차트를 작성하시오. (100점)

≪표 조건≫ (1) 표 전체(표, 캡션) – 돋움, 10pt
　　　　　(2) 정렬 – 문자 : 가운데 정렬, 숫자 : 오른쪽 정렬
　　　　　(3) 셀 배경(면색) : 노랑
　　　　　(4) 한글의 계산 기능을 이용하여 빈칸에 합계를 구하고, 캡션 기능 사용할 것
　　　　　(5) 선 모양은 ≪출력형태≫와 동일하게 처리할 것

≪출력형태≫

한국 하계올림픽 특정 종목 역대 메달 현황(단위: 개)

종목	레슬링	양궁	유도	태권도	근대 5종
금메달	11	27	11	12	0
은메달	11	9	17	3	0
동메달	14	7	18	7	1
합계					

≪차트 조건≫ (1) 차트 데이터는 표 내용에서 메달별 레슬링, 양궁, 유도, 태권도의 값만 이용할 것
　　　　　　(2) 종류 – 〈묶은 세로 막대형〉으로 작업할 것
　　　　　　(3) 제목 – 글꼴 : 굴림, 진하게, 12pt,
　　　　　　　　　　　속성 : 채우기(밝은 색 : 하양), 테두리, 그림자(바깥쪽 : 대각선 오른쪽 아래)
　　　　　　(4) 제목 이외의 전체 글꼴 – 굴림, 보통, 10pt
　　　　　　(5) 축제목과 범례는 ≪출력형태≫와 동일하게 처리할 것

≪출력형태≫

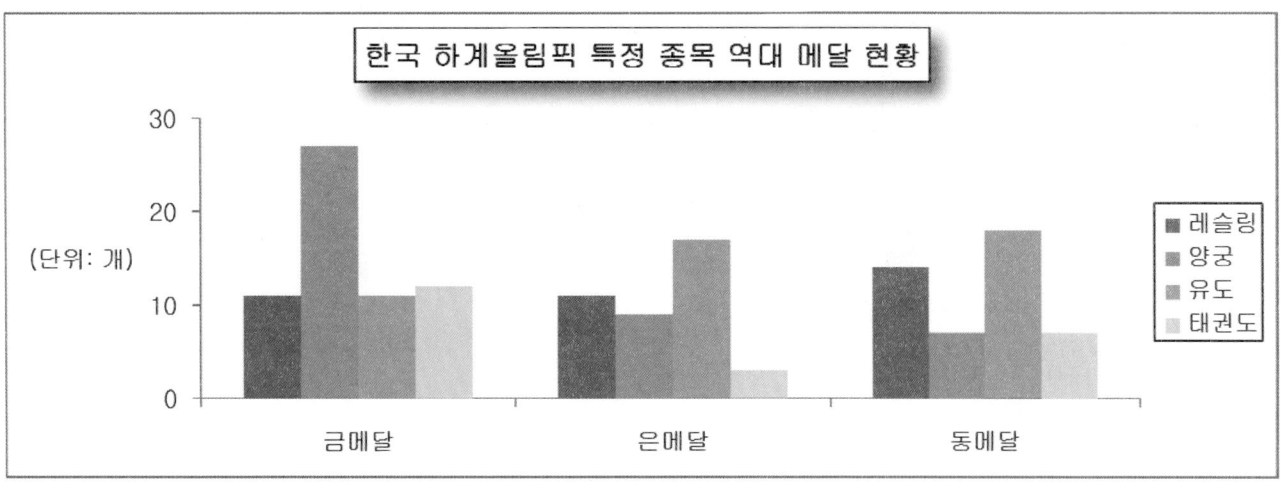

기능평가 II   150점

3. 다음 (1), (2)의 수식을 수식 편집기로 각각 입력하시오. (40점)

≪출력형태≫

(1) $\overline{AB} = \sqrt{(x_2 - x_1)^2 + (y_2 - y_1)^2}$

(2) $G = 2\int_{\frac{a}{2}}^{a} \frac{b\sqrt{a^2 - x^2}}{a} dx$

4. 다음의 ≪조건≫에 따라 ≪출력형태≫와 같이 문서를 작성하시오. (110점)

≪조건≫
(1) 그리기 도구를 이용하여 작성하고, 모든 도형(글맵시, 지정된 그림 포함)을 ≪출력형태≫와 같이 작성하시오.
(2) 도형의 면색은 지시사항이 없으면 색 없음을 제외하고 서로 다르게 임의로 지정하시오.

≪출력형태≫

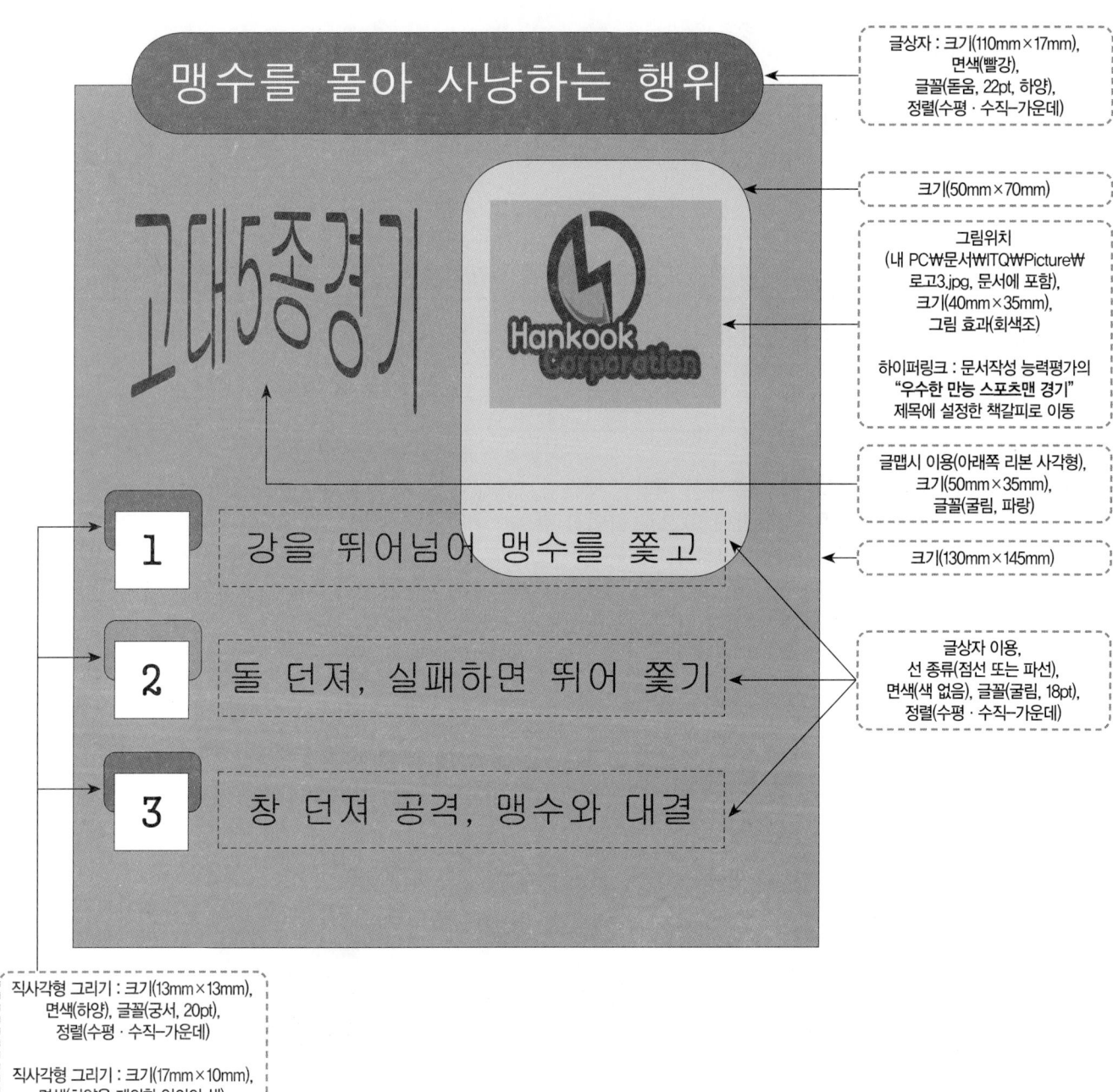

근대올림픽 소개

우수한 만능 스포츠맨 경기

중세 철학자 아리스토텔레스는 '가장 완벽한 스포츠인은 5종 경기를 하는 사람이다. 체력과 스피드가 경기인의 신체 속에 가장 아름다운 조화를 이루게 하는 경기이기 때문이다.'라고 5종 경기를 찬미 한 바 있다. 한 선수가 체력, 체능, 체격조건과 기술요건이 서로 다른 5가지 경기종목을 섭렵한다는 것은 가장 뛰어난 신체 능력과 정신력을 발휘함으로써 가능하며, 그러한 선수만이 올림픽 선수의 칭호를 받을 만하다는 피에르 쿠베르탱 남작의 말은 바로 완전한 인간을 추구한다는 올림픽의 진정한 이념을 반영한 것이다.

현대사회는 모든 분야(分野)에서 급속도의 변화를 가져오고 있다. 현대사회는 인간이 각기 전문성을 갖도록 강요하고 있다. 따라서 인간은 생존(生存)을 위하여 그렇게 되지 않을 수 없는 상황에 처해 있으며 몸과 마음의 조화가 갖는 아름다움을 스스로 파기하고 있다. 정신적, 육체적으로 조화를 이룬 인간개발을 목표로 쿠베르탱 남작에 의해 개발되고 올림픽 스포츠로 발전해온 근대 5종경기㉮는 성장기의 청소년에게 정신과 육체의 균형을 갖춘 인격체로서 성장할 수 있도록 도와주고 그들의 미래가 여러 분야에서 조화를 이룰 수 있도록 창안되었다.

◆ 근대5종 세부종목 안내

    i. 펜싱 및 수영 소개
        a. 펜싱: 참가선수 전원이 1분 단판으로 풀 리그를 펼침
        b. 수영: 200m 자유형이나 어떠한 영법을 사용해도 무방함
    ii. 승마 및 복합경기 소개
        a. 승마: 350-450m 코스에서 12개의 장애물을 넘는 경기
        b. 복합경기(육상+사격): 핸디캡 스타트 방식

◆ 근대5종 경기 일정(2023년)

국내 대회	대회 기간	장소	세계 대회	대회 기간	장소
선수권대회	06.21 - 06.27	강원(홍천)	U17	07.12 - 07.30	이집트
문체부대회	08.10 - 08.15	전남(해남)	U19		튀르키예
대한체육회장배	09.07 - 09.12	강원(인제)	세계선수권대회	08.21 - 08.28	영국
전국체육대회	10.13 - 10.19	전라남도	주니어대회	09.12 - 09.17	리투아니아

대한근대5종연맹

㉮ 한 경기자가 펜싱, 수영, 승마, 복합(사격, 육상) 등의 5종목을 각각 겨루는 경기

제 09 회 정보기술자격(ITQ) 출제예상 모의고사

작성 시간 / 시험 시간	채점 결과
분 / 60분	점 / 500점

과목	코드	문제유형	시험시간	수험번호	성명
아래한글	1111	C	60분		

한컴 오피스

· 수험자 유의사항 ·

- 수험자는 문제지를 받는 즉시 문제지와 **수험표상의 시험과목(프로그램)이 동일한지 반드시 확인**하여야 합니다.
- 파일명은 본인의 "수험번호-성명"으로 입력하여 답안폴더(내 PC₩문서₩ITQ)에 하나의 파일로 저장해야하며, 답안파일을 전송하지 않아 미제출로 처리될 경우 실격 처리합니다(예:12345678-홍길동.hwpx).
- 답안 작성을 마치면 파일을 저장하고, '답안 전송' 버튼을 선택하여 감독위원 PC로 답안을 전송하십시오. 수험생 정보와 저장한 파일명이 다를 경우 전송되지 않으므로 주의하시기 바랍니다.
- 답안 작성 중에도 **주기적으로 저장하고, '답안 전송'**하여야 문제 발생을 줄일 수 있습니다. 작업한 내용을 저장하지 않고 전송할 경우 이전에 저장된 내용이 전송되오니 이점 유의하시기 바랍니다.
- 답안문서는 지정된 경로 외의 다른 보조기억장치에 저장하는 경우, 지정된 시험 시간 외에 작성된 파일을 활용할 경우, 기타 통신수단(이메일, 메신저, 네트워크 등)을 이용하여 타인에게 전달 또는 외부 반출하는 경우는 부정 처리합니다.
- 시험 중 부주의 또는 고의로 시스템을 파손한 경우는 수험자가 변상해야 하며, 〈수험자 유의사항〉에 기재된 방법대로 이행하지 않아 생기는 불이익은 수험생 당사자의 책임임을 알려 드립니다.
- 문제의 조건은 한컴오피스 2022 / 2020 버전으로 설정되어 있으니 유의하시기 바랍니다.
- 시험을 완료한 수험자는 답안파일이 전송되었는지 확인한 후 감독위원의 지시에 따라 문제지를 제출하고 퇴실합니다.

· 답안 작성요령 ·

- 온라인 답안 작성 절차
  수험자 등록 ⇒ 시험 시작 ⇒ 답안파일 저장 ⇒ 답안 전송 ⇒ 시험 종료
- 공통 부문
  - 글꼴에 대한 기본설정은 함초롬바탕, 10포인트, 검정, 줄간격 160%, 양쪽정렬로 합니다.
  - 색상은 조건의 색을 적용하고 색의 구분이 안 될 경우에는 RGB 값을 적용하십시오.
    (빨강 255, 0, 0 / 파랑 0, 0, 255 / 노랑 255, 255, 0).
  - 각 문항에 주어진 ≪조건≫에 따라 작성하고 언급하지 않은 조건은 ≪출력형태≫와 같이 작성합니다.
  - 용지여백은 왼쪽 · 오른쪽 11mm, 위쪽 · 아래쪽 · 머리말 · 꼬리말 10mm, 제본 0mm로 합니다.
  - 그림 삽입 문제의 경우 「내 PC₩문서₩ITQ₩Picture」 폴더에서 지정된 파일을 선택하여 삽입하십시오.
  - 삽입한 그림은 반드시 문서에 포함하여 저장해야 합니다(미포함 시 감점 처리).
  - 각 항목은 지정된 페이지에 출력형태와 같이 정확히 작성하시기 바라며, 그렇지 않을 경우에 해당 항목은 0점 처리됩니다.
    ※ 페이지구분 : 1페이지 - 기능평가 I (문제번호 표시 : 1. 2.),
    　　　　　　　 2페이지 - 기능평가 II (문제번호 표시 : 3. 4.),
    　　　　　　　 3페이지 - 문서작성 능력평가
- 기능평가
  - 문제와 ≪조건≫은 입력하지 않으며 문제번호와 답(≪출력형태≫)만 작성합니다.
  - 4번 문제는 묶기를 했을 경우 0점 처리됩니다.
- 문서작성 능력평가
  - A4 용지(210mm×297mm) 1매 크기, 세로 서식 문서로 작성합니다.
  - ◻◻◻ 표시는 문서작성에 대한 지시사항이므로 작성하지 않습니다.

kpc 한국생산성본부

기능평가 I — 150점

1. 다음의 ≪조건≫에 따라 스타일 기능을 적용하여 ≪출력형태≫와 같이 작성하시오. (50점)

≪조건≫ (1) 스타일 이름 – cio
(2) 문단 모양 – 왼쪽 여백 : 10pt, 문단 아래 간격 : 10pt
(3) 글자 모양 – 글꼴 : 한글(궁서)/영문(돋움), 크기 : 10pt, 장평 : 95%, 자간 : -5%

≪출력형태≫

As information technology and systems have become more important, the CIO has come to be viewed in many organizations as a key contributor.

최고정보관리책임자란 기업 활동에서 기업 전략으로서의 정보 시스템을 어떻게 활용할 것인가를 입안, 실행하는 정보 자원 관리의 책임을 지는 사람을 말한다.

2. 다음의 ≪조건≫에 따라 ≪출력형태≫와 같이 표와 차트를 작성하시오. (100점)

≪표 조건≫ (1) 표 전체(표, 캡션) – 돋움, 10pt
(2) 정렬 – 문자 : 가운데 정렬, 숫자 : 오른쪽 정렬
(3) 셀 배경(면색) : 노랑
(4) 한글의 계산 기능을 이용하여 빈칸에 평균(소수점 두 자리)을 구하고, 캡션 기능 사용할 것
(5) 선 모양은 ≪출력형태≫와 동일하게 처리할 것

≪출력형태≫

최고정보관리책임자 채용 현황(단위 : %)

구분	2014년	2015년	2016년	2017년	평균
정보기술	37.2	28.6	57.4	69.6	
정보통신	46.8	59.3	70.8	75.1	
금융기관	32.1	45.3	40.6	76.3	
제조업	22.6	35.3	46.2	49.7	

≪차트 조건≫ (1) 차트 데이터는 표 내용에서 연도별 정보기술, 정보통신, 금융기관의 값만 이용할 것
(2) 종류 – 〈표식이 있는 꺾은선형〉으로 작업할 것
(3) 제목 – 글꼴 : 굴림, 진하게, 12pt,
속성 : 채우기(밝은 색 : 하양), 테두리, 그림자(바깥쪽 : 대각선 오른쪽 아래)
(4) 제목 이외의 전체 글꼴 – 굴림, 보통, 10pt
(5) 축제목과 범례는 ≪출력형태≫와 동일하게 처리할 것

≪출력형태≫

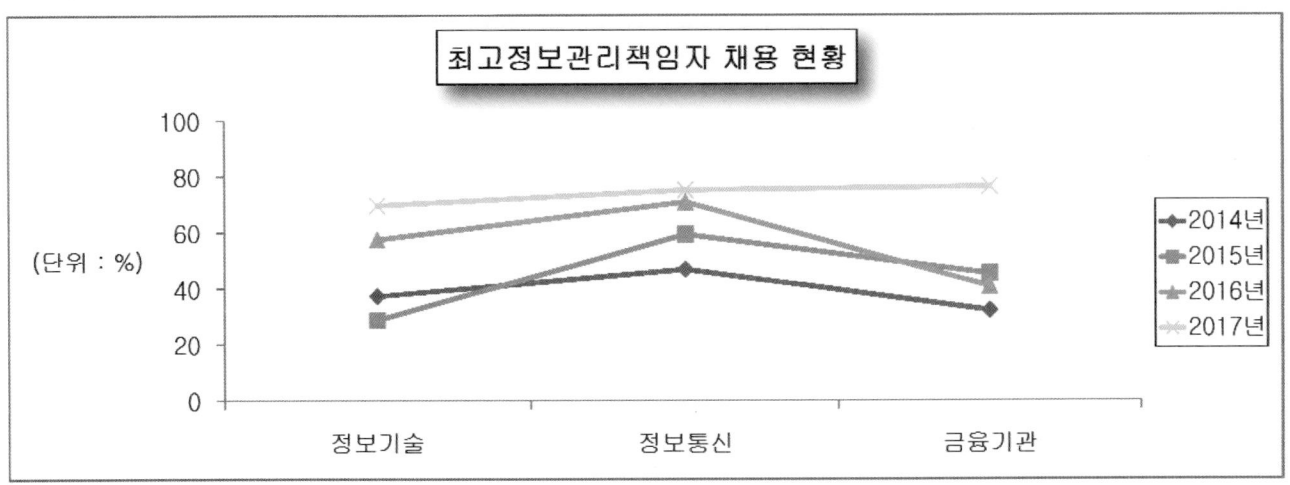

기능평가 II   150점

3. 다음 (1), (2)의 수식을 수식 편집기로 각각 입력하시오. (40점)

≪출력형태≫

(1) $G = 2\int_{\frac{a}{2}}^{a} \frac{b\sqrt{a^2 - x^2}}{a} dx$

(2) $L = \frac{m+M}{m} V = \frac{m+M}{m} \sqrt{2gh}$

4. 다음의 ≪조건≫에 따라 ≪출력형태≫와 같이 문서를 작성하시오. (110점)

≪조건≫
(1) 그리기 도구를 이용하여 작성하고, 모든 도형(글맵시, 지정된 그림 포함)을 ≪출력형태≫와 같이 작성하시오.
(2) 도형의 면색은 지시사항이 없으면 색 없음을 제외하고 서로 다르게 임의로 지정하시오.

≪출력형태≫

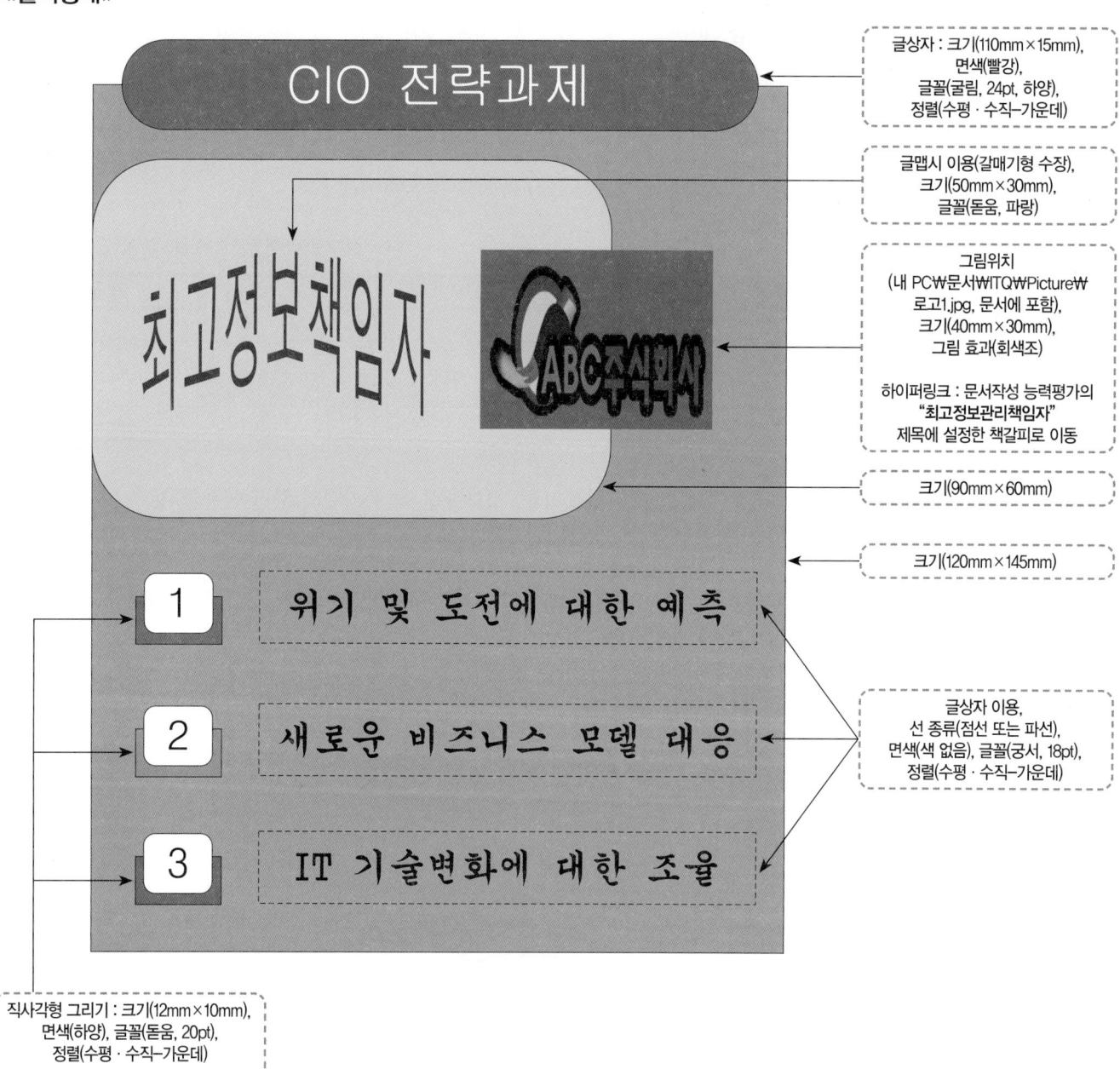

최고정보관리책임자

최근 경영환경의 급속한 변화는 최고정보관리책임자(CIO)로 하여금 정보 통신기술의 전략적 활용을 통한 기업의 경영혁신을 선도(先導)하고 새로운 비즈니스 가치를 창출해야 하는 다양한 역할을 요구하고 있다. CIO는 기업의 경영 목표를 이루기 위해 정보기술을 감독하고 정보전략을 세우는 것을 주 임무로 한다. 따라서 기업 경영에 대한 통찰력이 있어야 하며 정보기술을 기업 구석구석까지 전략적으로 사용할 수 있는 능력을 갖춰야 한다. e비즈니스ⓐ의 보급과 전산화의 영향으로 기업 내의 정보 및 정보시스템 관리 능력이 기업의 주요 경쟁력으로 꼽히면서 중요성이 강조되고 있는 직책(職責)이다.

CIO는 이렇게 한 기업의 정보기술과 컴퓨터 시스템 부문을 책임지는 사람에게 부여되는 명칭이다. 기업의 인터넷과 월드와이드웹 등을 장기 전략과 중기 비즈니스 계획에 통합하기 위한 사업을 지휘하는 경우도 많다. 따라서 최고정보관리책임자는 정보기술과 이의 활용에 관한 기술적 지식 및 경험도 필요하며, 사업 운영에 대한 지식과 전략적 안목이 있어야 한다.

★ CIO의 자질과 역할

i. CIO의 자질
   a. 리더십, 의사소통능력, 전략/혁신감각, IT지식, 자원관리
   b. 업계에 대한 지식, 창의력, 긍정적 사고, 정치적 능력
ii. CIO의 역할
   a. 경영전략에 부응하는 IT전략 수립 및 정보시스템 구축
   b. 기업이 필요로 하는 IT기반의 새로운 비즈니스 모델 창출

★ CIO 아카데미 커리큘럼

일자	구분	주요 내용	장소
1월 16일	IT 기술 트렌드	4차 산업혁명시대, 디지털 신기술과 미래 전략	국제관
1월 23일		블록체인 기술과 산업별 적용 사례	전략실
1월 30일		빅데이터 활용 이슈와 성공 사례	기획실
2월 13일	정보관리 정보보호 소양 교육	국내 개인정보보호규정 대응 현황 및 국제적 전망	회의실

한국CIO포럼

ⓐ 인터넷을 기업 경영에 도입하여 기존 기업의 경영 활동 영역을 가상공간으로 이전시킨 것

제10회 정보기술자격(ITQ) 출제예상 모의고사

작성 시간 / 시험 시간	채점 결과
분 / 60분	점 / 500점

과목	코드	문제유형	시험시간	수험번호	성명
아래한글	1111	A	60분		

한컴 오피스

· 수험자 유의사항 ·

- 수험자는 문제지를 받는 즉시 문제지와 **수험표상의 시험과목(프로그램)이 동일한지 반드시 확인**하여야 합니다.
- 파일명은 본인의 "수험번호-성명"으로 입력하여 답안폴더(내 PC\문서\ITQ)에 하나의 파일로 저장해야하며, 답안파일을 전송하지 않아 미제출로 처리될 경우 실격 처리합니다(예:12345678-홍길동.hwpx).
- 답안 작성을 마치면 파일을 저장하고, '답안 전송' 버튼을 선택하여 감독위원 PC로 답안을 전송하십시오. 수험생 정보와 저장한 파일명이 다를 경우 전송되지 않으므로 주의하시기 바랍니다.
- 답안 작성 중에도 **주기적으로 저장하고, '답안 전송'**하여야 문제 발생을 줄일 수 있습니다. 작업한 내용을 저장하지 않고 전송할 경우 이전에 저장된 내용이 전송되오니 이점 유의하시기 바랍니다.
- 답안문서는 지정된 경로 외의 다른 보조기억장치에 저장하는 경우, 지정된 시험 시간 외에 작성된 파일을 활용할 경우, 기타 통신수단(이메일, 메신저, 네트워크 등)을 이용하여 타인에게 전달 또는 외부 반출하는 경우는 부정 처리합니다.
- 시험 중 부주의 또는 고의로 시스템을 파손한 경우는 수험자가 변상해야 하며, 〈수험자 유의사항〉에 기재된 방법대로 이행하지 않아 생기는 불이익은 수험생 당사자의 책임임을 알려 드립니다.
- 문제의 조건은 한컴오피스 2022 / 2020 버전으로 설정되어 있으니 유의하시기 바랍니다.
- 시험을 완료한 수험자는 답안파일이 전송되었는지 확인한 후 감독위원의 지시에 따라 문제지를 제출하고 퇴실합니다.

· 답안 작성요령 ·

- 온라인 답안 작성 절차
  수험자 등록 ⇒ 시험 시작 ⇒ 답안파일 저장 ⇒ 답안 전송 ⇒ 시험 종료
- 공통 부문
  - 글꼴에 대한 기본설정은 함초롬바탕, 10포인트, 검정, 줄간격 160%, 양쪽정렬로 합니다.
  - 색상은 조건의 색을 적용하고 색의 구분이 안 될 경우에는 RGB 값을 적용하십시오.
    (빨강 255, 0, 0 / 파랑 0, 0, 255 / 노랑 255, 255, 0).
  - 각 문항에 주어진 ≪조건≫에 따라 작성하고 언급하지 않은 조건은 ≪출력형태≫와 같이 작성합니다.
  - 용지여백은 왼쪽·오른쪽 11mm, 위쪽·아래쪽·머리말·꼬리말 10mm, 제본 0mm로 합니다.
  - 그림 삽입 문제의 경우 「내 PC\문서\ITQ\Picture」 폴더에서 지정된 파일을 선택하여 삽입하십시오.
  - 삽입한 그림은 반드시 문서에 포함하여 저장해야 합니다(미포함 시 감점 처리).
  - 각 항목은 지정된 페이지에 출력형태와 같이 정확히 작성하시기 바라며, 그렇지 않을 경우에 해당 항목은 0점 처리됩니다.
  ※ 페이지구분 : 1페이지 - 기능평가 I (문제번호 표시 : 1. 2.),
    2페이지 - 기능평가 II(문제번호 표시 : 3. 4.),
    3페이지 - 문서작성 능력평가
- 기능평가
  - 문제와 ≪조건≫은 입력하지 않으며 문제번호와 답(≪출력형태≫)만 작성합니다.
  - 4번 문제는 묶기를 했을 경우 0점 처리됩니다.
- 문서작성 능력평가
  - A4 용지(210mm×297mm) 1매 크기, 세로 서식 문서로 작성합니다.
  - ┌──────┐ 표시는 문서작성에 대한 지시사항이므로 작성하지 않습니다.

kpc 한국생산성본부

기능평가 I — 150점

1. 다음의 ≪조건≫에 따라 스타일 기능을 적용하여 ≪출력형태≫와 같이 작성하시오. (50점)

≪조건≫ (1) 스타일 이름 - dementia
(2) 문단 모양 - 첫 줄 들여쓰기 : 15pt, 문단 아래 간격 : 10pt
(3) 글자 모양 - 글꼴 : 한글(돋움)/영문(궁서), 크기 : 10pt, 장평 : 95%, 자간 : -5%

≪출력형태≫

They may lose their ability to solve problems or control their emotions. Their personalities may change. They may become agitated or see things that are not there.

치매 질환은 정상적인 지적 능력을 유지하던 사람이 다양한 원인으로 뇌기능의 기질성 손상으로 지적 능력이 감퇴하거나 소실하여 사회적 또는 직업적 기능장애를 가져오는 경우를 통칭한다.

2. 다음의 ≪조건≫에 따라 ≪출력형태≫와 같이 표와 차트를 작성하시오. (100점)

≪표 조건≫ (1) 표 전체(표, 캡션) - 돋움, 10pt
(2) 정렬 - 문자 : 가운데 정렬, 숫자 : 오른쪽 정렬
(3) 셀 배경(면색) : 노랑
(4) 한글의 계산 기능을 이용하여 빈칸에 평균(소수점 두 자리)을 구하고, 캡션 기능 사용할 것
(5) 선 모양은 ≪출력형태≫와 동일하게 처리할 것

≪출력형태≫

치매 환자수 및 유병률 추이(단위: 만 명, %)

구분	2020년	2030년	2040년	2050년	평균
남성	31	55	90	126	
여성	68	107	162	225	
고령자 합계	99	162	252	351	
치매 유병률	12.3	12.6	14.7	18.5	

≪차트 조건≫ (1) 차트 데이터는 표 내용에서 연도별 남성, 여성, 고령자 합계의 값만 이용할 것
(2) 종류 - 〈묶은 가로 막대형〉으로 작업할 것
(3) 제목 - 글꼴 : 굴림, 진하게, 12pt,
속성 : 채우기(밝은 색 : 하양), 테두리, 그림자(바깥쪽 : 대각선 오른쪽 아래)
(4) 제목 이외의 전체 글꼴 - 굴림, 보통, 10pt
(5) 축제목과 범례는 ≪출력형태≫와 동일하게 처리할 것

≪출력형태≫

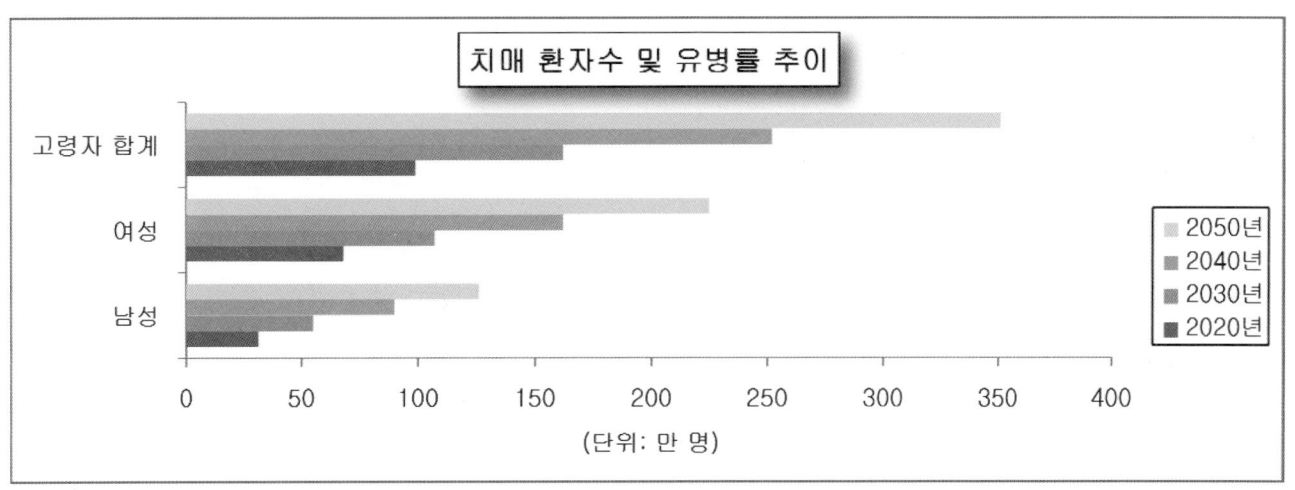

기능평가 II 150점

3. 다음 (1), (2)의 수식을 수식 편집기로 각각 입력하시오. (40점)

≪출력형태≫

(1) $h = \sqrt{k^2 - r^2}, M = \dfrac{1}{3}\pi r^2 h$

(2) $\sum_{k=1}^{n}(k^4+1) - \sum_{k=3}^{n}(k^4+1) = 19$

4. 다음의 ≪조건≫에 따라 ≪출력형태≫와 같이 문서를 작성하시오. (110점)

≪조건≫
(1) 그리기 도구를 이용하여 작성하고, 모든 도형(글맵시, 지정된 그림 포함)을 ≪출력형태≫와 같이 작성하시오.
(2) 도형의 면색은 지시사항이 없으면 색 없음을 제외하고 서로 다르게 임의로 지정하시오.

≪출력형태≫

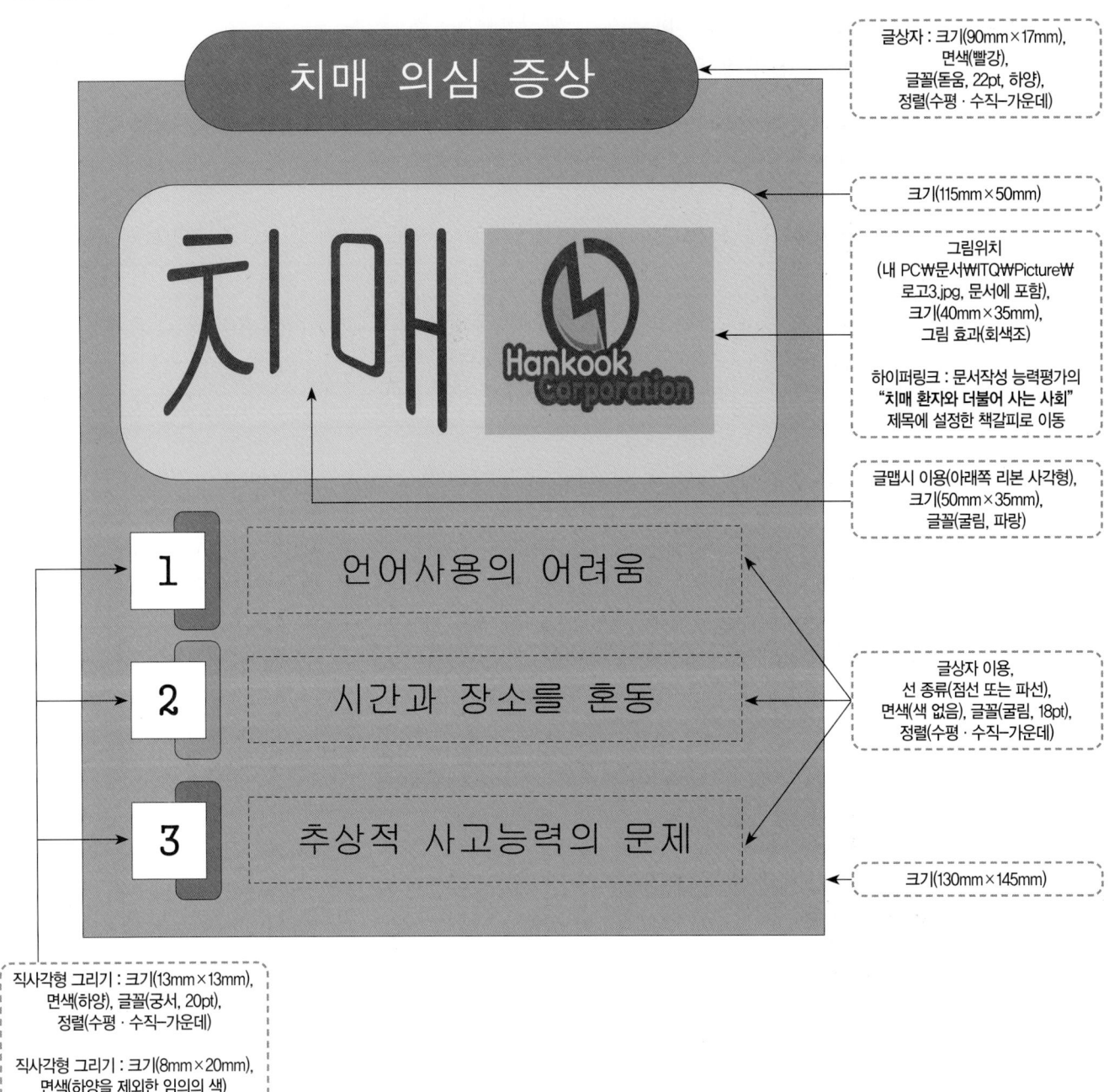

치매 예방

치매 환자와 더불어 사는 사회
(덧말: 치매 안심 사회)

한국 65세 이상 노인 인구 중 치매㉮로 추정되는 환자는 66만명에 달하며 2024년에는 100만 명, 2041년에는 200만 명을 넘어설 것으로 예상(豫想)된다. 치매는 최근의 기억부터 잃기 시작해 나중에는 가족도 알아보지 못하고 대소변도 가리지 못해 혼자 일상생활을 하기가 어려워진다. 흔히 건망증과 치매를 혼동하는데, 열쇠를 어디에 뒀는지 모르면 건망증이고 열쇠를 보고도 열쇠인 줄 모르면 치매이다. 뻔히 아는 것조차 잊어버리면 치매 증상이라는 것이다.

치매 예방에 가장 좋은 것은 시속 6킬로미터 이상 속도로 빠르게 걷는 것이다. 땀내가 살짝 나는 꾸준한 걷기가 뇌 혈류를 개선하고 기억 중추(中樞)인 해마를 활성화한다. 고혈압, 고혈당, 고지혈증을 모두 낮추니 일석삼조이다. 치매 예방을 위해 고스톱을 치라는 속설이 있는데 이는 엄밀히 말해 과학적 방법이 아니다. 반복적인 것보다 평소 뇌가 쓰이지 않던 새로운 것을 자주 해야 한다. 그런 의미에서 전문가들은 외국어 공부가 치매 예방에 가장 좋다고 말한다. 뇌의 가용 용량을 다양하게 늘려 놓으면 설사 치매로 일부 뇌세포가 손상되더라도 그것을 보충해 줄 뇌 기능의 여유분이 있기 때문에 치매 증상이 상당히 줄어든다고 한다.

★ 치매의 종류 및 증상

    A. 루이소체 치매
        1. 루이체가 뇌 겉질에 축적되면 치매, 중뇌에 축적되면 파킨슨병
        2. 행동이 느려짐, 뻣뻣한 움직임, 손의 떨림, 종종걸음 등
    B. 알코올성 치매
        1. 신경세포에 부정적인 영향을 주며 장기간 과음 시 치매로 진행
        2. 작화증, 눈 움직임의 문제, 비틀거리는 걸음걸이, 기억력 저하

★ *영국의 치매 돌봄 서비스 제공 지표*

평가영역	구분	지표명
종사자들의 적절한 교육훈련	구조	치매 관련 종사자를 위한 지역사회 치매 교육 프로그램 제공
	과정	전체 치매 관련 종사자들 중 최신 보수교육을 이수 받은 사람들의 비율
평가 및 개인별 맞춤형 케어 플랜 수립	구조	환자 개인별 맞춤형 서비스 제공을 위한 준비
	과정1	치매 환자 중 케어 플랜이 수립된 환자 비율
	과정2	치매 환자 중 보건 및 복지 서비스 코디네이터 할당된 환자 비율

치매안심센터

㉮ 2030년 치매인구는 전 세계적으로 6,600만 명으로 늘어날 것으로 예상

제11회 정보기술자격(ITQ) 출제예상 모의고사

작성 시간 / 시험 시간	채점 결과
분 / 60분	점 / 500점

과목	코드	문제유형	시험시간	수험번호	성명
아래한글	1111	B	60분		

한컴 오피스

· 수험자 유의사항 ·

- 수험자는 문제지를 받는 즉시 문제지와 **수험표상의 시험과목(프로그램)이 동일한지 반드시 확인**하여야 합니다.
- 파일명은 본인의 "수험번호-성명"으로 입력하여 답안폴더(내 PC\문서\ITQ)에 하나의 파일로 저장해야하며, 답안파일을 전송하지 않아 미제출로 처리될 경우 실격 처리합니다(예:12345678-홍길동.hwpx).
- 답안 작성을 마치면 파일을 저장하고, '답안 전송' 버튼을 선택하여 감독위원 PC로 답안을 전송하십시오. 수험생 정보와 저장한 파일명이 다를 경우 전송되지 않으므로 주의하시기 바랍니다.
- 답안 작성 중에도 **주기적으로 저장하고, '답안 전송'** 하여야 문제 발생을 줄일 수 있습니다. 작업한 내용을 저장하지 않고 전송할 경우 이전에 저장된 내용이 전송되오니 이점 유의하시기 바랍니다.
- 답안문서는 지정된 경로 외의 다른 보조기억장치에 저장하는 경우, 지정된 시험 시간 외에 작성된 파일을 활용할 경우, 기타 통신수단(이메일, 메신저, 네트워크 등)을 이용하여 타인에게 전달 또는 외부 반출하는 경우는 부정 처리합니다.
- 시험 중 부주의 또는 고의로 시스템을 파손한 경우는 수험자가 변상해야 하며, 〈수험자 유의사항〉에 기재된 방법대로 이행하지 않아 생기는 불이익은 수험생 당사자의 책임임을 알려 드립니다.
- 문제의 조건은 한컴오피스 2022 / 2020 버전으로 설정되어 있으니 유의하시기 바랍니다.
- 시험을 완료한 수험자는 답안파일이 전송되었는지 확인한 후 감독위원의 지시에 따라 문제지를 제출하고 퇴실합니다.

· 답안 작성요령 ·

- 온라인 답안 작성 절차
  수험자 등록 ⇒ 시험 시작 ⇒ 답안파일 저장 ⇒ 답안 전송 ⇒ 시험 종료
- 공통 부문
  - 글꼴에 대한 기본설정은 함초롬바탕, 10포인트, 검정, 줄간격 160%, 양쪽정렬로 합니다.
  - 색상은 조건의 색을 적용하고 색의 구분이 안 될 경우에는 RGB 값을 적용하십시오.
    (빨강 255, 0, 0 / 파랑 0, 0, 255 / 노랑 255, 255, 0).
  - 각 문항에 주어진 ≪조건≫에 따라 작성하고 언급하지 않은 조건은 ≪출력형태≫와 같이 작성합니다.
  - 용지여백은 왼쪽·오른쪽 11mm, 위쪽·아래쪽·머리말·꼬리말 10mm, 제본 0mm로 합니다.
  - 그림 삽입 문제의 경우 「내 PC\문서\ITQ\Picture」 폴더에서 지정된 파일을 선택하여 삽입하십시오.
  - 삽입한 그림은 반드시 문서에 포함하여 저장해야 합니다(미포함 시 감점 처리).
  - 각 항목은 지정된 페이지에 출력형태와 같이 정확히 작성하시기 바라며, 그렇지 않을 경우에 해당 항목은 0점 처리됩니다.
    ※ 페이지구분 : 1페이지 - 기능평가 I (문제번호 표시 : 1. 2.),
    　　　　　　　 2페이지 - 기능평가 II (문제번호 표시 : 3. 4.),
    　　　　　　　 3페이지 - 문서작성 능력평가
- 기능평가
  - 문제와 ≪조건≫은 입력하지 않으며 문제번호와 답(≪출력형태≫)만 작성합니다.
  - 4번 문제는 묶기를 했을 경우 0점 처리됩니다.
- 문서작성 능력평가
  - A4 용지(210mm×297mm) 1매 크기, 세로 서식 문서로 작성합니다.
  - ┌┄┄┄┄┄┐ 표시는 문서작성에 대한 지시사항이므로 작성하지 않습니다.

kpc 한국생산성본부

기능평가 I   150점

1. 다음의 ≪조건≫에 따라 스타일 기능을 적용하여 ≪출력형태≫와 같이 작성하시오. (50점)

≪조건≫ (1) 스타일 이름 – martial
(2) 문단 모양 – 왼쪽 여백 : 10pt, 문단 아래 간격 : 10pt
(3) 글자 모양 – 글꼴 : 한글(궁서)/영문(돋움), 크기 : 10pt, 장평 : 95%, 자간 : -5%

≪출력형태≫

You can see diligent and happy lives of Chungju citizens large and small festivals. Beginning of Spa Festival and holding Chungju Martial Arts Festival and Ureuk Cultural Festival will on the top rung.

한반도의 중심이며 국가 지정 중요무형문화재 제76호인 택견의 본고장 충주에서 세계 무술과 문화의 만남이라는 주제로 다양한 체험과 함께 세계무술축제가 개최된다.

2. 다음의 ≪조건≫에 따라 ≪출력형태≫와 같이 표와 차트를 작성하시오. (100점)

≪표 조건≫ (1) 표 전체(표, 캡션) – 돋움, 10pt
(2) 정렬 – 문자 : 가운데 정렬, 숫자 : 오른쪽 정렬
(3) 셀 배경(면색) : 노랑
(4) 한글의 계산 기능을 이용하여 빈칸에 평균(소수점 두 자리)을 구하고, 캡션 기능 사용할 것
(5) 선 모양은 ≪출력형태≫와 동일하게 처리할 것

≪출력형태≫

연도별 무술 수련자 현황(단위 : 천 명)

구분	2019년	2020년	2021년	2022년	평균
택견	225	224	312	324	
해동검도	223	272	291	321	
특공무술	268	284	348	368	
공권유술	198	250	268	298	

≪차트 조건≫ (1) 차트 데이터는 표 내용에서 연도별 택견, 해동검도, 특공무술의 값만 이용할 것
(2) 종류 – 〈묶은 세로 막대형〉으로 작업할 것
(3) 제목 – 글꼴 : 굴림, 진하게, 12pt,
속성 : 채우기(밝은 색 : 하양), 테두리, 그림자(바깥쪽 : 대각선 오른쪽 아래)
(4) 제목 이외의 전체 글꼴 – 굴림, 보통, 10pt
(5) 축제목과 범례는 ≪출력형태≫와 동일하게 처리할 것

≪출력형태≫

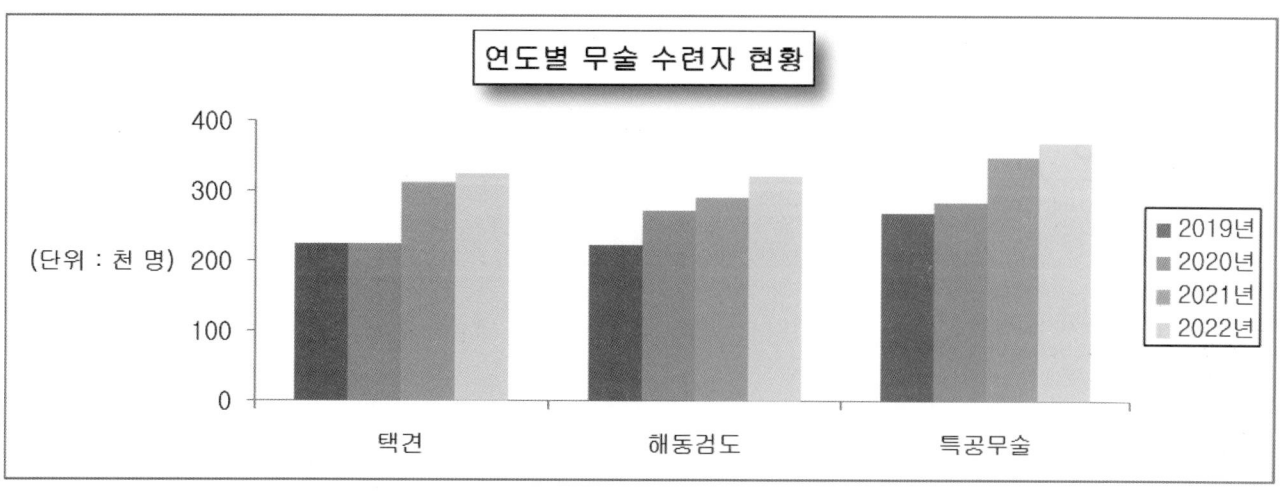

기능평가 II — 150점

3. 다음 (1), (2)의 수식을 수식 편집기로 각각 입력하시오. (40점)

≪출력형태≫

(1) $\sum_{k=1}^{10}(k^3+6k^2+4k+3)=256$

(2) $\int_a^b xf(x)dx = \dfrac{1}{b-a}\int_a^b xdx = \dfrac{a+b}{2}$

4. 다음의 ≪조건≫에 따라 ≪출력형태≫와 같이 문서를 작성하시오. (110점)

≪조건≫

(1) 그리기 도구를 이용하여 작성하고, 모든 도형(글맵시, 지정된 그림 포함)을 ≪출력형태≫와 같이 작성하시오.
(2) 도형의 면색은 지시사항이 없으면 색 없음을 제외하고 서로 다르게 임의로 지정하시오.

≪출력형태≫

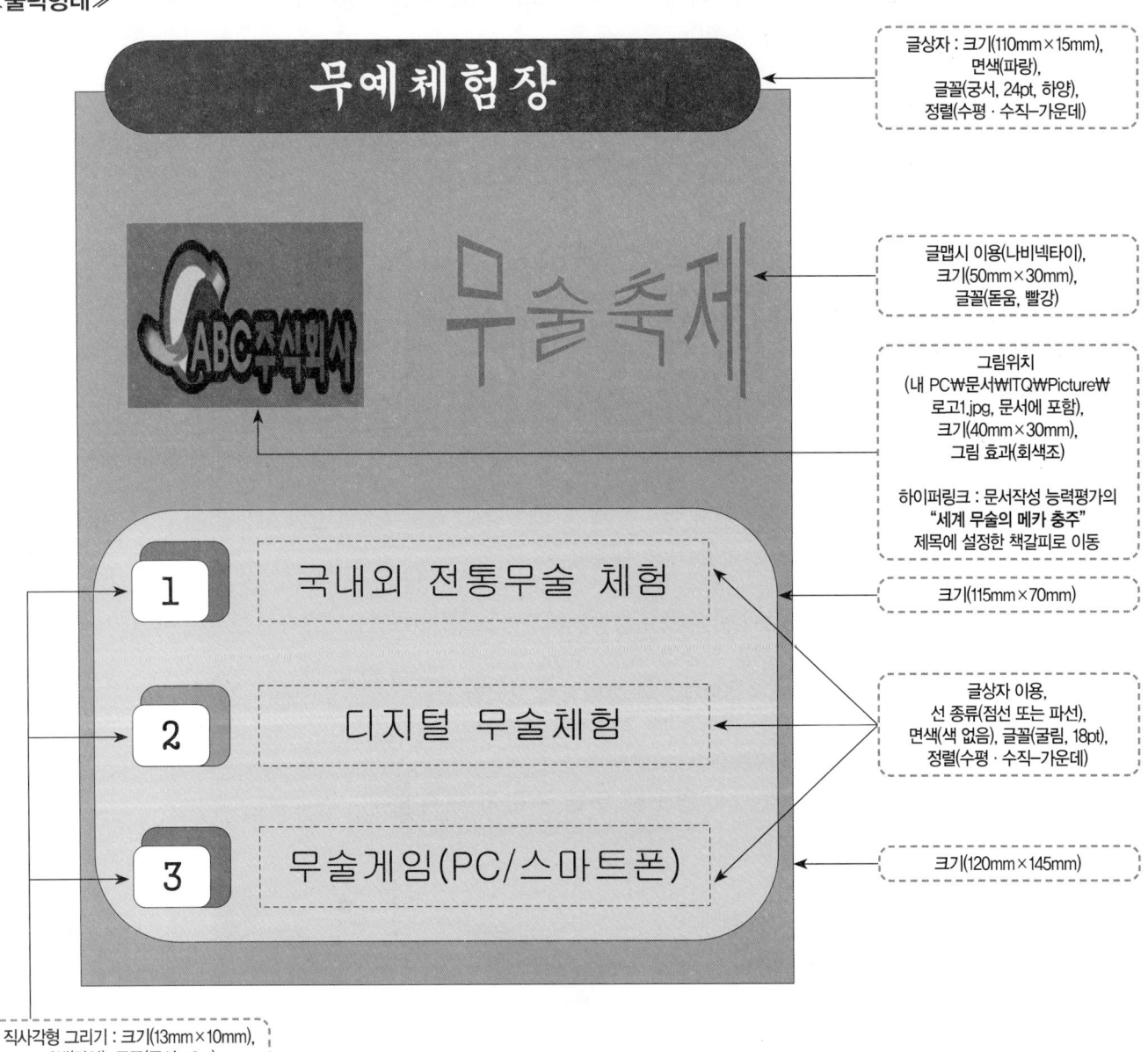

세계 무술의 메카 충주

문화의 시대로 불리는 21세기는 문화(文化)가 곧 국력이자 부가가치가 무한한 관광 자원이다. 찬란했던 중원문화ⓐ의 중심지인 충주는 국가 지정 중요무형문화재 제76호인 택견의 본고장으로 1998년부터 충주세계무술축제를 개최하고 있다. 유네스코가 공식 후원하는 본 행사는 국내 무술은 물론 아시아, 아메리카, 오세아니아, 아프리카, 유럽 등 전 세계 주요 무술을 만날 수 있는 생동감 넘치는 축제의 장이다. 제14회를 맞은 2012년에는 37개국 42개 세계무술연맹 단체를 비롯하여 국내외 유수의 무술 팀이 대거 참여해 풍성한 볼거리와 흥미진진하고 다양한 체험을 선사하면서 충주를 세계 무술의 메카로 확고히 자리매김하게 하였다.

세계무술축제는 충주 지역 관광의 세계화를 통해 지역 경제의 활성화를 도모하고, 외국인 관광객을 집중적으로 유치하여 문화관광 상품으로 발전(發展)하는 데 그 목적이 있다. 공식 행사, 문화 행사, 무술 및 경연 행사 등 무대 프로그램과 무술체험복합관, 건강체험관 등 상설 프로그램 그리고 시민 참여 및 경연 행사와 전시 프로그램을 통해 무술을 사랑하는 마니아뿐만 아니라 국내외 많은 관광객을 대상으로 무술의 대중화에 앞장서고자 한다.

♥ 세계의 전통 무술

1. 한국의 전통 무술
   가. 태권도 : 기술단련으로 자신의 신체를 방어하는 호신 무술
   나. 합기도 : 합기를 사용해서 상대를 다루는 전통 무예
2. 일본의 전통 무술
   가. 주짓수 : 유술을 바탕으로 상대방을 제압하는 전통 무예
   나. 가라테 : 신체 각 부위면을 이용해서 상대방을 공격하는 무술

♥ 무술축제 프로그램과 내용

구분		내용
무대 프로그램	문화 행사	사물놀이, 직지팝스 오케스트라, 택견 비보잉
	무술 및 경연 행사	키즈세계무예마스터쉽, 세계철인무사대회, 국제무예연무대회
상설 프로그램	무술 체험	특공무술 체험, 주짓수 배우기, 전자기록장비 체험
	세계무술퍼레이드	축제장 내 밴드, 공연, 무술팀 합동 행진

충주중원문화재단

ⓐ 충주 지역을 중심으로 형성되었던 정치, 경제, 사회 등 모든 상황을 포괄하는 개념

제 12 회 정보기술자격(ITQ) 출제예상 모의고사

작성 시간 / 시험 시간	채점 결과
분 / 60분	점 / 500점

과목	코드	문제유형	시험시간	수험번호	성명
아래한글	1111	C	60분		

한컴 오피스

· 수험자 유의사항 ·

- 수험자는 문제지를 받는 즉시 문제지와 **수험표상의 시험과목(프로그램)이 동일한지 반드시 확인**하여야 합니다.
- 파일명은 본인의 "수험번호-성명"으로 입력하여 답안폴더(내 PC₩문서₩ITQ)에 하나의 파일로 저장해야하며, 답안파일을 전송하지 않아 미제출로 처리될 경우 실격 처리합니다(예:12345678-홍길동.hwpx).
- 답안 작성을 마치면 파일을 저장하고, '답안 전송' 버튼을 선택하여 감독위원 PC로 답안을 전송하십시오. 수험생 정보와 저장한 파일명이 다를 경우 전송되지 않으므로 주의하시기 바랍니다.
- 답안 작성 중에도 **주기적으로 저장하고, '답안 전송'**하여야 문제 발생을 줄일 수 있습니다. 작업한 내용을 저장하지 않고 전송할 경우 이전에 저장된 내용이 전송되오니 이점 유의하시기 바랍니다.
- 답안문서는 지정된 경로 외의 다른 보조기억장치에 저장하는 경우, 지정된 시험 시간 외에 작성된 파일을 활용할 경우, 기타 통신수단(이메일, 메신저, 네트워크 등)을 이용하여 타인에게 전달 또는 외부 반출하는 경우는 부정 처리합니다.
- 시험 중 부주의 또는 고의로 시스템을 파손한 경우는 수험자가 변상해야 하며, 〈수험자 유의사항〉에 기재된 방법대로 이행하지 않아 생기는 불이익은 수험생 당사자의 책임임을 알려 드립니다.
- 문제의 조건은 한컴오피스 2022 / 2020 버전으로 설정되어 있으니 유의하시기 바랍니다.
- 시험을 완료한 수험자는 답안파일이 전송되었는지 확인한 후 감독위원의 지시에 따라 문제지를 제출하고 퇴실합니다.

· 답안 작성요령 ·

- 온라인 답안 작성 절차
  수험자 등록 ⇒ 시험 시작 ⇒ 답안파일 저장 ⇒ 답안 전송 ⇒ 시험 종료
- 공통 부문
  - 글꼴에 대한 기본설정은 함초롬바탕, 10포인트, 검정, 줄간격 160%, 양쪽정렬로 합니다.
  - 색상은 조건의 색을 적용하고 색의 구분이 안 될 경우에는 RGB 값을 적용하십시오.
    (빨강 255, 0, 0 / 파랑 0, 0, 255 / 노랑 255, 255, 0).
  - 각 문항에 주어진 ≪조건≫에 따라 작성하고 언급하지 않은 조건은 ≪출력형태≫와 같이 작성합니다.
  - 용지여백은 왼쪽 · 오른쪽 11mm, 위쪽 · 아래쪽 · 머리말 · 꼬리말 10mm, 제본 0mm로 합니다.
  - 그림 삽입 문제의 경우 「내 PC₩문서₩ITQ₩Picture」폴더에서 지정된 파일을 선택하여 삽입하십시오.
  - 삽입한 그림은 반드시 문서에 포함하여 저장해야 합니다(미포함 시 감점 처리).
  - 각 항목은 지정된 페이지에 출력형태와 같이 정확히 작성하시기 바라며, 그렇지 않을 경우에 해당 항목은 0점 처리됩니다.
    ※ 페이지구분 : 1페이지 - 기능평가 I (문제번호 표시 : 1. 2.),
    　　　　　　　2페이지 - 기능평가 II (문제번호 표시 : 3. 4.),
    　　　　　　　3페이지 - 문서작성 능력평가
- 기능평가
  - 문제와 ≪조건≫은 입력하지 않으며 문제번호와 답(≪출력형태≫)만 작성합니다.
  - 4번 문제는 묶기를 했을 경우 0점 처리됩니다.
- 문서작성 능력평가
  - A4 용지(210㎜×297㎜) 1매 크기, 세로 서식 문서로 작성합니다.
  - ( ) 표시는 문서작성에 대한 지시사항이므로 작성하지 않습니다.

kpc 한국생산성본부

기능평가 I 150점

1. 다음의 ≪조건≫에 따라 스타일 기능을 적용하여 ≪출력형태≫와 같이 작성하시오. (50점)

≪조건≫ (1) 스타일 이름 - library
(2) 문단 모양 - 왼쪽 여백 : 15pt, 문단 아래 간격 : 10pt
(3) 글자 모양 - 글꼴 : 한글(돋움)/영문(궁서), 크기 : 10pt, 장평 : 95%, 자간 : -5%

≪출력형태≫

The collection of resources is done through submission of documents, and through the purchase, donation, and international exchanges of publications.

독서는 단순한 문자 판독이 아니라, 글쓴이와 읽는 이와의 간접적 만남이며 그 만남은 책이라는 작품을 매개로 하여 이루어지는 것이기 때문에 의사소통 행위라고 할 수 있다.

2. 다음의 ≪조건≫에 따라 ≪출력형태≫와 같이 표와 차트를 작성하시오. (100점)

≪표 조건≫ (1) 표 전체(표, 캡션) - 돋움, 10pt
(2) 정렬 - 문자 : 가운데 정렬, 숫자 : 오른쪽 정렬
(3) 셀 배경(면색) : 노랑
(4) 한글의 계산 기능을 이용하여 빈칸에 평균(소수점 두 자리)을 구하고, 캡션 기능 사용할 것
(5) 선 모양은 ≪출력형태≫와 동일하게 처리할 것

≪출력형태≫

지역별 도서관 현황(단위: 십만 권, 천 종, 관)

구분	부산	대구	인천	광주	평균
총 도서	63	47	49	26	
전자자료	99	535	743	258	
연속간행물	8	7	3	4	
도서관	47	44	55	24	

≪차트 조건≫ (1) 차트 데이터는 표 내용에서 지역별 총 도서, 전자자료, 연속간행물의 값만 이용할 것
(2) 종류 - 〈묶은 세로 막대형〉으로 작업할 것
(3) 제목 - 글꼴 : 굴림, 진하게, 12pt,
속성 : 채우기(밝은 색 : 하양), 테두리, 그림자(바깥쪽 : 대각선 오른쪽 아래)
(4) 제목 이외의 전체 글꼴 - 굴림, 보통, 10pt
(5) 축제목과 범례는 ≪출력형태≫와 동일하게 처리할 것

≪출력형태≫

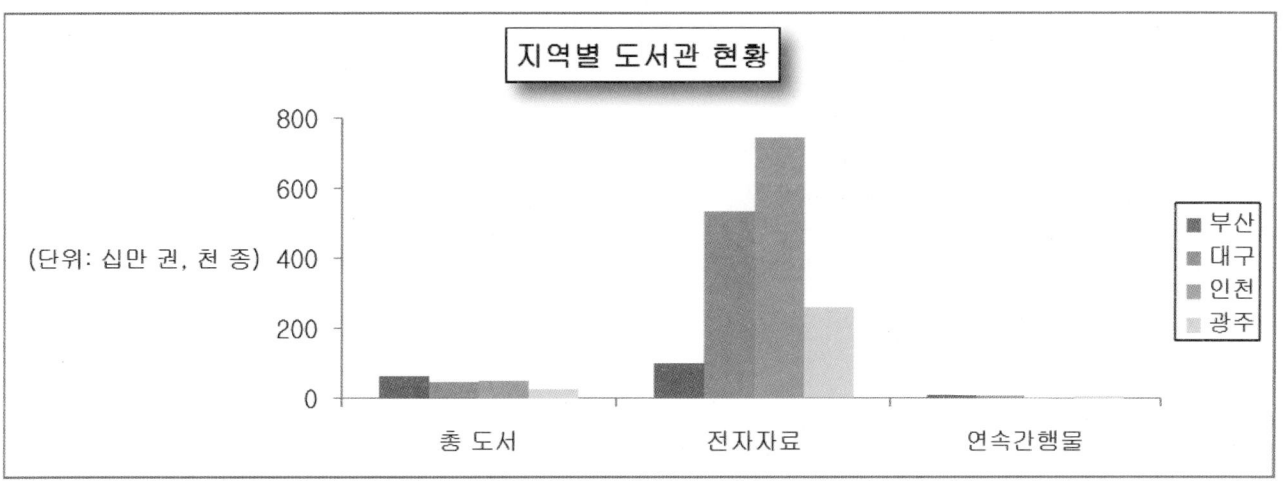

기능평가 II 150점

3. 다음 (1), (2)의 수식을 수식 편집기로 각각 입력하시오. (40점)

≪출력형태≫

(1) $\lambda = \dfrac{h}{mh} = \dfrac{h}{\sqrt{2meV}}$

(2) $\dfrac{F}{h_2} = t_2 k_1 \dfrac{t_1}{d} = 2 \times 10^{-7} \dfrac{t_1 t_2}{d}$

4. 다음의 ≪조건≫에 따라 ≪출력형태≫와 같이 문서를 작성하시오. (110점)

≪조건≫
(1) 그리기 도구를 이용하여 작성하고, 모든 도형(글맵시, 지정된 그림 포함)을 ≪출력형태≫와 같이 작성하시오.
(2) 도형의 면색은 지시사항이 없으면 색 없음을 제외하고 서로 다르게 임의로 지정하시오.

≪출력형태≫

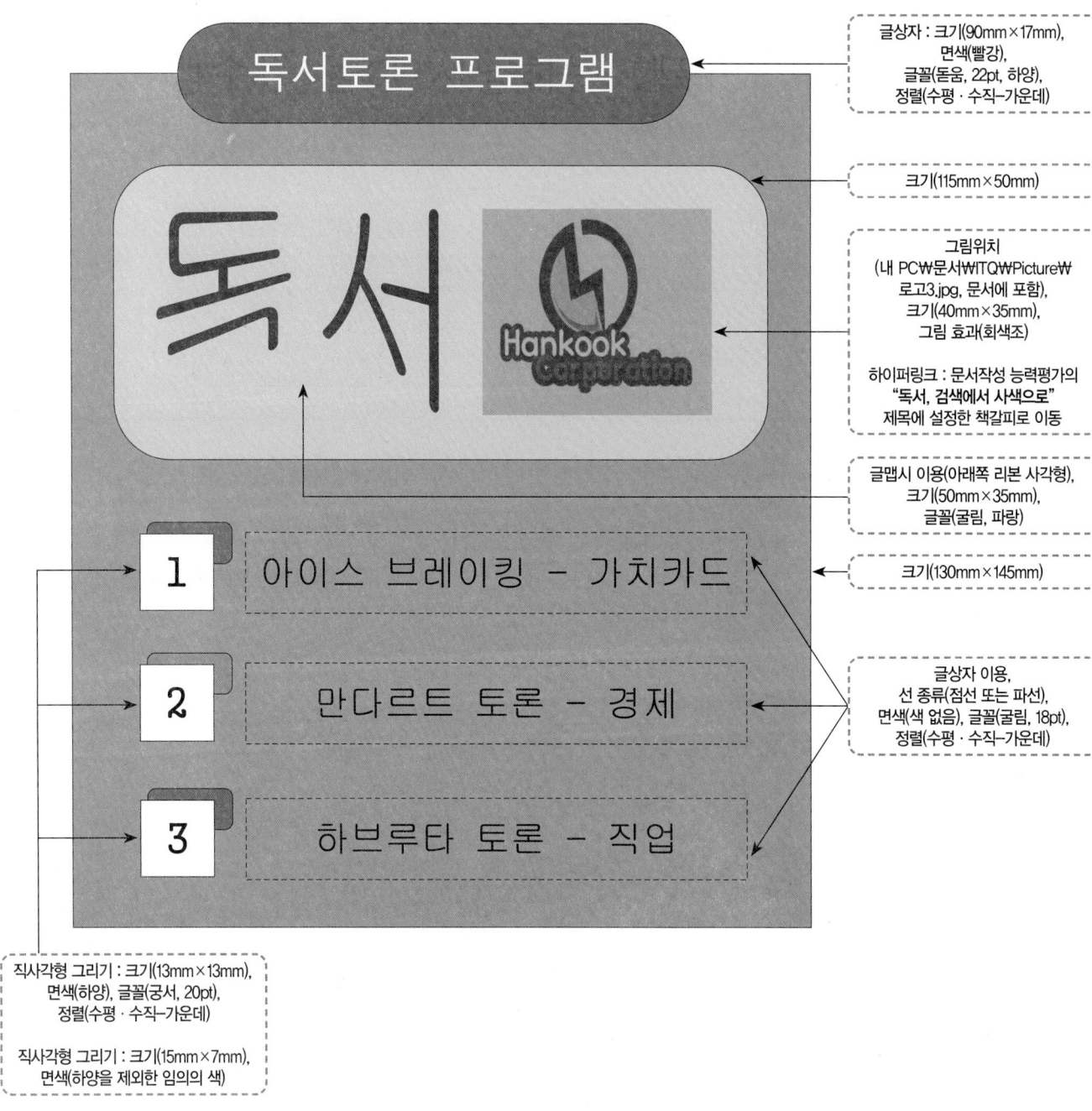

독서, 검색에서 사색으로

사람은 무의식적으로 여러 정보를 접하면서 본인이 마음에 들어 하는 것은 택하고 그렇지 않은 것은 버리는 취사선택을 한다. 어릴 때부터 바른 정서와 바람직한 행동을 하기 위해서는 교육적인 책을 통해서 좋은 정보를 접할 수 있도록 하는 것이 중요하다. 특히 현대 사회처럼 급변(急變)하는 변화의 물결 속에서 숨 가쁘게 돌아가는 시대에는 더욱 그렇다. 이러한 변화는 발전과 성장이라는 긍정적 성과의 원동력이기는 하나 그 이면에는 무한 경쟁과 물질 만능주의로 인한 인간성 상실의 위기 속에서 희망을 잃어버린 사람들이 늘어나고 있다는 부정적 측면 또한 외면할 수 없는 현실이다.

잃어버린 희망을 되찾고 올바른 가치관을 재정립하여 건전한 상식이 통용(通用)되는 사회를 이루기 위해서는 각 개인이 주체적 존재로서 삶의 주인이 되어야 한다. 책은 사고력 및 창조성 등 개인의 능력 계발과 적극성 및 추진력 등 바람직한 성격 형성에도 지대한 영향을 미쳐 전인교육의 바탕을 이루는 필수 요소라 할 수 있다. 풍요 속 빈곤의 시대를 살아가는 고독한 현대인들의 생활에 촉촉한 단비가 되어 줄 양서ⓐ를 널리 보급하고 책 읽기 운동을 적극 전개하여 풍요로운 삶을 실현하고 문화 변혁을 이루어 인간 중심의 따뜻한 미래를 앞당겨야 할 것이다.

♥ e-Book(전자책) 챌린지 공모전

   i. 참여도서 및 주제
      a. 참여도서 : 도서관 사이트에 탑재된 전자책
      b. 주제 : 전자책을 읽고 다양한 미디어를 활용한 독후소감
   ii. 참여기간 및 대상
      a. 참여기간 : 2023.11.13 - 12.8
      b. 대상 : 초등(4-6학년), 중학생, 고등학생, 학교 밖 청소년

♥ 독서교육종합지원시스템

구분	내용	비고
도서관 업무지원	자료대출, 반납 처리 등의 업무 처리	디지털자료실지원센터 (표준화된 학교 도서관 정보시스템)
	도서관 운영과 관련된 각종 통계 자료 및 보고서 작성	
자료구축/공유	도서, 비도서, 전자 자료 등의 목록 시스템 구축 및 공유	
	디지털 원문자료(e-Book, 온라인 도감 등)의 공동 활용 지원	
독서교육	교과활용 방안을 이용한 교사 및 학생의 교수-학습 활동 지원	

디지털자료실지원센터

ⓐ 내용이 건전하거나 교훈적이어서 생활에 지침이 될 만한 좋은 책

MEMO

PART 03
최신유형 기출문제

☑ 제 **01** 회 최신유형 기출문제

☑ 제 **02** 회 최신유형 기출문제

☑ 제 **03** 회 최신유형 기출문제

☑ 제 **04** 회 최신유형 기출문제

☑ 제 **05** 회 최신유형 기출문제

정보기술자격(ITQ) 최신유형 기출문제

작성 시간 / 시험 시간	채점 결과
분 / 60분	점 / 500점

과목	코드	문제유형	시험시간	수험번호	성명
아래한글	1111	A	60분		

한컴 오피스

· 수험자 유의사항 ·

- 수험자는 문제지를 받는 즉시 문제지와 **수험표상의 시험과목(프로그램)이 동일한지 반드시 확인**하여야 합니다.
- 파일명은 본인의 "수험번호-성명"으로 입력하여 답안폴더(내 PC₩문서₩ITQ)에 하나의 파일로 저장해야하며, 답안파일을 전송하지 않아 미제출로 처리될 경우 실격 처리합니다(예:12345678-홍길동.hwpx).
- 답안 작성을 마치면 파일을 저장하고, '답안 전송' 버튼을 선택하여 감독위원 PC로 답안을 전송하십시오. 수험생 정보와 저장한 파일명이 다를 경우 전송되지 않으므로 주의하시기 바랍니다.
- 답안 작성 중에도 **주기적으로 저장하고, '답안 전송'**하여야 문제 발생을 줄일 수 있습니다. 작업한 내용을 저장하지 않고 전송할 경우 이전에 저장된 내용이 전송되오니 이점 유의하시기 바랍니다.
- 답안문서는 지정된 경로 외의 다른 보조기억장치에 저장하는 경우, 지정된 시험 시간 외에 작성된 파일을 활용할 경우, 기타 통신수단(이메일, 메신저, 네트워크 등)을 이용하여 타인에게 전달 또는 외부 반출하는 경우는 부정 처리합니다.
- 시험 중 부주의 또는 고의로 시스템을 파손한 경우는 수험자가 변상해야 하며, 〈수험자 유의사항〉에 기재된 방법대로 이행하지 않아 생기는 불이익은 수험생 당사자의 책임임을 알려 드립니다.
- 문제의 조건은 한컴오피스 2022 / 2020 버전으로 설정되어 있으니 유의하시기 바랍니다.
- 시험을 완료한 수험자는 답안파일이 전송되었는지 확인한 후 감독위원의 지시에 따라 문제지를 제출하고 퇴실합니다.

· 답안 작성요령 ·

- 온라인 답안 작성 절차
  수험자 등록 ⇒ 시험 시작 ⇒ 답안파일 저장 ⇒ 답안 전송 ⇒ 시험 종료
- 공통 부문
  · 글꼴에 대한 기본설정은 함초롬바탕, 10포인트, 검정, 줄간격 160%, 양쪽정렬로 합니다.
  · 색상은 조건의 색을 적용하고 색의 구분이 안 될 경우에는 RGB 값을 적용하십시오.
   (빨강 255, 0, 0 / 파랑 0, 0, 255 / 노랑 255, 255, 0).
  · 각 문항에 주어진 《조건》에 따라 작성하고 언급하지 않은 조건은 《출력형태》와 같이 작성합니다.
  · 용지여백은 왼쪽·오른쪽 11mm, 위쪽·아래쪽·머리말·꼬리말 10mm, 제본 0mm로 합니다.
  · 그림 삽입 문제의 경우 「내 PC₩문서₩ITQ₩Picture」 폴더에서 지정된 파일을 선택하여 삽입하십시오.
  · 삽입한 그림은 반드시 문서에 포함하여 저장해야 합니다(미포함 시 감점 처리).
  · 각 항목은 지정된 페이지에 출력형태와 같이 정확히 작성하시기 바라며, 그렇지 않을 경우에 해당 항목은 0점 처리됩니다.
    ※ 페이지구분 : 1페이지 - 기능평가 I (문제번호 표시 : 1. 2.),
              2페이지 - 기능평가 II (문제번호 표시 : 3. 4.),
              3페이지 - 문서작성 능력평가
- 기능평가
  · 문제와 《조건》은 입력하지 않으며 문제번호와 답(《출력형태》)만 작성합니다.
  · 4번 문제는 묶기를 했을 경우 0점 처리됩니다.
- 문서작성 능력평가
  · A4 용지(210mm×297mm) 1매 크기, 세로 서식 문서로 작성합니다.
  · ┌─────┐ 표시는 문서작성에 대한 지시사항이므로 작성하지 않습니다.

kpc 한국생산성본부

기능평가 I   150점

1. 다음의 ≪조건≫에 따라 스타일 기능을 적용하여 ≪출력형태≫와 같이 작성하시오. (50점)

≪조건≫ (1) 스타일 이름 - semantic
       (2) 문단 모양 - 왼쪽 여백 : 15pt, 문단 아래 간격 : 10pt
       (3) 글자 모양 - 글꼴 : 한글(궁서)/영문(돋움), 크기 : 10pt, 장평 : 95%, 자간 : 5%

≪출력형태≫

Semantic Network Analysis is a technique that analyzes semantic relations between words, and can identify how specific topics or concepts are connected within a document.

시멘틱 네트워크 분석은 단어들 간의 의미적 관계를 분석하는 기법으로, 특정 주제나 개념이 문서 내에서 어떻게 연결되어 있는지를 시각적으로 표현하여 주요 개념과 관계를 파악할 수 있다.

2. 다음의 ≪조건≫에 따라 ≪출력형태≫와 같이 표와 차트를 작성하시오. (100점)

≪표 조건≫ (1) 표 전체(표, 캡션) - 돋움, 10pt
         (2) 정렬 - 문자 : 가운데 정렬, 숫자 : 오른쪽 정렬
         (3) 셀 배경(면색) : 노랑
         (4) 한글의 계산 기능을 이용하여 빈칸에 합계를 구하고, 캡션 기능 사용할 것
         (5) 선 모양은 ≪출력형태≫와 동일하게 처리할 것

≪출력형태≫

시민력 연구 인터뷰 분석 자료 현황(단위 : 개)

구분	대화 건수	대화내용 수	영상 건수	녹취록 수	합계
사회복지학계	30	59	11	19	
지방자치단체	12	24	3	9	
사회적기업	56	115	19	37	
NPO센터장	13	26	6	7	

≪차트 조건≫ (1) 차트 데이터는 표 내용에서 구분별 사회복지학계, 지방자치단체, 사회적기업의 값만 이용할 것
           (2) 종류 - 〈묶은 세로 막대형〉으로 작업할 것
           (3) 제목 - 글꼴 : 굴림, 진하게, 12pt,
                     속성 : 채우기(밝은 색 : 하양), 테두리, 그림자(바깥쪽 : 대각선 오른쪽 아래)
           (4) 제목 이외의 전체 글꼴 - 굴림, 보통, 10pt
           (5) 축제목과 범례는 ≪출력형태≫와 동일하게 처리할 것

≪출력형태≫

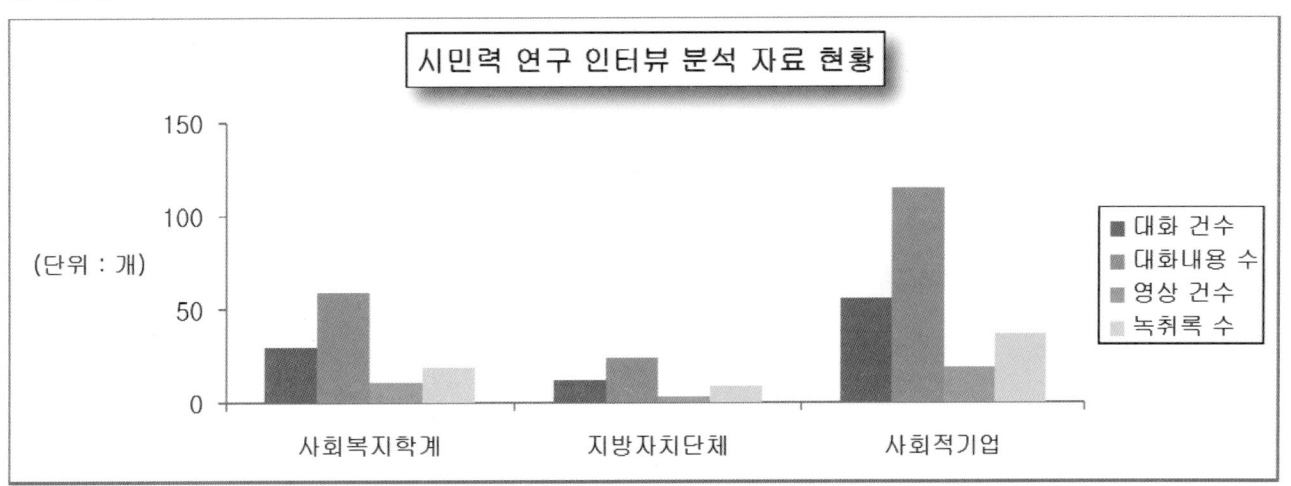

기능평가 II — 150점

3. 다음 (1), (2)의 수식을 수식 편집기로 각각 입력하시오. (40점)

≪출력형태≫

(1) $\dfrac{x}{\sqrt{a}-\sqrt{b}} = \dfrac{x\sqrt{a}+x\sqrt{b}}{a-b}$

(2) $K = \dfrac{a(1+r)(1+r)^n - 1}{r}$

4. 다음의 ≪조건≫에 따라 ≪출력형태≫와 같이 문서를 작성하시오. (110점)

≪조건≫

(1) 그리기 도구를 이용하여 작성하고, 모든 도형(글맵시, 지정된 그림 포함)을 ≪출력형태≫와 같이 작성하시오.
(2) 도형의 면색은 지시사항이 없으면 색 없음을 제외하고 서로 다르게 임의로 지정하시오.

≪출력형태≫

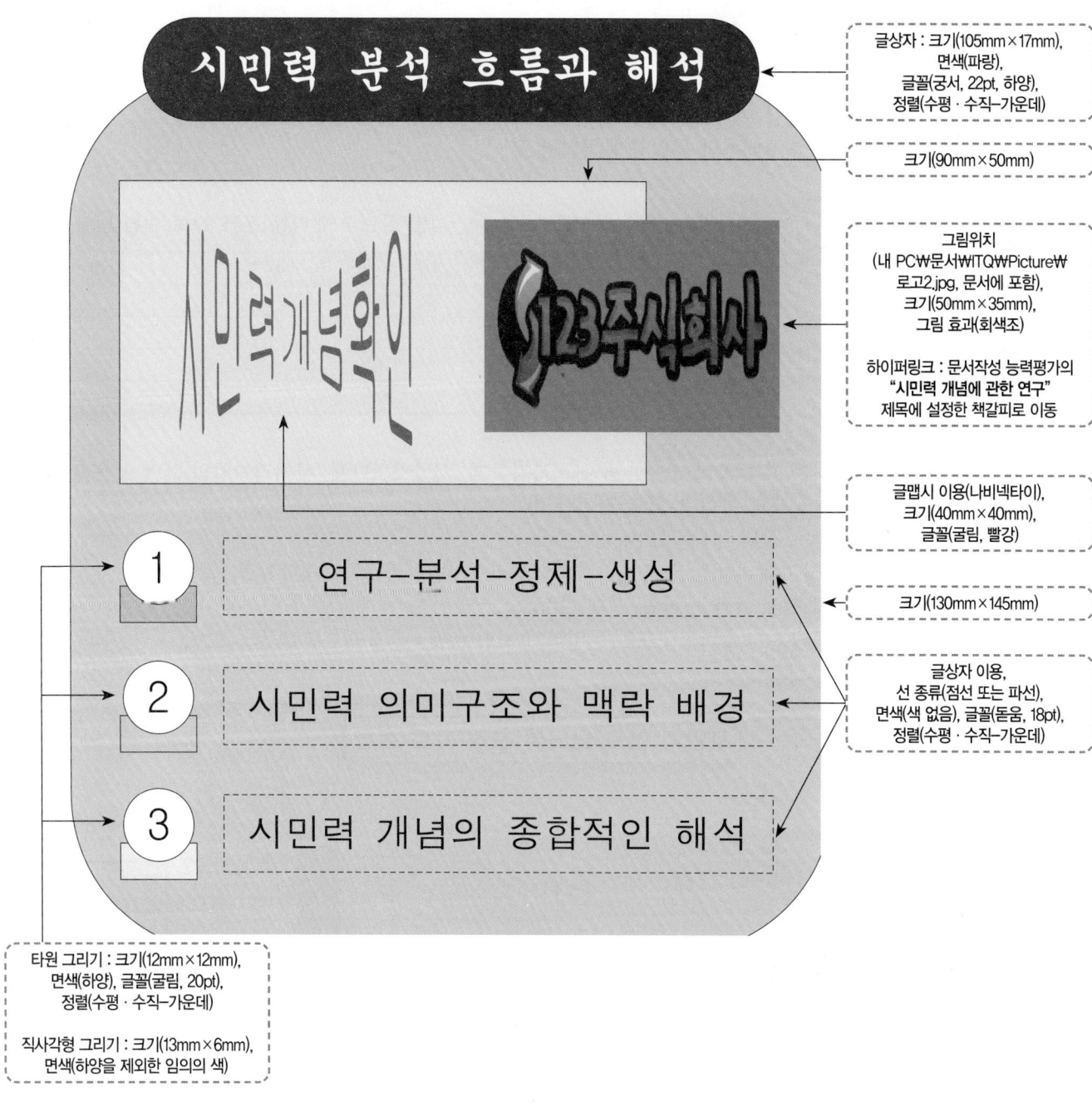

시멘틱 네트워크

텍스트마이닝 방법 중심으로
시민력 개념에 관한 연구

시민사회와 평생교육, 사회복지 등의 분야에서 강조되고 있는 시민력의 개념적 의미를 파악했다는 점에서 학술적 의의가 있으나 일본의 시민력 연구 동향을 확인하지 못한 한계점을 가진다. 시민력①은 'social civic power'로 번역(飜譯)되는데 해당 용어에 대한 연구는 거의 없다. 시민력의 태동은 일본의 싱크탱크에서 언급하였던 것으로 확인된다. 따라서 시민력에 대한 일본 연구의 동향을 확인할 필요가 있음에도 일본어로 작성된 논문을 검색하여 확인하지 못한 점은 이 연구의 한계(限界)로 지적된다. 그리고 시민력에 대한 후속 연구로 시민력과 관련된 경험적인 연구가 추후 필요할 것으로 판단된다. 시민의 참여 필요성은 앞선 개념 논의에서도 확인하였듯이, 우리나라 법적 체계로 지지받고 있다. 시민력이 발현되는 중요한 전제 조건 중의 하나는 시민이 직접 참여하는 것이다.

참여의 수준과 범위는 다양하다. 시민의 참여가 이루어질 때 시민력이 발현되지만 시민참여가 없는 경우 시민력은 나타나지 않는다. 따라서 경험적으로 시민참여가 이루어지고 시민력이 확인되는 곳에서 어떠한 현상들이 변화되고 나타나는지 연구할 필요가 있다.

■ 시민력 인식의 의식구조

1. 시민 개인의 동기 및 사회적 환경
   ① 개인 동기 : 현장과 일상에 집중된 자발적 시민행동
   ② 사회적 환경 : 시민 당사자들의 공정성 인식
2. 시민행동에 대한 상호 균형 및 집단 견제
   ① 상호 균형 : 상호 협력을 통해 권력 형성하고 균형 실현
   ② 집단 견제 : 집단 조직하여 견제를 위한 실천적 역량 확보

■ 시민력 인식의 맥락적 해석

접근형태	주요단어	인식의 맥락	맥락해석	중심지표
일상적	숙의, 네트워크, 시스템	시민력이 추구하는 가치관	공정한 민주적 형태의 숙의 달성과 시민 활동	평균 95% 내외
시민활동	민주주의, 일상, 협력			
	시민운동, 역량, 실천	시민 개인의 역량	실천 시민운동의 역량과 의식 필요	81% 수준
조직적	노동조합, 활동가, 정책	조직화 된 시민	조직화되어 권력 형성 및 정책 참여	88% 수준

한국NGO센터

⊙ 시민의 힘, 일본의 싱크탱크 처음 사용, 최근 시민사회와 평생교육, 사회복지계 등에서 사용

제 02 회 정보기술자격(ITQ) 최신유형 기출문제

작성 시간 / 시험 시간	채점 결과
분 / 60분	점 / 500점

과목	코드	문제유형	시험시간	수험번호	성명
아래한글	1111	B	60분		

한컴 오피스

· 수험자 유의사항 ·

- 수험자는 문제지를 받는 즉시 문제지와 **수험표상의 시험과목(프로그램)이 동일한지 반드시 확인**하여야 합니다.
- 파일명은 본인의 "수험번호-성명"으로 입력하여 답안폴더(내 PC₩문서₩ITQ)에 하나의 파일로 저장해야하며, 답안파일을 전송하지 않아 미제출로 처리될 경우 실격 처리합니다(예:12345678-홍길동.hwpx).
- 답안 작성을 마치면 파일을 저장하고, '답안 전송' 버튼을 선택하여 감독위원 PC로 답안을 전송하십시오. 수험생 정보와 저장한 파일명이 다를 경우 전송되지 않으므로 주의하시기 바랍니다.
- 답안 작성 중에도 **주기적으로 저장하고, '답안 전송'**하여야 문제 발생을 줄일 수 있습니다. 작업한 내용을 저장하지 않고 전송할 경우 이전에 저장된 내용이 전송되오니 이점 유의하시기 바랍니다.
- 답안문서는 지정된 경로 외의 다른 보조기억장치에 저장하는 경우, 지정된 시험 시간 외에 작성된 파일을 활용할 경우, 기타 통신수단(이메일, 메신저, 네트워크 등)을 이용하여 타인에게 전달 또는 외부 반출하는 경우는 부정 처리합니다.
- 시험 중 부주의 또는 고의로 시스템을 파손한 경우는 수험자가 변상해야 하며, 〈수험자 유의사항〉에 기재된 방법대로 이행하지 않아 생기는 불이익은 수험생 당사자의 책임임을 알려 드립니다.
- 문제의 조건은 한컴오피스 2022 / 2020 버전으로 설정되어 있으니 유의하시기 바랍니다.
- 시험을 완료한 수험자는 답안파일이 전송되었는지 확인한 후 감독위원의 지시에 따라 문제지를 제출하고 퇴실합니다.

· 답안 작성요령 ·

- 온라인 답안 작성 절차
  수험자 등록 ⇒ 시험 시작 ⇒ 답안파일 저장 ⇒ 답안 전송 ⇒ 시험 종료
- 공통 부문
  - 글꼴에 대한 기본설정은 함초롬바탕, 10포인트, 검정, 줄간격 160%, 양쪽정렬로 합니다.
  - 색상은 조건의 색을 적용하고 색의 구분이 안 될 경우에는 RGB 값을 적용하십시오.
    (빨강 255, 0, 0 / 파랑 0, 0, 255 / 노랑 255, 255, 0).
  - 각 문항에 주어진 ≪조건≫에 따라 작성하고 언급하지 않은 조건은 ≪출력형태≫와 같이 작성합니다.
  - 용지여백은 왼쪽·오른쪽 11mm, 위쪽·아래쪽·머리말·꼬리말 10mm, 제본 0mm로 합니다.
  - 그림 삽입 문제의 경우 「내 PC₩문서₩ITQ₩Picture」폴더에서 지정된 파일을 선택하여 삽입하십시오.
  - 삽입한 그림은 반드시 문서에 포함하여 저장해야 합니다(미포함 시 감점 처리).
  - 각 항목은 지정된 페이지에 출력형태와 같이 정확히 작성하시기 바라며, 그렇지 않을 경우에 해당 항목은 0점 처리됩니다.
    ※ 페이지구분 : 1페이지 - 기능평가 I (문제번호 표시 : 1. 2.),
        2페이지 - 기능평가 II (문제번호 표시 : 3. 4.),
        3페이지 - 문서작성 능력평가
- 기능평가
  - 문제와 ≪조건≫은 입력하지 않으며 문제번호와 답(≪출력형태≫)만 작성합니다.
  - 4번 문제는 묶기를 했을 경우 0점 처리됩니다.
- 문서작성 능력평가
  - A4 용지(210mm×297mm) 1매 크기, 세로 서식 문서로 작성합니다.
  - ◯◯◯◯◯◯ 표시는 문서작성에 대한 지시사항이므로 작성하지 않습니다.

kpc 한국생산성본부

기능평가 I 150점

1. 다음의 ≪조건≫에 따라 스타일 기능을 적용하여 ≪출력형태≫와 같이 작성하시오. (50점)

≪조건≫ (1) 스타일 이름 - manhwa
(2) 문단 모양 - 왼쪽 여백 : 15pt, 문단 아래 간격 : 10pt
(3) 글자 모양 - 글꼴 : 한글(궁서)/영문(돋움), 크기 : 10pt, 장평 : 95%, 자간 : 5%

≪출력형태≫

Korea Manhwa Museum opened in 2001. All collections are open to the public by various exhibitions. Museum also runs variety of experiential activities related Manhwa.

디지털 미디어 시대에서 만화는 웹툰으로 탈바꿈했고, 이제 웹툰은 만화라는 어머니를 삼켜버린 절대적 용어가 되었다고 해도 과언이 아니다.

2. 다음의 ≪조건≫에 따라 ≪출력형태≫와 같이 표와 차트를 작성하시오. (100점)

≪표 조건≫ (1) 표 전체(표, 캡션) - 돋움, 10pt
(2) 정렬 - 문자 : 가운데 정렬, 숫자 : 오른쪽 정렬
(3) 셀 배경(면색) : 노랑
(4) 한글의 계산 기능을 이용하여 빈칸에 합계를 구하고, 캡션 기능 사용할 것
(5) 선 모양은 ≪출력형태≫와 동일하게 처리할 것

≪출력형태≫

만화산업 지역별 사업체 수(단위 : 개)

지역	만화 출판업	온라인 제작	만화책 임대업	만화 도소매업	합계
인천	10	29	33	90	
광주	5	34	13	84	
대전	5	9	19	104	
전북	4	16	17	118	

≪차트 조건≫ (1) 차트 데이터는 표 내용에서 구분별 인천, 광주, 대전의 값만 이용할 것
(2) 종류 - 〈묶은 세로 막대형〉으로 작업할 것
(3) 제목 - 글꼴 : 굴림, 진하게, 12pt,
속성 : 채우기(밝은 색 : 하양), 테두리, 그림자(바깥쪽 : 대각선 오른쪽 아래)
(4) 제목 이외의 전체 글꼴 - 굴림, 보통, 10pt
(5) 축제목과 범례는 ≪출력형태≫와 동일하게 처리할 것

≪출력형태≫

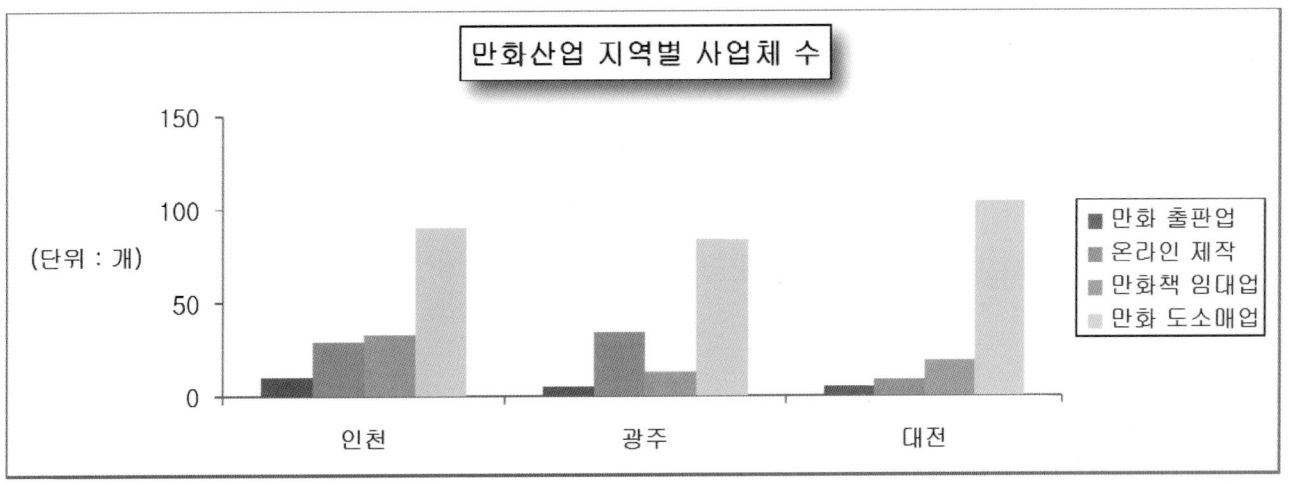

기능평가 II 150점

3. 다음 (1), (2)의 수식을 수식 편집기로 각각 입력하시오. (40점)

≪출력형태≫

(1) $\dfrac{b}{\sqrt{a^2+b^2}} = \dfrac{2\tan\theta}{1+\tan^2\theta}$

(2) $A^3 + \sqrt{\dfrac{gL}{2\pi}} = \dfrac{gT}{2\pi}$

4. 다음의 ≪조건≫에 따라 ≪출력형태≫와 같이 문서를 작성하시오. (110점)

≪조건≫
(1) 그리기 도구를 이용하여 작성하고, 모든 도형(글맵시, 지정된 그림 포함)을 ≪출력형태≫와 같이 작성하시오.
(2) 도형의 면색은 지시사항이 없으면 색 없음을 제외하고 서로 다르게 임의로 지정하시오.

≪출력형태≫

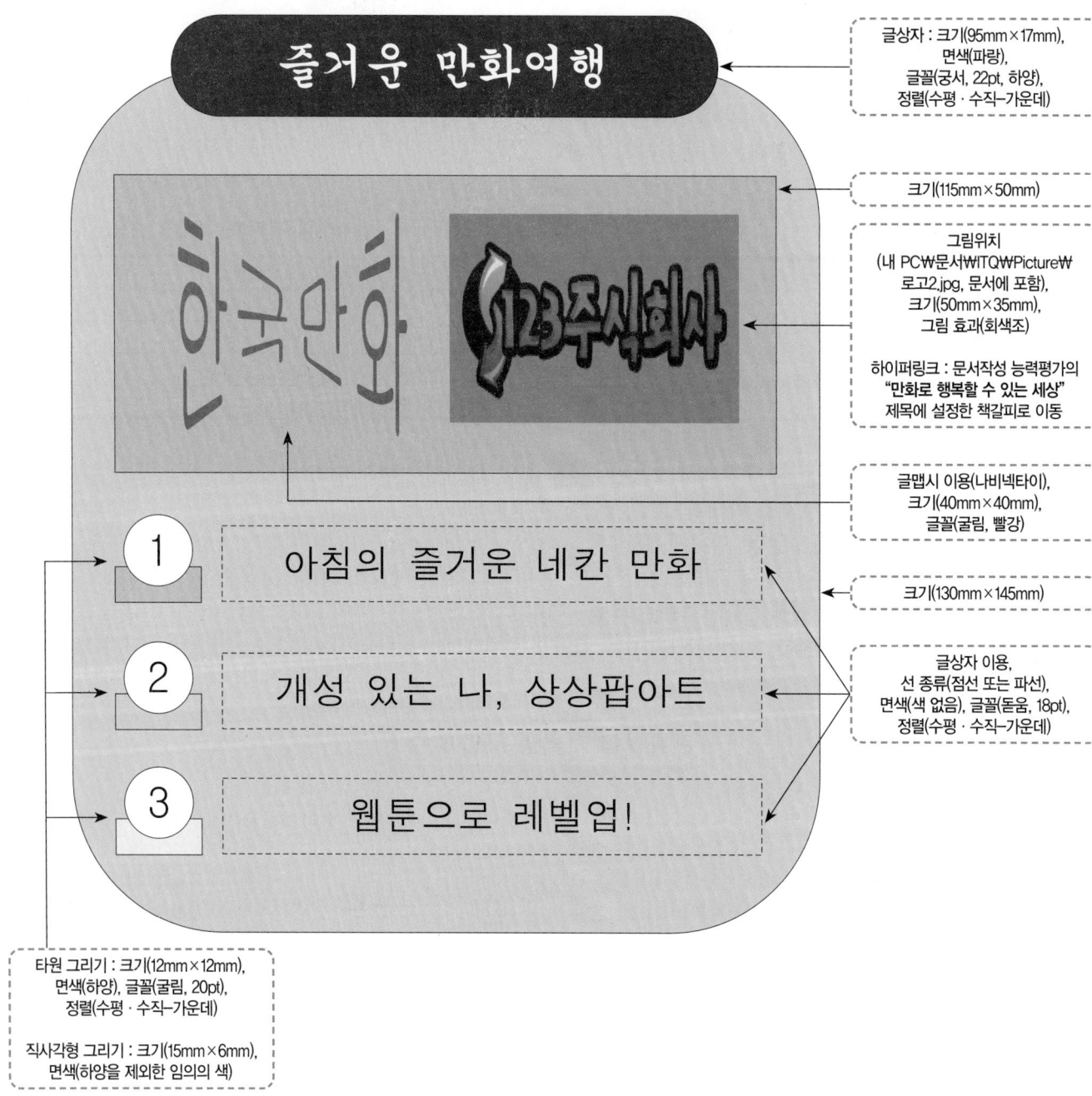

만화로 행복할 수 있는 세상

만화백과사전에서 모리스 혼은 "그 안에 완성된 하나의 생각을 하는 그림은 어떤 것이라도 만화라 불릴 수 있다."고 말했다. 만화는 인간이 지닌 원초적인 창조력을 바탕으로 세상의 모든 이야기를 담아내는 매체다. 만화는 한 칸으로 세상을 풍자(諷刺)하기도 하고 여러 페이지를 통해 세상에 존재하지 않는 세계를 만들기도 한다. 만화는 아주 간단한 선만으로 완성되기도 하고 세밀한 선과 복잡한 채색이 동원(動員)되기도 한다.

이런 만화는 놀랍게도 작가 1인의 창의적 힘에 기대고 있는 매체이다. 만화는 근대 이후 주로 자국의 출판시스템을 기반으로 발전했다. 그런데 21세기를 맞이해 격렬한 변화와 마주하게 되었다. 만화는 디지털 미디어로 확장되었고 종이 미디어 시대와 비교해 더 자유롭게 국경을 넘나들기 시작했다. 또한 만화는 영화, 드라마, 게임, 애니메이션, 광고, 캐릭터 등 다양한 미디어로 확산, 활용되고 있다. 만화산업을 둘러싼 지형은 예전의 단순한 관계에 비해 더 복잡해졌고 참여하는 사람들도 많아졌다. 만화ⓐ는 급변하는 미디어 환경과 진화하는 융복합콘텐츠 시대에서 끊임없이 변화와 혁신을 거듭하며 당당하게 글로벌 한류의 중심에 서 있다.

★ 만화역사 생생체험

1. 교육 내용 및 일정
   ① 교육 내용 : 만화가를 직접 만나고 나만의 문화재 만화 그리기
   ② 교육 일정 : 7월 19일(토), 7월 26일(토) 14:00 - 16:00
2. 참가 대상 및 교육 장소
   ① 참가 대상 : 초등학생, 중학생, 고등학생
   ② 교육 장소 : 한국만화박물관 2층 체험교육실

★ 국제만화가대회 역대 개최지

개최연도	시기	개최지	주제
2013년	11월	홍콩 완차이	만화창작의 새로운 방향
2014년		대만 가오슝	세계 각국 만화가의 디지털 창작 현황
2015년	10월	한국 대전	내 목소리
2018년	6월	대만 신베이시	디지털만화의 발전과 미래
2019년	11월-12월	일본 기타큐슈	만화 아카이브 - 만화의 보존과 전승

한국만화영상진흥원

ⓐ 이야기 따위를 간결하고 익살스럽게 그린 그림으로 대화를 삽입하여 나타냄

제 03 회 정보기술자격(ITQ) 최신유형 기출문제

과목	코드	문제유형	시험시간	수험번호	성명
아래한글	1111	C	60분		

작성 시간 / 시험 시간 : 분 / 60분
채점 결과 : 점 / 500점

한컴 오피스

· 수험자 유의사항 ·

- 수험자는 문제지를 받는 즉시 문제지와 **수험표상의 시험과목(프로그램)이 동일한지 반드시 확인**하여야 합니다.
- 파일명은 본인의 "수험번호-성명"으로 입력하여 답안폴더(내 PC\문서\ITQ)에 하나의 파일로 저장해야 하며, 답안파일을 전송하지 않아 미제출로 처리될 경우 실격 처리합니다(예:12345678-홍길동.hwpx).
- 답안 작성을 마치면 파일을 저장하고, '답안 전송' 버튼을 선택하여 감독위원 PC로 답안을 전송하십시오. 수험생 정보와 저장한 파일명이 다를 경우 전송되지 않으므로 주의하시기 바랍니다.
- 답안 작성 중에도 **주기적으로 저장하고, '답안 전송'**하여야 문제 발생을 줄일 수 있습니다. 작업한 내용을 저장하지 않고 전송할 경우 이전에 저장된 내용이 전송되오니 이점 유의하시기 바랍니다.
- 답안문서는 지정된 경로 외의 다른 보조기억장치에 저장하는 경우, 지정된 시험 시간 외에 작성된 파일을 활용할 경우, 기타 통신수단(이메일, 메신저, 네트워크 등)을 이용하여 타인에게 전달 또는 외부 반출하는 경우는 부정 처리합니다.
- 시험 중 부주의 또는 고의로 시스템을 파손한 경우는 수험자가 변상해야 하며, 〈수험자 유의사항〉에 기재된 방법대로 이행하지 않아 생기는 불이익은 수험생 당사자의 책임임을 알려 드립니다.
- 문제의 조건은 한컴오피스 2022 / 2020 버전으로 설정되어 있으니 유의하시기 바랍니다.
- 시험을 완료한 수험자는 답안파일이 전송되었는지 확인한 후 감독위원의 지시에 따라 문제지를 제출하고 퇴실합니다.

· 답안 작성요령 ·

- 온라인 답안 작성 절차
  수험자 등록 ⇒ 시험 시작 ⇒ 답안파일 저장 ⇒ 답안 전송 ⇒ 시험 종료
- 공통 부문
  - 글꼴에 대한 기본설정은 함초롬바탕, 10포인트, 검정, 줄간격 160%, 양쪽정렬로 합니다.
  - 색상은 조건의 색을 적용하고 색의 구분이 안 될 경우에는 RGB 값을 적용하십시오.
    (빨강 255, 0, 0 / 파랑 0, 0, 255 / 노랑 255, 255, 0).
  - 각 문항에 주어진 《조건》에 따라 작성하고 언급하지 않은 조건은 《출력형태》와 같이 작성합니다.
  - 용지여백은 왼쪽·오른쪽 11mm, 위쪽·아래쪽·머리말·꼬리말 10mm, 제본 0mm로 합니다.
  - 그림 삽입 문제의 경우 「내 PC\문서\ITQ\Picture」 폴더에서 지정된 파일을 선택하여 삽입하십시오.
  - 삽입한 그림은 반드시 문서에 포함하여 저장해야 합니다(미포함 시 감점 처리).
  - 각 항목은 지정된 페이지에 출력형태와 같이 정확히 작성하시기 바라며, 그렇지 않을 경우에 해당 항목은 0점 처리됩니다.
    ※ 페이지구분 : 1페이지 - 기능평가 I (문제번호 표시 : 1. 2.),
      2페이지 - 기능평가 II (문제번호 표시 : 3. 4.),
      3페이지 - 문서작성 능력평가
- 기능평가
  - 문제와 《조건》은 입력하지 않으며 문제번호와 답(《출력형태》)만 작성합니다.
  - 4번 문제는 묶기를 했을 경우 0점 처리됩니다.
- 문서작성 능력평가
  - A4 용지(210mm×297mm) 1매 크기, 세로 서식 문서로 작성합니다.
  - ⌜‾‾‾‾‾‾⌝ 표시는 문서작성에 대한 지시사항이므로 작성하지 않습니다.

kpc 한국생산성본부

기능평가 I   150점

1. 다음의 ≪조건≫에 따라 스타일 기능을 적용하여 ≪출력형태≫와 같이 작성하시오. (50점)

≪조건≫ (1) 스타일 이름 – womensday
(2) 문단 모양 – 왼쪽 여백 : 15pt, 문단 아래 간격 : 10pt
(3) 글자 모양 – 글꼴 : 한글(돋움)/영문(궁서), 크기 : 10pt, 장평 : 95%, 자간 : 5%

≪출력형태≫

It began on March 8, 1908, when women workers in the United States protested demanding better working conditions and suffrage.

1908년 3월 8일 미국 여성 노동자들이 근로여건 개선과 참정권 등을 요구하면서 시위를 벌인 것에서 시작됐다. 이후 유엔은 1975년을 '세계 여성의 해'로 지정하고 3월 8일을 '세계 여성의 날'로 공식화했다.

2. 다음의 ≪조건≫에 따라 ≪출력형태≫와 같이 표와 차트를 작성하시오. (100점)

≪표 조건≫ (1) 표 전체(표, 캡션) – 돋움, 10pt
(2) 정렬 – 문자 : 가운데 정렬, 숫자 : 오른쪽 정렬
(3) 셀 배경(면색) : 노랑
(4) 한글의 계산 기능을 이용하여 빈칸에 평균(소수점 두 자리)을 구하고, 캡션 기능 사용할 것
(5) 선 모양은 ≪출력형태≫와 동일하게 처리할 것

≪출력형태≫

지역별 경력단절여성 현황(단위 : 천 명)

지역	2021년	2022년	2023년	2024년	평균
부산	78	80	84	71	
대구	77	69	69	66	
인천	75	81	78	81	
광주	45	45	35	33	

≪차트 조건≫ (1) 차트 데이터는 표 내용에서 연도별 부산, 대구, 인천의 값만 이용할 것
(2) 종류 – 〈묶은 세로 막대형〉으로 작업할 것
(3) 제목 – 글꼴 : 굴림, 진하게, 12pt,
속성 : 채우기(밝은 색 : 하양), 테두리, 그림자(바깥쪽 : 대각선 오른쪽 아래)
(4) 제목 이외의 전체 글꼴 – 굴림, 보통, 10pt
(5) 축제목과 범례는 ≪출력형태≫와 동일하게 처리할 것

≪출력형태≫

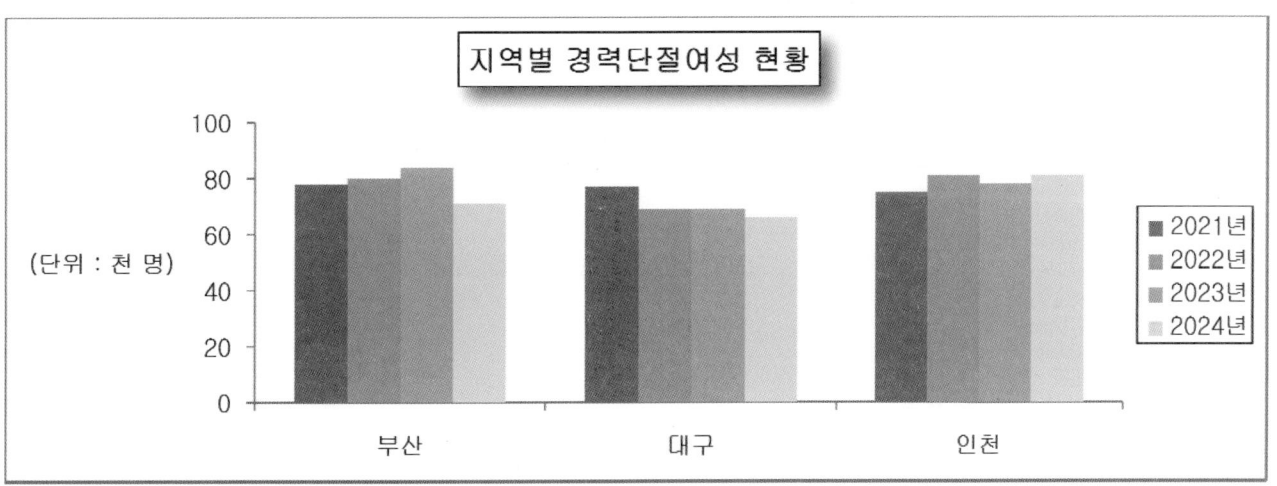

기능평가 II — 150점

3. 다음 (1), (2)의 수식을 수식 편집기로 각각 입력하시오. (40점)

≪출력형태≫

(1) $g = \dfrac{GM}{R^2} = \dfrac{6.67 \times 10^{-11} \times 6.0 \times 10^{24}}{(6.4 \times 10^7)^2}$

(2) $f(x) = \dfrac{\dfrac{x}{2} - \sqrt{5} + 2}{\sqrt{1-x^2}}$

4. 다음의 ≪조건≫에 따라 ≪출력형태≫와 같이 문서를 작성하시오. (110점)

≪조건≫
(1) 그리기 도구를 이용하여 작성하고, 모든 도형(글맵시, 지정된 그림 포함)을 ≪출력형태≫와 같이 작성하시오.
(2) 도형의 면색은 지시사항이 없으면 색 없음을 제외하고 서로 다르게 임의로 지정하시오.

≪출력형태≫

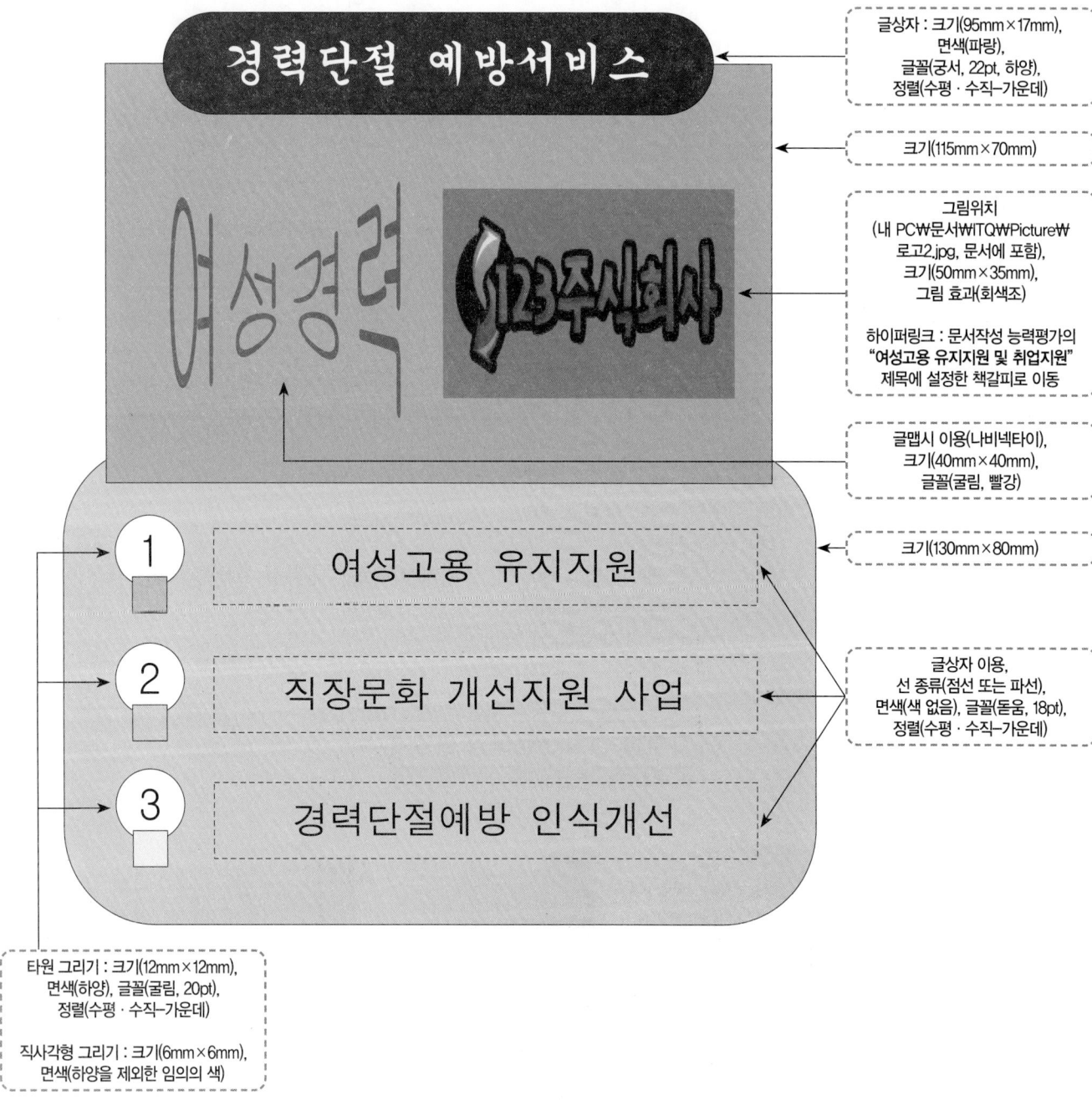

여성의 경제활동 촉진
여성고용 유지지원 및 취업지원

경력단절예방

여성가족부는 여성들이 경력단절 없이 지속적인 경제활동을 할 수 있도록 여성새로일하기센터(이하 '새일센터')를 중심으로 경력단절예방 서비스와 창업지원을 강화한다. 2009년부터 시작된 새일센터는 전국 158개소로, 경력단절여성ⓐ에게 맞춤형 취업상담 및 정보 제공, 직업 교육훈련, 취업연계, 사후관리 등을 지원(支援)하며 경력단절여성의 역량 강화와 고용 증가 등 긍정적인 효과가 있는 것으로 평가된다.

경력단절예방 사업은 재직 여성이 지속적으로 일할 수 있도록 상담 및 경력개발 자문 등 역량 개발을 지원하고, 기업에게는 직장문화 개선을 위한 교육과 근로 상담, 여성화장실, 수유실 등 근로 환경을 지원한다. 또한 30-40대 경력단절여성에게 맞춤형 취업을 지원하는 경력이음 사례관리서비스 운영기관을 20개소로 확대(擴大)하고, 취약계층과 지역일자리 특성과 상황에 맞는 지역특성화 통합사례관리 방식을 신규 도입한다. 취업 뿐 아니라 창업 분야에서도 여성들의 진출이 활성화될 수 있도록 창업상담사를 확대 배치하여 창업 지원금, 창업 공간 등을 연계 지원한다.

★ 주요 사업

1. 직업상담
   ① 직업진로 지도와 취업알선 서비스
   ② 집단 상담 프로그램 운영
2. 교육 및 취업연계
   ① 전문훈련기관 등과 협력을 통한 직업교육훈련 과정 운영
   ② 인턴십 지원 및 취업지원 서비스

★ 경력단절여성 취업지원 사업내용

구분		내용	비고
고용노동부	집단상담 프로그램	경력단절여성 및 결혼이민여성 대상 집단상담프로그램 운영	159개 새일센터
여성 가족부	직업교육훈련	각 새일센터에서 5-6개 직업훈련과정 운영	
	인턴연계	인턴 1인당 460만원 한도 지원(기업 400만원, 인턴 60만원)	
	취/창업지원	취·창업 동아리 운영, 컨설팅 지원	
	경력단절예방지원	경력단절 예방 특강, 취업자 직장적응 교육, 노무상담	

→ 여성새로일하기센터

ⓐ 기혼 여성 중 결혼, 임신, 출산 등으로 직장을 그만둬 비취업 상태에 있는 여성

제04회 정보기술자격(ITQ) 최신유형 기출문제

작성 시간 / 시험 시간	채점 결과
분 / 60분	점 / 500점

과목	코드	문제유형	시험시간	수험번호	성명
아래한글	1111	A	60분		

한컴 오피스

・수험자 유의사항・

- 수험자는 문제지를 받는 즉시 문제지와 **수험표상의 시험과목(프로그램)이 동일한지 반드시 확인**하여야 합니다.
- 파일명은 본인의 "수험번호-성명"으로 입력하여 답안폴더(내 PC₩문서₩ITQ)에 하나의 파일로 저장해야하며, 답안파일을 전송하지 않아 미제출로 처리될 경우 실격 처리합니다(예:12345678-홍길동.hwpx).
- 답안 작성을 마치면 파일을 저장하고, '답안 전송' 버튼을 선택하여 감독위원 PC로 답안을 전송하십시오. 수험생 정보와 저장한 파일명이 다를 경우 전송되지 않으므로 주의하시기 바랍니다.
- 답안 작성 중에도 **주기적으로 저장하고, '답안 전송'**하여야 문제 발생을 줄일 수 있습니다. 작업한 내용을 저장하지 않고 전송할 경우 이전에 저장된 내용이 전송되오니 이점 유의하시기 바랍니다.
- 답안문서는 지정된 경로 외의 다른 보조기억장치에 저장하는 경우, 지정된 시험 시간 외에 작성된 파일을 활용할 경우, 기타 통신수단(이메일, 메신저, 네트워크 등)을 이용하여 타인에게 전달 또는 외부 반출하는 경우는 부정 처리합니다.
- 시험 중 부주의 또는 고의로 시스템을 파손한 경우는 수험자가 변상해야 하며, 〈수험자 유의사항〉에 기재된 방법대로 이행하지 않아 생기는 불이익은 수험생 당사자의 책임임을 알려 드립니다.
- 문제의 조건은 한컴오피스 2022 / 2020 버전으로 설정되어 있으니 유의하시기 바랍니다.
- 시험을 완료한 수험자는 답안파일이 전송되었는지 확인한 후 감독위원의 지시에 따라 문제지를 제출하고 퇴실합니다.

・답안 작성요령・

- 온라인 답안 작성 절차
  수험자 등록 ⇒ 시험 시작 ⇒ 답안파일 저장 ⇒ 답안 전송 ⇒ 시험 종료
- 공통 부문
  - 글꼴에 대한 기본설정은 함초롬바탕, 10포인트, 검정, 줄간격 160%, 양쪽정렬로 합니다.
  - 색상은 조건의 색을 적용하고 색의 구분이 안 될 경우에는 RGB 값을 적용하십시오.
    (빨강 255, 0, 0 / 파랑 0, 0, 255 / 노랑 255, 255, 0).
  - 각 문항에 주어진 ≪조건≫에 따라 작성하고 언급하지 않은 조건은 ≪출력형태≫와 같이 작성합니다.
  - 용지여백은 왼쪽・오른쪽 11mm, 위쪽・아래쪽・머리말・꼬리말 10mm, 제본 0mm로 합니다.
  - 그림 삽입 문제의 경우 「내 PC₩문서₩ITQ₩Picture」 폴더에서 지정된 파일을 선택하여 삽입하십시오.
  - 삽입한 그림은 반드시 문서에 포함하여 저장해야 합니다(미포함 시 감점 처리).
  - 각 항목은 지정된 페이지에 출력형태와 같이 정확히 작성하시기 바라며, 그렇지 않을 경우에 해당 항목은 0점 처리됩니다.
    ※ 페이지구분 : 1페이지 - 기능평가 I (문제번호 표시 : 1. 2.),
      2페이지 - 기능평가 II(문제번호 표시 : 3. 4.),
      3페이지 - 문서작성 능력평가
- 기능평가
  - 문제와 ≪조건≫은 입력하지 않으며 문제번호와 답(≪출력형태≫)만 작성합니다.
  - 4번 문제는 묶기를 했을 경우 0점 처리됩니다.
- 문서작성 능력평가
  - A4 용지(210mm×297mm) 1매 크기, 세로 서식 문서로 작성합니다.
  - ┌┄┄┄┄┄┄┐ 표시는 문서작성에 대한 지시사항이므로 작성하지 않습니다.

kpc 한국생산성본부

기능평가 I   150점

1. 다음의 ≪조건≫에 따라 스타일 기능을 적용하여 ≪출력형태≫와 같이 작성하시오. (50점)

≪조건≫ (1) 스타일 이름 - population
         (2) 문단 모양 - 왼쪽 여백 : 15pt, 문단 아래 간격 : 10pt
         (3) 글자 모양 - 글꼴 : 한글(궁서)/영문(돋움), 크기 : 10pt, 장평 : 95%, 자간 : 5%

≪출력형태≫

Korea's rapid population aging is a social risk because an increase in the elderly population means an increase in the number of people receiving elderly care in the traditional sense.

한국은 전 세계적으로 가장 빠른 저출산과 인구 고령화를 경험하고 있기에 인구 변화에 대응한 정책의 서비스 강화 및 품질 관리와 효과성 제고라는 두 가지 정책 목표를 신속하게 달성해야 한다.

2. 다음의 ≪조건≫에 따라 ≪출력형태≫와 같이 표와 차트를 작성하시오. (100점)

≪표 조건≫ (1) 표 전체(표, 캡션) - 돋움, 10pt
           (2) 정렬 - 문자 : 가운데 정렬, 숫자 : 오른쪽 정렬
           (3) 셀 배경(면색) : 노랑
           (4) 한글의 계산 기능을 이용하여 빈칸에 합계를 구하고, 캡션 기능 사용할 것
           (5) 선 모양은 ≪출력형태≫와 동일하게 처리할 것

≪출력형태≫

지역별 고령인구 추이(단위 : 천 명)

연도	서울	경기	부산	경남	합계
2023년	1,687	2,073	722	644	
2024년	1,769	2,214	756	677	
2028년	2,080	2,843	887	831	
2038년	2,669	4,229	1,065	1,125	

≪차트 조건≫ (1) 차트 데이터는 표 내용에서 지역별 2023년, 2024년, 2028년의 값만 이용할 것
            (2) 종류 - 〈묶은 세로 막대형〉으로 작업할 것
            (3) 제목 - 글꼴 : 굴림, 진하게, 12pt,
                 속성 : 채우기(밝은 색 : 하양), 테두리, 그림자(바깥쪽 : 대각선 오른쪽 아래)
            (4) 제목 이외의 전체 글꼴 - 굴림, 보통, 10pt
            (5) 축제목과 범례는 ≪출력형태≫와 동일하게 처리할 것

≪출력형태≫

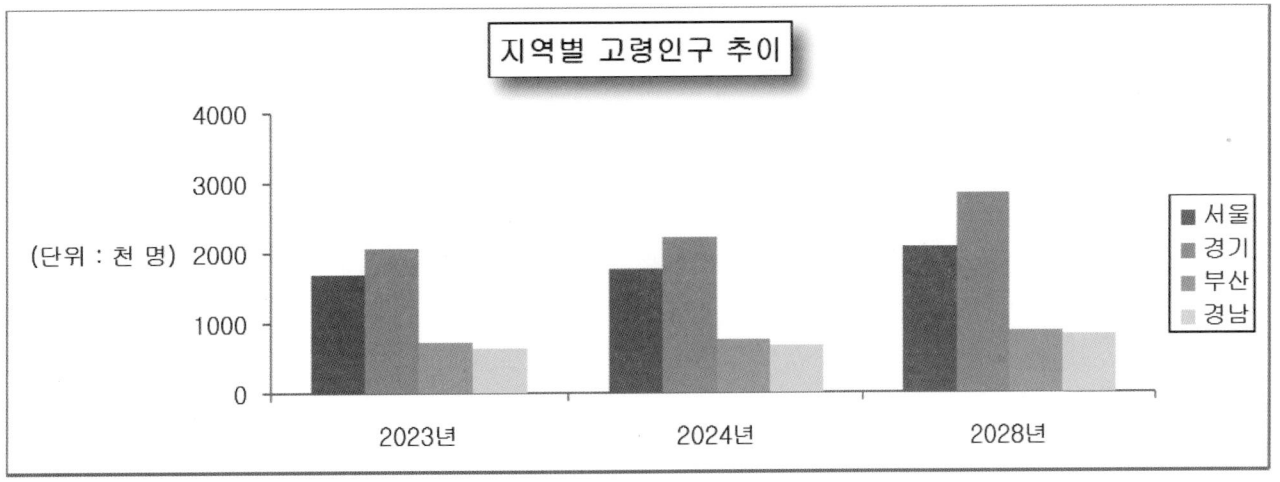

기능평가 II   150점

3. 다음 (1), (2)의 수식을 수식 편집기로 각각 입력하시오. (40점)

≪출력형태≫

(1) $U_a - U_b = \dfrac{GmM}{a} - \dfrac{GmM}{b} = \dfrac{GmM}{2R}$

(2) $V = \dfrac{1}{R}\int_0^q qdq = \dfrac{1}{2}\dfrac{q^2}{R}$

4. 다음의 ≪조건≫에 따라 ≪출력형태≫와 같이 문서를 작성하시오. (110점)

≪조건≫
(1) 그리기 도구를 이용하여 작성하고, 모든 도형(글맵시, 지정된 그림 포함)을 ≪출력형태≫와 같이 작성하시오.
(2) 도형의 면색은 지시사항이 없으면 색 없음을 제외하고 서로 다르게 임의로 지정하시오.

≪출력형태≫

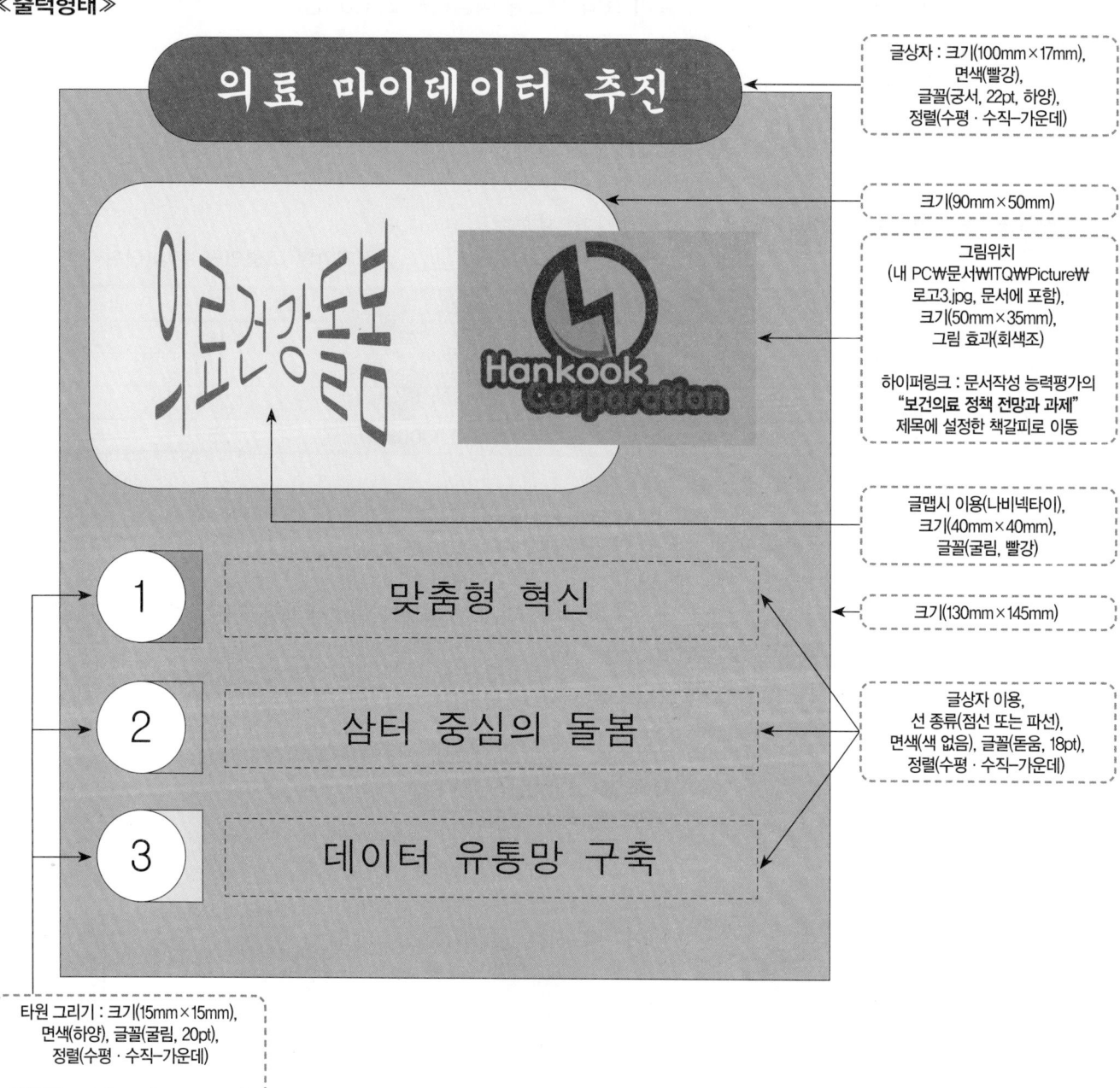

보건의료 정책 전망과 과제

한국보건사회연구원

초 고령사회를 목전에 둔 2024년은 고령인구 증가가 가져올 재정압박이 본격화되고 코로나19 이후 경제 위기로 인한 건강 격차 확대가 우려된다. 한편 고령화와 만성질환 증가는 지역사회 주민 단위로 건강, 의료, 돌봄의 통합관리에 대한 사회적 수요를 증가시킬 것이다. 단기적으로 저소득층을 보호(保護)하고 장기적으로 미래 보건의료시스템의 지속 가능성을 제고하는 핵심 정책으로 지역사회 일차 의료 혁신의 추진이 필요하다. 초고령사회 진입이 주도하는 보건의료 정책 환경에서 일차 의료① 혁신은 더 이상 미룰 수 없는 최우선 과제이다.

국정 과제와 보건의료 환경 전망을 반영하여 함께 추진(推進)해야 할 세부 과제로 첫째는 지역 주민 대상 일차의료 가치 기반 지불 모형의 개발과 시범 운영, 둘째는 의료비 지원 제도의 체계적 통합과 외연 확대, 셋째는 건강보험 의료 질 평가 체계 구조 개편, 마지막으로 디지털 전환을 통한 혁신을 촉진하는 것이다. 디지털 전환은 의료 데이터의 관리와 분석, 원격 진료 등의 분야에서 큰 변화를 가져올 수 있다.

※ 주요 보건의료 정책

1. 보건의료 정책 환경 전망
    ① 고령화에 따른 재정압박의 가속
    ② 소득수준에 따른 건강 격차의 확대
2. 중점 추진 과제 : 지역사회 일차 의료 혁신
    ① 의료비 지원 제도의 체계적 통합과 외연 확대
    ② 건강보험 의료 질 평가체계 구조 개편

※ 일차 의료 가치 기반 복수 모형

구분	트랙1	트랙2	트랙3	비고
일차 의료 기능 구성	환자 관리 개선	환자 관리 통합	지역사회 자원 연계	가치 기반 지불 모형 참여 경험 및 역량 확대
참여기관유형	소규모 단독 개원	집단(네트워크)개원	의료기관 네트워크	
중점영역	인프라 구축	개선된 환자 관리 실행	협력체계의 최적화	
적용기간	2년 유지, 트랙2로 전환	2년 유지, 트랙3으로 전환	지속 가능	
지불방식 유연화	행위별 수가(FFS)	FFS+환자당 월간 정액	환자당 월간 정액	

한국보건사회연구원

---

① 건강을 위하여 가장 먼저 대하는 보건의료

과목	코드	문제유형	시험시간	수험번호	성명
아래한글	1111	B	60분		

한컴 오피스

· 수험자 유의사항 ·

- 수험자는 문제지를 받는 즉시 문제지와 **수험표상의 시험과목(프로그램)이 동일한지 반드시 확인**하여야 합니다.
- 파일명은 본인의 "수험번호-성명"으로 입력하여 답안폴더(내 PC\문서\ITQ)에 하나의 파일로 저장해야하며, 답안파일을 전송하지 않아 미제출로 처리될 경우 실격 처리합니다(예:12345678-홍길동.hwpx).
- 답안 작성을 마치면 파일을 저장하고, '답안 전송' 버튼을 선택하여 감독위원 PC로 답안을 전송하십시오. 수험생 정보와 저장한 파일명이 다를 경우 전송되지 않으므로 주의하시기 바랍니다.
- 답안 작성 중에도 **주기적으로 저장하고, '답안 전송'**하여야 문제 발생을 줄일 수 있습니다. 작업한 내용을 저장하지 않고 전송할 경우 이전에 저장된 내용이 전송되오니 이점 유의하시기 바랍니다.
- 답안문서는 지정된 경로 외의 다른 보조기억장치에 저장하는 경우, 지정된 시험 시간 외에 작성된 파일을 활용할 경우, 기타 통신수단(이메일, 메신저, 네트워크 등)을 이용하여 타인에게 전달 또는 외부 반출하는 경우는 부정 처리합니다.
- 시험 중 부주의 또는 고의로 시스템을 파손한 경우는 수험자가 변상해야 하며, 〈수험자 유의사항〉에 기재된 방법대로 이행하지 않아 생기는 불이익은 수험생 당사자의 책임임을 알려 드립니다.
- 문제의 조건은 한컴오피스 2022 / 2020 버전으로 설정되어 있으니 유의하시기 바랍니다.
- 시험을 완료한 수험자는 답안파일이 전송되었는지 확인한 후 감독위원의 지시에 따라 문제지를 제출하고 퇴실합니다.

· 답안 작성요령 ·

- 온라인 답안 작성 절차
  수험자 등록 ⇒ 시험 시작 ⇒ 답안파일 저장 ⇒ 답안 전송 ⇒ 시험 종료
- 공통 부문
  - 글꼴에 대한 기본설정은 함초롬바탕, 10포인트, 검정, 줄간격 160%, 양쪽정렬로 합니다.
  - 색상은 조건의 색을 적용하고 색의 구분이 안 될 경우에는 RGB 값을 적용하십시오.
    (빨강 255, 0, 0 / 파랑 0, 0, 255 / 노랑 255, 255, 0).
  - 각 문항에 주어진 《조건》에 따라 작성하고 언급하지 않은 조건은 《출력형태》와 같이 작성합니다.
  - 용지여백은 왼쪽·오른쪽 11mm, 위쪽·아래쪽·머리말·꼬리말 10mm, 제본 0mm로 합니다.
  - 그림 삽입 문제의 경우 「내 PC\문서\ITQ\Picture」 폴더에서 지정된 파일을 선택하여 삽입하십시오.
  - 삽입한 그림은 반드시 문서에 포함하여 저장해야 합니다(미포함 시 감점 처리).
  - 각 항목은 지정된 페이지에 출력형태와 같이 정확히 작성하시기 바라며, 그렇지 않을 경우에 해당 항목은 0점 처리됩니다.
    ※ 페이지구분 : 1페이지 - 기능평가 I (문제번호 표시 : 1. 2.),
        2페이지 - 기능평가 II(문제번호 표시 : 3. 4.),
        3페이지 - 문서작성 능력평가
- 기능평가
  - 문제와 《조건》은 입력하지 않으며 문제번호와 답(《출력형태》)만 작성합니다.
  - 4번 문제는 묶기를 했을 경우 0점 처리됩니다.
- 문서작성 능력평가
  - A4 용지(210mm×297mm) 1매 크기, 세로 서식 문서로 작성합니다.
  - ( ) 표시는 문서작성에 대한 지시사항이므로 작성하지 않습니다.

kpc 한국생산성본부

기능평가 I 150점

1. 다음의 ≪조건≫에 따라 스타일 기능을 적용하여 ≪출력형태≫와 같이 작성하시오. (50점)

≪조건≫ (1) 스타일 이름 – expo
(2) 문단 모양 – 왼쪽 여백 : 15pt, 문단 아래 간격 : 10pt
(3) 글자 모양 – 글꼴 : 한글(궁서)/영문(돋움), 크기 : 10pt, 장평 : 95%, 자간 : 5%

≪출력형태≫

This is the largest market place of safety industry in Korea to introduce advanced technologies in safety industry of Korea to public and private buyers coming from home and abroad.

대한민국 안전산업박람회는 국내 최대 규모의 안전산업 전문 전시회로 국내외 업계 종사자, 정부, 지자체, 공공기관 관계자 등 국내외 바이어들을 한자리에서 만날 수 있다.

2. 다음의 ≪조건≫에 따라 ≪출력형태≫와 같이 표와 차트를 작성하시오. (100점)

≪표 조건≫ (1) 표 전체(표, 캡션) – 돋움, 10pt
(2) 정렬 – 문자 : 가운데 정렬, 숫자 : 오른쪽 정렬
(3) 셀 배경(면색) : 노랑
(4) 한글의 계산 기능을 이용하여 빈칸에 합계를 구하고, 캡션 기능 사용할 것
(5) 선 모양은 ≪출력형태≫와 동일하게 처리할 것

≪출력형태≫

연도별 안전산업박람회 참관객 현황(단위 : 천 명)

구분	2021년	2022년	2023년	2024년	합계
20대	105	92	101	136	
30대	122	125	135	128	
40대	132	138	154	152	
50대	89	98	102	82	

≪차트 조건≫ (1) 차트 데이터는 표 내용에서 연도별 20대, 30대, 40대의 값만 이용할 것
(2) 종류 – 〈묶은 세로 막대형〉으로 작업할 것
(3) 제목 – 글꼴 : 굴림, 진하게, 12pt,
  속성 : 채우기(밝은 색 : 하양), 테두리, 그림자(바깥쪽 : 대각선 오른쪽 아래)
(4) 제목 이외의 전체 글꼴 – 굴림, 보통, 10pt
(5) 축제목과 범례는 ≪출력형태≫와 동일하게 처리할 것

≪출력형태≫

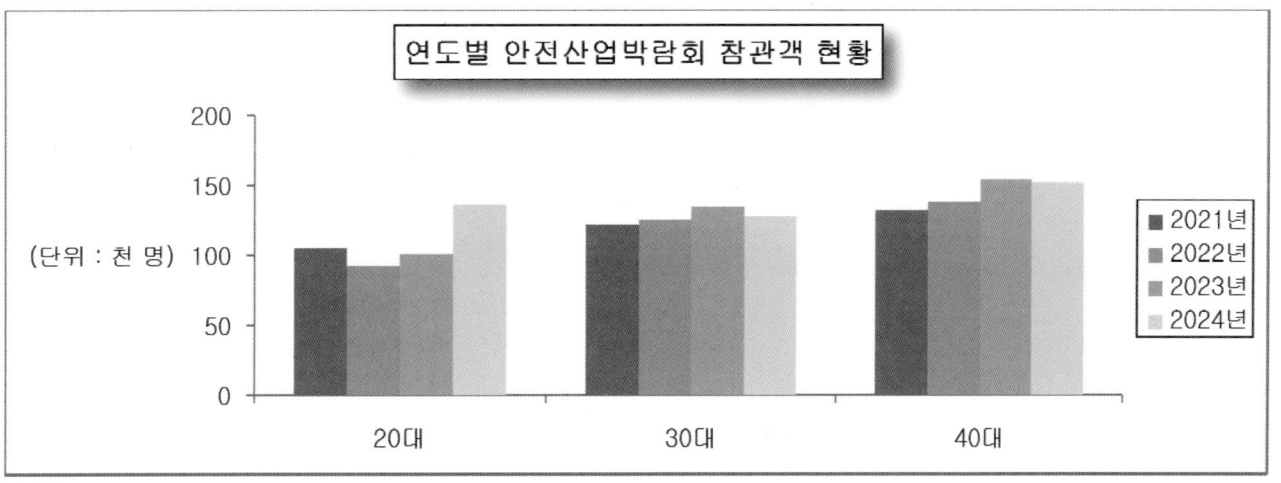

기능평가 II   150점

3. 다음 (1), (2)의 수식을 수식 편집기로 각각 입력하시오. (40점)

≪출력형태≫

(1) $F = 1 - \dfrac{9(9n-1)(9n-2)}{10(10n-1)(10n-2)}$

(2) $\vec{s} = \dfrac{\vec{r_2} - \vec{r_1}}{t_2 - t_1} = \dfrac{\Delta \vec{r}}{\Delta t}$

4. 다음의 ≪조건≫에 따라 ≪출력형태≫와 같이 문서를 작성하시오. (110점)

≪조건≫
(1) 그리기 도구를 이용하여 작성하고, 모든 도형(글맵시, 지정된 그림 포함)을 ≪출력형태≫와 같이 작성하시오.
(2) 도형의 면색은 지시사항이 없으면 색 없음을 제외하고 서로 다르게 임의로 지정하시오.

≪출력형태≫

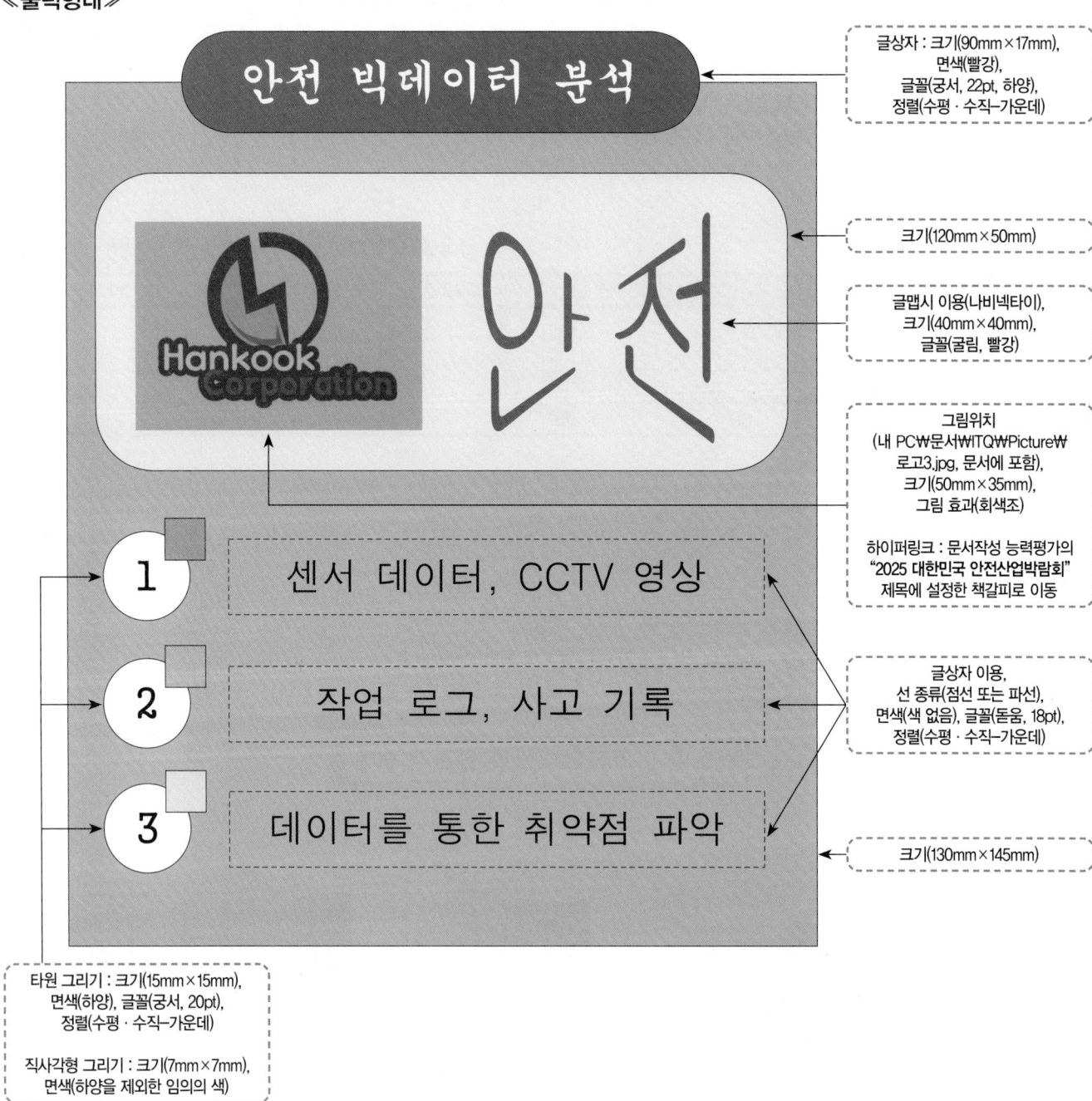

2025 대한민국 안전산업박람회

범정부적으로 추진하는 대한민국 안전산업박람회는 국가 안전 총괄 부처인 행정안전부가 주최하는 국내 최대 규모의 안전산업 전문전시회로 첨단 기술 및 제품을 소개하여 재난 대응력을 강화하고 관련 기업의 국내외 판로 개척(開拓)을 통한 안전산업 육성을 목적으로 추진되는 행사이다. 2019년부터 산업통상자원부 유망전시회로 선정된 대한민국 안전산업박람회는 올해 개최 예정인 수도권 안전산업 분야 전시회 중 유일하게 유망전시회로 이름을 올려 명실상부한 국내 대표 안전산업 전시회로 부상하고 있다.

대한민국 안전산업박람회는 산업통상자원부의 전폭적인 지원을 받게 되어 국내 안전산업계가 해외 진출(進出)에 앞장서는 국제 전시회로 거듭날 수 있는 발판을 마련했다. 특히 올해는 해외 바이어 초청 수출상담회를 2차에 걸쳐 진행할 예정이며, 이에 따른 참가기업의 상담 성과 향상을 기대하고 있다. 또한 이번 전시회는 최근 사회 이슈에 발맞춰 한국형 뉴딜ⓐ 중 'K-안전 뉴딜'을 주요 주제로 선정하여 관련 산업을 영위하는 참가기업들과 함께 대한민국 안전산업의 미래를 재미있고 보기 쉬운 콘텐츠관으로 신설하여 운영한다.

♣ 주목받는 최신 안전 기술

1. 사물인터넷 기반 실시간 모니터링 시스템
   ① 스마트 센서 : 유해 가스, 온도, 습도, 진동 등 감지
   ② 장비 상태 모니터링 : 기계나 장비의 작동 상태 감지 사고 예방
2. 로봇 및 자동화 기술
   ① 위험 구역 점검 : 유해한 공간, 높은 곳 등을 로봇이 대신 점검
   ② 자동화 장비 : 자동화된 생산 라인은 작업자의 위험을 감소

♣ 주요 전시 품목 현황

구분	전시 품목	구분	전시 품목
화재 안전 및 소방 장비	화재 예방 및 진압	개인 보호 장비	산업 현장에서 일하는 사람들의 장비
	화재경보기, 비상구 유도등, 방화복		안전모, 안전화, 방진 마스크, 안전복
산업안전	비상 정지, 산업용 로봇 안전 장치	미세먼지산업	집진기, 미세먼지 측정기술 및 제품
스마트 안전 기술	IT 기술을 활용한 안전 관리 제품	재난 안전	자연재해나 대규모 사고 대비 품목
	스마트 안전모, 웨어러블 안전 장치		재난 예측/경보 시스템, 구조 장비

안전산업박람회사무국

ⓐ 1933년에 미국의 대통령 루스벨트가 경제 공황에 대처하기 위하여 시행한 경제 부흥 정책

MEMO

ITQ OA Master
파워포인트 2021

CONTENTS

PART 01 출제유형 완전정복

출제유형 01	페이지 설정 / 슬라이드 마스터	2-04
출제유형 02	[슬라이드1]《표지 디자인》	2-20
출제유형 03	[슬라이드 2]《목차 슬라이드》	2-36
출제유형 04	[슬라이드 3] 《텍스트/동영상 슬라이드》	2-52
출제유형 05	[슬라이드 4]《표 슬라이드》	2-66
출제유형 06	[슬라이드 5]《차트 슬라이드》	2-82
출제유형 07	[슬라이드 6]《도형 슬라이드》	2-102

PART 02 출제예상 모의고사

모의고사 01	제 01 회 출제예상 모의고사	2-126
모의고사 02	제 02 회 출제예상 모의고사	2-130
모의고사 03	제 03 회 출제예상 모의고사	2-134
모의고사 04	제 04 회 출제예상 모의고사	2-138
모의고사 05	제 05 회 출제예상 모의고사	2-142
모의고사 06	제 06 회 출제예상 모의고사	2-146
모의고사 07	제 07 회 출제예상 모의고사	2-150
모의고사 08	제 08 회 출제예상 모의고사	2-154
모의고사 09	제 09 회 출제예상 모의고사	2-158
모의고사 10	제 10 회 출제예상 모의고사	2-162
모의고사 11	제 11 회 출제예상 모의고사	2-166
모의고사 12	제 12 회 출제예상 모의고사	2-170

PART 03 최신유형 기출문제

기출문제 01	제 01 회 최신유형 기출문제	2-176
기출문제 02	제 02 회 최신유형 기출문제	2-180
기출문제 03	제 03 회 최신유형 기출문제	2-184
기출문제 04	제 04 회 최신유형 기출문제	2-188
기출문제 05	제 05 회 최신유형 기출문제	2-192

PART 01
출제유형 완전정복

- ☑ 출제유형 01 페이지 설정 / 슬라이드 마스터 　　　　　　　　　　(60점)

- ☑ 출제유형 02 [슬라이드 1]《표지 디자인》　　　　　　　　　　　(40점)

- ☑ 출제유형 03 [슬라이드 2]《목차 슬라이드》　　　　　　　　　　(60점)

- ☑ 출제유형 04 [슬라이드 3]《텍스트/동영상 슬라이드》　　　　　 (60점)

- ☑ 출제유형 05 [슬라이드 4]《표 슬라이드》　　　　　　　　　　　(80점)

- ☑ 출제유형 06 [슬라이드 5]《차트 슬라이드》　　　　　　　　　　(100점)

- ☑ 출제유형 07 [슬라이드 6]《도형 슬라이드》　　　　　　　　　　(100점)

PART 01 출제유형 완전정복

페이지 설정 / 슬라이드 마스터

☑ 슬라이드 크기 지정하기
☑ 슬라이드 마스터 작성하기

· 소스 : 없음   · 정답 : 유형01_정답.pptx

[전체 구성] (60점)

(1) 슬라이드 크기 및 순서 : 크기를 A4 용지로 설정하고 슬라이드 순서에 맞게 작성한다.
(2) 슬라이드 마스터 : 2~6슬라이드의 제목, 하단 로고, 슬라이드 번호는 슬라이드 마스터를 이용하여 작성한다.
  - 제목 글꼴(돋움, 40pt, 흰색), 가운데 맞춤, 도형(선 없음)
  - 하단 로고(「내 PC\문서\ITQ\Picture\로고1.jpg」, 배경(회색) 투명색으로 설정)

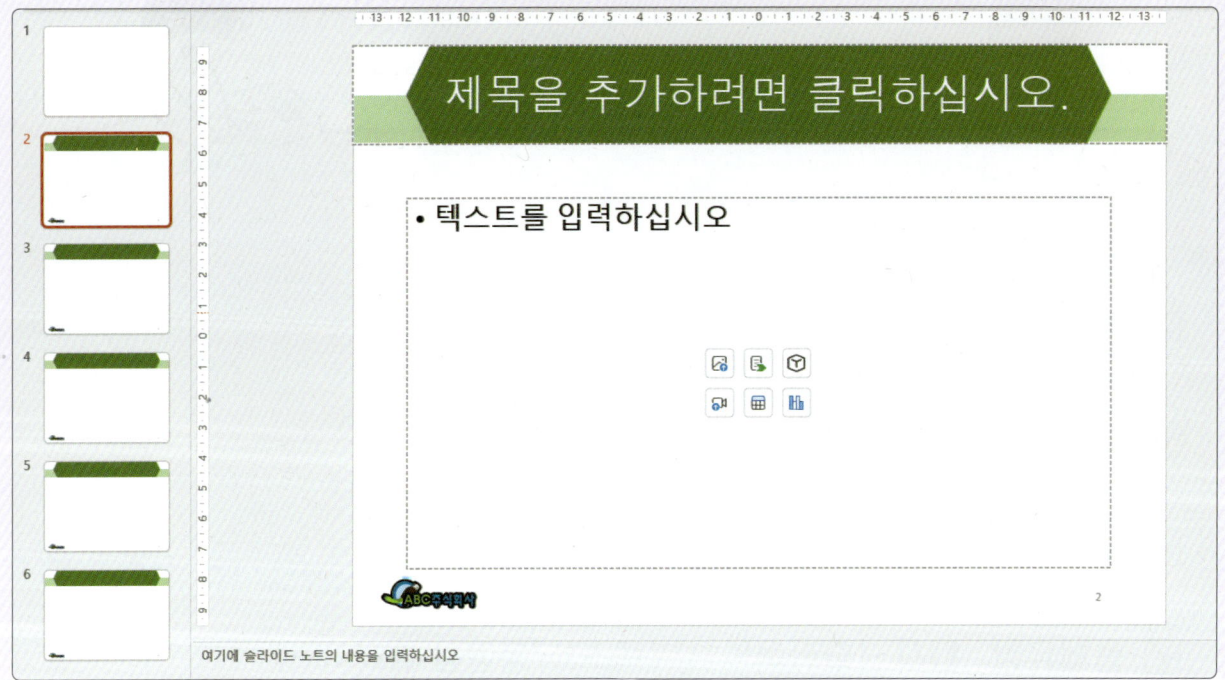

Information Technology Qualification

난이도	권장 시간 / 시험 시간
★★☆☆	5분 / 60분

시험 분석

➡ **주의 사항 : 실수가 많은 내용**
- ☑ 슬라이드의 크기는 'A4 용지(210×297mm)'로 지정하며 슬라이드는 총 6개를 만들어야 합니다.
- ☑ '슬라이드 마스터'에 삽입되는 도형에 선이 없는 형태(도형 : 선 없음)로 출제되며, 제목 텍스트 상자에 정렬(예 : 왼쪽 맞춤, 가운데 맞춤, 오른쪽 맞춤 등)을 지정하는 조건이 나오기 때문에 반드시 문제지를 확인해야합니다.
- ☑ 실제 시험에서는 감독위원의 지시에 따라 저장 위치(내 PC\문서\ITQ)를 선택하여 '수험번호-이름(예 : 12345678-홍길동)'의 형식으로 저장한 후 감독관 PC로 답안 파일을 전송해야 합니다. 단, 저장 경로는 운영체제 버전 및 시험 규정에 따라 달라질 수 있습니다.

➡ **주요 단축키 : 문서 작성시 시간 단축에 도움**
- ☑ 저장하기 : Ctrl + S

Skill 01 페이지 설정 및 슬라이드 추가하기

(1) 슬라이드 크기 및 순서 : 크기를 A4 용지로 설정하고 슬라이드 순서에 맞게 작성한다.

❶ 〈시작()〉 단추를 클릭한 후 [모두]-[PowerPoint(🅿)]를 클릭하여 프로그램을 실행합니다.

❷ 슬라이드 크기를 지정하기 위해 [디자인] 탭의 [사용자 지정] 그룹에서 **[슬라이드 크기(▢)]-'사용자 지정 슬라이드 크기'**를 클릭합니다.

❸ [슬라이드 크기] 대화상자가 나오면 슬라이드 크기를 'A4 용지(210×297mm)'로 선택한 후 〈확인〉 단추를 클릭합니다. 이어서, 〈맞춤 확인〉 단추를 클릭합니다.

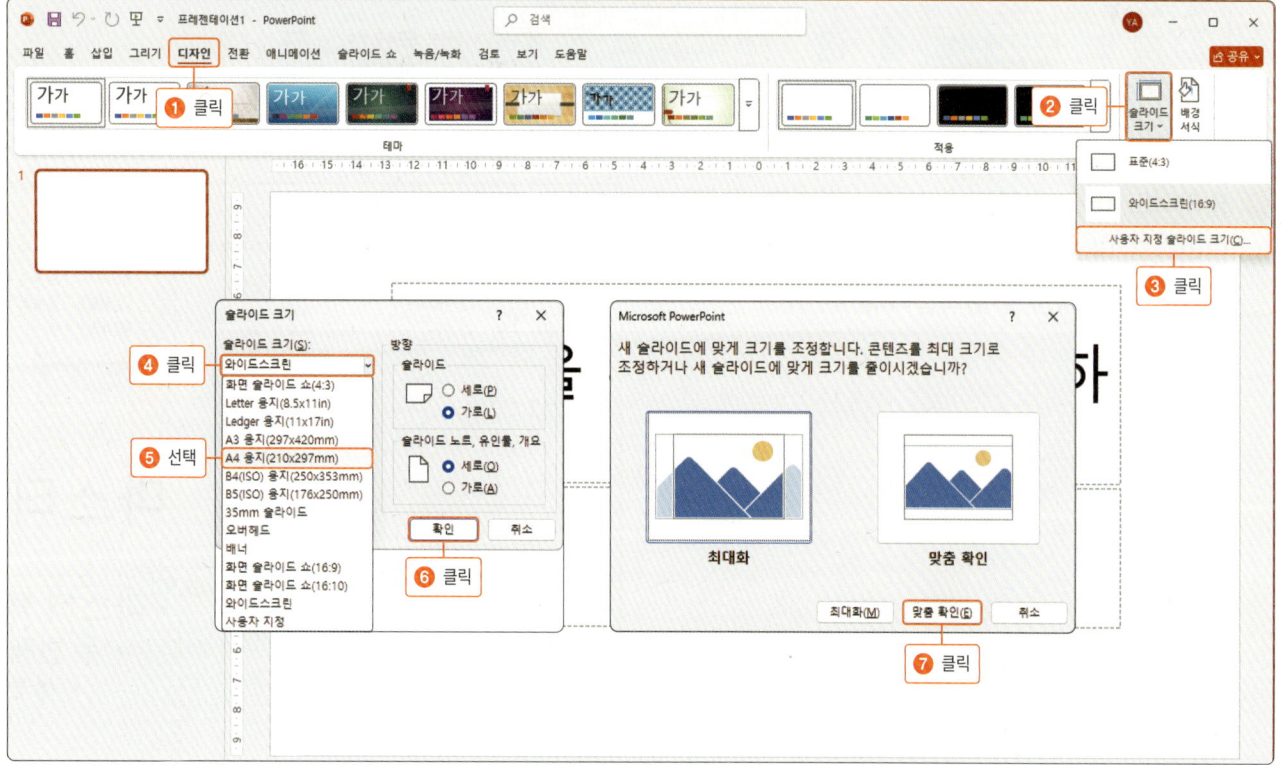

④ [슬라이드 미리보기] 창의 첫 번째 슬라이드를 클릭한 후 Enter 키를 5번 눌러 총 6개의 슬라이드를 만듭니다.

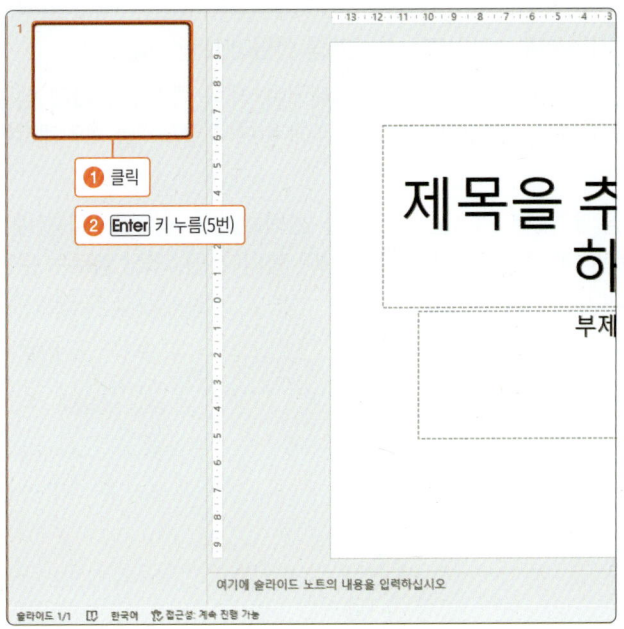
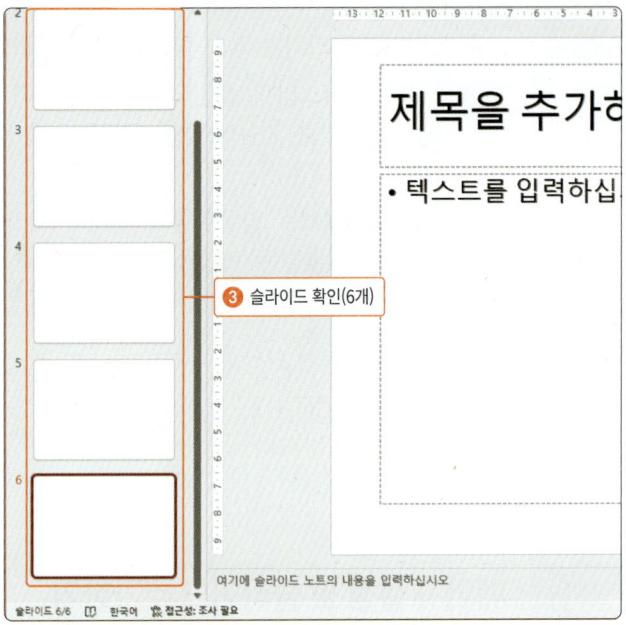

Skill 02 슬라이드 마스터에 제목 도형 작성하기

제목 글꼴(돋움, 40pt, 흰색), 가운데 정렬, 도형(선 없음)

■ 슬라이드 마스터에 도형 삽입하기-1(기본 도형)

① [보기] 탭의 [마스터 보기] 그룹에서 '슬라이드 마스터()'를 클릭합니다.

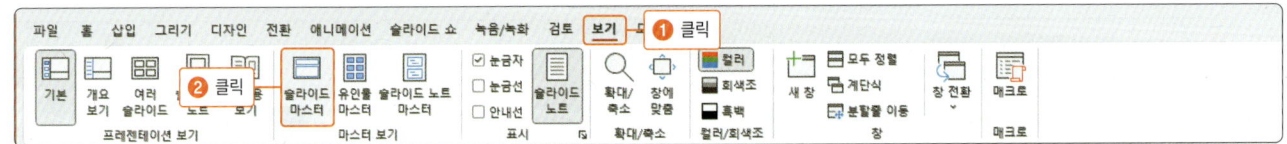

② 슬라이드 마스터 편집 창이 활성화되면 세 번째 슬라이드 마스터 '제목 및 내용 레이아웃: 슬라이드 2-6에서 사용'을 클릭합니다.

※ [슬라이드 2-6]에만 마스터를 적용하기 위해 반드시 '제목 및 내용 레이아웃: 슬라이드 2-6에서 사용' 슬라이드에서 작업합니다.

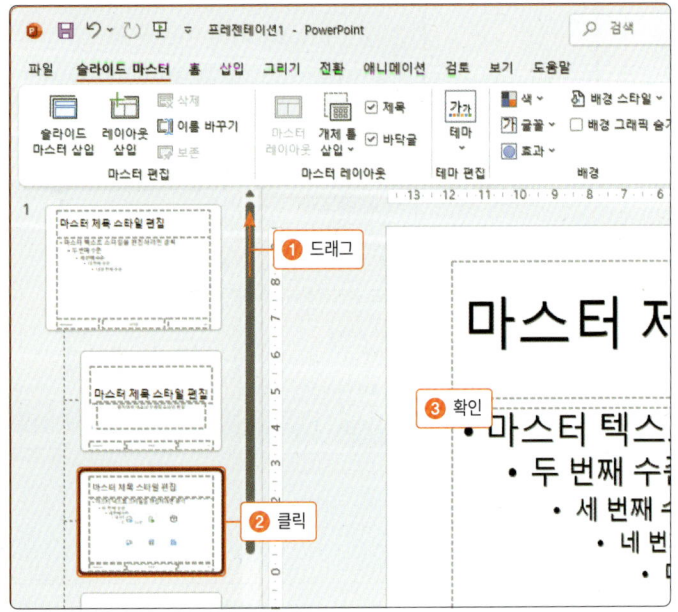

③ 제목 도형을 작성하기 전에 [마스터 제목 스타일 편집] 텍스트 상자의 테두리를 그림과 같이 드래그하여 위치를 이동시킵니다.

※ 슬라이드 마스터의 [마스터 제목 스타일 편집] 텍스트 상자는 대각선 방향으로 드래그하여 이동하는 것이 편리합니다.

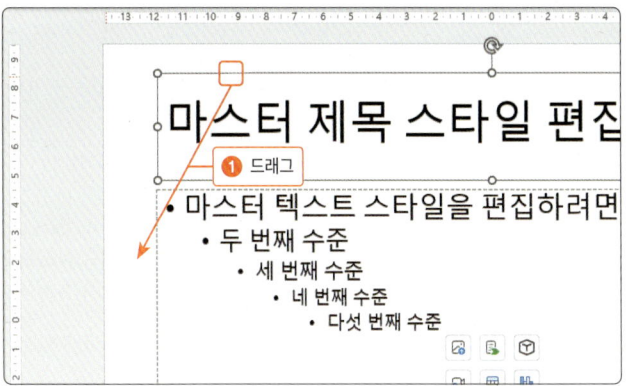 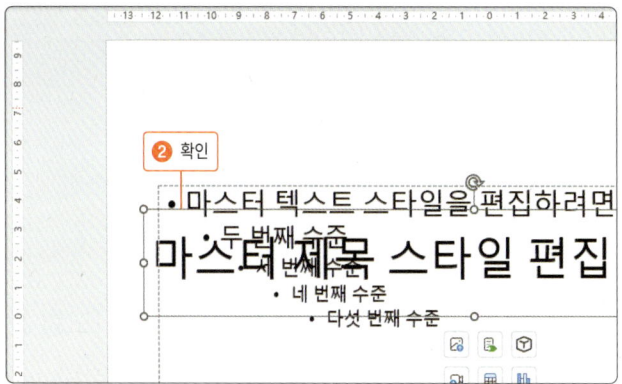

④ 도형을 삽입하기 위해 [삽입] 탭의 [일러스트레이션] 그룹에서 [도형(　)]-[기본 도형]-'**육각형(　)**'을 선택합니다.

※ 슬라이드 마스터의 도형 작업은 문제지의 [슬라이드 2]를 참고하여 작업합니다.

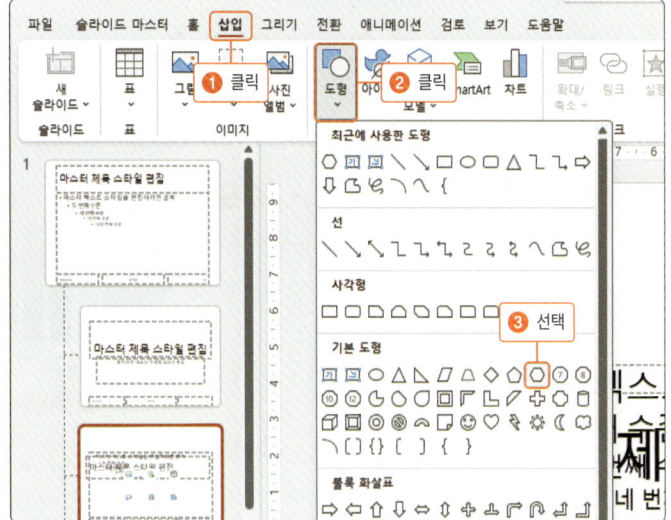

⑤ 마우스 포인터가 ＋ 모양으로 변경되면 드래그하여 도형을 삽입합니다. 이어서, 도형의 조절점(　)을 이용하여 너비를 맞춘 후 그림과 같이 슬라이드 상단으로 위치를 변경합니다.

⑥ 도형의 높이를 지정하기 위해 [도형 서식] 탭의 [크기] 그룹에서 높이(　) 입력 칸에 **값(3.2)**을 입력한 후 Enter 키를 눌러 높이를 지정합니다.

※ 도형의 높이를 '3.2'로 줄여서 지정하면 2-6 슬라이드 작업을 여유롭게 할 수 있습니다.

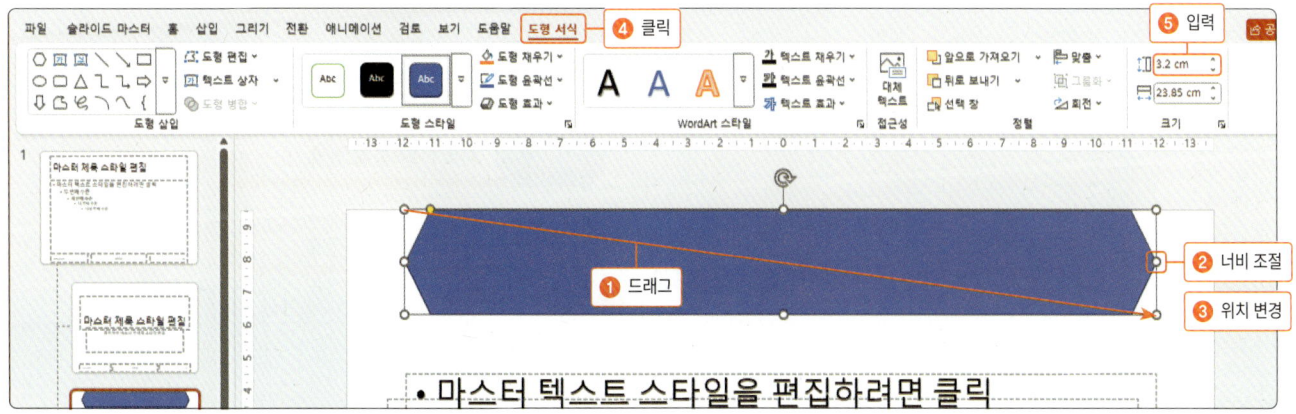

도형의 크기 및 위치

ITQ 파워포인트 시험에서 도형의 크기와 위치는 문제지의 《출력형태》를 보고 판단하여 작업합니다. 파워포인트 2021의 제목 텍스트 상자는 높이가 높기 때문에 3.2라는 숫자를 입력하여 높이를 지정하였지만 《출력형태》를 보면서 조절점을 이용하여 높이를 줄이는 방법도 있습니다.

■ 도형 윤곽선 변경 및 채우기

도형(선 없음)

❼ [도형 서식] 탭의 [도형 스타일] 그룹에서 [도형 윤곽선]-'**윤곽선 없음**'을 선택합니다.

※ 반드시 도형이 선택된 상태에서 작업합니다.

도형 윤곽선 서식(선 없음)

ITQ 파워포인트 시험은 '슬라이드 마스터'와 〈목차 슬라이드〉에서 사용되는 도형이 '도형(선 없음)'으로 출제되오니 반드시 확인하시기 바랍니다.

▲ 도형 : 선 없음

⑧ [도형 서식] 탭의 [도형 스타일] 그룹에서 [도형 채우기]-'**녹색, 강조 6, 25% 더 어둡게**'를 선택합니다.

※ 도형의 색상은 문제지 조건에 없기 때문에 임의의 색으로 선택할 수 있습니다.

■ 슬라이드 마스터에 도형 삽입하기-2(중첩 도형)

⑨ [삽입] 탭의 [일러스트레이션] 그룹에서 [도형( )]
-[사각형]-'**직사각형( )**'을 선택합니다.

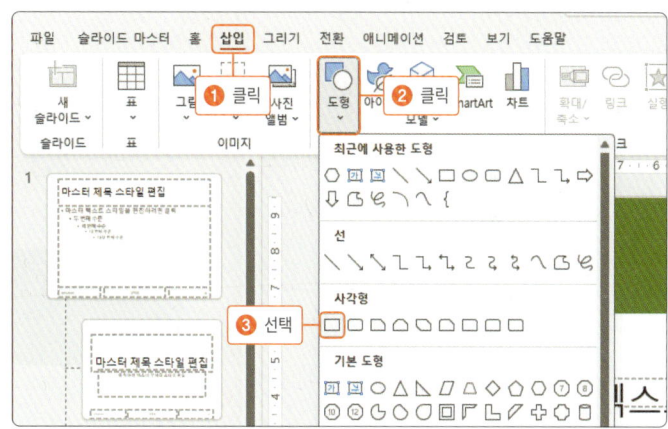

⑩ 마우스 포인터가 ┼ 모양으로 변경되면 드래그하여 도형을 삽입합니다. 이어서, 도형의 가운데 조절점(o)을 이용하여 너비를 맞춘 후 그림과 같이 슬라이드 상단으로 위치를 변경합니다.

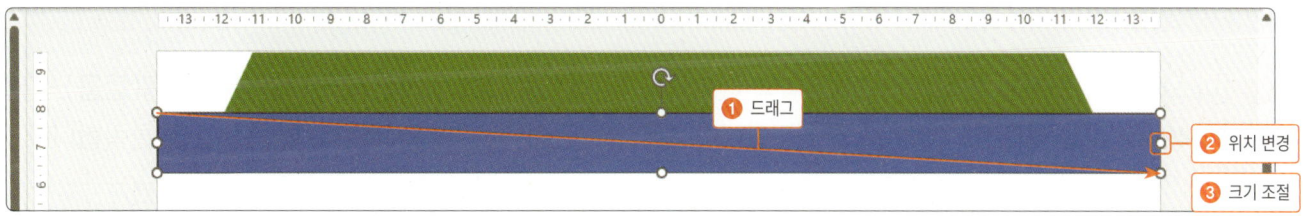

⑪ [도형 서식] 탭의 [도형 스타일] 그룹에서 [도형 윤곽선]-'**윤곽선 없음**'을 선택합니다.

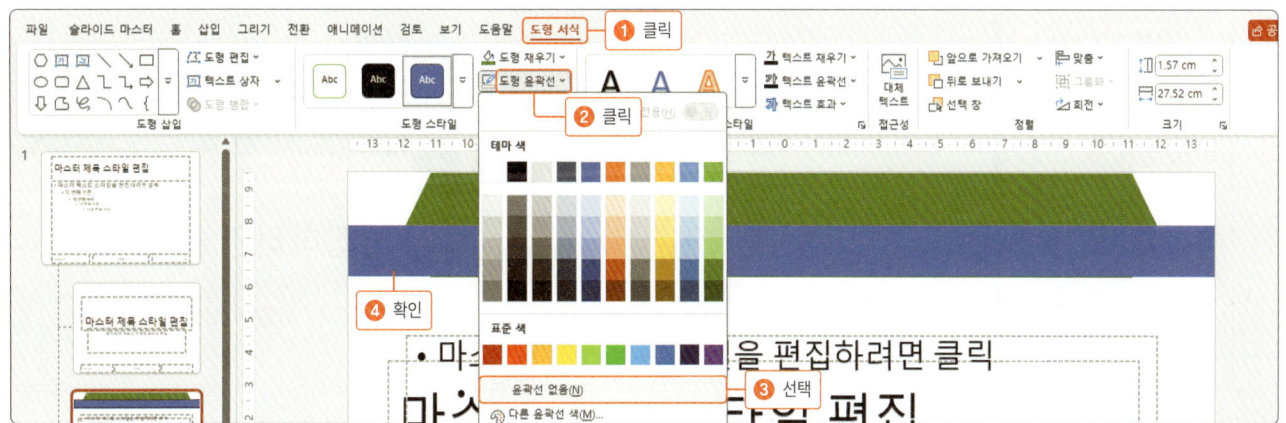

⑫ [도형 서식] 탭의 [도형 스타일] 그룹에서 [도형 채우기]-'**녹색, 강조 6, 40% 더 밝게**'를 선택합니다.

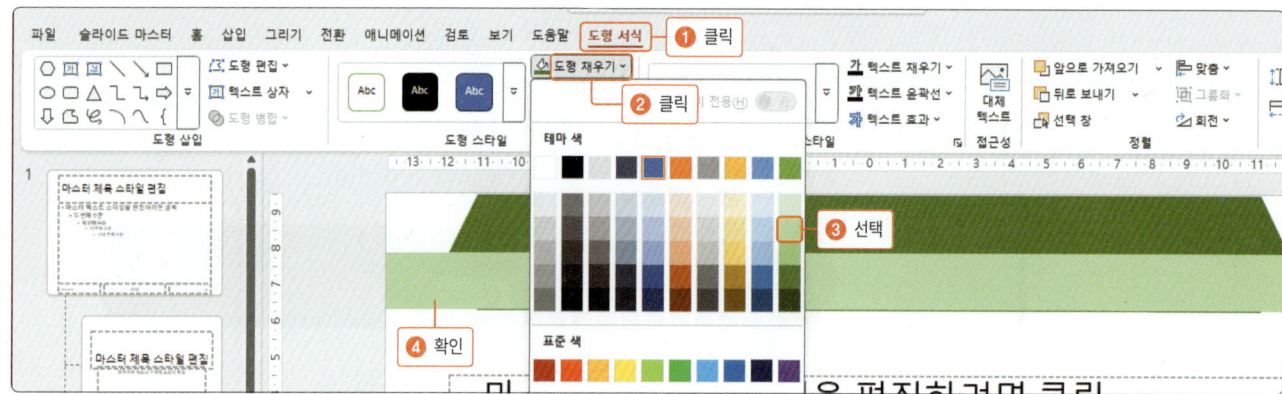

⑬ [도형 서식] 탭의 [정렬] 그룹에서 '**뒤로 보내기( )**'를 클릭합니다.

※ 상황에 따라 뒤로 보내기의 목록 단추( )를 눌러 '맨 뒤로 보내기'를 선택할 수도 있습니다.

■ 텍스트 상자의 글꼴 서식 변경

제목 글꼴(돋움, 40pt, 흰색), 가운데 맞춤

⑭ [마스터 제목 스타일 편집] 텍스트 상자의 테두리를 클릭한 후 [홈] 탭의 [글꼴] 그룹에서 '**글꼴(돋움), 글꼴 크기(40pt), 글꼴 색(흰색, 배경 1)**'을 지정합니다. 이어서, [단락] 그룹에서 '**가운데 맞춤( )**'을 클릭합니다.

⑮ [마스터 제목 스타일 편집] 텍스트 상자를 이동하기 전에 텍스트 상자의 테두리 위에서 [마우스 오른쪽 단추]를 눌러 바로가기 메뉴가 나오면 **'맨 앞으로 가져오기'**를 클릭합니다.

※ 만약 [맨 앞으로 가져오기]를 작업 하지 않고 텍스트 상자를 이동할 경우 도형의 뒤쪽으로 숨겨지기 때문에 반드시 [맨 앞으로 가져오기]를 지정한 후 이동해야 합니다.

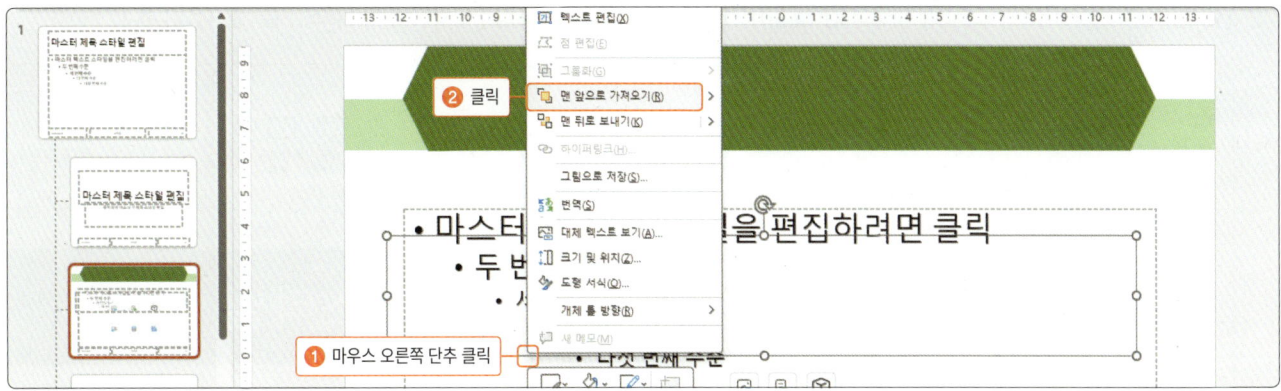

⑯ [마스터 제목 스타일 편집] 텍스트 상자의 테두리를 드래그하여 《출력형태》와 같이 위치를 변경한 후 크기를 조절합니다.

※ 위치 변경은 텍스트 상자의 테두리를 드래그하며, 크기 조절은 조절점(○)을 드래그합니다.

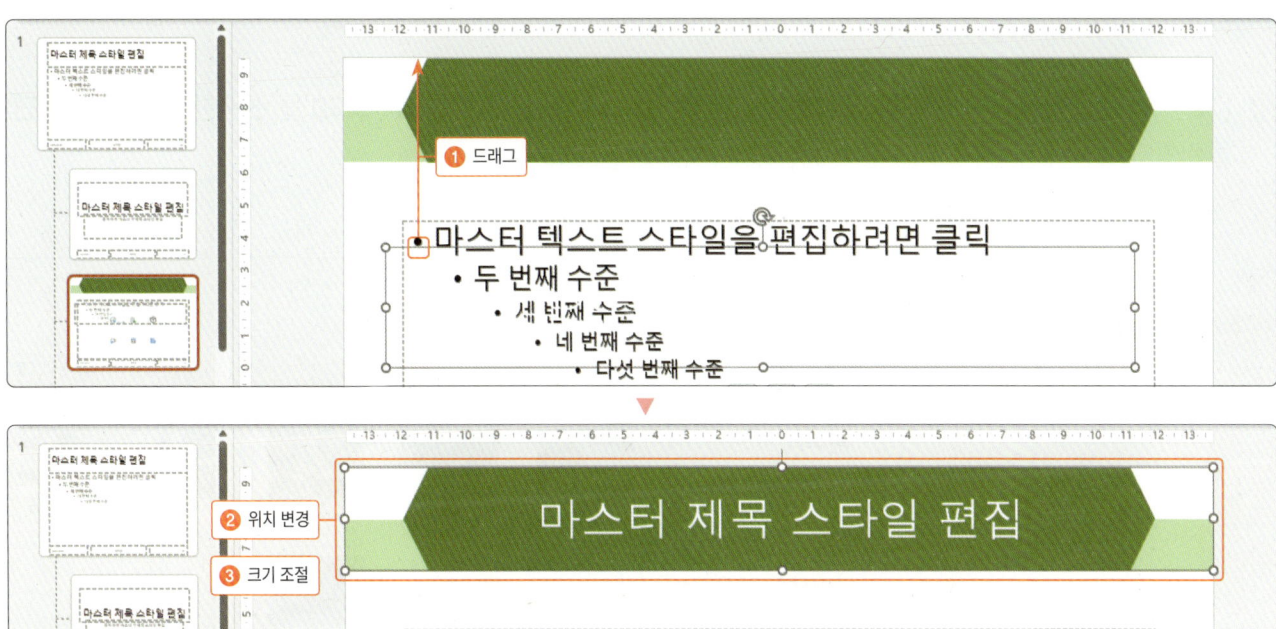

> **마스터 제목 스타일 편집 텍스트 상자**
>
> ITQ 파워포인트 시험은 마스터 제목 텍스트 상자에 '정렬(왼쪽 맞춤, 가운데 맞춤, 오른쪽 맞춤 등)'이 문제의 지시사항으로 나오기 때문에 《출력형태》를 참고하여 제목 텍스트 상자의 가로 맞춤을 지정합니다.
>
>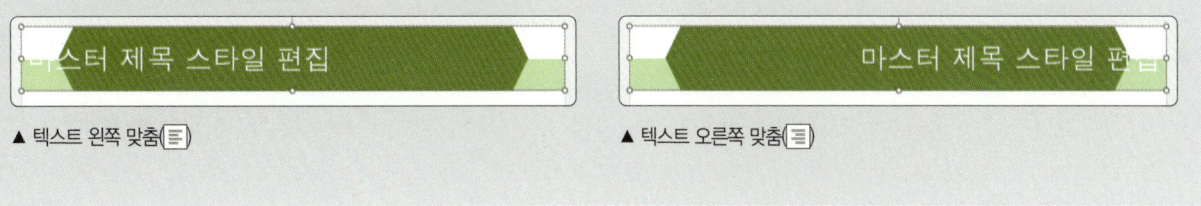
>
> ▲ 텍스트 왼쪽 맞춤(≡)　　　　　　▲ 텍스트 오른쪽 맞춤(≡)

Skill 03 슬라이드 마스터에 로고 삽입하기

하단 로고(「내 PC₩문서₩ITQ₩Picture₩로고1.jpg」, 배경(회색) 투명색으로 설정)

❶ [삽입] 탭의 [이미지] 그룹에서 [그림()]-[다음에서 그림 삽입:]-'**이 디바이스...**'를 선택합니다.

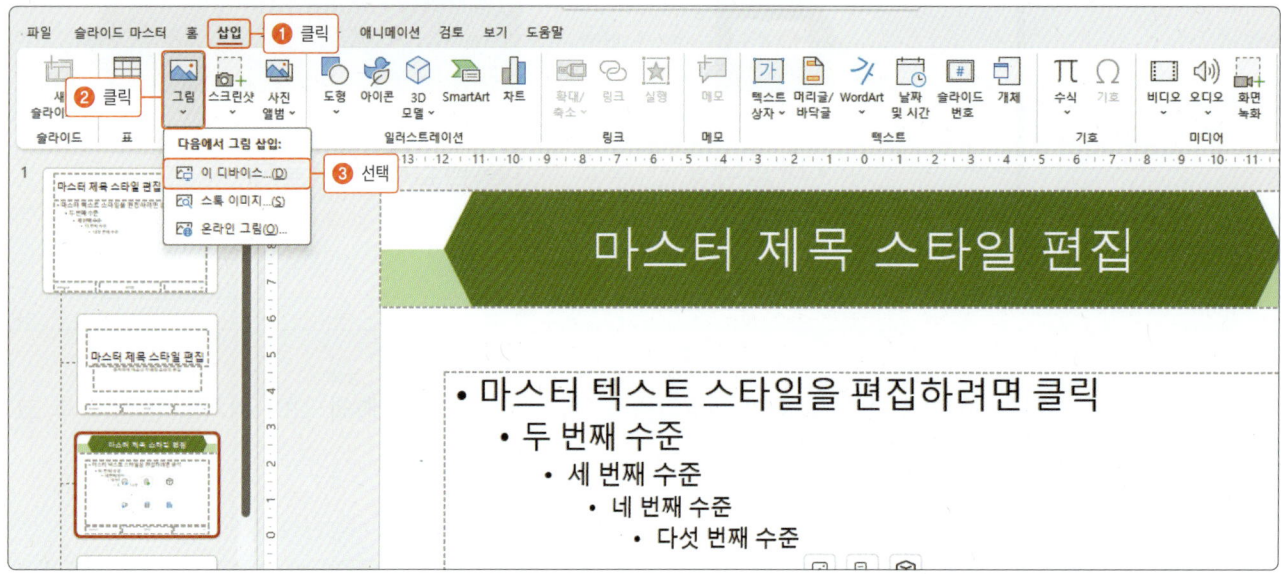

❷ [그림 삽입] 대화상자가 나오면 경로(내 PC\문서\ITQ\Picture)를 지정한 후 '**로고1**'을 선택한 다음 〈삽입〉 단추를 클릭합니다.

※ [문서] 폴더는 [내 PC] 또는 [라이브러리] 폴더를 클릭하면 됩니다.

 그림 삽입하기

그림을 가져오는 경로가 [내 PC\문서\ITQ\Picture] 폴더이므로 주의하시기 바랍니다.
단, 해당 경로는 운영체제 및 시험 규정에 따라 달라질 수 있으니 문제지 내용을 꼭 확인하시기 바랍니다.

❸ 그림이 삽입되면 [그림 서식] 탭의 [조정] 그룹에서 [색(🖼)]-'**투명한 색 설정(🖌)**'을 선택합니다. 이어서, 마우스 포인터가 🖌 모양으로 변경되면 삽입된 '**그림의 회색 부분**'을 클릭하여 투명하게 처리합니다.

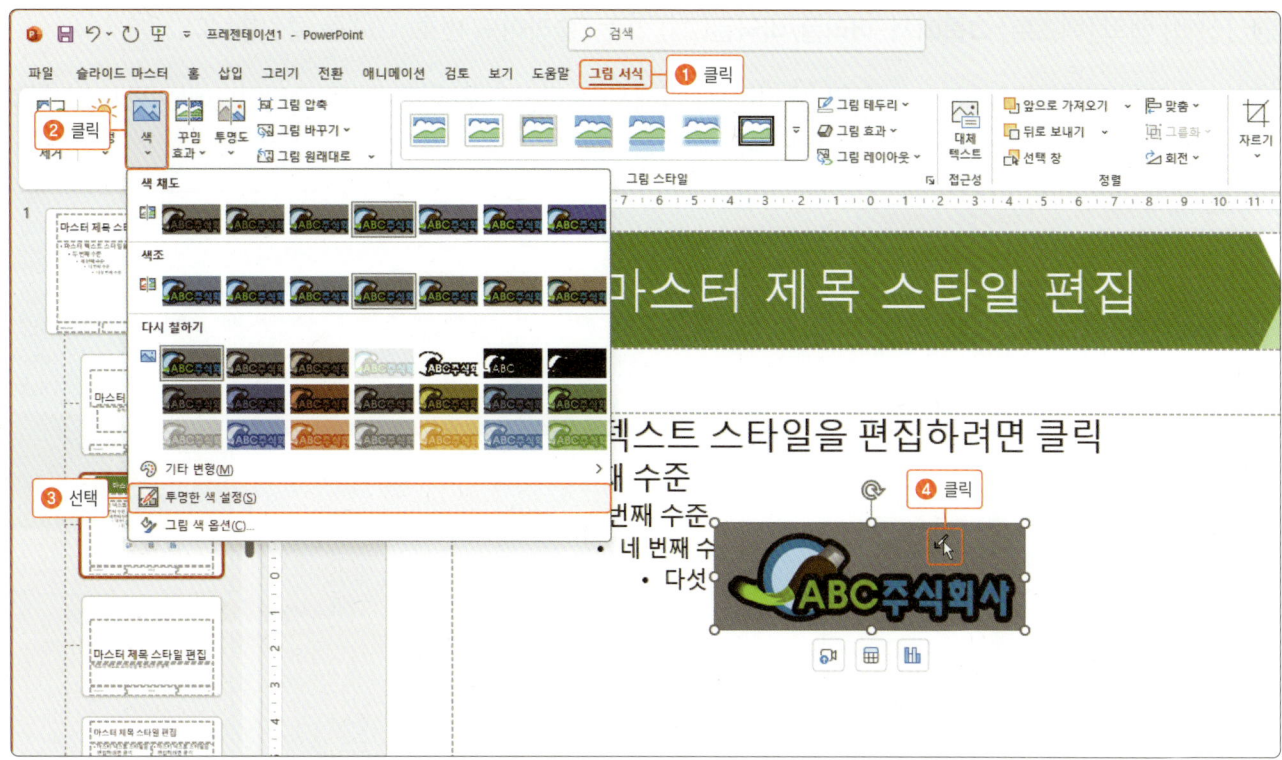

❹ 로고의 배경이 투명하게 변경되면 조절점(○)을 드래그하여 《출력형태》와 같이 크기를 조절한 후 위치를 변경합니다.

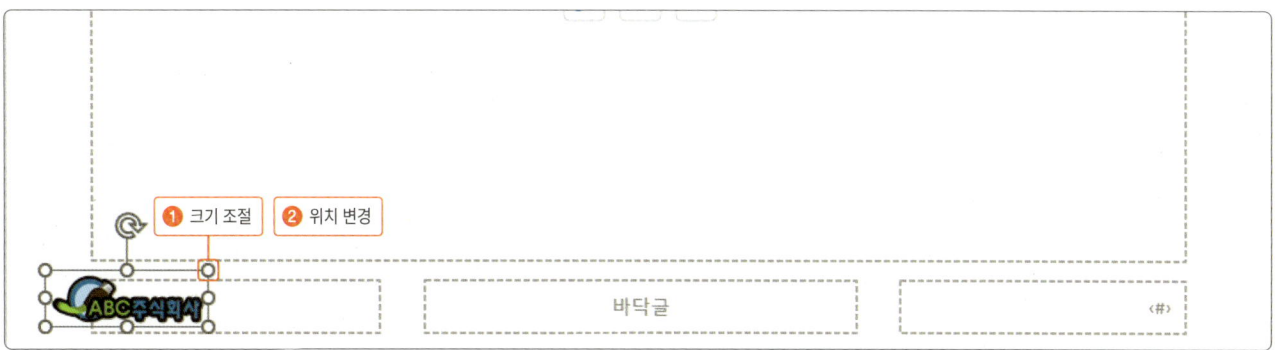

Skill 04 슬라이드 마스터에 슬라이드 번호 삽입하기

① [삽입] 탭의 [텍스트] 그룹에서 '머리글/바닥글( )' 또는 '슬라이드 번호( )'를 클릭합니다.

② [머리글/바닥글] 대화상자가 나오면 [슬라이드] 탭에서 '슬라이드 번호'와 '제목 슬라이드에는 표시 안 함'에 체크 표시( )를 지정한 후 〈모두 적용〉 단추를 클릭합니다.

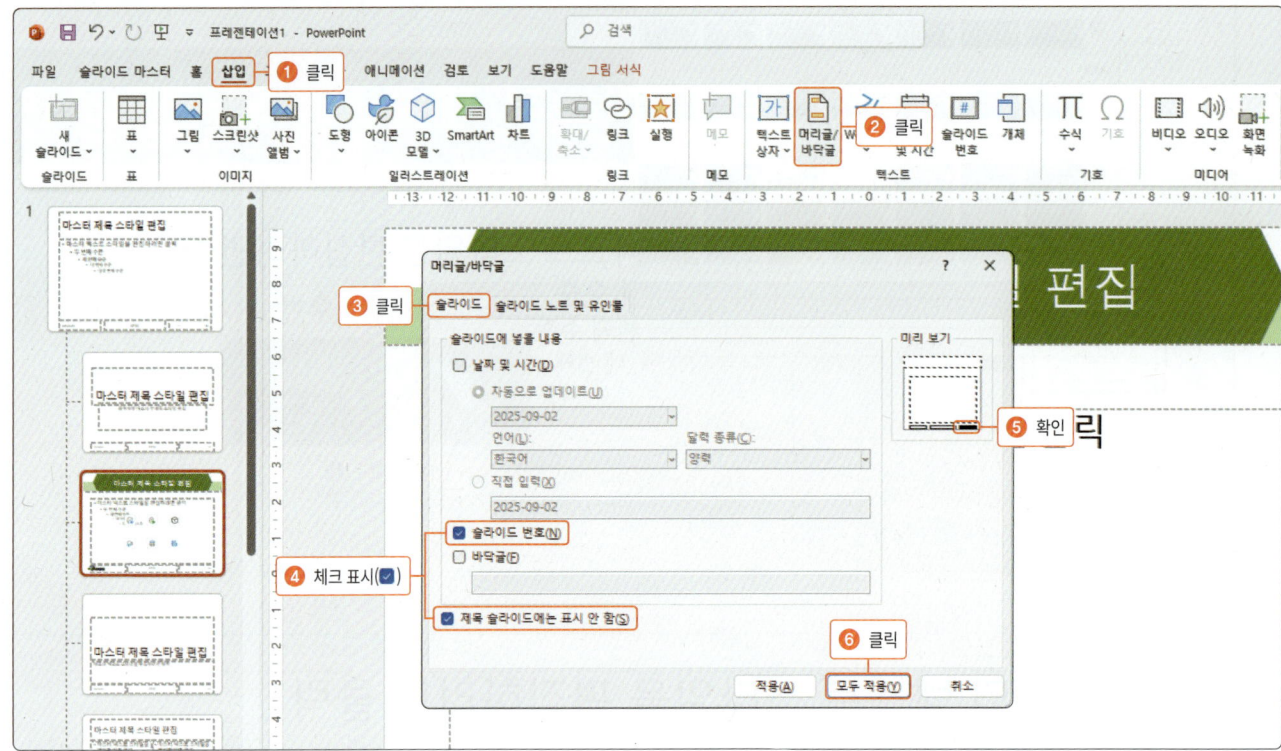

TIP 슬라이드 번호 삽입하기

실제 시험에서 슬라이드 번호 뒤에 '페이지'라고 적혀있는 유형이 출제될 수도 있습니다. 이런 유형의 문제는 '〈#〉' 뒤를 클릭한 다음 '페이지'를 입력한 후 [머리글/바닥글]을 작업합니다.

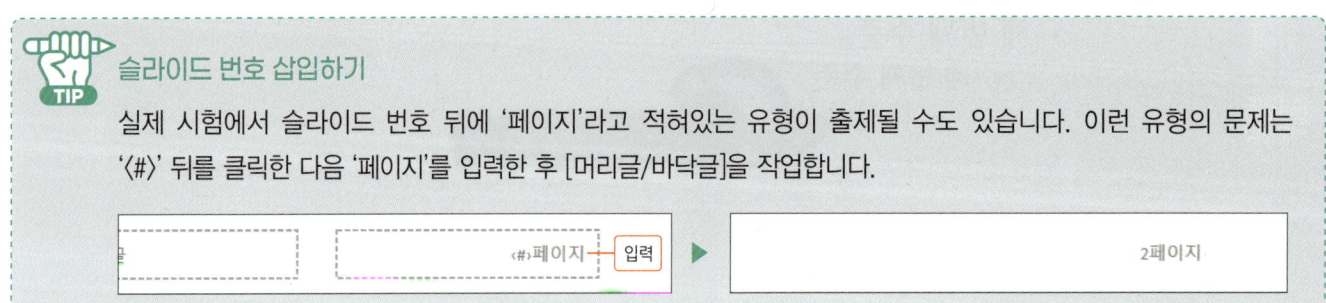

③ 모든 작업이 끝나면 [슬라이드 마스터] 탭의 [닫기] 그룹에서 '마스터 보기 닫기( )'를 클릭합니다.

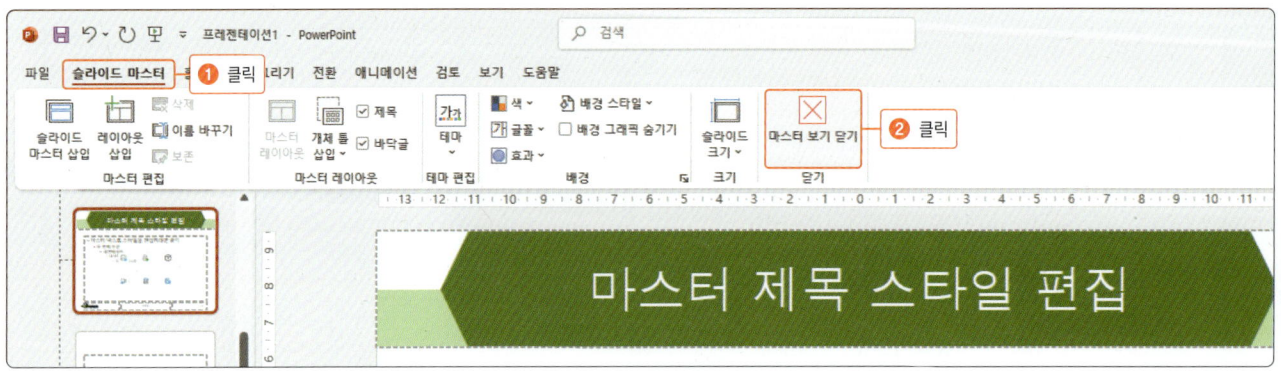

④ [슬라이드2]~[슬라이드6]에 그림과 같이 **제목 도형, 로고, 페이지 번호**가 적용된 것을 확인합니다.

※ [머리말/꼬리말] 대화상자에서 '제목 슬라이드에는 표시 안 함'에 체크 표시(✓)를 지정했기 때문에 첫 번째 슬라이드(제목 슬라이드)에는 페이지 번호가 적용되지 않습니다.

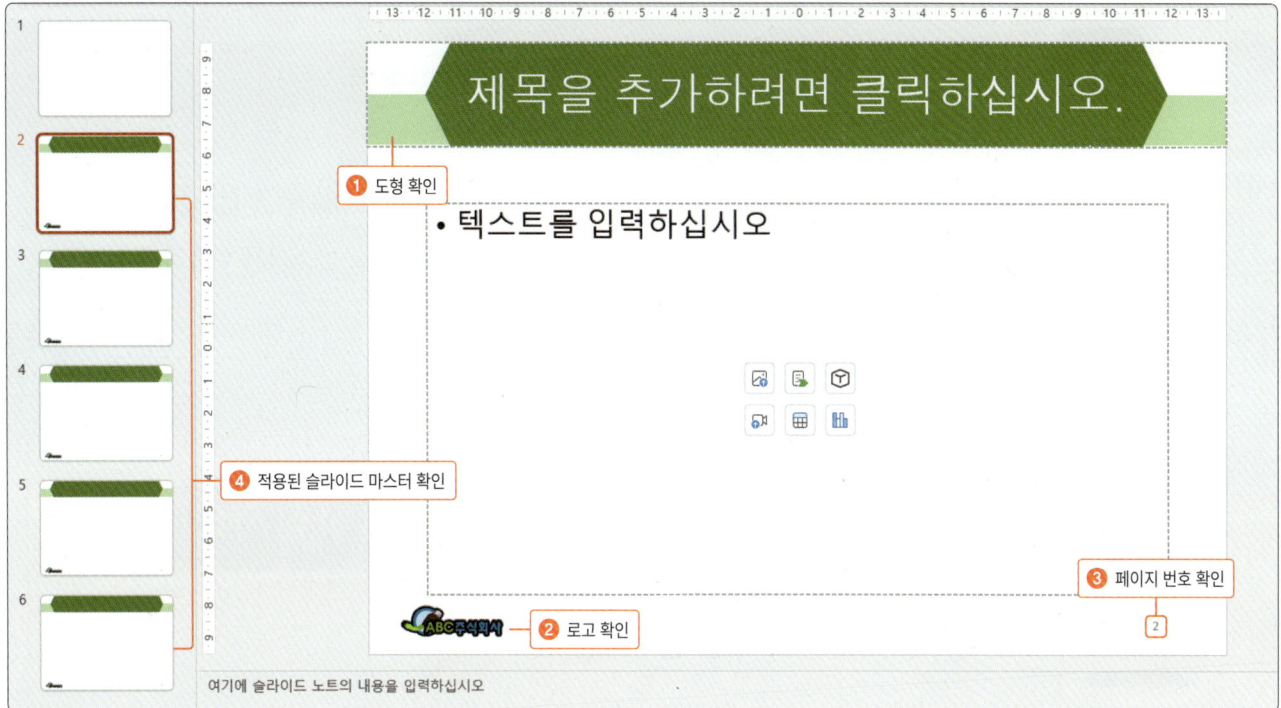

■ 저장하기

⑤ [파일]-[다른 이름으로 저장]을 클릭한 후 [찾아보기]를 클릭합니다. 이어서 [다른 이름으로 저장] 대화상자가 나타나면 저장 위치(내 PC\문서\ITQ)를 지정한 후 파일 이름(수험번호-성명)을 입력한 다음 〈저장〉 단추를 클릭합니다.

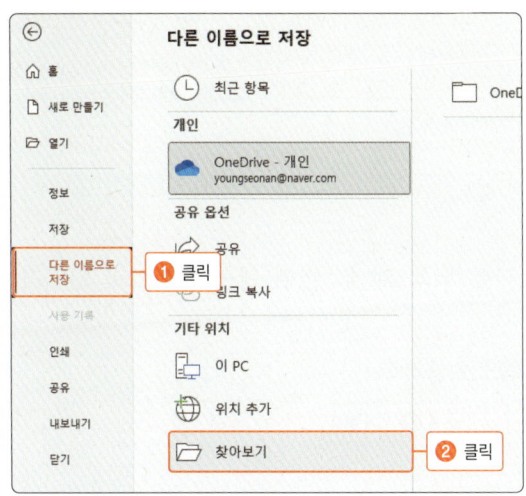 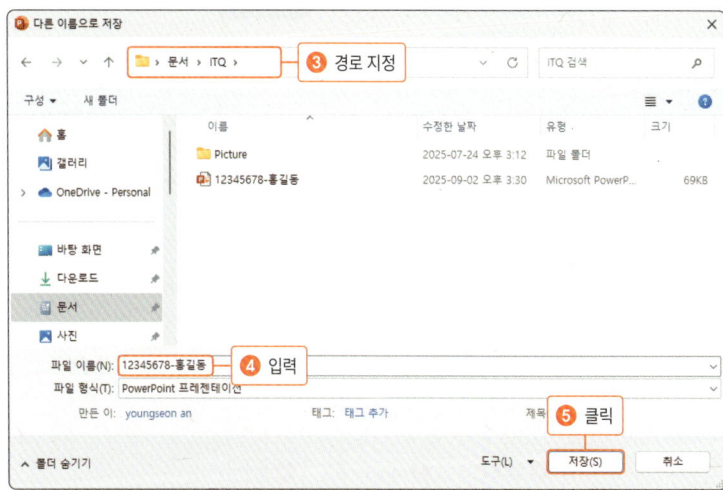

⑥ 다음과 같이 파일이 저장되면 파일명을 확인합니다.

출제유형 완전정복

[전체 구성] 페이지 설정 / 슬라이드 마스터

완전정복-01 문제지의 지시사항 및 세부조건을 참고하여 《출력형태》에 알맞게 작업하시오.

- 소스 : 없음
- 정답 : 정복01_정답01.pptx

작성 시간 / 권장 시간
분 / 5분

(1) 슬라이드 크기 및 순서 : 크기를 A4 용지로 설정하고 슬라이드 순서에 맞게 작성한다.
(2) 슬라이드 마스터 : 2~6슬라이드의 제목, 하단 로고, 슬라이드 번호는 슬라이드 마스터를 이용하여 작성한다.
 - 제목 글꼴(돋움, 40pt, 흰색), 가운데 맞춤, 도형(선 없음)
 - 하단 로고(「내 PC₩문서₩ITQ₩Picture₩로고1.jpg」, 배경(회색) 투명색으로 설정)

《출력형태》

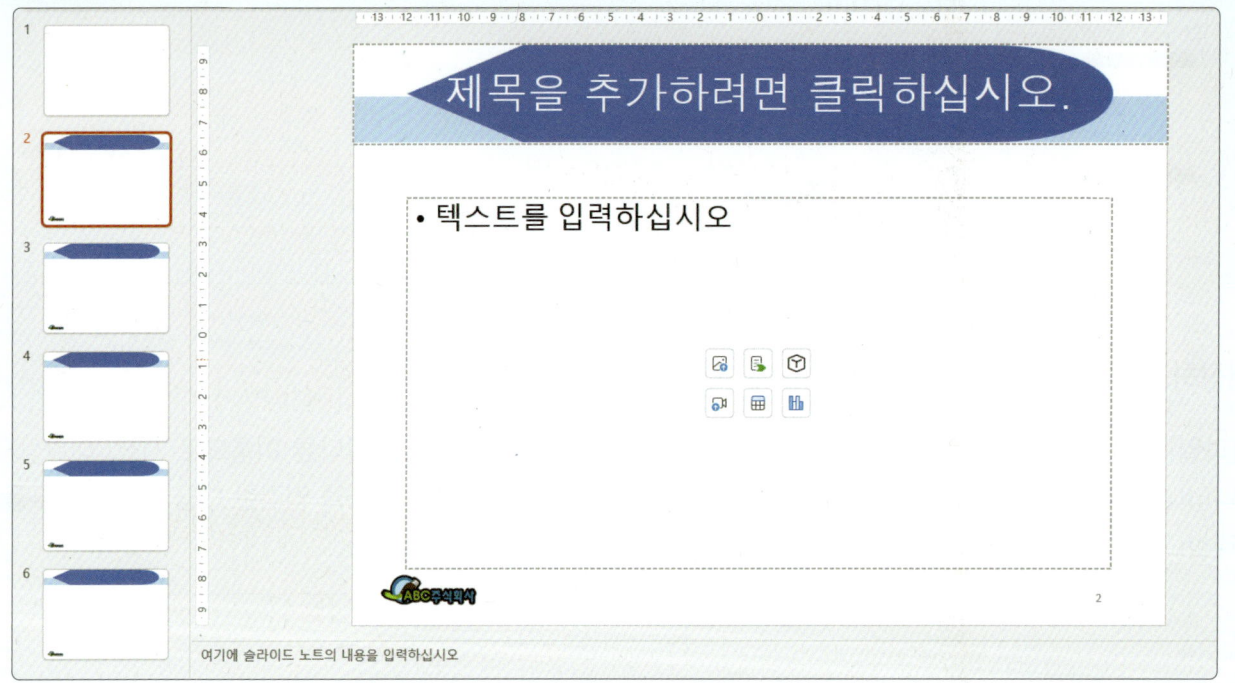

TIP. 슬라이드 번호 위치를 왼쪽으로 변경하기

❶ 하단의 첫 번째 텍스트 상자의 테두리를 클릭 → Shift 키를 누른 채 두 번째 텍스트 상자의 테두리를 클릭 → Delete 키 누름

❷ Shift 키를 누른 채 '<#>'이 입력된 텍스트 상자의 테두리를 왼쪽으로 드래그

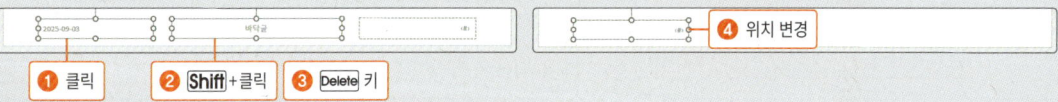

❸ 텍스트 상자가 선택된 상태에서 [홈]-[단락]-'왼쪽 맞춤(≡)'을 클릭

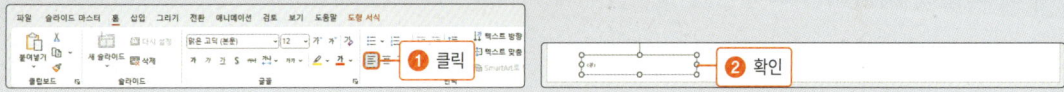

완전정복- 02

문제지의 지시사항 및 세부조건을 참고하여 《출력형태》에 알맞게 작업하시오.

• 소스 : 없음   • 정답 : 정복01_정답02.pptx

작성 시간 / 권장 시간

분 / 5분

(1) 슬라이드 크기 및 순서 : 크기를 A4 용지로 설정하고 슬라이드 순서에 맞게 작성한다.
(2) 슬라이드 마스터 : 2~6슬라이드의 제목, 하단 로고, 슬라이드 번호는 슬라이드 마스터를 이용하여 작성한다.
  - 제목 글꼴(돋움, 40pt, 흰색), 가운데 맞춤, 도형(선 없음)
  - 하단 로고(「내 PC\문서\ITQ\Picture\로고1.jpg」, 배경(회색) 투명색으로 설정)

완전정복- 03

문제지의 지시사항 및 세부조건을 참고하여 《출력형태》에 알맞게 작업하시오.

• 소스 : 없음   • 정답 : 정복01_정답03.pptx

작성 시간 / 권장 시간

분 / 5분

(1) 슬라이드 크기 및 순서 : 크기를 A4 용지로 설정하고 슬라이드 순서에 맞게 작성한다.
(2) 슬라이드 마스터 : 2~6슬라이드의 제목, 하단 로고, 슬라이드 번호는 슬라이드 마스터를 이용하여 작성한다.
  - 제목 글꼴(돋움, 40pt, 흰색), 가운데 맞춤, 도형(선 없음)
  - 하단 로고(「내 PC\문서\ITQ\Picture\로고2.jpg」, 배경(회색) 투명색으로 설정)

완전정복 - 04

문제지의 지시사항 및 세부조건을 참고하여 《출력형태》에 알맞게 작업하시오.

• 소스 : 없음   • 정답 : 정복01_정답04.pptx

작성 시간 / 권장 시간
분 / 5분

(1) 슬라이드 크기 및 순서 : 크기를 A4 용지로 설정하고 슬라이드 순서에 맞게 작성한다.
(2) 슬라이드 마스터 : 2~6슬라이드의 제목, 하단 로고, 슬라이드 번호는 슬라이드 마스터를 이용하여 작성한다.
  - 제목 글꼴(돋움, 40pt, 흰색), 가운데 맞춤, 도형(선 없음)
  - 하단 로고(「내 PC₩문서₩ITQ₩Picture₩로고2.jpg」, 배경(회색) 투명색으로 설정)

완전정복 - 05

문제지의 지시사항 및 세부조건을 참고하여 《출력형태》에 알맞게 작업하시오.

• 소스 : 없음   • 정답 : 정복01_정답05.pptx

작성 시간 / 권장 시간
분 / 5분

(1) 슬라이드 크기 및 순서 : 크기를 A4 용지로 설정하고 슬라이드 순서에 맞게 작성한다.
(2) 슬라이드 마스터 : 2~6슬라이드의 제목, 하단 로고, 슬라이드 번호는 슬라이드 마스터를 이용하여 작성한다.
  - 제목 글꼴(돋움, 40pt, 흰색), 가운데 맞춤, 도형(선 없음)
  - 하단 로고(「내 PC₩문서₩ITQ₩Picture₩로고2.jpg」, 배경(회색) 투명색으로 설정)

완전정복-06

문제지의 지시사항 및 세부조건을 참고하여 《출력형태》에 알맞게 작업하시오.

· 소스 : 없음　　· 정답 : 정복01_정답06.pptx

작성 시간 / 권장 시간
분 / 5분

(1) 슬라이드 크기 및 순서 : 크기를 A4 용지로 설정하고 슬라이드 순서에 맞게 작성한다.
(2) 슬라이드 마스터 : 2~6슬라이드의 제목, 하단 로고, 슬라이드 번호는 슬라이드 마스터를 이용하여 작성한다.
 - 제목 글꼴(궁서, 40pt, 흰색), 가운데 맞춤, 도형(선 없음)
 - 하단 로고(「내 PC₩문서₩ITQ₩Picture₩로고2.jpg」, 배경(회색) 투명색으로 설정)

완전정복-07

문제지의 지시사항 및 세부조건을 참고하여 《출력형태》에 알맞게 작업하시오.

· 소스 : 없음　　· 정답 : 정복01_정답07.pptx

작성 시간 / 권장 시간
분 / 5분

(1) 슬라이드 크기 및 순서 : 크기를 A4 용지로 설정하고 슬라이드 순서에 맞게 작성한다.
(2) 슬라이드 마스터 : 2~6슬라이드의 제목, 하단 로고, 슬라이드 번호는 슬라이드 마스터를 이용하여 작성한다.
 - 제목 글꼴(궁서, 40pt, 흰색), 가운데 맞춤, 도형(선 없음)
 - 하단 로고(「내 PC₩문서₩ITQ₩Picture₩로고2.jpg」, 배경(회색) 투명색으로 설정)

[슬라이드1] 《표지 디자인》

PART 01 출제유형 완전정복

- ☑ 도형에 그림 채우기
- ☑ 워드아트 삽입하기
- ☑ 그림 삽입하기

문제 미리보기

· 소스 : 유형02_문제.pptx   · 정답 : 유형02_정답.pptx

[슬라이드 1]《표지 디자인》 (40점)

(1) 표지 디자인 : 도형, 워드아트 및 그림을 이용하여 작성한다.

세부조건

① **도형 편집**
- 도형에 그림 채우기 :「내 PC₩문서₩ITQ₩Picture₩그림2.jpg」, 투명도 50%
- 도형 효과 : 부드러운 가장자리 5포인트

② **워드아트 삽입**
- 변환 : 삼각형, 위로
- 글꼴 : 굴림, 굵게
- 텍스트 반사 : 1/2 반사, 4pt 오프셋

③ **그림 삽입**
-「내 PC₩문서₩ITQ₩Picture₩로고1.jpg」
- 배경(회색) 투명색으로 설정

시험분석

➡ **출제 경향 : 출제 문제를 분석**
- ☑ 도형 편집 : 도형에 그림을 채우는 부분이 여러 가지 형태로 변형되어 출제될 가능성이 있기 때문에 조금 더 주의 깊게 살펴봐야 합니다.
- ☑ 워드아트 : 과년도 기출 문제를 분석한 결과 '수축: 위쪽, 수축: 아래쪽, 삼각형: 아래로, 삼각형: 위로, 갈매기형 수장: 위로, 갈매기형 수장: 아래로, 물결: 아래로, 곡선: 아래로' 등이 자주 출제되었습니다.
  하지만 이외에도 다양한 모양들이 출제되고 있으니 참고하시기 바랍니다.

➡ **주의 사항 : 실수가 많은 내용**
- ☑ 그림(로고 삽입) : [슬라이드 2~6]은 반드시 슬라이드 마스터를 이용하여 일괄적으로 로고를 삽입하며, [슬라이드 1]에는 개별적으로 삽입한 후 크기를 조절해야 합니다.
- ☑ 워드아트(WordArt)의 모양 조절점(◎)은 [텍스트 효과]–[변환]을 지정해야 나타납니다.

난이도	권장 시간 / 시험 시간
★★☆☆	5분 / 60분

Skill 01 도형 삽입하기

■ 도형을 삽입한 후 그림 채우기

도형에 그림 채우기 : 「내 PC₩문서₩ITQ₩Picture₩그림2.jpg」, 투명도 50%
도형 효과 : 부드러운 가장자리 5포인트

① 유형02_문제.pptx 파일을 불러와 **[슬라이드 1]**을 클릭한 후 슬라이드 작업 창의 제목 및 부제목 개체를 선택한 다음 Delete 키를 눌러 삭제합니다.

※ 파일 불러오기 : [파일]–[열기]–[찾아보기]를 클릭한 후 [열기] 대화상자에서 파일을 선택합니다.

※ Ctrl + A 키를 눌러 모든 개체를 선택할 수도 있습니다.

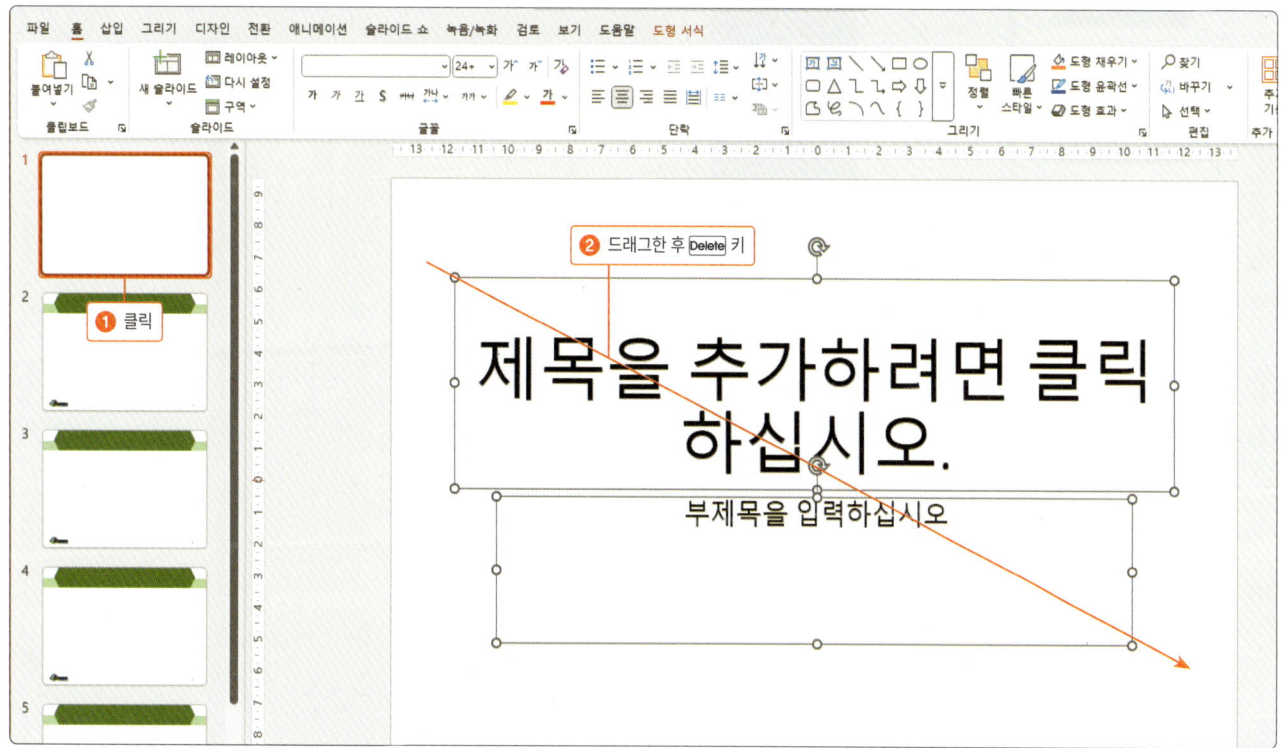

[슬라이드1] 《표지 디자인》

❷ [삽입] 탭의 [일러스트레이션] 그룹에서 [도형(🔽)]-[기본 도형]-'L 도형(⌐)'을 선택합니다.

❸ 마우스 포인터가 ＋ 모양으로 변경되면 드래그하여 도형을 삽입합니다. 이어서, 조절점(○)을 드래그하여 《출력형태》와 같이 크기를 조절한 후 위치를 변경합니다.

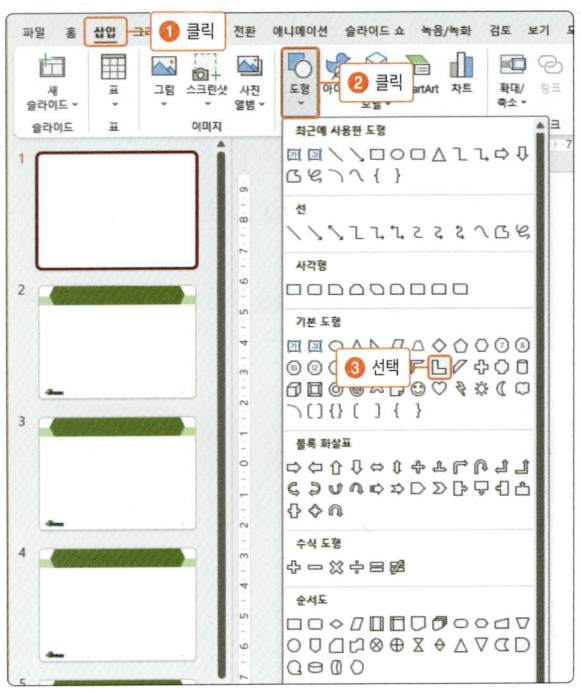
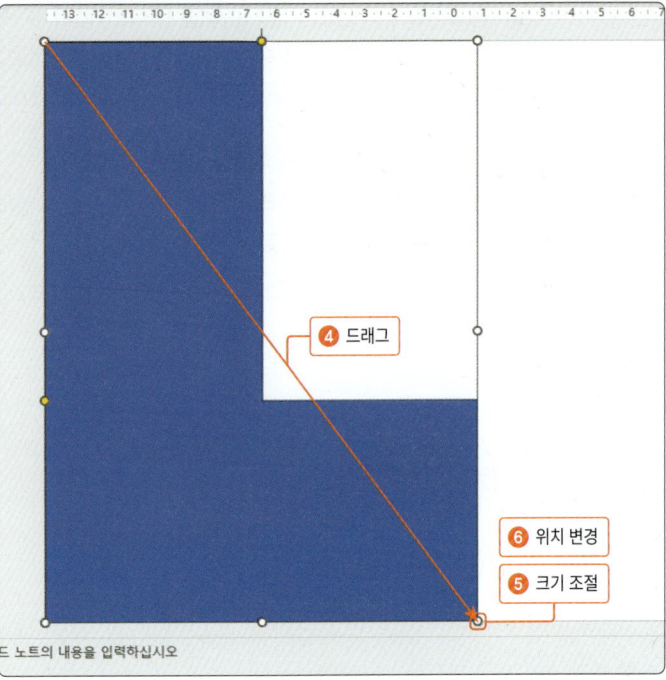

❹ 도형에 그림을 채우기 위해 도형 위에서 [마우스 오른쪽 단추]를 눌러 [도형 서식]을 클릭합니다.

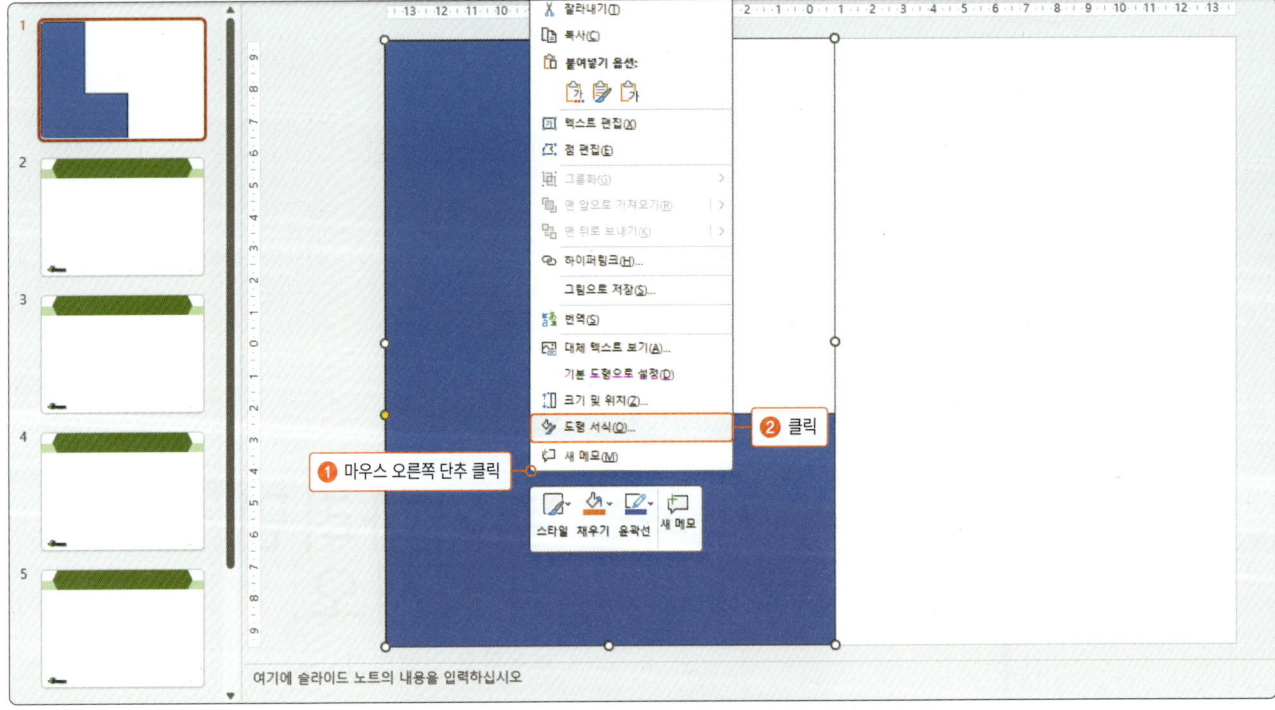

❺ 오른쪽 작업 창이 나오면 [채우기]-[그림 또는 질감 채우기]를 선택한 후 〈삽입〉 단추를 클릭합니다.
이어서, [그림 삽입] 대화상자가 나오면 [파일에서(🖼)]를 클릭합니다.

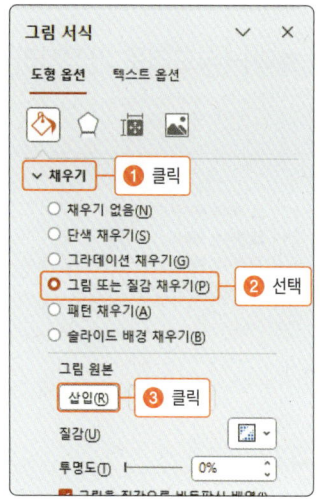
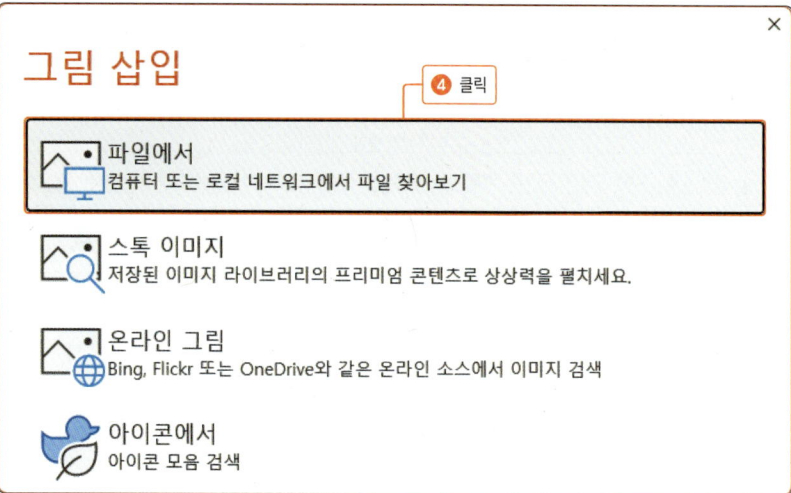

❻ [그림 삽입] 대화상자가 나오면 경로(내 PC\문서\ITQ\Picture)를 지정한 후 '**그림2**'를 선택한 다음 〈삽입〉 단추를 클릭합니다.

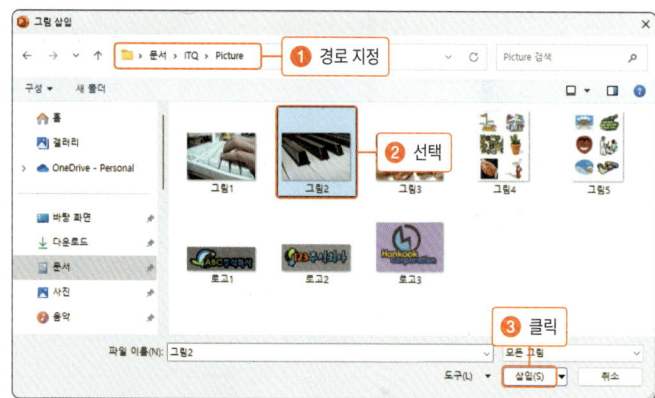

❼ 도형에 이미지가 삽입되면 오른쪽 작업 창 하단의 투명도를 '**50%**'로 지정한 후 작업 창을 종료(✕)합니다.

※ 투명도 입력 칸을 클릭한 후 직접 값(50)을 입력하는 것이 편리합니다.

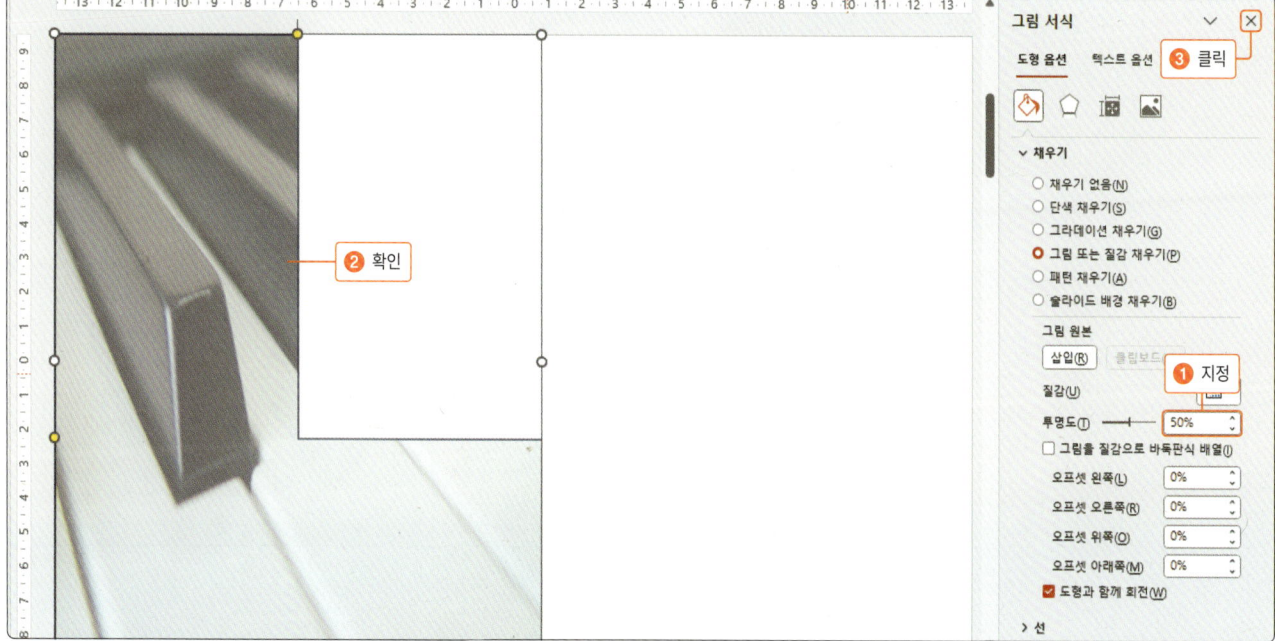

■ 도형 효과 적용하기

도형 효과 : 부드러운 가장자리 5포인트

❽ 도형이 선택된 상태에서 [도형 서식] 탭의 [도형 스타일] 그룹에서 [도형 효과]-[부드러운 가장자리]-'**5 포인트**( )' 를 선택합니다.

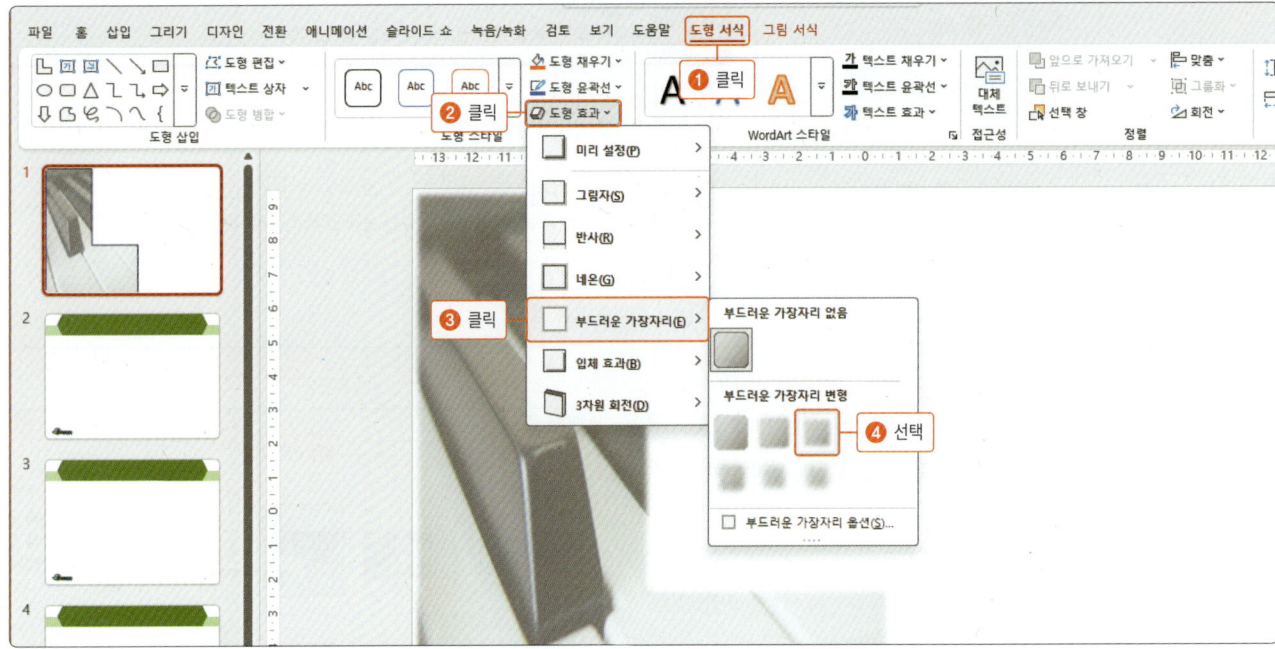

❾ 도형 편집 작업이 끝나면 《출력형태》와 비교합니다.

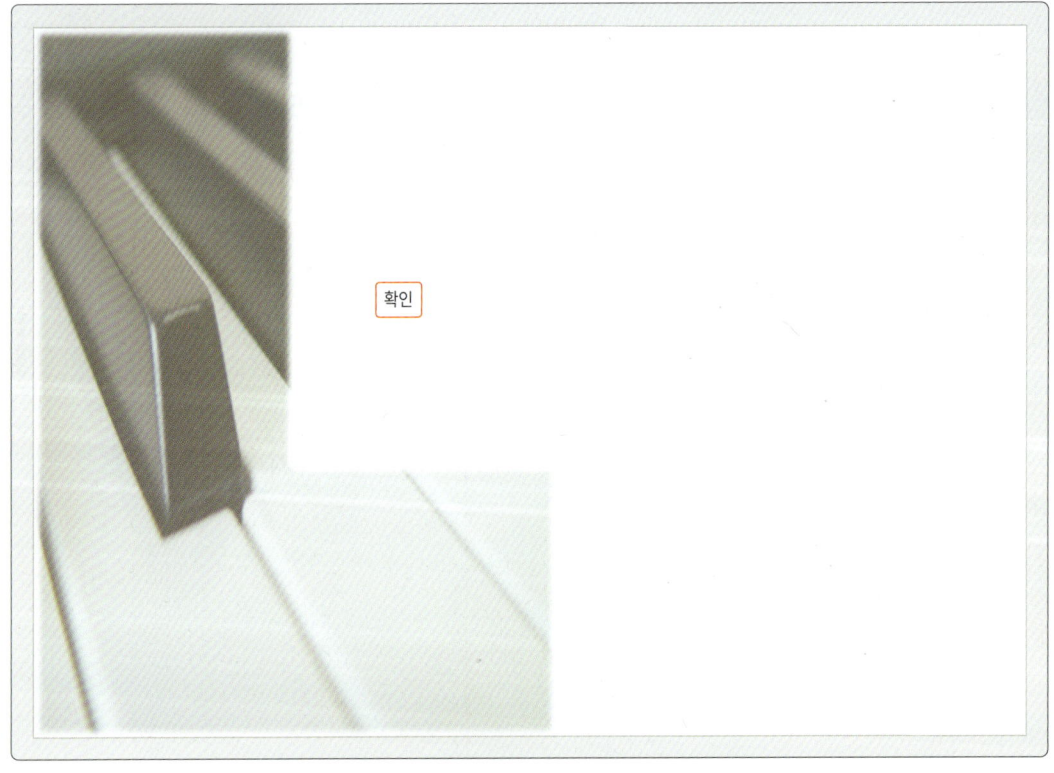

〈표지 디자인〉의 도형 편집 알아보기

❶ 기본적인 도형에 이미지를 넣고 투명도를 지정하는 기능은 매우 단순하기 때문에 도형의 노란색 조절점을 이용하여 도형의 모양을 변형하거나, 도형을 회전하는 등의 기능들을 활용하여 조금 더 어렵게 출제될 가능성도 있습니다.

〈예시〉

Ⓐ 사각형: 둥근 대각선 방향 모서리 도형을 삽입 → 노란색 조절점으로 모양을 변형

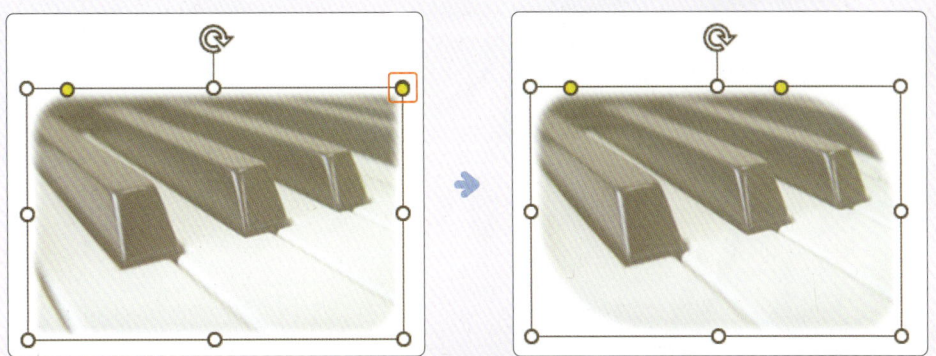

Ⓑ 설명선: 오른쪽 화살표 도형을 삽입 → 노란색 조절점으로 모양을 변형 → 좌우 대칭(▲)

※ 만약 도형을 회전하는 경우 그림의 방향이 《출력형태》와 다르면 감점이 될 수 있으니 반드시 그림의 방향을 맞추어 도형을 회전시킵니다.

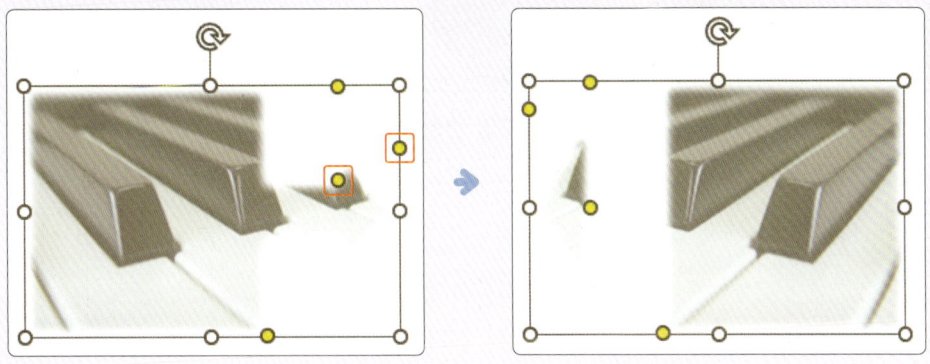

Ⓒ 액자 도형을 삽입 → 노란색 조절점으로 모양을 변형 → 상하 대칭(◀)

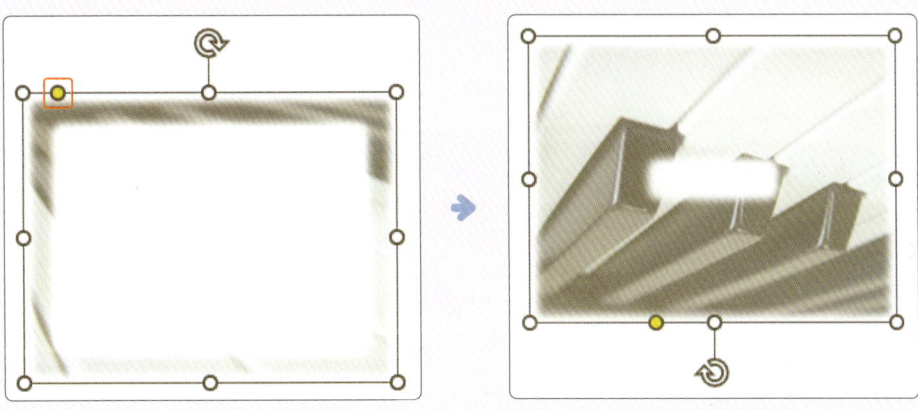

❷ 아래 내용과 이미지를 참고하여 다양한 방식으로 도형을 편집합니다.
- [파일]-[새로 만들기]-[새 프레젠테이션]을 클릭
- [홈]-[슬라이드]-[레이아웃]-빈 화면
- 도형 편집
  - 그림 삽입 : 「내 PC\문서\ITQ\Picture」, 투명도 50%
  - 도형 효과 : 부드러운 가장자리 5 포인트

▲ 사각형: 잘린 위쪽 모서리 → 노란색 조절점으로 모양 변형 → 상하 대칭

▲ 사다리꼴 → 노란색 조절점으로 모양 변형 → 좌우 대칭

▲ 물결 → 노란색 조절점으로 모양 변형 → 상하 대칭 → 좌우 대칭

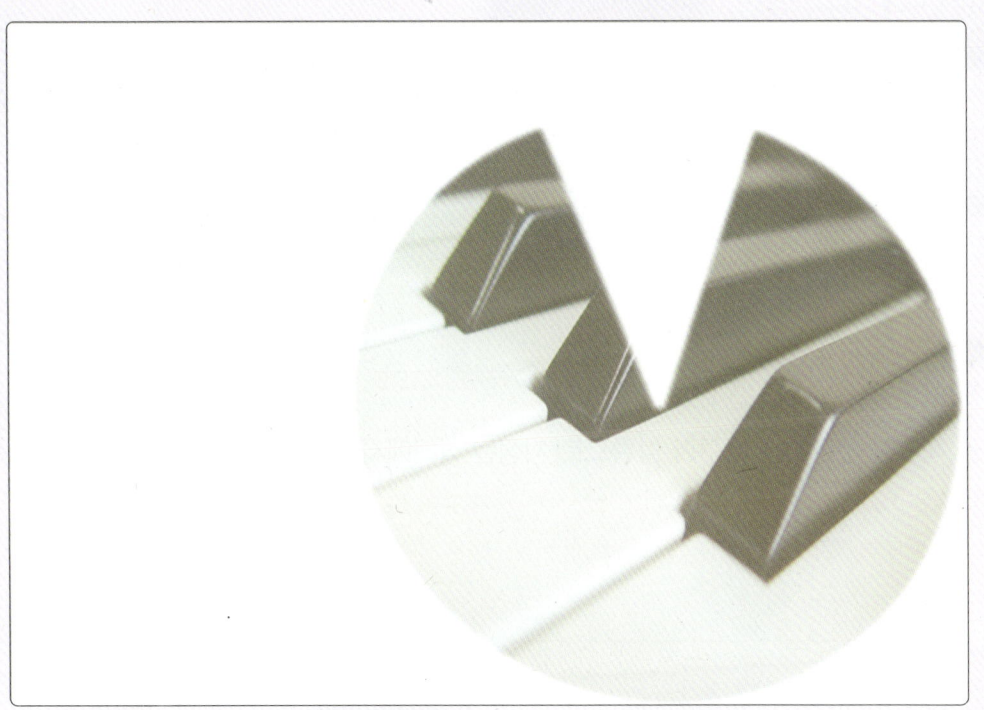

▲ 부분 원형 → 좌우 대칭 → 노란색 조절점으로 모양 변형 → 회전 조절점으로 회전

Skill 02 워드아트 삽입하기

■ 워드아트 삽입하기

글꼴 : 굴림, 굵게

① [삽입] 탭의 [텍스트] 그룹에서 [WordArt(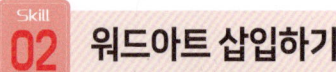)]-'**채우기: 검정, 텍스트 색 1, 그림자**'를 선택합니다.

  ※ 워드아트를 삽입할 때는 효과가 거의 없는 첫 번째 워드아트를 선택합니다.

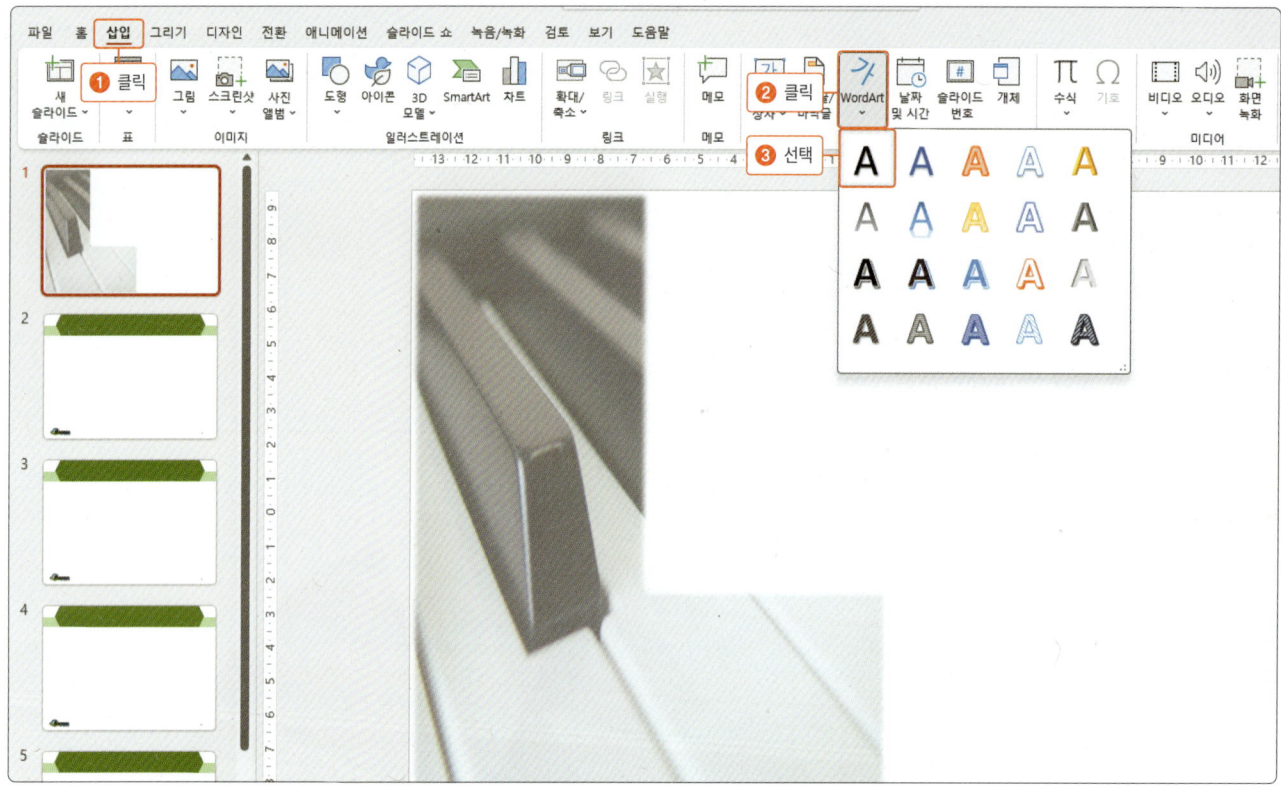

② '필요한 내용을 적으십시오.'라는 문구가 블록으로 지정된 상태에서 '**ESG**'를 입력한 후 Esc 키를 누릅니다.

  ※ WordArt를 삽입한 후 바로 내용을 입력하면 이전 내용('필요한 내용을 적으십시오')이 삭제되면서 새로운 내용으로 입력됩니다. 만약 블록 지정이 해제되었을 경우에는 워드아트 안쪽의 내용을 드래그하여 블록으로 지정한 후 새롭게 내용을 입력합니다.

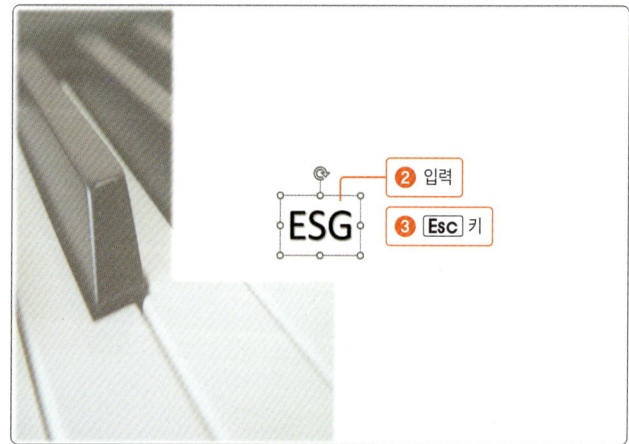

❸ 워드아트의 글꼴을 변경하기 위해 [홈] 탭의 [글꼴] 그룹에서 글꼴을 '**굴림**'으로 변경합니다. 이어서, '**굵게(가)**'를 클릭한 후 '**텍스트 그림자(S)**'의 지정을 해제합니다.

※ 워드아트의 글꼴 서식 및 스타일을 변경할 때는 테두리가 선택된 상태에서 작업합니다.
※ 워드아트의 글꼴은 '굴림'과 '굵게(가)'를 지정하라는 문제의 세부 조건에 따라 '텍스트 그림자(S)'는 지정을 해제합니다.

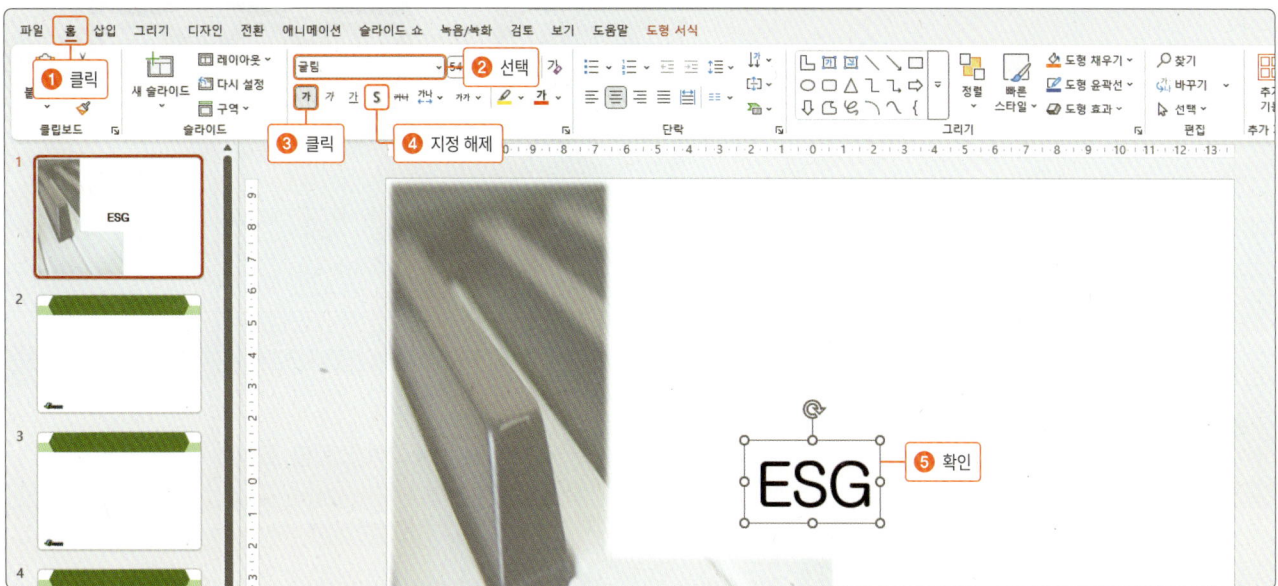

■ 워드아트 변환 및 텍스트 반사

| 변환 : 삼각형, 위로 | 텍스트 반사 : 1/2 반사, 4pt 오프셋 |

❹ [도형 서식] 탭의 [WordArt 스타일] 그룹에서 [텍스트 효과]-[반사]-'**1/2 반사: 4pt 오프셋**'을 선택합니다. 이어서, [텍스트 효과]-[변환]-'**삼각형: 위로(abcde)**'를 선택합니다.

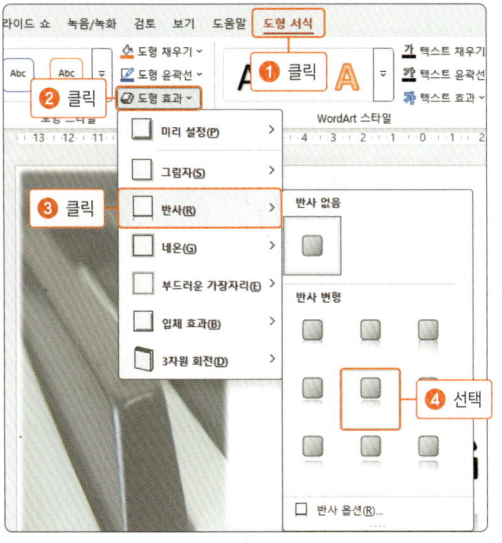
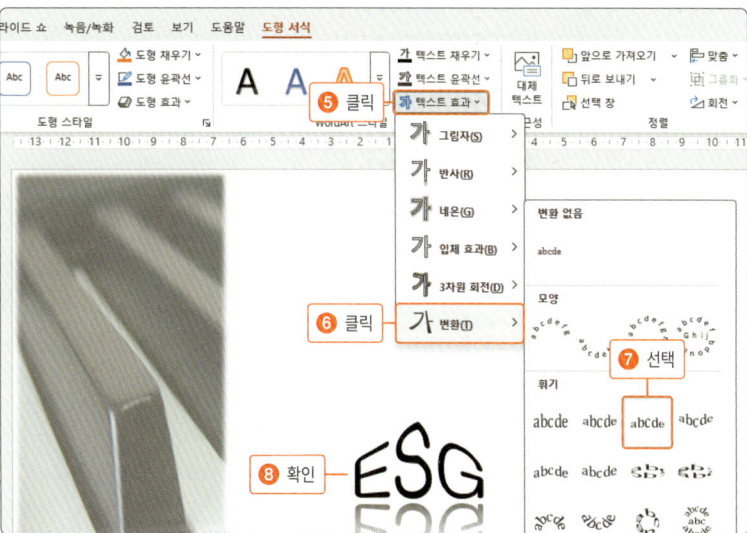

TIP [반사]-반사 변형에서의 용어 이해

PowerPoint 2021 프로그램에서는 '1/2 반사: 4pt 오프셋'으로 용어가 표시되지만 실제 시험에서는 '1/2 반사, 4pt 오프셋'으로 용어가 표기됩니다.

❺ 조절점(○)을 드래그하여 《출력형태》와 같이 크기를 조절한 후 위치를 변경합니다.

❶ 크기 조절
❷ 위치 변경

> **TIP 워드아트 크기 조절**
> 삽입된 워드아트에 [텍스트 효과]-[변환]을 적용해야만 조절점(○)을 이용하여 크기를 조절할 수 있습니다.

Skill 03 그림 삽입하기

「내 PC₩문서₩ITQ₩Picture₩로고1.jpg」 배경(회색) 투명색으로 설정

 [삽입] 탭의 [이미지] 그룹에서 [그림(🖼)]-[다음에서 그림 삽입:]-'이 디바이스...(🖥)'를 선택합니다. 이어서, [그림 삽입] 대화상자가 나오면 경로(내 PC\문서\ITQ\Picture)를 지정한 후 '로고1'을 선택한 다음 〈삽입〉 단추를 클릭합니다.

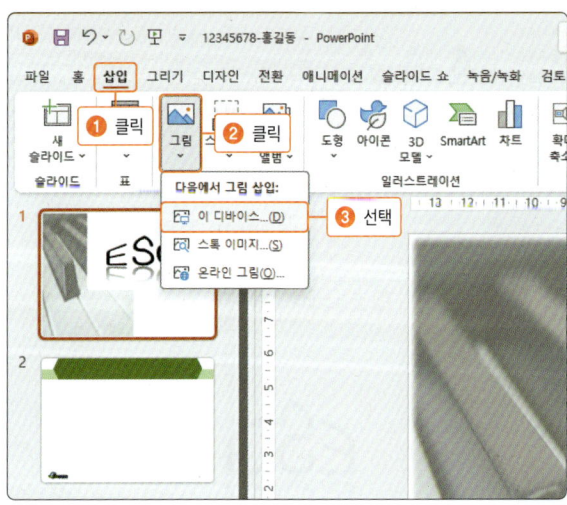

> **TIP 그림 삽입하기**
> 그림을 가져올 경로는 [내 PC\문서\ITQ\Picture] 폴더입니다. 해당 경로는 운영체제 및 시험 규정에 따라 달라질 수 있으니 문제지 내용을 꼭 확인하시기 바랍니다.

❷ 그림이 삽입되면 [그림 서식] 탭의 [조정] 그룹에서 [색(🖼)]-'**투명한 색 설정(🖌)**'을 선택합니다. 이어서, 마우스 포인터가 🖌 모양으로 변경되면 삽입된 **그림의 회색 부분**을 클릭하여 투명하게 처리합니다.

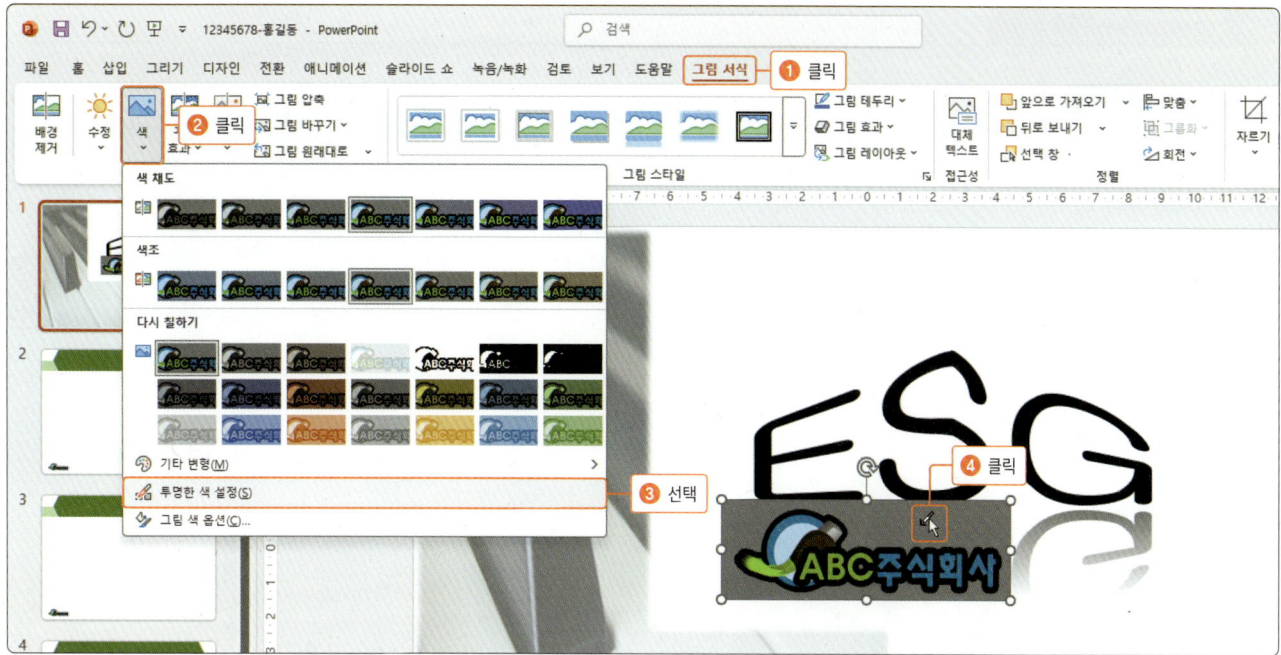

❸ 로고의 배경이 투명하게 변경되면 조절점(○)을 드래그하여 《출력형태》와 같이 크기를 조절한 후 위치를 변경합니다.

❹ [파일]-[저장]([Ctrl]+[S]) 또는 [빠른 실행 도구 모음]에서 '**저장(💾)**'을 클릭합니다.

※ 실제 시험을 볼 때 작업 도중에 수시로(10분에 한 번 정도) 저장을 하는 것이 좋습니다.

출제유형 완전정복

[슬라이드 1] 《표지 디자인》

완전정복-01 문제지의 지시사항 및 세부조건을 참고하여 《출력형태》에 알맞게 작업하시오.

· 소스 : 정복02_문제01.pptx   · 정답 : 정복02_정답01.pptx

작성 시간 / 권장 시간
분 / 5분

(1) 표지 디자인 : 도형, 워드아트 및 그림을 이용하여 작성한다.

《출력형태》

◆ 세부 조건

① 도형 편집
- 도형에 그림 채우기 : 「내 PC₩문서₩ITQ₩Picture₩그림1.jpg」, 투명도 50%
- 도형 효과 : 부드러운 가장자리 5포인트

② 워드아트 삽입
- 변환 : 삼각형, 위로
- 글꼴 : 굴림, 굵게
- 텍스트 반사 : 1/2 반사, 4pt 오프셋

③ 그림 삽입
- 「내 PC₩문서₩ITQ₩Picture₩로고1.jpg」
- 배경(회색) 투명색으로 설정

완전정복-02

문제지의 지시사항 및 세부조건을 참고하여 《출력형태》에 알맞게 작업하시오.

• 소스 : 정복02_문제02.pptx   • 정답 : 정복02_정답02.pptx

작성 시간 / 권장 시간
분 / 5분

(1) 표지 디자인 : 도형, 워드아트 및 그림을 이용하여 작성한다.

세부조건

① **도형 편집**
  - 도형에 그림 채우기 :
    「내 PC\문서\ITQ\Picture\그림1.jpg」, 투명도 50%
  - 도형 효과 : 부드러운 가장자리 5포인트

② **워드아트 삽입**
  - 변환 : 삼각형, 위로
  - 글꼴 : 굴림, 굵게
  - 텍스트 반사 :
    1/2 반사, 4pt 오프셋

③ **그림 삽입**
  - 「내 PC\문서\ITQ\Picture\로고1.jpg」
  - 배경(회색) 투명색으로 설정

완전정복-03

문제지의 지시사항 및 세부조건을 참고하여 《출력형태》에 알맞게 작업하시오.

• 소스 : 정복02_문제03.pptx   • 정답 : 정복02_정답03.pptx

작성 시간 / 권장 시간
분 / 5분

(1) 표지 디자인 : 도형, 워드아트 및 그림을 이용하여 작성한다.

세부조건

① **도형 편집**
  - 도형에 그림 채우기 :
    「내 PC\문서\ITQ\Picture\그림1.jpg」, 투명도 50%
  - 도형 효과 : 부드러운 가장자리 5포인트

② **워드아트 삽입**
  - 변환 : 중지
  - 글꼴 : 굴림, 굵게
  - 텍스트 반사 :
    1/2 반사, 4pt 오프셋

③ **그림 삽입**
  - 「내 PC\문서\ITQ\Picture\로고2.jpg」
  - 배경(회색) 투명색으로 설정

완전정복 - 04

문제지의 지시사항 및 세부조건을 참고하여 《출력형태》에 알맞게 작업하시오.

- 소스 : 정복02_문제04.pptx
- 정답 : 정복02_정답04.pptx

작성 시간 / 권장 시간
분 / 5분

(1) 표지 디자인 : 도형, 워드아트 및 그림을 이용하여 작성한다.

세부조건

① **도형 편집**
- 도형에 그림 채우기 : 「내 PC₩문서₩ITQ₩Picture₩그림1.jpg」, 투명도 50%
- 도형 효과 : 부드러운 가장자리 5포인트

② **워드아트 삽입**
- 변환 : 중지
- 글꼴 : 굴림, 굵게
- 텍스트 반사 : 1/2 반사, 4pt 오프셋

③ **그림 삽입**
- 「내 PC₩문서₩ITQ₩Picture₩로고2.jpg」
- 배경(회색) 투명색으로 설정

완전정복 - 05

문제지의 지시사항 및 세부조건을 참고하여 《출력형태》에 알맞게 작업하시오.

- 소스 : 정복02_문제05.pptx
- 정답 : 정복02_정답05.pptx

작성 시간 / 권장 시간
분 / 5분

(1) 표지 디자인 : 도형, 워드아트 및 그림을 이용하여 작성한다.

세부조건

① **도형 편집**
- 도형에 그림 채우기 : 「내 PC₩문서₩ITQ₩Picture₩그림1.jpg」, 투명도 50%
- 도형 효과 : 부드러운 가장자리 5포인트

② **워드아트 삽입**
- 변환 : 중지
- 글꼴 : 굴림, 굵게
- 텍스트 반사 : 1/2 반사, 4pt 오프셋

③ **그림 삽입**
- 「내 PC₩문서₩ITQ₩Picture₩로고2.jpg」
- 배경(회색) 투명색으로 설정

완전정복 - 06

문제지의 지시사항 및 세부조건을 참고하여 《출력형태》에 알맞게 작업하시오.

• 소스 : 정복02_문제06.pptx   • 정답 : 정복02_정답06.pptx

작성 시간 / 권장 시간
분 / 5분

(1) 표지 디자인 : 도형, 워드아트 및 그림을 이용하여 작성한다.

세부조건

① **도형 편집**
 - 도형에 그림 채우기 :
   「내 PC\문서\ITQ\Picture\그림3.jpg」, 투명도 50%
 - 도형 효과 : 부드러운 가장자리 5포인트

② **워드아트 삽입**
 - 변환 : 중지
 - 글꼴 : 돋움, 굵게
 - 텍스트 반사 :
   근접 반사, 터치

③ **그림 삽입**
 - 「내 PC\문서\ITQ\Picture\로고2.jpg」
 - 배경(회색) 투명색으로 설정

완전정복 - 07

문제지의 지시사항 및 세부조건을 참고하여 《출력형태》에 알맞게 작업하시오.

• 소스 : 정복02_문제07.pptx   • 정답 : 정복02_정답07.pptx

작성 시간 / 권장 시간
분 / 5분

(1) 표지 디자인 : 도형, 워드아트 및 그림을 이용하여 작성한다.

세부조건

① **도형 편집**
 - 도형에 그림 채우기 :
   「내 PC\문서\ITQ\Picture\그림3.jpg」, 투명도 50%
 - 도형 효과 : 부드러운 가장자리 5포인트

② **워드아트 삽입**
 - 변환 : 중지
 - 글꼴 : 돋움, 굵게
 - 텍스트 반사 :
   근접 반사, 터치

③ **그림 삽입**
 - 「내 PC\문서\ITQ\Picture\로고2.jpg」
 - 배경(회색) 투명색으로 설정

출제유형 02   2-35   [슬라이드1] 《표지 디자인》

PART 01 출제유형 완전정복

[슬라이드 2] 《목차 슬라이드》

☑ 도형으로 목차 만들기　　☑ 그림 삽입한 후 자르기
☑ 텍스트에 하이퍼링크 적용하기

문제 미리보기　　　・**소스** : 유형03_문제.pptx　　・**정답** : 유형03_정답.pptx

[슬라이드 2] 〈목차 슬라이드〉　　　　　　　　　　　　　　　　　　　　(60점)

(1) 출력형태와 같이 도형을 이용하여 목차를 작성한다(글꼴 : 돋움, 24pt).
(2) 도형 : 선 없음

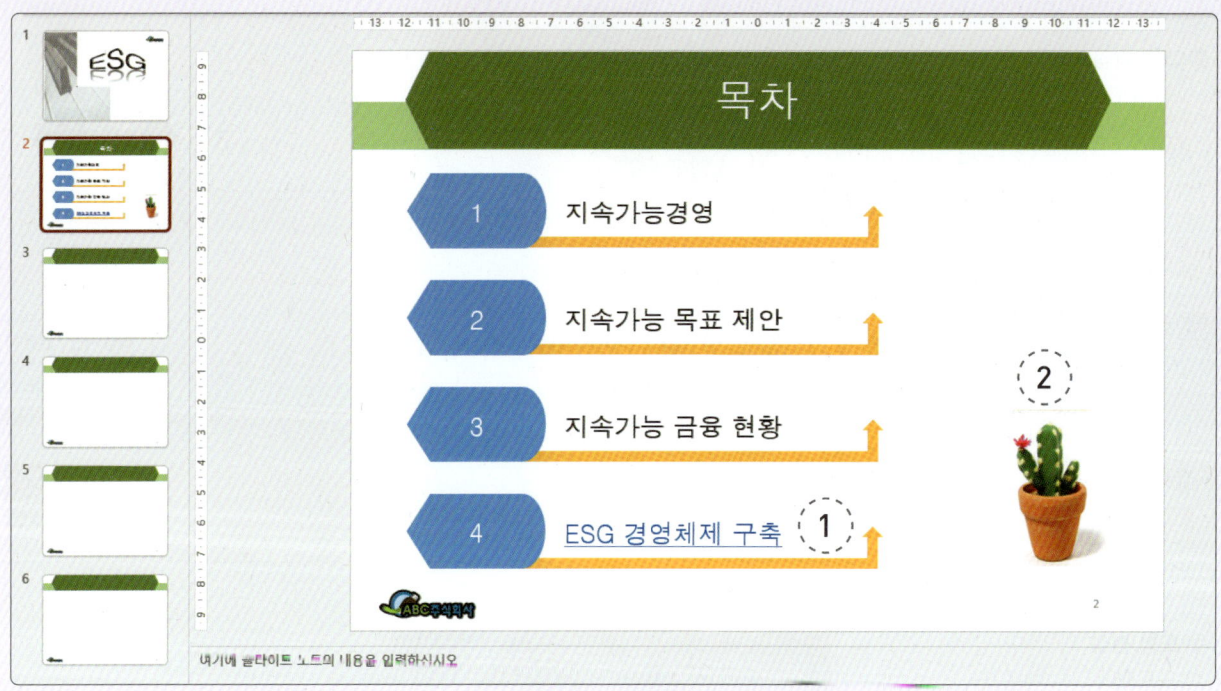

세부 조건

① 텍스트에 하이퍼링크 적용 → '슬라이드 6'
② 그림 삽입
- 「내 PC₩문서₩ITQ₩Picture₩그림4.jpg」
- 자르기 기능 이용

Information Technology Qualification

난이도	권장 시간 / 시험 시간
★★☆☆☆	5분 / 60분

시험 분석

➡ **출제 경향** : 출제 문제를 분석
- ☑ 목차 도형 : 목차 도형의 모양이 2개의 도형을 겹쳐서 만드는 형태이기 때문에 반드시《출력형태》를 참고하여 작업합니다.
- ☑ 하이퍼링크 : 도형 안쪽의 텍스트를 드래그하여 블록으로 지정한 후 텍스트에 하이퍼링크를 지정합니다.

➡ **주의 사항** : 실수가 많은 내용
- ☑ 시험 문제지는 흑백으로 출제되기 때문에 도형의 명도(색의 밝고 어두운 정도)를 보고 임의의 색상을 지정합니다(도형의 기본 색상을 사용해도 됩니다.)
- ☑ 번호 형식이 로마 숫자(Ⅰ,Ⅱ,Ⅲ,Ⅳ)인 경우 한글 자음 'ㅈ'을 입력한 후 [한자] 키를 눌러 로마 숫자(Ⅰ,Ⅱ,Ⅲ,Ⅳ)를 선택합니다.
- ☑ 맞춤법 검사(빨간 밑줄)가 적용된 텍스트에서는 바로가기 메뉴가 다르게 나타나기 때문에 [삽입] 탭의 [링크] 그룹에서 '링크(🔗)'를 사용합니다.

Skill 01 도형을 이용하여 목차 작성하기

(1) 출력형태와 같이 도형을 이용하여 목차를 작성한다(글꼴 : 돋움, 24pt).
(2) 도형 : 선 없음

❶ 유형03_문제.pptx 파일을 불러와 **[슬라이드 2]**를 클릭한 후 작업합니다.

※ 파일 불러오기 : [파일]-[열기]-[찾아보기]를 클릭한 후 [열기] 대화상자에서 파일을 선택합니다.

❷ 슬라이드 상단의 '제목을 추가하려면 클릭하십시오.'를 클릭한 후 '**목차**'를 입력합니다.

※ 슬라이드 마스터에서 작업한 제목 도형의 글꼴 속성은 '돋움, 40pt, 흰색'으로 지정되어 있습니다. 만약, 글꼴을 잘못 지정했을 경우에는 [보기] 탭의 [마스터 보기] 그룹에서 '슬라이드 마스터'에서 수정합니다.

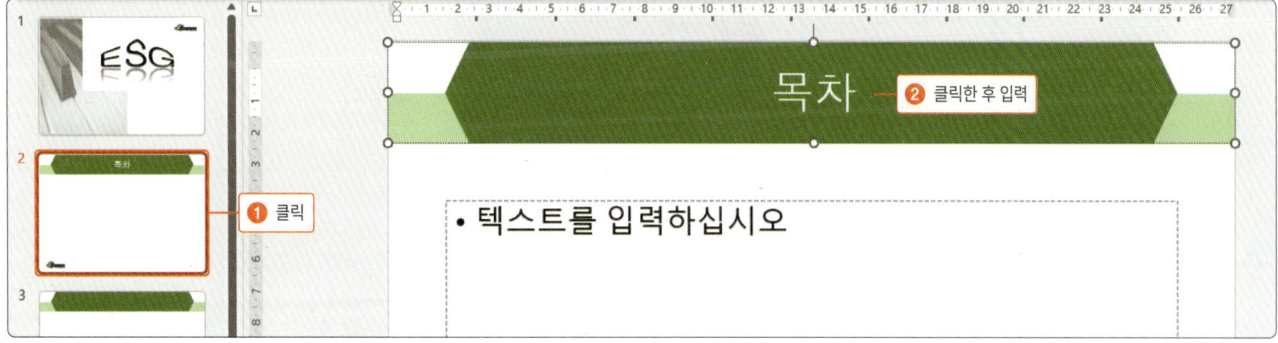

❸ '텍스트를 입력하십시오' 개체의 테두리를 클릭한 후 Delete 키를 눌러 삭제합니다.

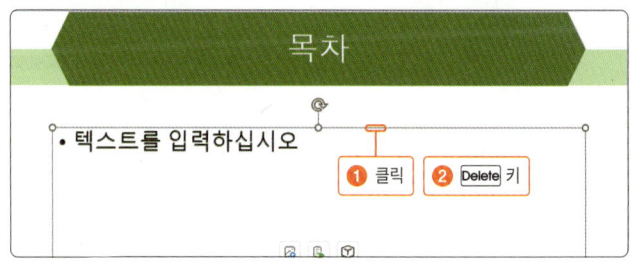 

■ 목차 도형 작성하기

④ [삽입] 탭의 [일러스트레이션] 그룹에서 [도형(⬛)]-[순서도]-'순서도: 화면 표시(⬜)'을 선택합니다.

⑤ 마우스 포인터가 ➕ 모양으로 변경되면 드래그하여 도형을 삽입합니다. 이어서, 조절점(○)을 드래그하여 《출력형태》와 같이 크기를 조절한 후 위치를 변경합니다.

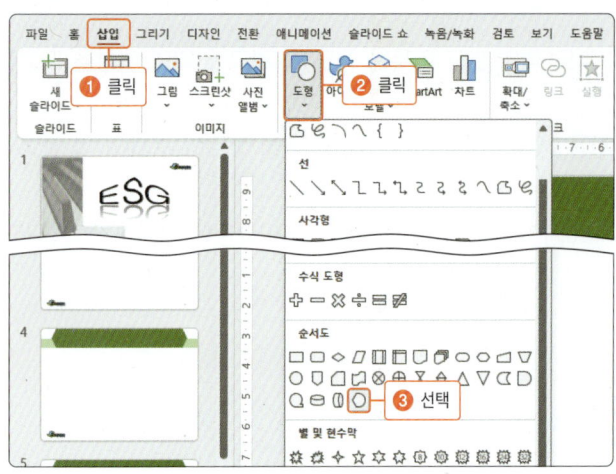 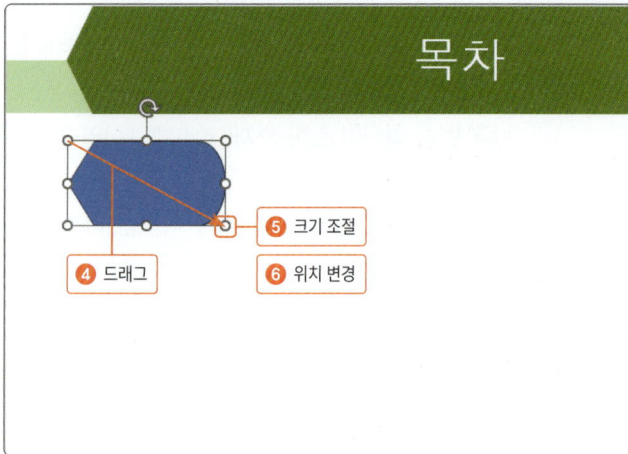

⑥ [도형 서식] 탭의 [도형 스타일] 그룹에서 [도형 윤곽선]-'윤곽선 없음'을 선택합니다.

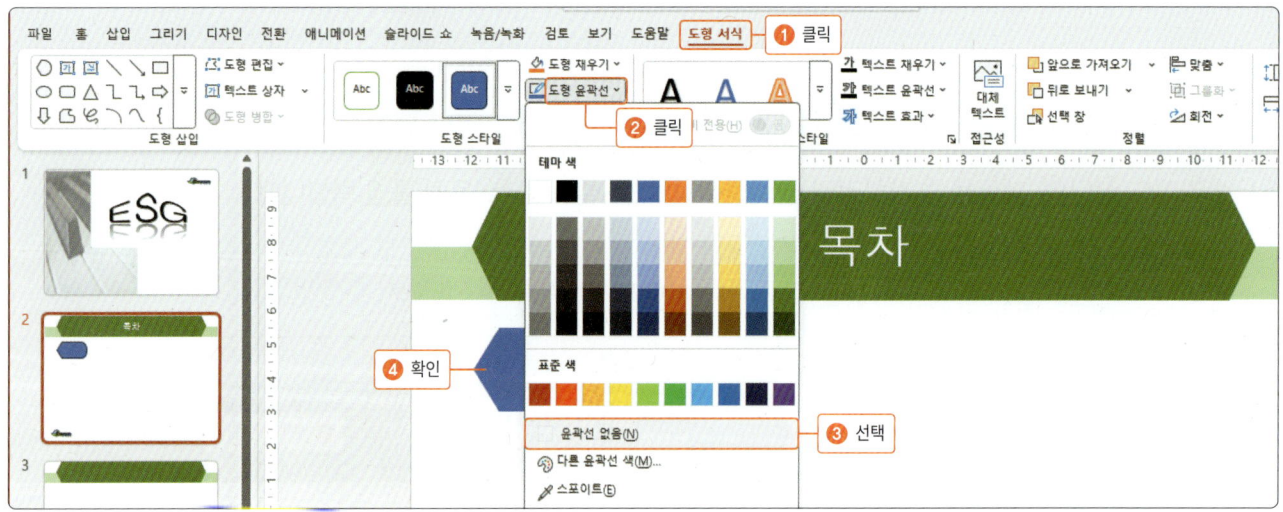

⑦ [도형 서식] 탭의 [도형 스타일] 그룹에서 [도형 채우기]-'파랑, 강조 5'을 선택합니다.

※ 도형의 색상은 문제지 조건에 없기 때문에 임의의 색으로 선택할 수 있습니다.

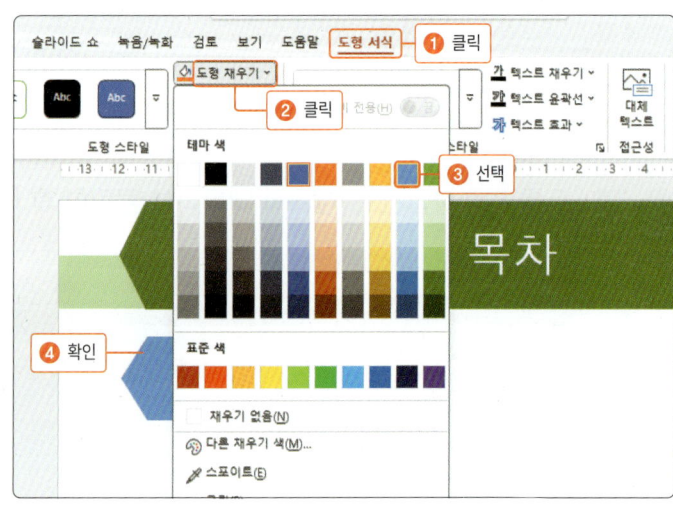

TIP 도형에 색상 채우기
실제 시험 문제지는 흑백으로 출제되기 때문에 작업의 편리를 위하여 도형의 명도(색의 밝고 어두운 정도)를 보고 임의의 색상을 지정합니다.

⑧ [삽입] 탭의 [일러스트레이션] 그룹에서 [도형(□)]-[블록 화살표]-'화살표: 위로 굽음(↰)'을 선택합니다.

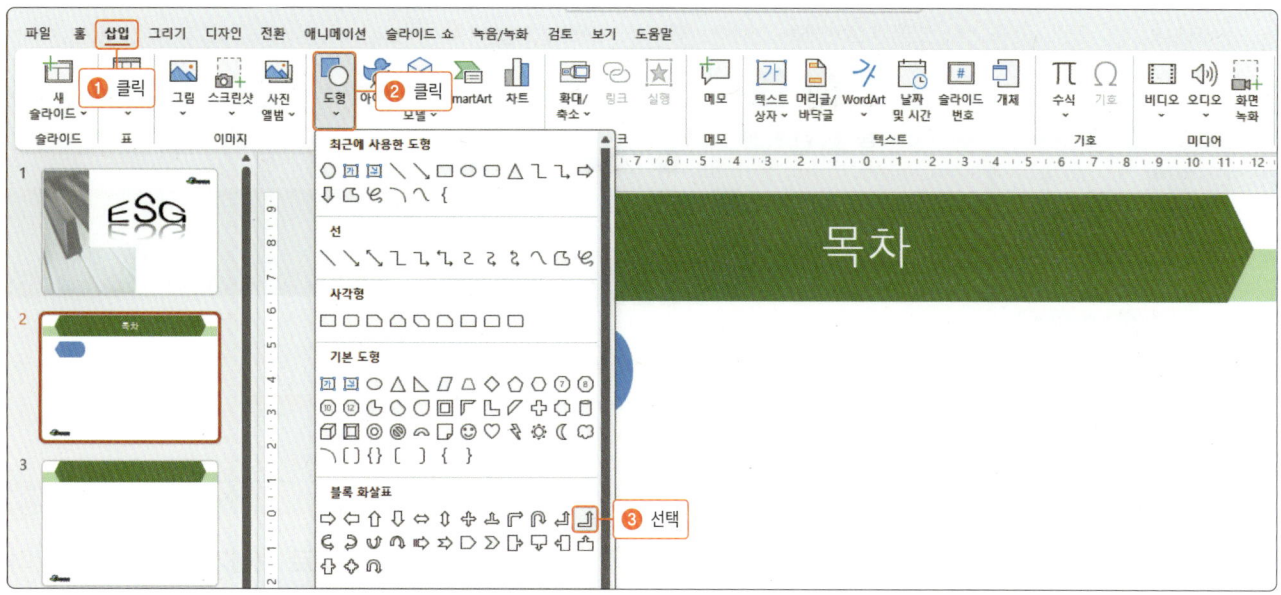

⑨ 마우스 포인터가 ┼ 모양으로 변경되면 드래그하여 도형을 삽입합니다. 이어서, 조절점(○)을 드래그하여 《출력형태》와 같이 크기를 조절한 후 위치를 변경합니다.

※ Alt 키를 누른 채 조절점(○)을 드래그하면 세밀하게 도형의 크기를 조절할 수 있습니다.

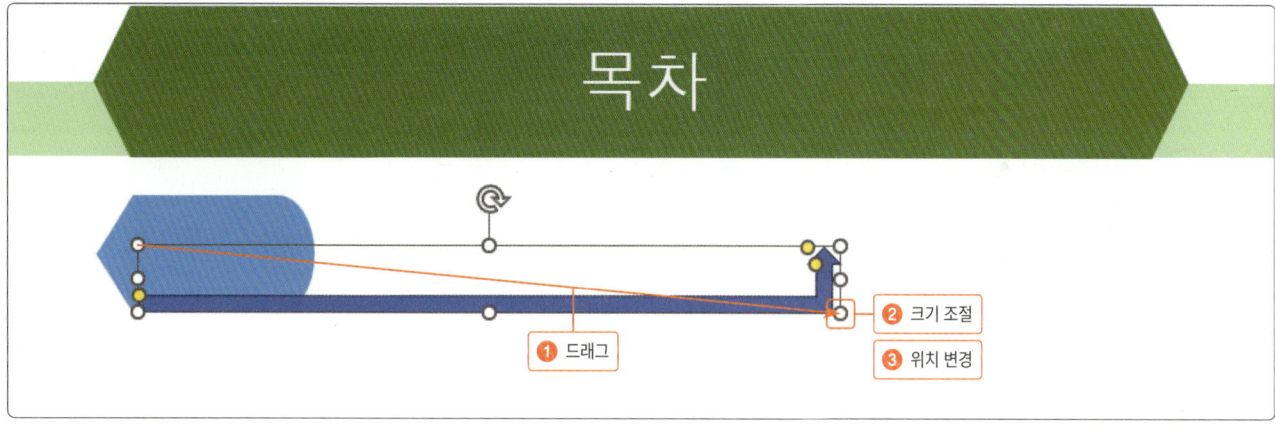

⑩ [도형 서식] 탭의 [도형 스타일] 그룹에서 [도형 윤곽선]-'윤곽선 없음'을 선택합니다.

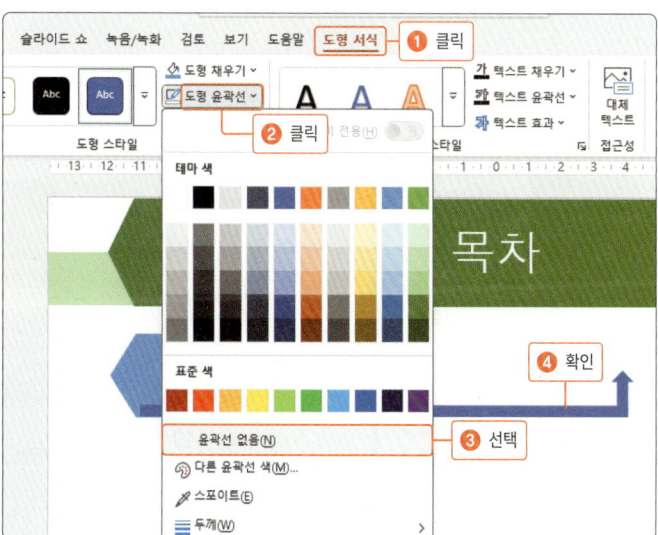

목차 슬라이드

목차 슬라이드를 작성할 때 도형의 선이 '선 없음'으로 출제되며, 2개의 도형을 겹쳐서 만드는 목차 도형의 모양으로 출제되오니 《출력형태》를 반드시 확인하시기 바랍니다.

⑪ [도형 서식] 탭의 [도형 스타일] 그룹에서 [도형 채우기]-'**주황**'을 선택합니다.

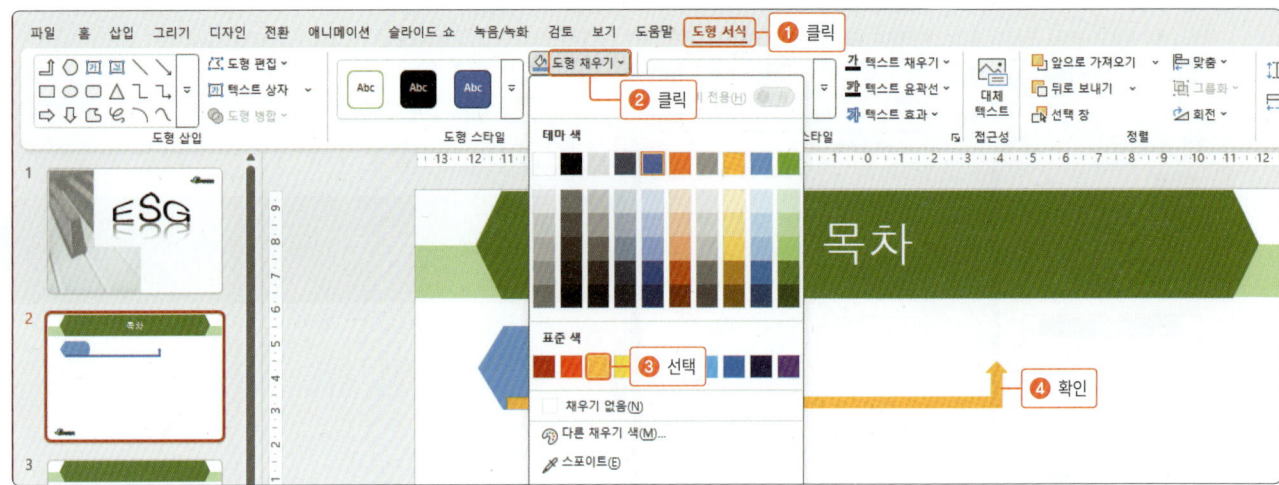

⑫ '화살표: 위로 굽음' 도형이 선택된 상태에서 [도형 서식] 탭의 [정렬] 그룹에서 '**뒤로 보내기**( )'를 클릭합니다.
※ 상황에 따라 뒤로 보내기의 목록 단추( )를 눌러 '맨 뒤로 보내기'를 선택할 수도 있습니다.

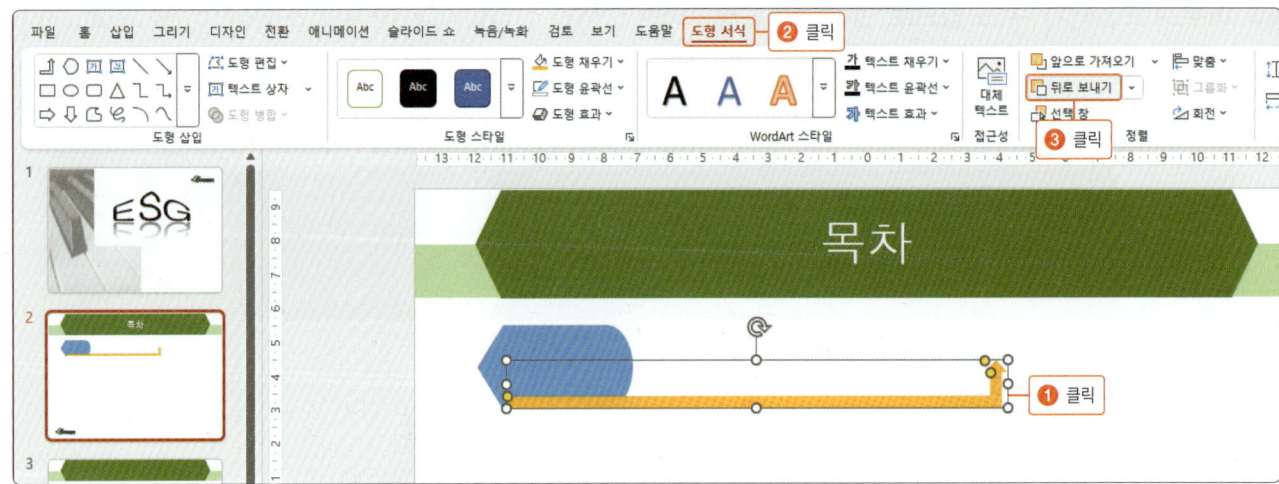

■ 텍스트 입력하기

글꼴 : 돋움, 24pt

⑬ 왼쪽 도형을 선택한 후 숫자 '1'을 입력한 다음 Esc 키를 눌러 입력을 종료합니다.

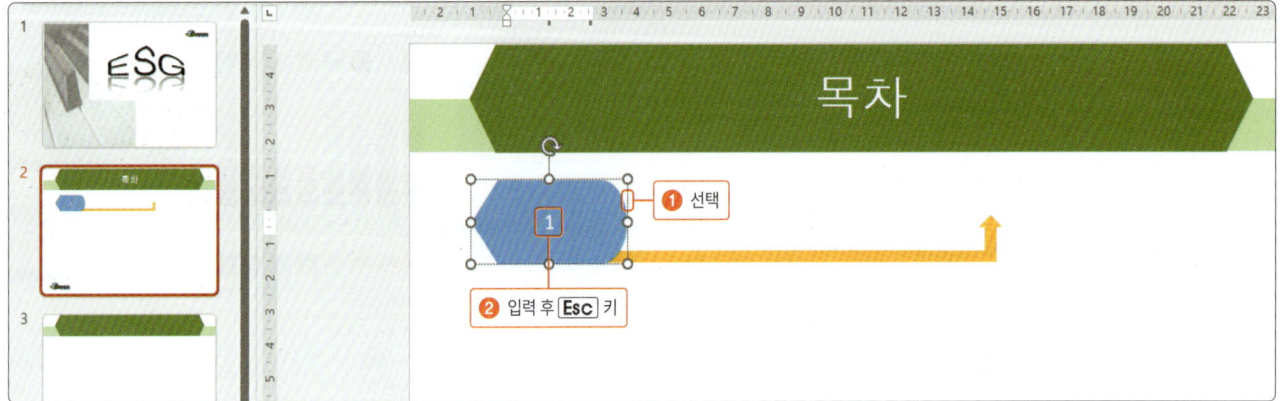

⑭ [홈] 탭의 [글꼴] 그룹에서 '글꼴(돋움), 글꼴 크기(24pt)'를 지정합니다.

※ 답안 작성요령에 글꼴 색은 '검정' 또는 '흰색'으로 작성하라는 조건이 있기 때문에 도형 안의 글꼴 색이 흰색(흰색, 배경 1)이 맞는지 확인한 후 작업합니다.

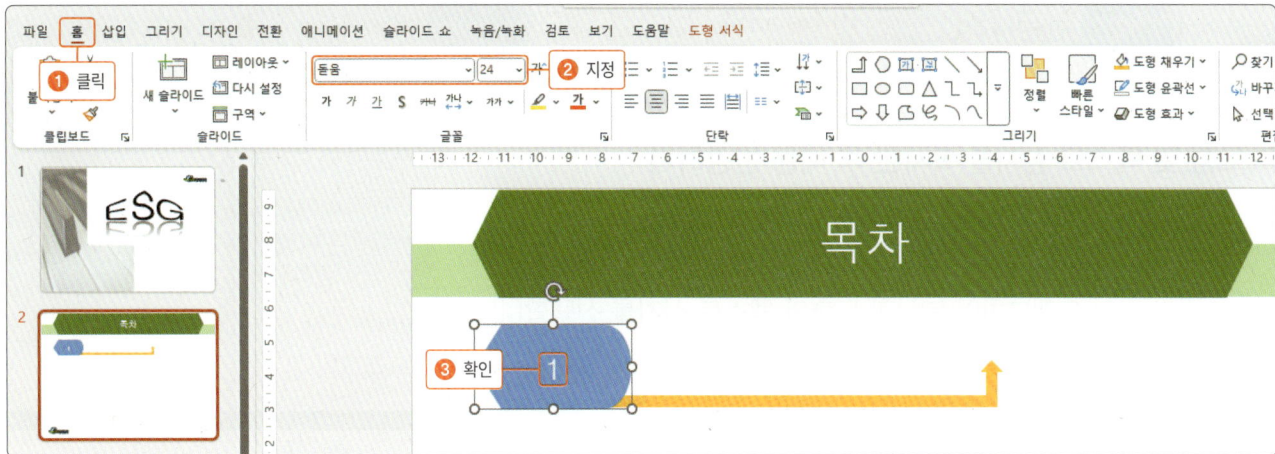

⑮ 번호에 맞추어 목차 내용을 입력하기 위해 [삽입] 탭의 [텍스트] 그룹에서 '가로 텍스트 상자 그리기(가)'를 클릭합니다. 이어서, 마우스 포인터가 ↓ 모양으로 변경되면 아래 그림처럼 드래그합니다.

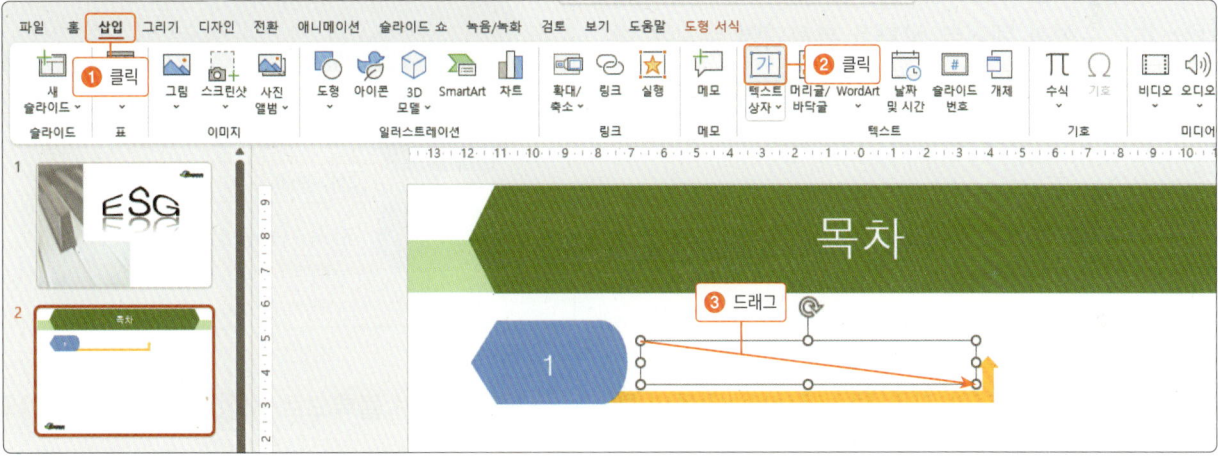

⑯ 가로 텍스트 상자가 삽입되면 '**지속가능경영**'을 입력한 후 Esc 키를 누릅니다. 이어서, [홈] 탭의 [글꼴] 그룹에서 '**글꼴(돋움), 글꼴 크기(24pt)**'를 지정합니다.

※ 《출력형태》를 확인하여 텍스트를 정렬(왼쪽 맞춤/가운데 맞춤/오른쪽 맞춤)합니다.

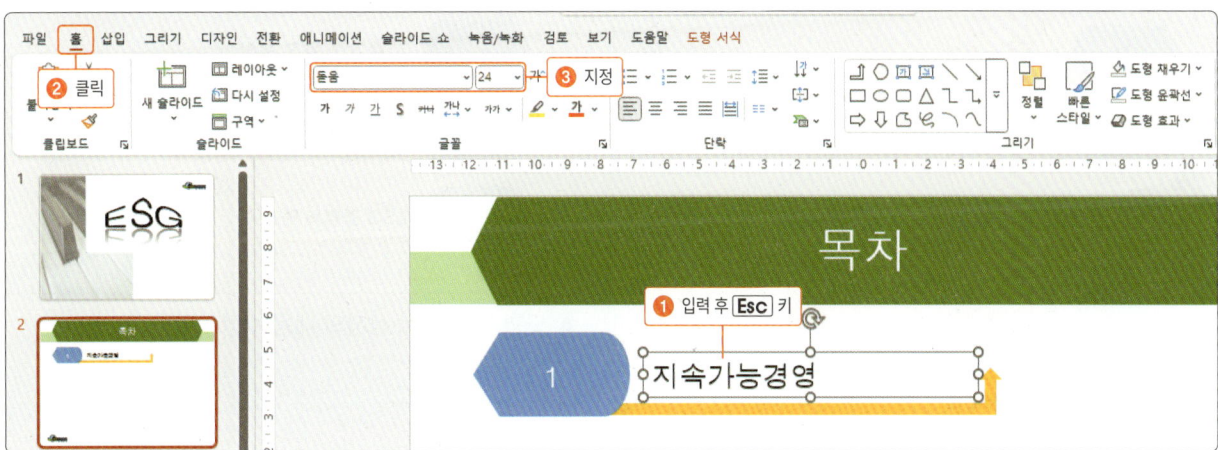

⑰ 입력이 완료되면 《출력형태》를 참고하여 텍스트 상자의 크기를 조절한 후 위치를 변경합니다.

 ※ 위치 변경은 텍스트 상자의 테두리를 드래그하며, 크기 조절은 조절점(ㅇ)을 드래그합니다.

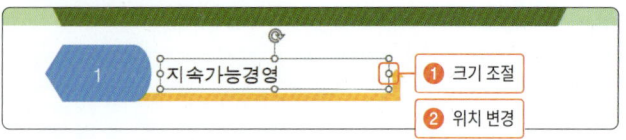 

■ 도형 및 텍스트 상자를 복사한 후 내용 변경하기

글꼴 : 돋움, 24pt

⑱ 그림과 같이 드래그하여 복사할 도형과 텍스트 상자를 선택합니다.

 ※ 위쪽 슬라이드 마스터의 텍스트 상자('목차')가 선택되지 않도록 주의하여 드래그합니다.

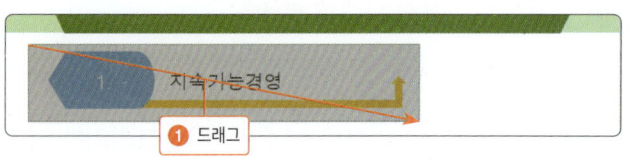 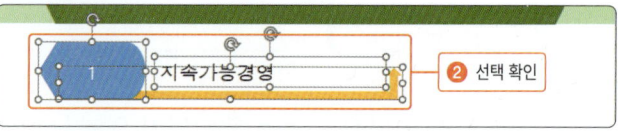

⑲ Ctrl + Shift 키를 누른 채 아래쪽으로 드래그하여 복사합니다. 도형과 텍스트 상자가 복사되면 똑같은 방법으로 2개를 더 복사하여 총 4개를 만듭니다.

 ※ 도형의 간격이 《출력형태》와 같지 않을 경우 키보드의 방향키(↑, ↓)를 눌러 조절합니다.

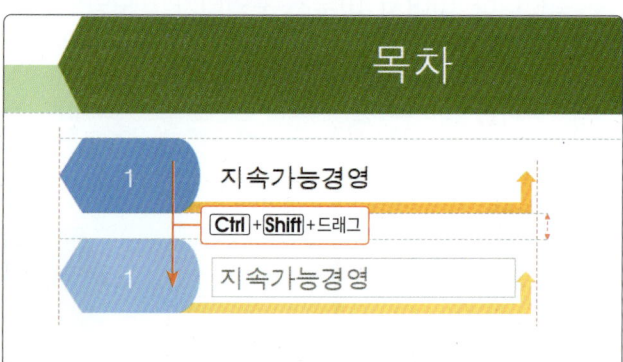

⑳ 복사가 완료되면 도형과 가로 텍스트 상자 안쪽의 텍스트를 드래그하여 블록으로 지정한 후 《출력형태》와 같이 내용을 입력합니다.

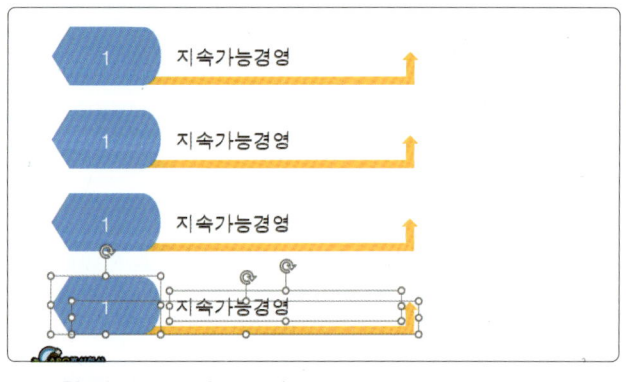

▲ 도형 및 텍스트 상자 복사

▲ 블록 지정 후 내용 입력

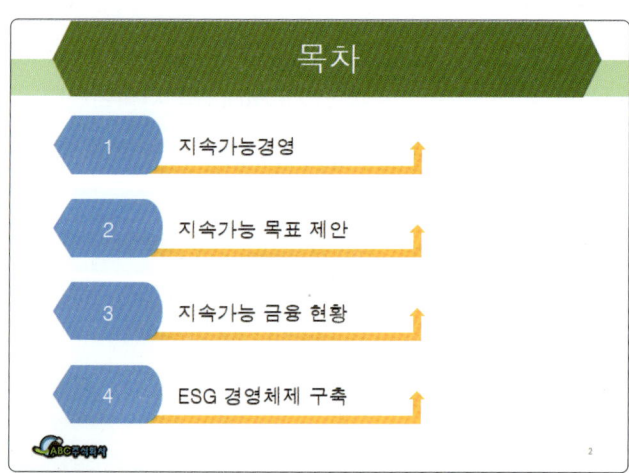

▲ 도형 및 텍스트 상자의 내용 수정

《목차 슬라이드》의 도형 편집 알아보기

❶ 《목차 슬라이드》에서 작성하는 도형의 모양이 기본적인 도형만 이용하여 작업한다면 큰 어려움이 없겠지만 다양한 기능을 활용하여 출제될 가능성도 있습니다.
  – 예 : 상하 대칭(◁), 좌우 대칭(▲) 기능을 이용하여 도형을 회전, 노란색 조절점(◉)으로 도형을 변형시킨 후 상하 대칭, 회전 조절점(⟲)으로 도형을 회전시킨 후 좌우 대칭, 도형을 회전한 후 텍스트 상자를 삽입하여 숫자 입력 등

❷ 아래 내용과 이미지를 참고하여 목차 도형을 완성합니다.
  – [파일]–[새로 만들기]–[새 프레젠테이션]을 더블 클릭
  – [홈]–[슬라이드]–[레이아웃]–'빈 화면'

▲ 완성 이미지

▲ 순서도: 순차적 액세스 저장소 도형 삽입

▲ 윤곽선 없음

▲ 도형 채우기

▲ 오른쪽으로 90도 회전

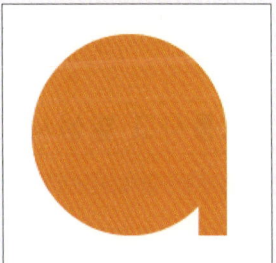

▲ 좌우 대칭

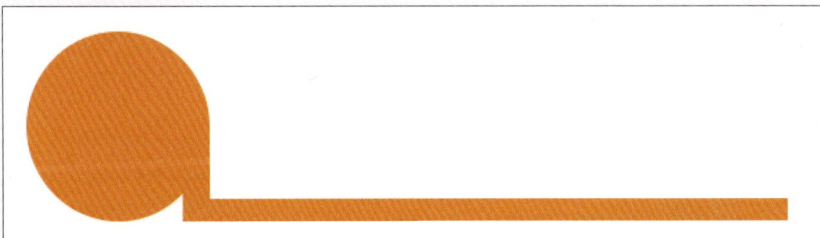

▲ 직사각형 도형 삽입 → 윤곽선 없음 → 도형 채우기 → 목차 도형 완성

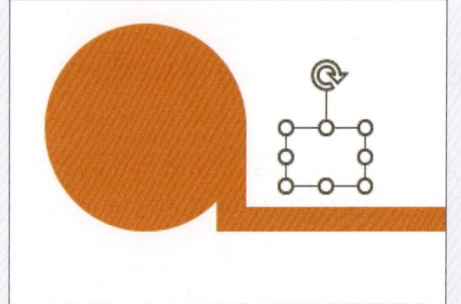
▲ 가로 텍스트 상자 그리기(📄) 삽입

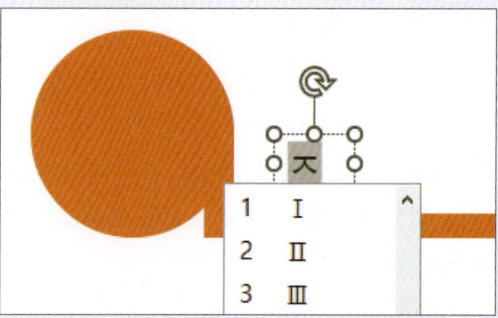
▲ 'ㅈ' 입력 후 한자 키를 눌러 1을 선택

※ 주의 : 도형을 회전했기 때문에 도형 안에 글자를 입력하면 도형과 함께 글자도 회전됩니다. 이런 경우에는 텍스트 상자를 이용하여 글자를 입력한 후 도형 안쪽으로 텍스트 상자의 위치를 이동시킵니다.

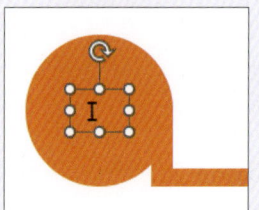
▲ 도형 안쪽으로 텍스트 상자 이동

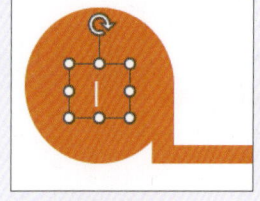
▲ 글꼴(돋움), 글꼴 크기(24pt), 글꼴 색(흰색, 배경 1)

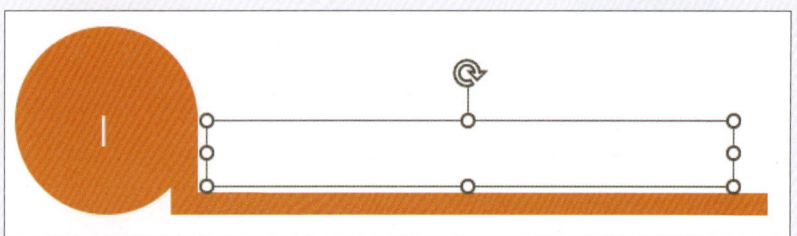
▲ 가로 텍스트 상자 그리기(📄) 삽입

▲ 목차 내용 입력

▲ 글꼴(돋움), 글꼴 크기(24pt)

※ 주의 : 크기가 작은 텍스트 상자를 이동시킬 때는 텍스트 상자의 크기를 키워 위치를 변경하거나, 텍스트 상자의 테두리를 클릭한 후 키보드의 방향키(←, →, ↑, ↓)를 눌러 이동합니다.

텍스트에 하이퍼링크 적용하기

텍스트에 하이퍼링크 적용 → '슬라이드 6'

❶ 'ESG 경영체제 구축'을 드래그하여 블록으로 지정합니다. 이어서, 지정된 블록 위에서 [마우스 오른쪽 단추]를 눌러 바로가기 메뉴가 나오면 **'하이퍼링크'**를 클릭합니다.

※ [삽입] 탭의 [링크] 그룹에서 '링크(🔗)'를 클릭해도 됩니다.

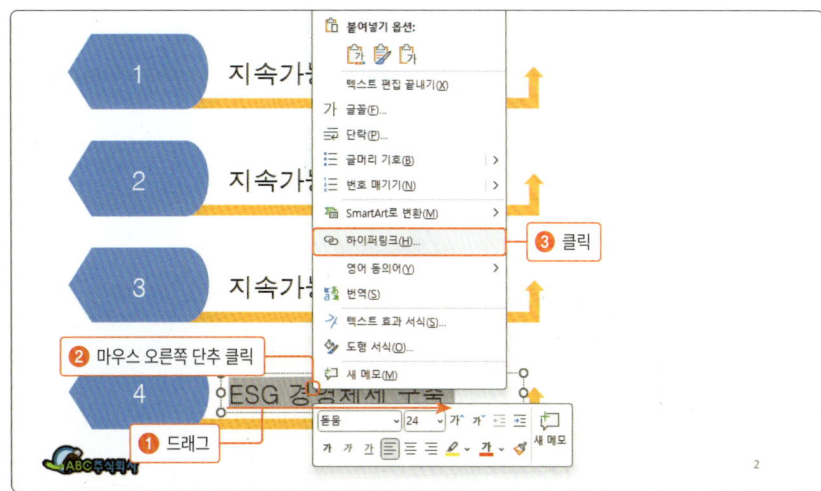

 하이퍼링크 적용시 주의할 점

맞춤법 검사(빨간 밑줄)가 적용된 텍스트에서는 바로가기 메뉴가 다르게 나타나기 때문에 [삽입] 탭의 [링크] 그룹에서 '링크(🔗)'를 사용합니다.

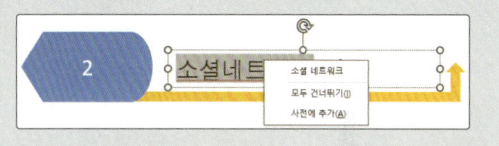

❷ [하이퍼링크 삽입] 대화상자가 나오면 [연결 대상]-**'현재 문서'**를 클릭한 후 [이 문서에서 위치 선택]-**'6. 슬라이드 6'**을 선택한 다음 〈확인〉 단추를 클릭합니다.

※ 시험에서는 [슬라이드 3~6]에 하이퍼링크를 적용하는 문제가 출제되고 있습니다.

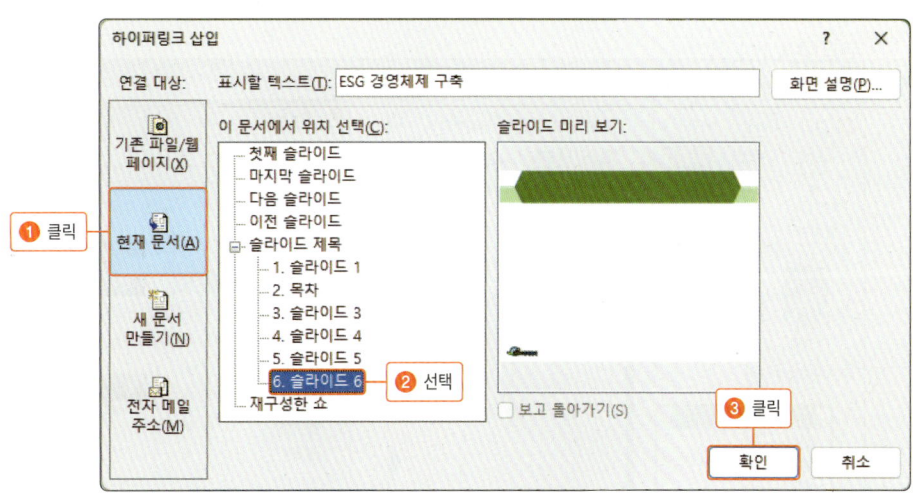

❸ Esc 키를 눌러 블록 지정을 해제한 후 텍스트에 적용된 하이퍼링크를 확인합니다.

 하이퍼링크

❶ 하이퍼링크가 적용되면 텍스트가 파란색으로 변경되며 동시에 밑줄이 생깁니다.
❷ 문제지 조건에 따라 하이퍼링크는 반드시 도형이 아닌 텍스트에 지정합니다.
❸ 하이퍼링크를 잘못 지정했을 때는 하이퍼링크 위에서 [마우스 오른쪽 단추]를 눌러 바로가기 메뉴가 나오면 [링크 제거]를 클릭한 후 다시 하이퍼링크를 지정합니다.

Skill 03 자르기 기능을 이용하여 그림 삽입하기

그림 삽입 : 「내 PC₩문서₩ITQ₩Picture₩그림4.jpg」 자르기 기능 이용

❶ [삽입] 탭의 [이미지] 그룹에서 [그림(🖼)]-[다음에서 그림 삽입:]-'이 디바이스...'를 선택합니다. 이어서, [그림 삽입] 대화상자가 나오면 경로(내 PC\문서\ITQ\Picture)를 지정한 후 '**그림4**'를 선택한 다음 〈삽입〉 단추를 클릭합니다.

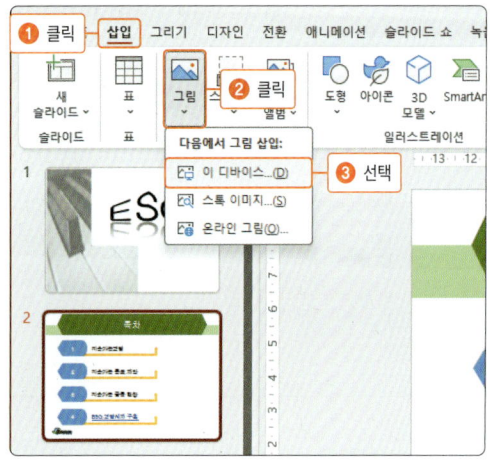

❷ 그림이 삽입되면 [그림 서식] 탭의 [크기] 그룹에서 '**자르기**( )'를 클릭합니다. 이어서, 하단의 자르기 구분선
( )을 드래그하여 필요한 부분만 보이도록 한 후 Esc 키를 눌러 이미지를 잘라냅니다.

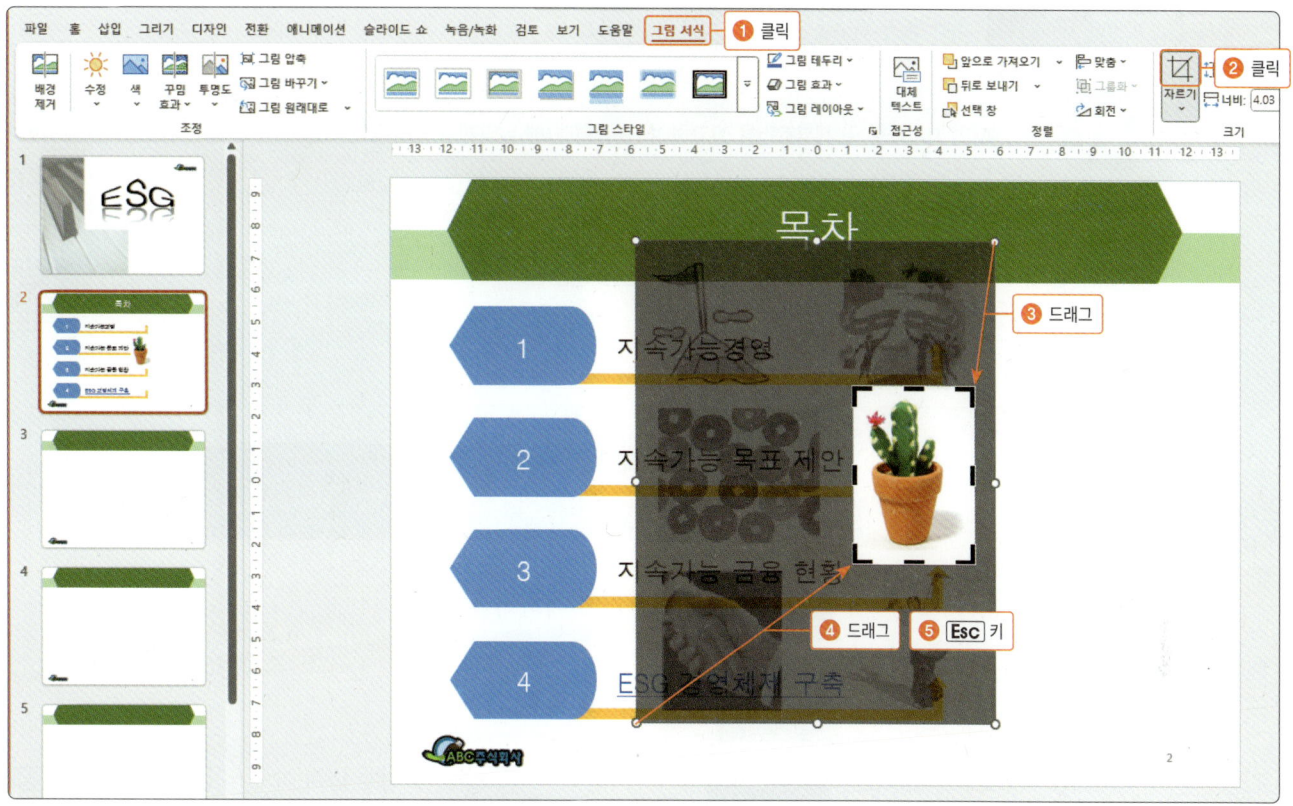

❸ 《출력형태》를 참고하여 그림의 위치를 변경합니다.

❹ [파일]-[저장](Ctrl + S) 또는 [빠른 실행 도구 모음]에서 '**저장**( )'을 클릭합니다.

※ 실제 시험을 볼 때 작업 도중에 수시로(10분에 한 번 정도) 저장을 하는 것이 좋습니다.

출제유형 완전정복

[슬라이드 2] 《목차 슬라이드》

완전정복-01 문제지의 지시사항 및 세부조건을 참고하여 《출력형태》에 알맞게 작업하시오.

- 소스 : 정복03_문제01.pptx
- 정답 : 정복03_정답01.pptx

작성 시간 / 권장 시간
분 / 5분

(1) 출력형태와 같이 도형을 이용하여 목차를 작성한다(글꼴 : 돋움, 24pt).
(2) 도형 : 선 없음

《출력형태》

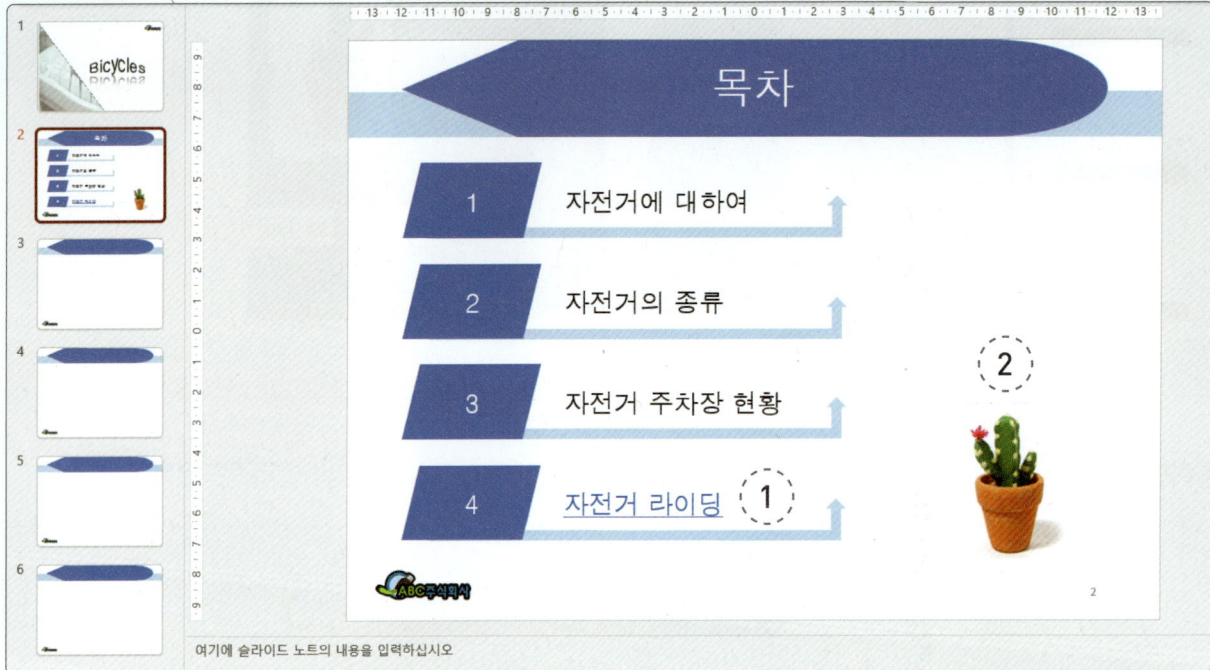

◆ 세부 조건
① 텍스트에 링크 적용
→ '슬라이드 6'

② 그림 삽입
- 「내 PC\문서\ITQ\Picture\그림4.jpg」
- 자르기 기능 이용

완전정복-02

문제지의 지시사항 및 세부조건을 참고하여 《출력형태》에 알맞게 작업하시오.
- 소스 : 정복03_문제02.pptx
- 정답 : 정복03_정답02.pptx

작성 시간 / 권장 시간
분 / 5분

(1) 출력형태와 같이 도형을 이용하여 목차를 작성한다(글꼴 : 돋움, 24pt).
(2) 도형 : 선 없음

세부조건
① 텍스트에 링크 적용
  → '슬라이드 6'
② 그림 삽입
  - 「내 PC\문서\ITQ\Picture\그림4.jpg」
  - 자르기 기능 이용

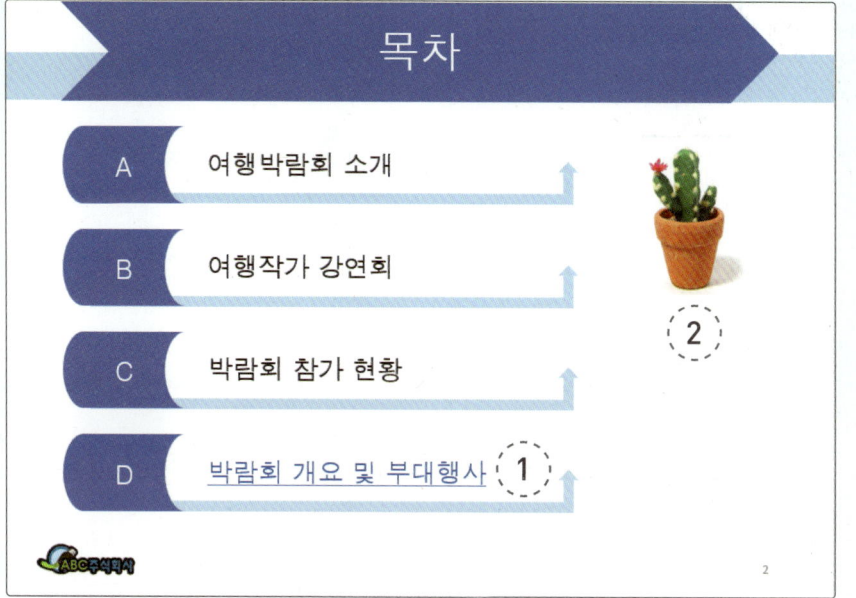

완전정복-03

문제지의 지시사항 및 세부조건을 참고하여 《출력형태》에 알맞게 작업하시오.
- 소스 : 정복03_문제03.pptx
- 정답 : 정복03_정답03.pptx

작성 시간 / 권장 시간
분 / 5분

(1) 출력형태와 같이 도형을 이용하여 목차를 작성한다(글꼴 : 돋움, 24pt).
(2) 도형 : 선 없음

세부조건
① 텍스트에 링크 적용
  → '슬라이드 4'
② 그림 삽입
  - 「내 PC\문서\ITQ\Picture\그림4.jpg」
  - 자르기 기능 이용

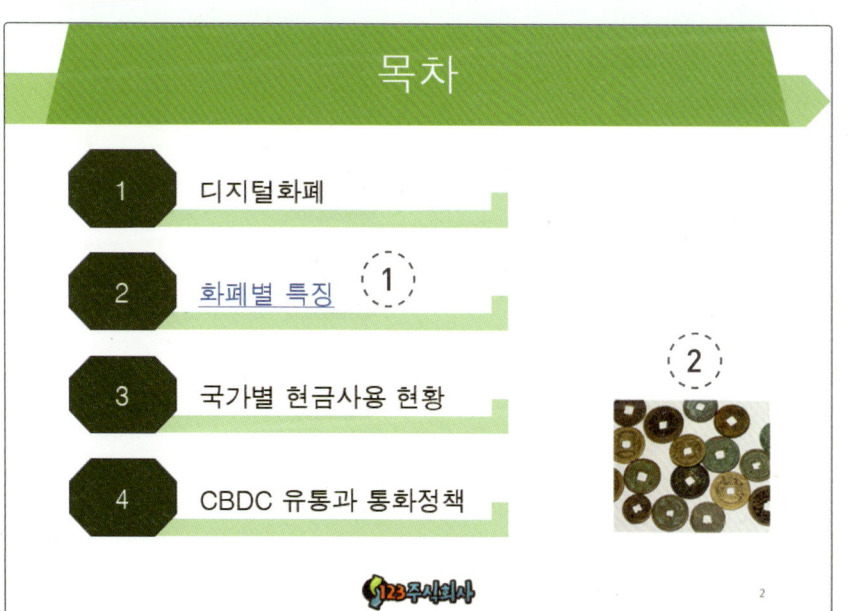

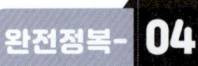 **완전정복-04** 문제지의 지시사항 및 세부조건을 참고하여 《출력형태》에 알맞게 작업하시오.

• 소스 : 정복03_문제042.pptx • 정답 : 정복03_정답04.pptx

작성 시간 / 권장 시간
분 / 5분

(1) 출력형태와 같이 도형을 이용하여 목차를 작성한다(글꼴 : 돋움, 24pt).
(2) 도형 : 선 없음

세부조건
① 텍스트에 링크 적용
   → '슬라이드 4'
② 그림 삽입
   – 「내 PC\문서\ITQ\Picture\그림4.jpg」
   – 자르기 기능 이용

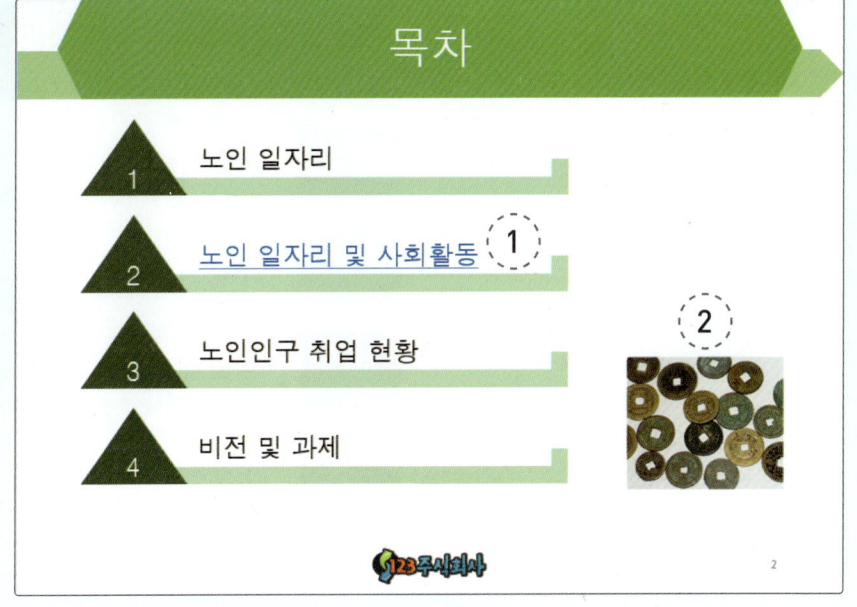

 **완전정복-05** 문제지의 지시사항 및 세부조건을 참고하여 《출력형태》에 알맞게 작업하시오.

• 소스 : 정복03_문제05.pptx • 정답 : 정복03_정답05.pptx

작성 시간 / 권장 시간
분 / 5분

(1) 출력형태와 같이 도형을 이용하여 목차를 작성한다(글꼴 : 돋움, 24pt).
(2) 도형 : 선 없음

세부조건
① 텍스트에 링크 적용
   → '슬라이드 4'
② 그림 삽입
   – 「내 PC\문서\ITQ\Picture\그림4.jpg」
   – 자르기 기능 이용

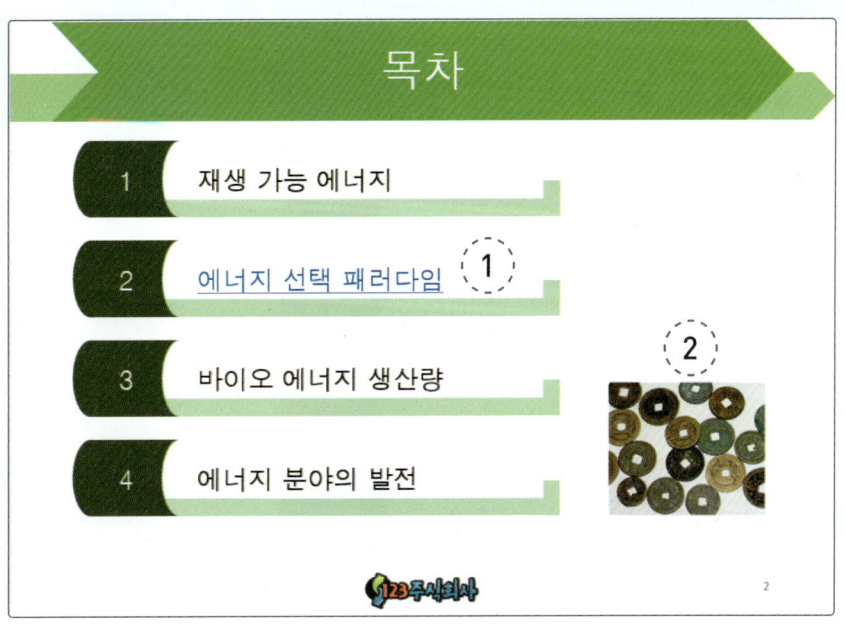

완전정복 - 06

문제지의 지시사항 및 세부조건을 참고하여 《출력형태》에 알맞게 작업하시오.

· 소스 : 정복03_문제06.pptx · 정답 : 정복03_정답06.pptx

작성 시간 / 권장 시간
분 / 5분

(1) 출력형태와 같이 도형을 이용하여 목차를 작성한다(글꼴 : 굴림, 24pt).
(2) 도형 : 선 없음

세부조건

① 텍스트에 링크 적용
　→ '슬라이드 4'

② 그림 삽입
　-「내 PC\문서\ITQ\Picture\
　　그림4.jpg」
　- 자르기 기능 이용

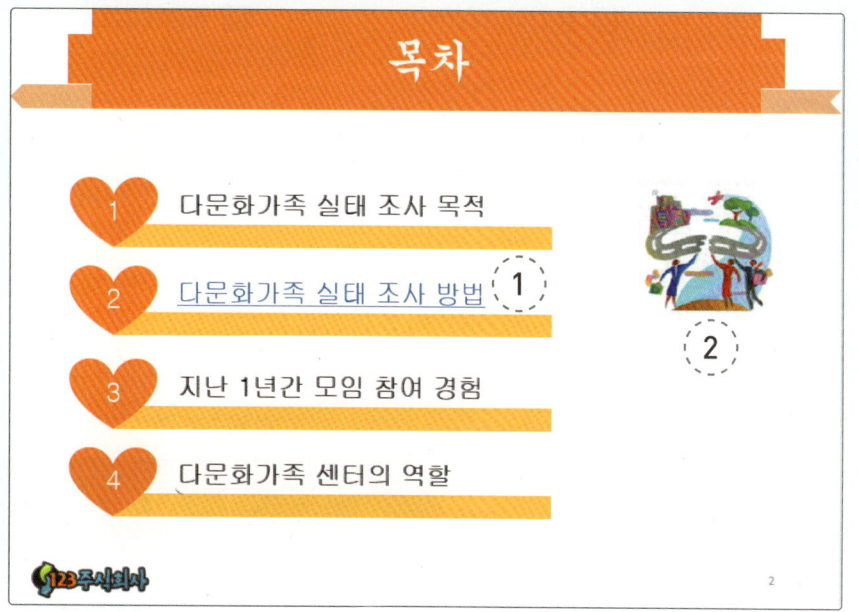

완전정복 - 07

문제지의 지시사항 및 세부조건을 참고하여 《출력형태》에 알맞게 작업하시오.

· 소스 : 정복03_문제07.pptx · 정답 : 정복03_정답07.pptx

작성 시간 / 권장 시간
분 / 5분

(1) 출력형태와 같이 도형을 이용하여 목차를 작성한다(글꼴 : 굴림, 24pt).
(2) 도형 : 선 없음

세부조건

① 텍스트에 링크 적용
　→ '슬라이드 4'

② 그림 삽입
　-「내 PC\문서\ITQ\Picture\
　　그림4.jpg」
　- 자르기 기능 이용

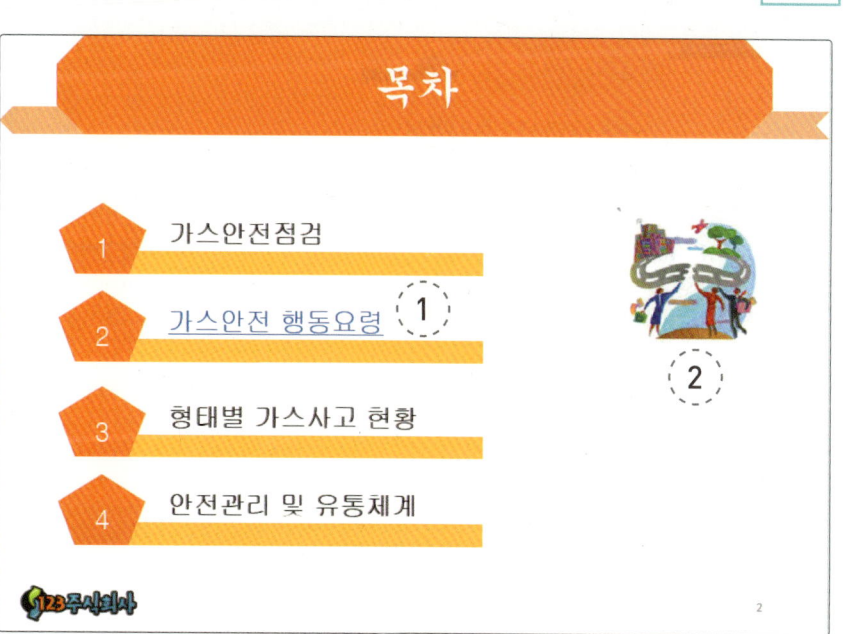

PART 01 출제유형 완전정복

[슬라이드 3] 《텍스트/동영상 슬라이드》

- ☑ 글머리 기호 지정하기
- ☑ 줄 간격 지정하기
- ☑ 문단 서식 지정하기
- ☑ 동영상 삽입하기

 **미리보기**   · 소스 : 유형04_문제.pptx   · 정답 : 유형04_정답.pptx

[슬라이드 3] 《텍스트/동영상 슬라이드》 (60점)

(1) 텍스트 작성 : 글머리 기호 사용(◆, ✓)

◆ 문단(굴림, 24pt, 굵게, 줄간격 : 1.5줄), ✓문단(굴림, 20pt, 줄간격 : 1.5줄)

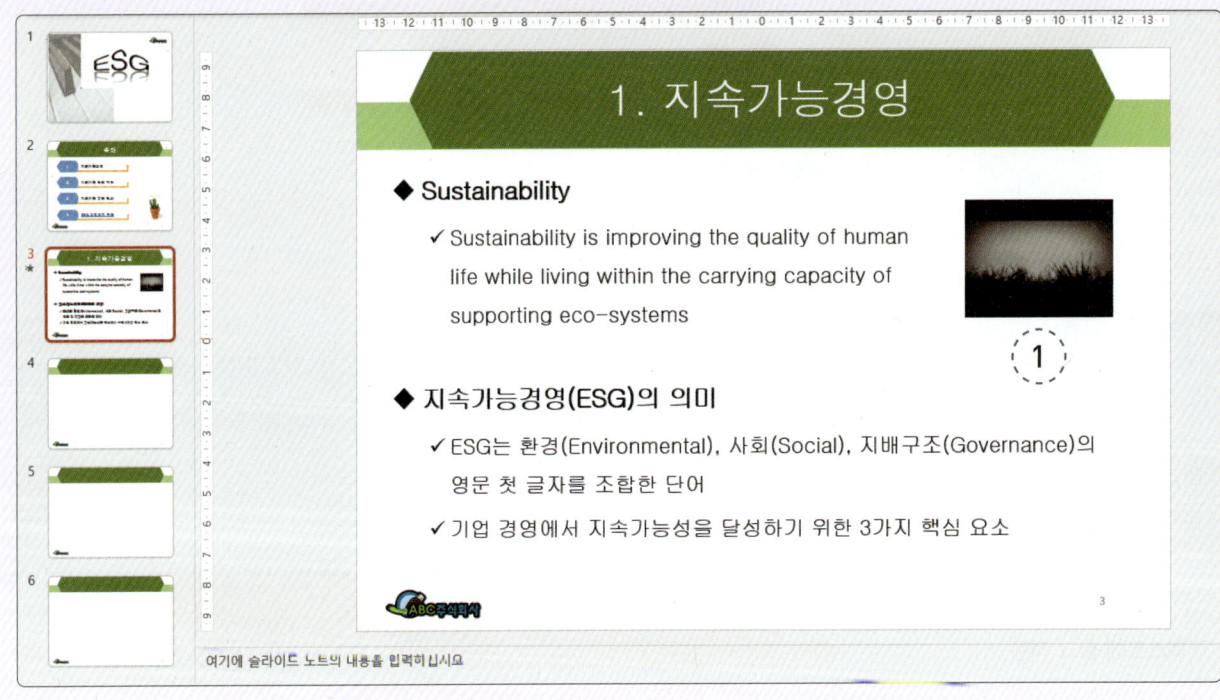

세부 조건

① **동영상 삽입:**
  - 「내 PC₩문서₩ITQ₩Picture₩동영상.wmv」
  - 자동실행, 반복재생 설정

Information Technology Qualification

난이도	권장 시간 / 시험 시간
★★☆☆	5분 / 60분

시험 분석

◆ **출제 경향 : 출제 문제를 분석**
- ☑ 제목 텍스트 상자에 제목을 입력할 때 번호를 함께 입력합니다.
- ☑ 글머리 기호는 ❖, ✓, ➢ 등의 모양이 자주 출제되고 있습니다.
- ☑ 동영상을 삽입할 때는 '자동 실행'과 '반복 재생'을 지정하는 형식으로 계속 출제되고 있으나, 반드시 세부 조건을 참고하여 작업합니다.

◆ **주의 사항 : 실수가 많은 내용**
- ☑ 번호 형식이 로마 숫자(Ⅰ, Ⅱ, Ⅲ, Ⅳ)인 경우 한글 자음 'ㅈ'을 입력한 후 [한자] 키를 눌러 로마 숫자(Ⅰ, Ⅱ, Ⅲ, Ⅳ)를 선택합니다.
- ☑ 텍스트 상자 안에 내용을 입력할 때 텍스트 상자의 크기에 비해 글자 수가 많아 글자가 넘치게 되면 임의로 글꼴의 '크기 및 줄 간격'이 자동으로 변경되므로 변경되는 것을 막기 위해 '자동 맞춤 안 함'을 지정합니다.
- ☑ 작업 도중 글머리 기호가 삭제되었어도 나중에 다시 지정하는 작업이 있기 때문에 삭제된 글머리 기호는 무시하고 내용을 입력합니다.(단, [Tab] 키를 눌러 하위 수준으로 반드시 변경해야 함)

◆ **주요 단축키 : 문서 작성시 시간 단축에 도움**
- ☑ 글머리 기호(하위 수준 : [Tab], 상위 수준 : [Shift]+[Tab])

Skill 01 텍스트 상자에 내용을 입력하기

■ **텍스트 상자 '자동 맞춤 안 함' 지정하기**

① 유형04_문제.pptx 파일을 불러와 [슬라이드 3]을 클릭한 후 작업합니다.
※ 파일 불러오기 : [파일]–[열기]–[찾아보기]를 클릭한 후 [열기] 대화상자에서 파일을 선택합니다.

② 슬라이드 상단의 '제목을 추가하려면 클릭하십시오.'를 클릭한 후 '**1. 지속가능경영**'을 입력합니다. 이어서, '텍스트를 입력하십시오' 텍스트 상자의 테두리 위에서 [마우스 오른쪽 단추]를 눌러 바로가기 메뉴가 나오면 '**도형 서식**'을 클릭합니다.

③ 오른쪽 작업 창이 활성화되면 [텍스트 옵션]에서 [텍스트 상자(🔲)]를 눌러 '**자동 맞춤 안 함**'을 선택한 후 작업 창을 종료(🗙)합니다.

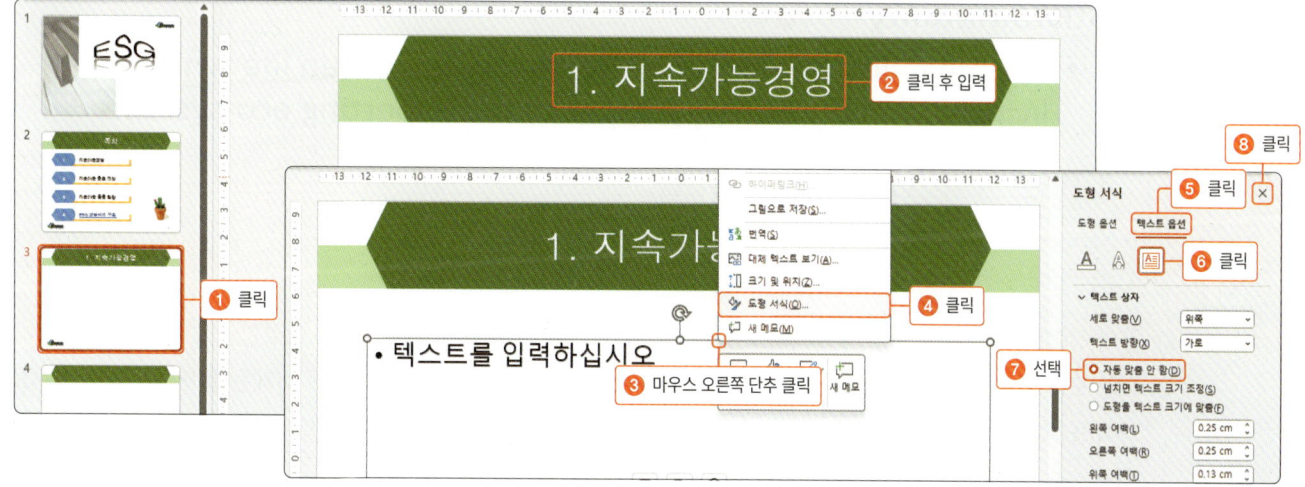

[자동 맞춤 안함]

텍스트 상자 안에 내용을 입력할 때 텍스트 상자의 크기에 비해 글자 수가 많아 글자가 넘치게 되면 임의로 글꼴의 '크기 및 줄 간격'이 자동으로 변경됩니다. 하지만 '자동 맞춤 안 함'을 지정하면 텍스트 상자의 크기와 상관없이 변경했던 글자 크기를 고정할 수 있습니다.

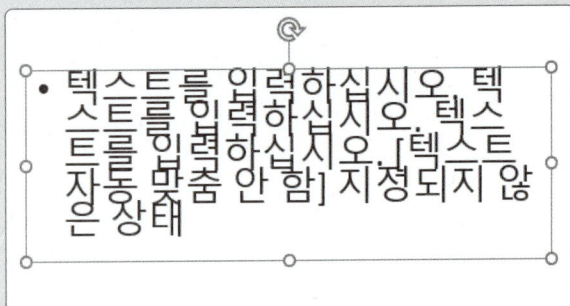

▲ 텍스트에 [자동 맞춤 안 함]이 지정되지 않았을 경우 → 글꼴의 크기와 줄 간격이 줄어들게 됩니다.

▲ 텍스트에 [자동 맞춤 안 함]이 지정되어 있을 경우 → 텍스트 상자 밖으로 글자가 넘치지만 글꼴의 크기 및 줄 간격은 그대로 유지됩니다.

■ 첫 번째 텍스트 상자 지정하기

◆문단(굴림, 24pt, 굵게, 줄간격 : 1.5줄), ✓문단(굴림, 20pt, 줄간격 : 1.5줄)

④ '텍스트를 입력하십시오'를 클릭하여 'Sustainability'를 입력한 후 Enter 키를 눌러 다음 문단으로 이동합니다. 이어서, Tab 키를 눌러 **하위 수준**으로 변경한 후 내용을 입력합니다.

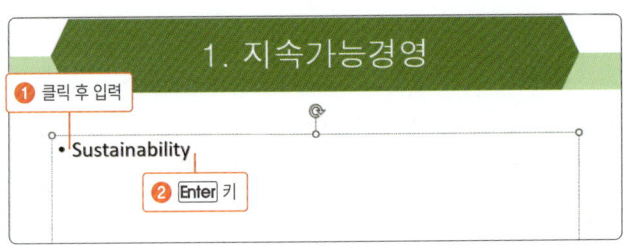
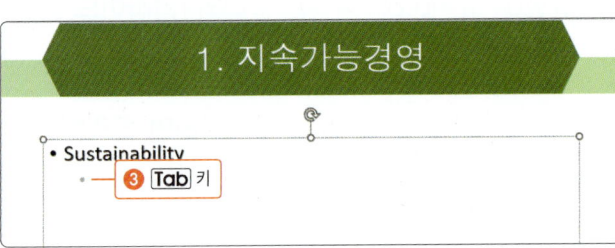

하위 수준 목록의 내용 입력시 주의할 점

❶ 현재 작업은 하위 수준 목록의 글머리 기호가 두 개이기 때문에 Enter 키를 누르고 입력합니다.
❷ 작업 도중 글머리 기호가 삭제되었어도 나중에 다시 지정하는 작업이 있기 때문에 삭제된 글머리 기호는 무시하고 내용을 입력합니다.(단, Tab 키를 눌러 하위 수준으로 반드시 변경해야 함)

❺ 첫 번째 문단의 '제목(Sustainability)'을 드래그하여 블록으로 지정합니다. 이어서, [홈] 탭의 [단락] 그룹에서 글머리 기호(≡)의 목록 단추(▼)를 눌러 '속이 찬 다이아몬드형 글머리 기호(◆)'를 선택합니다.

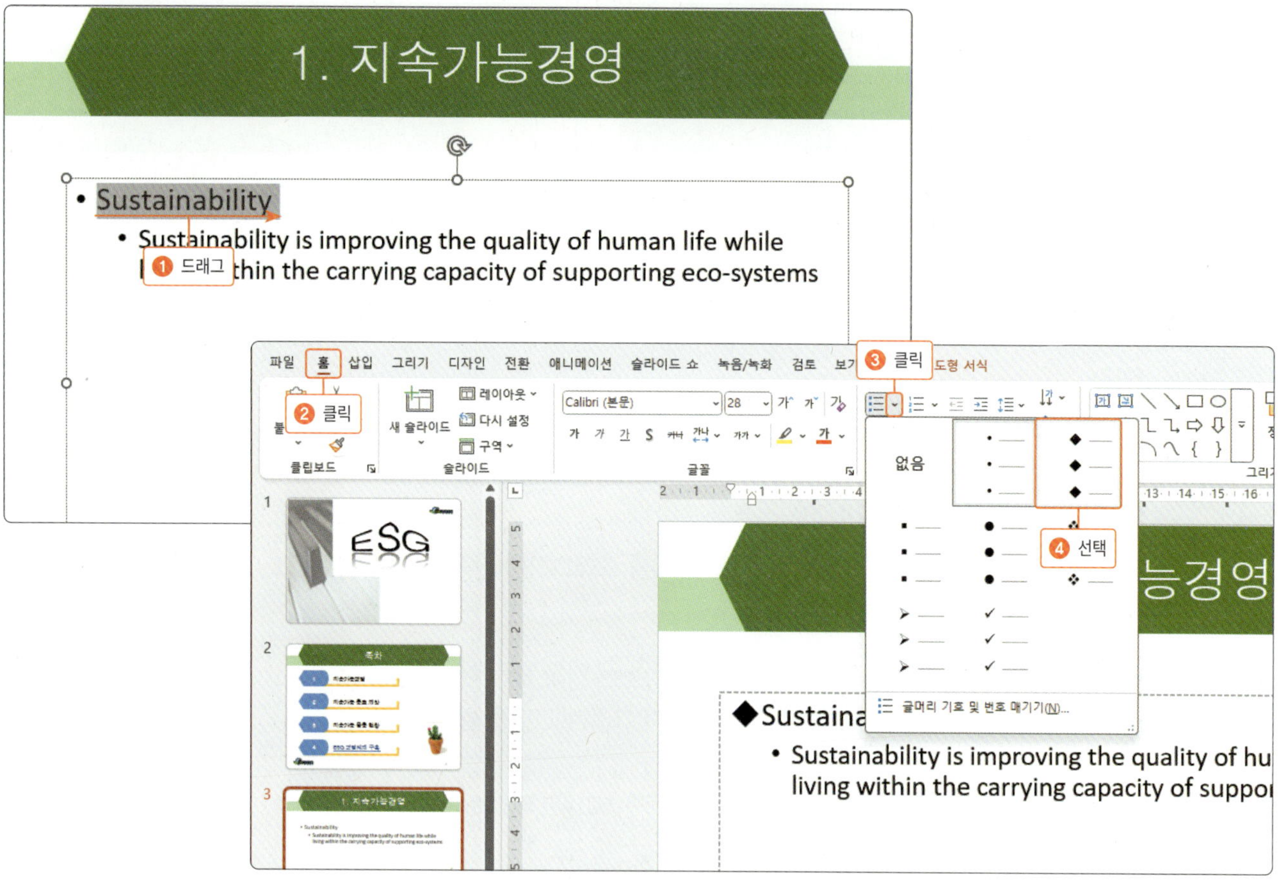

❻ [홈] 탭의 [글꼴] 그룹에서 '글꼴(굴림), 글꼴 크기(24pt), 굵게(가)'를 지정한 후 [단락] 그룹에서 [줄 간격(≡)]-'1.5'를 선택합니다.

※ 반드시 첫 번째 문단의 '제목(Sustainability)'이 블록으로 지정되어 있어야 합니다.

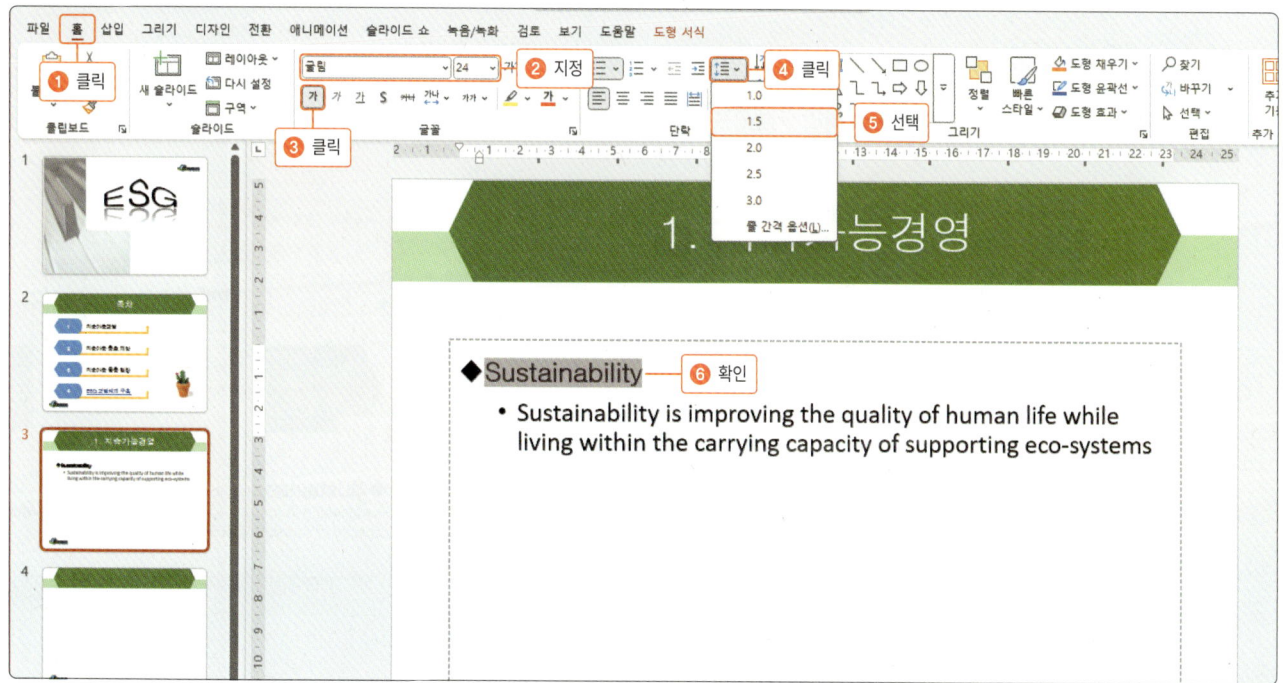

❼ 첫 번째 문단의 내용이 블록으로 지정된 상태에서 눈금자 부분의 삼각형과 사각형이 합쳐진 모양(⌂)을 드래그하여 간격을 조절합니다.

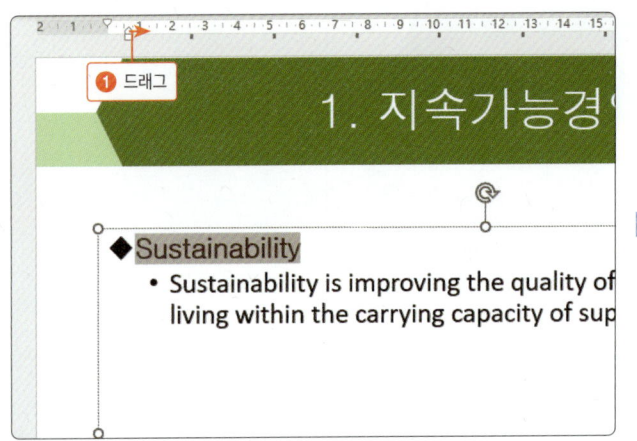 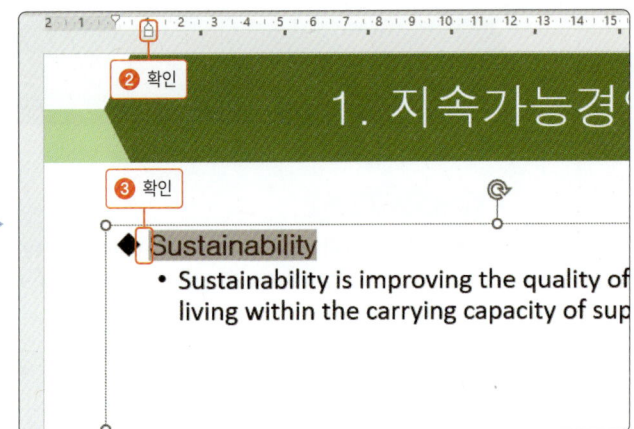

> **TIP 텍스트 상자를 이용하여 글머리 기호 간격 조절하기**
>
> 눈금자 부분의 삼각형과 사각형이 합쳐진 모양(⌂)을 드래그하여 간격을 조절하지 않고 새롭게 텍스트 상자를 만들면 글머리 기호 간격이 자동으로 조절됩니다.
>
> ❶ 슬라이드 편집 창에서 텍스트 개체를 클릭한 후 Delete 키를 눌러 삭제
> ❷ [삽입] 탭의 [텍스트] 그룹에서 '가로 텍스트 상자 그리기(가)'를 클릭
>
>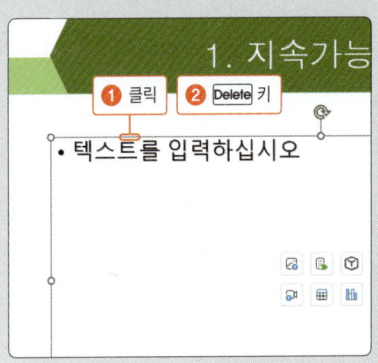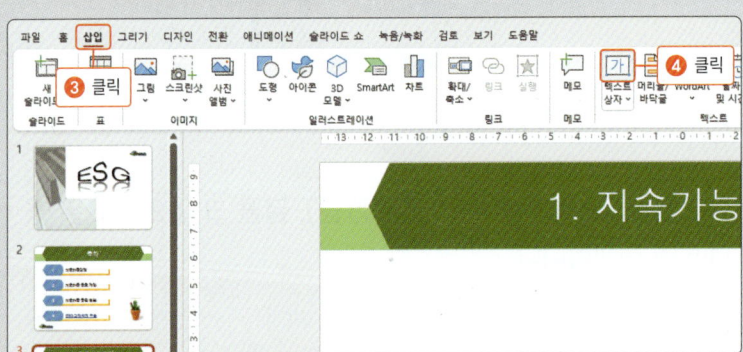
>
> ❸ 텍스트를 입력한 후 제목을 드래그하여 블록으로 설정
> ❹ [홈] 탭의 [단락] 그룹에서 글머리 기호(≔)의 목록 단추(⌄)를 눌러 '속이 찬 다이아몬드형 글머리 기호(◆)'를 선택
>
>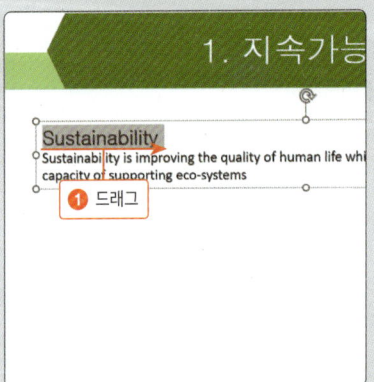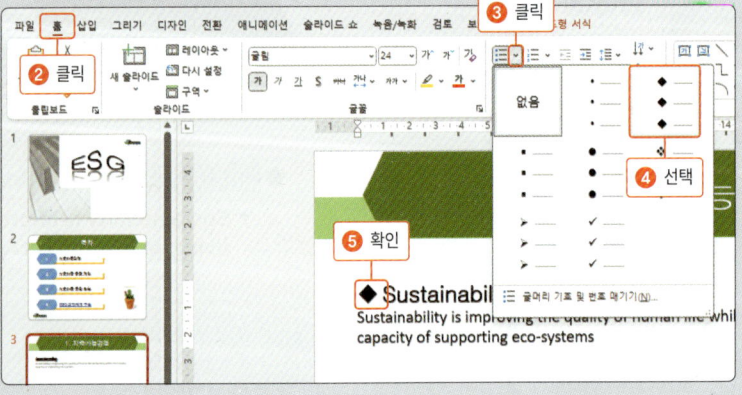

❽ 첫 번째 문단의 내용(하위 수준 목록의 내용)을 마우스로 드래그하여 블록으로 지정합니다. 이어서, [홈] 탭의 [단락] 그룹에서 글머리 기호(☰)의 목록 단추(▼)를 눌러 **'대조표 글머리 기호(✓)'**를 선택합니다.

※ 프로그램의 버전 및 사용 환경에 따라 글머리 기호의 목록이 다르게 보일 수 있습니다.

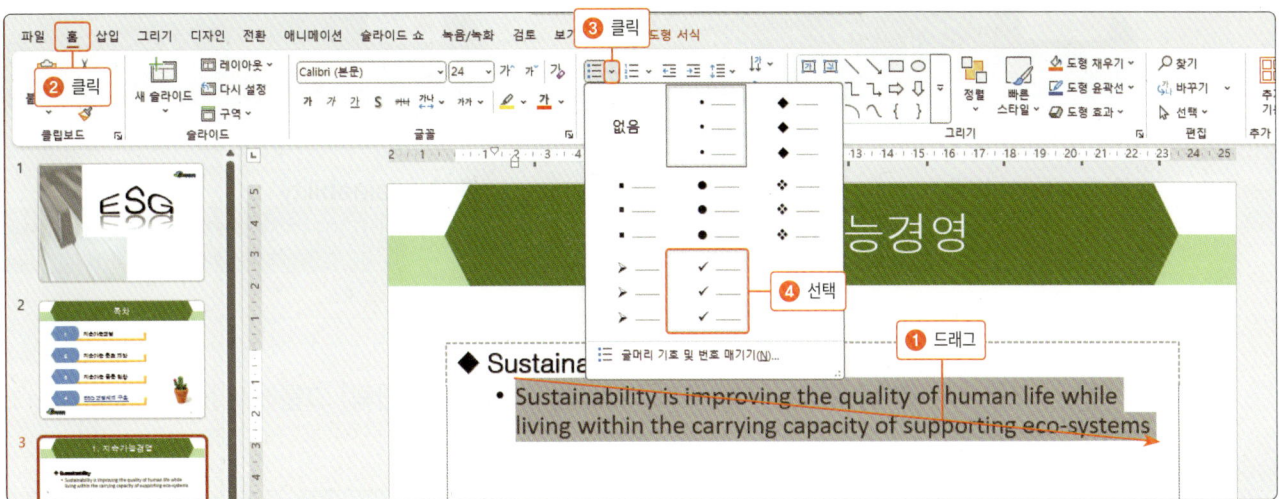

다양한 글머리 기호 찾기

만약 《출력형태》와 똑같은 모양의 글머리 기호가 보이지 않는 경우에는 아래 그림을 참고하여 똑같은 글머리 기호를 찾아 지정하도록 합니다.

❶ [홈]-[단락]-[글머리 기호(☰)]의 목록 단추(▼) 클릭 → '글머리 기호 및 번호 매기기' 클릭
❷ [글머리 기호 및 번호 매기기] 대화상자가 나오면 〈사용자 지정〉 단추 클릭

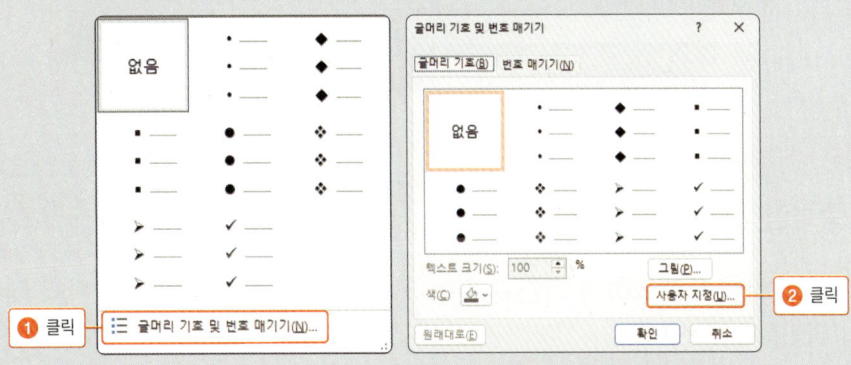

❸ [기호] 대화상자가 나오면 글꼴-wingdings에서 글머리 기호(☞)를 선택한 후 〈확인〉 단추 클릭
❹ [글머리 기호 및 번호 매기기] 대화상자가 다시 나오면 추가된 글머리 기호(☞)를 선택한 후 〈확인〉 단추 클릭

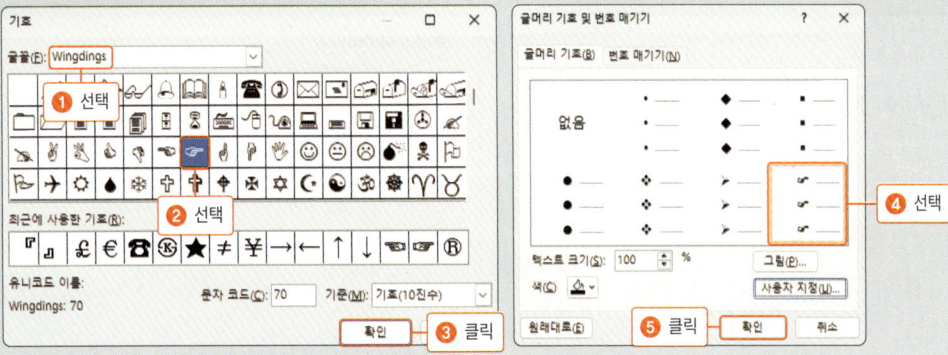

⑨ 두 번째 문단의 내용(하위 수준 목록의 내용)이 블록으로 지정된 상태에서 눈금자 부분의 삼각형과 사각형이 합쳐진 모양(△)을 드래그하여 간격을 조절합니다.

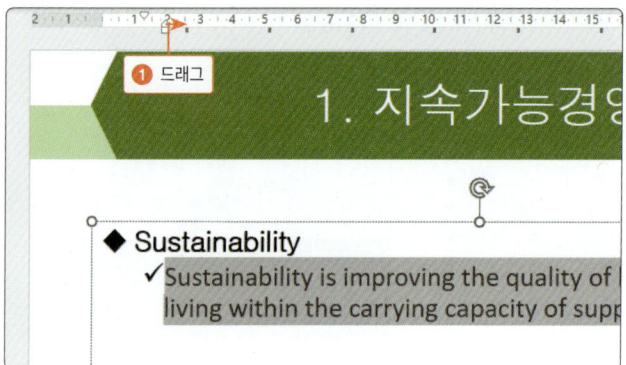
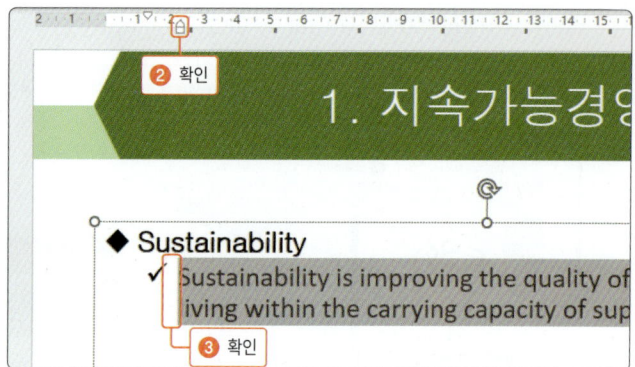

⑩ [홈] 탭의 [글꼴] 그룹에서 '**글꼴(굴림), 글꼴 크기(20pt)**'를 지정한 후 [단락] 그룹에서 [줄 간격(≡)] – '**1.5**'를 선택합니다.

■ 텍스트 상자의 크기 및 위치를 《출력형태》처럼 맞추기

⑪ 텍스트 상자의 아래쪽 가운데 조절점(○)을 드래그하여 그림과 같이 크기를 조절한 후 텍스트 상자의 테두리를 드래그하여 《출력형태》와 같이 위치를 변경합니다.

※ 텍스트 상자의 위치를 슬라이드의 왼쪽 상단으로 이동하여 아래쪽에 텍스트를 입력할 공간을 마련합니다.

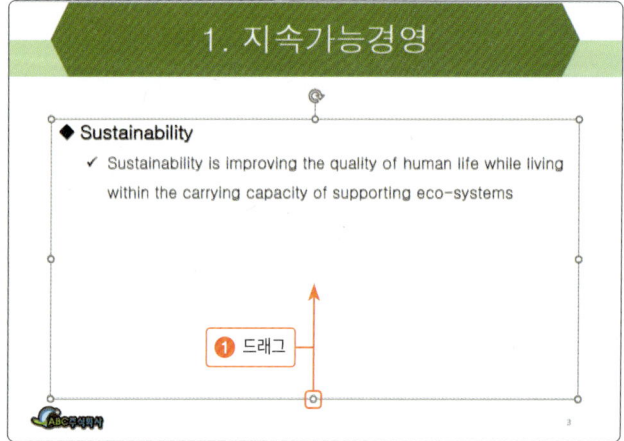
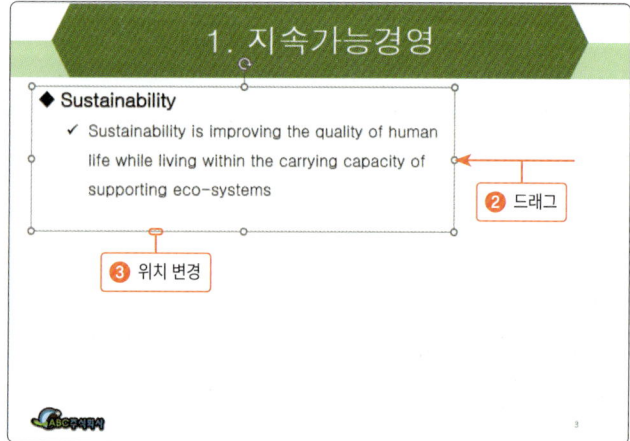

Skill 02 텍스트 상자를 복사한 후 내용 수정하기

① **Ctrl + Shift** 키를 누른 채 작성된 텍스트 상자의 테두리를 아래쪽으로 드래그하여 복사합니다.

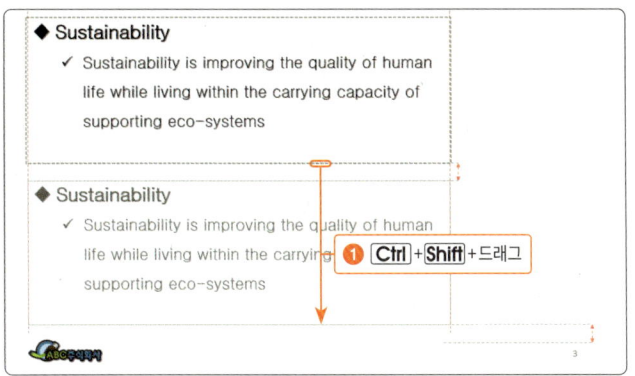
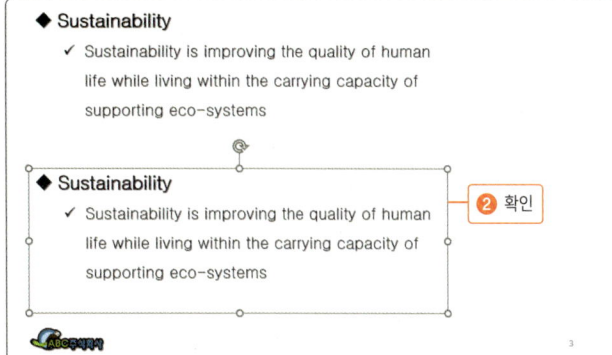

② 복사된 문단의 '제목(Sustainability)' 뒤쪽을 클릭한 후 **Ctrl + Back space** 키를 눌러서 내용을 삭제한 다음 '**지속가능경영(ESG)의 의미**'를 입력합니다.

※ 내용을 잘 못 삭제하여 글머리 기호 및 글자 서식이 변경되었을 경우에는 **Ctrl + Z** 키를 눌러 되돌리기 한 후 위와 같은 방법으로 다시 작업합니다.

※ **Ctrl + Back space** 키를 누르면 한 단어씩 삭제되기 때문에 편리합니다.

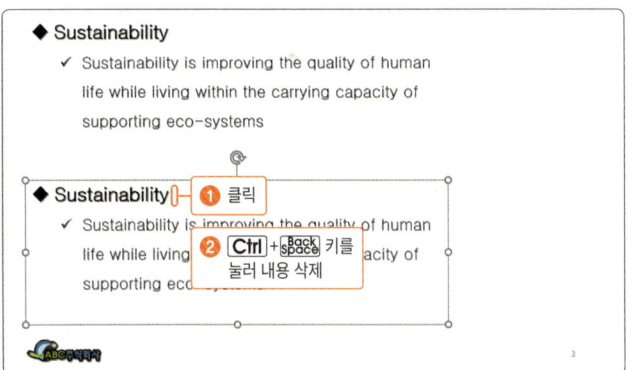
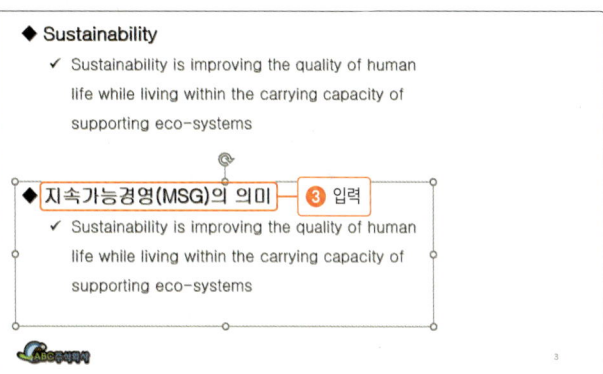

③ 복사된 문단의 내용을 입력하기 위해 '~systems' 뒤쪽을 클릭한 후 **Ctrl + Back space** 키를 눌러서 내용을 삭제한 다음 그림과 같이 내용을 입력합니다.

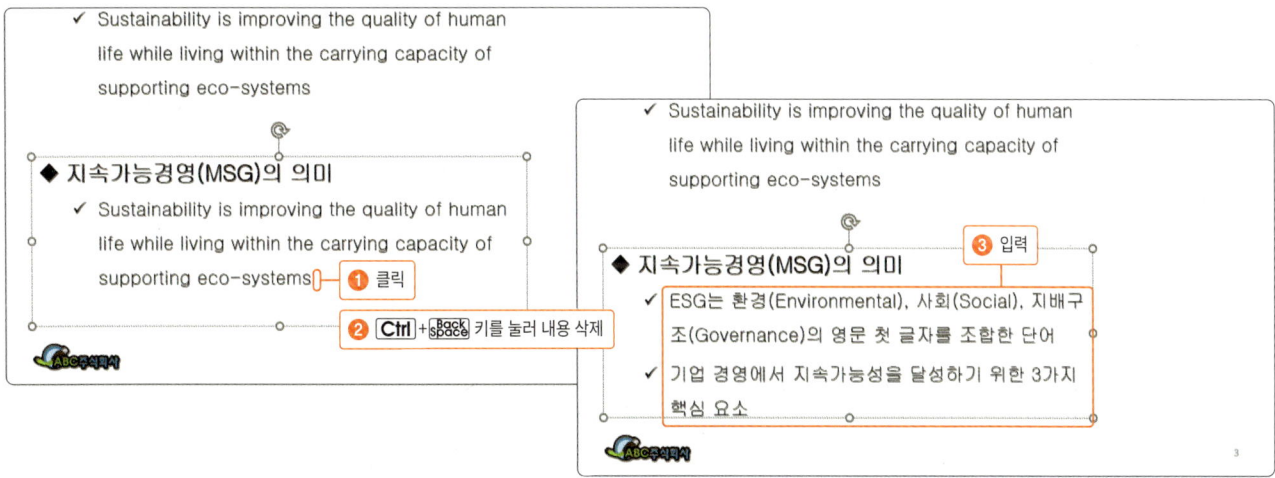

❹ 텍스트 입력이 완료되면 텍스트 상자의 오른쪽 가운데 조절점(o)을 드래그하여 《출력 형태》와 같은 크기로 조절합니다.

※ 만약 오탈자가 없음에도 불구하고 오른쪽 끝 글자가 《출력형태》처럼 맞춰지지 않을 경우에는 줄을 바꿀 단어 뒤에서 Shift + Enter 키를 눌러 강제로 맞출 수 있습니다.

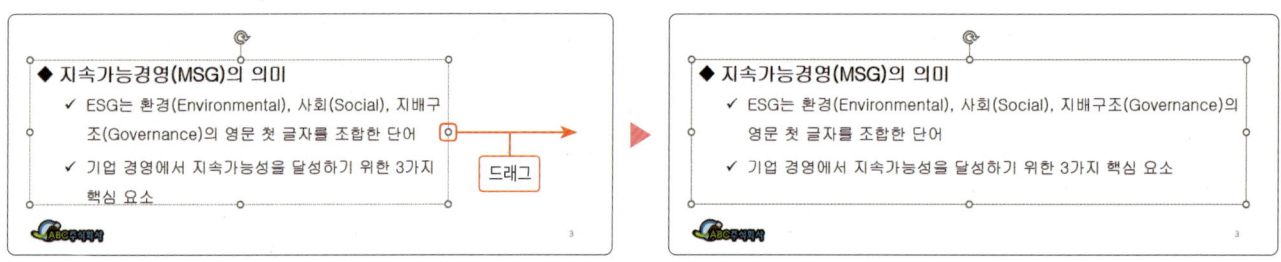

TIP 한글 단어 잘림 허용 해제하기

❶ 텍스트 상자를 클릭한 후 [홈] 탭의 [단락] 그룹에서 단락(⌐)을 클릭

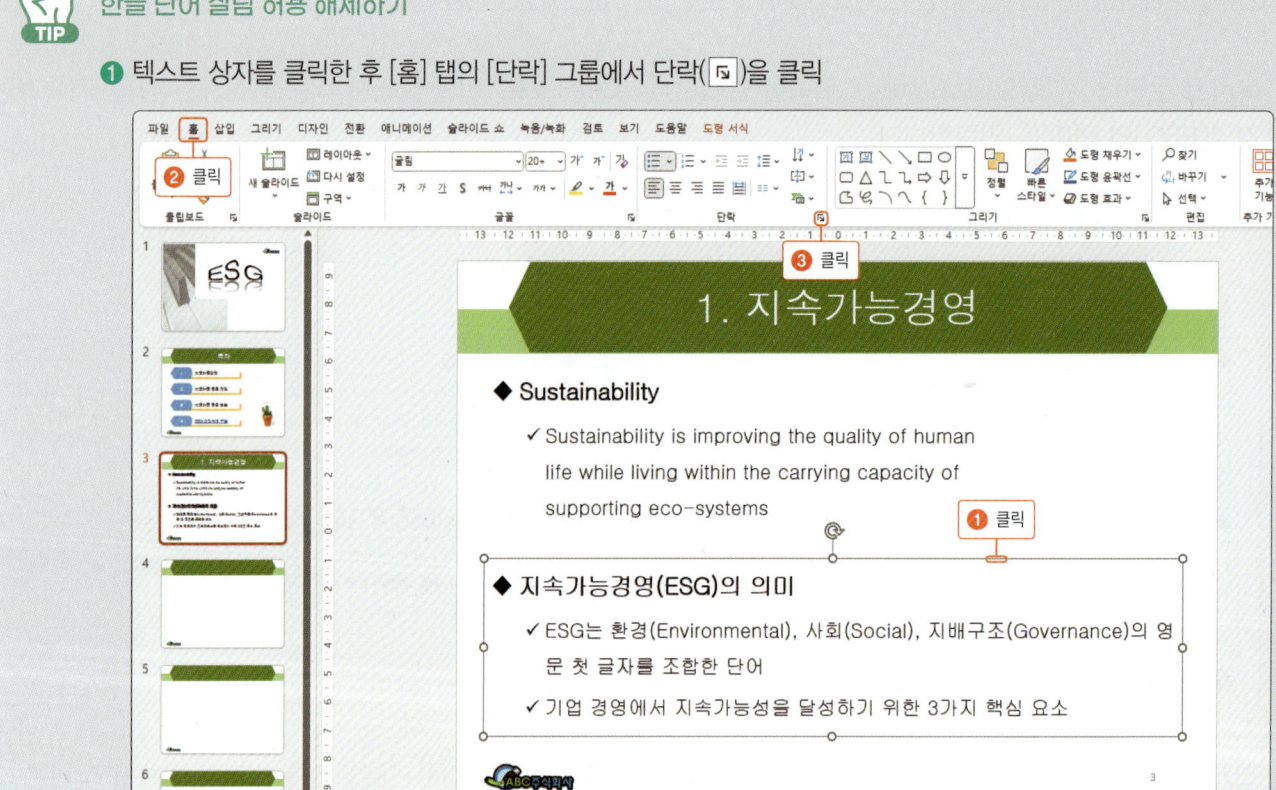

❷ [단락] 대화상자가 나오면 [한글 입력 체계] 탭에서 '한글 단어 잘림 허용'을 클릭하여 체크를 해제

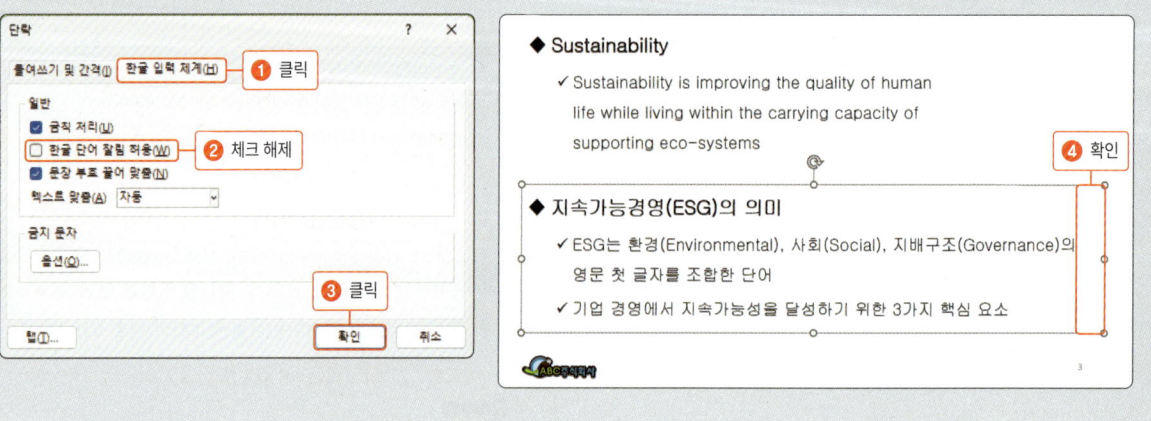

Skill 03 동영상 삽입하기

동영상 삽입 : 「내 PC₩문서₩ITQ₩Picture₩동영상.wmv」 자동실행, 반복재생 설정

❶ [삽입] 탭의 [미디어] 그룹에서 [비디오]-[비디오 삽입 위치]-'이 디바이스'를 선택합니다. 이어서, [비디오 삽입] 대화상자가 나오면 경로(내 PC\문서\ITQ\Picture)를 지정한 후 '**동영상**'을 선택한 다음 〈삽입〉 단추를 클릭합니다.

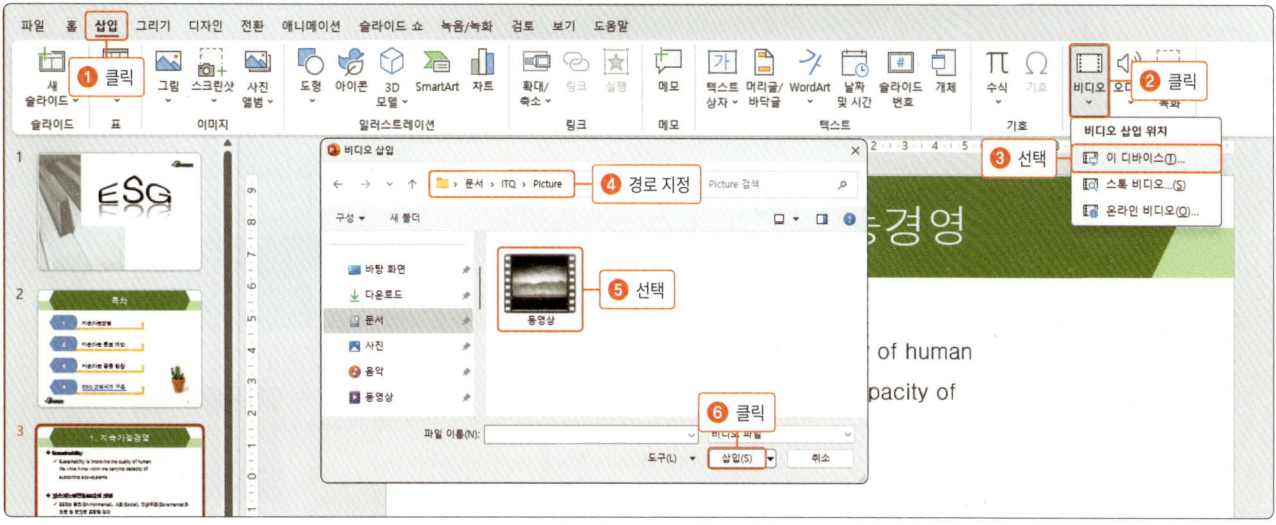

❷ 《출력형태》를 참고하여 동영상의 크기를 조절한 후 위치를 변경합니다.

❸ [재생] 탭의 [비디오 옵션] 그룹에서 [**시작**]-'**자동 실행**'을 선택한 후 '**반복 재생**'을 체크 표시(☑)를 지정합니다.

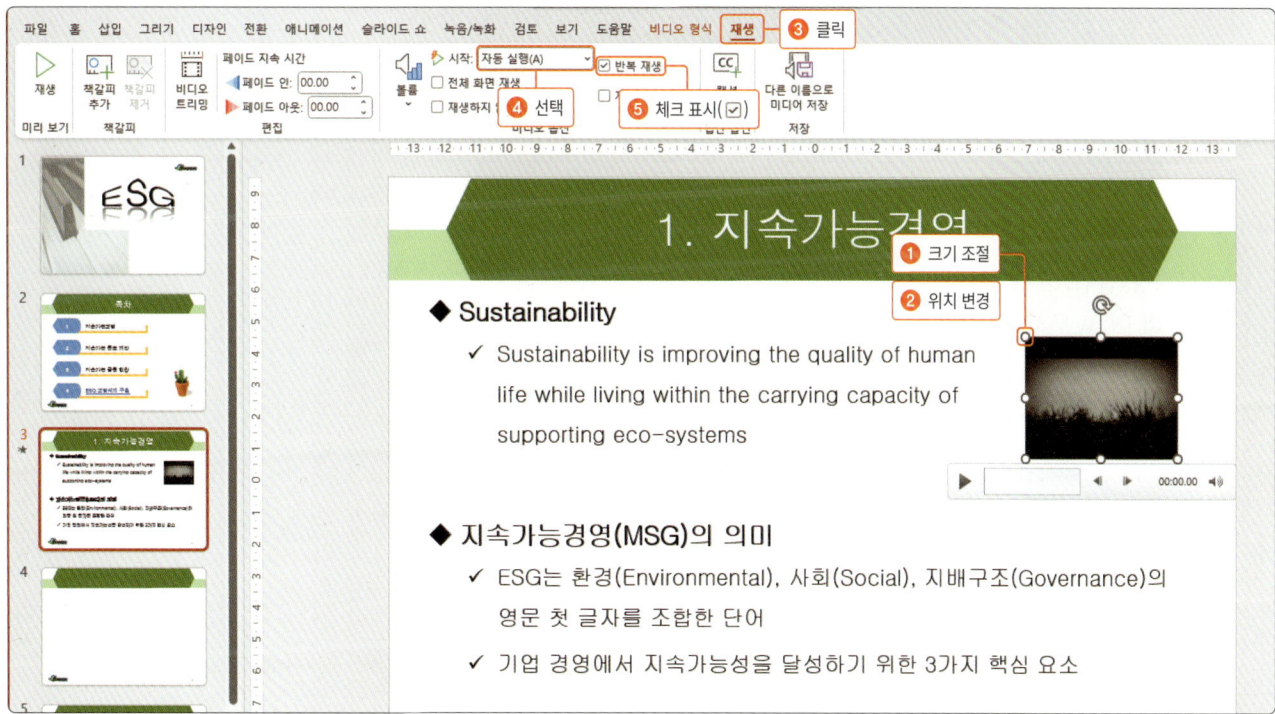

❹ [파일]-[저장](Ctrl+S) 또는 [빠른 실행 도구 모음]에서 '저장(🖫)'을 클릭합니다.

※ 실제 시험을 볼 때 작업 도중에 수시로(10분에 한 번 정도) 저장을 하는 것이 좋습니다.

출제유형 완전정복

[슬라이드 3] 《텍스트/동영상 슬라이드》

완전정복-01 문제지의 지시사항 및 세부조건을 참고하여 《출력형태》에 알맞게 작업하시오.

- 소스 : 정복04_문제01.pptx
- 정답 : 정복04_정답01.pptx

작성 시간 / 권장 시간
분 / 5분

(1) 텍스트 작성 : 글머리 기호 사용(◆, ✓)
   ◆문단(굴림, 24pt, 굵게, 줄간격 : 1.5줄), ✓문단(굴림, 20pt, 줄간격 : 1.5줄)

《출력형태》

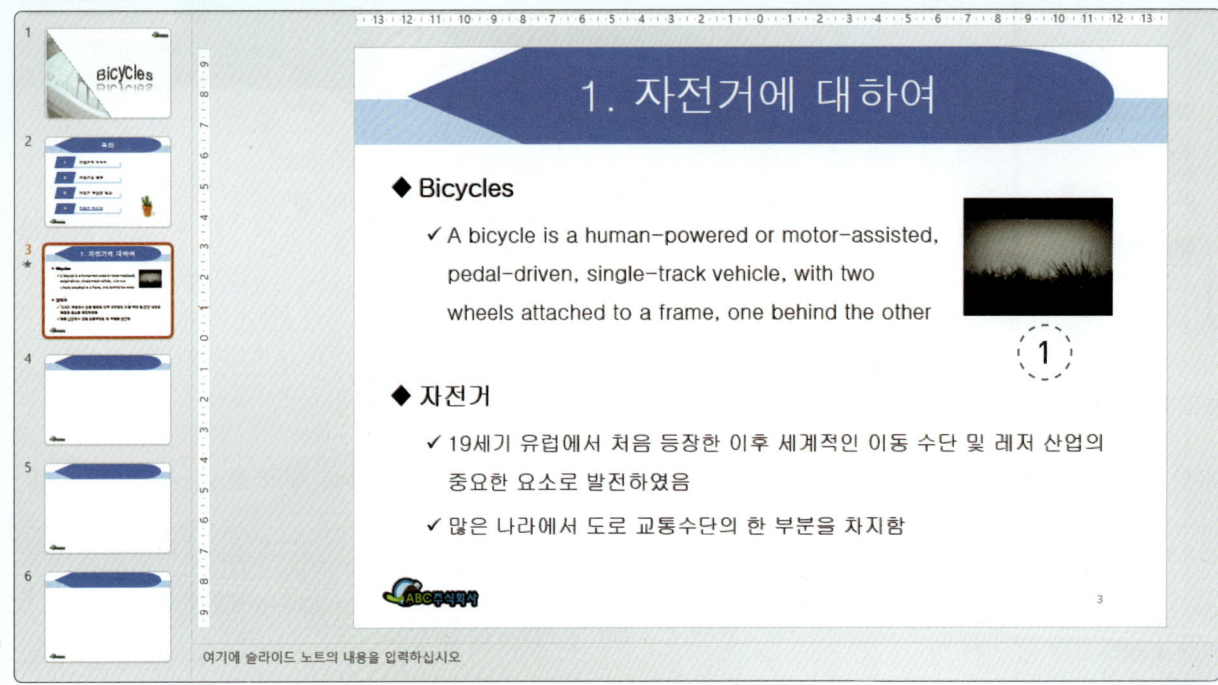

◆ 세부 조건
① 동영상 삽입:
   - 「내 PC₩문서₩ITQ₩Picture₩동영상.wmv」
   - 자동실행, 반복재생 설정

완전정복-02

문제지의 지시사항 및 세부조건을 참고하여 《출력형태》에 알맞게 작업하시오.

- 소스 : 정복04_문제02.pptx
- 정답 : 정복04_정답02.pptx

작성 시간 / 권장 시간 : 분 / 5분

(1) 텍스트 작성 : 글머리 기호 사용(◆, ✓)
- ◆문단(굴림, 24pt, 굵게, 줄간격 : 1.5줄), ✓문단(굴림, 20pt, 줄간격 : 1.5줄)

세부조건

① 동영상 삽입:
- 「내 PC₩문서₩ITQ₩Picture₩동영상.wmv」
- 자동실행, 반복재생 설정

A. 여행박람회 소개

◆ Visitation Guide
  ✓ If you do not want to join the Mode Tour membership, you can purchase an on site ticket at a discount of 10,000 won

◆ 박람회 목적
  ✓ 올해의 관광 정책 및 관광도시, 주요 기관 및 여행 테마 등 소개
  ✓ 국내 관광을 활성화하고 축제산업의 전문화 및 체계화를 통한 새로운 문화산업 방향 제시

완전정복-03

문제지의 지시사항 및 세부조건을 참고하여 《출력형태》에 알맞게 작업하시오.

- 소스 : 정복04_문제03.pptx
- 정답 : 정복04_정답03.pptx

작성 시간 / 권장 시간 : 분 / 5분

(1) 텍스트 작성 : 글머리 기호 사용(◆, ■)
- ◆문단(굴림, 24pt, 굵게, 줄간격 : 1.5줄), ■문단(굴림, 20pt, 줄간격 : 1.5줄)

세부조건

① 동영상 삽입:
- 「내 PC₩문서₩ITQ₩Picture₩동영상.wmv」
- 자동실행, 반복재생 설정

1. 디지털화폐

◆ Cryptocurrency and CBDCs
  ■ The key difference between cryptocurrency and CBDCs is that CBDCs are regulated and issued by the central bank, while cryptocurrencies are decentralized and unregulated

◆ 디지털화폐란?
  ■ 기존의 실물 화폐와 달리 가치가 전자적으로 저장
  ■ 이용자간 자금이체 기능을 통해 지급결제가 이루어지는 화폐

완전정복 - 04

문제지의 지시사항 및 세부조건을 참고하여 《출력형태》에 알맞게 작업하시오.

- 소스 : 정복04_문제04.pptx
- 정답 : 정복04_정답04.pptx

작성 시간 / 권장 시간
분 / 5분

(1) 텍스트 작성 : 글머리 기호 사용(❖, ■)
- ❖ 문단(굴림, 24pt, 굵게, 줄간격 : 1.5줄), ■ 문단(굴림, 20pt, 줄간격 : 1.5줄)

세부조건
① **동영상 삽입**:
- 「내 PC\문서\ITQ\Picture\동영상.wmv」
- 자동실행, 반복재생 설정

1. 노인 일자리

❖ Senior jobs
- Job suitable for the elderly aged 65 or older due to various organs including the government in the elderly problem of the aging society

❖ 노인 일자리
- 건강한 노후생활을 위한 다양한 일자리 및 사회활동 지원
- 고령화 사회의 노인문제에 대비하고자 정부, 지방자치단체, 한국노인인력개발원이 사업운영주체

완전정복 - 05

문제지의 지시사항 및 세부조건을 참고하여 《출력형태》에 알맞게 작업하시오.

- 소스 : 정복04_문제05.pptx
- 정답 : 정복04_정답05.pptx

작성 시간 / 권장 시간
분 / 5분

(1) 텍스트 작성 : 글머리 기호 사용(❖, ■)
- ❖ 문단(굴림, 24pt, 굵게, 줄간격 : 1.5줄), ■ 문단(굴림, 20pt, 줄간격 : 1.5줄)

세부조건
① **동영상 삽입**:
- 「내 PC\문서\ITQ\Picture\동영상.wmv」
- 자동실행, 반복재생 설정

1. 재생 가능 에너지

❖ Renewable Energy
- The energy that is regenerated by natural processes even after one use is called 'new energy' or 'renewable energy'

❖ 재생 에너지
- 최근 10년간 우리나라의 에너지 소비는 매년 10% 증가
- 지구 환경을 나쁘게 만들지 않으면서 지속적으로 발전하기 위한 에너지원으로 태양 에너지, 풍력, 수력, 지열, 바이오 등이 있음

완전정복 - 06

문제지의 지시사항 및 세부조건을 참고하여 《출력형태》에 알맞게 작업하시오.
- 소스 : 정복04_문제06.pptx   정답 : 정복04_정답06.pptx

작성 시간 / 권장 시간: 분 / 5분

(1) 텍스트 작성 : 글머리 기호 사용(▶, ✓)
  ▶ 문단(돋움, 24pt, 굵게, 줄간격 : 1.5줄), ✓문단(돋움, 20pt, 줄간격 : 1.5줄)

세부조건
① 동영상 삽입:
  - 「내 PC₩문서₩ITQ₩Picture₩동영상.wmv」
  - 자동실행, 반복재생 설정

1. 다문화가족 실태 조사 목적

▶ **Purpose of investigation**
  ✓ To understand the economic status, family relationships, and lifestyle of multicultural families
  ✓ Necessary for establishing policies for multicultural families

▶ **조사 목적**
  ✓ 다문화가족에 대한 경제상태, 가족관계, 생활양식 등을 파악하여 다문화가족 정책수립에 필요한 기초자료를 수집

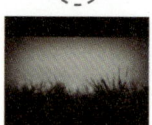

완전정복 - 07

문제지의 지시사항 및 세부조건을 참고하여 《출력형태》에 알맞게 작업하시오.
- 소스 : 정복04_문제07.pptx   정답 : 정복04_정답07.pptx

작성 시간 / 권장 시간: 분 / 5분

(1) 텍스트 작성 : 글머리 기호 사용(▶, ✓)
  ▶ 문단(돋움, 24pt, 굵게, 줄간격 : 1.5줄), ✓문단(돋움, 20pt, 줄간격 : 1.5줄)

세부조건
① 동영상 삽입:
  - 「내 PC₩문서₩ITQ₩Picture₩동영상.wmv」
  - 자동실행, 반복재생 설정

1. 가스안전점검

▶ **Quantitative Risk Assessment**
  ✓ QRA is a method which enables to calculate the potential level of gas incident quantitatively by analyzing the facility, operation, work condition of the process

▶ **가스안전점검**
  ✓ 가스렌지 : 가스누설여부, 퓨즈콕 설치여부, 호스길이(3m이내)상태 등
  ✓ 보일러 연결부 가스누출여부, 고시기준 미달여부

PART 01 출제유형 완전정복

[슬라이드 4] 《표 슬라이드》

☑ 표를 작성한 후 표 스타일 지정하기
☑ 도형을 삽입하기

문제 미리보기

• 소스 : 유형05_문제.pptx   • 정답 : 유형05_정답.pptx

[슬라이드 4] 〈표 슬라이드〉 (80점)

(1) 도형과 표 작성 기능을 이용하여 슬라이드를 작성한다(글꼴 : 굴림, 18pt).

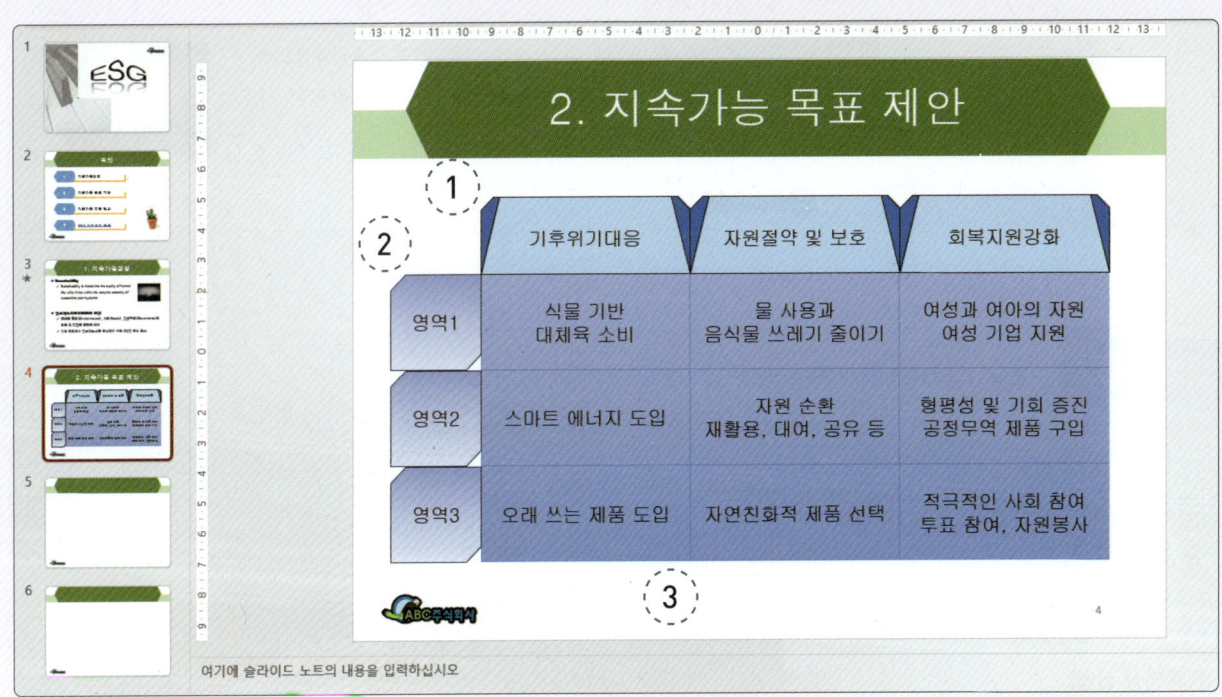

① **상단 도형 :**
   - 2개 도형의 조합으로 작성

② **좌측 도형 :**
   - 그라데이션 효과(선형 아래쪽)

③ **표 스타일 :**
   - 테마 스타일 1 - 강조 1

Information Technology Qualification

시험분석

➡ **출제 경향** : 출제 문제를 분석
- ☑ 표 테마 스타일은 '테마 스타일 1 강조 1 ~ 테마 스타일 1 강조 6'이 번갈아 가며 출제되고 있습니다.
- ☑ 표 왼쪽에 삽입되는 도형을 분석한 결과 2년 동안 거의 '선형 아래쪽'에 그라데이션을 적용하는 문제가 출제되었습니다. 하지만 언제든지 조건이 변경될 수 있기 때문에 항상 문제지의 세부 조건을 확인하여 작업합니다.

➡ **주의 사항** : 실수가 많은 내용
- ☑ 표를 삽입한 후 스타일을 지정하고 글꼴을 지정합니다. 표에 글꼴을 지정한 후 스타일을 지정하게 되면 스타일에 맞게 글꼴이 변경되기 때문에 다시 지정해야 합니다.
- ☑ 《출력형태》를 참고하여 오타 없이 띄어쓰기 하며, 표 안쪽 내용을 정렬 할 때는 반드시 '가운데 맞춤(≡)'과 '텍스트 맞춤(中)-중간'을 지정해야 합니다.

난이도	권장 시간 / 시험 시간
★★☆☆	10분 / 60분

Skill 01 표를 삽입한 후 스타일 지정하기

■ 표 삽입 및 스타일 지정하기

표 스타일 : 테마 스타일 1 - 강조 1

① 유형05_문제.pptx 파일을 불러와 **[슬라이드 4]**를 클릭한 후 작업합니다.
  ※ 파일 불러오기 : [파일]-[열기]-[찾아보기]를 클릭한 후 [열기] 대화상자에서 파일을 선택합니다.

② 슬라이드 상단의 '제목을 추가하려면 클릭하십시오.'를 클릭한 후 '**2. 지속가능 목표 제안**'을 입력합니다. 이어서, 슬라이드 안쪽의 '**표 삽입(▦)**'을 클릭합니다.

③ [표 삽입] 대화상자가 나오면 《출력형태》를 참고하여 '**열 개수(3)**'와 '**행 개수(3)**'를 입력한 후 〈확인〉 단추를 클릭합니다.
  ※ 열은 표의 가로(칸), 행은 표의 세로(줄)를 의미합니다.

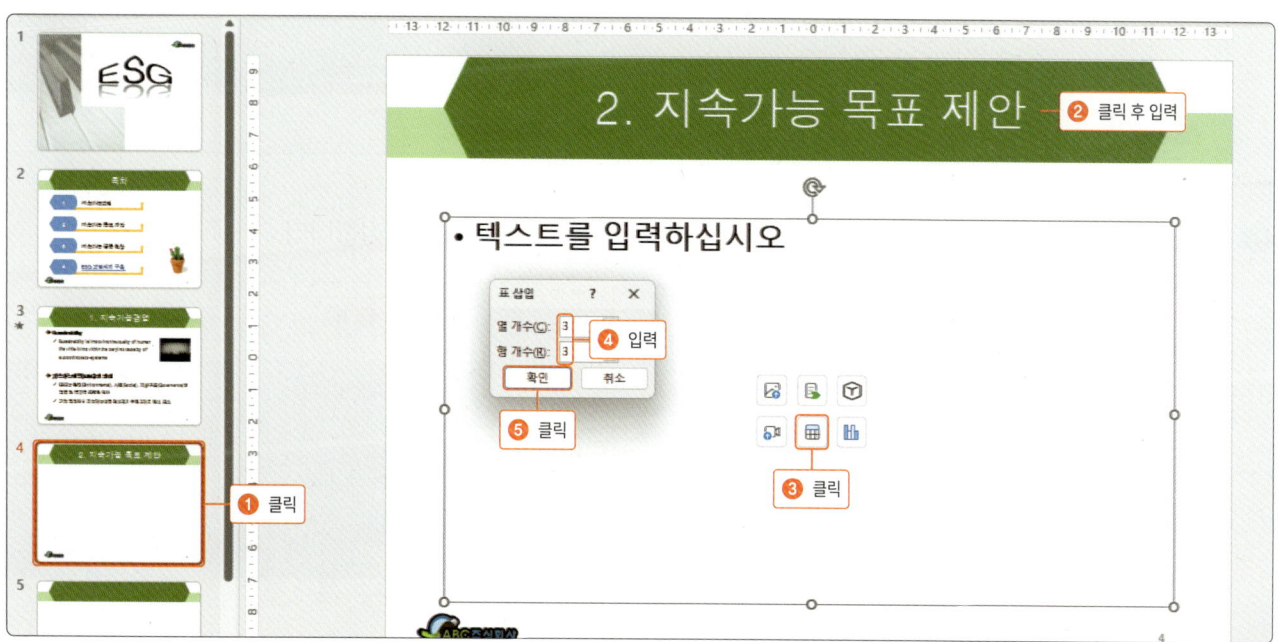

❹ 표가 만들어지면 [테이블 디자인] 탭의 [표 스타일] 그룹에서 자세히( ) 단추를 눌러 '**테마 스타일 1 – 강조 1**( )'을 선택합니다. 이어서, [표 스타일 옵션] 그룹에서 '**머리글 행**'과 '**줄무늬 행**'을 클릭하여 '**체크 표시**( ) **를 해제**'합니다.

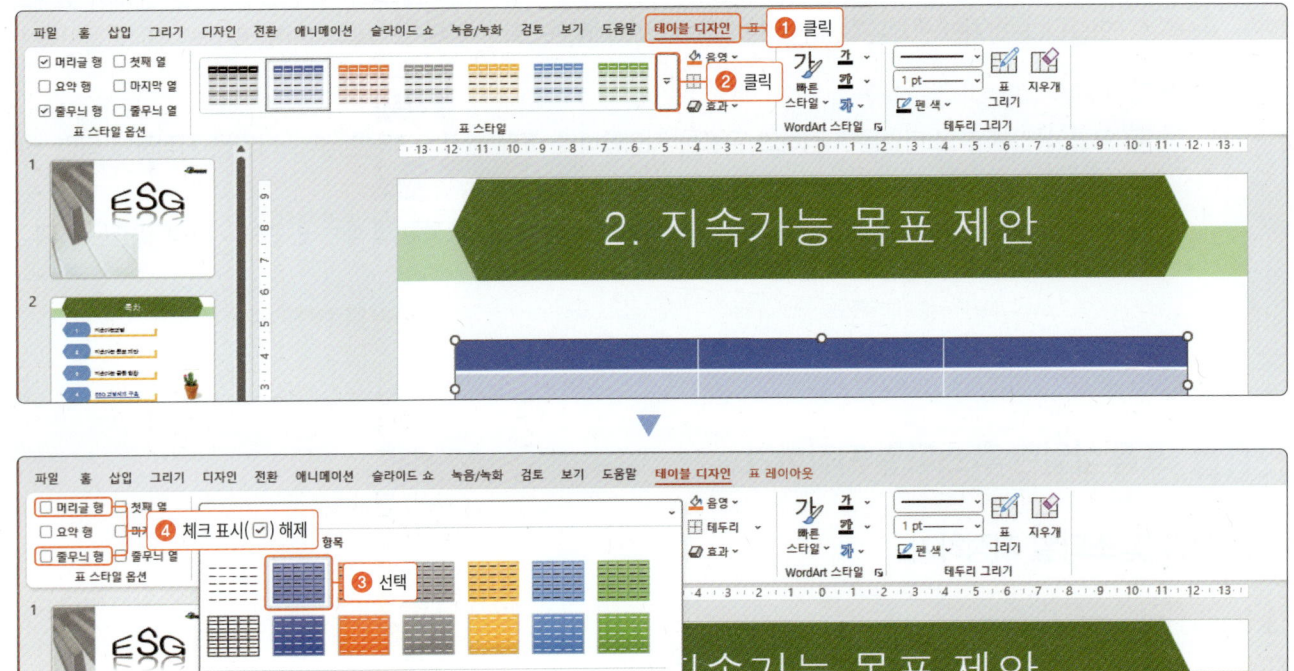

❺ 표 스타일이 변경되면 Shift 키를 누른 채 표의 테두리를 아래쪽으로 드래그하여 《출력형태》와 같이 위치를 변경합니다.

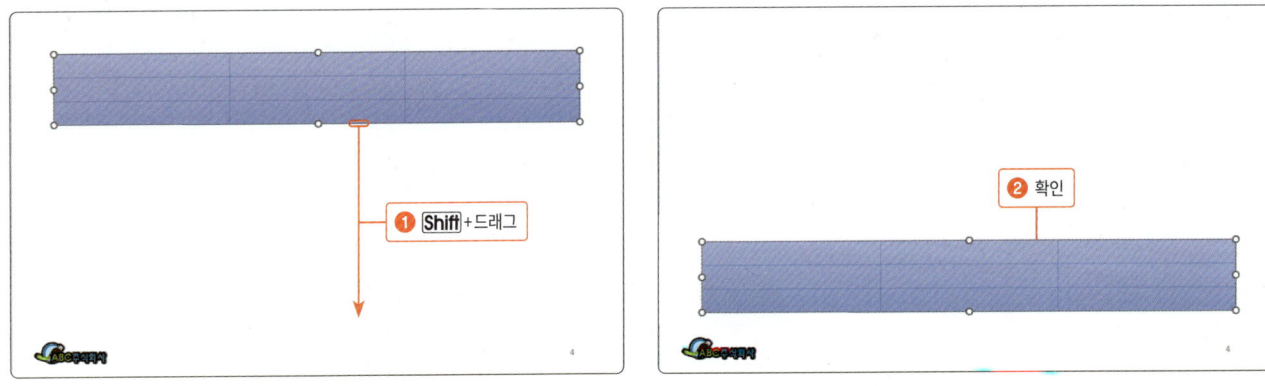

❻ 표의 왼쪽 대각선 조절점(o)을 드래그하여 《출력형태》와 같이 크기를 조절합니다.

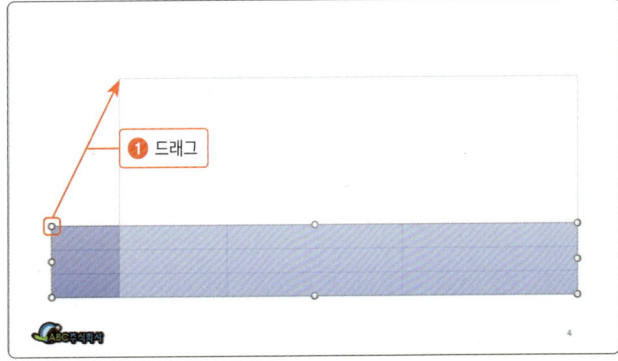
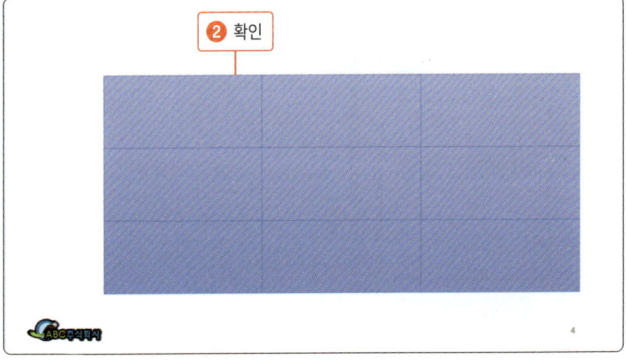

표 안쪽 셀의 크기를 다르게 조절하는 방법

《출력형태》를 확인하여 표 안의 셀 크기가 다를 경우 셀의 크기를 임의로 조절합니다. 조절하려는 셀의 가로선 또는 세로선 위에 커서를 위치한 후 마우스 포인터가 (✥) 모양으로 변경되면 드래그하여 선택한 셀의 크기를 조절할 수 있습니다.

 셀 병합, 셀 분할

❶ 셀을 분할하기 위해 그림과 같이 표 안쪽의 셀을 드래그하여 블록으로 지정합니다. 이어서, 지정된 블록 위에서 [마우스 오른쪽 단추]를 눌러 바로가기 메뉴가 나오면 [셀 분할]을 클릭합니다.

❷ [셀 분할] 대화상자가 나오면 열 개수(1)와 행 개수(2)를 입력한 후 〈확인〉 단추를 클릭합니다.

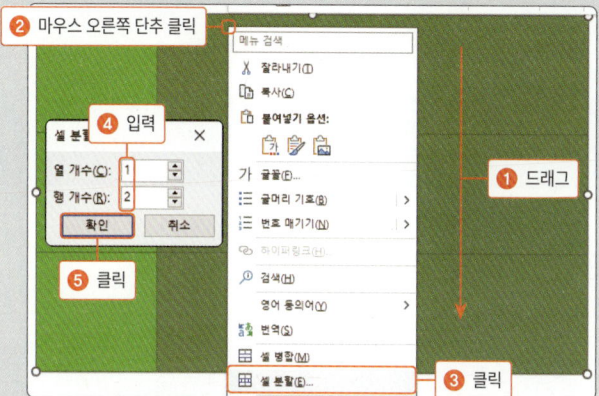 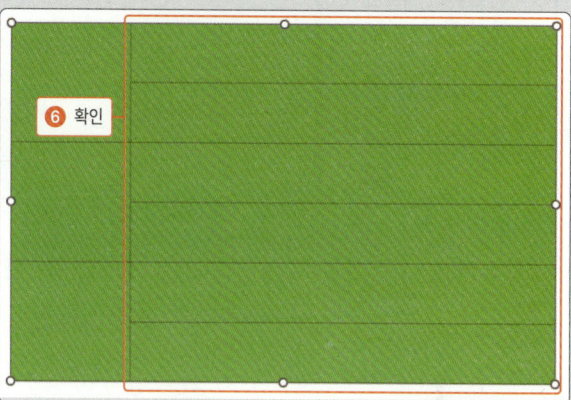

❸ 셀을 병합하기 위해 그림과 같이 표 안쪽 셀을 드래그하여 블록으로 지정합니다. 이어서, 지정된 블록 위에서 [마우스 오른쪽 단추]를 눌러 바로가기 메뉴가 나오면 [셀 병합]을 클릭합니다.

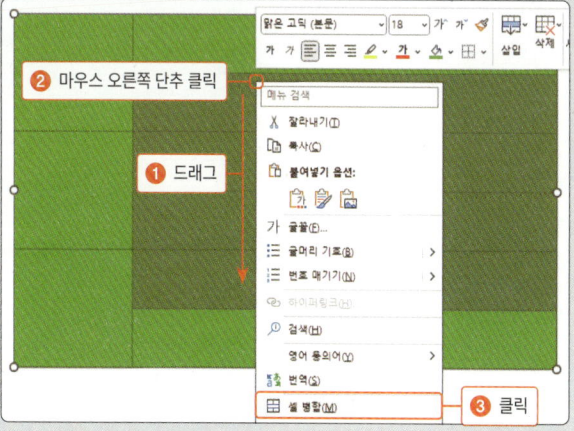 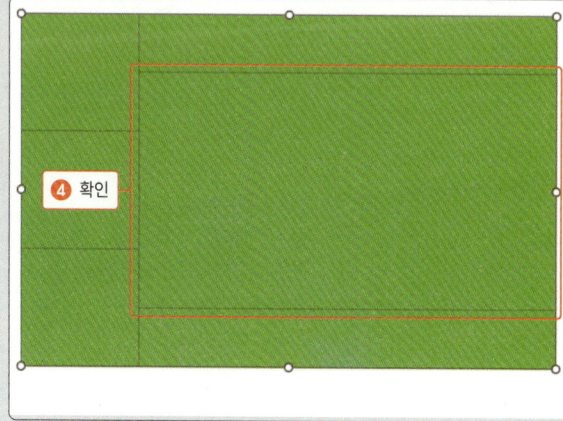

표의 글꼴 서식을 변경한 후 데이터 입력하기

글꼴 : 굴림, 18pt

① 표의 테두리를 클릭한 후 [홈] 탭의 [글꼴] 그룹에서 '**글꼴(굴림), 글꼴 크기(18pt)**'를 지정합니다. 이어서, [단락] 그룹에서 '**가운데 맞춤**'을 클릭한 후 [텍스트 맞춤]-'**중간**'을 선택합니다.

※ 정렬에 대한 별도의 지시사항이 없기 때문에 《출력형태》를 참고하여 작업합니다.

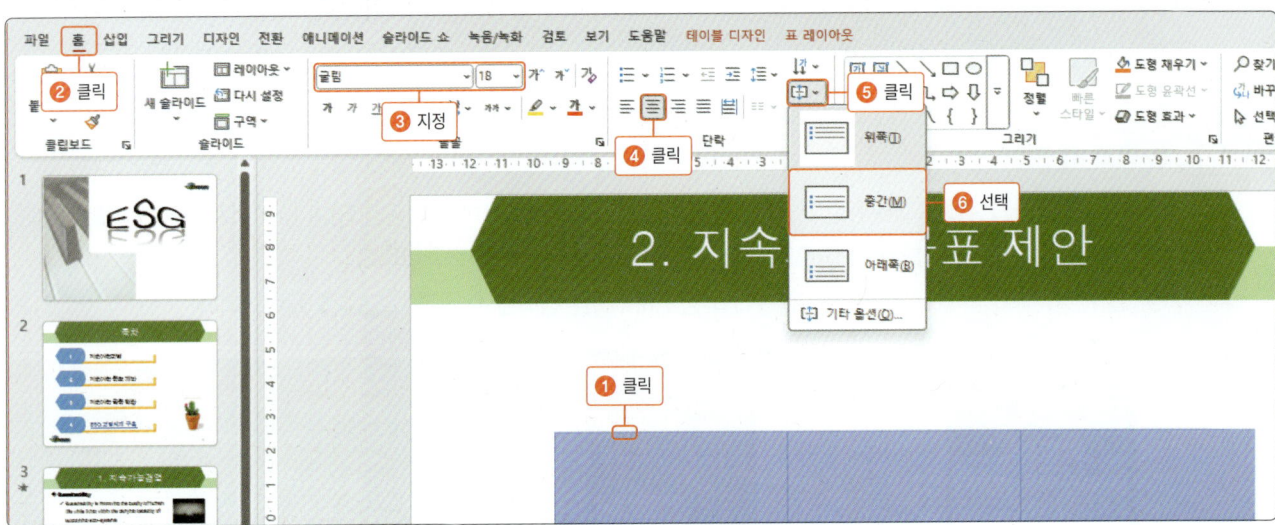

② 글꼴 서식이 변경되면 《출력형태》를 참고하여 표 안쪽의 내용을 입력합니다.

※ 실제 시험지의 《출력형태》에서는 텍스트의 줄 간격이 넓게 보일 수 있으나, [슬라이드 4]에서는 줄 간격에 대한 조건이 없기 때문에 줄 간격을 변경하지 않고 작성해도 감점되지 않습니다.

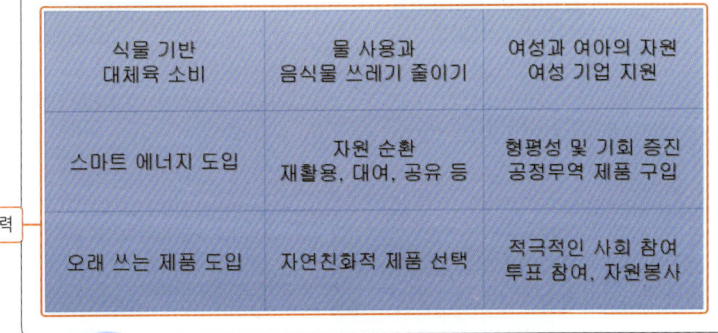

 표 안에 데이터 입력 시 참고사항

① 필요에 따라 Enter 키를 눌러 강제 줄바꿈하여 《출력형태》와 똑같이 입력합니다.
② Tab 키 또는 키보드의 방향키(↑, ↓, ←, →)를 눌러 커서를 이동하면 편리합니다.
③ 셀에 내용 입력이 끝난 상태에서 Enter 키를 눌렀을 경우 글자가 강제 줄바꿈 되어 위로 올라갑니다. 이런 경우에는 마지막 글자 뒤를 클릭한 후 Delete 키를 눌러 빈 줄을 삭제합니다.

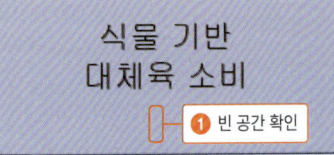 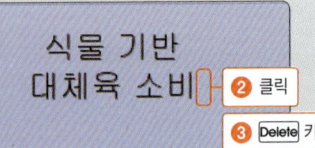

03 상단 도형 작성하기

■ 상단 도형 삽입하기(뒤쪽)

상단 도형 : 2개 도형의 조합으로 작성

① [삽입] 탭의 [일러스트레이션] 그룹에서 [도형(⌾)]-[사각형]-'사각형: 잘린 위쪽 모서리(⌂)'를 선택합니다.

② 마우스 포인터가 + 모양으로 변경되면 드래그하여 도형을 삽입합니다. 이어서, 조절점(○)을 드래그하여 《출력형태》와 같이 크기를 조절한 후 위치를 변경합니다.

※ Alt 키를 누른 채 개체의 조절점(○)을 드래그하면 크기를 세밀하게 조절할 수 있습니다.

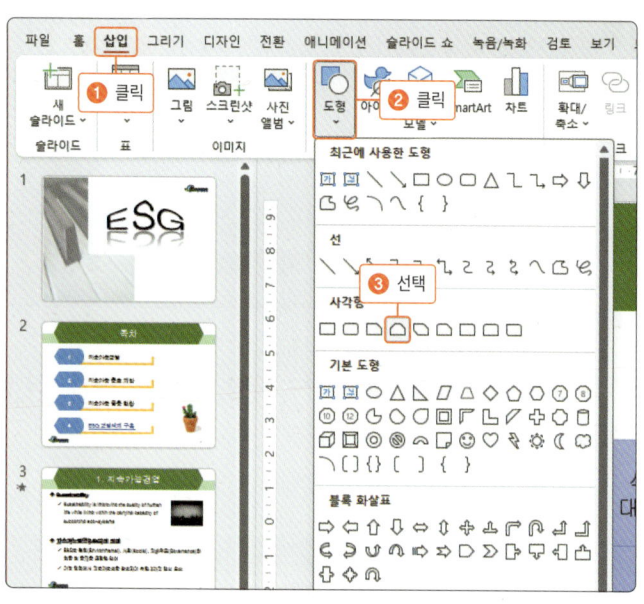
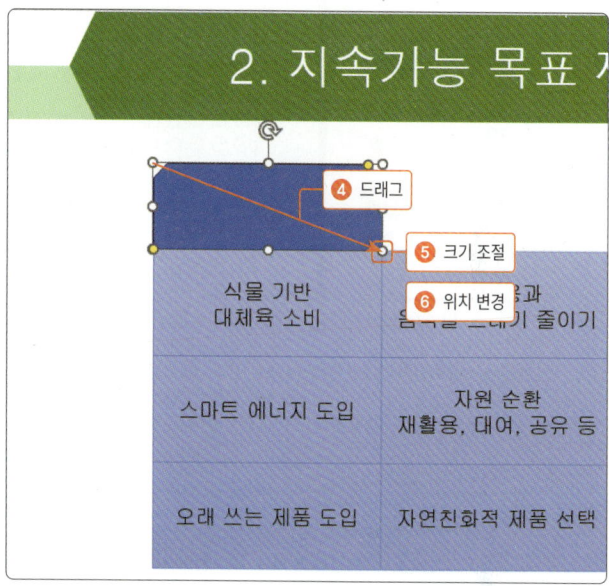

③ 도형이 선택된 상태에서 [도형 서식] 탭의 [도형 스타일] 그룹에서 [도형 채우기]-'파랑, 강조 1'을 선택합니다. 이어서, [도형 윤곽선]-'검정, 텍스트 1'을 선택합니다.

※ 도형의 색상은 문제지 조건에 없기 때문에 임의의 색으로 선택할 수 있습니다.

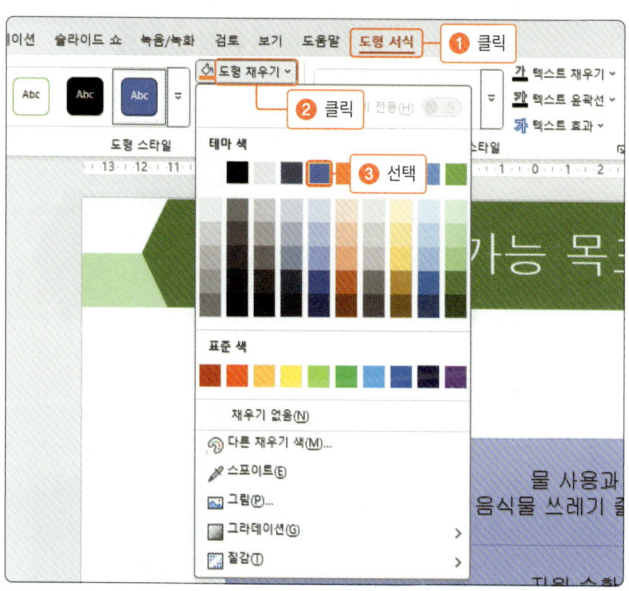
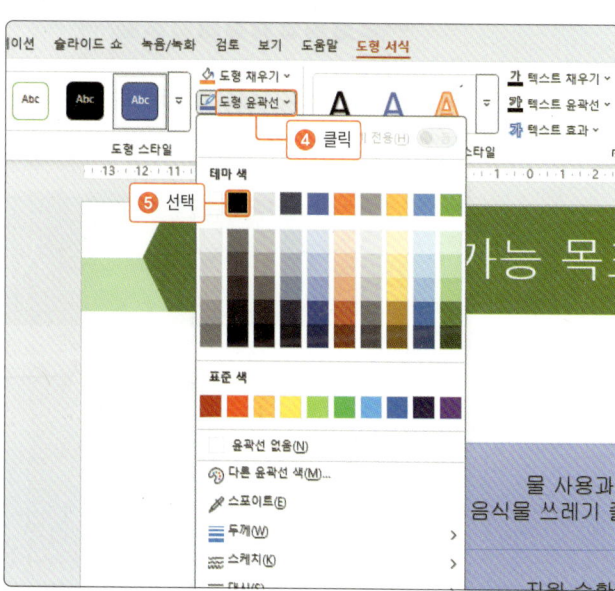

■ **상단 도형 삽입하기(앞쪽)**

④ [삽입] 탭의 [일러스트레이션] 그룹에서 [도형(🔲)]-[기본 도형]-'**사다리꼴(△)**'을 선택합니다.

⑤ 마우스 포인터가 ➕ 모양으로 변경되면 드래그하여 도형을 삽입합니다. 이어서, 조절점(○)을 드래그하여 《출력형태》와 같이 크기를 조절한 후 위치를 변경합니다.

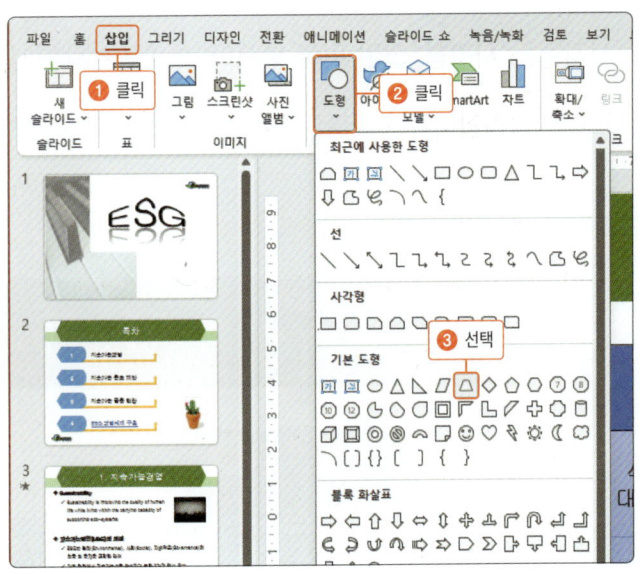
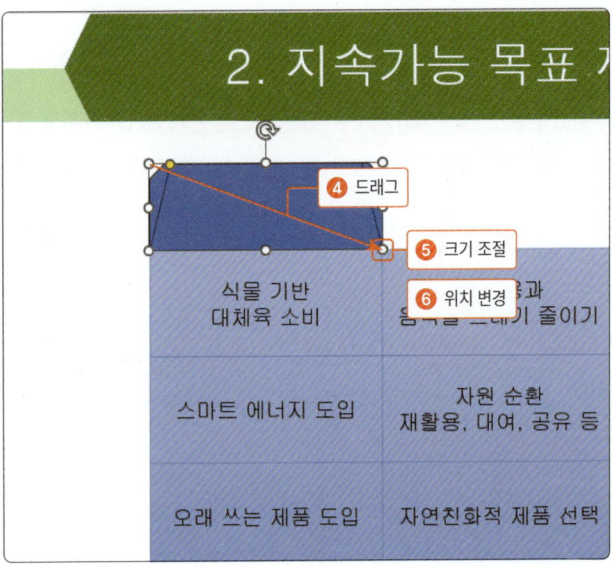

⑥ 도형이 선택된 상태에서 [도형 서식] 탭의 [도형 스타일] 그룹에서 [도형 채우기]-'**파랑, 강조 5, 60% 더 밝게**'를 선택합니다. 이어서, [도형 윤곽선]-'**검정, 텍스트 1**'을 선택합니다.

※ 도형의 색상은 문제지 조건에 없기 때문에 임의의 색으로 선택할 수 있습니다.

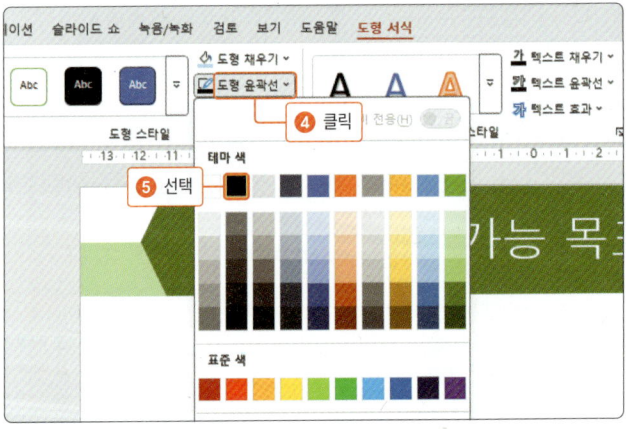

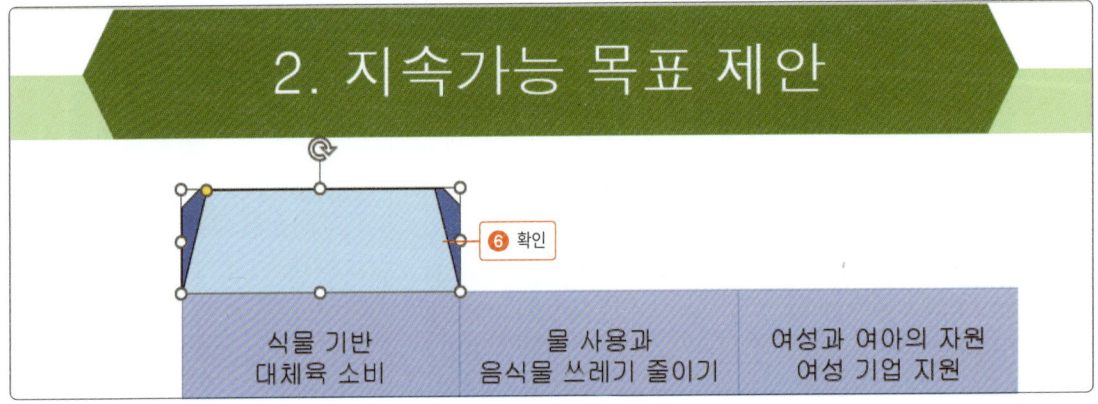

7 앞쪽 도형이 선택된 상태에서 '**기후위기대응**'을 입력합니다.

※ 도형의 스타일에 따라서 글꼴 색상이 '검정색' 또는 '흰색'이 나타납니다.

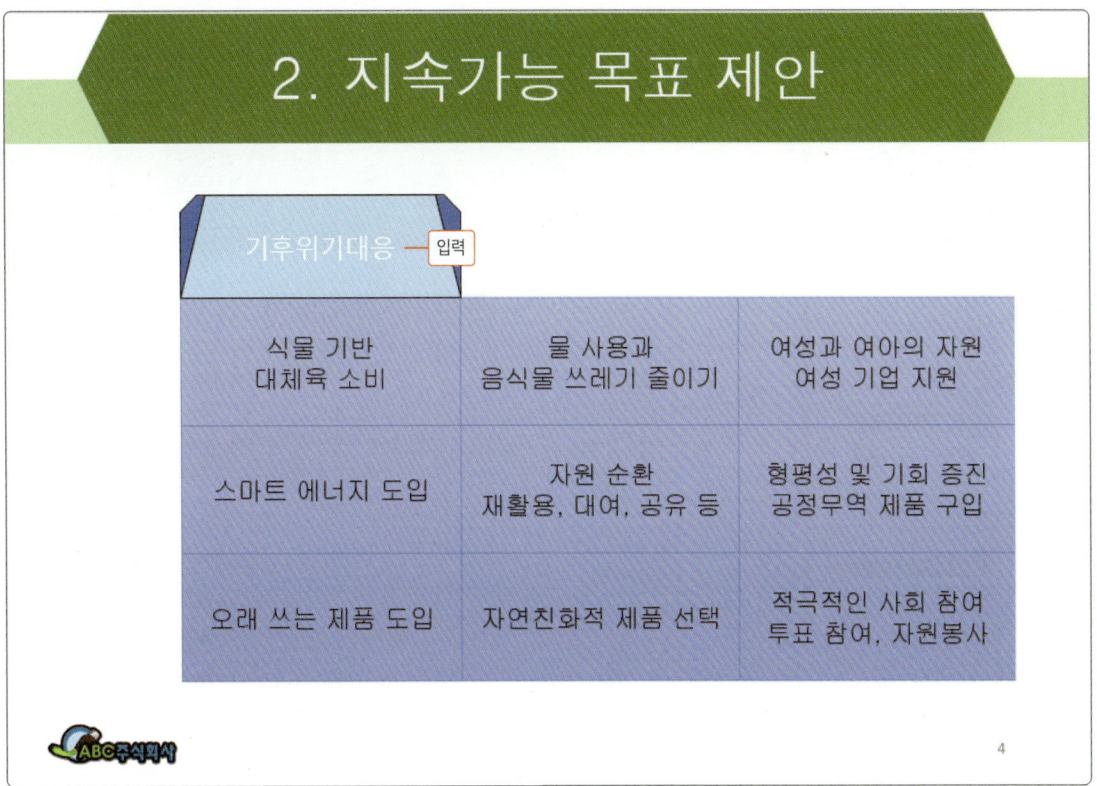

■ **도형의 글꼴 서식 변경, 도형 복사, 내용 변경**

글꼴 : 굴림, 18pt

8 그림과 같이 드래그하여 도형을 선택합니다.

※ 드래그하여 두 개의 도형을 같이 선택하는 이유는 글꼴을 변경한 후 복사를 하기 위한 작업 때문입니다.

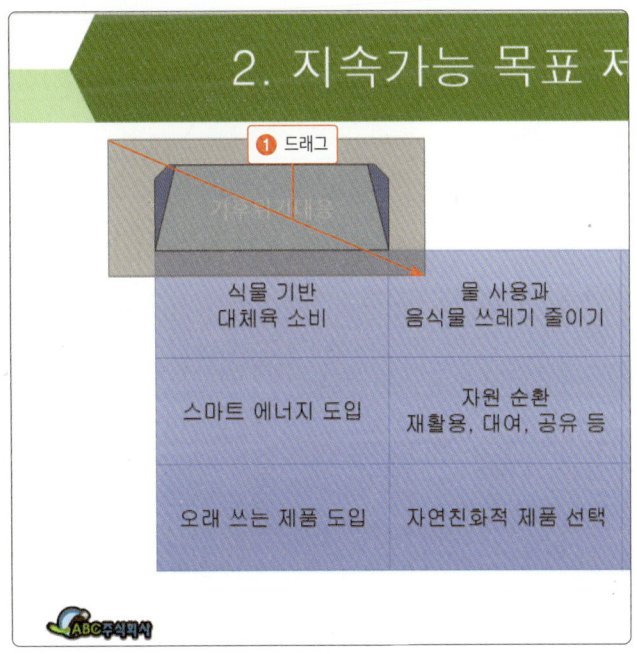 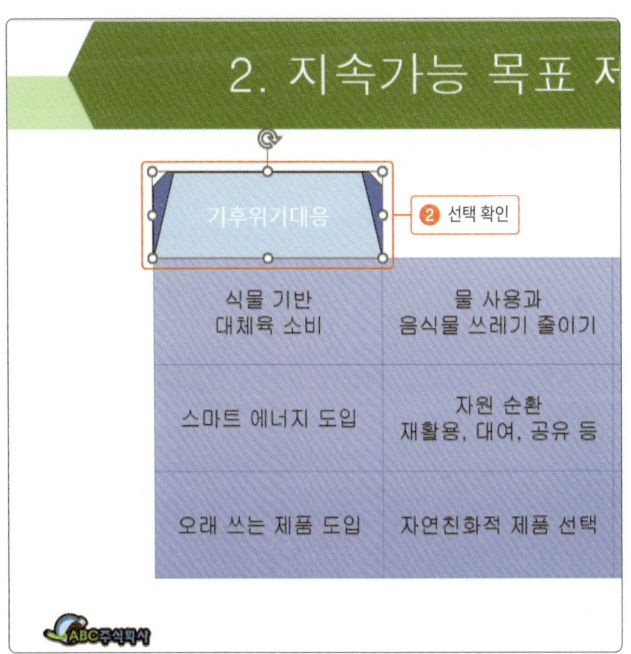

출제유형 05 2-73 [슬라이드 4] 《표 슬라이드》

⑨ [홈] 탭의 [글꼴] 그룹에서 '글꼴(굴림), 글꼴 크기(18pt), 글꼴 색(검정, 텍스트 1)'을 지정합니다.

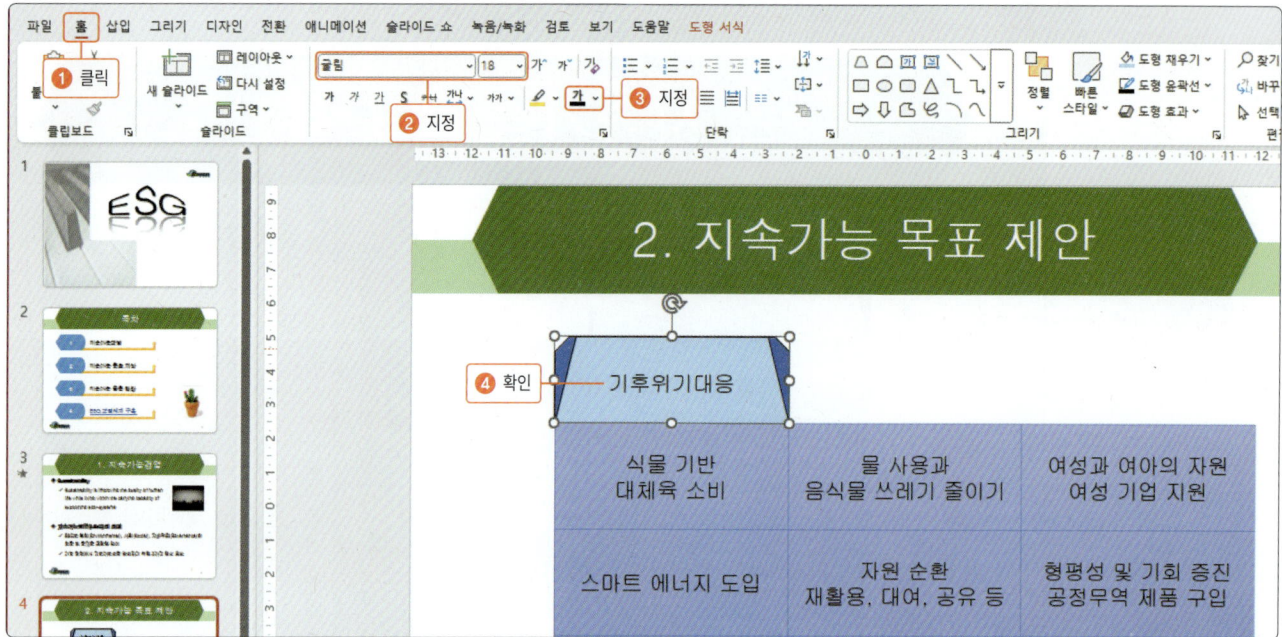

⑩ 아래 그림을 참고하여 Ctrl + Shift 키를 누른 채 선택된 도형을 오른쪽으로 드래그하여 복사한 후 동일한 방법으로 오른쪽으로 드래그하여 하나 더 복사합니다.

⑪ 복사된 도형을 선택한 후 조절점(O)을 이용하여 너비를 조절합니다.

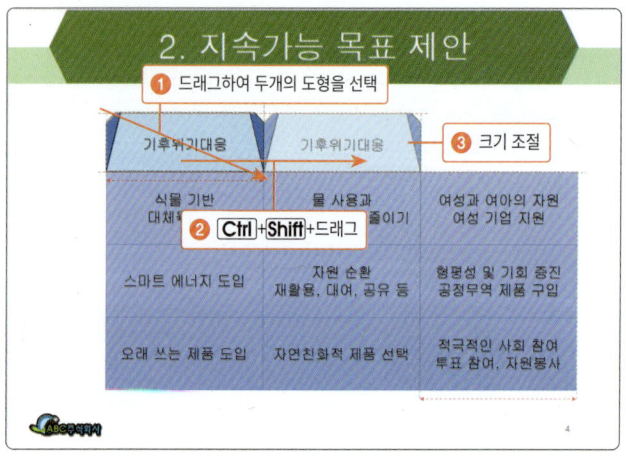 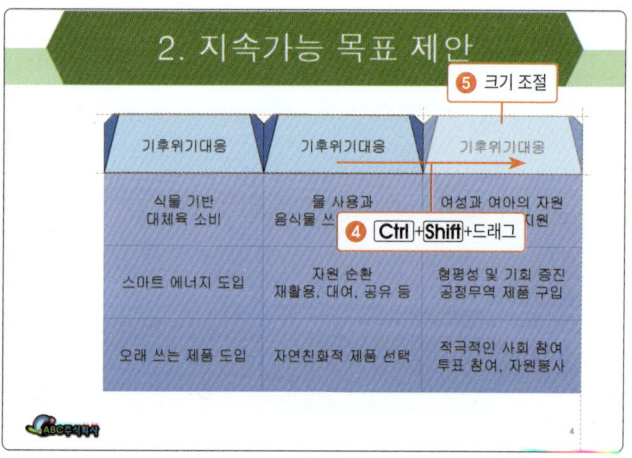

⑫ 도형 복사가 완료되면 도형 안쪽 텍스트의 내용을 드래그하여 블록으로 지정한 후 내용을 변경합니다.

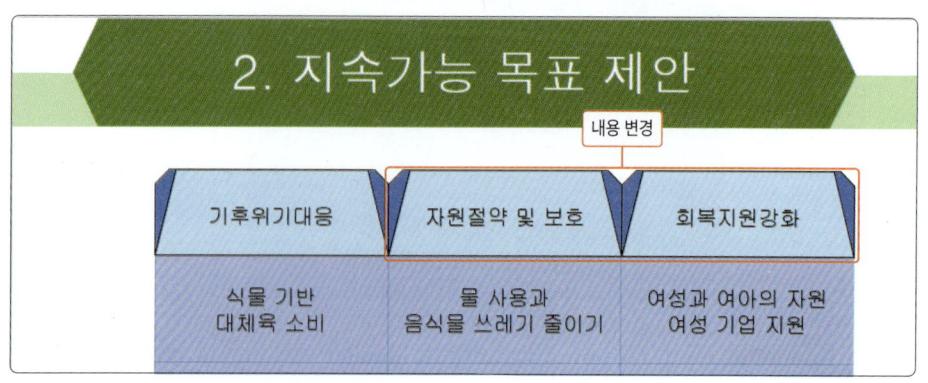

04 좌측 도형 작성하기

좌측 도형 : 그라데이션 효과(선형 아래쪽)

❶ [삽입] 탭의 [일러스트레이션] 그룹에서 [도형( )]-[사각형]-'**사각형: 잘린 대각선 방향 모서리( )**'을 선택합니다.

❷ 마우스 포인터가 + 모양으로 변경되면 드래그하여 도형을 삽입합니다. 이어서, 조절점(O)을 드래그하여 《출력형태》와 같이 크기를 조절한 후 위치를 변경합니다.

 ※ Alt 키를 누른 채 조절점(O)을 드래그하여 크기를 세밀하게 조절합니다.

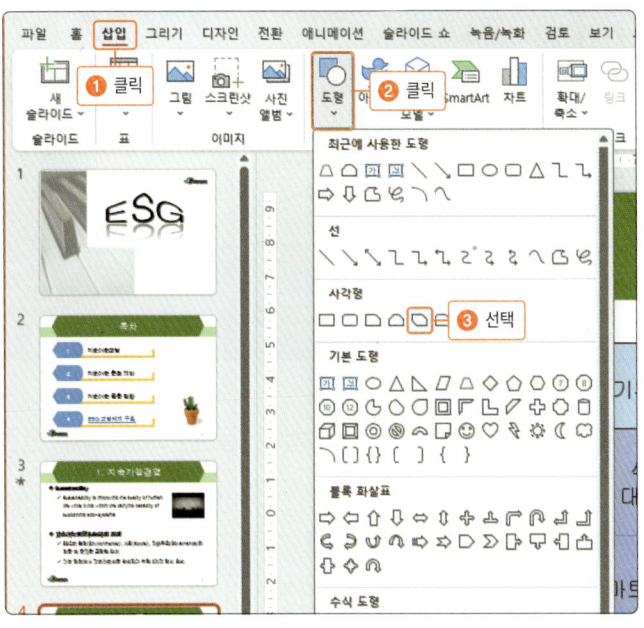
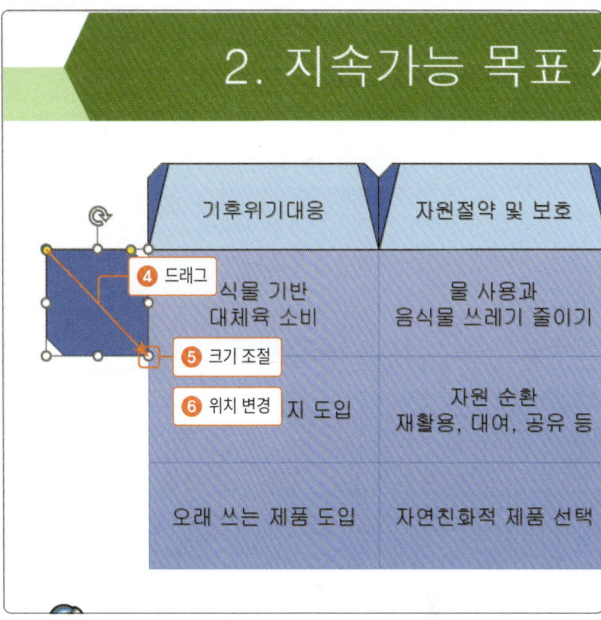

❸ 도형을 회전하기 위해 [도형 서식] 탭의 [정렬] 그룹에서 [회전( )]-'**좌우 대칭( )**'을 선택한 후 위치를 변경합니다.

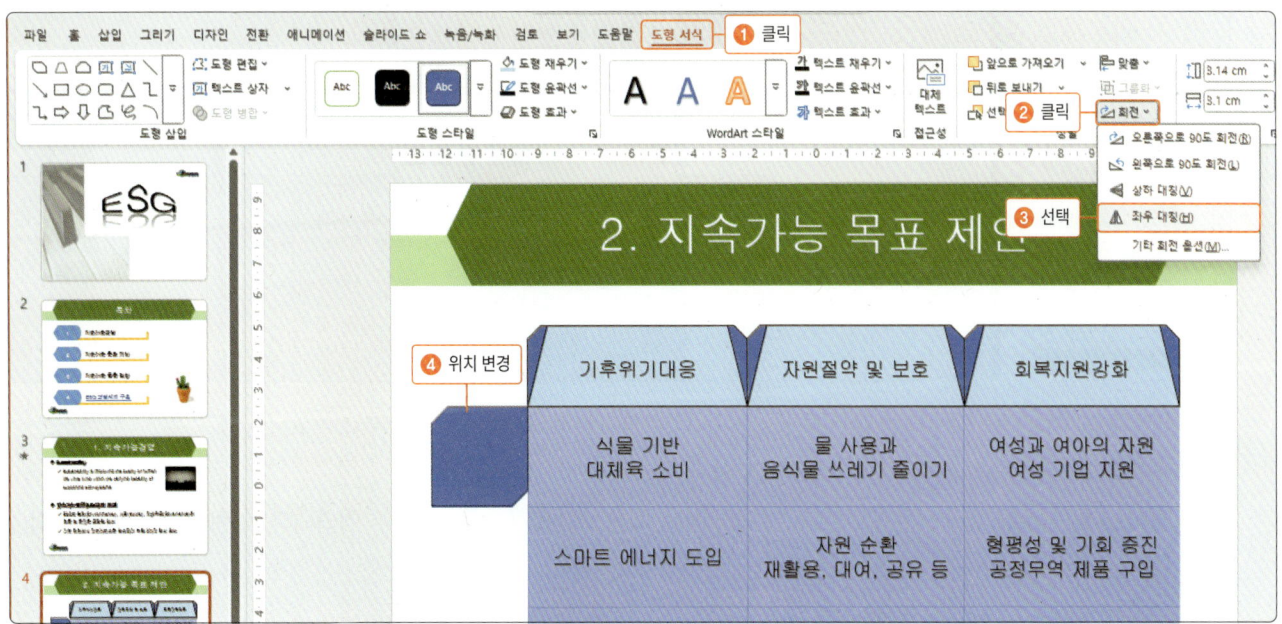

④ [도형 서식] 탭의 [도형 스타일] 그룹에서 [도형 채우기]-[그라데이션]-[밝은 그라데이션]-'**선형 아래쪽**'을 선택합니다. 이어서, [도형 윤곽선]-'**검정, 텍스트 1**'을 선택합니다.

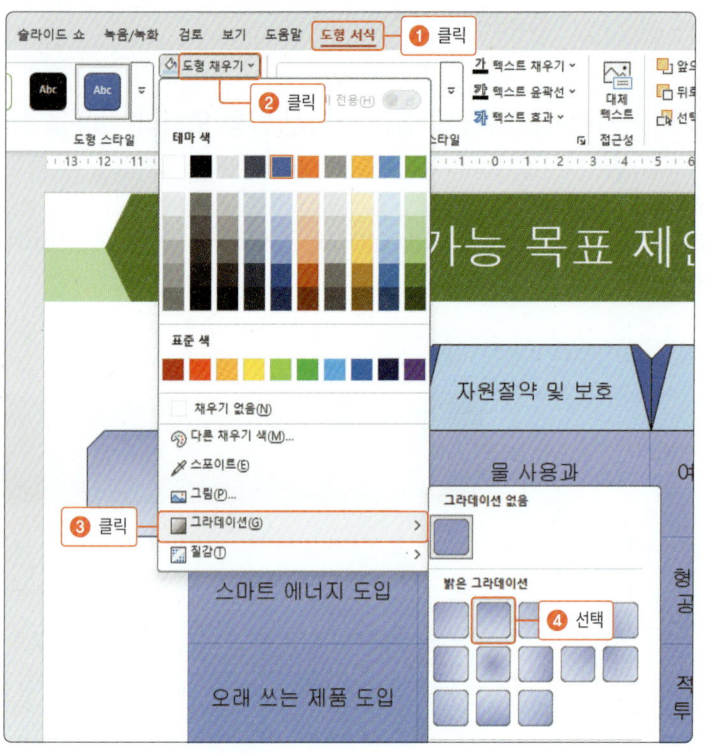 

⑤ 도형이 선택된 상태에서 '**영역1**'을 입력한 후 Esc 키를 누릅니다. 이어서, [홈] 탭의 [글꼴] 그룹에서 '**글꼴(굴림), 글꼴 크기(18pt), 글꼴 색(검정, 텍스트 1)**'을 지정합니다.

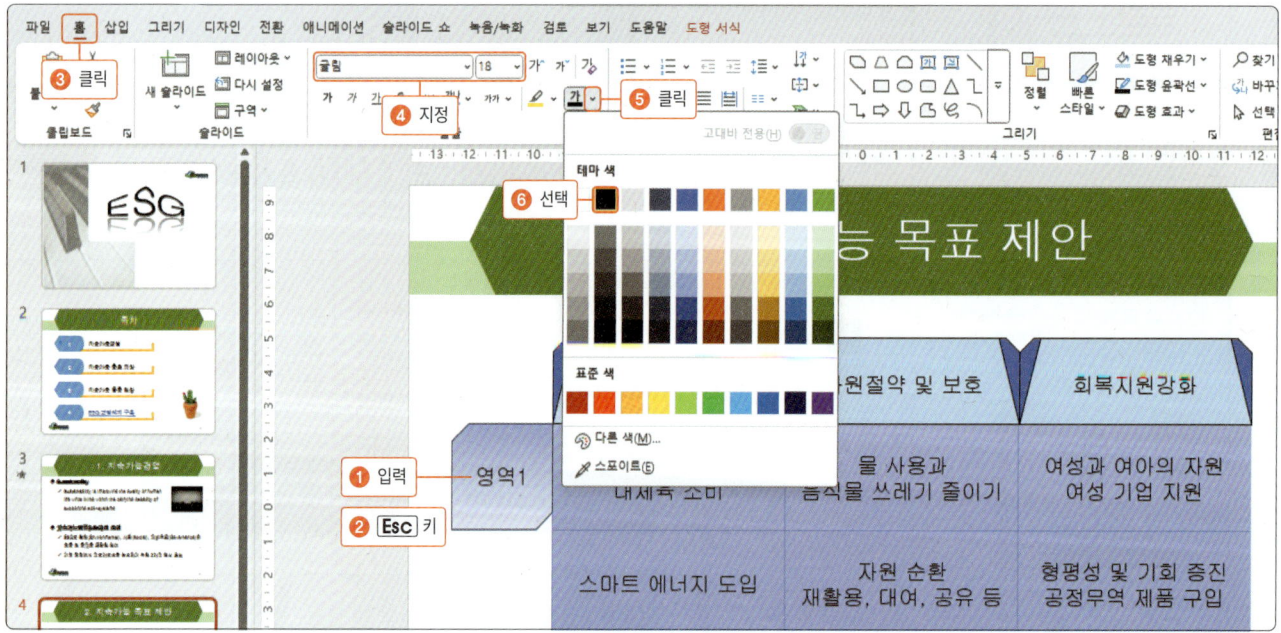

> **주의할 점**
> 만약 도형 안쪽에 입력하는 텍스트가 긴 경우에는 내용이 아래쪽으로 밀릴 수 있습니다. 이런 경우에는 도형의 왼쪽/오른쪽 조절점(ㅇ)을 이용하여 높이와 너비를 조절합니다.

❻ Ctrl + Shift 키를 누른 채 그림과 같이 선택된 도형을 아래쪽으로 드래그하여 복사합니다. 이어서, 동일한 방법으로 아래쪽으로 드래그하여 하나 더 복사합니다.

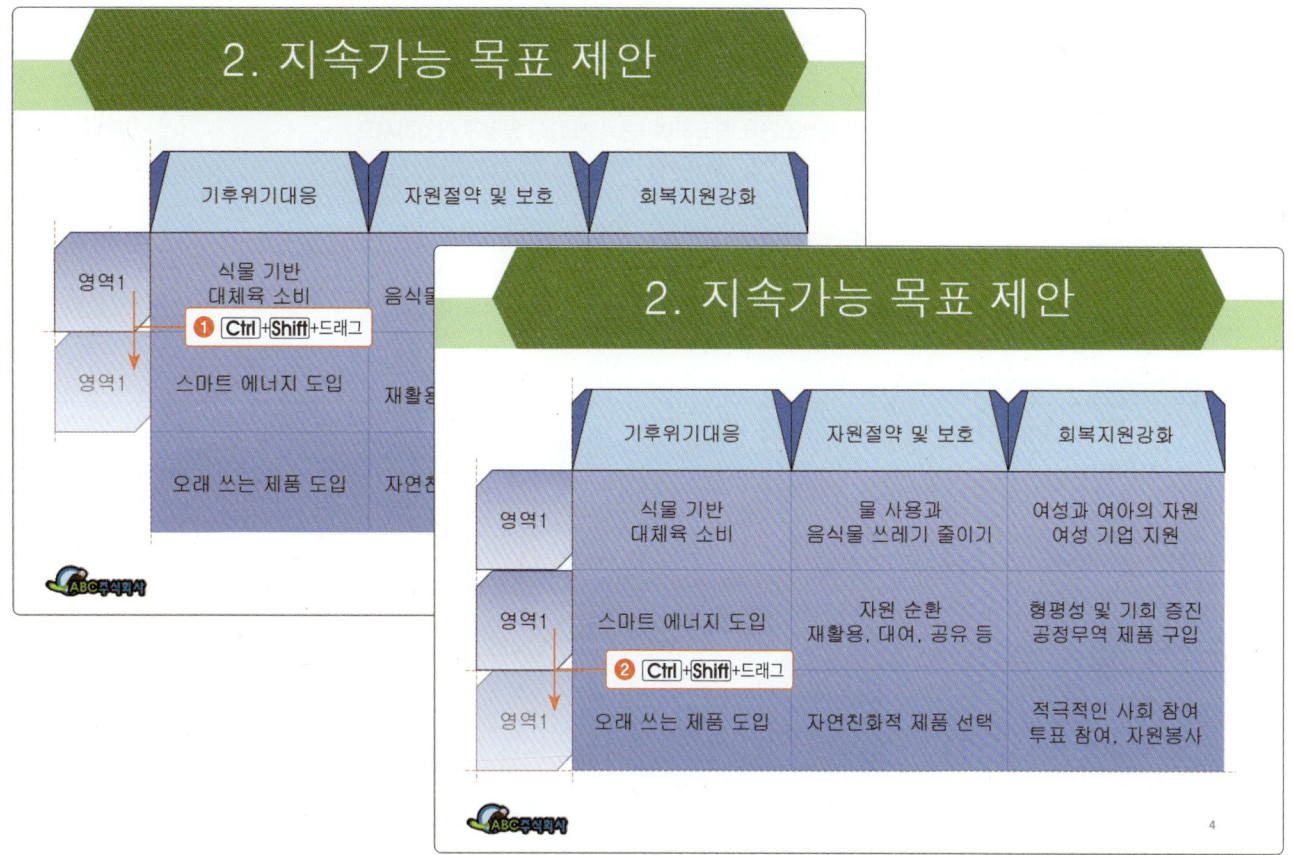

❼ 복사한 도형에 '**영역2**'와 '**영역3**'을 입력합니다.

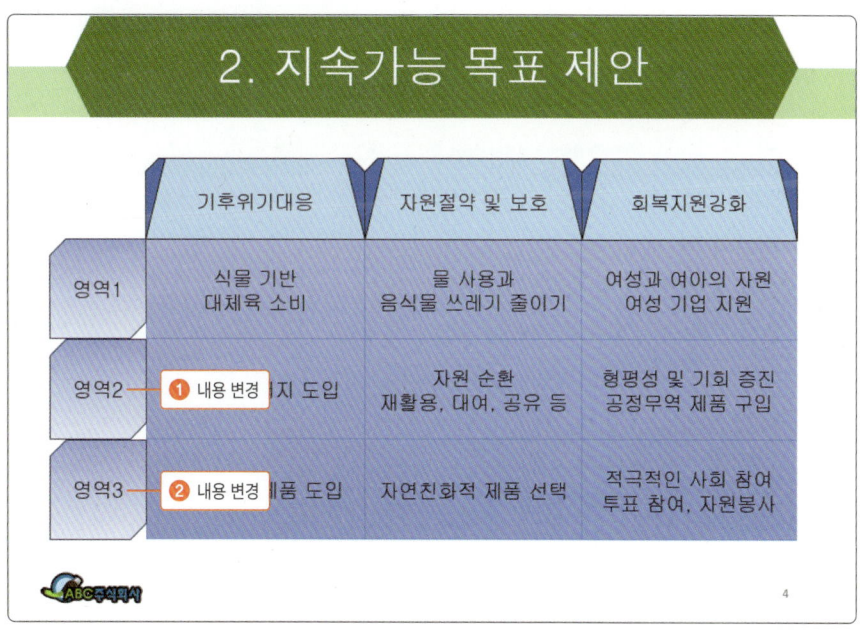

❽ [파일]-[저장](Ctrl + S) 또는 [빠른 실행 도구 모음]에서 '**저장(🖫)**'을 클릭합니다.

 ※ 실제 시험을 볼 때 작업 도중에 수시로(10분에 한 번 정도) 저장을 하는 것이 좋습니다.

출제유형 완전정복 > [슬라이드 4] 《표 슬라이드》

완전정복-01
문제지의 지시사항 및 세부조건을 참고하여 《출력형태》에 알맞게 작업하시오.

• 소스 : 정복05_문제01.pptx   • 정답 : 정복05_정답01.pptx

작성 시간 / 권장 시간
분 / 10분

(1) 도형과 표 작성 기능을 이용하여 슬라이드를 작성한다(글꼴 : 굴림, 18pt).

《출력형태》

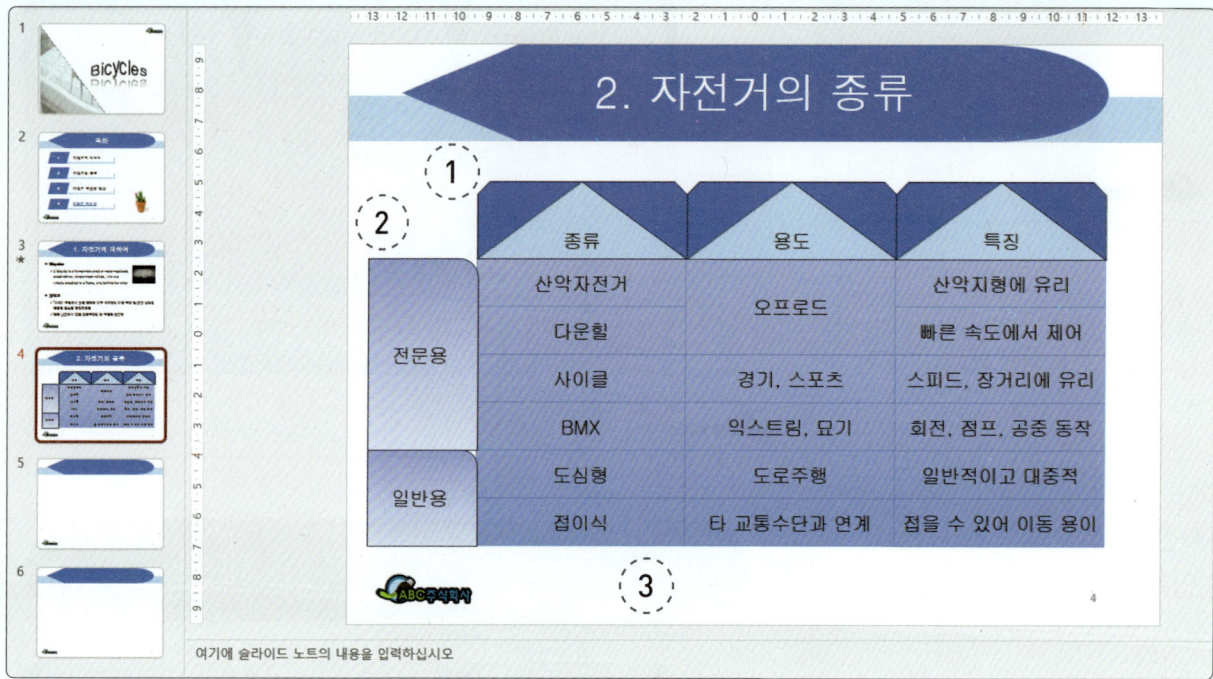

◆ 세부 조건

① 상단 도형 :
  2개 도형의 조합으로 작성

② 좌측 도형 :
  그라데이션 효과(선형 아래쪽)

③ 표 스타일 :
  테마 스타일 1 - 강조 1

 **완전정복-02** 문제지의 지시사항 및 세부조건을 참고하여 《출력형태》에 알맞게 작업하시오.

· 소스 : 정복05_문제02.pptx · 정답 : 정복05_정답02.pptx

작성 시간 / 권장 시간
분 / 10분

(1) 도형과 표 작성 기능을 이용하여 슬라이드를 작성한다(글꼴 : 굴림, 18pt).

세부조건

① **상단 도형** :
2개 도형의 조합으로 작성

② **좌측 도형** :
그라데이션 효과(선형 아래쪽)

③ **표 스타일** :
테마 스타일 1 - 강조 1

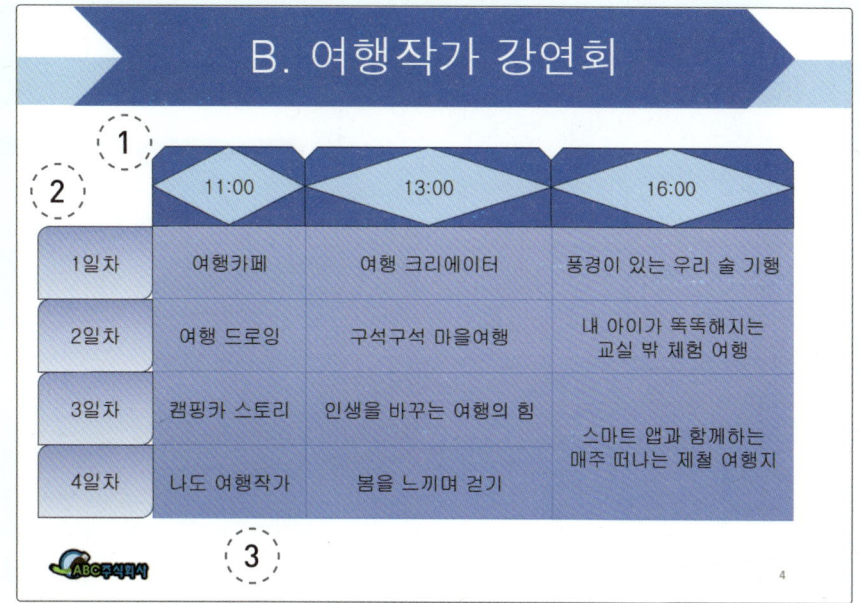

완전정복-03 문제지의 지시사항 및 세부조건을 참고하여 《출력형태》에 알맞게 작업하시오.

· 소스 : 정복05_문제03.pptx · 정답 : 정복05_정답03.pptx

작성 시간 / 권장 시간
분 / 10분

(1) 도형과 표 작성 기능을 이용하여 슬라이드를 작성한다(글꼴 : 굴림, 18pt).

세부조건

① **상단 도형** :
2개 도형의 조합으로 작성

② **좌측 도형** :
그라데이션 효과(선형 아래쪽)

③ **표 스타일** :
테마 스타일 1 - 강조 6

완전정복-04

문제지의 지시사항 및 세부조건을 참고하여 《출력형태》에 알맞게 작업하시오.

• 소스 : 정복05_문제04.pptx   • 정답 : 정복05_정답04.pptx

작성 시간 / 권장 시간
분 / 10분

(1) 도형과 표 작성 기능을 이용하여 슬라이드를 작성한다(글꼴 : 굴림, 18pt).

세부조건

① **상단 도형 :**
   2개 도형의 조합으로 작성

② **좌측 도형 :**
   그라데이션 효과(선형 아래쪽)

③ **표 스타일 :**
   테마 스타일 1 - 강조 6

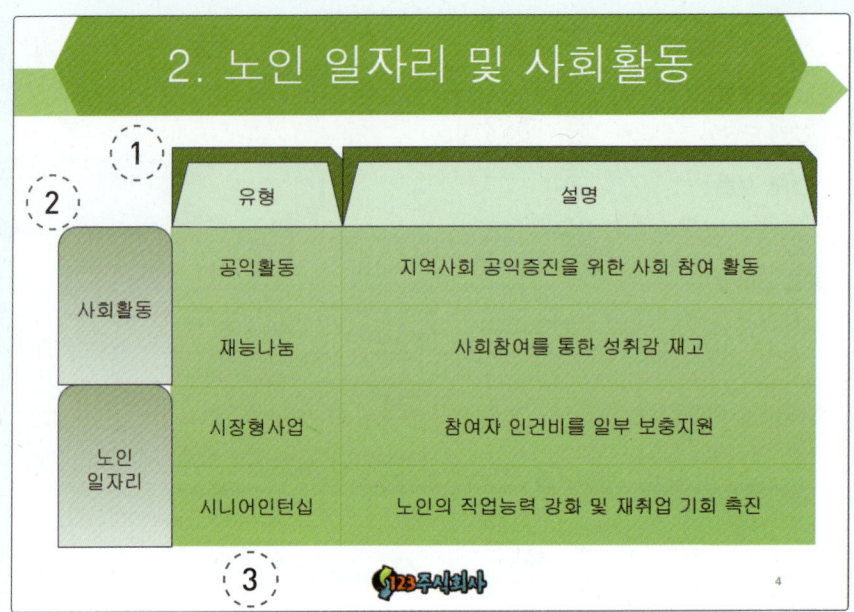

완전정복-05

문제지의 지시사항 및 세부조건을 참고하여 《출력형태》에 알맞게 작업하시오.

• 소스 : 정복05_문제05.pptx   • 정답 : 정복05_정답05.pptx

작성 시간 / 권장 시간
분 / 10분

(1) 도형과 표 작성 기능을 이용하여 슬라이드를 작성한다(글꼴 : 굴림, 18pt).

세부조건

① **상단 도형 :**
   2개 도형의 조합으로 작성

② **좌측 도형 :**
   그라데이션 효과(선형 아래쪽)

③ **표 스타일 :**
   테마 스타일 1 - 강조 6

완전정복-06

문제지의 지시사항 및 세부조건을 참고하여 《출력형태》에 알맞게 작업하시오.

- 소스 : 정복05_문제06.pptx
- 정답 : 정복05_정답06.pptx

작성 시간 / 권장 시간
분 / 10분

(1) 도형과 표 작성 기능을 이용하여 슬라이드를 작성한다(글꼴 : 돋움, 18pt).

세부조건

① **상단 도형 :**
  2개 도형의 조합으로 작성

② **좌측 도형 :**
  그라데이션 효과(선형 아래쪽)

③ **표 스타일 :**
  테마 스타일 1 - 강조 3

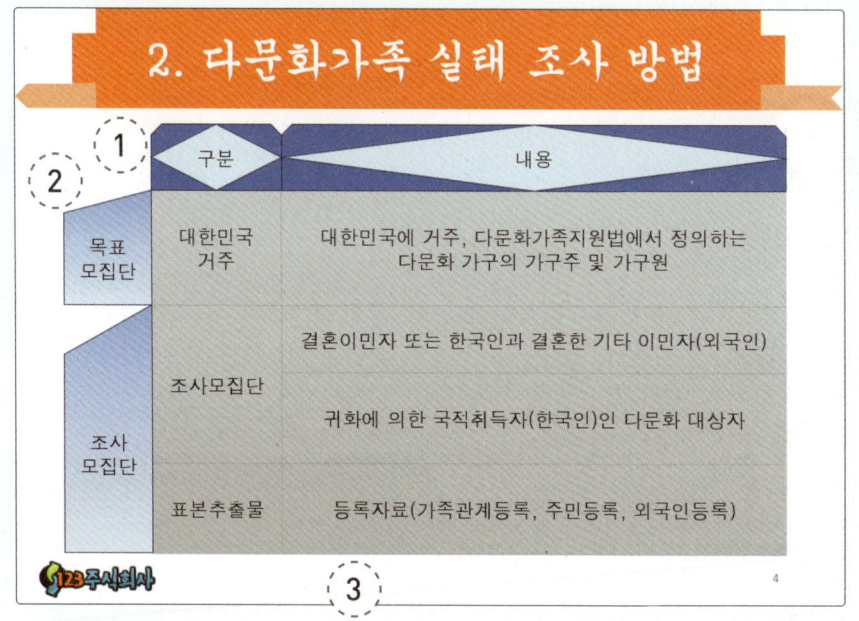

완전정복-07

문제지의 지시사항 및 세부조건을 참고하여 《출력형태》에 알맞게 작업하시오.

- 소스 : 정복05_문제07.pptx
- 정답 : 정복05_정답07.pptx

작성 시간 / 권장 시간
분 / 10분

(1) 도형과 표 작성 기능을 이용하여 슬라이드를 작성한다(글꼴 : 돋움, 18pt).

세부조건

① **상단 도형 :**
  2개 도형의 조합으로 작성

② **좌측 도형 :**
  그라데이션 효과(선형 아래쪽)

③ **표 스타일 :**
  테마 스타일 1 - 강조 3

PART 01 출제유형 완전정복

[슬라이드 5] 《차트 슬라이드》

☑ 차트 작성 및 편집하기
☑ 도형 삽입 후 스타일 지정하기

 **미리보기**　　　　　　　　　• 소스 : 유형06_문제.pptx　　• 정답 : 유형06_정답.pptx

[슬라이드 5] 《차트 슬라이드》　　　　　　　　　　　　　　　　　　　　(100점)

(1) 차트 작성 기능을 이용하여 슬라이드를 작성한다.
(2) 차트 : 종류(묶은 세로 막대형), 글꼴(돋움, 16pt), 외곽선

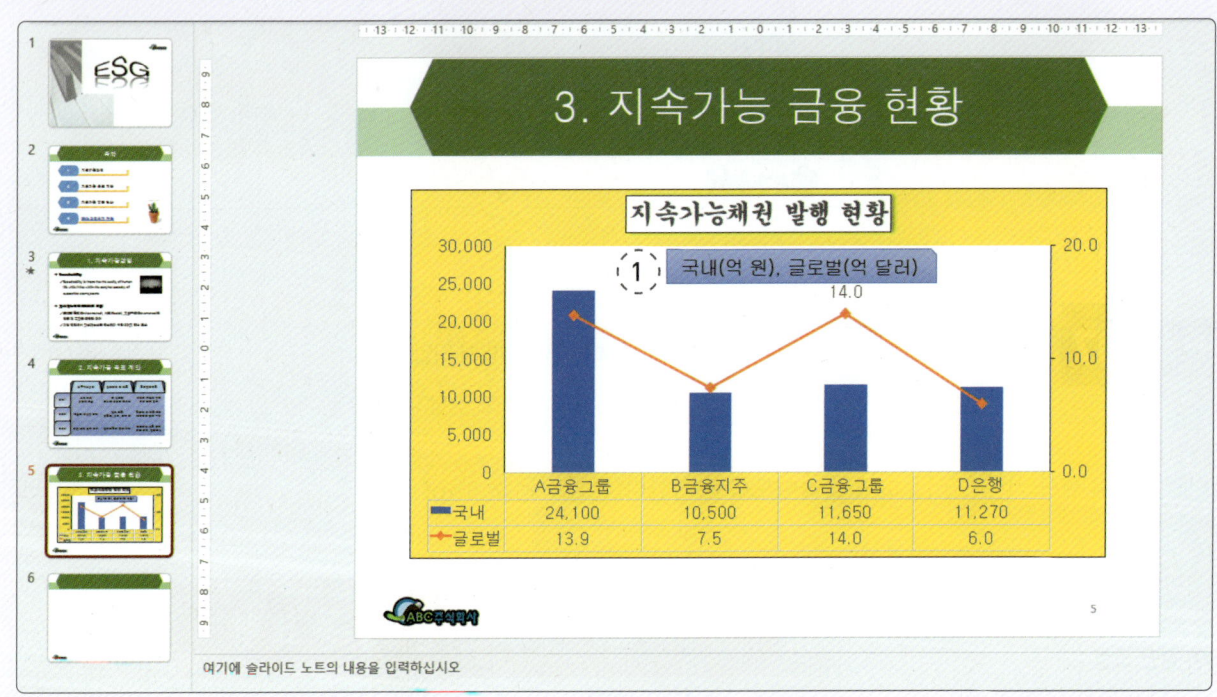

세부 조건

※ **차트설명**
• 차트제목 : 궁서, 24pt, 굵게, 채우기(흰색), 테두리, 그림자(오프셋 오른쪽)
• 차트영역 : 채우기(노랑) / 그림영역 : 채우기(흰색)
• 데이터 서식 : 글로벌 계열을 표식(◆)이 있는 꺾은선형으로 변경 후 보조축으로 지정
• 값 표시 : C금융그룹의 글로벌 계열만

① **도형 삽입**
　- 스타일 : 미세 효과 – 파랑, 강조 1
　- 글꼴 : 굴림, 18pt

Information Technology Qualification

난이도	권장 시간 / 시험 시간
★★☆☆	10분 / 60분

시험 분석

➡ **출제 경향 : 출제 문제를 분석**
- ☑ 차트의 모양은 '묶은 세로 막대형 + 표식이 있는 꺾은선형' 조합으로 출제되고 있습니다.
- ☑ 도형에 스타일(예 : 미세 효과 – 파랑, 강조 1)을 적용시키고 차트에 삽입되는 도형도 다양한 도형으로 출제되고 있습니다. 특히 노란색 조절점(◉)을 이용하여 도형의 모양을 변형하는 문제가 자주 출제됩니다.
- ☑ 기본 축 서식 및 보조 축 서식에서 표시 형식 변경과 눈금의 간격을 지정하는 문제가 지속적으로 출제되고 있으니 《출력형태》를 잘 확인하여 작업합니다.

➡ **주의 사항 : 실수가 많은 내용**
- ☑ 차트의 행/열을 전환하기 위해서는 [Microsoft Powerpoint 차트] 대화상자가 나타나 있어야 합니다. [Microsoft Powerpoint 차트] 대화상자가 종료되면 '행/열 전환'이 비 활성화됩니다.
- ☑ 차트의 레이아웃을 지정한 후에 글꼴 속성을 지정합니다. 글꼴을 먼저 지정한 후 레이아웃을 지정하면 글꼴 속성이 레이아웃 속성으로 변경되기 때문에 다시 지정해야 합니다.
- ☑ 데이터 레이블, 세로 (값) 축, 보조 세로 (값) 축 등은 《출력형태》를 보고 수험자가 판단하여 지정해야 합니다.

Skill 01 차트 작성하기

■ 차트 삽입하기

(2) 차트 : 종류(묶은 세로 막대형), 글꼴(돋움, 16pt), 외곽선

❶ 유형06_문제.pptx 파일을 불러와 **[슬라이드 5]**를 클릭한 후 작업합니다.

※ 파일 불러오기 : [파일]–[열기]–[찾아보기]를 클릭한 후 [열기] 대화상자에서 파일을 선택합니다.

❷ 슬라이드 상단의 '제목을 추가하려면 클릭하십시오.'를 클릭한 후 '**3. 지속가능 금융 현황**'을 입력합니다. 이어서, 슬라이드 안 쪽의 '**차트 삽입()**'을 클릭합니다.

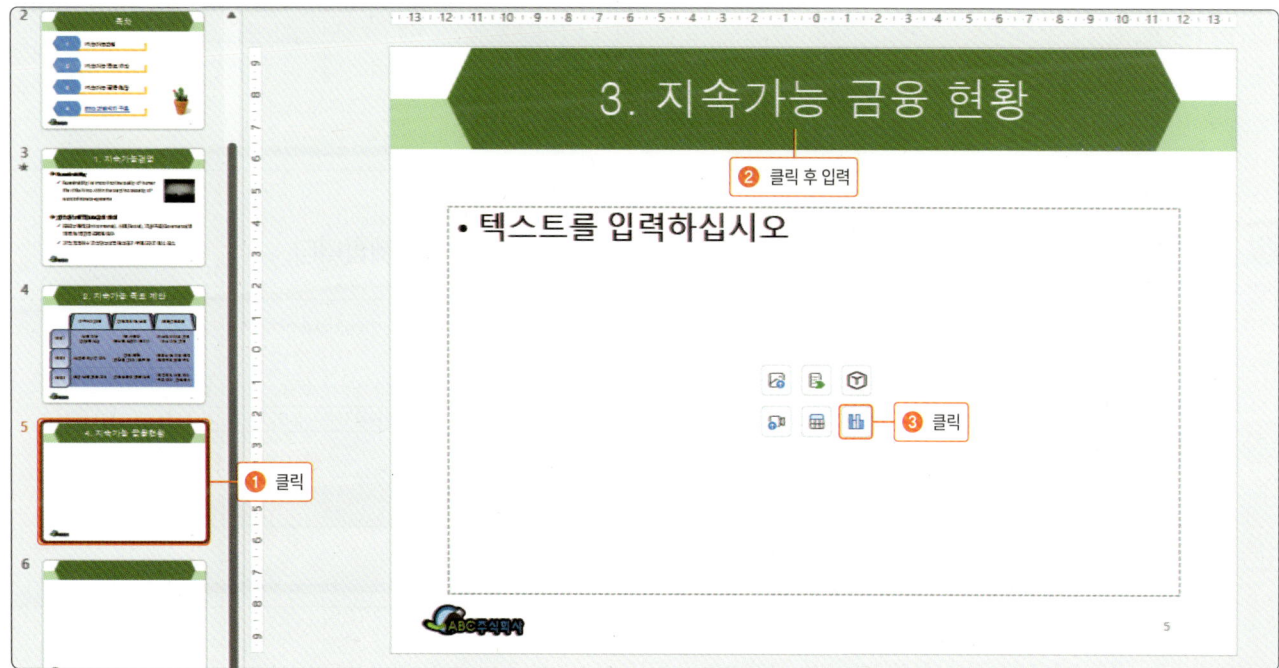

❸ [차트 삽입] 대화상자가 나오면 [혼합( )]-'**사용자 지정 조합( )**'을 선택합니다. 이어서, **계열1(묶은 세로 막대형)**과 **계열2(표식이 있는 꺾은선형)**의 옵션을 그림과 같이 지정한 후 〈확인〉 단추를 클릭합니다.

※ [혼합( )]-'사용자 지정 조합( )'을 이용하여 차트를 작성하면 계열별로 차트의 모양과 보조축을 미리 지정할 수 있습니다.

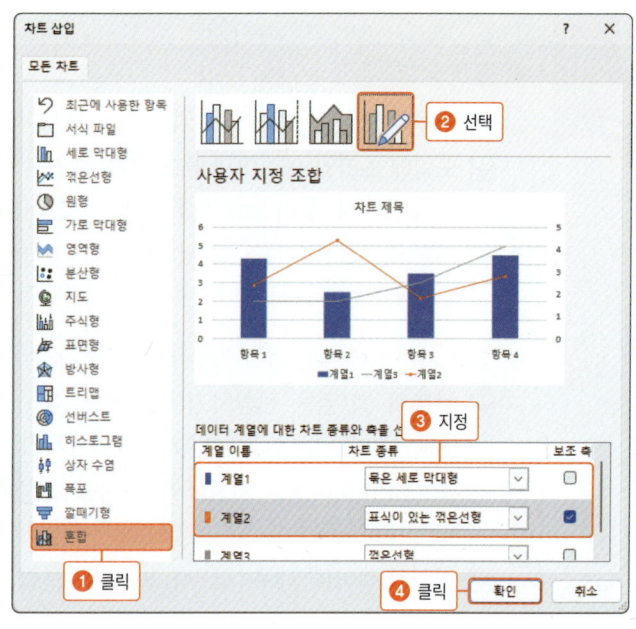

TIP 계열 차트 종류 지정
문제지의 《출력형태》를 참고하여 계열에 맞는 차트 종류를 지정합니다.

■ **차트 데이터 입력 및 범위 지정, 행/열 전환**

❹ 차트 삽입과 동시에 엑셀 데이터 입력 창이 활성화되면 그림과 같이 차트에 필요한 데이터를 입력한 후 파란색 선 바깥쪽의 빈 셀을 클릭합니다.

※ 키보드의 방향키(↑, ↓, ←, →)를 눌러 다른 셀로 이동이 가능합니다.
※ 데이터 입력 시 소수점(.) 또는 천 단위 구분 기호(,)를 잘 구분하여 입력합니다.

❺ 오른쪽 하단의 파란색 점( ) 위에 마우스 포인터를 위치시킨 후, 모양으로 변경되면 그림과 같이 위쪽으로 드래그합니다.

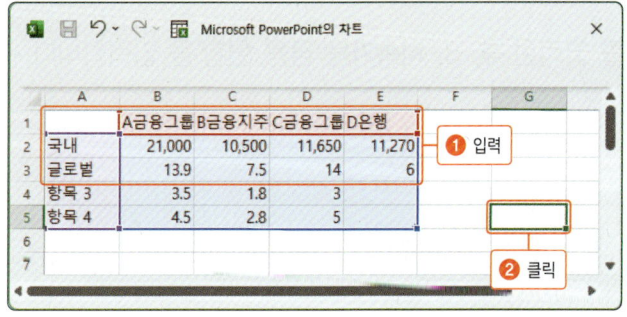
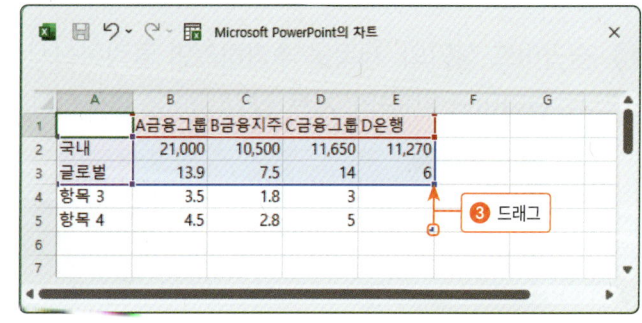

❻ 차트 범위가 지정되면 불필요한 데이터를 드래그한 후 Delete 키를 눌러 삭제합니다.

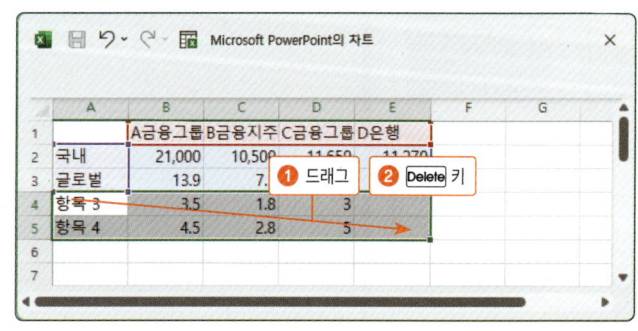

⑦ 차트의 모양을 변경하기 위해 [차트 디자인] 탭의 [데이터] 그룹에서 '**행/열 전환( )**'을 클릭합니다.

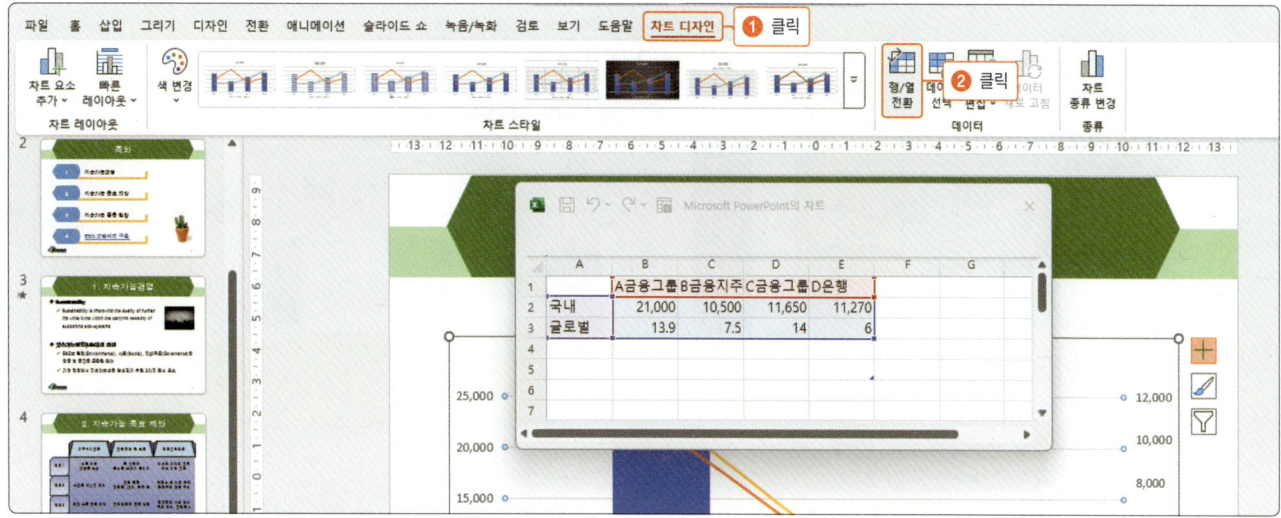

■ 차트 축 서식의 형식 지정하기

⑧ 차트의 《출력형태》를 참고하여 축의 최소값 모양(0)을 확인합니다.

※ ITQ 파워포인트 시험에서는 차트 축의 최소값이 '-' 또는 숫자로 출제됩니다.

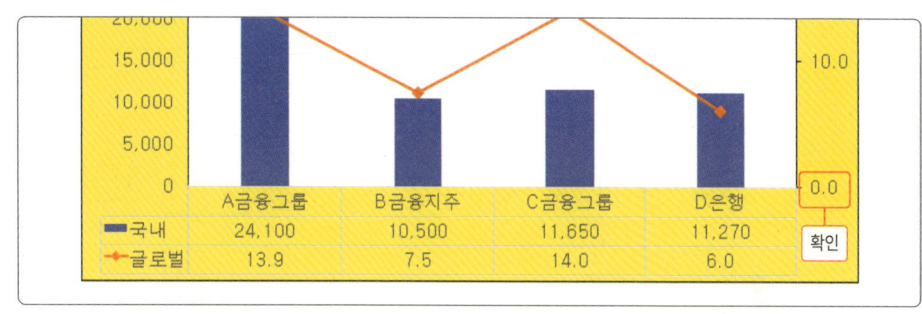

◀ 차트의 《출력형태》

⑨ 보조 세로축의 형식을 《출력형태》와 똑같이 맞추기 위해 엑셀 데이터 입력 창에서 보조 세로 축의 **데이터(글로벌)** 를 드래그하여 블록으로 지정합니다.

⑩ 블록으로 지정된 셀 위에서 [마우스 오른쪽 단추]를 눌러 바로가기 메뉴가 나오면 '**셀 서식**'을 클릭합니다.

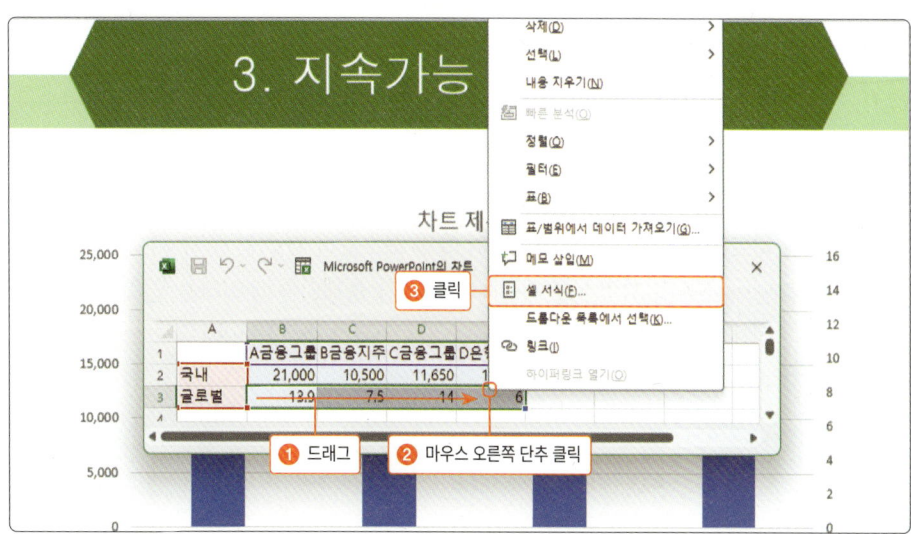

> **ITQ 파워포인트 2021 차트의 구성 요소**
> 1. 차트 제목
> 2. 차트 영역
> 3. 그림 영역
> 4. 세로 축
> 5. 보조 세로 축
> 6. 데이터 레이블
> 7. 데이터 계열
> 8. 데이터 표

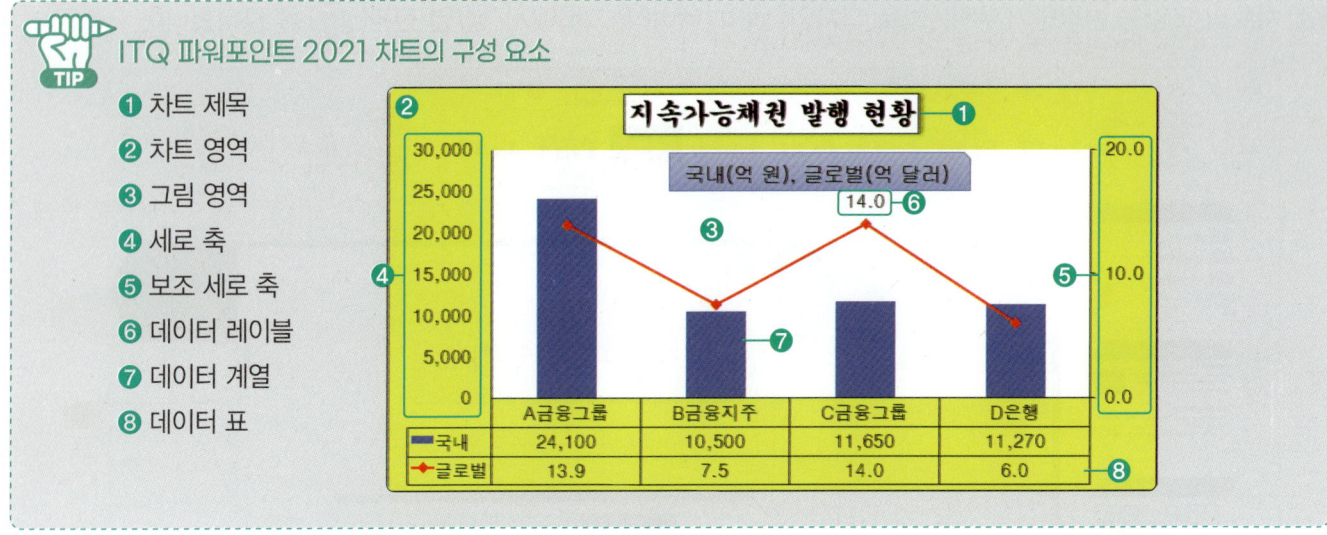

11. [셀 서식] 대화상자가 나오면 [표시 형식] 탭에서 [범주]–'**숫자**'를 선택한 후 소수 자릿수(1)을 지정합니다. 이어서, 〈확인〉 단추를 클릭합니다.

    ※ 차트 축의 최소값이 '-'일 경우 ➪ [범주]–'회계'를 클릭한 후 '소수 자릿수(1), 기호(없음)'를 선택합니다.

12. 변경된 보조 축의 값을 확인한 후 엑셀 데이터 입력 창의 닫기(×)를 클릭합니다.

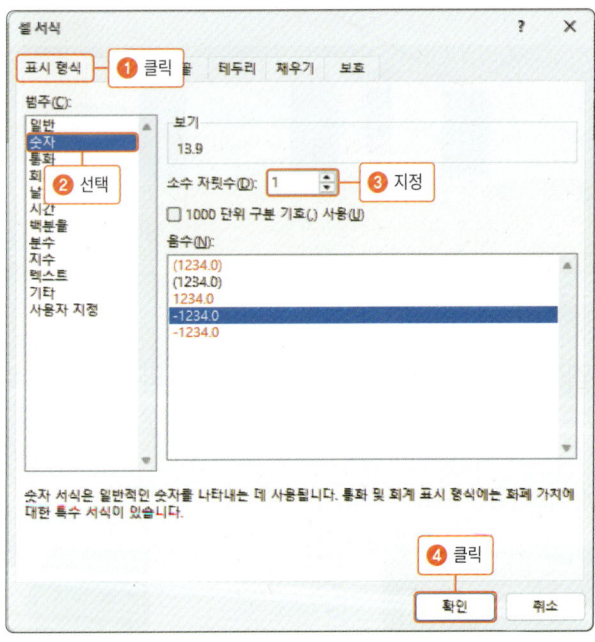 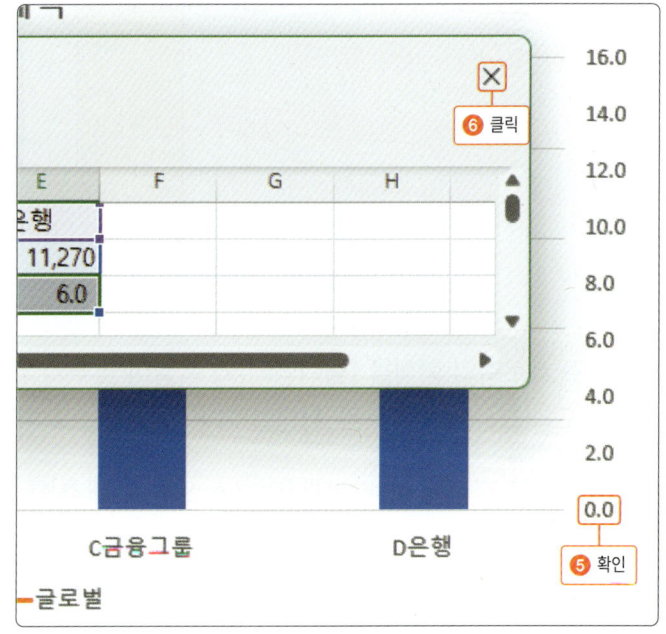

> **엑셀 데이터 입력 창에서 표시 형식 지정하기**
> 1. 차트의 《출력형태》를 참고하여 축의 최소값이 '0'이면 숫자 서식, '-'이면 회계 서식이 적용된 것입니다.
> 2. 만약 소수점 자릿수를 지정하는 문제가 출제되면 데이터를 입력한 후 [셀 서식] 대화상자에서 범주를 숫자 또는 회계 등으로 지정하여 소수 자릿수를 적용할 수 있습니다.

Skill 02 차트 레이아웃 설정 및 기본 서식 변경

■ 차트 레이아웃 변경하기

① 차트가 선택된 상태에서 [차트 디자인] 탭의 [차트 레이아웃] 그룹에서 [빠른 레이아웃(📊)]-'**레이아웃 5(📊)**' 를 선택합니다.

※ 《출력형태》와 가장 비슷한 '레이아웃 5'를 선택하여 작업하면 편리합니다.

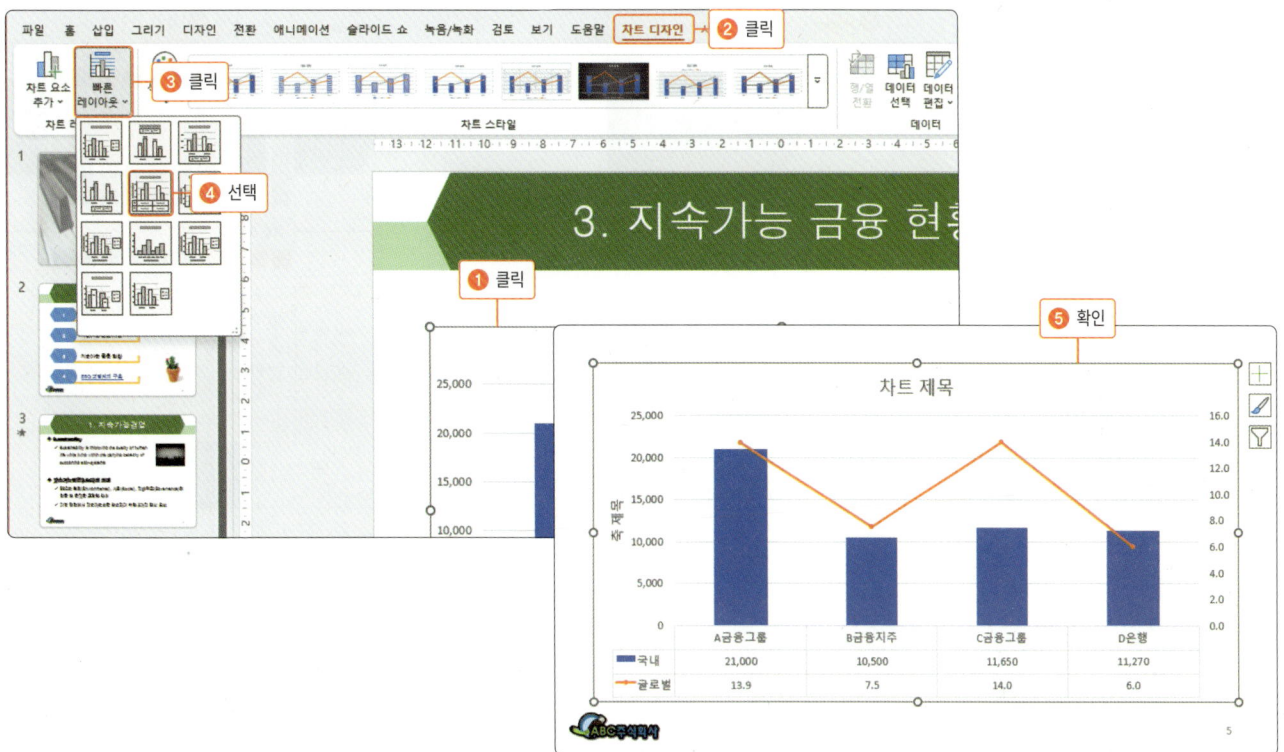

> **TIP** 세부조건에 '데이터 테이블 표시' 지시사항은 없으나 《출력형태》에는 데이터 테이블이 출제되기 때문에 전체 구성이 가장 비슷한 '레이아웃 5'를 선택하여 작업하는 것이 좋습니다.

② 레이아웃이 변경되면 차트 왼쪽의 '**축 제목**'을 클릭한 후 Delete 키를 눌러 삭제합니다.

※ 반드시 《출력형태》를 참고하여 작업합니다.

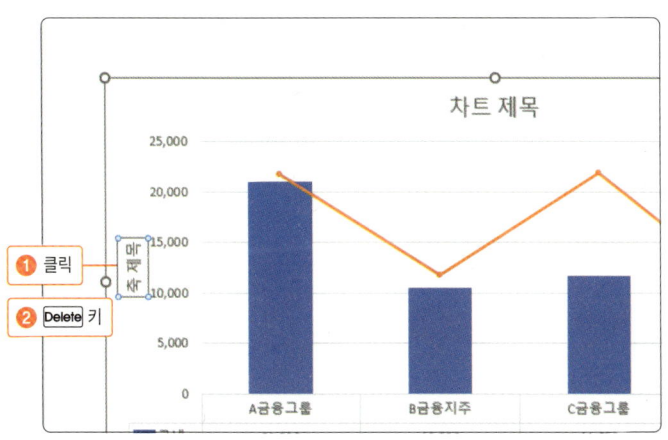

■ 차트 전체 글꼴 변경 및 외곽선 지정하기

③ 차트의 테두리를 클릭한 후 [홈] 탭의 [글꼴] 그룹에서 '**글꼴(돋움), 글꼴 크기(16pt)**'를 지정합니다.
  ※ 차트의 전체 글꼴을 미리 한 번에 변경한 후 제목 글꼴은 나중에 변경합니다.

④ 글꼴 서식이 변경되면 [서식] 탭의 [도형 스타일] 그룹에서 [도형 윤곽선]-'**검정, 텍스트 1**'을 선택합니다.

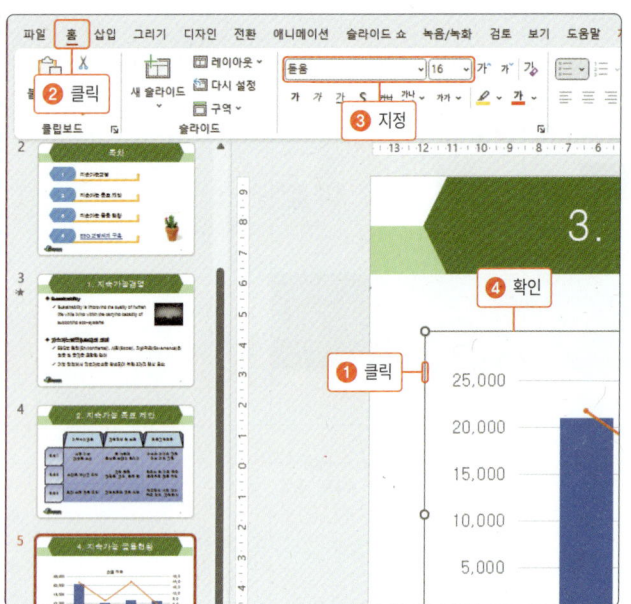
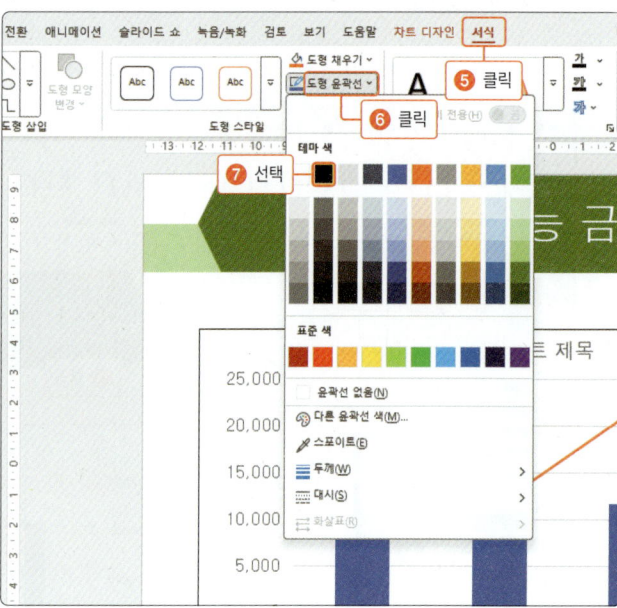

Skill 03 차트 세부 조건 작성하기

■ 차트 제목 작성하기

차트 제목 : 궁서, 24pt, 굵게, 채우기(흰색), 테두리, 그림자(오프셋 오른쪽)

① '차트 제목'을 클릭한 후 [홈] 탭의 [글꼴] 그룹에서 '**글꼴(궁서), 글꼴 크기(24pt), 굵게(가)**'를 지정합니다.
  ※ ITQ 파워포인트에서는 문제지 조건에 따라 차트 제목에 굵게(가)를 지정해야 합니다.

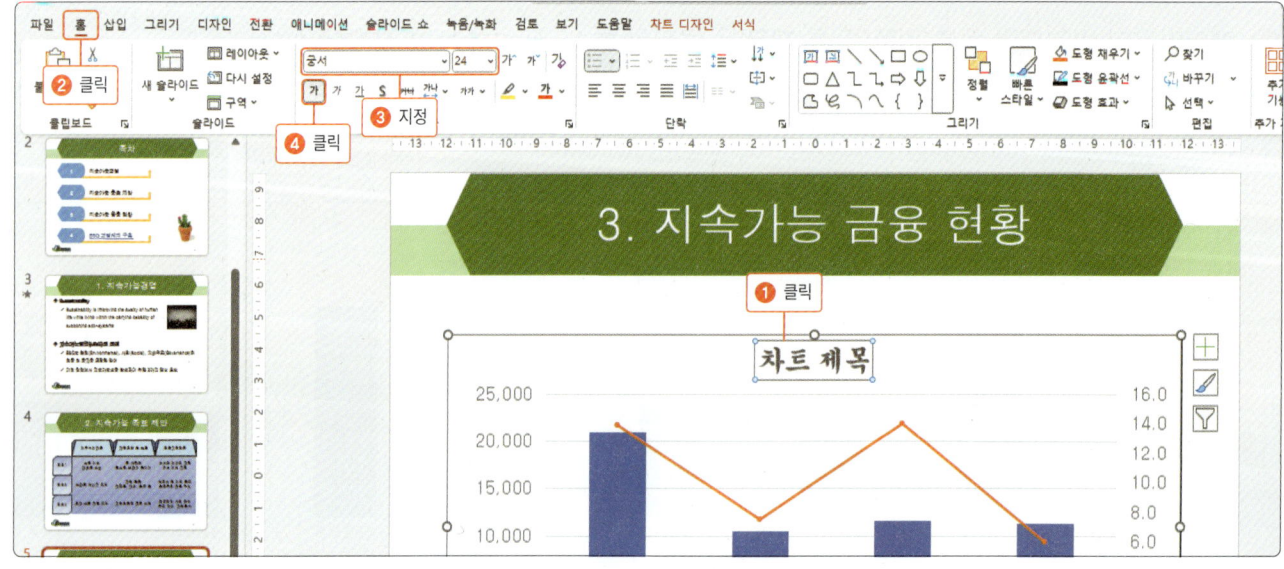

❷ [서식] 탭의 [도형 스타일] 그룹에서 [도형 채우기]-'**흰색, 배경 1**'을 선택합니다. 이어서, [도형 윤곽선]-'**검정, 텍스트 1**'을 선택합니다.

※ 실제 문제지의 세부 조건에는 '테두리'만 표시되기 때문에 임의의 색인 검정색을 선택합니다.

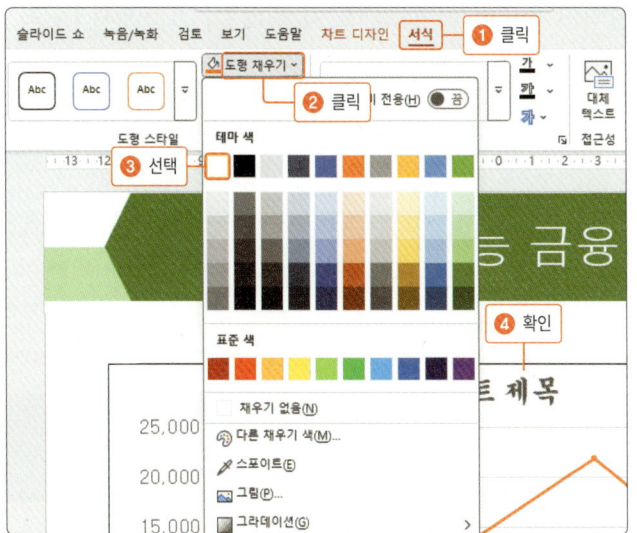 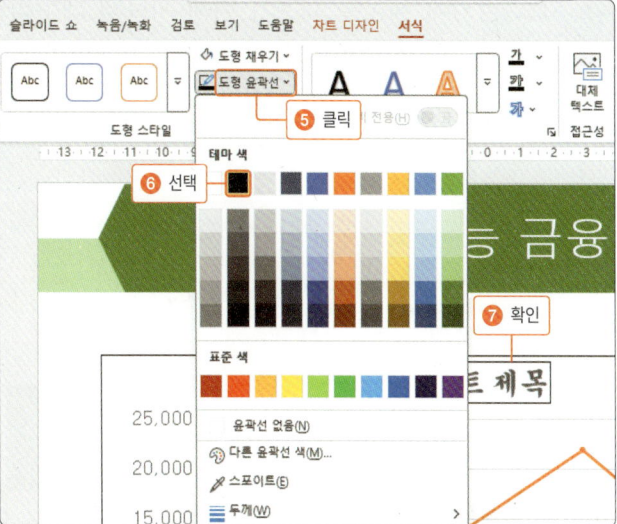

❸ [서식] 탭의 [도형 스타일] 그룹에서 [도형 효과]-[그림자]-[바깥쪽]-'**오프셋: 오른쪽**'을 선택합니다.

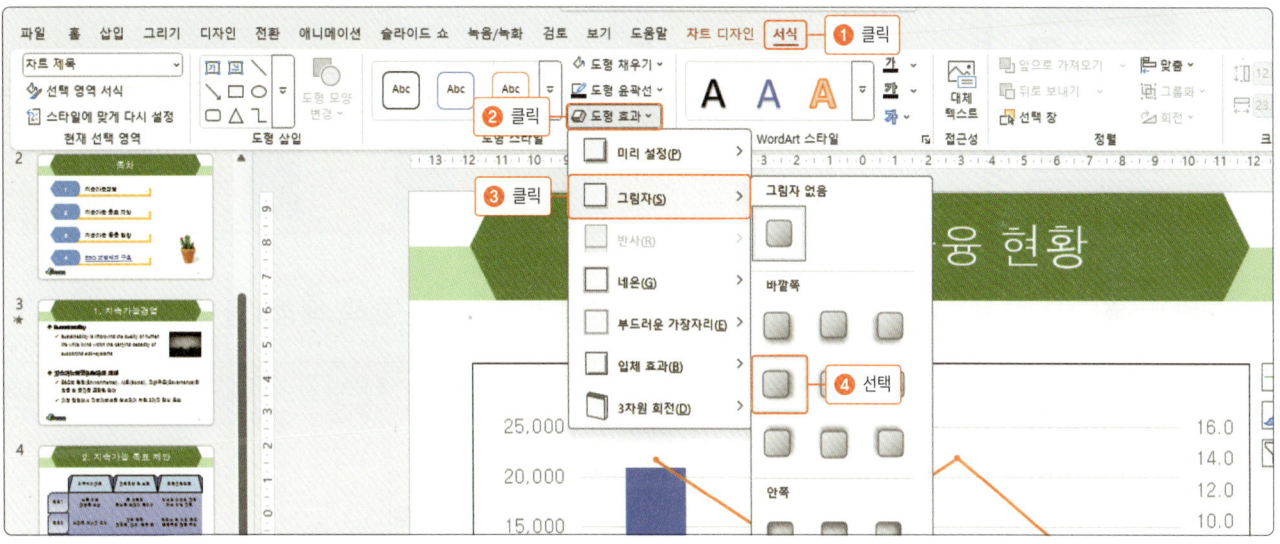

❹ '차트 제목' 텍스트 상자 위에서 마우스 포인터가 Ⅰ 모양으로 변경되면 내용을 드래그하여 블록으로 지정합니다. 이어서, '**지속가능채권 발행 현황**'을 입력한 후 Esc 키를 두 번 눌러 모든 선택을 해제 합니다.

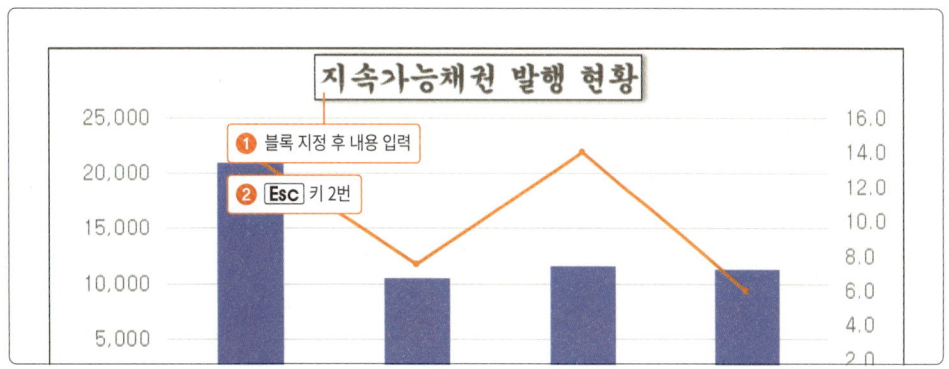

■ 차트 영역 및 그림 영역 색상 채우기

차트 영역 : 채우기(노랑) / 그림 영역 : 채우기(흰색)

❺ 차트 영역에 색상을 채우기 위해 차트의 테두리를 클릭한 후 [서식] 탭의 [도형 스타일] 그룹에서 [도형 채우기]-'**노랑**'을 선택합니다.

※ 만약 작업 후 제목 텍스트 상자(지속가능채권 발행 현황)가 '노랑'으로 채워졌을 때는 다시 '차트 제목(지속가능채권 발행 현황)'을 선택한 후 [도형 채우기]-'흰색, 배경 1'을 클릭합니다.

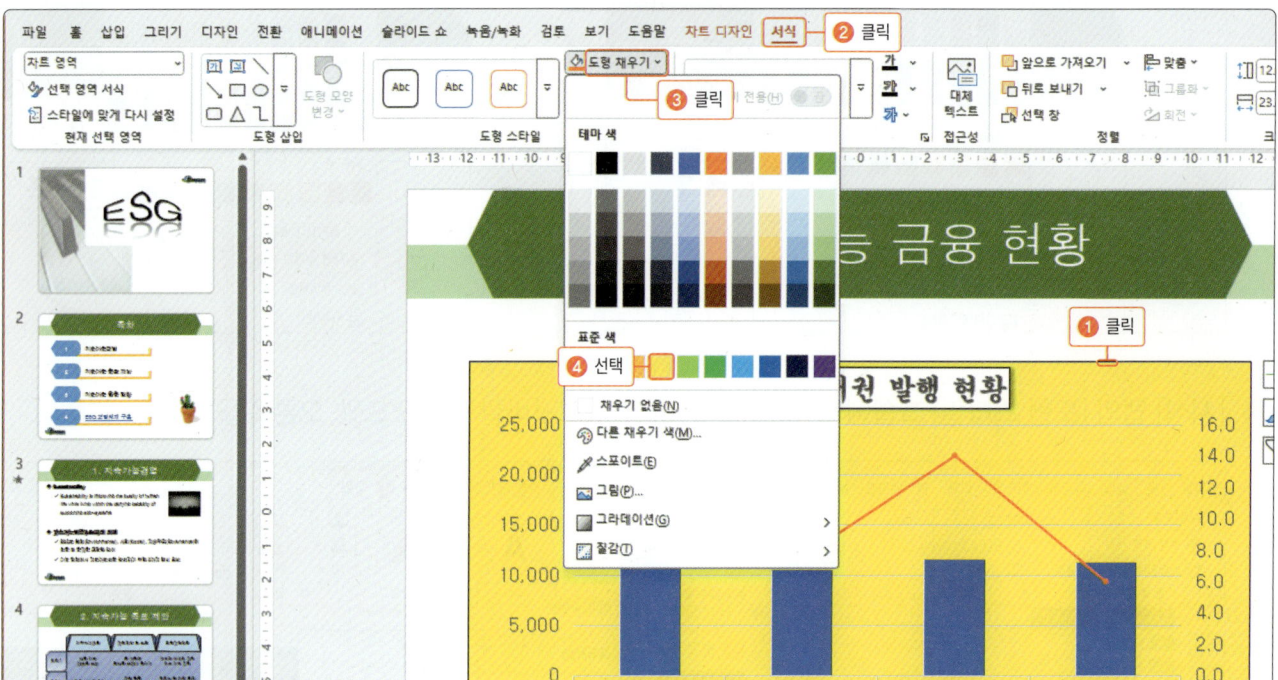

❻ 그림 영역에 색상을 채우기 위해 그림 영역을 클릭한 후 [도형 채우기]-'**흰색, 배경 1**'을 선택합니다.

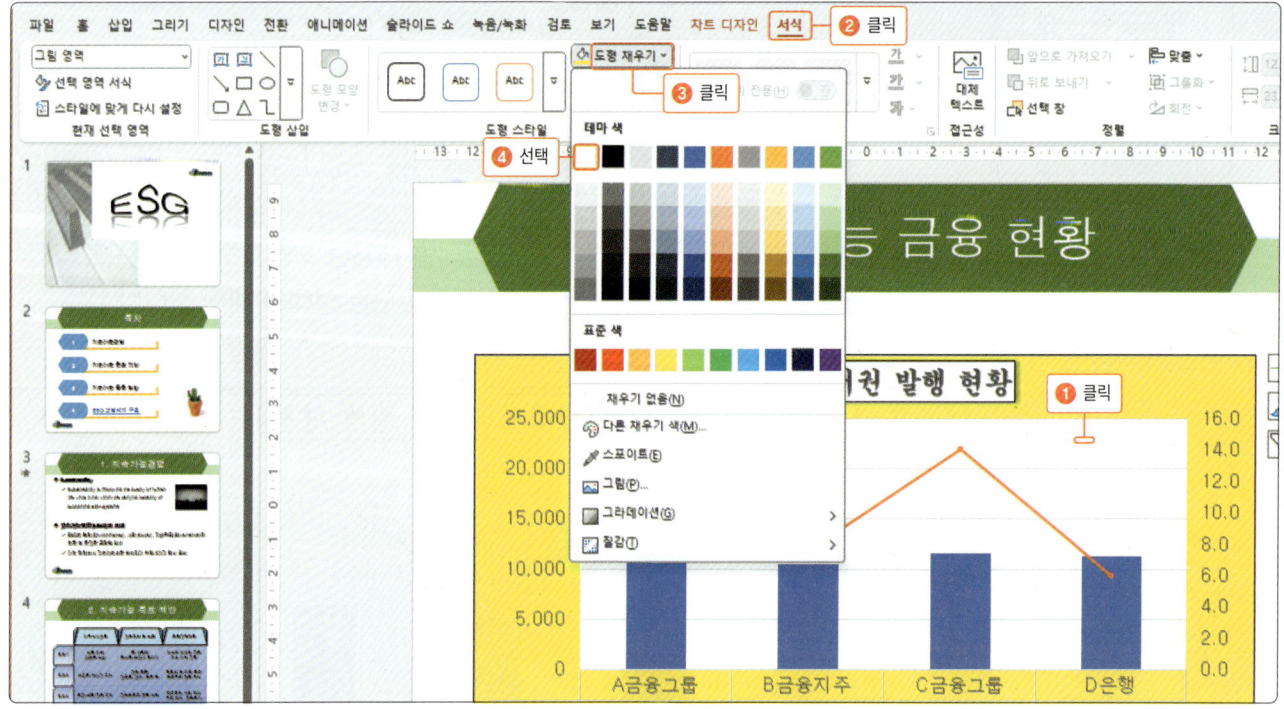

■ 값 표시하기

값 표시 : C금융그룹의 글로벌 계열만

❼ 글로벌 계열을 클릭한 후 'C금융그룹' 요소만 선택합니다.

❽ [차트 디자인] 탭의 [차트 레이아웃] 그룹에서 차트 요소 추가( )를 클릭한 후 [데이터 레이블]–'**위쪽**'을 선택합니다.

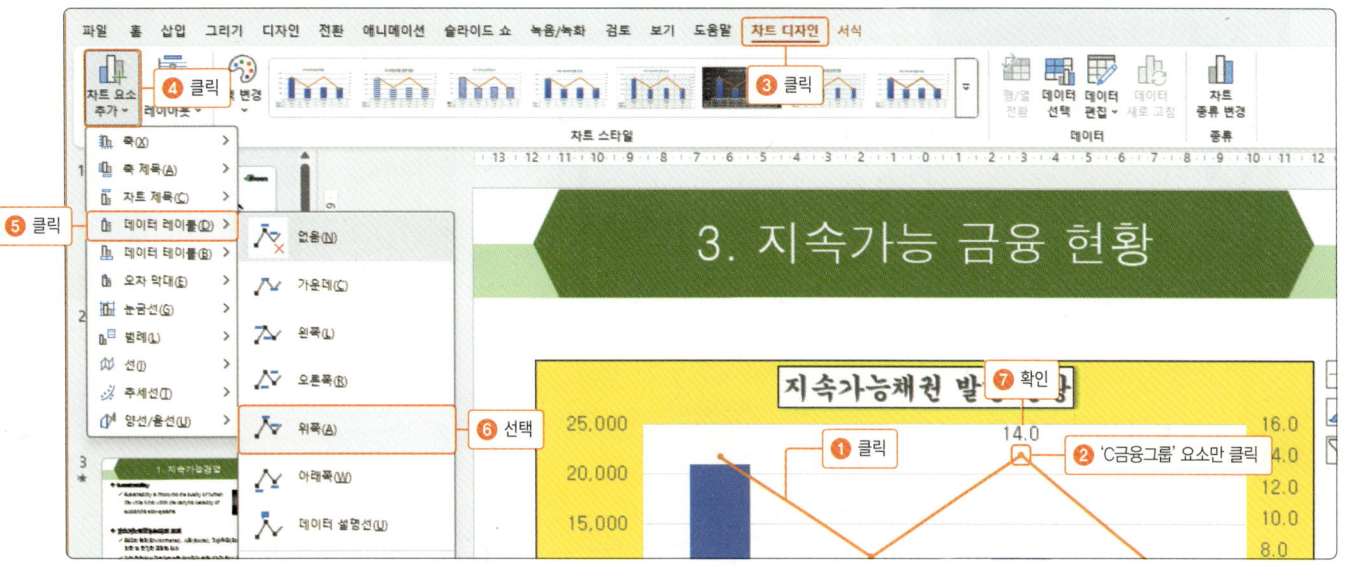

> **TIP 데이터 레이블**
>
> ❶ 시험 유형에 따라 차트에 데이터 레이블 값이 표시되는 위치(가운데, 위쪽, 아래쪽 등)가 다양하게 출제되기 때문에 《출력형태》를 참고하여 작업합니다.
>
> ❷ 데이터 레이블이 특정 요소가 아닌 전체(예 : 글로벌) 계열에 값을 표시하는 문제도 출제되고 있습니다. 이 경우에는 해당 계열을 한 번만 클릭한 후 계열 표식이 전체로 선택되었을 때 데이터 레이블을 추가합니다.

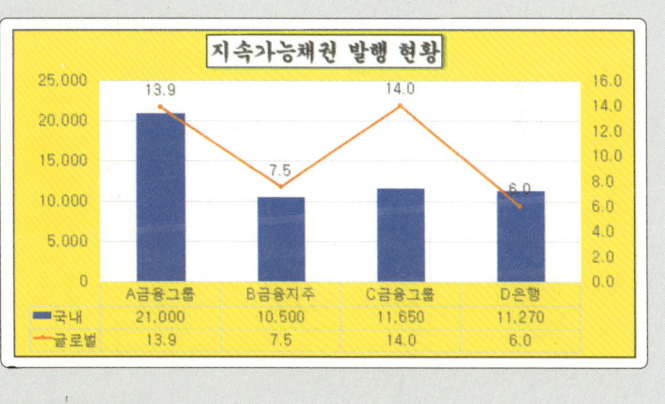

❾ 데이터 계열 표식 옵션을 《출력형태》와 동일하게 만들기 위해 **글로벌** 계열을 클릭한 후 [마우스 오른쪽 단추]를 눌러 바로가기 메뉴가 나오면 [데이터 계열 서식]을 클릭합니다.

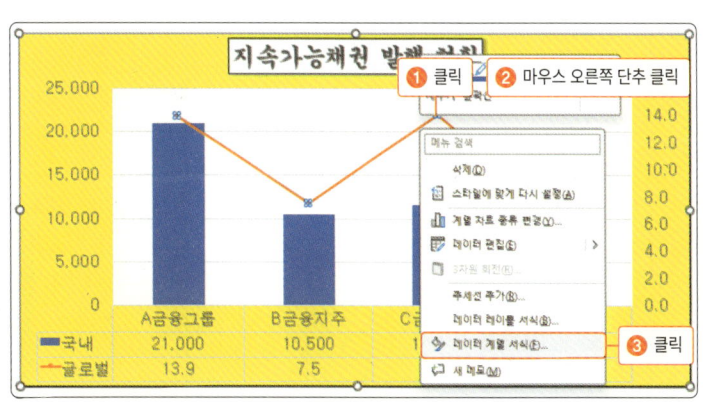

⑩ 오른쪽 작업 창이 활성화되면 채우기 및 선(◇)을 클릭한 후 [표식]-[표식 옵션]-'**기본 제공**', '**형식(◆)**, **크기(10)**'를 지정한 다음 작업 창을 종료(☒)합니다.

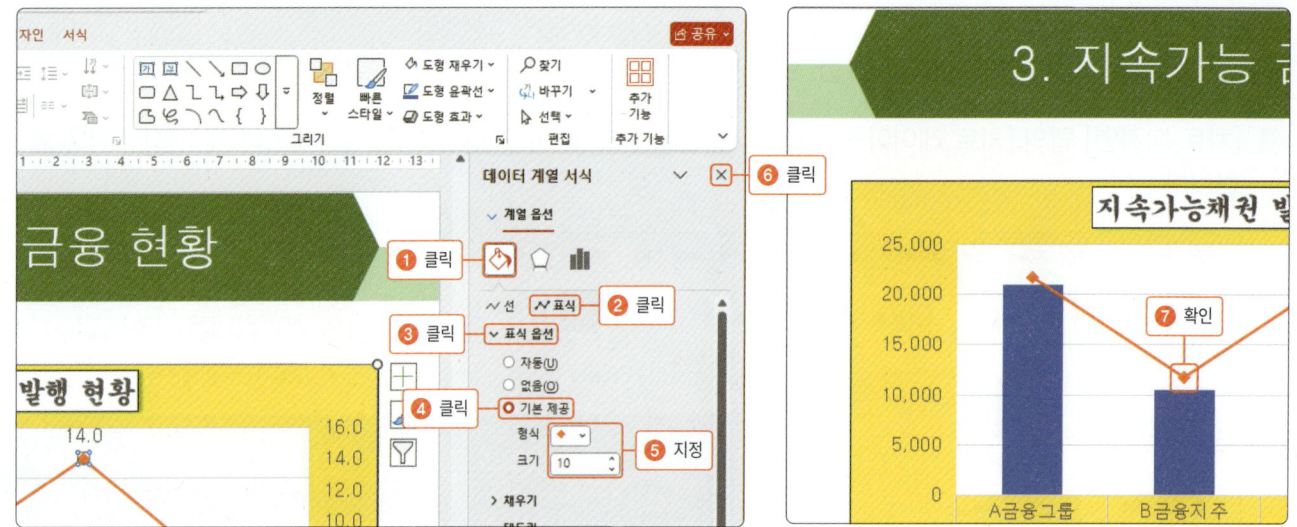

Skill 04 기타 차트 편집

■ 차트 눈금선 지우기

기타 차트 편집 작업은 문제지의 조건을 모두 충족한 후 《출력형태》와 동일하게 맞추기 위한 세부 작업

❶ 차트가 선택된 상태에서 [차트 디자인] 탭의 [차트 레이아웃] 그룹에서 차트 요소 추가(📊)를 클릭한 후 [눈금선]-'**기본 주 가로(▦)**'의 선택을 해제합니다.

※ 차트를 작성하면 눈금선은 '기본 주 가로(▦)'가 기본값으로 설정되어 있으며 《출력형태》와 동일하게 작업하기 위해서는 반드시 선택을 해제합니다.

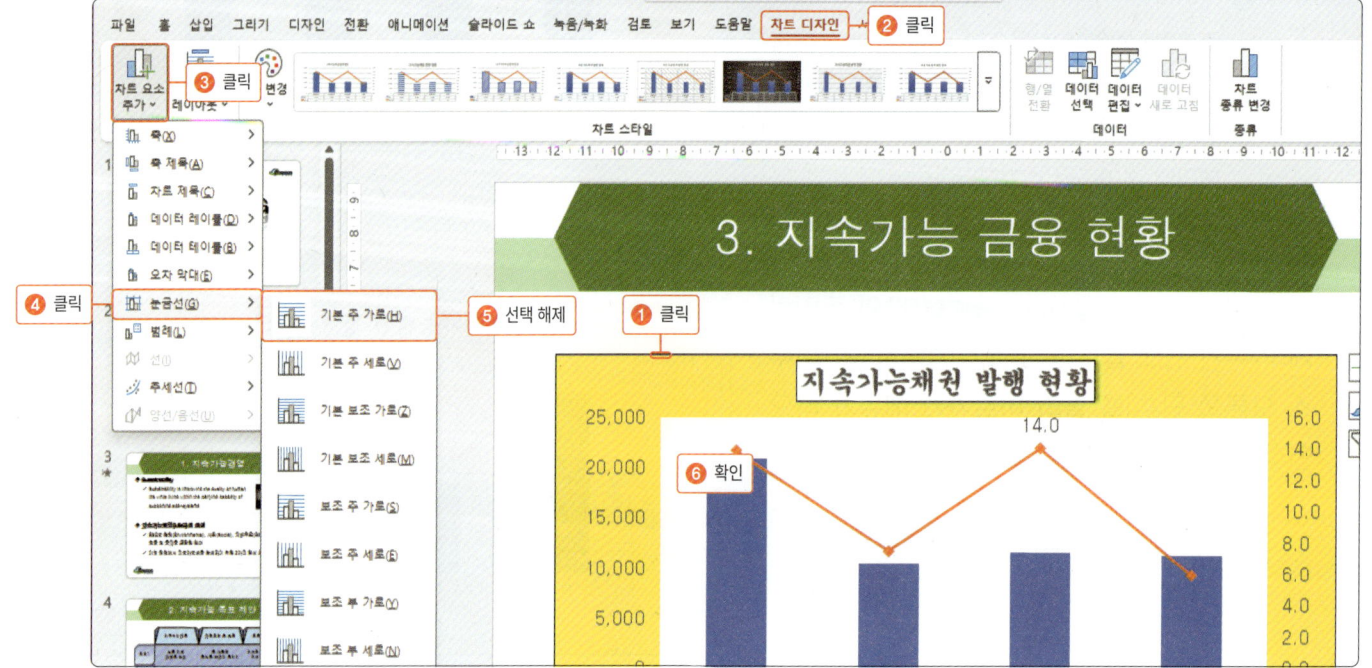

■ 세로 (값) 축 지정하기

② 세로 (값) 축 임의의 숫자 위에서 [마우스 오른쪽 단추]-[축 서식]을 클릭합니다.

③ 오른쪽 작업 창이 활성화되면 채우기 및 선(🖌)을 클릭한 후 [선]-'**실선**', [색]-'**검정, 텍스트 1**'을 선택합니다.

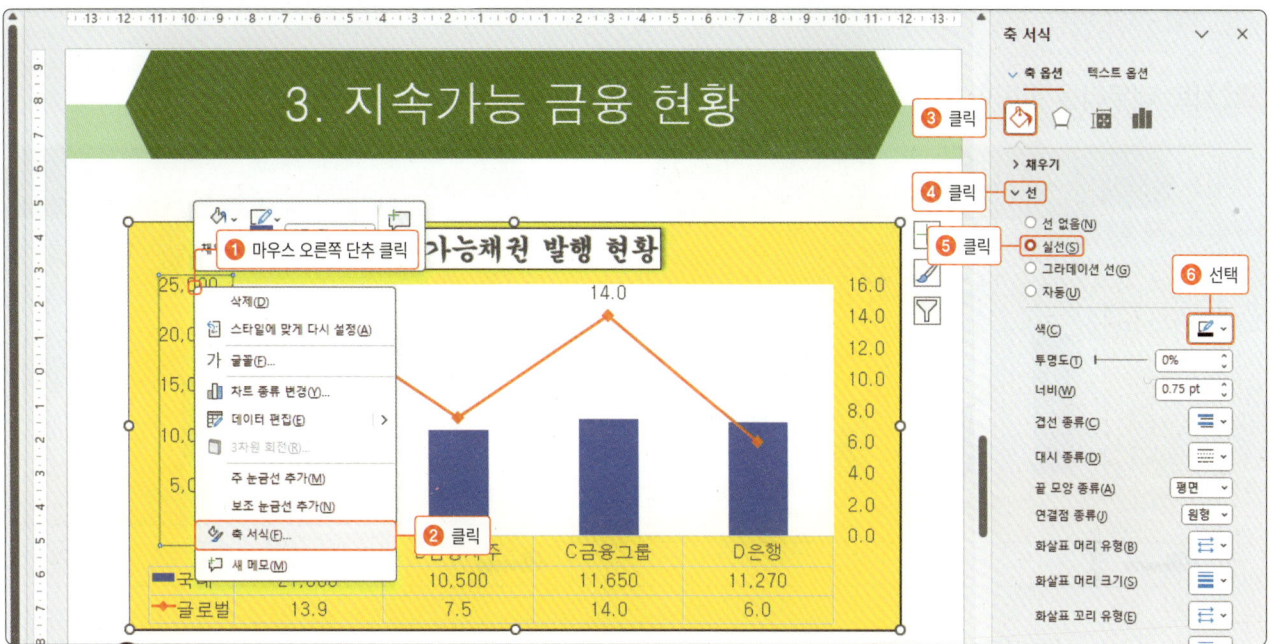

■ 보조 세로 (값) 축 지정하기

④ 보조 세로 (값) 축을 선택한 후 오른쪽 작업 창에서 [채우기 및 선(🖌)]을 클릭한 다음 [선]-'**실선**', [색]-'**검정, 텍스트 1**'을 선택합니다. 이어서 [축 옵션(📊)]을 클릭한 후 [축 옵션]-[단위]-'**기본(10)**'을 입력한 다음 [눈금]을 클릭하고 [주 눈금]-'**바깥쪽**'을 선택한 후 작업 창을 종료(✕)합니다.

※ 주 눈금 '바깥쪽'이 한 번에 지정되지 않을 경우에는 다른 항목(예 : 안쪽)을 한 번 선택한 후 '바깥쪽'을 다시 클릭합니다.

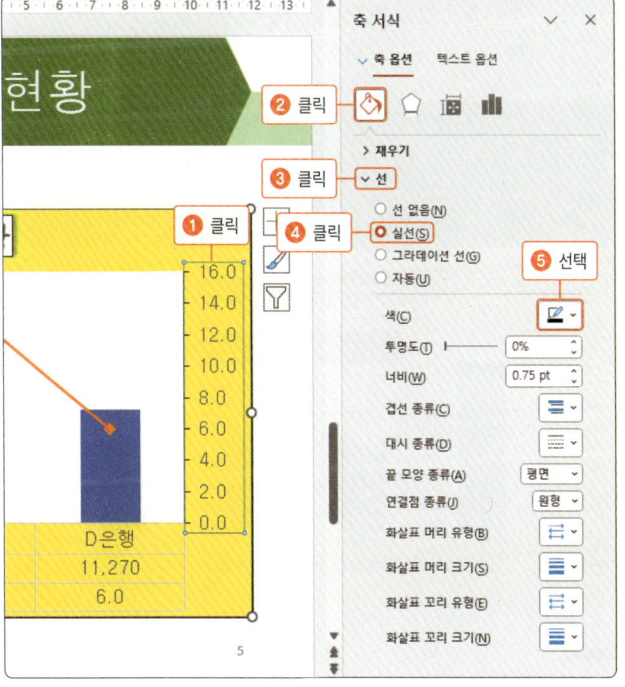 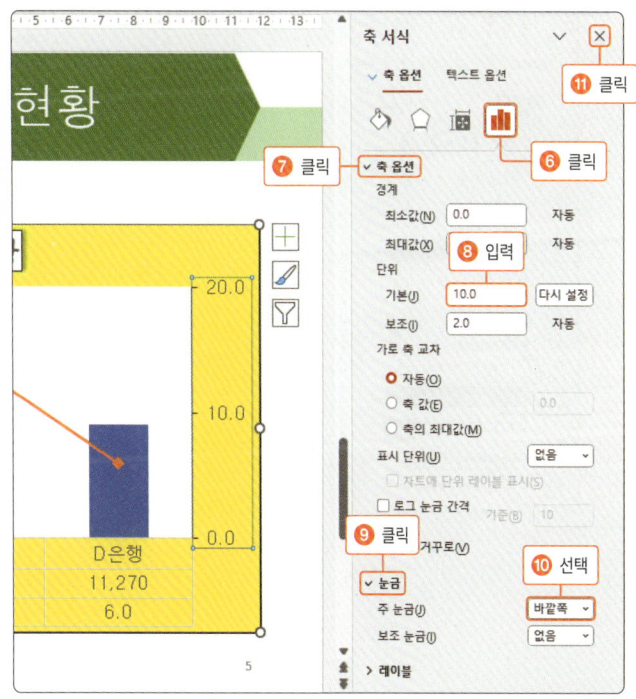

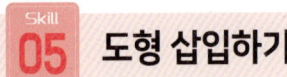

Skill 05 도형 삽입하기

① 도형 삽입
- 스타일 : 미세 효과 – 파랑, 강조 1
- 글꼴 : 굴림, 18pt

① 차트 테두리를 클릭한 후 《출력형태》를 참고하여 차트 위치를 변경합니다.

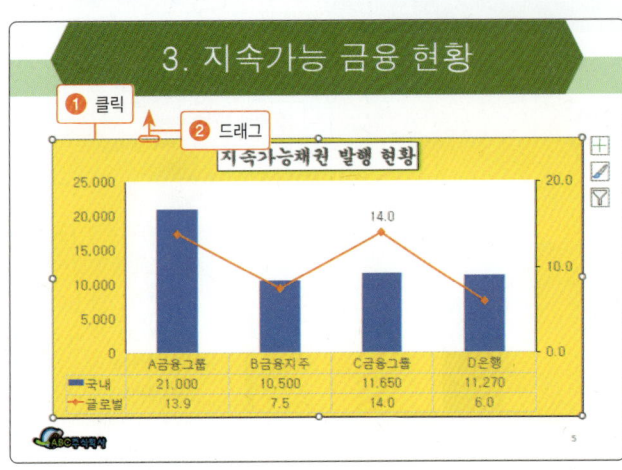
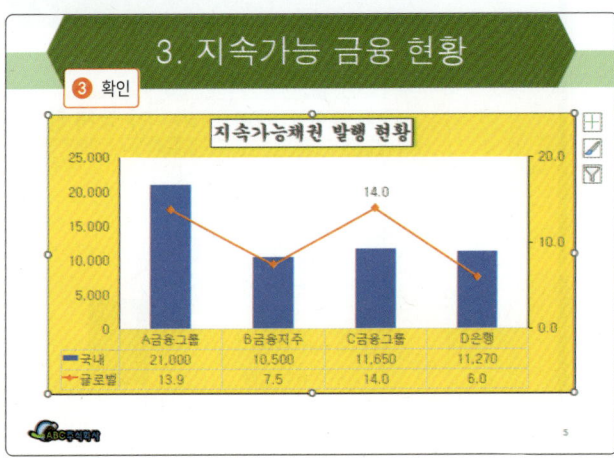

② [삽입] 탭의 [일러스트레이션] 그룹에서 [도형( )]-[사각형]-'**사각형: 잘린 한쪽 모서리( )**'를 선택합니다.
※ 차트를 선택한 후 도형을 삽입하면 글자 크기가 11pt이며, 정렬이 지정되어 있지 않습니다.

③ 마우스 포인터가 + 모양으로 변경되면 드래그하여 도형을 삽입합니다. 이어서, 조절점( )을 드래그하여 《출력형태》와 같이 크기를 조절한 후 위치를 변경합니다.

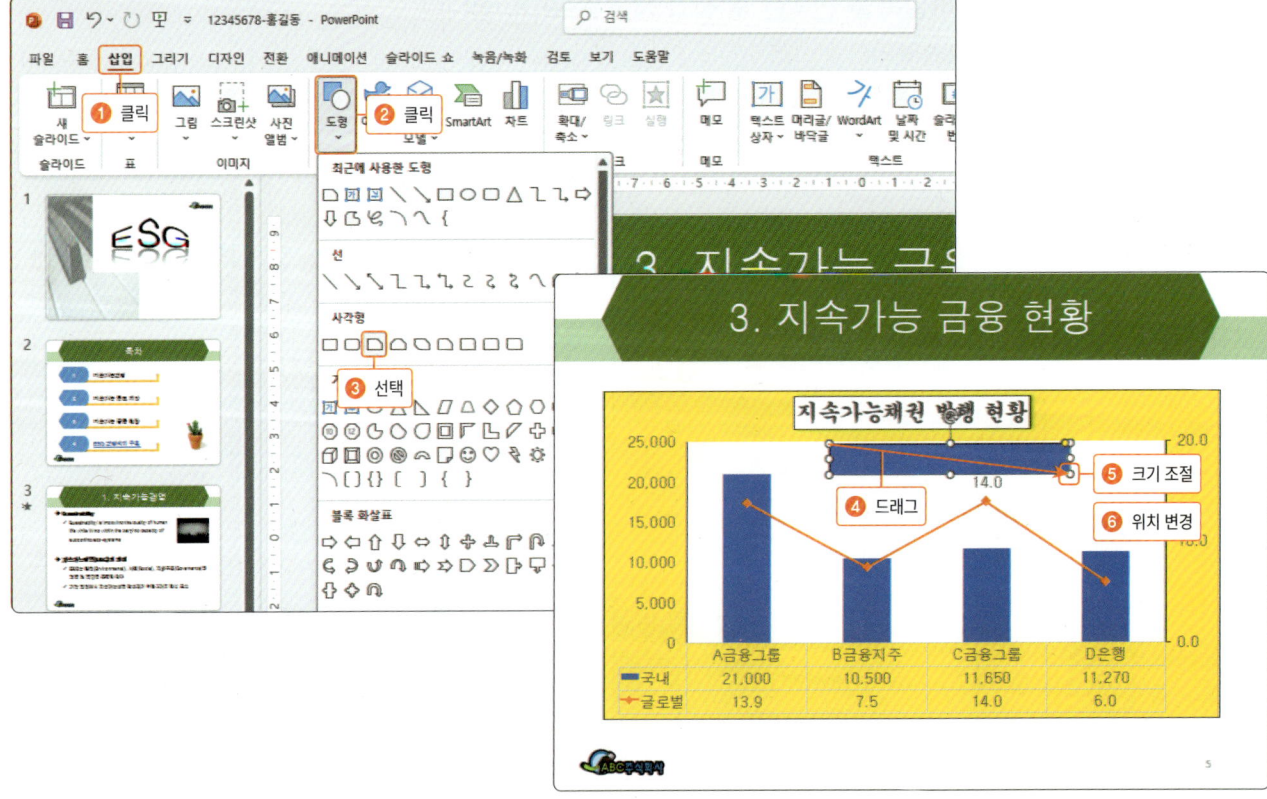

❹ [도형 서식] 탭의 [도형 스타일] 그룹에서 자세히 (▽) 단추를 클릭한 후 '**미세효과 – 파랑, 강조 1**'을 선택합니다.

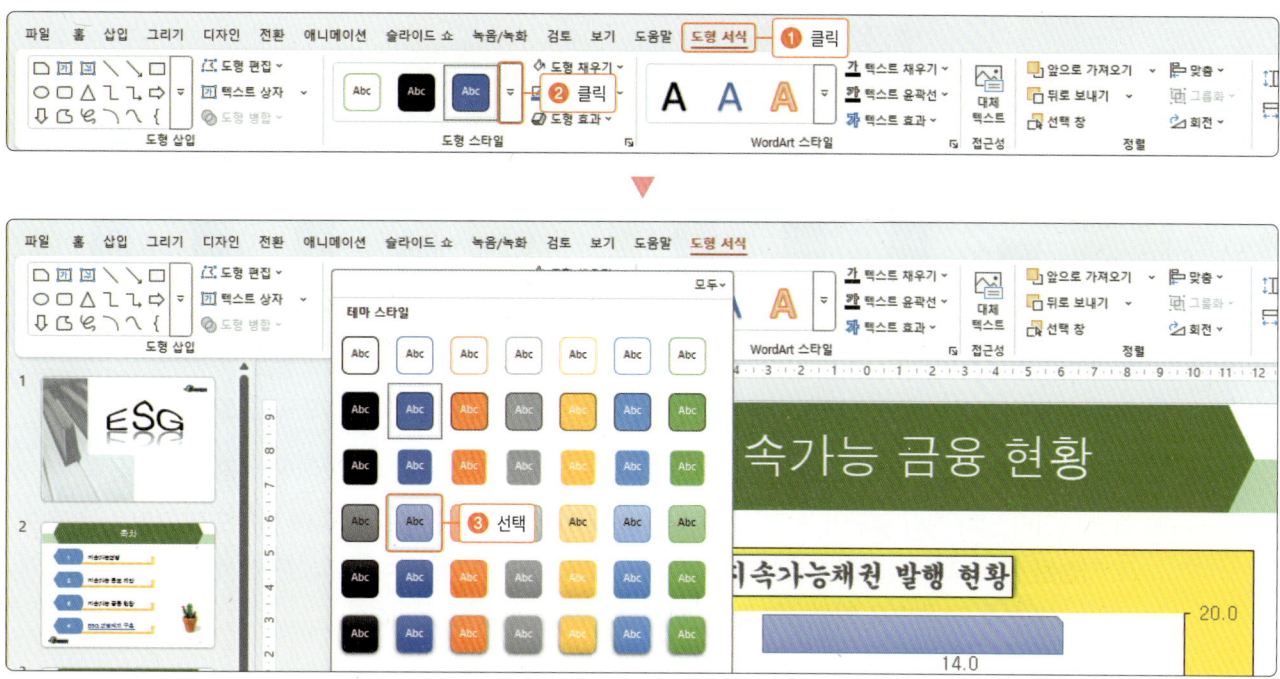

❺ '**국내(억 원), 글로벌(억 달러)**'을 입력한 후 Esc 키를 누른 다음 [홈] 탭의 [글꼴] 그룹에서 '**글꼴(굴림), 글꼴 크기(18pt)**'를 지정합니다.

※ 만약, 도형 스타일(예 : 미세 효과 – 파랑, 강조 1)을 변경한 후《출력형태》의 글꼴 색(검정 또는 흰색)과 일치하지 않을 경우《출력형태》에 맞추어 글꼴 색을 변경합니다.

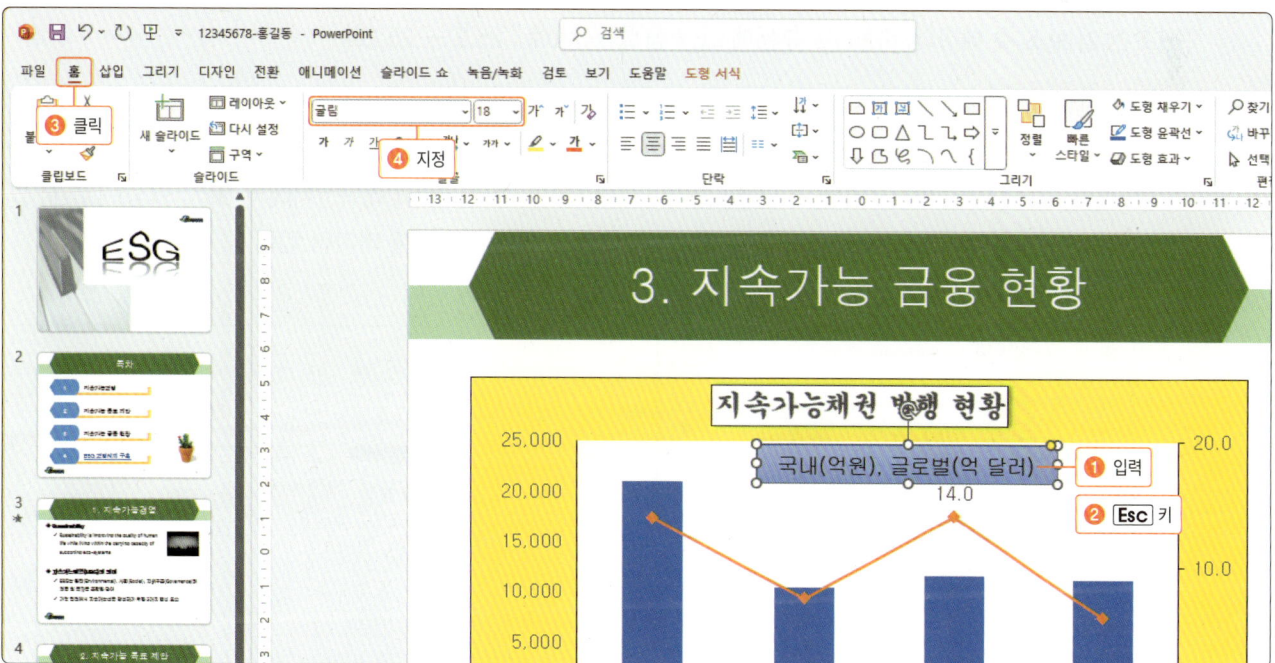

❻ [파일]-[저장](Ctrl+S) 또는 [빠른 실행 도구 모음]에서 '**저장(💾)**'을 클릭합니다.

※ 실제 시험을 볼 때 작업 도중에 수시로(10분에 한 번 정도) 저장을 하는 것이 좋습니다.

차트 편집시 참고할 사항

• 소스 파일 : 차트_문제.pptx   • 정답 파일 : 차트_정답.pptx

※ 소스 파일을 불러와 삽입되어 있는 차트를 조건에 맞게 편집해 봅니다.

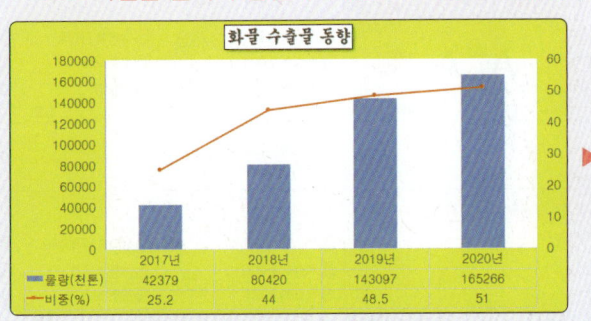 ▶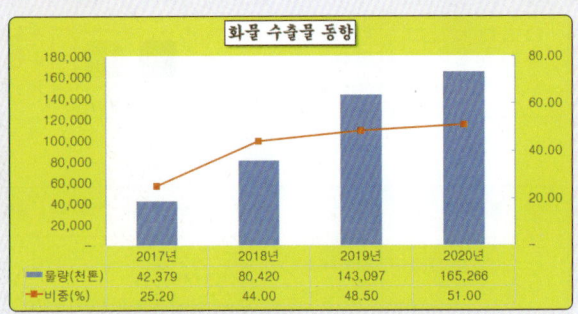

[조건 1] 기본축 데이터 '물량(천톤)' 부분에 '천 단위 구분 기호'를 표시(예 : 42379→ 42,379)

❶ [슬라이드 1]에 삽입된 차트를 클릭 → [차트 디자인] 탭의 [데이터] 그룹에서 [데이터 편집(🗒)] 클릭

❷ 엑셀 데이터 입력 창이 열리면 '물량(천톤)' 부분의 데이터([B2:E2])를 드래그하여 블록으로 지정 → 블록으로 지정된 셀 위에서 [마우스 오른쪽 단추] 클릭 → [셀 서식] → [셀 서식] 대화상자에서 [표시 형식]-[회계] 클릭 → 기호를 '없음'으로 지정 → 〈확인〉 → 엑셀 데이터 입력 창 닫기(❌)

※ 표시 형식을 '회계'로 선택하는 이유는 축의 최소값을 숫자가 아닌 '-'로 표시하기 위함입니다.

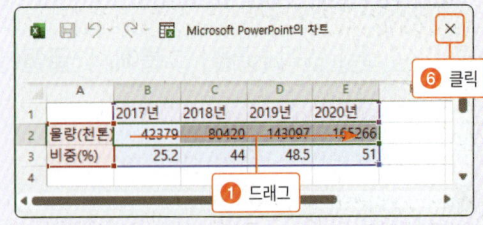 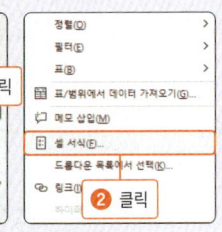 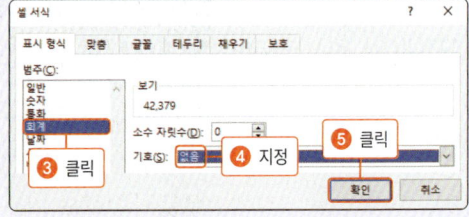

[조건 2] 보조 축 데이터 '비중(%)' 부분에 '소수점'을 표시(예 : 25.2 → 25.20)

❶ [슬라이드 1]에 삽입된 차트를 클릭 → [차트 디자인] 탭의 [데이터] 그룹에서 [데이터 편집(🗒)] 클릭

❷ 엑셀 데이터 입력 창이 열리면 '비중(%)' 부분의 데이터([B3:E3])를 드래그하여 블록으로 지정 → 블록으로 지정된 셀 위에서 [마우스 오른쪽 단추] 클릭 → [셀 서식] → [셀 서식] 대화상자에서 [표시 형식]-[회계] 클릭 → 소수 자릿수(2) 지정 → 기호를 '없음'으로 지정 → 〈확인〉→ 엑셀 데이터 입력 창 닫기(❌)

※ 표시 형식을 '회계'로 선택하는 이유는 축의 최소값을 숫자(0)가 아닌 '-'로 표시하기 위함입니다.

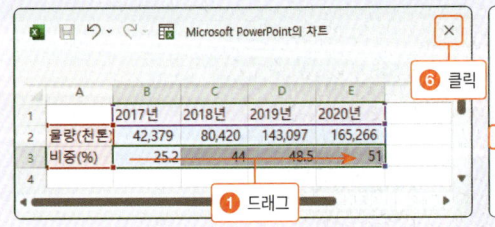 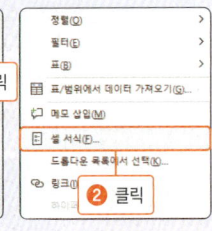 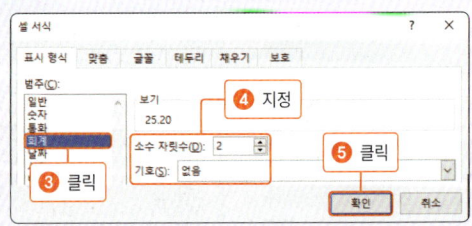

[조건 3] 보조 축 데이터 '비중(%)'의 '축 단위를 변경한 후 눈금선을 지정'

❶ 보조 축 임의의 숫자(60.00) 위에서 [마우스 오른쪽 단추] 클릭 → [축 서식] → 축 옵션에서 '경계-최대값(80)', '단위-기본(20)' 값을 입력
❷ [눈금]을 클릭 → 주 눈금을 '안쪽'으로 지정 → 작업 창을 종료(☒)

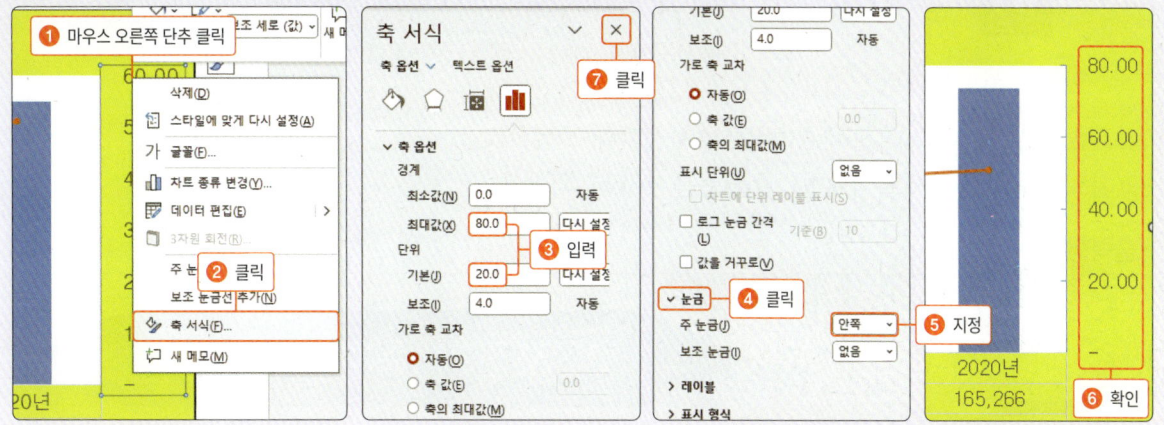

[조건 4] 꺾은선형 계열의 '표식 모양'을 변경

❶ 꺾은선형 계열의 표식 위에서 [마우스 오른쪽 단추] 클릭 → [데이터 계열 서식] → 채우기 및 선(🖌) 클릭 → 표식 클릭 → 표식 옵션 → 기본 제공 선택 → 형식(■) 및 크기(7)를 변경 → 작업 창을 종료(☒)

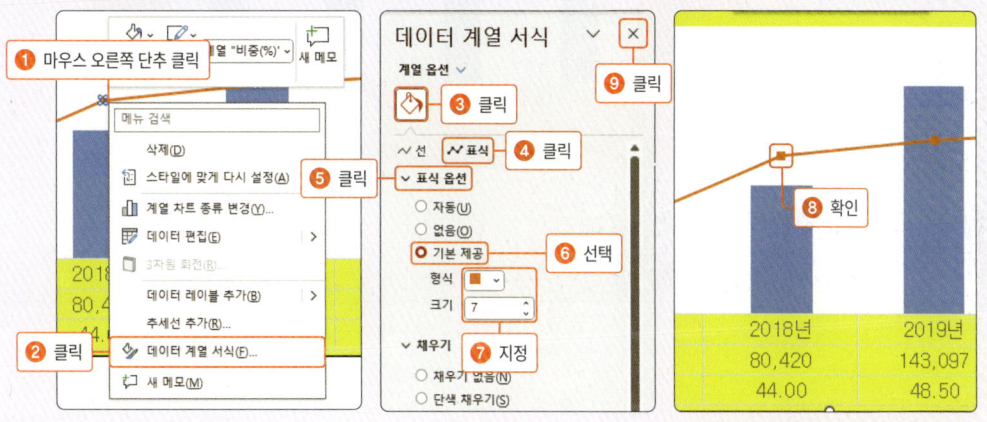

 참고해주세요!

❶ 축 주변의 선(데이터 테이블, 축 서식의 눈금선 등)은 작업 환경에 따라 파랑, 회색, 검정 등으로 나타납니다. 색상은 채점 대상이 아니며 선의 유무로만 채점하기 때문에 《출력형태》를 참고하여 선을 지정하도록 합니다. 단, 임의대로 흰색 선을 지정했을 경우에는 감점 대상이니 유의하시기 바랍니다.
❷ 표식이 있는 꺾은선형의 표식의 모양은 세부 조건에 없더라도 반드시 《출력형태》와 동일하게 맞춰야 합니다. 표식의 모양은 여러 가지 형태로 출제될 가능성이 있으니 참고하시기 바랍니다.

출제유형 완전정복

[슬라이드 5] 《차트 슬라이드》

완전정복-01 문제지의 지시사항 및 세부조건을 참고하여 《출력형태》에 알맞게 작업하시오.

· 소스 : 정복06_문제01.pptx   · 정답 : 정복06_정답01.pptx

작성 시간 / 권장 시간
분 / 10분

(1) 차트 작성 기능을 이용하여 슬라이드를 작성한다.
(2) 차트 : 종류(묶은 세로 막대형), 글꼴(돋움, 16pt), 외곽선

《출력형태》

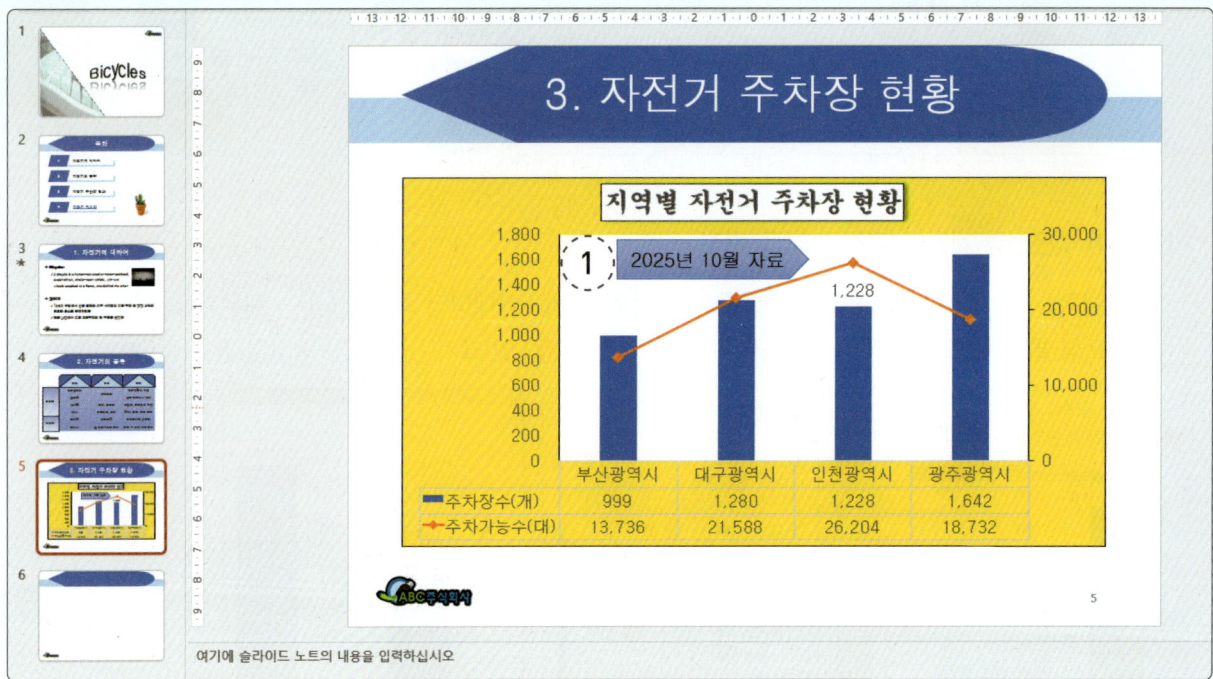

◆ 세부 조건

※ 차트설명
- 차트제목 : 궁서, 24pt, 굵게, 채우기(흰색), 테두리, 그림자(오프셋 오른쪽)
- 차트영역 : 채우기(노랑) / 그림영역 : 채우기(흰색)
- 데이터 서식 : 주차가능수(대) 계열을 표식(◆)이 있는 꺾은선형으로 변경 후 보조축으로 지정
- 값 표시 : 인천광역시의 주차장수(개) 계열만

① 도형 삽입
 - 스타일 : 미세 효과 – 파랑, 강조 1
 - 글꼴 : 굴림, 18pt

완전정복 - 02

문제지의 지시사항 및 세부조건을 참고하여 《출력형태》에 알맞게 작업하시오.

· 소스 : 정복06_문제02.pptx   · 정답 : 정복06_정답02.pptx

작성 시간 / 권장 시간
분 / 10분

(1) 차트 작성 기능을 이용하여 슬라이드를 작성한다.
(2) 차트 : 종류(묶은 세로 막대형), 글꼴(돋움, 16pt), 외곽선

세부조건

※ 차트설명
- 차트제목 : 궁서, 24pt, 굵게, 채우기(흰색), 테두리, 그림자(오프셋 오른쪽)
- 차트영역 : 채우기(노랑) 그림영역 : 채우기(흰색)
- 데이터 서식 : 부스수 계열을 표식(◆)이 있는 꺾은선형으로 변경 후 보조축으로 지정
- 값 표시 : 메인무대의 단체수 계열만

① 도형 삽입
- 스타일 : 미세 효과 – 파랑, 강조 1
- 글꼴 : 굴림, 18pt

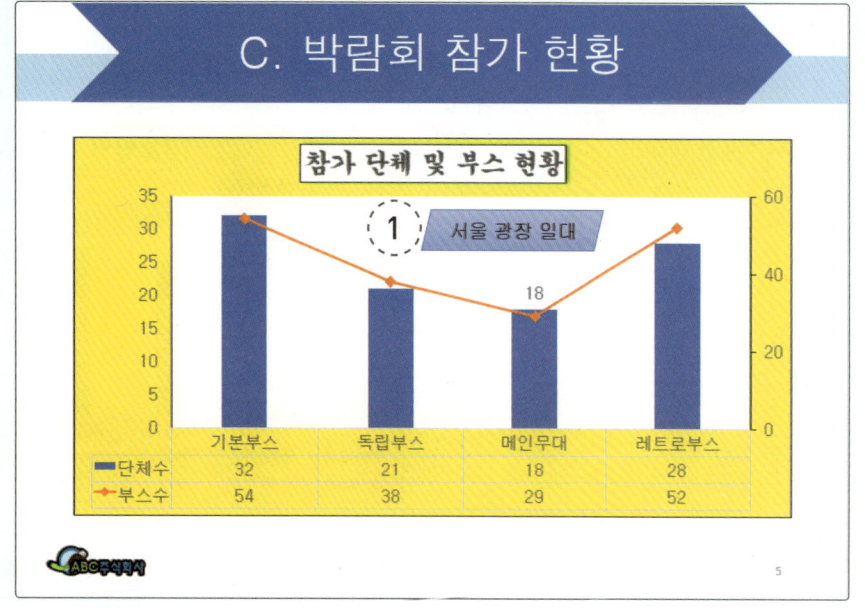

완전정복 - 03

문제지의 지시사항 및 세부조건을 참고하여 《출력형태》에 알맞게 작업하시오.

· 소스 : 정복06_문제03.pptx   · 정답 : 정복06_정답03.pptx

작성 시간 / 권장 시간
분 / 10분

(1) 차트 작성 기능을 이용하여 슬라이드를 작성한다.
(2) 차트 : 종류(묶은 세로 막대형), 글꼴(궁서, 16pt), 외곽선

세부조건

※ 차트설명
- 차트제목 : 궁서, 24pt, 굵게, 채우기(흰색), 테두리, 그림자(오프셋 오른쪽)
- 차트영역 : 채우기(노랑) 그림영역 : 채우기(흰색)
- 데이터 서식 : 2020년 계열을 표식(◆)이 있는 꺾은선형으로 변경 후 보조축으로 지정
- 값 표시 : 스웨덴의 2010년 계열만

① 도형 삽입
- 스타일 : 미세 효과 – 파랑, 강조 1
- 글꼴 : 굴림, 18pt

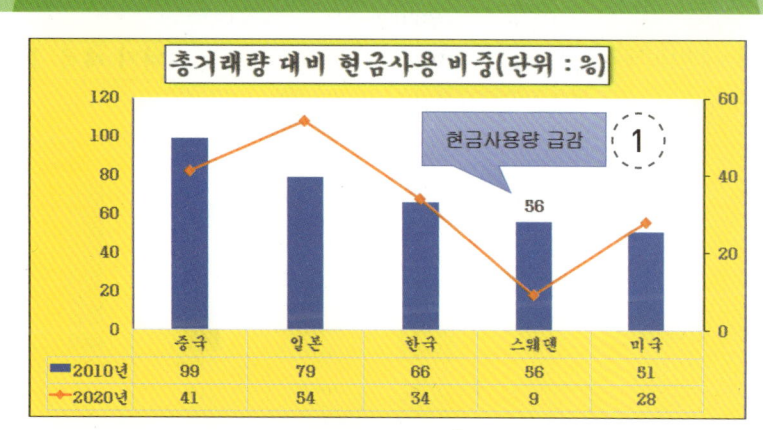

완전정복-04

문제지의 지시사항 및 세부조건을 참고하여 《출력형태》에 알맞게 작업하시오.

· 소스 : 정복06_문제04.pptx   · 정답 : 정복06_정답04.pptx

작성 시간 / 권장 시간
분 / 10분

(1) 차트 작성 기능을 이용하여 슬라이드를 작성한다.
(2) 차트 : 종류(묶은 세로 막대형), 글꼴(궁서, 16pt), 외곽선

세부조건

※ **차트설명**
- 차트제목 : 궁서, 24pt, 굵게, 채우기(흰색), 테두리, 그림자(오프셋 오른쪽)
- 차트영역 : 채우기(노랑) 그림영역 : 채우기(흰색)
- 데이터 서식 : 65세 이상 취업자 계열을 표식(◆)이 있는 꺾은선형으로 변경 후 보조축으로 지정
- 값 표시 : 2025년의 65세 이상 취업자 계열만
- ① 도형 삽입
  - 스타일 : 미세 효과 – 파랑, 강조 1
  - 글꼴 : 굴림, 18pt

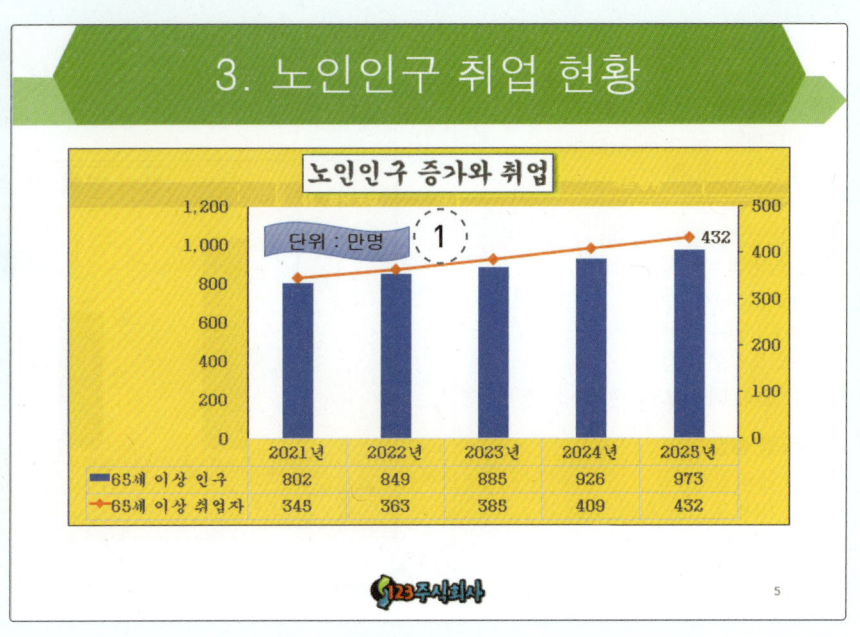

완전정복-05

문제지의 지시사항 및 세부조건을 참고하여 《출력형태》에 알맞게 작업하시오.

· 소스 : 정복06_문제05.pptx   · 정답 : 정복06_정답05.pptx

작성 시간 / 권장 시간
분 / 10분

(1) 차트 작성 기능을 이용하여 슬라이드를 작성한다.
(2) 차트 : 종류(묶은 세로 막대형), 글꼴(궁서, 16pt), 외곽선

세부조건

※ **차트설명**
- 차트제목 : 궁서, 24pt, 굵게, 채우기(흰색), 테두리, 그림자(오프셋 오른쪽)
- 차트영역 : 채우기(노랑) 그림영역 : 채우기(흰색)
- 데이터 서식 : 바이오 계열을 표식(◆)이 있는 꺾은선형으로 변경 후 보조축으로 지정
- 값 표시 : 2024년의 바이오 계열만
- ① 도형 삽입
  - 스타일 : 미세 효과 – 파랑, 강조 1
  - 글꼴 : 굴림, 18pt

완전정복 - 06

문제지의 지시사항 및 세부조건을 참고하여 《출력형태》에 알맞게 작업하시오.

- 소스 : 정복06_문제06.pptx
- 정답 : 정복06_정답06.pptx

작성 시간 / 권장 시간
분 / 10분

(1) 차트 작성 기능을 이용하여 슬라이드를 작성한다.
(2) 차트 : 종류(묶은 세로 막대형), 글꼴(굴림, 16pt), 외곽선

세부조건

※ **차트설명**
- 차트제목 : 궁서, 24pt, 굵게, 채우기(흰색), 테두리, 그림자(오프셋 아래쪽)
- 차트영역 : 채우기(노랑) 그림영역 : 채우기(흰색)
- 데이터 서식 : 비율 계열을 표식(◆)이 있는 꺾은선형으로 변경 후 보조축으로 지정
- 값 표시 : 모국인 모임의 비율 계열만

① **도형 삽입**
- 스타일 : 미세 효과 – 파랑, 강조 1
- 글꼴 : 돋움, 18pt

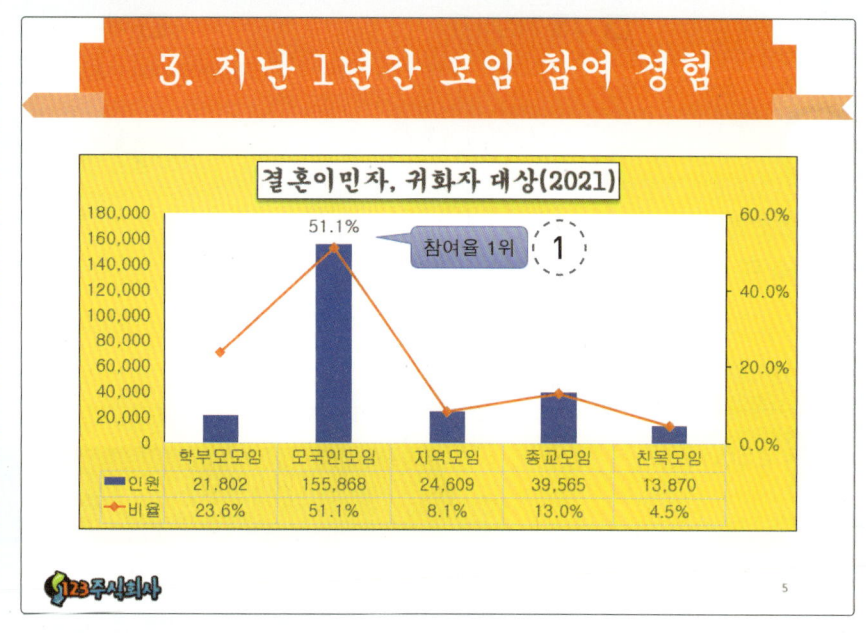

완전정복 - 07

문제지의 지시사항 및 세부조건을 참고하여 《출력형태》에 알맞게 작업하시오.

- 소스 : 정복06_문제07.pptx
- 정답 : 정복06_정답07.pptx

작성 시간 / 권장 시간
분 / 10분

(1) 차트 작성 기능을 이용하여 슬라이드를 작성한다.
(2) 차트 : 종류(묶은 세로 막대형), 글꼴(굴림, 16pt), 외곽선

세부조건

※ **차트설명**
- 차트제목 : 궁서, 24pt, 굵게, 채우기(흰색), 테두리, 그림자(오프셋 아래쪽)
- 차트영역 : 채우기(노랑) 그림영역 : 채우기(흰색)
- 데이터 서식 : 누출 계열을 표식(◆)이 있는 꺾은선형으로 변경 후 보조축으로 지정
- 값 표시 : 2023년의 폭발 계열만

① **도형 삽입**
- 스타일 : 미세 효과 – 파랑, 강조 1
- 글꼴 : 돋움, 18pt

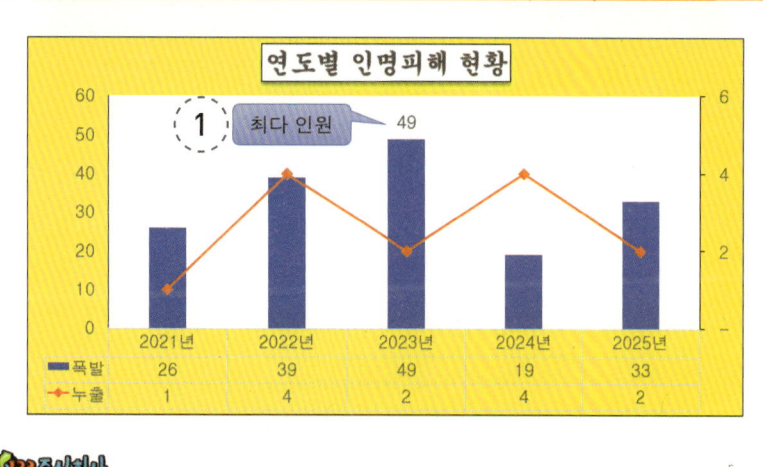

PART 01 출제유형 완전정복

[슬라이드 6]《도형 슬라이드》

- ☑ 다양한 도형 작성하기
- ☑ 그룹 지정하기
- ☑ 스마트아트 작성하기
- ☑ 애니메이션 설정하기

문제 미리보기

· 소스 : 유형07_문제.pptx   · 정답 : 유형07_정답.pptx

[슬라이드 6]《도형 슬라이드》   (100점)

(1) 슬라이드와 같이 도형 및 스마트아트를 배치한다(글꼴 : 굴림, 18pt).
(2) 애니메이션 순서 : ① ⇒ ②

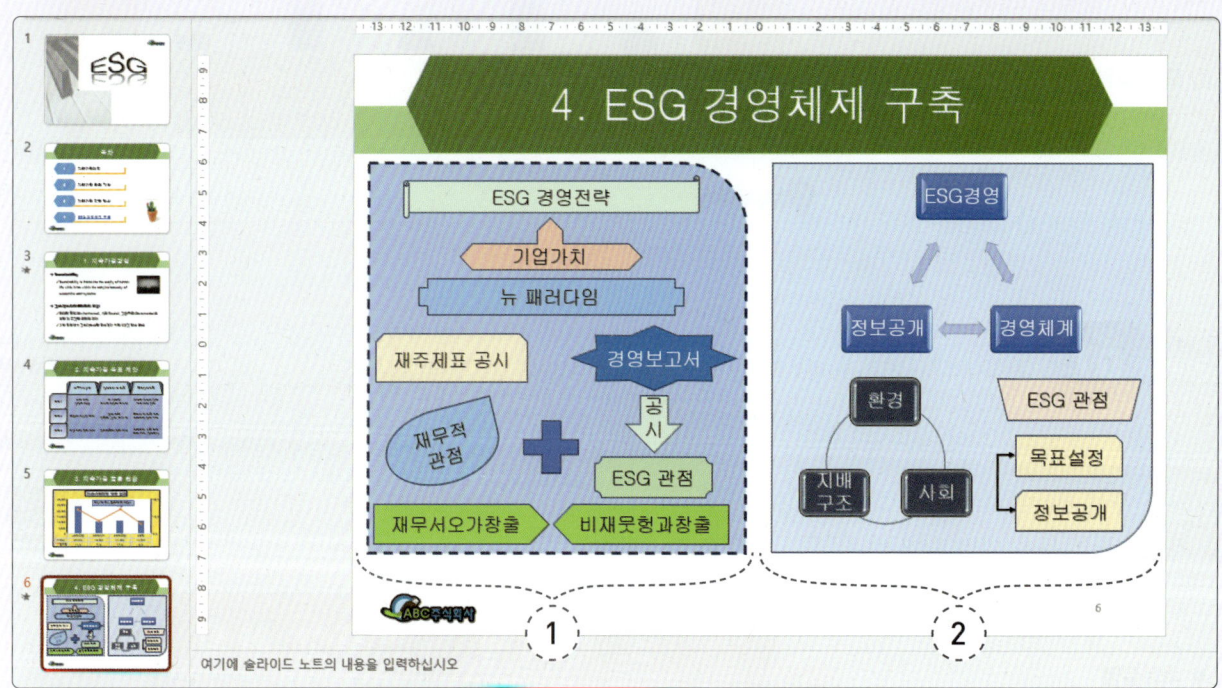

세부 조건

① 도형 편집
  - 그룹화 후 애니메이션 효과 : 회전

② 도형 및 스마트아트 편집
  - 스마트아트 디자인 : 3차원 경사, 3차원 만화
  - 그룹화 후 애니메이션 효과 : 닦아내기(위에서)

Information Technology Qualification

난이도	권장 시간 / 시험 시간
★★☆☆☆	20분 / 60분

시험 분석

➜ **출제 경향 : 출제 문제를 분석**

- ☑ 최근 시험에서는 조절점이나 회전 등을 이용한 변형 도형이 출제되고 있기 때문에 도형의 모양을 잘 알고 있어야 하며, 회전된 도형에 텍스트를 입력할 때는 텍스트 상자를 이용합니다. 또한 ITQ 파워포인트의 모든 개체(도형, 스마트아트, 텍스트 상자 등)는 《출력형태》를 참고하여 글꼴 색상을 지정해야 합니다.
- ☑ SmartArt(스마트아트)는 다양한 모양이 출제되며, 스마트아트를 작성하는 방법이 조금씩 다르기 때문에 많은 연습이 필요합니다.
- ☑ 애니메이션 효과는 '날아오기, 닦아내기, 블라인드, 시계 방향 회전, 바운드' 등이 자주 출제되며, [효과 옵션]을 이용하여 애니메이션의 방향 등을 변경하는 문제도 출제되고 있습니다

➜ **주의 사항 : 실수가 많은 내용**

- ☑ [슬라이드 6]에서 처음 도형을 삽입하여 도형의 윤곽선 및 글꼴을 변경한 후 [기본 도형으로 설정]을 지정합니다. (단, 굵은 테두리 또는 대시의 모양이 지정된 도형 제외)
- ☑ 슬라이드 편집 창에 있는 [SmartArt 그래픽 삽입(📊)]을 통해 스마트아트를 작성하면 도형과 스마트아트를 그룹으로 묶을 수 없기 때문에 [삽입] 탭-[일러스트레이션] 그룹에서 [SmartArt(📊)]를 클릭하여 작성합니다.

Skill 01 왼쪽 배경 도형 작성하기

① 유형07_문제.pptx 파일을 불러와 [슬라이드 6]을 클릭한 후 작업합니다.

※ 파일 불러오기 : [파일]-[열기]-[찾아보기]를 클릭한 후 [열기] 대화상자에서 파일을 선택합니다.

② 슬라이드 상단의 '제목을 추가하려면 클릭하십시오.'를 클릭한 후 '**4. ESG 경영체제 구축**'을 입력합니다. 이어서, '텍스트를 입력하십시오' 텍스트 상자의 테두리를 클릭한 후 Delete 키를 눌러 삭제합니다.

※ 로마 숫자를 입력할 경우에는 한글 자음 'ㅈ'를 입력한 후 [한자] 키를 눌러 로마 숫자 (Ⅰ, Ⅱ, Ⅲ, Ⅳ)를 선택하여 사용합니다.

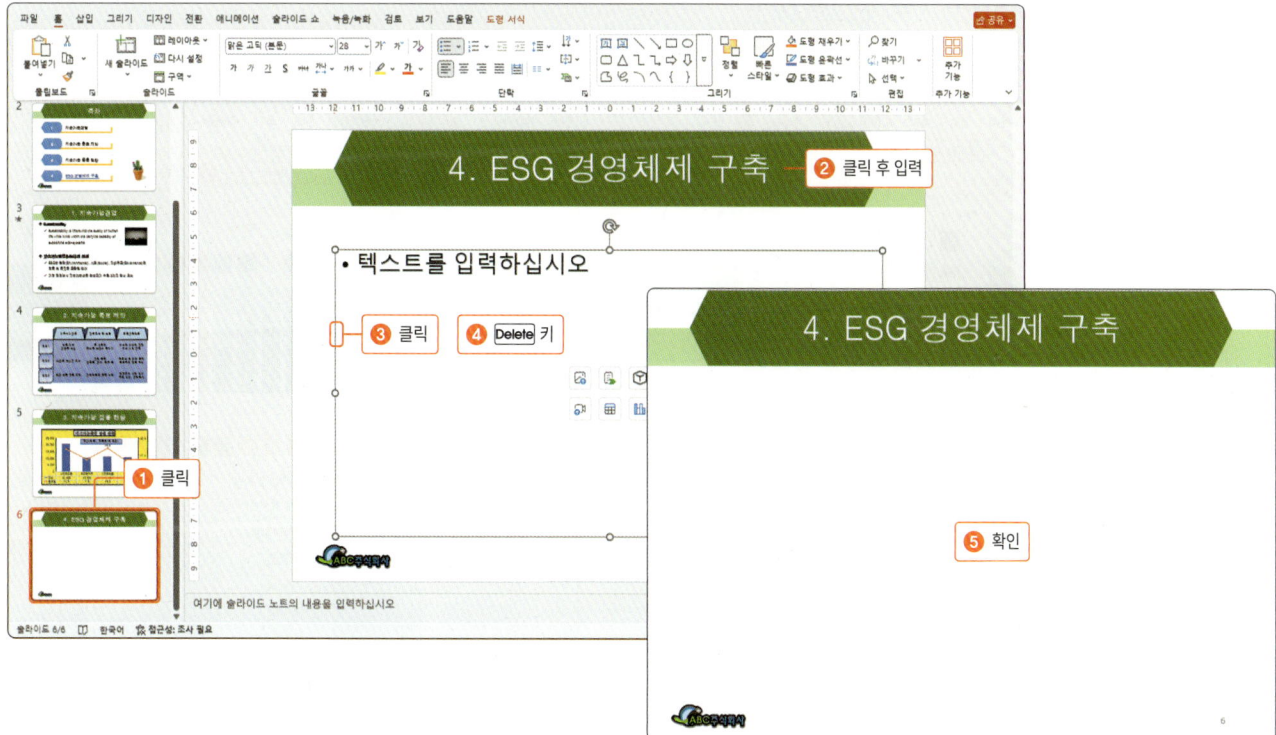

❸ [삽입] 탭의 [일러스트레이션] 그룹에서 [도형(⬚)]–[사각형]–'**사각형: 둥근 한쪽 모서리(⬚)**'를 선택합니다.

❹ 마우스 포인터가 ✚ 모양으로 변경되면 드래그하여 도형을 삽입합니다. 이어서, 조절점(○)을 드래그하여 《출력형태》와 같이 크기를 조절한 후 위치를 변경합니다.

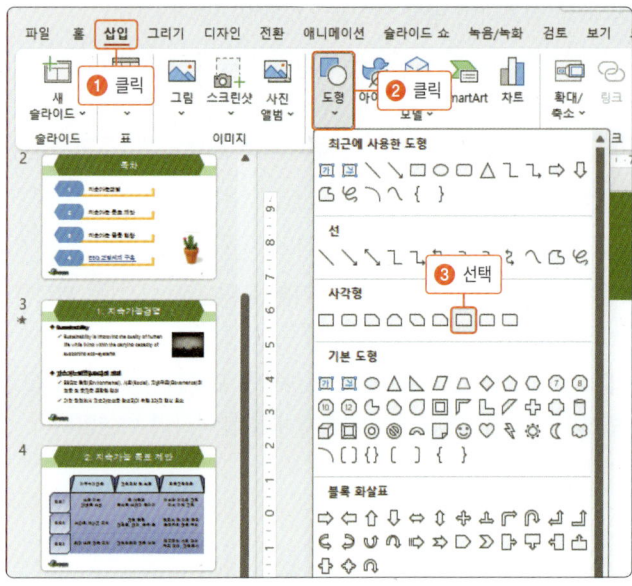

> [슬라이드 6] 도형 작성 요령
> [슬라이드 6]에서는 배경 도형을 먼저 작성하는 것이 편리합니다. 배경 도형은 《출력형태》를 참고하여 슬라이드의 절반 정도로 크기 및 위치를 조절합니다.

❺ [도형 서식] 탭의 [도형 스타일] 그룹에서 [도형 채우기]–'**파랑, 강조 1, 60% 더 밝게**'를 선택합니다. 이어서, [도형 윤곽선]–'**검정, 텍스트 1**'을 선택합니다.

※ 도형의 색상은 문제지 조건에 없기 때문에 임의의 색으로 선택할 수 있습니다.

❻ 선의 두께와 모양을 변경하기 위해 [도형 윤곽선]–[두께]–'2¼pt'를 선택합니다. 이어서, [도형 윤곽선]–[대시]–'**파선**'을 선택합니다.

※ 도형 윤곽선의 두께는 문제지 조건에 없기 때문에 《출력형태》를 참고하여 임의의 두께(얇은 선 : '1pt', 두꺼운 선 : '2¼pt')로 지정합니다.

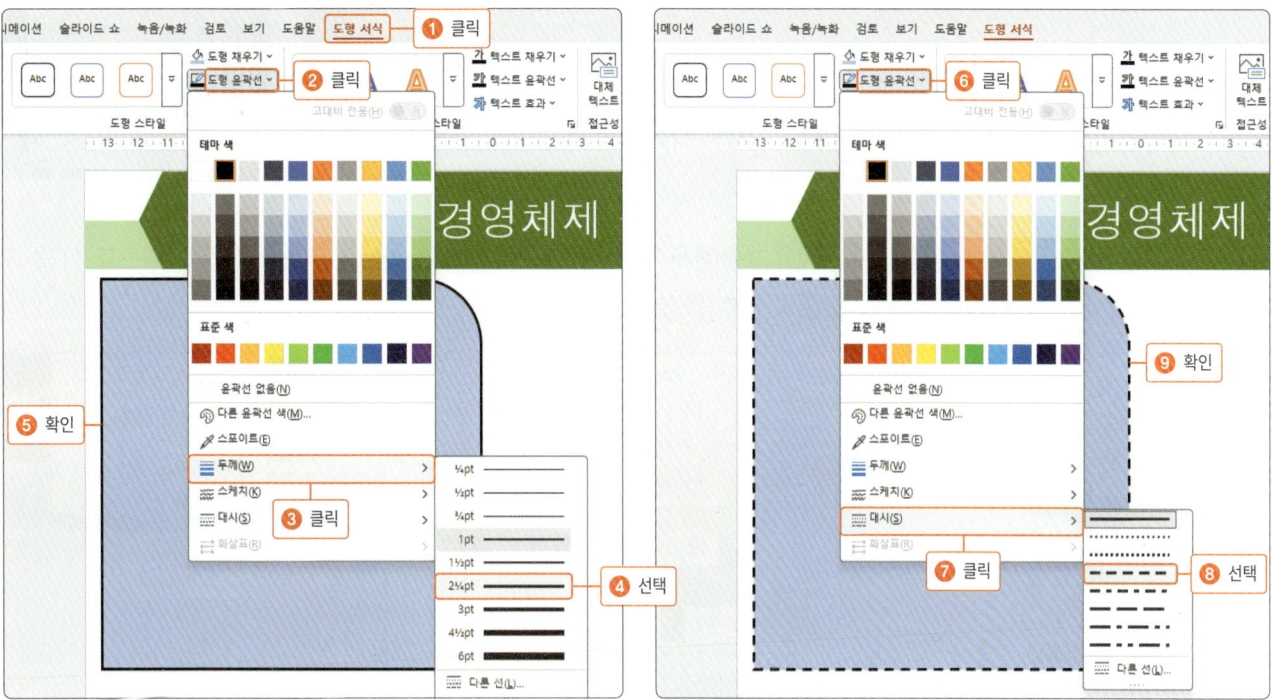

Skill 02 왼쪽 제목 도형 작성하기

글꼴 : 굴림, 18pt

❶ [삽입] 탭의 [일러스트레이션] 그룹에서 [도형( )]–[별 및 현수막]–'**두루마리 모양: 가로로 말림( )**'을 선택하여 도형을 삽입합니다.

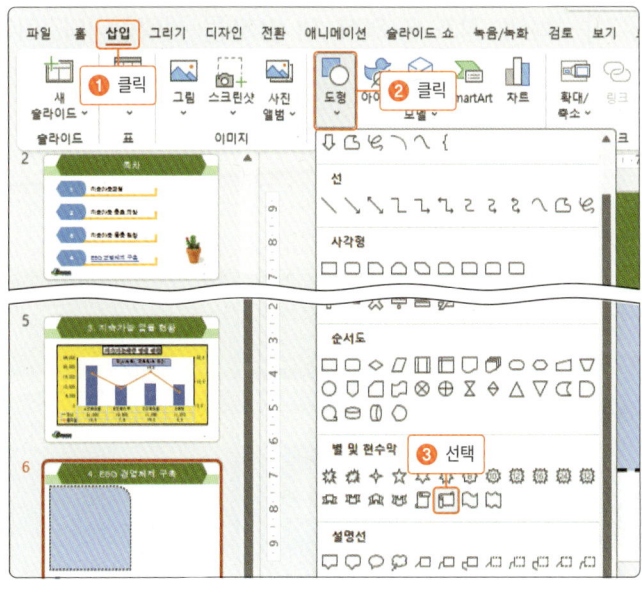
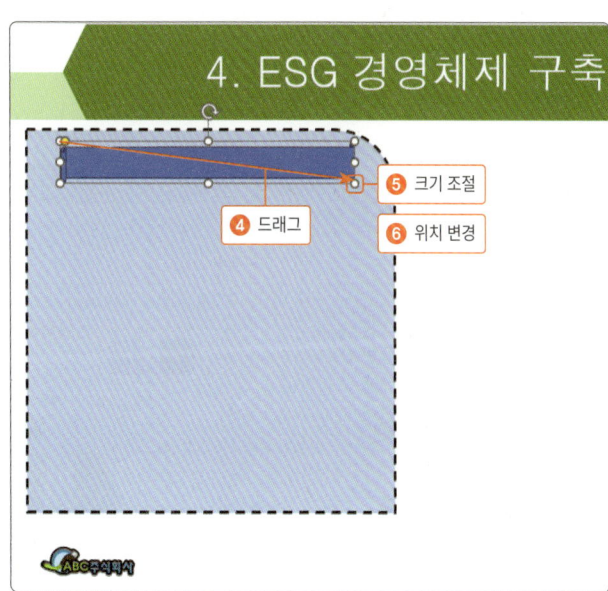

❷ [도형 서식] 탭의 [도형 스타일] 그룹에서 [도형 윤곽선]-'**검정, 텍스트 1**'을 선택합니다.

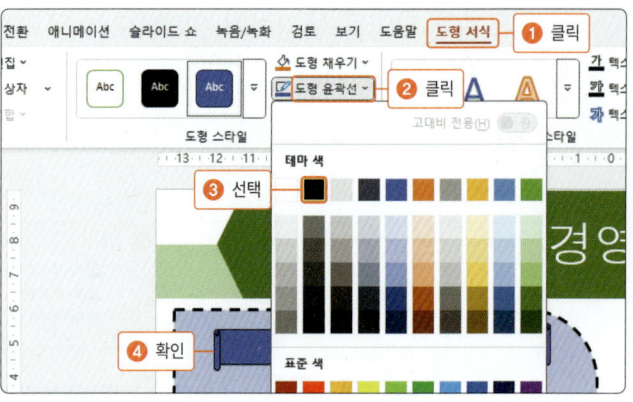

❸ 도형이 선택된 상태에서 [홈] 탭의 [글꼴] 그룹에서 '**글꼴(굴림), 글꼴 크기(18pt), 글꼴 색(검정, 텍스트 1)**'을 지정합니다. 이어서, 도형 위에서 [마우스 오른쪽 단추]를 눌러 바로가기 메뉴가 나오면 '**기본 도형으로 설정**'을 클릭합니다.

 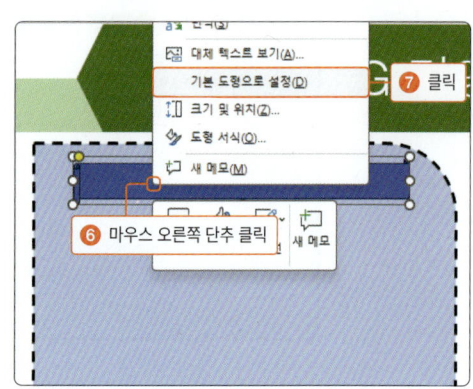

> **기본 도형으로 설정**
> ❶ [기본 도형으로 설정]은 새로 삽입하려는 도형들의 서식을 한 번에 지정할 수 있는 편리한 기능으로 다양한 도형에 동일한 글꼴 서식을 요구하는 [슬라이드 6] 작업 시 도형 작성 시간을 단축할 수 있습니다.
> ❷ 도형 윤곽선과 글꼴 서식을 조건에 맞게 변경한 후 [기본 도형으로 설정]을 지정합니다. 단, 텍스트 상자에는 기본 도형 서식이 적용되지 않으니 유의하시기 바랍니다.

❹ [도형 서식] 탭의 [도형 스타일] 그룹에서 [도형 채우기]-'**녹색, 강조 6, 80% 더 밝게**'을 선택합니다. 이어서, '**ESG 경영전략**'을 입력합니다.

※ 텍스트가 두 줄로 나오는 경우에는 도형의 너비를 넓힌 후 작업합니다.
※ 도형에 텍스트를 입력한 후 [홈] 탭의 [글꼴] 그룹에서 기본 도형으로 설정했던 글꼴 서식(굴림, 18pt, 검정)이 적용되었는지 확인할 수 있습니다.

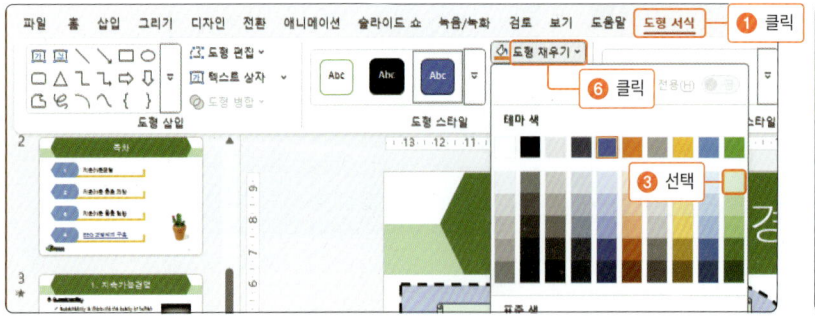 

03 왼쪽 하단 도형 작성하기

■ 도형 삽입 및 조절점을 이용한 도형 모양 변형

글꼴 : 굴림, 18pt

① [삽입] 탭의 [일러스트레이션] 그룹에서 [도형(□)]-[블록 화살표]-'화살표: 왼쪽/오른쪽/위쪽(♁)'을 선택합니다.

② 마우스 포인터가 ＋ 모양으로 변경되면 드래그하여 도형을 삽입합니다. 이어서, 조절점(○)을 드래그하여《출력형태》와 같이 크기를 조절한 후 위치를 변경합니다.

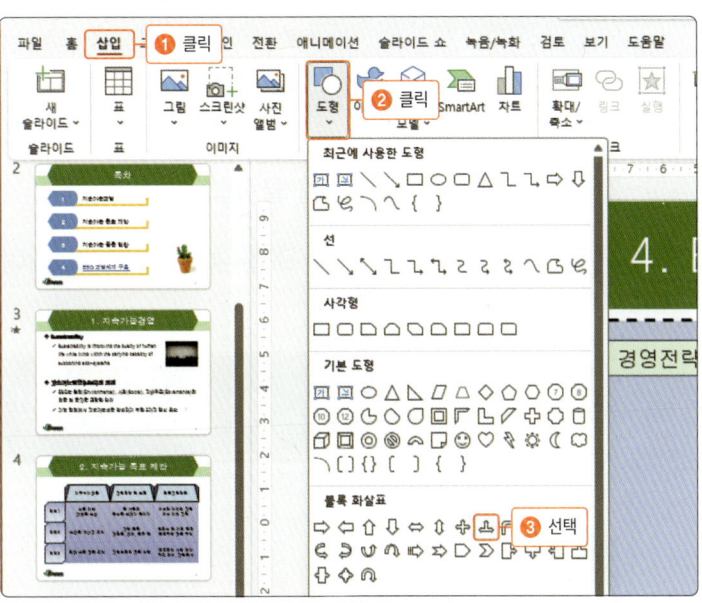

③ 도형 안쪽의 노란색 조절점(○)을 왼쪽으로 드래그한 후 위쪽 노란색 조절점(○)을 오른쪽으로 드래그하여 그림과 같이 모양을 변경시킵니다.

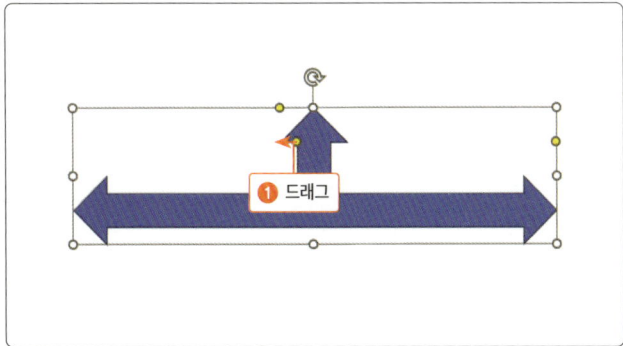
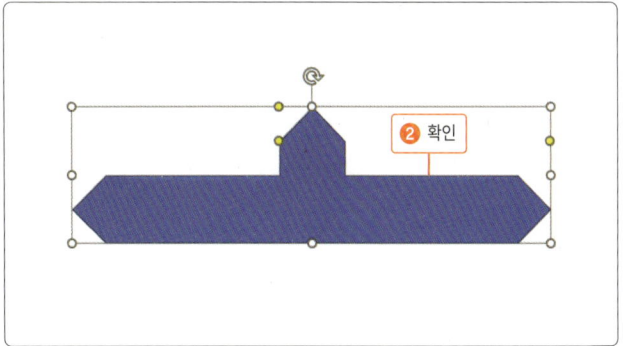
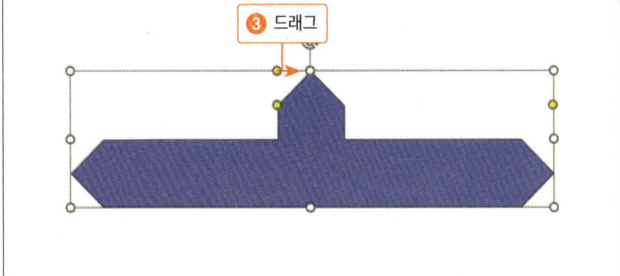
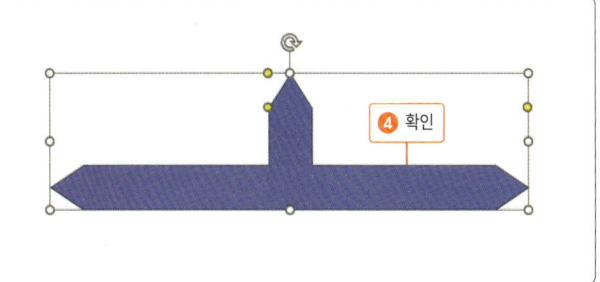

④ 이어서, 《출력형태》와 같이 도형의 크기 및 위치를 조절한 후 텍스트를 입력한 다음 도형을 임의의 색상으로 변경합니다.

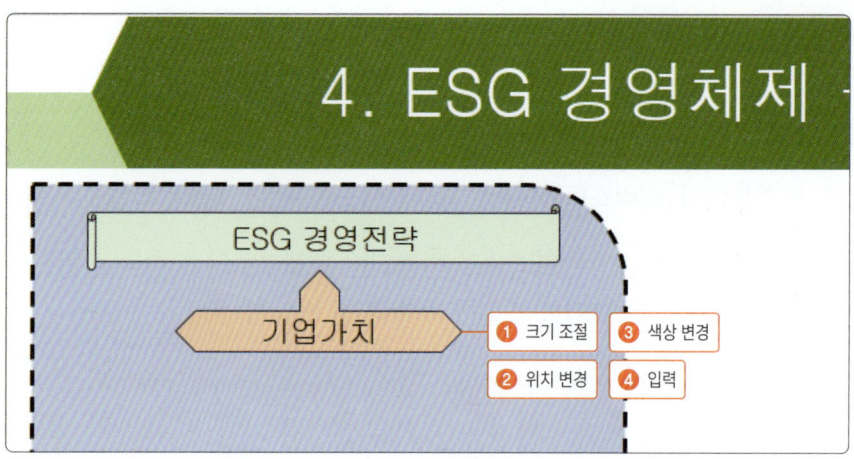

⑤ [삽입] 탭의 [일러스트레이션] 그룹에서 [도형( )]-[기본 도형]-'**십자형**( )'을 클릭합니다.

⑥ 마우스 포인터가 + 모양으로 변경되면 드래그하여 도형을 삽입합니다. 이어서, 조절점(O)을 드래그하여 《출력형태》와 같이 크기를 조절한 후 위치를 변경합니다.

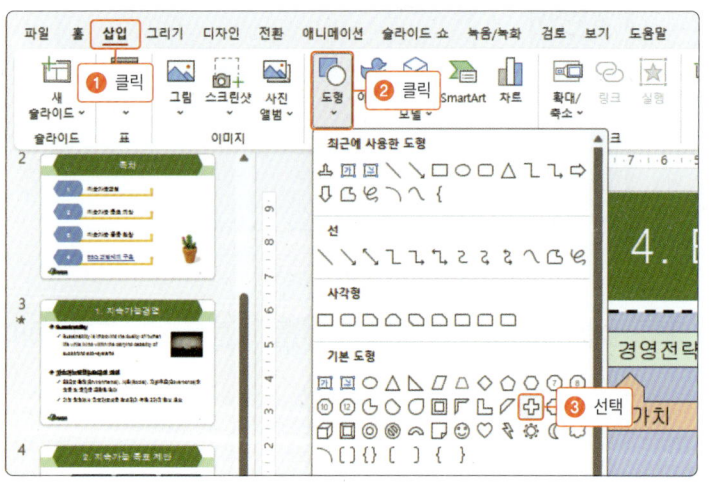 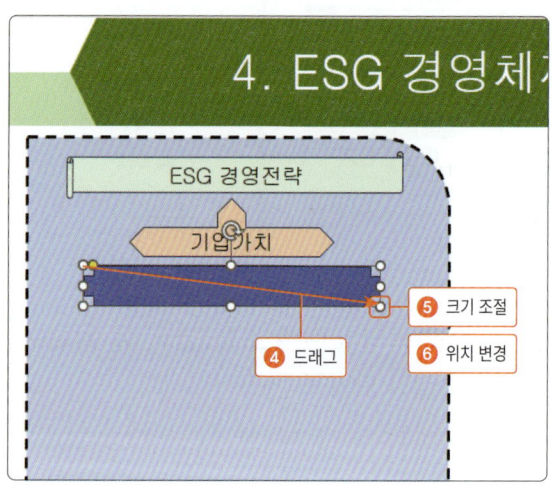

⑦ 이어서, 《출력형태》와 같이 임의의 색상으로 변경한 후 '**뉴 패러다임**'을 입력합니다.

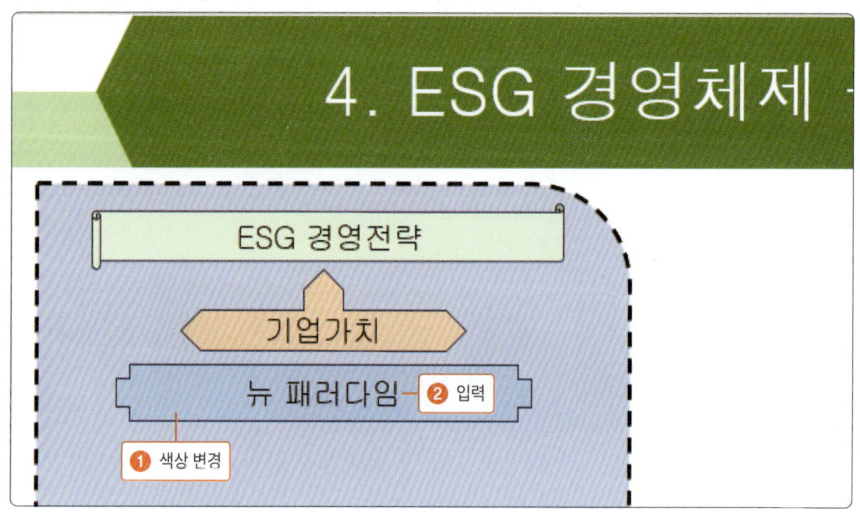

■ 왼쪽 나머지 도형 삽입하기

❽ 《출력형태》를 참고하여 나머지 도형을 삽입한 후 임의의 색상으로 변경합니다. 이어서, 텍스트를 입력합니다.
※ 도형을 삽입할 때 Shift 키를 누른 채 드래그하면 비율이 일정한 도형을 그릴 수 있습니다.

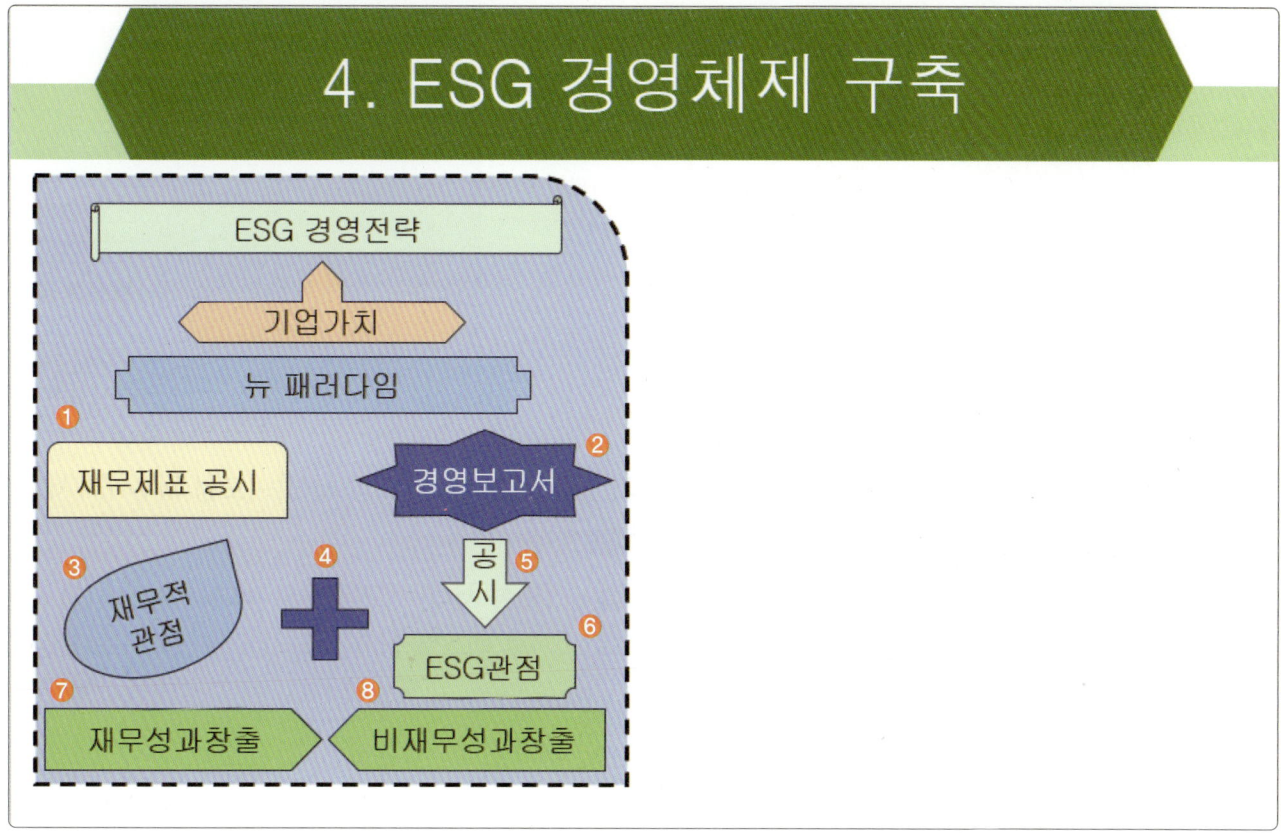

❶ [사각형]-'사각형: 잘린 위쪽 모서리(□)' → 크기 및 위치 조절 → [도형 서식]-[도형 채우기]에서 임의의 색 지정 → '재무제표 공시' 입력

❷ [별 및 현수막]-'별: 꼭짓점 8개(✸)' → 크기 및 위치 조절 → '경영보고서' 입력

❸ [기본 도형]-'눈물 방울(○)' → 크기 및 위치 조절 → 회전점(@)을 왼쪽으로 드래그 → [도형 서식]-[도형 채우기]에서 임의의 색 지정 → '재무적 관점' 입력

❹ [기본 도형]-'십자형(✚)' → 노란색 조절점(●)을 오른쪽으로 드래그 → 크기 및 위치 조절

❺ [블록 화살표]-'화살표: 아래쪽(⬇)' → 크기 및 위치 조절 → [도형 서식]-[도형 채우기]에서 임의의 색 지정 → '공시' 입력

❻ [기본 도형]-'배지(◉)' → 크기 및 위치 조절 → [도형 서식]-[도형 채우기]에서 임의의 색 지정 → 'ESG 관점' 입력

❼ [블록 화살표]-'화살표: 오각형(▷)' → 크기 및 위치 조절 → [도형 서식]-[도형 채우기]에서 임의의 색 지정 → '재무성과창출' 입력

❽ [블록 화살표]-'화살표: 오각형(▷)' → [도형 서식]-[정렬]-[회전]-[좌우 대칭(▲)] → 크기 및 위치 조절 → [도형 서식]-[도형 채우기]에서 임의의 색 지정 → '비재무성과창출' 입력

■ 오른쪽 도형 작성하기

⑨ 《출력형태》를 참고하여 나머지 도형을 삽입한 후 임의의 색상으로 변경합니다. 이어서, 텍스트를 입력합니다.

- 도형 삽입 : [삽입]-[일러스트레이션]-[도형]
- 회전 : [도형 서식]-[정렬]-[회전]
- 채우기 : [도형 서식]-[도형 스타일]-[도형 채우기]
- 글꼴 변경 : [홈]-[글꼴]

※ 도형을 삽입할 때 Shift 키를 누른 채 드래그하면 비율이 일정한 도형을 그릴 수 있습니다.

① [사각형]-'사각형: 둥근 한쪽 모서리(□)' → 크기 및 위치 조절 → [도형 서식]-[도형 채우기]에서 임의의 색 지정 → [도형 서식]-[정렬]-[회전]-[상하 대칭(◀)]

② [기본 도형]-'사다리꼴(△)' → 크기 및 위치 조절 → [도형 서식]-[도형 채우기]에서 임의의 색 지정 → [정렬]-[회전]-[상하 대칭(◀)] → [삽입]-[텍스트]-'가로 텍스트 상자 그리기(가)' → 'ESG 관점' 입력 → 글꼴(굴림, 18pt)

③ [사각형]-'사각형: 잘린 한쪽 모서리(□)' → 크기 및 위치 조절 → [도형 서식]-[도형 채우기]에서 임의의 색 지정 → '목표설정' 입력

④ [사각형]-'사각형: 잘린 한쪽 모서리(□)' → 크기 및 위치 조절 → [도형 서식]-[도형 채우기]에서 임의의 색 지정 → [도형 서식]-[정렬]-[회전]-[좌우 대칭(▲)] → '정보공개' 입력

■ 연결선 작성하기

⑩ [삽입] 탭의 [일러스트레이션] 그룹에서 [도형(○)]-선-'연결선: 꺾인 양쪽 화살표(↰)'를 선택합니다.

⑪ 마우스 포인터가 ┼ 모양으로 변경되면 '목표설정' 도형 왼쪽 연결선의 시작 점을 클릭합니다. 이어서, 끝 점을 그림과 같이 드래그하여 '정보공개' 도형에 연결합니다.

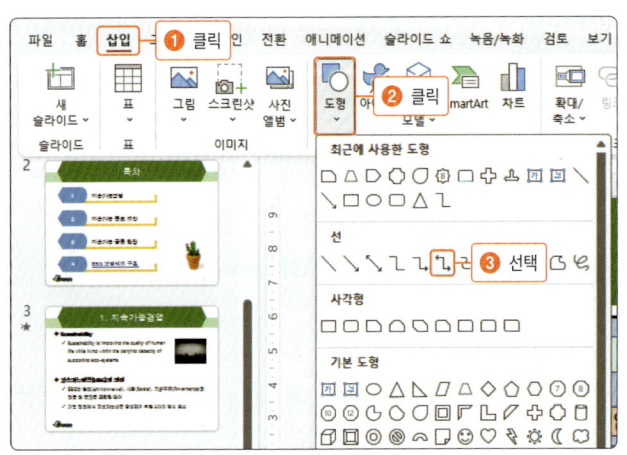
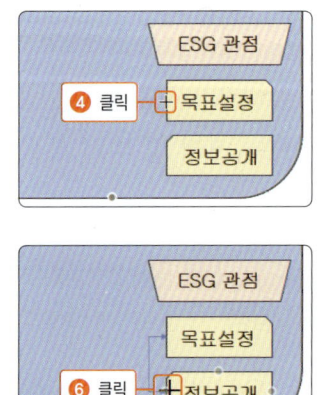
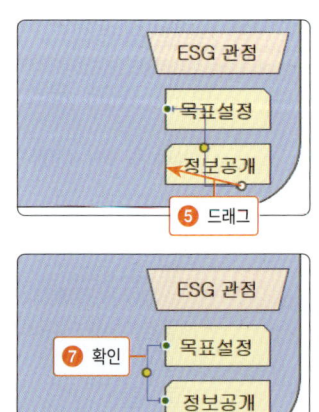

⑫ 도형 윤곽선의 서식을 변경하기 위해 [도형 서식] 탭의 [도형 스타일] 그룹에서 [도형 윤곽선]-'**검정, 텍스트 1**'을 선택합니다. 이어서, [도형 윤곽선]-[두께]-'**1½pt**'를 선택합니다.

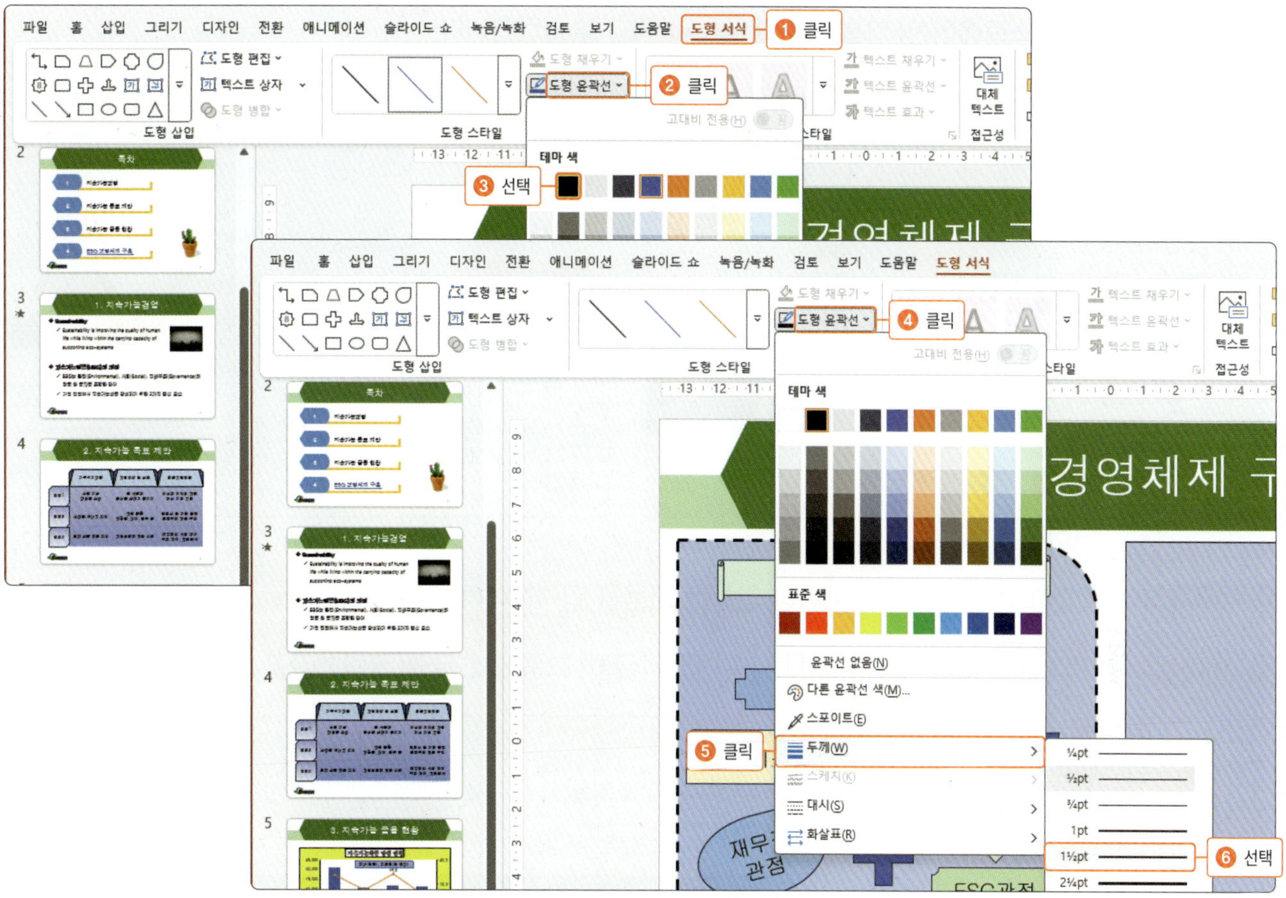

⑬ 도형 윤곽선의 색상과 두께가 변경되면 화살표 모양을 변경하기 위해 [도형 윤곽선]-[화살표( )]-'**화살표 스타일 11(●——)**'을 선택합니다.

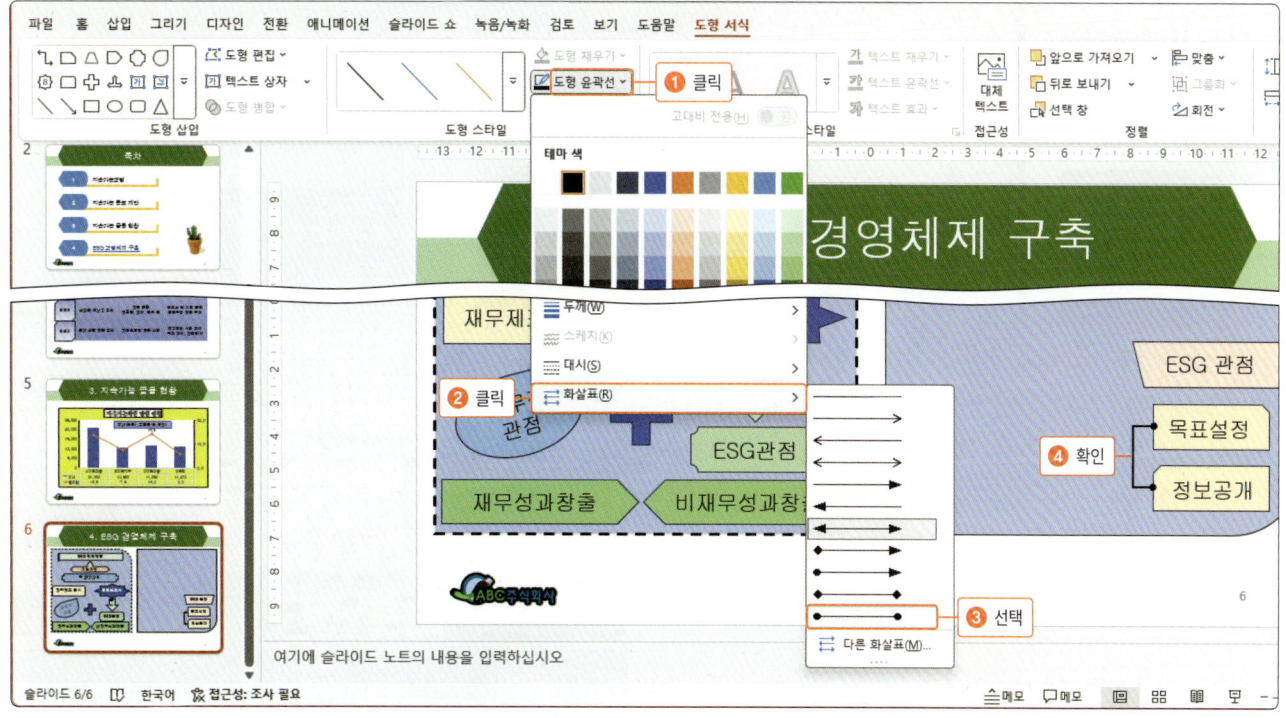

스마트아트 작성하기 - 1

스마트아트 디자인 : 3차원 경사, 3차원 만화
글꼴 : 굴림, 18pt

❶ [삽입] 탭의 [일러스트레이션] 그룹에서 'SmartArt( )'를 클릭합니다.

❷ [SmartArt 그래픽 선택] 대화상자가 나오면 [주기형]–'**다방향 주기형**'을 선택한 후 〈확인〉 단추를 클릭합니다.

❸ 《출력형태》를 참고하여 스마트아트 도형 안쪽에 내용을 입력합니다.

❹ 이어서, 스마트아트의 테두리를 클릭한 후 [홈] 탭의 [글꼴] 그룹에서 '**글꼴(굴림), 글꼴 크기(18pt)**'를 지정합니다.

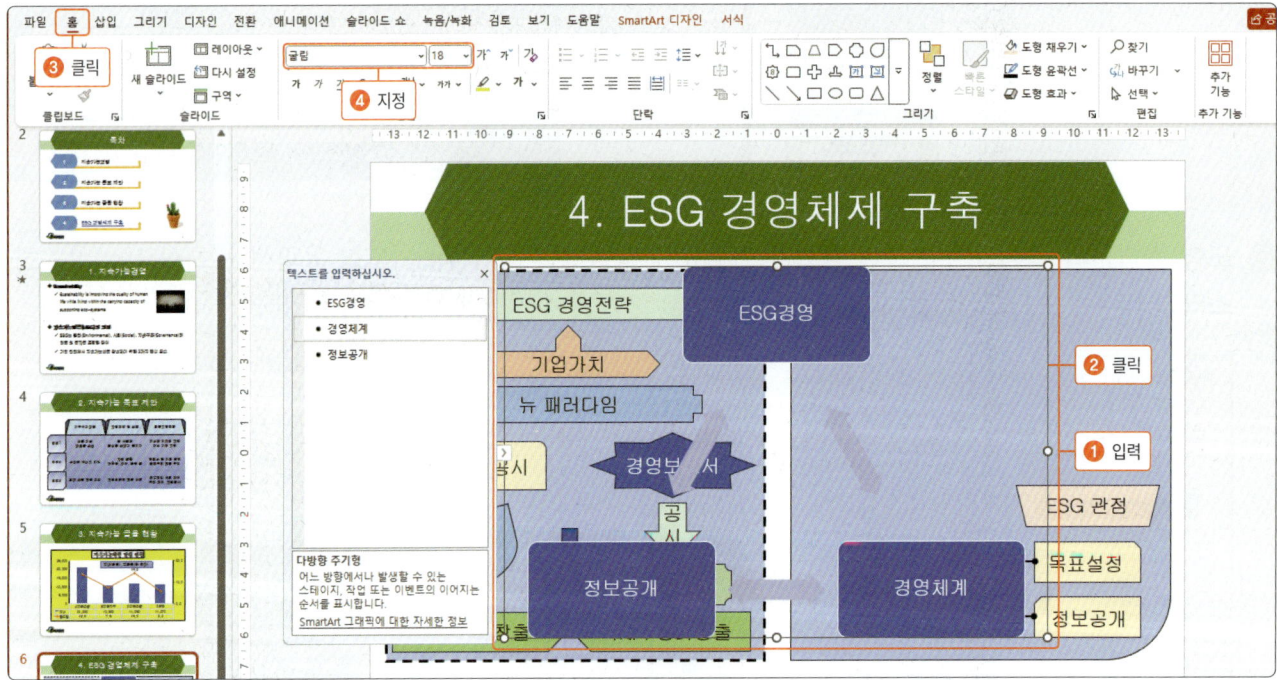

❺ [SmartArt 디자인] 탭의 [SmartArt 스타일] 그룹에서 자세히( ) 단추를 클릭한 후 [3차원]–'**경사**'를 선택합니다.

※ 《출력형태》를 참고하여 스마트아트의 색 변경이 필요 없는 경우에는 스타일만 지정합니다.

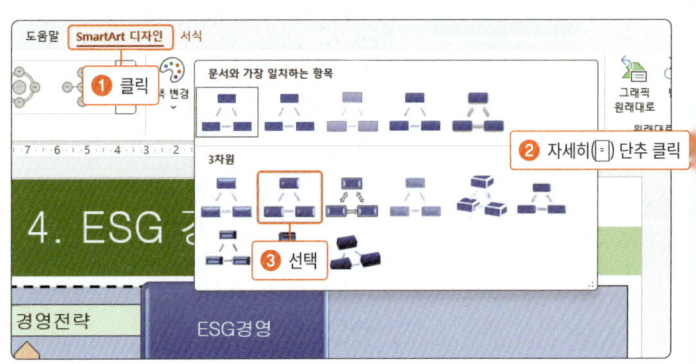

❻ 이어서, 스마트아트의 스타일이 변경되면 스마트아트의 대각선 조절점(○)을 드래그하여 《출력형태》와 같이 크기를 조절한 후 위치를 변경합니다.

※ 스마트아트의 테두리는 슬라이드 밖에 위치해도 감점되지 않습니다.

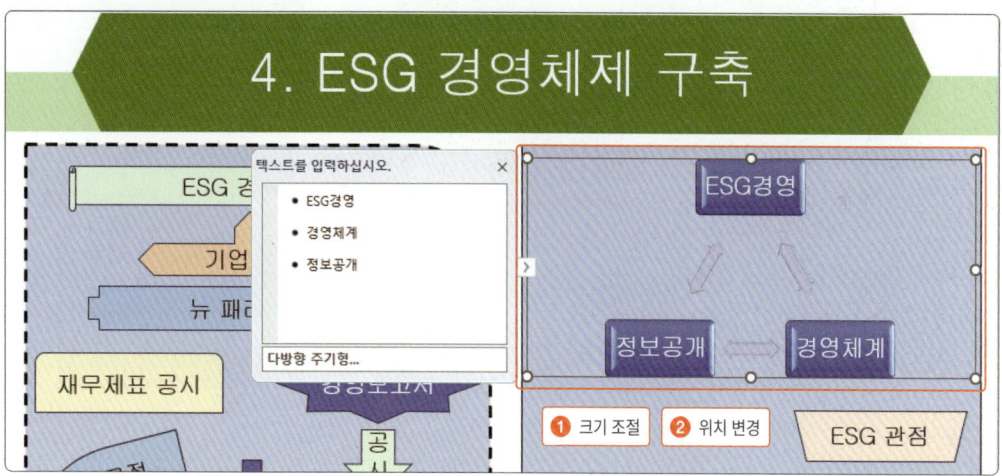

스마트아트

❶ [슬라이드 6]에서는 스마트아트를 두 개 작성하는 문제가 출제되며, 반드시 스마트아트 기능으로만 작성해야 합니다.
❷ 스마트아트는 입체 효과 등이 적용되어 있는지 확인하여 도형과 구분할 수 있습니다.
❸ 스마트아트의 글꼴은 따로 지정해야 하며, 《출력형태》를 참고하여 글꼴 색을 선택합니다.(흰색 또는 검정)
❹ 《출력형태》를 참고하여 스마트아트의 색상을 임의로 지정하고, 문제지의 세부 조건에 따라 스마트아트 디자인을 변경해야 합니다.
❺ 최근 다양한 모양의 스마트아트가 출제되고 있기 때문에 많은 연습이 필요한 부분입니다.

Skill 05 스마트아트 작성하기-2

스마트아트 디자인 : 3차원 경사, 3차원 만화   글꼴 : 굴림, 18pt

❶ [삽입] 탭의 [일러스트레이션] 그룹에서 'SmartArt( )'를 클릭합니다.

❷ [SmartArt 그래픽 선택] 대화상자가 나오면 [주기형]-**'무지향 주기형'**을 선택한 후 〈확인〉 단추를 클릭합니다.

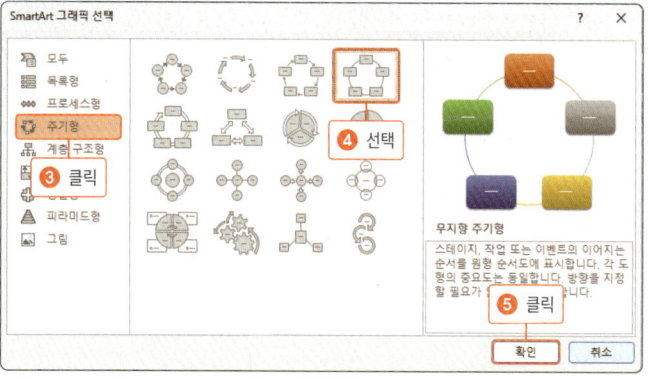

❸ 삽입된 스마트아트의 도형 5개 중 2개를 클릭한 후 Delete 키를 눌러 삭제합니다.

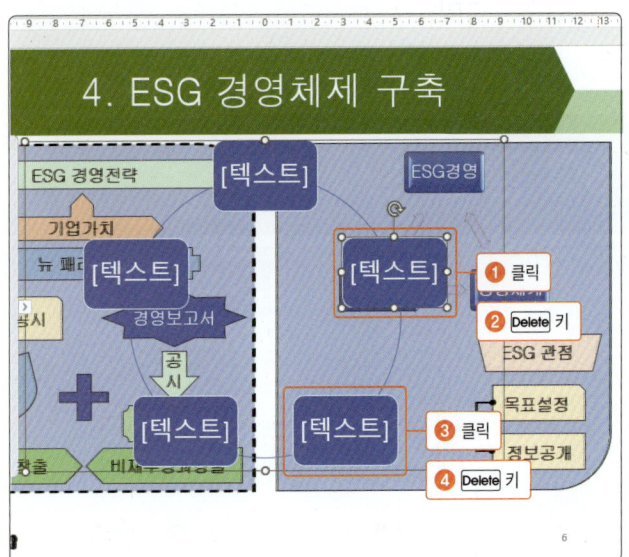
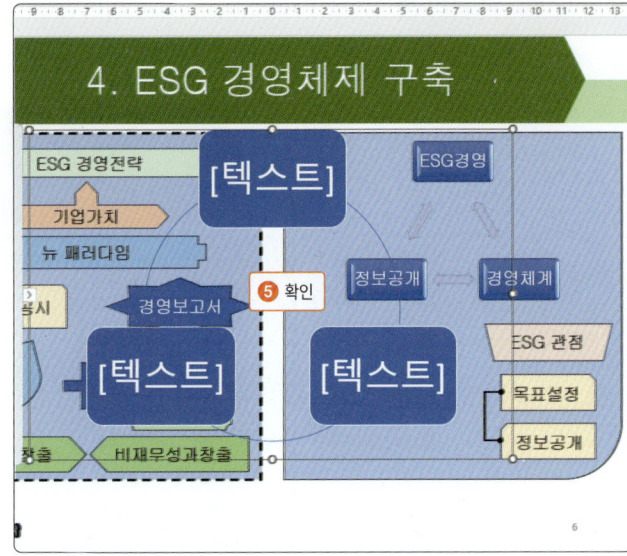

❹ 《출력형태》를 참고하여 스마트아트 도형 안쪽에 내용을 입력합니다.

❺ 이어서, 스마트아트의 테두리를 클릭한 후 [홈] 탭의 [글꼴] 그룹에서 '글꼴(굴림), 글꼴 크기(18pt)'를 지정합니다.

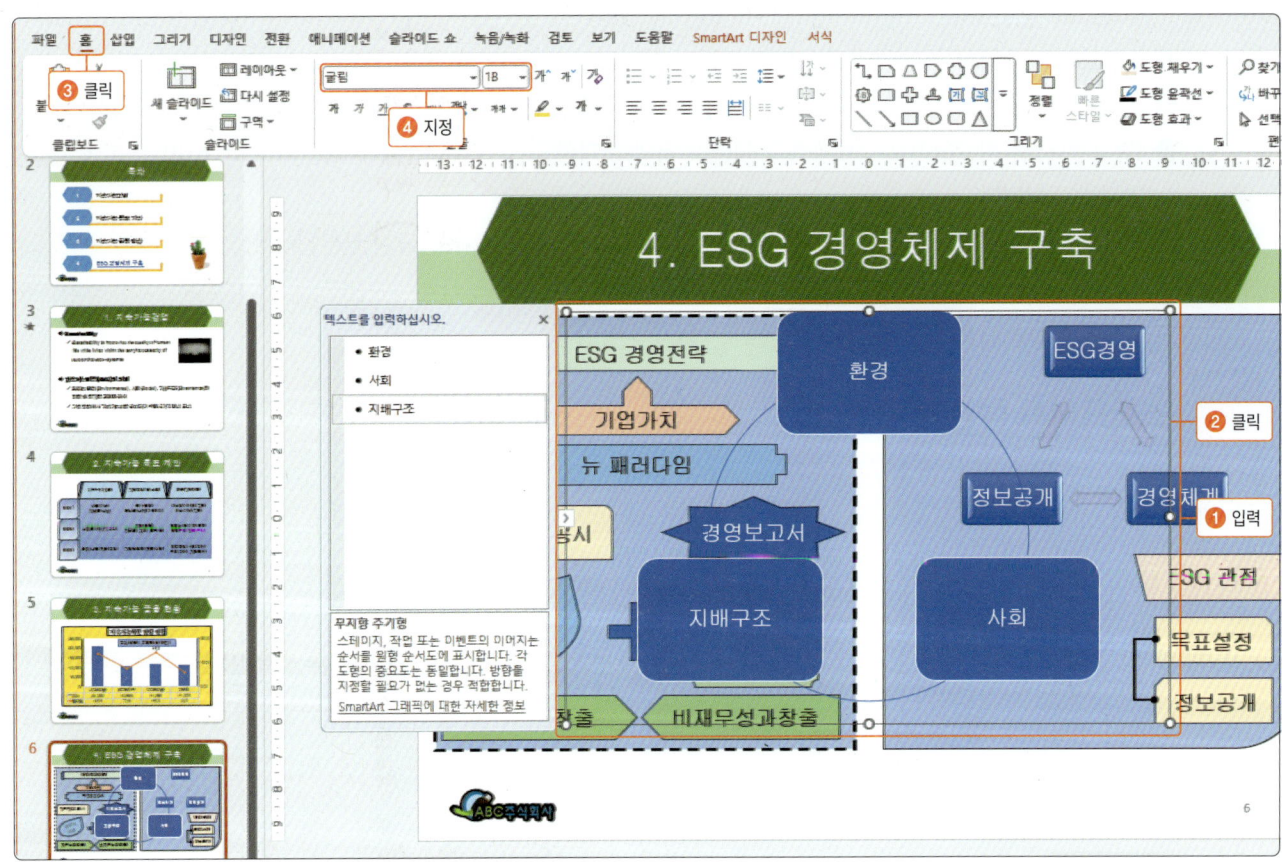

❻ [SmartArt 디자인] 탭의 [SmartArt 스타일] 그룹에서 [색 변경(🎨)]-[기본 테마 색]-'**어두운 색 2 채우기**'를 선택합니다. 이어서, [SmartArt 스타일] 그룹에서 자세히(▼) 단추를 클릭한 후 [3차원]-'**만화**'를 선택합니다.

※ 스마트아트의 색 변경은 임의의 색으로 지정합니다.

※ 스마트아트의 스타일과 색상을 변경한 후 《출력형태》를 참고하여 스마트아트의 글꼴 색상을 지정합니다.

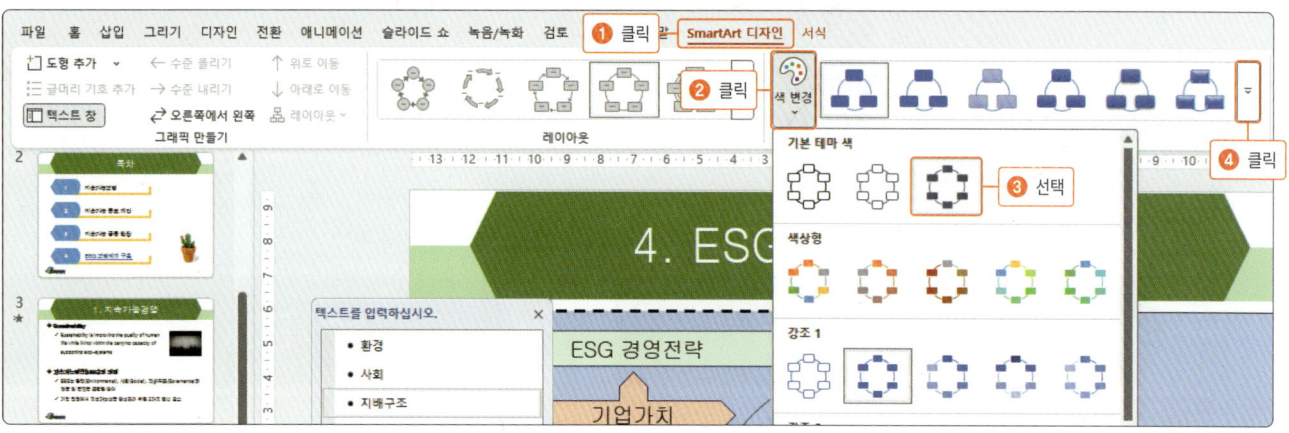

❼ 이어서, 스마트아트의 색상과 스타일이 변경되면 스마트아트의 대각선 조절점(ㅇ)을 드래그하여 《출력형태》와 같이 크기를 조절한 후 위치를 변경합니다.

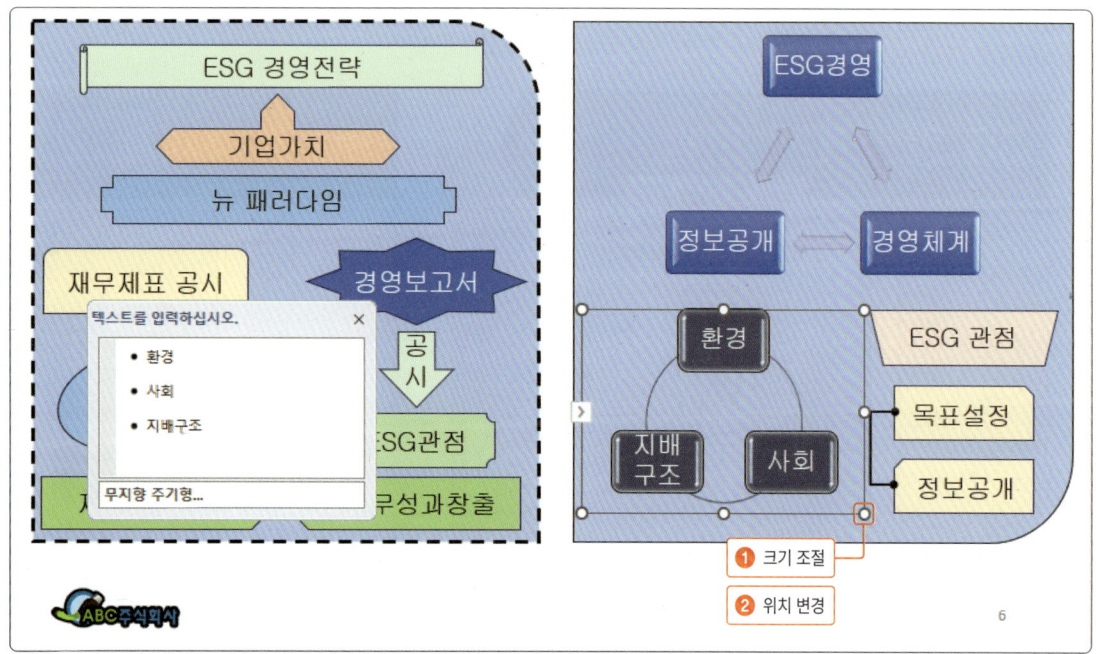

Skill 06 그룹화한 후 애니메이션 지정하기

■ 도형 삽입 및 조절점을 이용한 도형 모양 변형

① 그룹화 후 애니메이션 효과 : 회전   ② 그룹화 후 애니메이션 효과 : 닦아내기(위에서)

❶ 그림과 같이 드래그하여 왼쪽 개체들을 모두 선택한 후 도형 위에서 [마우스 오른쪽 단추]를 눌러 바로가기 메뉴가 나오면 [그룹화]-'**그룹**'을 클릭합니다.

※ 스마트아트의 테두리가 슬라이드 바깥쪽에 위치하여 선택하기 힘들 때는 Shift 키를 누른 채 스마트아트를 클릭하여 추가적으로 선택합니다. (선택이 어려운 도형도 똑같은 방법으로 선택이 가능합니다.)

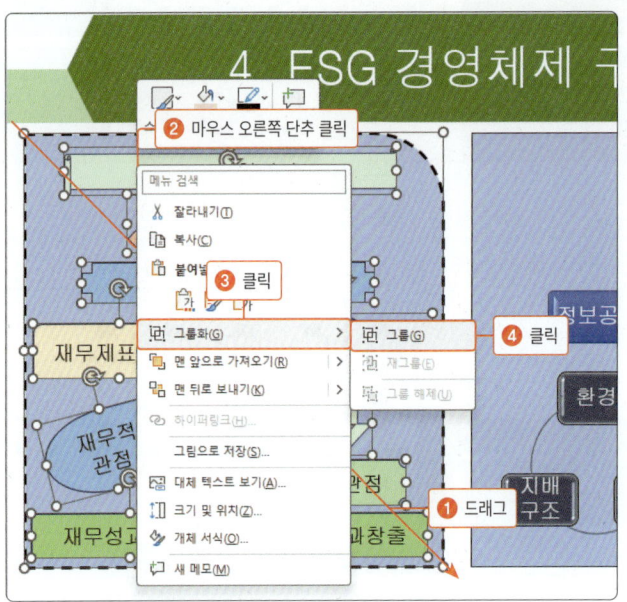
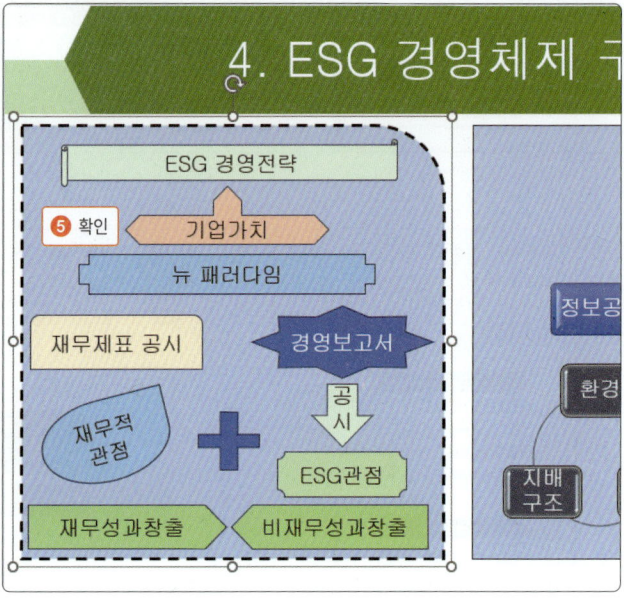

❷ 그림과 같이 드래그하여 오른쪽 개체들을 모두 선택한 후 도형 위에서 [마우스 오른쪽 단추]를 눌러 바로가기 메뉴가 나오면 [그룹화]-'**그룹**'을 클릭합니다.

※ 오른쪽 도형들을 선택할 때는 오른쪽 하단의 '페이지 번호 텍스트 상자(6)'가 선택되지 않도록 주의합니다.

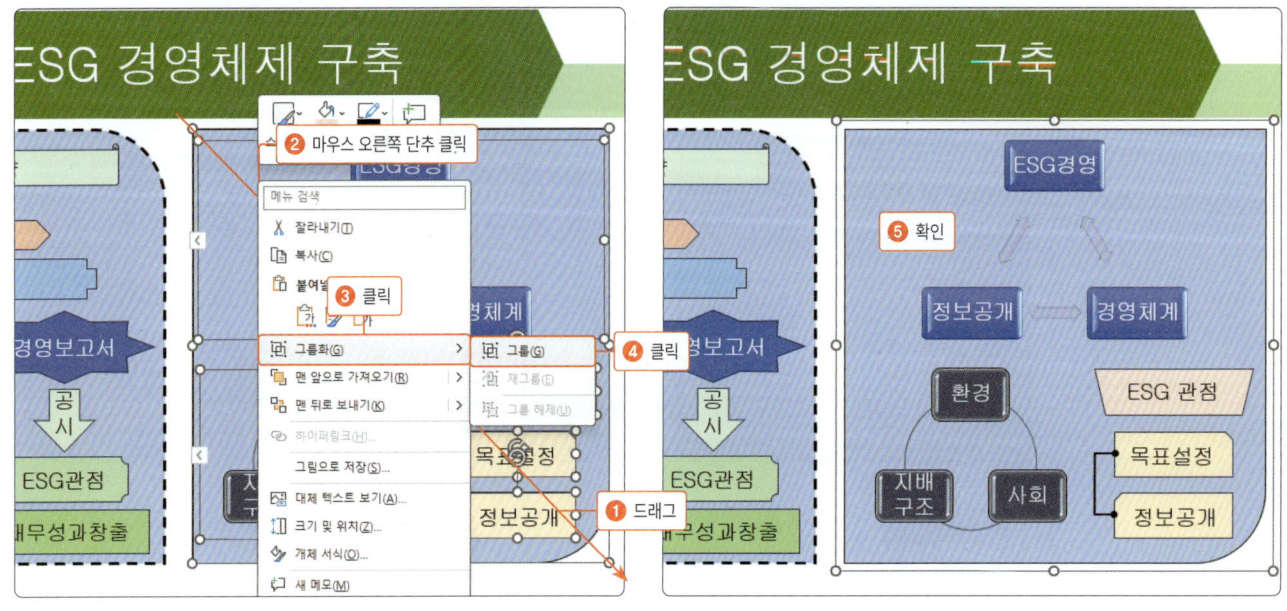

❸ 그룹화된 왼쪽 도형을 클릭합니다. [애니메이션] 탭의 [애니메이션] 그룹에서 자세히(▼) 단추를 클릭한 후 [나타내기]-'회전'을 선택합니다.

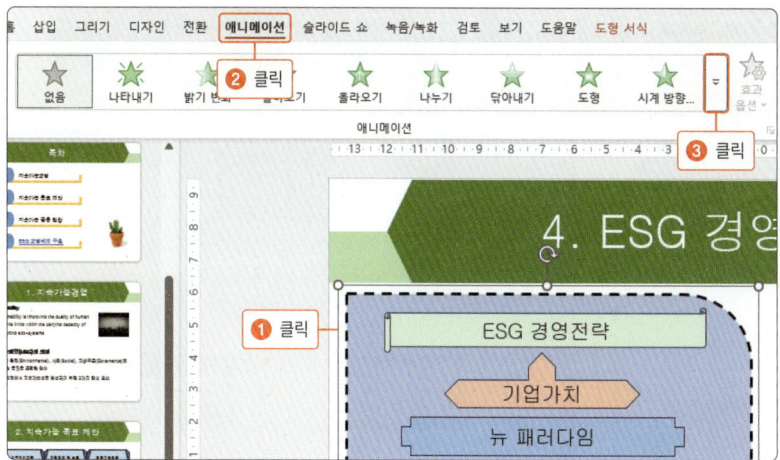

❹ 그룹화된 오른쪽 도형을 클릭합니다. [애니메이션] 탭의 [애니메이션] 그룹에서 자세히(▼) 단추를 클릭한 후 [나타내기]-'닦아내기'를 선택합니다. 이어서, [효과 옵션]-'위에서(↓)'를 선택합니다.

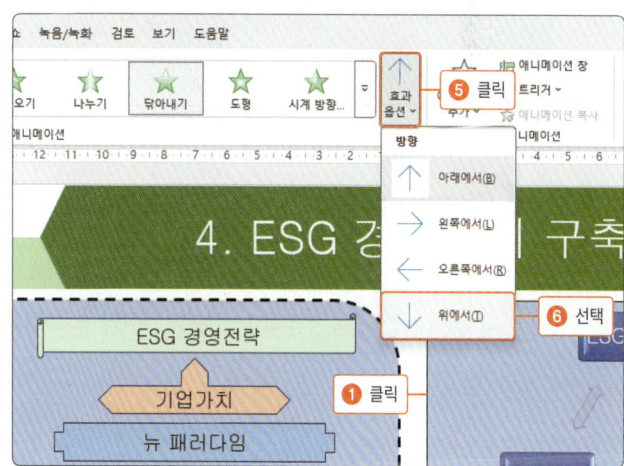

애니메이션 지정하기

[애니메이션] 탭의 [애니메이션] 그룹에서 자세히(▼) 단추를 클릭한 후 **[추가 나타내기 효과]**를 클릭하면 더 많은 애니메이션을 찾을 수 있습니다.

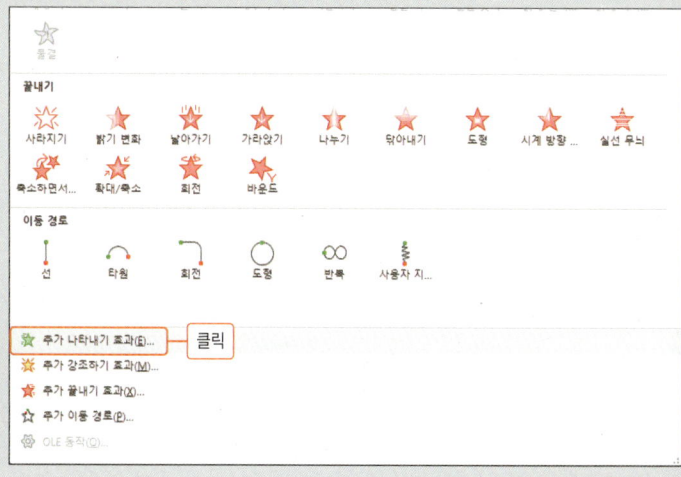

❺ 그룹으로 지정된 도형의 위치를 《출력형태》와 비슷하게 변경합니다.

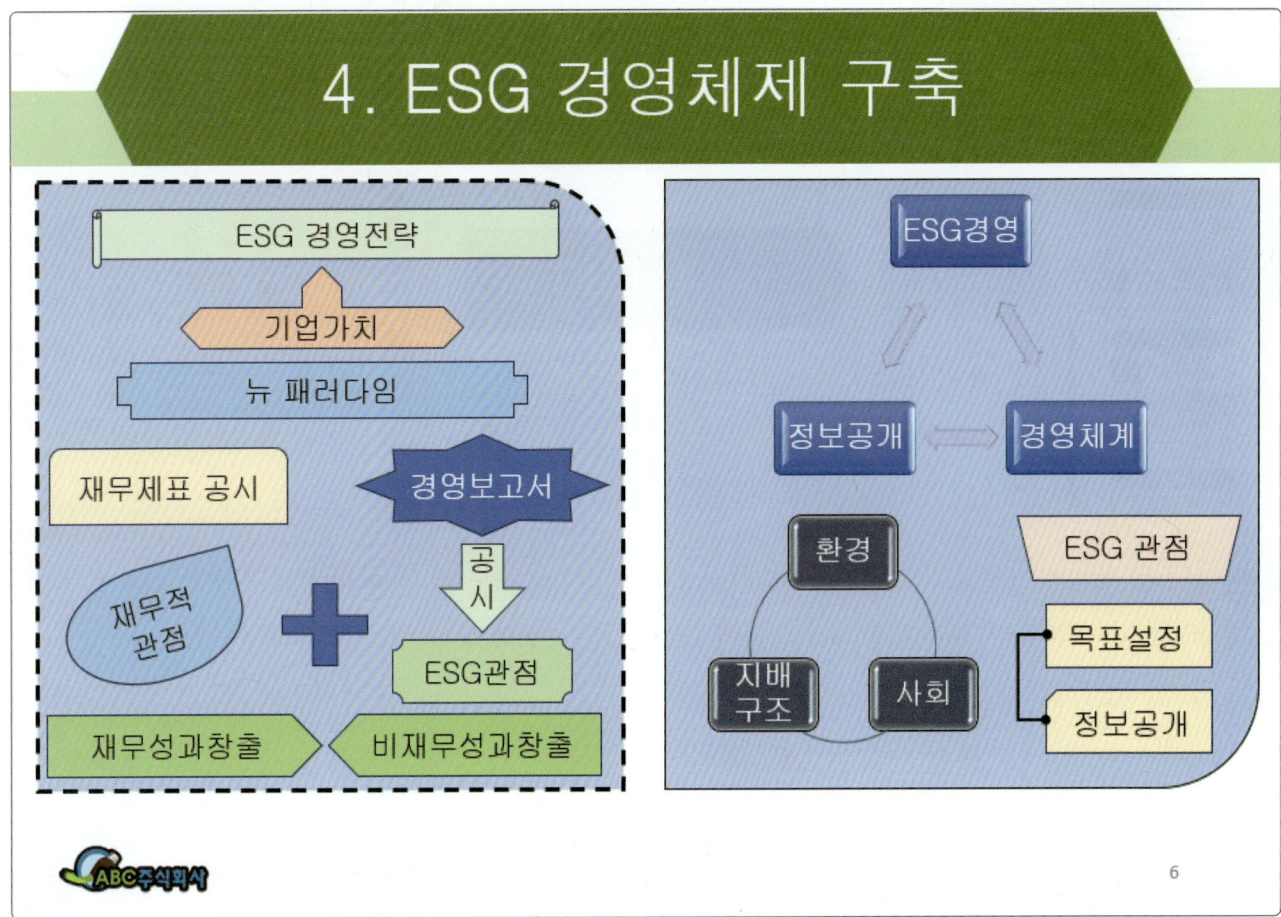

❻ [파일]-[저장](Ctrl+S) 또는 [빠른 실행 도구 모음]에서 '**저장(🖫)**'을 클릭합니다.

※ 실제 시험을 볼 때 작업 도중에 수시로(10분에 한 번 정도) 저장을 하는 것이 좋습니다.

출제유형 완전정복

[슬라이드 6] 《도형 슬라이드》

완전정복-01 문제지의 지시사항 및 세부조건을 참고하여 《출력형태》에 알맞게 작업하시오.

• 소스 : 정복07_문제01.pptx • 정답 : 정복07_정답01.pptx

작성 시간 / 권장 시간 : 분 / 20분

(1) 슬라이드와 같이 도형 및 스마트아트를 배치한다(글꼴 : 돋움, 18pt).
(2) 애니메이션 순서 : ① ⇒ ②

《출력형태》

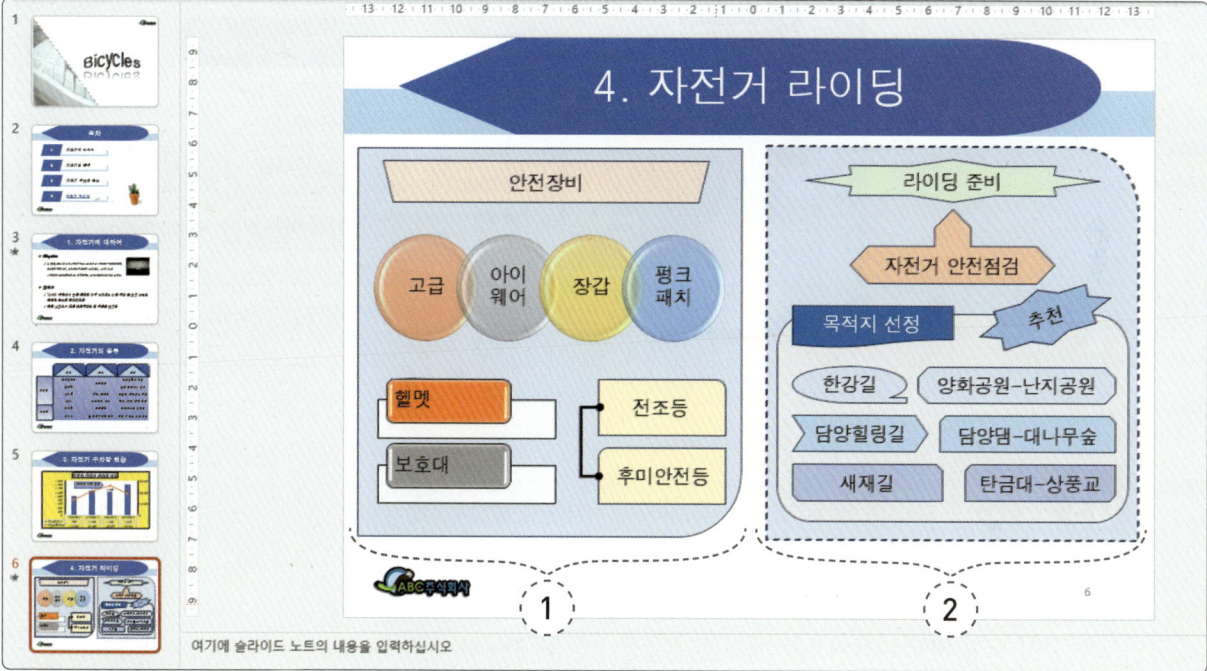

◆ 세부 조건

① 도형 및 스마트아트 편집
  - 스마트아트 디자인 : 3차원 경사, 3차원 만화
  - 그룹화 후 애니메이션 효과 : 닦아내기(위에서)

② 도형 편집
  - 그룹화 후 애니메이션 효과 : 회전

완전정복-02

문제지의 지시사항 및 세부조건을 참고하여 《출력형태》에 알맞게 작업하시오.

• 소스 : 정복07_문제02.pptx   • 정답 : 정복07_정답02.pptx

작성 시간 / 권장 시간
분 / 20분

(1) 슬라이드와 같이 도형 및 스마트아트를 배치한다(글꼴 : 돋움, 18pt).

(2) 애니메이션 순서 : ① ⇒ ②

세부조건

① **도형 및 스마트아트 편집**
  − 스마트아트 디자인 :
    3차원 경사, 3차원 만화
  − 그룹화 후 애니메이션 효과 :
    닦아내기(위에서)

② **도형 편집**
  − 그룹화 후 애니메이션 효과 :
    회전

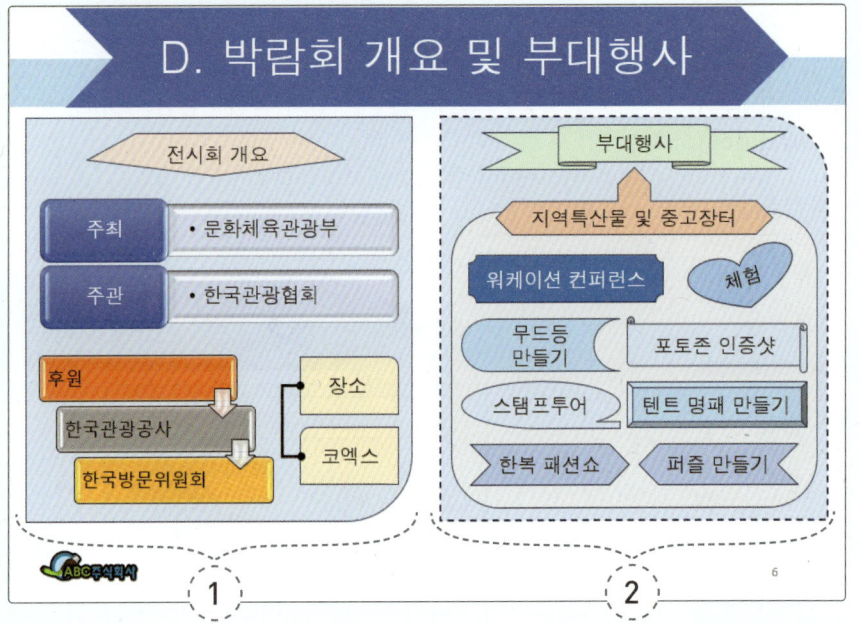

완전정복-03

문제지의 지시사항 및 세부조건을 참고하여 《출력형태》에 알맞게 작업하시오.

• 소스 : 정복07_문제03.pptx   • 정답 : 정복07_정답03.pptx

작성 시간 / 권장 시간
분 / 20분

(1) 슬라이드와 같이 도형 및 스마트아트를 배치한다(글꼴 : 돋움, 18pt).

(2) 애니메이션 순서 : ① ⇒ ②

세부조건

① **도형 및 스마트아트 편집**
  − 스마트아트 디자인 :
    미세 효과, 강한 효과
  − 그룹화 후 애니메이션 효과 :
    닦아내기(위에서)

② **도형 편집**
  − 그룹화 후 애니메이션 효과 :
    회전

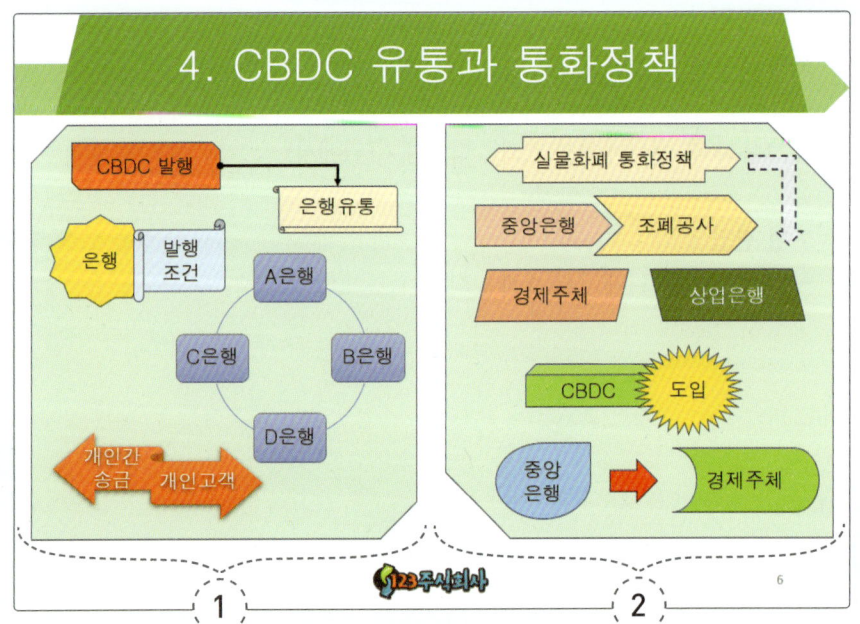

완전정복 - 04

문제지의 지시사항 및 세부조건을 참고하여 《출력형태》에 알맞게 작업하시오.

• 소스 : 정복07_문제04.pptx   • 정답 : 정복07_정답04.pptx

작성 시간 / 권장 시간
분 / 20분

(1) 슬라이드와 같이 도형 및 스마트아트를 배치한다(글꼴 : 돋움, 18pt).
(2) 애니메이션 순서 : ① ⇒ ②

세부조건

① **도형 및 스마트아트 편집**
  - 스마트아트 디자인 :
    3차원 경사, 3차원 만화
  - 그룹화 후 애니메이션 효과 :
    닦아내기(위에서)

② **도형 편집**
  - 그룹화 후 애니메이션 효과 :
    회전

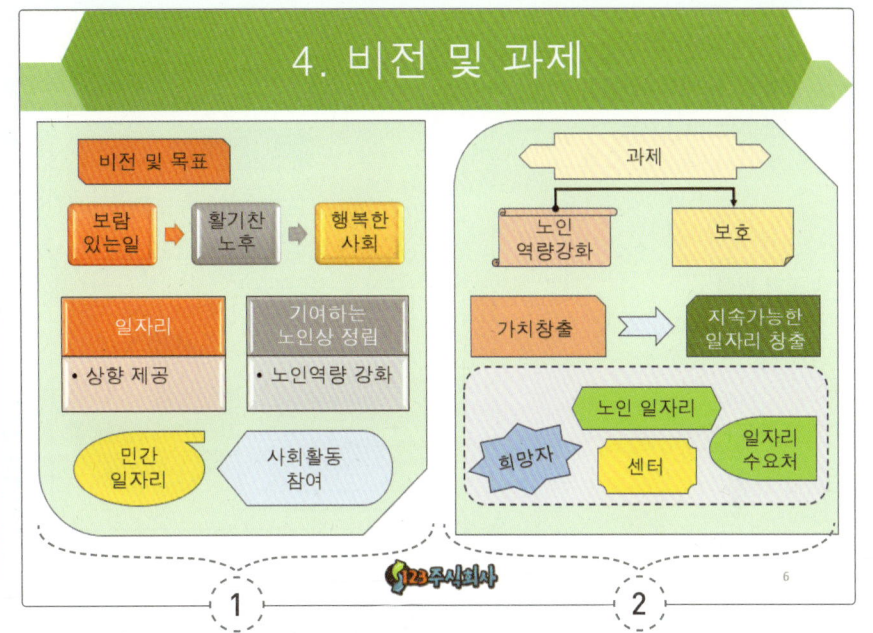

완전정복 - 05

문제지의 지시사항 및 세부조건을 참고하여 《출력형태》에 알맞게 작업하시오.

• 소스 : 정복07_문제05.pptx   • 정답 : 정복07_정답05.pptx

작성 시간 / 권장 시간
분 / 20분

(1) 슬라이드와 같이 도형 및 스마트아트를 배치한다(글꼴 : 돋움, 18pt).
(2) 애니메이션 순서 : ① ⇒ ②

세부조건

① **도형 및 스마트아트 편집**
  - 스마트아트 디자인 :
    3차원 경사, 3차원 만화
  - 그룹화 후 애니메이션 효과 :
    닦아내기(위에서)

② **도형 편집**
  - 그룹화 후 애니메이션 효과 :
    회전

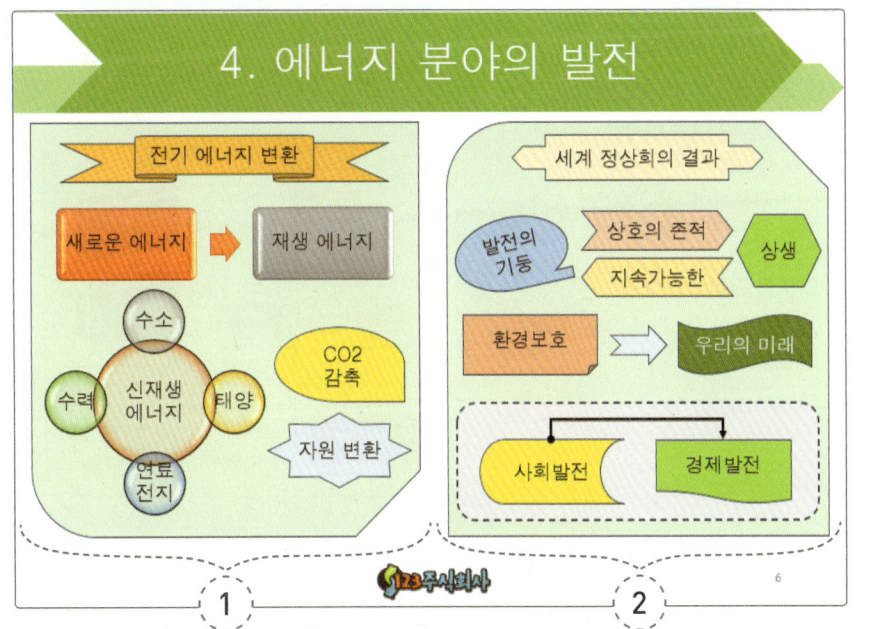

출제유형 07   [슬라이드 6] 《도형 슬라이드》

완전정복 - 06

문제지의 지시사항 및 세부조건을 참고하여 《출력형태》에 알맞게 작업하시오.

- 소스 : 정복07_문제06.pptx
- 정답 : 정복07_정답06.pptx

작성 시간 / 권장 시간
분 / 20분

(1) 슬라이드와 같이 도형 및 스마트아트를 배치한다(글꼴 : 돋움, 18pt).
(2) 애니메이션 순서 : ① ⇒ ②

세부조건

① **도형 및 스마트아트 편집**
 - 스마트아트 디자인 :
  3차원 만화, 강한 효과
 - 그룹화 후 애니메이션 효과 :
  실선 무늬(세로)

② **도형 편집**
 - 그룹화 후 애니메이션 효과 :
  회전

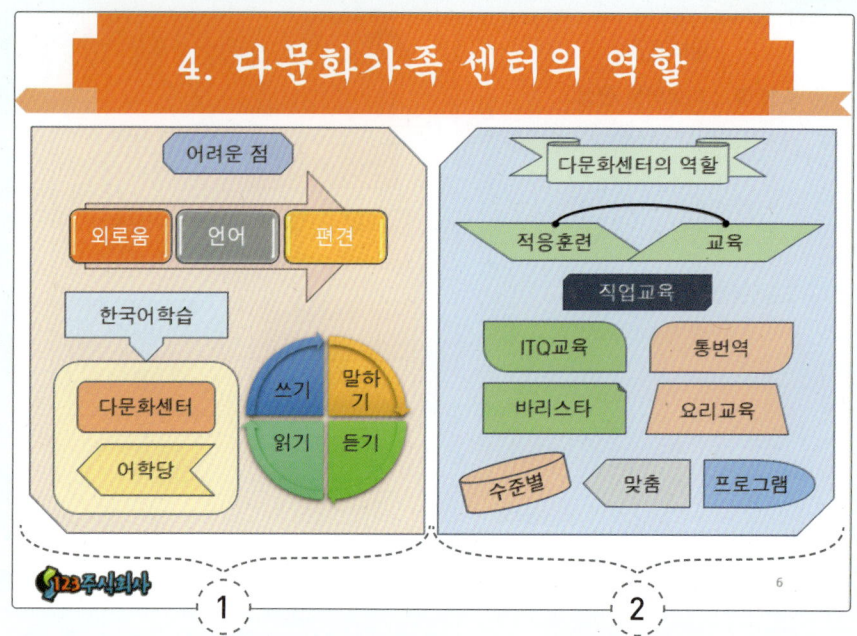

완전정복 - 07

문제지의 지시사항 및 세부조건을 참고하여 《출력형태》에 알맞게 작업하시오.

- 소스 : 정복07_문제07.pptx
- 정답 : 정복07_정답07.pptx

작성 시간 / 권장 시간
분 / 10분

(1) 슬라이드와 같이 도형 및 스마트아트를 배치한다(글꼴 : 돋움, 18pt).
(2) 애니메이션 순서 : ① ⇒ ②

세부조건

① **도형 및 스마트아트 편집**
 - 스마트아트 디자인 :
  3차원 만화, 3차원 벽돌
 - 그룹화 후 애니메이션 효과 :
  실선 무늬(세로)

② **도형 편집**
 - 그룹화 후 애니메이션 효과 :
  회전

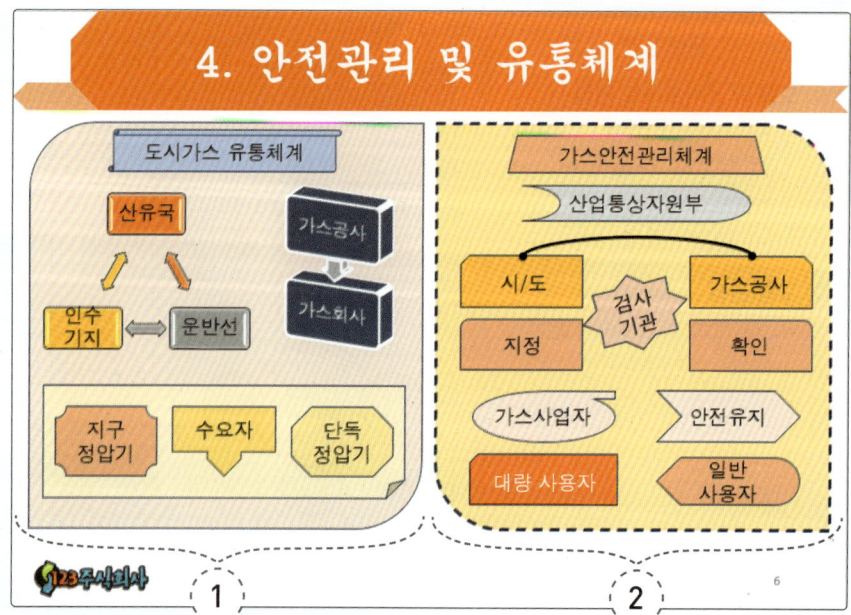

MEMO

도형 모양 조절점 변경하기

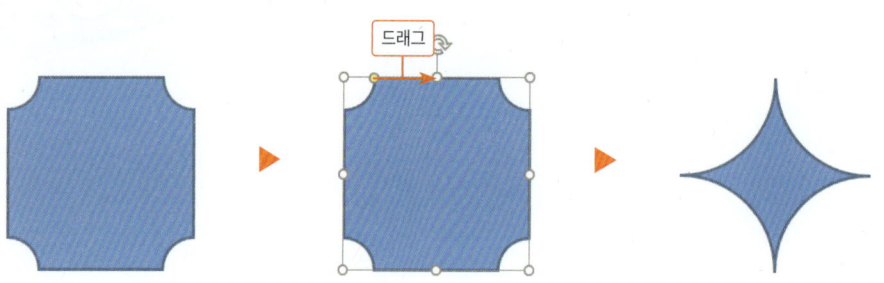

▲ 배지

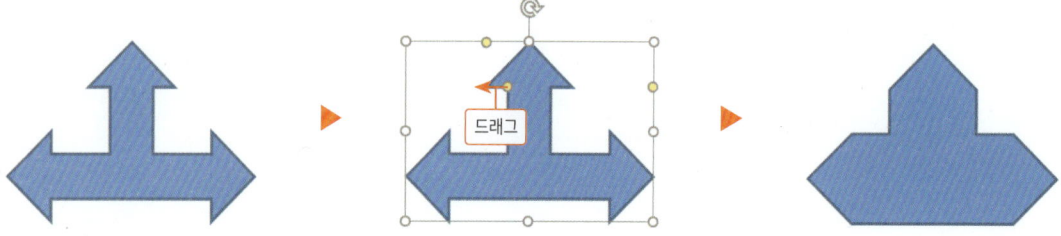

▲ 왼쪽/오른쪽/위쪽 화살표

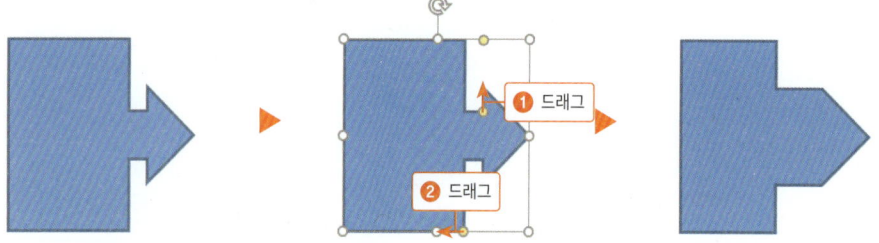

▲ 오른쪽 화살표 설명선

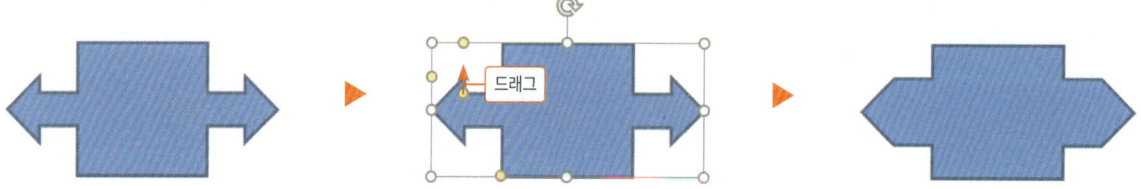

▲ 왼쪽/오른쪽 화살표 설명선

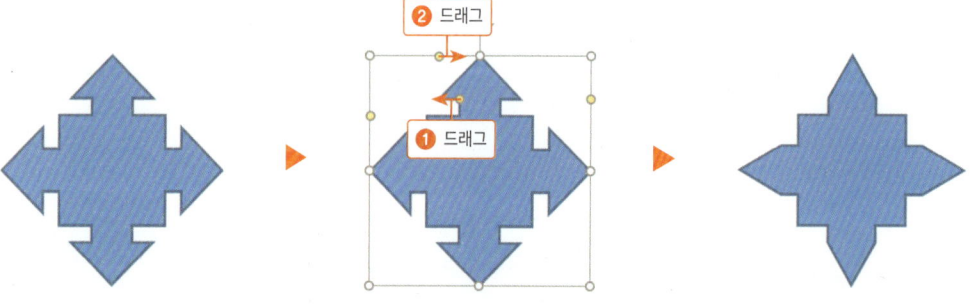

▲ 왼쪽/오른쪽/위쪽/아래쪽 화살표 설명선

PART 02
출제예상 모의고사

- ☑ 제 **01** 회 출제예상 모의고사
- ☑ 제 **02** 회 출제예상 모의고사
- ☑ 제 **03** 회 출제예상 모의고사
- ☑ 제 **04** 회 출제예상 모의고사
- ☑ 제 **05** 회 출제예상 모의고사
- ☑ 제 **06** 회 출제예상 모의고사
- ☑ 제 **07** 회 출제예상 모의고사
- ☑ 제 **08** 회 출제예상 모의고사
- ☑ 제 **09** 회 출제예상 모의고사
- ☑ 제 **10** 회 출제예상 모의고사
- ☑ 제 **11** 회 출제예상 모의고사
- ☑ 제 **12** 회 출제예상 모의고사

제 01 회 정보기술자격(ITQ) 출제예상 모의고사

작성 시간 / 시험 시간	채점 결과
분 / 60분	점 / 500점

과목	코드	문제유형	시험시간	수험번호	성명
한글파워포인트	1142	A	60분		

MS오피스

· 수험자 유의사항 ·

- 수험자는 문제지를 받는 즉시 문제지와 **수험표상의 시험과목(프로그램)이 동일한지 반드시 확인**하여야 합니다.
- 파일명은 본인의 "수험번호-성명"으로 입력하여 답안 폴더(내 PC\문서\ITQ)에 하나의 파일로 저장해야 하며, 답안 파일을 전송하지 않아 미제출로 처리될 경우 실격 처리합니다(예 : 12345678-홍길동.pptx).
- 답안 작성을 마치면 파일을 저장하고, '답안 전송' 버튼을 선택하여 감독위원 PC로 답안을 전송하십시오. 수험생 정보와 저장한 파일명이 다를 경우 전송되지 않으므로 주의하시기 바랍니다.
- 답안 작성 중에도 **주기적으로 저장하고, '답안 전송'**하여야 문제 발생을 줄일 수 있습니다. 작업한 내용을 저장하지 않고 전송할 경우 이전에 저장된 내용이 전송되오니 이점 유의하시기 바랍니다.
- 답안 문서는 지정된 경로 외의 다른 보조기억장치에 저장하는 경우, 지정된 시험 시간 외에 작성된 파일을 활용할 경우, 기타 통신 수단(이메일, 메신저, 네트워크 등)을 이용하여 타인에게 전달 또는 외부 반출하는 경우는 부정 처리합니다.
- 시험 중 부주의 또는 고의로 시스템을 파손한 경우는 수험자가 변상해야 하며, 〈수험자 유의사항〉에 기재된 방법대로 이행하지 않아 생기는 불이익은 수험생 당사자의 책임임을 알려 드립니다.
- 문제의 조건은 MS오피스 2021 버전으로 설정되어 있습니다.
  이와 관련하여 작성한 답안의 출력형태가 문제지와 다를 수 있습니다.
- 시험을 완료한 수험자는 답안파일이 전송되었는지 확인한 후 감독위원의 지시에 따라 문제지를 제출하고 퇴실합니다.

· 답안 작성요령 ·

- 온라인 답안 작성 절차
  수험자 등록 ⇒ 시험 시작 ⇒ 답안파일 저장 ⇒ 답안 전송 ⇒ 시험 종료
- 슬라이드의 크기는 A4 Paper로 설정하여 작성합니다.
- 슬라이드의 총 개수는 6개로 구성되어 있으며 슬라이드 1부터 순서대로 작업하고 반드시 문제와 세부조건대로 합니다.
- 별도의 지시사항이 없는 경우 출력형태를 참조하여 글꼴색은 검정 또는 흰색으로 작성하고, 기타사항은 전체적인 균형을 고려하여 작성합니다.
- 슬라이드 도형 및 개체에 출력형태와 다른 스타일(그림자, 외곽선 등)을 적용했을 경우 감점처리 됩니다.
- 슬라이드 번호를 작성합니다(슬라이드 1에는 생략).
- 2~6번 슬라이드 제목 도형과 하단 로고는 슬라이드 마스터를 이용하여 출력형태와 동일하게 작성합니다(슬라이드 1에는 생략).
- 문제와 세부조건, 세부조건 번호 ⊙(점선원)는 입력하지 않습니다.
- 각 개체의 위치는 오른쪽의 슬라이드와 동일하게 구성합니다.
- 그림 삽입 문제의 경우 반드시 「내 PC\문서\ITQ\Picture」 폴더에서 정확한 파일을 선택하여 삽입하십시오.
- 각 슬라이드를 각각의 파일로 작업해서 저장할 경우 실격 처리됩니다.

kpc 한국생산성본부

[전체구성] 60점

(1) 슬라이드 크기 및 순서 : 크기를 A4 용지로 설정하고 슬라이드 순서에 맞게 작성한다.
(2) 슬라이드 마스터 : 2~6슬라이드의 제목, 하단 로고, 슬라이드 번호는 슬라이드 마스터를 이용하여 작성한다.
　- 제목 글꼴(돋움, 40pt, 흰색), 가운데 맞춤, 도형(선 없음)
　- 하단 로고(「내 PC\문서\ITQ\Picture\로고2.jpg」, 배경(회색) 투명색으로 설정)

[슬라이드 1] ≪표지 디자인≫ 40점

(1) 표지 디자인 : 도형, 워드아트 및 그림을 이용하여 작성한다.

세부조건

① 도형 편집
　- 도형에 그림 채우기 :
　　「내 PC\문서\ITQ\Picture\
　　그림1.jpg」, 투명도 50%
　- 도형 효과 :
　　부드러운 가장자리 5포인트
② 워드아트 삽입
　- 변환 : 삼각형, 아래로
　- 글꼴 : 굴림, 굵게
　- 텍스트 반사 : 전체 반사, 8pt 오프셋
③ 그림 삽입
　-「내 PC\문서\ITQ\Picture\
　　로고2.jpg」
　- 배경(회색) 투명색으로 설정

[슬라이드 2] ≪목차 슬라이드≫ 60점

(1) 출력형태와 같이 도형을 이용하여 목차를 작성한다(글꼴 : 굴림, 24pt).
(2) 도형 : 선 없음

세부조건

① 텍스트에 링크 적용
　→ '슬라이드 5'
② 그림 삽입
　-「내 PC\문서\ITQ\Picture\
　　그림4.jpg」
　- 자르기 기능 이용

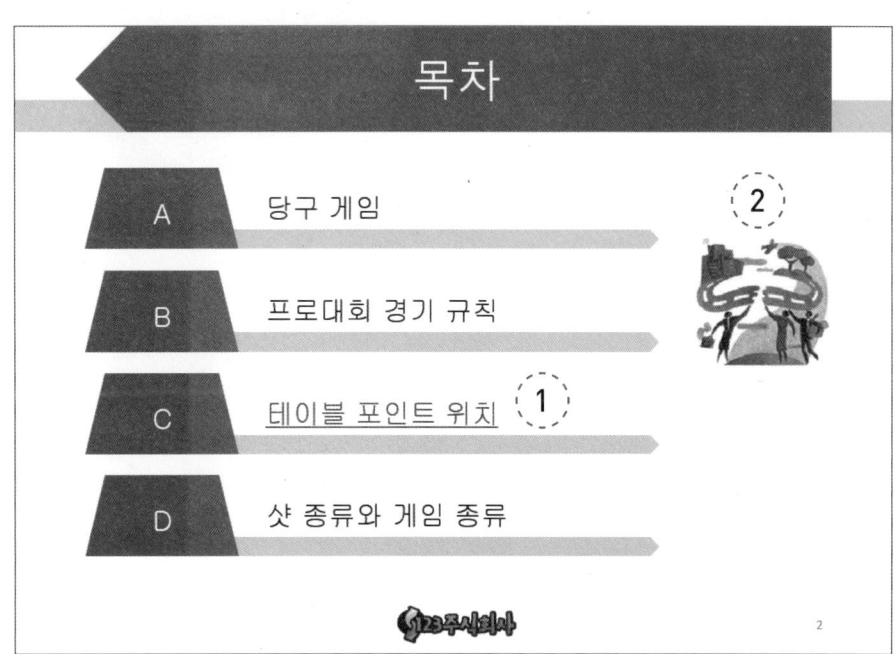

[슬라이드 3] ≪텍스트/동영상 슬라이드≫ 60점

(1) 텍스트 작성 : 글머리 기호 사용(◆, ✓)
◆문단(돋움, 24pt, 굵게, 줄간격 : 1.5줄), ✓문단(돋움, 20pt, 줄간격 : 1.5줄)

세부조건
① 동영상 삽입 :
- 「내 PC₩문서₩ITQ₩Picture₩동영상.wmv」
- 자동실행, 반복재생 설정

A. 당구 게임

◆ Billiard game
✓ It is a sport in which several balls are placed on a standardized table and hit with a long stick to determine the game according to the rules

◆ 당구 게임
✓ 규격화된 테이블 위에 여러 개의 공을 놓고 긴 막대기로 쳐서 룰에 따라 승부를 가리는 스포츠
✓ 당구공 재질은 나무, 점토, 상아를 거쳐 현재 플라스틱으로 제작

[슬라이드 4] ≪표 슬라이드≫ 80점

(1) 도형과 표 작성 기능을 이용하여 슬라이드를 작성한다(글꼴 : 굴림, 18pt).

세부조건
① 상단 도형 :
2개 도형의 조합으로 작성
② 좌측 도형 :
그라데이션 효과(선형 아래쪽)
③ 표 스타일 :
테마 스타일 1 - 강조 5

B. 프로대회 경기 규칙

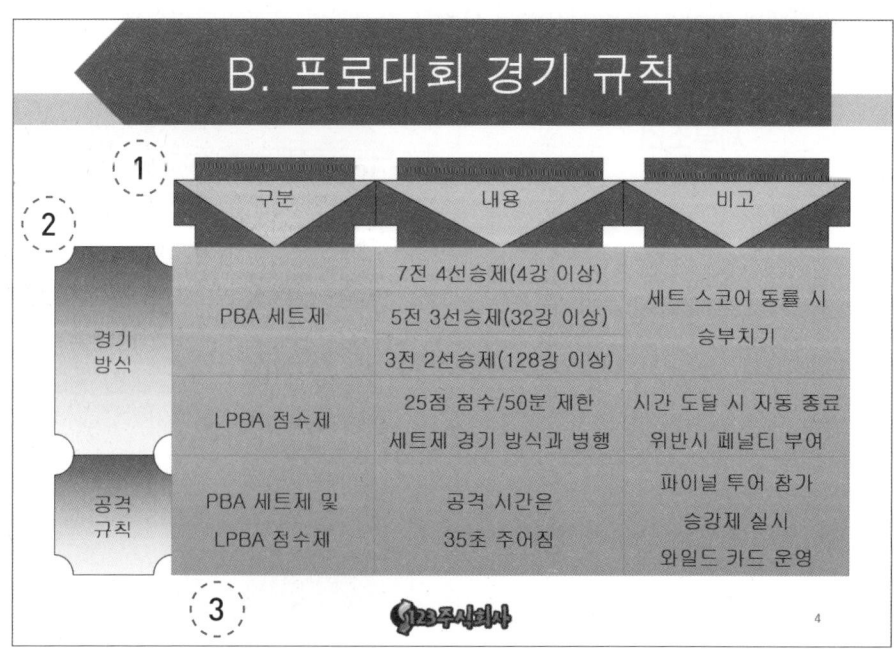

구분	내용		비고
경기 방식	PBA 세트제	7전 4선승제(4강 이상)	세트 스코어 동률 시 승부치기
		5전 3선승제(32강 이상)	
		3전 2선승제(128강 이상)	
	LPBA 점수제	25점 점수/50분 제한 세트제 경기 방식과 병행	시간 도달 시 자동 종료 위반시 페널티 부여
공격 규칙	PBA 세트제 및 LPBA 점수제	공격 시간은 35초 주어짐	파이널 투어 참가 승강제 실시 와일드 카드 운영

[슬라이드 5] ≪차트 슬라이드≫ 100점

(1) 차트 작성 기능을 이용하여 슬라이드를 작성한다.
(2) 차트 : 종류(묶은 세로 막대형), 글꼴(돋움, 16pt), 외곽선

세부조건

※ 차트설명
- 차트 제목 : 궁서, 24pt, 굵게, 채우기(흰색), 테두리, 그림자(오프셋 아래쪽)
- 차트 영역 : 채우기(노랑) 그림 영역 : 채우기(흰색)
- 데이터 서식 : 근사각 계열을 표식(◆)이 있는 꺾은선형으로 변경 후 보조축으로 지정
- 값 표시 : 장2의 계산각 계열만

① 도형 삽입
- 스타일 : 미세 효과 – 파랑, 강조 1
- 글꼴 : 굴림, 18pt

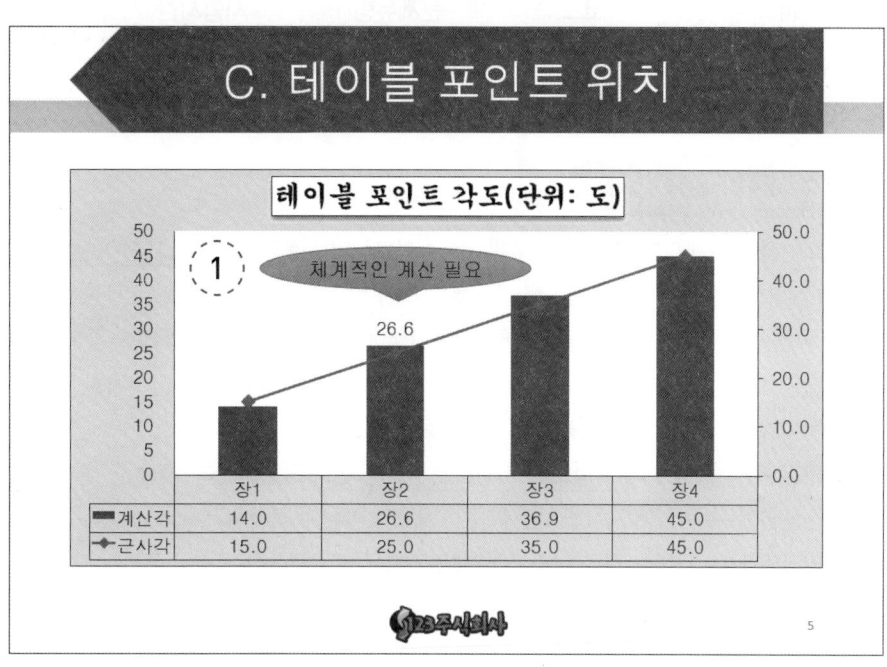

[슬라이드 6] ≪도형 슬라이드≫ 100점

(1) 슬라이드와 같이 도형 및 스마트아트를 배치한다(글꼴 : 굴림, 18pt).
(2) 애니메이션 순서 : ① ⇒ ②

세부조건

① 도형 및 스마트아트 편집
- 스마트아트 디자인
  : 3차원 벽돌,
    3차원 경사
- 그룹화 후 애니메이션 효과
  : 올라오기(서서히 아래로)

② 도형 편집
- 그룹화 후 애니메이션 효과
  : 밝기 변화

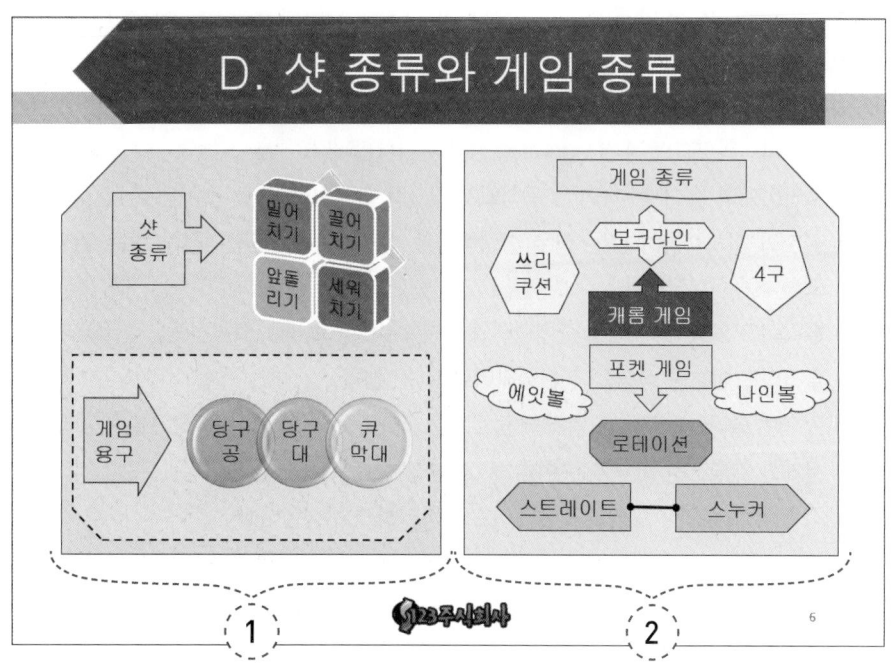

제 02 회 정보기술자격(ITQ) 출제예상 모의고사

작성 시간 / 시험 시간	채점 결과
분 / 60분	점 / 500점

과목	코드	문제유형	시험시간	수험번호	성명
한글파워포인트	1142	B	60분		

MS오피스

· 수험자 유의사항 ·

- 수험자는 문제지를 받는 즉시 문제지와 **수험표상의 시험과목(프로그램)이 동일한지 반드시 확인**하여야 합니다.
- 파일명은 본인의 "수험번호–성명"으로 입력하여 답안 폴더(내 PC\문서\ITQ)에 하나의 파일로 저장해야 하며, 답안 파일을 전송하지 않아 미제출로 처리될 경우 실격 처리합니다(예 : 12345678–홍길동.pptx).
- 답안 작성을 마치면 파일을 저장하고, '답안 전송' 버튼을 선택하여 감독위원 PC로 답안을 전송하십시오. 수험생 정보와 저장한 파일명이 다를 경우 전송되지 않으므로 주의하시기 바랍니다.
- 답안 작성 중에도 **주기적으로 저장하고, '답안 전송'**하여야 문제 발생을 줄일 수 있습니다. 작업한 내용을 저장하지 않고 전송할 경우 이전에 저장된 내용이 전송되오니 이점 유의하시기 바랍니다.
- 답안 문서는 지정된 경로 외의 다른 보조기억장치에 저장하는 경우, 지정된 시험 시간 외에 작성된 파일을 활용할 경우, 기타 통신 수단(이메일, 메신저, 네트워크 등)을 이용하여 타인에게 전달 또는 외부 반출하는 경우는 부정 처리합니다.
- 시험 중 부주의 또는 고의로 시스템을 파손한 경우는 수험자가 변상해야 하며, 〈수험자 유의사항〉에 기재된 방법대로 이행하지 않아 생기는 불이익은 수험생 당사자의 책임임을 알려 드립니다.
- 문제의 조건은 MS오피스 2021 버전으로 설정되어 있습니다.
  이와 관련하여 작성한 답안의 출력형태가 문제지와 다를 수 있습니다.
- 시험을 완료한 수험자는 답안파일이 전송되었는지 확인한 후 감독위원의 지시에 따라 문제지를 제출하고 퇴실합니다.

· 답안 작성요령 ·

- 온라인 답안 작성 절차
  수험자 등록 ⇒ 시험 시작 ⇒ 답안파일 저장 ⇒ 답안 전송 ⇒ 시험 종료
- 슬라이드의 크기는 A4 Paper로 설정하여 작성합니다.
- 슬라이드의 총 개수는 6개로 구성되어 있으며 슬라이드 1부터 순서대로 작업하고 반드시 문제와 세부조건대로 합니다.
- 별도의 지시사항이 없는 경우 출력형태를 참조하여 글꼴색은 검정 또는 흰색으로 작성하고, 기타사항은 전체적인 균형을 고려하여 작성합니다.
- 슬라이드 도형 및 개체에 출력형태와 다른 스타일(그림자, 외곽선 등)을 적용했을 경우 감점처리 됩니다.
- 슬라이드 번호를 작성합니다(슬라이드 1에는 생략).
- 2~6번 슬라이드 제목 도형과 하단 로고는 슬라이드 마스터를 이용하여 출력형태와 동일하게 작성합니다(슬라이드 1에는 생략).
- 문제와 세부조건, 세부조건 번호 ◌(점선원)는 입력하지 않습니다.
- 각 개체의 위치는 오른쪽의 슬라이드와 동일하게 구성합니다.
- 그림 삽입 문제의 경우 반드시 「내 PC\문서\ITQ\Picture」 폴더에서 정확한 파일을 선택하여 삽입하십시오.
- 각 슬라이드를 각각의 파일로 작업해서 저장할 경우 실격 처리됩니다.

[전체구성] 60점

(1) 슬라이드 크기 및 순서 : 크기를 A4 용지로 설정하고 슬라이드 순서에 맞게 작성한다.
(2) 슬라이드 마스터 : 2~6슬라이드의 제목, 하단 로고, 슬라이드 번호는 슬라이드 마스터를 이용하여 작성한다.
- 제목 글꼴(돋움, 40pt, 흰색), 가운데 맞춤, 도형(선 없음)
- 하단 로고(「내 PC\문서\ITQ\Picture\로고1.jpg」, 배경(회색) 투명색으로 설정)

[슬라이드 1] ≪표지 디자인≫ 40점

(1) 표지 디자인 : 도형, 워드아트 및 그림을 이용하여 작성한다.

세부조건

① 도형 편집
- 도형에 그림 채우기 :
「내 PC\문서\ITQ\Picture\
그림2.jpg」, 투명도 50%
- 도형 효과 :
부드러운 가장자리 5포인트
② 워드아트 삽입
- 변환 : 갈매기형 수장, 위로
- 글꼴 : 돋움, 굵게
- 텍스트 반사 : 근접 반사, 4pt 오프셋
③ 그림 삽입
- 「내 PC\문서\ITQ\Picture\
로고1.jpg」
- 배경(회색) 투명색으로 설정

[슬라이드 2] ≪목차 슬라이드≫ 60점

(1) 출력형태와 같이 도형을 이용하여 목차를 작성한다(글꼴 : 굴림, 24pt).
(2) 도형 : 선 없음

세부조건

① 텍스트에 링크 적용
→ '슬라이드 6'
② 그림 삽입
- 「내 PC\문서\ITQ\Picture\
그림4.jpg」
- 자르기 기능 이용

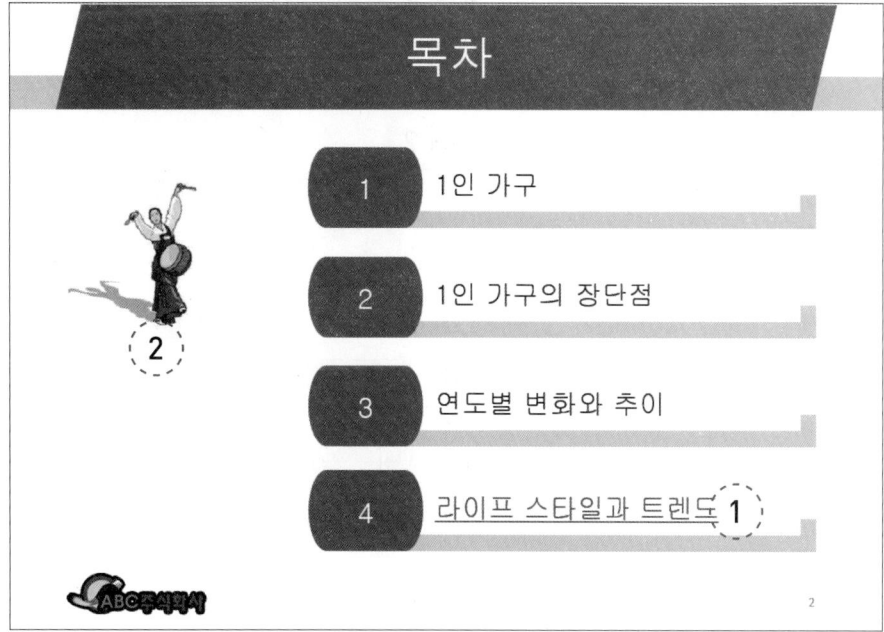

[슬라이드 3] ≪텍스트/동영상 슬라이드≫   60점

(1) 텍스트 작성 : 글머리 기호 사용(❖, ▶)
❖문단(굴림, 24pt, 굵게, 줄간격 : 1.5줄), ▶문단(굴림, 20pt, 줄간격 : 1.5줄)

세부조건

① 동영상 삽입 :
- 「내 PC₩문서₩ITQ₩Picture₩ 동영상.wmv」
- 자동실행, 반복재생 설정

1. 1인 가구

❖ Single-person household
  ▶ It refers to the living unit that makes a living alone
  ▶ This is a more simplified form of home, where one person lives in one house or one space

❖ 1인 가구
  ▶ 한 명으로 구성된 생활 단위로, 혼자서 생계를 유지하고 있는 단순화된 형태의 가구로 한 집 또는 하나의 공간에 1인이 생활하는 것을 의미함

[슬라이드 4] ≪표 슬라이드≫   80점

(1) 도형과 표 작성 기능을 이용하여 슬라이드를 작성한다(글꼴 : 돋움, 18pt).

세부조건

① 상단 도형 :
  2개 도형의 조합으로 작성

② 좌측 도형 :
  그라데이션 효과(선형 아래쪽)

③ 표 스타일 :
  테마 스타일 1 - 강조 5

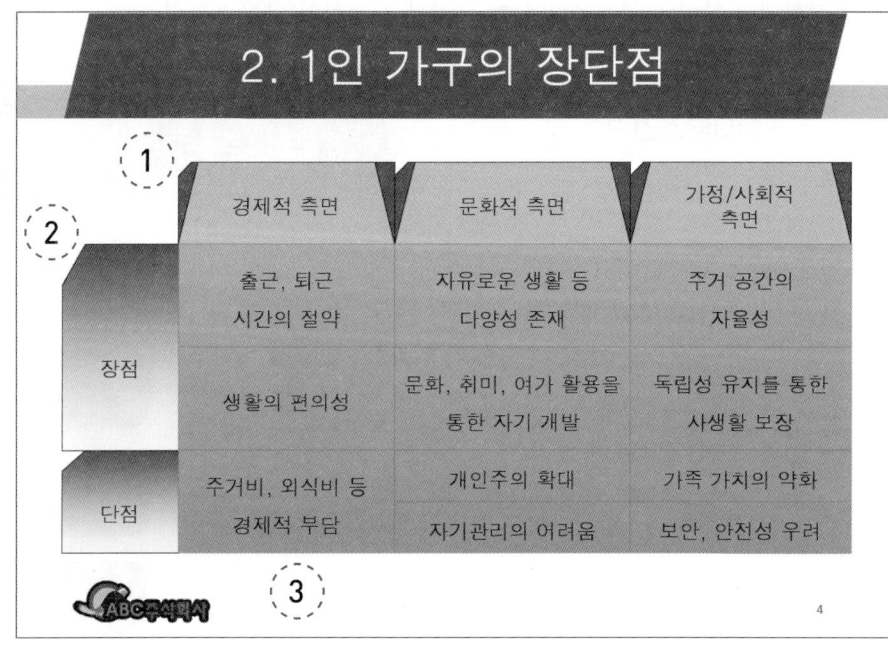

[슬라이드 5] ≪차트 슬라이드≫ 100점

(1) 차트 작성 기능을 이용하여 슬라이드를 작성한다.
(2) 차트 : 종류(묶은 세로 막대형), 글꼴(돋움, 16pt), 외곽선

세부조건

※ 차트설명
- 차트 제목 : 궁서, 24pt, 굵게, 채우기(흰색), 테두리, 그림자(오프셋 아래쪽)
- 차트 영역 : 채우기(노랑) 그림 영역 : 채우기(흰색)
- 데이터 서식 : 1인 가구비율 계열을 표식(◆)이 있는 꺾은선형으로 변경 후 보조축으로 지정
- 값 표시 : 2021년의 1인 가구수 계열만

① 도형 삽입
- 스타일 : 미세 효과 – 파랑, 강조 1
- 글꼴 : 굴림, 18pt

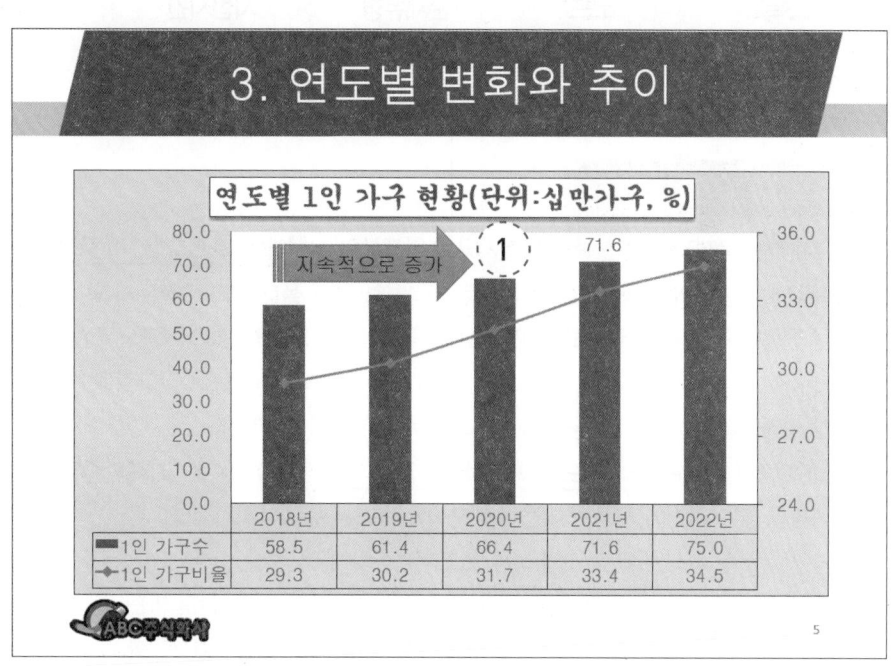

[슬라이드 6] ≪도형 슬라이드≫ 100점

(1) 슬라이드와 같이 도형 및 스마트아트를 배치한다(글꼴 : 굴림, 18pt).
(2) 애니메이션 순서 : ① ⇒ ②

세부조건

① 도형 편집
- 그룹화 후 애니메이션 효과 : 나누기(가로 바깥쪽으로)

② 도형 및 스마트아트 편집
- 스마트아트 디자인 : 3차원 만화, 3차원 벽돌
- 그룹화 후 애니메이션 효과 : 바운드

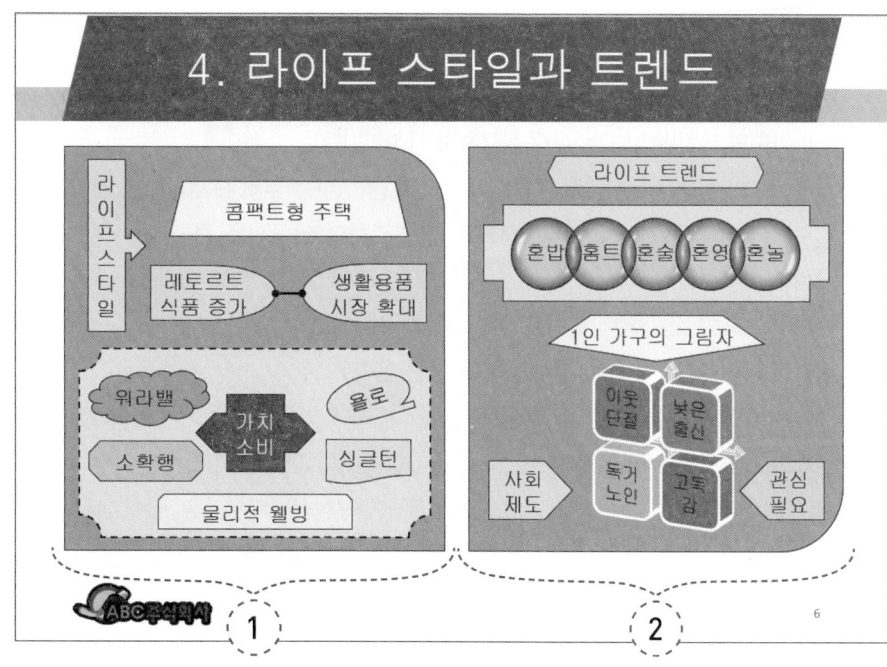

제 03 회 정보기술자격(ITQ) 출제예상 모의고사

작성 시간 / 시험 시간	채점 결과
분 / 60분	점 / 500점

과목	코드	문제유형	시험시간	수험번호	성명
한글파워포인트	1142	C	60분		

MS오피스

수험자 유의사항

- 수험자는 문제지를 받는 즉시 문제지와 **수험표상의 시험과목(프로그램)이 동일한지 반드시 확인**하여야 합니다.
- 파일명은 본인의 "수험번호-성명"으로 입력하여 답안 폴더(내 PC\문서\ITQ)에 하나의 파일로 저장해야 하며, 답안 파일을 전송하지 않아 미제출로 처리될 경우 실격 처리합니다(예 : 12345678-홍길동.pptx).
- 답안 작성을 마치면 파일을 저장하고, '답안 전송' 버튼을 선택하여 감독위원 PC로 답안을 전송하십시오. 수험생 정보와 저장한 파일명이 다를 경우 전송되지 않으므로 주의하시기 바랍니다.
- 답안 작성 중에도 **주기적으로 저장하고, '답안 전송'**하여야 문제 발생을 줄일 수 있습니다. 작업한 내용을 저장하지 않고 전송할 경우 이전에 저장된 내용이 전송되오니 이점 유의하시기 바랍니다.
- 답안 문서는 지정된 경로 외의 다른 보조기억장치에 저장하는 경우, 지정된 시험 시간 외에 작성된 파일을 활용할 경우, 기타 통신 수단(이메일, 메신저, 네트워크 등)을 이용하여 타인에게 전달 또는 외부 반출하는 경우는 부정 처리합니다.
- 시험 중 부주의 또는 고의로 시스템을 파손한 경우는 수험자가 변상해야 하며, 〈수험자 유의사항〉에 기재된 방법대로 이행하지 않아 생기는 불이익은 수험생 당사자의 책임임을 알려 드립니다.
- 문제의 조건은 MS오피스 2021 버전으로 설정되어 있습니다.
  이와 관련하여 작성한 답안의 출력형태가 문제지와 다를 수 있습니다.
- 시험을 완료한 수험자는 답안파일이 전송되었는지 확인한 후 감독위원의 지시에 따라 문제지를 제출하고 퇴실합니다.

답안 작성요령

- 온라인 답안 작성 절차
  수험자 등록 ⇒ 시험 시작 ⇒ 답안파일 저장 ⇒ 답안 전송 ⇒ 시험 종료
- 슬라이드의 크기는 A4 Paper로 설정하여 작성합니다.
- 슬라이드의 총 개수는 6개로 구성되어 있으며 슬라이드 1부터 순서대로 작업하고 반드시 문제와 세부조건대로 합니다.
- 별도의 지시사항이 없는 경우 출력형태를 참조하여 글꼴색은 검정 또는 흰색으로 작성하고, 기타사항은 전체적인 균형을 고려하여 작성합니다.
- 슬라이드 도형 및 개체에 출력형태와 다른 스타일(그림자, 외곽선 등)을 적용했을 경우 감점처리 됩니다.
- 슬라이드 번호를 작성합니다(슬라이드 1에는 생략).
- 2~6번 슬라이드 제목 도형과 하단 로고는 슬라이드 마스터를 이용하여 출력형태와 동일하게 작성합니다(슬라이드 1에는 생략).
- 문제와 세부조건, 세부조건 번호 ۞(점선원)는 입력하지 않습니다.
- 각 개체의 위치는 오른쪽의 슬라이드와 동일하게 구성합니다.
- 그림 삽입 문제의 경우 반드시「내 PC\문서\ITQ\Picture」폴더에서 정확한 파일을 선택하여 삽입하십시오.
- 각 슬라이드를 각각의 파일로 작업해서 저장할 경우 실격 처리됩니다.

kpc 한국생산성본부

[전체구성] 60점

(1) 슬라이드 크기 및 순서 : 크기를 A4 용지로 설정하고 슬라이드 순서에 맞게 작성한다.
(2) 슬라이드 마스터 : 2~6슬라이드의 제목, 하단 로고, 슬라이드 번호는 슬라이드 마스터를 이용하여 작성한다.
 - 제목 글꼴(돋움, 40pt, 흰색), 가운데 맞춤, 도형(선 없음)
 - 하단 로고(「내 PC₩문서₩ITQ₩Picture₩로고2.jpg」, 배경(회색) 투명색으로 설정)

[슬라이드 1] ≪표지 디자인≫ 40점

(1) 표지 디자인 : 도형, 워드아트 및 그림을 이용하여 작성한다.

세부조건
① 도형 편집
 - 도형에 그림 채우기 :
   「내 PC₩문서₩ITQ₩Picture₩
   그림1.jpg」, 투명도 50%
 - 도형 효과 :
   부드러운 가장자리 5포인트
② 워드아트 삽입
 - 변환 : 삼각형, 아래로
 - 글꼴 : 굴림, 굵게
 - 텍스트 반사 : 전체 반사, 8pt 오프셋
③ 그림 삽입
 - 「내 PC₩문서₩ITQ₩Picture₩
   로고2.jpg」
 - 배경(회색) 투명색으로 설정

[슬라이드 2] ≪목차 슬라이드≫ 60점

(1) 출력형태와 같이 도형을 이용하여 목차를 작성한다(글꼴 : 굴림, 24pt).
(2) 도형 : 선 없음

세부조건
① 텍스트에 링크 적용
 → '슬라이드 5'
② 그림 삽입
 - 「내 PC₩문서₩ITQ₩Picture₩
   그림4.jpg」
 - 자르기 기능 이용

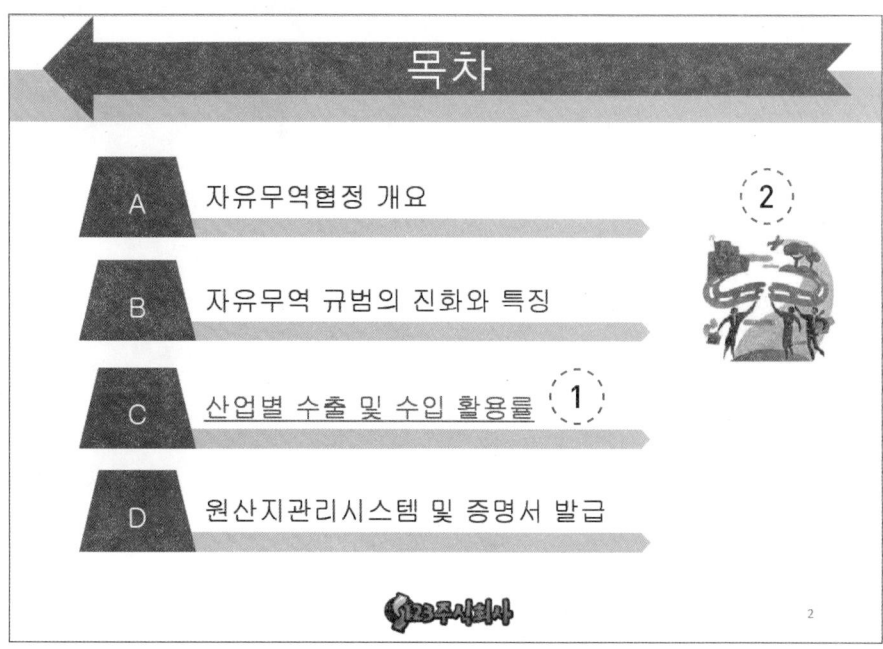

[슬라이드 3] ≪텍스트/동영상 슬라이드≫ 60점

(1) 텍스트 작성 : 글머리 기호 사용(◆, ✓)
　　◆문단(돋움, 24pt, 굵게, 줄간격 : 1.5줄), ✓문단(돋움, 20pt, 줄간격 : 1.5줄)

세부조건
① 동영상 삽입 :
　- 「내 PC₩문서₩ITQ₩Picture₩동영상.wmv」
　- 자동실행, 반복재생 설정

A. 자유무역협정 개요

◆ **Effect and necessity**
　✓ Because foreign good quality goods can be bought cheaply and tariff is low, imported goods are cheap, so foreign goods can be purchased easily

◆ **자유무역협정**
　✓ 특정 국가 간의 상호 무역 증진을 위해 물자나 서비스 이동을 자유화 시키는 협정
　✓ 국가 간의 제반 무역장벽을 완화하거나 철폐하여 무역자유화를 실현하기 위해 체결하는 특혜무역협정

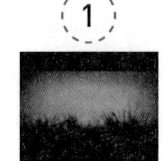

[슬라이드 4] ≪표 슬라이드≫ 80점

(1) 도형과 표 작성 기능을 이용하여 슬라이드를 작성한다(글꼴 : 굴림, 18pt).

세부조건
① 상단 도형 :
　2개 도형의 조합으로 작성
② 좌측 도형 :
　그라데이션 효과(선형 아래쪽)
③ 표 스타일 :
　테마 스타일 1 - 강조 5

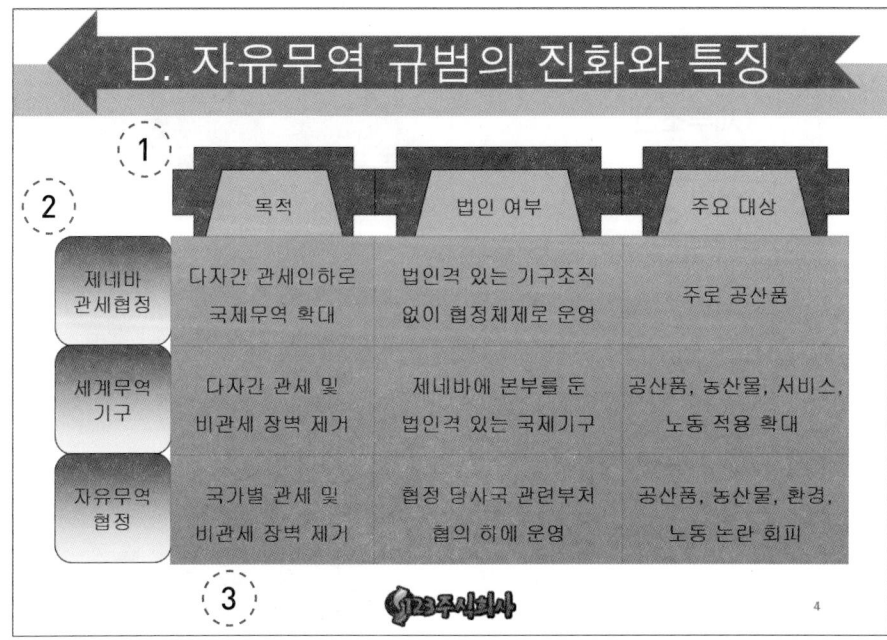

B. 자유무역 규범의 진화와 특징

	목적	법인 여부	주요 대상
제네바 관세협정	다자간 관세인하로 국제무역 확대	법인격 있는 기구조직 없이 협정체제로 운영	주로 공산품
세계무역기구	다자간 관세 및 비관세 장벽 제거	제네바에 본부를 둔 법인격 있는 국제기구	공산품, 농산물, 서비스, 노동 적용 확대
자유무역협정	국가별 관세 및 비관세 장벽 제거	협정 당사국 관련부처 협의 하에 운영	공산품, 농산물, 환경, 노동 논란 회피

[슬라이드 5] ≪차트 슬라이드≫ 100점

(1) 차트 작성 기능을 이용하여 슬라이드를 작성한다.
(2) 차트 : 종류(묶은 세로 막대형), 글꼴(돋움, 16pt), 외곽선

세부조건

※ 차트설명
- 차트 제목 : 궁서, 24pt, 굵게, 채우기(흰색), 테두리, 그림자(오프셋 아래쪽)
- 차트 영역 : 채우기(노랑) 그림 영역 : 채우기(흰색)
- 데이터 서식 : 수입 계열을 표식(◆)이 있는 꺾은선형으로 변경 후 보조축으로 지정
- 값 표시 : 기계류의 수출 계열만

① 도형 삽입
 - 스타일 : 미세 효과 – 파랑, 강조 1
 - 글꼴 : 굴림, 18pt

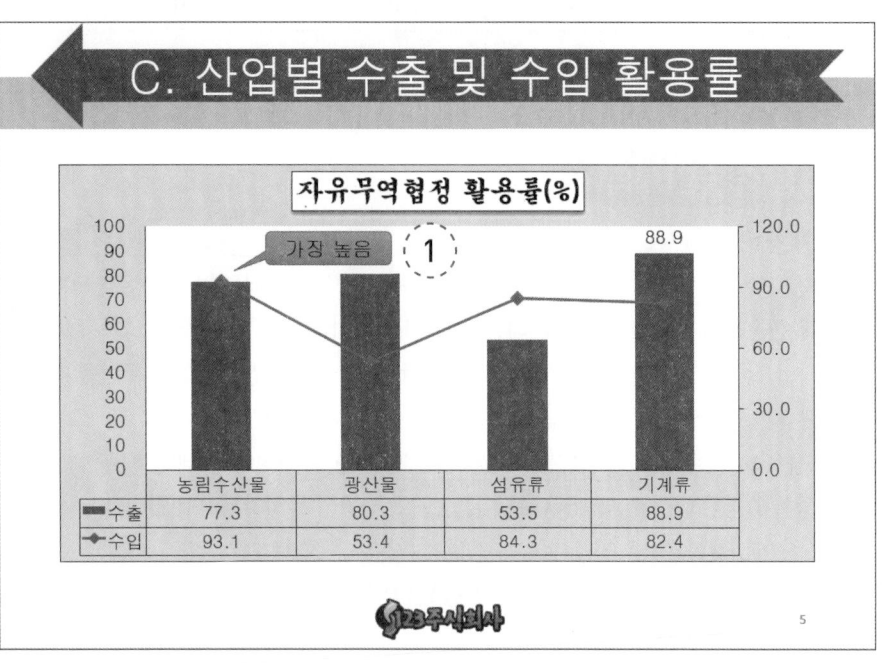

[슬라이드 6] ≪도형 슬라이드≫ 100점

(1) 슬라이드와 같이 도형 및 스마트아트를 배치한다(글꼴 : 굴림, 18pt).
(2) 애니메이션 순서 : ① ⇒ ②

세부조건

① 도형 및 스마트아트 편집
 - 스마트아트 디자인
   : 3차원 벽돌, 3차원 경사
 - 그룹화 후 애니메이션 효과
   : 올라오기(서서히 아래로)

② 도형 편집
 - 그룹화 후 애니메이션 효과
   : 밝기 변화

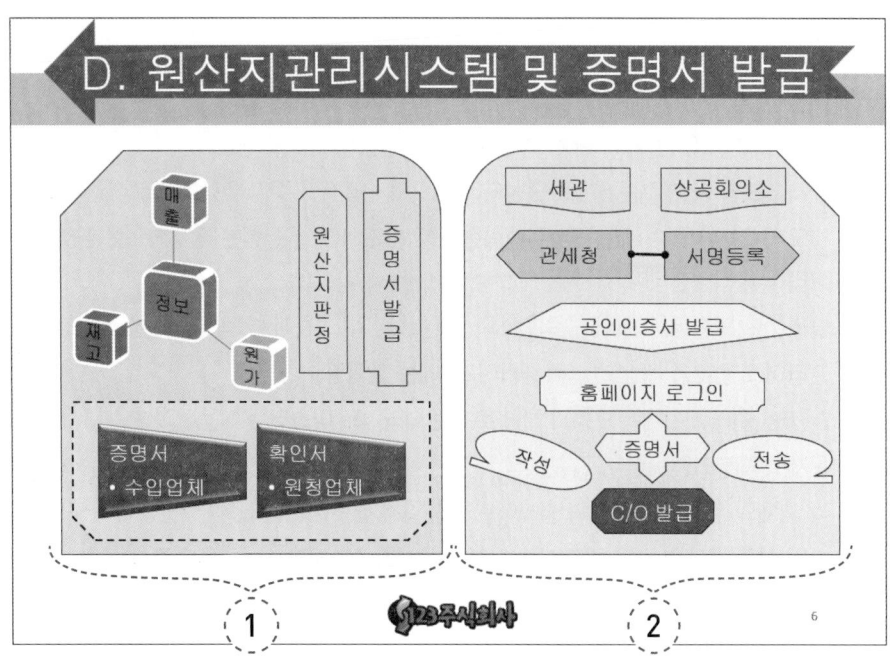

제 04 회 정보기술자격(ITQ) 출제예상 모의고사

작성 시간 / 시험 시간	채점 결과
분 / 60분	점 / 500점

과목	코드	문제유형	시험시간	수험번호	성명
한글파워포인트	1142	D	60분		

MS오피스

· 수험자 유의사항 ·

- 수험자는 문제지를 받는 즉시 문제지와 **수험표상의 시험과목(프로그램)이 동일한지 반드시 확인**하여야 합니다.
- 파일명은 본인의 "수험번호-성명"으로 입력하여 답안 폴더(내 PC\문서\ITQ)에 하나의 파일로 저장해야 하며, 답안 파일을 전송하지 않아 미제출로 처리될 경우 실격 처리합니다(예 : 12345678-홍길동.pptx).
- 답안 작성을 마치면 파일을 저장하고, '답안 전송' 버튼을 선택하여 감독위원 PC로 답안을 전송하십시오. 수험생 정보와 저장한 파일명이 다를 경우 전송되지 않으므로 주의하시기 바랍니다.
- 답안 작성 중에도 **주기적으로 저장하고, '답안 전송'**하여야 문제 발생을 줄일 수 있습니다. 작업한 내용을 저장하지 않고 전송할 경우 이전에 저장된 내용이 전송되오니 이점 유의하시기 바랍니다.
- 답안 문서는 지정된 경로 외의 다른 보조기억장치에 저장하는 경우, 지정된 시험 시간 외에 작성된 파일을 활용할 경우, 기타 통신 수단(이메일, 메신저, 네트워크 등)을 이용하여 타인에게 전달 또는 외부 반출하는 경우는 부정 처리합니다.
- 시험 중 부주의 또는 고의로 시스템을 파손한 경우는 수험자가 변상해야 하며, 〈수험자 유의사항〉에 기재된 방법대로 이행하지 않아 생기는 불이익은 수험생 당사자의 책임임을 알려 드립니다.
- 문제의 조건은 MS오피스 2021 버전으로 설정되어 있습니다.
  이와 관련하여 작성한 답안의 출력형태가 문제지와 다를 수 있습니다.
- 시험을 완료한 수험자는 답안파일이 전송되었는지 확인한 후 감독위원의 지시에 따라 문제지를 제출하고 퇴실합니다.

· 답안 작성요령 ·

- 온라인 답안 작성 절차
  수험자 등록 ⇒ 시험 시작 ⇒ 답안파일 저장 ⇒ 답안 전송 ⇒ 시험 종료
- 슬라이드의 크기는 A4 Paper로 설정하여 작성합니다.
- 슬라이드의 총 개수는 6개로 구성되어 있으며 슬라이드 1부터 순서대로 작업하고 반드시 문제와 세부조건대로 합니다.
- 별도의 지시사항이 없는 경우 출력형태를 참조하여 글꼴색은 검정 또는 흰색으로 작성하고, 기타사항은 전체적인 균형을 고려하여 작성합니다.
- 슬라이드 도형 및 개체에 출력형태와 다른 스타일(그림자, 외곽선 등)을 적용했을 경우 감점처리 됩니다.
- 슬라이드 번호를 작성합니다(슬라이드 1에는 생략).
- 2~6번 슬라이드 제목 도형과 하단 로고는 슬라이드 마스터를 이용하여 출력형태와 동일하게 작성합니다(슬라이드 1에는 생략).
- 문제와 세부조건, 세부조건 번호 ○(점선원)는 입력하지 않습니다.
- 각 개체의 위치는 오른쪽의 슬라이드와 동일하게 구성합니다.
- 그림 삽입 문제의 경우 반드시 「내 PC\문서\ITQ\Picture」 폴더에서 정확한 파일을 선택하여 삽입하십시오.
- 각 슬라이드를 각각의 파일로 작업해서 저장할 경우 실격 처리됩니다.

kpc 한국생산성본부

[전체구성] 60점

(1) 슬라이드 크기 및 순서 : 크기를 A4 용지로 설정하고 슬라이드 순서에 맞게 작성한다.
(2) 슬라이드 마스터 : 2~6슬라이드의 제목, 하단 로고, 슬라이드 번호는 슬라이드 마스터를 이용하여 작성한다.
　　- 제목 글꼴(돋움, 40pt, 흰색), 가운데 맞춤, 도형(선 없음)
　　- 하단 로고(「내 PC₩문서₩ITQ₩Picture₩로고1.jpg」, 배경(회색) 투명색으로 설정)

[슬라이드 1] ≪표지 디자인≫ 40점

(1) 표지 디자인 : 도형, 워드아트 및 그림을 이용하여 작성한다.

세부조건

① 도형 편집
　- 도형에 그림 채우기 :
　　「내 PC₩문서₩ITQ₩Picture₩
　　그림2.jpg」, 투명도 50%
　- 도형 효과 :
　　부드러운 가장자리 5포인트
② 워드아트 삽입
　- 변환 : 갈매기형 수장, 위로
　- 글꼴 : 돋움, 굵게
　- 텍스트 반사 : 근접 반사, 4pt 오프셋
③ 그림 삽입
　- 「내 PC₩문서₩ITQ₩Picture₩
　　로고1.jpg」
　- 배경(회색) 투명색으로 설정

[슬라이드 2] ≪목차 슬라이드≫ 60점

(1) 출력형태와 같이 도형을 이용하여 목차를 작성한다(글꼴 : 굴림, 24pt).
(2) 도형 : 선 없음

세부조건

① 텍스트에 링크 적용
　→ '슬라이드 6'
② 그림 삽입
　- 「내 PC₩문서₩ITQ₩Picture₩
　　그림4.jpg」
　- 자르기 기능 이용

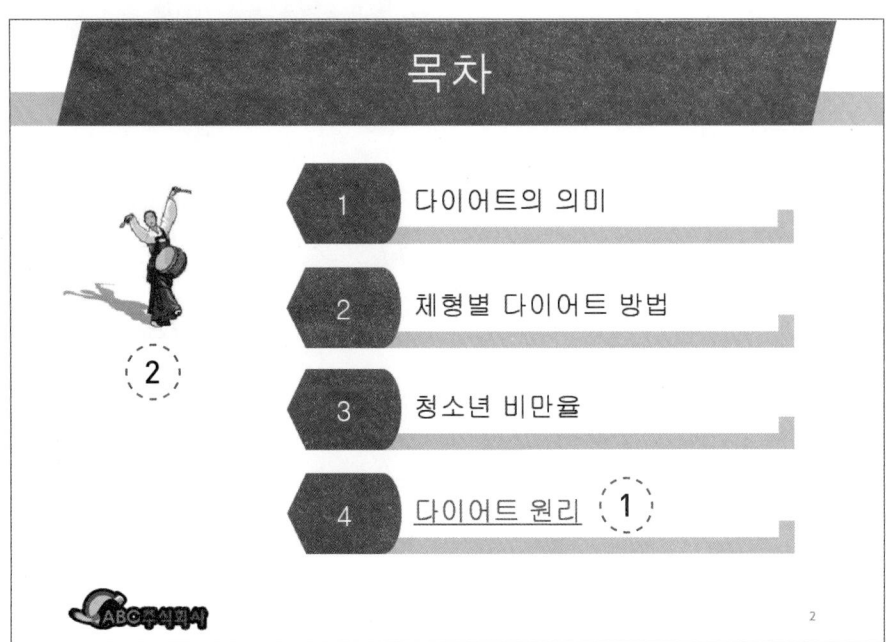

[슬라이드 3] ≪텍스트/동영상 슬라이드≫ 60점

(1) 텍스트 작성 : 글머리 기호 사용(❖, ➤)
❖문단(굴림, 24pt, 굵게, 줄간격 : 1.5줄), ➤문단(굴림, 20pt, 줄간격 : 1.5줄)

세부조건

① 동영상 삽입 :
- 「내 PC₩문서₩ITQ₩Picture₩동영상.wmv」
- 자동실행, 반복재생 설정

1. 다이어트의 의미

❖ Diet
➤ The word diet often implies the use of specific intake of nutrition for health or weight-management reasons with the two often being related

❖ 다이어트란
➤ 식이조절과 운동을 통해 체지방을 분해시키고 에너지를 소모시키는 일
➤ 생활패턴을 지속하려는 의지와 꾸준한 노력이 필요함

[슬라이드 4] ≪표 슬라이드≫ 80점

(1) 도형과 표 작성 기능을 이용하여 슬라이드를 작성한다(글꼴 : 돋움, 18pt).

세부조건

① 상단 도형 :
2개 도형의 조합으로 작성

② 좌측 도형 :
그라데이션 효과(선형 아래쪽)

③ 표 스타일 :
테마 스타일 1 - 강조 5

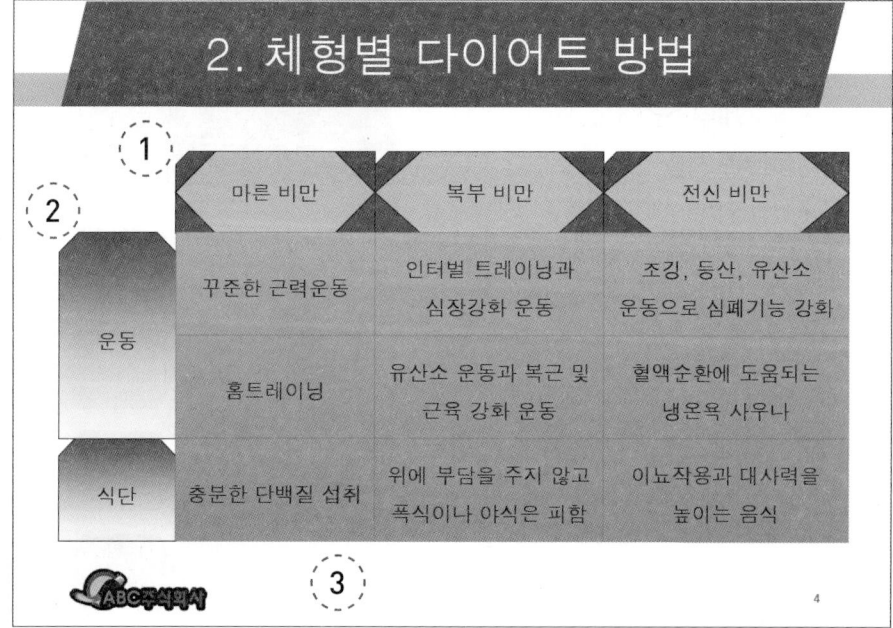

[슬라이드 5] ≪차트 슬라이드≫   100점

(1) 차트 작성 기능을 이용하여 슬라이드를 작성한다.
(2) 차트 : 종류(묶은 세로 막대형), 글꼴(돋움, 16pt), 외곽선

세부조건

※ 차트설명
- 차트 제목 : 궁서, 24pt, 굵게, 채우기(흰색), 테두리, 그림자(오프셋 아래쪽)
- 차트 영역 : 채우기(노랑)
  그림 영역 : 채우기(흰색)
- 데이터 서식 : 여학생 계열을 표식(◆)이 있는 꺾은선형으로 변경 후 보조축으로 지정
- 값 표시 : 인천의 남학생 계열만

① 도형 삽입
 - 스타일 : 미세 효과 – 파랑, 강조 1
 - 글꼴 : 굴림, 18pt

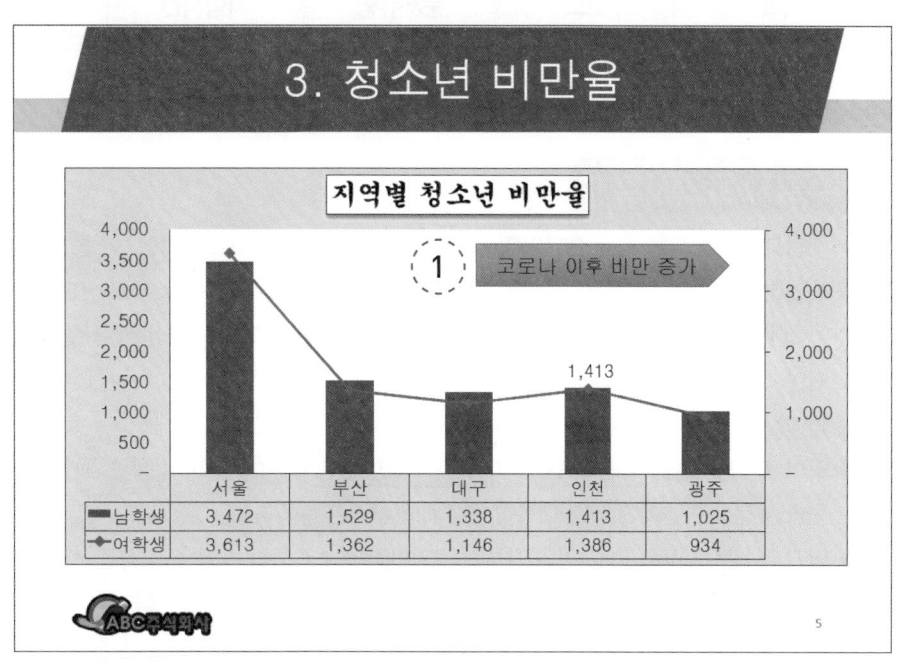

[슬라이드 6] ≪도형 슬라이드≫   100점

(1) 슬라이드와 같이 도형 및 스마트아트를 배치한다(글꼴 : 굴림, 18pt).
(2) 애니메이션 순서 : ① ⇒ ②

세부조건

① 도형 편집
 - 그룹화 후 애니메이션 효과
   : 나누기(가로 바깥쪽으로)

② 도형 및 스마트아트 편집
 - 스마트아트 디자인
   : 3차원 만화,
   3차원 경사
 - 그룹화 후 애니메이션 효과
   : 바운드

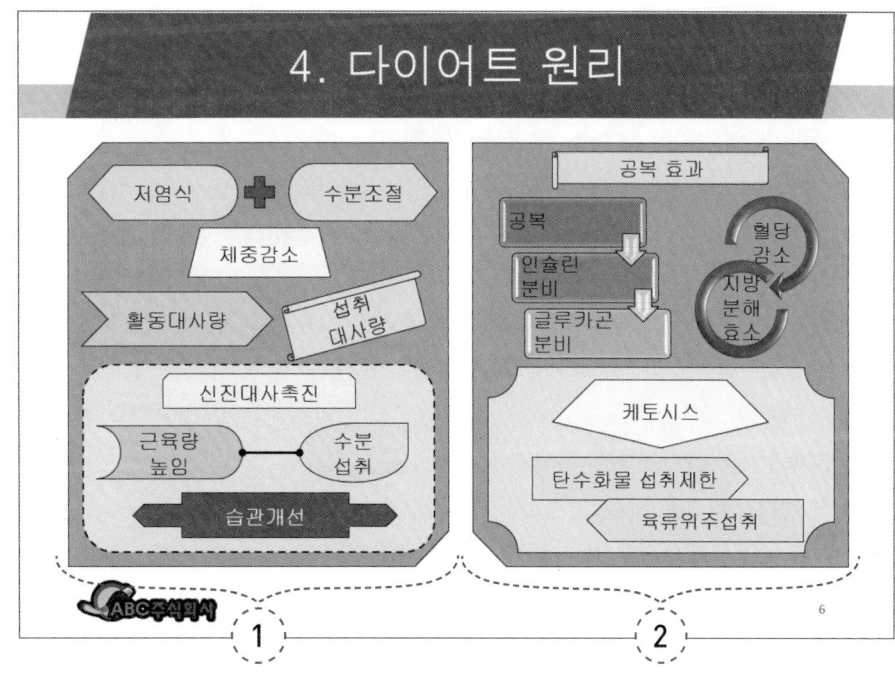

제 05 회 정보기술자격(ITQ) 출제예상 모의고사

작성 시간 / 시험 시간	채점 결과
분 / 60분	점 / 500점

과목	코드	문제유형	시험시간	수험번호	성명
한글파워포인트	1142	A	60분		

MS오피스

· 수험자 유의사항 ·

- 수험자는 문제지를 받는 즉시 문제지와 **수험표상의 시험과목(프로그램)이 동일한지 반드시 확인**하여야 합니다.
- 파일명은 본인의 "수험번호-성명"으로 입력하여 답안 폴더(내 PC\문서\ITQ)에 하나의 파일로 저장해야 하며, 답안 파일을 전송하지 않아 미제출로 처리될 경우 실격 처리합니다(예 : 12345678-홍길동.pptx).
- 답안 작성을 마치면 파일을 저장하고, '답안 전송' 버튼을 선택하여 감독위원 PC로 답안을 전송하십시오. 수험생 정보와 저장한 파일명이 다를 경우 전송되지 않으므로 주의하시기 바랍니다.
- 답안 작성 중에도 **주기적으로 저장하고, '답안 전송'**하여야 문제 발생을 줄일 수 있습니다. 작업한 내용을 저장하지 않고 전송할 경우 이전에 저장된 내용이 전송되오니 이점 유의하시기 바랍니다.
- 답안 문서는 지정된 경로 외의 다른 보조기억장치에 저장하는 경우, 지정된 시험 시간 외에 작성된 파일을 활용할 경우, 기타 통신 수단(이메일, 메신저, 네트워크 등)을 이용하여 타인에게 전달 또는 외부 반출하는 경우는 부정 처리합니다.
- 시험 중 부주의 또는 고의로 시스템을 파손한 경우는 수험자가 변상해야 하며, 〈수험자 유의사항〉에 기재된 방법대로 이행하지 않아 생기는 불이익은 수험생 당사자의 책임임을 알려 드립니다.
- 문제의 조건은 MS오피스 2021 버전으로 설정되어 있습니다.
  이와 관련하여 작성한 답안의 출력형태가 문제지와 다를 수 있습니다.
- 시험을 완료한 수험자는 답안파일이 전송되었는지 확인한 후 감독위원의 지시에 따라 문제지를 제출하고 퇴실합니다.

· 답안 작성요령 ·

- 온라인 답안 작성 절차
  수험자 등록 ⇒ 시험 시작 ⇒ 답안파일 저장 ⇒ 답안 전송 ⇒ 시험 종료
- 슬라이드의 크기는 A4 Paper로 설정하여 작성합니다.
- 슬라이드의 총 개수는 6개로 구성되어 있으며 슬라이드 1부터 순서대로 작업하고 반드시 문제와 세부조건대로 합니다.
- 별도의 지시사항이 없는 경우 출력형태를 참조하여 글꼴색은 검정 또는 흰색으로 작성하고, 기타사항은 전체적인 균형을 고려하여 작성합니다.
- 슬라이드 도형 및 개체에 출력형태와 다른 스타일(그림자, 외곽선 등)을 적용했을 경우 감점처리 됩니다.
- 슬라이드 번호를 작성합니다(슬라이드 1에는 생략).
- 2~6번 슬라이드 제목 도형과 하단 로고는 슬라이드 마스터를 이용하여 출력형태와 동일하게 작성합니다(슬라이드 1에는 생략).
- 문제와 세부조건, 세부조건 번호 ◌(점선원)는 입력하지 않습니다.
- 각 개체의 위치는 오른쪽의 슬라이드와 동일하게 구성합니다.
- 그림 삽입 문제의 경우 반드시 「내 PC\문서\ITQ\Picture」 폴더에서 정확한 파일을 선택하여 삽입하십시오.
- 각 슬라이드를 각각의 파일로 작업해서 저장할 경우 실격 처리됩니다.

kpc 한국생산성본부

[전체구성] 60점

(1) 슬라이드 크기 및 순서 : 크기를 A4 용지로 설정하고 슬라이드 순서에 맞게 작성한다.
(2) 슬라이드 마스터 : 2~6슬라이드의 제목, 하단 로고, 슬라이드 번호는 슬라이드 마스터를 이용하여 작성한다.
   - 제목 글꼴(돋움, 40pt, 흰색), 가운데 맞춤, 도형(선 없음)
   - 하단 로고(「내 PC\문서\ITQ\Picture\로고2.jpg」, 배경(회색) 투명색으로 설정)

[슬라이드 1] ≪표지 디자인≫ 40점

(1) 표지 디자인 : 도형, 워드아트 및 그림을 이용하여 작성한다.

세부조건

① 도형 편집
   - 도형에 그림 채우기 : 「내 PC\문서\ITQ\Picture\그림1.jpg」, 투명도 50%
   - 도형 효과 : 부드러운 가장자리 5포인트

② 워드아트 삽입
   - 변환 : 삼각형, 아래로
   - 글꼴 : 굴림, 굵게
   - 텍스트 반사 : 전체 반사, 8pt 오프셋

③ 그림 삽입
   - 「내 PC\문서\ITQ\Picture\로고2.jpg」
   - 배경(회색) 투명색으로 설정

[슬라이드 2] ≪목차 슬라이드≫ 60점

(1) 출력형태와 같이 도형을 이용하여 목차를 작성한다(글꼴 : 굴림, 24pt).
(2) 도형 : 선 없음

세부조건

① 텍스트에 링크 적용
   → '슬라이드 5'

② 그림 삽입
   - 「내 PC\문서\ITQ\Picture\그림4.jpg」
   - 자르기 기능 이용

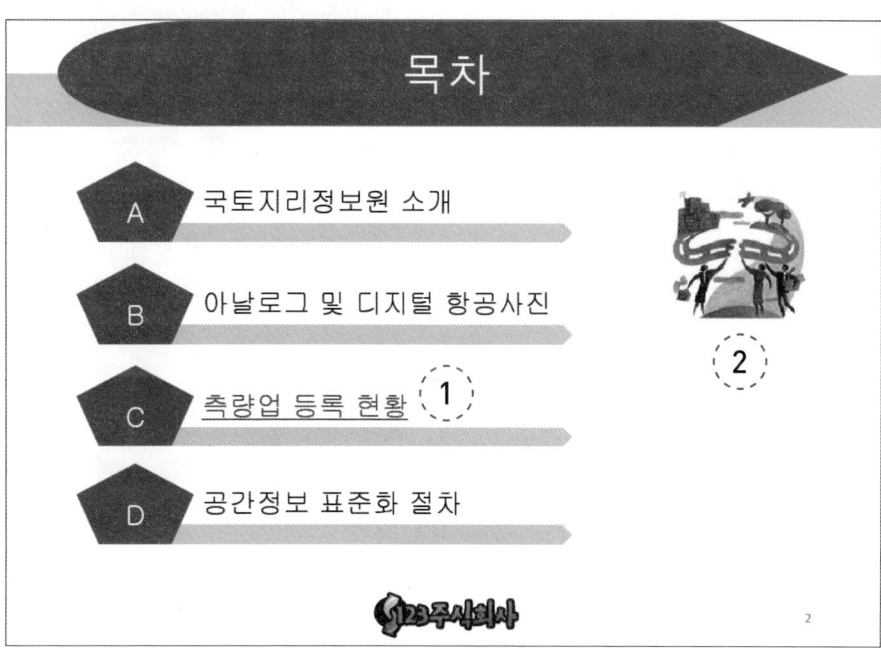

[슬라이드 3] ≪텍스트/동영상 슬라이드≫ 60점

(1) 텍스트 작성 : 글머리 기호 사용(◆, ✓)
◆문단(돋움, 24pt, 굵게, 줄간격 : 1.5줄), ✓문단(돋움, 20pt, 줄간격 : 1.5줄)

세부조건
① 동영상 삽입 :
- 「내 PC₩문서₩ITQ₩Picture₩동영상.wmv」
- 자동실행, 반복재생 설정

A. 국토지리정보원 소개

◆ About NGII
  ✓ Under our slogan, "Homeland love in our mind, geospatial information in daily life", we are devoting our sincere effort to make contribution to enhancing national prestige in the international society

◆ 국토지리정보원
  ✓ 국가기본도를 지속적으로 혁신하고 신속하게 제공
  ✓ 자율주행차, 스마트시티 등 미래의 성장 동력에 필요한 차세대 공간정보를 구축하며 4차 산업혁명 주도

[슬라이드 4] ≪표 슬라이드≫ 80점

(1) 도형과 표 작성 기능을 이용하여 슬라이드를 작성한다(글꼴 : 굴림, 18pt).

세부조건
① 상단 도형 :
  2개 도형의 조합으로 작성
② 좌측 도형 :
  그라데이션 효과(선형 아래쪽)
③ 표 스타일 :
  테마 스타일 1 – 강조 5

B. 아날로그 및 디지털 항공사진

	아날로그	디지털
축척	지상고도비	비상표본거리
성능	필름: 0.015%이하 신축률 전정색 필름 원칙	영상데이터: 일반적인 영상포맷 사용, 손실 없이 저장, 노이즈 최소화, 고화질 영상 출력
성과	양화필름: 세부도화에 사용 밀착사진: 지상기준점에 사용 확대사진: 지리조사에 사용 등	영상데이터 등

[슬라이드 5] ≪차트 슬라이드≫   100점

(1) 차트 작성 기능을 이용하여 슬라이드를 작성한다.
(2) 차트 : 종류(묶은 세로 막대형), 글꼴(돋움, 16pt), 외곽선

세부조건

※ 차트설명
- 차트 제목 : 궁서, 24pt, 굵게, 채우기(흰색), 테두리, 그림자(오프셋 아래쪽)
- 차트 영역 : 채우기(노랑) 그림 영역 : 채우기(흰색)
- 데이터 서식 : 업종수 계열을 표식(◆)이 있는 꺾은선형으로 변경 후 보조축으로 지정
- 값 표시 : 2023년 업체수 계열만

① 도형 삽입
 - 스타일 : 미세 효과 – 파랑, 강조 1
 - 글꼴 : 굴림, 18pt

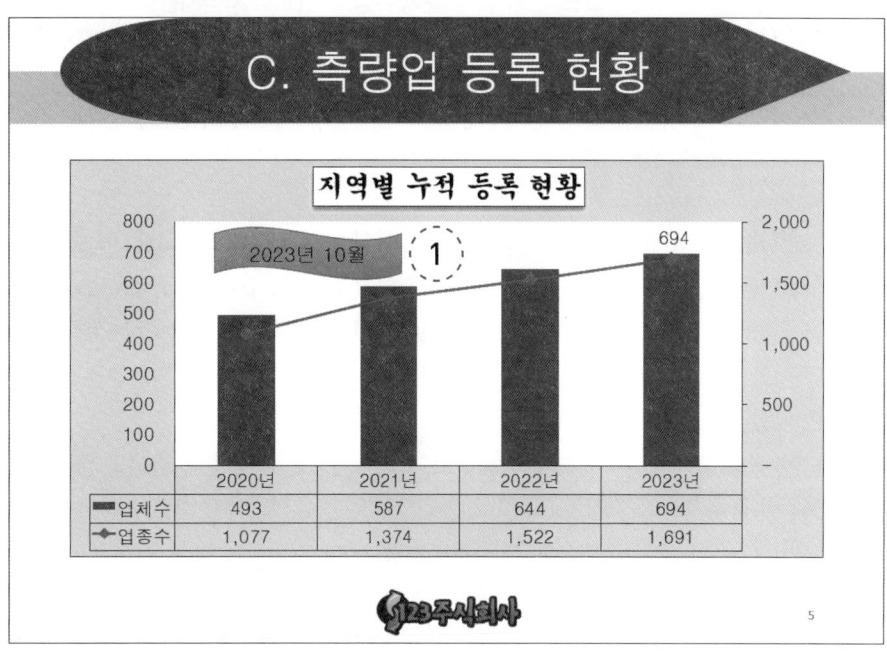

[슬라이드 6] ≪도형 슬라이드≫   100점

(1) 슬라이드와 같이 도형 및 스마트아트를 배치한다(글꼴 : 굴림, 18pt).
(2) 애니메이션 순서 : ① ⇒ ②

세부조건

① 도형 및 스마트아트 편집
 - 스마트아트 디자인
   : 3차원 만화, 3차원 경사
 - 그룹화 후 애니메이션 효과
   : 올라오기(서서히 아래로)

② 도형 편집
 - 그룹화 후 애니메이션 효과
   : 밝기 변화

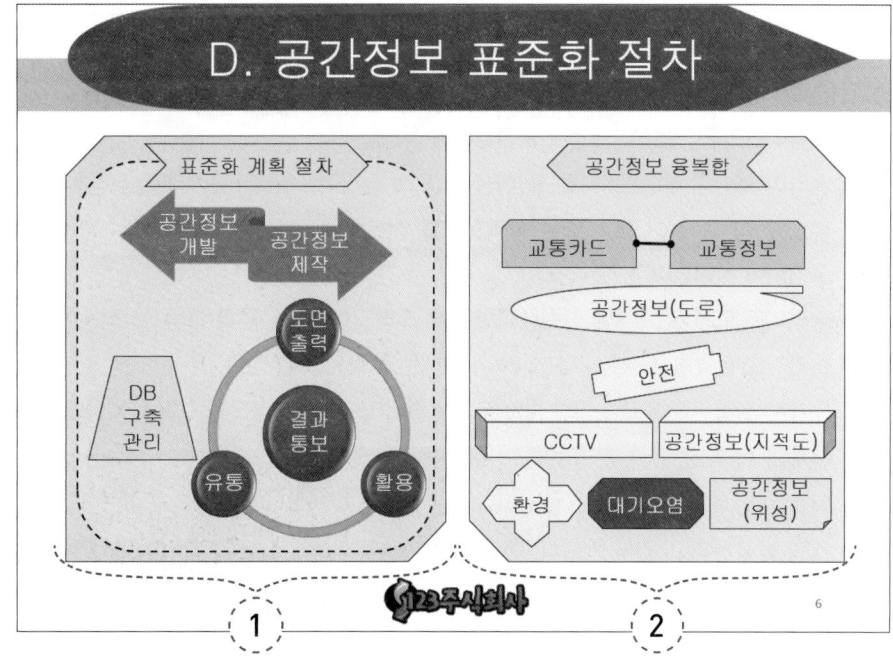

제 06 회 정보기술자격(ITQ) 출제예상 모의고사

작성 시간 / 시험 시간	채점 결과
분 / 60분	점 / 500점

과목	코드	문제유형	시험시간	수험번호	성명
한글파워포인트	1142	B	60분		

MS오피스

· 수험자 유의사항 ·

- 수험자는 문제지를 받는 즉시 문제지와 **수험표상의 시험과목(프로그램)이 동일한지 반드시 확인**하여야 합니다.
- 파일명은 본인의 "수험번호-성명"으로 입력하여 답안 폴더(내 PC\문서\ITQ)에 하나의 파일로 저장해야 하며, 답안 파일을 전송하지 않아 미제출로 처리될 경우 실격 처리합니다(예 : 12345678-홍길동.pptx).
- 답안 작성을 마치면 파일을 저장하고, '답안 전송' 버튼을 선택하여 감독위원 PC로 답안을 전송하십시오. 수험생 정보와 저장한 파일명이 다를 경우 전송되지 않으므로 주의하시기 바랍니다.
- 답안 작성 중에도 **주기적으로 저장하고, '답안 전송'**하여야 문제 발생을 줄일 수 있습니다. 작업한 내용을 저장하지 않고 전송할 경우 이전에 저장된 내용이 전송되오니 이점 유의하시기 바랍니다.
- 답안 문서는 지정된 경로 외의 다른 보조기억장치에 저장하는 경우, 지정된 시험 시간 외에 작성된 파일을 활용할 경우, 기타 통신 수단(이메일, 메신저, 네트워크 등)을 이용하여 타인에게 전달 또는 외부 반출하는 경우는 부정 처리합니다.
- 시험 중 부주의 또는 고의로 시스템을 파손한 경우는 수험자가 변상해야 하며, 〈수험자 유의사항〉에 기재된 방법대로 이행하지 않아 생기는 불이익은 수험생 당사자의 책임임을 알려 드립니다.
- 문제의 조건은 MS오피스 2021 버전으로 설정되어 있습니다.
  이와 관련하여 작성한 답안의 출력형태가 문제지와 다를 수 있습니다.
- 시험을 완료한 수험자는 답안파일이 전송되었는지 확인한 후 감독위원의 지시에 따라 문제지를 제출하고 퇴실합니다.

· 답안 작성요령 ·

- 온라인 답안 작성 절차
  수험자 등록 ⇒ 시험 시작 ⇒ 답안파일 저장 ⇒ 답안 전송 ⇒ 시험 종료
- 슬라이드의 크기는 A4 Paper로 설정하여 작성합니다.
- 슬라이드의 총 개수는 6개로 구성되어 있으며 슬라이드 1부터 순서대로 작업하고 반드시 문제와 세부조건대로 합니다.
- 별도의 지시사항이 없는 경우 출력형태를 참조하여 글꼴색은 검정 또는 흰색으로 작성하고, 기타사항은 전체적인 균형을 고려하여 작성합니다.
- 슬라이드 도형 및 개체에 출력형태와 다른 스타일(그림자, 외곽선 등)을 적용했을 경우 감점처리 됩니다.
- 슬라이드 번호를 작성합니다(슬라이드 1에는 생략).
- 2~6번 슬라이드 제목 도형과 하단 로고는 슬라이드 마스터를 이용하여 출력형태와 동일하게 작성합니다(슬라이드 1에는 생략).
- 문제와 세부조건, 세부조건 번호 ◌(점선원)는 입력하지 않습니다.
- 각 개체의 위치는 오른쪽의 슬라이드와 동일하게 구성합니다.
- 그림 삽입 문제의 경우 반드시 「내 PC\문서\ITQ\Picture」 폴더에서 정확한 파일을 선택하여 삽입하십시오.
- 각 슬라이드를 각각의 파일로 작업해서 저장할 경우 실격 처리됩니다.

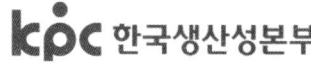
kpc 한국생산성본부

[전체구성] 60점

(1) 슬라이드 크기 및 순서 : 크기를 A4 용지로 설정하고 슬라이드 순서에 맞게 작성한다.
(2) 슬라이드 마스터 : 2~6슬라이드의 제목, 하단 로고, 슬라이드 번호는 슬라이드 마스터를 이용하여 작성한다.
  - 제목 글꼴(돋움, 40pt, 흰색), 가운데 맞춤, 도형(선 없음)
  - 하단 로고(「내 PC₩문서₩ITQ₩Picture₩로고1.jpg」, 배경(회색) 투명색으로 설정)

[슬라이드 1] 《표지 디자인》 40점

(1) 표지 디자인 : 도형, 워드아트 및 그림을 이용하여 작성한다.

세부조건

① 도형 편집
  - 도형에 그림 채우기 :
    「내 PC₩문서₩ITQ₩Picture₩
    그림2.jpg」, 투명도 50%
  - 도형 효과 :
    부드러운 가장자리 5포인트
② 워드아트 삽입
  - 변환 : 갈매기형 수장, 위로
  - 글꼴 : 돋움, 굵게
  - 텍스트 반사 : 근접 반사, 4pt 오프셋
③ 그림 삽입
  - 「내 PC₩문서₩ITQ₩Picture₩
    로고1.jpg」
  - 배경(회색) 투명색으로 설정

[슬라이드 2] 《목차 슬라이드》 60점

(1) 출력형태와 같이 도형을 이용하여 목차를 작성한다(글꼴 : 굴림, 24pt).
(2) 도형 : 선 없음

세부조건

① 텍스트에 링크 적용
  → '슬라이드 6'
② 그림 삽입
  - 「내 PC₩문서₩ITQ₩Picture₩
    그림4.jpg」
  - 자르기 기능 이용

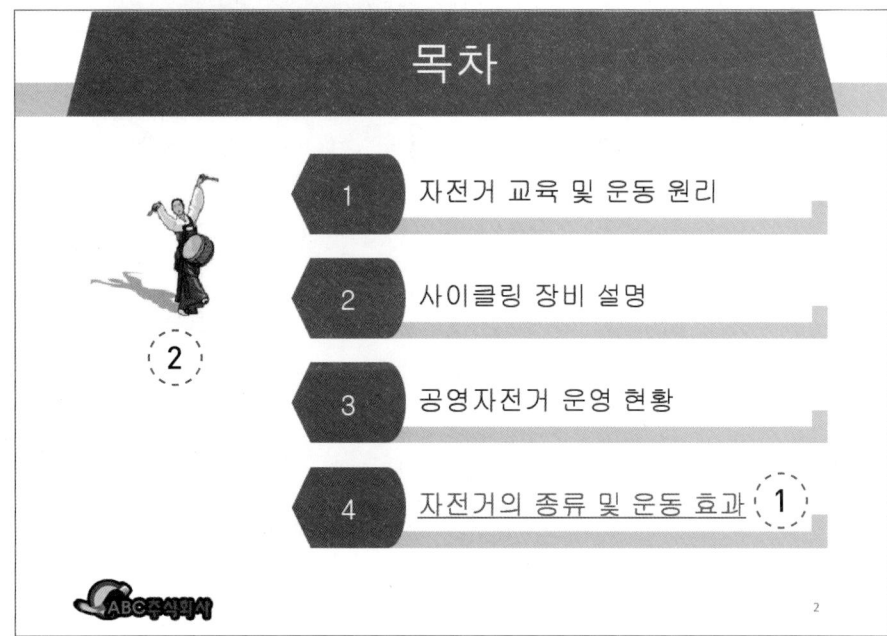

[슬라이드 3] ≪텍스트/동영상 슬라이드≫ 60점

(1) 텍스트 작성 : 글머리 기호 사용(❖, ➤)
❖문단(굴림, 24pt, 굵게, 줄간격 : 1.5줄), ➤문단(굴림, 20pt, 줄간격 : 1.5줄)

세부조건

① 동영상 삽입 :
 - 「내 PC₩문서₩ITQ₩Picture₩동영상.wmv」
 - 자동실행, 반복재생 설정

1. 자전거 교육 및 운동 원리

❖ Bicycle training
 ➤ Bike skills will last a lifetime and save countless lives
 ➤ Adults fatalities account for an increasing percentage of all bike crashes

❖ 자전거 운동 원리
 ➤ 앞바퀴가 조향, 뒷바퀴가 구동식으로 페달을 돌리면 크랭크 회전력으로 큰 스프라켓에 물려 있는 체인으로 뒷바퀴의 작은 스프라켓과 연결되어 뒷바퀴를 구동

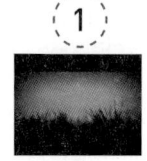

[슬라이드 4] ≪표 슬라이드≫ 80점

(1) 도형과 표 작성 기능을 이용하여 슬라이드를 작성한다(글꼴 : 돋움, 18pt).

세부조건

① 상단 도형 :
 2개 도형의 조합으로 작성

② 좌측 도형 :
 그라데이션 효과(선형 아래쪽)

③ 표 스타일 :
 테마 스타일 1 - 강조 5

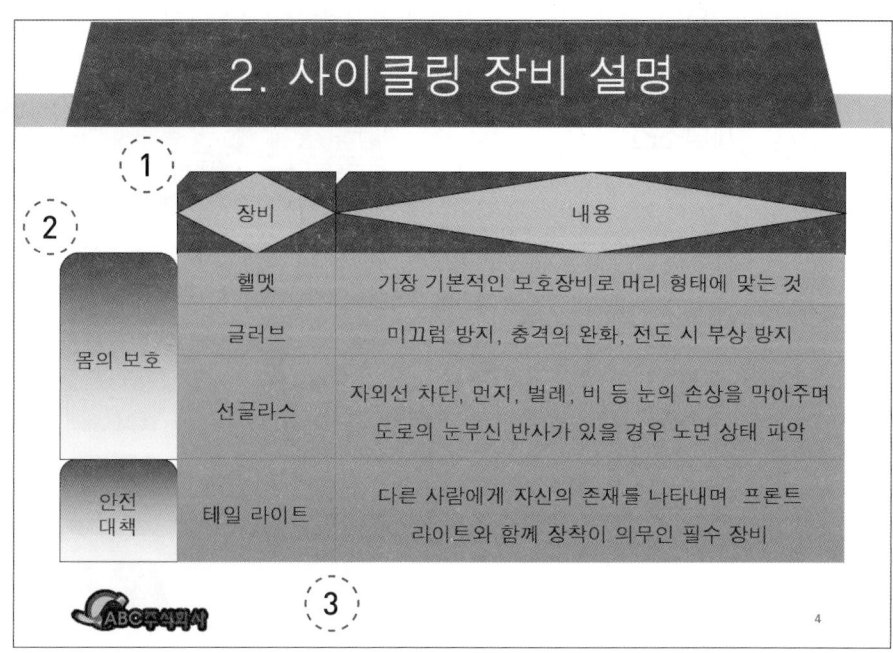

[슬라이드 5] ≪차트 슬라이드≫   100점

(1) 차트 작성 기능을 이용하여 슬라이드를 작성한다.
(2) 차트 : 종류(묶은 세로 막대형), 글꼴(돋움, 16pt), 외곽선

세부조건

※ 차트설명
- 차트 제목 : 궁서, 24pt, 굵게, 채우기(흰색), 테두리, 그림자(오프셋 아래쪽)
- 차트 영역 : 채우기(노랑)
  그림 영역 : 채우기(흰색)
- 데이터 서식 : 2022년 계열을 표식(◆)이 있는 꺾은선형으로 변경 후 보조축으로 지정
- 값 표시 : 부천시의 2021년 계열만

① 도형 삽입
  - 스타일 : 미세 효과 – 파랑, 강조 1
  - 글꼴 : 굴림, 18pt

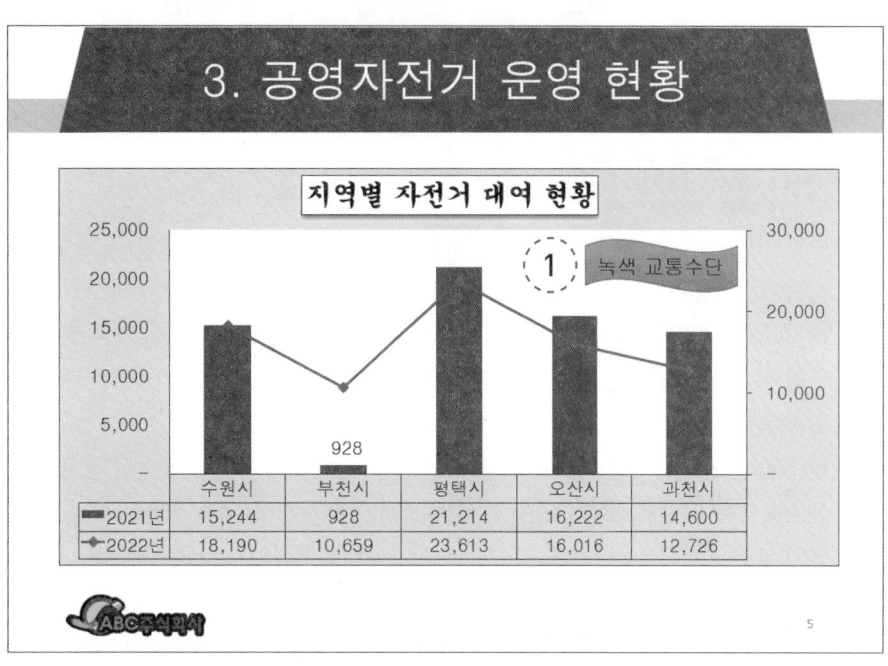

[슬라이드 6] ≪도형 슬라이드≫   100점

(1) 슬라이드와 같이 도형 및 스마트아트를 배치한다(글꼴 : 굴림, 18pt).
(2) 애니메이션 순서 : ① ⇒ ②

세부조건

① 도형 편집
  - 그룹화 후 애니메이션 효과
    : 나누기(가로 바깥쪽으로)

② 도형 및 스마트아트 편집
  - 스마트아트 디자인
    : 3차원 만화,
    3차원 광택 처리
  - 그룹화 후 애니메이션 효과
    : 바운드

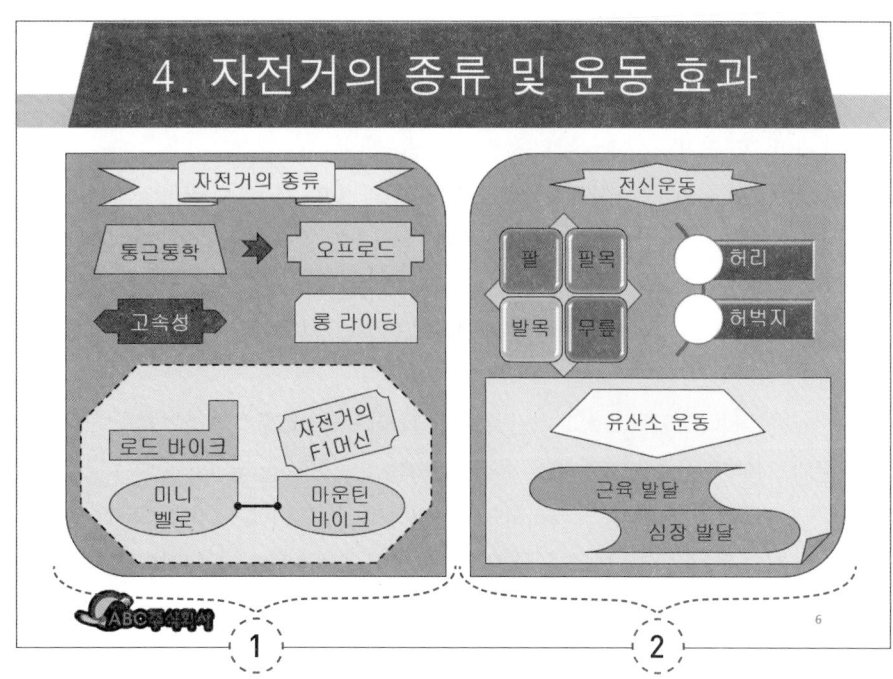

제 **07** 회	정보기술자격(ITQ) 출제예상 모의고사	작성 시간 / 시험 시간	채점 결과
		분 / 60분	점 / 500점

과목	코드	문제유형	시험시간	수험번호	성명
한글파워포인트	1142	C	60분		

MS오피스

· 수험자 유의사항 ·

- 수험자는 문제지를 받는 즉시 문제지와 **수험표상의 시험과목(프로그램)이 동일한지 반드시 확인**하여야 합니다.
- 파일명은 본인의 "수험번호-성명"으로 입력하여 답안 폴더(내 PC₩문서₩ITQ)에 하나의 파일로 저장해야 하며, 답안 파일을 전송하지 않아 미제출로 처리될 경우 실격 처리합니다(예 : 12345678-홍길동.pptx).
- 답안 작성을 마치면 파일을 저장하고, '답안 전송' 버튼을 선택하여 감독위원 PC로 답안을 전송하십시오. 수험생 정보와 저장한 파일명이 다를 경우 전송되지 않으므로 주의하시기 바랍니다.
- 답안 작성 중에도 **주기적으로 저장하고, '답안 전송'**하여야 문제 발생을 줄일 수 있습니다. 작업한 내용을 저장하지 않고 전송할 경우 이전에 저장된 내용이 전송되오니 이점 유의하시기 바랍니다.
- 답안 문서는 지정된 경로 외의 다른 보조기억장치에 저장하는 경우, 지정된 시험 시간 외에 작성된 파일을 활용할 경우, 기타 통신 수단(이메일, 메신저, 네트워크 등)을 이용하여 타인에게 전달 또는 외부 반출하는 경우는 부정 처리합니다.
- 시험 중 부주의 또는 고의로 시스템을 파손한 경우는 수험자가 변상해야 하며, 〈수험자 유의사항〉에 기재된 방법대로 이행하지 않아 생기는 불이익은 수험생 당사자의 책임임을 알려 드립니다.
- 문제의 조건은 MS오피스 2021 버전으로 설정되어 있습니다.
  이와 관련하여 작성한 답안의 출력형태가 문제지와 다를 수 있습니다.
- 시험을 완료한 수험자는 답안파일이 전송되었는지 확인한 후 감독위원의 지시에 따라 문제지를 제출하고 퇴실합니다.

· 답안 작성요령 ·

- 온라인 답안 작성 절차
  수험자 등록 ⇒ 시험 시작 ⇒ 답안파일 저장 ⇒ 답안 전송 ⇒ 시험 종료
- 슬라이드의 크기는 A4 Paper로 설정하여 작성합니다.
- 슬라이드의 총 개수는 6개로 구성되어 있으며 슬라이드 1부터 순서대로 작업하고 반드시 문제와 세부조건대로 합니다.
- 별도의 지시사항이 없는 경우 출력형태를 참조하여 글꼴색은 검정 또는 흰색으로 작성하고, 기타사항은 전체적인 균형을 고려하여 작성합니다.
- 슬라이드 도형 및 개체에 출력형태와 다른 스타일(그림자, 외곽선 등)을 적용했을 경우 감점처리 됩니다.
- 슬라이드 번호를 작성합니다(슬라이드 1에는 생략).
- 2~6번 슬라이드 제목 도형과 하단 로고는 슬라이드 마스터를 이용하여 출력형태와 동일하게 작성합니다(슬라이드 1에는 생략).
- 문제와 세부조건, 세부조건 번호 ◌(점선원)는 입력하지 않습니다.
- 각 개체의 위치는 오른쪽의 슬라이드와 동일하게 구성합니다.
- 그림 삽입 문제의 경우 반드시 「내 PC₩문서₩ITQ₩Picture」 폴더에서 정확한 파일을 선택하여 삽입하십시오.
- 각 슬라이드를 각각의 파일로 작업해서 저장할 경우 실격 처리됩니다.

kpc 한국생산성본부

[전체구성] 60점

(1) 슬라이드 크기 및 순서 : 크기를 A4 용지로 설정하고 슬라이드 순서에 맞게 작성한다.
(2) 슬라이드 마스터 : 2~6슬라이드의 제목, 하단 로고, 슬라이드 번호는 슬라이드 마스터를 이용하여 작성한다.
 - 제목 글꼴(돋움, 40pt, 흰색), 가운데 맞춤, 도형(선 없음)
 - 하단 로고(「내 PC\문서\ITQ\Picture\로고2.jpg」, 배경(회색) 투명색으로 설정)

[슬라이드 1] ≪표지 디자인≫ 40점

(1) 표지 디자인 : 도형, 워드아트 및 그림을 이용하여 작성한다.

세부조건

① 도형 편집
 - 도형에 그림 채우기 :
  「내 PC\문서\ITQ\Picture\
  그림1.jpg」, 투명도 50%
 - 도형 효과 :
  부드러운 가장자리 5포인트

② 워드아트 삽입
 - 변환 : 물결, 아래로
 - 글꼴 : 돋움, 굵게
 - 텍스트 반사 : 근접 반사, 4pt 오프셋

③ 그림 삽입
 - 「내 PC\문서\ITQ\Picture\
  로고2.jpg」
 - 배경(회색) 투명색으로 설정

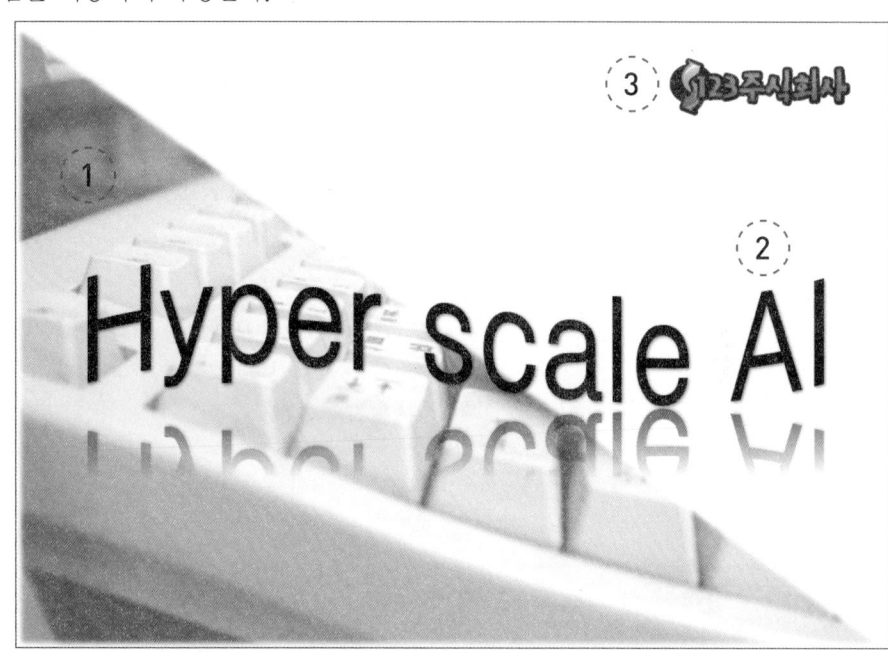

[슬라이드 2] ≪목차 슬라이드≫ 60점

(1) 출력형태와 같이 도형을 이용하여 목차를 작성한다(글꼴 : 굴림, 24pt).
(2) 도형 : 선 없음

세부조건

① 텍스트에 링크 적용
 → '슬라이드 6'

② 그림 삽입
 - 「내 PC\문서\ITQ\Picture\
  그림5.jpg」
 - 자르기 기능 이용

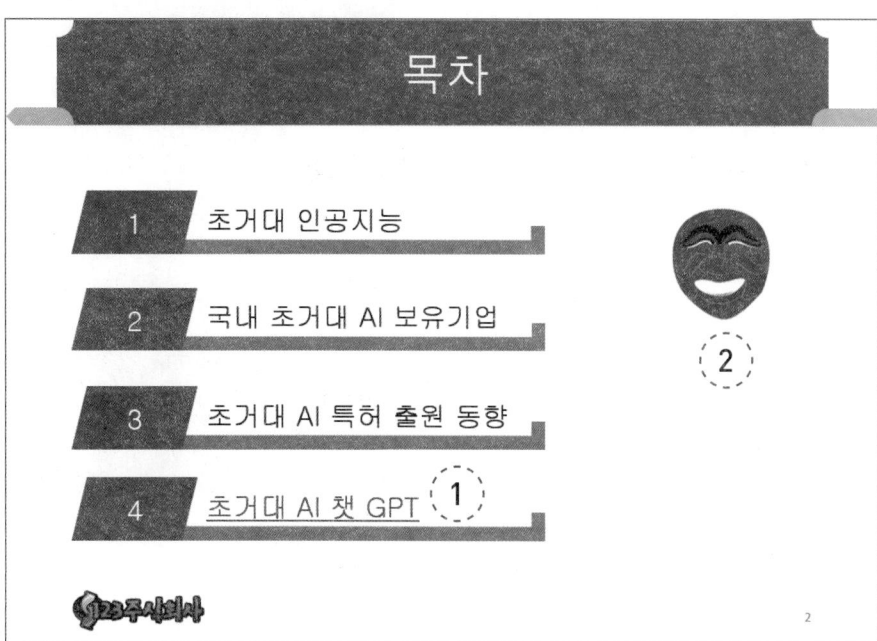

[슬라이드 3] ≪텍스트/동영상 슬라이드≫   60점

(1) 텍스트 작성 : 글머리 기호 사용(❖, ■)
❖문단(굴림, 24pt, 굵게, 줄간격 : 1.5줄), ■문단(굴림, 20pt, 줄간격 : 1.5줄)

세부조건
① 동영상 삽입 :
- 「내 PC₩문서₩ITQ₩Picture₩동영상.wmv」
- 자동실행, 반복재생 설정

1. 초거대 인공지능

❖ Hyper scale AI
- Artificial intelligence comparable to the human brain structure that thinks, learns, judges, and acts comprehensively and autonomously

❖ 초거대 인공지능
- 초거대 인공지능은 데이터 분석과 학습을 넘어 인간의 뇌처럼 스스로 추론할 수 있음
- 방대한 데이터와 파라미터(매개변수)를 활용하여 창작이 가능한 인공지능 모델을 의미

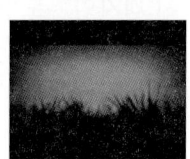

[슬라이드 4] ≪표 슬라이드≫   80점

(1) 도형과 표 작성 기능을 이용하여 슬라이드를 작성한다(글꼴 : 궁서, 18pt).

세부조건
① 상단 도형 :
2개 도형의 조합으로 작성

② 좌측 도형 :
그라데이션 효과(선형 아래쪽)

③ 표 스타일 :
테마 스타일 1 - 강조 5

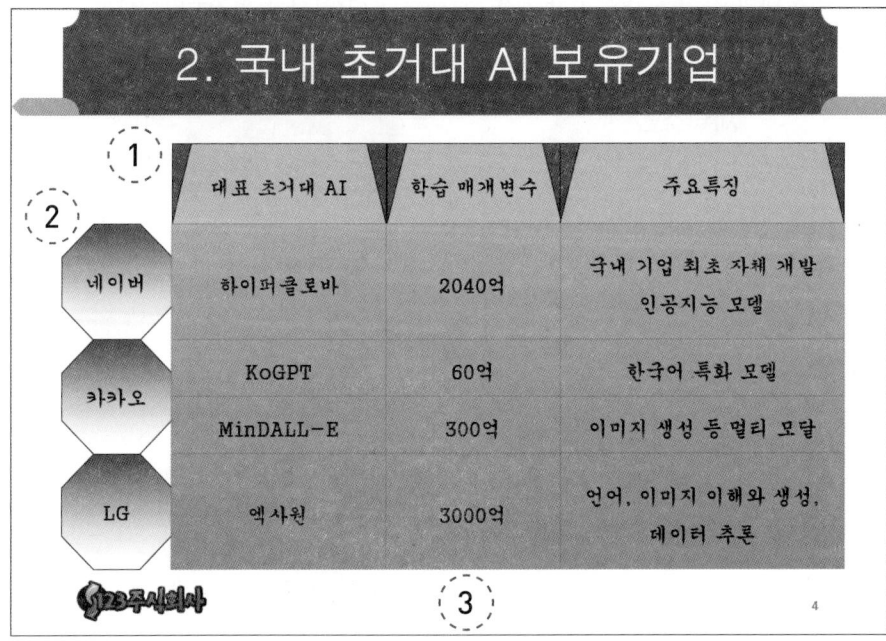

2. 국내 초거대 AI 보유기업

	대표 초거대 AI	학습 매개변수	주요특징
네이버	하이퍼클로바	2040억	국내 기업 최초 자체 개발 인공지능 모델
카카오	KoGPT	60억	한국어 특화 모델
	MinDALL-E	300억	이미지 생성 등 멀티 모달
LG	엑사원	3000억	언어, 이미지 이해와 생성, 데이터 추론

[슬라이드 5] ≪차트 슬라이드≫ 100점

(1) 차트 작성 기능을 이용하여 슬라이드를 작성한다.
(2) 차트 : 종류(묶은 세로 막대형), 글꼴(돋움, 16pt), 외곽선

세부조건

※ 차트설명
- 차트 제목 : 궁서, 24pt, 굵게, 채우기(흰색), 테두리, 그림자(오프셋 오른쪽)
- 차트 영역 : 채우기(노랑)
  그림 영역 : 채우기(흰색)
- 데이터 서식 : 한국 계열을 표식(◆)이 있는 꺾은선형으로 변경 후 보조 축으로 지정
- 값 표시 : 2020년의 전체 계열만

① 도형 삽입
  - 스타일 : 미세 효과 – 파랑, 강조 1
  - 글꼴 : 굴림, 18pt

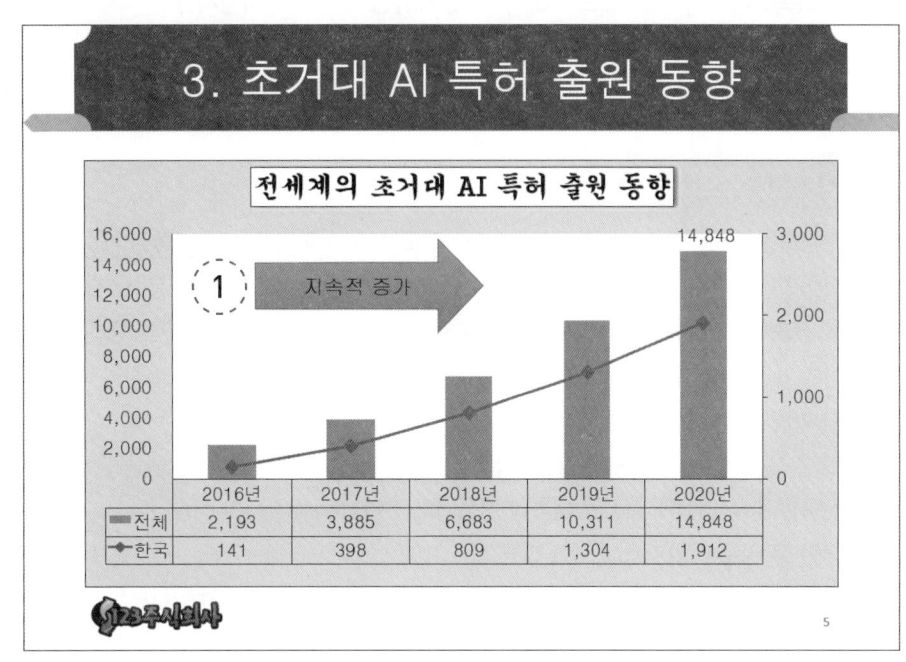

[슬라이드 6] ≪도형 슬라이드≫ 100점

(1) 슬라이드와 같이 도형 및 스마트아트를 배치한다(글꼴 : 굴림, 18pt).
(2) 애니메이션 순서 : ① ⇒ ②

세부조건

① 도형 및 스마트아트 편집
  - 스마트아트 디자인
    : 3차원 만화, 강한 효과
  - 그룹화 후 애니메이션 효과
    : 닦아내기(위에서)
② 도형 편집
  - 그룹화 후 애니메이션 효과
    : 바운드

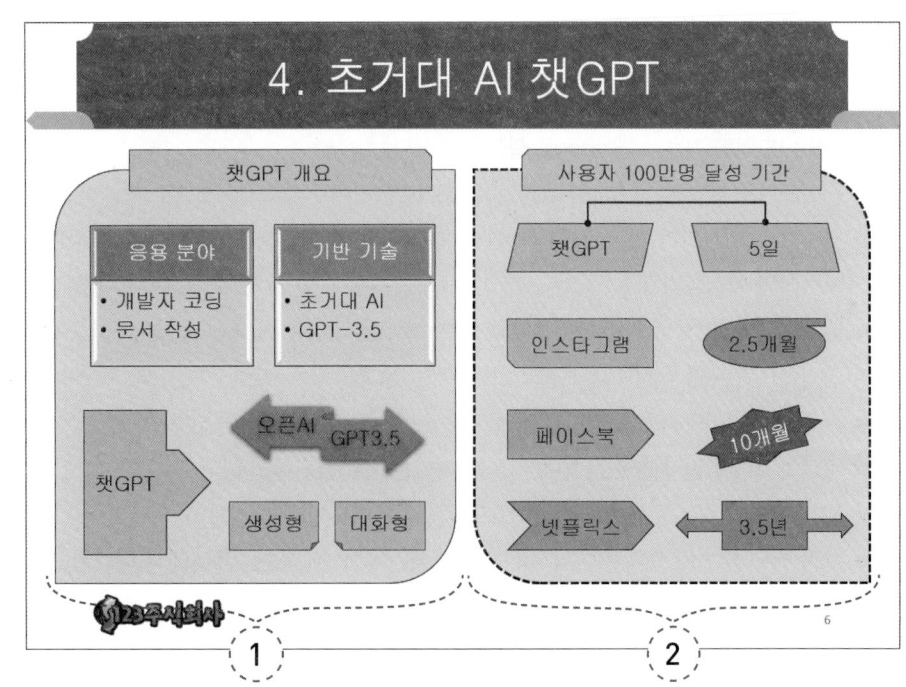

제08회 정보기술자격(ITQ) 출제예상 모의고사

작성 시간 / 시험 시간	채점 결과
분 / 60분	점 / 500점

과목	코드	문제유형	시험시간	수험번호	성명
한글파워포인트	1142	D	60분		

MS오피스

· 수험자 유의사항 ·

- 수험자는 문제지를 받는 즉시 문제지와 **수험표상의 시험과목(프로그램)이 동일한지 반드시 확인**하여야 합니다.
- 파일명은 본인의 "수험번호-성명"으로 입력하여 답안 폴더(내 PC₩문서₩ITQ)에 하나의 파일로 저장해야 하며, 답안 파일을 전송하지 않아 미제출로 처리될 경우 실격 처리합니다(예 : 12345678-홍길동.pptx).
- 답안 작성을 마치면 파일을 저장하고, '답안 전송' 버튼을 선택하여 감독위원 PC로 답안을 전송하십시오. 수험생 정보와 저장한 파일명이 다를 경우 전송되지 않으므로 주의하시기 바랍니다.
- 답안 작성 중에도 **주기적으로 저장하고, '답안 전송'**하여야 문제 발생을 줄일 수 있습니다. 작업한 내용을 저장하지 않고 전송할 경우 이전에 저장된 내용이 전송되오니 이점 유의하시기 바랍니다.
- 답안 문서는 지정된 경로 외의 다른 보조기억장치에 저장하는 경우, 지정된 시험 시간 외에 작성된 파일을 활용할 경우, 기타 통신 수단(이메일, 메신저, 네트워크 등)을 이용하여 타인에게 전달 또는 외부 반출하는 경우는 부정 처리합니다.
- 시험 중 부주의 또는 고의로 시스템을 파손한 경우는 수험자가 변상해야 하며, 〈수험자 유의사항〉에 기재된 방법대로 이행하지 않아 생기는 불이익은 수험생 당사자의 책임임을 알려 드립니다.
- 문제의 조건은 MS오피스 2021 버전으로 설정되어 있습니다.
  이와 관련하여 작성한 답안의 출력형태가 문제지와 다를 수 있습니다.
- 시험을 완료한 수험자는 답안파일이 전송되었는지 확인한 후 감독위원의 지시에 따라 문제지를 제출하고 퇴실합니다.

· 답안 작성요령 ·

- 온라인 답안 작성 절차
  수험자 등록 ⇒ 시험 시작 ⇒ 답안파일 저장 ⇒ 답안 전송 ⇒ 시험 종료
- 슬라이드의 크기는 A4 Paper로 설정하여 작성합니다.
- 슬라이드의 총 개수는 6개로 구성되어 있으며 슬라이드 1부터 순서대로 작업하고 반드시 문제와 세부조건대로 합니다.
- 별도의 지시사항이 없는 경우 출력형태를 참조하여 글꼴색은 검정 또는 흰색으로 작성하고, 기타사항은 전체적인 균형을 고려하여 작성합니다.
- 슬라이드 도형 및 개체에 출력형태와 다른 스타일(그림자, 외곽선 등)을 적용했을 경우 감점처리 됩니다.
- 슬라이드 번호를 작성합니다(슬라이드 1에는 생략).
- 2~6번 슬라이드 제목 도형과 하단 로고는 슬라이드 마스터를 이용하여 출력형태와 동일하게 작성합니다(슬라이드 1에는 생략).
- 문제와 세부조건, 세부조건 번호 ۞(점선원)는 입력하지 않습니다.
- 각 개체의 위치는 오른쪽의 슬라이드와 동일하게 구성합니다.
- 그림 삽입 문제의 경우 반드시 「내 PC₩문서₩ITQ₩Picture」 폴더에서 정확한 파일을 선택하여 삽입하십시오.
- 각 슬라이드를 각각의 파일로 작업해서 저장할 경우 실격 처리됩니다.

kpc 한국생산성본부

[전체구성]   60점

(1) 슬라이드 크기 및 순서 : 크기를 A4 용지로 설정하고 슬라이드 순서에 맞게 작성한다.
(2) 슬라이드 마스터 : 2~6슬라이드의 제목, 하단 로고, 슬라이드 번호는 슬라이드 마스터를 이용하여 작성한다.
  - 제목 글꼴(돋움, 40pt, 흰색), 가운데 맞춤, 도형(선 없음)
  - 하단 로고(「내 PC₩문서₩ITQ₩Picture₩로고1.jpg」, 배경(회색) 투명색으로 설정)

[슬라이드 1]   ≪표지 디자인≫   40점

(1) 표지 디자인 : 도형, 워드아트 및 그림을 이용하여 작성한다.

세부조건
① 도형 편집
  - 도형에 그림 채우기 :
    「내 PC₩문서₩ITQ₩Picture₩그림1.jpg」, 투명도 50%
  - 도형 효과 :
    부드러운 가장자리 5포인트
② 워드아트 삽입
  - 변환 : 기울기, 위로
  - 글꼴 : 돋움, 굵게
  - 텍스트 반사 : 근접 반사, 4pt 오프셋
③ 그림 삽입
  - 「내 PC₩문서₩ITQ₩Picture₩로고1.jpg」
  - 배경(회색) 투명색으로 설정

[슬라이드 2]   ≪목차 슬라이드≫   60점

(1) 출력형태와 같이 도형을 이용하여 목차를 작성한다(글꼴 : 굴림, 24pt).
(2) 도형 : 선 없음

세부조건
① 텍스트에 링크 적용
  → '슬라이드 6'
② 그림 삽입
  -「내 PC₩문서₩ITQ₩Picture₩그림4.jpg」
  - 자르기 기능 이용

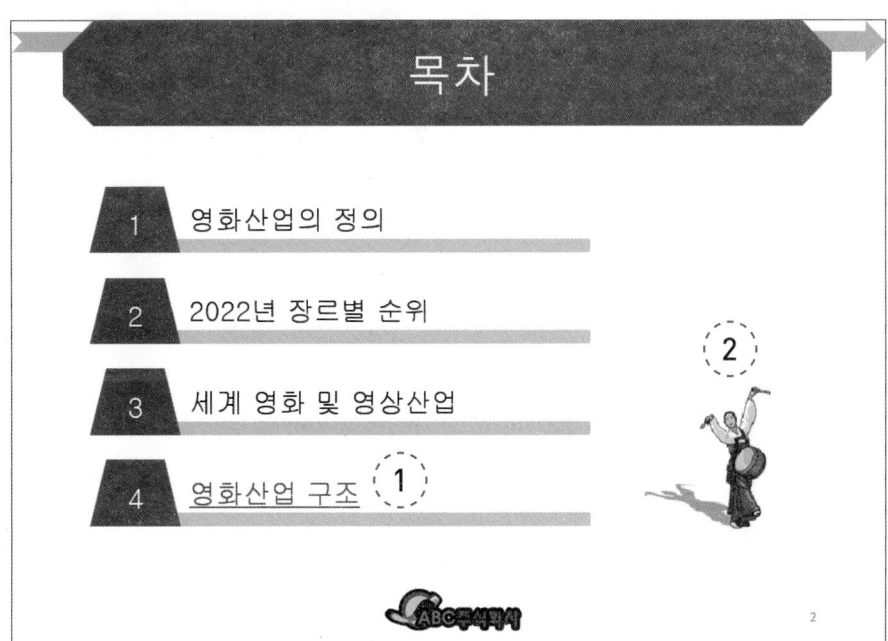

[슬라이드 3] ≪텍스트/동영상 슬라이드≫ 60점

(1) 텍스트 작성 : 글머리 기호 사용(◆, ✓)
　　◆문단(굴림, 24pt, 굵게, 줄간격 : 1.5줄), ✓문단(굴림, 20pt, 줄간격 : 1.5줄)

세부조건
① 동영상 삽입 :
- 「내 PC₩문서₩ITQ₩Picture₩ 동영상.wmv」
- 자동실행, 반복재생 설정

1. 영화산업의 정의

◆ Film industry
　✓ The film industry comprises the technological and commercial institutions of filmmaking, i.e., film production companies, film studios, cinematography, animation, film production, screenwriting, pre-production, post production, film festivals, distribution, and actors

◆ 영화시장
　✓ 1차 : 영화관 개봉으로 관객을 이용한 수익창출
　✓ 2차 : DVD, 블루레이 디스크(BD), VOD, 부가상품 등

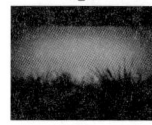

[슬라이드 4] ≪표 슬라이드≫ 80점

(1) 도형과 표 작성 기능을 이용하여 슬라이드를 작성한다(글꼴 : 돋움, 18pt).

세부조건
① 상단 도형 :
　2개 도형의 조합으로 작성
② 좌측 도형 :
　그라데이션 효과(선형 아래쪽)
③ 표 스타일 :
　테마 스타일 1 - 강조 6

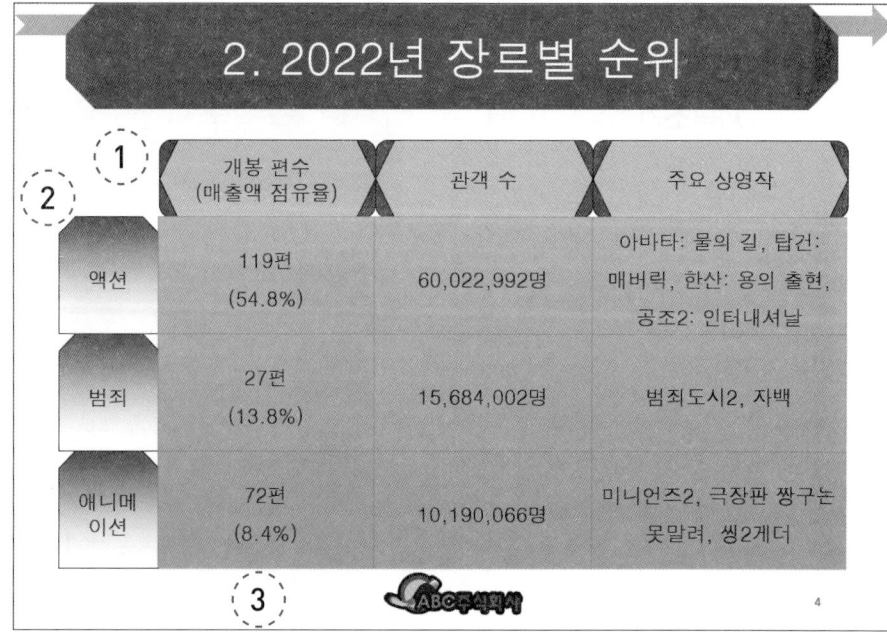

[슬라이드 5] ≪차트 슬라이드≫   100점

(1) 차트 작성 기능을 이용하여 슬라이드를 작성한다.
(2) 차트 : 종류(묶은 세로 막대형), 글꼴(돋움, 16pt), 외곽선

세부조건

※ 차트설명
- 차트 제목 : 궁서, 24pt, 굵게, 채우기(흰색), 테두리, 그림자(오프셋 왼쪽)
- 차트 영역 : 채우기(노랑) 그림 영역 : 채우기(흰색)
- 데이터 서식 : 극장 계열을 표식(◆)이 있는 꺾은선형으로 변경 후 보조축으로 지정
- 값 표시 : 2022년의 OTT 계열만

① 도형 삽입
  - 스타일 : 미세 효과 – 파랑, 강조 1
  - 글꼴 : 굴림, 18pt

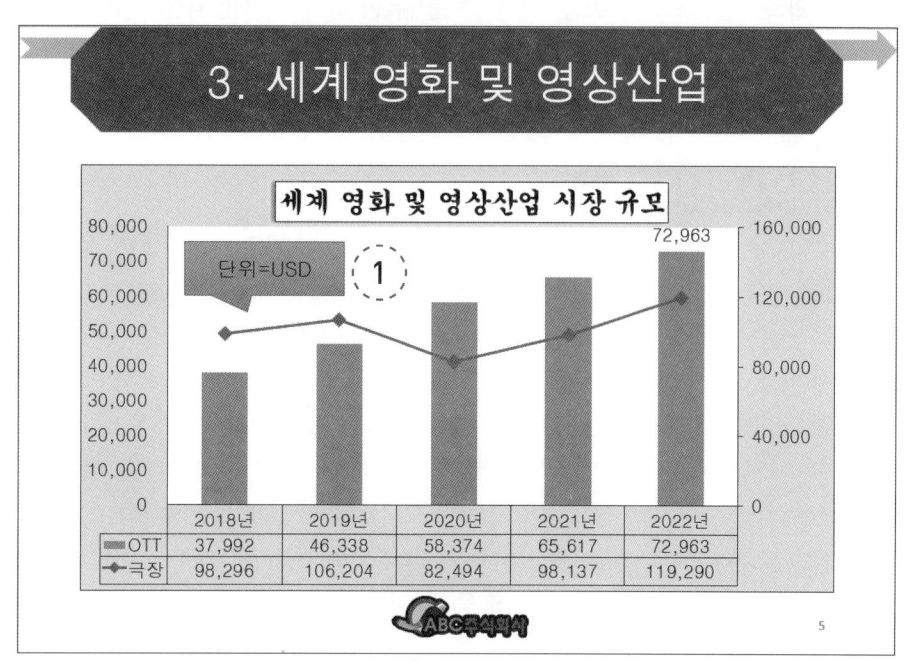

[슬라이드 6] ≪도형 슬라이드≫   100점

(1) 슬라이드와 같이 도형 및 스마트아트를 배치한다(글꼴 : 굴림, 18pt).
(2) 애니메이션 순서 : ① ⇒ ②

세부조건

① 도형 및 스마트아트 편집
  - 스마트아트 디자인 : 3차원 광택 처리, 강한 효과
  - 그룹화 후 애니메이션 효과 : 닦아내기(위에서)

② 도형 편집
  - 그룹화 후 애니메이션 효과 : 바운드

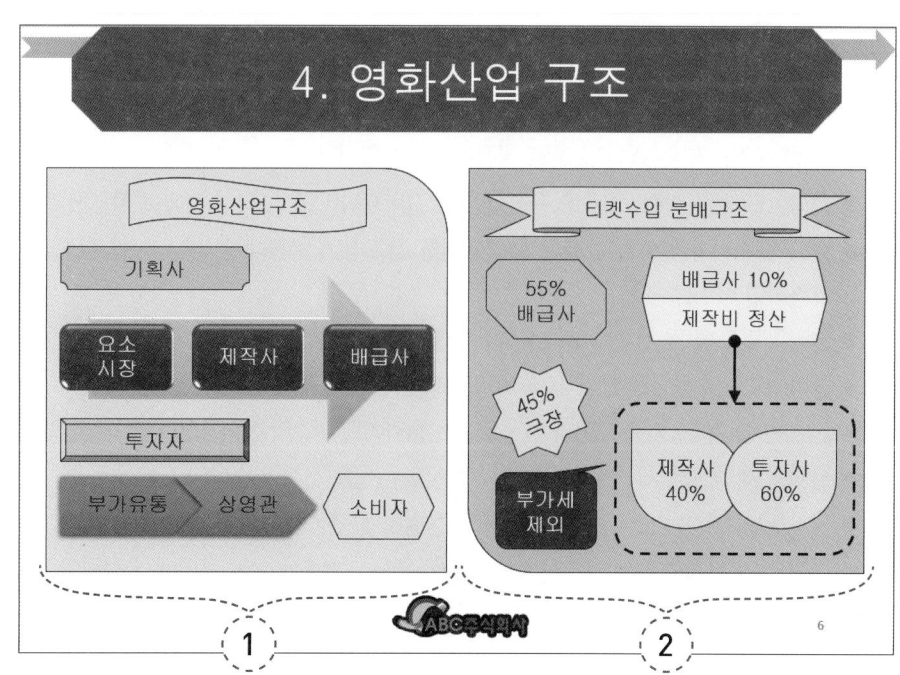

제09회 정보기술자격(ITQ) 출제예상 모의고사

작성 시간 / 시험 시간	채점 결과
분 / 60분	점 / 500점

과목	코드	문제유형	시험시간	수험번호	성명
한글파워포인트	1142	A	60분		

MS오피스

· 수험자 유의사항 ·

- 수험자는 문제지를 받는 즉시 문제지와 **수험표상의 시험과목(프로그램)이 동일한지 반드시 확인**하여야 합니다.
- 파일명은 본인의 "수험번호-성명"으로 입력하여 답안 폴더(내 PC\문서\ITQ)에 하나의 파일로 저장해야 하며, 답안 파일을 전송하지 않아 미제출로 처리될 경우 실격 처리합니다(예 : 12345678-홍길동.pptx).
- 답안 작성을 마치면 파일을 저장하고, '답안 전송' 버튼을 선택하여 감독위원 PC로 답안을 전송하십시오. 수험생 정보와 저장한 파일명이 다를 경우 전송되지 않으므로 주의하시기 바랍니다.
- 답안 작성 중에도 **주기적으로 저장하고, '답안 전송'**하여야 문제 발생을 줄일 수 있습니다. 작업한 내용을 저장하지 않고 전송할 경우 이전에 저장된 내용이 전송되오니 이점 유의하시기 바랍니다.
- 답안 문서는 지정된 경로 외의 다른 보조기억장치에 저장하는 경우, 지정된 시험 시간 외에 작성된 파일을 활용할 경우, 기타 통신 수단(이메일, 메신저, 네트워크 등)을 이용하여 타인에게 전달 또는 외부 반출하는 경우는 부정 처리합니다.
- 시험 중 부주의 또는 고의로 시스템을 파손한 경우는 수험자가 변상해야 하며, 〈수험자 유의사항〉에 기재된 방법대로 이행하지 않아 생기는 불이익은 수험생 당사자의 책임임을 알려 드립니다.
- 문제의 조건은 MS오피스 2021 버전으로 설정되어 있습니다.
  이와 관련하여 작성한 답안의 출력형태가 문제지와 다를 수 있습니다.
- 시험을 완료한 수험자는 답안파일이 전송되었는지 확인한 후 감독위원의 지시에 따라 문제지를 제출하고 퇴실합니다.

· 답안 작성요령 ·

- 온라인 답안 작성 절차
  수험자 등록 ⇒ 시험 시작 ⇒ 답안파일 저장 ⇒ 답안 전송 ⇒ 시험 종료
- 슬라이드의 크기는 A4 Paper로 설정하여 작성합니다.
- 슬라이드의 총 개수는 6개로 구성되어 있으며 슬라이드 1부터 순서대로 작업하고 반드시 문제와 세부조건대로 합니다.
- 별도의 지시사항이 없는 경우 출력형태를 참조하여 글꼴색은 검정 또는 흰색으로 작성하고, 기타사항은 전체적인 균형을 고려하여 작성합니다.
- 슬라이드 도형 및 개체에 출력형태와 다른 스타일(그림자, 외곽선 등)을 적용했을 경우 감점처리 됩니다.
- 슬라이드 번호를 작성합니다(슬라이드 1에는 생략).
- 2~6번 슬라이드 제목 도형과 하단 로고는 슬라이드 마스터를 이용하여 출력형태와 동일하게 작성합니다(슬라이드 1에는 생략).
- 문제와 세부조건, 세부조건 번호 ◯(점선원)는 입력하지 않습니다.
- 각 개체의 위치는 오른쪽의 슬라이드와 동일하게 구성합니다.
- 그림 삽입 문제의 경우 반드시 「내 PC\문서\ITQ\Picture」 폴더에서 정확한 파일을 선택하여 삽입하십시오.
- 각 슬라이드를 각각의 파일로 작업해서 저장할 경우 실격 처리됩니다.

kpc 한국생산성본부

[전체구성] 60점

(1) 슬라이드 크기 및 순서 : 크기를 A4 용지로 설정하고 슬라이드 순서에 맞게 작성한다.
(2) 슬라이드 마스터 : 2~6슬라이드의 제목, 하단 로고, 슬라이드 번호는 슬라이드 마스터를 이용하여 작성한다.
 - 제목 글꼴(돋움, 40pt, 흰색), 가운데 맞춤, 도형(선 없음)
 - 하단 로고(「내 PC\문서\ITQ\Picture\로고2.jpg」, 배경(회색) 투명색으로 설정)

[슬라이드 1] ≪표지 디자인≫ 40점

(1) 표지 디자인 : 도형, 워드아트 및 그림을 이용하여 작성한다.

세부조건

① 도형 편집
 - 도형에 그림 채우기 :
   「내 PC\문서\ITQ\Picture\그림1.jpg」, 투명도 50%
 - 도형 효과 :
   부드러운 가장자리 5포인트
② 워드아트 삽입
 - 변환 : 물결, 아래로
 - 글꼴 : 돋움, 굵게
 - 텍스트 반사 : 근접 반사, 4pt 오프셋
③ 그림 삽입
 - 「내 PC\문서\ITQ\Picture\로고2.jpg」
 - 배경(회색) 투명색으로 설정

[슬라이드 2] ≪목차 슬라이드≫ 60점

(1) 출력형태와 같이 도형을 이용하여 목차를 작성한다(글꼴 : 굴림, 24pt).
(2) 도형 : 선 없음

세부조건

① 텍스트에 링크 적용
 → '슬라이드 6'
② 그림 삽입
 - 「내 PC\문서\ITQ\Picture\그림5.jpg」
 - 자르기 기능 이용

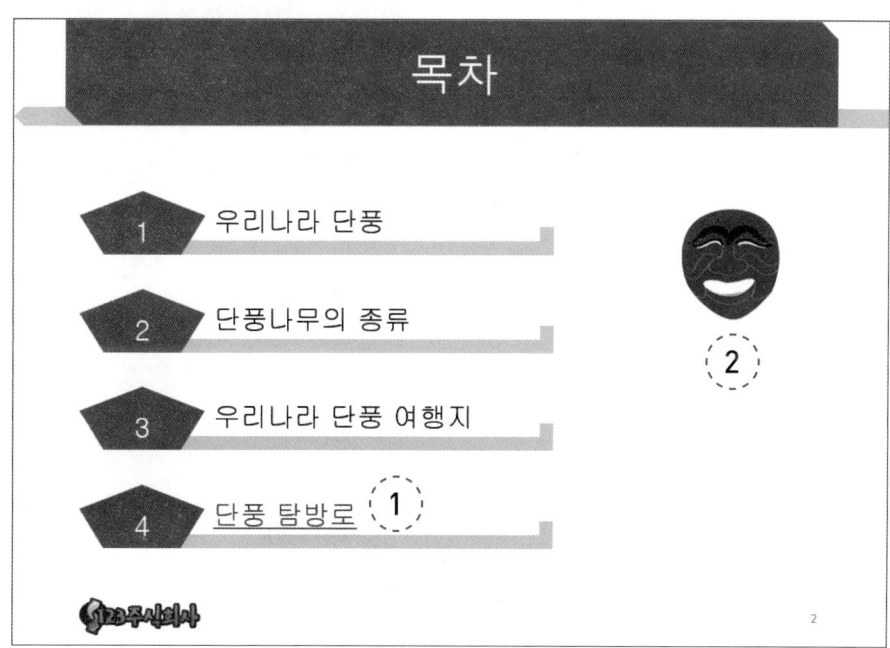

[슬라이드 3] ≪텍스트/동영상 슬라이드≫ 60점

(1) 텍스트 작성 : 글머리 기호 사용(❖, ■)
   ❖ 문단(굴림, 24pt, 굵게, 줄간격 : 1.5줄), ■ 문단(굴림, 20pt, 줄간격 : 1.5줄)

세부조건

① 동영상 삽입 :
  - 「내 PC₩문서₩ITQ₩Picture₩동영상.wmv」
  - 자동실행, 반복재생 설정

1. 우리나라 단풍

❖ **Autumnal Colors**
  ■ Autumnal colors turn shades of red, yellow, and orange in autumn, and residents enjoy taking trips to see the striking colors

❖ **우리나라 단풍**
  ■ 우리나라는 아름다운 단풍이 들기 좋은 최적의 기후 조건을 갖고 있어 설악산, 지리산, 내장산 등의 단풍이 세계적으로 유명
  ■ 9월말 설악산, 금강산을 시작으로 중부지방, 지리산, 남부지방 순으로 단풍물이 들며 절정시기는 10월 말임

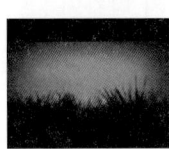

[슬라이드 4] ≪표 슬라이드≫ 80점

(1) 도형과 표 작성 기능을 이용하여 슬라이드를 작성한다(글꼴 : 돋움, 18pt).

세부조건

① 상단 도형 :
   2개 도형의 조합으로 작성

② 좌측 도형 :
   그라데이션 효과(선형 아래쪽)

③ 표 스타일 :
   테마 스타일 1 – 강조 5

2. 단풍나무의 종류

	고로쇠나무	우산고로쇠	신나무
생태	낙엽 활엽 교목	표고 50m 남향의 산록에서 자생	낙엽 활엽 소교목으로 습한 지대에서 자람
용도	장치, 가구재로 사용, 수액은 약용	건축재, 가구재, 관상용, 수액은 약용	신나무의 잎은 염료용으로 사용
비고	중국, 만주, 몽고, 한국, 일본에 분포	한국의 울릉도 특산	내장산 서식 기본종

[슬라이드 5] ≪차트 슬라이드≫ 100점

(1) 차트 작성 기능을 이용하여 슬라이드를 작성한다.
(2) 차트 : 종류(묶은 세로 막대형), 글꼴(돋움, 16pt), 외곽선

세부조건

※ 차트설명
- 차트 제목 : 궁서, 24pt, 굵게, 채우기(흰색), 테두리, 그림자(오프셋 오른쪽)
- 차트 영역 : 채우기(노랑) 그림 영역 : 채우기(흰색)
- 데이터 서식 : 남자 계열을 표식(◆)이 있는 꺾은선형으로 변경 후 보조 축으로 지정
- 값 표시 : 화담숲의 여자 계열만

① 도형 삽입
- 스타일 : 미세 효과 – 파랑, 강조 1
- 글꼴 : 굴림, 18pt

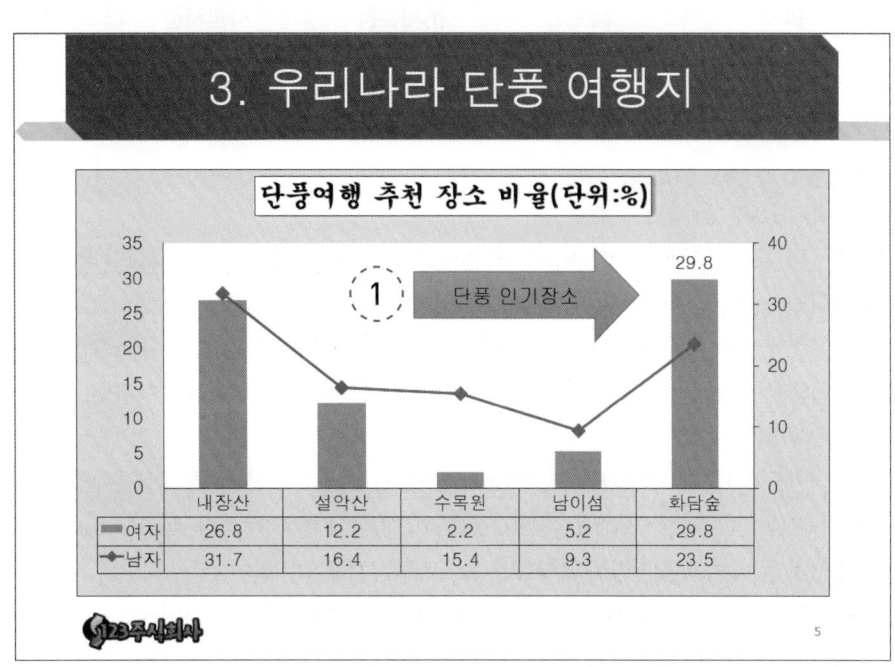

[슬라이드 6] ≪도형 슬라이드≫ 100점

(1) 슬라이드와 같이 도형 및 스마트아트를 배치한다(글꼴 : 굴림, 18pt).
(2) 애니메이션 순서 : ① ⇒ ②

세부조건

① 도형 및 스마트아트 편집
- 스마트아트 디자인
  : 3차원 만화, 강한 효과
- 그룹화 후 애니메이션 효과
  : 닦아내기(위에서)

② 도형 편집
- 그룹화 후 애니메이션 효과
  : 바운드

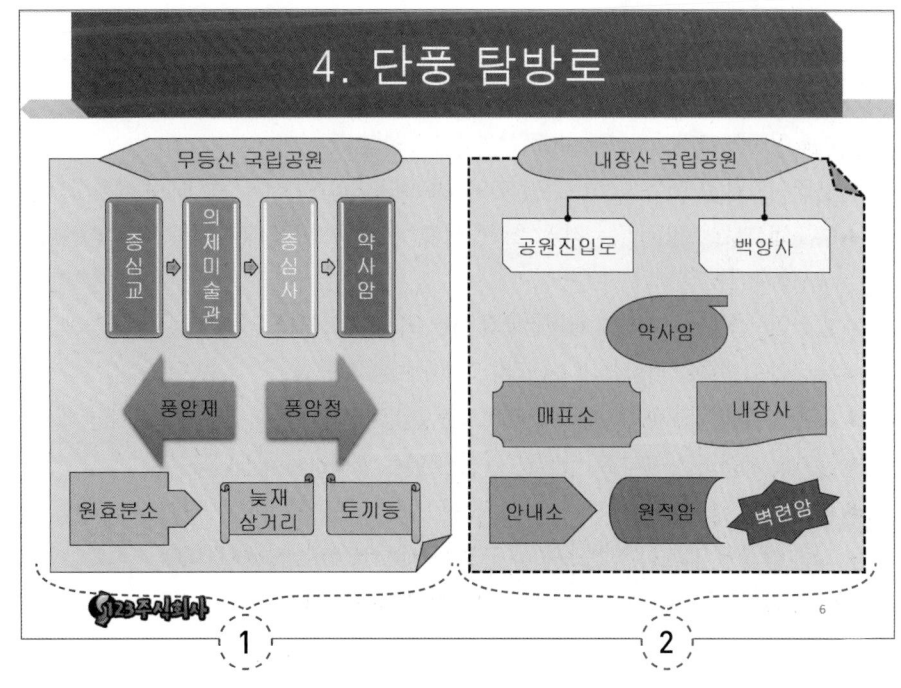

제10회 정보기술자격(ITQ) 출제예상 모의고사

작성 시간 / 시험 시간	채점 결과
분 / 60분	점 / 500점

과목	코드	문제유형	시험시간	수험번호	성명
한글파워포인트	1142	B	60분		

MS오피스

· 수험자 유의사항 ·

- 수험자는 문제지를 받는 즉시 문제지와 **수험표상의 시험과목(프로그램)이 동일한지 반드시 확인**하여야 합니다.
- 파일명은 본인의 "수험번호-성명"으로 입력하여 답안 폴더(내 PC\문서\ITQ)에 하나의 파일로 저장해야 하며, 답안 파일을 전송하지 않아 미제출로 처리될 경우 실격 처리합니다(예 : 12345678-홍길동.pptx).
- 답안 작성을 마치면 파일을 저장하고, '답안 전송' 버튼을 선택하여 감독위원 PC로 답안을 전송하십시오. 수험생 정보와 저장한 파일명이 다를 경우 전송되지 않으므로 주의하시기 바랍니다.
- 답안 작성 중에도 **주기적으로 저장하고, '답안 전송'**하여야 문제 발생을 줄일 수 있습니다. 작업한 내용을 저장하지 않고 전송할 경우 이전에 저장된 내용이 전송되오니 이점 유의하시기 바랍니다.
- 답안 문서는 지정된 경로 외의 다른 보조기억장치에 저장하는 경우, 지정된 시험 시간 외에 작성된 파일을 활용할 경우, 기타 통신 수단(이메일, 메신저, 네트워크 등)을 이용하여 타인에게 전달 또는 외부 반출하는 경우는 부정 처리합니다.
- 시험 중 부주의 또는 고의로 시스템을 파손한 경우는 수험자가 변상해야 하며, 〈수험자 유의사항〉에 기재된 방법대로 이행하지 않아 생기는 불이익은 수험생 당사자의 책임임을 알려 드립니다.
- 문제의 조건은 MS오피스 2021 버전으로 설정되어 있습니다.
  이와 관련하여 작성한 답안의 출력형태가 문제지와 다를 수 있습니다.
- 시험을 완료한 수험자는 답안파일이 전송되었는지 확인한 후 감독위원의 지시에 따라 문제지를 제출하고 퇴실합니다.

· 답안 작성요령 ·

- 온라인 답안 작성 절차
  수험자 등록 ⇒ 시험 시작 ⇒ 답안파일 저장 ⇒ 답안 전송 ⇒ 시험 종료
- 슬라이드의 크기는 A4 Paper로 설정하여 작성합니다.
- 슬라이드의 총 개수는 6개로 구성되어 있으며 슬라이드 1부터 순서대로 작업하고 반드시 문제와 세부조건대로 합니다.
- 별도의 지시사항이 없는 경우 출력형태를 참조하여 글꼴색은 검정 또는 흰색으로 작성하고, 기타사항은 전체적인 균형을 고려하여 작성합니다.
- 슬라이드 도형 및 개체에 출력형태와 다른 스타일(그림자, 외곽선 등)을 적용했을 경우 감점처리 됩니다.
- 슬라이드 번호를 작성합니다(슬라이드 1에는 생략).
- 2~6번 슬라이드 제목 도형과 하단 로고는 슬라이드 마스터를 이용하여 출력형태와 동일하게 작성합니다(슬라이드 1에는 생략).
- 문제와 세부조건, 세부조건 번호 ○(점선원)는 입력하지 않습니다.
- 각 개체의 위치는 오른쪽의 슬라이드와 동일하게 구성합니다.
- 그림 삽입 문제의 경우 반드시 「내 PC\문서\ITQ\Picture」 폴더에서 정확한 파일을 선택하여 삽입하십시오.
- 각 슬라이드를 각각의 파일로 작업해서 저장할 경우 실격 처리됩니다.

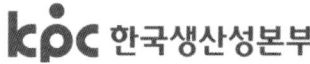

[전체구성] 60점

(1) 슬라이드 크기 및 순서 : 크기를 A4 용지로 설정하고 슬라이드 순서에 맞게 작성한다.
(2) 슬라이드 마스터 : 2~6슬라이드의 제목, 하단 로고, 슬라이드 번호는 슬라이드 마스터를 이용하여 작성한다.
  - 제목 글꼴(돋움, 40pt, 흰색), 가운데 맞춤, 도형(선 없음)
  - 하단 로고(「내 PC₩문서₩ITQ₩Picture₩로고1.jpg」, 배경(회색) 투명색으로 설정)

[슬라이드 1] ≪표지 디자인≫ 40점

(1) 표지 디자인 : 도형, 워드아트 및 그림을 이용하여 작성한다.

세부조건

① 도형 편집
  - 도형에 그림 채우기 :
    「내 PC₩문서₩ITQ₩Picture₩그림1.jpg」, 투명도 50%
  - 도형 효과 :
    부드러운 가장자리 5포인트
② 워드아트 삽입
  - 변환 : 기울기, 위로
  - 글꼴 : 돋움, 굵게
  - 텍스트 반사 : 근접 반사, 4pt 오프셋
③ 그림 삽입
  - 「내 PC₩문서₩ITQ₩Picture₩로고1.jpg」
  - 배경(회색) 투명색으로 설정

[슬라이드 2] ≪목차 슬라이드≫ 60점

(1) 출력형태와 같이 도형을 이용하여 목차를 작성한다(글꼴 : 굴림, 24pt).
(2) 도형 : 선 없음

세부조건

① 텍스트에 링크 적용
  → '슬라이드 6'
② 그림 삽입
  - 「내 PC₩문서₩ITQ₩Picture₩그림4.jpg」
  - 자르기 기능 이용

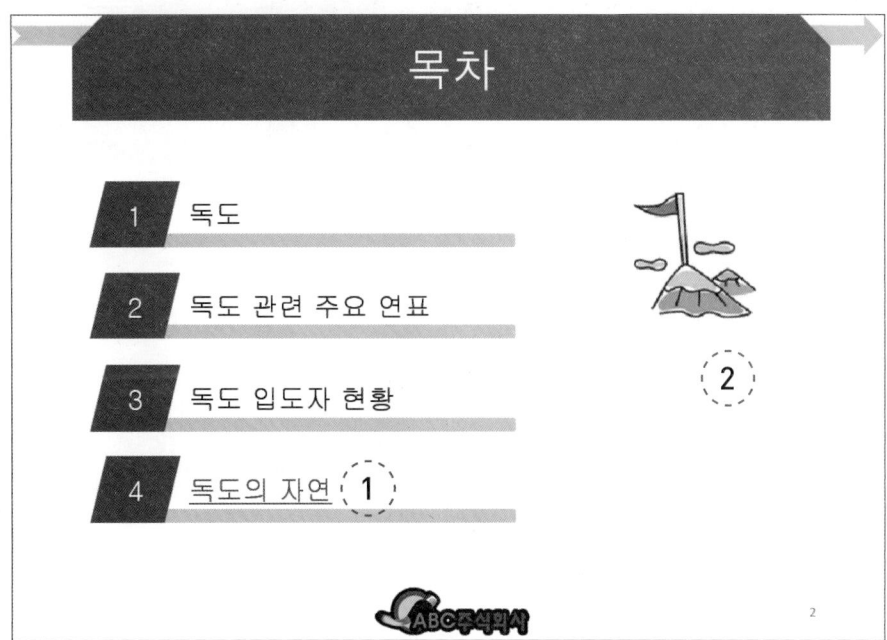

[슬라이드 3] ≪텍스트/동영상 슬라이드≫ 60점

(1) 텍스트 작성 : 글머리 기호 사용(◆, ✓)
  ◆문단(굴림, 24pt, 굵게, 줄간격 : 1.5줄), ✓문단(굴림, 20pt, 줄간격 : 1.5줄)

세부조건
① 동영상 삽입 :
  - 「내 PC₩문서₩ITQ₩Picture₩동영상.wmv」
  - 자동실행, 반복재생 설정

1. 독도

◆ Dokdo's resident
  ✓ Home to approximately 26 residents Since March 1965, when the late Choi Jongduck became the first ever civilian to reside on Dokdo, Dokdo continuously has been home to a number of Korean civilians

◆ 독도
  ✓ 우리나라 가장 동쪽 끝에 있는 섬으로 동경 131도52, 북위 37도14에 위치
  ✓ 동도와 서도 외에 89개의 부속도서로 구성

[슬라이드 4] ≪표 슬라이드≫ 80점

(1) 도형과 표 작성 기능을 이용하여 슬라이드를 작성한다(글꼴 : 돋움, 18pt).

세부조건
① 상단 도형 :
  2개 도형의 조합으로 작성
② 좌측 도형 :
  그라데이션 효과(선형 아래쪽)
③ 표 스타일 :
  테마 스타일 1 – 강조 6

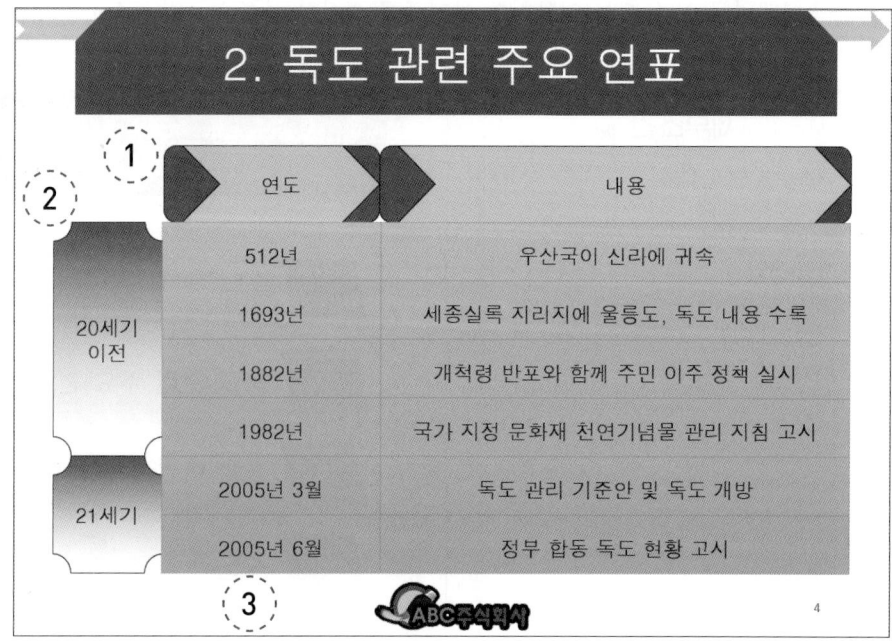

2. 독도 관련 주요 연표

	연도	내용
20세기 이전	512년	우산국이 신라에 귀속
	1693년	세종실록 지리지에 울릉도, 독도 내용 수록
	1882년	개척령 반포와 함께 주민 이주 정책 실시
21세기	1982년	국가 지정 문화재 천연기념물 관리 지침 고시
	2005년 3월	독도 관리 기준안 및 독도 개방
	2005년 6월	정부 합동 독도 현황 고시

[슬라이드 5] ≪차트 슬라이드≫   100점

(1) 차트 작성 기능을 이용하여 슬라이드를 작성한다.
(2) 차트 : 종류(묶은 세로 막대형), 글꼴(돋움, 16pt), 외곽선

세부조건

※ 차트설명
- 차트 제목 : 궁서, 24pt, 굵게, 채우기(흰색), 테두리, 그림자(오프셋 왼쪽)
- 차트 영역 : 채우기(노랑) 그림 영역 : 채우기(흰색)
- 데이터 서식 : 인원(명) 계열을 표식(◆)이 있는 꺾은선형으로 변경 후 보조축으로 지정
- 값 표시 : 2022년의 건수 계열만

① 도형 삽입
- 스타일 : 미세 효과 – 파랑, 강조 1
- 글꼴 : 굴림, 18pt

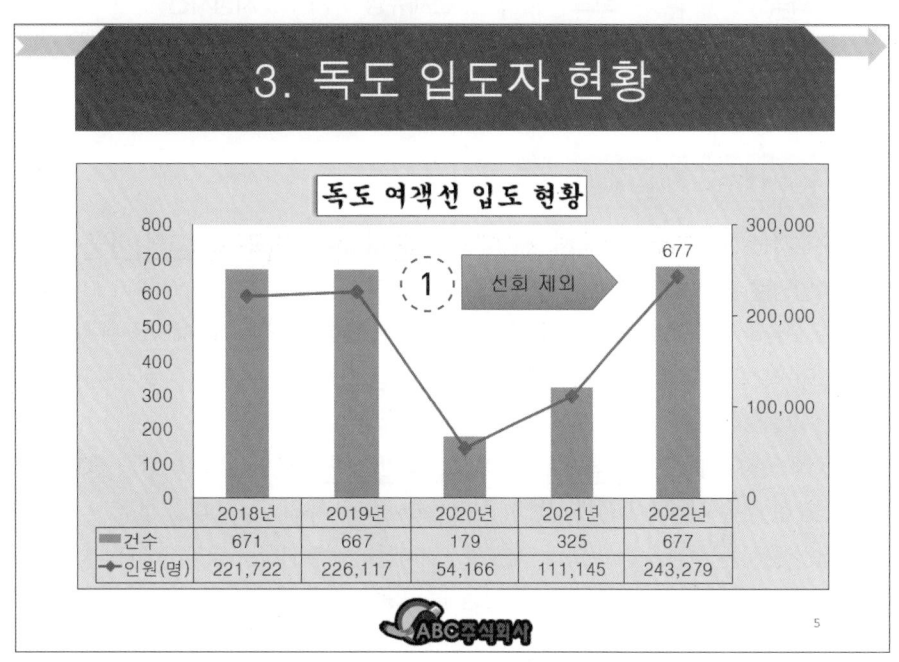

[슬라이드 6] ≪도형 슬라이드≫   100점

(1) 슬라이드와 같이 도형 및 스마트아트를 배치한다(글꼴 : 굴림, 18pt).
(2) 애니메이션 순서 : ① ⇒ ②

세부조건

① 도형 및 스마트아트 편집
- 스마트아트 디자인 : 3차원 경사, 3차원 만화
- 그룹화 후 애니메이션 효과 : 닦아내기(위에서)

② 도형 편집
- 그룹화 후 애니메이션 효과 : 바운드

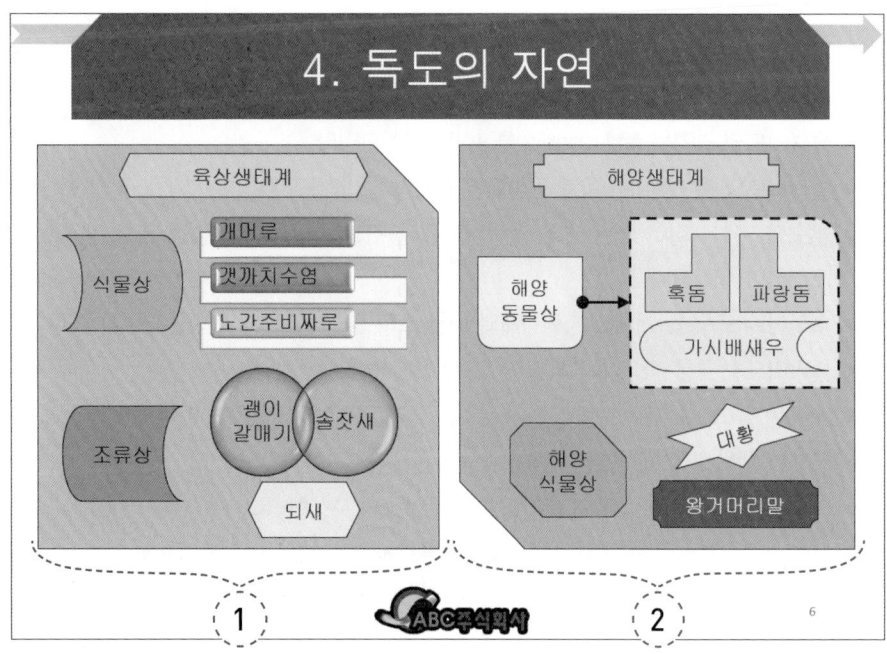

제 11 회 정보기술자격(ITQ) 출제예상 모의고사

작성 시간 / 시험 시간	채점 결과
분 / 60분	점 / 500점

과목	코드	문제유형	시험시간	수험번호	성명
한글파워포인트	1142	C	60분		

MS오피스

• 수험자 유의사항 •

- 수험자는 문제지를 받는 즉시 문제지와 **수험표상의 시험과목(프로그램)이 동일한지 반드시 확인**하여야 합니다.
- 파일명은 본인의 "수험번호-성명"으로 입력하여 답안 폴더(내 PC\문서\ITQ)에 하나의 파일로 저장해야 하며, 답안 파일을 전송하지 않아 미제출로 처리될 경우 실격 처리합니다(예 : 12345678-홍길동.pptx).
- 답안 작성을 마치면 파일을 저장하고, '답안 전송' 버튼을 선택하여 감독위원 PC로 답안을 전송하십시오. 수험생 정보와 저장한 파일명이 다를 경우 전송되지 않으므로 주의하시기 바랍니다.
- 답안 작성 중에도 **주기적으로 저장하고, '답안 전송'**하여야 문제 발생을 줄일 수 있습니다. 작업한 내용을 저장하지 않고 전송할 경우 이전에 저장된 내용이 전송되오니 이점 유의하시기 바랍니다.
- 답안 문서는 지정된 경로 외의 다른 보조기억장치에 저장하는 경우, 지정된 시험 시간 외에 작성된 파일을 활용할 경우, 기타 통신 수단(이메일, 메신저, 네트워크 등)을 이용하여 타인에게 전달 또는 외부 반출하는 경우는 부정 처리합니다.
- 시험 중 부주의 또는 고의로 시스템을 파손한 경우는 수험자가 변상해야 하며, 〈수험자 유의사항〉에 기재된 방법대로 이행하지 않아 생기는 불이익은 수험생 당사자의 책임임을 알려 드립니다.
- 문제의 조건은 MS오피스 2021 버전으로 설정되어 있습니다.
  이와 관련하여 작성한 답안의 출력형태가 문제지와 다를 수 있습니다.
- 시험을 완료한 수험자는 답안파일이 전송되었는지 확인한 후 감독위원의 지시에 따라 문제지를 제출하고 퇴실합니다.

• 답안 작성요령 •

- 온라인 답안 작성 절차
  수험자 등록 ⇒ 시험 시작 ⇒ 답안파일 저장 ⇒ 답안 전송 ⇒ 시험 종료
- 슬라이드의 크기는 A4 Paper로 설정하여 작성합니다.
- 슬라이드의 총 개수는 6개로 구성되어 있으며 슬라이드 1부터 순서대로 작업하고 반드시 문제와 세부조건대로 합니다.
- 별도의 지시사항이 없는 경우 출력형태를 참조하여 글꼴색은 검정 또는 흰색으로 작성하고, 기타사항은 전체적인 균형을 고려하여 작성합니다.
- 슬라이드 도형 및 개체에 출력형태와 다른 스타일(그림자, 외곽선 등)을 적용했을 경우 감점처리 됩니다.
- 슬라이드 번호를 작성합니다(슬라이드 1에는 생략).
- 2~6번 슬라이드 제목 도형과 하단 로고는 슬라이드 마스터를 이용하여 출력형태와 동일하게 작성합니다(슬라이드 1에는 생략).
- 문제와 세부조건, 세부조건 번호 ○(점선원)는 입력하지 않습니다.
- 각 개체의 위치는 오른쪽의 슬라이드와 동일하게 구성합니다.
- 그림 삽입 문제의 경우 반드시「내 PC\문서\ITQ\Picture」폴더에서 정확한 파일을 선택하여 삽입하십시오.
- 각 슬라이드를 각각의 파일로 작업해서 저장할 경우 실격 처리됩니다.

kpc 한국생산성본부

[전체구성] 60점

(1) 슬라이드 크기 및 순서 : 크기를 A4 용지로 설정하고 슬라이드 순서에 맞게 작성한다.
(2) 슬라이드 마스터 : 2~6슬라이드의 제목, 하단 로고, 슬라이드 번호는 슬라이드 마스터를 이용하여 작성한다.
 - 제목 글꼴(돋움, 40pt, 흰색), 가운데 맞춤, 도형(선 없음)
 - 하단 로고(「내 PC₩문서₩ITQ₩Picture₩로고2.jpg」, 배경(회색) 투명색으로 설정)

[슬라이드 1] ≪표지 디자인≫ 40점

(1) 표지 디자인 : 도형, 워드아트 및 그림을 이용하여 작성한다.

세부조건

① 도형 편집
 - 도형에 그림 채우기 :
   「내 PC₩문서₩ITQ₩Picture₩그림1.jpg」, 투명도 50%
 - 도형 효과 :
   부드러운 가장자리 5포인트

② 워드아트 삽입
 - 변환 : 물결, 아래로
 - 글꼴 : 돋움, 굵게
 - 텍스트 반사 : 근접 반사, 4pt 오프셋

③ 그림 삽입
 - 「내 PC₩문서₩ITQ₩Picture₩로고2.jpg」
 - 배경(회색) 투명색으로 설정

[슬라이드 2] ≪목차 슬라이드≫ 60점

(1) 출력형태와 같이 도형을 이용하여 목차를 작성한다(글꼴 : 굴림, 24pt).
(2) 도형 : 선 없음

세부조건

① 텍스트에 링크 적용
 → '슬라이드 6'

② 그림 삽입
 - 「내 PC₩문서₩ITQ₩Picture₩그림5.jpg」
 - 자르기 기능 이용

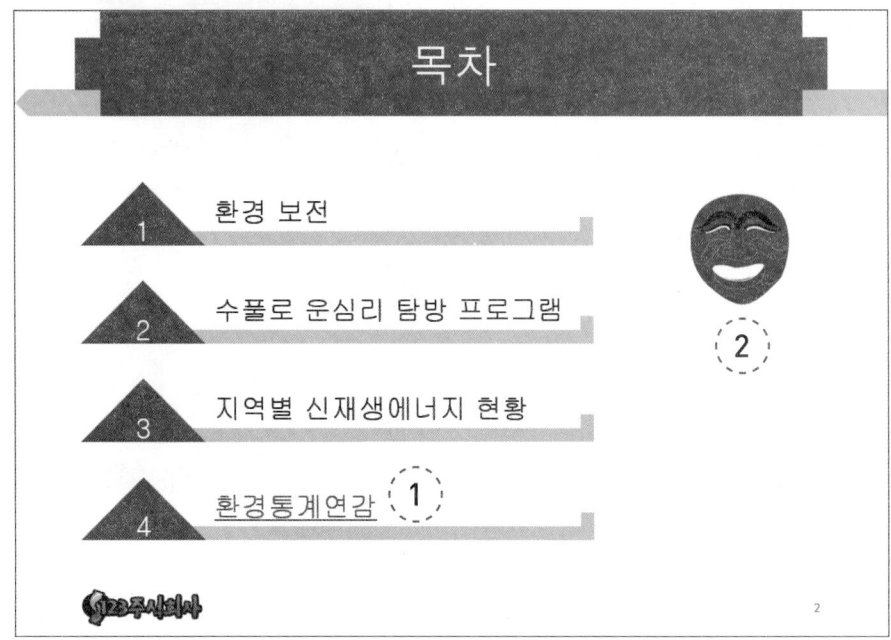

[슬라이드 3] ≪텍스트/동영상 슬라이드≫ 60점

(1) 텍스트 작성 : 글머리 기호 사용(❖, ■)
   ❖ 문단(굴림, 24pt, 굵게, 줄간격 : 1.5줄), ■ 문단(굴림, 20pt, 줄간격 : 1.5줄)

세부조건

① 동영상 삽입 :
   - 「내 PC₩문서₩ITQ₩Picture₩동영상.wmv」
   - 자동실행, 반복재생 설정

1. 환경 보전

❖ Global Efforts
   ■ UNEP 8th special session of the governing council in Korea/global ministerial meeting
   ■ Environmental cooperation in northeast Asia

❖ 환경 보전의 의미
   ■ 인간이 안전하고 건강하며 미적, 문화적으로 쾌적한 생활을 영위할 수 있도록 환경 조건을 좋은 상태로 지키고 유지하며 대기, 수질 등의 환경을 오염으로부터 보호하는 것

[슬라이드 4] ≪표 슬라이드≫ 80점

(1) 도형과 표 작성 기능을 이용하여 슬라이드를 작성한다(글꼴 : 돋움, 18pt).

세부조건

① 상단 도형 :
   2개 도형의 조합으로 작성

② 좌측 도형 :
   그라데이션 효과(선형 아래쪽)

③ 표 스타일 :
   테마 스타일 1 – 강조 5

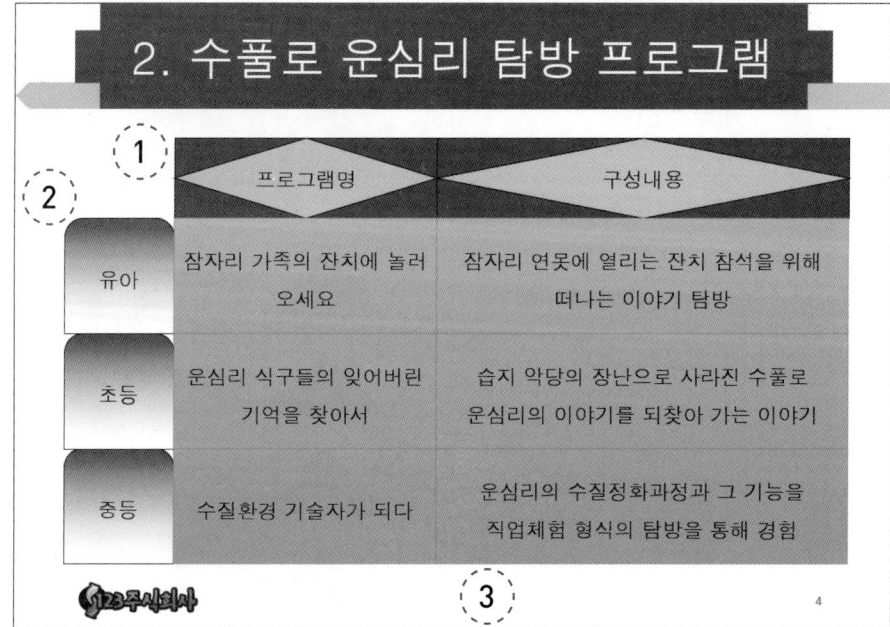

[슬라이드 5] ≪차트 슬라이드≫ 100점

(1) 차트 작성 기능을 이용하여 슬라이드를 작성한다.
(2) 차트 : 종류(묶은 세로 막대형), 글꼴(돋움, 16pt), 외곽선

세부조건

※ 차트설명
- 차트 제목 : 궁서, 24pt, 굵게, 채우기(흰색), 테두리, 그림자(오프셋 오른쪽)
- 차트 영역 : 채우기(노랑)
  그림 영역 : 채우기(흰색)
- 데이터 서식 : 생산량 계열을 표식이 있는 꺾은선형으로 변경 후 보조축으로 지정
- 값 표시 : 인천의 발전량 계열만

① 도형 삽입
  - 스타일 : 미세 효과 – 파랑, 강조 1
  - 글꼴 : 굴림, 18pt

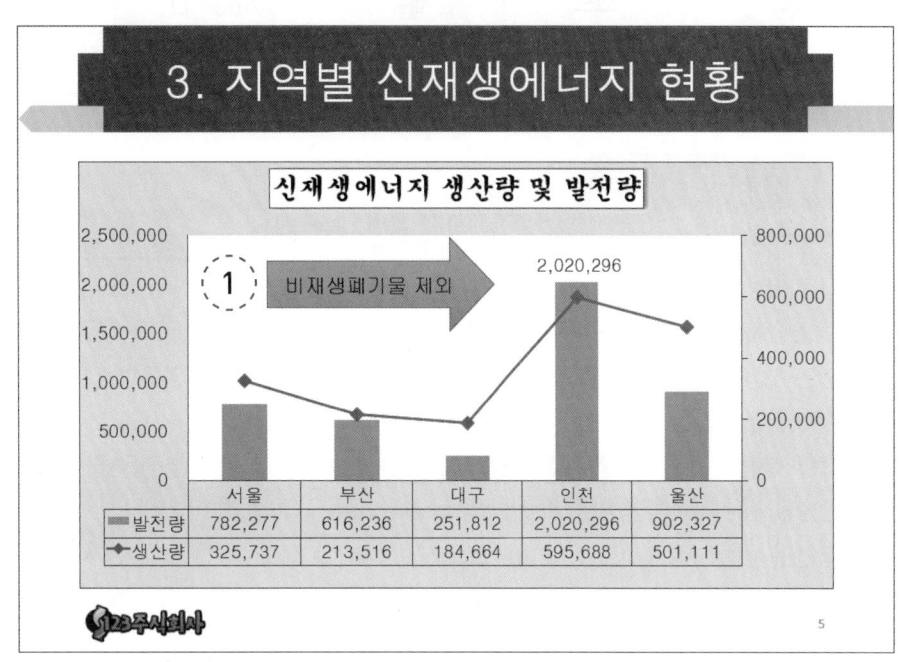

[슬라이드 6] ≪도형 슬라이드≫ 100점

(1) 슬라이드와 같이 도형 및 스마트아트를 배치한다(글꼴 : 굴림, 18pt).
(2) 애니메이션 순서 : ① ⇒ ②

세부조건

① 도형 및 스마트아트 편집
  - 스마트아트 디자인
    : 3차원 경사, 3차원 만화
  - 그룹화 후 애니메이션 효과
    : 닦아내기(위에서)

② 도형 편집
  - 그룹화 후 애니메이션 효과
    : 바운드

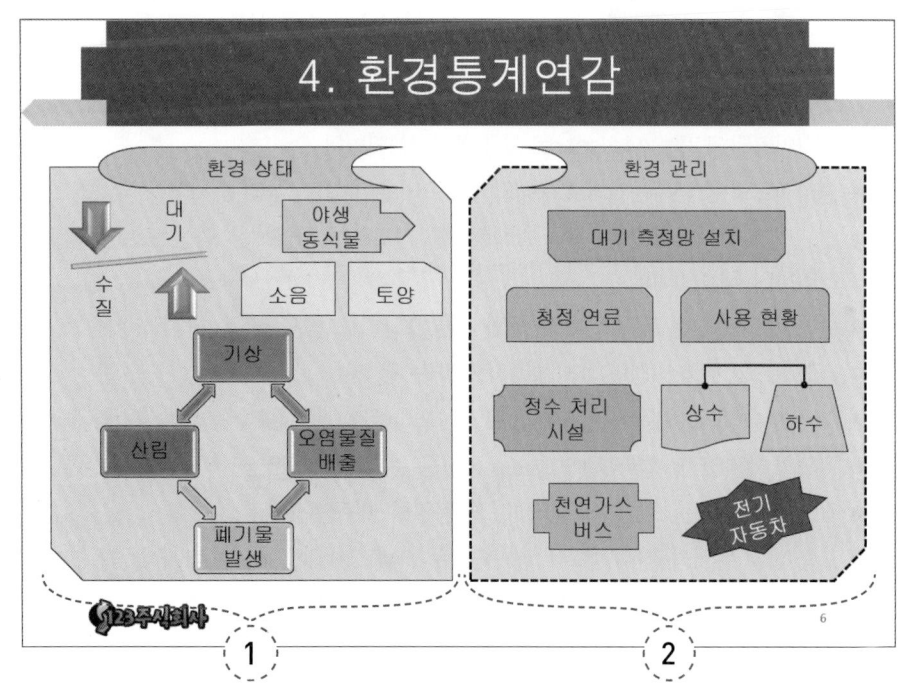

제12회 정보기술자격(ITQ) 출제예상 모의고사

작성 시간 / 시험 시간	채점 결과
분 / 60분	점 / 500점

과목	코드	문제유형	시험시간	수험번호	성명
한글파워포인트	1142	D	60분		

MS오피스

· 수험자 유의사항 ·

- 수험자는 문제지를 받는 즉시 문제지와 **수험표상의 시험과목(프로그램)이 동일한지 반드시 확인**하여야 합니다.
- 파일명은 본인의 "수험번호-성명"으로 입력하여 답안 폴더(내 PC\문서\ITQ)에 하나의 파일로 저장해야 하며, 답안 파일을 전송하지 않아 미제출로 처리될 경우 실격 처리합니다(예 : 12345678-홍길동.pptx).
- 답안 작성을 마치면 파일을 저장하고, '답안 전송' 버튼을 선택하여 감독위원 PC로 답안을 전송하십시오. 수험생 정보와 저장한 파일명이 다를 경우 전송되지 않으므로 주의하시기 바랍니다.
- 답안 작성 중에도 **주기적으로 저장하고, '답안 전송'**하여야 문제 발생을 줄일 수 있습니다. 작업한 내용을 저장하지 않고 전송할 경우 이전에 저장된 내용이 전송되오니 이점 유의하시기 바랍니다.
- 답안 문서는 지정된 경로 외의 다른 보조기억장치에 저장하는 경우, 지정된 시험 시간 외에 작성된 파일을 활용할 경우, 기타 통신 수단(이메일, 메신저, 네트워크 등)을 이용하여 타인에게 전달 또는 외부 반출하는 경우는 부정 처리합니다.
- 시험 중 부주의 또는 고의로 시스템을 파손한 경우는 수험자가 변상해야 하며, 〈수험자 유의사항〉에 기재된 방법대로 이행하지 않아 생기는 불이익은 수험생 당사자의 책임임을 알려 드립니다.
- 문제의 조건은 MS오피스 2021 버전으로 설정되어 있습니다.
  이와 관련하여 작성한 답안의 출력형태가 문제지와 다를 수 있습니다.
- 시험을 완료한 수험자는 답안파일이 전송되었는지 확인한 후 감독위원의 지시에 따라 문제지를 제출하고 퇴실합니다.

· 답안 작성요령 ·

- 온라인 답안 작성 절차
  수험자 등록 ⇒ 시험 시작 ⇒ 답안파일 저장 ⇒ 답안 전송 ⇒ 시험 종료
- 슬라이드의 크기는 A4 Paper로 설정하여 작성합니다.
- 슬라이드의 총 개수는 6개로 구성되어 있으며 슬라이드 1부터 순서대로 작업하고 반드시 문제와 세부조건대로 합니다.
- 별도의 지시사항이 없는 경우 출력형태를 참조하여 글꼴색은 검정 또는 흰색으로 작성하고, 기타사항은 전체적인 균형을 고려하여 작성합니다.
- 슬라이드 도형 및 개체에 출력형태와 다른 스타일(그림자, 외곽선 등)을 적용했을 경우 감점처리 됩니다.
- 슬라이드 번호를 작성합니다(슬라이드 1에는 생략).
- 2~6번 슬라이드 제목 도형과 하단 로고는 슬라이드 마스터를 이용하여 출력형태와 동일하게 작성합니다(슬라이드 1에는 생략).
- 문제와 세부조건, 세부조건 번호 ◌(점선원)는 입력하지 않습니다.
- 각 개체의 위치는 오른쪽의 슬라이드와 동일하게 구성합니다.
- 그림 삽입 문제의 경우 반드시「내 PC\문서\ITQ\Picture」폴더에서 정확한 파일을 선택하여 삽입하십시오.
- 각 슬라이드를 각각의 파일로 작업해서 저장할 경우 실격 처리됩니다.

kpc 한국생산성본부

[전체구성] 60점

(1) 슬라이드 크기 및 순서 : 크기를 A4 용지로 설정하고 슬라이드 순서에 맞게 작성한다.
(2) 슬라이드 마스터 : 2~6슬라이드의 제목, 하단 로고, 슬라이드 번호는 슬라이드 마스터를 이용하여 작성한다.
 - 제목 글꼴(돋움, 40pt, 흰색), 가운데 맞춤, 도형(선 없음)
 - 하단 로고(「내 PC₩문서₩ITQ₩Picture₩로고1.jpg」, 배경(회색) 투명색으로 설정)

[슬라이드 1] ≪표지 디자인≫ 40점

(1) 표지 디자인 : 도형, 워드아트 및 그림을 이용하여 작성한다.

세부조건

① 도형 편집
 - 도형에 그림 채우기 :
  「내 PC₩문서₩ITQ₩Picture₩그림1.jpg」, 투명도 50%
 - 도형 효과 :
  부드러운 가장자리 5포인트

② 워드아트 삽입
 - 변환 : 기울기, 위로
 - 글꼴 : 돋움, 굵게
 - 텍스트 반사 : 근접 반사, 4pt 오프셋

③ 그림 삽입
 - 「내 PC₩문서₩ITQ₩Picture₩로고1.jpg」
 - 배경(회색) 투명색으로 설정

[슬라이드 2] ≪목차 슬라이드≫ 60점

(1) 출력형태와 같이 도형을 이용하여 목차를 작성한다(글꼴 : 굴림, 24pt).
(2) 도형 : 선 없음

세부조건

① 텍스트에 링크 적용
 → '슬라이드 6'

② 그림 삽입
 - 「내 PC₩문서₩ITQ₩Picture₩그림4.jpg」
 - 자르기 기능 이용

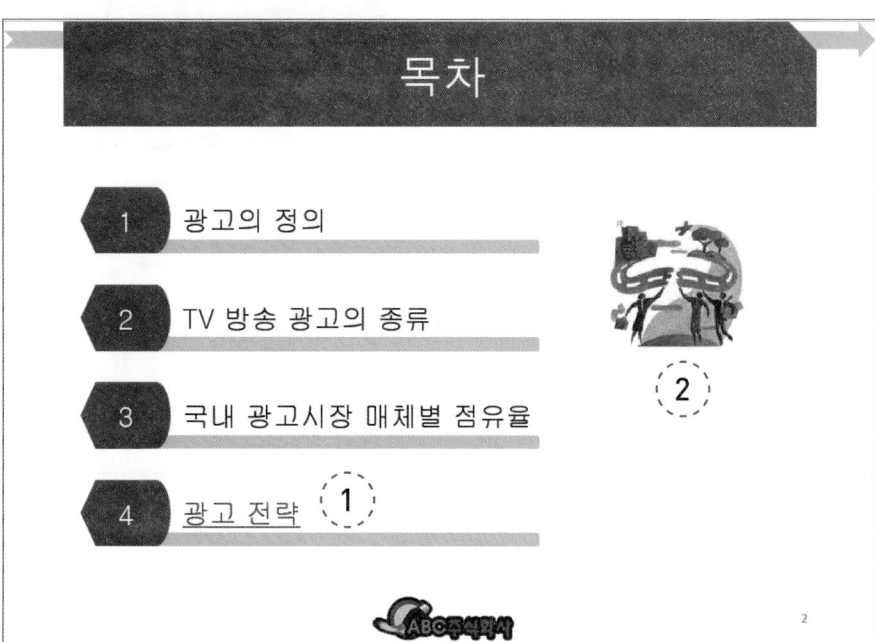

[슬라이드 3] ≪텍스트/동영상 슬라이드≫ 60점

(1) 텍스트 작성 : 글머리 기호 사용(◆, ✓)
    ◆문단(굴림, 24pt, 굵게, 줄간격 : 1.5줄), ✓문단(굴림, 20pt, 줄간격 : 1.5줄)

세부조건

① 동영상 삽입 :
  - 「내 PC₩문서₩ITQ₩Picture₩동영상.wmv」
  - 자동실행, 반복재생 설정

1. 광고의 정의

◆ Advertising
  ✓ It is a form of marketing communication used to encourage, persuade, or manipulate an audience to take some action
  ✓ Advertisers seek to generate increased consumption of their products or services

◆ 광고
  ✓ 상품이 여러 사람에게 알려지도록 하는 과정으로 일정한 매체를 통하여 상품을 제시하거나 팔리도록 촉진하는 활동

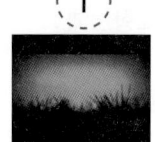

[슬라이드 4] ≪표 슬라이드≫ 80점

(1) 도형과 표 작성 기능을 이용하여 슬라이드를 작성한다(글꼴 : 돋움, 18pt).

세부조건

① 상단 도형 :
  2개 도형의 조합으로 작성

② 좌측 도형 :
  그라데이션 효과(선형 아래쪽)

③ 표 스타일 :
  테마 스타일 1 - 강조 6

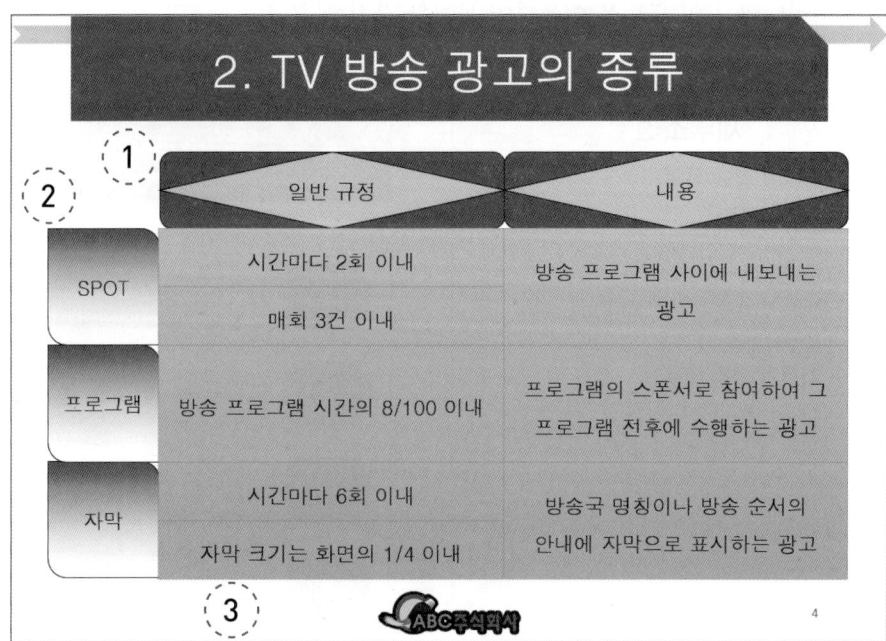

[슬라이드 5] ≪차트 슬라이드≫ 100점

(1) 차트 작성 기능을 이용하여 슬라이드를 작성한다.
(2) 차트 : 종류(묶은 세로 막대형), 글꼴(돋움, 16pt), 외곽선

세부조건

※ 차트설명
- 차트 제목 : 궁서, 24pt, 굵게,
  채우기(흰색), 테두리,
  그림자(오프셋 왼쪽)
- 차트 영역 : 채우기(노랑)
  그림 영역 : 채우기(흰색)
- 데이터 서식 : 2022년 계열을 표식이 있는 꺾은선형으로 변경 후 보조축으로 지정
- 값 표시 : 기타의 2022년 계열만

① 도형 삽입
  - 스타일 : 미세 효과 – 파랑, 강조 1
  - 글꼴 : 굴림, 18pt

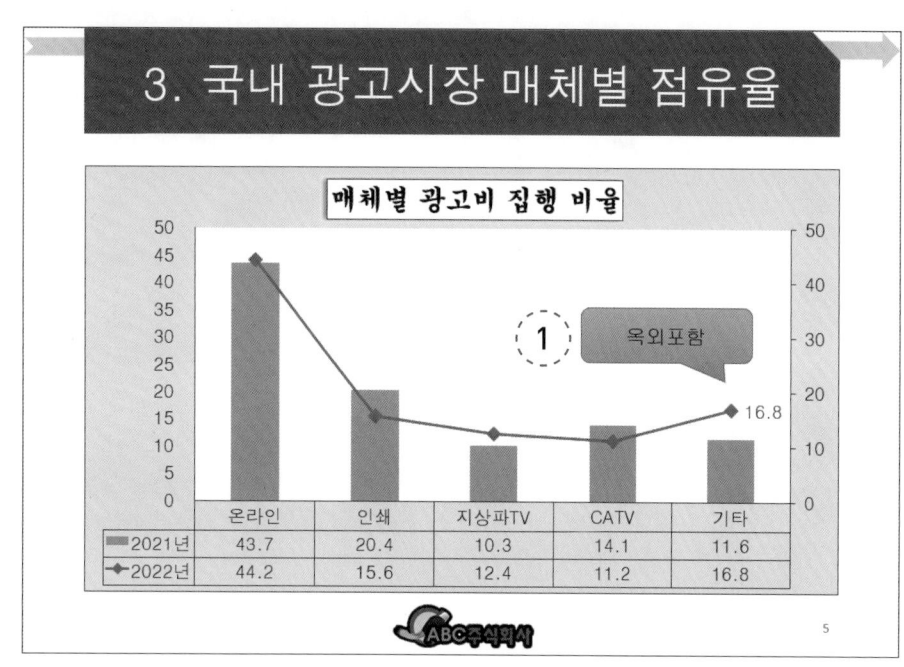

[슬라이드 6] ≪도형 슬라이드≫ 100점

(1) 슬라이드와 같이 도형 및 스마트아트를 배치한다(글꼴 : 굴림, 18pt).
(2) 애니메이션 순서 : ① ⇒ ②

세부조건

① 도형 및 스마트아트 편집
  - 스마트아트 디자인
    : 3차원 경사,
    3차원 만화
  - 그룹화 후 애니메이션 효과
    : 닦아내기(위에서)

② 도형 편집
  - 그룹화 후 애니메이션 효과
    : 바운드

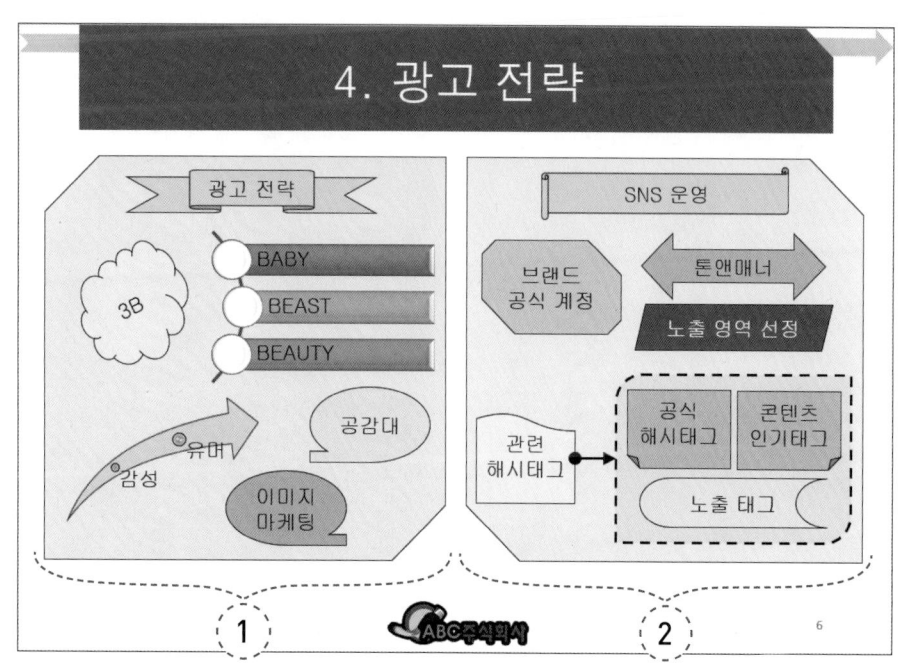

MEMO

PART 03
최신유형 기출문제

☑ 제 **01** 회 최신유형 기출문제

☑ 제 **02** 회 최신유형 기출문제

☑ 제 **03** 회 최신유형 기출문제

☑ 제 **04** 회 최신유형 기출문제

☑ 제 **05** 회 최신유형 기출문제

제 01 회 정보기술자격(ITQ) 최신유형 기출문제

과목	코드	문제유형	시험시간	수험번호	성명
한글파워포인트	1142	A	60분		

작성 시간 / 시험 시간: 분 / 60분
채점 결과: 점 / 500점

MS오피스

· 수험자 유의사항 ·

- 수험자는 문제지를 받는 즉시 문제지와 **수험표상의 시험과목(프로그램)이 동일한지 반드시 확인**하여야 합니다.
- 파일명은 본인의 "수험번호-성명"으로 입력하여 답안 폴더(내 PC\문서\ITQ)에 하나의 파일로 저장해야 하며, 답안 파일을 전송하지 않아 미제출로 처리될 경우 실격 처리합니다(예 : 12345678-홍길동.pptx).
- 답안 작성을 마치면 파일을 저장하고, '답안 전송' 버튼을 선택하여 감독위원 PC로 답안을 전송하십시오. 수험생 정보와 저장한 파일명이 다를 경우 전송되지 않으므로 주의하시기 바랍니다.
- 답안 작성 중에도 **주기적으로 저장하고, '답안 전송'**하여야 문제 발생을 줄일 수 있습니다. 작업한 내용을 저장하지 않고 전송할 경우 이전에 저장된 내용이 전송되오니 이점 유의하시기 바랍니다.
- 답안 문서는 지정된 경로 외의 다른 보조기억장치에 저장하는 경우, 지정된 시험 시간 외에 작성된 파일을 활용할 경우, 기타 통신 수단(이메일, 메신저, 네트워크 등)을 이용하여 타인에게 전달 또는 외부 반출하는 경우는 부정 처리합니다.
- 시험 중 부주의 또는 고의로 시스템을 파손한 경우는 수험자가 변상해야 하며, 〈수험자 유의사항〉에 기재된 방법대로 이행하지 않아 생기는 불이익은 수험생 당사자의 책임임을 알려 드립니다.
- 문제의 조건은 MS오피스 2021 버전으로 설정되어 있습니다.
  이와 관련하여 작성한 답안의 출력형태가 문제지와 다를 수 있습니다.
- 시험을 완료한 수험자는 답안파일이 전송되었는지 확인한 후 감독위원의 지시에 따라 문제지를 제출하고 퇴실합니다.

· 답안 작성요령 ·

- 온라인 답안 작성 절차
  수험자 등록 ⇒ 시험 시작 ⇒ 답안파일 저장 ⇒ 답안 전송 ⇒ 시험 종료
- 슬라이드의 크기는 A4 Paper로 설정하여 작성합니다.
- 슬라이드의 총 개수는 6개로 구성되어 있으며 슬라이드 1부터 순서대로 작업하고 반드시 문제와 세부조건대로 합니다.
- 별도의 지시사항이 없는 경우 출력형태를 참조하여 글꼴색은 검정 또는 흰색으로 작성하고, 기타사항은 전체적인 균형을 고려하여 작성합니다.
- 슬라이드 도형 및 개체에 출력형태와 다른 스타일(그림자, 외곽선 등)을 적용했을 경우 감점처리 됩니다.
- 슬라이드 번호를 작성합니다(슬라이드 1에는 생략).
- 2~6번 슬라이드 제목 도형과 하단 로고는 슬라이드 마스터를 이용하여 출력형태와 동일하게 작성합니다(슬라이드 1에는 생략).
- 문제와 세부조건, 세부조건 번호 ○(점선원)는 입력하지 않습니다.
- 각 개체의 위치는 오른쪽의 슬라이드와 동일하게 구성합니다.
- 그림 삽입 문제의 경우 반드시 「내 PC\문서\ITQ\Picture」 폴더에서 정확한 파일을 선택하여 삽입하십시오.
- 각 슬라이드를 각각의 파일로 작업해서 저장할 경우 실격 처리됩니다.

kpc 한국생산성본부

[전체구성] 60점

(1) 슬라이드 크기 및 순서 : 크기를 A4 용지로 설정하고 슬라이드 순서에 맞게 작성한다.
(2) 슬라이드 마스터 : 2~6슬라이드의 제목, 하단 로고, 슬라이드 번호는 슬라이드 마스터를 이용하여 작성한다.
  - 제목 글꼴(굴림, 40pt, 흰색), 가운데 맞춤, 도형(선 없음)
  - 하단 로고(「내 PC₩문서₩ITQ₩Picture₩로고1.jpg」, 배경(회색) 투명색으로 설정)

[슬라이드 1] ≪표지 디자인≫ 40점

(1) 표지 디자인 : 도형, 워드아트 및 그림을 이용하여 작성한다.

세부조건

① 도형 편집
  - 도형에 그림 채우기 :
    「내 PC₩문서₩ITQ₩Picture₩
    그림1.jpg」, 투명도 50%
  - 도형 효과 :
    부드러운 가장자리 5포인트
② 워드아트 삽입
  - 변환 : 삼각형, 위로
  - 글꼴 : 돋움, 굵게
  - 텍스트 반사 : 근접 반사, 터치
③ 그림 삽입
  - 「내 PC₩문서₩ITQ₩Picture₩
    로고1.jpg」
  - 배경(회색) 투명색으로 설정

[슬라이드 2] ≪목차 슬라이드≫ 60점

(1) 출력형태와 같이 도형을 이용하여 목차를 작성한다(글꼴 : 돋움, 24pt).
(2) 도형 : 선 없음

세부조건

① 텍스트에 링크 적용
  → '슬라이드 6'
② 그림 삽입
  - 「내 PC₩문서₩ITQ₩Picture₩
    그림4.jpg」
  - 자르기 기능 이용

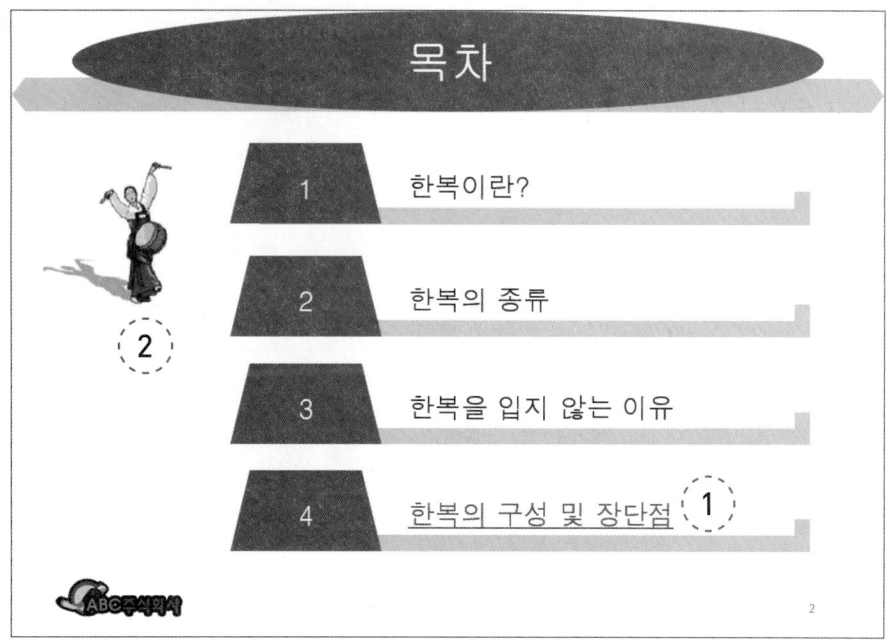

[슬라이드 3] ≪텍스트/동영상 슬라이드≫ 60점

(1) 텍스트 작성 : 글머리 기호 사용(❖, ✓)
　　❖문단(굴림, 24pt, 굵게, 줄간격 : 1.5줄), ✓문단(굴림, 20pt, 줄간격 : 1.5줄)

세부조건

① 동영상 삽입 :
- 「내 PC₩문서₩ITQ₩Picture₩동영상.wmv」
- 자동실행, 반복재생 설정

1. 한복이란?

❖ Hanbok
　✓ Hanbok is a traditional Korean costume and has color combination
　✓ The dress curves make the beauty stand out and are popular with foreigners

❖ 한복이란?
　✓ 우리나라 전통 의상으로 색상의 조화가 아름다운 옷
　✓ 한복의 곡선은 그 고유의 아름다움을 더욱 돋보이게 하며, 외국인에게도 인기가 많음

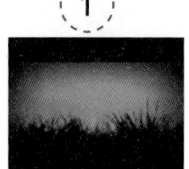

[슬라이드 4] ≪표 슬라이드≫ 80점

(1) 도형과 표 작성 기능을 이용하여 슬라이드를 작성한다(글꼴 : 돋움, 18pt).

세부조건

① 상단 도형 :
　2개 도형의 조합으로 작성

② 좌측 도형 :
　그라데이션 효과(선형 아래쪽)

③ 표 스타일 :
　테마 스타일 1 – 강조 5

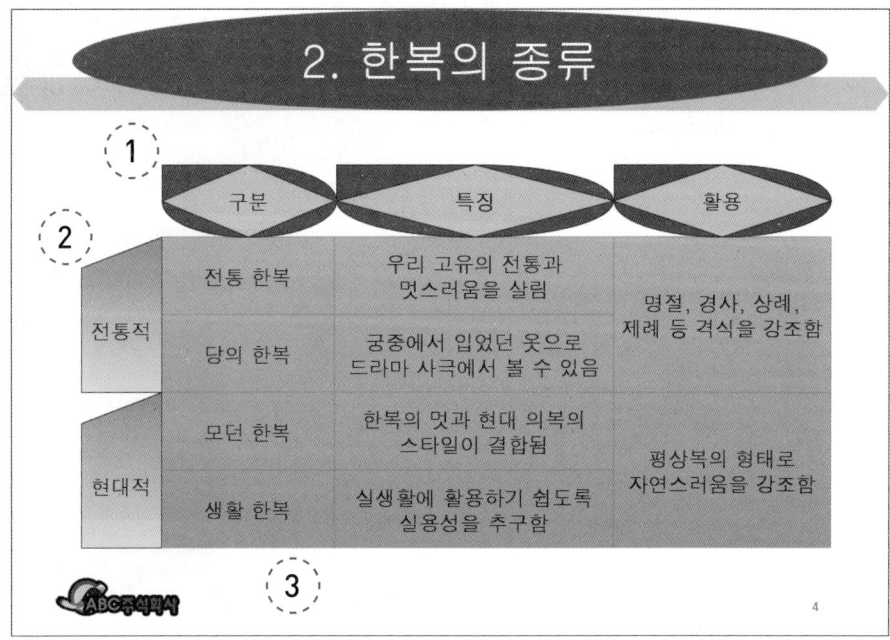

[슬라이드 5] ≪차트 슬라이드≫ 100점

(1) 차트 작성 기능을 이용하여 슬라이드를 작성한다.
(2) 차트 : 종류(묶은 세로 막대형), 글꼴(굴림, 16pt), 외곽선

세부조건

※ 차트설명
- 차트 제목 : 궁서, 24pt, 굵게, 채우기(흰색), 테두리, 그림자(오프셋 오른쪽)
- 차트 영역 : 채우기(노랑) 그림 영역 : 채우기(흰색)
- 데이터 서식 : 여성 계열을 표식(◆)이 있는 꺾은선형으로 변경 후 보조축으로 지정
- 값 표시 : 활동의 불편성의 여성 계열만

① 도형 삽입
- 스타일 : 미세 효과 – 파랑, 강조 1
- 글꼴 : 돋움, 18pt

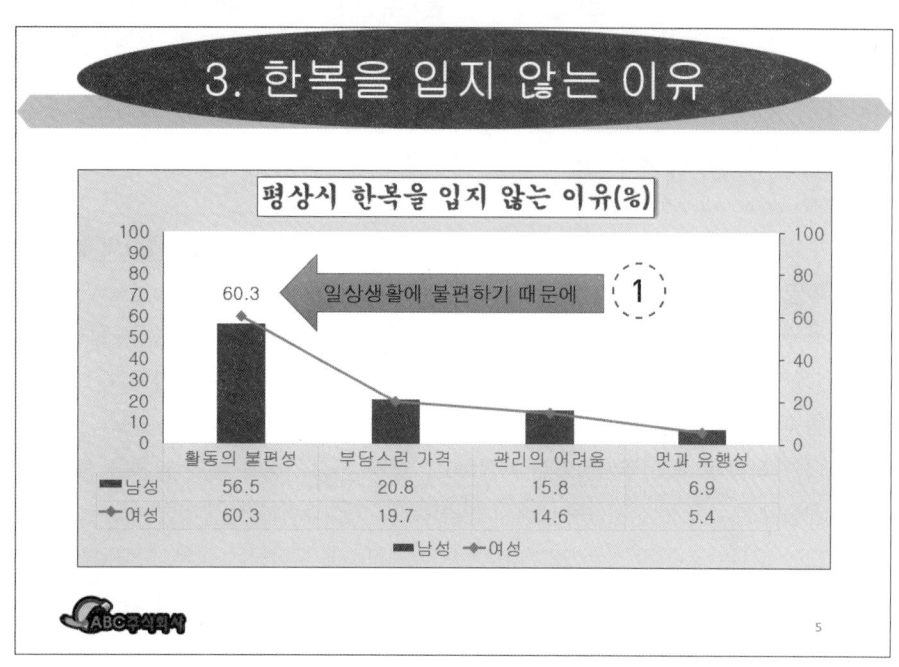

[슬라이드 6] ≪도형 슬라이드≫ 100점

(1) 슬라이드와 같이 도형 및 스마트아트를 배치한다(글꼴 : 돋움, 18pt).
(2) 애니메이션 순서 : ① ⇒ ②

세부조건

① 도형 및 스마트아트 편집
- 스마트아트 디자인
  : 3차원 벽돌, 3차원 만화
- 그룹화 후 애니메이션 효과
  : 올라오기(서서히 아래로)

② 도형 편집
- 그룹화 후 애니메이션 효과
  : 회전

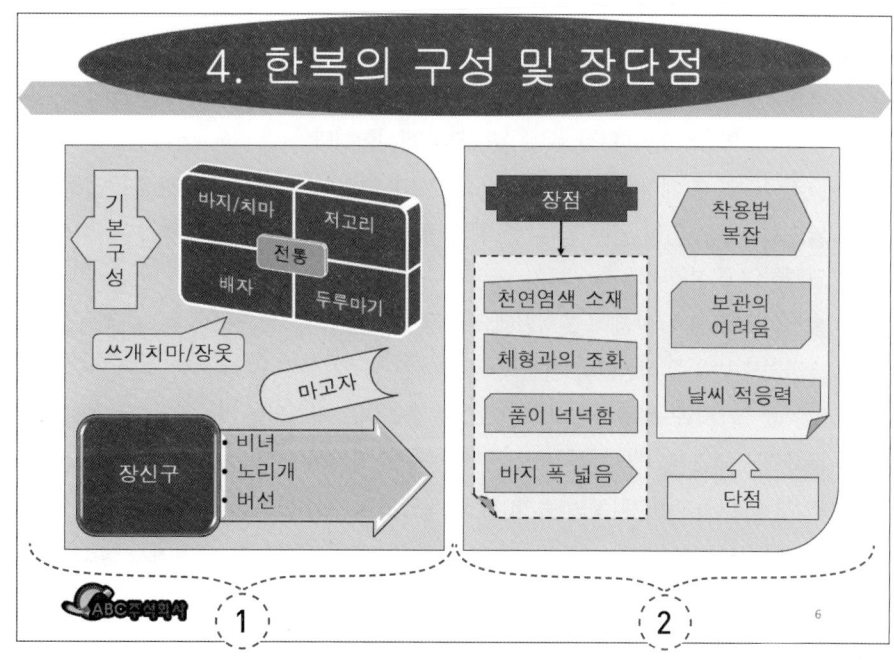

제 02 회 정보기술자격(ITQ) 최신유형 기출문제

작성 시간 / 시험 시간	채점 결과
분 / 60분	점 / 500점

과목	코드	문제유형	시험시간	수험번호	성명
한글파워포인트	1142	B	60분		

MS오피스

· 수험자 유의사항 ·

- 수험자는 문제지를 받는 즉시 문제지와 **수험표상의 시험과목(프로그램)이 동일한지 반드시 확인**하여야 합니다.
- 파일명은 본인의 "수험번호-성명"으로 입력하여 답안 폴더(내 PC\문서\ITQ)에 하나의 파일로 저장해야 하며, 답안 파일을 전송하지 않아 미제출로 처리될 경우 실격 처리합니다(예 : 12345678-홍길동.pptx).
- 답안 작성을 마치면 파일을 저장하고, '답안 전송' 버튼을 선택하여 감독위원 PC로 답안을 전송하십시오. 수험생 정보와 저장한 파일명이 다를 경우 전송되지 않으므로 주의하시기 바랍니다.
- 답안 작성 중에도 **주기적으로 저장하고, '답안 전송'**하여야 문제 발생을 줄일 수 있습니다. 작업한 내용을 저장하지 않고 전송할 경우 이전에 저장된 내용이 전송되오니 이점 유의하시기 바랍니다.
- 답안 문서는 지정된 경로 외의 다른 보조기억장치에 저장하는 경우, 지정된 시험 시간 외에 작성된 파일을 활용할 경우, 기타 통신 수단(이메일, 메신저, 네트워크 등)을 이용하여 타인에게 전달 또는 외부 반출하는 경우는 부정 처리합니다.
- 시험 중 부주의 또는 고의로 시스템을 파손한 경우는 수험자가 변상해야 하며, 〈수험자 유의사항〉에 기재된 방법대로 이행하지 않아 생기는 불이익은 수험생 당사자의 책임임을 알려 드립니다.
- 문제의 조건은 MS오피스 2021 버전으로 설정되어 있습니다.
  이와 관련하여 작성한 답안의 출력형태가 문제지와 다를 수 있습니다.
- 시험을 완료한 수험자는 답안파일이 전송되었는지 확인한 후 감독위원의 지시에 따라 문제지를 제출하고 퇴실합니다.

· 답안 작성요령 ·

- 온라인 답안 작성 절차
  수험자 등록 ⇒ 시험 시작 ⇒ 답안파일 저장 ⇒ 답안 전송 ⇒ 시험 종료
- 슬라이드의 크기는 A4 Paper로 설정하여 작성합니다.
- 슬라이드의 총 개수는 6개로 구성되어 있으며 슬라이드 1부터 순서대로 작업하고 반드시 문제와 세부조건대로 합니다.
- 별도의 지시사항이 없는 경우 출력형태를 참조하여 글꼴색은 검정 또는 흰색으로 작성하고, 기타사항은 전체적인 균형을 고려하여 작성합니다.
- 슬라이드 도형 및 개체에 출력형태와 다른 스타일(그림자, 외곽선 등)을 적용했을 경우 감점처리 됩니다.
- 슬라이드 번호를 작성합니다(슬라이드 1에는 생략).
- 2~6번 슬라이드 제목 도형과 하단 로고는 슬라이드 마스터를 이용하여 출력형태와 동일하게 작성합니다(슬라이드 1에는 생략).
- 문제와 세부조건, 세부조건 번호 ○(점선원)는 입력하지 않습니다.
- 각 개체의 위치는 오른쪽의 슬라이드와 동일하게 구성합니다.
- 그림 삽입 문제의 경우 반드시 「내 PC\문서\ITQ\Picture」 폴더에서 정확한 파일을 선택하여 삽입하십시오.
- 각 슬라이드를 각각의 파일로 작업해서 저장할 경우 실격 처리됩니다.

kpc 한국생산성본부

[전체구성] — 60점

(1) 슬라이드 크기 및 순서 : 크기를 A4 용지로 설정하고 슬라이드 순서에 맞게 작성한다.
(2) 슬라이드 마스터 : 2~6슬라이드의 제목, 하단 로고, 슬라이드 번호는 슬라이드 마스터를 이용하여 작성한다.
 - 제목 글꼴(굴림, 40pt, 흰색), 가운데 맞춤, 도형(선 없음)
 - 하단 로고(「내 PC\문서\ITQ\Picture\로고1.jpg」, 배경(회색) 투명색으로 설정)

[슬라이드 1] ≪표지 디자인≫ — 40점

(1) 표지 디자인 : 도형, 워드아트 및 그림을 이용하여 작성한다.

세부조건

① 도형 편집
 - 도형에 그림 채우기 :
  「내 PC\문서\ITQ\Picture\그림1.jpg」, 투명도 50%
 - 도형 효과 :
  부드러운 가장자리 5포인트

② 워드아트 삽입
 - 변환 : 삼각형, 위로
 - 글꼴 : 돋움, 굵게
 - 텍스트 반사 : 근접 반사, 터치

③ 그림 삽입
 - 「내 PC\문서\ITQ\Picture\로고1.jpg」
 - 배경(회색) 투명색으로 설정

[슬라이드 2] ≪목차 슬라이드≫ — 60점

(1) 출력형태와 같이 도형을 이용하여 목차를 작성한다(글꼴 : 돋움, 24pt).
(2) 도형 : 선 없음

세부조건

① 텍스트에 링크 적용
 → '슬라이드 6'

② 그림 삽입
 - 「내 PC\문서\ITQ\Picture\그림4.jpg」
 - 자르기 기능 이용

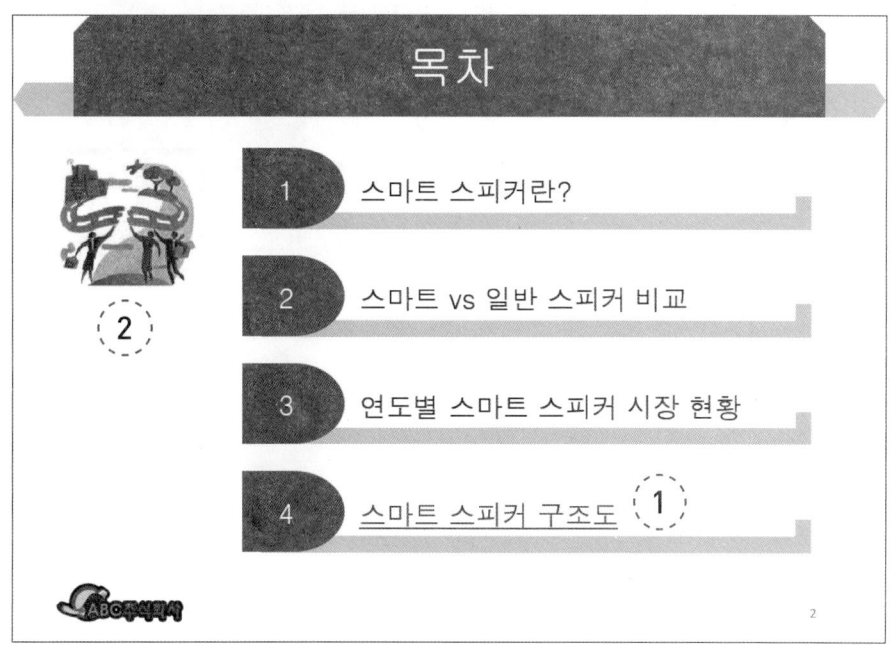

[슬라이드 3] ≪텍스트/동영상 슬라이드≫   60점

(1) 텍스트 작성 : 글머리 기호 사용(❖, ✓)
    ❖ 문단(굴림, 24pt, 굵게, 줄간격 : 1.5줄), ✓ 문단(굴림, 20pt, 줄간격 : 1.5줄)

세부조건
① 동영상 삽입 :
  - 「내 PC₩문서₩ITQ₩Picture₩동영상.wmv」
  - 자동실행, 반복재생 설정

1. 스마트 스피커란?

❖ Smart Speaker
  ✓ Next-generation user interface for issuing commands and using various functions as if talking to a computer

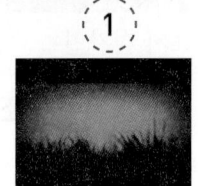

❖ 스마트 스피커란?
  ✓ 인공지능 기반 음성인식을 활용하여 음악 감상, 정보 검색, 일정 관리 등 다양한 기능을 수행
  ✓ 스마트 기기를 연결하고 제어하는 중심 장치 역할

[슬라이드 4] ≪표 슬라이드≫   80점

(1) 도형과 표 작성 기능을 이용하여 슬라이드를 작성한다(글꼴 : 돋움, 18pt).

세부조건
① 상단 도형 :
   2개 도형의 조합으로 작성

② 좌측 도형 :
   그라데이션 효과(선형 아래쪽)

③ 표 스타일 :
   테마 스타일 1 - 강조 5

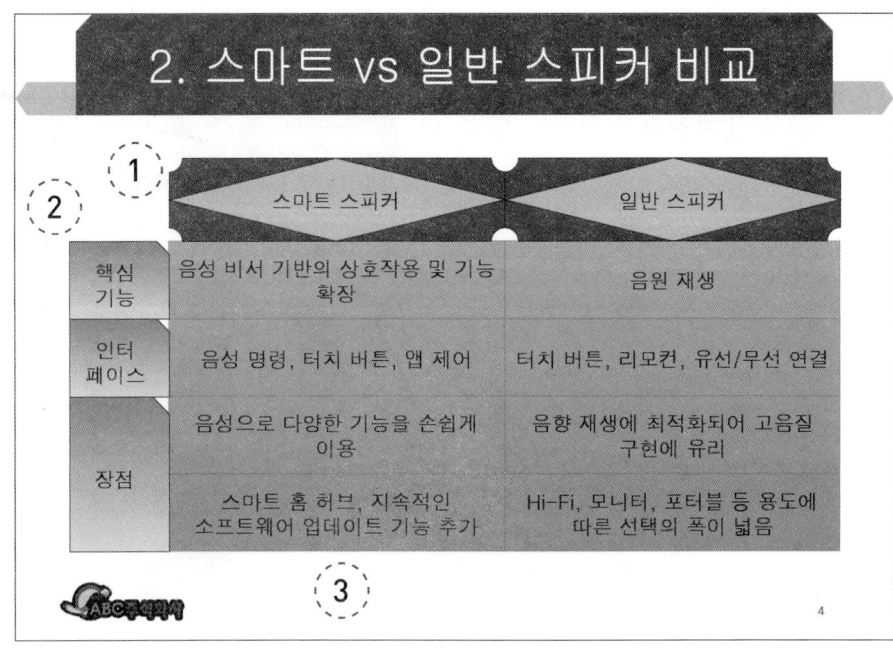

2. 스마트 vs 일반 스피커 비교

	스마트 스피커	일반 스피커
핵심 기능	음성 비서 기반의 상호작용 및 기능 확장	음원 재생
인터 페이스	음성 명령, 터치 버튼, 앱 제어	터치 버튼, 리모컨, 유선/무선 연결
장점	음성으로 다양한 기능을 손쉽게 이용	음향 재생에 최적화되어 고음질 구현에 유리
	스마트 홈 허브, 지속적인 소프트웨어 업데이트 기능 추가	Hi-Fi, 모니터, 포터블 등 용도에 따른 선택의 폭이 넓음

[슬라이드 5] ≪차트 슬라이드≫ 100점

(1) 차트 작성 기능을 이용하여 슬라이드를 작성한다.
(2) 차트 : 종류(묶은 세로 막대형), 글꼴(굴림, 16pt), 외곽선

세부조건

※ 차트설명
- 차트 제목 : 궁서, 24pt, 굵게,
  채우기(흰색), 테두리,
  그림자(오프셋 오른쪽)
- 차트 영역 : 채우기(노랑)
  그림 영역 : 채우기(흰색)
- 데이터 서식 : 유럽 계열을 표식(◆)
  이 있는 꺾은선형으로 변경 후 보
  조축으로 지정
- 값 표시 : 2025년의 북미 계열만

① 도형 삽입
  - 스타일 : 미세 효과 – 파랑, 강조 1
  - 글꼴 : 돋움, 18pt

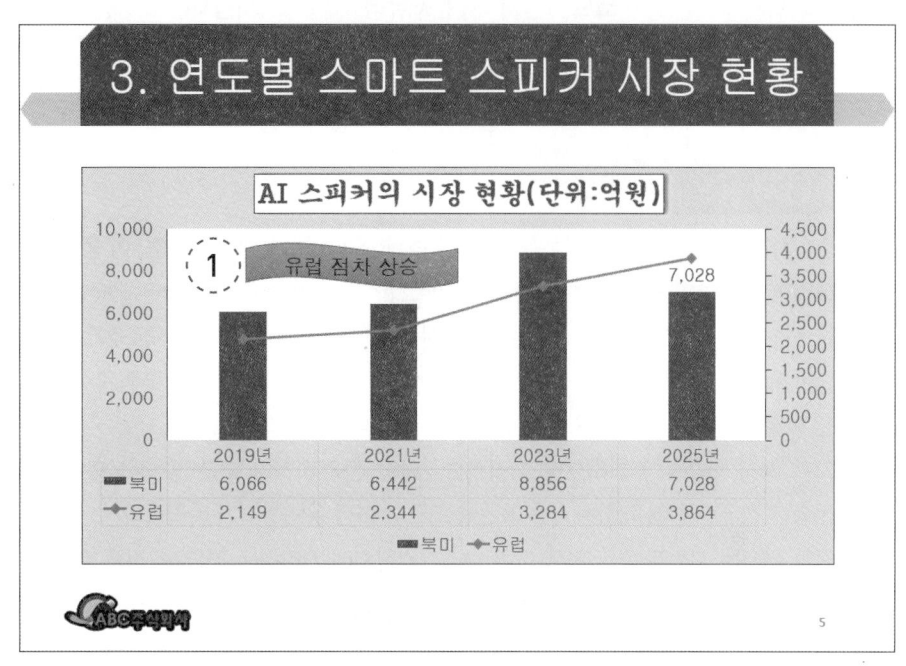

[슬라이드 6] ≪도형 슬라이드≫ 100점

(1) 슬라이드와 같이 도형 및 스마트아트를 배치한다(글꼴 : 돋움, 18pt).
(2) 애니메이션 순서 : ① ⇒ ②

세부조건

① 도형 및 스마트아트 편집
  - 스마트아트 디자인
    : 3차원 만화,
    3차원 벽돌
  - 그룹화 후 애니메이션 효과
    : 올라오기(서서히 아래로)

② 도형 편집
  - 그룹화 후 애니메이션 효과
    : 회전

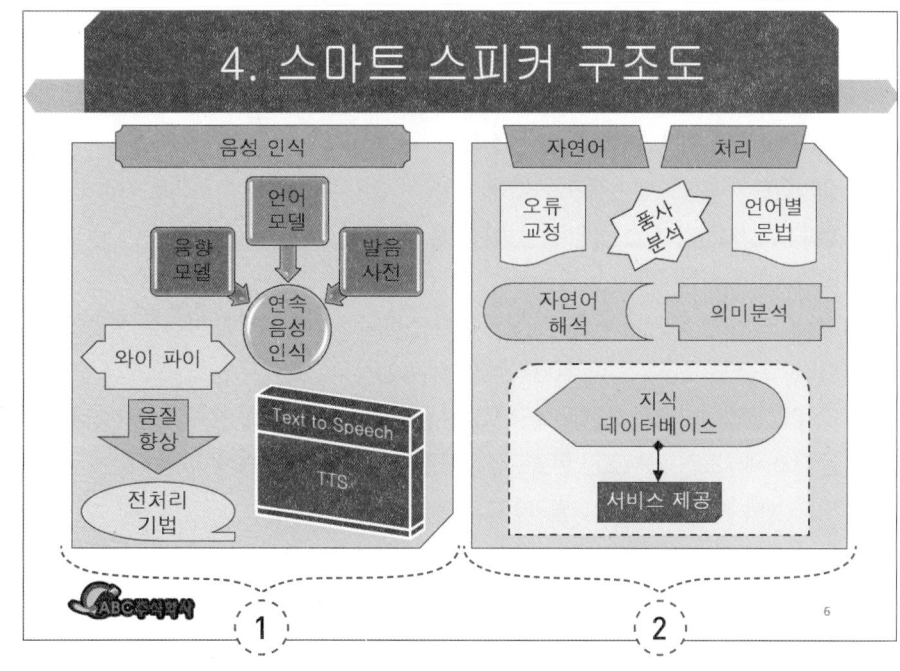

제 03 회 정보기술자격(ITQ) 최신유형 기출문제

과목	코드	문제유형	시험시간	수험번호	성명
한글파워포인트	1142	C	60분		

MS오피스

· 수험자 유의사항 ·

- 수험자는 문제지를 받는 즉시 문제지와 **수험표상의 시험과목(프로그램)이 동일한지 반드시 확인**하여야 합니다.
- 파일명은 본인의 "수험번호-성명"으로 입력하여 답안 폴더(내 PC\문서\ITQ)에 하나의 파일로 저장해야 하며, 답안 파일을 전송하지 않아 미제출로 처리될 경우 실격 처리합니다(예 : 12345678-홍길동.pptx).
- 답안 작성을 마치면 파일을 저장하고, '답안 전송' 버튼을 선택하여 감독위원 PC로 답안을 전송하십시오. 수험생 정보와 저장한 파일명이 다를 경우 전송되지 않으므로 주의하시기 바랍니다.
- 답안 작성 중에도 **주기적으로 저장하고, '답안 전송'**하여야 문제 발생을 줄일 수 있습니다. 작업한 내용을 저장하지 않고 전송할 경우 이전에 저장된 내용이 전송되오니 이점 유의하시기 바랍니다.
- 답안 문서는 지정된 경로 외의 다른 보조기억장치에 저장하는 경우, 지정된 시험 시간 외에 작성된 파일을 활용할 경우, 기타 통신 수단(이메일, 메신저, 네트워크 등)을 이용하여 타인에게 전달 또는 외부 반출하는 경우는 부정 처리합니다.
- 시험 중 부주의 또는 고의로 시스템을 파손한 경우는 수험자가 변상해야 하며, 〈수험자 유의사항〉에 기재된 방법대로 이행하지 않아 생기는 불이익은 수험생 당사자의 책임임을 알려 드립니다.
- 문제의 조건은 MS오피스 2021 버전으로 설정되어 있습니다.
  이와 관련하여 작성한 답안의 출력형태가 문제지와 다를 수 있습니다.
- 시험을 완료한 수험자는 답안파일이 전송되었는지 확인한 후 감독위원의 지시에 따라 문제지를 제출하고 퇴실합니다.

· 답안 작성요령 ·

- 온라인 답안 작성 절차
  수험자 등록 ⇒ 시험 시작 ⇒ 답안파일 저장 ⇒ 답안 전송 ⇒ 시험 종료
- 슬라이드의 크기는 A4 Paper로 설정하여 작성합니다.
- 슬라이드의 총 개수는 6개로 구성되어 있으며 슬라이드 1부터 순서대로 작업하고 반드시 문제와 세부조건대로 합니다.
- 별도의 지시사항이 없는 경우 출력형태를 참조하여 글꼴색은 검정 또는 흰색으로 작성하고, 기타사항은 전체적인 균형을 고려하여 작성합니다.
- 슬라이드 도형 및 개체에 출력형태와 다른 스타일(그림자, 외곽선 등)을 적용했을 경우 감점처리 됩니다.
- 슬라이드 번호를 작성합니다(슬라이드 1에는 생략).
- 2~6번 슬라이드 제목 도형과 하단 로고는 슬라이드 마스터를 이용하여 출력형태와 동일하게 작성합니다(슬라이드 1에는 생략).
- 문제와 세부조건, 세부조건 번호 ◯(점선원)는 입력하지 않습니다.
- 각 개체의 위치는 오른쪽의 슬라이드와 동일하게 구성합니다.
- 그림 삽입 문제의 경우 반드시 「내 PC\문서\ITQ\Picture」 폴더에서 정확한 파일을 선택하여 삽입하십시오.
- 각 슬라이드를 각각의 파일로 작업해서 저장할 경우 실격 처리됩니다.

kpc 한국생산성본부

[전체구성] 60점

(1) 슬라이드 크기 및 순서 : 크기를 A4 용지로 설정하고 슬라이드 순서에 맞게 작성한다.
(2) 슬라이드 마스터 : 2~6슬라이드의 제목, 하단 로고, 슬라이드 번호는 슬라이드 마스터를 이용하여 작성한다.
 - 제목 글꼴(굴림, 40pt, 흰색), 가운데 맞춤, 도형(선 없음)
 - 하단 로고(「내 PC₩문서₩ITQ₩Picture₩로고1.jpg」, 배경(회색) 투명색으로 설정)

[슬라이드 1] ≪표지 디자인≫ 40점

(1) 표지 디자인 : 도형, 워드아트 및 그림을 이용하여 작성한다.

세부조건
① 도형 편집
 - 도형에 그림 채우기 :
   「내 PC₩문서₩ITQ₩Picture₩그림1.jpg」, 투명도 50%
 - 도형 효과 :
   부드러운 가장자리 5포인트
② 워드아트 삽입
 - 변환 : 삼각형, 위로
 - 글꼴 : 돋움, 굵게
 - 텍스트 반사 : 근접 반사, 터치
③ 그림 삽입
 - 「내 PC₩문서₩ITQ₩Picture₩로고1.jpg」
 - 배경(회색) 투명색으로 설정

[슬라이드 2] ≪목차 슬라이드≫ 60점

(1) 출력형태와 같이 도형을 이용하여 목차를 작성한다(글꼴 : 돋움, 24pt).
(2) 도형 : 선 없음

세부조건
① 텍스트에 링크 적용
 → '슬라이드 6'
② 그림 삽입
 - 「내 PC₩문서₩ITQ₩Picture₩그림4.jpg」
 - 자르기 기능 이용

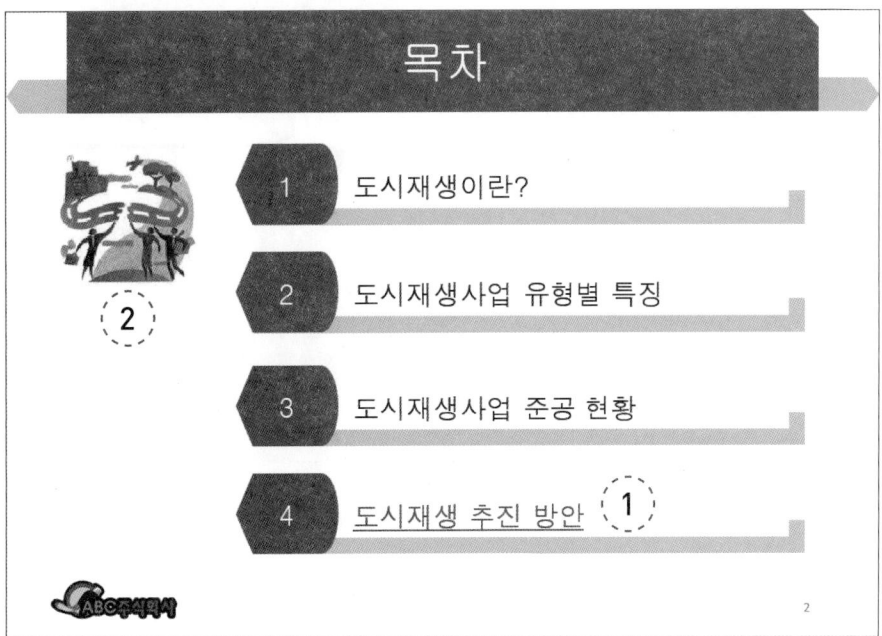

[슬라이드 3] ≪텍스트/동영상 슬라이드≫ 60점

(1) 텍스트 작성 : 글머리 기호 사용(❖, ✓)
   ❖문단(굴림, 24pt, 굵게, 줄간격 : 1.5줄), ✓문단(굴림, 20pt, 줄간격 : 1.5줄)

세부조건
① 동영상 삽입 :
  - 「내 PC₩문서₩ITQ₩Picture₩동영상.wmv」
  - 자동실행, 반복재생 설정

1. 도시재생이란?

❖ **Urban Regeneration**
  ✓ Urban regeneration is the attempt to reverse that decline by both improving the physical structure and more importantly and elusively, the economy of those areas

❖ **도시재생이란?**
  ✓ 인구 감소, 산업구조 변화, 도시의 무분별한 확장, 주거환경 노후화 등으로 쇠퇴하는 도시를 활성화
  ✓ 기존의 자산과 역사, 문화를 보존하면서 가치 창출

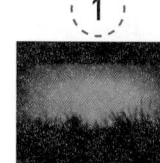

[슬라이드 4] ≪표 슬라이드≫ 80점

(1) 도형과 표 작성 기능을 이용하여 슬라이드를 작성한다(글꼴 : 돋움, 18pt).

세부조건
① 상단 도형 :
  2개 도형이 조합으로 작성
② 좌측 도형 :
  그라데이션 효과(선형 아래쪽)
③ 표 스타일 :
  테마 스타일 1 - 강조 5

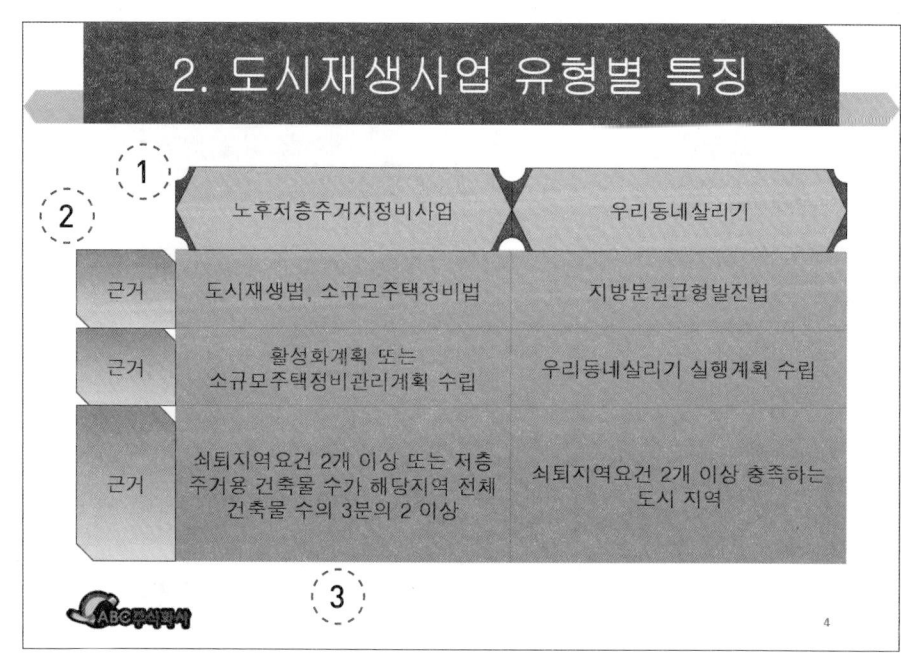

2. 도시재생사업 유형별 특징

	노후저층주거지정비사업	우리동네살리기
근거	도시재생법, 소규모주택정비법	지방분권균형발전법
근거	활성화계획 또는 소규모주택정비관리계획 수립	우리동네살리기 실행계획 수립
근거	쇠퇴지역요건 2개 이상 또는 저층 주거용 건축물 수가 해당지역 전체 건축물 수의 3분의 2 이상	쇠퇴지역요건 2개 이상 충족하는 도시 지역

[슬라이드 5] ≪차트 슬라이드≫ 100점

(1) 차트 작성 기능을 이용하여 슬라이드를 작성한다.
(2) 차트 : 종류(묶은 세로 막대형), 글꼴(굴림, 16pt), 외곽선

세부조건

※ 차트설명
- 차트 제목 : 궁서, 24pt, 굵게, 채우기(흰색), 테두리, 그림자(오프셋 오른쪽)
- 차트 영역 : 채우기(노랑) 그림 영역 : 채우기(흰색)
- 데이터 서식 : 진행중 계열을 표식(◆)이 있는 꺾은선형으로 변경 후 보조 축으로 지정
- 값 표시 : 2020년의 진행중 계열만

① 도형 삽입
- 스타일 : 미세 효과 - 파랑, 강조 1
- 글꼴 : 돋움, 18pt

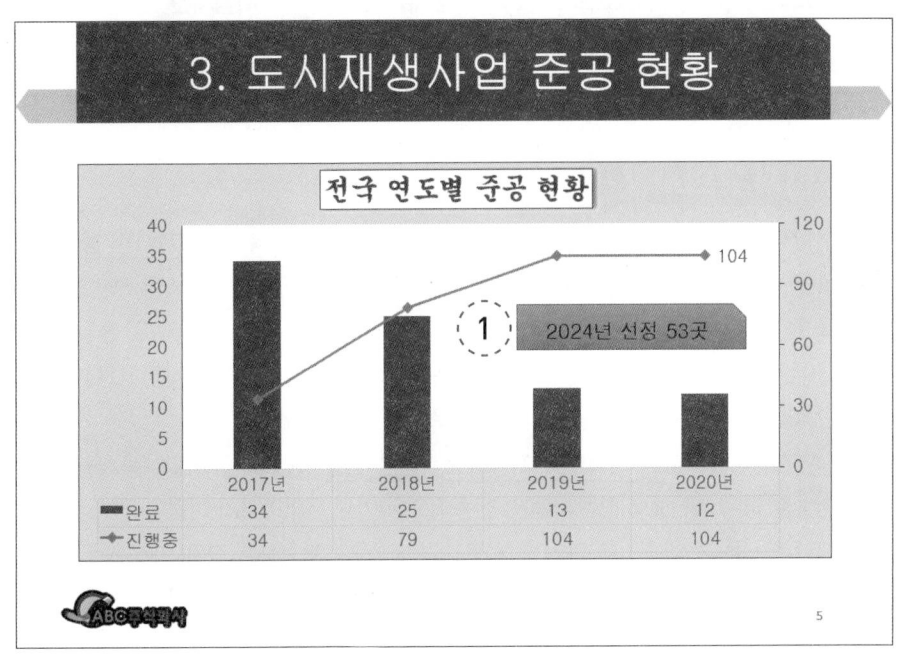

[슬라이드 6] ≪도형 슬라이드≫ 100점

(1) 슬라이드와 같이 도형 및 스마트아트를 배치한다(글꼴 : 돋움, 18pt).
(2) 애니메이션 순서 : ① ⇒ ②

세부조건

① 도형 및 스마트아트 편집
- 스마트아트 디자인 : 3차원 만화, 3차원 벽돌
- 그룹화 후 애니메이션 효과 : 올라오기(서서히 아래로)

② 도형 편집
- 그룹화 후 애니메이션 효과 : 회전

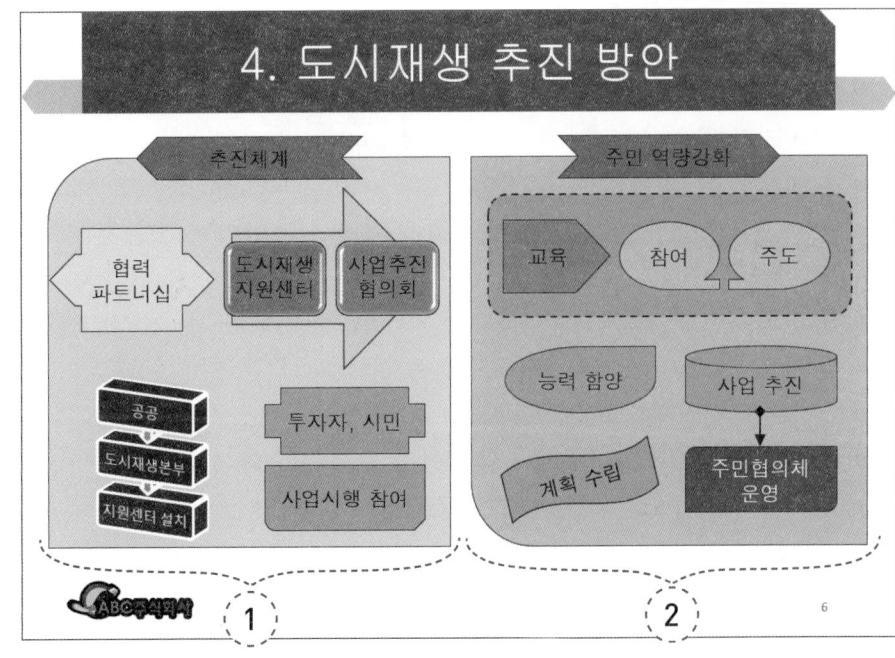

제 04 회 정보기술자격(ITQ) 최신유형 기출문제

작성 시간 / 시험 시간	채점 결과
분 / 60분	점 / 500점

과목	코드	문제유형	시험시간	수험번호	성명
한글파워포인트	1142	D	60분		

MS오피스

· 수험자 유의사항 ·

- 수험자는 문제지를 받는 즉시 문제지와 **수험표상의 시험과목(프로그램)이 동일한지 반드시 확인**하여야 합니다.
- 파일명은 본인의 "수험번호-성명"으로 입력하여 답안 폴더(내 PC\문서\ITQ)에 하나의 파일로 저장해야 하며, 답안 파일을 전송하지 않아 미제출로 처리될 경우 실격 처리합니다(예 : 12345678-홍길동.pptx).
- 답안 작성을 마치면 파일을 저장하고, '답안 전송' 버튼을 선택하여 감독위원 PC로 답안을 전송하십시오. 수험생 정보와 저장한 파일명이 다를 경우 전송되지 않으므로 주의하시기 바랍니다.
- 답안 작성 중에도 **주기적으로 저장하고, '답안 전송'**하여야 문제 발생을 줄일 수 있습니다. 작업한 내용을 저장하지 않고 전송할 경우 이전에 저장된 내용이 전송되오니 이점 유의하시기 바랍니다.
- 답안 문서는 지정된 경로 외의 다른 보조기억장치에 저장하는 경우, 지정된 시험 시간 외에 작성된 파일을 활용할 경우, 기타 통신 수단(이메일, 메신저, 네트워크 등)을 이용하여 타인에게 전달 또는 외부 반출하는 경우는 부정 처리합니다.
- 시험 중 부주의 또는 고의로 시스템을 파손한 경우는 수험자가 변상해야 하며, 〈수험자 유의사항〉에 기재된 방법대로 이행하지 않아 생기는 불이익은 수험생 당사자의 책임임을 알려 드립니다.
- 문제의 조건은 MS오피스 2021 버전으로 설정되어 있습니다.
  이와 관련하여 작성한 답안의 출력형태가 문제지와 다를 수 있습니다.
- 시험을 완료한 수험자는 답안파일이 전송되었는지 확인한 후 감독위원의 지시에 따라 문제지를 제출하고 퇴실합니다.

· 답안 작성요령 ·

- 온라인 답안 작성 절차
  수험자 등록 ⇒ 시험 시작 ⇒ 답안파일 저장 ⇒ 답안 전송 ⇒ 시험 종료
- 슬라이드의 크기는 A4 Paper로 설정하여 작성합니다.
- 슬라이드의 총 개수는 6개로 구성되어 있으며 슬라이드 1부터 순서대로 작업하고 반드시 문제와 세부조건대로 합니다.
- 별도의 지시사항이 없는 경우 출력형태를 참조하여 글꼴색은 검정 또는 흰색으로 작성하고, 기타사항은 전체적인 균형을 고려하여 작성합니다.
- 슬라이드 도형 및 개체에 출력형태와 다른 스타일(그림자, 외곽선 등)을 적용했을 경우 감점처리 됩니다.
- 슬라이드 번호를 작성합니다(슬라이드 1에는 생략).
- 2~6번 슬라이드 제목 도형과 하단 로고는 슬라이드 마스터를 이용하여 출력형태와 동일하게 작성합니다(슬라이드 1에는 생략).
- 문제와 세부조건, 세부조건 번호 ◌(점선원)는 입력하지 않습니다.
- 각 개체의 위치는 오른쪽의 슬라이드와 동일하게 구성합니다.
- 그림 삽입 문제의 경우 반드시 「내 PC\문서\ITQ\Picture」 폴더에서 정확한 파일을 선택하여 삽입하십시오.
- 각 슬라이드를 각각의 파일로 작업해서 저장할 경우 실격 처리됩니다.

kpc 한국생산성본부

[전체구성] 60점

(1) 슬라이드 크기 및 순서 : 크기를 A4 용지로 설정하고 슬라이드 순서에 맞게 작성한다.
(2) 슬라이드 마스터 : 2~6슬라이드의 제목, 하단 로고, 슬라이드 번호는 슬라이드 마스터를 이용하여 작성한다.
  - 제목 글꼴(돋움, 40pt, 흰색), 가운데 맞춤, 도형(선 없음)
  - 하단 로고(「내 PC₩문서₩ITQ₩Picture₩로고2.jpg」, 배경(회색) 투명색으로 설정)

[슬라이드 1] ≪표지 디자인≫ 40점

(1) 표지 디자인 : 도형, 워드아트 및 그림을 이용하여 작성한다.

세부조건

① 도형 편집
  - 도형에 그림 채우기 :
    「내 PC₩문서₩ITQ₩Picture₩
    그림1.jpg」, 투명도 50%
  - 도형 효과 :
    부드러운 가장자리 5포인트

② 워드아트 삽입
  - 변환 : 물결, 아래로
  - 글꼴 : 굴림, 굵게
  - 텍스트 반사 : 전체 반사, 터치

③ 그림 삽입
  - 「내 PC₩문서₩ITQ₩Picture₩
    로고2.jpg」
  - 배경(회색) 투명색으로 설정

[슬라이드 2] ≪목차 슬라이드≫ 60점

(1) 출력형태와 같이 도형을 이용하여 목차를 작성한다(글꼴 : 굴림, 24pt).
(2) 도형 : 선 없음

세부조건

① 텍스트에 링크 적용
  → '슬라이드 5'

② 그림 삽입
  - 「내 PC₩문서₩ITQ₩Picture₩
    그림4.jpg」
  - 자르기 기능 이용

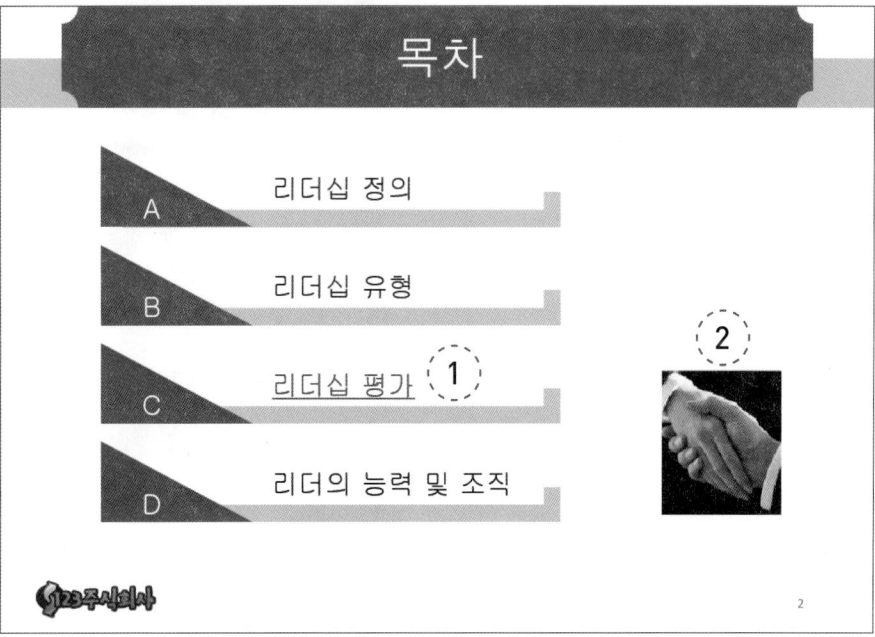

[슬라이드 3] ≪텍스트/동영상 슬라이드≫ 60점

(1) 텍스트 작성 : 글머리 기호 사용(◆, ✓)
　　◆문단(돋움, 24pt, 굵게, 줄간격 : 1.5줄), ✓문단(돋움, 20pt, 줄간격 : 1.5줄)

세부조건

① 동영상 삽입 :
　- 「내 PC\문서\ITQ\Picture\
　　동영상.wmv」
　- 자동실행, 반복재생 설정

A. 리더십 정의

◆ Leadership
　✓ Leadership is the ability to present visions and lead members in a certain direction to generate results
　✓ Leader adapt well to environmental changes and motivate members

◆ 리더십 정의
　✓ 리더십은 구성들에게 비전을 제시하고, 그들을 일정한 방향으로 이끌어 성과를 창출하게 하는 능력으로 리더는 변화에 대한 적응력을 높이며 동기를 부여함

[슬라이드 4] ≪표 슬라이드≫ 80점

(1) 도형과 표 작성 기능을 이용하여 슬라이드를 작성한다(글꼴 : 굴림, 18pt).

세부조건

① 상단 도형 :
　2개 도형의 조합으로 작성

② 좌측 도형 :
　그라데이션 효과(선형 아래쪽)

③ 표 스타일 :
　테마 스타일 1 – 강조 5

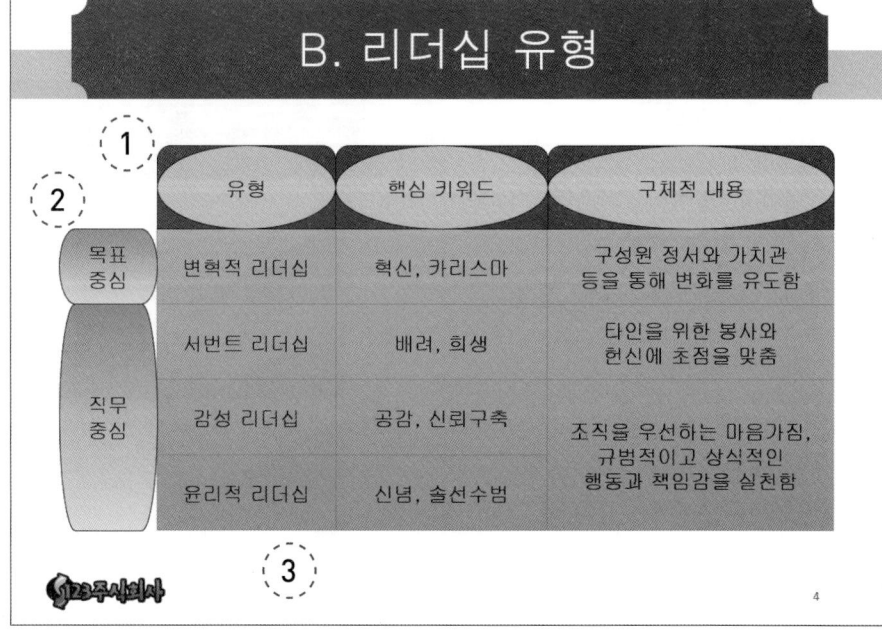

B. 리더십 유형

	유형	핵심 키워드	구체적 내용
목표 중심	변혁적 리더십	혁신, 카리스마	구성원 정서와 가치관 등을 통해 변화를 유도함
직무 중심	서번트 리더십	배려, 희생	타인을 위한 봉사와 헌신에 초점을 맞춤
	감성 리더십	공감, 신뢰구축	조직을 우선하는 마음가짐, 규범적이고 상식적인 행동과 책임감을 실천함
	윤리적 리더십	신념, 솔선수범	

[슬라이드 5] ≪차트 슬라이드≫ 100점

(1) 차트 작성 기능을 이용하여 슬라이드를 작성한다.
(2) 차트 : 종류(묶은 세로 막대형), 글꼴(돋움, 16pt), 외곽선

세부조건

※ 차트설명
- 차트 제목 : 궁서, 24pt, 굵게, 채우기(흰색), 테두리, 그림자(오프셋 왼쪽)
- 차트 영역 : 채우기(노랑) 그림 영역 : 채우기(흰색)
- 데이터 서식 : 조직외 계열을 표식(◆)이 있는 꺾은선형으로 변경 후 보조축으로 지정
- 값 표시 : 탁월형의 조직내 계열만

① 도형 삽입
- 스타일 : 미세 효과 - 파랑, 강조 1
- 글꼴 : 굴림, 18pt

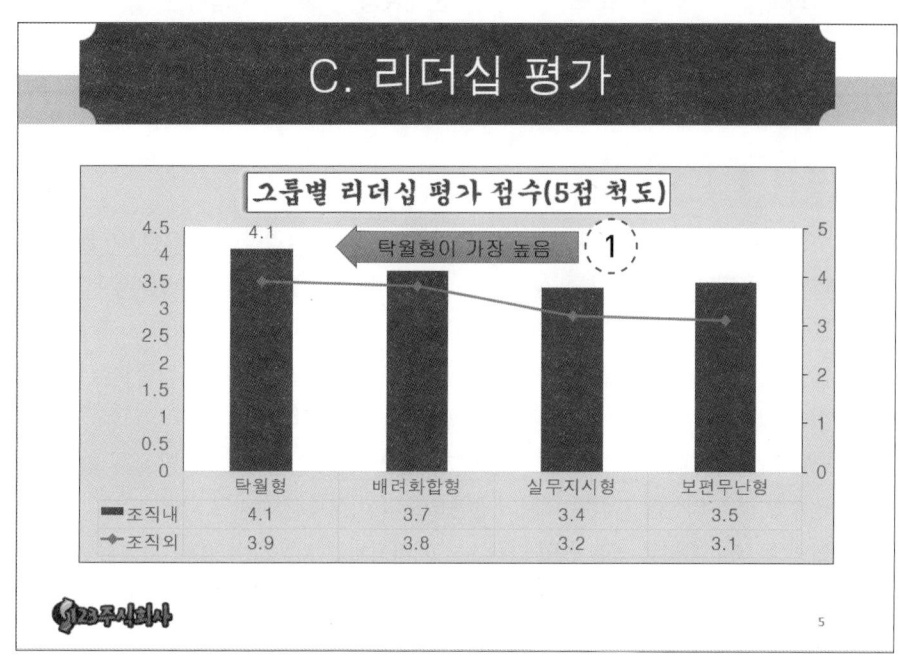

[슬라이드 6] ≪도형 슬라이드≫ 100점

(1) 슬라이드와 같이 도형 및 스마트아트를 배치한다(글꼴 : 돋움, 18pt).
(2) 애니메이션 순서 : ① ⇒ ②

세부조건

① 도형 및 스마트아트 편집
- 스마트아트 디자인 : 3차원 벽돌, 3차원 만화
- 그룹화 후 애니메이션 효과 : 날아오기(왼쪽에서)

② 도형 편집
- 그룹화 후 애니메이션 효과 : 회전

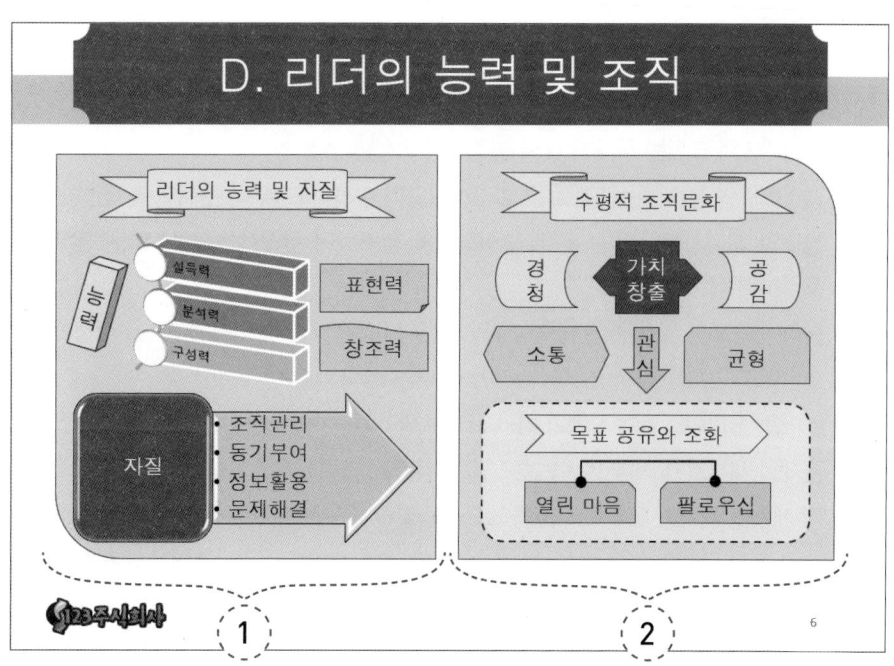

정보기술자격(ITQ) 최신유형 기출문제

과목	코드	문제유형	시험시간	수험번호	성명
한글파워포인트	1142	A	60분		

작성 시간 / 시험 시간 : 분 / 60분
채점 결과 : 점 / 500점

MS오피스

· 수험자 유의사항 ·

- 수험자는 문제지를 받는 즉시 문제지와 **수험표상의 시험과목(프로그램)이 동일한지 반드시 확인**하여야 합니다.
- 파일명은 본인의 "수험번호-성명"으로 입력하여 답안 폴더(내 PC\문서\ITQ)에 하나의 파일로 저장해야 하며, 답안 파일을 전송하지 않아 미제출로 처리될 경우 실격 처리합니다(예 : 12345678-홍길동.pptx).
- 답안 작성을 마치면 파일을 저장하고, '답안 전송' 버튼을 선택하여 감독위원 PC로 답안을 전송하십시오. 수험생 정보와 저장한 파일명이 다를 경우 전송되지 않으므로 주의하시기 바랍니다.
- 답안 작성 중에도 **주기적으로 저장하고, '답안 전송'**하여야 문제 발생을 줄일 수 있습니다. 작업한 내용을 저장하지 않고 전송할 경우 이전에 저장된 내용이 전송되오니 이점 유의하시기 바랍니다.
- 답안 문서는 지정된 경로 외의 다른 보조기억장치에 저장하는 경우, 지정된 시험 시간 외에 작성된 파일을 활용할 경우, 기타 통신 수단(이메일, 메신저, 네트워크 등)을 이용하여 타인에게 전달 또는 외부 반출하는 경우는 부정 처리합니다.
- 시험 중 부주의 또는 고의로 시스템을 파손한 경우는 수험자가 변상해야 하며, 〈수험자 유의사항〉에 기재된 방법대로 이행하지 않아 생기는 불이익은 수험생 당사자의 책임임을 알려 드립니다.
- 문제의 조건은 MS오피스 2021 버전으로 설정되어 있습니다.
  이와 관련하여 작성한 답안의 출력형태가 문제지와 다를 수 있습니다.
- 시험을 완료한 수험자는 답안파일이 전송되었는지 확인한 후 감독위원의 지시에 따라 문제지를 제출하고 퇴실합니다.

· 답안 작성요령 ·

- 온라인 답안 작성 절차
  수험자 등록 ⇒ 시험 시작 ⇒ 답안파일 저장 ⇒ 답안 전송 ⇒ 시험 종료
- 슬라이드의 크기는 A4 Paper로 설정하여 작성합니다.
- 슬라이드의 총 개수는 6개로 구성되어 있으며 슬라이드 1부터 순서대로 작업하고 반드시 문제와 세부조건대로 합니다.
- 별도의 지시사항이 없는 경우 출력형태를 참조하여 글꼴색은 검정 또는 흰색으로 작성하고, 기타사항은 전체적인 균형을 고려하여 작성합니다.
- 슬라이드 도형 및 개체에 출력형태와 다른 스타일(그림자, 외곽선 등)을 적용했을 경우 감점처리 됩니다.
- 슬라이드 번호를 작성합니다(슬라이드 1에는 생략).
- 2~6번 슬라이드 제목 도형과 하단 로고는 슬라이드 마스터를 이용하여 출력형태와 동일하게 작성합니다(슬라이드 1에는 생략).
- 문제와 세부조건, 세부조건 번호 ◌(점선원)는 입력하지 않습니다.
- 각 개체의 위치는 오른쪽의 슬라이드와 동일하게 구성합니다.
- 그림 삽입 문제의 경우 반드시 「내 PC\문서\ITQ\Picture」 폴더에서 정확한 파일을 선택하여 삽입하십시오.
- 각 슬라이드를 각각의 파일로 작업해서 저장할 경우 실격 처리됩니다.

kpc 한국생산성본부

[전체구성] 60점

(1) 슬라이드 크기 및 순서 : 크기를 A4 용지로 설정하고 슬라이드 순서에 맞게 작성한다.
(2) 슬라이드 마스터 : 2~6슬라이드의 제목, 하단 로고, 슬라이드 번호는 슬라이드 마스터를 이용하여 작성한다.
 - 제목 글꼴(돋움, 40pt, 흰색), 가운데 맞춤, 도형(선 없음)
 - 하단 로고(「내 PC\문서\ITQ\Picture\로고2.jpg」, 배경(회색) 투명색으로 설정)

[슬라이드 1] ≪표지 디자인≫ 40점

(1) 표지 디자인 : 도형, 워드아트 및 그림을 이용하여 작성한다.

세부조건

① 도형 편집
 - 도형에 그림 채우기 :
  「내 PC\문서\ITQ\Picture\그림1.jpg」, 투명도 50%
 - 도형 효과 :
  부드러운 가장자리 5포인트
② 워드아트 삽입
 - 변환 : 물결, 아래로
 - 글꼴 : 굴림, 굵게
 - 텍스트 반사 : 전체 반사, 터치
③ 그림 삽입
 - 「내 PC\문서\ITQ\Picture\로고2.jpg」
 - 배경(회색) 투명색으로 설정

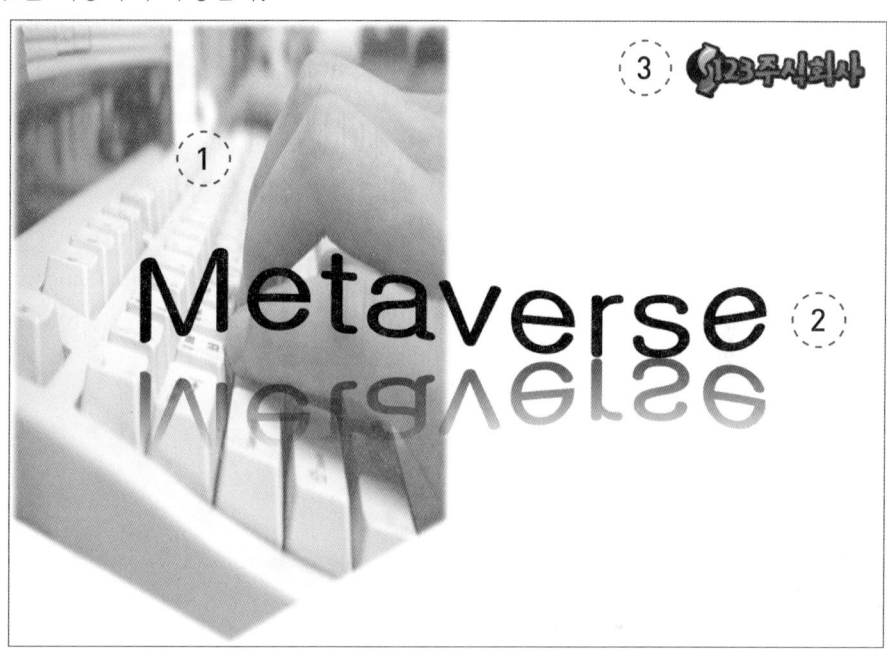

[슬라이드 2] ≪목차 슬라이드≫ 60점

(1) 출력형태와 같이 도형을 이용하여 목차를 작성한다(글꼴 : 굴림, 24pt).
(2) 도형 : 선 없음

세부조건

① 텍스트에 링크 적용
 → '슬라이드 5'
② 그림 삽입
 - 「내 PC\문서\ITQ\Picture\그림4.jpg」
 - 자르기 기능 이용

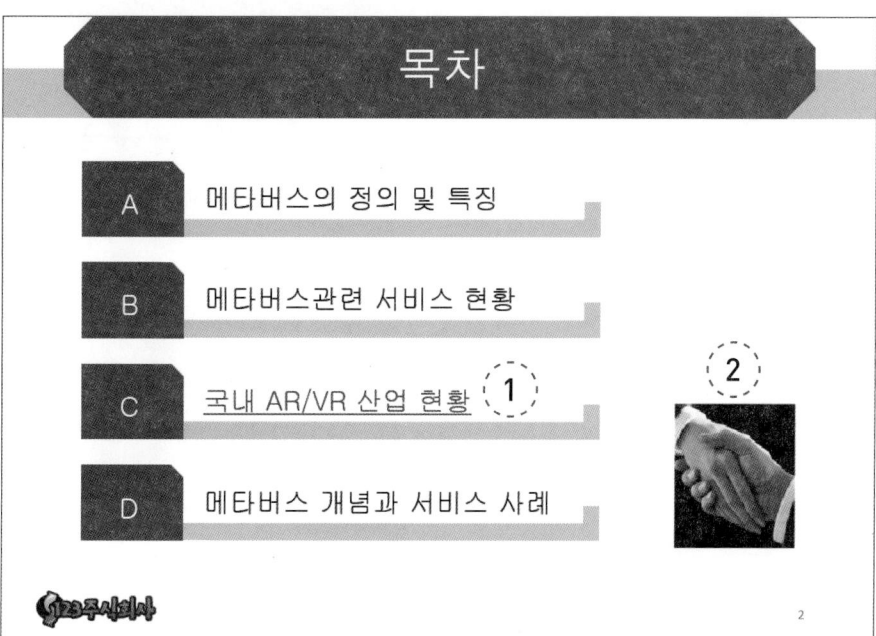

[슬라이드 3] ≪텍스트/동영상 슬라이드≫   60점

(1) 텍스트 작성 : 글머리 기호 사용(◆, ✓)
   ◆ 문단(돋움, 24pt, 굵게, 줄간격 : 1.5줄), ✓ 문단(돋움, 20pt, 줄간격 : 1.5줄)

세부조건

① 동영상 삽입 :
  - 「내 PC₩문서₩ITQ₩Picture₩동영상.wmv」
  - 자동실행, 반복재생 설정

A. 메타버스의 정의 및 특징

◆ **Metaverse**
  ✓ A compound word of the Greek word meta, meaning 'transcend or more', and universe, meaning 'the world or the universe'
  ✓ It refers to a new cyber world where virtual and real realities interact

◆ **메타버스의 특징**
  ✓ 아바타를 통해 다른 사람들과 상호작용하는 활동을 하고, 공연을 열고 티켓을 판매하는 등의 경제 활동이 가능하며 현실의 정보나 데이터를 반영

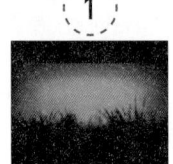

[슬라이드 4] ≪표 슬라이드≫   80점

(1) 도형과 표 작성 기능을 이용하여 슬라이드를 작성한다(글꼴 : 굴림, 18pt).

세부조건

① 상단 도형 :
   2개 도형의 조합으로 작성

② 좌측 도형 :
   그라데이션 효과(선형 아래쪽)

③ 표 스타일 :
   테마 스타일 1 – 강조 5

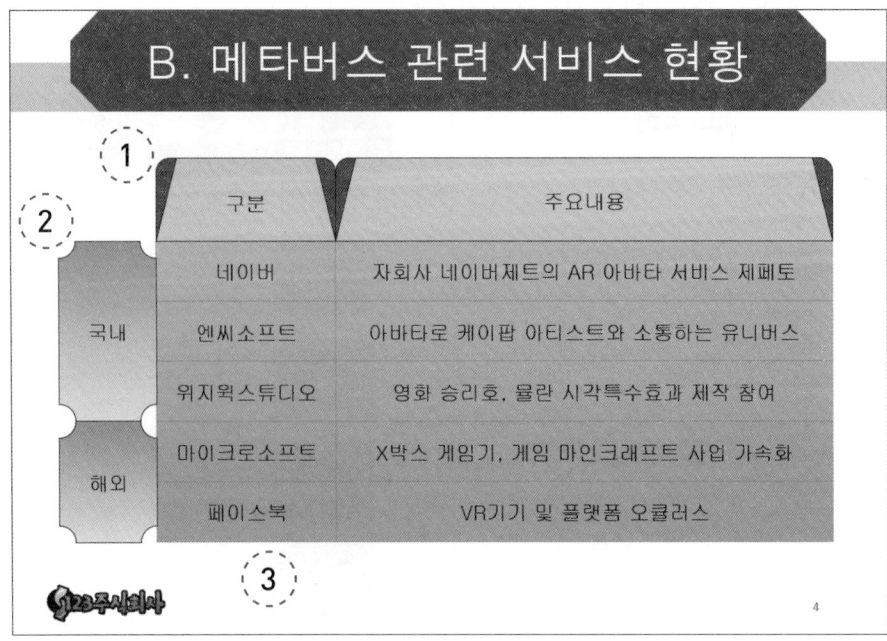

[슬라이드 5] ≪차트 슬라이드≫ 100점

(1) 차트 작성 기능을 이용하여 슬라이드를 작성한다.
(2) 차트 : 종류(묶은 세로 막대형), 글꼴(돋움, 16pt), 외곽선

세부조건

※ 차트설명
- 차트 제목 : 궁서, 24pt, 굵게, 채우기(흰색), 테두리, 그림자(오프셋 왼쪽)
- 차트 영역 : 채우기(노랑) 그림 영역 : 채우기(흰색)
- 데이터 서식 : 콘텐츠 계열을 표식(◆)이 있는 꺾은선형으로 변경 후 보조축으로 지정
- 값 표시 : 2025년의 하드웨어 계열만

① 도형 삽입
 - 스타일 : 미세 효과 - 파랑, 강조 1
 - 글꼴 : 굴림, 18pt

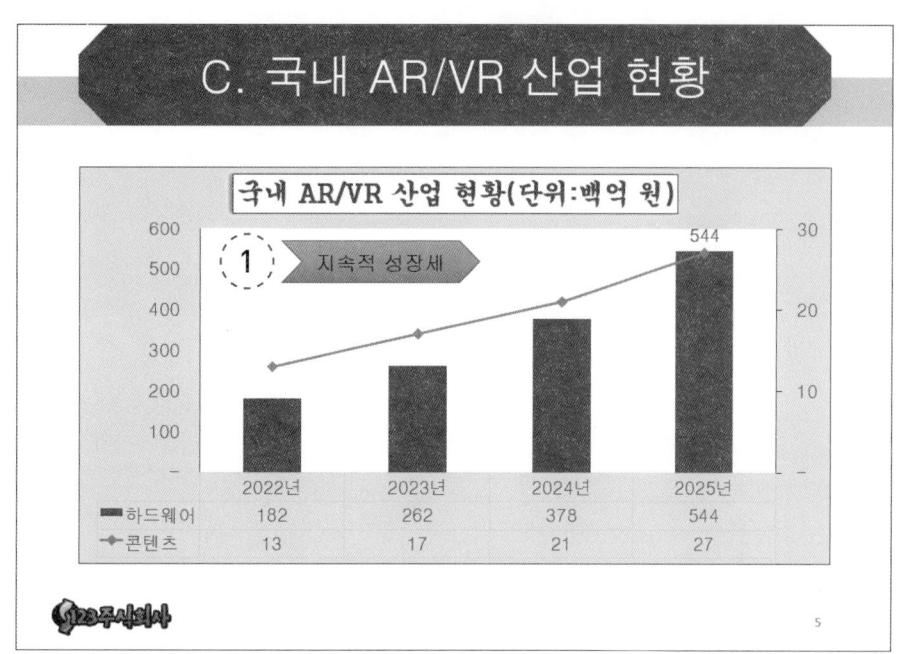

[슬라이드 6] ≪도형 슬라이드≫ 100점

(1) 슬라이드와 같이 도형 및 스마트아트를 배치한다(글꼴 : 돋움, 18pt).
(2) 애니메이션 순서 : ① ⇒ ②

세부조건

① 도형 및 스마트아트 편집
 - 스마트아트 디자인
  : 3차원 벽돌, 3차원 경사
 - 그룹화 후 애니메이션 효과
  : 날아오기(왼쪽에서)

② 도형 편집
 - 그룹화 후 애니메이션 효과
  : 회전

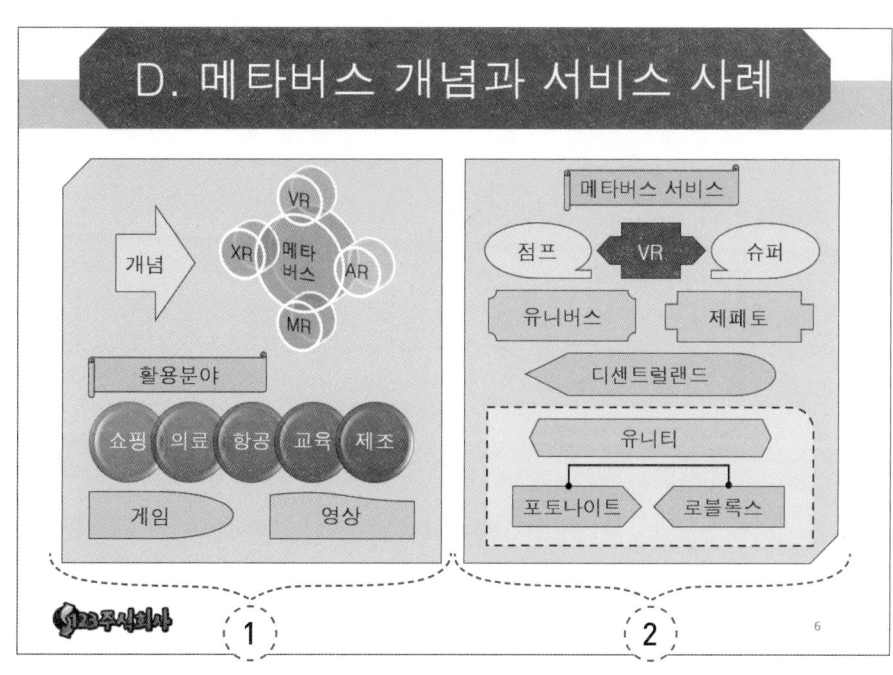

MEMO

ITQ OA Master

엑셀 2021

CONTENTS

PART 01 출제유형 완전정복

출제유형 01	답안 작성요령에 맞추어 답안 파일 준비하기	3-04
출제유형 02	[제1작업] 데이터 입력 및 제목 작성	3-08
출제유형 03	[제1작업] 결재란 및 셀 서식 작업하기	3-20
출제유형 04	[제1작업] 값 계산(함수) 및 조건부 서식	3-34
출제유형 05-1	[제2작업] 목표값 찾기 및 필터	3-78
출제유형 05-2	[제2작업] 필터 및 서식	3-92
출제유형 06-1	[제3작업] 정렬 및 부분합	3-102
출제유형 06-2	[제3작업] 피벗 테이블	3-114
출제유형 07	[제4작업] 그래프	3-124

PART 02 출제예상 모의고사

모의고사 01	제 01 회 출제예상 모의고사	3-146
모의고사 02	제 02 회 출제예상 모의고사	3-150
모의고사 03	제 03 회 출제예상 모의고사	3-154
모의고사 04	제 04 회 출제예상 모의고사	3-158
모의고사 05	제 05 회 출제예상 모의고사	3-162
모의고사 06	제 06 회 출제예상 모의고사	3-166
모의고사 07	제 07 회 출제예상 모의고사	3-170
모의고사 08	제 08 회 출제예상 모의고사	3-174
모의고사 09	제 09 회 출제예상 모의고사	3-178
모의고사 10	제 10 회 출제예상 모의고사	3-182
모의고사 11	제 11 회 출제예상 모의고사	3-186
모의고사 12	제 12 회 출제예상 모의고사	3-190

PART 03 최신유형 기출문제

기출문제 01	제 01 회 최신유형 기출문제	3-196
기출문제 02	제 02 회 최신유형 기출문제	3-200
기출문제 03	제 03 회 최신유형 기출문제	3-204
기출문제 04	제 04 회 최신유형 기출문제	3-208
기출문제 05	제 05 회 최신유형 기출문제	3-212

PART 01
출제유형 완전정복

- ☑ 출제유형 **01** 답안 작성요령에 맞추어 답안 파일 준비하기
- ☑ 출제유형 **02** [제1작업] 데이터 입력 및 제목 작성
- ☑ 출제유형 **03** [제1작업] 결재란 및 셀 서식 작업하기
- ☑ 출제유형 **04** [제1작업] 값 계산(함수) 및 조건부 서식

(240점)

- ☑ 출제유형 **05**-1 [제2작업] 목표값 찾기 및 필터
- ☑ 출제유형 **05**-2 [제2작업] 필터 및 서식

(80점)

- ☑ 출제유형 **06**-1 [제3작업] 정렬 및 부분합
- ☑ 출제유형 **06**-2 [제3작업] 피벗 테이블

(80점)

- ☑ 출제유형 **07** [제4작업] 그래프

(100점)

PART 01 출제유형 완전정복

답안 작성요령에 맞추어 답안 파일 준비하기

- ☑ 시트 추가하기
- ☑ 시트 그룹화 및 열([A]) 너비 조절
- ☑ 시트 이름 변경 및 파일 저장

문제 미리보기

소스 : 직접 입력   정답 : 유형01_정답.xlsx

≪출력형태≫

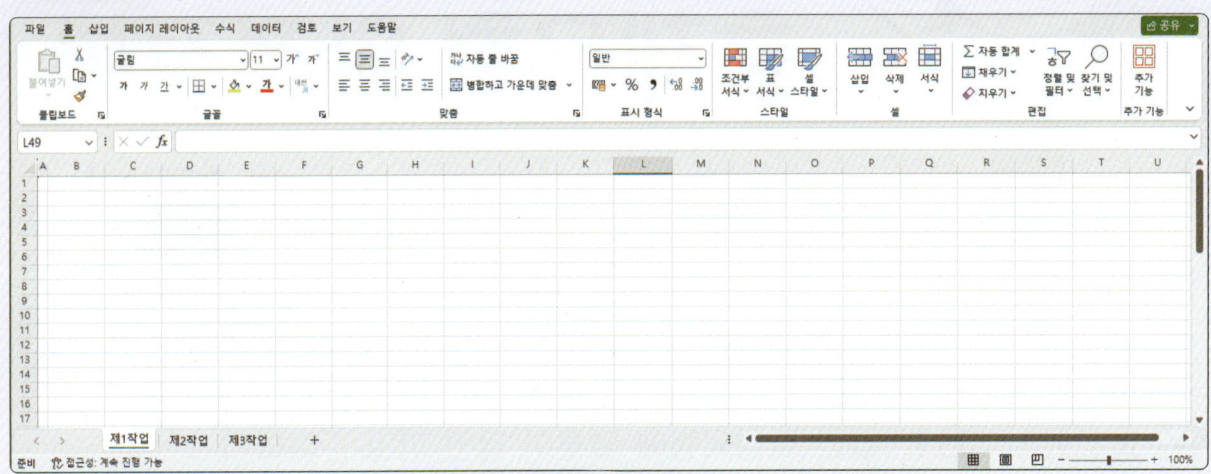

≪답안 작성 요령≫

답안 작성요령

- ● 온라인 답안 작성 절차
  수험자 등록 ⇒ 시험 시작 ⇒ 답안파일 저장 ⇒ 답안 전송 ⇒ 시험 종료

- ● 문제는 총 4단계, 즉 제1작업부터 제4작업까지 구성되어 있으며 반드시 제1작업부터 순서대로 작성하고 조건대로 작업하시오.

- ● 모든 작업시트의 A열은 열 너비 '1'로, 나머지 열은 적당하게 조절하시오.

- ● 모든 작업시트의 테두리는 ≪출력형태≫와 같이 작업하시오.

- ● 해당 작업란에서는 각각 제시된 조건에 따라 ≪출력형태≫와 같이 작업하시오.

- ● 답안 시트 이름은 "제1작업", "제2작업", "제3작업", "제4작업"이어야 하며 답안 시트 이외의 것은 감점 처리됩니다.

- ● 각 시트를 파일로 나누어 작업해서 저장할 경우 실격 처리됩니다.

[제1작업] 서식 ≪조건≫

≪조건≫
- ○ 모든 데이터의 서식에는 글꼴(굴림, 11pt), 정렬은 숫자 및 회계 서식은 오른쪽 정렬, 나머지 서식은 가운데 정렬로 작성하며 예외적인 것은 ≪출력형태≫를 참조하시오.

출제유형 01 **3-04** 답안 작성요령에 맞추어 답안 파일 준비하기

Information Technology Qualification

시험분석

난이도	권장 시간 / 시험 시간	유형 점수 / 시험 점수
★☆☆☆☆	5분 / 60분	240점 / 500점

출제유형 01~04까지 합쳐진 점수

➡ **출제 경향** : 출제 문제를 분석
- ☑ 실제 시험에서는 감독위원의 지시에 따라 저장 위치([내 PC]-[문서]-[ITQ])를 선택하여 '수험번호-이름 (예 : 12345678-홍길동)'의 형식으로 저장한 후 감독관 PC로 답안 파일을 전송해야 합니다. 단, 저장 경로는 운영체제 및 시험 규정에 따라 달라질 수 있습니다.

➡ **주의 사항** : 실수가 많은 내용
- ☑ 답안 시트 "제1작업", "제2작업", "제3작업"을 만든 다음 그룹화하여 데이터 서식을 변경합니다.
- ☑ "제2작업" 시트 또는 "제3작업" 시트를 클릭하여 그룹화를 해제하고 "제1작업" 시트를 선택합니다.

➡ **주요 단축키** : 작업 시간 단축에 도움
- ☑ 저장 : Ctrl + S

Skill 01 시트 추가 후 이름 변경 및 열 너비 조절하기

❶ [시작(🪟)] 단추를 눌러 [모두]-[Excel 2021(📊)] 프로그램을 클릭하여 실행합니다. 이어서, Esc 키를 눌러 새 통합 문서를 만듭니다.

❷ 문서가 열리면 왼쪽 하단의 시트 탭에서 새 시트(+)를 두 번 클릭하여 새로운 시트 2개를 추가합니다. 이어서, [Sheet3]이 선택된 상태에서 Shift 키를 누른 채 [Sheet1]을 클릭하여 세 개의 시트를 모두 선택합니다.

❸ [A] 열 머리글 위에서 마우스 오른쪽 단추를 눌러 바로가기 메뉴가 나오면 [열 너비]를 클릭합니다. 이어서, [열 너비] 대화상자가 나오면 열 너비 입력 칸에 '1'을 입력한 후 〈확인〉 단추를 클릭합니다.

※ 세 개의 시트를 그룹으로 지정하였기 때문에 모든 시트의 [A] 열 너비가 '1'로 변경됩니다.

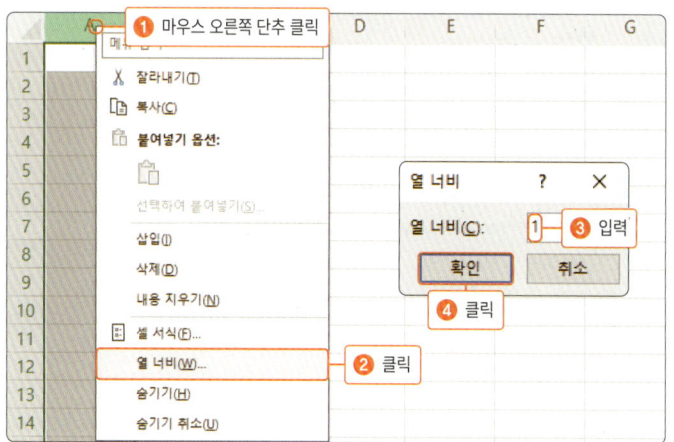
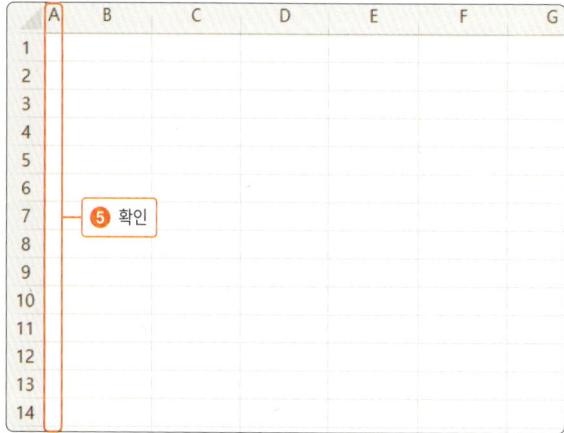

❹ [Sheet2]를 클릭하여 시트 그룹을 해제한 후 [Sheet1]을 더블 클릭합니다. 시트 이름이 블록으로 지정되면 '제1작업'을 입력한 후 Enter 키를 누릅니다.

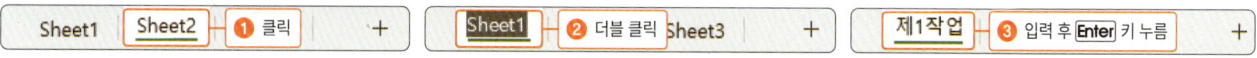

❺ 똑같은 방법으로 [Sheet2]와 [Sheet3]의 이름을 변경('제2작업', '제3작업')합니다.

※ [제4작업] 시트는 차트를 작성할 때 추가합니다.

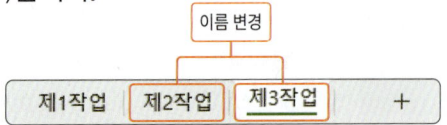

> 시트 이름을 변경하는 다양한 방법
>
> ❶ 시트 탭(예 : [Sheet1])을 클릭한 후 [홈] 탭의 [셀] 그룹에서 [서식(▦)]-[시트 이름 바꾸기]를 선택합니다.
> ❷ 시트 탭(예 : [Sheet1]) 위에서 마우스 오른쪽 단추를 눌러 바로가기 메뉴가 나오면 [이름 바꾸기]를 클릭합니다.
>
>

Skill 02 [제1작업] 시트의 기본 서식 지정 및 파일 저장하기

≪조건≫ : 모든 데이터의 서식에는 글꼴(굴림, 11pt), 정렬은 숫자 및 회계 서식은 오른쪽 정렬, 나머지 서식은 가운데 정렬로 작성하며 예외적인 것은 ≪출력형태≫를 참조하시오.

❶ [제1작업] 시트를 클릭한 후 (전체 선택)(**Ctrl**+**A**)을 클릭합니다.

❷ [홈] 탭의 [글꼴] 그룹에서 '글꼴(굴림), 글꼴 크기(11pt)'를 지정한 후 [맞춤] 그룹에서 '가운데 맞춤(≡)'을 클릭합니다.

※ 데이터 정렬은 기본적으로 '가운데 맞춤'으로 지정한 후 숫자 및 회계 서식만 '오른쪽 맞춤'으로 변경합니다.

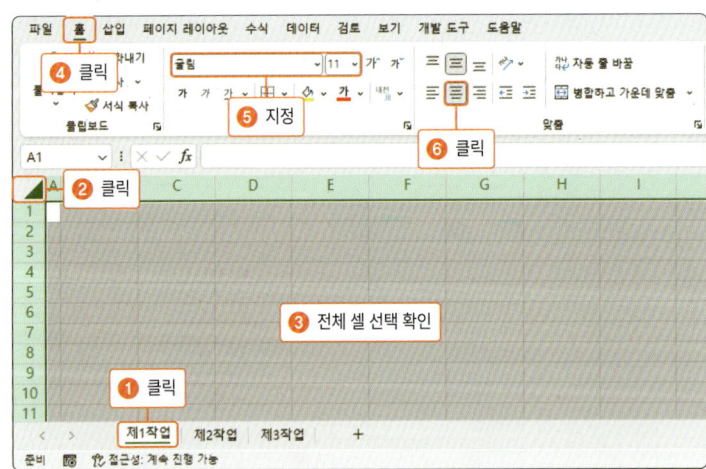

> [제1작업] 서식 지정
>
> [제1작업]의 작성 조건은 변경될 수도 있기 때문에 반드시 문제지의 ≪조건≫을 확인하여 글꼴, 글꼴 크기, 맞춤 등을 설정합니다.

❸ [파일] 탭의 [저장] 또는 [빠른 실행 도구 모음]에서 '저장(🖫)'을 클릭한 후 [찾아보기(📂)]를 선택합니다.

❹ [다른 이름으로 저장] 대화상자가 나오면 경로를 [내 PC]-[문서]-[ITQ] 폴더로 지정하고, 파일 이름에 '수험번호-성명'을 입력한 후 〈저장〉 단추를 클릭합니다.

※ 실제 시험을 볼 때 작업 도중에 수시로 (10분에 한 번 정도) 저장을 하는 것이 좋습니다.

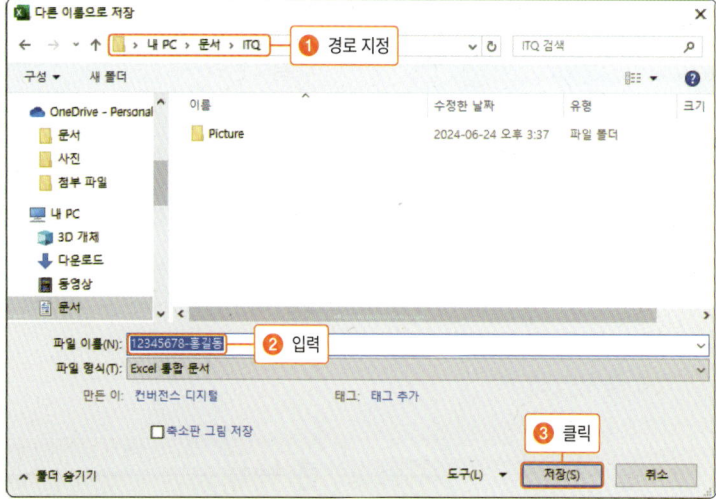

[제1작업] 데이터 입력 및 제목 작성

- ☑ 데이터 입력 후 셀 병합
- ☑ 셀 테두리 지정
- ☑ 도형을 이용하여 제목을 작성한 후 그림자 스타일 지정

문제 미리보기

소스 : 유형02_문제.xlsx　　정답 : 유형02_정답.xlsx

➜ 다음은 '**맛나앱 상황별 요리 현황**'에 대한 자료이다. 자료를 입력하고 조건에 맞도록 작업하시오.

≪출력형태≫　　　　　　　　　　　　　　　　　　　　　　　　　　　　〈240점〉

코드	요리명	분류	조리시간(분)	요리후기	공유(건수)	칼로리(100g당)	요리난이도	순위
D2091	두부덮밥	다이어트	30	24	986	84	(1)	(2)
B1041	명란마요주먹밥	도시락	20	5	94	170	(1)	(2)
D3062	시금치프리타타	다이어트	40	14	693	70	(1)	(2)
B3142	샐러드샌드위치	도시락	50	96	505	220	(1)	(2)
H6153	궁중잡채	명절	100	109	364	260	(1)	(2)
H3153	깻잎전	명절	60	29	760	215	(1)	(2)
B3092	삼색덮밥	도시락	40	63	1126	270	(1)	(2)
D1071	파프리카계란찜	다이어트	20	32	1482	55	(1)	(2)
다이어트 요리후기 합계			(3)		최대 공유(건수)			(5)
명절 요리 비율			(4)		코드		칼로리(100g당)	(6)

제목: **맛나앱 상황별 요리 현황**

≪조건≫

- ▶ 모든 데이터의 서식에는 글꼴(굴림, 11pt), 정렬은 숫자 및 회계 서식은 오른쪽 정렬, 나머지 서식은 가운데 정렬로 작성하며 예외적인 것은 ≪출력형태≫를 참조하시오.
- ▶ 제 목 ⇒ 도형(육각형)과 그림자(오프셋 오른쪽)를 이용하여 작성하고 "맛나앱 상황별 요리 현황"을 입력한 후 다음 서식을 적용하시오(글꼴-굴림, 24pt, 검정, 굵게, 채우기-노랑).
- ▶ 임의의 셀에 결재란을 작성하여 그림으로 복사 기능을 이용하여 붙이기 하시오(단, 원본 삭제).
- ▶ 「B4:J4, G14, I14」 영역은 '주황'으로 채우기 하시오.
- ▶ 유효성 검사를 이용하여 「H14」 셀에 코드(「B5:B12」 영역)가 선택 표시되도록 하시오.
- ▶ 셀 서식 ⇒ 「F5:F12」 영역에 셀 서식을 이용하여 숫자 뒤에 '개'를 표시하시오(예 : 24개).
- ▶ 「D5:D12」 영역에 대해 '분류'로 이름정의를 하시오.

시험 분석

Information Technology Qualification

난이도	권장 시간 / 시험 시간	유형 점수 / 시험 점수
★★☆☆	10분 / 60분	240점 / 500점

출제유형 01~04까지 합쳐진 점수

➡ **출제 경향** : 출제 문제를 분석
- ☑ 과년도 시험 문제를 분석한 결과 도형은 계속 바뀌어서 출제되지만 도형의 제목 글꼴(굴림, 24pt, 검정, 굵게), 채우기(노랑), 도형 효과(그림자)는 고정적으로 출제되고 있습니다.
- ☑ 도형 모양 : 한쪽 모서리가 잘린 사각형, 대각선 방향의 모서리가 잘린 사각형, 양쪽 모서리가 둥근 사각형, 모서리가 둥근 사각형, 갈매기형 수장, 위쪽 리본, 배지, 가로로 말린 두루마리, 육각형, 십자형, 순서도: 카드, 빗면 등이 출제되었습니다.
- ☑ 그림자 : 오프셋 오른쪽, 오프셋 위쪽, 오프셋 대각선 오른쪽 아래, 오프셋 대각선 왼쪽 아래 등이 자주 출제되었습니다.

➡ **주의 사항** : 실수가 많은 내용
- ☑ 데이터를 정확히 입력한 다음 숫자는 오른쪽 정렬, 나머지는 가운데 정렬을 합니다.

➡ **주요 단축키** : 작업 시간 단축에 도움
- ☑ 저장 : Ctrl+S   도형 서식 : Ctrl+1

Skill 01 데이터 입력 후 셀 병합하기

❶ 유형02_문제.xlsx 파일을 불러와 [제1작업] 시트를 클릭합니다. 이어서, ≪출력형태≫를 참고하여 아래와 같이 데이터를 입력합니다.

※ 파일 불러오기 : [파일]-[열기](Ctrl+O)-[찾아보기]를 클릭한 후 [열기] 대화상자에서 파일을 선택하여 불러옵니다.

	A	B	C	D	E	F	G	H	I	J
1										
2										
3										
4		코드	요리명	분류	조리시간(분)	요리후기	공유(건수)	칼로리(100g당)	요리난이도	순위
5		D2091	두부덮밥	다이어트	30	24	986	84		
6		B1041	란마요주먹	도시락	20	5	94	170		
7		D3062	김치프리터	다이어트	40	14	693	70		
8		B3142	러드샌드위	도시락	50	96	505	220		
9		H6153	궁중잡채	명절	100	109	364	260		
10		H3153	깻잎전	명절	60	29	760	215		
11		B3092	삼색덮밥	도시락	40	63	1126	270		
12		D1071	프리카게린	다이어트	20	32	1482	55		
13	다이어트 요리후기 합계					최대 공유(건수)				
14	명절 요리 비율					코드		칼로리(100g당)		

만약 날짜 형식이 다르게 입력될 경우

≪출력형태≫와 동일하게 입력했지만 다른 형식으로 표시될 경우(예 : May-20)에는 Ctrl+1 키를 누른 다음 [셀 서식]-[표시 형식]-[날짜] 서식에서 맞는 서식으로 지정해 줍니다.

데이터 입력 방법(ITQ 엑셀 시험은 [제1작업] 데이터를 직접 입력해야 합니다.)

❶ ≪출력형태≫에서 '함수'를 이용하여 답을 작성하는 (1)~(6) 부분과 '유효성 검사'를 이용하는 [H14] 셀(D2091)의 데이터는 입력하지 않고 빈 셀로 남겨둡니다.

❷ [G4], [H4], [I14] 셀처럼 두 줄로 입력된 데이터는 첫 번째 줄의 내용을 입력한 후 Alt+Enter 키를 눌러 두 번째 줄의 내용을 입력합니다. 예) 공유 → Alt + Enter → (건수)

❸ 날짜 형식은 하이픈(-)을 이용하여 입력합니다.

❹ 데이터 입력 시 백분율(12%, 12.35%…)은 키보드의 '%'를 이용하여 입력합니다. 또한, 소수점은 키보드의 '.'을 이용하여 입력하며, [홈] 탭의 [표시 형식] 그룹에서 자릿수 늘림( )과 자릿수 줄임( )을 이용하여 소수 자리점을 맞춥니다.

❺ 다이어트 요리후기 합계는 [B13] 셀, 명절 요리 비율은 [B14] 셀, 최대 공유(건수)는 [G13] 셀에 각각 입력합니다.
    ※ 셀들을 먼저 병합한 후 병합된 셀에 데이터를 입력할 수도 있습니다.

❻ 셀에 입력된 데이터를 수정하기 위해서는 해당 셀을 선택한 후 F2 키 또는 더블 클릭하여 데이터를 수정합니다.

❼ [제1작업] 시트에 입력된 데이터를 이용하여 [제2작업], [제3작업], [제4작업] 시트를 작성하기 때문에 오타 및 누락된 내용이 없는지 반드시 ≪출력형태≫와 비교하여 확인합니다.

❷ [B13:D13] 영역을 드래그한 후 Ctrl 키를 누른 상태에서 [B14:D14], [F13:F14], [G13:I13] 영역을 드래그 합니다. 이어서, [홈] 탭의 [맞춤] 그룹에서 '**병합하고 가운데 맞춤( )**'을 클릭합니다.

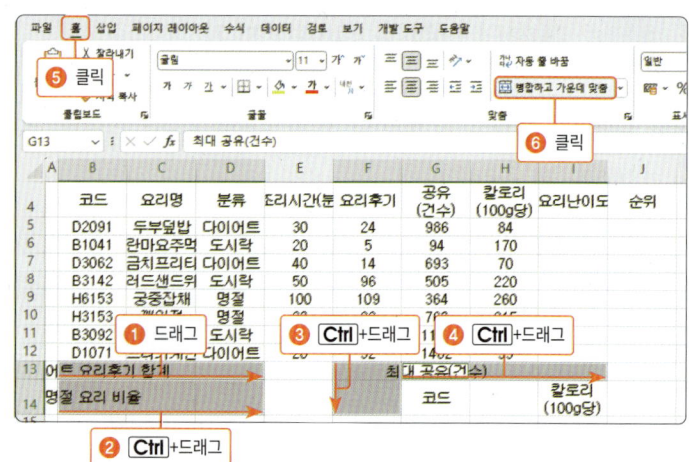

Skill 02 열 너비 및 행 높이 조절

❶ [C] 열의 열 너비를 조절하기 위해 [C] 열과 [D] 열 머리글 사이에 마우스 포인터를 위치시킨 후 **더블 클릭**합니다.

※ 열의 너비는 ≪출력형태≫를 참고하여 조절합니다.

※ 머리글 사이를 더블 클릭하면 [C] 열에 입력된 데이터 중 가장 긴 데이터의 길이에 맞추어 열 너비가 자동으로 조절됩니다.

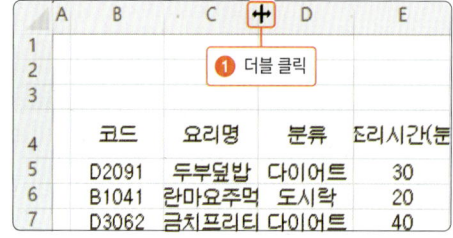 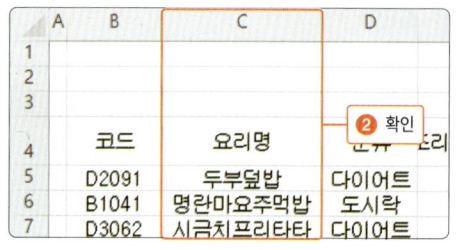

❷ 똑같은 방법으로 《출력형태》를 참고하여 다른 열들의 열 너비를 조절합니다.

※ [D:H] 머리글을 드래그한 후 열 머리글 사이를 더블 클릭하면 한 번에 열의 너비를 조절할 수 있습니다.

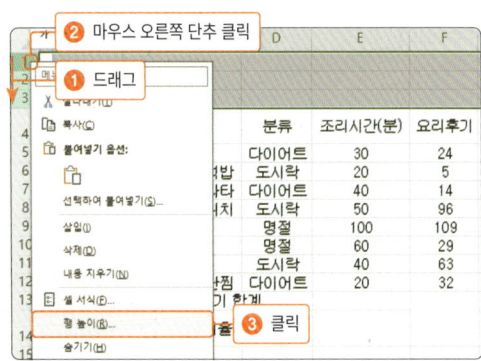

> **열 너비 조절**
> 열 너비를 조절한 후에도 병합된 셀의 데이터 내용이 모두 보이지 않을 경우에는 해당 열 머리글 사이를 마우스로 드래그하여 모든 데이터가 보이도록 합니다.

❸ 제목을 입력하기 위해 [1:3] 행의 머리글을 드래그한 후 행 머리글 위에서 마우스 오른쪽 단추를 눌러 바로가기 메뉴가 나오면 [행 높이]를 클릭합니다. 이어서, [행 높이] 대화상자가 나오면 '25'를 입력한 후 〈확인〉 단추를 클릭합니다.

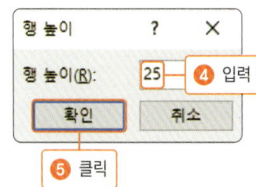

❹ 똑같은 방법으로 [4] 행(행 높이 : 32)과 [5:14] 행(행 높이 : 22)의 높이를 변경합니다.

※ 행의 높이는 별도의 조건이 없기 때문에 《출력형태》를 참고하여 높이를 변경합니다.

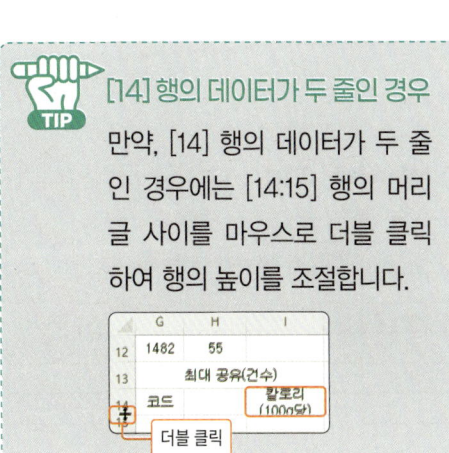

> **[14] 행의 데이터가 두 줄인 경우**
> 만약, [14] 행의 데이터가 두 줄인 경우에는 [14:15] 행의 머리글 사이를 마우스로 더블 클릭하여 행의 높이를 조절합니다.

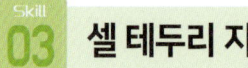

03 셀 테두리 지정

❶ [B4:J14] 영역을 드래그한 후 [홈] 탭의 [글꼴] 그룹에서 테두리(⊞)의 목록 단추(˅)를 눌러 '**모든 테두리(⊞)**'를 선택합니다. 이어서, 다시 테두리(⊞)의 목록 단추(˅)를 눌러 '**굵은 바깥쪽 테두리(▣)**'를 선택합니다.

※ 셀 테두리는 별도의 조건이 없기 때문에 ≪출력형태≫를 참고하여 작업합니다.

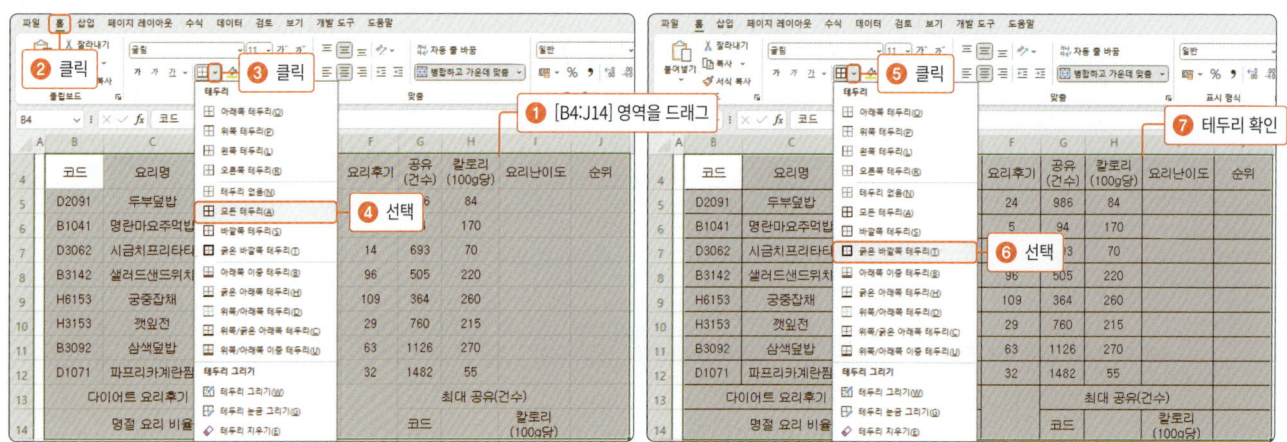

❷ [B4:J4] 영역을 드래그한 후 Ctrl 키를 누른 상태에서 [B13:J14] 영역도 드래그합니다. 이어서, [홈] 탭의 [글꼴] 그룹에서 '**굵은 바깥쪽 테두리(▣)**'를 클릭합니다.

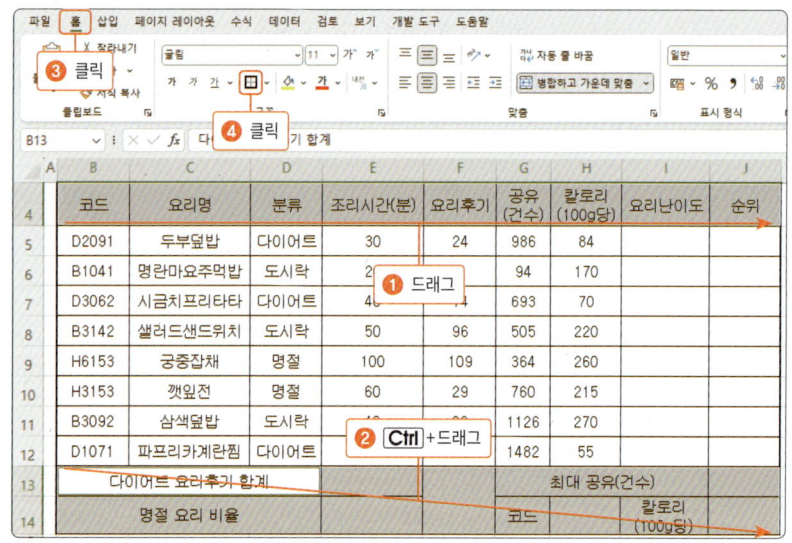

TIP 굵은 테두리 지정 시 주의할 점

굵은 테두리(▣)를 지정하는 방법은 다양하지만 함수 계산 후 자동 채우기를 실행하면 굵은 선이 함께 적용되어 문제가 발생할 수 있으니 위와 같은 방법으로 굵은 테두리를 지정하는 것이 좋습니다.

❸ [F13:F14] 셀 위에서 마우스 오른쪽 단추를 눌러 바로가기 메뉴가 나오면 [셀 서식(Ctrl+1)]을 클릭합니다.

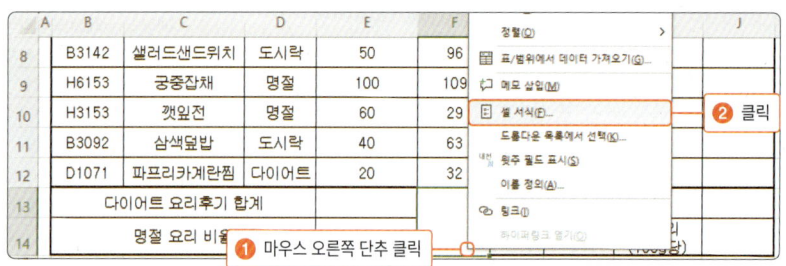

④ [셀 서식] 대화상자가 나오면 [테두리] 탭을 클릭하여 [선]의 '**스타일**(———)'과 '**테두리**(◰ , ◳)'를 지정한 후 〈확인〉 단추를 클릭합니다. 테두리 작업이 끝나면 ≪출력형태≫와 비교하여 확인합니다.

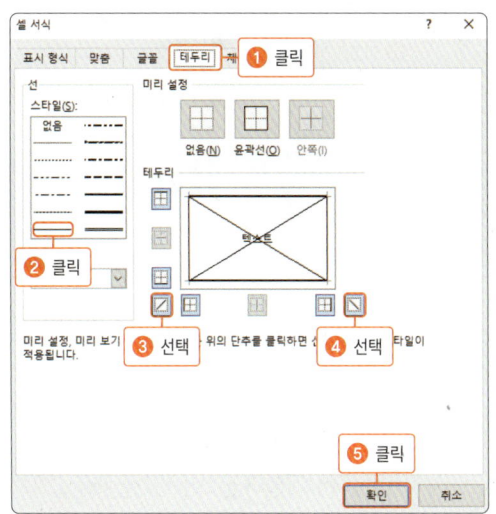

Skill 04 도형을 이용하여 제목 만들기

≪**조건**≫ : 제 목 ⇒ 도형(육각형)과 그림자(오프셋 오른쪽)를 이용하여 작성하고 "**맛나앱 상황별 요리 현황**"을 입력한 후 다음 서식을 적용하시오 (글꼴−굴림, 24pt, 검정, 굵게, 채우기−노랑).

① 도형을 삽입하기 위해 [삽입] 탭의 [일러스트레이션] 그룹에서 [도형(▱)]−기본 도형−'**육각형**(⬡)'을 선택합니다.

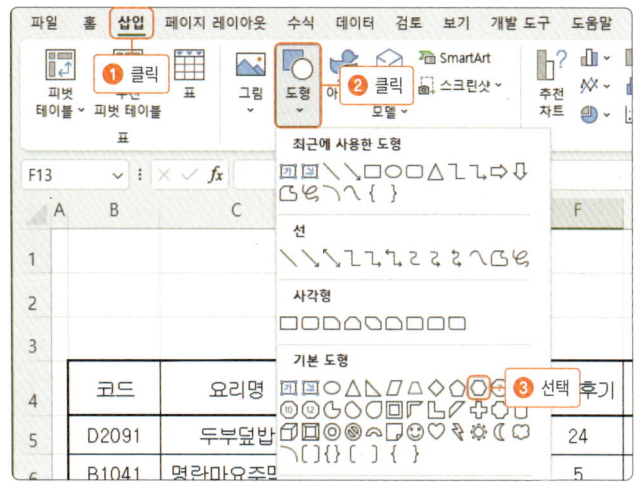

② 마우스 포인터가 ✛ 모양으로 변경되면 [B1] 셀에서 [G3] 셀의 중간까지 드래그하여 도형을 삽입합니다. 도형이 삽입되면 제목(**맛나앱 상황별 요리 현황**)을 입력한 후 도형의 텍스트가 없는 부분을 클릭합니다.

※ ≪출력형태≫를 참고하여 [B1:G3] 셀 범위 안에 도형이 위치되도록 테두리 조절점(◯)을 이용하여 크기를 조절한 후 위치를 변경합니다.

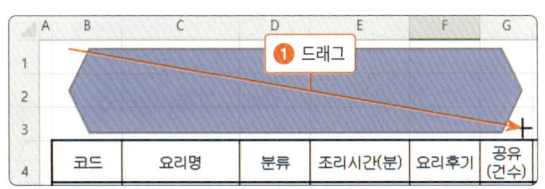
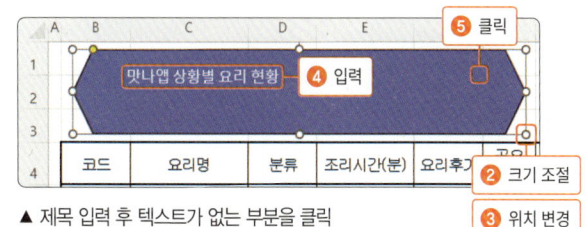

▲ 제목 입력 후 텍스트가 없는 부분을 클릭

❸ 글꼴 서식을 지정하기 위해 [홈] 탭의 [글꼴] 그룹에서 **글꼴**(굴림), **글꼴 크기**(24), **굵게**(가), **글꼴 색**(검정, 텍스트 1)을 각각 지정합니다.

※ 글꼴 색은 목록 단추(▼)를 눌러 테마 색에서 '검정, 텍스트 1'을 선택합니다.

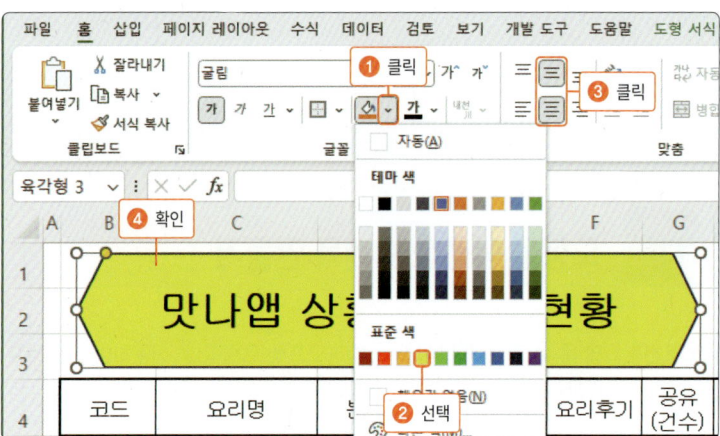

❹ [홈] 탭의 [글꼴] 그룹에서 채우기 색(🪣)의 목록 단추(▼)를 눌러 '**노랑**'으로 지정한 후 [맞춤] 그룹에서 '**세로 가운데 맞춤**(≡)'과 '**가로 가운데 맞춤**(≡)'을 클릭합니다.

※ 채우기 색은 목록 단추(▼)를 눌러 표준 색에서 '노랑'을 선택합니다.

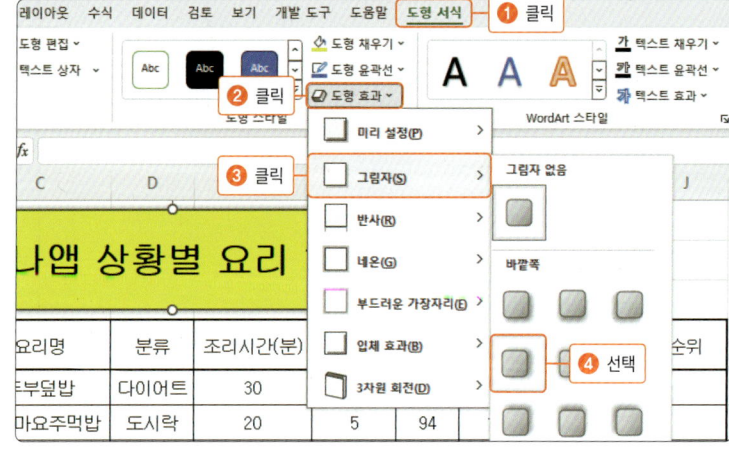

❺ 그림자 스타일을 지정하기 위해 [도형 서식] 탭의 [도형 스타일] 그룹에서 [도형 효과(◎)]-[그림자]-바깥쪽-'**오프셋: 오른쪽**(□)'을 선택합니다.

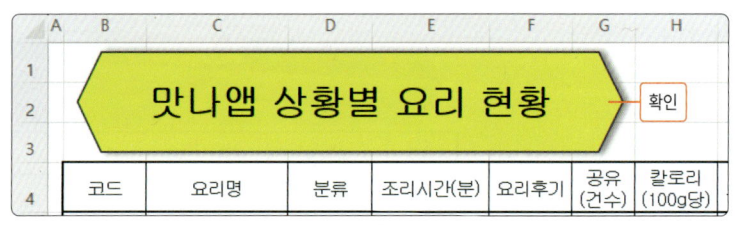

❻ 도형을 이용한 제목이 완성되면 [**파일**]-[**저장**]([Ctrl]+[S]) 또는 [빠른 실행 도구 모음]에서 '**저장**(💾)'을 클릭합니다.

※ 실제 시험을 볼 때 작업 도중에 수시로(10분에 한 번 정도) 저장을 하는 것이 좋습니다.

[제1작업] 데이터 입력 및 제목 작성

완전정복-01 다음과 같이 《조건》 및 《출력형태》를 작성해 보세요.

· 소스 : 정복02_문제01.xlsx · 정답 : 정복02_정답01.xlsx

작성 시간 / 권장 시간
분 / 10분

▶ 다음은 '인기 복합기 판매 현황'에 대한 자료이다. 자료를 입력하고 조건에 맞도록 작업하시오.

《출력형태》

제품코드	제품명	제조사	판매금액	인쇄속도(ppm)	판매수량(단위:대)	재고수량(단위:대)	판매순위	평가
K2949	루이	레온	149000	14	157	64	(1)	(2)
P3861	레옹	이지전자	150000	16	184	48	(1)	(2)
L3997	지니	레온	344000	15	154	101	(1)	(2)
K2789	퍼플	티파니	421000	19	201	65	(1)	(2)
K6955	밴티지	이지전자	175000	6	98	128	(1)	(2)
P3811	다큐프린터	레온	245000	17	217	87	(1)	(2)
L3711	로사프린터	티파니	182000	12	256	36	(1)	(2)
L4928	새롬레이저	이지전자	389000	18	94	117	(1)	(2)
티파니 제조사 재고수량(단위:대) 합계			(3)		티파니 제조사 비율			(5)
레온 제조사 최고 판매금액			(4)		제품코드		판매순위(단위:대)	(6)

제목: **인기 복합기 판매 현황**

《조건》

○ 모든 데이터의 서식에는 글꼴(굴림, 11pt), 정렬은 숫자 및 회계 서식은 오른쪽 정렬,
 나머지 서식은 가운데 정렬로 작성하며 예외적인 것은 《출력형태》를 참조하시오.
○ 제 목 ⇒ 도형(육각형)과 그림자(오프셋 오른쪽)를 이용하여 작성하고
 "인기 복합기 판매 현황"을 입력한 후 다음 서식을 적용하시오
 (글꼴-굴림, 24pt, 검정, 굵게, 채우기-노랑).

○ 임의의 셀에 결재란을 작성하여 그림으로 복사 기능을 이용하여 붙이기 하시오(단, 원본 삭제).
○ 「B4:J4, G14, I14」 영역은 '주황'으로 채우기 하시오.
○ 유효성 검사를 이용하여 「H14」 셀에 제품코드(「B5:B12」 영역)가 선택 표시되도록 하시오.
○ 셀 서식 ⇒ 「E5:E12」 영역에 셀 서식을 이용하여 숫자 뒤에 '원'을 표시하시오(예 : 149,000원).
○ 「G5:G12」 영역에 대해 '판매수량'으로 이름정의를 하시오.

완전정복-02

다음과 같이 《조건》 및 《출력형태》를 작성해 보세요.

- 소스 : 정복02_문제02.xlsx
- 정답 : 정복02_정답02.xlsx

작성 시간 / 권장 시간
분 / 10분

▶ 다음은 '우리마트 라면 판매 현황'에 대한 자료이다. 자료를 입력하고 조건에 맞도록 작업하시오.

《출력형태》

	A	B	C	D	E	F	G	H	I	J
1										
2			우리마트 라면 판매 현황							
3										
4		제품코드	제품명	분류	가격	전월 판매량	당월 판매량	스코빌지수	판매순위	증감률(%)
5		A1545	새우 라면	봉지	1350	28200	29350	5013	(1)	(2)
6		Y1565	매운 라면	봉지	1400	57300	44700	4044	(1)	(2)
7		R1886	비빔 얼큰면	스티로폼(PS)	1800	10700	9030	2769	(1)	(2)
8		Y1314	앵그리 레드면	종이	1200	5300	5900	8557	(1)	(2)
9		E1363	국민 매콤라면	종이	1100	37300	45500	3960	(1)	(2)
10		A1599	콩나물 김치면	봉지	950	18700	13900	5930	(1)	(2)
11		T1436	홍합 짬뽕면	스티로폼(PS)	2500	12400	22500	4000	(1)	(2)
12		T1578	불맛 쫄면	종이	2450	10000	10900	3037	(1)	(2)
13		봉지 제품 최고 스코빌지수			(3)		봉지 제품 당월판매량 평균			(5)
14		스티로폼(PS) 제품 개수			(4)		제품코드		당월 판매량	(6)

《조건》

○ 모든 데이터의 서식에는 글꼴(굴림, 11pt), 정렬은 숫자 및 회계 서식은 오른쪽 정렬, 나머지 서식은 가운데 정렬로 작성하며 예외적인 것은 《출력형태》를 참조하시오.

○ 제 목 ⇒ 도형(육각형)과 그림자(오프셋 오른쪽)를 이용하여 작성하고
"우리마트 라면 판매 현황"을 입력한 후 다음 서식을 적용하시오
(글꼴-굴림, 24pt, 검정, 굵게, 채우기-노랑).

○ 임의의 셀에 결재란을 작성하여 그림으로 복사 기능을 이용하여 붙이기 하시오(단, 원본 삭제).

○ 「B4:J4, G14, I14」 영역은 '주황'으로 채우기 하시오.

○ 유효성 검사를 이용하여 「H14」 셀에 제품코드(「B5:B12」 영역)가 선택 표시되도록 하시오.

○ 셀 서식 ⇒ 「E5:E12」 영역에 셀 서식을 이용하여 숫자 뒤에 '원'을 표시하시오(예 : 1,350원).

○ 「D5:D12」 영역에 대해 '분류'로 이름정의를 하시오.

완전정복-03 다음과 같이 《조건》 및 《출력형태》를 작성해 보세요.
- 소스 : 정복02_문제03.xlsx
- 정답 : 정복02_정답03.xlsx

작성 시간 / 권장 시간

분 / 10분

▶ 다음은 '찾아가는 작은 도서관 현황'에 대한 자료이다. 자료를 입력하고 조건에 맞도록 작업하시오.

《출력형태》

	A	B	C	D	E	F	G	H	I	J
1										
2			찾아가는 작은 도서관 현황							
3										
4		관리코드	도서관명	관리자	주요 활동	도서 보유량 (단위:권)	대출 도서량 (단위:권)	이용자 수	개관일	순위
5		SB-101	풀이음	이미영	책 읽기	5500	550	3412		
6		BC-124	문고	김지은	체험 활동	1800	158	1300		
7		DB-210	작은 문학	박현우	책 읽기	4800	450	2850		
8		SM-312	한마음	장경미	영상 상영	2855	124	1200		
9		PC-211	책의 향기	손현준	체험 활동	2600	180	1850		
10		VB-132	도서의 정원	이현주	책 읽기	4500	458	1243		
11		SM-320	독서 공간	김수현	영상 상영	2850	285	1450		
12		PB-303	미니 문학	나영미	책 읽기	5200	650	3654		
13		도서 보유량(단위:권) 평균 이상 도서관 수					✕	체험 활동 이용자 수 합계		
14		책 읽기 대출 도서량(단위:권) 평균						도서관명		이용자 수

《조건》

○ 모든 데이터의 서식에는 글꼴(굴림, 11pt), 정렬은 숫자 및 회계 서식은 오른쪽 정렬, 나머지 서식은 가운데 정렬로 작성하며 예외적인 것은 《출력형태》를 참조하시오.
○ 제 목 ⇒ 도형(배지)과 그림자(오프셋 오른쪽)를 이용하여 작성하고
"찾아가는 작은 도서관 현황"을 입력한 후 다음 서식을 적용하시오
(글꼴-굴림, 24pt, 검정, 굵게, 채우기-노랑).

○ 임의의 셀에 결재란을 작성하여 그림으로 복사 기능을 이용하여 붙이기 하시오(단, 원본 삭제).
○ 「B4:J4, G14, I14」 영역은 '주황'으로 채우기 하시오.
○ 유효성 검사를 이용하여 「H14」 셀에 도서관명(「C5:C12」 영역)이 선택 표시되도록 하시오.
○ 셀 서식 ⇒ 「H5:H12」 영역에 셀 서식을 이용하여 숫자 뒤에 '명'을 표시하시오(예 : 3,412명).
○ 「H5:H12」 영역에 대해 '이용자'로 이름정의를 하시오.

완전정복-04

다음과 같이 《조건》 및 《출력형태》를 작성해 보세요.

- 소스 : 정복02_문제04.xlsx
- 정답 : 정복02_정답04.xlsx

작성 시간 / 권장 시간
분 / 10분

→ 다음은 '홈케어 제품 매출 현황'에 대한 자료이다. 자료를 입력하고 조건에 맞도록 작업하시오.

《출력형태》

	A	B	C	D	E	F	G	H	I	J
1										
2			홈케어 제품 매출 현황							
3										
4		제품번호	제품명	분류	제조사	가격	3월매출(천원)	4월매출(천원)	순위	구분
5		SL1-01	리큐 제트	세탁세제	미래건강	28700	82570	92600		
6		FC1-01	주택세정제	청소세제	보리수	9800	18300	21800		
7		FK1-01	트로피칼	주방세제	해피그린	9700	21350	28960		
8		SL2-02	파워젤	세탁세제	해피그린	18500	42760	38470		
9		SK2-02	슈가버블	주방세제	미래건강	11000	50700	56590		
10		WC2-03	살균세정제	청소세제	미래건강	21300	31580	34600		
11		CC1-02	비타민베리	주방세제	해피그린	8500	19840	23770		
12		FL2-03	다우니 블루	세탁세제	보리수	15300	37960	35600		
13		가격이 평균 가격 이상인 제품수					청소세제 3월매출(천원) 합계			
14		세탁세재 3월매출(천원) 평균					제품명		가격	

《조건》

○ 모든 데이터의 서식에는 글꼴(굴림, 11pt), 정렬은 숫자 및 회계 서식은 오른쪽 정렬,
  나머지 서식은 가운데 정렬로 작성하며 예외적인 것은 ≪출력형태≫를 참조하시오.
○ 제 목 ⇒ 도형(배지)과 그림자(오프셋 오른쪽)를 이용하여 작성하고
  "홈케어 제품 매출 현황"을 입력한 후 다음 서식을 적용하시오
  (글꼴-굴림, 24pt, 검정, 굵게, 채우기-노랑).
○ 임의의 셀에 결재란을 작성하여 그림으로 복사 기능을 이용하여 붙이기 하시오(단, 원본 삭제).
○ 「B4:J4, G14, I14」 영역은 '주황'으로 채우기 하시오.
○ 유효성 검사를 이용하여 「H14」 셀에 제품명(「C5:C12」 영역)이 선택 표시되도록 하시오.
○ 셀 서식 ⇒ 「F5:F12」 영역에 셀 서식을 이용하여 숫자 뒤에 '원'을 표시하시오(예 : 28,700원).
○ 「H5:H12」 영역에 대해 '매출4월'로 이름정의를 하시오.

MEMO

PART 01 출제유형 완전정복

출제유형 03
[제1작업] 결재란 및 셀 서식 작업하기

☑ 결재란을 작성하여 그림으로 복사한 후 붙여넣기
☑ 색 채우기 및 셀 서식 지정
☑ 유효성 검사 및 이름정의

🔍 문제 미리보기

소스 : 유형03_문제.xlsx 정답 : 유형03_정답.xlsx

➡ 다음은 '맛나앱 상황별 요리 현황'에 대한 자료이다. 자료를 입력하고 조건에 맞도록 작업하시오.

≪출력형태≫ 〈240점〉

코드	요리명	분류	조리시간(분)	요리후기	공유(건수)	칼로리(100g당)	요리난이도	순위
D2091	두부덮밥	다이어트	30	24	986	84	(1)	(2)
B1041	명란마요주먹밥	도시락	20	5	94	170	(1)	(2)
D3062	시금치프리타타	다이어트	40	14	693	70	(1)	(2)
B3142	샐러드샌드위치	도시락	50	96	505	220	(1)	(2)
H6153	궁중잡채	명절	100	109	364	260	(1)	(2)
H3153	깻잎전	명절	60	29	760	215	(1)	(2)
B3092	삼색덮밥	도시락	40	63	1,126	270	(1)	(2)
D1071	파프리카계란찜	다이어트	20	32	1,482	55	(1)	(2)
다이어트 요리후기 합계			(3)		최대 공유(건수)			(5)
명절 요리 비율			(4)		코드	D2091	칼로리(100g당)	(6)

확인 / 담당 / 팀장 / 부장

≪조건≫

▶ 모든 데이터의 서식에는 글꼴(굴림, 11pt), 정렬은 숫자 및 회계 서식은 오른쪽 정렬, 나머지 서식은 가운데 정렬로 작성하며 예외적인 것은 ≪출력형태≫를 참조하시오.
▶ 제 목 ⇒ 도형(육각형)과 그림자(오프셋 오른쪽)를 이용하여 작성하고 "맛나앱 상황별 요리 현황"을 입력한 후 다음 서식을 적용하시오(글꼴-굴림, 24pt, 검정, 굵게, 채우기-노랑).

▶ 임의의 셀에 결재란을 작성하여 그림으로 복사 기능을 이용하여 붙이기 하시오(단, 원본 삭제).
▶ 「B4:J4, G14, I14」 영역은 '주황'으로 채우기 하시오.
▶ 유효성 검사를 이용하여 「H14」 셀에 코드(「B5:B12」 영역)가 선택 표시되도록 하시오.
▶ 셀 서식 ⇒ 「F5:F12」 영역에 셀 서식을 이용하여 숫자 뒤에 '개'를 표시하시오(예 : 24개).
▶ 「D5:D12」 영역에 대해 '분류'로 이름정의를 하시오.

Information Technology Qualification

시험 분석

난이도	권장 시간 / 시험 시간	유형 점수 / 시험 점수
★★☆☆	5분 / 60분	240점 / 500점

출제유형 01~04까지 합쳐진 점수

➡ **주의 사항 : 실수가 많은 내용**
- ☑ 결재란 만들기는 만들어진 데이터의 행과 열의 크기 변경에 상관없는 [L19] 셀부터 만들기를 합니다.
- ☑ 결재란을 만든 다음 제목 도형 오른쪽에 ≪출력형태≫와 같게 배치합니다.
- ☑ 조건에 맞는 표시 형식을 지정하고 그 외의 데이터는 ≪출력형태≫를 참고하여 '회계' 또는 '숫자' 서식을 적용합니다.
- ☑ 이름 정의는 오타가 나지 않도록 입력합니다. 만약 오타가 났을 때 수정하는 방법은 [수식] 탭에서 [이름 관리자]를 클릭하여 정의된 이름을 수정하거나 삭제하고 다시 만들어줍니다.

➡ **주요 단축키 : 작업 시간 단축에 도움**
- ☑ 저장 : Ctrl + S   셀 서식 : Ctrl + 1

Skill 01 결재란 작성하기

■ 결재란 만들기

≪조건≫ : 임의의 셀에 결재란을 작성하여 그림으로 복사 기능을 이용하여 붙이기 하시오(단, 원본 삭제).

① 유형03_문제.xlsx 파일을 불러와 [제1작업] 시트를 클릭합니다. 미리 작성한 데이터에 영향을 주지 않기 위해서 임의의 셀([M19:O19])에 데이터(담당, 팀장, 부장)를 차례대로 입력합니다. 이어서, [L19:L20] 영역을 드래그한 후 [홈] 탭의 [맞춤] 그룹에서 '**병합하고 가운데 맞춤**( )'을 클릭합니다.

※ 파일 불러오기 : [파일]-[열기](Ctrl + O)-[찾아보기]를 클릭한 후 [열기] 대화상자에서 파일을 선택하여 불러옵니다.

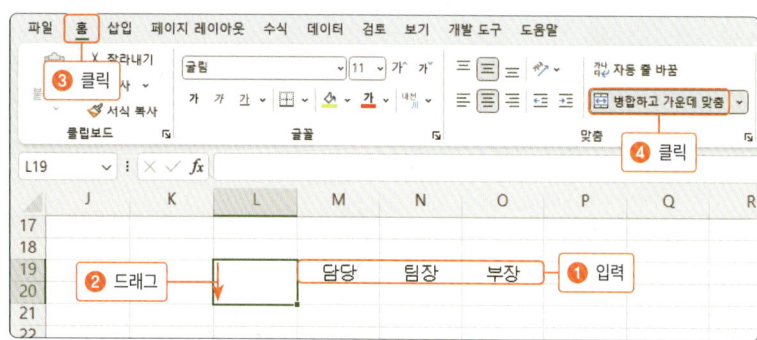

② 그림을 참고하여 병합된 셀에 '**확인**'을 입력합니다. 이어서, [L19:O20] 영역을 드래그한 후 [홈] 탭의 [글꼴] 그룹에서 테두리( )의 목록 단추( )를 눌러 '**모든 테두리**( )'를 선택합니다.

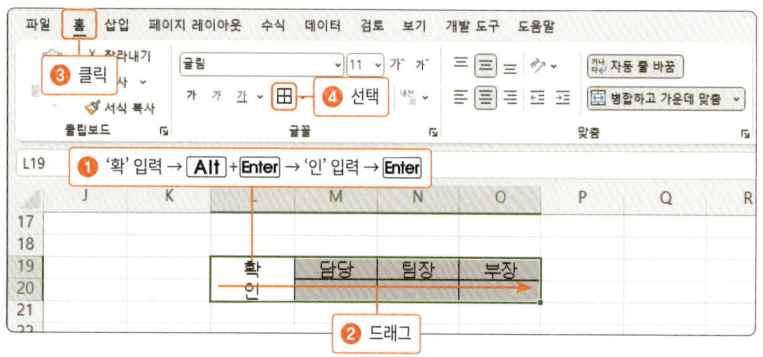

③ ≪출력형태≫를 참고하여 행 머리글([19], [20])의 높이와 열 머리글([L], [M:O])의 너비는 마우스를 이용하여 조절합니다.

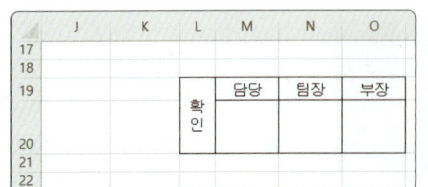

※ 출제유형 01에서 [제1작업] 시트의 모든 셀을 '가로 가운데 맞춤'으로 지정하였기 때문에 결재란을 만들면 텍스트가 '가로 가운데 맞춤'으로 정렬됩니다.

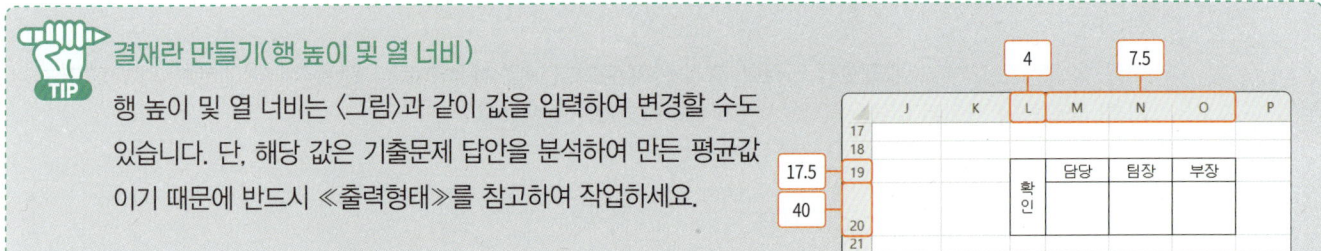

TIP 결재란 만들기(행 높이 및 열 너비)

행 높이 및 열 너비는 〈그림〉과 같이 값을 입력하여 변경할 수도 있습니다. 단, 해당 값은 기출문제 답안을 분석하여 만든 평균값이기 때문에 반드시 ≪출력형태≫를 참고하여 작업하세요.

■ 결재란을 그림으로 복사하기(그림 복사)

④ 완성된 결재란([L19:O20])을 드래그한 후 [홈] 탭의 [클립보드] 그룹에서 복사( )의 목록 단추( )를 눌러 '**그림으로 복사**'를 선택합니다. 이어서, [그림 복사] 대화상자가 나오면 **모양(화면에 표시된 대로)**과 **형식(그림)**을 확인한 후 〈확인〉 단추를 클릭합니다.

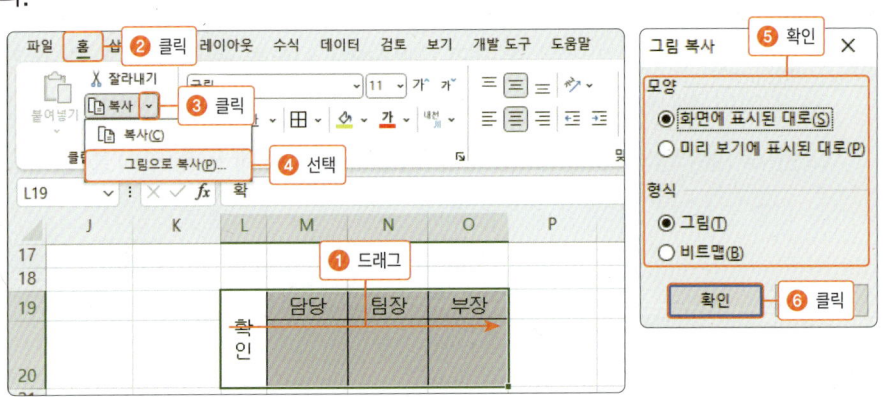

⑤ [H1] 셀을 클릭한 후 [홈] 탭의 [클립보드] 그룹에서 '**붙여넣기( )**'(**Ctrl**+**V**)를 클릭합니다.

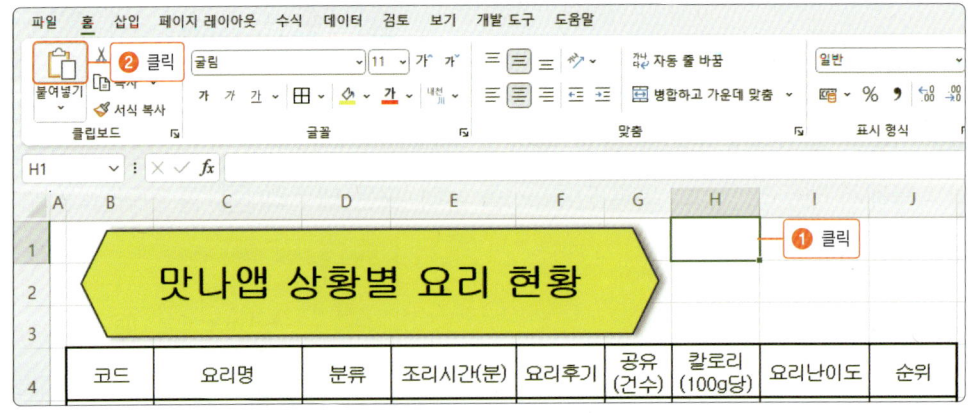

❻ 삽입된 결재란은 《출력형태》를 참고하여 크기를 조절한 후 방향키(←, →, ↑, ↓) 또는 마우스로 위치를 변경합니다.

※ 결재란을 [H1:J3] 셀 범위 안에 들어가도록 테두리 조절점(○)을 이용하여 크기를 조절하고 위치를 변경합니다.

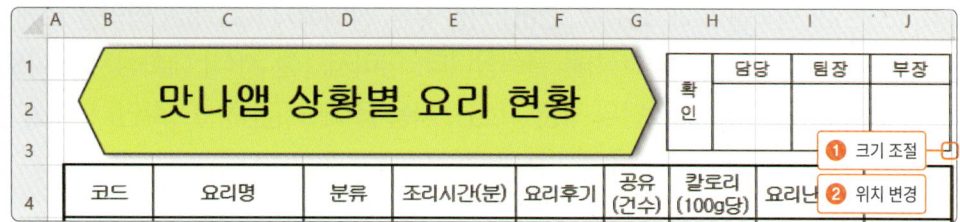

❼ 원본 결재란을 삭제하기 위해 [L:O] 열 머리글을 드래그한 후 선택된 열 머리글 위에서 마우스 오른쪽 단추를 눌러 바로가기 메뉴가 나오면 [삭제]를 클릭합니다.

※ [홈] 탭의 [셀] 그룹에서 '셀 삭제(⌧)'를 클릭해도 결과는 동일합니다.

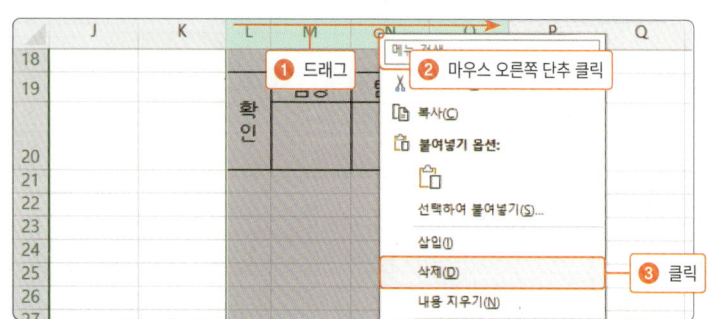

Skill 02 색 채우기 및 셀 서식 지정

■ 색 채우기(주황)

≪조건≫ : 「B4:J4, G14, I14」 영역은 '주황'으로 채우기 하시오.

❶ [B4:J4] 영역을 드래그한 후 Ctrl 키를 누른 상태에서 [G14], [I14] 셀을 클릭합니다.

❷ [홈] 탭의 [글꼴] 그룹에서 채우기 색(🖌)의 목록 단추(▾)를 눌러 '주황'을 선택합니다.

※ 색 채우기의 색상은 '주황'으로 고정되어 출제되고 있으니 참고하시기 바랍니다.

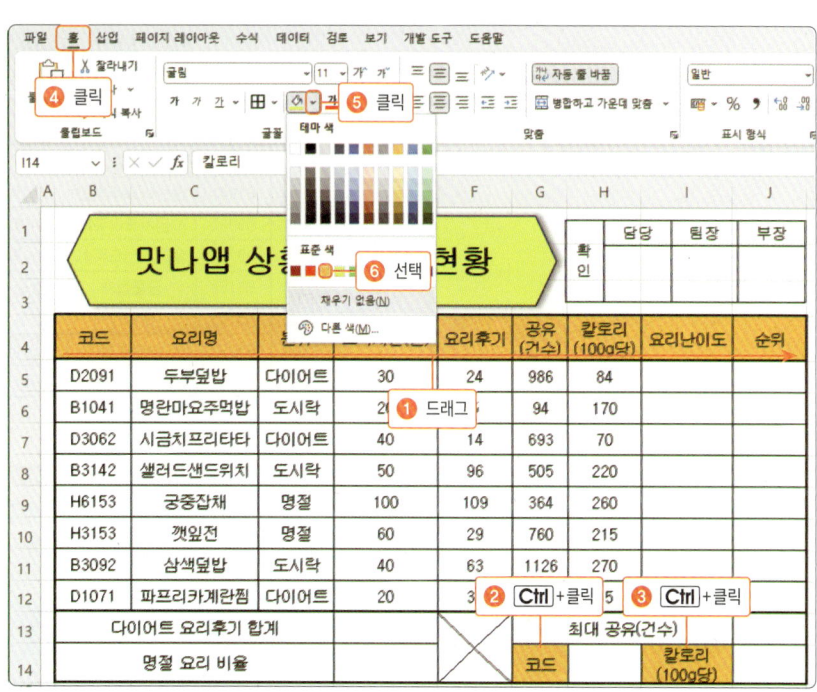

■ 셀 서식 지정

≪조건≫ : 셀 서식 ⇒ 「F5:F12」 영역에 셀 서식을 이용하여 숫자 뒤에 '개'를 표시하시오(예 : 24개).

❸ [E5:E12] 영역을 드래그한 후 **Ctrl** 키를 누른 상태에서 [G5:H12] 영역을 드래그하고 셀 범위 위에서 마우스 오른쪽 단추를 눌러 [셀 서식]을 클릭합니다. 이어서, [셀 서식] 대화상자가 나오면 [표시 형식] 탭의 [범주]-'숫자'를 클릭한 후 '1000 단위 구분 기호(,) 사용'을 체크(☑)하고 〈확인〉 단추를 클릭합니다.

※ 해당 서식 지정은 별도의 ≪조건≫이 없기 때문에 [제4작업] 차트의 ≪출력형태≫에서 축의 최소값을 참고하여 '회계' 또는 '숫자' 서식을 적용합니다.

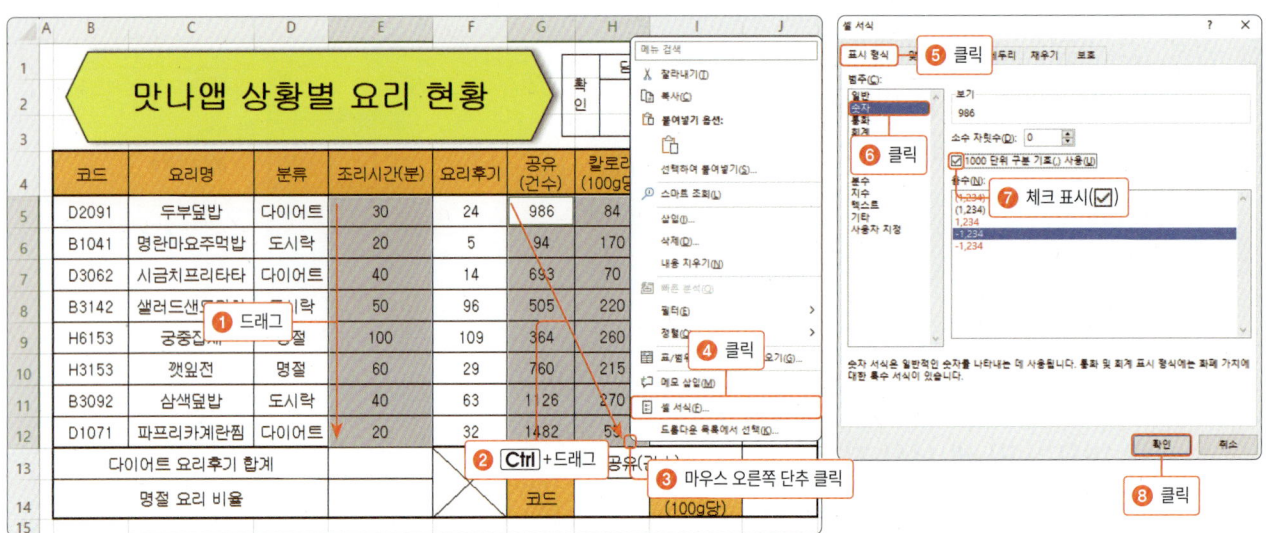

❹ [F5:F12] 영역을 드래그한 후 영역으로 지정된 셀 범위 위에서 마우스 오른쪽 단추를 눌러 바로가기 메뉴가 나오면 [셀 서식](**Ctrl**+**1**)을 클릭합니다.

❺ [셀 서식] 대화상자가 나오면 [표시 형식] 탭의 범주에서 **'사용자 지정'**을 클릭합니다. 이어서, 형식 입력 칸에 **'#,##0"개"'**를 입력한 후 〈확인〉 단추를 클릭합니다.

※ 형식에 #,###"개"를 입력해도 결과는 동일합니다.

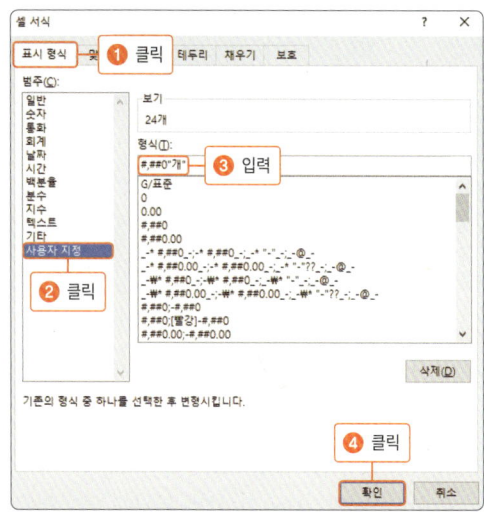

❻ 숫자 데이터를 오른쪽으로 정렬하기 위해 **[E5:H12]** 영역을 드래그합니다. 이어서, [홈] 탭의 [맞춤] 그룹에서 **'오른쪽 맞춤(≡)'**을 클릭합니다.

※ [제1작업]의 ≪조건≫에 따라 숫자 및 회계 서식은 '오른쪽', 나머지 서식은 '가운데'로 정렬합니다.

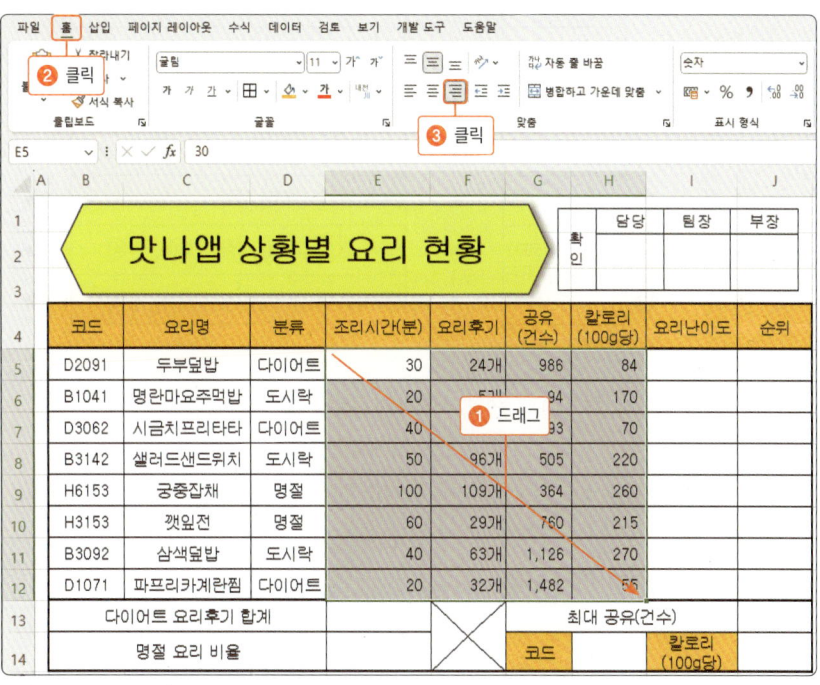

숫자 데이터 서식(숫자/회계) 확인

① 차트의 《출력형태》를 참고하여 축의 최소값이 '0'이면 '숫자 서식'이고, '-' 이면 '회계 서식'이 적용된 것입니다.

② 숫자 서식은 [셀 서식] 대화상자에서 [표시 형식]-[범주]에서 '숫자'를 선택하며, 회계 서식은 [홈] 탭의 [표시 형식] 그룹에서 '쉼표 스타일(,)'을 클릭합니다.

 ▲ 숫자 서식  ▲ 회계 서식

 [표시 형식]을 이용한 사용자 지정 형식

- **#** : 숫자를 표시하는 기본 기호로 숫자가 없는(유효하지 않은) 빈자리를 공백으로 처리합니다.
- **0** : 숫자를 표시하는 기호로 숫자가 없는 빈자리를 0으로 채웁니다.
  - 입력(4.0) : #.# → 결과 : 4. / #.0 → 결과 : 4.0
- **,** : 천 단위 구분 기호를 표시합니다. 천 단위 구분 기호(#,) 이후에 다른 서식이 없을 경우 천 단위에서 반올림하여 표시합니다. (예 : 123456 → 123 / 123567 → 124)
- **" "** : 사용자 지정 서식에 문자열을 추가하여 보여줄 경우 큰 따옴표(" ")로 묶어줍니다. (예 : "원")

	데이터(값)		서식 지정		서식 지정 결과
❶	5000	▶	#,##0"원"	▶	5,000원
❷	5000	▶	G/표준"원"	▶	5000원
❸	4.52	▶	#.00"점"	▶	4.52점
❹	A	▶	@"반"	▶	A반
❺	5000	▶	쉼표 스타일 , 적용	▶	5,000
❻	5000	▶	[표시 형식]-[숫자] 서식	▶	5,000
❼	5000	▶	[표시 형식]-[회계] 서식(기호(₩) 적용)	▶	₩ 5,000
❽	5000	▶	[표시 형식]-[통화] 서식(기호(₩) 적용)	▶	₩5,000

❶ **#,##0"원"** : ITQ 엑셀 시험에서 가장 많이 사용하는 사용자 지정 서식으로 특정 숫자에 천 단위 구분 기호와 텍스트를 표시할 수 있습니다.

❷ **G/표준** : 특별한 서식을 지원하지 않고 일반적으로 입력한 데이터 그대로 표현해 주는 서식입니다.
  - 5,000 → -5000 / 54 → 54 / 0.1 → 0.1 / 1.15 → 1.15

❸ **소수점 서식 지정** : 소수 자릿수(4.52)에 맞추어 #.00 또는 0.00 또는 G/표준을 이용합니다.

❹ **@** : 문자열을 표시하는 기호로 특정 문자를 붙여서 표시할 때 사용합니다. 문자열 연결 시 한 칸을 띄어야 할 경우에는 @ "반" 또는 @" 반"으로 입력합니다.

❺ **쉼표 스타일(,) 서식 지정** : [홈] 탭의 [표시 형식] 그룹에서 쉼표 스타일(,)을 클릭하여 서식을 지정합니다. 특정 숫자에 쉼표 스타일이 적용되면 '회계' 서식으로 지정됩니다.

❻ **숫자 서식 지정** : [셀 서식] 대화상자의 [표시 형식] 탭에서 [범주]-'숫자'를 선택한 후 '1000단위 구분 기호(,) 사용'을 클릭하여 서식을 지정합니다.

❼ **기호가 적용된 회계 서식** : 숫자에 회계 서식과 함께 특정 기호를 지정하면 숫자와 기호 사이가 띄어져 표시됩니다.

❽ **기호가 적용된 통화 서식** : 숫자에 통화 서식과 함께 특정 기호를 지정하면 숫자와 기호가 붙어서 표시됩니다.

Skill 03 유효성 검사 및 이름 정의

■ 유효성 검사

《조건》 : 유효성 검사를 이용하여 「H14」 셀에 코드(「B5:B12」 영역)가 선택 표시되도록 하시오.

❶ [H14] 셀을 클릭한 후 [데이터] 탭의 [데이터 도구] 그룹에서 '**데이터 유효성 검사()**'를 클릭합니다.

❷ [데이터 유효성] 대화상자가 나오면 [설정] 탭에서 **제한 대상(목록)**과 **원본([B5:B12])**을 지정한 후 〈확인〉 단추를 클릭합니다.

※ '원본'은 입력 칸을 클릭한 후 커서가 활성화되면 [B5:B12] 영역을 마우스로 드래그합니다.

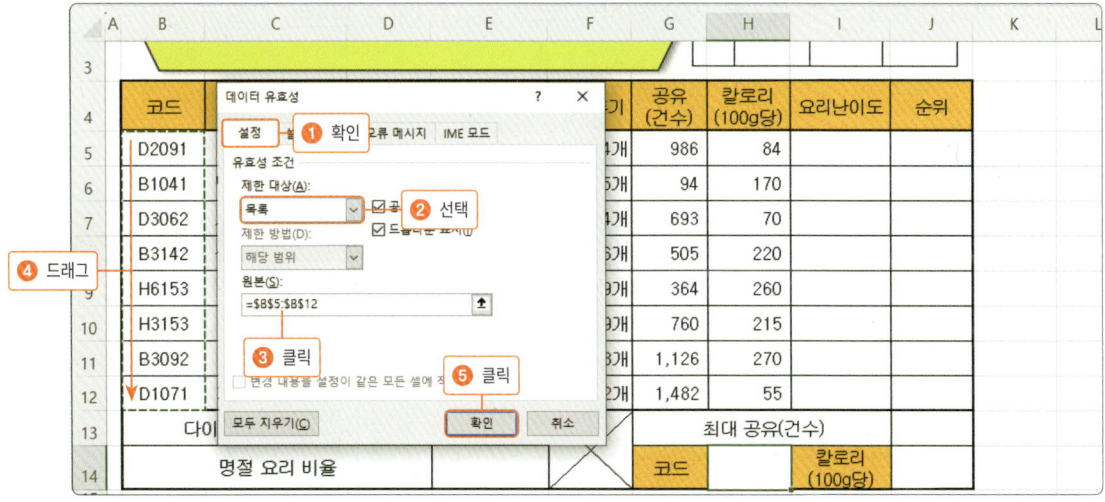

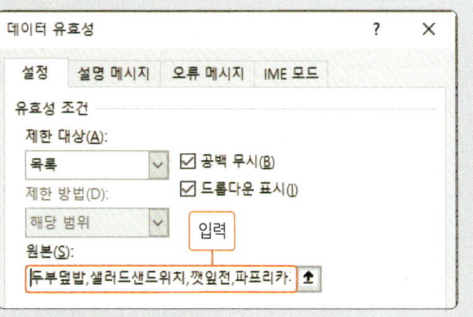

원본 입력 칸에 연속된 데이터가 아닌 특정 데이터만 지정하기

유효성 검사를 이용하여 요리명 중 두부덮밥, 샐러드샌드위치, 깻잎전, 파프리카계란찜만 선택되도록 하기 위해서는 원본 입력 칸에 직접 데이터를 입력합니다.

❸ [H14] 셀의 목록 단추(▽)를 눌러 ≪출력형태≫와 동일한 'D2091'을 선택합니다.

※ ≪출력형태≫를 참고하여 [H] 열의 너비를 조절한 후 결재란 이미지의 크기를 조절합니다.

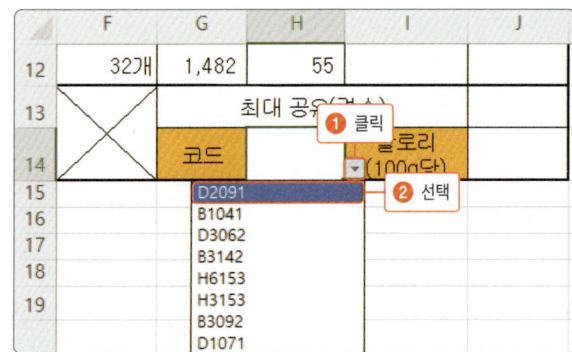 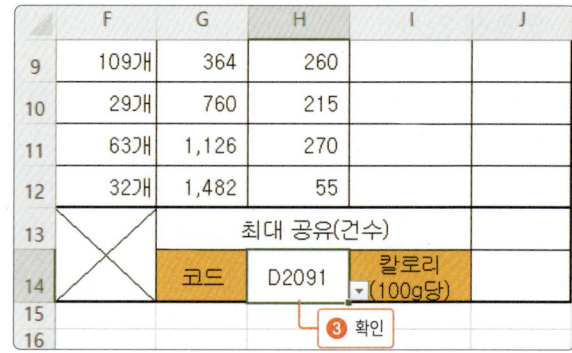

> **TIP 데이터 유효성 검사 삭제**
> 데이터 유효성 검사가 적용된 셀을 클릭한 후 [데이터] 탭의 [데이터 도구] 그룹에서 '데이터 유효성 검사(📋)'를 클릭합니다. 이어서, [데이터 유효성] 대화상자가 나오면 〈모두 지우기〉 단추를 클릭합니다.

■ 이름 정의

≪조건≫ : 「D5:D12」 영역에 대해 '분류'로 이름정의를 하시오.

❹ [D5:D12] 영역을 드래그한 후 이름 상자에 '**분류**'를 입력하고 Enter 키를 누릅니다.

※ 이름으로 정의된 셀이나 셀 범위를 참조할 때는 정의된 이름을 입력하여 쉽게 지정할 수 있습니다.
예 : COUNTA(분류) → 분류 범위(D5:D12)의 개수를 계산합니다.

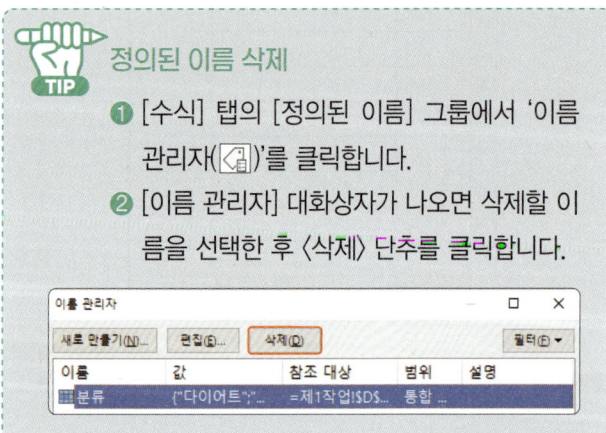 

> **TIP 정의된 이름 삭제**
> ❶ [수식] 탭의 [정의된 이름] 그룹에서 '이름 관리자(📋)'를 클릭합니다.
> ❷ [이름 관리자] 대화상자가 나오면 삭제할 이름을 선택한 후 〈삭제〉 단추를 클릭합니다.

❺ 모든 작업이 끝나면 [파일]-[저장](Ctrl+S) 또는 [빠른 실행 도구 모음]에서 '**저장**(💾)'을 클릭합니다.

※ 실제 시험을 볼 때 작업 도중에 수시로(10분에 한 번 정도) 저장을 하는 것이 좋습니다.

[제1작업] 결재란 및 셀 서식 작업하기

완전정복-01

다음과 같이 《조건》 및 《출력형태》를 작성해 보세요.

- 소스 : 정복03_문제01.xlsx
- 정답 : 정복03_정답01.xlsx

작성 시간 / 권장 시간

분 / 5분

▶ 다음은 '인기 복합기 판매 현황'에 대한 자료이다. 자료를 입력하고 조건에 맞도록 작업하시오.

《출력형태》

제품코드	제품명	제조사	판매금액	인쇄속도(ppm)	판매수량(단위:대)	재고수량(단위:대)	판매순위	평가
K2949	루이	레몬	149,000	14	157	64	(1)	(2)
P3861	레옹	이지전자	150,000	16	184	48	(1)	(2)
L3997	지니	레몬	344,000	15	154	101	(1)	(2)
K2789	퍼플	티파니	421,000	19	201	65	(1)	(2)
K6955	밴티지	이지전자	175,000	6	98	128	(1)	(2)
P3811	다큐프린터	레몬	245,000	17	217	87	(1)	(2)
L3711	로사프린터	티파니	182,000	12	256	36	(1)	(2)
L4928	새롬레이저	이지전자	389,000	18	94	117	(1)	(2)
티파니 제조사 재고수량(단위:대) 합계			(3)		티파니 제조사 비율			(5)
레몬 제조사 최고 판매금액			(4)		제품코드	K2949	판매순위(단위:대)	(6)

확인 : 사원 / 팀장 / 이사

《조건》

○ 모든 데이터의 서식에는 글꼴(굴림, 11pt), 정렬은 숫자 및 회계 서식은 오른쪽 정렬, 나머지 서식은 가운데 정렬로 작성하며 예외적인 것은 《출력형태》를 참조하시오.
○ 제 목 ⇒ 도형(육각형)과 그림자(오프셋 오른쪽)를 이용하여 작성하고 "인기 복합기 판매 현황"을 입력한 후 다음 서식을 적용하시오(글꼴-굴림, 24pt, 검정, 굵게, 채우기-노랑).
○ 임의의 셀에 결재란을 작성하여 그림으로 복사 기능을 이용하여 붙이기 하시오(단, 원본 삭제).
○ 「B4:J4, G14, I14」 영역은 '주황'으로 채우기 하시오.
○ 유효성 검사를 이용하여 「H14」 셀에 제품코드(「B5:B12」 영역)가 선택 표시되도록 하시오.
○ 셀 서식 ⇒ 「E5:E12」 영역에 셀 서식을 이용하여 숫자 뒤에 '원'을 표시하시오(예 : 149,000원).
○ 「G5:G12」 영역에 대해 '판매수량'으로 이름정의를 하시오.

셀 서식 지정

❶ p3-141 차트 《출력형태》에서 축의 최소값(0 또는 -)을 참고하여 '숫자' 또는 '회계' 서식을 지정합니다.
❷ 차트에 맞는 셀 서식(숫자 또는 회계)을 지정하지 않더라도 [제1작업]의 《출력형태》와 결과가 같으면 셀 서식은 감점으로 처리되지 않습니다.

완전정복-02

다음과 같이 《조건》 및 《출력형태》를 작성해 보세요.

- 소스 : 정복03_문제02.xlsx
- 정답 : 정복03_정답02.xlsx

작성 시간 / 권장 시간
분 / 5분

▶ 다음은 '우리마트 라면 판매 현황'에 대한 자료이다. 자료를 입력하고 조건에 맞도록 작업하시오.

《출력형태》

	A	B	C	D	E	F	G	H	I	J
1								확인	담당	팀장	이사
2			우리마트 라면 판매 현황							
3										
4		제품코드	제품명	분류	가격	전월 판매량	당월 판매량	스코빌지수	판매순위	증감률(%)
5		A1545	새우 라면	봉지	1,350	28,200	29,350	5,013	(1)	(2)
6		Y1565	매운 라면	봉지	1,400	57,300	44,700	4,044	(1)	(2)
7		R1886	비빔 얼큰면	스티로폼(PS)	1,800	10,700	9,030	2,769	(1)	(2)
8		Y1314	앵그리 레드면	종이	1,200	5,300	5,900	8,557	(1)	(2)
9		E1363	국민 매콤라면	종이	1,100	37,300	45,500	3,960	(1)	(2)
10		A1599	콩나물 김치면	봉지	950	18,700	13,900	5,930	(1)	(2)
11		T1436	홍합 짬뽕면	스티로폼(PS)	2,500	12,400	22,500	4,000	(1)	(2)
12		T1578	불맛 쫄면	종이	2,450	10,000	10,900	3,037	(1)	(2)
13		봉지 제품 최고 스코빌지수			(3)		봉지 제품 당월판매량 평균			(5)
14		스티로폼(PS) 제품 개수			(4)		제품코드	A1545	당월 판매량	(6)

《조건》

○ 모든 데이터의 서식에는 글꼴(굴림, 11pt), 정렬은 숫자 및 회계 서식은 오른쪽 정렬,
   나머지 서식은 가운데 정렬로 작성하며 예외적인 것은 《출력형태》를 참조하시오.
○ 제 목 ⇒ 도형(육각형)과 그림자(오프셋 오른쪽)를 이용하여 작성하고 "우리마트 라면 판매 현황"을
   입력한 후 다음 서식을 적용하시오(글꼴-굴림, 24pt, 검정, 굵게, 채우기-노랑).
○ 임의의 셀에 결재란을 작성하여 그림으로 복사 기능을 이용하여 붙이기 하시오(단, 원본 삭제).
○ 「B4:J4, G14, I14」 영역은 '주황'으로 채우기 하시오.
○ 유효성 검사를 이용하여 「H14」 셀에 제품코드(「B5:B12」 영역)가 선택 표시되도록 하시오.
○ 셀 서식 ⇒ 「E5:E12」 영역에 셀 서식을 이용하여 숫자 뒤에 '원'을 표시하시오(예 : 1,350원).
○ 「D5:D12」 영역에 대해 '분류'로 이름정의를 하시오.

셀 서식 지정
p3-142 차트 《출력형태》에서 축의 최소값(0 또는 -)을 참고하여 '숫자' 또는 '회계' 서식을 지정합니다.

완전정복-03 다음과 같이 《조건》 및 《출력형태》를 작성해 보세요.

- 소스 : 정복03_문제03.xlsx
- 정답 : 정복03_정답03.xlsx

작성 시간 / 권장 시간

분 / 5분

➡ 다음은 '찾아가는 작은 도서관 현황'에 대한 자료이다. 자료를 입력하고 조건에 맞도록 작업하시오.

《출력형태》

	A	B	C	D	E	F	G	H	I	J
1								확인	담당	팀장	부장
2			찾아가는 작은 도서관 현황								
3											
4		관리코드	도서관명	관리자	주요 활동	도서 보유량 (단위:권)	대출 도서량 (단위:권)	이용자 수	개관일	순위
5		SB-101	풀이음	이미영	책 읽기	5,500	550	3,412	(1)	(2)
6		BC-124	문고	김지은	체험 활동	1,800	158	1,300	(1)	(2)
7		DB-210	작은 문학	박현우	책 읽기	4,800	450	2,850	(1)	(2)
8		SM-312	한마음	장경미	영상 상영	2,855	124	1,200	(1)	(2)
9		PC-211	책의 향기	손현준	체험 활동	2,600	180	1,850	(1)	(2)
10		VB-132	도서의 정원	이현주	책 읽기	4,500	458	1,243	(1)	(2)
11		SM-320	독서 공간	김수현	영상 상영	2,850	285	1,450	(1)	(2)
12		PB-303	미니 문학	나영미	책 읽기	5,200	650	3,654	(1)	(2)
13		도서 보유량(단위:권) 평균 이상 도서관 수			(3)		체험 활동 이용자 수 합계			(5)
14		책 읽기 대출 도서량(단위:권) 평균			(4)		도서관명	풀이음	이용자 수	(6)

《조건》

ㅇ 모든 데이터의 서식에는 글꼴(굴림, 11pt), 정렬은 숫자 및 회계 서식은 오른쪽 정렬, 나머지 서식은 가운데 정렬로 작성하며 예외적인 것은 《출력형태》를 참조하시오.

ㅇ 제 목 ⇒ 도형(배지)과 그림자(오프셋 오른쪽)를 이용하여 작성하고 "찾아가는 작은 도서관 현황"을 입력한 후 다음 서식을 적용하시오(글꼴-굴림, 24pt, 검정, 굵게, 채우기-노랑).

ㅇ 임의의 셀에 결재란을 작성하여 그림으로 복사 기능을 이용하여 붙이기 하시오(단, 원본 삭제).

ㅇ 「B4:J4, G14, I14」 영역은 '주황'으로 채우기 하시오.

ㅇ 유효성 검사를 이용하여 「H14」 셀에 도서관명(「C5:C12」 영역)이 선택 표시되도록 하시오.

ㅇ 셀 서식 ⇒ 「H5:H12」 영역에 셀 서식을 이용하여 숫자 뒤에 '명'을 표시하시오(예 : 3,412명).

ㅇ 「H5:H12」 영역에 대해 '이용자'로 이름정의를 하시오.

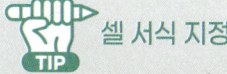

셀 서식 지정

p3-143 차트 《출력형태》에서 축의 최소값(0 또는 -)을 참고하여 '숫자' 또는 '회계' 서식을 지정합니다.

완전정복-04

다음과 같이 《조건》 및 《출력형태》를 작성해 보세요.

- 소스 : 정복03_문제04.xlsx · 정답 : 정복03_정답04.xlsx

작성 시간 / 권장 시간

분 / 5분

➡ 다음은 '홈케어 제품 매출 현황'에 대한 자료이다. 자료를 입력하고 조건에 맞도록 작업하시오.

《출력형태》

	제품번호	제품명	분류	제조사	가격	3월매출 (천원)	4월매출 (천원)	순위	구분
	\multicolumn{5}{c}{홈케어 제품 매출 현황}			확인	담당 / 대리 / 과장	
	SL1-01	리큐 제트	세탁세제	미래건강	28,700	82,570	92,600	(1)	(2)
	FC1-01	주택세정제	청소세제	보리수	9,800	18,300	21,800	(1)	(2)
	FK1-01	트로피칼	주방세제	해피그린	9,700	21,350	28,960	(1)	(2)
	SL2-02	파워젤	세탁세제	해피그린	18,500	42,760	38,470	(1)	(2)
	SK2-02	슈가버블	주방세제	미래건강	11,000	50,700	56,590	(1)	(2)
	WC2-03	살균세정제	청소세제	미래건강	21,300	31,580	34,600	(1)	(2)
	CC1-02	비타민베리	주방세제	해피그린	8,500	19,840	23,770	(1)	(2)
	FL2-03	다우니 블루	세탁세제	보리수	15,300	37,960	35,600	(1)	(2)
	가격이 평균 가격 이상인 제품수			(3)			청소세제 3월매출(천원) 합계		(5)
	세탁세재 3월매출(천원) 평균			(4)		제품명	리큐 제트	가격	(6)

《조건》

○ 모든 데이터의 서식에는 글꼴(굴림, 11pt), 정렬은 숫자 및 회계 서식은 오른쪽 정렬,
  나머지 서식은 가운데 정렬로 작성하며 예외적인 것은 《출력형태》를 참조하시오.
○ 제 목 ⇒ 도형(배지)과 그림자(오프셋 오른쪽)를 이용하여 작성하고 "홈케어 제품 매출 현황"을
  입력한 후 다음 서식을 적용하시오(글꼴-굴림, 24pt, 검정, 굵게, 채우기-노랑).

○ 임의의 셀에 결재란을 작성하여 그림으로 복사 기능을 이용하여 붙이기 하시오(단, 원본 삭제).
○ 「B4:J4, G14, I14」 영역은 '주황'으로 채우기 하시오.
○ 유효성 검사를 이용하여 「I14」 셀에 제품명(「C5:C12」 영역)이 선택 표시되도록 하시오.
○ 셀 서식 ⇒ 「F5:F12」 영역에 셀 서식을 이용하여 숫자 뒤에 '원'을 표시하시오(예 : 28,700원).
○ 「H5:H12」 영역에 대해 '매출4월'로 이름정의를 하시오.

셀 서식 지정

p3-144 차트 《출력형태》에서 축의 최소값(0 또는 -)을 참고하여 '숫자' 또는 '회계' 서식을 지정합니다.

MEMO

[제1작업] 값 계산(함수) 및 조건부 서식

- 다양한 함수의 기능 및 사용 방법 익히기
- 조건부 서식을 이용하여 특정 셀에 서식을 지정하기

문제 미리보기

소스: 유형04_문제.xlsx **정답**: 유형04_정답.xlsx

▶ 다음은 '맛나앱 상황별 요리 현황'에 대한 자료이다. 자료를 입력하고 조건에 맞도록 작업하시오.

《출력형태》 〈240점〉

코드	요리명	분류	조리시간(분)	요리후기	공유(건수)	칼로리(100g당)	요리난이도	순위
D2091	두부덮밥	다이어트	30	24	986	84	(1)	(2)
B1041	명란마요주먹밥	도시락	20	5	94	170	(1)	(2)
D3062	시금치프리타타	다이어트	40	14	693	70	(1)	(2)
B3142	샐러드샌드위치	도시락	50	96	505	220	(1)	(2)
H6153	궁중잡채	명절	100	109	364	260	(1)	(2)
H3153	깻잎전	명절	60	29	760	215	(1)	(2)
B3092	삼색덮밥	도시락	40	63	1,126	270	(1)	(2)
D1071	파프리카계란찜	다이어트	20	32	1,482	55	(1)	(2)
다이어트 요리후기 합계			(3)		최대 공유(건수)			(5)
명절 요리 비율			(4)		코드	D2091	칼로리(100g당)	(6)

《조건》

▶ (1)~(6) 셀은 반드시 **주어진 함수를 이용**하여 값을 구하시오(결과값을 직접 입력하면 해당 셀은 0점 처리됨).

(1) 요리난이도 ⇒ 코드의 마지막 글자가 1이면 '초급', 2이면 '중급', 3이면 '고급'으로 표시하시오
  (CHOOSE, RIGHT 함수).

(2) 순위 ⇒ 공유(건수)의 내림차순 순위를 구하시오(RANK.EQ 함수).

(3) 다이어트 요리후기 합계 ⇒ 결과값에 '개'를 붙이시오. 단, 조건은 입력데이터를 이용하시오
  (DSUM 함수, & 연산자)(예 : 10개).

(4) 명절 요리 비율 ⇒ 정의된 이름(분류)을 이용하여 구하고, 결과값은 백분율로 표시하시오
  (COUNTIF, COUNTA 함수).

(5) 최대 공유(건수) ⇒ (MAX 함수)

(6) 칼로리(100g당) ⇒ 「H14」 셀에서 선택한 코드에 대한 칼로리(100g당)를 구하시오(VLOOKUP 함수).

(7) 조건부 서식의 수식을 이용하여 요리후기가 '60' 이상인 행 전체에 다음의 서식을 적용하시오
  (글꼴 : 파랑, 굵게).

Information Technology Qualification

출제유형 01~04까지 합쳐진 점수 ◀

난이도	권장 시간 / 시험 시간	유형 점수 / 시험 점수
★★★★☆	10분 / 60분	240점 / 500점

시험 분석

➡ **출제 경향** : 출제 문제를 분석
- ☑ 계산식 문제도 출제되므로 산술 연산자를 알아둡니다. (더하기(+), 빼기(−), 곱하기(*), 나누기(/))
- ☑ 조건부 서식은 과년도 시험 문제를 분석한 결과 수식을 이용하는 방법과 데이터 막대를 이용하는 방법으로 번갈아가며 출제되고 있습니다. 난이도는 데이터 막대를 이용하는 조건부 서식이 쉬운 편에 속합니다.

➡ **주의 사항** : 실수가 많은 내용
- ☑ 함수 마법사를 사용하는 방법을 알아둡니다.
- ☑ IF 함수에 나오는 비교 연산자를 알아둡니다. (이상(>=), 이하(<=), 같다(=))
- ☑ 수식을 이용하여 조건부 서식을 작성할 때 비교 연산자 중에서 '~이상(>=)'과 '~이하(<=)'가 자주 출제되고 있기 때문에 학습이 필요합니다.(예 : =$F5>=60 / =$G5<=900 등)

➡ **주요 단축키** : 작업 시간 단축에 도움
- ☑ 함수 삽입 : **Shift** + **F3**

Skill 01 함수 입력 방법

① 함수는 미리 정의되어 있는 수식으로 특정 값(인수)이 입력되면 정해진 규칙에 의해 그에 대응하는 값을 산출해 줍니다.

② 함수를 이용한 수식 계산은 '**등호, 함수 이름, 왼쪽 괄호, 인수, 오른쪽 괄호**' 순으로 작성됩니다.

예   =SUM(A1:A30)
     등호 함수 이름 인수

③ 각각의 인수는 **쉼표(,)**로 구분하고 인수의 범위를 나타낼 경우에는 **콜론(:)**을 이용합니다.

예   =RANK.EQ(A1,A1:A30,1)
     인수 인수 범위 인수 구분

④ 문자열을 인수로 사용할 경우에는 **큰 따옴표(" ")**로 묶어줍니다.

예   =IF(B2>=70,"합격","불합격")

⑤ 간단한 수식으로 처리가 가능한 함수는 **셀에 직접 입력**하고, 함수식을 정확하게 모를 경우에는 [수식] 탭의 [함수 라이브러리] 그룹에서 '함수 삽입(fx)'(**Shift** + **F3**)을 이용합니다.

※ 함수 마법사를 이용하면 함수(예 : SUM) 및 해당 함수에서 사용되는 인수(Number1, Number2, …)들에 대한 설명을 확인하면서 함수식을 작성할 수 있기 때문에 초보자도 쉽게 함수 문제를 해결할 수 있습니다.

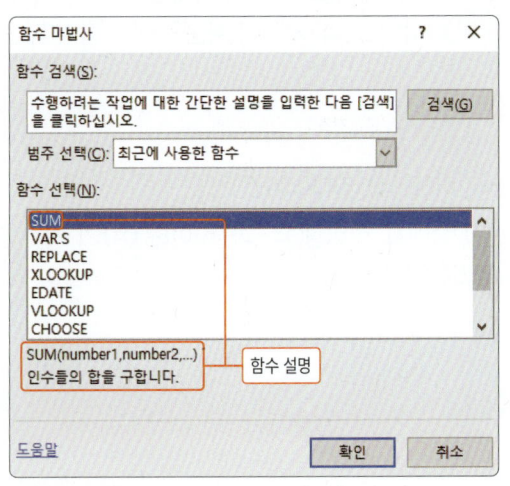
▲ 함수 마법사(함수 설명)

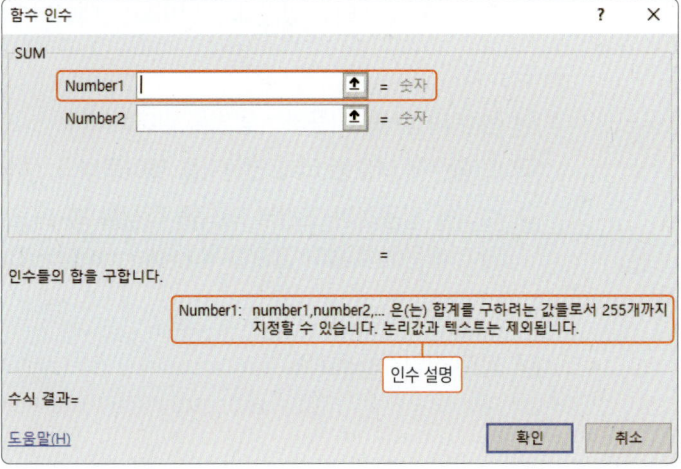
▲ 함수 인수(인수 설명)

> **TIP 인수 및 상수**
> ❶ **인수** : 함수의 구성 요소로 수식, 배열, 범위, 상수, 함수 등 참조할 수 있는 값 또는 범위를 의미합니다.
>   예 : =SUM(A1:A4)
> ❷ **상수** : 사용자가 직접 입력하는 숫자, 문자, 날짜, 시간 데이터 등을 의미합니다.
>   예 : =SUM(874,954)

Skill 02 셀 참조

❶ 셀 참조란 셀 주소를 이용하여 값을 계산하는 것으로, 크게 상대 참조와 절대 참조로 구분됩니다.

❷ 상대 참조와 절대 참조를 지정하기 위해서는 해당 셀을 선택한 후 **F4** 키를 누릅니다.

❸ **상대 참조**(=A1)로 계산된 수식에 자동 채우기를 실행하면 셀 참조 위치가 계산식의 위치에 따라서 **자동으로 변경**됩니다.

❹ **절대 참조**(=$A$1)로 계산된 수식에 자동 채우기를 실행하면 셀 참조 위치가 **고정**되어 참조 위치가 변경되지 않습니다.

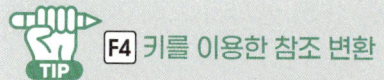

F4 키를 이용한 참조 변환

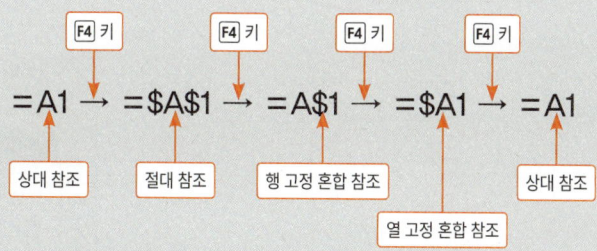

- **혼합 참조** : 행이나 열 중 하나는 상대 참조를 다른 하나는 절대 참조를 사용하여 수식에 사용하는 것을 '혼합 참조'라고 합니다.(예 : $A1, A$1)

■ 상대 참조

⑤ [파일]-[열기]-[찾아보기]를 클릭한 후 '유형04_상대참조_문제.xlsx' 파일을 불러옵니다.

⑥ 파일이 열리면 [E3] 셀에 함수식 '=SUM(B3:D3)'을 입력한 후 Enter 키를 누릅니다.

⑦ 함수식 계산이 완료되면 다시 [E3] 셀을 클릭합니다. 이어서, **채우기 핸들**(+)을 [E5] 셀까지 드래그하여 자동 채우기를 실행한 후 합계 결과를 확인합니다.

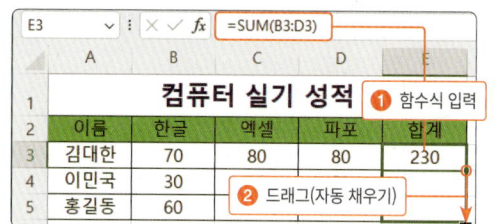 

⑧ 합계 결과 확인이 끝나면 Ctrl + ~ 키를 눌러 **상대 참조**를 확인합니다.

 ※ Ctrl + ~ 키를 누를 때마다 '수식 보기'와 '기본 보기'로 전환됩니다.

	A	B	C	D	E	F
1		컴퓨터 실기 성적				
2	이름	한글	엑셀	파포	합계	
3	김대한	70	80	80	=SUM(B3:D3)	확인
4	이민국	30	40	50	=SUM(B4:D4)	
5	홍길동	60	70	70	=SUM(B5:D5)	

■ 절대 참조

⑨ [파일]-[열기]-[찾아보기]를 클릭한 후 '유형04_절대참조_문제.xlsx' 파일을 불러옵니다.

⑩ 파일이 열리면 [E3] 셀에 함수식 '=SUM(B3:D3)+$B$7'을 입력한 후 Enter 키를 누릅니다.

 ※ 절대 참조($B$7) 지정 : [B7] 셀을 마우스로 클릭한 후 F4 키를 한 번 누릅니다.

⑪ 함수식 계산이 완료되면 다시 [E3] 셀을 클릭합니다. 이어서, **채우기 핸들**(➕)을 [E5] 셀까지 드래그하여 자동 채우기를 실행한 후 합계 결과를 확인합니다.

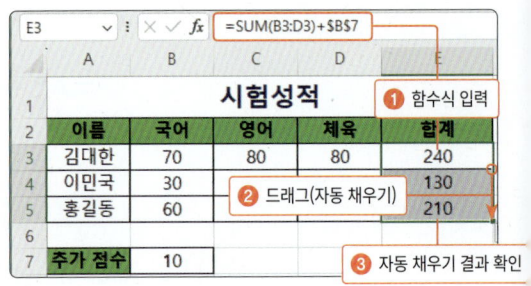

⑫ 합계 결과 확인이 끝나면 Ctrl + ~ 키를 눌러 **절대 참조**로 지정된 셀 주소([$B$7])를 확인합니다.

※ '상대 참조'와 '절대 참조'를 함께 사용하여 학생별 시험성적 합계(상대 참조)에 모두 동일하게 추가 점수 10점을 더한(절대 참조) 결과입니다.

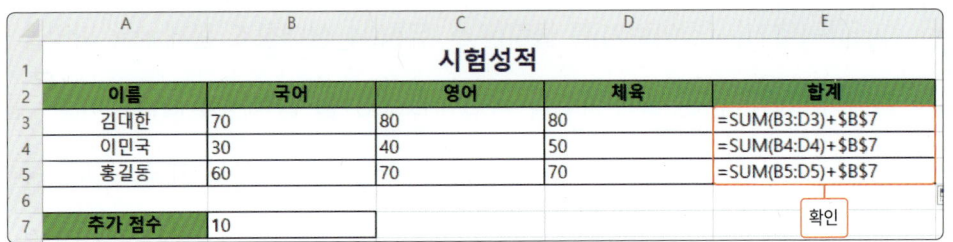

Skill 03 계산식과 연산자

■ 계산식

함수를 사용하지 않고 셀 주소 값을 이용하여 연산을 수행하는 방식으로 반드시 계산식 앞에 '='을 먼저 입력해야 하며, **사칙연산 기호**(+, -, ×, ÷)를 이용하여 계산합니다.

예 : =A1+B1+C1

■ 산술 연산자

더하기(+), 빼기(-), 곱하기(*), 나누기(/) 등 가장 기본적인 연산을 실행하기 위해 필요한 연산자입니다.

예 : [A1] 셀에 입력된 값(50)

연산자	기능	사용 예	결과	연산자	기능	사용 예	결과
+	더하기	=A1+10	60	^	거듭제곱(지수)	=A1^2	2500
-	빼기	=A1-10	40	%	백분율	=A1%	0.5
*	곱하기	=A1*10	500				
/	나누기	=A1/10	5				

■ 비교 연산자

두 값을 비교하여 결과가 **참**이면 논리값 **TRUE**를 표시하고, **거짓**이면 논리값 **FALSE**를 표시합니다.

예 : [A1] 셀에 입력된 값(10)

연산자	기능	사용 예	결과	연산자	기능	사용 예	결과
=	같다	=A1=10	TRUE	>=	크거나 같다 (이상)	=A1>=10	TRUE
<>	다르다 (같지 않다)	=A1<>10	FALSE	<	작다 (미만)	=A1<10	FALSE
>	크다 (초과)	=A1>10	FALSE	<=	작거나 같다 (이하)	=A1<=10	TRUE

■ 텍스트 연결 연산자(&)

데이터를 연결해 주는 연산자로 **문자&문자, 숫자&숫자, 숫자&문자, 특정 셀&문자** 등 다양한 방법으로 활용됩니다.

※ &를 이용하여 연결한 경우 결과는 항상 텍스트로 인식됩니다.

예 : [A1] 셀에 입력된 값(100)

="대한"&"민국" → 대한민국 / =A1&"원" → 100원 / =A1&100 → 100100

Skill 04 시험에 자주 출제되는 함수 정리

※ 함수에 대한 사용 방법을 모르는 경우에는 p3-53~p3-64을 먼저 학습한 후 최근에 자주 출제된 함수 목록을 확인하시기 바랍니다.

■ 시험에 자주 출제되는 함수

ITQ 엑셀 시험에서 가장 어렵고 중심이 되는 부분이 바로 함수 문제입니다. 최근에 출제된 함수를 분석한 결과 상당히 넓은 범위에서 함수 문제가 출제되고 있기 때문에 특정 부분만 학습하기에는 많은 어려움이 있습니다. 하지만 조금이라도 범위를 좁혀서 함수를 학습하고자 한다면 뒤에 내용들을 참고하여 학습하시기 바랍니다.

★ 최근에 자주 출제된 함수 목록 ★

과년도 기출문제를 분석한 결과 자주 출제되는 함수 목록은 ITQ 엑셀 시험을 준비할 때 반드시 학습이 필요한 함수입니다. 함수의 오른쪽 '☆'의 개수는 출제 빈도수에 따라 표시한 것으로 '☆'의 개수가 많은 함수일수록 사용 방법을 완벽하게 익혀야 합니다.

그 이유는 ITQ 엑셀의 함수 문제가 다른 함수와 함께(중첩) 사용하는 방식으로도 출제가 되기 때문에 각각의 함수 기능을 완벽하게 알지 못하면 중첩으로 출제된 함수 문제의 답을 찾아내기가 어렵습니다. 시험에 자주 출제되는 함수 목록 외에도 출제될 가능성이 높은 함수가 있기 때문에 함수 부록(p3-73)의 내용을 꼭 확인하시기 바랍니다.

구분	자주 출제되는 함수 목록
통계 함수	RANK.EQ(☆☆☆☆), COUNTIF(☆☆☆☆), AVERAGE(☆☆☆), MAX(☆☆☆), MIN(☆☆☆), LARGE(☆☆), COUNT(☆), COUNTA(☆), SMALL(☆), MEDIAN(☆)
수학/삼각 함수	ROUND(☆☆☆☆), SUMIF(☆☆☆☆), ROUNDDOWN(☆☆☆), ROUNDUP(☆☆), SUMPRODUCT(☆), INT(☆)
텍스트 함수	RIGHT(☆☆☆), LEFT(☆☆☆), MID(☆☆☆), REPT(☆☆)
날짜/시간 함수	YEAR(☆☆☆), DATE(☆☆), WEEKDAY(☆☆), MONTH(☆), TODAY(☆)
논리 함수	IF(☆☆☆☆☆), OR(☆), AND(☆)
찾기/참조 함수	VLOOKUP(☆☆☆☆☆), CHOOSE(☆☆☆☆☆)
데이터베이스 함수	DSUM(☆☆☆☆☆), DAVERAGE(☆☆☆☆☆), DMAX(☆☆), DCOUNTA(☆)

※ 함수 문제에서 텍스트 연결 연산자(&)가 자주 출제되기 때문에 반드시 숙지하시기 바랍니다.

■ 시험에 자주 출제되는 '통계 함수'

• 소스 : [함수]-유형04_통계 함수_문제.xlsx
• 정답 : [함수]-유형04_통계 함수_정답.xlsx

RANK.EQ

- 기능 : 수의 목록에 있는 어떤 수의 순위를 구하는 함수
- 형식 : =RANK.EQ(순위를 구하려는 수, 순위를 구하려는 범위, 순위를 결정할 방법)
  - 순위를 결정할 방법 : 0 또는 생략 시 '내림차순', 0이 아닌 숫자를 입력할 경우 '오름차순'으로 순위를 지정
- 사용 예 : 평균을 기준으로 순위(내림차순)를 표시
▶ 함수식 : =RANK.EQ(E2,$E$2:$E$4)

	A	B	C	D	E	F	G	H
1	이름	국어	영어	수학	평균	순위		함수식
2	김대한	85	75	80	80	2	◀	=RANK.EQ(E2,$E$2:$E$4)
3	이민국	70	60	60	63	3	◀	=RANK.EQ(E3,$E$2:$E$4)
4	홍길동	80	90	100	90	1	◀	=RANK.EQ(E4,$E$2:$E$4)

시험에 자주 출제되는 RANK.EQ 함수 중첩 예시

① 문제 : 서비스 순서 ⇒ 서비스 시작을 기준으로 오름차순 순위를 구한 결과값에 '위'를 붙이시오 (RANK.EQ 함수, & 연산자)(예 : 1위).
☞ =RANK.EQ(H5,$H$5:$H$12,1)&"위" → RANK.EQ+& 사용

② 문제 : 판매 순위 ⇒ 판매수량(단위:EA)의 내림차순 순위를 1~3까지 구하고, 그 외에는 공백으로 나타내시오 (IF, RANK.EQ 함수).
☞ =IF(RANK.EQ(G5,$G$5:$G$12)<=3,RANK.EQ(G5,$G$5:$G$12),"") → IF+RANK.EQ 사용

※ '중첩 예시'는 해당 함수가 기출문제에서 어떤 형식으로 다른 함수와 중첩하여 출제되었는지를 보여주기 위한 것으로 '모의고사 및 기출문제'를 풀다가 이해가 되지 않을 경우 참고하시기 바랍니다.

COUNTIF

- 기능 : 지정한 범위 내에서 특정 조건을 만족하는 셀의 개수를 구하는 함수
- 형식 : =COUNTIF(개수를 구하려는 셀 범위, 조건)
- 사용 예 : 국어, 영어, 수학 점수 중에서 '90' 이상인 셀의 개수를 표시
▶ 함수식 : =COUNTIF(B2:D6,">=90")

	A	B	C	D	E	F
1	이름	국어	영어	수학	총점	
2	김대한	85	75	80	240	
3	이민국	70	75	60	205	
4	홍길동	80	90	100	270	
5	유재석	100	90	100	290	
6	강호동	90	80	80	250	
7						
8	90점 이상인 셀의 개수				6	
9					▲	
10	함수식					
11	=COUNTIF(B2:D6,">=90")					

시험에 자주 출제되는 COUNTIF 함수 중첩 예시	① 문제 : 현금 사용 개수 ⇒ 정의된 이름(거래방식)을 이용하여 구한 결과값에 '개'를 붙이시오 (COUNTIF, & 연산자)(예 : 2개). ☞ =COUNTIF(거래방식,"현금")&"개" → COUNTIF+& 사용 ※ 이름으로 정의된 범위를 COUNTIF 함수식에 사용하여 개수를 구함 ② 문제 : 예상 관객수가 평균 이상인 영화제 수 ⇒ 결과값 뒤에 '개'를 붙이시오 (COUNTIF, AVERAGE 함수, & 연산자)(예 : 2 → 2개). ☞ =COUNTIF(G5:G12,">="&AVERAGE(G5:G12))&"개" → COUNTIF+AVERAGE+& 사용
AVERAGE	• 기능 : 특정 범위(인수)의 평균을 구하는 함수 • 형식 : =AVERAGE(셀 범위) • 사용 예 : 국어, 영어, 수학 점수의 평균을 표시 ▶ 함수식 : =AVERAGE(B2:D2)
시험에 자주 출제되는 AVERAGE 함수 중첩 예시	① 문제 : 비고 ⇒ 4월과 5월 판매수량의 평균이 80,000 이상이면 '판매우수', 그 외에는 공백으로 구하시오 (IF, AVERAGE 함수). ☞ =IF(AVERAGE(F5:G5)>=80000,"판매우수","") → IF+AVERAGE 사용 ② 문제 : 판매수량(단위:대)의 평균 ⇒ 반올림하여 정수로 구하시오(ROUND, AVERAGE 함수)(예 : 421.3 → 421). ☞ =ROUND(AVERAGE(G5:G12),0) → ROUND+AVERAGE 사용
MAX	• 기능 : 최대값을 구하는 함수 • 형식 : =MAX(셀 범위) • 사용 예 : 학생들의 총점 중에서 가장 높은 총점을 표시 ▶ 함수식 : =MAX(E2:E6)
MIN	• 기능 : 최소값을 구하는 함수 • 형식 : =MIN(셀 범위) • 사용 예 : 학생들 총점 중에서 가장 낮은 총점을 표시 ▶ 함수식 : =MIN(E2:E6)
시험에 자주 출제되는 MAX / MIN 함수 예시	① 문제 : 최대/최소 판매량(단위:개)의 차이 ⇒ 「최대 판매량(단위:개)−최소 판매량(단위:개)」로 구하시오 (MAX, MIN 함수). ☞ =MAX(G5:G12)−MIN(G5:G12) → MAX+MIN 사용

COUNT	• 기능 : 지정된 셀 범위에서 숫자(날짜 포함)가 입력된 셀의 개수를 구하는 함수 • 형식 : =COUNT(셀 범위) • 사용 예 : [A2:E4] 영역에서 숫자가 입력된 셀의 개수를 표시 ▶ 함수식 : =COUNT(A2:E4)
시험에 자주 출제되는 COUNT 함수 중첩 예시	① 문제 : 출장일수가 3일 이하인 비율 ⇒ 「출장일수가 3일 이하인 개수÷출장일수의 개수」로 구한 결과값을 백분율로 표시하시오(COUNTIF, COUNT 함수)(예 : 10%). ☞ =COUNTIF(G5:G12,"<=3")/COUNT(G5:G12) → COUNTIF+COUNT 사용
COUNTA	• 기능 : 지정된 셀 범위에서 공백을 제외한 모든(문자, 숫자, 논리값 등) 셀의 개수를 구하는 함수 • 형식 : =COUNTA(셀 범위) • 사용 예 : [B2:E4] 영역에서 공백을 제외한 모든 셀의 개수를 표시 ▶ 함수식 : =COUNTA(B2:E4)
시험에 자주 출제되는 COUNTA 함수 중첩 예시	① 문제 : 렌트기간이 3일 이상인 고객비율 ⇒ 전체 렌트고객 중 렌트기간이 3일 이상인 고객의 비율을 구한 결과값을 백분율로 표시하시오(COUNTIF, COUNTA 함수)(예 : 10%). ☞ =COUNTIF(F5:F12,">=3")/COUNTA(F5:F12) → COUNTIF+COUNTA 사용
LARGE	• 기능 : 지정된 셀 범위에서 입력한 숫자 번째로 큰 값을 구하는 함수 • 형식 : =LARGE(셀 범위, 몇 번째로 큰 값을 구할 숫자) • 사용 예 : 학생들 총점 중에서 3번째로 높은 총점을 표시 ▶ 함수식 : =LARGE(E2:E6,3)
SMALL	• 기능 : 지정된 셀 범위에서 입력한 숫자 번째로 작은 값을 구하는 함수 • 형식 : =SMALL(셀 범위, 몇 번째로 작은 값을 구할 숫자) • 사용 예 : 학생들 총점 중에서 2번째로 낮은 총점을 표시 ▶ 함수식 : =SMALL(E2:E6,2)

MEDIAN	• 기능 : 특정 범위(인수)에서 중간값을 구하는 함수 • 형식 : =MEDIAN(셀 범위) • 사용 예 : 국어, 영어, 수학, 과제물 점수의 중간값을 표시 ▶ 함수식 : =MEDIAN(B2:E2) |	A	B	C	D	E	F	G	H
---	---	---	---	---	---	---	---	---
1	이름	국어	영어	수학	과제물	중간값		함수식
2	김대한	85	75	80	80	80	◀	=MEDIAN(B2:E2)
3	이민국	70	75	60	80	72.5	◀	=MEDIAN(B3:E3)
4	홍길동	80	90	100	60	85	◀	=MEDIAN(B4:E4)	
시험에 자주 출제되는 MEDIAN 함수 중첩 예시	① 문제 : 누적 판매량이 중간값 미만인 상품의 개수 ⇒ 결과값 뒤에 '개'를 붙이시오 (COUNTIF, MEDIAN 함수, & 연산자)(예 : 2개). ☞ =COUNTIF(H5:H12,"<"&MEDIAN(H5:H12))&"개" → COUNTIF+MEDIAN+& 사용

■ 시험에 자주 출제되는 '수학/삼각 함수'

• 소스 : [함수]-유형04_수학 및 삼각 함수_문제.xlsx
• 정답 : [함수]-유형04_수학 및 삼각 함수_정답.xlsx

ROUND	• 기능 : 수를 지정한 자릿수로 반올림하는 함수 • 형식 : =ROUND(반올림할 수, 반올림할 자릿수) 	반올림할 자릿수	의미	함수식
---	---	---
1	소수 둘째 자리에서 반올림하여 소수 첫째 자리를 구함	=ROUND(12345.123,1) = 12345.1
2	소수 셋째 자리에서 반올림하여 소수 둘째 자리를 구함	=ROUND(12345.123,2) = 12345.12
3	소수 넷째 자리에서 반올림하여 소수 셋째 자리를 구함	=ROUND(12345.1234,3) =12345.123
0	소수 첫째 자리에서 반올림하여 일의 자리(정수)를 구함	=ROUND(12345.123,0) = 12345
−1	정수 첫째 자리에서 반올림하여 십의 자리를 구함	=ROUND(12345,−1) = 12350
−2	정수 둘째 자리에서 반올림하여 백의 자리를 구함	=ROUND(12345,−2) = 12300
−3	정수 셋째 자리에서 반올림하여 천의 자리를 구함	=ROUND(12345,−3) = 12000 | |	A	B	C	D
---	---	---	---	---
1	데이터	결과		함수식
2	12345.6789	12345.679	◀	=ROUND(A2,3)
3	12345.6789	12345.7	◀	=ROUND(A3,1)
4	12345.6789	12346	◀	=ROUND(A4,0)
5	12345	12350	◀	=ROUND(A5,-1)	

시험에 자주 출제되는
ROUND 함수 중첩
예시
	① 문제 : 상설전시 전시기간 평균 ⇒ 반올림하여 정수로 구하시오. 단, 조건은 입력데이터를 이용하시오
	   (ROUND, DAVERAGE 함수)(예 : 45.6 → 46).
	☞ =ROUND(DAVERAGE(B4:H12,H4,D4:D5),0) → ROUND+DAVERAGE 사용
	② 문제 : 판매수량(단위:대)의 평균 ⇒ 반올림하여 정수로 구하시오(ROUND, AVERAGE 함수)(예 : 421.3 → 421).
	☞ =ROUND(AVERAGE(G5:G12),0) → ROUND+AVERAGE 사용
	③ 문제 : 개설강좌 총 수강료(단위:원) ⇒ 「수강료(단위:원)×수강인원」으로 구하되 반올림하여 천 단위까지 구하시오
	   (ROUND, SUMPRODUCT 함수)(예 : 12,345,670 → 12,346,000).
	☞ =ROUND(SUMPRODUCT(G5:G12,H5:H12),−3) → ROUND+SUMPRODUCT 사용

ROUNDDOWN	• 기능 : 0에 가까워지도록 수를 내림하는 함수 • 형식 : =ROUNDDOWN(내림할 수, 내림할 자릿수) 		A	B	C	D
---	---	---	---	---
1	데이터	결과		함수식
2	12345.6789	12345.678	◀	=ROUNDDOWN(A2,3)
3	12345.6789	12345.6	◀	=ROUNDDOWN(A3,1)
4	12345.6789	12345	◀	=ROUNDDOWN(A4,0)
5	12345	12340	◀	=ROUNDDOWN(A5,-1)	
시험에 자주 출제되는 ROUNDDOWN 함수 중첩 예시	① 문제 : 발라드 장르의 컬러링 다운로드 평균 ⇒ 내림하여 정수로 구하시오. 단, 조건은 입력데이터를 이용하시오 (ROUNDDOWN, DAVERAGE 함수)(예 : 4,123.6 → 4,123). ☞ =ROUNDDOWN(DAVERAGE(B4:H12,H4,E4:E5),0) → ROUNDDOWN+DAVERAGE 사용 ② 문제 : 연령 ⇒ 「2020-생년월일의 연도」로 계산하되 내림하여 십의 단위로 구한 결과값에 '대'를 붙이시오 (ROUNDDOWN, YEAR 함수, & 연산자)(예 : 42 → 40대). ☞ =ROUNDDOWN(2020-YEAR(D5),-1)&"대" → ROUNDDOWN+YEAR+& 사용 ③ 문제 : 총 판매금액 ⇒ 「판매량(단위:BOX)×판매금액」으로 구하되 내림하여 천만 단위까지 구하시오 (ROUNDDOWN, SUMPRODUCT 함수)(예 : 123,456,000 → 120,000,000). ☞ =ROUNDDOWN(SUMPRODUCT(F5:F12,G5:G12),-7) → ROUNDDOWN+SUMPRODUCT 사용
ROUNDUP	• 기능 : 0에서 멀어지도록 수를 올림하는 함수 • 형식 : =ROUNDUP(올림할 수, 올림할 자릿수) 		A	B	C	D
---	---	---	---	---
1	데이터	결과		함수식
2	12345.6789	12345.679	◀	=ROUNDUP(A2,3)
3	12345.6789	12345.7	◀	=ROUNDUP(A3,1)
4	12345.6789	12346	◀	=ROUNDUP(A4,0)
5	12345	12350	◀	=ROUNDUP(A5,-1)	
시험에 자주 출제되는 ROUNDUP 함수 중첩 예시	① 문제 : 네일 부문 고등부의 평균 ⇒ 올림하여 정수로 구하고, 조건은 입력데이터를 이용하시오 (ROUNDUP, DAVERAGE 함수)(예 : 212.3 → 213). ☞ =ROUNDUP(DAVERAGE(B4:H12,D4,B4:B5),0) → ROUNDUP+DAVERAGE 사용
SUMIF	• 기능 : 주어진 조건에 만족하는 데이터들의 합계를 구하는 함수 • 형식 : =SUMIF(조건에 맞는지 확인할 셀 범위, 조건, 합계를 구할 범위) • 사용 예 : 고학년 학생들의 '총점' 합계를 표시 ▶ 함수식 : =SUMIF(A2:A6,"고학년",F2:F6) |	A	B	C	D	E	F
---	---	---	---	---	---	---
1	학년	이름	국어	영어	수학	총점
2	고학년	김대한	85	75	80	240
3	저학년	이민국	70	75	60	205
4	고학년	홍길동	80	90	100	270
5	저학년	유재석	100	90	100	290
6	고학년	강호동	90	80	80	250
7	고학년 학생의 총점 합계					760
9	함수식					
10	=SUMIF(A2:A6,"고학년",F2:F6)						
시험에 자주 출제되는 SUMIF 함수 중첩 예시	① 문제 : 대한항공 출발인원 평균 ⇒ (SUMIF, COUNTIF 함수) ☞ =SUMIF(D5:D12,"대한항공",F5:F12)/COUNTIF(D5:D12,"대한항공") → SUMIF+COUNTIF 사용 ② 문제 : 쌍둥이 판매수량 합계 ⇒ 쌍둥이 판매수량의 합을 구한 결과값 뒤에 '대'를 붙이시오 (SUMIF 함수, & 연산자)(예 : 224대). ☞ =SUMIF(D5:D12,"쌍둥이",H5:H12)&"대" → SUMIF+& 사용

함수	설명
SUMPRODUCT	• 기능 : 배열의 해당 요소들을 모두 곱하고 그 곱의 합계를 표시하는 함수 • 형식 : =SUMPRODUCT(배열1, 배열2, …) • 사용 예 : 배열1과 배열2의 값을 모두 곱한 결과를 합계로 표시 ▶ 함수식 : =SUMPRODUCT(A2:A5,B2:B5) ※ [A2]×[B2], [A3]×[B3], [A4]×[B4], [A5]×[B5]를 곱한 결과의 합계를 표시
시험에 자주 출제되는 SUMPRODUCT 함수 중첩 예시	① 문제 : 총 판매금액 ⇒ 「판매량(단위:BOX)×판매금액」으로 구하되 내림하여 천만 단위까지 구하시오 (ROUNDDOWN, SUMPRODUCT 함수)(예 : 123,456,000 → 120,000,000). ☞ =ROUNDDOWN(SUMPRODUCT(F5:F12,G5:G12),-7) → ROUNDDOWN+SUMPRODUCT 사용
INT	• 기능 : 소수점 아래를 버리고 가장 가까운 정수로 내림하는 함수 • 형식 : =INT(정수로 내림하려는 실수) • 사용 예 : 실수를 정수로 변환하여 값을 표시 ▶ 함수식 : =INT(5.5)
시험에 자주 출제되는 INT 함수 중첩 예시	① 문제 : 비고 ⇒ 업데이트 만족도의 소수점 이하 부분이 0.5 이상이면 '★'를 표시하고 그 외에는 공백으로 구하시오 (IF, INT 함수). ☞ =IF(G5-INT(G5)>=0.5,"★","") → IF+INT 사용 ② 문제 : 초등학생 평균 교육비(단위:원) ⇒ 조건은 입력데이터를 이용하고, 버림하여 정수로 구하시오 (INT, DAVERAGE 함수)(예 : 27,356.7 → 27,356). ☞ =INT(DAVERAGE(B4:H12,G4,D4:D5)) → INT+DAVERAGE 사용

■ 시험에 자주 출제되는 '텍스트 함수'

• 소스 : [함수]-유형04_텍스트 함수_문제.xlsx
• 정답 : [함수]-유형04_텍스트 함수_정답.xlsx

함수	설명
LEFT	• 기능 : 문자열의 왼쪽에서부터 원하는 수만큼의 문자를 표시해 주는 함수 • 형식 : =LEFT(문자열, 추출할 문자수) • 사용 예 : 왼쪽부터 원하는 문자의 개수를 입력하여 문자열을 추출하여 표시 ▶ 함수식 : =LEFT(A2,9)
시험에 자주 출제되는 LEFT 함수 중첩 예시	① 문제 : 비고 ⇒ 제품코드의 첫 번째 글자가 K이면 '키즈제품', 그 외에는 공백으로 구하시오(IF, LEFT 함수). ☞ =IF(LEFT(B5,1)="K","키즈제품","") → IF+LEFT 사용 ② 문제 : 지역 ⇒ 관리번호의 첫 번째 글자가 1이면 '서울', 2이면 '경기', 3이면 '인천'으로 구하시오 (CHOOSE, LEFT 함수). ☞ =CHOOSE(LEFT(B5,1),"서울","경기","인천") → CHOOSE+LEFT 사용

RIGHT	• 기능 : 문자열의 오른쪽에서부터 원하는 수만큼의 문자를 표시해 주는 함수 • 형식 : =RIGHT(문자열, 추출할 문자수) • 사용 예 : 오른쪽부터 원하는 문자의 개수를 입력하여 문자열을 추출하여 표시 ▶ 함수식 : =RIGHT(A2,4) |	A	B		D
---	---	---	---	---
1	데이터	결과		함수식
2	Microsoft 엑셀 2016	2016	◀	=RIGHT(A2,4)
3	Microsoft 엑셀 2016	엑셀 2016	◀	=RIGHT(A3,7)
4	Microsoft 엑셀 2016	Microsoft 엑셀 2016	◀	=RIGHT(A4,17)	
시험에 자주 출제되는 RIGHT 함수 중첩 예시	① 문제 : 분류 ⇒ 제품코드의 마지막 글자가 M이면 '메이크업', 그 외에는 '스킨케어'로 구하시오(IF, RIGHT 함수). ☞ =IF(RIGHT(B5,1)="M","메이크업","스킨케어") → IF+RIGHT 사용 ② 문제 : 성별 ⇒ 사원코드의 마지막 글자가 1이면 '남자', 2이면 '여자'로 구하시오(CHOOSE, RIGHT 함수). ☞ =CHOOSE(RIGHT(D5,1),"남자","여자") → CHOOSE+RIGHT 사용 ③ 문제 : 광고시작일 ⇒ 광고번호의 마지막 두 자리 숫자를 월로, 일은 '10'으로 하는 2020년도 날짜를 구하시오(DATE, RIGHT 함수)(예 : C3-07 → 2020-07-10). ☞ =DATE(2020,RIGHT(B5,2),10) → DATE+RIGHT 사용
MID	• 기능 : 문자열의 시작 위치와 추출할 문자의 수를 지정하여 문자를 표시해 주는 함수 • 형식 : =MID(문자열, 시작 위치, 추출할 문자의 수) • 사용 예 : 시작 위치와 추출할 문자의 개수를 입력하여 문자열을 추출하여 표시 ▶ 함수식 : =MID(A2,1,9) |	A	B		D
---	---	---	---	---
1	데이터	결과		함수식
2	Microsoft 엑셀 2016	Microsoft	◀	=MID(A2,1,9)
3	Microsoft 엑셀 2016	엑셀	◀	=MID(A3,11,2)
4	Microsoft 엑셀 2016	2016	◀	=MID(A4,14,4)	
시험에 자주 출제되는 MID 함수 중첩 예시	① 문제 : 그룹명 ⇒ 번호의 두 번째 글자가 A이면 'A그룹', 그 외에는 'B그룹'으로 구하시오(IF, MID 함수). ☞ =IF(MID(B5,2,1)="A","A그룹","B그룹") → IF+MID 사용 ② 문제 : 저장소 ⇒ 상품코드의 다섯 번째 문자 값이 1이면 '냉장보관', 2이면 '건냉한 장소', 3이면 '냉동보관'으로 표시하시오(CHOOSE, MID 함수). ☞ =CHOOSE(MID(B5,5,1),"냉장보관","건냉한 장소","냉동보관") → CHOOSE+MID 사용 ③ 문제 : 2차 검사일 ⇒ 최근 검사월의 여섯 개의 문자는 연도 네 자리와 월 두 자리를 표시한 것이다. 월에 3을 더해 3개월 후의 1일 날짜로 표시하시오(DATE, MID 함수)(예 : 202009 → 2020-12-01). ☞ =DATE(MID(H5,1,4),MID(H5,5,2)+3,1) → DATE+MID 사용
REPT	• 기능 : 텍스트를 지정한 횟수만큼 반복하여 표시하는 함수 • 형식 : =REPT(텍스트, 반복할 횟수) • 사용 예 : 반복할 횟수를 계산하여 입력한 텍스트를 셀에 반복하여 표시 ▶ 함수식 : =REPT("★",5) 		A	B	C
---	---	---	---
1	결과		함수식
2	★★★★★	◀	=REPT("★",5)
3	★★★★	◀	=REPT("★",1*4)
4	★★★	◀	=REPT("★",9/3)	

■ 시험에 자주 출제되는 '날짜/시간 함수'

• 소스 : [함수]-유형04_날짜와 시간 함수_문제.xlsx
• 정답 : [함수]-유형04_날짜와 시간 함수_정답.xlsx

DATE	• 기능 : 특정한 날짜를 표시하기 위한 함수 • 형식 : =DATE(년, 월, 일) • 사용 예 : 2020,12,25를 날짜로 표시 ▶ 함수식 : =DATE(2020,12,25) 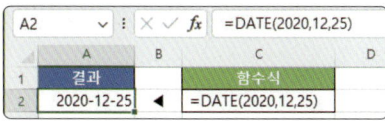
시험에 자주 출제되는 DATE 함수 중첩 예시	① 문제 : 광고시작일 ⇒ 광고번호의 마지막 두 자리 숫자를 월로, 일은 '10'으로 하는 2020년도 날짜를 구하시오 (DATE, RIGHT 함수)(예 : C3-07 → 2020-07-10). ☞ =DATE(2020,RIGHT(B5,2),10) → DATE+RIGHT 사용 ② 문제 : 2차 검사일 ⇒ 최근 검사월의 여섯 개의 문자는 연도 네 자리와 월 두 자리를 표시한 것이다. 월에 3을 더해 3개월 후의 1일 날짜로 표시하시오(DATE, MID 함수)(예 : 202009 → 2020-12-01). ☞ =DATE(MID(H5,1,4),MID(H5,5,2)+3,1) → DATE+MID 사용
YEAR	• 기능 : '날짜'에서 '연도'를 구하는 함수 • 형식 : =YEAR(날짜 or 셀 주소) • 사용 예 : 2020-12-25에서 연도만 추출하여 표시 ▶ 함수식 : =YEAR("2020-12-25") 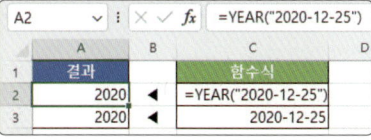
시험에 자주 출제되는 YEAR 함수 중첩 예시	① 문제 : 출시연도 ⇒ 출시일의 연도를 추출하여 '년'을 붙이시오(YEAR 함수, & 연산자)(예 : 2020년). ☞ =YEAR(H5)&"년" → YEAR+& 사용 ② 문제 : 비고 ⇒ 출시일의 연도가 2020이면 '신상품', 그 외에는 공백으로 표시하시오(IF, YEAR 함수). ☞ =IF(YEAR(E5)=2020,"신상품","") → IF+YEAR 사용 ③ 문제 : 부르즈 할리파 건물 연수 ⇒ 「시스템 오늘의 연도-완공연도」로 구한 결과값에 '년'을 붙이시오 (YEAR, TODAY 함수, & 연산자)(예 : 2년). ☞ =YEAR(TODAY())-G9&"년" → YEAR+TODAY+& 사용
MONTH	• 기능 : '날짜'에서 '월'을 구하는 함수 • 형식 : =MONTH(날짜 or 셀 주소) • 사용 예 : 2020-12-25에서 월만 추출하여 표시 ▶ 함수식 : =MONTH("2020-12-25") 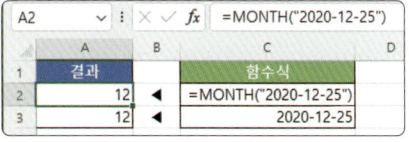
시험에 자주 출제되는 MONTH 함수 중첩 예시	① 문제 : 시작월 ⇒ 시작일의 월을 추출하여 '월'을 붙이시오(MONTH 함수, & 연산자)(예 : 2020-09-05 → 9월). ☞ =MONTH(E5)&"월" → MONTH+& 사용 ② 비고 ⇒ 행사일의 월이 7이면 '7월', 그 외에는 공백으로 구하시오(IF, MONTH 함수). ☞ =IF(MONTH(F5)=7,"7월","") → IF+MONTH 사용

WEEKDAY	• 기능 : 날짜에서 해당하는 요일의 번호를 구하는 함수 • 형식 : =WEEKDAY(날짜,유형)  • 사용 예 : 유형에 따라 2020-12-31에 해당하는 요일의 번호를 표시 ▶ 함수식 : =WEEKDAY(A2,1) ※ 2020년 12월 31일의 요일은 '목요일'입니다. | B2 | =WEEKDAY(A2,1) | | A | B | C | D | |---|---|---|---| | 날짜 데이터 | 결과 | | 함수식 | | 2020-12-31 | 5 | ◀ | =WEEKDAY(A2,1) | | 2020-12-31 | 4 | ◀ | =WEEKDAY(A3,2) | | 2020-12-31 | 3 | ◀ | =WEEKDAY(A4,3) |
시험에 자주 출제되는 WEEKDAY 함수 중첩 예시	① 문제 : 전시 시작일 요일 ⇒ 전시 시작일의 요일을 구하시오(CHOOSE, WEEKDAY 함수)(예 : 월요일). ☞ =CHOOSE(WEEKDAY(F5,2),"월요일","화요일","수요일","목요일","금요일","토요일","일요일") → CHOOSE+WEEKDAY 사용 ② 문제 : 측정요일 ⇒ 측정날짜의 요일이 토요일과 일요일이면 '주말', 그 외에는 '평일'로 구하시오 (IF, WEEKDAY 함수)(예 : 월요일). ☞ =IF(WEEKDAY(B5,2)>=6,"주말","평일") → IF+WEEKDAY 사용
TODAY	• 기능 : 시스템의 현재 날짜를 표시하기 위한 함수 • 형식 : =TODAY() • 사용 예 : 현재 날짜를 표시 ▶ 함수식 : =TODAY()  ※ 현재 날짜를 표시하기 때문에 날짜가 바뀔 때마다 결과도 달라집니다.
시험에 자주 출제되는 TODAY 함수 중첩 예시	① 문제 : 부르즈 할리파 건물 연수 ⇒「시스템 오늘의 연도-완공연도」로 구한 결과값에 '년'을 붙이시오 (YEAR, TODAY 함수, & 연산자)(예 : 2년). ☞ =YEAR(TODAY())-G9&"년" → YEAR+TODAY+& 사용

■ 시험에 자주 출제되는 '논리 함수'

• 소스 : [함수]-유형04_논리 함수_문제.xlsx
• 정답 : [함수]-유형04_논리 함수_정답.xlsx

| IF | • 기능 : 특정 조건을 지정하여 해당 조건에 만족하면 '참(TRUE)'에 해당하는 값을, 그렇지 않으면 '거짓(FALSE)'에 해당하는 값을 표시하는 함수
• 형식 : =IF(조건, 참일 때 수행할 내용, 거짓일 때 수행할 내용)
• 사용 예 : 평균이 80 이상이면 '합격' 그렇지 않으면 '불합격'을 표시
▶ 함수식 : =IF(E2>=80,"합격","불합격")

\| F2 \| =IF(E2>=80,"합격","불합격") \|
\| A \| B \| C \| D \| E \| F \| G \| H \|
\|---\|---\|---\|---\|---\|---\|---\|---\|
\| 이름 \| 국어 \| 영어 \| 수학 \| 평균 \| 결과 \| \| 함수식 \|
\| 김대한 \| 85 \| 75 \| 80 \| 80 \| 합격 \| ◀ \| =IF(E2>=80,"합격","불합격") \|
\| 이민국 \| 70 \| 75 \| 60 \| 68 \| 불합격 \| ◀ \| =IF(E3>=80,"합격","불합격") \|
\| 홍길동 \| 80 \| 90 \| 100 \| 90 \| 합격 \| ◀ \| =IF(E4>=80,"합격","불합격") \|
\| 유재석 \| 100 \| 90 \| 100 \| 97 \| 합격 \| ◀ \| =IF(E5>=80,"합격","불합격") \|
\| 강호동 \| 90 \| 80 \| 80 \| 83 \| 합격 \| ◀ \| =IF(E6>=80,"합격","불합격") \| |

시험에 자주 출제되는 IF 함수 중첩 예시	① 문제 : 판매 순위 ⇒ 판매수량(단위:EA)의 내림차순 순위를 1~3까지 구하고, 그 외에는 공백으로 나타내시오 (IF, RANK.EQ 함수). ☞ =IF(RANK.EQ(G5,$G$5:$G$12)<=3,RANK.EQ(G5,$G$5:$G$12),"") → IF+RANK.EQ 사용 ② 문제 : 비고 ⇒ 제품코드의 첫 번째 글자가 K이면 '키즈제품', 그 외에는 공백으로 구하시오(IF, LEFT 함수). ☞ =IF(LEFT(B5,1)="K","키즈제품","") → IF+LEFT 사용 ③ 문제 : 분류 ⇒ 제품코드의 마지막 글자가 M이면 '메이크업', 그 외에는 '스킨케어'로 구하시오(IF, RIGHT 함수). ☞ =IF(RIGHT(B5,1)="M","메이크업","스킨케어") → IF+RIGHT 사용 ④ 문제 : 그룹명 ⇒ 번호의 두 번째 글자가 A이면 'A그룹', 그 외에는 'B그룹'으로 구하시오(IF, MID 함수). ☞ =IF(MID(B5,2,1)="A","A그룹","B그룹") → IF+MID 사용 ⑤ 비고 ⇒ 행사일의 월이 7이면 '7월', 그 외에는 공백으로 구하시오(IF, MONTH 함수). ☞ =IF(MONTH(F5)=7,"7월","") → IF+MONTH 사용 ⑥ 추가적립금(원) ⇒ 전월구매액(원)이 300,000 이상이고 총구매건수가 15 이상이면 '2,000', 그 외에는 '500'으로 표시하시오(IF, AND 함수). ☞ =IF(AND(F5>=300000,H5>=15),2000,500) → IF+AND 사용 ⑦ 비고 ⇒ 품목이 '포유류'이거나 '조류'이면 '예방접종'으로 표시하고 그 외에는 공백으로 표시하시오(IF, OR 함수). ☞ =IF(OR(D5="포유류",D5="조류"),"예방접종","") → IF+OR 사용 ⑧ 문제 : 측정요일 ⇒ 측정날짜의 요일이 토요일과 일요일이면 '주말', 그 외에는 '평일'로 구하시오 (IF, WEEKDAY 함수)(예 : 월요일). ☞ =IF(WEEKDAY(B5,2)>=6,"주말","평일") → IF+WEEKDAY 사용 ⑨ 문제 : 비고 ⇒ 출시일의 연도가 2020이면 '신상품', 그 외에는 공백으로 표시하시오(IF, YEAR 함수). ☞ =IF(YEAR(E5)=2020,"신상품","") → IF+YEAR 사용
중첩 IF	• 기능 : 조건이 2개 이상일 때 2개 이상의 IF 함수를 사용하여 '참(TRUE)'과 '거짓(FALSE)'의 값을 표시하는 함수 • 형식 : =IF(조건, 참일 때, IF(조건, 참일 때, 거짓일 때)) • 사용 예 : 평균이 90 이상이면 '최우수', 80 이상이면 '우수', 그렇지 않으면 '불합격'을 표시 ▶ 함수식 : =IF(E2>=90,"최우수",IF(E2>=80,"우수","노력")) | 이름	국어	영어	수학	평균	결과		함수식
---	---	---	---	---	---	---	---
김대한	85	75	80	80	우수	◀	=IF(E2>=90,"최우수",IF(E2>=80,"우수","노력"))
이민국	70	75	60	68	노력	◀	=IF(E3>=90,"최우수",IF(E3>=80,"우수","노력"))
홍길동	80	90	100	90	최우수	◀	=IF(E4>=90,"최우수",IF(E4>=80,"우수","노력"))
유재석	100	90	100	97	최우수	◀	=IF(E5>=90,"최우수",IF(E5>=80,"우수","노력"))
강호동	90	80	80	83	우수	◀	=IF(E6>=90,"최우수",IF(E6>=80,"우수","노력"))	
시험에 자주 출제되는 중첩 IF 함수 중첩 예시	① 문제 : 지역 ⇒ 건물코드의 마지막 글자가 1이면 '서아시아', 2이면 '동아시아', 그 외에는 '미주'로 구하시오 (IF, RIGHT 함수). ☞ =IF(RIGHT(B5,1)="1","서아시아",IF(RIGHT(B5,1)="2","동아시아","미주")) → 중첩 IF+RIGHT 사용 ② 문제 : 비고 ⇒ 재고율이 40% 미만이면 '히트상품', 월말재고량이 120 미만이거나 재고율이 70% 미만이면 '일반상품', 그 외에는 공백으로 구하시오(IF, OR 함수). ☞ =IF(G5<40%,"히트상품",IF(OR(F5<120,G5<70%),"일반상품","")) → 중첩 IF+OR 사용

AND

- 기능 : 모든 조건을 만족하면 '참'을 그렇지 않으면 '거짓'을 표시하는 함수
- 형식 : =AND(조건1, 조건2, … 조건30)
- 사용 예 : 국어, 영어, 수학 점수가 모두 80 이상일 경우 '우수', 그렇지 않으면 '노력'으로 표시
- ▶ 함수식 : =IF(AND(B2>=80, C2>=80, D2>=80),"우수","노력")

※ ITQ 엑셀 시험에서는 대부분 IF 함수와 함께 사용합니다.

이름	국어	영어	수학	평균	결과		함수식
김대한	85	75	80	80	노력	◀	=IF(AND(B2>=80, C2>=80, D2>=80),"우수","노력")
이민국	70	75	60	68	노력	◀	=IF(AND(B3>=80, C3>=80, D3>=80),"우수","노력")
홍길동	80	90	100	90	우수	◀	=IF(AND(B4>=80, C4>=80, D4>=80),"우수","노력")
유재석	100	90	100	97	우수	◀	=IF(AND(B5>=80, C5>=80, D5>=80),"우수","노력")
강호동	80	80	80	80	우수	◀	=IF(AND(B6>=80, C6>=80, D6>=80),"우수","노력")

OR

- 기능 : 한 개의 조건이라도 만족하면 '참'을 그렇지 않으면 '거짓'을 표시하는 함수
- 형식 : =OR(조건1, 조건2, … 조건30)
- 사용 예 : 국어, 영어, 수학 점수 중 한 과목이라도 90 이상일 경우 '우수', 그렇지 않으면 '노력'으로 표시
- ▶ 함수식 : =IF(OR(B2>=90, C2>=90, D2>=90),"우수","노력")

※ ITQ 엑셀 시험에서는 대부분 IF 함수와 함께 사용합니다.

이름	국어	영어	수학	평균	결과		함수식
김대한	85	75	80	80	노력	◀	=IF(OR(B2>=90, C2>=90, D2>=90),"우수","노력")
이민국	70	75	60	68	노력	◀	=IF(OR(B3>=90, C3>=90, D3>=90),"우수","노력")
홍길동	80	90	100	90	우수	◀	=IF(OR(B4>=90, C4>=90, D4>=90),"우수","노력")
유재석	100	90	100	97	우수	◀	=IF(OR(B5>=90, C5>=90, D5>=90),"우수","노력")
강호동	80	80	80	80	노력	◀	=IF(OR(B6>=90, C6>=90, D6>=90),"우수","노력")

■ 시험에 자주 출제되는 '찾기/참조 함수'

- 소스 : [함수]-유형04_찾기 및 참조 함수_문제.xlsx
- 정답 : [함수]-유형04_찾기 및 참조 함수_정답.xlsx

VLOOKUP

- 기능 : 지정된 셀 범위의 왼쪽 첫 번째 열에서 특정 값을 찾아 지정한 열과 같은 행에 위치한 값을 표시하는 함수
- 형식 : =VLOOKUP(찾을 값, 셀 범위, 열 번호, 찾을 방법)
  - 찾을 값 : 셀 범위(첫 번째 열)에서 찾을 값(참조 영역, 문자열 등)
  - 셀 범위 : 찾을 값을 검색할 범위(범위 지정 시 찾을 값이 있는 열이 첫 번째 열로 지정되어야 함)
  - 열 번호 : 셀 범위 내의 열 번호로 값을 추출할 열을 지정(셀 범위 중 첫 번째 열의 값이 1로 기준이 됨)
  - 찾을 방법 : FALSE(또는 0) : 정확하게 일치하는 값을 찾음
              TRUE(생략 또는 1) : 비슷하게 일치하는 근삿값을 찾음
- 사용 예 : 이름이 홍길동인 학생의 수학 점수를 표시
- ▶ 함수식 : =VLOOKUP(B4,B2:F6,4,0)

※ VLOOKUP 함수는 매회 출제되는 함수이기 때문에 완벽하게 학습해야 합니다.

번호	이름	국어	영어	수학	평균
1	김대한	85	75	80	80
2	이민국	70	75	60	68
3	홍길동	80	90	100	90
4	유재석	100	90	100	97
5	강호동	90	80	80	83
이름이 '홍길동'인 학생의 수학 점수					100

◀ 함수식 =VLOOKUP(B4,B2:F6,4,0)

시험에 자주 출제되는 VLOOKUP 함수 중첩 예시

① 매출금액(원) ⇒ 「H14」셀에서 선택한 제품명에 대한 「가격×판매수량(단위:EA)」으로 구하시오 (VLOOKUP 함수).

☞ =VLOOKUP(H14,C5:H12,4,0)*VLOOKUP(H14,C5:H12,5,0) → VLOOKUP × VLOOKUP 사용

CHOOSE	• 기능 : 인수 목록에서 번호에 해당하는 값을 찾아주는 함수 • 형식 : =CHOOSE(값을 골라낼 위치 또는 번호, 값1, 값2, …) • 사용 예 : 체력 등급(1~3)에 따라 지정된 값을 표시 ▶ 함수식 : =CHOOSE(B2,"우수체력","기본체력","체력보강") |	A	B	C	D	E
---	---	---	---	---	---
1	이름	체력 등급	구분		함수식
2	김대한	3	체력보강	◀	=CHOOSE(B2,"우수체력","기본체력","체력보강")
3	이민국	1	우수체력	◀	=CHOOSE(B3,"우수체력","기본체력","체력보강")
4	홍길동	2	기본체력	◀	=CHOOSE(B4,"우수체력","기본체력","체력보강")	
시험에 자주 출제되는 CHOOSE 함수 중첩 예시	① 문제 : 지역 ⇒ 관리번호의 첫 번째 글자가 1이면 '서울', 2이면 '경기', 3이면 '인천'으로 구하시오 (CHOOSE, LEFT 함수). ☞ =CHOOSE(LEFT(B5,1),"서울","경기","인천") → CHOOSE+LEFT 사용 ② 문제 : 성별 ⇒ 사원코드의 마지막 글자가 1이면 '남자', 2이면 '여자'로 구하시오(CHOOSE, RIGHT 함수). ☞ =CHOOSE(RIGHT(D5,1),"남자","여자") → CHOOSE+RIGHT 사용 ③ 문제 : 저장소 ⇒ 상품코드의 다섯 번째 문자 값이 1이면 '냉장보관', 2이면 '건냉한 장소', 3이면 '냉동보관'으로 표시하시오(CHOOSE, MID 함수). ☞ =CHOOSE(MID(B5,5,1),"냉장보관","건냉한 장소","냉동보관") → CHOOSE+MID 사용 ④ 문제 : 전시 시작일 요일 ⇒ 전시 시작일의 요일을 구하시오(CHOOSE, WEEKDAY 함수)(예 : 월요일). ☞ =CHOOSE(WEEKDAY(F5,2),"월요일","화요일","수요일","목요일","금요일","토요일","일요일") → CHOOSE+WEEKDAY 사용

■ 시험에 자주 출제되는 '데이터베이스 함수'

• 소스 : [함수]-유형04_데이터베이스 함수_문제.xlsx
• 정답 : [함수]-유형04_데이터베이스 함수_정답.xlsx

DSUM	• 기능 : 지정한 조건에 맞는 데이터베이스에서 필드(열) 값들의 합계를 구하는 함수 • 형식 : =DSUM(데이터베이스, 필드(열) 위치, 조건범위) • 사용 예 : 학년이 '저학년'인 학생들의 '총점' 합계를 계산 ▶ 함수식 : =DSUM(A1:F6,F1,A1:A2) ※ [F1] 셀 주소 대신 열 번호인 '6'을 입력해도 결과는 같습니다. |	A	B	C	D	E	F
---	---	---	---	---	---	---
1	학년	이름	국어	영어	수학	총점
2	저학년	김대한	85	75	80	240
3	고학년	이민국	70	75	60	205
4	고학년	홍길동	80	90	100	270
5	저학년	유재석	100	90	100	290
6	저학년	강호동	90	80	80	250
7	저학년 학생의 총점 합계					780
9			함수식			
10			=DSUM(A1:F6,F1,A1:A2)				
시험에 자주 출제되는 DSUM 함수 중첩 예시	① 문제 : 스테인리스 재질의 판매금액(단위:원) 합계 ⇒ 반올림하여 천원 단위까지 구하시오. 단, 조건은 입력데이터를 이용하시오(ROUND, DSUM 함수)(예 : 53,340 → 53,000). ☞ =ROUND(DSUM(B4:H12,G4,E4:E5),-3) → ROUND+DSUM 사용

DAVERAGE	• 기능 : 지정한 조건에 맞는 데이터베이스에서 필드(열) 값들의 평균을 구하는 함수 • 형식 : =DAVERAGE(데이터베이스, 필드(열) 위치, 조건범위) • 사용 예 : 학년이 '저학년'인 학생들의 '총점' 평균을 계산 ▶ 함수식 : =DAVERAGE(A1:F6,F1,A1:A2) ※ [F1] 셀 주소 대신 열 번호인 '6'을 입력해도 결과는 같습니다. 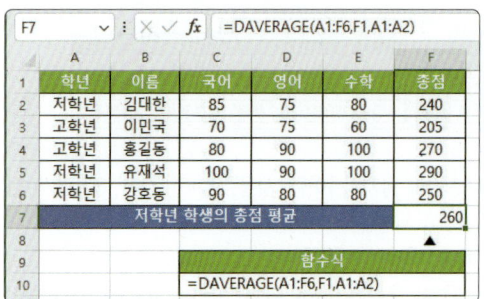
시험에 자주 출제되는 DAVERAGE 함수 중첩 예시	① 문제 : 상설전시 전시기간 평균 ⇒ 반올림하여 정수로 구하시오. 단, 조건은 입력데이터를 이용하시오 (ROUND, DAVERAGE 함수)(예 : 45.6 → 46). ☞ =ROUND(DAVERAGE(B4:H12,H4,D4:D5),0) → ROUND+DAVERAGE 사용 ② 문제 : 발라드 장르의 컬러링 다운로드 평균 ⇒ 내림하여 정수로 구하시오. 단, 조건은 입력데이터를 이용하시오 (ROUNDDOWN, DAVERAGE 함수)(예 : 4,123.6 → 4,123). ☞ =ROUNDDOWN(DAVERAGE(B4:H12,H4,E4:E5),0) → ROUNDDOWN+DAVERAGE 사용
DMAX	• 기능 : 지정한 조건에 맞는 데이터베이스의 필드(열) 값들 중에서 가장 높은 값을 구하는 함수 • 형식 : =DMAX(데이터베이스, 필드(열) 위치, 조건범위) • 사용 예 : 학년이 '저학년'인 학생들의 '총점' 중 가장 높은 점수 ▶ 함수식 : =DMAX(A1:F6,F1,A1:A2) ※ [F1] 셀 주소 대신 열 번호인 '6'을 입력해도 결과는 같습니다. 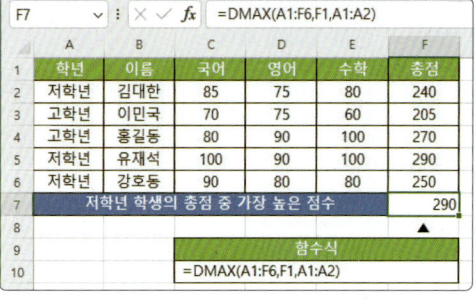
DCOUNTA	• 기능 : 지정한 조건에 맞는 데이터베이스의 필드(열) 값들 중에서 비어있지 않은 셀의 개수를 구하는 함수 • 형식 : =DCOUNTA(데이터베이스, 필드(열) 위치, 조건범위) • 사용 예 : 학년이 '저학년'인 학생들 중에서 평가가 '우수'인 학생의 인원수 ▶ 함수식 : =DCOUNTA(A1:G6,G1,A1:A2) ※ [G1] 셀 주소 대신 열 번호인 '7'을 입력해도 결과는 같습니다.

데이터베이스 함수

데이터베이스 함수는 대부분 사용 방법(형식)이 비슷하기 때문에 어떤 기능의 함수인지만 알면 나머지 데이터베이스 함수들도 큰 어려움 없이 문제를 해결할 수 있습니다.
1. **DCOUNT** : 데이터베이스 필드(열)에서 조건에 만족하는 숫자가 들어있는 셀의 개수를 구하는 함수
2. **DMIN** : 데이터베이스 필드(열)에서 조건에 만족하는 값 중 최소값을 구하는 함수
3. **DGET** : 데이터베이스 필드(열)에서 조건에 만족하는 하나의 값을 추출하는 함수
4. **DPRODUCT** : 데이터베이스 필드(열)에서 조건에 만족하는 값을 곱해주는 함수

요리난이도 구하기(CHOOSE, RIGHT 함수)

≪조건≫ : (1) 요리난이도 ⇒ 코드의 마지막 글자가 1이면 '초급', 2이면 '중급', 3이면 '고급'으로 표시하시오(CHOOSE, RIGHT 함수).

■ RIGHT 함수

RIGHT 함수 : 문자열의 오른쪽에서부터 원하는 수만큼의 문자를 표시해 주는 함수

① 유형04_문제.xlsx 파일을 불러와 [제1작업] 시트를 클릭합니다. [I5] 셀을 클릭한 후 수식 입력줄의 '함수 삽입(*fx*)'(**Shift**+**F3**)을 클릭합니다.

② [함수 마법사] 대화상자가 나오면 함수 검색 입력 칸에 사용할 **함수명(RIGHT)**을 입력한 후 〈검색〉 단추를 클릭합니다. 이어서, 해당 함수가 검색되어 나오면 〈확인〉 단추를 클릭합니다.

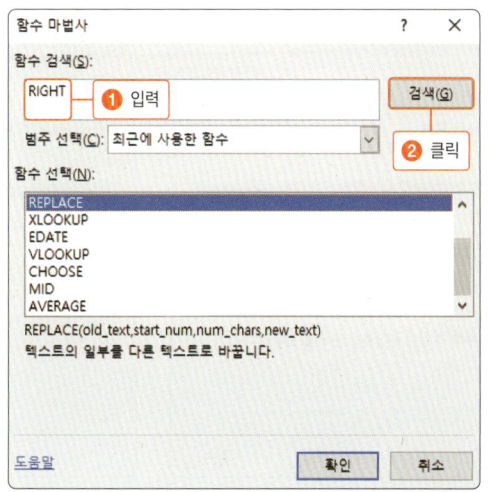
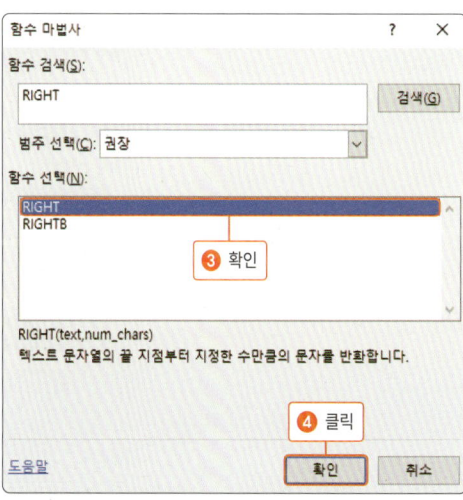

❸ [함수 인수] 대화상자가 나오면 아래와 같이 각각의 인수 값을 입력한 후 〈확인〉 단추를 클릭합니다.
- Text 입력 칸을 클릭한 후 추출할 값인 [B5] 셀을 클릭합니다.
- Num_chars 입력 칸을 클릭한 후 추출할 문자 수 '1'을 입력합니다.
  ※ Num_chart는 오른쪽 위치에서 추출할 문자 수를 표시합니다.
     (예) '코드'의 마지막 글자라고 했기 때문에 글자 개수는 '1'을 입력합니다.

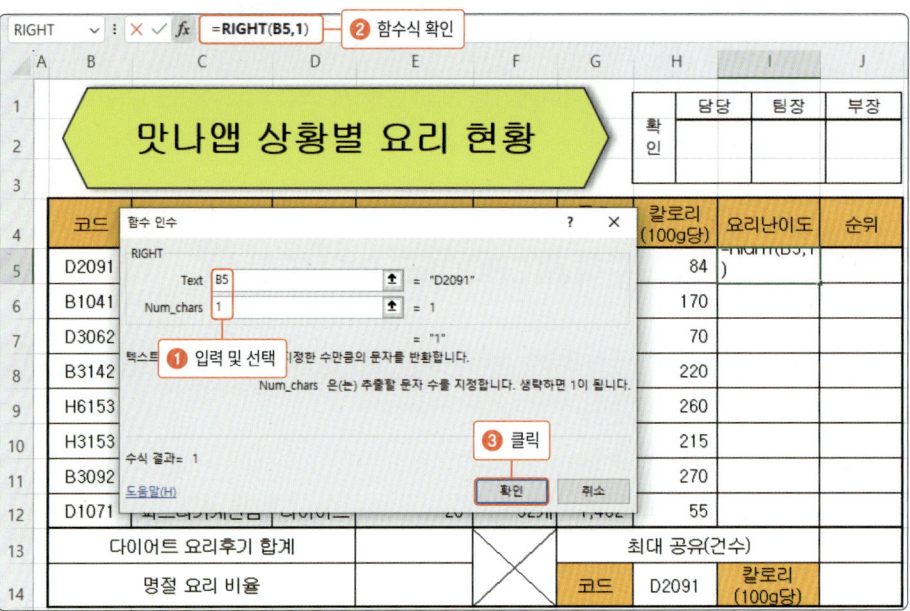

❹ CHOOSE 함수에 RIGHT 함수의 결과를 사용해야 하기 때문에 수식 입력줄의 RIGHT(B5,1)을 드래그하여 '잘라내기([Ctrl]+[X])'한 후 다시 '함수 삽입([fx])'([Shift]+[F3])을 클릭합니다.

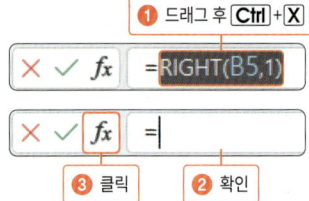

■ CHOOSE 함수

CHOOSE 함수 : 인수 목록에서 번호에 해당하는 값을 찾아주는 함수

❺ [함수 마법사] 대화상자가 나오면 함수 검색 입력 칸에 사용할 **함수명(CHOOSE)**을 입력한 후 〈검색〉 단추를 클릭합니다. 이어서, 해당 함수가 검색되어 나오면 〈확인〉 단추를 클릭합니다.

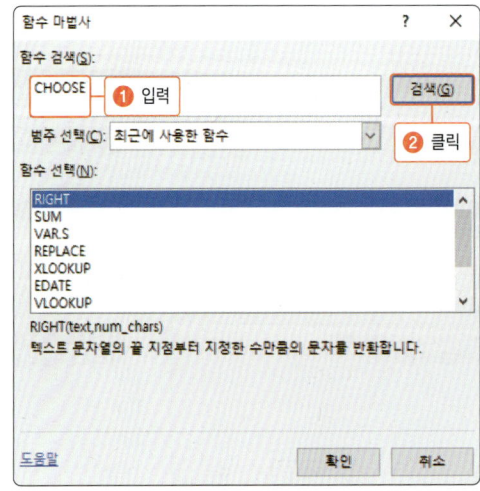
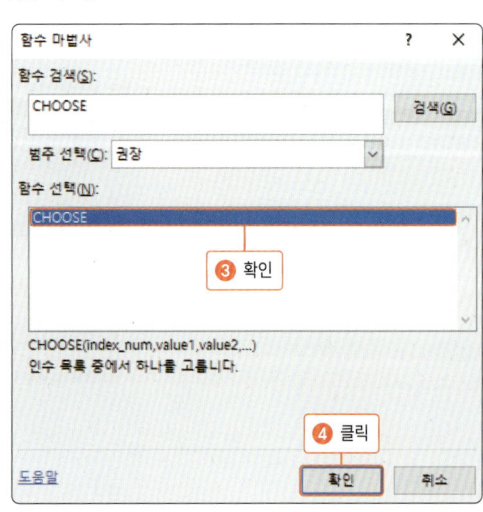

❻ [함수 인수] 대화상자가 나오면 아래와 같이 각각의 인수 값을 입력한 후 〈확인〉 단추를 클릭합니다.
 – Index_num 입력 칸을 클릭하여 '붙여넣기(Ctrl + V)'를 합니다. 붙여넣기로 입력된 데이터는 이전에 잘라 낸 RIGHT(B5,1) 함수식입니다.
   ※ Index_num 인수는 값을 골라낼 위치 또는 번호를 입력합니다. 'RIGHT(B5,1)' 함수식을 풀어보면 코드 셀[B5]에서 마지막 글자 한 개의 숫자를 가지고 옵니다.
 – Value1, Value2,… 입력 칸은 표시하고자 하는 값을 차례대로 입력합니다.
   ※ Index_num 값이 '1'이면 Value1, '2'이면 Value2, '3'이면 Value3을 표시합니다.

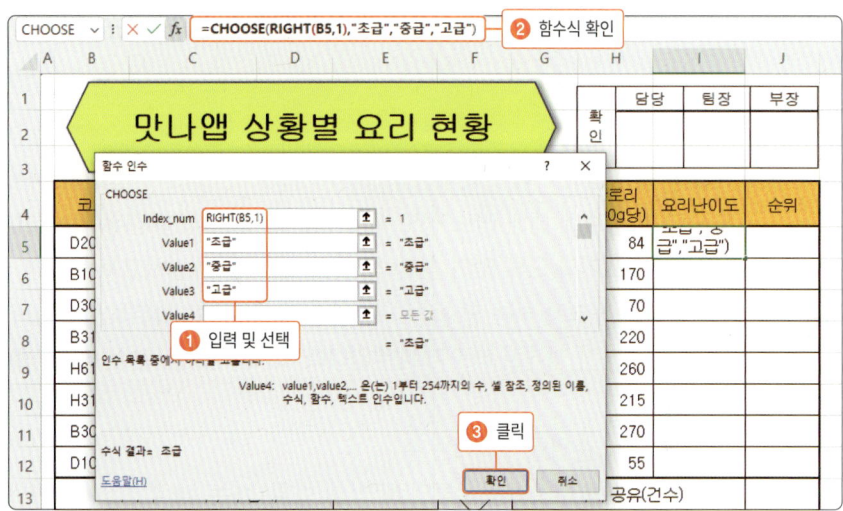

❼ 함수가 계산되면 [I5] 셀의 **채우기 핸들**(+)을 [I12] 셀까지 드래그합니다.

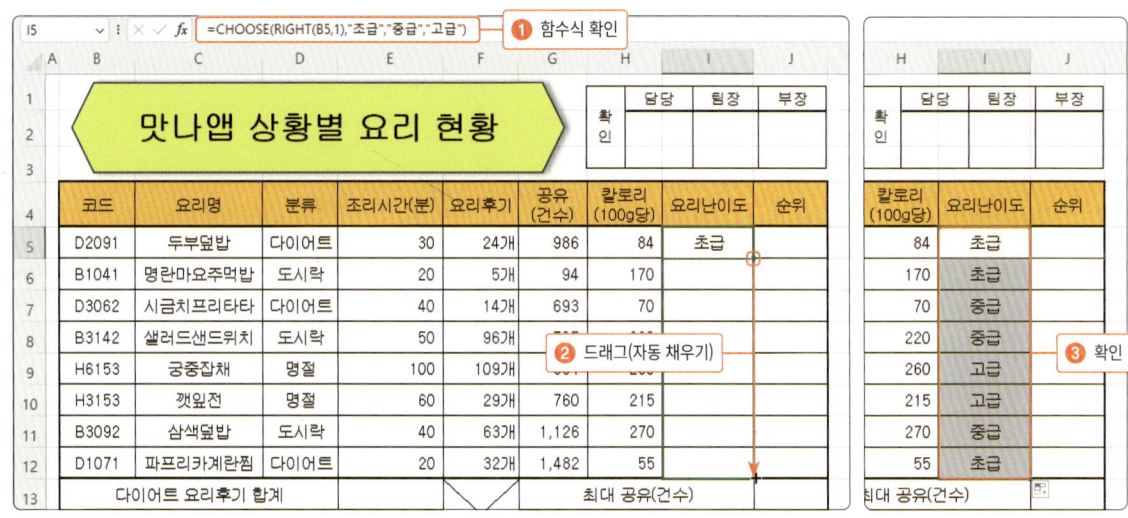

Skill 06 순위 구하기(RANK.EQ 함수)

≪조건≫ : (2) 순위 ⇒ 공유(건수)의 내림차순 순위를 구하시오(RANK.EQ 함수).

■ RANK.EQ 함수

RANK.EQ 함수 : 수의 목록에 있는 어떤 수의 순위를 구하는 함수

❶ [J5] 셀을 클릭한 후 수식 입력 줄의 '함수 삽입(fx)'(Shift + F3)을 클릭합니다.

함수 마법사(fx)

ITQ 엑셀 시험에서 함수 문제를 해결하기 위해서는 함수 마법사를 이용하거나 셀에 직접 함수식을 입력하는 방법이 있습니다. 함수에 대해 어느 정도 사용 방법을 알고 있을 경우에는 직접 셀에 함수식을 입력해도 되지만, 함수에 대해서 잘 모르거나 오류 없이 정확하게 함수 문제를 해결하고자 한다면 함수 마법사를 이용하는 것이 편리합니다. 그 이유는 사용하고자 하는 함수(예 : RANK.EQ)에 대한 세부적인 설명과 함께 각각의 인수(Number, Ref, Order)들에 대한 설명이 자세히 나오기 때문입니다. 아래 내용은 함수 마법사를 이용하여 RANK.EQ 함수의 인수를 확인한 것입니다.

- Number : 순위를 구하려는 수
- Ref : 순위를 구하려는 목록의 배열(셀 범위) 또는 셀 주소
- Order : 순위를 정할 방법을 지정하는 수. 오름차순(0이 아닌 다른 값) 또는 내림차순(0 또는 생략)을 지정

※ 오름차순 정렬 순서(내림차순은 반대) : 숫자(1,2,3, …) → 특수문자 → 영문(A→Z) → 한글(ㄱ→ㅎ) → 논리값 → 오류값 → 공백 셀(빈 셀)

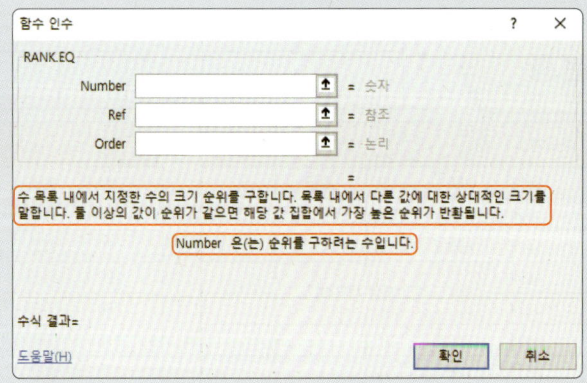

▲ 함수 및 Number 인수에 대한 설명

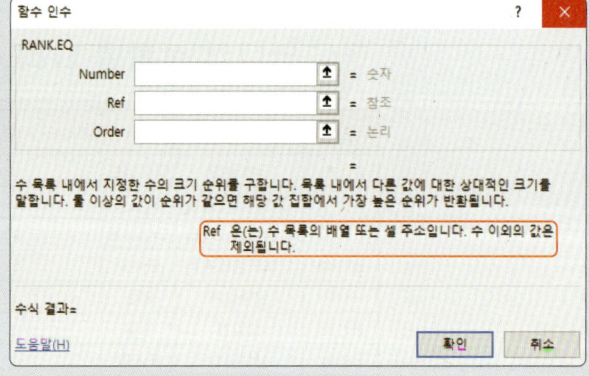

▲ Ref 인수에 대한 설명

▲ Order 인수에 대한 설명

❷ [함수 마법사] 대화상자가 나오면 함수 검색 입력 칸에 사용할 '**함수명(RANK.EQ)**'을 입력한 후 〈검색〉 단추를 클릭합니다. 이어서, 해당 함수가 검색되어 나오면 〈확인〉 단추를 클릭합니다.

※ IF 함수와 함께 다른 함수(예 : IF, INT / IF, RANK.EQ / IF, LEFT / IF, AND 등)를 사용하는 경우에는 뒤에 있는 함수를 먼저 실행하여 결과를 추출한 후 IF 함수를 실행합니다.

※ '함수 선택'에서 보이는 함수들은 '범주 선택(권장, 최근에 사용한 함수, 모두 등)'에서 선택한 목록의 함수들을 보여줍니다. '최근에 사용한 함수' 범주가 선택되었을 경우에는 시스템 환경에 따라 함수의 목록이 다르게 나타납니다.

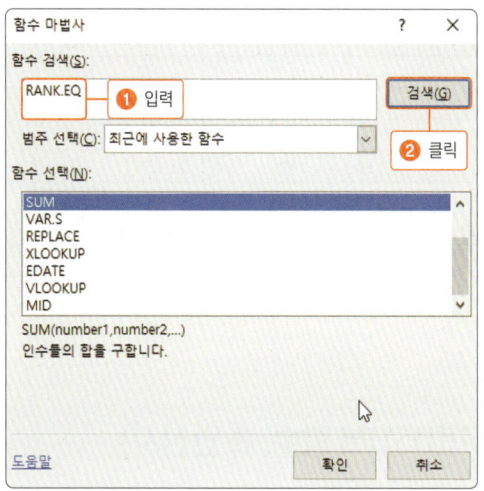 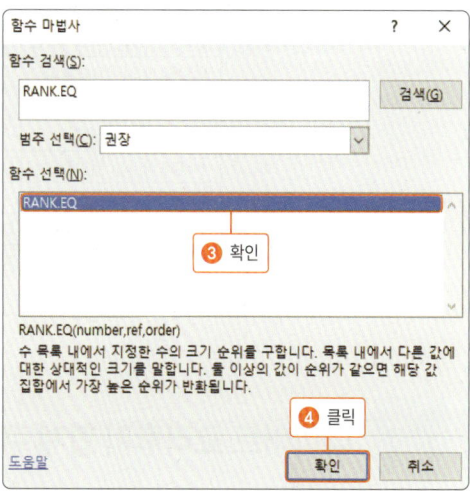

❸ [함수 인수] 대화상자가 나오면 아래와 같이 각각의 인수 값을 입력한 후 〈확인〉 단추를 클릭합니다.
  – Number 입력 칸을 클릭한 후 순위를 구할 기준 값인 [G5] 셀을 클릭합니다.
  – Ref 입력 칸을 클릭한 후 순위를 구할 셀 범위([G5:G12])의 영역을 드래그하고, F4 키를 누릅니다.

  ※ 채우기 핸들(+)을 이용하여 순위를 구할 때는 정해진 셀 범위(공유(건수))가 고정되어 있어야 하기 때문에 F4 키를 눌러 '절대 참조($G$5:$G$12)'로 지정해야 합니다.

  – Order 입력 칸은 내림차순으로 지정하기 위해 아무것도 입력하지 않습니다.

  ※ 'Order' 입력 칸에 '0'이 아닌 값을 입력하면 오름차순, 아무것도 입력하지 않거나 '0'을 입력하면 내림차순으로 정렬됩니다.

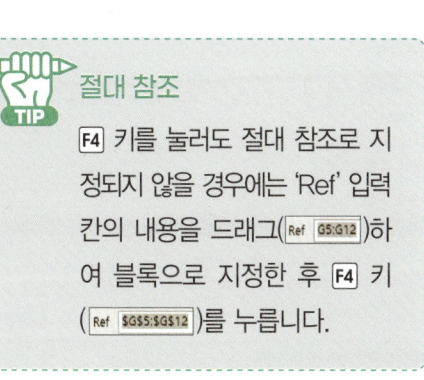

절대 참조

F4 키를 눌러도 절대 참조로 지정되지 않을 경우에는 'Ref' 입력 칸의 내용을 드래그(Ref G5:G12)하여 블록으로 지정한 후 F4 키 (Ref $G$5:$G$12)를 누릅니다.

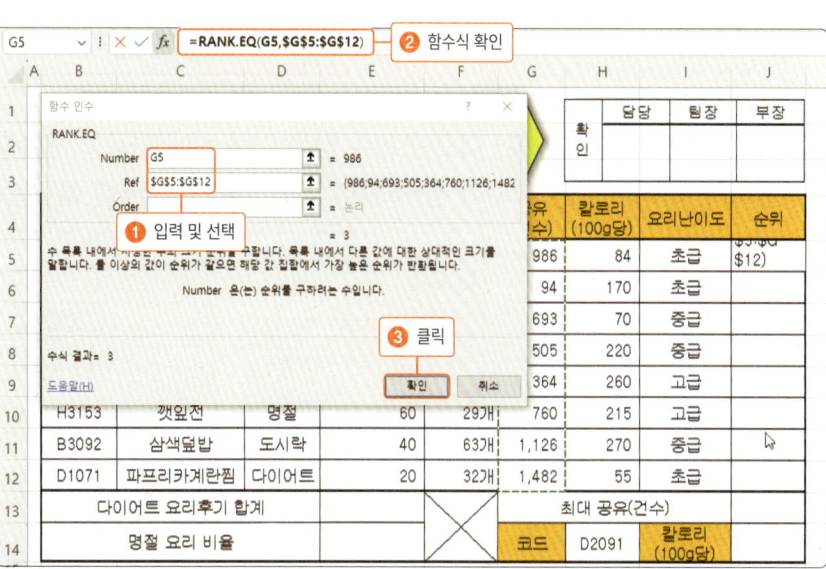

④ 함수가 계산되면 [J5] 셀의 **채우기 핸들(+)**을 [J12] 셀까지 드래그합니다.

다이어트 요리후기 합계 구하기(DSUM 함수, & 연산자)

≪조건≫ : ⑶ 다이어트 요리후기 합계 ⇒ 결과값에 '개'를 붙이시오. 단, 조건은 입력데이터를 이용하시오(DSUM 함수, & 연산자)(예 : 10개).

■ DSUM 함수

DSUM 함수 : 지정한 조건에 맞는 데이터베이스에서 필드(열) 값들의 합계를 구하는 함수

① [E13] 셀을 클릭한 후 수식 입력줄의 '**함수 삽입(fx)**'(**Shift**+**F3**)을 클릭합니다.

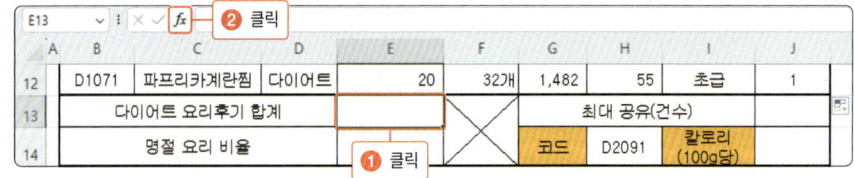

② [함수 마법사] 대화상자가 나오면 함수 검색 입력 칸에 사용할 '**함수명(DSUM)**'을 입력한 후 〈검색〉 단추를 클릭합니다. 이어서, 해당 함수가 검색되어 나오면 〈확인〉 단추를 클릭합니다.

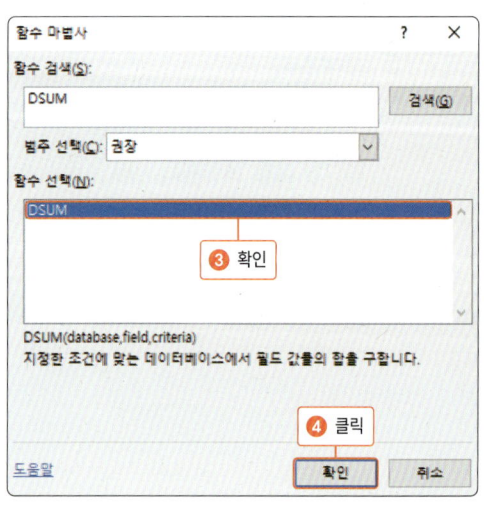

❸ [함수 인수] 대화상자가 나오면 아래와 같이 각각의 인수 값을 입력한 후 〈확인〉 단추를 클릭합니다.

- Database 입력 칸을 클릭한 후 [B4:H12] 영역을 드래그합니다.

    ※ Database 인수는 데이터베이스나 목록으로 지정할 셀 범위입니다.

- Field 입력 칸을 클릭한 후 요리후기 합계를 계산하기 위해 [F4] 셀을 클릭하거나 5를 입력합니다.

    ※ Field 인수는 목록(데이터베이스)에서 조건(Criteria 인수에서 조건 지정)에 맞는 합계를 구할 열의 위치를 선택하거나 입력합니다.

- Criteria 입력 칸을 클릭한 후 분류가 다이어트인 조건을 지정하기 위해 [D4:D5] 영역을 드래그합니다.

    ※ Criteria 인수는 찾을 조건이 있는 셀 범위로 열 레이블과 조건 레이블이 포함되어야 합니다.

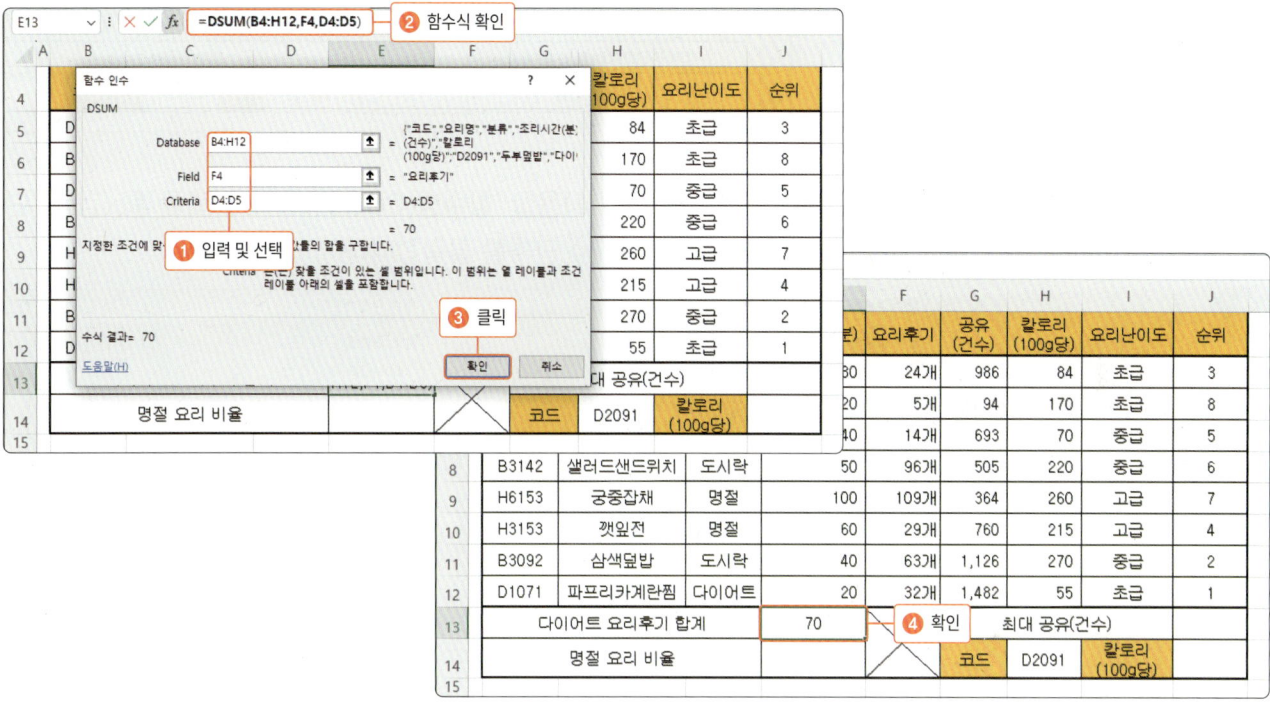

❹ 수식 입력줄에서 함수 끝나는 부분을 클릭합니다. 이어서, &"개"를 입력하고 Enter 키를 누릅니다.

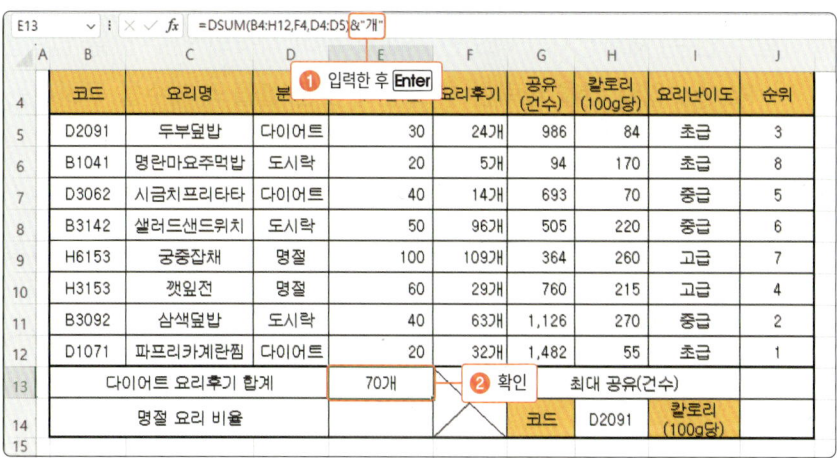

명절 요리 비율 구하기(COUNTIF 함수, COUNTA 함수)

≪조건≫ : (4) 명절 요리 비율 ⇒ 정의된 이름(분류)을 이용하여 구하고, 결과값은 백분율로 표시하시오(COUNTIF, COUNTA 함수).

■ COUNTIF 함수

COUNTIF 함수 : 특정 조건을 만족하는 셀의 개수를 구하는 함수

❶ [E14] 셀을 클릭한 후 수식 입력줄의 '함수 삽입(*fx*)'(**Shift**+**F3**)을 클릭합니다.

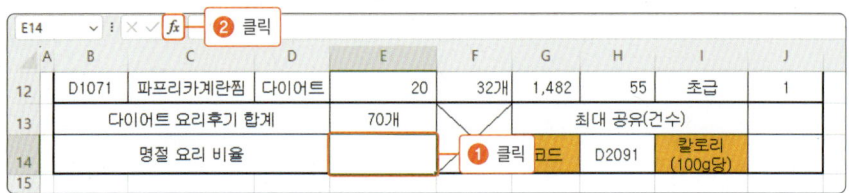

❷ [함수 마법사] 대화상자가 나오면 함수 검색 입력 칸에 사용할 '**함수명(COUNTIF)**'을 입력한 후 〈검색〉 단추를 클릭합니다. 이어서, 해당 함수가 검색되어 나오면 〈확인〉 단추를 클릭합니다.

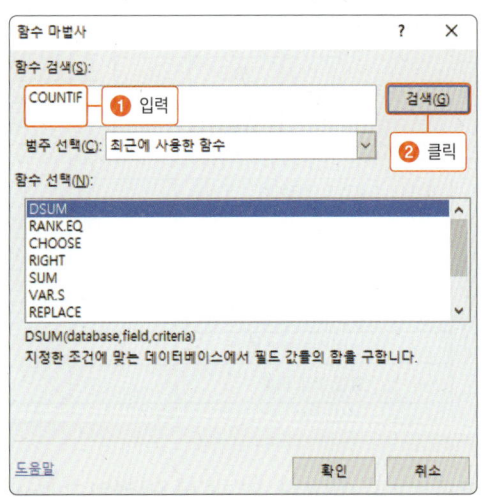
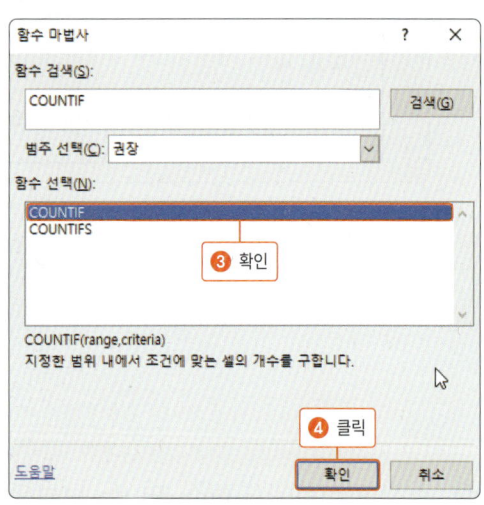

❸ [함수 인수] 대화상자가 나오면 아래와 같이 각각의 인수 값을 입력한 후 〈확인〉 단추를 클릭합니다.
　– Range 입력 칸을 클릭한 후 조건에 맞는 셀들의 개수를 구하려는 영역([D5:D12])을 드래그합니다.
　　※ Range 인수는 조건(Criteria에 입력한 값을 기준)에 맞는 셀의 개수를 구하려는 셀 범위입니다.
　　※ [D5:D12] 영역은 앞에서 이름으로 정의 했기 때문에, Range 인수에 '분류'라고 입력됩니다.
　– Criteria 입력 칸을 클릭한 후 명절 요리 비율을 구하기 위해 "명절"을 입력합니다.
　　※ Criteria 인수는 셀의 개수를 구할 조건을 지정하는 곳으로 '숫자, 식, 텍스트' 형태로 입력합니다.

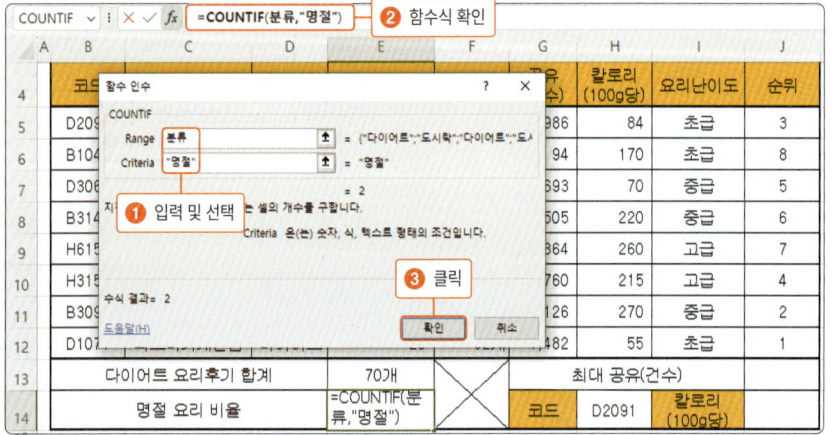

❹ COUNTIF 함수식이 입력된 수식 입력줄을 클릭한 후 함수식 맨 뒤에 '나누기 기호(/)'를 입력합니다. 이어서, 수식 입력 줄의 '함수 삽입([fx])'([Shift]+[F3])을 클릭합니다.

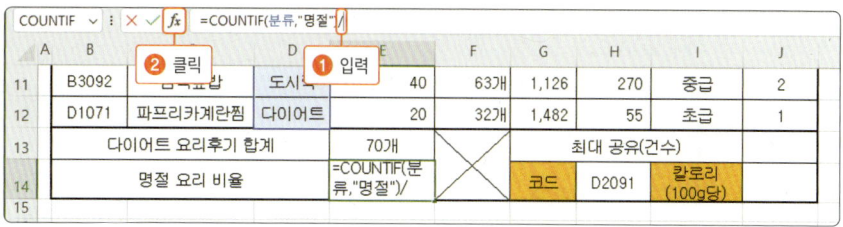

■ COUNTA 함수

> **COUNTA 함수** : 지정된 셀 범위에서 공백을 제외한 모든(문자, 숫자, 논리값 등) 셀의 개수를 구하는 함수

❺ [함수 마법사] 대화상자가 나오면 함수 검색 입력 칸에 사용할 '**함수명(COUNTA)**'을 입력한 후 〈검색〉 단추를 클릭합니다. 이어서, 해당 함수가 검색되어 나오면 〈확인〉 단추를 클릭합니다.

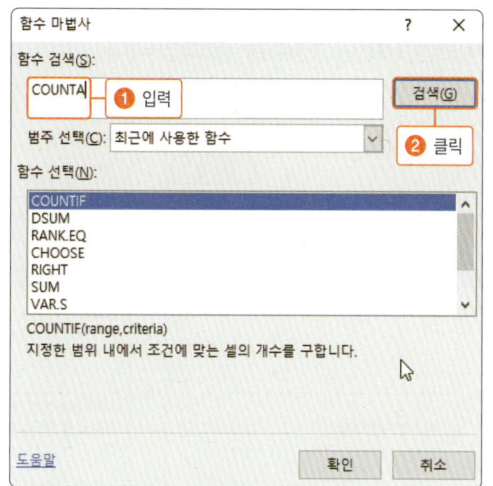
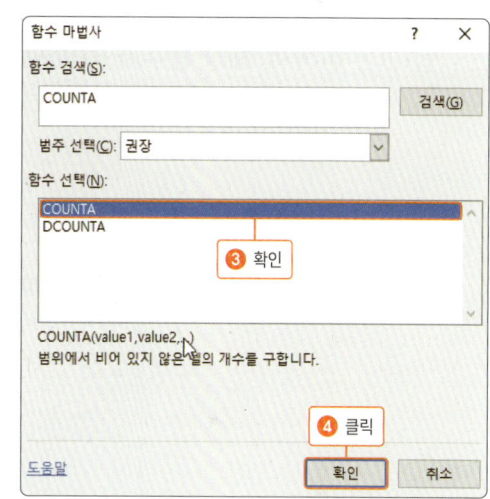

❻ [함수 인수] 대화상자가 나오면 아래와 같이 인수 값을 입력한 후 〈확인〉 단추를 클릭합니다. 이어서, [홈]-[표시 형식] 그룹에서 '백분율(%)'을 클릭합니다.

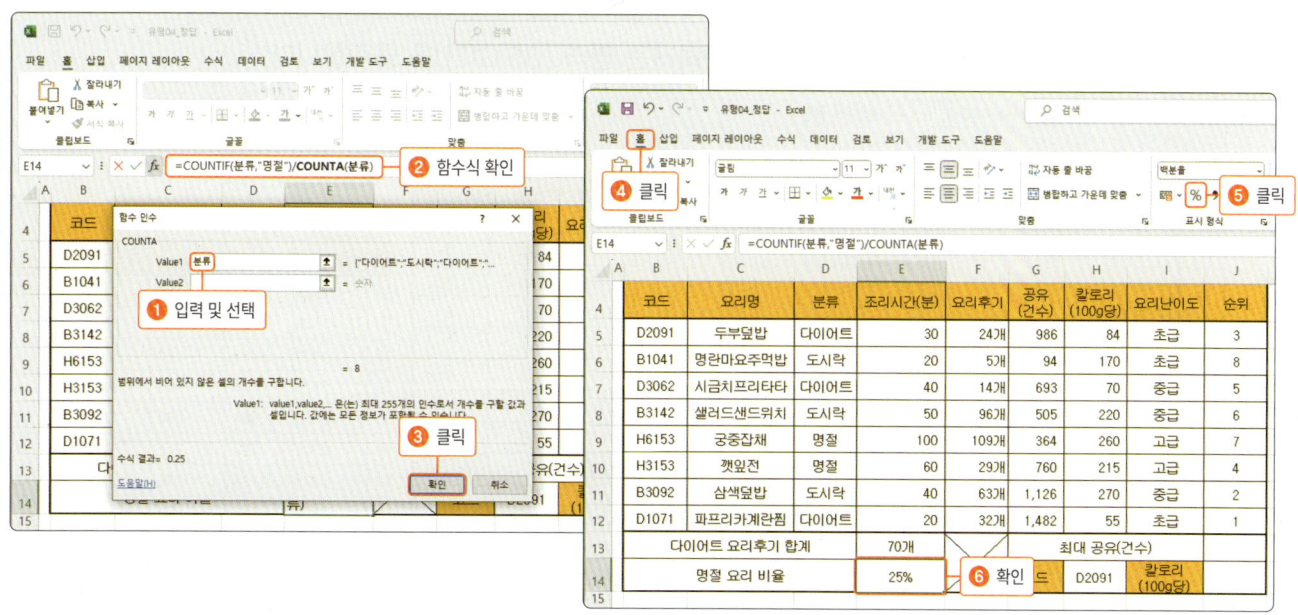

Skill 09 최대 공유(건수) 구하기(MAX 함수)

≪조건≫ : (5) 최대 공유(건수) ⇒ (MAX 함수)

■ MAX 함수

MAX 함수 : 최대값을 구하는 함수

① [J13] 셀을 클릭한 후 수식 입력줄의 '**함수 삽입**(*fx*)'(**Shift**+**F3**)을 클릭합니다.

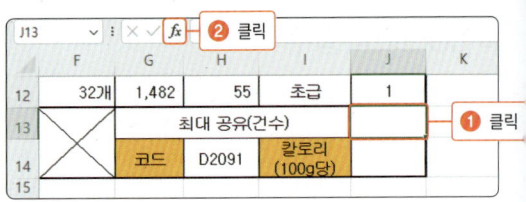

② [함수 마법사] 대화상자가 나오면 함수 검색 입력 칸에 사용할 '**함수명(MAX)**'을 입력한 후 〈검색〉 단추를 클릭합니다. 이어서, 해당 함수가 검색되어 나오면 〈확인〉 단추를 클릭합니다.

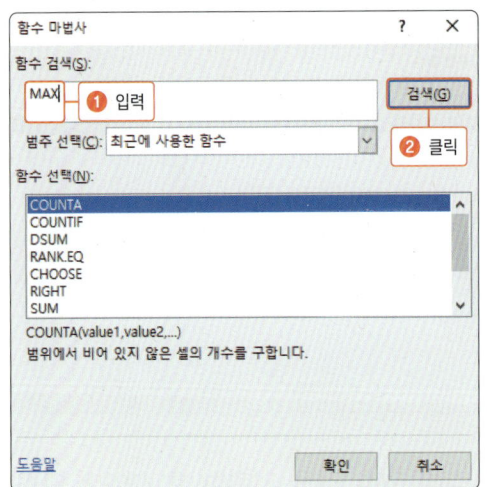 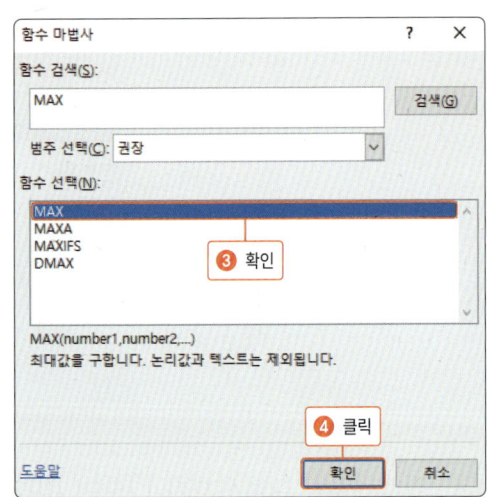

③ [함수 인수] 대화상자가 나오면 아래와 같이 인수 값을 입력한 후 〈확인〉 단추를 클릭합니다.
   - Number1 입력 칸을 클릭한 후 최대값을 구하려는 영역([G5:G12])을 클릭합니다.

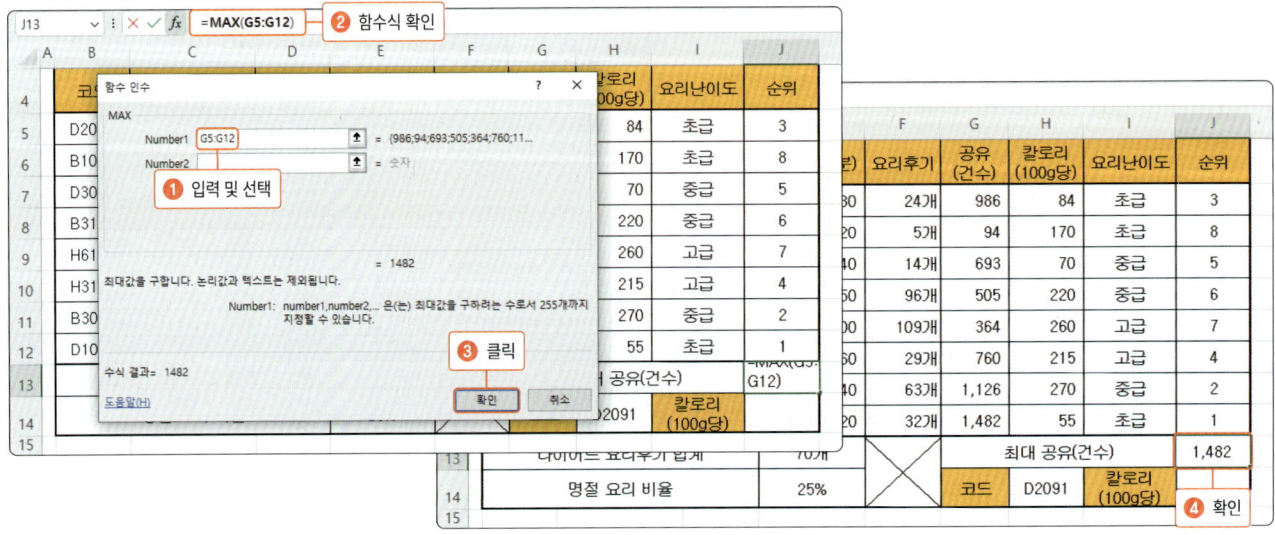

출제유형 04 **3-62** [제1작업] 값 계산(함수) 및 조건부 서식

Skill 10 칼로리(100g당) 구하기(VLOOKUP 함수)

≪조건≫ : (6) 칼로리(100g당) ⇒ 「H14」 셀에서 선택한 코드에 대한 칼로리(100g당)를 구하시오(VLOOKUP 함수).

■ VLOOKUP 함수

VLOOKUP 함수 : 지정된 셀 범위의 왼쪽 첫 번째 열에서 특정 값을 찾아 지정한 열과 같은 행에 위치한 값을 표시하는 함수

① [J14] 셀을 클릭한 후 수식 입력줄의 '함수 삽입(*fx*)'(Shift+F3)을 클릭합니다.

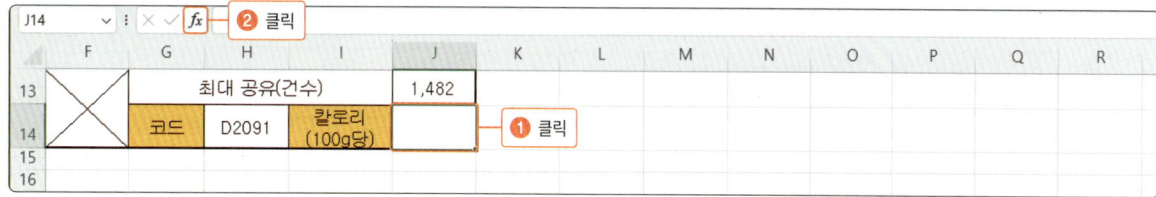

② [함수 마법사] 대화상자가 나오면 함수 검색 입력 칸에 사용할 '**함수명(VLOOKUP)**'을 입력한 후 〈검색〉 단추를 클릭합니다. 이어서, 해당 함수가 검색되어 나오면 〈확인〉 단추를 클릭합니다.

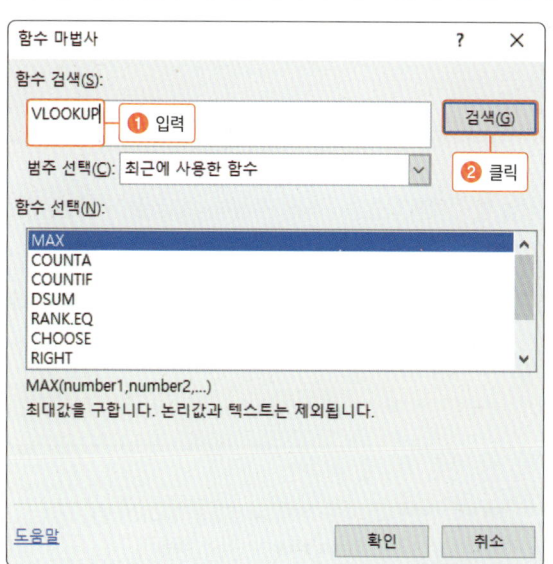 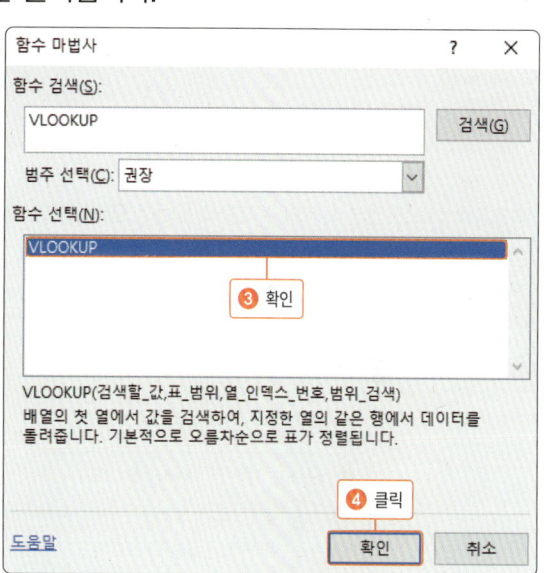

③ [함수 인수] 대화상자가 나오면 아래와 같이 각각의 인수 값을 입력한 후 〈확인〉 단추를 클릭합니다.
   - **검색할_값** 입력 칸을 클릭한 후 코드에 대한 칼로리(100g당)를 찾기 위해 데이터 유효성 검사가 적용된 [H14] 셀을 클릭합니다.

   ※ 검색할_값 인수는 찾으려는 값을 지정합니다.

   - **표_범위** 입력 칸을 클릭한 후 [B5:H12] 영역을 드래그 합니다. 단, 범위 지정 시 찾을 값이 있는 열(코드)이 첫 번째 열로 지정되어야 합니다.

   ※ 표_범위 인수는 찾을 값이 포함된 범위를 지정합니다.

   - **열_인덱스_번호** 입력 칸을 클릭한 후 칼로리(100g당) 필등의 위치 값인 7을 입력합니다.

   ※ [B5:H12] 범위를 기준으로 첫 번째 열(코드)이 '1'이기 때문에 칼로리(100g당) 필드의 위치 값은 '7'이 됩니다.
   ※ 열_인덱스_번호 인수는 '표_범위' 내의 열 번호 중 값을 추출할 열을 지정합니다. 단, 표_범위에서 지정한 셀 범위 중 첫 번째 열의 값이 '1'로 기준이 됩니다.

- **범위_검색** 입력 칸을 클릭한 후 정확하게 일치하는 값을 찾기 위해 **0** 또는 **FALSE**를 입력합니다.

  ※ 범위_검색 인수는 셀 범위에서 정확하게 일치하는 값을 찾으려면 FALSE(또는 0)를 입력하고, 비슷하게 일치하는 근삿값을 찾으려면 TRUE(생략 또는 1)를 입력합니다.

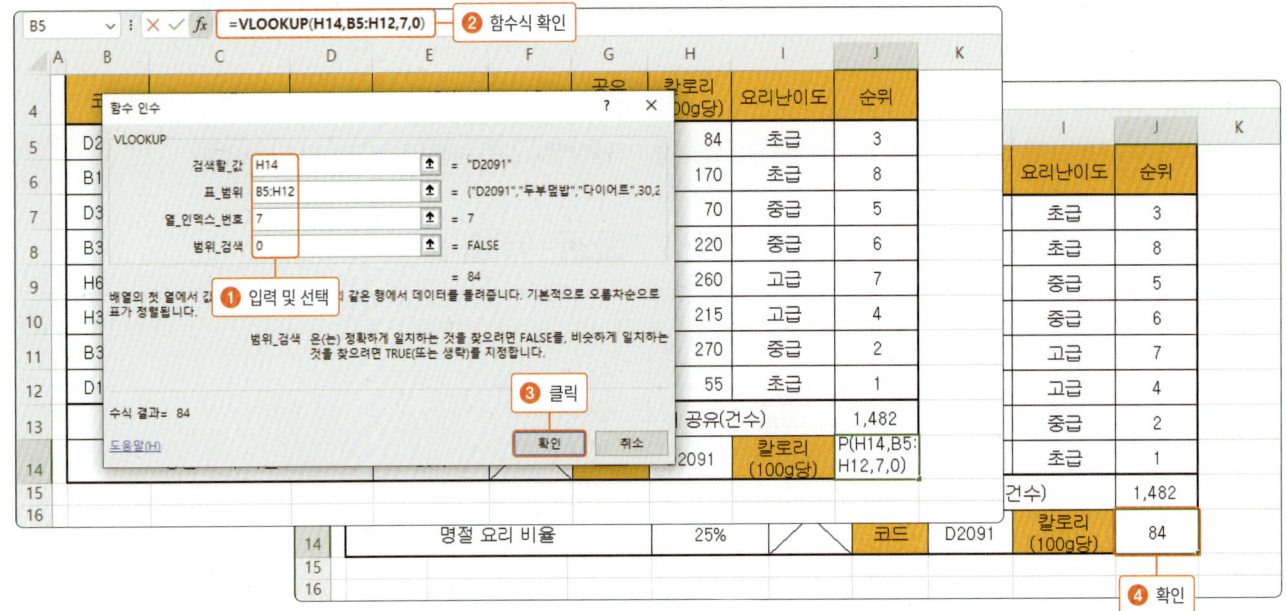

Skill 11 조건부 서식

≪조건≫ : (7) 조건부 서식의 수식을 이용하여 요리후기가 '60' 이상인 행 전체에 다음의 서식을 적용하시오(글꼴 : 파랑, 굵게).

① 조건부 서식을 지정할 [B5:J12] 영역을 드래그한 후 [홈] 탭의 [스타일] 그룹에서 [조건부 서식(▦)]-'새 규칙(▦)'을 선택합니다.

  ※ 조건부 서식을 적용할 범위를 영역으로 지정할 때는 필드명(4행)이 포함되지 않도록 주의합니다.

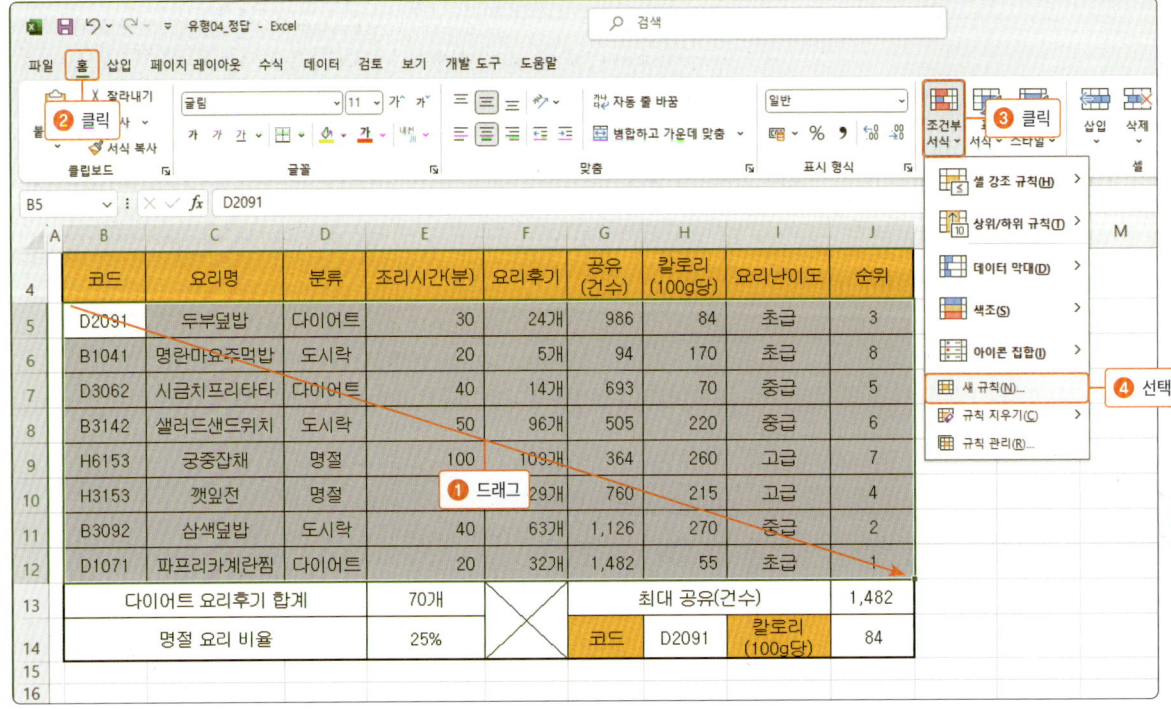

❷ [새 서식 규칙] 대화상자가 나오면 '▶수식을 사용하여 서식을 지정할 셀 결정'을 선택합니다. 이어서, '다음 수식이 참인 값의 서식 지정' 입력 칸에 '=$F5>=60'을 입력한 후 〈서식〉 단추를 클릭합니다.

※ 수식을 입력할 때 [F5] 셀을 클릭한 후 F4 키를 2번 누르면 열 고정 혼합 참조 ($F5)로 변경됩니다.

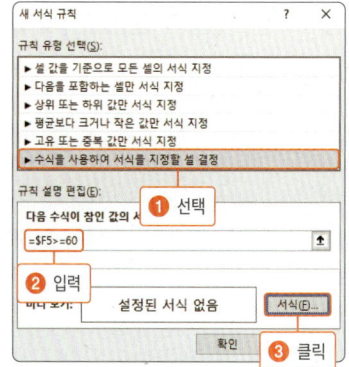

 수식을 이용하여 행 전체에 서식 지정하기
수식(=$F5>=60)을 이용하여 행 전체에 서식을 지정할 때 참조할 셀([F5])은 반드시 열 고정 혼합 참조(예 : $F5)로 지정되어야 합니다. 열 고정 혼합 참조로 지정되면 [F] 열을 고정한 채 행([5:12])만 차례대로 확인하여 요리후기가 '60' 이상이면 해당 행에 설정된 서식을 적용합니다.

❸ [셀 서식] 대화상자가 나오면 [글꼴] 탭을 클릭한 후 '글꼴 스타일(굵게), 색(파랑)'을 지정한 후 〈확인〉 단추를 클릭합니다.

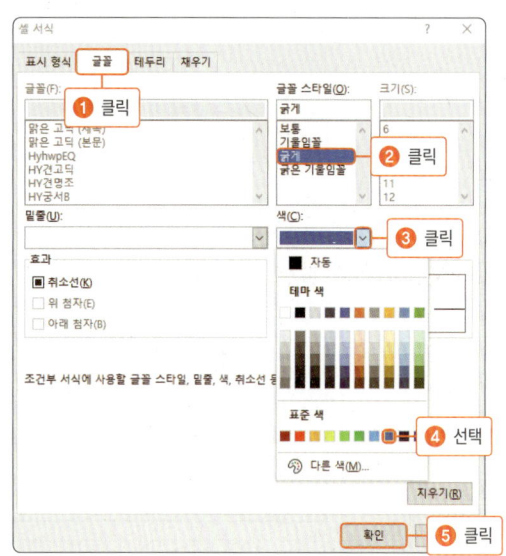

❹ 다시 [새 서식 규칙] 대화상자가 나오면 입력한 수식(=$F5>=60)과 글꼴 서식(파랑, 굵게)을 확인한 후 〈확인〉 단추를 클릭합니다.

※ 조건부 서식을 지정한 후 특정 열이 '###'으로 표시되거나, 열 간격이 너무 좁다고 판단되면 열의 너비를 조절합니다.

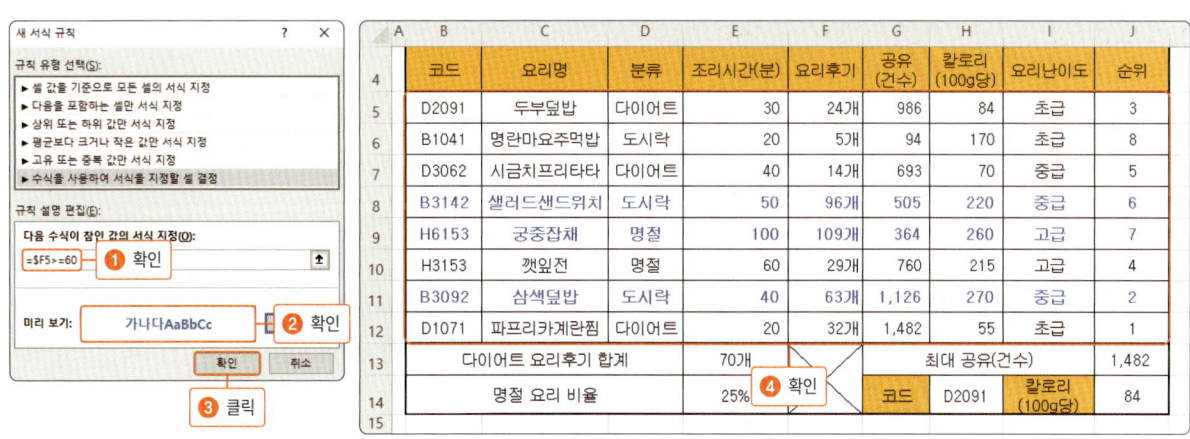

❺ 모든 작업이 끝나면 [파일]-[저장](Ctrl+S) 또는 [빠른 실행 도구 모음]에서 '저장(🖫)'을 클릭합니다.

※ 실제 시험을 볼 때 작업 도중에 수시로(10분에 한 번 정도) 저장을 하는 것이 좋습니다.

TIP 조건부 서식의 편집 및 삭제

❶ 조건부 서식이 지정된 셀을 범위로 지정합니다.

❷ [홈] 탭의 [스타일] 그룹에서 [조건부 서식(🞑)]-'규칙 관리'를 선택하면 지정된 조건부 서식의 내용을 수정하거나 삭제할 수 있습니다.

❸ 조건부 서식 편집 : [조건부 서식 규칙 관리자] 대화상자에서 〈규칙 편집〉 단추를 클릭합니다.

❹ 조건부 서식 삭제 : [조건부 서식 규칙 관리자] 대화상자에서 〈규칙 삭제〉 단추를 클릭합니다.

※ 만약 조건부 서식이 지정된 셀의 범위를 모르거나, 범위를 선택하지 않았다면 서식 규칙 표시에 '현재 선택 영역'을 '현재 워크 시트'로 변경하면 규칙을 확인할 수 있습니다.

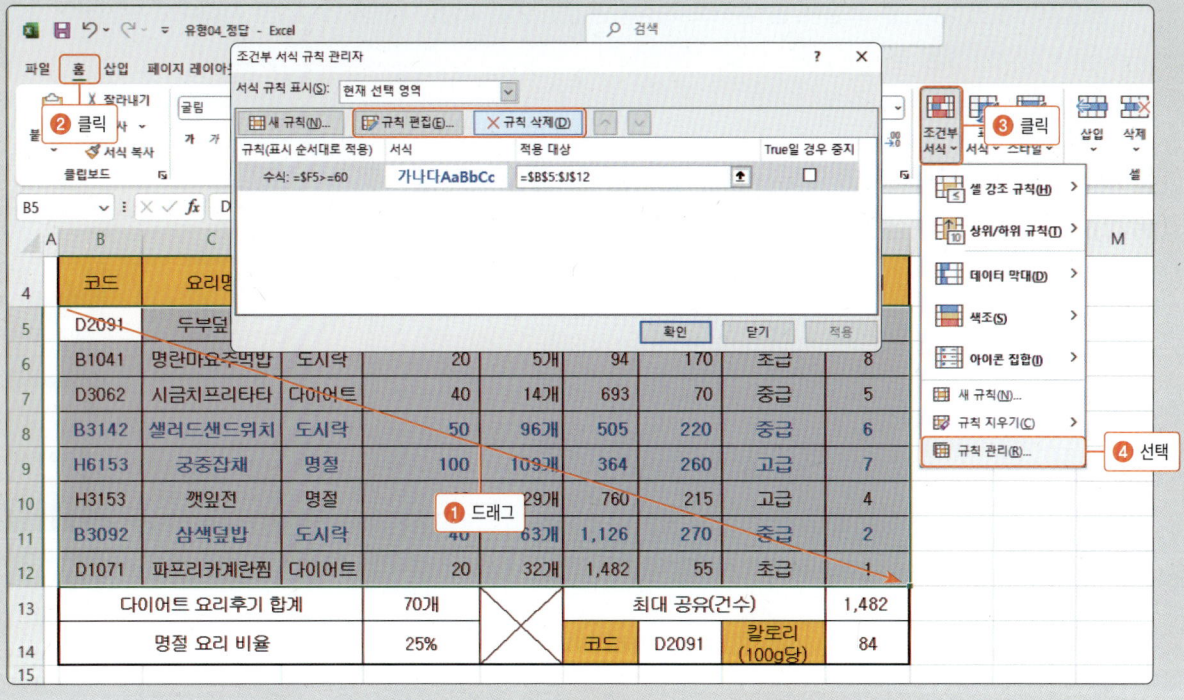

TIP 함수 정렬

함수로 지정된 범위 내에서 문자는 '가운데 정렬', 숫자는 '오른쪽 정렬'로 정답 파일에 지정되어 있으나, 실제 시험 환경에서는 기본 정렬 설정이 적용되더라도 점수에는 영향을 미치지 않습니다.

데이터 막대를 이용한 조건부 서식 지정하기

• 소스 : 유형04_데이터 막대_문제.xlsx   • 정답 : 유형04_데이터 막대_정답.xlsx

≪조건≫ : (7) 조건부 서식의 수식을 이용하여 판매금액(단위:원) 셀에 데이터 막대 스타일(녹색)을 최소값 및 최대값으로 적용하시오.

❶ [F5:F12] 영역을 드래그 한 후 [홈] 탭의 [스타일] 그룹에서 [조건부 서식(📊)]-[데이터 막대(📊)]-단색 채우기-'녹색 데이터 막대(📊)'를 클릭합니다.

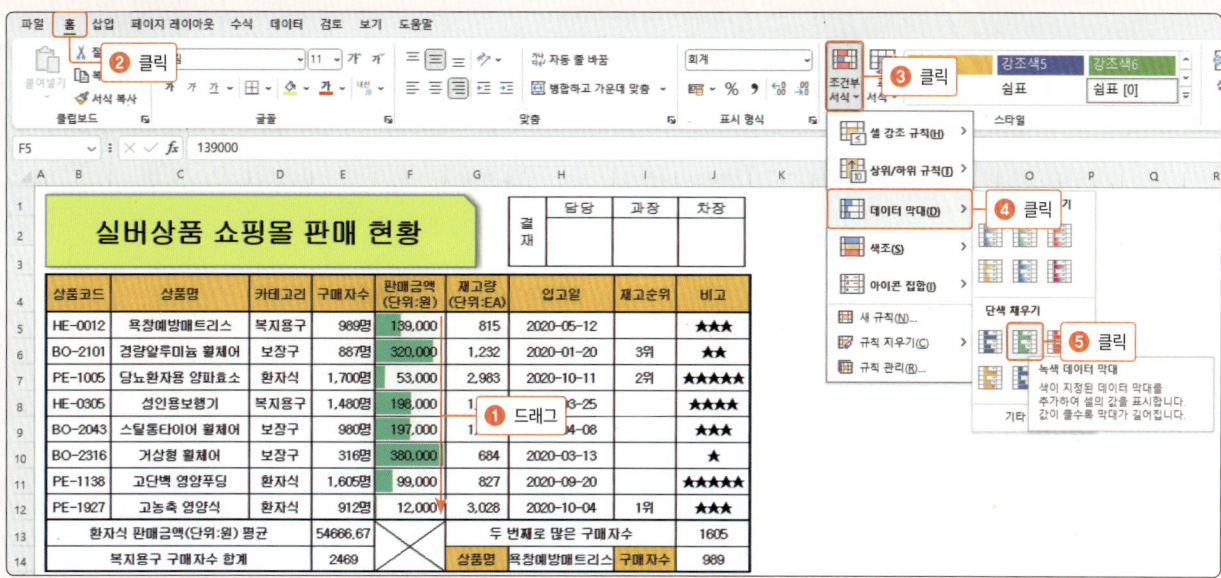

❷ 막대 스타일이 적용되면 다시 [조건부 서식(📊)]-'규칙 관리'를 클릭합니다.

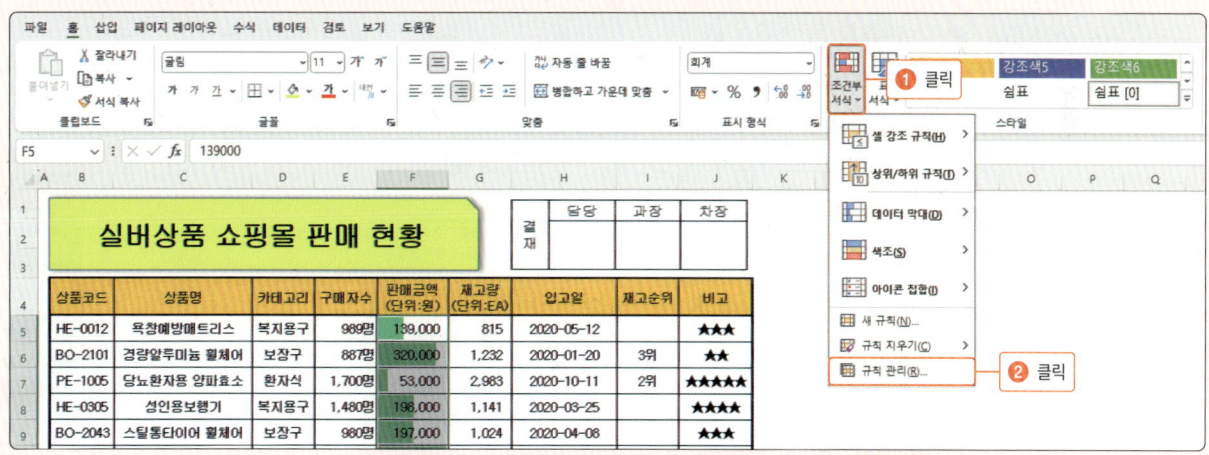

❸ [조건부 서식 규칙 관리자] 대화상자가 나오면 〈규칙 편집〉 단추를 클릭합니다.

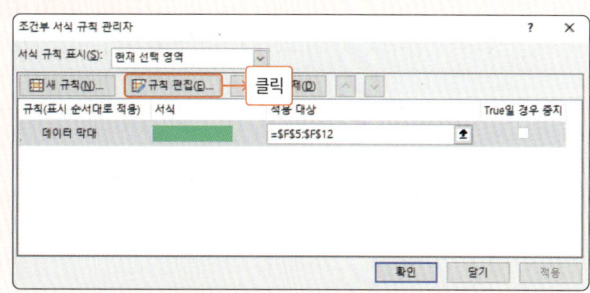

❹ [서식 규칙 편집] 대화상자가 나오면 '종류' 항목에서 최소값(최소값)과 최대값(최대값)을 변경한 후 〈확인〉 단추를 클릭합니다.

❺ [조건부 서식 규칙 관리자] 대화상자가 다시 나오면 〈확인〉 단추를 클릭한 후 데이터 막대 스타일을 확인합니다.

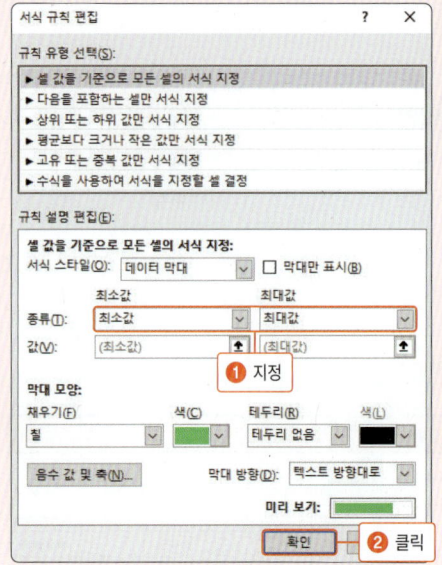

데이터 막대 조건부 서식을 한 번에 지정하기

❶ 데이터 막대를 이용하여 조건부 서식을 지정하기 위해 [F5:F12] 영역을 드래그 합니다.
❷ [홈] 탭의 [스타일] 그룹에서 [조건부 서식(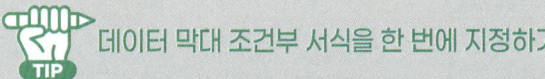)]-[데이터 막대(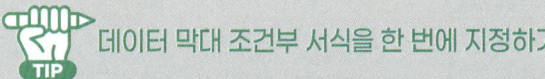)]-'기타 규칙'을 클릭합니다.
❸ [새 서식 규칙] 대화상자가 나오면 종류를 최소값 및 최대값으로 지정한 후 색을 녹색으로 선택합니다. 이어서, 〈확인〉 단추를 클릭합니다.

※ [새 서식 규칙] 대화상자를 이용하여 데이터 막대를 지정하면 색(예 : 녹색)이 녹색 데이터 막대보다 진하게 나오지만 채점과는 무관합니다.

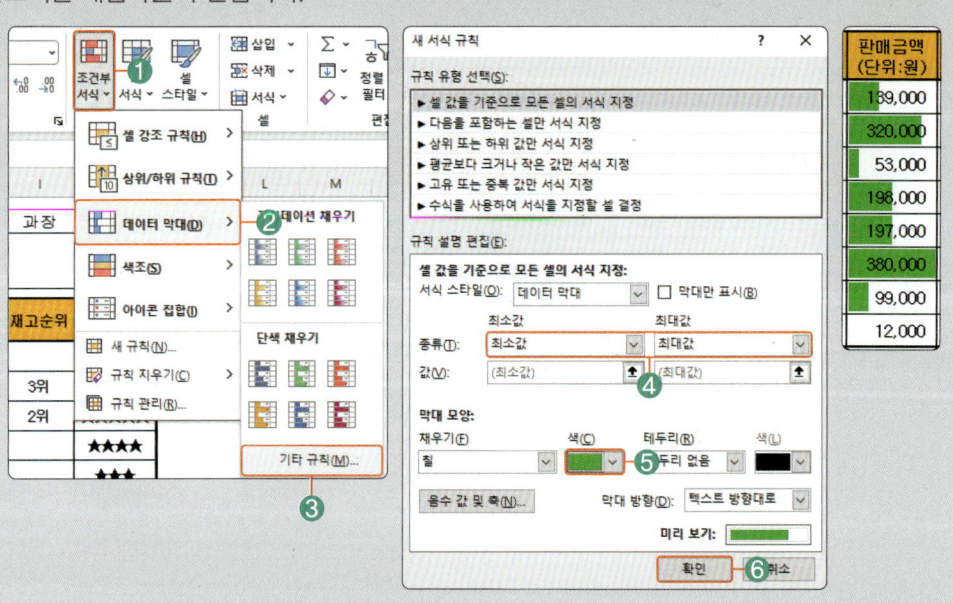

출제유형 완전정복 › [제1작업] 값 계산(함수) 및 조건부 서식

완전정복-01 다음과 같이 《조건》 및 《출력형태》를 작성해 보세요.

• 소스 : 정복04_문제01.xlsx • 정답 : 정복04_정답01.xlsx

작성 시간 / 권장 시간
분 / 10분

➡ 다음은 '인기 복합기 판매 현황'에 대한 자료이다. 자료를 입력하고 조건에 맞도록 작업하시오.

《출력형태》

제품코드	제품명	제조사	판매금액	인쇄속도(ppm)	판매수량 (단위:대)	재고수량 (단위:대)	판매순위	평가
K2949	루이	레몬	149,000	14	157	64	(1)	(2)
P3861	레옹	이지전자	150,000	16	184	48	(1)	(2)
L3997	지니	레몬	344,000	15	154	101	(1)	(2)
K2789	퍼플	티파니	421,000	19	201	65	(1)	(2)
K6955	밴티지	이지전자	175,000	6	98	128	(1)	(2)
P3811	다큐프린터	레몬	245,000	17	217	87	(1)	(2)
L3711	로사프린터	티파니	182,000	12	256	36	(1)	(2)
L4928	새롬레이저	이지전자	389,000	18	94	117	(1)	(2)
티파니 제조사 재고수량(단위:대) 합계			(3)		티파니 제조사 비율			(5)
레몬 제조사 최고 판매금액			(4)		제품코드	K2949	판매순위 (단위:대)	(6)

《조건》

☞ (1)~(6) 셀은 반드시 **주어진 함수를 이용**하여 값을 구하시오(결과값을 직접 입력하면 해당 셀은 0점 처리됨).

(1) 판매 순위 ⇒ 정의된 이름(판매수량)을 이용하여 내림차순 순위를 구한 결과값에 '위'를 붙이시오
    (RANK.EQ 함수, & 연산자)(예 : 1위).

(2) 평가 ⇒ 인쇄속도(ppm)가 전체 인쇄속도(ppm)에서 세 번째로 큰 값 이상이면 '우수',
    그 외에는 공백으로 표시하시오(IF, LARGE 함수).

(3) 티파니 제조사 재고수량(단위:대) 합계 ⇒ (SUMIF 함수)

(4) 레몬 제조사 최고 판매금액 ⇒ 조건은 입력데이터를 이용하시오(DMAX 함수).

(5) 티파니 제조사 비율 ⇒ 결과값을 백분율로 표시하시오(COUNTIF, COUNTA 함수).

(6) 판매수량(단위:대) ⇒ 「H14」 셀에서 선택한 제품코드에 대한 판매수량(단위:대)을 구하시오(VLOOKUP 함수).

(7) 조건부 서식의 수식을 이용하여 재고수량(단위:대)이 '100' 이상인 행 전체에 다음의 서식을 적용하시오
    (글꼴 : 파랑, 굵게).

완전정복-02

다음과 같이 《조건》 및 《출력형태》를 작성해 보세요.

- 소스 : 정복04_문제02.xlsx
- 정답 : 정복04_정답02.xlsx

작성 시간 / 권장 시간
분 / 10분

▶ 다음은 '우리마트 라면 판매 현황'에 대한 자료이다. 자료를 입력하고 조건에 맞도록 작업하시오.

《출력형태》

제품코드	제품명	분류	가격	전월판매량	당월판매량	스코빌지수	판매순위	증감률(%)
A1545	새우 라면	봉지	1,350	28,200	29,350	5,013	(1)	(2)
Y1565	매운 라면	봉지	1,400	57,300	44,700	4,044	(1)	(2)
R1886	비빔 얼큰면	스티로폼(PS)	1,800	10,700	9,030	2,769	(1)	(2)
Y1314	앵그리 레드면	종이	1,200	5,300	5,900	8,557	(1)	(2)
E1363	국민 매콤라면	종이	1,100	37,300	45,500	3,960	(1)	(2)
A1599	콩나물 김치면	봉지	950	18,700	13,900	5,930	(1)	(2)
T1436	홍합 짬뽕면	스티로폼(PS)	2,500	12,400	22,500	4,000	(1)	(2)
T1578	불맛 쫄면	종이	2,450	10,000	10,900	3,037	(1)	(2)
봉지 제품 최고 스코빌지수			(3)		봉지 제품 당월판매량 평균			(5)
스티로폼(PS) 제품 개수			(4)		제품코드	A1545	당월판매량	(6)

《조건》

☞ (1)~(6) 셀은 반드시 **주어진 함수를 이용**하여 값을 구하시오(결과값을 직접 입력하면 해당 셀은 0점 처리됨).

(1) 판매순위 ⇒ 당월판매량의 내림차순 순위를 1~3까지 구하고, 그 외에는 공백으로 구하시오
        (IF, RANK.EQ 함수).

(2) 증감률(%) ⇒ 「당월판매량÷전월판매량×100」으로 계산하되, 소수점 아래는 버리고 정수로 구하시오
        (INT 함수)(예 : 126.54 → 126).

(3) 봉지 제품 최고 스코빌지수 ⇒ 조건은 입력데이터를 이용하여 구하시오(DMAX 함수).

(4) 스티로폼(PS) 제품 개수 ⇒ 정의된 이름(분류)을 이용하여 구한 결과값 뒤에 '개'를 붙이시오
        (COUNTIF 함수, & 연산자)(예 : 2개).

(5) 봉지 제품 당월판매량 평균 ⇒ 반올림하여 정수로 구하시오. 단, 조건은 입력데이터를 이용하시오
        (ROUND, DAVERAGE 함수)(예 : 30,528.64 → 30,529).

(6) 당월판매량 ⇒ 「H14」 셀에서 선택한 제품코드에 대한 당월판매량을 구하시오(VLOOKUP 함수).

(7) 조건부 서식의 수식을 이용하여 당월판매량이 '40,000' 이상인 행 전체에 다음의 서식을 적용하시오
   (글꼴 : 파랑, 굵게).

완전정복-03

다음과 같이 《조건》 및 《출력형태》를 작성해 보세요.

- 소스 : 정복04_문제03.xlsx
- 정답 : 정복04_정답03.xlsx

작성 시간 / 권장 시간
분 / 10분

▶ 다음은 '**찾아가는 작은 도서관 현황**'에 대한 자료이다. 자료를 입력하고 조건에 맞도록 작업하시오.

《출력형태》

	A	B	C	D	E	F	G	H	I	J
1								확인	담당	팀장	부장
2			찾아가는 작은 도서관 현황								
3											
4		관리코드	도서관명	관리자	주요 활동	도서 보유량(단위:권)	대출 도서량(단위:권)	이용자 수	개관일	순위
5		SB-101	풀이음	이미영	책 읽기	5,500	550	3,412	(1)	(2)
6		BC-124	문고	김지은	체험 활동	1,800	158	1,300	(1)	(2)
7		DB-210	작은 문학	박현우	책 읽기	4,800	450	2,850	(1)	(2)
8		SM-312	한마음	장경미	영상 상영	2,855	124	1,200	(1)	(2)
9		PC-211	책의 향기	손현준	체험 활동	2,600	180	1,850	(1)	(2)
10		VB-132	도서의 정원	이현주	책 읽기	4,500	458	1,243	(1)	(2)
11		SM-320	독서 공간	김수현	영상 상영	2,850	285	1,450	(1)	(2)
12		PB-303	미니 문학	나영미	책 읽기	5,200	650	3,654	(1)	(2)
13		도서 보유량(단위:권) 평균 이상 도서관 수			(3)			체험 활동 이용자 수 합계			(5)
14		책 읽기 대출 도서량(단위:권) 평균			(4)			도서관명	풀이음	이용자 수	(6)

《조건》

☞ (1)~(6) 셀은 반드시 **주어진 함수를 이용**하여 값을 구하시오(결과값을 직접 입력하면 해당 셀은 0점 처리됨).

(1) 개관일 ⇒ 관리코드 네 번째 글자가 1이면 '화~토', 그 외에는 '월~금'으로 구하시오(IF, MID 함수).

(2) 순위 ⇒ 대출 도서량(단위:권)의 내림차순 순위를 구하시오(RANK.EQ 함수).

(3) 도서 보유량(단위:권) 평균 이상 도서관 수 ⇒ 결과값에 '개'를 붙이시오
  (COUNTIF, AVERAGE 함수, & 연산자)(예 : 1개).

(4) 책 읽기 대출 도서량(단위:권) 평균 ⇒ 단, 조건은 입력데이터를 이용하시오(DAVERAGE 함수).

(5) 체험 활동 이용자 수 합계 ⇒ 정의된 이름(이용자)을 이용하여 구하시오(SUMIF 함수).

(6) 이용자 수 ⇒ 「H14」셀에서 선택한 도서관명에 대한 이용자 수를 구하시오(VLOOKUP 함수).

(7) 조건부 서식의 수식을 이용하여 대출 도서량(단위:권)이 '200' 이하인 행 전체에 다음의 서식을 적용하시오
  (글꼴 : 파랑, 굵게).

완전정복-04

다음과 같이 《조건》 및 《출력형태》를 작성해 보세요.

- 소스 : 정복04_문제04.xlsx
- 정답 : 정복04_정답04.xlsx

작성 시간 / 권장 시간
분 / 10분

▶ 다음은 '홈케어 제품 매출 현황'에 대한 자료이다. 자료를 입력하고 조건에 맞도록 작업하시오.

《출력형태》

	A	B	C	D	E	F	G	H	I	J
1								확인	담당	대리	과장
2			홈케어 제품 매출 현황							
3										
4		제품번호	제품명	분류	제조사	가격	3월매출(천원)	4월매출(천원)	순위	구분
5		SL1-01	리큐 제트	세탁세제	미래건강	28,700	82,570	92,600	(1)	(2)
6		FC1-01	주택세정제	청소세제	보리수	9,800	18,300	21,800	(1)	(2)
7		FK1-01	트로피칼	주방세제	해피그린	9,700	21,350	28,960	(1)	(2)
8		SL2-02	파워젤	세탁세제	해피그린	18,500	42,760	38,470	(1)	(2)
9		SK2-02	슈가버블	주방세제	미래건강	11,000	50,700	56,590	(1)	(2)
10		WC2-03	살균세정제	청소세제	미래건강	21,300	31,580	34,600	(1)	(2)
11		CC1-02	비타민베리	주방세제	해피그린	8,500	19,840	23,770	(1)	(2)
12		FL2-03	다우니 블루	세탁세제	보리수	15,300	37,960	35,600	(1)	(2)
13		가격이 평균 가격 이상인 제품수			(3)			청소세제 3월매출(천원) 합계		(5)
14		세탁세제 3월매출(천원) 평균			(4)		제품명	리큐 제트	가격	(6)

《조건》

☞ (1)~(6) 셀은 반드시 **주어진 함수를 이용**하여 값을 구하시오(결과값을 직접 입력하면 해당 셀은 0점 처리됨).

(1) 순위 ⇒ 정의된 이름(매출4월)을 이용하여 4월매출(천원)의 내림차순 순위를 구하시오(RANK.EQ 함수).

(2) 구분 ⇒ 제품번호의 세 번째 글자가 1이면 '농축', 그 외에는 '일반'으로 표시하시오(IF, MID 함수).

(3) 가격이 평균 가격 이상인 제품수 ⇒ 결과값에 '개'를 붙이시오
 (COUNTIF, AVERAGE 함수, & 연산자)(예 : 1개).

(4) 세탁세제 3월매출(천원) 평균 ⇒ 조건은 입력데이터를 이용하시오(DAVERAGE 함수).

(5) 청소세제 3월매출(천원) 합계 ⇒ (SUMIF 함수)

(6) 가격 ⇒ 「H14」 셀에서 선택한 제품명에 대한 가격을 구하시오(VLOOKUP 함수).

(7) 조건부 서식의 수식을 이용하여 4월매출(천원)이 '30,000' 이하인 행 전체에 다음의 서식을 적용하시오
 (글꼴 : 파랑, 굵게).

■ 날짜와 시간 함수

함수	설명
DAY	• 기능 : 특정 날짜에서 일 단위(1~31)의 숫자만 추출하는 함수 • 형식 : =DAY(날짜 or 셀 주소) 예시: =DAY(C3) A2: 25 ← =DAY("2024-12-25") A3: 25 ← 2024-12-25
TIME	• 기능 : 특정한 시간을 표시하기 위한 함수 • 형식 : =TIME(시, 분, 초) 예시: =TIME(20,10,15) A2: 8:15 AM ← =TIME(8,15,15) A3: 8:10 PM ← =TIME(20,10,15)
HOUR	• 기능 : '시간(시/분/초)'에서 '시'에 해당하는 값을 구하는 함수 • 형식 : =HOUR(시간 or 셀 주소) 예시: =HOUR(C3) A2: 8 ← =HOUR("8:25:30") A3: 20 ← 20:45:20
MINUTE	• 기능 : '시간(시/분/초)'에서 '분'에 해당하는 값을 구하는 함수 • 형식 : =MINUTE(시간 or 셀 주소) 예시: =MINUTE(C3) A2: 25 ← =MINUTE("8:25:30") A3: 45 ← 20:45:20
SECOND	• 기능 : '시간(시/분/초)'에서 '초'에 해당하는 값을 구하는 함수 • 형식 : =SECOND(시간 or 셀 주소) 예시: =SECOND(C3) A2: 30 ← =SECOND("8:25:30") A3: 20 ← 20:45:20

NOW	• 기능 : 현재 날짜와 시간을 표시해 주는 함수 • 형식 : =NOW() 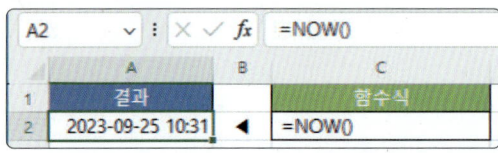

■ 수학/삼각 함수

SUM	• 기능 : 특정 범위(인수)의 합계를 구하는 함수 • 형식 : =SUM(셀 범위) • 사용 예 : 국어, 영어, 수학 점수의 합계를 표시
PRODUCT	• 기능 : 인수를 모두 곱한 결과를 표시하는 함수 • 형식 : =PRODUCT(인수1, 인수2, …) • 사용 예 : 값1, 값2, 값3을 곱하여 결과를 표시
MOD	• 기능 : 나머지 값을 구하는 함수 • 형식 : =MOD(나머지를 구하려는 수, 나누는 수) • 사용 예 : 합계를 과목수(3)로 나누어 나머지를 표시
ABS	• 기능 : 주어진 인수의 절대값을 구하는 함수 • 형식 : =ABS(인수)

TRUNC

- 기능 : 숫자를 지정한 소수점 이하로 버리고 결과를 표시해 주는 함수
- 형식 : =TRUNC(지정한 자릿수 아래를 잘라 낼 숫자, 소수점 이하 자릿수 지정)
  - 소수점 이하 자릿수를 지정하지 않으면 0으로 처리
  - TRUNC 함수와 INT 함수의 차이점은 처리할 숫자가 양수일 때는 결과가 동일하지만 음수일 때는 다르게 결과가 나타남

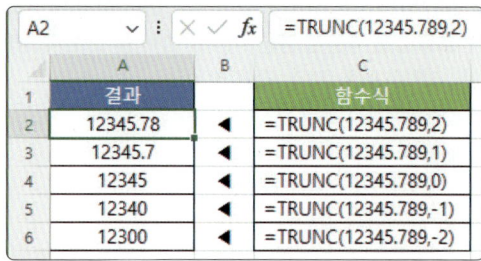

COUNTBLANK

- 기능 : 공백 셀의 개수를 구하는 함수
- 형식 : =COUNTBLANK(셀 범위)
- 사용 예 : [B2:D6] 범위에서 점수가 없는 비어있는 셀의 개수를 표시

MODE

- 기능 : 가장 많이 나오는(빈도수가 높은) 값을 구하는 함수
- 형식 : =MODE(셀 범위)
- 사용 예 : 국어, 영어, 수학, 과제물 점수 중 빈도수가 가장 높은 점수를 표시

■ 찾기/참조 함수

HLOOKUP

- 표의 첫 번째 행(찾을 값 포함)에서 특정 값을 찾은 후 지정한 행에서 같은 열에 있는 값을 표시하는 함수
- 형식 : =HLOOKUP(찾을 값, 셀 범위, 행 번호, 찾을 방법)
  - 찾을 값 : 셀 범위의 첫 번째 행에서 찾을 값(참조 영역, 문자열 등)
  - 셀 범위 : 찾을 값을 검색할 범위(범위 지정 시 찾을 값이 있는 행이 첫 번째 행으로 지정되어야 함)
  - 행 번호 : 셀 범위 내의 행 번호로 값을 추출할 행을 지정(셀 범위 중 첫 번째 행의 값이 1로 기준이 됨)
  - 찾을 방법 : FALSE(또는 0) : 정확하게 일치하는 값을 찾음
    　　　　　　TRUE(또는 1) : 비슷하게 일치하는 근삿값을 찾음
- 사용 예 : 학생별 과제물 개수에 따른 추가 점수를 표시

MATCH

- 기능 : 배열에서 지정된 값과 일치하는 항목의 상대 위치를 표시하는 함수
- 형식 : =MATCH(찾을 값, 찾을 범위, 찾을 방법)
  - 찾을 값 : 셀 범위에서 찾을 대상이 되는 값
  - 찾을 범위 : 찾을 값을 기준으로 추출할 값이 있는 범위
  - 찾을 방법 : FALSE(또는 0) : 정확하게 일치하는 값을 찾음
    　　　　　　TRUE(또는 1) : 비슷하게 일치하는 근삿값을 찾음
- 사용 예 : 점수를 기준으로 상대 위치를 표시

INDEX

- 기능 : 셀 범위에서 행 번호와 열 번호가 교차하는 값을 구해주는 함수
- 형식 : =INDEX(셀 범위, 행 번호, 열 번호)
- 사용 예 : 학년과 봉사횟수에 따른 가산점을 표시

■ 텍스트 함수

VALUE	• 기능 : 텍스트 문자열 인수를 숫자로 표시해 주는 함수 • 형식 : =VALUE(텍스트)	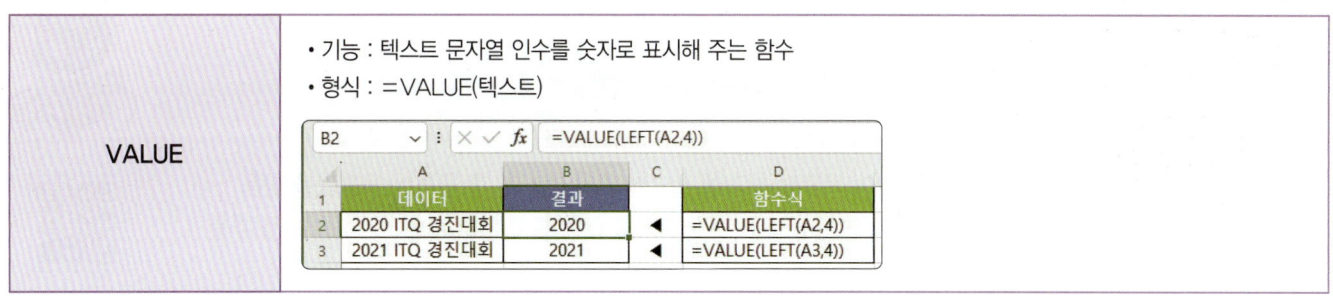
LEN	• 기능 : 공백을 포함하여 문자의 개수를 표시하는 함수 • 형식 : =LEN(문자열)	

■ 논리 함수

NOT	• 기능 : 조건식의 결과값을 반대로 표시하는 함수 • 형식 : =NOT(조건) • 사용 예 : 평균이 80 이상이면 '합격' 그렇지 않으면 '불합격'으로 표시 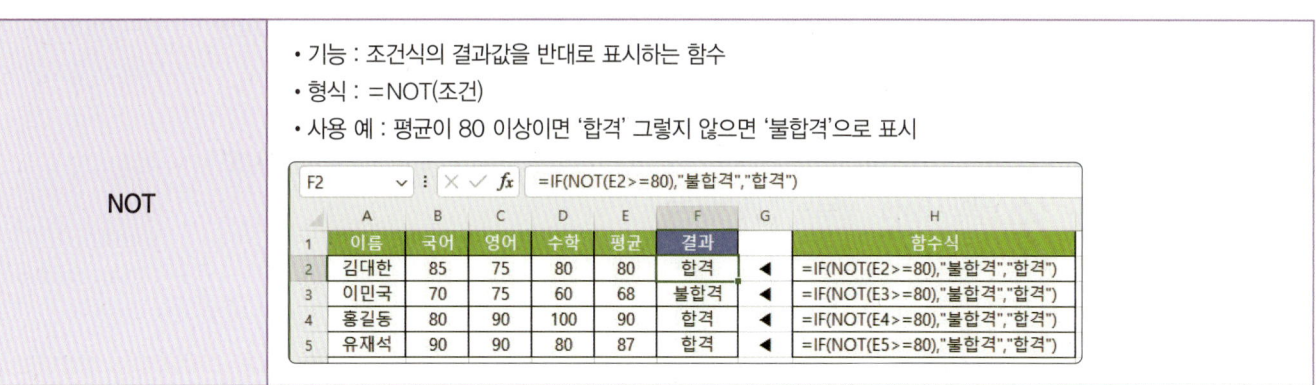

PART 01 출제유형 완전정복

[제2작업] 목표값 찾기 및 필터

☑ 함수를 이용하여 목표값 찾기에 필요한 값을 계산한 후 원하는 목표값을 찾음
☑ 고급 필터(논리 연산자 및 비교 연산자를 이용)를 이용하여 원하는 데이터를 추출

 **미리보기**　　　　　　　　　　　　　　소스 : 유형05-1_문제.xlsx　　정답 : 유형05-1_정답.xlsx

➡ "**제1작업**" 시트의 「**B4:H12**」 영역을 복사하여 "**제2작업**" 시트의 「**B2**」 셀부터 모두 붙여넣기를 한 후 다음의 조건과 같이 작업하시오.

≪조건≫　　　　　　　　　　　　　　　　　　　　　　　　　　　　　　　　　〈80점〉

(1) 목표값 찾기 – 「B11:G11」 셀을 병합하고, 가운데 맞춤한 후 "공유(건수) 전체 평균"을 입력하고 「H11」 셀에 공유(건수)의 전체 평균을 구하시오(AVERAGE 함수, 테두리).
　　　　　　　– '공유(건수) 전체 평균'이 '760'이 되려면 두부덮밥의 공유(건수)가 얼마가 되어야 하는지 목표값을 구하시오.

(2) 고급 필터 – 분류가 '명절'이 아니면서 요리후기가 '30' 이상인 자료의 데이터만 추출하시오.
　　　　　　 – 조건 범위 : 「B14」 셀부터 입력하시오.
　　　　　　 – 복사 위치 : 「B18」 셀부터 나타나도록 하시오.

시험 분석

Information Technology Qualification

난이도	권장 시간 / 시험 시간	유형 점수 / 시험 점수
★★★☆☆	10분 / 60분	80점 / 500점

➤ **출제 경향 : 출제 문제를 분석**

☑ 고급 필터를 이용하여 데이터를 추출할 때 조건에 맞는 모든 데이터를 추출하는 형태와 특정 데이터만 추출하는 형태로 구분되어 출제되고 있습니다.

- 모든 데이터를 추출하는 문제 예시 : 분류가 '잡곡'이거나, 누적 판매량이 '500' 이상인 자료의 데이터만 추출하시오.
- 특정 데이터만 추출하는 문제 예시 : 분류가 '잡곡'이거나, 누적 판매량이 '500' 이상인 자료의 상품명, 분류, 생산지만 추출하시오.

☑ 과년도 기출문제를 분석해 보면 조건을 입력할 때 비교 연산자는 '〈〉(같지 않다), 〉=(~이상), 〈=(~이하)'가, 와일드 문자로는 별표(*)가 자주 출제되었습니다.

➤ **주의 사항 : 실수가 많은 내용**

☑ 조건을 입력할 때 AND는 한 줄에 입력한 것이며, OR은 두 줄로 구분하여 입력한 것입니다.

☑ [제2작업]에서 목표값 찾기 문제가 출제된 경우, 고급 필터의 데이터 목록 범위는 전체 영역 지정이 아닌 목표 값을 구한 행을 제외하고 영역 지정을 해야합니다.

➤ **주요 단축키 : 작업 시간 단축에 도움**

☑ 저장 : Ctrl + S

Skill 01 데이터 복사하여 붙여넣기

≪조건≫ : "**제1작업**" 시트의 「B4:H12」 영역을 복사하여 "**제2작업**" 시트의 「B2」 셀부터 모두 붙여넣기를 한 후 다음의 조건과 같이 작업하시오.

① 유형05-1_문제.xlsx 파일을 불러와 [제1작업] 시트를 클릭합니다. 이어서, [B4:H12] 영역을 드래그한 후 [홈] 탭의 [클립보드] 그룹에서 '복사()'(Ctrl + C)를 클릭합니다.

※ 파일 불러오기 : [파일]-[열기](Ctrl + O)-[찾아보기]를 클릭한 후 [열기] 대화상자에서 파일을 선택하여 불러옵니다.

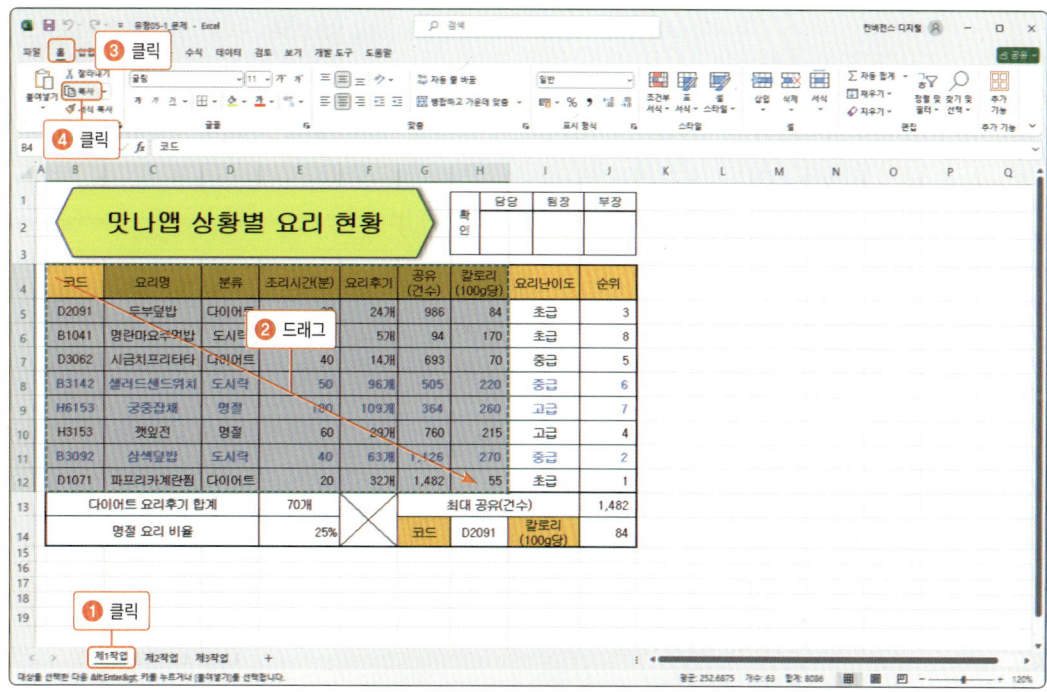

❷ [제2작업] 시트를 클릭한 후 [B2] 셀을 클릭합니다. 이어서, [홈] 탭의 [클립보드] 그룹에서 '붙여넣기( )'
(Ctrl + V)를 클릭합니다.

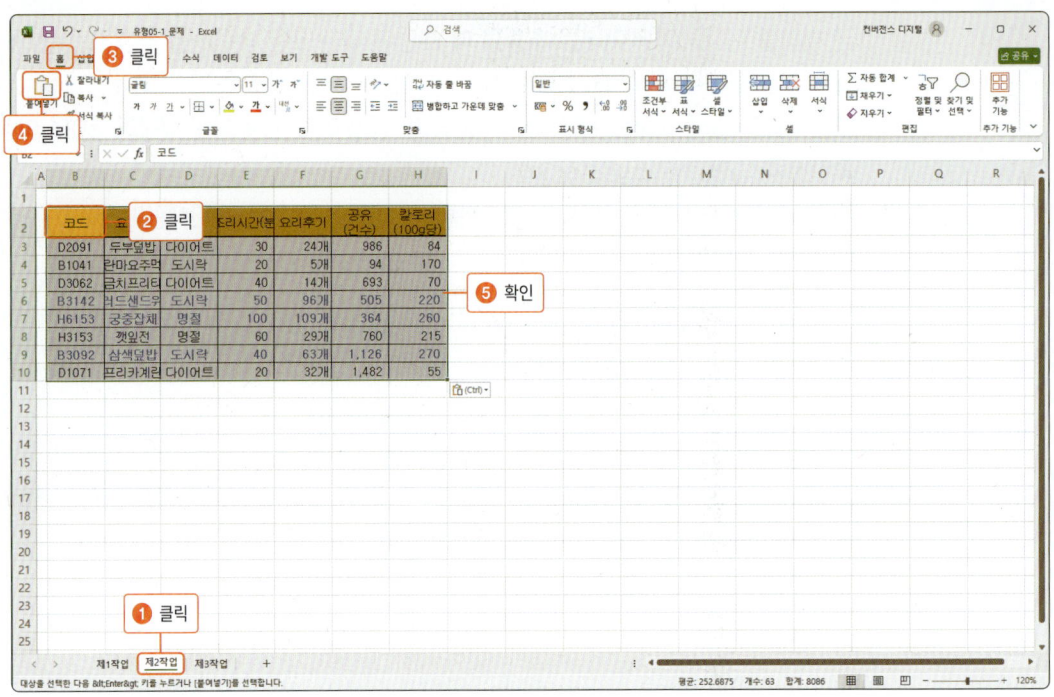

❸ 데이터가 복사되면 [홈] 탭의 [클립보드] 그룹에서 붙여넣기( )의 목록 단추( )를 눌러 '선택하여 붙여넣기'를 클릭합니다.

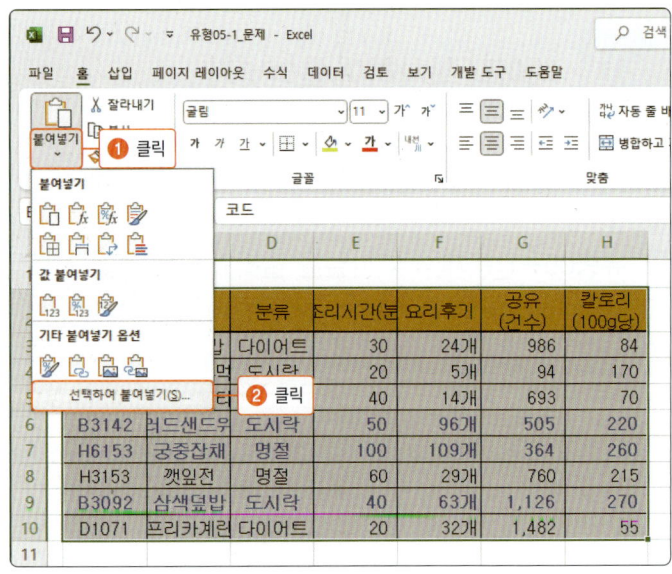

❹ [선택하여 붙여넣기] 대화상자가 나오면 '열 너비'를 선택한 후 〈확인〉 단추를 클릭합니다.

※ 만약, 열의 너비가 조절된 후 [2행]의 행 높이가 좁다고 판단되면 [2행]과 [3행] 머리글 사이를 마우스로 더블 클릭하여 행의 높이를 조절합니다.

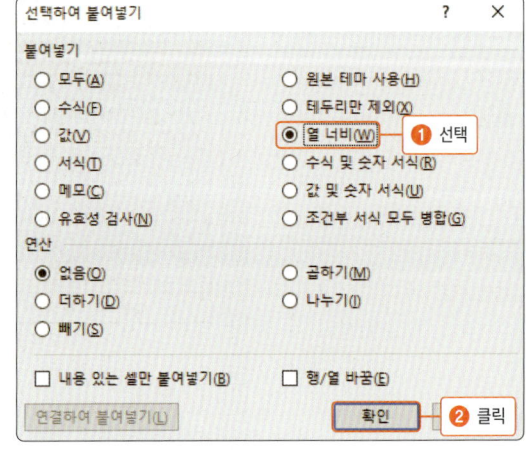

열 너비 조절

[B:H] 머리글을 드래그한 후 열 머리글 사이를 더블 클릭하여 한 번에 모든 열의 너비를 조절하는 방법도 있습니다.

Skill 02 목표값 찾기

■ 평균 계산 및 서식 지정하기

《조건》: 「B11:G11」 셀을 병합하고, 가운데 맞춤한 후 "공유(건수) 전체 평균"을 입력하고 「H11」 셀에 공유(건수)의 전체 평균을 구하시오.
(AVERAGE 함수, 테두리).

❶ [B11:G11] 영역을 드래그한 후 [홈] 탭의 [맞춤] 그룹에서 '병합하고 가운데 맞춤(⬌)'을 클릭합니다. 셀이 병합되면 '공유(건수) 전체 평균'을 입력합니다.

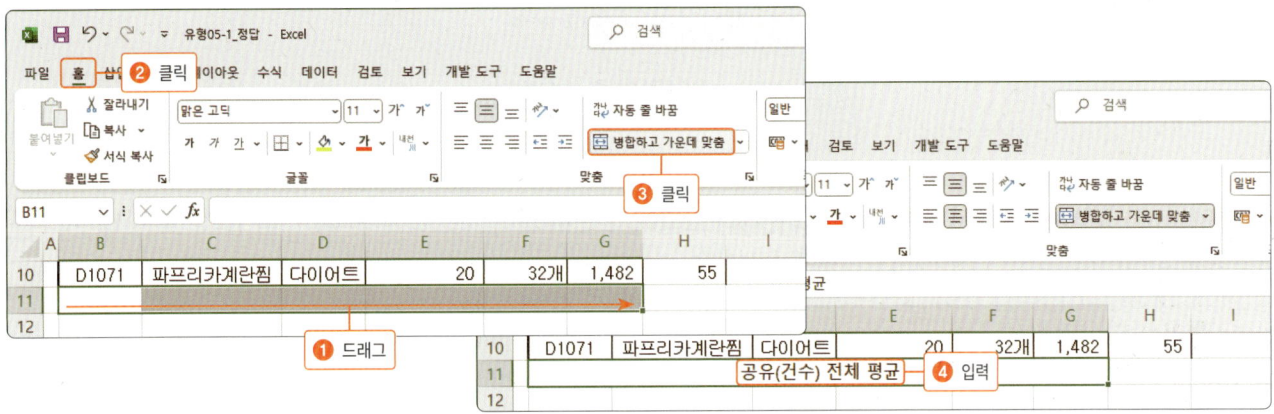

❷ 목표값 찾기에 필요한 평균을 계산하기 위해 [H11] 셀을 클릭한 후 수식 입력줄의 '함수 삽입(fx)'(Shift+F3)을 클릭합니다.

※ 목표값 찾기에서는 'AVERAGE'와 'DAVERAGE' 함수가 번갈아가며 출제되고 있습니다.

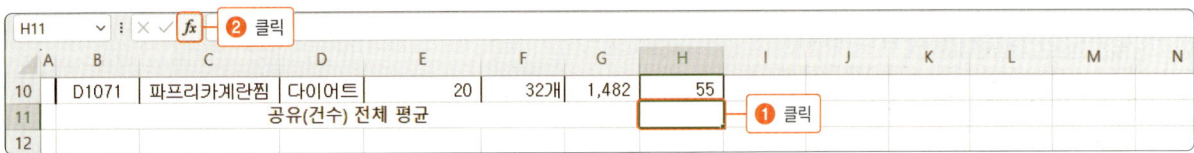

❸ [함수 마법사] 대화상자가 나오면 AVERAGE 함수를 찾습니다. [함수 인수] 대화상자의 Number1 입력 칸을 클릭하여 [G3:G10] 영역을 드래그한 후 〈확인〉 단추를 클릭합니다.

※ 목표값 찾기를 실행하기 위해서는 [H11] 셀이 반드시 수식으로 계산되어야 합니다.

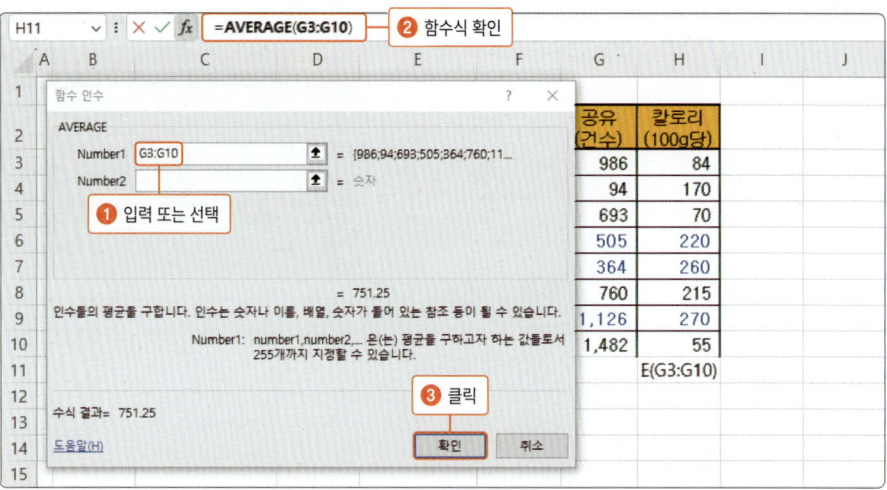

❹ 평균이 계산되면 [H11] 셀이 선택된 상태에서 [홈] 탭의 [맞춤] 그룹에서 '가운데 맞춤(≡)'을 클릭합니다.

※ [H11] 셀은 기본 정렬 설정이 적용되더라도 점수에는 영향을 미치지 않습니다.

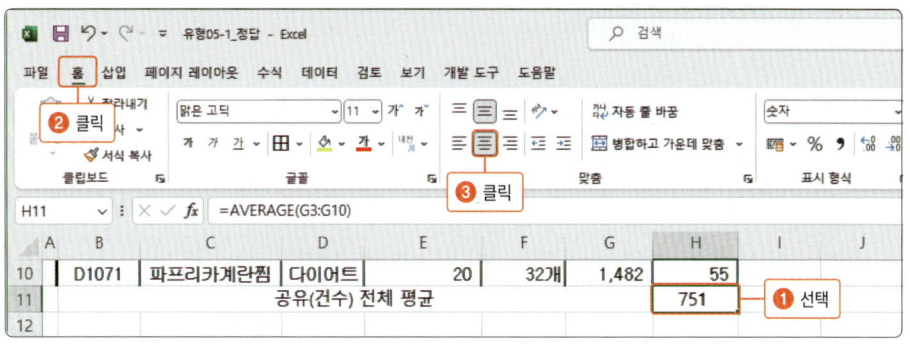

❺ [B11:H11] 영역을 드래그한 후 [홈] 탭의 [글꼴] 그룹에서 테두리(⊞)의 목록 단추(▼)를 눌러 '모든 테두리(⊞)'를 선택합니다.

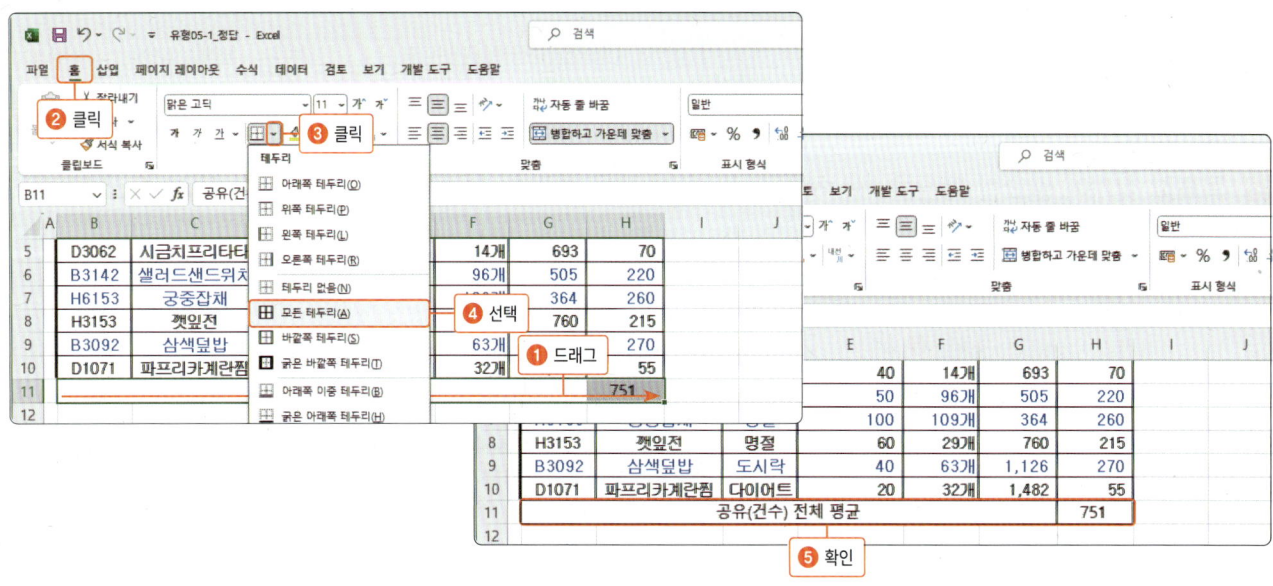

출제유형 05-1 **3-82** [제2작업] 목표값 찾기 및 필터

■ 목표값 찾기

≪조건≫ : '공유(건수) 전체 평균'이 '760'이 되려면 두부덮밥의 공유(건수)가 얼마가 되어야 하는지 목표값을 구하시오.

❻ 수식이 입력된 [H11] 셀을 클릭한 후 [데이터] 탭의 [예측] 그룹에서 [가상 분석(📊)]-'**목표값 찾기**'를 선택합니다.

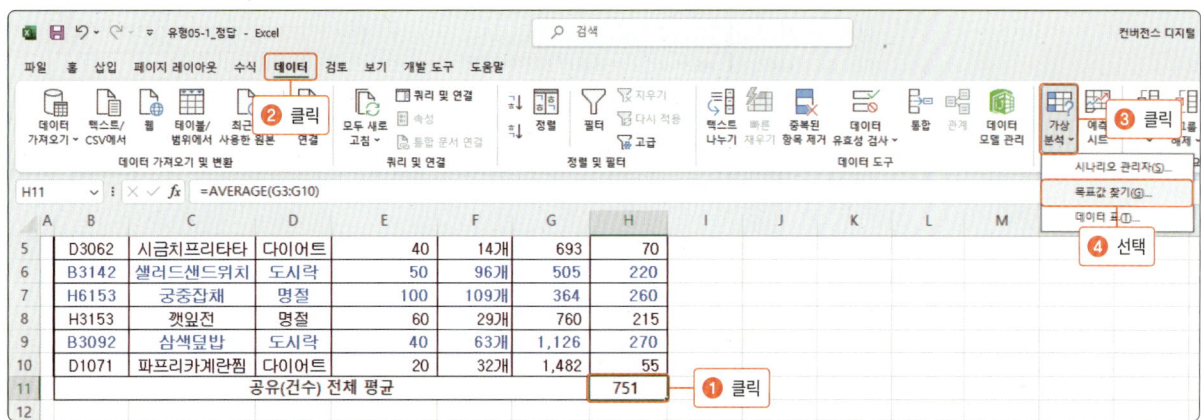

❼ [목표값 찾기] 대화상자가 나오면 '**수식 셀([H11]), 찾는 값(760), 값을 바꿀 셀([G3])**'을 각각 입력 및 선택한 후 〈확인〉 단추를 클릭합니다.

※ 값을 바꿀 셀은 원하는 목표값을 찾기 위해서 '두부덮밥의 공유(건수)'가 얼마가 되어야 하는지 알아야 하기 때문에 [G3] 셀을 클릭합니다.

[목표값 찾기] 대화상자

❶ 수식 셀 : 목표값을 적용시켜 찾고자 하는 결과값을 반환해 주는 셀로 반드시 수식(=AVERAGE(G3:G10)) 형태로 입력되어 있어야 합니다.

❷ 찾는 값 : 원하는 목표값을 입력합니다.

❸ 값을 바꿀 셀 : 목표값을 찾기 위해 값이 변경되어야 할 셀을 선택 또는 입력합니다.

❽ [목표값 찾기 상태] 대화상자가 나오면 목표값 결과를 확인한 후 〈확인〉 단추를 클릭합니다.

※ 목표값(760)을 찾기 위해 [G3] 셀의 값이 '986'에서 '1,056'으로 변경된 것을 확인할 수 있습니다.

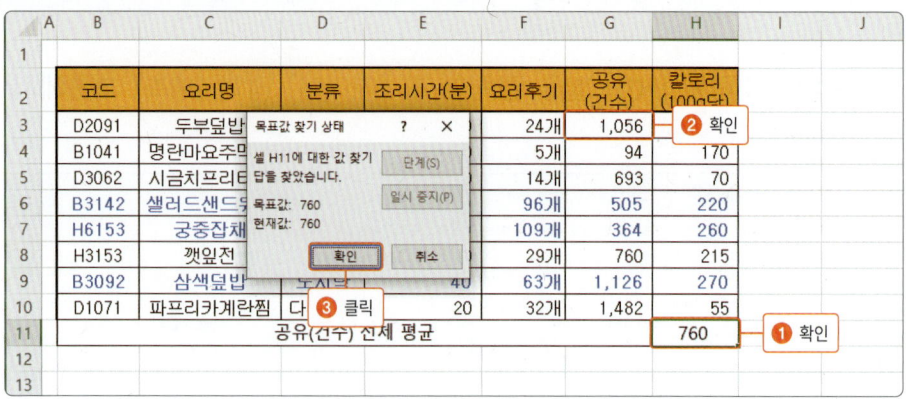

Skill 03 고급 필터

≪조건≫ : – 분류가 '명절'이 아니면서 요리후기가 '30' 이상인 자료의 데이터만 추출하시오.
– 조건 범위 : 「B14」 셀부터 입력하시오.
– 복사 위치 : 「B18」 셀부터 나타나도록 하시오.

❶ 조건에 사용할 '분류([D2])'를 클릭한 후, Ctrl 키를 누른 채 '요리후기([F2])' 셀을 클릭합니다. 이어서, [홈] 탭의 [클립보드] 그룹에서 '복사( )'(Ctrl+C)를 클릭합니다.

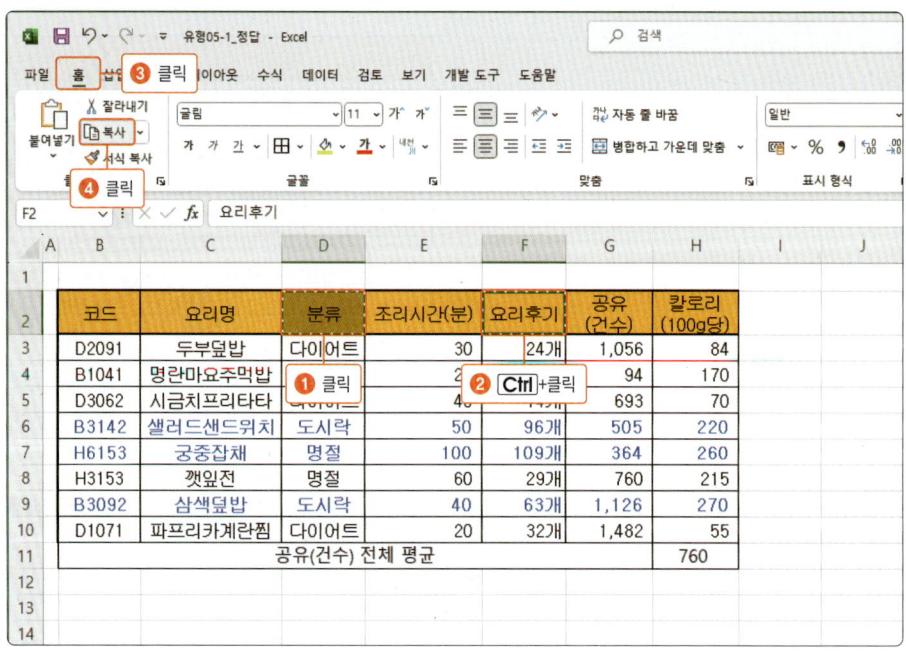

❷ 조건 범위인 [B14] 셀을 클릭한 후 [홈] 탭의 [클립보드] 그룹에서 '붙여넣기(📋)'(Ctrl+V)를 클릭합니다.

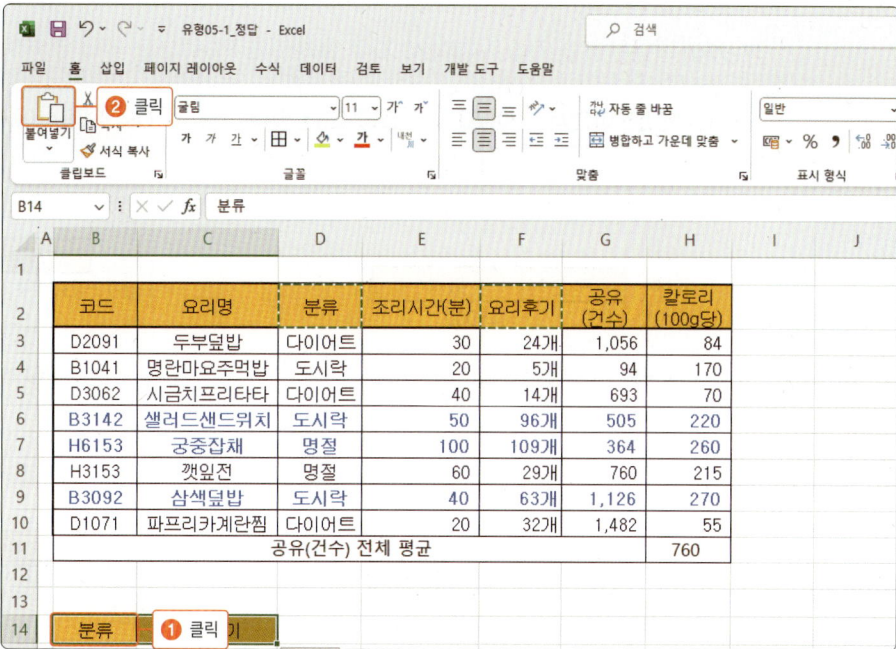

❸ 필드명이 복사되면 [B15] 셀과 [C15] 셀에 다음과 같이 조건을 입력합니다.

※ 분류가 '명절'이 아니면서 요리후기가 '30' 이상인 데이터를 검색하기 위한 조건(AND)

※ 고급 필터의 복사 위치는 모든 데이터를 추출하는 것이 아닌 특정 필드만 추출하는 문제도 출제되고 있으니 참고하시기 바랍니다.

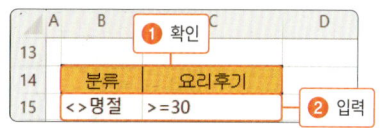

> **고급 필터 조건 지정**
>
> ❶ 비교 연산자 : = (같다), < > (같지 않다), >= (~이상), <= (~이하), > (~초과), < (~미만)
> ❷ 별표(*) : 특정 문자의 앞 또는 뒤에 붙여 특정 문자가 포함된 문자열을 찾을 수 있습니다.
>   - 가* : 가로 시작하는 문자열 / *가 : 가로 끝나는 문자열 / *가* : 가를 포함하는 문자열
> ❸ 물음표(?) : 특정 문자의 앞 또는 뒤에 붙여 특정 문자가 포함된 문자를 글자 수에 맞춰서 찾을 수 있습니다.
>   - 가? : 가로 시작하는 두 글자 / 가?? : 가로 시작하는 세 글자 / ?가 : 가로 끝나는 두 글자 / ??가 : 가로 끝나는 세 글자

❹ 논리 연산자(AND, OR)

※ 아래 내용은 ITQ 엑셀 시험에서 자주 출제되고 있는 고급 필터 조건이므로 반드시 숙지하시기 바랍니다.

AND 조건(~이면서, ~이고) : 한 줄에 조건 입력	OR 조건(~이거나, ~또는) : 두 줄에 조건 입력
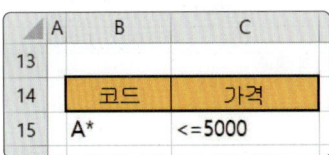 ▲ 구분이 '비즈'이면서 가격이 '5000' 이상인 데이터	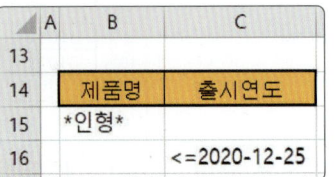 ▲ 제품명이 '완구'가 아니거나, 출시연도가 '2020-12-25' 이후 (해당일 포함)인 데이터

코드가 'A'로 시작하면서 가격이 '5000' 이하인 데이터	제품명에 '인형'이 포함되거나, 출시연도가 '2020-12-25' 이전 (해당일 포함)인 데이터

AND+OR 조건 : 2개의 조건을 모두 입력

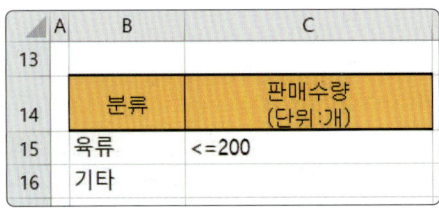

◀ 분류가 '육류'이면서 판매수량(단위:개)이 '200' 이하이거나, 분류가 '기타'인 데이터

❹ [B2:H10] 영역을 드래그한 후 [데이터] 탭의 [정렬 및 필터] 그룹에서 '고급'을 클릭합니다.

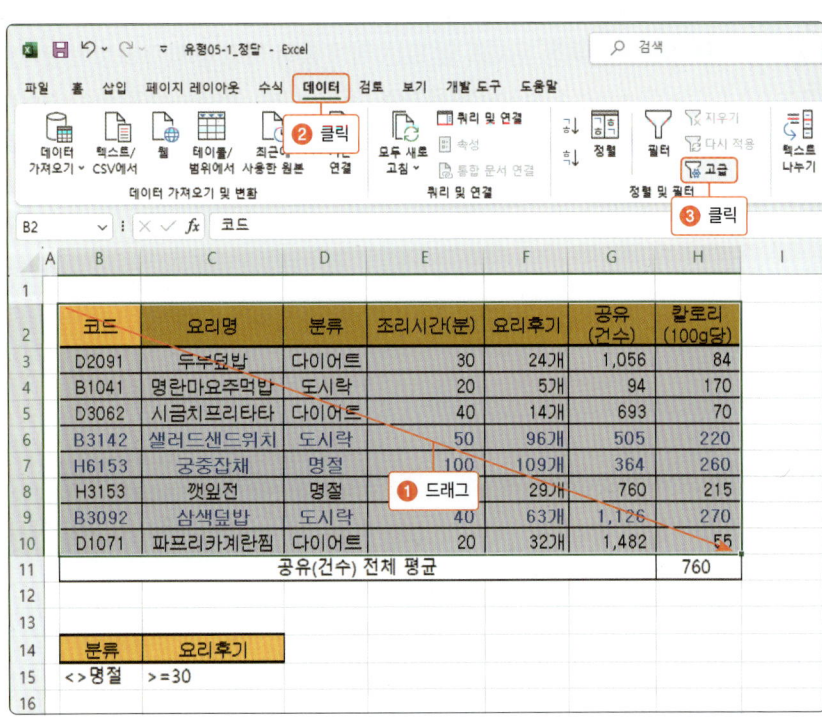

고급 필터 대화상자

❶ 현재 위치에 필터 : 원본 데이터 목록에 직접 필터 결과를 표시
❷ 다른 장소에 복사 : 다른 셀 범위에 필터 결과를 표시
❸ 목록 범위 : 필터링할 데이터의 범위를 지정
❹ 조건 범위 : 필터 조건(조건식)이 위치한 범위를 지정
❺ 복사 위치 : '다른 장소에 복사'를 선택했을 경우 필터 결과를 표시할 위치를 지정
  – 만약, 필터 결과가 전체가 아닌 특정 자료만 추출하고자 할 때는 추출할 자료의 필드명을 셀에 입력한 후 해당 필드명이 입력된 영역을 복사 위치로 지정
❻ 동일한 레코드는 하나만 : 필터링한 결과 중 같은 레코드가 있을 경우 하나만 표시

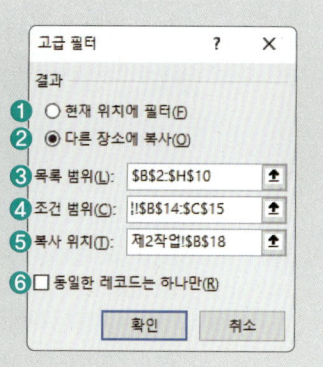

❺ [고급 필터] 대화상자가 나오면 다음과 같이 각각의 범위를 지정한 후 〈확인〉 단추를 클릭합니다.
  – 결과를 '다른 장소에 복사'로 선택
  – 자동으로 지정된 목록 범위($B$2:$H$10)를 확인
  – 조건 범위 입력 칸을 클릭한 후 [B14:C15]를 영역으로 지정
  – 복사 위치 입력 칸을 클릭한 후 [B18] 셀을 클릭

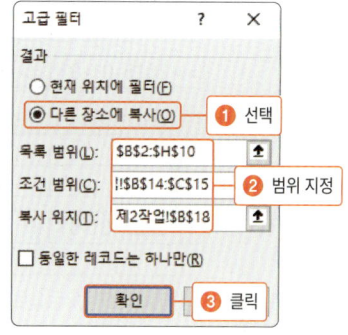

❻ AND 조건(분류, 요리후기)에 맞게 데이터가 추출되었는지 확인합니다.

※ 필터링 된 결과셀이 '###'으로 표시된 경우 열 머리글 사이를 마우스로 더블 클릭하여 열의 너비를 조절합니다.

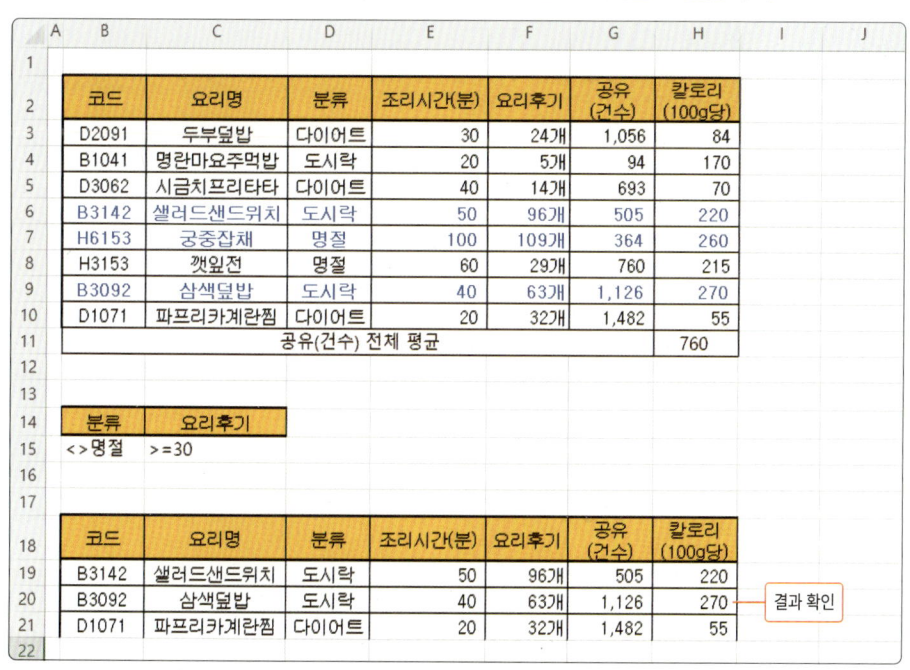

 **고급 필터**

- 고급 필터를 이용하여 데이터를 추출할 때 조건에 맞는 모든 데이터를 추출하는 형태와 특정 데이터만 추출하는 형태로 구분되어 출제되고 있습니다.
  - 모든 데이터를 추출하는 문제 예시 : 분류가 '잡곡'이거나, 누적 판매량이 '500' 이상인 자료의 데이터만 추출하시오.
  - 특정 데이터만 추출하는 문제 예시 : 분류가 '잡곡'이거나, 누적 판매량이 '500' 이상인 자료의 상품명, 분류, 생산지만 추출하시오.

▶ 과년도 기출문제를 분석해 보면 조건을 입력할 때 비교 연산자는 '<>(같지 않다), >=(~이상), <=(~이하)'가, 와일드 문자로는 **별표(*)**가 자주 출제되었습니다. 아래 내용은 과년도에 출제되었던 고급 필터의 조건이니 어떤 조건으로 자주 출제되었는지 확인하시기 바랍니다.

※ 조건을 입력할 때 AND는 한 줄에 입력한 것이며, OR은 두 줄로 구분하여 입력한 것입니다.

AND 조건					
M*	>=4.5	비즈	>=5000	*호텔*	>=2024
>=2025-01-01	<>북	<=6		<>빨강	
OR 조건					
>=60000		M*		잡곡	
	<=3000		>=70		>=500
>=2025-01-01		<>2층			
	북미		<=6000		

7 [파일]-[저장](**Ctrl**+**S**) 또는 [빠른 실행 도구 모음]에서 '**저장**(🔖)'을 클릭합니다.

※ 실제 시험을 볼 때 작업 도중에 수시로(10분에 한 번 정도) 저장을 하는 것이 좋습니다.

[제2작업] 목표값 찾기 및 필터

완전정복-01

다음과 같이 《조건》 및 《출력형태》를 작성해 보세요.
- 소스 : 정복05-1_문제01.xlsx
- 정답 : 정복05-1_정답01.xlsx

작성 시간 / 권장 시간

분 / 10분

➡ "제1작업" 시트의 「B4:H12」 영역을 복사하여 "제2작업" 시트의 「B2」 셀부터 모두 붙여넣기를 한 후 다음의 조건과 같이 작업하시오.

《조건》

(1) 목표값 찾기 – 「B11:G11」 셀을 병합하고, 가운데 맞춤한 후 "판매수량(단위:대) 전체 평균"을 입력하고 「H11」 셀에 판매수량(단위:대)의 전체 평균을 구하시오(AVERAGE 함수, 테두리).
– '판매수량(단위:대) 전체 평균'이 '175'가 되려면 K2949의 판매수량(단위:대)이 얼마가 되어야 하는지 목표값을 구하시오.

(2) 고급 필터 – 제조사가 '레온'이 아니면서 재고수량(단위:대)이 '100' 이상인 자료의 데이터만 추출하시오.
– 조건 범위 : 「B14」 셀부터 입력하시오.
– 복사 위치 : 「B18」 셀부터 나타나도록 하시오.

완전정복-02

다음과 같이 《조건》 및 《출력형태》를 작성해 보세요.
- 소스 : 정복05-1_문제02.xlsx
- 정답 : 정복05-1_정답02.xlsx

작성 시간 / 권장 시간

분 / 10분

➡ "제1작업" 시트의 「B4:H12」 영역을 복사하여 "제2작업" 시트의 「B2」 셀부터 모두 붙여넣기를 한 후 다음의 조건과 같이 작업하시오.

《조건》

(1) 목표값 찾기 – 「B11:G11」 셀을 병합하고, 가운데 맞춤한 후 "스코빌지수 전체 평균"을 입력하고 「H11」 셀에 스코빌지수의 전체 평균을 구하시오(AVERAGE 함수, 테두리).
– '스코빌지수 전체 평균'이 '4,670'이 되려면 새우 라면의 스코빌지수가 얼마가 되어야 하는지 목표값을 구하시오.

(2) 고급 필터 – 분류가 '종이'가 아니면서 가격이 '1,400' 이하인 자료의 데이터만 추출하시오.
– 조건 범위 : 「B14」 셀부터 입력하시오.
– 복사 위치 : 「B18」 셀부터 나타나도록 하시오.

완전정복-03

다음과 같이 《조건》 및 《출력형태》를 작성해 보세요.

· 소스 : 정복05-1_문제03.xlsx   · 정답 : 정복05-1_정답03.xlsx

작성 시간 / 권장 시간

분 / 10분

➡ "**제1작업**" 시트의 「**B4:H12**」 영역을 복사하여 "**제2작업**" 시트의 「**B2**」 셀부터 모두 붙여넣기를 한 후 다음의 조건과 같이 작업하시오.

《조건》

(1) 목표값 찾기 – 「B11:G11」 셀을 병합하고, 가운데 맞춤한 후 "책 읽기 이용자 수 전체 합계"를 입력하고, 「H11」 셀에 책 읽기 이용자 수 전체 합계를 구하시오. 단, 조건은 입력데이터를 이용하시오
 (DSUM 함수, 테두리).
 – '책 읽기 이용자 수 전체 합계'가 '12,000'이 되려면 풀이음의 이용자 수가 얼마가 되어야 하는지 목표값을 구하시오.

(2) 고급 필터 – 주요 활동이 '체험 활동'이거나, 대출 도서량(단위:권)이 '600' 이상인 자료의 도서관명, 관리자, 도서 보유량(단위:권), 대출 도서량(단위:권) 데이터만 추출하시오.
 – 조건 범위 : 「B14」 셀부터 입력하시오.
 – 복사 위치 : 「B18」 셀부터 나타나도록 하시오.

완전정복-04

다음과 같이 《조건》 및 《출력형태》를 작성해 보세요.

· 소스 : 정복05-1_문제04.xlsx   · 정답 : 정복05-1_정답04.xlsx

작성 시간 / 권장 시간

분 / 10분

➡ "**제1작업**" 시트의 「**B4:H12**」 영역을 복사하여 "**제2작업**" 시트의 「**B2**」 셀부터 모두 붙여넣기를 한 후 다음의 조건과 같이 작업하시오.

《조건》

(1) 목표값 찾기 – 「B11:G11」 셀을 병합하고, 가운데 맞춤한 후 "세탁세제 4월매출(천원) 전체 합계"를 입력하고 「H11」 셀에 세탁세제 4월매출(천원) 전체 합계를 구하시오. 단, 조건은 입력데이터를 이용하시오
 (DSUM 함수, 테두리).
 – '세탁세제 4월매출(천원) 전체 합계'가 '166,700'이 되려면 리큐 제트의 4월매출(천원)이 얼마가 되어야 하는지 목표값을 구하시오.

(2) 고급 필터 – 제조사가 '보리수'이거나, 3월매출(천원)이 '20,000' 이하인 자료의 제품명, 제조사, 3월매출(천원), 4월매출(천원) 데이터만 추출하시오.
 – 조건 범위 : 「B14」 셀부터 입력하시오.
 – 복사 위치 : 「B18」 셀부터 나타나도록 하시오.

MEMO

[제2작업] 필터 및 서식

- ☑ 고급 필터(논리 연산자 및 비교 연산자를 이용)를 이용하여 원하는 데이터를 추출
- ☑ 표 스타일을 이용하여 표에 서식을 지정

문제 미리보기
소스 : 유형05-2_문제.xlsx   **정답** : 유형05-2_정답.xlsx

➡ "**제1작업**" 시트의 「B4:H12」 영역을 복사하여 "**제2작업**" 시트의 「B2」 셀부터 모두 붙여넣기를 한 후 다음의 조건과 같이 작업하시오.

≪조건≫   〈80점〉

(1) 고급 필터 – 코드가 'H'로 시작하거나 칼로리(100g당)가 '80' 이하인 자료의 코드, 요리명, 조리시간(분), 칼로리(100g당) 데이터만 추출하시오.
   – 조건 범위 : 「B14」 셀부터 입력하시오.
   – 복사 위치 : 「B18」 셀부터 나타나도록 하시오.

(2) 표 서식 – 고급 필터의 결과셀을 채우기 없음으로 설정한 후 '표 스타일 보통 6'의 서식을 적용하시오.
   – 머리글 행, 줄무늬 행을 적용하시오.

[제2작업]

- [제2작업]은 '목표값 찾기 및 필터'와 '필터 및 서식' 두 가지 유형의 문제가 번갈아가며 출제되고 있습니다. [제2작업]의 필터(고급 필터) 부분은 둘 다 동일한 형태로 출제되지만 '목표값 찾기(출제유형 05-1)'와 '표 서식(출제유형 05-2)'은 전혀 다른 기능을 사용하기 때문에 두 가지 유형에 대한 학습이 반드시 필요합니다.

시험분석	*Information Technology Qualification*	난이도	권장 시간 / 시험 시간	유형 점수 / 시험 점수
		★★☆☆☆	10분 / 60분	80점 / 500점

➤ **출제 경향 : 출제 문제를 분석**

☑ [제2작업]은 '목표값 찾기 및 필터'와 '필터 및 서식' 두 가지 유형의 문제가 번갈아가며 출제되고 있습니다. [제2작업]의 필터(고급 필터) 부분은 둘 다 동일한 형태로 출제되지만 '목표값 찾기(출제유형 05-1)'와 '표 서식(출제유형 05-2)'은 전혀 다른 기능을 사용하기 때문에 두 가지 유형에 대한 학습이 반드시 필요합니다.

➤ **주요 단축키 : 작업 시간 단축에 도움**

☑ 저장 : Ctrl + S

Skill 01 데이터 복사하여 붙여넣기

≪조건≫ : "제1작업" 시트의 「B4:H12」 영역을 복사하여 "제2작업" 시트의 「B2」 셀부터 모두 붙여넣기를 한 후 다음의 조건과 같이 작업하시오.

❶ 유형05-2_문제.xlsx 파일을 불러와 [제1작업] 시트를 클릭합니다. 이어서, [B4:H12] 영역을 드래그한 후 [홈] 탭의 [클립보드] 그룹에서 '복사( )'(Ctrl + C)를 클릭합니다.

※ 파일 불러오기 : [파일]-[열기](Ctrl + O)-[찾아보기]를 클릭한 후 [열기] 대화상자에서 파일을 선택하여 불러옵니다.

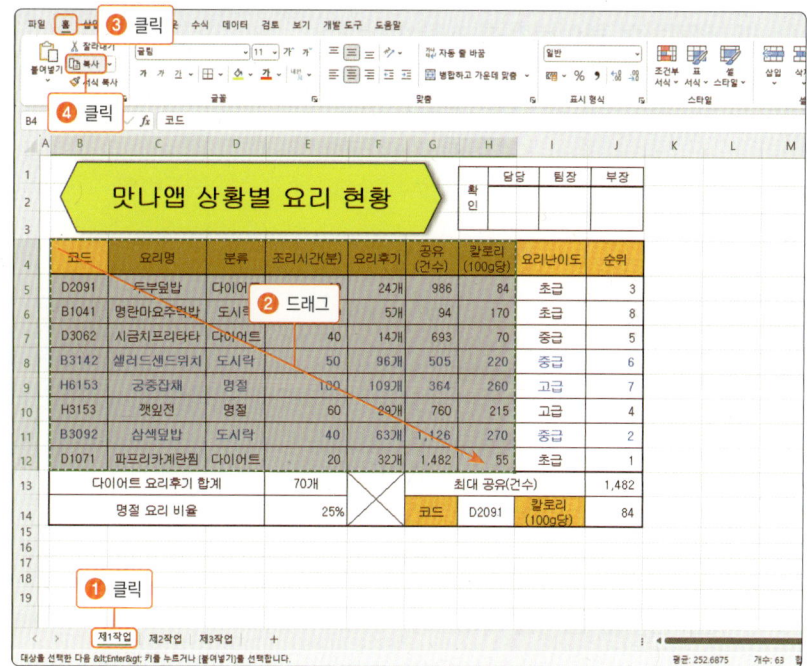

❷ [제2작업] 시트를 클릭한 후 [B2] 셀을 클릭합니다. 이어서, [홈] 탭의 [클립보드] 그룹에서 '붙여넣기(📋)'([Ctrl]+[V])를 클릭합니다.

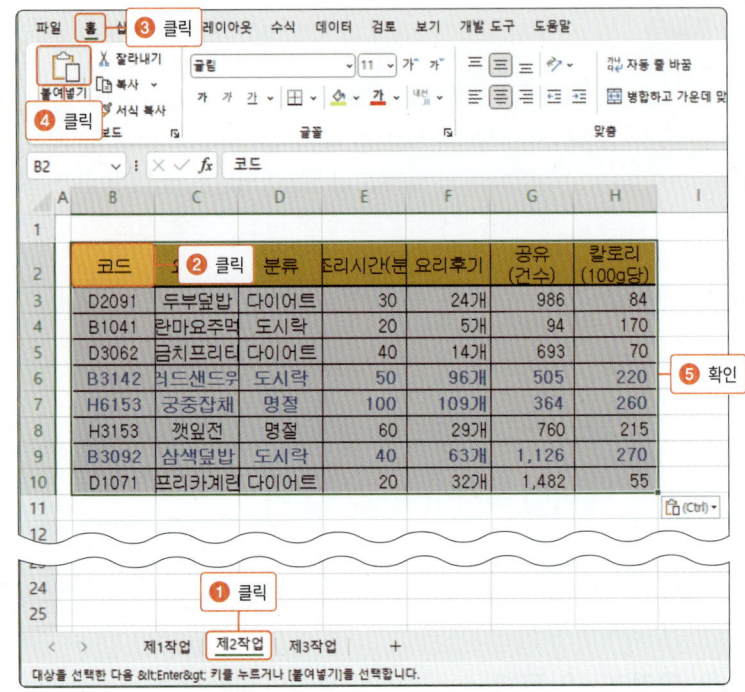

❸ 데이터가 복사되면 [홈] 탭의 [클립보드] 그룹에서 붙여넣기(📋)의 목록 단추(붙여넣기)를 눌러 '선택하여 붙여넣기'를 선택합니다.

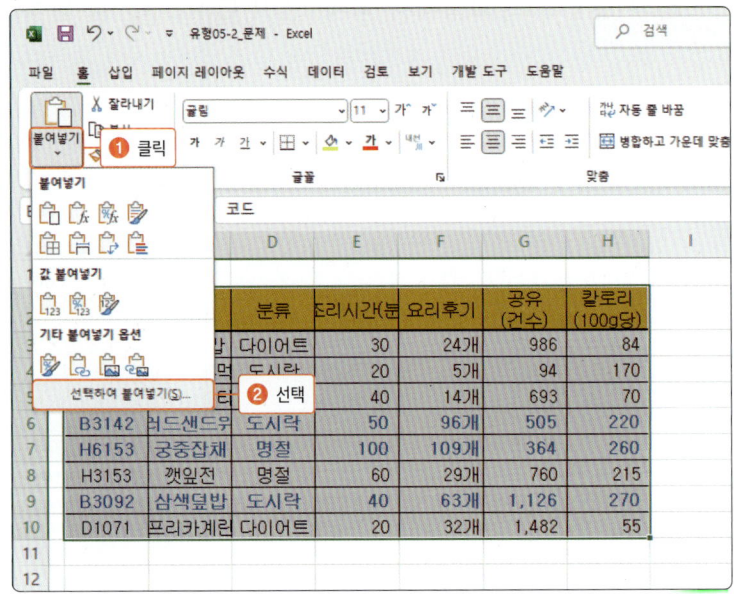

❹ [선택하여 붙여넣기] 대화상자가 나오면 '열 너비'를 선택한 후 〈확인〉 단추를 클릭합니다.

※ 만약, 열의 너비가 조절된 후 [2행]의 행 높이가 좁다고 판단되면 [2행]과 [3행] 머리글 사이를 마우스로 더블 클릭하여 행의 높이를 조절합니다.

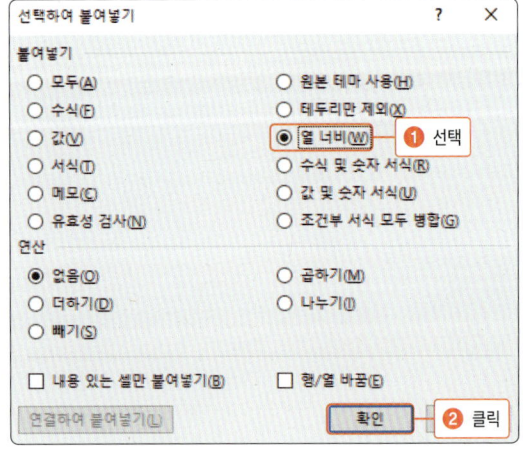

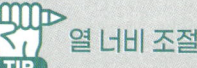

열 너비 조절

[B:H] 머리글을 드래그한 후 열 머리글 사이를 더블 클릭하여 한 번에 모든 열의 너비를 조절하는 방법도 있습니다.

Skill 02 고급 필터

《조건》: 고급 필터 – 코드가 'H'로 시작하거나 칼로리(100g당)가 '80' 이하인 자료의 코드, 요리명, 조리시간(분), 칼로리(100g당) 데이터만 추출하시오.
– 조건 범위 : 「B14」 셀부터 입력하시오.
– 복사 위치 : 「B18」 셀부터 나타나도록 하시오.

① 조건에 사용할 **코드**([B2])와 **칼로리(100g당)**([H2]) 필드 제목을 클릭한 후 [홈] 탭의 [클립보드] 그룹에서 '복사(📋)'(Ctrl+C)를 클릭합니다.

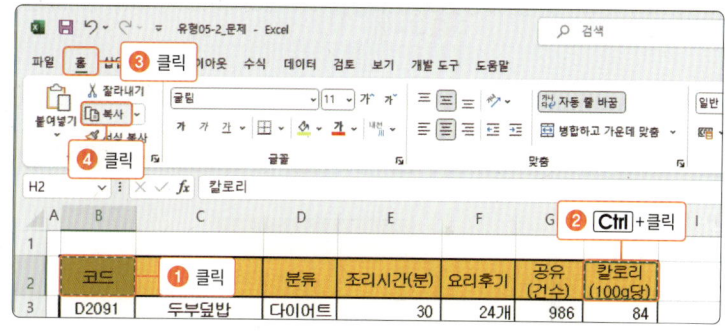

② 조건 범위인 [B14] 셀을 클릭한 후 [홈] 탭의 [클립보드] 그룹에서 '붙여넣기(📋)'(Ctrl+V)를 클릭합니다. 필드명이 복사되면 [15:16] 행에 다음과 같이 조건을 입력합니다.

※ 코드가 'H'로 시작하거나 칼로리(100g당)가 '80' 이하인 데이터 검색(OR 조건)

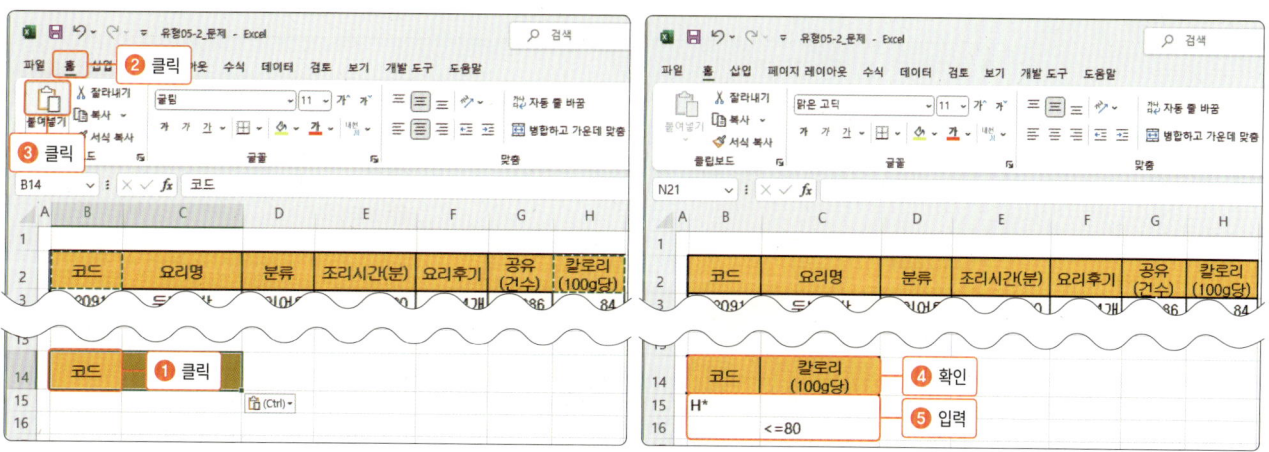

❸ 복사 위치로 추출할 데이터 '코드([B2]), 요리명([C2]), 조리시간(분)([E2]), 칼로리(100g당)([H2])'의 필드 제목을 클릭한 후 [홈] 탭의 [클립보드] 그룹에서 '복사(📋)'(Ctrl+C)를 클릭합니다.

※ 떨어져 있는 셀을 선택할 때는 Ctrl 키를 누른 상태에서 선택합니다.
※ 고급 필터의 복사 위치는 특정 필드만 추출하는 것이 아닌 모든 데이터를 추출하는 문제도 출제되고 있으니 참고하시기 바랍니다.

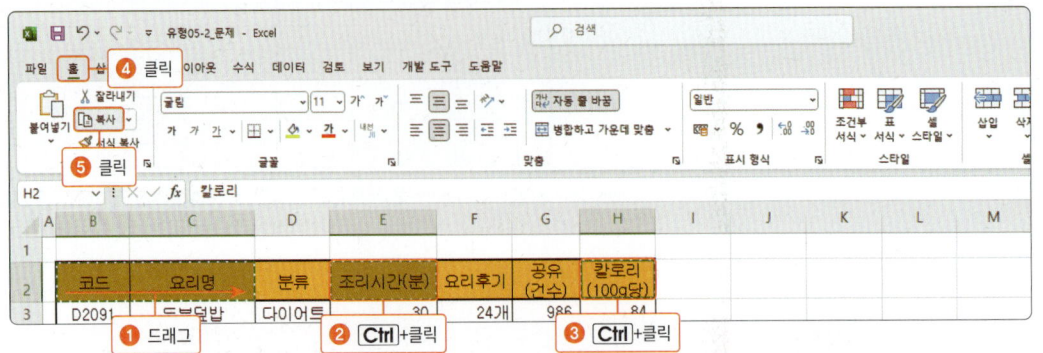

❹ 복사 위치인 [B18] 셀을 클릭한 후 [홈] 탭의 [클립보드] 그룹에서 '붙여넣기(📋)'(Ctrl+V)를 클릭합니다.

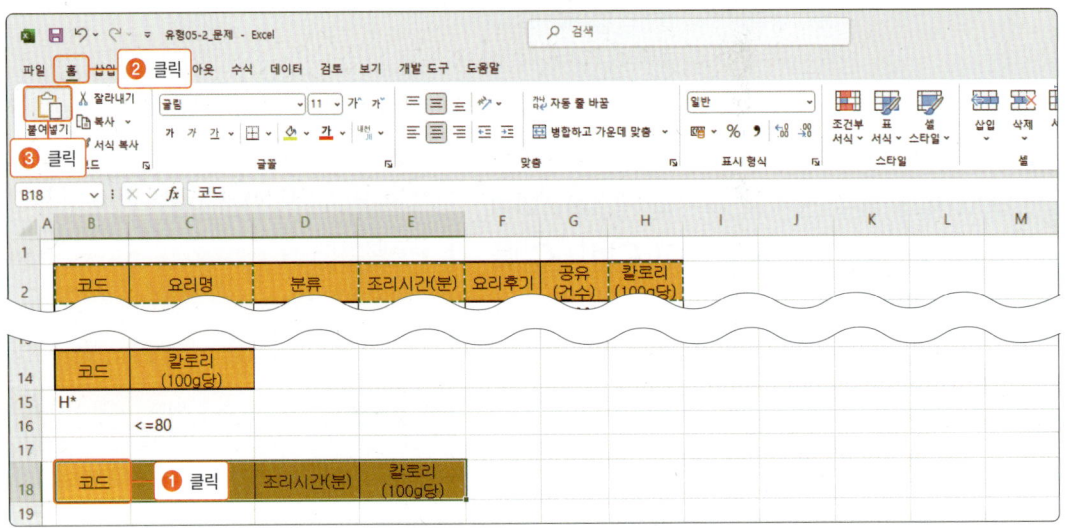

❺ [B2] 셀을 클릭한 후 [데이터] 탭의 [정렬 및 필터] 그룹에서 '고급(🔽고급)'을 클릭합니다.

※ [B2:H10] 영역을 드래그해도 결과는 동일합니다.

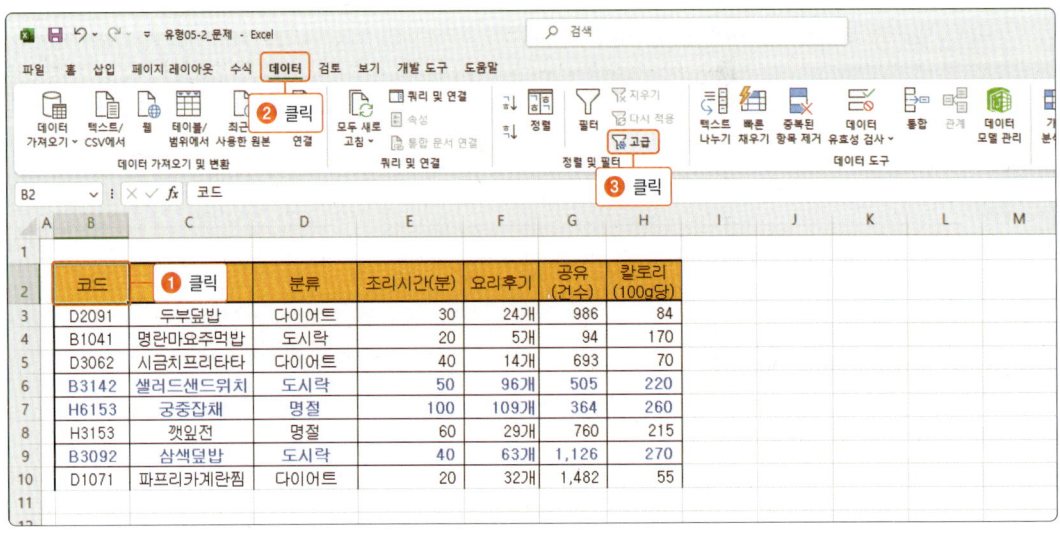

❻ [고급 필터] 대화상자가 나오면 다음과 같이 각각의 범위를 지정한 후 〈확인〉 단추를 클릭합니다.
- 결과를 '**다른 장소에 복사**'로 선택
- 자동으로 지정된 목록 범위($B$2:$H$10)를 확인
- 조건 범위 입력 칸을 클릭한 후 [B14:C16]을 영역으로 지정
- 복사 위치 입력 칸을 클릭한 후 [B18:E18]을 영역으로 지정

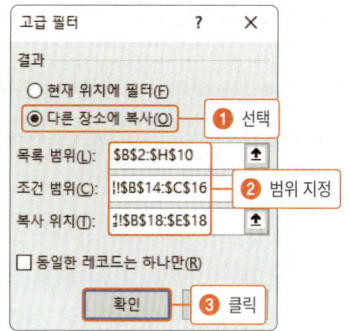

❼ OR 조건(코드, 칼로리(100g당))에 맞게 데이터가 추출되었는지 확인합니다.

> **TIP** 모든 데이터 추출(복사 위치)
>
> 고급 필터를 이용하여 모든 데이터를 추출할 때는 별도의 필드명 복사 작업 없이 조건에 맞는 모든 데이터를 한 번에 추출할 수 있습니다. 모든 데이터 추출 시 복사 위치는 기준 셀([B18])만 지정합니다.

03 표 서식

≪조건≫ : 표 서식 – 고급 필터의 결과셀을 채우기 없음으로 설정한 후 '표 스타일 보통 6'의 서식을 적용하시오.
– 머리글 행, 줄무늬 행을 적용하시오.

❶ 고급 필터로 추출된 [B18:E22] 영역을 드래그한 후 [홈] 탭의 [글꼴] 그룹에서 채우기 색(🎨)의 목록 단추(▼)를 눌러 '**채우기 없음**'을 선택합니다.

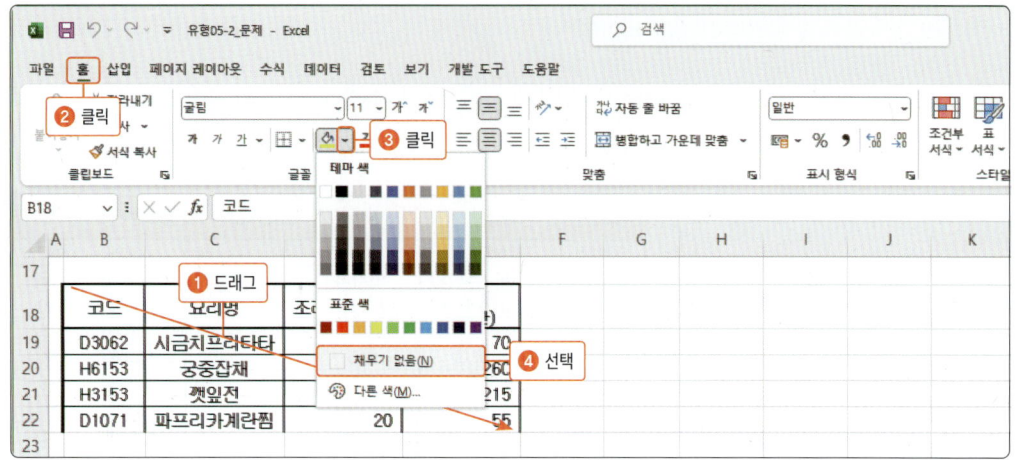

❷ 표 스타일을 적용하기 위해 [홈] 탭의 [스타일] 그룹에서 [표 서식(📋)]-[중간]-'**파랑, 표 스타일 보통 6**'을 선택합니다.

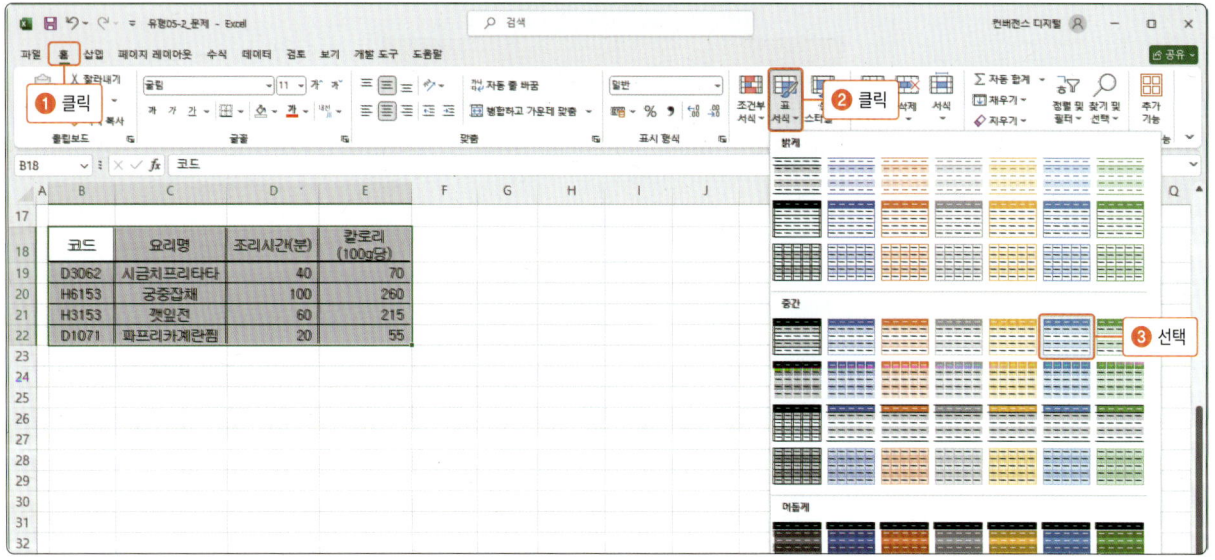

❸ [표 서식] 대화상자가 나오면 **표에 사용할 데이터 범위($B$18:$E$22)**를 확인한 후 〈확인〉 단추를 클릭합니다.

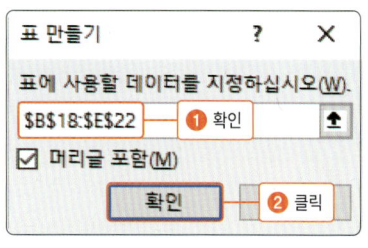

④ [B18:E22] 영역에 '파랑, 표 스타일 보통 6' 서식이 적용된 것을 확인한 후 [테이블 디자인] 탭의 [표 스타일 옵션] 그룹에서 '**머리글 행**'과 '**줄무늬 행**'이 체크(☑)되어 있는지 확인합니다.

※ 표 서식을 적용한 후 특정 열이 '###'으로 표시되거나, 열 간격이 너무 좁다고 판단되면 열의 너비를 조절합니다.

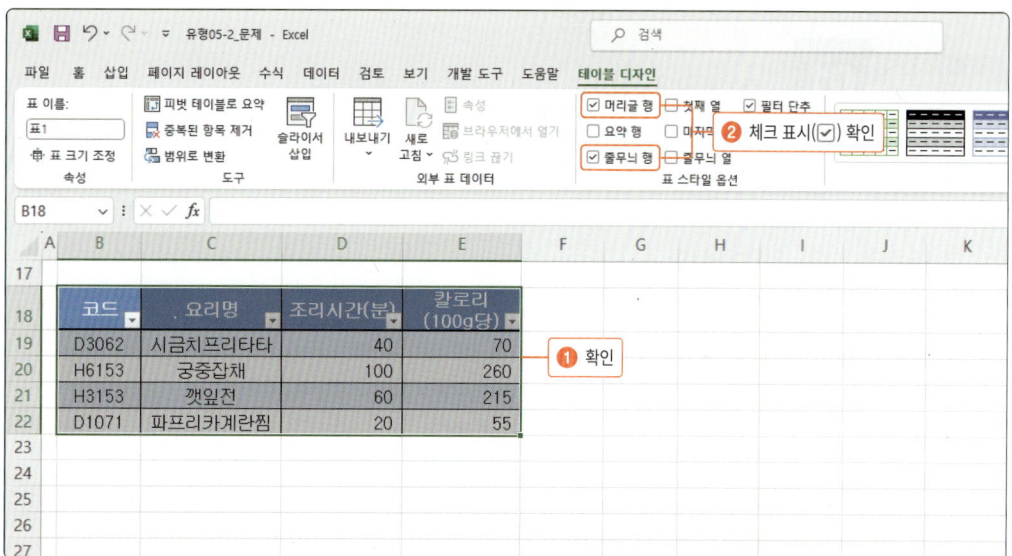

⑤ 모든 작업이 끝나면 [파일]-[저장]([Ctrl]+[S]) 또는 [빠른 실행 도구 모음]에서 '저장(🖫)'을 클릭합니다.

※ 실제 시험을 볼 때 작업 도중에 수시로(10분에 한 번 정도) 저장을 하는 것이 좋습니다.

[제2작업] 필터 및 서식

완전정복-01

다음과 같이 《조건》 및 《출력형태》를 작성해 보세요.

- **소스** : 정복05-2_문제01.xlsx
- **정답** : 정복05-2_정답01.xlsx

작성 시간 / 권장 시간

분 / 10분

➔ **"제1작업"** 시트의 「B4:H12」 영역을 복사하여 **"제2작업"** 시트의 「B2」 셀부터 모두 붙여넣기를 한 후 다음의 조건과 같이 작업하시오.

《조건》

(1) 고급 필터 – 제품코드가 'L'로 시작하거나 판매수량(단위:대)이 '100' 이하인 자료의 제품코드, 제품명, 판매수량(단위:대), 재고수량(단위:대) 데이터만 추출하시오.
　　　　　　 – 조건 범위 : 「B14」 셀부터 입력하시오.
　　　　　　 – 복사 위치 : 「B18」 셀부터 나타나도록 하시오.

(2) 표 서식 – 고급 필터의 결과셀을 채우기 없음으로 설정한 후 '표 스타일 보통 6'의 서식을 적용하시오.
　　　　　　 – 머리글 행, 줄무늬 행을 적용하시오.

완전정복-02

다음과 같이 《조건》 및 《출력형태》를 작성해 보세요.

- **소스** : 정복05-2_문제02.xlsx
- **정답** : 정복05-2_정답02.xlsx

작성 시간 / 권장 시간

분 / 10분

➔ **"제1작업"** 시트의 「B4:H12」 영역을 복사하여 **"제2작업"** 시트의 「B2」 셀부터 모두 붙여넣기를 한 후 다음의 조건과 같이 작업하시오.

《조건》

(1) 고급 필터 – 제품코드가 'A'로 시작하거나 가격이 '2,000' 이상인 자료의 제품코드, 제품명, 전월판매량, 당월판매량 데이터만 추출하시오.
　　　　　　 – 조건 범위 : 「B14」 셀부터 입력하시오.
　　　　　　 – 복사 위치 : 「B18」 셀부터 나타나도록 하시오.

(2) 표 서식 – 고급 필터의 결과셀을 채우기 없음으로 설정한 후 '표 스타일 보통 6'의 서식을 적용하시오.
　　　　　　 – 머리글 행, 줄무늬 행을 적용하시오.

완전정복-03

다음과 같이 《조건》 및 《출력형태》를 작성해 보세요.

· 소스 : 정복05-2_문제03.xlsx   · 정답 : 정복05-2_정답03.xlsx

작성 시간 / 권장 시간
분 / 10분

➡ **"제1작업"** 시트의 「B4:H12」 영역을 복사하여 **"제2작업"** 시트의 「B2」 셀부터 모두 붙여넣기를 한 후 다음의 조건과 같이 작업하시오.

《조건》

(1) 고급 필터 – 관리코드가 'S'로 시작하거나 이용자 수가 '3,000' 이상인 자료의 관리코드, 도서관명, 관리자, 이용자 수 데이터만 추출하시오.
　　　　　　– 조건 범위 : 「B14」 셀부터 입력하시오.
　　　　　　– 복사 위치 : 「B18」 셀부터 나타나도록 하시오.

(2) 표 서식 – 고급 필터의 결과셀을 채우기 없음으로 설정한 후 '표 스타일 보통 6'의 서식을 적용하시오.
　　　　　　– 머리글 행, 줄무늬 행을 적용하시오.

완전정복-04

다음과 같이 《조건》 및 《출력형태》를 작성해 보세요.

· 소스 : 정복05-2_문제04.xlsx   · 정답 : 정복05-2_정답04.xlsx

작성 시간 / 권장 시간
분 / 10분

➡ **"제1작업"** 시트의 「B4:H12」 영역을 복사하여 **"제2작업"** 시트의 「B2」 셀부터 모두 붙여넣기를 한 후 다음의 조건과 같이 작업하시오.

《조건》

(1) 고급 필터 – 제품번호가 'F'로 시작하거나 가격이 '20,000' 이상인 자료의 제품번호, 제품명, 가격, 3월매출(천원) 데이터만 추출하시오.
　　　　　　– 조건 범위 : 「B14」 셀부터 입력하시오.
　　　　　　– 복사 위치 : 「B18」 셀부터 나타나도록 하시오.

(2) 표 서식 – 고급 필터의 결과셀을 채우기 없음으로 설정한 후 '표 스타일 보통 6'의 서식을 적용하시오.
　　　　　　– 머리글 행, 줄무늬 행을 적용하시오.

[제3작업] 정렬 및 부분합

PART 01 출제유형 완전정복

- 출력형태를 참고하여 데이터 정렬
- 부분합 작성 및 개요 지우기

문제 미리보기

소스 : 유형06-1_문제.xlsx   정답 : 유형06-1_정답.xlsx

➡ "제1작업" 시트의 「B4:H12」 영역을 복사하여 "제3작업" 시트의 「B2」 셀부터 모두 붙여넣기를 한 후 다음의 조건과 같이 작업하시오.

≪출력형태≫ ⟨80점⟩

	B	C	D	E	F	G	H
2	코드	요리명	분류	조리시간(분)	요리후기	공유(건수)	칼로리(100g당)
3	H6153	궁중잡채	명절	100	109개	364	260
4	H3153	깻잎전	명절	60	29개	760	215
5			명절 평균				238
6		2	명절 개수				
7	B1041	명란마요주먹밥	도시락	20	5개	94	170
8	B3142	셀러드샌드위치	도시락	50	96개	505	220
9	B3092	삼색덮밥	도시락	40	63개	1,126	270
10			도시락 평균				220
11		3	도시락 개수				
12	D2091	두부덮밥	다이어트	30	24개	986	84
13	D3062	시금치프리타타	다이어트	40	14개	693	70
14	D1071	파프리카계란찜	다이어트	20	32개	1,482	55
15			다이어트 평균				70
16		3	다이어트 개수				
17			전체 평균				168
18		8	전체 개수				

≪조건≫

(1) 부분합 - ≪출력형태≫처럼 정렬하고, 요리명의 개수와 칼로리(100g당)의 평균을 구하시오.
(2) 개요 - 지우시오.
(3) 나머지 사항은 ≪출력형태≫에 맞게 작성하시오.(글꼴 : 파랑, 굵게).

시험 분석

➡ **출제 경향** : 출제 문제를 분석
- ☑ **부분합 정렬** : 과년도 기출문제를 분석한 결과 정렬 작업은 대부분 기본 정렬(내림차순)로 출제되었지만 가끔씩 2개 이상을 정렬(중첩 정렬)하는 문제도 출제가 되었기 때문에 2가지 모두 사용 방법을 알고 있어야 합니다.
- ☑ **부분합** : 과년도 기출문제를 분석한 결과 부분합에서 출제되는 함수는 평균과 개수가 반복적으로 출제되고 있으니 참고하시기 바랍니다.

➡ **주의 사항** : 실수가 많은 내용
- ☑ 부분합 실행전 반드시 정렬을 먼저 실행합니다.
- ☑ 해당 필드로 정렬하면 부분합 그룹화도 같은 필드 이름으로 지정합니다.
- ☑ 부분합이 ≪출력 형태≫와 다르면 [데이터] 탭-[부분합]-〈모두 제거〉를 실행하고 다시 부분합을 만들어줍니다.

➡ **주요 단축키** : 작업 시간 단축에 도움
- ☑ 저장 : Ctrl + S

난이도	권장 시간 / 시험 시간	유형 점수 / 시험 점수
★★☆☆	10분 / 60분	80점 / 500점

Skill 01 데이터 복사하여 붙여넣기

≪조건≫ : "**제1작업**" 시트의 「B4:H12」 영역을 복사하여 "**제3작업**" 시트의 「B2」 셀부터 모두 붙여넣기를 한 후 다음의 조건과 같이 작업하시오.

 유형06-1_문제.xlsx 파일을 불러와 [제1작업] 시트를 클릭합니다. 이어서 [B4:H12] 영역을 드래그한 후 [홈] 탭의 [클립보드] 그룹에서 '복사( )'(Ctrl + C)를 클릭합니다.

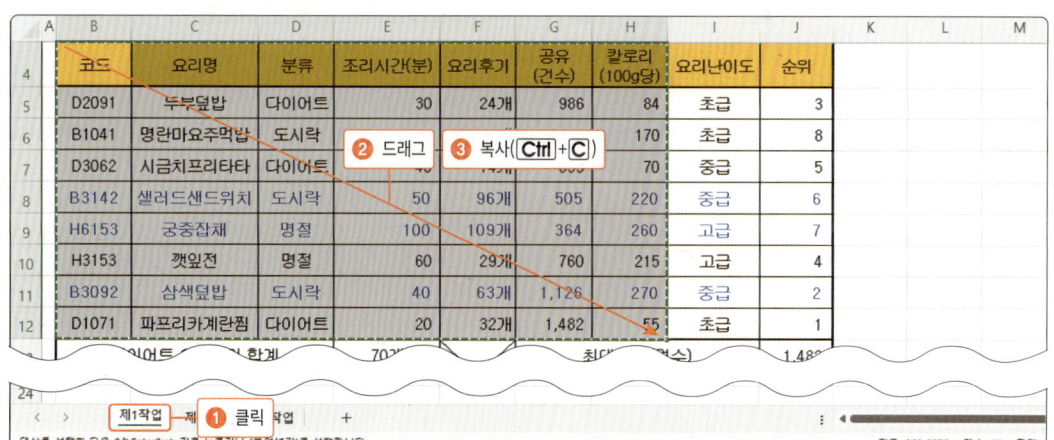

❷ [제3작업] 시트를 클릭한 후 [B2] 셀을 클릭합니다. 이어서, [홈] 탭의 [클립보드] 그룹에서 '**붙여넣기**( )' (Ctrl+V)를 클릭합니다.

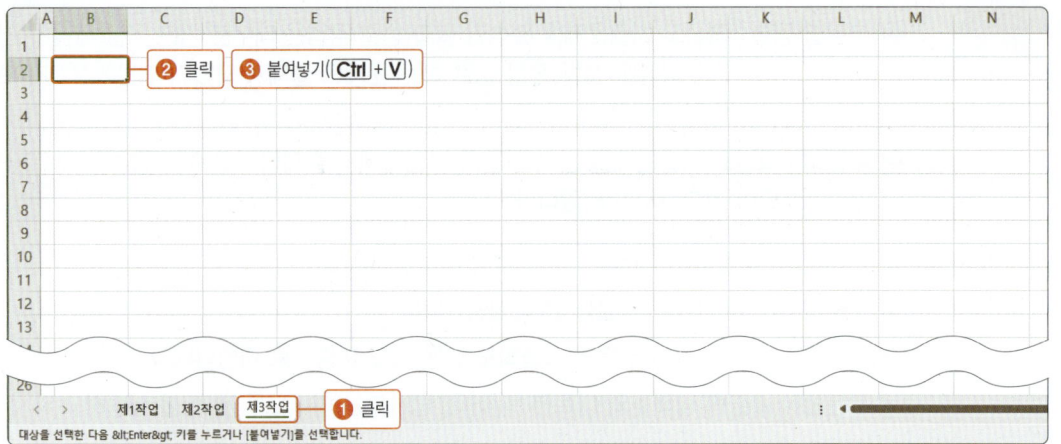

❸ 데이터가 복사되면 [홈] 탭의 [클립보드] 그룹에서 붙여넣기( )의 목록 단추( )를 눌러 '**선택하여 붙여넣기**'를 선택합니다. [선택하여 붙여넣기] 대화상자가 나오면 '**열 너비**'를 선택한 후 〈확인〉 단추를 클릭합니다.

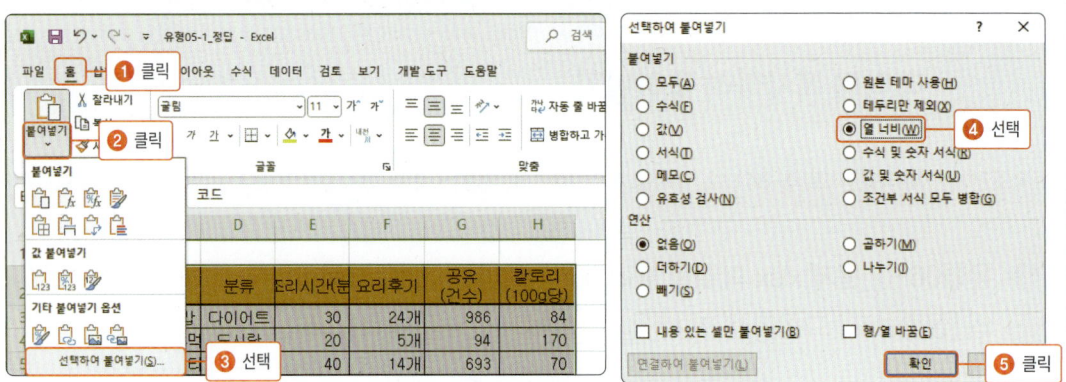

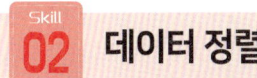
데이터 정렬

≪조건≫ : 부분합 – ≪출력형태≫처럼 정렬하고, 요리명의 개수와 칼로리(100g당)의 평균을 구하시오.

❶ [D2] 셀을 클릭한 후 [데이터] 탭의 [정렬 및 필터] 그룹에서 '**텍스트 내림차순 정렬(힉↓)**'을 클릭합니다.

  ※ 데이터 정렬은 ≪출력형태≫에서 부분합으로 그룹화된 항목(현재는 '분류') 부분을 참고하여 '내림차순'인지 아니면 '오름차순'인지 판단합니다.

❷ 데이터가 정렬되면 ≪출력형태≫와 비교하여 결과가 같은지 반드시 확인합니다.

  ※ 중첩 정렬 확인 : ≪출력형태≫와 비교할 때 '분류' 필드를 기준으로 앞쪽 필드(요리명) 또는 뒤쪽 필드(조리시간(분))에도 정렬(중첩 정렬)이 적용되어 있는지 반드시 확인합니다.

> **기본 데이터 정렬 방법**
>
> ❶ 오름차순 정렬 순서(내림차순은 반대) : 숫자(1,2,3, …) → 특수문자 → 영문(A→Z) → 한글(ㄱ→ㅎ) → 논리값 → 오류값 → 공백 셀(빈 셀)
>
> ❷ 정렬 기준이 하나인 경우 : 정렬 기준이 하나인 경우에는 셀 포인터를 정렬하고자 하는 셀에 위치시킨 후 [데이터] 탭의 [정렬 및 필터] 그룹에서 텍스트 오름차순 정렬(글↓) 또는 텍스트 내림차순 정렬(힉↓)을 클릭합니다.

중첩 데이터 정렬

❶ 정렬 기준이 하나 이상(중첩)인 경우에는 [데이터] 탭의 [정렬 및 필터] 그룹에서 정렬(🔲)을 이용합니다.

❷ 부분합의 그룹화된 항목을 내림차순 또는 오름차순으로 정렬한 후 결과가 ≪출력형태≫와 다를 경우에는 정렬 취소(↶)(Ctrl+Z)를 클릭합니다.

❸ 정렬이 취소되면 [데이터] 탭의 [정렬 및 필터] 그룹에서 정렬(🔲)을 클릭합니다. 이어서, ≪출력형태≫를 참고하여 정렬 기준(분류)을 지정한 후 〈기준 추가〉 단추를 클릭하여 다음 기준(요리명)을 지정합니다.

※ 정렬 기준을 부분합 그룹 항목(분류)으로 지정한 후 앞쪽과 뒤쪽 필드를 확인하여 다음 기준 정렬을 지정합니다.

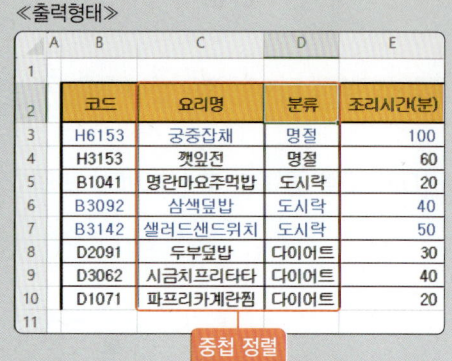

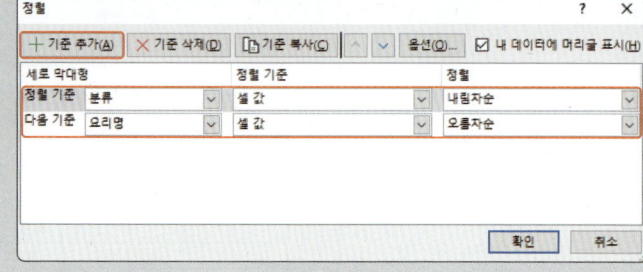

Skill 03 부분합

≪조건≫ : 부분합 – ≪출력형태≫처럼 정렬하고, 요리명의 개수와 칼로리(100g당)의 평균을 구하시오.

❶ [B2] 셀을 클릭한 후 [데이터] 탭의 [윤곽선] 그룹에서 '**부분합**(🔲)'을 클릭합니다.

※ 부분합 작성 시 데이터 범위([B2:H10])를 드래그하거나, [B2:H10] 영역 안에서 한 개의 셀만 선택한 후 작업합니다.

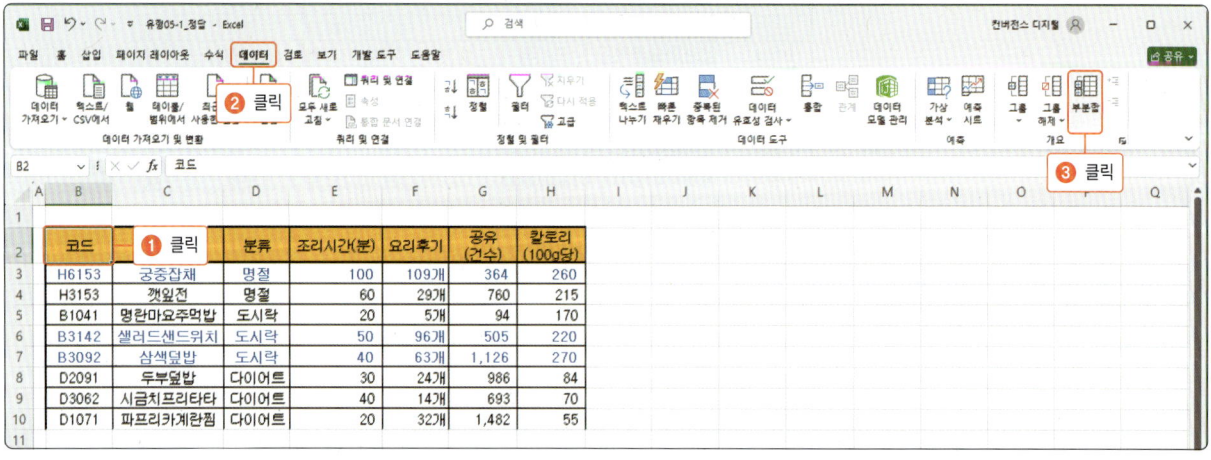

❷ [부분합] 대화상자가 나오면 《조건》 및 《출력형태》를 참고하여 그룹화할 항목에 '**분류**', 사용할 함수에 '**개수**', 부분합 계산 항목에 '**요리명**'만 지정한 후 〈확인〉 단추를 클릭합니다.

※ 2차 부분합(중첩 부분합)을 작성할 때는 문제의 《조건》 순서(요리명의 개수 → 칼로리(100g당)의 평균)에 맞추어 작성해야 합니다.

※ '부분합 계산 항목'에서 미리 선택된 계산 항목(예 : 칼로리(100g당))이 있을 경우 부분합 작성 조건을 확인하여 불필요하다면 반드시 체크(✓) 표시를 해제합니다.

[부분합] 대화상자

❶ 그룹화할 항목 : 데이터를 그룹화할 항목을 선택
❷ 사용할 함수 : 그룹화된 데이터의 계산 방법을 선택
❸ 부분합 계산 항목 : 그룹화된 데이터에서 계산할 항목(필드)을 선택
❹ 새로운 값으로 대치 : 이전 부분합 결과는 없어지고 새롭게 계산된 부분합 결과로 변경하여 표시
❺ 그룹 사이에서 페이지 나누기 : 부분합으로 계산된 그룹을 각 페이지별로 분리
❻ 데이터 아래에 요약 표시 : 부분합 결과값이 해당 그룹 아래에 표시
❼ 〈모두 제거〉 단추 : 부분합 결과를 모두 제거

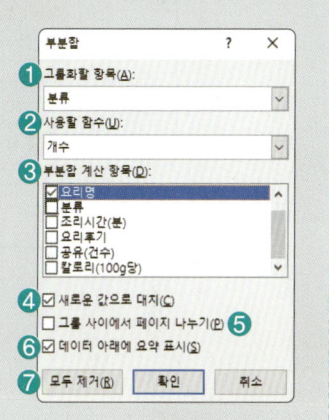

❸ 이어서, 2차 부분합을 생성하기 위해 다시 [데이터] 탭의 [윤곽선] 그룹에서 '**부분합( )**'을 클릭합니다.

❹ [부분합] 대화상자가 나오면 그룹화할 항목에 '**분류**', 사용할 함수에 '**평균**', 부분합 계산 항목에 '**칼로리(100g당)**'만 지정합니다. 이어서, '**새로운 값으로 대치**' 항목의 **체크 표시(✓)를 반드시 해제**한 후 〈확인〉 단추를 클릭합니다.

2차 부분합 작업 시 주의사항

2차 부분합(중첩 부분합)을 생성하기 위해서는 1차 부분합 범위 내에서 임의의 셀(예 : [B2])을 하나만 선택한 후 작업해야 하며, 반드시 '새로운 값으로 대치' 항목의 체크 표시(✓)를 해제해 주어야 합니다. 만일, 해제하지 않을 경우 1차 부분합 결과는 없어지고 2차 부분합 결과만 표시됩니다.

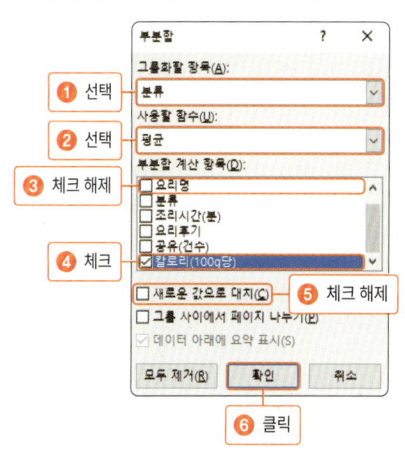

개요 지우기

≪조건≫ : 개요 – 지우시오.

① 완성된 부분합을 ≪출력형태≫와 비교하여 결과가 같은지 확인합니다. 이어서, [데이터] 탭의 [개요] 그룹에서 그룹 해제( )의 목록 단추( )를 눌러 '**개요 지우기**'를 선택합니다.

※ 완성된 부분합의 특정 열이 '###'으로 표시되거나, 열 간격이 너무 좁다고 판단되면 ≪출력형태≫를 참고하여 열의 너비를 조절합니다.

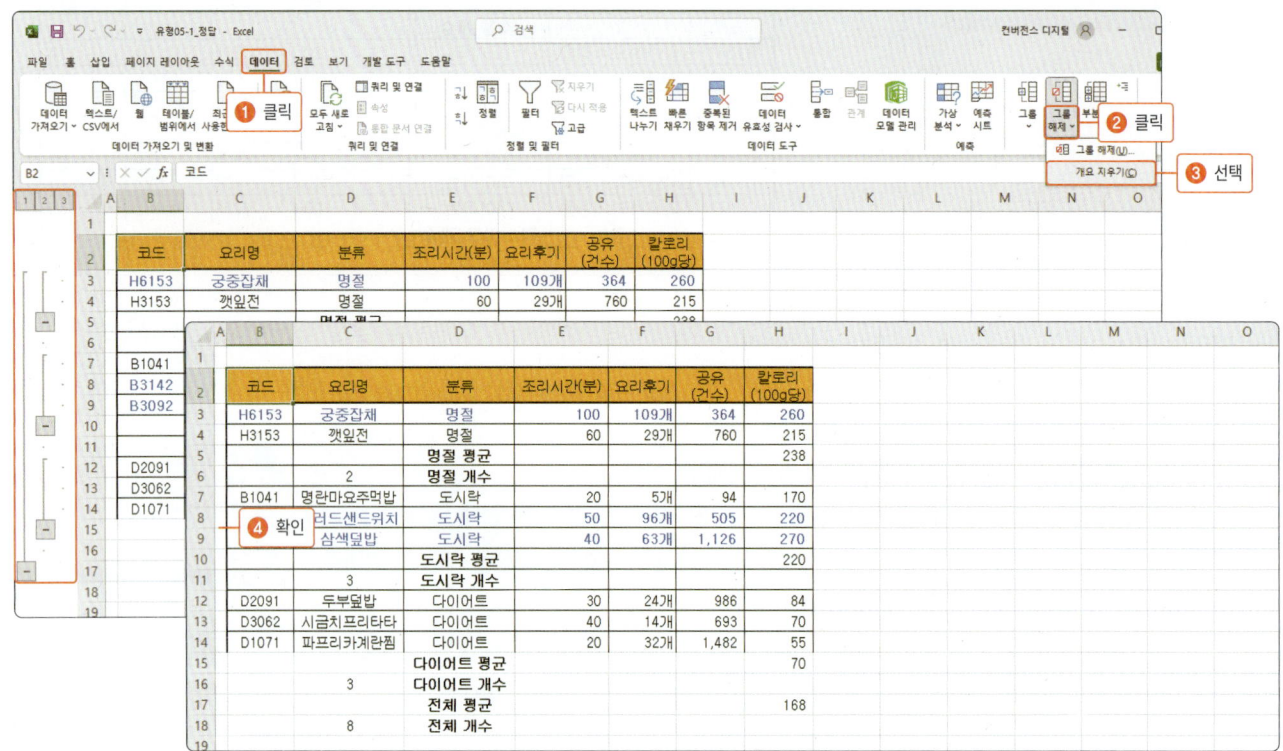

> **🖐 TIP 부분합 제거**
> 부분합을 잘 못 만들었을 경우 [부분합] 대화상자의 〈모두 제거〉 단추를 클릭한 후 처음부터 다시 작업합니다.
> 부분합을 처음부터 다시 만들 때는 정렬 확인 → 1차 부분합 → 2차 부분합 순서로 작업합니다.

② 모든 작업이 끝나면 [**파일**]-[**저장**](**Ctrl** + **S**) 또는 [빠른 실행 도구 모음]에서 '**저장**( )'을 클릭합니다.

※ 실제 시험을 볼 때 작업 도중에 수시로(10분에 한 번 정도) 저장을 하는 것이 좋습니다.

[제3작업] 정렬 및 부분합

완전정복-01

다음과 같이 《조건》 및 《출력형태》를 작성해 보세요.

- **소스**: 정복06-1_문제01.xlsx
- **정답**: 정복06-1_정답01.xlsx

작성 시간 / 권장 시간
분 / 10분

➜ **"제1작업"** 시트의 「B4:H12」 영역을 복사하여 **"제3작업"** 시트의 「B2」 셀부터 모두 붙여넣기를 한 후 다음의 조건과 같이 작업하시오.

《출력형태》

	A	B	C	D	E	F	G	H
1								
2		제품코드	제품명	제조사	판매금액	인쇄속도(ppm)	판매수량(단위:대)	재고수량(단위:대)
3		K2949	루이	레온	149,000원	14	157	64
4		L3997	지니	레온	344,000원	15	154	101
5		P3811	다큐프린터	레온	245,000원	17	217	87
6				레온 평균			176	
7		3		레온 개수				
8		P3861	레옹	이지전자	150,000원	16	184	48
9		K6955	밴티지	이지전자	175,000원	6	98	128
10		L4928	새롬레이저	이지전자	389,000원	18	94	117
11				이지전자 평균			125	
12		3		이지전자 개수				
13		K2789	퍼플	티파니	421,000원	19	201	65
14		L3711	로사프린터	티파니	182,000원	12	256	36
15				티파니 평균			229	
16		2		티파니 개수				
17				전체 평균			170	
18		8		전체 개수				

《조건》

(1) 부분합 - 《출력형태》처럼 정렬하고, 제품코드의 개수와 판매수량(단위:대)의 평균을 구하시오.

(2) 개요 - 지우시오.

(3) 나머지 사항은 《출력형태》에 맞게 작성하시오.

완전정복- 02 다음과 같이 《조건》 및 《출력형태》를 작성해 보세요.

- 소스 : 정복06-1_문제02.xlsx
- 정답 : 정복06-1_정답02.xlsx

작성 시간 / 권장 시간

분 / 10분

➡ "**제1작업**" 시트의 「B4:H12」 영역을 복사하여 "**제3작업**" 시트의 「B2」 셀부터 모두 붙여넣기를 한 후 다음의 조건과 같이 작업하시오.

《출력형태》

A	B	C	D	E	F	G	H
1							
2	제품코드	제품명	분류	가격	전월 판매량	당월 판매량	스코빌지수
3	A1545	새우 라면	봉지	1,350원	28,200	29,350	5,013
4	Y1565	매운 라면	봉지	1,400원	57,300	44,700	4,044
5	A1599	콩나물 김치면	봉지	950원	18,700	13,900	5,930
6			봉지 평균			29,317	
7		3	봉지 개수				
8	R1886	비빔 얼큰면	스티로폼(PS)	1,800원	10,700	9,030	2,769
9	T1436	홍합 짬뽕면	스티로폼(PS)	2,500원	12,400	22,500	4,000
10			스티로폼(PS) 평균			15,765	
11		2	스티로폼(PS) 개수				
12	Y1314	앵그리 레드면	종이	1,200원	5,300	5,900	8,557
13	E1363	국민 매콤라면	종이	1,100원	37,300	45,500	3,960
14	T1578	불맛 쫄면	종이	2,450원	10,000	10,900	3,037
15			종이 평균			20,767	
16		3	종이 개수				
17			전체 평균			22,723	
18		8	전체 개수				

《조건》

(1) 부분합 - 《출력형태》처럼 정렬하고, 제품명의 개수와 당월판매량의 평균을 구하시오.

(2) 개요 - 지우시오.

(3) 나머지 사항은 《출력형태》에 맞게 작성하시오.

완전정복-03

다음과 같이 《조건》 및 《출력형태》를 작성해 보세요.

• 소스 : 정복06-1_문제03.xlsx   • 정답 : 정복06-1_정답03.xlsx

작성 시간 / 권장 시간
분 / 10분

➡ "제1작업" 시트의 「B4:H12」 영역을 복사하여 "제3작업" 시트의 「B2」 셀부터 모두 붙여넣기를 한 후 다음의 조건과 같이 작업하시오.

《출력형태》

	B	C	D	E	F	G	H
1							
2	관리코드	도서관명	관리자	주요 활동	도서 보유량 (단위:권)	대출 도서량 (단위:권)	이용자 수
3	BC-124	문고	김지은	체험 활동	1,800	158	1,300명
4	PC-211	책의 향기	손현준	체험 활동	2,600	180	1,850명
5				체험 활동 평균			1,575명
6		2		체험 활동 개수			
7	SB-101	풀이음	이미영	책 읽기	5,500	550	3,412명
8	DB-210	작은 문학	박현우	책 읽기	4,800	450	2,850명
9	VB-132	도서의 정원	이현주	책 읽기	4,500	458	1,243명
10	PB-303	미니 문학	나영미	책 읽기	5,200	650	3,654명
11				책 읽기 평균			2,790명
12		4		책 읽기 개수			
13	SM-312	한마음	장경미	영상 상영	2,855	124	1,200명
14	SM-320	독서 공간	김수현	영상 상영	2,850	285	1,450명
15				영상 상영 평균			1,325명
16		2		영상 상영 개수			
17				전체 평균			2,120명
18		8		전체 개수			

《조건》

(1) 부분합 – 《출력형태》처럼 정렬하고, 도서관명의 개수와 이용자 수의 평균을 구하시오.

(2) 개요 – 지우시오.

(3) 나머지 사항은 《출력형태》에 맞게 작성하시오.

다음과 같이 《조건》 및 《출력형태》를 작성해 보세요.

- 소스 : 정복06-1_문제04.xlsx
- 정답 : 정복06-1_정답04.xlsx

작성 시간 / 권장 시간

분 / 10분

➡ "**제1작업**" 시트의 「B4:H12」 영역을 복사하여 "**제3작업**" 시트의 「B2」 셀부터 모두 붙여넣기를 한 후 다음의 조건과 같이 작업하시오.

《출력형태》

	A	B	C	D	E	F	G	H
1								
2		제품번호	제품명	분류	제조사	가격	3월매출 (천원)	4월매출 (천원)
3		FC1-01	주택세정제	청소세제	보리수	9,800원	18,300	21,800
4		WC2-03	살균세정제	청소세제	미래건강	21,300원	31,580	34,600
5				청소세제 평균				28,200
6			2	청소세제 개수				
7		FK1-01	트로피칼	주방세제	해피그린	9,700원	21,350	28,960
8		SK2-02	슈가버블	주방세제	미래건강	11,000원	50,700	56,590
9		CC1-02	비타민베리	주방세제	해피그린	8,500원	19,840	23,770
10				주방세제 평균				36,440
11			3	주방세제 개수				
12		SL1-01	리큐 제트	세탁세제	미래건강	28,700원	82,570	92,600
13		SL2-02	파워젤	세탁세제	해피그린	18,500원	42,760	38,470
14		FL2-03	다우니 블루	세탁세제	보리수	15,300원	37,960	35,600
15				세탁세제 평균				55,557
16			3	세탁세제 개수				
17				전체 평균				41,549
18			8	전체 개수				

《조건》

(1) 부분합 – 《출력형태》처럼 정렬하고, 제품명의 개수와 4월매출(천원)의 평균을 구하시오.

(2) 개요 – 지우시오.

(3) 나머지 사항은 《출력형태》에 맞게 작성하시오.

MEMO

[제3작업] 피벗 테이블

- ☑ 피벗 테이블 작성하기
- ☑ 피벗 테이블 옵션 지정하기
- ☑ 필드 함수 지정하기

문제 미리보기

소스 : 유형06-2_문제.xlsx   정답 : 유형06-2_정답.xlsx

➡ "**제1작업**" 시트를 이용하여 "**제3작업**" 시트에 조건에 따라 ≪출력형태≫와 같이 작업하시오.

≪출력형태≫   〈80점〉

A	B	C	D	E	F	G	H
1							
2		분류		명절		도시락		다이어트	
3	조리시간(분)	개수 : 요리후기	평균 : 칼로리(100g당)	개수 : 요리후기	평균 : 칼로리(100g당)	개수 : 요리후기	평균 : 칼로리(100g당)
5	<41	**	**	2	220	3	70
6	41-70	1	215	1	220	**	**
7	71-100	1	260	**	**	**	**
8	총합계	2	238	3	220	3	70

≪조건≫

(1) 조리시간(분) 및 분류별 요리후기의 개수와 칼로리(100g당)의 평균을 구하시오.

(2) 조리시간(분)을 그룹화하고, 분류를 ≪출력형태≫와 같이 정렬하시오.

(3) 레이블이 있는 셀 병합 및 가운데 맞춤 적용 및 빈 셀은 '**'로 표시하시오.

(4) 행의 총합계는 지우고, 나머지 사항은 ≪출력형태≫에 맞게 작성하시오.

 제3작업

- [제3작업]은 '**정렬 및 부분합**'과 '**피벗 테이블**' 두 가지 유형의 문제가 번갈아가며 출제되고 있습니다. '정렬 및 부분합'과 '피벗 테이블'은 전혀 다른 기능을 사용하기 때문에 두 가지 유형에 대한 학습이 반드시 필요합니다.

Information Technology Qualification

난이도	권장 시간 / 시험 시간	유형 점수 / 시험 점수
★★☆☆	10분 / 60분	80점 / 500점

시험분석

➡ **출제 경향 : 출제 문제를 분석**

☑ [제3작업]은 '정렬 및 부분합'과 '피벗 테이블' 두 가지 유형의 문제가 번갈아가며 출제되고 있습니다. '정렬 및 부분합'과 '피벗 테이블'은 전혀 다른 기능을 사용하기 때문에 두 가지 유형에 대한 학습이 반드시 필요합니다.

☑ 피벗 테이블 그룹 지정은 다양한 형태로 출제되고 있는데 최근에 출제된 문제들의 그룹을 보면 '작품 제출일(월)', '가격(시작 : 20001, 끝 : 80000, 단위 : 20000)', '완공연도(시작 : 2004, 끝 : 2017, 단위 : 4)', '판매가(시작 : 10001, 끝 : 55000, 단위 : 15000)' '가입일(연)' 등으로 출제되고 있습니다. 그룹 지정은 주로 '시작, 끝, 단위'를 직접 입력하는 문제가 많이 출제되기 때문에 해당 기능에 대한 학습이 필요합니다.

➡ **주의 사항 : 실수가 많은 내용**

☑ 피벗 테이블을 ≪조건≫ 순서로 필드를 드래그합니다.

☑ 잘못 옮겨진 필드는 워크시트 쪽으로 드래그하거나 필드를 클릭 후 [필드 제거]를 선택합니다.

☑ 값에 들어갈 필드의 함수를 정확히 선택합니다. (예) 평균, 합계, 개수

➡ **주요 단축키 : 작업 시간 단축에 도움**

☑ 저장 : Ctrl + S

Skill 01 분석할 데이터 범위 선택 및 필드 목록 지정

≪조건≫ : "**제1작업**" 시트를 이용하여 "**제3작업**" 시트에 조건에 따라 ≪출력형태≫와 같이 작업하시오.

❶ 유형06-2_문제.xlsx 파일을 불러와 [제1작업] 시트를 클릭합니다. 이어서, [B4:H12] 영역을 드래그한 후 [삽입] 탭의 [표] 그룹에서 '**피벗 테이블**( )'을 클릭합니다.

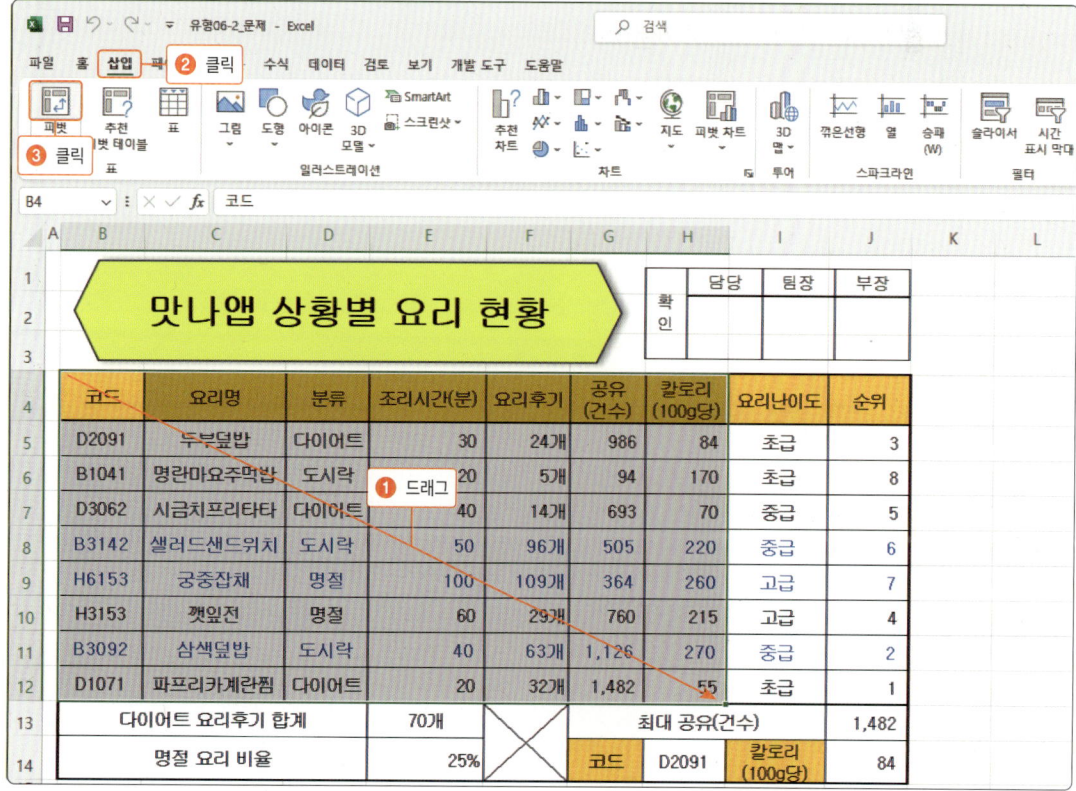

❷ [표 또는 범위의 피벗 테이블] 대화상자가 나오면 **표/범위(제1작업!$B$4:$H$12)**를 확인합니다. 이어서, 피벗 테이블을 배치할 위치를 '**기존 워크시트**'로 클릭하고, [제3작업] 시트의 [B2] 셀을 클릭한 후 〈확인〉 단추를 클릭합니다.

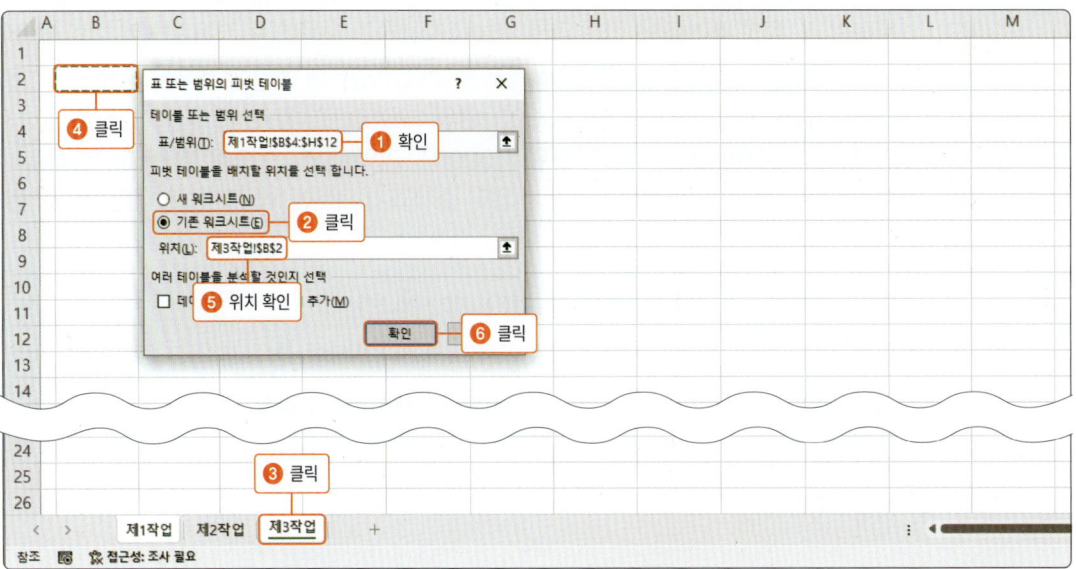

❸ [제3작업] 시트에 빈 피벗 테이블이 만들어지면 화면 오른쪽의 [피벗 테이블 필드] 작업 창에서 '보고서에 추가할 필드 선택:' 항목 중 '**조리시간(분)**' 필드를 '**행**' 레이블 위치로 드래그 합니다.

※ '조리시간(분)' 필드 위에서 마우스 오른쪽 단추를 눌러 [행 레이블에 추가]를 클릭해도 됩니다.

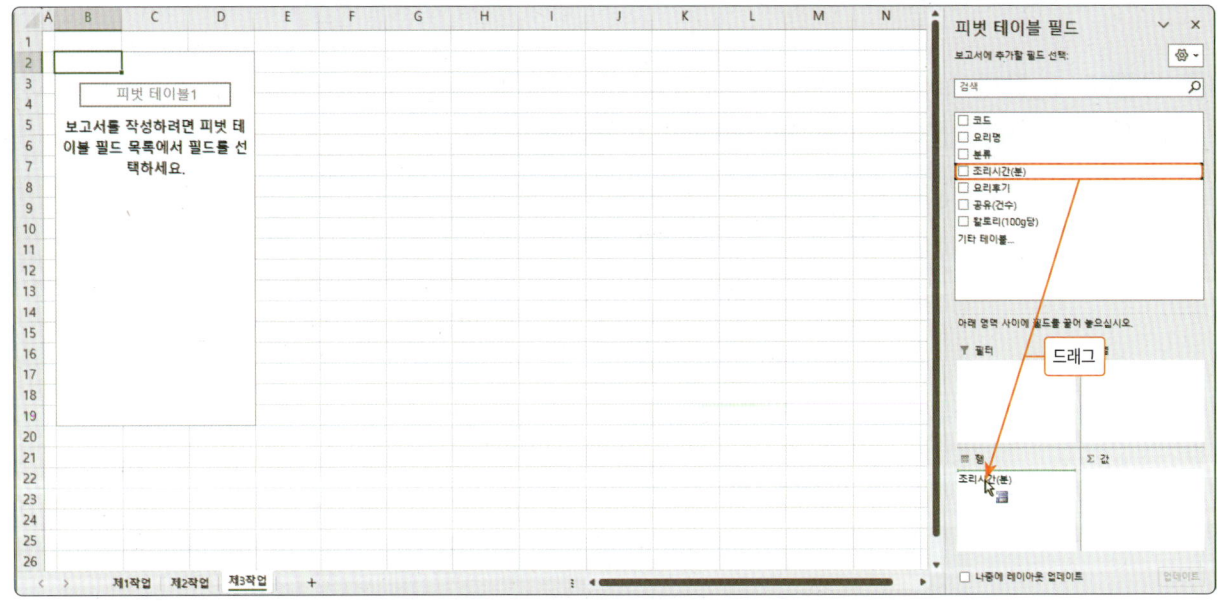

 [피벗 테이블 필드] 작업 창이 사라졌을 경우

[B2] 셀을 클릭한 후 [피벗 테이블 분석] 탭의 [표시] 그룹에서 '필드 목록(📋)'을 클릭하면 다시 활성화됩니다.

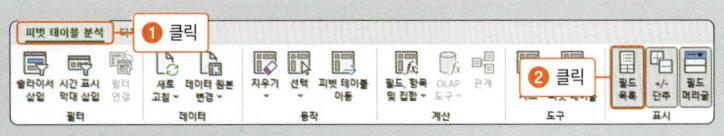

❹ 동일한 방법으로 '**분류**' 필드를 '**열**' 레이블 위치로 드래그 합니다. 이어서, '**요리후기**'와 '**칼로리(100g당)**' 필드를 '**Σ 값**' 위치로 각각 드래그 합니다.

※ '요리후기'와 '칼로리(100g당)' 필드를 'Σ 값' 위치로 드래그할 때는 반드시 ≪조건≫과 동일한 순서(요리후기 → 칼로리(100g당))로 드래그해야 합니다.

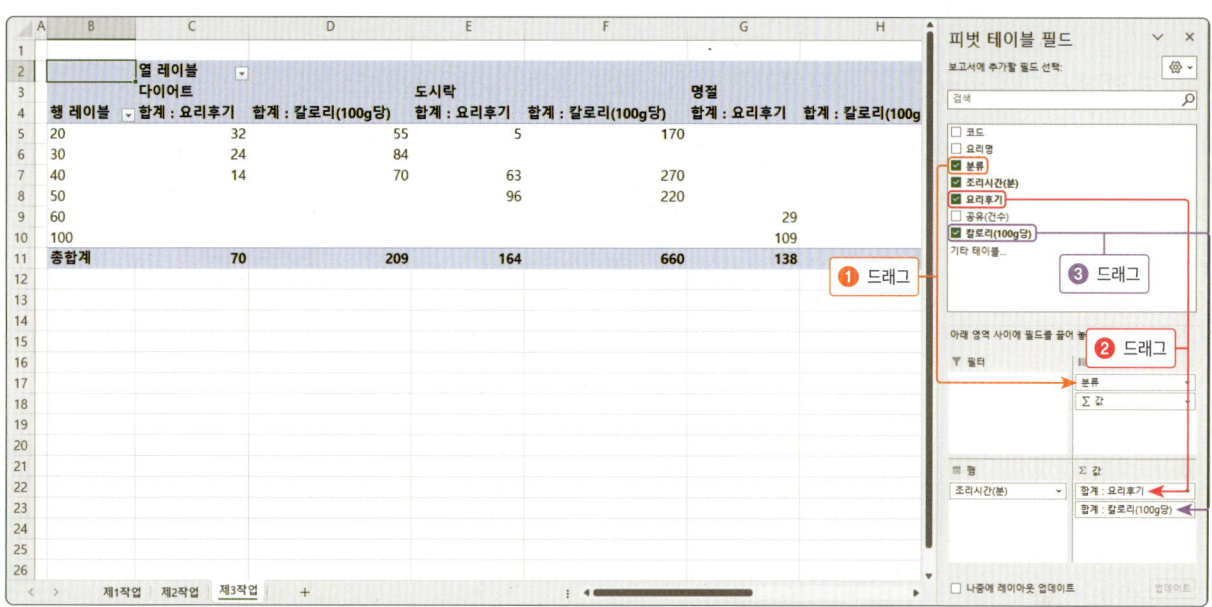

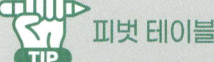 피벗 테이블

❶ ≪출력형태≫를 참고하여 '행 레이블, 열 레이블, Σ 값' 위치에 들어갈 필드를 미리 확인할 수 있습니다.

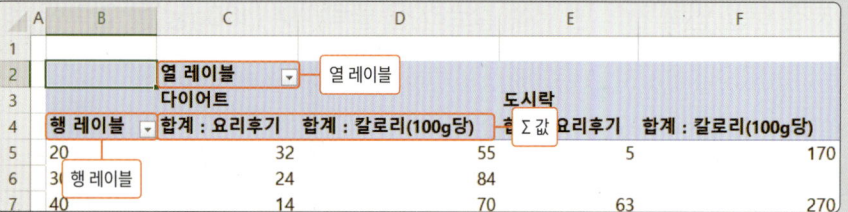

❷ 필드 삭제 : 삭제할 필드를 워크시트 쪽으로 드래그하거나, 필드를 클릭한 후 [필드 제거]를 선택합니다.

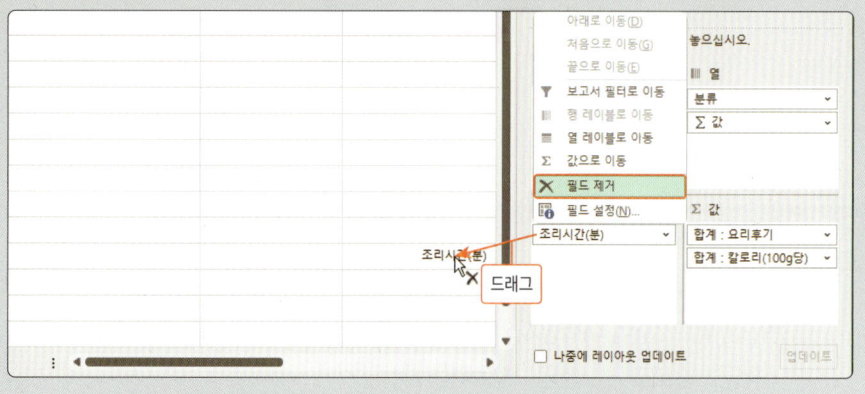

Skill 02 값 필드 설정 및 그룹 지정

≪조건≫ : (1) 조리시간(분) 및 분류별 요리후기의 개수와 칼로리(100g당)의 평균을 구하시오.
(2) 조리시간(분)을 그룹화하고, 분류를 ≪출력형태≫와 같이 정렬하시오.

❶ 'Σ 값'에서 합계 : 요리후기 를 클릭한 후 [값 필드 설정(🔳)]을 클릭합니다.

❷ [값 필드 설정] 대화상자가 나오면 [값 요약 기준] 탭에서 계산 유형을 '개수'로 선택한 후 〈확인〉 단추를 클릭합니다.

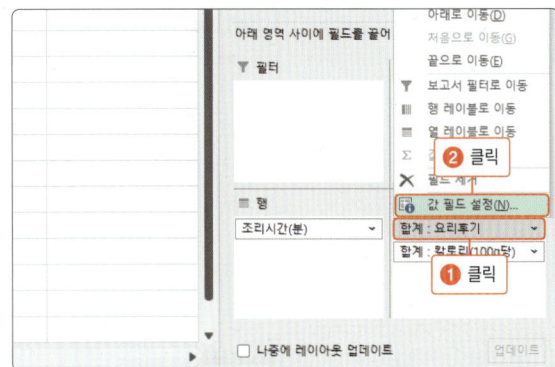 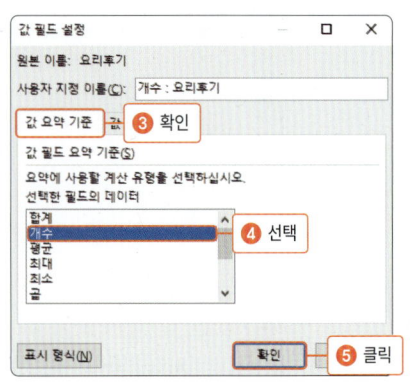

❸ 'Σ 값'에서 합계 : 칼로리(100g당) 을 클릭한 후 [값 필드 설정(🔳)]을 클릭합니다.

❹ [값 필드 설정] 대화상자가 나오면 [값 요약 기준] 탭에서 계산 유형을 '평균'으로 선택합니다. 이어서, 사용자 지정 이름 입력 칸의 맨 뒤쪽(칼로리)을 클릭하여 (100g당)을 입력한 후 〈확인〉 단추를 클릭합니다.

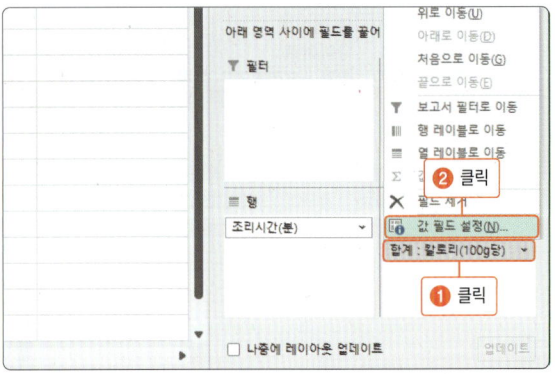 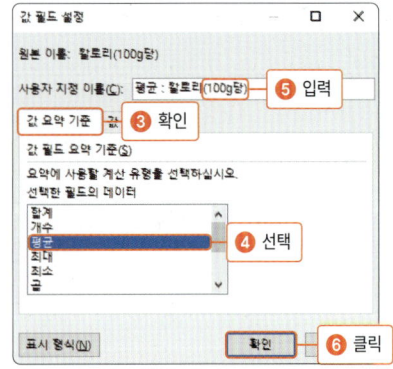

> **TIP 사용자 지정 이름**
> 기본적인 피벗 테이블이 완성되면 필드명이 ≪출력형태≫와 같은지 반드시 확인합니다. 만약 필드명이 다를 경우에는 [값 필드 설정] 대화상자의 사용자 지정 이름 입력 칸에서 필드명을 수정합니다.
> • 평균 : 칼로리 → 평균 : 칼로리(100g당)

❺ [B5] 셀 위에서 마우스 오른쪽 단추를 눌러 바로가기 메뉴가 나오면 [**그룹**]을 클릭합니다. [그룹화] 대화상자가 나오면 '**시작**(41)', '**끝**(100)', '**단위**(30)'를 입력한 후 〈확인〉 단추를 클릭합니다.

※ 그룹화 작업은 ≪출력형태≫를 참고하여 작업합니다.

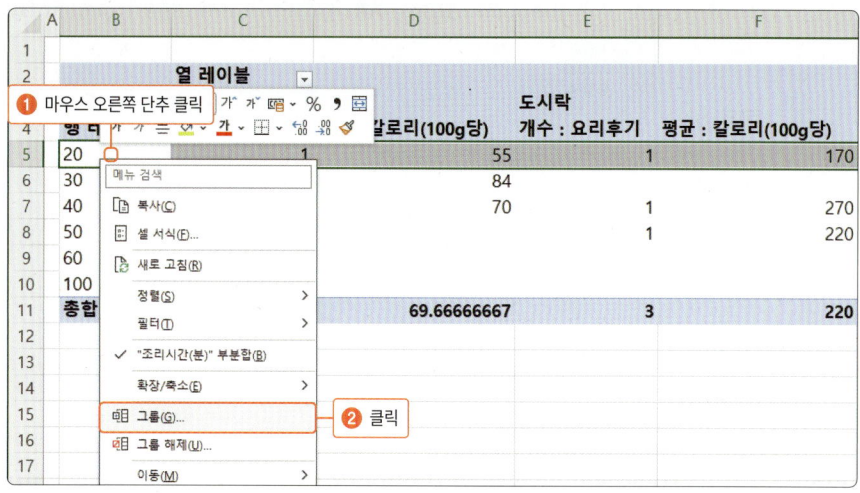
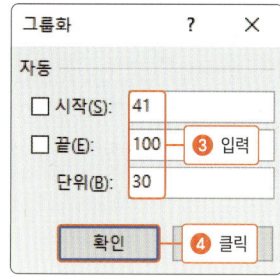

Skill 03 옵션 지정 및 ≪출력형태≫에 맞게 작성하기

≪조건≫ : (2) 조리시간(분)을 그룹화하고, 분류를 ≪출력형태≫와 같이 정렬하시오.
 (3) 레이블이 있는 셀 병합 및 가운데 맞춤 적용 및 빈 셀은 '**'로 표시하시오.
 (4) 행의 총합계는 지우고, 나머지 사항은 ≪출력형태≫에 맞게 작성하시오.

■ 옵션 지정

❶ 작성된 피벗 테이블 안에서 마우스 오른쪽 단추를 눌러 바로가기 메뉴가 나오면 [**피벗 테이블 옵션**]을 클릭합니다.

❷ [피벗 테이블 옵션] 대화상자가 나오면 [레이아웃 및 서식] 탭을 클릭합니다. 이어서, '**레이블이 있는 셀 병합 및 가운데 맞춤**' 항목을 체크한 후 빈 셀 표시 입력 칸에 '**'를 입력합니다.

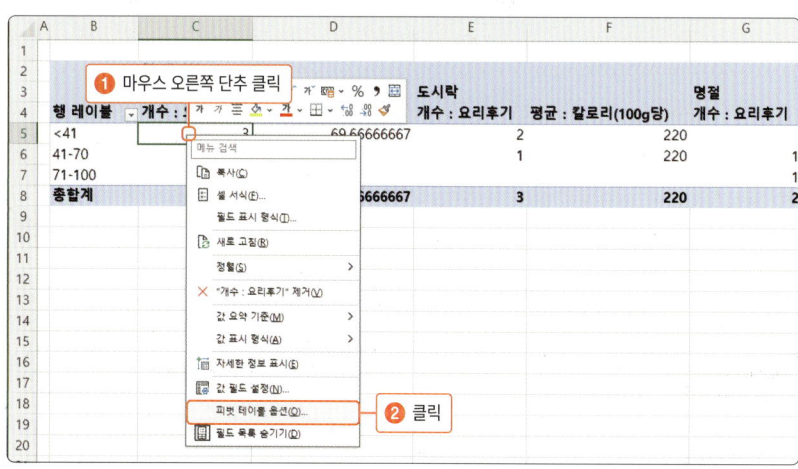
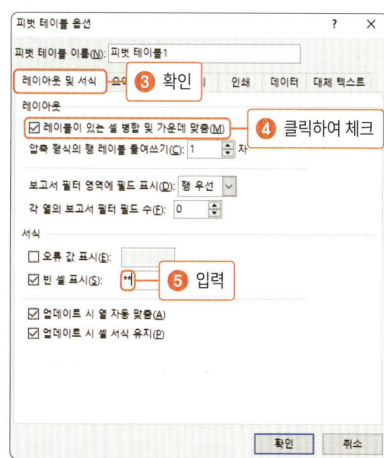

❸ 이어서, [요약 및 필터] 탭을 클릭하여 '**행 총합계 표시**'의 체크를 해제한 후 〈확인〉 단추를 클릭합니다.

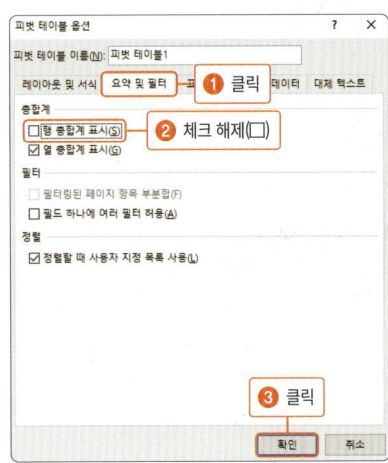
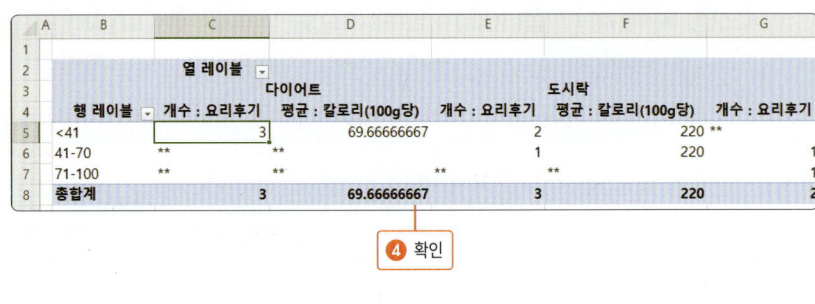

■ 정렬하기

❹ 정렬 작업을 하기 위하여 기준 열인 '다이어트'를 클릭한 후 [데이터] 탭의 [정렬 및 필터] 그룹에서 '**텍스트 내림차순 정렬**( )'을 클릭합니다.

※ 피벗 테이블의 정렬은 기본 정렬(오름차순/내림차순)과 마우스로 드래그하여 정렬하는 방법으로 문제가 출제됩니다.

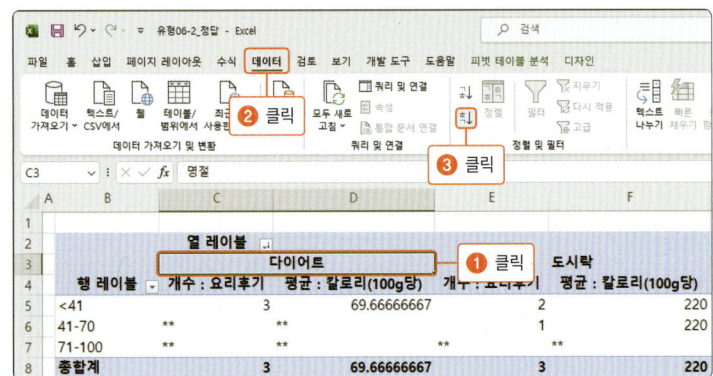

> **TIP** 목록 단추로 정렬 구분하기(, ,)
>
> 《출력형태》에서 열 레이블의 목록 단추를 확인하면 보다 빠르고 정확하게 정렬 작업을 할 수 있습니다. 정렬 작업 후 결과가 다를 수도 있으니 반드시 《출력형태》와 비교합니다.
>
> ❶ 오름차순( ) : 열 레이블 ❷ 내림차순( ) : 열 레이블 ❸ 마우스 드래그( ) : 열 레이블

> **TIP** 마우스로 드래그하여 필드 정렬하기
>
> 마우스로 드래그할 필드(명절)를 클릭합니다. 이어서, 테두리 위로 마우스 포인터를 이동시킨 후 원하는 방향(아래 예제는 왼쪽 방향)으로 드래그하여 정렬 시킵니다.
>
>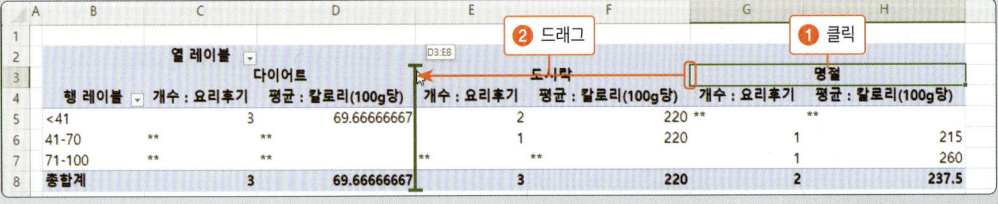

■ 쉼표 스타일 적용 및 가운데 맞춤 후 필드명 변경하기

❺ [C5:H8] 영역을 드래그한 후 [홈] 탭의 [맞춤] 그룹에서 '**가운데 맞춤**(≡)'을 클릭합니다. 이어서, [표시 형식] 그룹에서 '**쉼표 스타일**(,)'을 클릭합니다.

※ 만약 ≪출력형태≫의 피벗 테이블에서 첫 번째 열의 데이터([B5:B8])가 포함되어 가운데 정렬로 지정되어 있으면 [B5:B8] 영역을 드래그한 후 왼쪽 맞춤(≡)을 지정합니다.

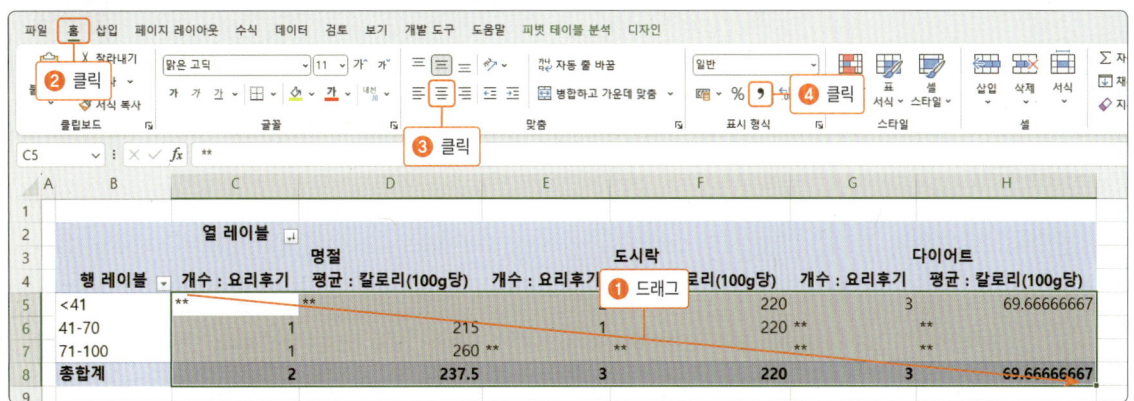

❻ [C2] 셀을 클릭한 후 '**분류**'를 입력합니다. 이어서, [B4] 셀을 클릭한 후 '**조리시간(분)**'을 입력합니다.

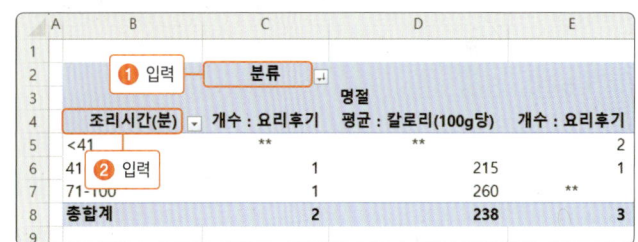

❼ 모든 작업이 끝나면 [파일]-[저장](Ctrl+S) 또는 [빠른 실행 도구 모음]에서 '**저장**(🖫)'을 클릭합니다.

※ 실제 시험을 볼 때 작업 도중에 수시로(10분에 한 번 정도) 저장을 하는 것이 좋습니다.

출제유형 완전정복 > [제3작업] 피벗 테이블

완전정복-01

다음과 같이 《조건》 및 《출력형태》를 작성해 보세요.

- 소스 : 정복06-2_문제01.xlsx
- 정답 : 정복06-2_정답01.xlsx

작성 시간 / 권장 시간

분 / 10분

➔ "**제1작업**" 시트를 이용하여 "**제3작업**" 시트에 조건에 따라 《출력형태》와 같이 작업하시오.

《출력형태》

판매금액	제조사						
	티파니		이지전자		레온		
	개수 : 제품명	평균 : 판매수량(단위:대)	개수 : 제품명	평균 : 판매수량(단위:대)	개수 : 제품명	평균 : 판매수량(단위:대)
1-200000	1	256	2	141	1	157
200001-400000	**	**	1	94	2	186
400001-600000	1	201	**	**	**	**
총합계	2	229	3	125	3	176

《조건》

(1) 판매금액 및 제조사별 제품명의 개수와 판매수량(단위:대)의 평균을 구하시오.

(2) 판매금액을 그룹화하고, 제조사를 《출력형태》와 같이 정렬하시오.

(3) 레이블이 있는 셀 병합 및 가운데 맞춤 적용 및 빈 셀은 '**'로 표시하시오.

(4) 행의 총합계는 지우고, 나머지 사항은 《출력형태》에 맞게 작성하시오.

완전정복-02

다음과 같이 《조건》 및 《출력형태》를 작성해 보세요.

- 소스 : 정복06-2_문제02.xlsx
- 정답 : 정복06-2_정답02.xlsx

작성 시간 / 권장 시간

분 / 10분

➔ "**제1작업**" 시트를 이용하여 "**제3작업**" 시트에 조건에 따라 《출력형태》와 같이 작업하시오.

《출력형태》

가격	분류						
	종이		스티로폼(PS)		봉지		
	개수 : 제품명	평균 : 당월판매량	개수 : 제품명	평균 : 당월판매량	개수 : 제품명	평균 : 당월판매량
1-1000	**	**	**	**	1	13,900
1001-2000	2	25,700	1	9,030	2	37,025
2001-3000	1	10,900	1	22,500	**	**
총합계	3	20,767	2	15,765	3	29,317

《조건》

(1) 가격 및 분류별 제품명의 개수와 당월판매량의 평균을 구하시오.

(2) 가격을 그룹화하고, 분류를 《출력형태》와 같이 정렬하시오.

(3) 레이블이 있는 셀 병합 및 가운데 맞춤 적용 및 빈 셀은 '**'로 표시하시오.

(4) 행의 총합계는 지우고, 나머지 사항은 《출력형태》에 맞게 작성하시오.

완전정복-03

다음과 같이 《조건》 및 《출력형태》를 작성해 보세요.

- 소스 : 정복06-2_문제03.xlsx
- 정답 : 정복06-2_정답03.xlsx

작성 시간 / 권장 시간
분 / 10분

➡ "제1작업" 시트를 이용하여 "제3작업" 시트에 조건에 따라 《출력형태》와 같이 작업하시오.

《출력형태》

	A	B	C	D	E	F	G	H
1								
2			주요 활동					
3			체험 활동		책 읽기		영상 상영	
4		이용자 수	개수 : 도서관명	평균 : 대출 도서량(단위:권)	개수 : 도서관명	평균 : 대출 도서량(단위:권)	개수 : 도서관명	평균 : 대출 도서량(단위:권)
5		1001-2000	2	169	1	458	2	205
6		2001-3000	***	***	1	450	***	***
7		3001-4000	***	***	2	600	***	***
8		총합계	2	169	4	527	2	205

《조건》

(1) 이용자 수 및 주요 활동별 도서관명의 개수와 대출 도서량(단위:권)의 평균을 구하시오.

(2) 이용자 수를 그룹화하고, 주요 활동을 《출력형태》와 같이 정렬하시오.

(3) 레이블이 있는 셀 병합 및 가운데 맞춤 적용 및 빈 셀은 '***'로 표시하시오.

(4) 행의 총합계는 지우고, 나머지 사항은 《출력형태》에 맞게 작성하시오.

완전정복-04

다음과 같이 《조건》 및 《출력형태》를 작성해 보세요.

- 소스 : 정복06-2_문제04.xlsx
- 정답 : 정복06-2_정답04.xlsx

작성 시간 / 권장 시간
분 / 10분

➡ "제1작업" 시트를 이용하여 "제3작업" 시트에 조건에 따라 《출력형태》와 같이 작업하시오.

《출력형태》

	A	B	C	D	E	F	G	H
1								
2			제조사					
3			해피그린		보리수		미래건강	
4		가격	개수 : 제품명	평균 : 4월매출(천원)	개수 : 제품명	평균 : 4월매출(천원)	개수 : 제품명	평균 : 4월매출(천원)
5		1-10000	2	26,365	1	21,800	*	*
6		10001-20000	1	38,470	1	35,600	1	56,590
7		20001-30000	*	*	*	*	2	63,600
8		총합계	3	30,400	2	28,700	3	61,263

《조건》

(1) 가격 및 제조사별 제품명의 개수와 4월매출(천원)의 평균을 구하시오.

(2) 가격을 그룹화하고, 제조사를 《출력형태》와 같이 정렬하시오.

(3) 레이블이 있는 셀 병합 및 가운데 맞춤 적용 및 빈 셀은 '*'로 표시하시오.

(4) 행의 총합계는 지우고, 나머지 사항은 《출력형태》에 맞게 작성하시오.

[제4작업] 그래프

- ☑ 차트를 작성할 데이터 범위 지정하기
- ☑ 차트 요소에 서식 지정하기
- ☑ 차트를 삽입한 후 레이아웃 변경하기
- ☑ 도형 삽입하기

문제 미리보기

소스 : 유형07_문제.xlsx **정답** : 유형07_정답.xlsx

➡ "제1작업" 시트를 이용하여 조건에 따라 ≪출력형태≫와 같이 작업하시오.

≪조건≫ 〈100점〉

(1) 차트 종류 ⇒ 〈묶은 세로 막대형〉으로 작업하시오.
(2) 데이터 범위 ⇒ "제1작업" 시트의 내용을 이용하여 작업하시오.
(3) 위치 ⇒ "새 시트"로 이동하고, "제4작업"으로 시트 이름을 바꾸시오.
(4) 차트 디자인 도구 ⇒ 레이아웃 3, 스타일 1을 선택하여 ≪출력형태≫에 맞게 작업하시오.
(5) 영역 서식 ⇒ 차트 : 글꼴(굴림, 11pt), 채우기 효과(질감-파랑 박엽지)
　　　　　　　　그림 : 채우기(흰색, 배경1)
(6) 제목 서식 ⇒ 차트 제목 : 글꼴(굴림, 굵게, 20pt), 채우기(흰색, 배경1), 테두리
(7) 서식 ⇒ 요리후기 계열의 차트 종류를 〈표식이 있는 꺾은선형〉으로 변경한 후 보조 축으로 지정하시오.
　　　　　계열 : ≪출력형태≫를 참조하여 표식(네모, 크기 10)과 레이블 값을 표시하시오.
　　　　　눈금선 : 선 스타일-파선
　　　　　축 : ≪출력형태≫를 참조하시오.
(8) 범례 ⇒ 범례명을 변경하고 ≪출력형태≫를 참조하시오.
(9) 도형 ⇒ '말풍선: 모서리가 둥근 사각형 설명선'을 삽입한 후 ≪출력형태≫와 같이 내용을 입력하시오.
(10) 나머지 사항은 ≪출력형태≫에 맞게 작성하시오.

≪출력형태≫

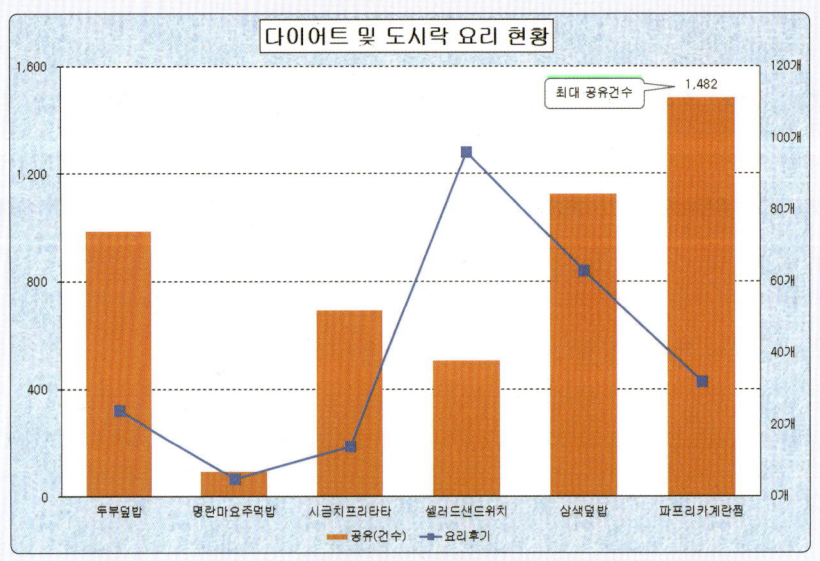

주의 ➡ 시트명 순서가 차례대로 "제1작업", "제2작업", "제3작업", "제4작업"이 되도록 할 것.

Information Technology Qualification

난이도	권장 시간 / 시험 시간	유형 점수 / 시험 점수
★★★☆☆	10분 / 60분	100점 / 500점

시험 분석

➡ **출제 경향 : 출제 문제를 분석**

☑ 과년도 기출문제를 분석한 결과 차트 종류는 '묶은 세로 막대형'으로 출제되었으며, 특정 계열을 '표식이 있는 꺾은선형'으로 변경하여 보조 축으로 지정하는 문제가 고정적으로 출제되기 때문에 혼합을 이용하여 차트를 작성하는 것이 편리합니다.

☑ 눈금선 및 축 변경 : 눈금선의 선 스타일은 '파선'으로 고정되어 출제되었으며, 축 변경은 보조 세로 축의 '주 단위' 값을 변경하는 것이 대부분이었습니다.

☑ 범례 : 범례는 아래쪽에 고정되어 출제되었으며, 범례명(계열 이름)을 변경하는 문제가 자주 출제되었습니다.

☑ 도형 : 차트에 삽입하는 도형은 대부분 '말풍선: 모서리가 둥근 사각형 설명선'으로 출제되고 있으며, 도형 안에 글자를 입력한 후 글꼴(맑은 고딕)과 글꼴 크기(11pt)는 별도로 변경하지 않아도 됩니다.

➡ **주의 사항 : 실수가 많은 내용**

☑ 조건에 맞게 데이터 범위를 지정합니다.

☑ 글꼴 지정 순서는 차트 영역을 지정한 다음 차트 제목 순서로 글꼴을 지정합니다.

➡ **주요 단축키 : 작업 시간 단축에 도움**

☑ 저장 : Ctrl + S

Skill 01 새로운 시트에 차트 작성하기

≪조건≫ : (1) 차트 종류 ⇒ 〈묶은 세로 막대형〉으로 작업하시오.
(2) 데이터 범위 ⇒ "제1작업" 시트의 내용을 이용하여 작업하시오.
(3) 위치 ⇒ "새 시트"로 이동하고, "제4작업"으로 시트 이름을 바꾸시오.

 유형07_문제.xlsx 파일을 불러와 [제1작업] 시트를 클릭합니다. ≪출력형태≫를 참고하여 아래 그림처럼 차트를 만들 범위를 지정한 후 [삽입] 탭의 [차트] 그룹에서 '**추천 차트(**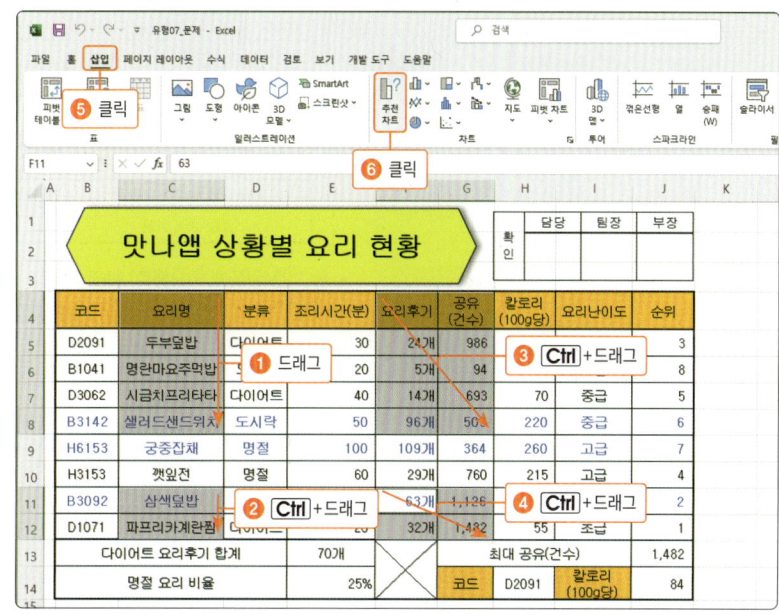**)**'를 클릭합니다.

- [C4:C8] 영역을 드래그한 후 Ctrl 키를 누른 채 → [C11:C12] 영역을 드래그 → [F4:G8] 영역을 드래그 → [F11:G12] 영역을 드래그

※ [C4:C8] 영역을 드래그한 후에는 계속 Ctrl 키를 누른 상태로 범위를 지정하며, 연속되는 범위는 한 번에 드래그합니다.

※ 차트를 만들 때 가장 중요한 것은 데이터 범위를 지정하는 것으로 ≪출력형태≫의 '가로(항목)축(요리명)'과 '범례(요리후기, 공유(건수))'를 참고하여 작업합니다.

❷ [차트 삽입] 대화상자가 나오면 [모든 차트] 탭에서 [혼합( )]-'**사용자 지정 조합**( )'을 선택합니다. 이어서, '**요리후기**' 계열과 '**공유(건수)**' 계열의 차트 종류와 보조 축을 그림과 같이 지정한 후 〈확인〉 단추를 클릭합니다.

※ [혼합( )]-'사용자 지정 조합( )'을 이용하여 차트를 작성하면 각 계열의 차트 모양과 보조 축을 미리 지정할 수 있습니다.

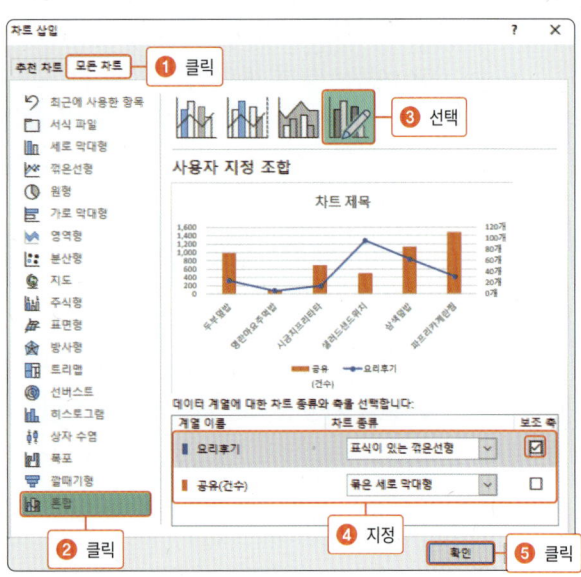

행 기준으로 차트 범위를 지정하는 방법

차트를 만들 때 데이터 범위를 지정하는 방법은 크게 '열 기준'과 '행 기준'이 있습니다. 현재 저희 교재는 '열 기준(위에서 아래)'으로 데이터 범위를 지정하였지만 '행 기준(왼쪽에서 오른쪽)'으로 작업해도 결과는 동일합니다.

※ 엑셀 자동 채점 프로그램은 차트를 채점할 때 열 기준(위에서 아래)을 우선으로 채점하기 때문에 '행 기준(왼쪽에서 오른쪽)'으로 작업한 차트는 감점됩니다. 하지만 완성된 차트가 《출력형태》와 동일하다면 실제 시험에서는 감점되지 않습니다.

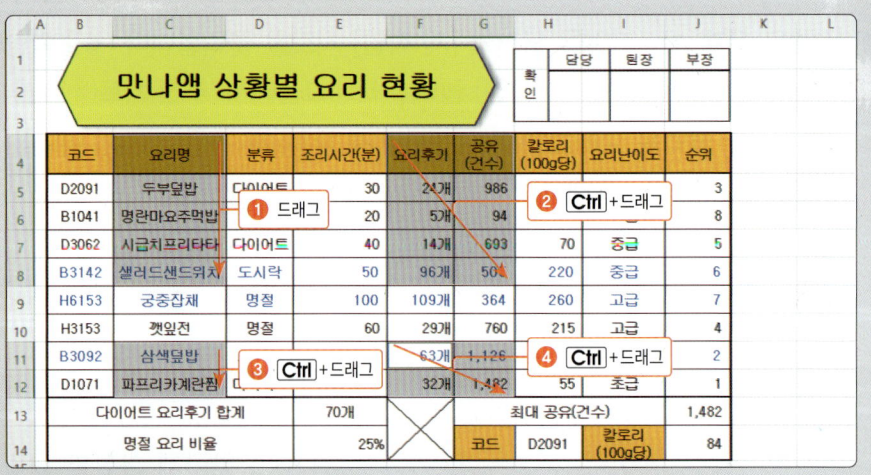

▲ 행 기준(왼쪽에서 오른쪽) 범위 지정
[C4:C8] 영역을 드래그한 후 Ctrl 키를 누른 채 → [F4:G8] 영역을 드래그 → [C11:C12] 영역을 드래그 → [F11:G12] 영역을 드래그

❸ 차트가 삽입되면 [차트 디자인] 탭의 [위치] 그룹에서 '**차트 이동**( )'을 클릭합니다. [차트 이동] 대화상자가 나오면 '**새 시트**'를 선택하여 '**제4작업**'으로 시트 이름을 변경한 후 〈확인〉 단추를 클릭합니다.

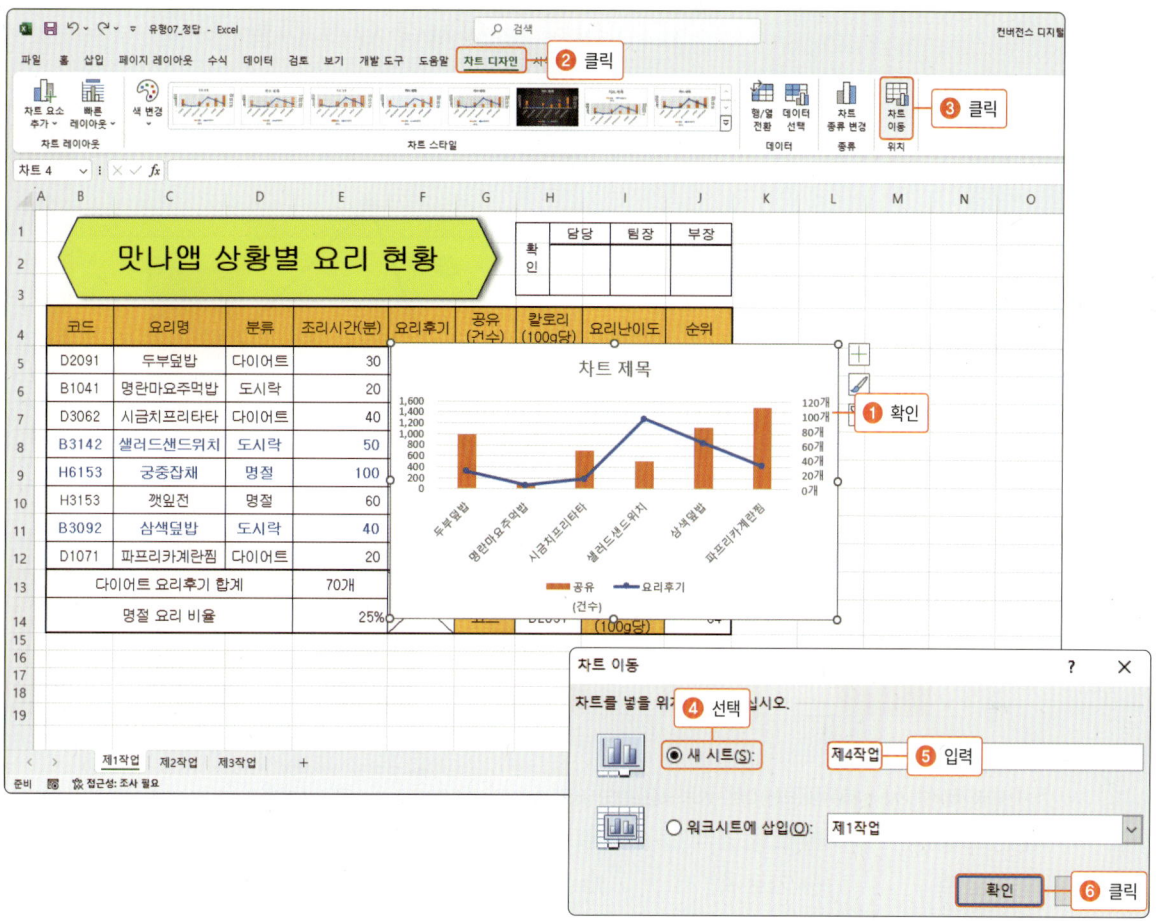

❹ 차트가 삽입된 [제4작업] 시트가 만들어지면 [제3작업] 뒤쪽으로 드래그하여 시트를 이동시킵니다.

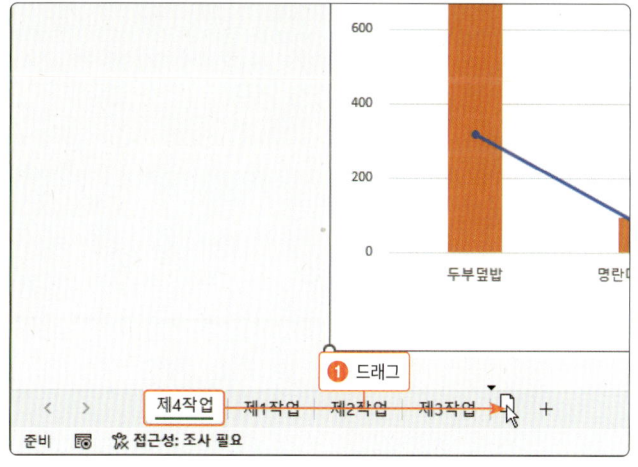 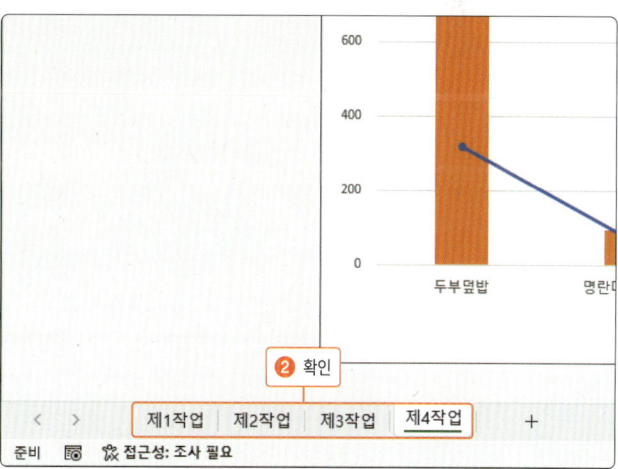

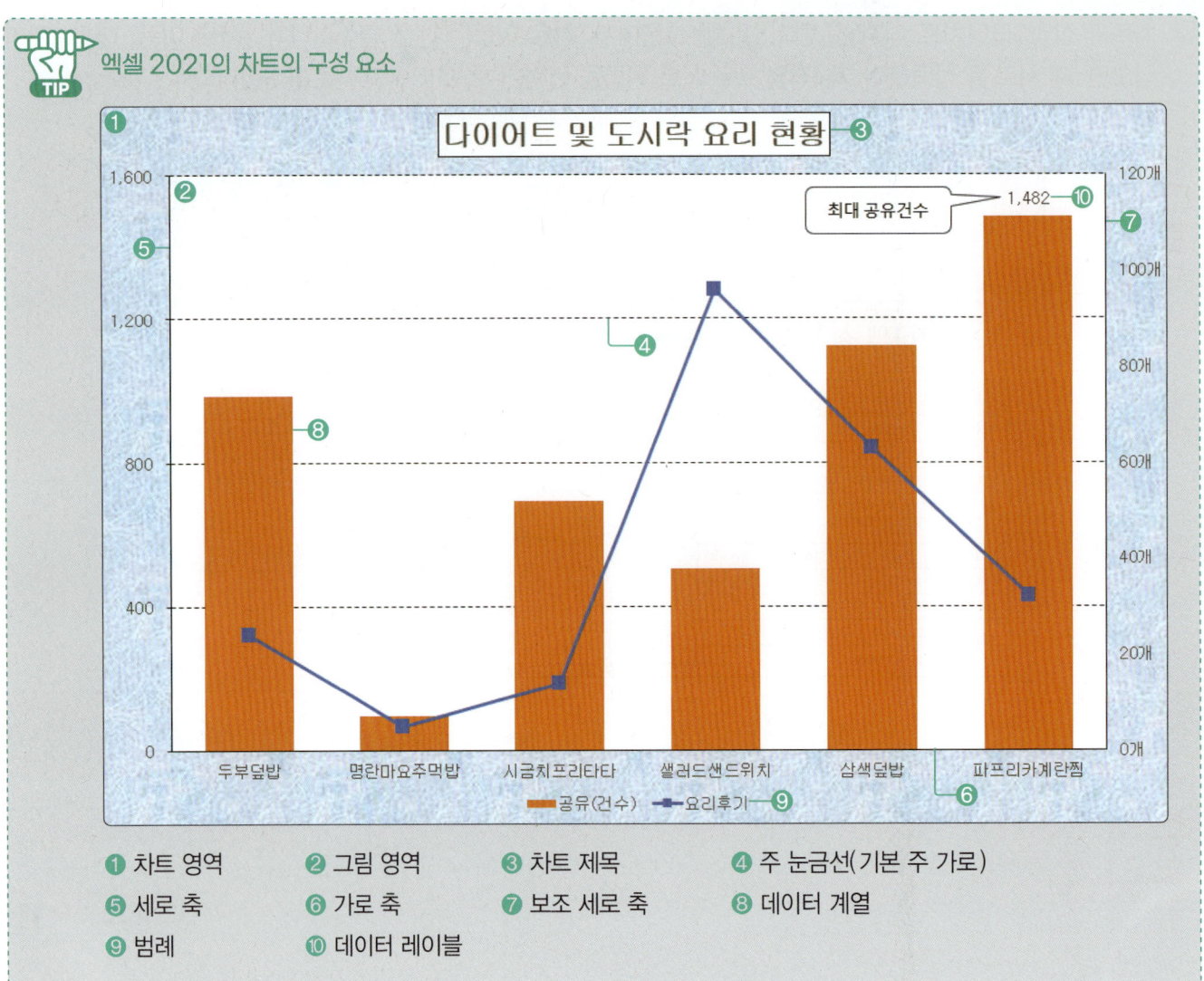

Skill 02 레이아웃 및 스타일 적용하기

≪조건≫ : ⑷ 차트 디자인 도구 ⇒ 레이아웃 3, 스타일 1을 선택하여 ≪출력형태≫에 맞게 작업하시오.

❶ [차트 디자인] 탭의 [차트 레이아웃] 그룹에서 [빠른 레이아웃(📊)]-'**레이아웃 3(📈)**'을 선택합니다.

※ 실제 시험지의 ≪출력형태≫와 묶은 세로 막대형의 막대 두께가 다르더라도 ≪조건≫에 맞추어 차트를 작성했다면 감점되지 않습니다.

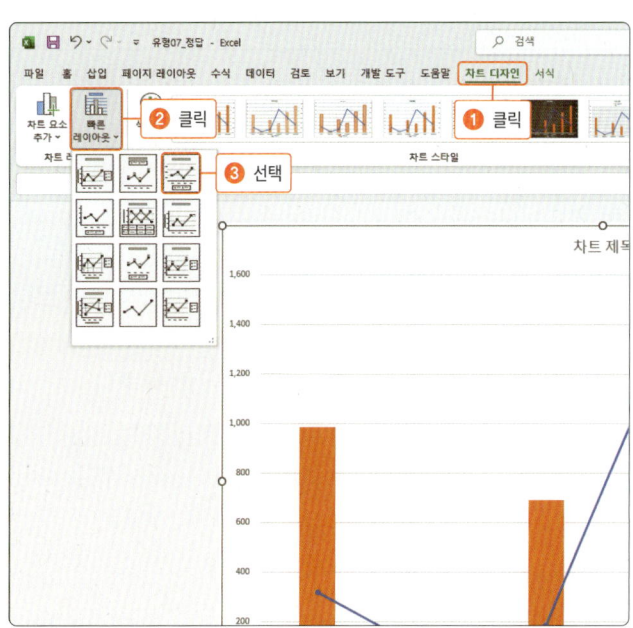 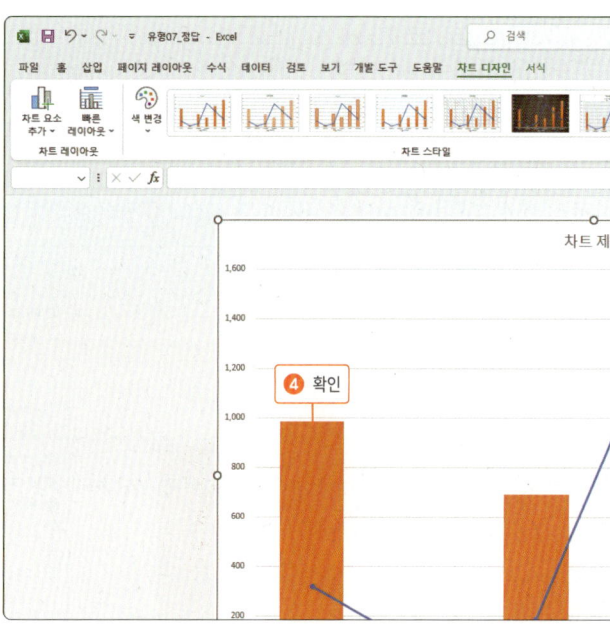

❷ 차트 레이아웃이 변경되면 [차트 디자인] 탭의 [차트 스타일] 그룹에서 '**스타일 1(📊)**'을 선택합니다.

※ 엑셀 2021에서는 차트를 삽입했을 때 기본적으로 '스타일 1(📊)'이 적용되어 있으며, 문제지 ≪조건≫에 맞추어 알맞은 스타일을 지정하도록 합니다.

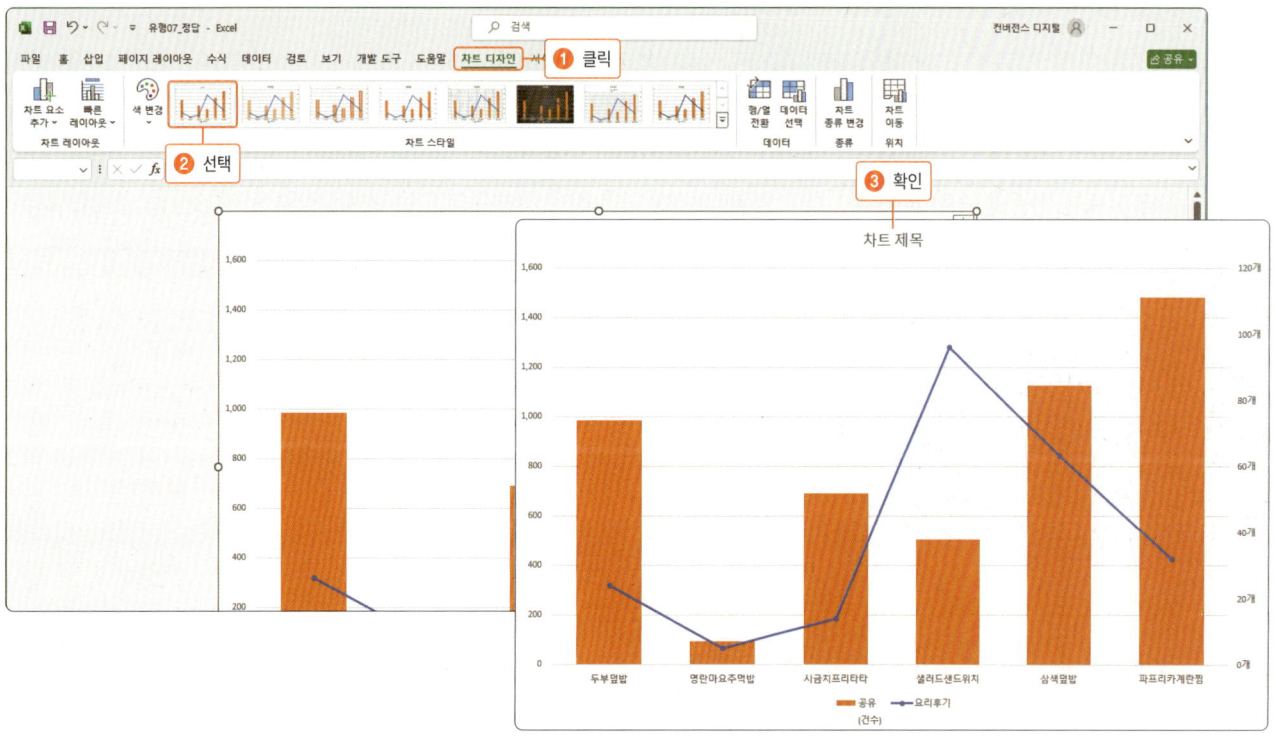

Skill 03 영역 서식 지정하기

≪조건≫ : (5) 영역 서식 ⇒ 차트 : 글꼴(굴림, 11pt), 채우기 효과(질감-파랑 박엽지), 그림 : 채우기(흰색, 배경1)

① 차트 영역을 클릭한 후 [홈] 탭의 [글꼴] 그룹에서 '**글꼴**(**굴림**)'과 '**글꼴 크기**(**11pt**)'를 지정합니다.

② 차트 영역 위에서 마우스 오른쪽 단추를 눌러 바로가기 메뉴가 나오면 [**차트 영역 서식**]을 클릭합니다.
※ 차트 영역을 더블 클릭해도 결과는 동일합니다.

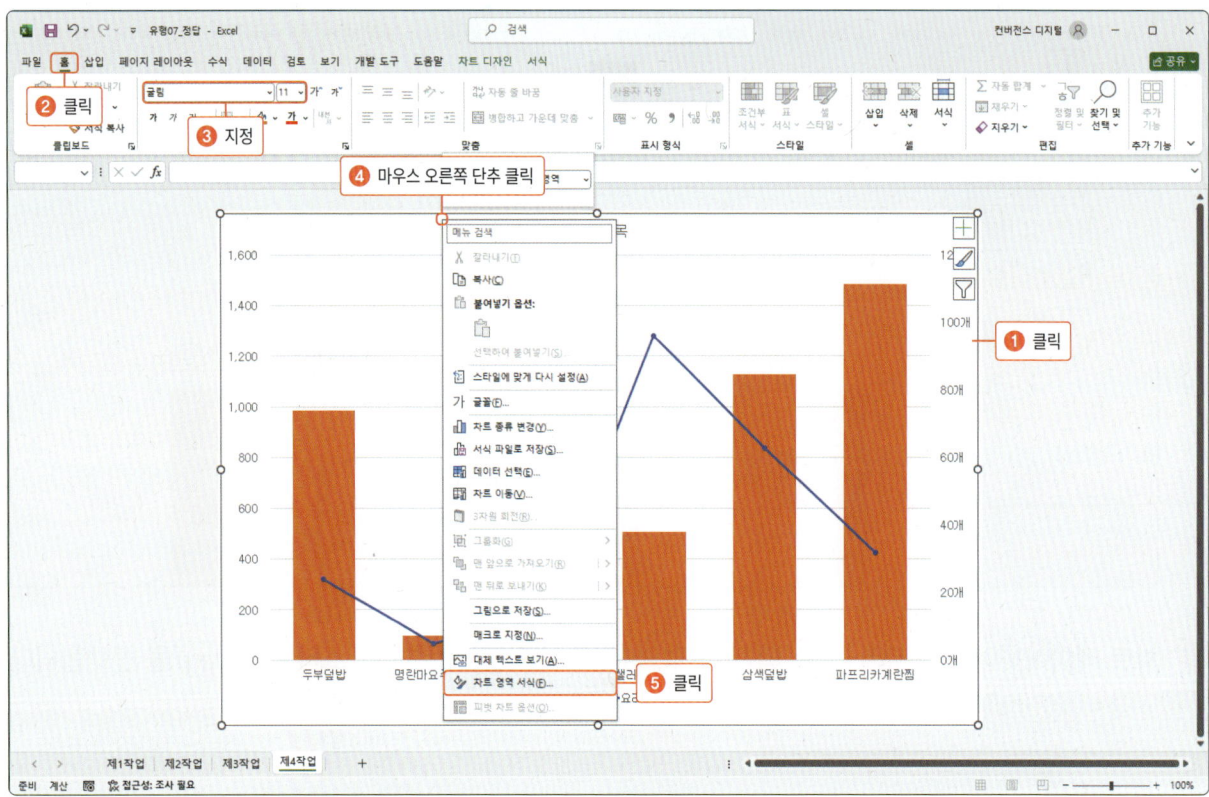

차트 서식 변경

① [서식] 탭의 [현재 선택 영역] 그룹에서 서식을 지정할 차트의 구성 요소를 선택합니다.

② 서식을 변경할 구성 요소(예 : 차트 영역)가 선택되면 바로 아래쪽에 있는 '**선택 영역 서식**(🎨)'을 클릭합니다.
이어서, 화면 오른쪽에 [차트 영역 서식] 작업 창이 활성화되면 필요한 서식을 변경합니다.

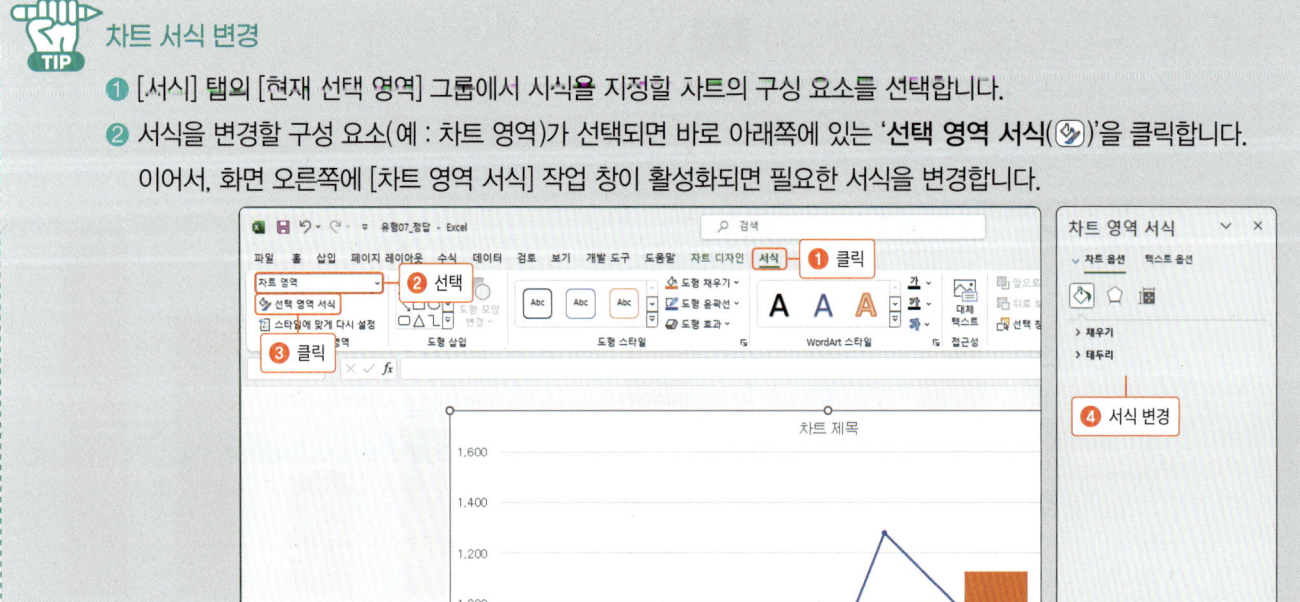

❸ 화면 오른쪽에 [차트 영역 서식] 작업 창이 활성화되면 **채우기 및 선(🪣)**을 클릭한 후 [채우기]–'그림 또는 질감 채우기'를 선택합니다. 이어서, [질감(🖼️)]–'**파랑 박엽지**'를 선택합니다.

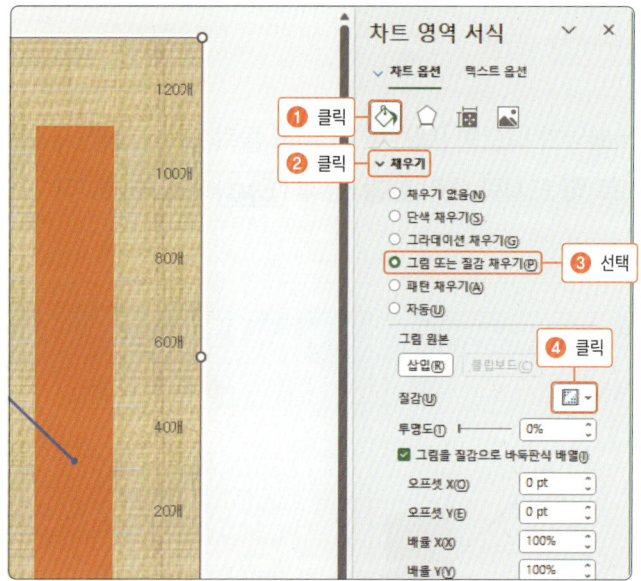
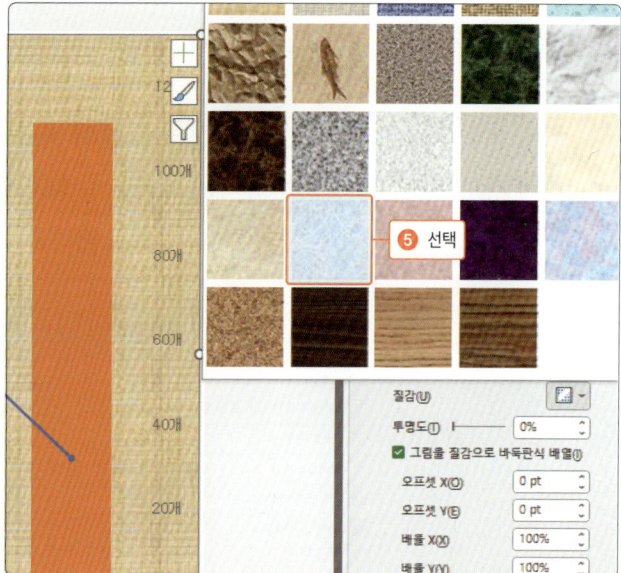

❹ 그림 영역을 클릭한 후 [그림 영역 서식] 작업 창에서 [채우기]–'**단색 채우기**'를 선택합니다. 이어서, [채우기 색(🎨)]–'**흰색, 배경 1**'을 선택한 후 작업 창을 종료(❌)합니다.

※ 교재에서는 이미지 캡처를 하기 위해 오른쪽 작업 창을 종료(❌)했지만 작업 창을 활성화시킨 채 다음 작업을 진행해도 무관합니다.

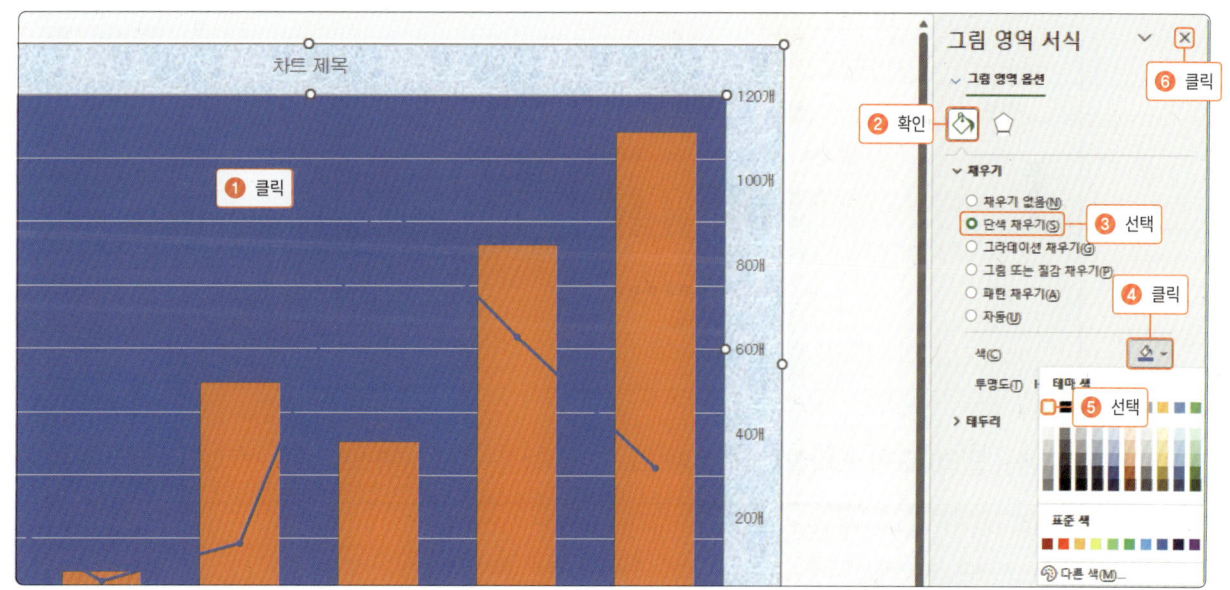

> **TIP 리본 메뉴로 질감 및 채우기 서식 지정하기**
>
> 리본 메뉴를 이용하여 질감과 채우기를 지정하면 좀 더 빠르게 작업할 수 있습니다.
> ❶ 질감 : 차트 영역 선택 → [서식] 탭의 [도형 스타일] 그룹에서 [도형 채우기(도형 채우기▾)]–[질감(🖼️)]–'파랑 박엽지'를 선택합니다.
> ❷ 채우기 : 그림 영역 선택 → [서식] 탭의 [도형 스타일] 그룹에서 [도형 채우기(도형 채우기▾)]–[테마 색]–'흰색, 배경 1'을 선택합니다.

차트 제목 입력 및 서식 지정하기

≪조건≫ : (6) 제목 서식 ⇒ 차트 제목 : 글꼴(굴림, 굵게, 20pt), 채우기(흰색, 배경1), 테두리

① 차트 제목 위에서 마우스 오른쪽 단추를 눌러 바로가기 메뉴가 나오면 [**텍스트 편집**]을 클릭합니다. 이어서, 제목 안쪽에 커서가 활성화되면 차트 제목 내용을 수정(**다이어트 및 도시락 요리 현황**)한 후 Esc 키를 누릅니다.

※ 제목 안쪽을 마우스로 드래그하여 내용을 변경할 수도 있습니다.

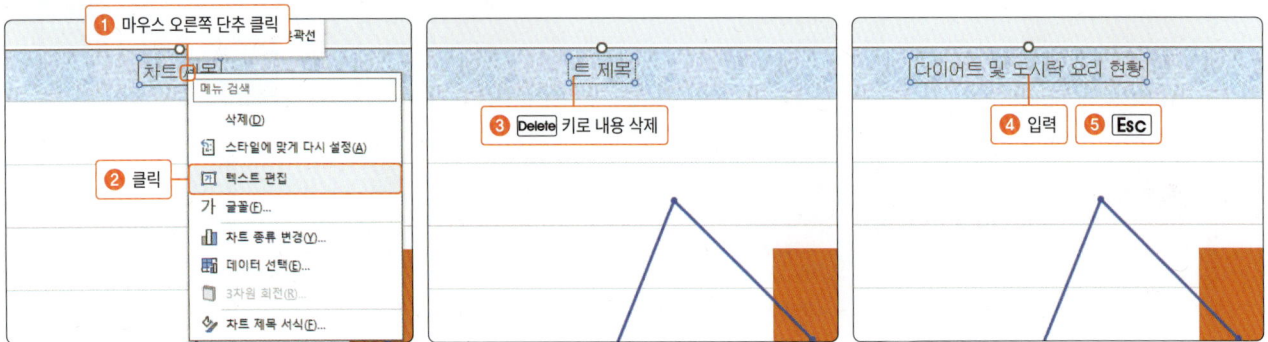

② 차트 제목의 테두리가 선택된 상태에서 [홈] 탭의 [글꼴] 그룹에서 '**글꼴(굴림), 글꼴 크기(20pt), 굵게(가)**, 채우기 색(**흰색, 배경 1**)'을 각각 지정합니다.

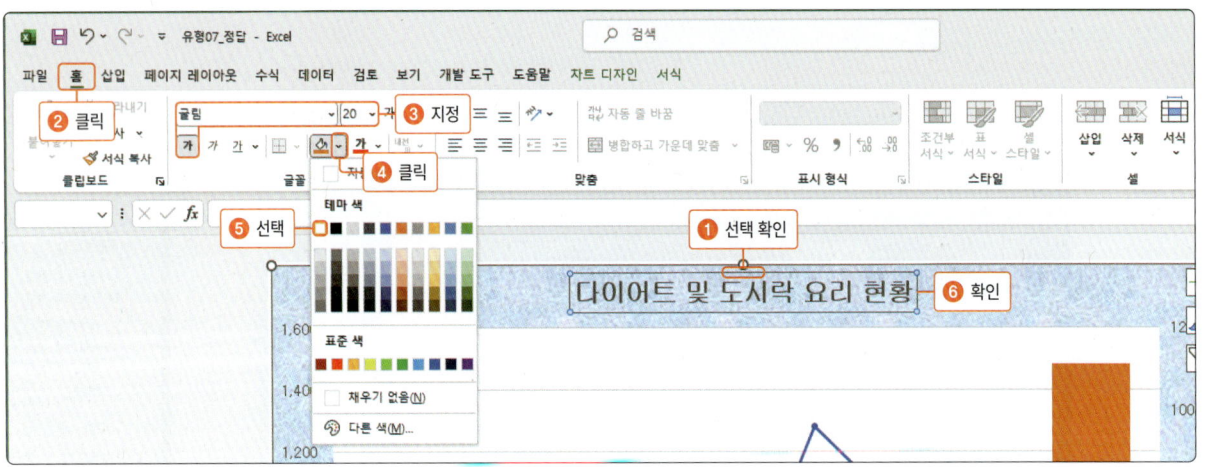

③ 이어서, [서식] 탭의 [도형 스타일] 그룹에서 [도형 윤곽선]-'**검정, 텍스트 1**'을 선택하여 테두리를 지정합니다.

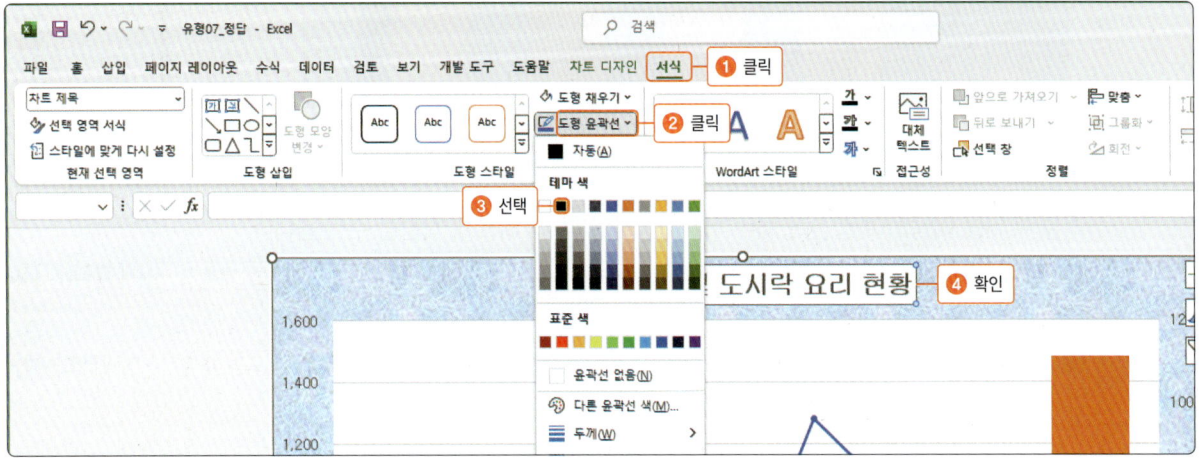

Skill 05 차트 서식 지정하기

■ 표식 변경

≪조건≫ : (7) 서식 ⇒ 요리후기 계열의 차트 종류를 〈표식이 있는 꺾은선형〉으로 변경한 후 보조 축으로 지정하시오.
계열 : ≪출력형태≫를 참조하여 표식(네모, 크기 10)과 레이블 값을 표시하시오.

❶ '**요리후기**' 계열 위에서 마우스 오른쪽 단추를 눌러 바로가기 메뉴가 나오면 [**데이터 계열 서식**]을 클릭합니다.

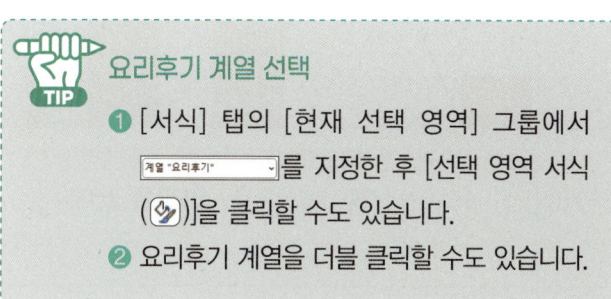

요리후기 계열 선택
① [서식] 탭의 [현재 선택 영역] 그룹에서 계열 "요리후기" 를 지정한 후 [선택 영역 서식(🎨)]을 클릭할 수도 있습니다.
② 요리후기 계열을 더블 클릭할 수도 있습니다.

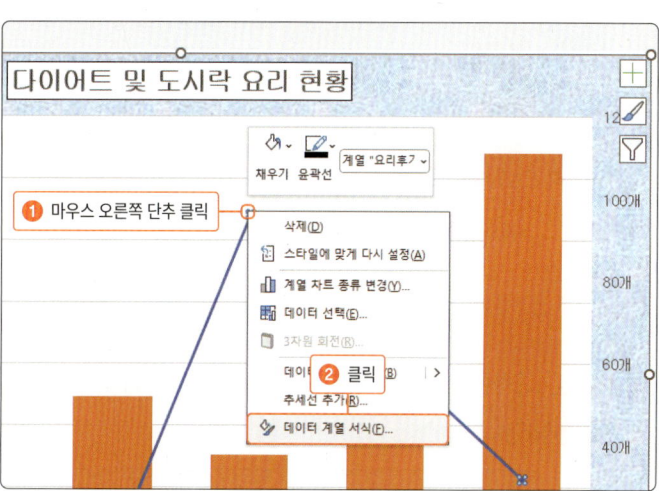

❷ 화면 오른쪽에 [**데이터 계열 서식**] 작업 창이 활성화되면 [**채우기 및 선(🎨)**]을 클릭한 후 '**표식(📈)**'을 선택합니다. 이어서, [**표식 옵션**]-'**기본 제공**'을 선택하여 '**형식(네모(■))과 크기(10)**'를 지정한 후 작업 창을 종료(❌)합니다.

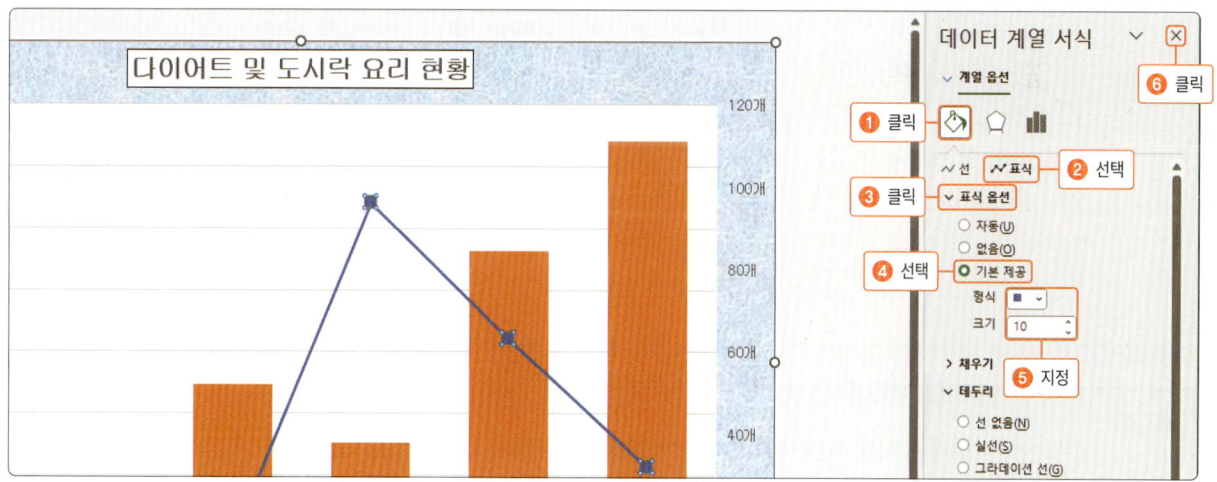

❸ **Esc** 키를 눌러 모든 선택을 해제한 후 요리후기 계열의 표식이 변경된 것을 확인합니다.

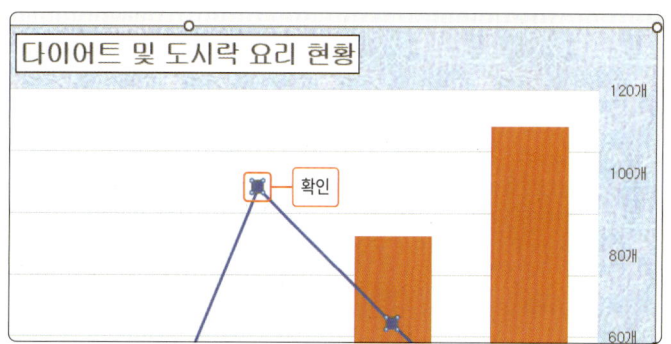

■ 데이터 레이블 표시

≪조건≫ ⇒ 계열 : ≪출력형태≫를 참조하여 표식(네모, 크기 10)과 레이블 값을 표시하시오.

❹ 묶은 세로 막대형(공유(건수)) 계열을 클릭한 후 다시 '**파프리카계란찜**' 요소만 클릭합니다.

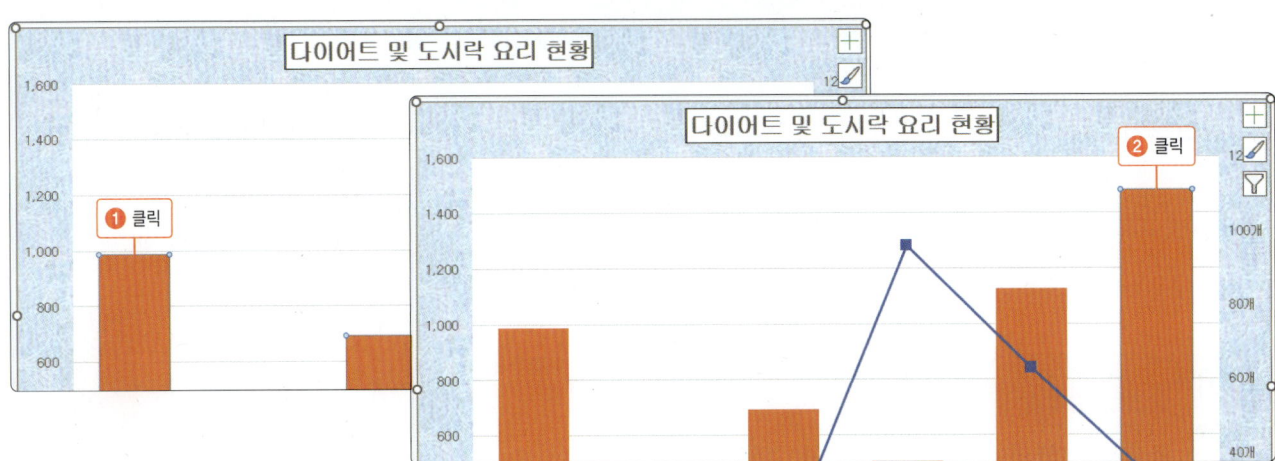

❺ [차트 디자인] 탭의 [차트 레이아웃] 그룹에서 [차트 요소 추가]-[데이터 레이블]-'**바깥쪽 끝에**'를 선택합니다.

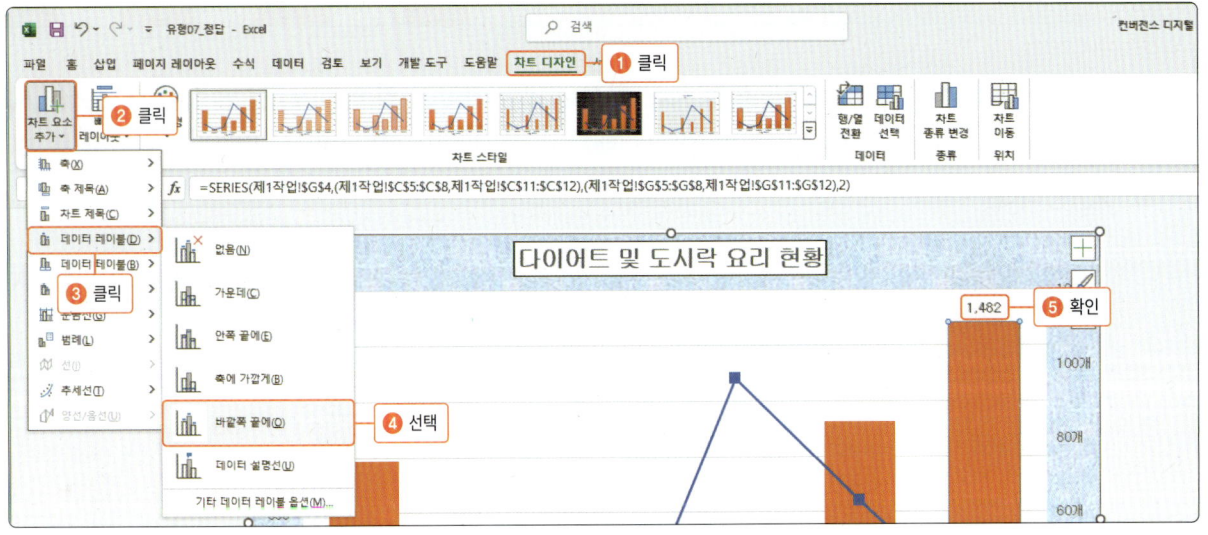

TIP 데이터 레이블의 위치

데이터 레이블의 위치는 ≪출력형태≫를 참고하여 지정합니다. 단, 마우스를 이용하여 데이터 레이블의 위치를 이동시키는 문제도 출제될 수 있으니 참고하시기 바랍니다.

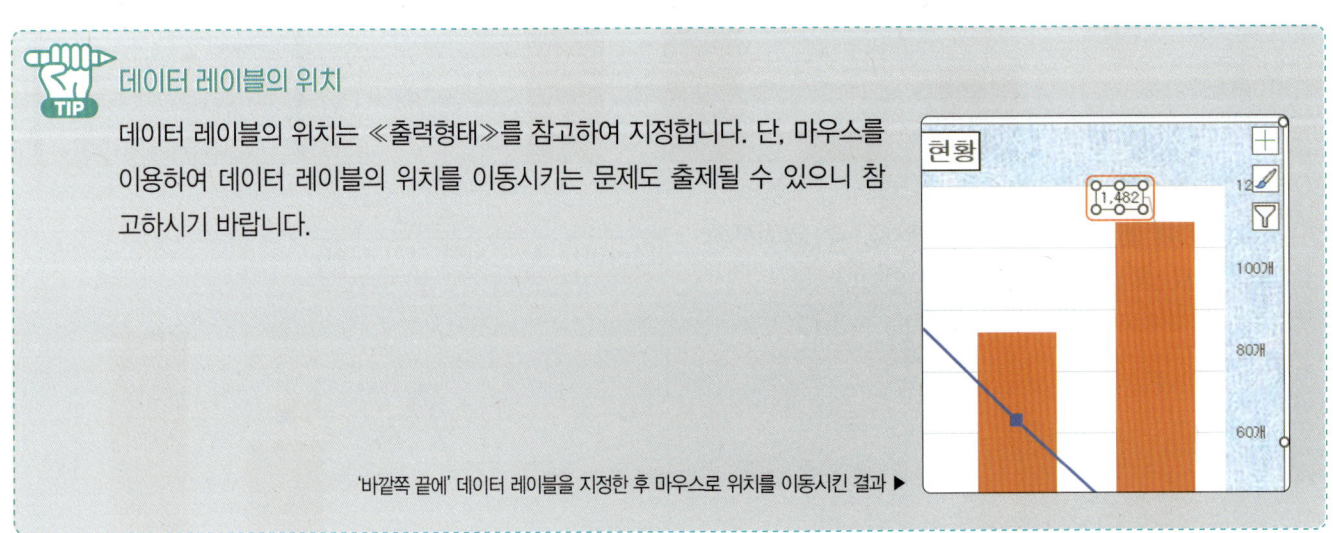

'바깥쪽 끝에' 데이터 레이블을 지정한 후 마우스로 위치를 이동시킨 결과 ▶

■ 눈금선 변경

≪조건≫ ⇒ 눈금선 : 선 스타일-파선

❻ [서식] 탭의 [현재 선택 영역] 그룹에서 '**세로 (값) 축 주 눈금선**'을 선택한 후 '**선택 영역 서식**( )'을 클릭합니다.

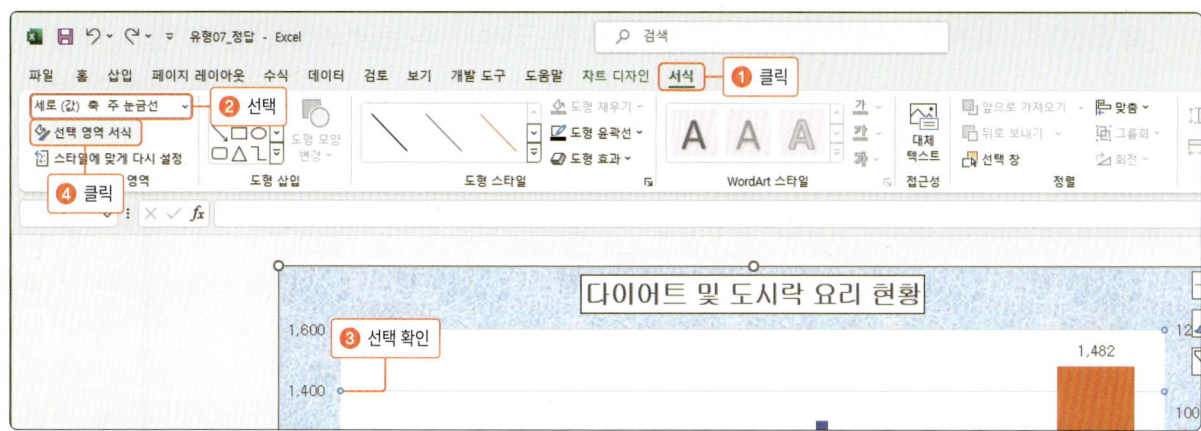

❼ [주 눈금선 서식] 작업 창이 활성화되면 [**채우기 및 선**( )]을 확인한 후 [실선]-[**채우기 색**( )]-'**검정, 텍스트 1**'을 선택합니다. 이어서, [**대시 종류**( )]-'**파선**( )'을 선택합니다.

※ 다음 작업 과정을 위해 오른쪽 작업 창을 종료하지 않도록 합니다.

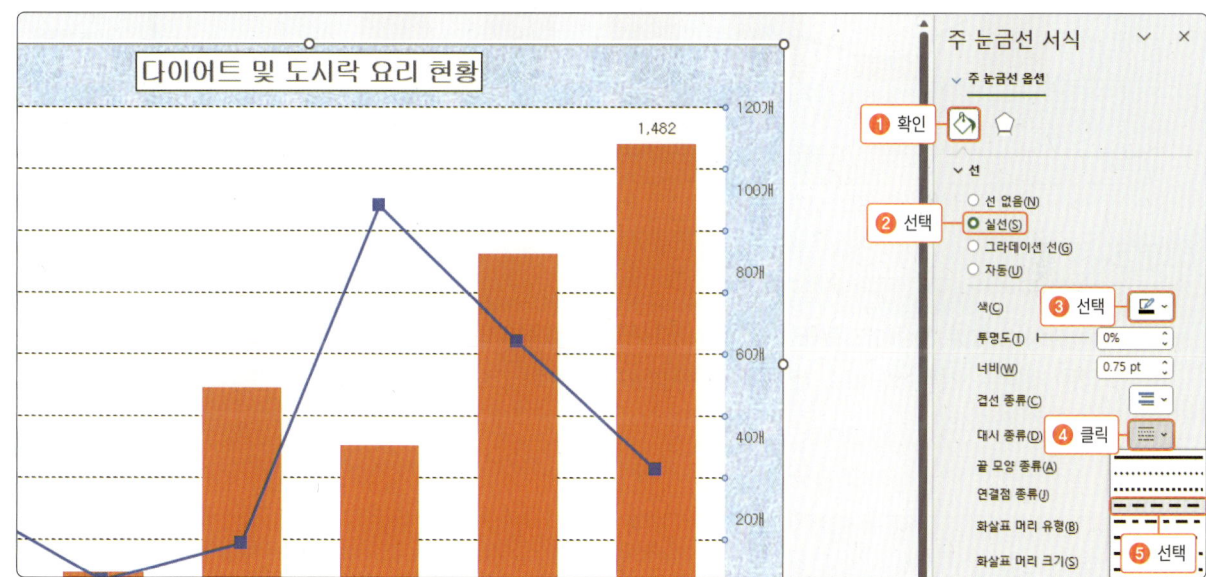

❽ 차트 눈금선의 색상과 대시 종류가 변경된 것을 확인합니다.

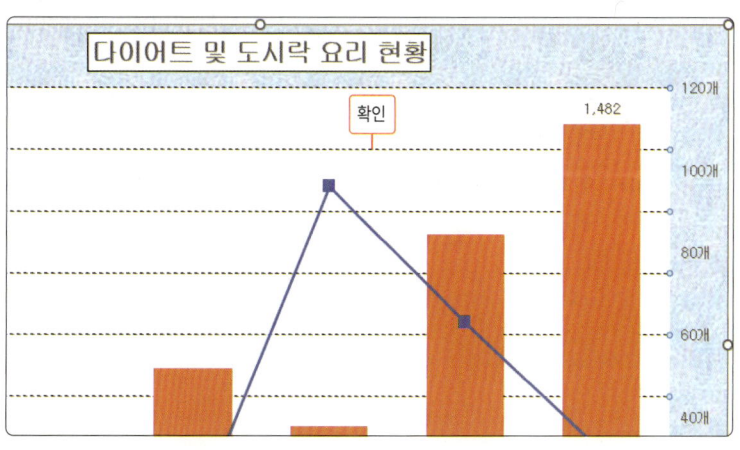

> **TIP** 눈금선의 색상
> 차트 작업 시 모든 눈금선의 색상은 ≪조건≫에 명시되지 않았기 때문에 임의의 색(검정 또는 회색 계열)을 선택하더라도 무관합니다.

■ 축 서식 변경

≪조건≫ ⇒ 축 : ≪출력형태≫를 참조하시오.

❾ '세로 (값) 축'을 클릭한 후 [축 서식] 작업 창에서 [축 옵션(📊)]을 클릭합니다.

❿ [축 옵션]에서 [단위]-'기본(400)' 값을 입력한 후 [눈금]에서 '주 눈금(바깥쪽)'을 지정합니다.

※ 주 눈금 '바깥쪽'이 한 번에 지정되지 않을 경우에는 다른 항목(예 : 안쪽)을 한 번 선택한 후 '바깥쪽'을 다시 클릭합니다.
※ 축의 눈금선을 확인하여 '최소' 및 '최대' 값도 변경할 줄 알아야 합니다.

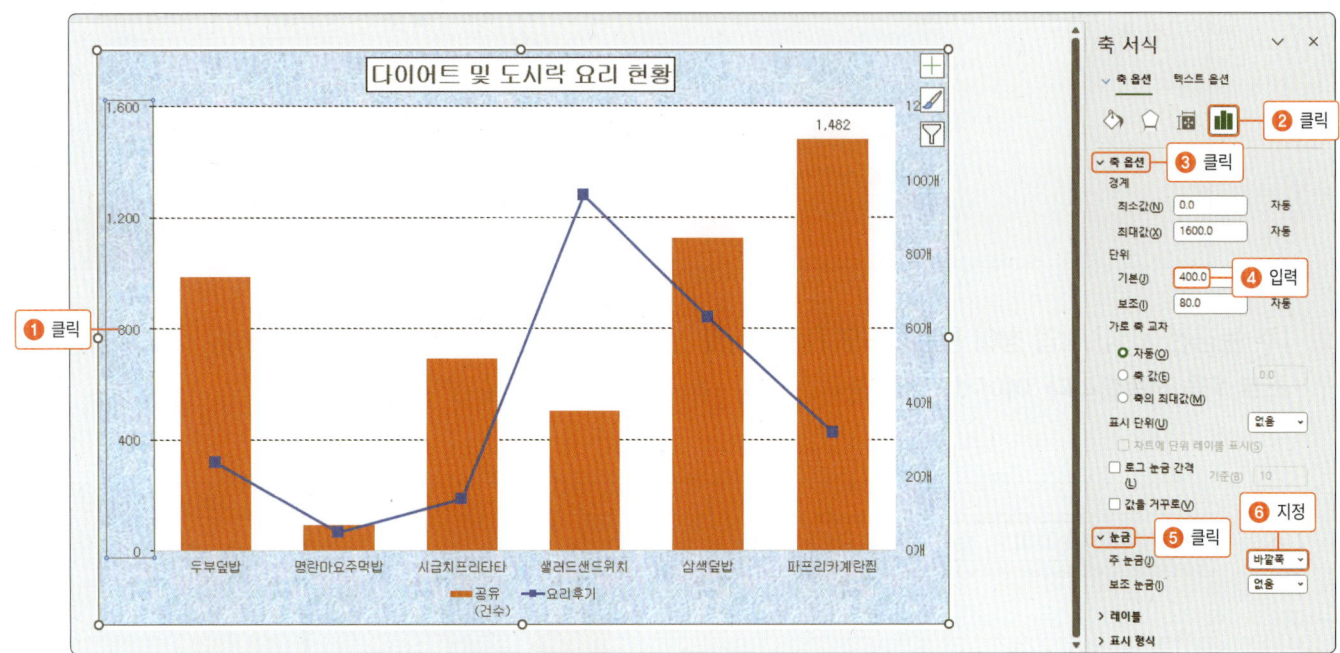

> **축 서식**
>
> 축 서식의 값을 변경하는 부분은 별도의 지시사항이 없기 때문에 ≪출력형태≫를 참고하여 작업합니다. 축 서식 변경은 대부분 오른쪽의 '보조 세로 축'을 변경하지만, 위의 〈그림〉처럼 '세로 축'을 변경하는 문제도 출제되오니 참고하시기 바랍니다.

> **축 서식의 표시 형식**
>
> ❶ 축의 최소값이 ≪출력형태≫와 다를 경우 [축 서식] 작업 창의 [축 옵션(📊)]에서 [표시 형식]을 클릭한 후 범주를 '숫자' 또는 '회계'로 변경합니다.
> ❷ 축의 최소값이 '0'이면 범주를 '숫자'로 선택하고, '-'이면 범주를 '회계'로 선택합니다. 단, 회계를 선택할 때 기호(없음, ₩)의 유무를 반드시 확인합니다.

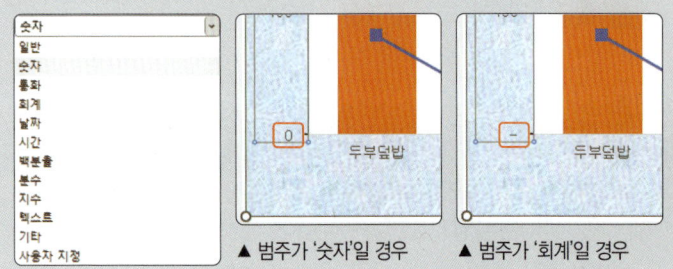

▲ 범주가 '숫자'일 경우 ▲ 범주가 '회계'일 경우

⑪ **세로 (값) 축**을 클릭한 후 [축 서식] 작업 창에서 [**채우기 및 선(** **)**]을 클릭합니다. 이어서, [선]-'**실선**'을 선택합니다.

   ※ 이전 작업에서 주 눈금선의 색상을 '검정-텍스트 1'로 변경하였기 때문에 '선' 또는 '눈금'을 선택하면 색이 검정으로 지정됩니다.

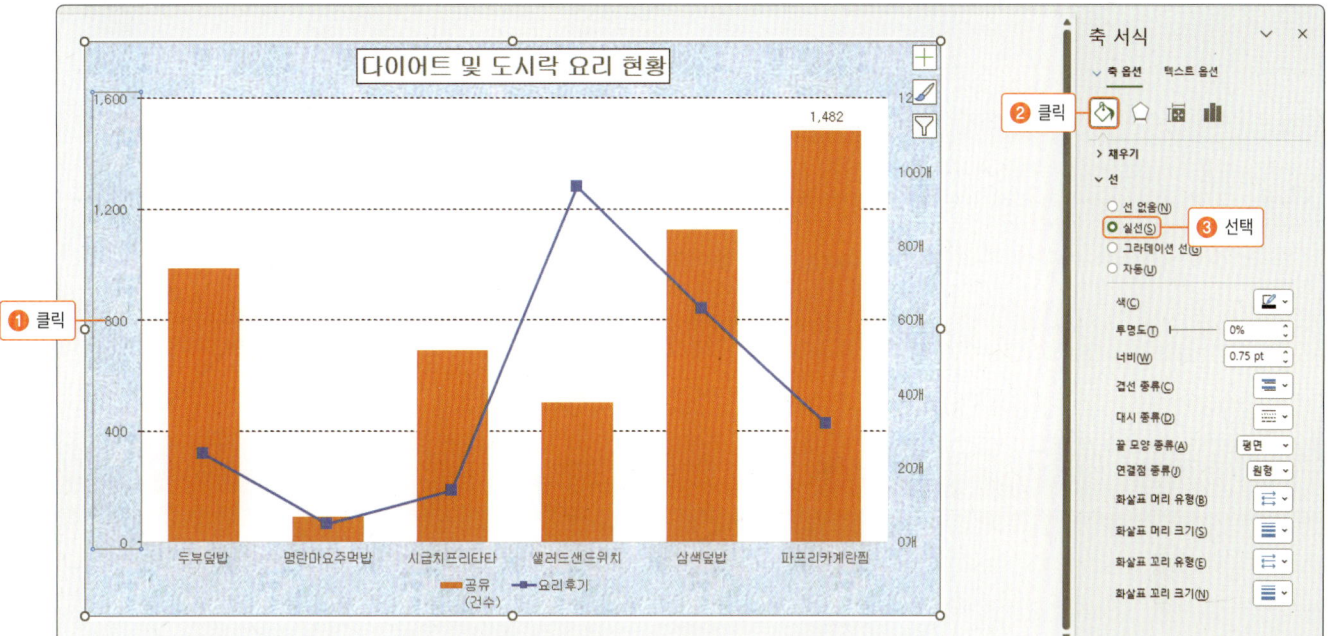

⑫ **가로 (항목) 축**을 클릭한 후 [축 서식] 작업 창에서 [선]-'**실선**'을 선택합니다.

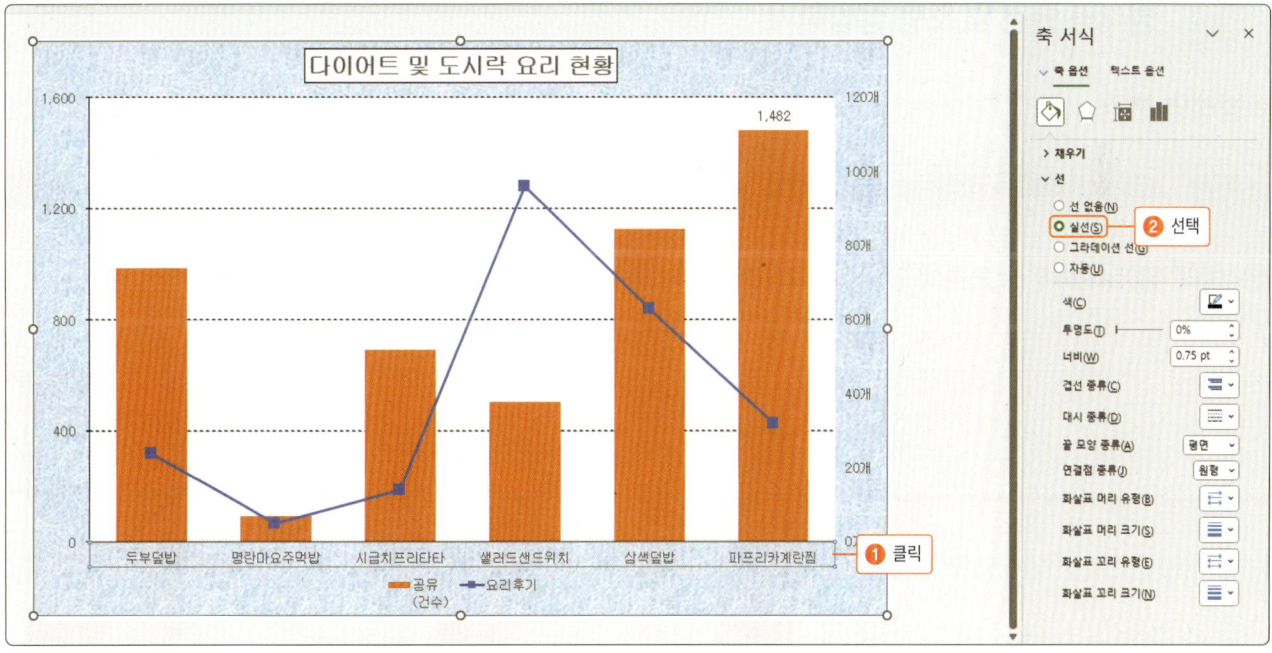

⑬ 같은 방식으로 **보조 세로(값) 축**을 클릭한 후 [축 서식] 작업 창에서 [선]-'**실선**'을 선택합니다. 이어서, 작업 창을 종료(☒)합니다.

⑭ **Esc** 키를 눌러 모든 선택을 해제한 후 **세로 (값) 축, 보조 세로 (값) 축, 가로 (항목) 축**에 적용된 실선을 확인합니다.

※ 차트의 모든 눈금선의 색상은 ≪조건≫에 명시되지 않았기 때문에 임의의 색(검정 또는 회색 계열)을 선택하더라도 무관합니다.

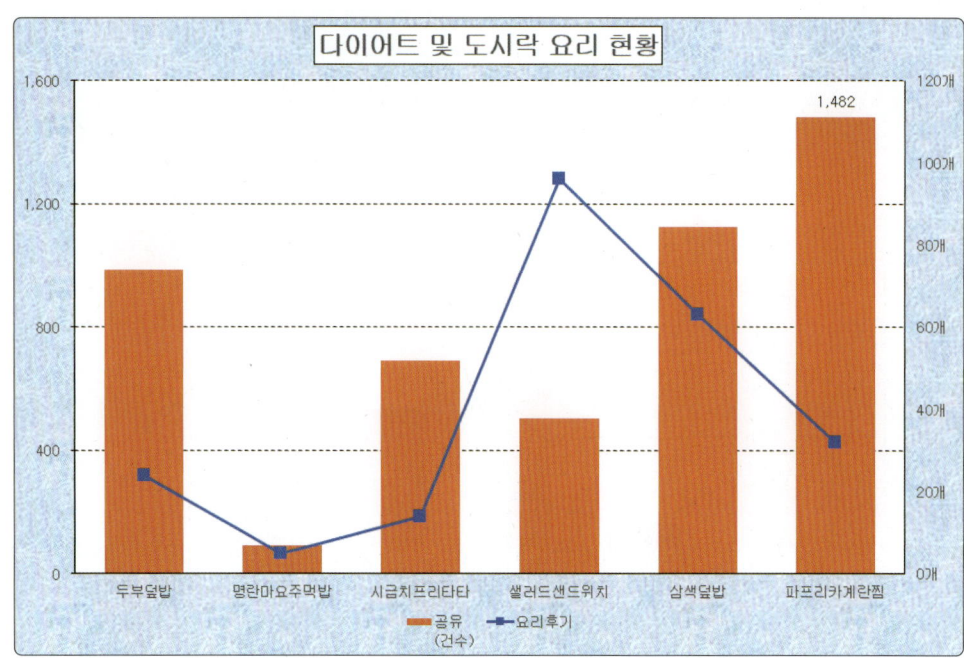

Skill 06 범례명 변경 및 도형 삽입하기

■ 범례명 변경

≪**조건**≫ : (8) 범례 ⇒ 범례명을 변경하고 ≪출력형태≫를 참조하시오.

① 범례 위에서 마우스 오른쪽 단추를 눌러 바로가기 메뉴가 나오면 [**데이터 선택**]을 클릭합니다.

※ [차트 디자인] 탭의 [데이터] 그룹에서 '데이터 선택(🗐)'을 클릭해도 결과는 동일합니다.

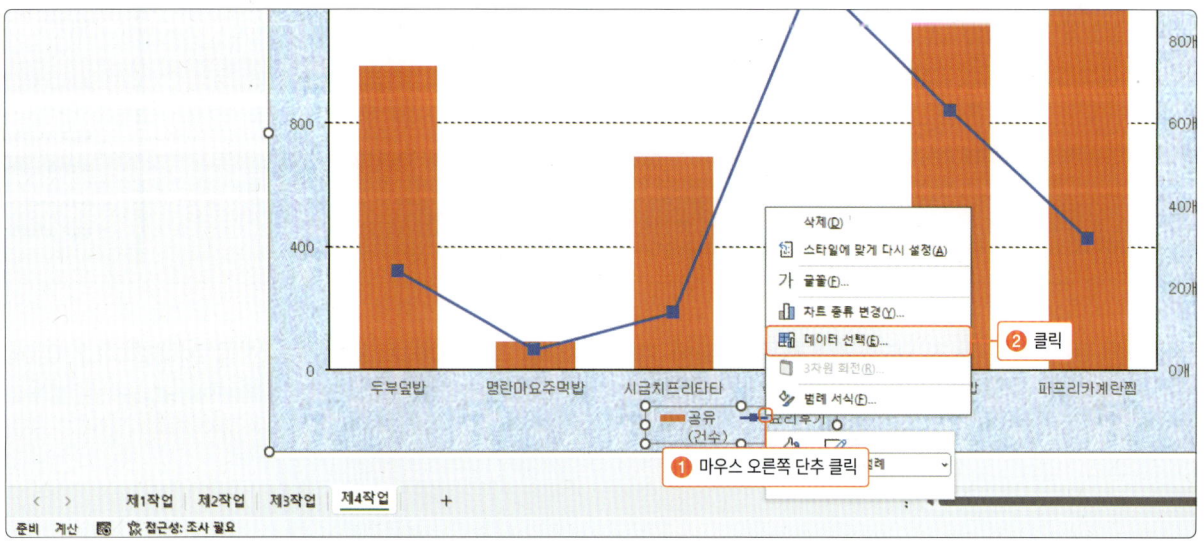

❷ [데이터 원본 선택] 대화상자가 나오면 범례 항목(계열)에서 '**공유(건수)**'를 클릭한 후 〈편집〉 단추를 클릭합니다.

❸ [계열 편집] 대화상자가 나오면 계열 이름 입력 칸에 '**공유(건수)**'를 입력한 후 〈확인〉 단추를 클릭합니다. 이어서, [데이터 원본 선택] 대화상자에서 〈확인〉 단추를 클릭합니다.

※ ≪출력형태≫를 참고하여 동일하지 않은 범례명을 변경하도록 합니다.

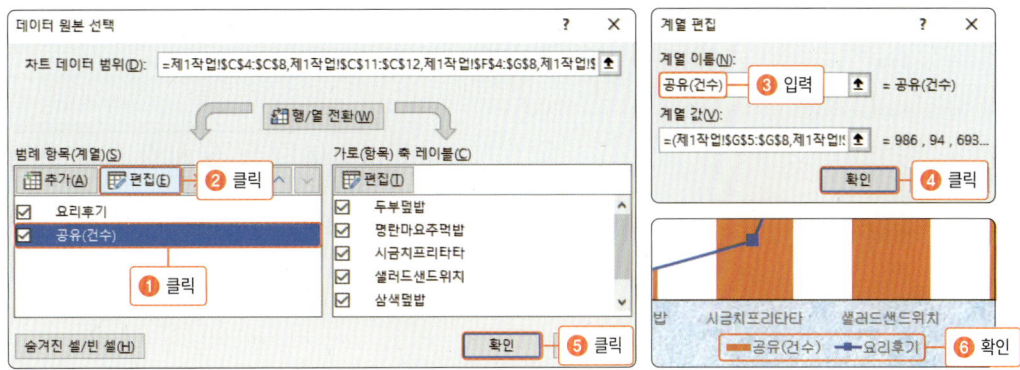

■ 도형 삽입하기

≪**조건**≫ : ⑼ 도형 ⇒ '말풍선: 모서리가 둥근 사각형 설명선'을 삽입한 후 ≪출력형태≫와 같이 내용을 입력하시오.

❹ 차트가 선택된 상태에서 [삽입] 탭의 [일러스트레이션] 그룹에서 [도형( )]-[설명선]-'**말풍선: 모서리가 둥근 사각형 설명선( )**'을 선택합니다.

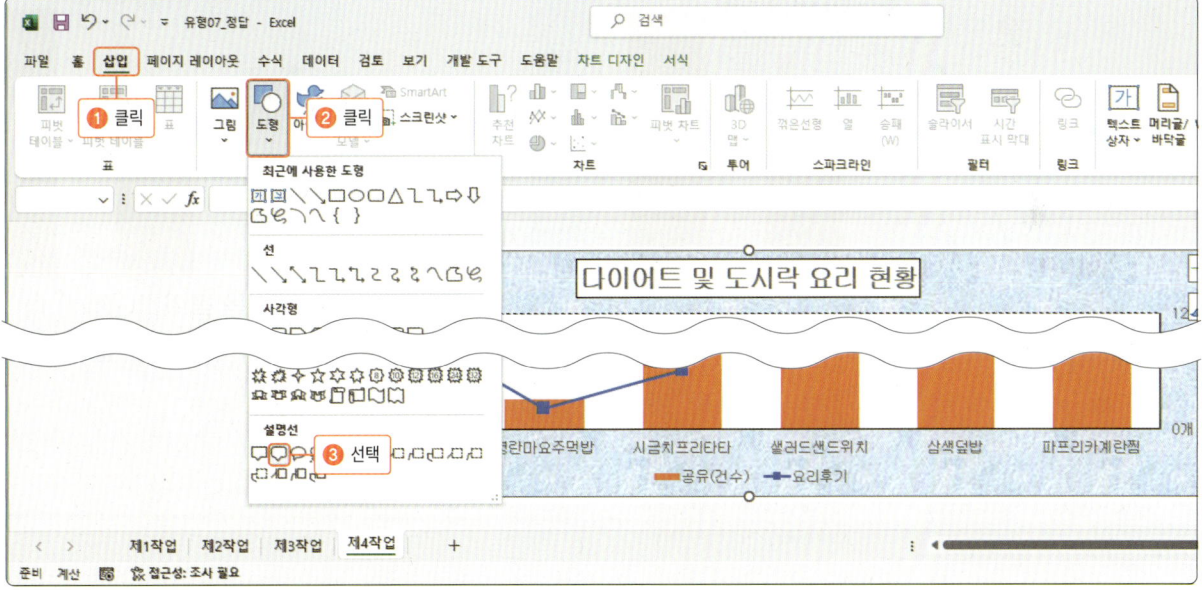

❺ 적당한 위치에 드래그하여 도형을 삽입한 후 '**최대 공유건수**'를 입력합니다.

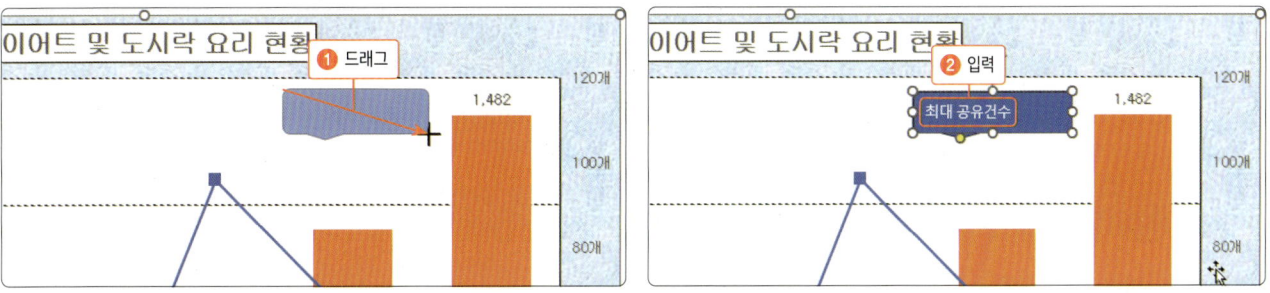

❻ 삽입된 도형의 테두리를 클릭한 후 [홈] 탭의 [글꼴] 그룹에서 **글꼴 색(검정, 텍스트 1)**, **채우기 색(흰색, 배경 1)**을 지정합니다. 이어서, [맞춤] 그룹에서 '세로 **가운데 맞춤**'과 '가로 **가운데 맞춤**'을 클릭합니다.

※ 글꼴 색과 채우기 색은 목록 단추( )를 클릭하여 선택하며, 글꼴과 글꼴 크기는 변경하지 않아도 됩니다.

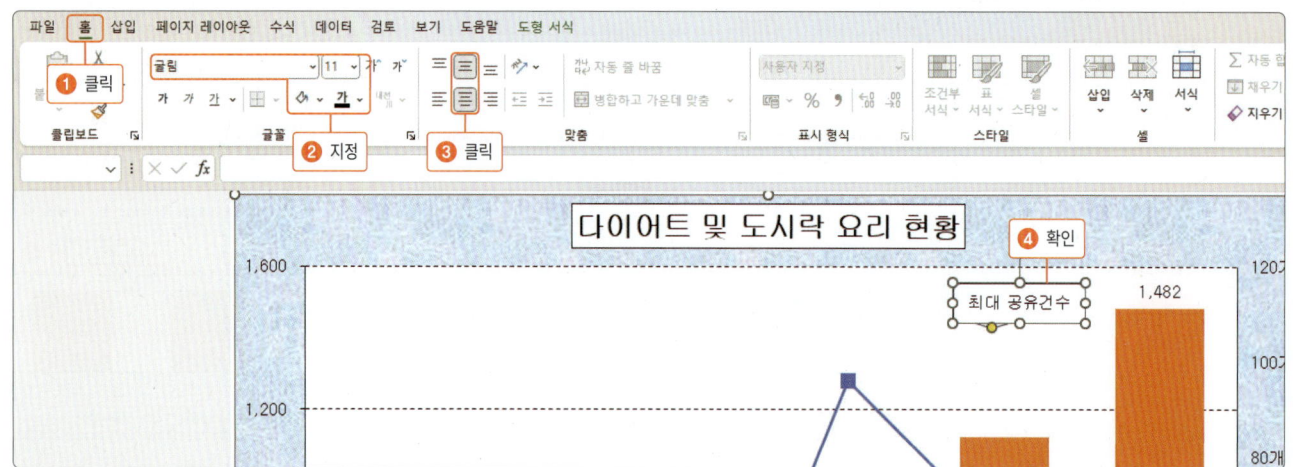

❼ 도형이 완성되면 《출력형태》를 참고하여 **조절점(○)**으로 크기를 조절한 후 위치를 변경합니다. 이어서, **노란색 조절점(○)**을 드래그하여 《출력형태》처럼 모양을 변경합니다.

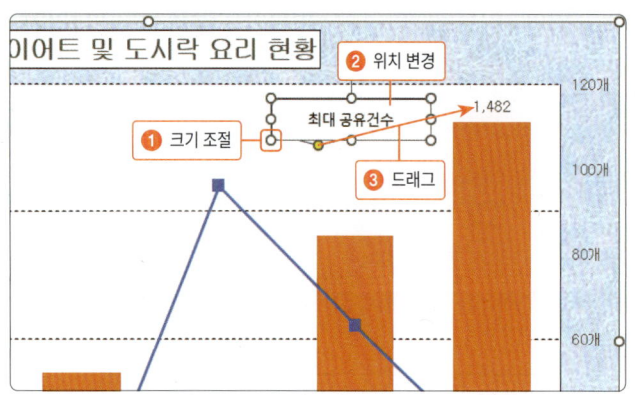 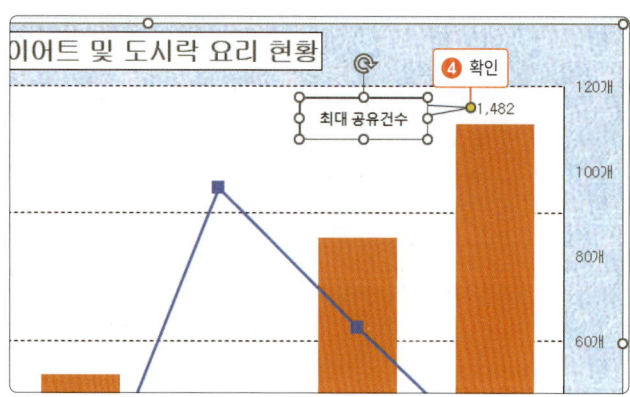

❽ 모든 작업이 끝나면 [파일]-[저장](**Ctrl** + **S**) 또는 [빠른 실행 도구 모음]에서 '**저장**'을 클릭합니다.

※ 실제 시험을 볼 때 작업 도중에 수시로(10분에 한 번 정도) 저장을 하는 것이 좋습니다.

출제유형 완전정복

[제4작업] 그래프

완전정복-01

다음과 같이 《조건》 및 《출력형태》를 작성해 보세요.

- 소스 : 정복07_문제01.xlsx
- 정답 : 정복07_정답01.xlsx

작성 시간 / 권장 시간
분 / 10분

➡ "**제1작업**" 시트를 이용하여 조건에 따라 《출력형태》와 같이 작업하시오.

《조건》
(1) 차트 종류 ⇒ 〈묶은 세로 막대형〉으로 작업하시오.
(2) 데이터 범위 ⇒ "제1작업" 시트의 내용을 이용하여 작업하시오.
(3) 위치 ⇒ "새 시트"로 이동하고, "제4작업"으로 시트 이름을 바꾸시오.
(4) 차트 디자인 도구 ⇒ 레이아웃 3, 스타일 1을 선택하여 《출력형태》에 맞게 작업하시오.
(5) 영역 서식 ⇒ 차트 : 글꼴(굴림, 11pt), 채우기 효과(질감-파랑 박엽지)
　　　　　　　　그림 : 채우기(흰색, 배경1)
(6) 제목 서식 ⇒ 차트 제목 : 글꼴(굴림, 굵게, 20pt), 채우기(흰색, 배경1), 테두리
(7) 서식 ⇒ 판매금액 계열의 차트 종류를 〈표식이 있는 꺾은선형〉으로 변경한 후 보조 축으로 지정하시오.
　　　　　계열 : 《출력형태》를 참조하여 표식(네모, 크기 10)과 레이블 값을 표시하시오.
　　　　　눈금선 : 선 스타일-파선
　　　　　축 : 《출력형태》를 참조하시오.
(8) 범례 ⇒ 범례명을 변경하고 《출력형태》를 참조하시오.
(9) 도형 ⇒ '말풍선: 모서리가 둥근 사각형 설명선'을 삽입한 후 《출력형태》와 같이 내용을 입력하시오.
(10) 나머지 사항은 《출력형태》에 맞게 작성하시오.

《출력형태》

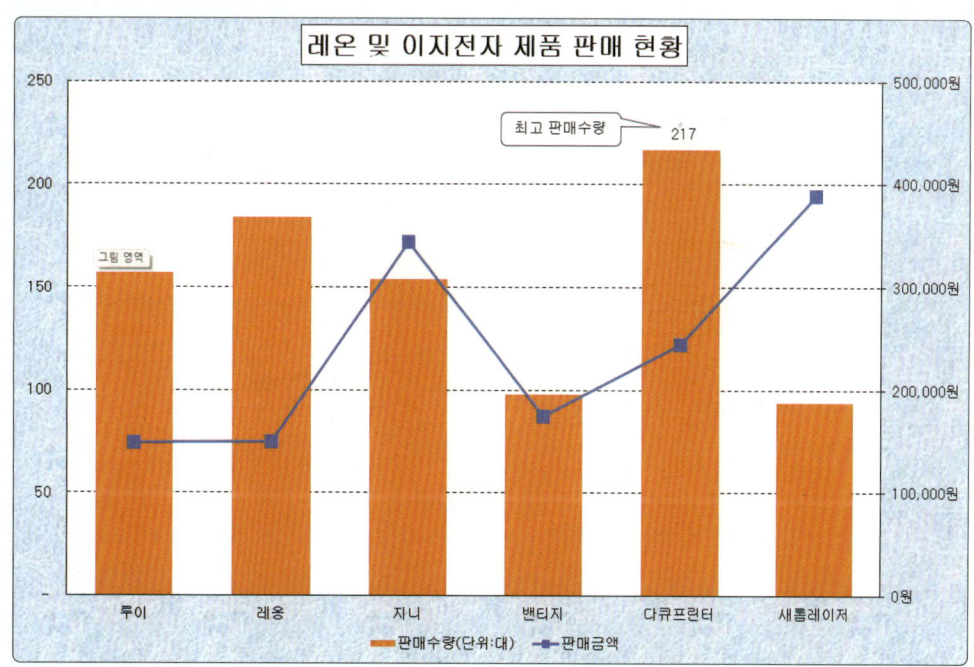

주의 ➡ 시트명 순서가 차례대로 "제1작업", "제2작업", "제3작업", "제4작업"이 되도록 할 것.

완전정복-02

다음과 같이 《조건》 및 《출력형태》를 작성해 보세요.

• 소스 : 정복07_문제02.xlsx   • 정답 : 정복07_정답02.xlsx

➤ "제1작업" 시트를 이용하여 조건에 따라 《출력형태》와 같이 작업하시오.

《조건》

(1) 차트 종류 ⇒ 〈묶은 세로 막대형〉으로 작업하시오.
(2) 데이터 범위 ⇒ "제1작업" 시트의 내용을 이용하여 작업하시오.
(3) 위치 ⇒ "새 시트"로 이동하고, "제4작업"으로 시트 이름을 바꾸시오.
(4) 차트 디자인 도구 ⇒ 레이아웃 3, 스타일 1을 선택하여 《출력형태》에 맞게 작업하시오.
(5) 영역 서식 ⇒ 차트 : 글꼴(굴림, 11pt), 채우기 효과(질감-파랑 박엽지)
          그림 : 채우기(흰색, 배경1)
(6) 제목 서식 ⇒ 차트 제목 : 글꼴(굴림, 굵게, 20pt), 채우기(흰색, 배경1), 테두리
(7) 서식 ⇒ 가격 계열의 차트 종류를 〈표식이 있는 꺾은선형〉으로 변경한 후 보조 축으로 지정하시오.
    계열 : 《출력형태》를 참조하여 표식(네모, 크기 10)과 레이블 값을 표시하시오.
    눈금선 : 선 스타일-파선
    축 : 《출력형태》를 참조하시오.
(8) 범례 ⇒ 범례명을 변경하고 《출력형태》를 참조하시오.
(9) 도형 ⇒ '말풍선: 모서리가 둥근 사각형 설명선'을 삽입한 후 《출력형태》와 같이 내용을 입력하시오.
(10) 나머지 사항은 《출력형태》에 맞게 작성하시오.

《출력형태》

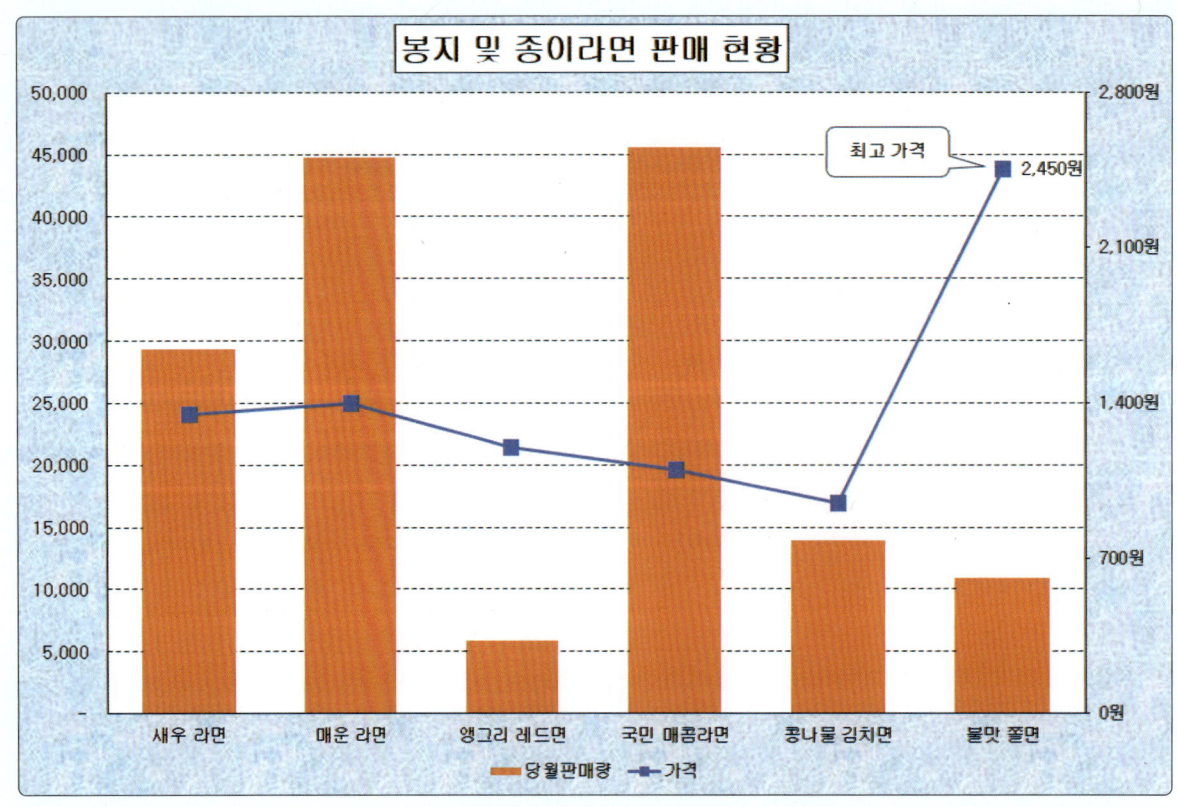

주의 ➤ 시트명 순서가 차례대로 "제1작업", "제2작업", "제3작업", "제4작업"이 되도록 할 것.

완전정복-03

다음과 같이 《조건》 및 《출력형태》를 작성해 보세요.

- 소스 : 정복07_문제03.xlsx
- 정답 : 정복07_정답03.xlsx

➡ "**제1작업**" 시트를 이용하여 조건에 따라 《출력형태》와 같이 작업하시오.

《조건》

(1) 차트 종류 ⇒ 〈묶은 세로 막대형〉으로 작업하시오.
(2) 데이터 범위 ⇒ "제1작업" 시트의 내용을 이용하여 작업하시오.
(3) 위치 ⇒ "새 시트"로 이동하고, "제4작업"으로 시트 이름을 바꾸시오.
(4) 차트 디자인 도구 ⇒ 레이아웃 3, 스타일 1을 선택하여 《출력형태》에 맞게 작업하시오.
(5) 영역 서식 ⇒ 차트 : 글꼴(굴림, 11pt), 채우기 효과(질감-파랑 박엽지)
　　　　　　　그림 : 채우기(흰색, 배경1)
(6) 제목 서식 ⇒ 차트 제목 : 글꼴(굴림, 굵게, 20pt), 채우기(흰색, 배경1), 테두리
(7) 서식 ⇒ 대출 도서량(단위:권) 계열의 차트 종류를 〈표식이 있는 꺾은선형〉으로 변경한 후 보조 축으로 지정하시오.
　　계열 : 《출력형태》를 참조하여 표식(세모, 크기 10)과 레이블 값을 표시하시오.
　　눈금선 : 선 스타일-파선
　　축 : 《출력형태》를 참조하시오.
(8) 범례 ⇒ 범례명을 변경하고 《출력형태》를 참조하시오.
(9) 도형 ⇒ '말풍선: 모서리가 둥근 사각형 설명선'을 삽입한 후 《출력형태》와 같이 내용을 입력하시오.
⑩ 나머지 사항은 《출력형태》에 맞게 작성하시오.

《출력형태》

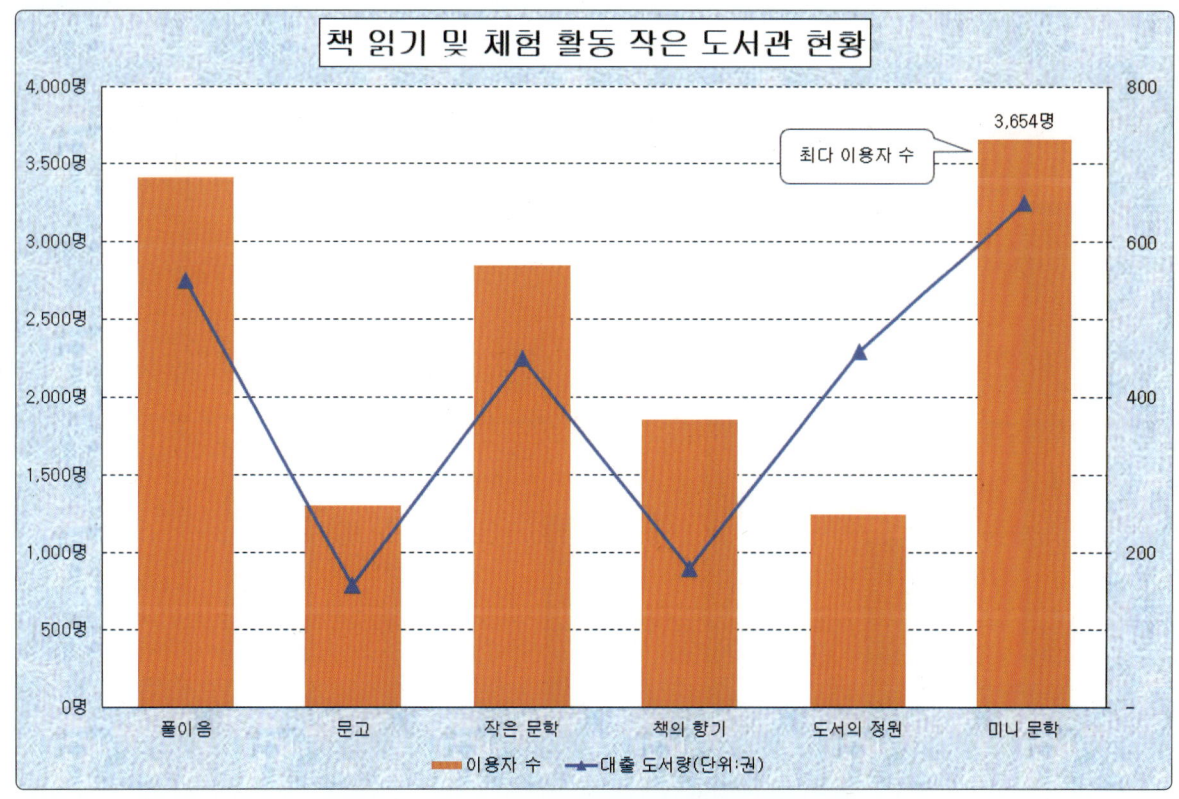

주의 ➡ 시트명 순서가 차례대로 "제1작업", "제2작업", "제3작업", "제4작업"이 되도록 할 것.

완전정복-04

다음과 같이 《조건》 및 《출력형태》를 작성해 보세요.

- 소스 : 정복07_문제04.xlsx
- 정답 : 정복07_정답04.xlsx

➡ **"제1작업"** 시트를 이용하여 조건에 따라 《출력형태》와 같이 작업하시오.

《조건》

(1) 차트 종류 ⇒ 〈묶은 세로 막대형〉으로 작업하시오.
(2) 데이터 범위 ⇒ "제1작업" 시트의 내용을 이용하여 작업하시오.
(3) 위치 ⇒ "새 시트"로 이동하고, "제4작업"으로 시트 이름을 바꾸시오.
(4) 차트 디자인 도구 ⇒ 레이아웃 3, 스타일 1을 선택하여 《출력형태》에 맞게 작업하시오.
(5) 영역 서식 ⇒ 차트 : 글꼴(굴림, 11pt), 채우기 효과(질감-파랑 박엽지)
　　　　　　　그림 : 채우기(흰색, 배경1)
(6) 제목 서식 ⇒ 차트 제목 : 글꼴(굴림, 굵게, 20pt), 채우기(흰색, 배경1), 테두리
(7) 서식 ⇒ 4월매출(천원) 계열의 차트 종류를 〈표식이 있는 꺾은선형〉으로 변경한 후 보조 축으로 지정하시오.
　　　　계열 : 《출력형태》를 참조하여 표식(세모, 크기 10)과 레이블 값을 표시하시오.
　　　　눈금선 : 선 스타일-파선
　　　　축 : 《출력형태》를 참조하시오.
(8) 범례 ⇒ 범례명을 변경하고 《출력형태》를 참조하시오.
(9) 도형 ⇒ '말풍선: 모서리가 둥근 사각형 설명선'을 삽입한 후 《출력형태》와 같이 내용을 입력하시오.
(10) 나머지 사항은 《출력형태》에 맞게 작성하시오.

《출력형태》

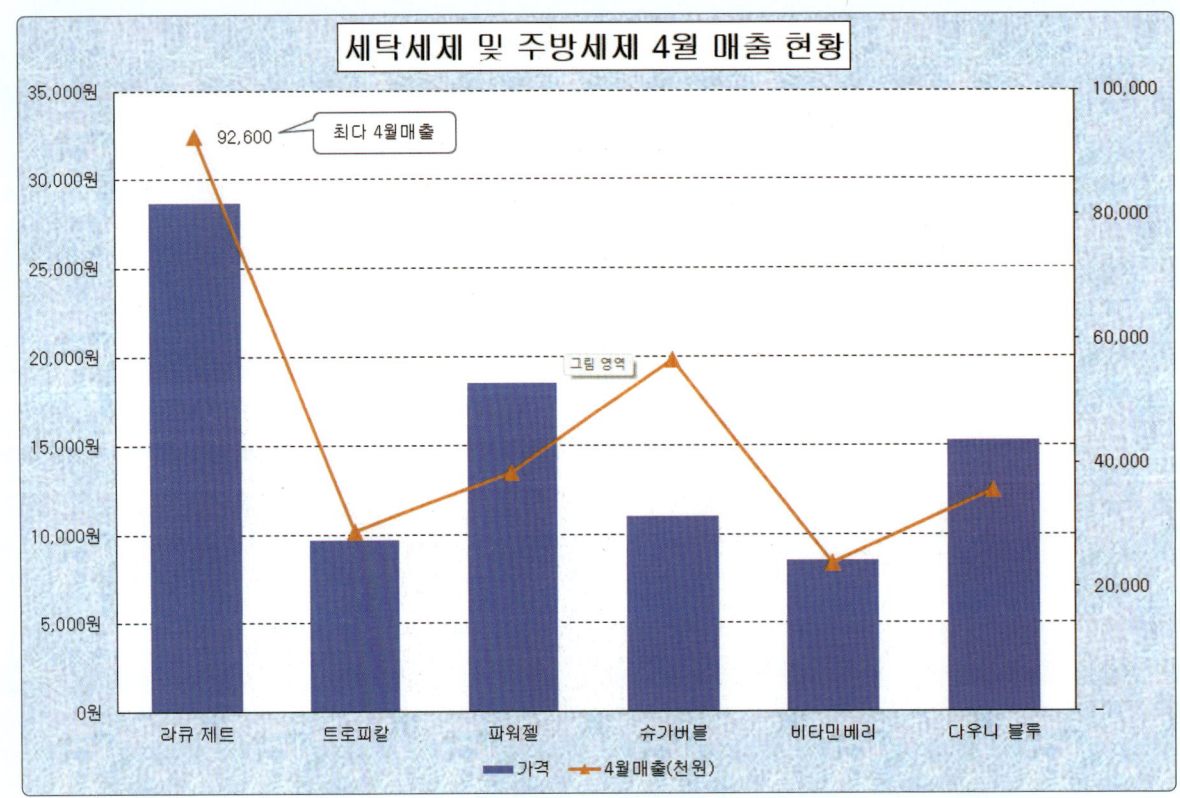

주의 ➡ 시트명 순서가 차례대로 "제1작업", "제2작업", "제3작업", "제4작업"이 되도록 할 것.

PART 02
출제예상 모의고사

- ☑ 제 01 회 출제예상 모의고사
- ☑ 제 02 회 출제예상 모의고사
- ☑ 제 03 회 출제예상 모의고사
- ☑ 제 04 회 출제예상 모의고사
- ☑ 제 05 회 출제예상 모의고사
- ☑ 제 06 회 출제예상 모의고사
- ☑ 제 07 회 출제예상 모의고사
- ☑ 제 08 회 출제예상 모의고사
- ☑ 제 09 회 출제예상 모의고사
- ☑ 제 10 회 출제예상 모의고사
- ☑ 제 11 회 출제예상 모의고사
- ☑ 제 12 회 출제예상 모의고사

제 01 회 정보기술자격(ITQ) 출제예상 모의고사

작성 시간 / 시험 시간	채점 결과
분 / 60분	점 / 500점

• 작성 시간 : 수험자가 문제를 해결하는데 걸린 시간을 기…

과목	코드	문제유형	시험시간	수험번호	성명
한글엑셀	1122	A	60분		

MS오피스

· 수험자 유의사항 ·

● 수험자는 문제지를 받는 즉시 문제지와 **수험표상의 시험과목(프로그램)이 동일한지 반드시 확인**하여야 합니다.

● 파일명은 본인의 "수험번호-성명"으로 입력하여 답안 폴더(내 PC₩문서₩ITQ)에 하나의 파일로 저장해야 하며, 답안 문서 파일명이 "수험번호-성명"과 일치하지 않거나, 답안 파일을 전송하지 않아 미제출로 처리될 경우 실격 처리합니다. (예 : 12345678-홍길동.xlsx).

● 답안 작성을 마치면 파일을 저장하고, '답안 전송' 버튼을 선택하여 감독위원 PC로 답안을 전송하십시오. 수험생 정보와 저장한 파일명이 다를 경우 전송되지 않으므로 주의하시기 바랍니다.

● 답안 작성 중에도 **주기적으로 저장하고, '답안 전송'**하여야 문제 발생을 줄일 수 있습니다. 작업한 내용을 저장하지 않고 전송할 경우 이전에 저장된 내용이 전송되오니 이점 유의하시기 바랍니다.

● 답안 문서는 지정된 경로 외의 다른 보조기억장치에 저장하는 경우, 지정된 시험 시간 외에 작성된 파일을 활용할 경우, 기타 통신수단(이메일, 메신저, 네트워크 등)을 이용하여 타인에게 전달 또는 외부 반출하는 경우는 부정 처리합니다.

● 시험 중 부주의 또는 고의로 시스템을 파손한 경우는 수험자가 변상해야 하며, 〈수험자 유의사항〉에 기재된 방법대로 이행하지 않아 생기는 불이익은 수험생 당사자의 책임임을 알려 드립니다.

● 문제의 조건은 MS오피스 2021 버전으로 설정되어 있으니 유의하시기 바랍니다.

● 시험을 완료한 수험자는 답안 파일이 전송되었는지 확인한 후 감독위원의 지시에 따라 문제지를 제출하고 퇴실합니다.

· 답안 작성요령 ·

● 온라인 답안 작성 절차

　수험자 등록 ⇒ 시험 시작 ⇒ 답안 파일 저장 ⇒ 답안 전송 ⇒ 시험 종료

● 문제는 총 4단계, 즉 제1작업부터 제4작업까지 구성되어 있으며 반드시 제1작업부터 순서대로 작성하고 조건대로 작업하시오.

● 모든 작업 시트의 A열은 열 너비 '1'로, 나머지 열은 적당하게 조절하시오.

● 모든 작업 시트의 테두리는 《출력형태》와 같이 작업하시오.

● 해당 작업란에서는 각각 제시된 조건에 따라 《출력형태》와 같이 작업하시오.

● 답안 시트 이름은 "제1작업", "제2작업", "제3작업", "제4작업"이어야 하며 답안 시트 이외의 것은 감점 처리됩니다.

● 각 시트를 파일로 나누어 작업해서 저장할 경우 실격 처리됩니다.

kpc 한국생산성본부

[제1작업] 표 서식 작성 및 값 계산   240점

다음은 '**한마음 수입식자재 관리 현황**'에 대한 자료이다. 자료를 입력하고 조건에 맞도록 작업하시오.

≪출력형태≫

관리코드	분류	식품명	판매가(원)	원산지	중량	전월판매량(개)	구분	적립금
SA2-01	소스류	어니언크림드레싱	13,000	이탈리아	1.0	970	(1)	(2)
CH1-01	수입치즈	모짜렐라블록	17,500	이탈리아	0.5	850	(1)	(2)
SA3-02	소스류	홀그레인머스타드	37,500	프랑스	3.0	1,030	(1)	(2)
PD2-01	분말류	파스타밀가루	43,500	이탈리아	4.0	430	(1)	(2)
CH3-02	수입치즈	고다슬라이스	14,700	네덜란드	0.8	1,250	(1)	(2)
SA1-03	소스류	트러플페이스트	42,000	네덜란드	0.5	770	(1)	(2)
PD1-02	분말류	파마산치즈가루	21,000	프랑스	1.5	1,050	(1)	(2)
CH2-03	수입치즈	스트링치즈	28,500	프랑스	1.2	590	(1)	(2)
전월판매량(개) 1000 이상인 식품수			(3)		최대 전월판매량(개)			(5)
소스류 판매가(원) 평균			(4)		관리코드	SA2-01	원산지	(6)

≪조건≫

○ 모든 데이터의 서식에는 글꼴(굴림, 11pt), 정렬은 숫자 및 회계 서식은 오른쪽 정렬, 나머지 서식은 가운데 정렬로 작성하며 예외적인 것은 ≪출력형태≫를 참조하시오.
○ 제 목 ⇒ 도형(십자형)과 그림자(오프셋 오른쪽)를 이용하여 작성하고 "한마음 수입식자재 관리 현황"을 입력한 후 다음 서식을 적용하시오(글꼴-굴림, 24pt, 검정, 굵게, 채우기-노랑).
○ 임의의 셀에 결재란을 작성하여 그림으로 복사 기능을 이용하여 붙이기 하시오(단, 원본 삭제).
○ 「B4:J4, G14, I14」 영역은 '주황'으로 채우기 하시오.
○ 유효성 검사를 이용하여 「H14」 셀에 관리코드(「B5:B12」 영역)가 선택 표시되도록 하시오.
○ 셀 서식 ⇒ 「G5:G12」 영역에 셀 서식을 이용하여 숫자 뒤에 'kg'을 표시하시오(예 : 1.0kg).
○ 「H5:H12」 영역에 대해 '전월판매량'으로 이름정의를 하시오.

▶ (1)~(6) 셀은 반드시 **주어진 함수를 이용**하여 값을 구하시오(결과값을 직접 입력하면 해당 셀은 0점 처리됨).
 (1) 구분 ⇒ 관리코드의 세 번째 값이 1이면 '특가상품', 2이면 '베스트상품', 3이면 '무배상품'으로 표시하시오 (CHOOSE, MID 함수).
 (2) 적립금 ⇒ 분류가 수입치즈이면 판매가(원)의 3%, 아니면 판매가(원)의 2%로 계산하시오(IF 함수).
 (3) 전월판매량(개) 1000 이상인 식품수 ⇒ 결과값에 '개'를 붙이시오(COUNTIF 함수, & 연산자)(예 : 1개).
 (4) 소스류 판매가(원) 평균 ⇒ 반올림하여 천원 단위까지 구하시오. 단, 조건은 입력데이터를 이용하시오 (ROUND, DAVERAGE 함수)(예 : 20,630 → 21,000).
 (5) 최대 전월판매량(개) ⇒ 정의된 이름(전월판매량)을 이용하여 구하시오(MAX 함수).
 (6) 원산지 ⇒ 「H14」 셀에서 선택한 관리코드에 대한 원산지를 구하시오(VLOOKUP 함수).
 (7) 조건부 서식의 수식을 이용하여 판매가(원)가 '30,000' 이상인 행 전체에 다음의 서식을 적용하시오 (글꼴 : 파랑, 굵게).

[제2작업] 필터 및 서식   80점

➡ "제1작업" 시트의 「B4:H12」 영역을 복사하여 "제2작업" 시트의 「B2」 셀부터 모두 붙여넣기를 한 후 다음의 조건과 같이 작업하시오.

≪조건≫
(1) 고급 필터 – 분류가 '분말류'이거나, 전월판매량(개)이 '1,000' 이상인 자료의 관리코드, 원산지, 식품명, 판매가(원) 데이터만 추출하시오.
   – 조건 범위 : 「B13」 셀부터 입력하시오.
   – 복사 위치 : 「B18」 셀부터 나타나도록 하시오.
(2) 표 서식 – 고급 필터의 결과셀을 채우기 없음으로 설정한 후 '표 스타일 보통 7'의 서식을 적용하시오.
   – 머리글 행, 줄무늬 행을 적용하시오.

[제3작업] 피벗 테이블   80점

➡ "제1작업" 시트를 이용하여 "제3작업" 시트에 조건에 따라 ≪출력형태≫와 같이 작업하시오.

≪조건≫
(1) 판매가(원) 및 분류의 식품명의 개수와 전월판매량(개)의 평균을 구하시오.
(2) 판매가(원)를 그룹화하고, 분류를 ≪출력형태≫와 같이 정렬하시오.
(3) 레이블이 있는 셀 병합 및 가운데 맞춤 적용 및 빈 셀은 '***'로 표시하시오.
(4) 행의 총합계는 지우고, 나머지 사항은 ≪출력형태≫에 맞게 작성하시오.

≪출력형태≫

A	B	C	D	E	F	G	H
1							
2		분류 ▼						
3			수입치즈		소스류		분말류	
4	판매가(원) ▼	개수 : 식품명	평균 : 전월판매량(개)	개수 : 식품명	평균 : 전월판매량(개)	개수 : 식품명	평균 : 전월판매량(개)
5	1-15000	1	1,250	1	970	***	***
6	15001-30000	2	720	***	***	1	1,050
7	30001-45000	***	***	2	900	1	430
8	총합계	3	897	3	923	2	740

[제4작업] 그래프 100점

➡ "제1작업" 시트를 이용하여 조건에 따라 ≪출력형태≫와 같이 작업하시오.

≪조건≫
(1) 차트 종류 ⇒ 〈묶은 세로 막대형〉으로 작업하시오.
(2) 데이터 범위 ⇒ "제1작업" 시트의 내용을 이용하여 작업하시오.
(3) 위치 ⇒ "새 시트"로 이동하고, "제4작업"으로 시트 이름을 바꾸시오.
(4) 차트 디자인 도구 ⇒ 레이아웃 3, 스타일 1을 선택하여 ≪출력형태≫에 맞게 작업하시오.
(5) 영역 서식 ⇒ 차트 : 글꼴(굴림, 11pt), 채우기 효과(질감-파랑 박엽지)
  그림 : 채우기(흰색, 배경1)
(6) 제목 서식 ⇒ 차트 제목 : 글꼴(굴림, 굵게, 20pt), 채우기(흰색, 배경1), 테두리
(7) 서식 ⇒ 중량 계열의 차트 종류를 〈표식이 있는 꺾은선형〉으로 변경한 후 보조 축으로 지정하시오.
  계열 : ≪출력형태≫를 참조하여 표식(네모, 크기 10)과 레이블 값을 표시하시오.
  눈금선 : 선 스타일-파선
  축 : ≪출력형태≫를 참조하시오.
(8) 범례 ⇒ 범례명을 변경하고 ≪출력형태≫를 참조하시오.
(9) 도형 ⇒ '말풍선: 모서리가 둥근 사각형 설명선'을 삽입한 후 ≪출력형태≫와 같이 내용을 입력하시오.
(10) 나머지 사항은 ≪출력형태≫에 맞게 작성하시오.

≪출력형태≫

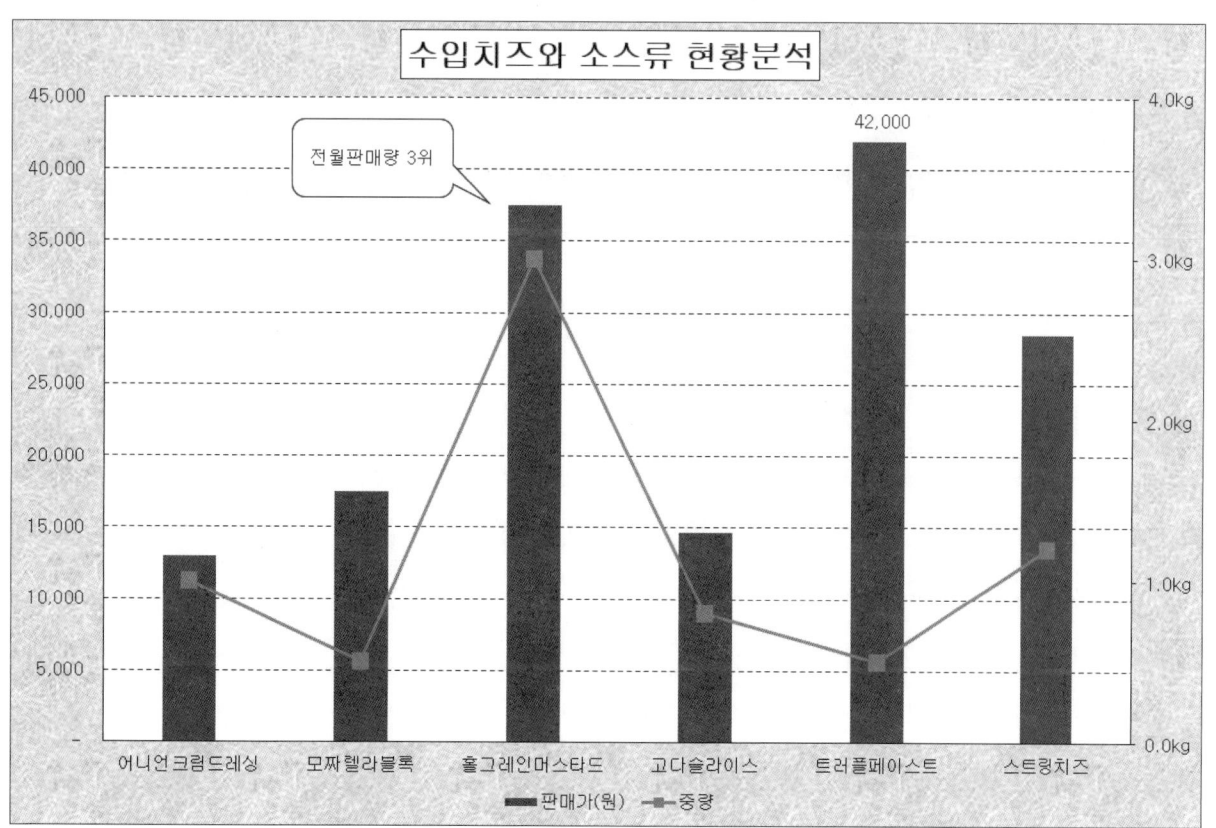

주의 ➡ 시트명 순서가 차례대로 "제1작업", "제2작업", "제3작업", "제4작업"이 되도록 할 것.

제 02 회 정보기술자격(ITQ) 출제예상 모의고사

작성 시간 / 시험 시간	채점 결과
분 / 60분	점 / 500점

과목	코드	문제유형	시험시간	수험번호	성명
한글엑셀	1122	B	60분		

MS오피스

· 수험자 유의사항 ·

- 수험자는 문제지를 받는 즉시 문제지와 **수험표상의 시험과목(프로그램)이 동일한지 반드시 확인**하여야 합니다.

- 파일명은 본인의 "수험번호-성명"으로 입력하여 답안 폴더(내 PC\문서\ITQ)에 하나의 파일로 저장해야 하며, 답안 문서 파일명이 "수험번호-성명"과 일치하지 않거나, 답안 파일을 전송하지 않아 미제출로 처리될 경우 실격 처리합니다. (예 : 12345678-홍길동.xlsx).

- 답안 작성을 마치면 파일을 저장하고, '답안 전송' 버튼을 선택하여 감독위원 PC로 답안을 전송하십시오. 수험생 정보와 저장한 파일명이 다를 경우 전송되지 않으므로 주의하시기 바랍니다.

- 답안 작성 중에도 **주기적으로 저장하고, '답안 전송'**하여야 문제 발생을 줄일 수 있습니다. 작업한 내용을 저장하지 않고 전송할 경우 이전에 저장된 내용이 전송되오니 이점 유의하시기 바랍니다.

- 답안 문서는 지정된 경로 외의 다른 보조기억장치에 저장하는 경우, 지정된 시험 시간 외에 작성된 파일을 활용할 경우, 기타 통신수단(이메일, 메신저, 네트워크 등)을 이용하여 타인에게 전달 또는 외부 반출하는 경우는 부정 처리합니다.

- 시험 중 부주의 또는 고의로 시스템을 파손한 경우는 수험자가 변상해야 하며, 〈수험자 유의사항〉에 기재된 방법대로 이행하지 않아 생기는 불이익은 수험생 당사자의 책임임을 알려 드립니다.

- 문제의 조건은 MS오피스 2021 버전으로 설정되어 있으니 유의하시기 바랍니다.

- 시험을 완료한 수험자는 답안 파일이 전송되었는지 확인한 후 감독위원의 지시에 따라 문제지를 제출하고 퇴실합니다.

· 답안 작성요령 ·

- 온라인 답안 작성 절차

  수험자 등록 ⇒ 시험 시작 ⇒ 답안 파일 저장 ⇒ 답안 전송 ⇒ 시험 종료

- 문제는 총 4단계, 즉 제1작업부터 제4작업까지 구성되어 있으며 반드시 제1작업부터 순서대로 작성하고 조건대로 작업하시오.

- 모든 작업 시트의 A열은 열 너비 '1'로, 나머지 열은 적당하게 조절하시오.

- 모든 작업 시트의 테두리는 ≪출력형태≫와 같이 작업하시오.

- 해당 작업란에서는 각각 제시된 조건에 따라 ≪출력형태≫와 같이 작업하시오.

- 답안 시트 이름은 "제1작업", "제2작업", "제3작업", "제4작업"이어야 하며 답안 시트 이외의 것은 감점 처리됩니다.

- 각 시트를 파일로 나누어 작업해서 저장할 경우 실격 처리됩니다.

kpc 한국생산성본부

[제1작업] 표 서식 작성 및 값 계산   240점

다음은 '**명재활의학과 1분기 환자 관리 현황**'에 대한 자료이다. 자료를 입력하고 조건에 맞도록 작업하시오.

≪출력형태≫

관리번호	주민번호	환자명	치료구분	치료시작일	1회비용	치료횟수(1주)	성별	치료부위
SHD-01	541209-2******	박시선	도수치료	2024-03-11	87,000	3	(1)	(2)
KNE-01	671105-1******	이태호	통증치료	2024-01-19	55,000	2	(1)	(2)
SHD-02	020705-4******	홍규림	통증치료	2024-02-07	45,000	4	(1)	(2)
WAT-01	701210-1******	정상헌	운동치료	2024-02-23	102,000	3	(1)	(2)
KNE-02	910510-2******	김우윤	도수치료	2024-03-15	78,500	2	(1)	(2)
WAT-02	480731-2******	심명혜	통증치료	2024-01-15	57,500	2	(1)	(2)
SHD-03	851020-1******	최보근	도수치료	2024-02-13	83,000	4	(1)	(2)
WAT-03	030225-3******	정해림	운동치료	2024-03-05	98,500	3	(1)	(2)
도수치료 치료횟수(1주) 평균			(3)		운동치료 환자 수			(5)
가장 많은 치료횟수(1주)			(4)		관리번호	SHD-01	치료시작일	(6)

≪조건≫

○ 모든 데이터의 서식에는 글꼴(굴림, 11pt), 정렬은 숫자 및 회계 서식은 오른쪽 정렬, 나머지 서식은 가운데 정렬로 작성하며 예외적인 것은 ≪출력형태≫를 참조하시오.
○ 제 목 ⇒ 도형(배지)과 그림자(오프셋 오른쪽)를 이용하여 작성하고 "명재활의학과 1분기 환자 관리 현황"을 입력한 후 다음 서식을 적용하시오(글꼴-굴림, 24pt, 검정, 굵게, 채우기-노랑).
○ 임의의 셀에 결재란을 작성하여 그림으로 복사 기능을 이용하여 붙이기 하시오(단, 원본 삭제).
○ 「B4:J4, G14, I14」 영역은 '주황'으로 채우기 하시오.
○ 유효성 검사를 이용하여 「H14」 셀에 관리번호(「B5:B12」 영역)가 선택 표시되도록 하시오.
○ 셀 서식 ⇒ 「G5:G12」 영역에 셀 서식을 이용하여 숫자 뒤에 '원'을 표시하시오(예 : 87,000원).
○ 「H5:H12」 영역에 대해 '치료횟수'로 이름정의를 하시오.

▶ (1)~(6) 셀은 반드시 **주어진 함수를 이용**하여 값을 구하시오(결과값을 직접 입력하면 해당 셀은 0점 처리됨).

(1) 성별 ⇒ 주민번호 8번째 값이 1이면 '남', 2이면 '여', 3이면 '남', 4이면 '여'로 구하시오
   (CHOOSE, MID 함수).
(2) 치료부위 ⇒ 관리번호 첫 번째 글자가 S이면 '어깨', K이면 '무릎', 그 외에는 '허리'로 구하시오
   (IF, LEFT 함수).
(3) 도수치료 치료횟수(1주) 평균 ⇒ 단, 조건은 입력데이터를 이용하시오(DAVERAGE 함수).
(4) 가장 많은 치료횟수(1주) ⇒ 정의된 이름(치료횟수)을 이용하여 구하시오(MAX 함수).
(5) 운동치료 환자 수 ⇒ 결과값에 '명'을 붙이시오(COUNTIF 함수, & 연산자)(예 : 1명).
(6) 치료시작일 ⇒ 「H14」 셀에서 선택한 관리번호에 대한 치료시작일을 구하시오
   (VLOOKUP 함수)(예 : 2024-01-01).
(7) 조건부 서식의 수식을 이용하여 1회비용이 '85,000' 이상인 행 전체에 다음의 서식을 적용하시오
   (글꼴 : 파랑, 굵게).

[제2작업] 목표값 찾기 및 필터　　80점

➡ **"제1작업"** 시트의 「B4:H12」 영역을 복사하여 **"제2작업"** 시트의 「B2」 셀부터 모두 붙여넣기를 한 후 다음의 조건과 같이 작업하시오.

≪조건≫

(1) 목표값 찾기 – 「B11:G11」 셀을 병합하고, 가운데 맞춤한 후 "1회비용 전체 평균"을 입력하고, 「H11」 셀에 1회비용의 전체 평균을 구하시오(AVERAGE 함수, 테두리).
　　　　　　　　 – '1회비용 전체 평균'이 '76,000'이 되려면 박시선의 1회비용이 얼마가 되어야 하는지 목표값을 구하시오.

(2) 고급 필터 – 치료구분이 '도수치료'가 아니면서 치료횟수(1주)가 '3' 이상인 자료의 관리번호, 주민번호, 환자명, 치료시작일 데이터만 추출하시오.
　　　　　　– 조건 범위 : 「B14」 셀부터 입력하시오.
　　　　　　– 복사 위치 : 「B18」 셀부터 나타나도록 하시오.

[제3작업] 정렬 및 부분합　　80점

➡ **"제1작업"** 시트의 「B4:H12」 영역을 복사하여 **"제3작업"** 시트의 「B2」 셀부터 모두 붙여넣기를 한 후 다음의 조건과 같이 작업하시오.

≪조건≫

(1) 부분합 – ≪출력형태≫처럼 정렬하고, 환자명의 개수와 1회비용의 평균을 구하시오.
(2) 개요 – 지우시오.
(3) 나머지 사항은 ≪출력형태≫에 맞게 작성하시오.

≪출력형태≫

A	B	C	D	E	F	G	H
	관리번호	주민번호	환자명	치료구분	치료시작일	1회비용	치료횟수(1주)
	KNE-01	671105-1******	이태호	통증치료	2024-01-19	55,000원	2
	SHD-02	020705-4******	홍규림	통증치료	2024-02-07	45,000원	4
	WAT-02	480731-2******	심명혜	통증치료	2024-01-15	57,500원	2
				통증치료 평균		52,500원	
			3	통증치료 개수			
	WAT-01	701210-1******	정상헌	운동치료	2024-02-23	102,000원	3
	WAT-03	030225-3******	정해림	운동치료	2024-03-05	98,500원	3
				운동치료 평균		100,250원	
			2	운동치료 개수			
	SHD-01	541209-2******	박시선	도수치료	2024-03-11	87,000원	3
	KNE-02	910510-2******	김우윤	도수치료	2024-03-15	78,500원	2
	SHD-03	851020-1******	최보근	도수치료	2024-02-13	83,000원	4
				도수치료 평균		82,833원	
			3	도수치료 개수			
				전체 평균		75,813원	
			8	전체 개수			

[제4작업] 그래프 100점

➡ "제1작업" 시트를 이용하여 조건에 따라 ≪출력형태≫와 같이 작업하시오.

≪조건≫
(1) 차트 종류 ⇒ 〈묶은 세로 막대형〉으로 작업하시오.
(2) 데이터 범위 ⇒ "제1작업" 시트의 내용을 이용하여 작업하시오.
(3) 위치 ⇒ "새 시트"로 이동하고, "제4작업"으로 시트 이름을 바꾸시오.
(4) 차트 디자인 도구 ⇒ 레이아웃 3, 스타일 1을 선택하여 ≪출력형태≫에 맞게 작업하시오.
(5) 영역 서식 ⇒ 차트 : 글꼴(굴림, 11pt), 채우기 효과(질감-파랑 박엽지)
　　　　　　　　그림 : 채우기(흰색, 배경1)
(6) 제목 서식 ⇒ 차트 제목 : 글꼴(굴림, 굵게, 20pt), 채우기(흰색, 배경1), 테두리
(7) 서식 ⇒ 치료횟수(1주) 계열의 차트 종류를 〈표식이 있는 꺾은선형〉으로 변경한 후 보조 축으로 지정하시오.
　　계열 : ≪출력형태≫를 참조하여 표식(마름모, 크기 10)과 레이블 값을 표시하시오.
　　눈금선 : 선 스타일-파선
　　축 : ≪출력형태≫를 참조하시오.
(8) 범례 ⇒ 범례명을 변경하고 ≪출력형태≫를 참조하시오.
(9) 도형 ⇒ '말풍선: 모서리가 둥근 사각형 설명선'을 삽입한 후 ≪출력형태≫와 같이 내용을 입력하시오.
(10) 나머지 사항은 ≪출력형태≫에 맞게 작성하시오.

≪출력형태≫

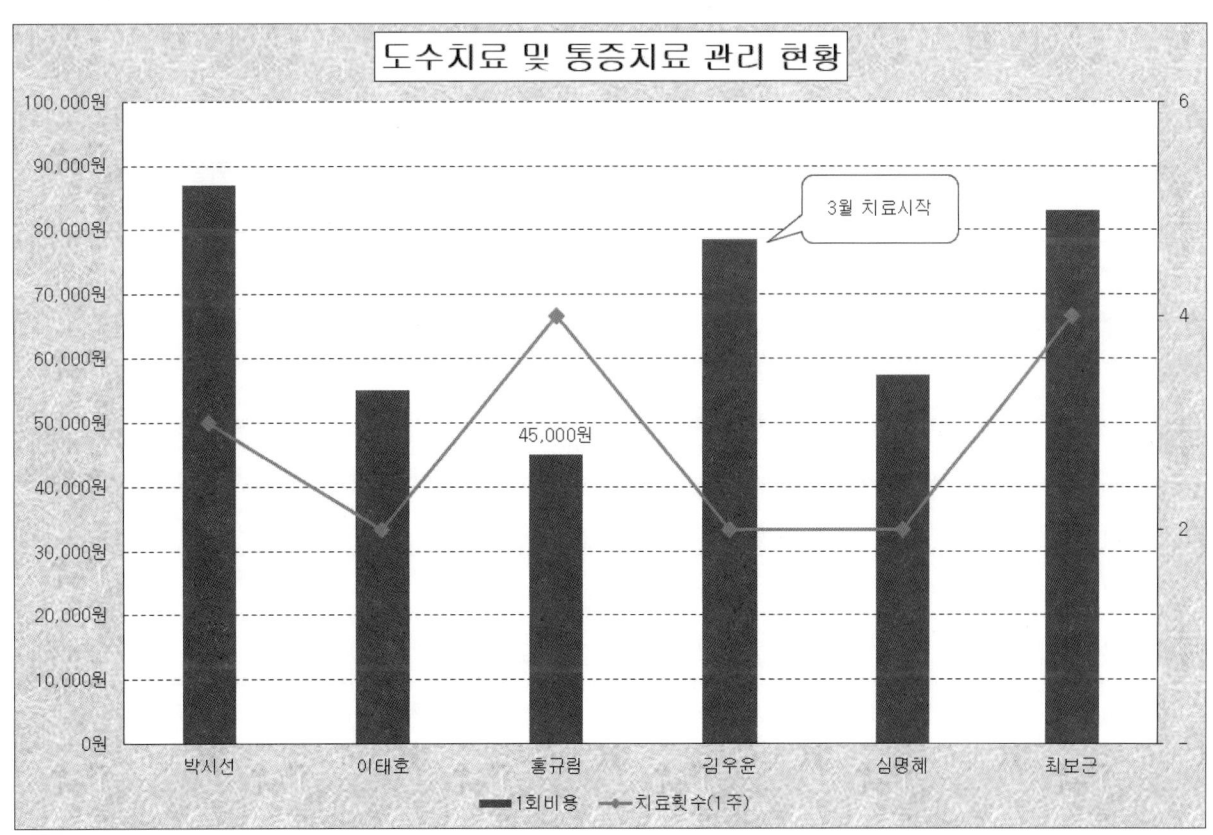

주의 ➡ 시트명 순서가 차례대로 "제1작업", "제2작업", "제3작업", "제4작업"이 되도록 할 것.

제 03 회 정보기술자격(ITQ) 출제예상 모의고사

작성 시간 / 시험 시간	채점 결과
분 / 60분	점 / 500점

과목	코드	문제유형	시험시간	수험번호	성명
한글엑셀	1122	C	60분		

MS오피스

· 수험자 유의사항 ·

- 수험자는 문제지를 받는 즉시 문제지와 **수험표상의 시험과목(프로그램)이 동일한지 반드시 확인**하여야 합니다.

- 파일명은 본인의 "수험번호-성명"으로 입력하여 답안 폴더(내 PC\문서\ITQ)에 하나의 파일로 저장해야 하며, 답안 문서 파일명이 "수험번호-성명"과 일치하지 않거나, 답안 파일을 전송하지 않아 미제출로 처리될 경우 실격 처리합니다. (예 : 12345678-홍길동.xlsx).

- 답안 작성을 마치면 파일을 저장하고, '답안 전송' 버튼을 선택하여 감독위원 PC로 답안을 전송하십시오. 수험생 정보와 저장한 파일명이 다를 경우 전송되지 않으므로 주의하시기 바랍니다.

- 답안 작성 중에도 **주기적으로 저장하고, '답안 전송'**하여야 문제 발생을 줄일 수 있습니다. 작업한 내용을 저장하지 않고 전송할 경우 이전에 저장된 내용이 전송되오니 이점 유의하시기 바랍니다.

- 답안 문서는 지정된 경로 외의 다른 보조기억장치에 저장하는 경우, 지정된 시험 시간 외에 작성된 파일을 활용할 경우, 기타 통신수단(이메일, 메신저, 네트워크 등)을 이용하여 타인에게 전달 또는 외부 반출하는 경우는 부정 처리합니다.

- 시험 중 부주의 또는 고의로 시스템을 파손한 경우는 수험자가 변상해야 하며, 〈수험자 유의사항〉에 기재된 방법대로 이행하지 않아 생기는 불이익은 수험생 당사자의 책임임을 알려 드립니다.

- 문제의 조건은 MS오피스 2021 버전으로 설정되어 있으니 유의하시기 바랍니다.

- 시험을 완료한 수험자는 답안 파일이 전송되었는지 확인한 후 감독위원의 지시에 따라 문제지를 제출하고 퇴실합니다.

· 답안 작성요령 ·

- 온라인 답안 작성 절차

  수험자 등록 ⇒ 시험 시작 ⇒ 답안 파일 저장 ⇒ 답안 전송 ⇒ 시험 종료

- 문제는 총 4단계, 즉 제1작업부터 제4작업까지 구성되어 있으며 반드시 제1작업부터 순서대로 작성하고 조건대로 작업하시오.

- 모든 작업 시트의 A열은 열 너비 '1'로, 나머지 열은 적당하게 조절하시오.

- 모든 작업 시트의 테두리는 ≪출력형태≫와 같이 작업하시오.

- 해당 작업란에서는 각각 제시된 조건에 따라 ≪출력형태≫와 같이 작업하시오.

- 답안 시트 이름은 "제1작업", "제2작업", "제3작업", "제4작업"이어야 하며 답안 시트 이외의 것은 감점 처리됩니다.

- 각 시트를 파일로 나누어 작업해서 저장할 경우 실격 처리됩니다.

kpc 한국생산성본부

[제1작업] 표 서식 작성 및 값 계산 240점

▶ 다음은 '**연구사업 진행 현황**'에 대한 자료이다. 자료를 입력하고 조건에 맞도록 작업하시오.

≪출력형태≫

	A	B	C	D	E	F	G	H	I	J
1									담당	팀장	본부장
2			연구사업 진행 현황					결재			
3											
4		관리코드	사업명	관리팀	사업구분	진행인원수	시작일	기본예산(단위:원)	진행기간	예산순위
5		EA4-06	이러닝	교육관리	교육	7	2023-07-10	46,200,000	(1)	(2)
6		TA3-07	AR개발	개발1팀	기술	11	2023-07-01	83,700,000	(1)	(2)
7		TS1-12	홈네트워크	개발2팀	기술	13	2023-06-20	185,000,000	(1)	(2)
8		MA2-03	마케팅	개발1팀	영업	3	2023-10-05	22,700,000	(1)	(2)
9		TE1-10	네트워크보안	개발1팀	기술	10	2023-06-01	136,000,000	(1)	(2)
10		SA2-05	VR개발	개발2팀	기술	9	2023-08-10	34,700,000	(1)	(2)
11		EA4-04	연수원관리	교육관리	교육	6	2023-09-20	28,000,000	(1)	(2)
12		TE3-05	환경개선	개발2팀	기술	7	2023-09-01	103,000,000	(1)	(2)
13		개발1팀 기본예산(단위:원) 평균			(3)		교육 사업의 총 기본예산(단위:원)			(5)
14		최다 진행인원수			(4)		사업명	이러닝	사업구분	(6)

≪조건≫

○ 모든 데이터의 서식에는 글꼴(굴림, 11pt), 정렬은 숫자 및 회계 서식은 오른쪽 정렬, 나머지 서식은 가운데 정렬로 작성하며 예외적인 것은 ≪출력형태≫를 참조하시오.
○ 제 목 ⇒ 도형(십자형)과 그림자(오프셋 오른쪽)를 이용하여 작성하고
　　　　　　"연구사업 진행 현황"을 입력한 후 다음 서식을 적용하시오
　　　　　　(글꼴-굴림, 24pt, 검정, 굵게, 채우기-노랑).
○ 임의의 셀에 결재란을 작성하여 그림으로 복사 기능을 이용하여 붙이기 하시오(단, 원본 삭제).
○ 「B4:J4, G14, I14」영역은 '주황'으로 채우기 하시오.
○ 유효성 검사를 이용하여 「H14」셀에 사업명(「C5:C12」영역)이 선택 표시되도록 하시오.
○ 셀 서식 ⇒ 「F5:F12」영역에 셀 서식을 이용하여 숫자 뒤에 '명'을 표시하시오(예 : 7명).
○ 「F5:F12」영역에 대해 '진행인원수'로 이름정의를 하시오.

▶ (1)~(6) 셀은 반드시 **주어진 함수를 이용**하여 값을 구하시오(결과값을 직접 입력하면 해당 셀은 0점 처리됨).

(1) 진행기간 ⇒ 「14-시작일의 월」을 구한 값에 '개월'을 붙이시오(MONTH 함수, & 연산자)(예 : 1개월).
(2) 예산순위 ⇒ 기본예산(단위:원)의 내림차순 순위를 '1~3'만 표시하고 그 외에는 공백으로 구하시오
　　　　　　　(IF, RANK.EQ 함수).
(3) 개발1팀 기본예산(단위:원) 평균 ⇒ 개발1팀의 기본예산(단위:원) 평균을 구하시오(SUMIF, COUNTIF 함수).
(4) 최다 진행인원수 ⇒ 정의된 이름(진행인원수)을 이용하여 구하시오(MAX 함수).
(5) 교육 사업의 총 기본예산(단위:원) ⇒ 조건은 입력데이터를 이용하여 구하시오(DSUM 함수).
(6) 사업구분 ⇒ 「H14」셀에서 선택한 사업명의 사업구분을 구하시오(VLOOKUP 함수).
(7) 조건부 서식의 수식을 이용하여 진행인원수가 '10' 이상인 행 전체에 다음의 서식을 적용하시오
　　(글꼴 : 파랑, 굵게).

[제2작업] 필터 및 서식   80점

➔ "제1작업" 시트의 「B4:H12」 영역을 복사하여 "제2작업" 시트의 「B2」 셀부터 모두 붙여넣기를 한 후 다음의 조건과 같이 작업하시오.

≪조건≫

(1) 고급 필터 – 사업구분이 '교육'이거나, 기본예산(단위:원)이 '130,000,000' 이상인 자료의 관리코드, 사업명, 진행인원수, 기본예산(단위:원) 데이터만 추출하시오.
　　　　　　　– 조건 범위 : 「B13」 셀부터 입력하시오.
　　　　　　　– 복사 위치 : 「B18」 셀부터 나타나도록 하시오.

(2) 표 서식 – 고급 필터의 결과셀을 채우기 없음으로 설정한 후 '표 스타일 보통 7'의 서식을 적용하시오.
　　　　　– 머리글 행, 줄무늬 행을 적용하시오.

[제3작업] 피벗 테이블   80점

➔ "제1작업" 시트를 이용하여 "제3작업" 시트에 조건에 따라 ≪출력형태≫와 같이 작업하시오.

≪조건≫

(1) 진행인원수 및 사업구분별 사업명의 개수와 기본예산(단위:원)의 평균을 구하시오.
(2) 진행인원수를 그룹화하고, 사업구분을 ≪출력형태≫와 같이 정렬하시오.
(3) 레이블이 있는 셀 병합 및 가운데 맞춤 적용 및 빈 셀은 '***'로 표시하시오.
(4) 행의 총합계는 지우고, 나머지 사항은 ≪출력형태≫에 맞게 작성하시오.

≪출력형태≫

A	B	C	D	E	F	G	H
		사업구분					
			영업		기술		교육
	진행인원수	개수 : 사업명	평균 : 기본예산(단위:원)	개수 : 사업명	평균 : 기본예산(단위:원)	개수 : 사업명	평균 : 기본예산(단위:원)
	3-6	1	22,700,000	***	***	1	28,000,000
	7-10	***	***	3	91,233,333	1	46,200,000
	11-14	***	***	2	134,350,000	***	***
	총합계	1	22,700,000	5	108,480,000	2	37,100,000

[제4작업] 그래프 100점

➡ **"제1작업"** 시트를 이용하여 조건에 따라 ≪출력형태≫와 같이 작업하시오.

≪조건≫
(1) 차트 종류 ⇒ 〈묶은 세로 막대형〉으로 작업하시오.
(2) 데이터 범위 ⇒ "제1작업" 시트의 내용을 이용하여 작업하시오.
(3) 위치 ⇒ "새 시트"로 이동하고, "제4작업"으로 시트 이름을 바꾸시오.
(4) 차트 디자인 도구 ⇒ 레이아웃 3, 스타일 1을 선택하여 ≪출력형태≫에 맞게 작업하시오.
(5) 영역 서식 ⇒ 차트 : 글꼴(굴림, 11pt), 채우기 효과(질감-파랑 박엽지)
　　　　　　　　그림 : 채우기(흰색, 배경1)
(6) 제목 서식 ⇒ 차트 제목 : 글꼴(굴림, 굵게, 20pt), 채우기(흰색, 배경1), 테두리
(7) 서식 ⇒ 기본예산(단위:원) 계열의 차트 종류를 〈표식이 있는 꺾은선형〉으로 변경한 후 보조 축으로 지정하시오.
　　계열 : ≪출력형태≫를 참조하여 표식(네모, 크기 10)과 레이블 값을 표시하시오.
　　눈금선 : 선 스타일-파선
　　축 : ≪출력형태≫를 참조하시오.
(8) 범례 ⇒ 범례명을 변경하고 ≪출력형태≫를 참조하시오.
(9) 도형 ⇒ '말풍선: 모서리가 둥근 사각형 설명선'을 삽입한 후 ≪출력형태≫와 같이 내용을 입력하시오.
(10) 나머지 사항은 ≪출력형태≫에 맞게 작성하시오.

≪출력형태≫

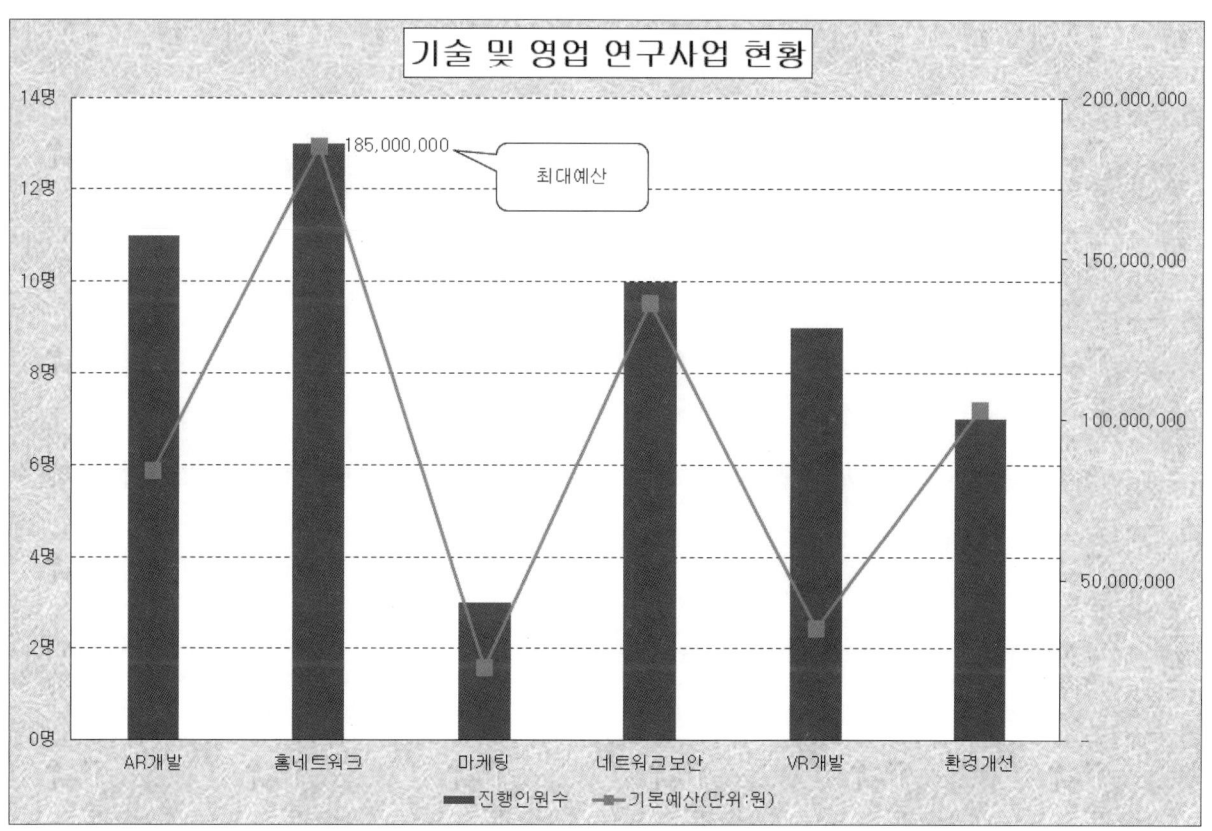

주의 ➡ 시트명 순서가 차례대로 "제1작업", "제2작업", "제3작업", "제4작업"이 되도록 할 것.

제04회 정보기술자격(ITQ) 출제예상 모의고사

작성 시간 / 시험 시간	채점 결과
분 / 60분	점 / 500점

과목	코드	문제유형	시험시간	수험번호	성명
한글엑셀	1122	A	60분		

MS오피스

· 수험자 유의사항 ·

- 수험자는 문제지를 받는 즉시 문제지와 **수험표상의 시험과목(프로그램)이 동일한지 반드시 확인**하여야 합니다.

- 파일명은 본인의 "수험번호-성명"으로 입력하여 답안 폴더(내 PC₩문서₩ITQ)에 하나의 파일로 저장해야 하며, 답안 문서 파일명이 "수험번호-성명"과 일치하지 않거나, 답안 파일을 전송하지 않아 미제출로 처리될 경우 실격 처리합니다. (예 : 12345678-홍길동.xlsx).

- 답안 작성을 마치면 파일을 저장하고, '답안 전송' 버튼을 선택하여 감독위원 PC로 답안을 전송하십시오. 수험생 정보와 저장한 파일명이 다를 경우 전송되지 않으므로 주의하시기 바랍니다.

- 답안 작성 중에도 **주기적으로 저장하고, '답안 전송'**하여야 문제 발생을 줄일 수 있습니다. 작업한 내용을 저장하지 않고 전송할 경우 이전에 저장된 내용이 전송되오니 이점 유의하시기 바랍니다.

- 답안 문서는 지정된 경로 외의 다른 보조기억장치에 저장하는 경우, 지정된 시험 시간 외에 작성된 파일을 활용할 경우, 기타 통신수단(이메일, 메신저, 네트워크 등)을 이용하여 타인에게 전달 또는 외부 반출하는 경우는 부정 처리합니다.

- 시험 중 부주의 또는 고의로 시스템을 파손한 경우는 수험자가 변상해야 하며, 〈수험자 유의사항〉에 기재된 방법대로 이행하지 않아 생기는 불이익은 수험생 당사자의 책임임을 알려 드립니다.

- 문제의 조건은 MS오피스 2021 버전으로 설정되어 있으니 유의하시기 바랍니다.

- 시험을 완료한 수험자는 답안 파일이 전송되었는지 확인한 후 감독위원의 지시에 따라 문제지를 제출하고 퇴실합니다.

· 답안 작성요령 ·

- 온라인 답안 작성 절차

  수험자 등록 ⇒ 시험 시작 ⇒ 답안 파일 저장 ⇒ 답안 전송 ⇒ 시험 종료

- 문제는 총 4단계, 즉 제1작업부터 제4작업까지 구성되어 있으며 반드시 제1작업부터 순서대로 작성하고 조건대로 작업하시오.

- 모든 작업 시트의 A열은 열 너비 '1'로, 나머지 열은 적당하게 조절하시오.

- 모든 작업 시트의 테두리는 ≪출력형태≫와 같이 작업하시오.

- 해당 작업란에서는 각각 제시된 조건에 따라 ≪출력형태≫와 같이 작업하시오.

- 답안 시트 이름은 "제1작업", "제2작업", "제3작업", "제4작업"이어야 하며 답안 시트 이외의 것은 감점 처리됩니다.

- 각 시트를 파일로 나누어 작업해서 저장할 경우 실격 처리됩니다.

kpc 한국생산성본부

[제1작업] 표 서식 작성 및 값 계산 240점

다음은 '**소고기 부위별 판매 현황**'에 대한 자료이다. 자료를 입력하고 조건에 맞도록 작업하시오.

≪출력형태≫

품목코드	부위	생산일	구분	kg당 가격	판매량 (단위:kg)	납품한 시장 수	판매순위	비고
FVS-39	앞다리	2023-12-19	1+등급	75,600	1,294	39	(1)	(2)
SKR-86	앞다리	2023-12-29	2등급	52,000	4,188	73	(1)	(2)
ATE-38	안심	2023-12-24	1++등급	98,200	1,350	37	(1)	(2)
MYH-19	안심	2023-12-22	1등급	95,600	1,472	38	(1)	(2)
FEW-29	등심	2023-12-24	1등급	79,200	4,870	86	(1)	(2)
EUY-39	앞다리	2023-12-30	1++등급	73,000	3,765	71	(1)	(2)
TVE-68	등심	2023-12-27	2등급	66,400	5,760	98	(1)	(2)
MTT-92	등심	2023-12-24	1+등급	88,700	3,240	56	(1)	(2)
kg당 최고 가격			(3)		앞다리 부위 판매량(단위:kg) 합계			(5)
등심 부위 납품한 시장 수 평균			(4)		품목코드	FVS-39	생산일	(6)

≪조건≫

○ 모든 데이터의 서식에는 글꼴(굴림, 11pt), 정렬은 숫자 및 회계 서식은 오른쪽 정렬, 나머지 서식은 가운데 정렬로 작성하며 예외적인 것은 ≪출력형태≫를 참조하시오.
○ 제 목 ⇒ 도형(배지)과 그림자(오프셋 오른쪽)를 이용하여 작성하고 "소고기 부위별 판매 현황"을 입력한 후 다음 서식을 적용하시오(글꼴-굴림, 24pt, 검정, 굵게, 채우기-노랑).
○ 임의의 셀에 결재란을 작성하여 그림으로 복사 기능을 이용하여 붙이기 하시오(단, 원본 삭제).
○ 「B4:J4, G14, I14」 영역은 '주황'으로 채우기 하시오.
○ 유효성 검사를 이용하여 「H14」 셀에 품목코드(「B5:B12」 영역)가 선택 표시되도록 하시오.
○ 셀 서식 ⇒ 「F5:F12」 영역에 셀 서식을 이용하여 숫자 뒤에 '원'을 표시하시오(예 : 75,600원).
○ 「F5:F12」 영역에 대해 '가격'으로 이름정의를 하시오.

▶ (1)~(6) 셀은 반드시 **주어진 함수를 이용**하여 값을 구하시오(결과값을 직접 입력하면 해당 셀은 0점 처리됨).

(1) 판매순위 ⇒ 판매량(단위:kg)의 내림차순 순위를 구한 결과값에 '위'를 붙이시오
    (RANK.EQ 함수, & 연산자)(예 : 1위).
(2) 비고 ⇒ kg당 가격이 90,000 이상이거나 판매량(단위:kg)이 5,000 이상이면 '★', 그 외에는 공백으로
    구하시오(IF, OR 함수).
(3) kg당 최고 가격 ⇒ 정의된 이름(가격)을 이용하여 구하시오(MAX 함수).
(4) 등심 부위 납품한 시장 수 평균 ⇒ (SUMIF, COUNTIF 함수)
(5) 앞다리 부위 판매량(단위:kg) 합계 ⇒ 조건은 입력데이터를 이용하시오(DSUM 함수).
(6) 생산일 ⇒ 「H14」 셀에서 선택한 품목코드에 대한 생산일을 구하시오(VLOOKUP 함수)(예 : 2024-01-01).
(7) 조건부 서식의 수식을 이용하여 납품한 시장 수가 '50' 이하인 행 전체에 다음의 서식을 적용하시오
    (글꼴 : 파랑, 굵게).

[제2작업] 목표값 찾기 및 필터 (80점)

➡ "제1작업" 시트의 「B4:H12」 영역을 복사하여 "제2작업" 시트의 「B2」 셀부터 모두 붙여넣기를 한 후 다음의 조건과 같이 작업하시오.

≪조건≫

(1) 목표값 찾기 – 「B11:G11」 셀을 병합하고, 가운데 맞춤한 후 "판매량(단위:kg) 전체 평균"을 입력하고, 「H11」 셀에 판매량(단위:kg) 전체 평균을 구하시오(AVERAGE 함수, 테두리).
    – '판매량(단위:kg) 전체 평균'이 '3,300'이 되려면 FVS-39의 판매량(단위:kg)이 얼마가 되어야 하는지 목표값을 구하시오.

(2) 고급 필터 – 부위가 '앞다리'가 아니면서 kg당 가격이 '90,000' 이하인 자료의 품목코드, 구분, kg당 가격, 판매량(단위:kg) 데이터만 추출하시오.
    – 조건 범위 : 「B14」 셀부터 입력하시오.
    – 복사 위치 : 「B18」 셀부터 나타나도록 하시오.

[제3작업] 정렬 및 부분합 (80점)

➡ "제1작업" 시트의 「B4:H12」 영역을 복사하여 "제3작업" 시트의 「B2」 셀부터 모두 붙여넣기를 한 후 다음의 조건과 같이 작업하시오.

≪조건≫

(1) 부분합 – ≪출력형태≫처럼 정렬하고, 품목코드의 개수와 판매량(단위:kg)의 평균을 구하시오.
(2) 개요 – 지우시오.
(3) 나머지 사항은 ≪출력형태≫에 맞게 작성하시오.

≪출력형태≫

	A	B	C	D	E	F	G	H
1								
2		품목코드	부위	생산일	구분	kg당 가격	판매량(단위:kg)	납품한 시장 수
3		FVS-39	앞다리	2023-12-19	1+등급	75,600원	1,294	39
4		SKR-86	앞다리	2023-12-29	2등급	52,000원	4,188	73
5		EUY-39	앞다리	2023-12-30	1++등급	73,000원	3,765	71
6			앞다리 평균				3,082	
7		3	앞다리 개수					
8		ATE-38	안심	2023-12-24	1++등급	98,200원	1,350	37
9		MYH-19	안심	2023-12-22	1등급	95,600원	1,472	38
10			안심 평균				1,411	
11		2	안심 개수					
12		FEW-29	등심	2023-12-24	1등급	79,200원	4,870	86
13		TVE-68	등심	2023-12-27	2등급	66,400원	5,760	98
14		MTT-92	등심	2023-12-24	1+등급	88,700원	3,240	56
15			등심 평균				4,623	
16		3	등심 개수					
17			전체 평균				3,242	
18		8	전체 개수					

[제4작업] 그래프 (100점)

➡ "제1작업" 시트를 이용하여 조건에 따라 ≪출력형태≫와 같이 작업하시오.

≪조건≫
(1) 차트 종류 ⇒ 〈묶은 세로 막대형〉으로 작업하시오.
(2) 데이터 범위 ⇒ "제1작업" 시트의 내용을 이용하여 작업하시오.
(3) 위치 ⇒ "새 시트"로 이동하고, "제4작업"으로 시트 이름을 바꾸시오.
(4) 차트 디자인 도구 ⇒ 레이아웃 3, 스타일 1을 선택하여 ≪출력형태≫에 맞게 작업하시오.
(5) 영역 서식 ⇒ 차트 : 글꼴(굴림, 11pt), 채우기 효과(질감-파랑 박엽지)
    그림 : 채우기(흰색, 배경1)
(6) 제목 서식 ⇒ 차트 제목 : 글꼴(굴림, 굵게, 20pt), 채우기(흰색, 배경1), 테두리
(7) 서식 ⇒ 판매량(단위:kg) 계열의 차트 종류를 〈표식이 있는 꺾은선형〉으로 변경한 후 보조 축으로 지정하시오.
    계열 : ≪출력형태≫를 참조하여 표식(마름모, 크기 10)과 레이블 값을 표시하시오.
    눈금선 : 선 스타일-파선
    축 : ≪출력형태≫를 참조하시오.
(8) 범례 ⇒ 범례명을 변경하고 ≪출력형태≫를 참조하시오.
(9) 도형 ⇒ '말풍선: 모서리가 둥근 사각형 설명선'을 삽입한 후 ≪출력형태≫와 같이 내용을 입력하시오.
(10) 나머지 사항은 ≪출력형태≫에 맞게 작성하시오.

≪출력형태≫

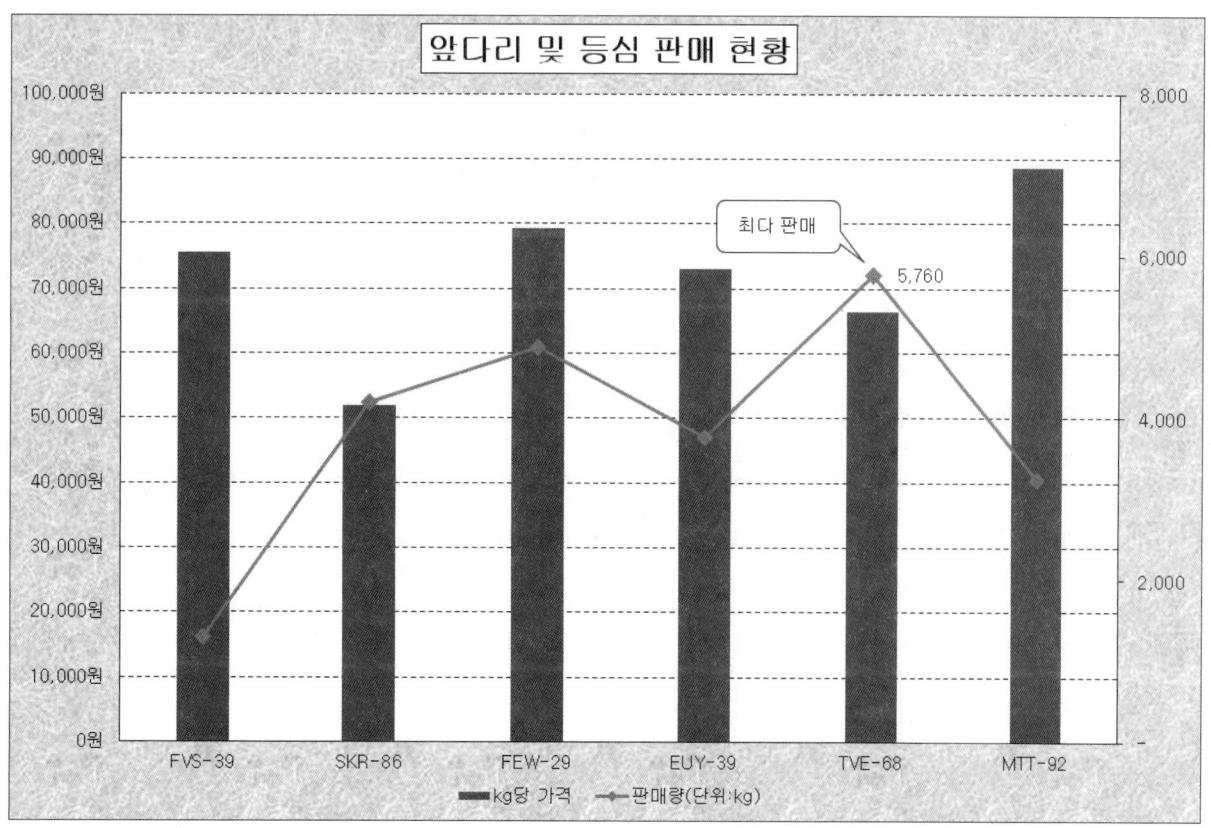

주의 ➡ 시트명 순서가 차례대로 "제1작업", "제2작업", "제3작업", "제4작업"이 되도록 할 것.

정보기술자격(ITQ) 출제예상 모의고사

작성 시간 / 시험 시간	채점 결과
분 / 60분	점 / 500점

과목	코드	문제유형	시험시간	수험번호	성명
한글엑셀	1122	B	60분		

MS오피스

· 수험자 유의사항 ·

- 수험자는 문제지를 받는 즉시 문제지와 **수험표상의 시험과목(프로그램)이 동일한지 반드시 확인**하여야 합니다.

- 파일명은 본인의 "수험번호-성명"으로 입력하여 답안 폴더(내 PC₩문서₩ITQ)에 하나의 파일로 저장해야 하며, 답안 문서 파일명이 "수험번호-성명"과 일치하지 않거나, 답안 파일을 전송하지 않아 미제출로 처리될 경우 실격 처리합니다. (예 : 12345678-홍길동.xlsx).

- 답안 작성을 마치면 파일을 저장하고, '답안 전송' 버튼을 선택하여 감독위원 PC로 답안을 전송하십시오. 수험생 정보와 저장한 파일명이 다를 경우 전송되지 않으므로 주의하시기 바랍니다.

- 답안 작성 중에도 **주기적으로 저장하고, '답안 전송'**하여야 문제 발생을 줄일 수 있습니다. 작업한 내용을 저장하지 않고 전송할 경우 이전에 저장된 내용이 전송되오니 이점 유의하시기 바랍니다.

- 답안 문서는 지정된 경로 외의 다른 보조기억장치에 저장하는 경우, 지정된 시험 시간 외에 작성된 파일을 활용할 경우, 기타 통신수단(이메일, 메신저, 네트워크 등)을 이용하여 타인에게 전달 또는 외부 반출하는 경우는 부정 처리합니다.

- 시험 중 부주의 또는 고의로 시스템을 파손한 경우는 수험자가 변상해야 하며, 〈수험자 유의사항〉에 기재된 방법대로 이행하지 않아 생기는 불이익은 수험생 당사자의 책임임을 알려 드립니다.

- 문제의 조건은 MS오피스 2021 버전으로 설정되어 있으니 유의하시기 바랍니다.

- 시험을 완료한 수험자는 답안 파일이 전송되었는지 확인한 후 감독위원의 지시에 따라 문제지를 제출하고 퇴실합니다.

· 답안 작성요령 ·

- 온라인 답안 작성 절차
  수험자 등록 ⇒ 시험 시작 ⇒ 답안 파일 저장 ⇒ 답안 전송 ⇒ 시험 종료

- 문제는 총 4단계, 즉 제1작업부터 제4작업까지 구성되어 있으며 반드시 제1작업부터 순서대로 작성하고 조건대로 작업하시오.

- 모든 작업 시트의 A열은 열 너비 '1'로, 나머지 열은 적당하게 조절하시오.

- 모든 작업 시트의 테두리는 ≪출력형태≫와 같이 작업하시오.

- 해당 작업란에서는 각각 제시된 조건에 따라 ≪출력형태≫와 같이 작업하시오.

- 답안 시트 이름은 "제1작업", "제2작업", "제3작업", "제4작업"이어야 하며 답안 시트 이외의 것은 감점 처리됩니다.

- 각 시트를 파일로 나누어 작업해서 저장할 경우 실격 처리됩니다.

kpc 한국생산성본부

[제1작업] 표 서식 작성 및 값 계산 (240점)

➡ 다음은 '**진광 신규 아파트 입찰 현황**'에 대한 자료이다. 자료를 입력하고 조건에 맞도록 작업하시오.

≪출력형태≫

입찰코드	업체명	분류	근무인원	소장/반장 급여	입찰가격 (기간:월)	근무시간	순위	비고
CL-221	CLEAN 환경	청소	16	2,100,000	27,922,000	8H	(1)	(2)
SE-241	SMAT보안	경비	15	2,300,000	26,177,000	2교대 18H	(1)	(2)
AD-323	신대한	관리	7	3,300,000	23,200,000	9H	(1)	(2)
CL-211	미래 MNS	청소	10	2,000,000	18,900,000	7H	(1)	(2)
AD-322	21세기종합	관리	6	3,500,000	18,000,000	8H	(1)	(2)
SE-243	철통관리	경비	21	2,200,000	36,640,000	3교대 24H	(1)	(2)
AD-311	현대개발공사	관리	5	3,300,000	15,000,000	8H	(1)	(2)
SE-212	편한세상	경비	15	2,500,000	23,500,000	2교대 16H	(1)	(2)
관리업체의 평균 근무인원			(3)		청소업체의 총 근무인원			(5)
최저 입찰가격(기간:월)			(4)		업체명	CLEAN 환경	근무인원	(6)

≪조건≫

○ 모든 데이터의 서식에는 글꼴(굴림, 11pt), 정렬은 숫자 및 회계 서식은 오른쪽 정렬, 나머지 서식은 가운데 정렬로 작성하며 예외적인 것은 ≪출력형태≫를 참조하시오.
○ 제 목 ⇒ 도형(십자형)과 그림자(오프셋 오른쪽)를 이용하여 작성하고 "진광 신규 아파트 입찰 현황"을 입력한 후 다음 서식을 적용하시오(글꼴-굴림, 24pt, 검정, 굵게, 채우기-노랑).
○ 임의의 셀에 결재란을 작성하여 그림으로 복사 기능을 이용하여 붙이기 하시오(단, 원본 삭제).
○ 「B4:J4, G14, I14」 영역은 '주황'으로 채우기 하시오.
○ 유효성 검사를 이용하여 「H14」 셀에 업체명(「C5:C12」 영역)이 선택 표시되도록 하시오.
○ 셀 서식 ⇒ 「E5:E12」 영역에 셀 서식을 이용하여 숫자 뒤에 '명'을 표시하시오(예 : 16명).
○ 「D5:D12」 영역에 대해 '분류'로 이름정의를 하시오.

➡ (1)~(6) 셀은 반드시 **주어진 함수를 이용**하여 값을 구하시오(결과값을 직접 입력하면 해당 셀은 0점 처리됨).

(1) 순위 ⇒ 입찰가격(기간:월)의 내림차순 순위를 구하시오(RANK.EQ 함수).
(2) 비고 ⇒ 입찰코드의 마지막 글자가 1이면 '접수1', 2이면 '접수2', 그 외에는 '접수3'으로 구하시오 (CHOOSE, RIGHT 함수).
(3) 관리업체의 평균 근무인원 ⇒ 정의된 이름(분류)을 이용하여 구한 결과값에 '명'을 붙이시오 (SUMIF, COUNTIF 함수, & 연산자)(예 : 1명).
(4) 최저 입찰가격(기간:월) ⇒ (MIN 함수)
(5) 청소업체의 총 근무인원 ⇒ 단, 조건은 입력데이터를 이용하시오(DSUM 함수).
(6) 근무인원 ⇒ 「H14」 셀에서 선택한 업체에 대한 근무인원을 구하시오(VLOOKUP 함수).
(7) 조건부 서식의 수식을 이용하여 근무인원이 '10' 이하인 행 전체에 다음의 서식을 적용하시오 (글꼴 : 파랑, 굵게).

[제2작업] 필터 및 서식   80점

➡ "제1작업" 시트의 「B4:H12」 영역을 복사하여 "제2작업" 시트의 「B2」 셀부터 모두 붙여넣기를 한 후 다음의 조건과 같이 작업하시오.

≪조건≫
(1) 고급 필터 – 분류가 '청소'이거나, 소장/반장 급여가 '3,500,000' 이상인 자료의 입찰코드, 근무인원, 입찰가격(기간:월), 근무시간 데이터만 추출하시오.
　　　　　　 – 조건 범위 : 「B13」 셀부터 입력하시오.
　　　　　　 – 복사 위치 : 「B18」 셀부터 나타나도록 하시오.

(2) 표 서식 – 고급 필터의 결과셀을 채우기 없음으로 설정한 후 '표 스타일 보통 7'의 서식을 적용하시오.
　　　　　 – 머리글 행, 줄무늬 행을 적용하시오.

[제3작업] 피벗 테이블   80점

➡ "제1작업" 시트를 이용하여 "제3작업" 시트에 조건에 따라 ≪출력형태≫와 같이 작업하시오.

≪조건≫
(1) 근무인원 및 분류별 업체명의 개수와 입찰가격(기간:월)의 평균을 구하시오.
(2) 근무인원을 그룹화하고, 분류를 ≪출력형태≫와 같이 정렬하시오.
(3) 레이블이 있는 셀 병합 및 가운데 맞춤 적용 및 빈 셀은 '***'로 표시하시오.
(4) 행의 총합계는 지우고, 나머지 사항은 ≪출력형태≫에 맞게 작성하시오.

≪출력형태≫

	분류	청소		관리		경비	
근무인원	개수 : 업체명	평균 : 입찰가격(기간:월)	개수 : 업체명	평균 : 입찰가격(기간:월)	개수 : 업체명	평균 : 입찰가격(기간:월)
5-11	1	18,900,000	3	18,733,333	***	***
12-18	1	27,922,000	***	***	2	24,838,500
19-25	***	***	***	***	1	36,640,000
총합계	2	23,411,000	3	18,733,333	3	28,772,333

[제4작업] 그래프 (100점)

➡ "제1작업" 시트를 이용하여 조건에 따라 ≪출력형태≫와 같이 작업하시오.

≪조건≫

(1) 차트 종류 ⇒ 〈묶은 세로 막대형〉으로 작업하시오.
(2) 데이터 범위 ⇒ "제1작업" 시트의 내용을 이용하여 작업하시오.
(3) 위치 ⇒ "새 시트"로 이동하고, "제4작업"으로 시트 이름을 바꾸시오.
(4) 차트 디자인 도구 ⇒ 레이아웃 3, 스타일 1을 선택하여 ≪출력형태≫에 맞게 작업하시오.
(5) 영역 서식 ⇒ 차트 : 글꼴(굴림, 11pt), 채우기 효과(질감-파랑 박엽지)
　　　　　　　 그림 : 채우기(흰색, 배경1)
(6) 제목 서식 ⇒ 차트 제목 : 글꼴(굴림, 굵게, 20pt), 채우기(흰색, 배경1), 테두리
(7) 서식 ⇒ 입찰가격(기간:월) 계열의 차트 종류를 〈표식이 있는 꺾은선형〉으로 변경한 후 보조 축으로 지정하시오.
　　　　　계열 : ≪출력형태≫를 참조하여 표식(네모, 크기 10)과 레이블 값을 표시하시오.
　　　　　눈금선 : 선 스타일-파선
　　　　　축 : ≪출력형태≫를 참조하시오.
(8) 범례 ⇒ 범례명을 변경하고 ≪출력형태≫를 참조하시오.
(9) 도형 ⇒ '말풍선: 모서리가 둥근 사각형 설명선'을 삽입한 후 ≪출력형태≫와 같이 내용을 입력하시오.
(10) 나머지 사항은 ≪출력형태≫에 맞게 작성하시오.

≪출력형태≫

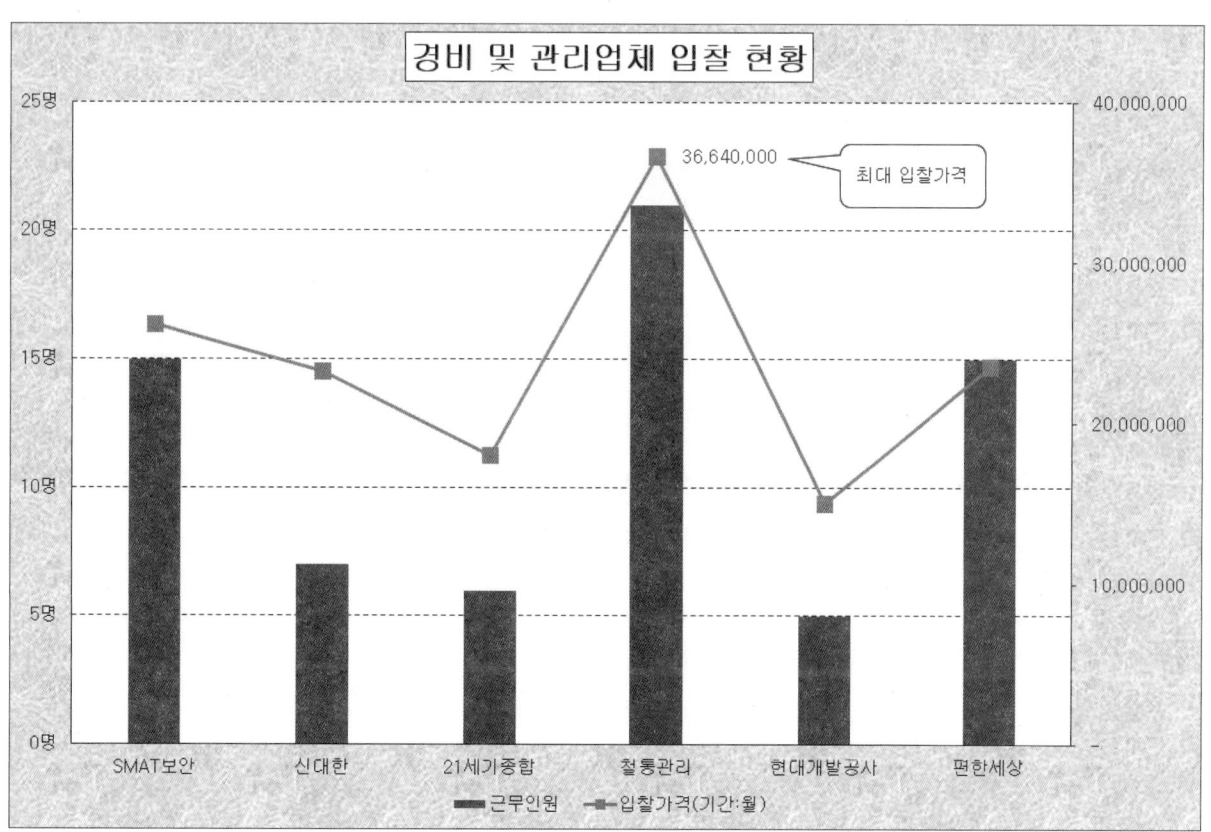

주의 ➡ 시트명 순서가 차례대로 "제1작업", "제2작업", "제3작업", "제4작업"이 되도록 할 것.

제 06 회 정보기술자격(ITQ) 출제예상 모의고사

작성 시간 / 시험 시간	채점 결과
분 / 60분	점 / 500점

과목	코드	문제유형	시험시간	수험번호	성명
한글엑셀	1122	C	60분		

MS오피스

• 수험자 유의사항 •

- 수험자는 문제지를 받는 즉시 문제지와 **수험표상의 시험과목(프로그램)이 동일한지 반드시 확인**하여야 합니다.

- 파일명은 본인의 "수험번호-성명"으로 입력하여 답안 폴더(내 PC\문서\ITQ)에 하나의 파일로 저장해야 하며, 답안 문서 파일명이 "수험번호-성명"과 일치하지 않거나, 답안 파일을 전송하지 않아 미제출로 처리될 경우 실격 처리합니다. (예 : 12345678-홍길동.xlsx).

- 답안 작성을 마치면 파일을 저장하고, '답안 전송' 버튼을 선택하여 감독위원 PC로 답안을 전송하십시오. 수험생 정보와 저장한 파일명이 다를 경우 전송되지 않으므로 주의하시기 바랍니다.

- 답안 작성 중에도 **주기적으로 저장하고, '답안 전송'**하여야 문제 발생을 줄일 수 있습니다. 작업한 내용을 저장하지 않고 전송할 경우 이전에 저장된 내용이 전송되오니 이점 유의하시기 바랍니다.

- 답안 문서는 지정된 경로 외의 다른 보조기억장치에 저장하는 경우, 지정된 시험 시간 외에 작성된 파일을 활용할 경우, 기타 통신수단(이메일, 메신저, 네트워크 등)을 이용하여 타인에게 전달 또는 외부 반출하는 경우는 부정 처리합니다.

- 시험 중 부주의 또는 고의로 시스템을 파손한 경우는 수험자가 변상해야 하며, 〈수험자 유의사항〉에 기재된 방법대로 이행하지 않아 생기는 불이익은 수험생 당사자의 책임임을 알려 드립니다.

- 문제의 조건은 MS오피스 2021 버전으로 설정되어 있으니 유의하시기 바랍니다.

- 시험을 완료한 수험자는 답안 파일이 전송되었는지 확인한 후 감독위원의 지시에 따라 문제지를 제출하고 퇴실합니다.

• 답안 작성요령 •

- 온라인 답안 작성 절차

  수험자 등록 ⇒ 시험 시작 ⇒ 답안 파일 저장 ⇒ 답안 전송 ⇒ 시험 종료

- 문제는 총 4단계, 즉 제1작업부터 제4작업까지 구성되어 있으며 반드시 제1작업부터 순서대로 작성하고 조건대로 작업하시오.

- 모든 작업 시트의 A열은 열 너비 '1'로, 나머지 열은 적당하게 조절하시오.

- 모든 작업 시트의 테두리는 ≪출력형태≫와 같이 작업하시오.

- 해당 작업란에서는 각각 제시된 조건에 따라 ≪출력형태≫와 같이 작업하시오.

- 답안 시트 이름은 "제1작업", "제2작업", "제3작업", "제4작업"이어야 하며 답안 시트 이외의 것은 감점 처리됩니다.

- 각 시트를 파일로 나누어 작업해서 저장할 경우 실격 처리됩니다.

kpc 한국생산성본부

[제1작업] 표 서식 작성 및 값 계산 240점

➡ 다음은 '미용기기 판매 현황'에 대한 자료이다. 자료를 입력하고 조건에 맞도록 작업하시오.

≪출력형태≫

	A	B	C	D	E	F	G	H	I	J
1								결재	담당	팀장	본부장
2			미용기기 판매 현황							
3										
4		제품코드	제품명	구분	판매수량(단위:대)	재고수량(단위:대)	판매가	적합등록일	판매순위	비고
5		FSS-48	뉴페이스	고주파기	348	278	230	2023-05-22	(1)	(2)
6		SXT-13	벨라	초음파기	320	130	260	2023-06-03	(1)	(2)
7		DAS-13	헤르킨	복합기	132	144	70	2023-02-26	(1)	(2)
8		SES-11	플라덤	복합기	220	321	68	2023-02-09	(1)	(2)
9		SZT-97	헤라스킨	초음파기	422	273	350	2023-07-17	(1)	(2)
10		DVE-21	매직업	고주파기	137	143	440	2023-07-05	(1)	(2)
11		SEE-21	리얼스타	고주파기	176	320	240	2023-10-04	(1)	(2)
12		DZE-32	워터윌	초음파기	229	182	175	2023-09-16	(1)	(2)
13		복합기 제품 판매수량(단위:대) 평균			(3)		고주파기 제품의 판매수량(단위:대) 합계			(5)
14		최저 판매가			(4)		제품코드	FSS-48	적합등록일	(6)

≪조건≫

○ 모든 데이터의 서식에는 글꼴(굴림, 11pt), 정렬은 숫자 및 회계 서식은 오른쪽 정렬, 나머지 서식은 가운데 정렬로 작성하며 예외적인 것은 ≪출력형태≫를 참조하시오.
○ 제 목 ⇒ 도형(배지)과 그림자(오프셋 오른쪽)를 이용하여 작성하고 "미용기기 판매 현황"을 입력한 후 다음 서식을 적용하시오(글꼴-굴림, 24pt, 검정, 굵게, 채우기-노랑).
○ 임의의 셀에 결재란을 작성하여 그림으로 복사 기능을 이용하여 붙이기 하시오(단, 원본 삭제).
○ 「B4:J4, G14, I14」 영역은 '주황'으로 채우기 하시오.
○ 유효성 검사를 이용하여 「H14」 셀에 제품코드(「B5:B12」 영역)가 선택 표시되도록 하시오.
○ 셀 서식 ⇒ 「G5:G12」 영역에 셀 서식을 이용하여 숫자 뒤에 '만원'을 표시하시오(예 : 230만원).
○ 「G5:G12」 영역에 대해 '판매가'로 이름정의를 하시오.

➡ (1)~(6) 셀은 반드시 **주어진 함수를 이용**하여 값을 구하시오(결과값을 직접 입력하면 해당 셀은 0점 처리됨).

(1) 판매순위 ⇒ 판매수량(단위:대)의 내림차순 순위를 구하시오(RANK.EQ 함수).
(2) 비고 ⇒ 재고수량(단위:대)이 200 이상이거나 판매가가 300 이상이면 '20% 할인', 그 외에는 공백으로 표시하시오(IF, OR 함수).
(3) 복합기 제품 판매수량(단위:대) 평균 ⇒ (SUMIF, COUNTIF 함수)
(4) 최저 판매가 ⇒ 정의된 이름(판매가)을 이용하여 구한 결과값에 '만원'을 붙이시오 (MIN 함수, & 연산자)(예 : 230만원).
(5) 고주파기 제품의 판매수량(단위:대) 합계 ⇒ 조건은 입력데이터를 이용하시오(DSUM 함수).
(6) 적합등록일 ⇒ 「H14」 셀에서 선택한 제품코드에 대한 적합등록일을 구하시오 (VLOOKUP 함수)(예 : 2023-01-01).
(7) 조건부 서식의 수식을 이용하여 판매수량(단위:대)이 '200' 이하인 행 전체에 다음의 서식을 적용하시오 (글꼴 : 파랑, 굵게).

[제2작업] 목표값 찾기 및 필터　　80점

➡ "제1작업" 시트의 「B4:H12」 영역을 복사하여 "제2작업" 시트의 「B2」 셀부터 모두 붙여넣기를 한 후 다음의 조건과 같이 작업하시오.

≪조건≫

(1) 목표값 찾기 – 「B11:G11」 셀을 병합하고, 가운데 맞춤한 후 "판매수량(단위:대) 전체 평균"을 입력하고, 「H11」 셀에 판매수량(단위:대) 전체 평균을 구하시오(AVERAGE 함수, 테두리).
　　　　　　　– '판매수량(단위:대) 전체 평균'이 '250'이 되려면 뉴페이스의 판매수량(단위:대)이 얼마가 되어야 하는지 목표값을 구하시오.

(2) 고급 필터 – 구분이 '고주파기'가 아니면서 판매가가 '300' 이하인 자료의 제품명, 구분, 판매수량(단위:대), 판매가 데이터만 추출하시오.
　　　　　　– 조건 범위 : 「B14」 셀부터 입력하시오.
　　　　　　– 복사 위치 : 「B18」 셀부터 나타나도록 하시오.

[제3작업] 정렬 및 부분합　　80점

➡ "제1작업" 시트의 「B4:H12」 영역을 복사하여 "제3작업" 시트의 「B2」 셀부터 모두 붙여넣기를 한 후 다음의 조건과 같이 작업하시오.

≪조건≫

(1) 부분합 – ≪출력형태≫처럼 정렬하고, 제품명의 개수와 판매수량(단위:대)의 평균을 구하시오.
(2) 개요 – 지우시오.
(3) 나머지 사항은 ≪출력형태≫에 맞게 작성하시오.

≪출력형태≫

	A	B	C	D	E	F	G	H
1								
2		제품코드	제품명	구분	판매수량(단위:대)	재고수량(단위:대)	판매가	적합등록일
3		SXT-13	벨라	초음파기	320	130	260만원	2023-06-03
4		SZT-97	헤라스킨	초음파기	422	273	350만원	2023-07-17
5		DZE-32	워터윌	초음파기	229	182	175만원	2023-09-16
6				초음파기 평균	324			
7			3	초음파기 개수				
8		DAS-13	헤르킨	복합기	132	144	70만원	2023-02-26
9		SES-11	플라덤	복합기	220	321	68만원	2023-02-09
10				복합기 평균	176			
11			2	복합기 개수				
12		FSS-48	뉴페이스	고주파기	348	278	230만원	2023-05-22
13		DVE-21	매직업	고주파기	137	143	440만원	2023-07-05
14		SEE-21	리얼스타	고주파기	176	320	240만원	2023-10-04
15				고주파기 평균	220			
16			3	고주파기 개수				
17				전체 평균	248			
18			8	전체 개수				

[제4작업] 그래프 · 100점

➡ "제1작업" 시트를 이용하여 조건에 따라 ≪출력형태≫와 같이 작업하시오.

≪조건≫

(1) 차트 종류 ⇒ 〈묶은 세로 막대형〉으로 작업하시오.
(2) 데이터 범위 ⇒ "제1작업" 시트의 내용을 이용하여 작업하시오.
(3) 위치 ⇒ "새 시트"로 이동하고, "제4작업"으로 시트 이름을 바꾸시오.
(4) 차트 디자인 도구 ⇒ 레이아웃 3, 스타일 1을 선택하여 ≪출력형태≫에 맞게 작업하시오.
(5) 영역 서식 ⇒ 차트 : 글꼴(굴림, 11pt), 채우기 효과(질감-파랑 박엽지)
    그림 : 채우기(흰색, 배경1)
(6) 제목 서식 ⇒ 차트 제목 : 글꼴(굴림, 굵게, 20pt), 채우기(흰색, 배경1), 테두리
(7) 서식 ⇒ 판매가 계열의 차트 종류를 〈표식이 있는 꺾은선형〉으로 변경한 후 보조 축으로 지정하시오.
    계열 : ≪출력형태≫를 참조하여 표식(마름모, 크기 10)과 레이블 값을 표시하시오.
    눈금선 : 선 스타일-파선
    축 : ≪출력형태≫를 참조하시오.
(8) 범례 ⇒ 범례명을 변경하고 ≪출력형태≫를 참조하시오.
(9) 도형 ⇒ '말풍선: 모서리가 둥근 사각형 설명선'을 삽입한 후 ≪출력형태≫와 같이 내용을 입력하시오.
(10) 나머지 사항은 ≪출력형태≫에 맞게 작성하시오.

≪출력형태≫

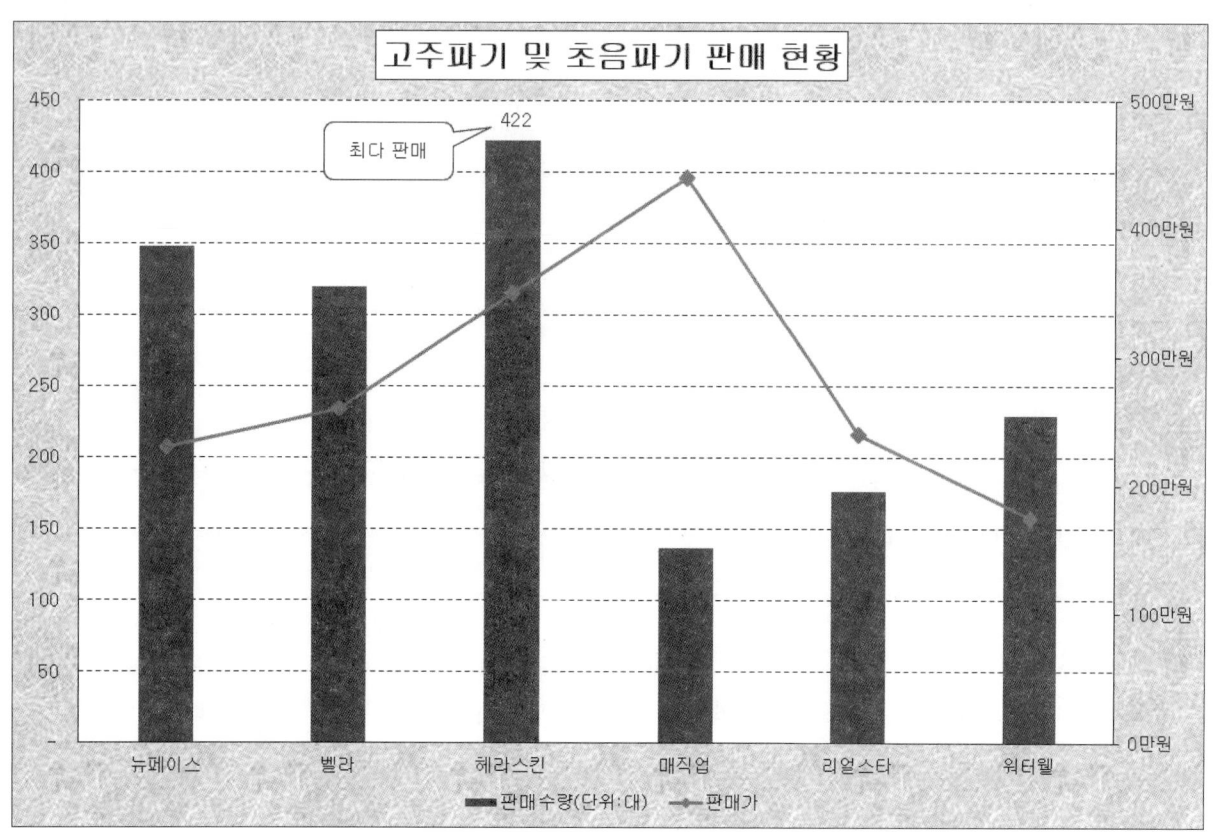

주의 ➡ 시트명 순서가 차례대로 "제1작업", "제2작업", "제3작업", "제4작업"이 되도록 할 것.

제 07 회 정보기술자격(ITQ) 출제예상 모의고사

작성 시간 / 시험 시간	채점 결과
분 / 60분	점 / 500점

과목	코드	문제유형	시험시간	수험번호	성명
한글엑셀	1122	A	60분		

MS오피스

· 수험자 유의사항 ·

- 수험자는 문제지를 받는 즉시 문제지와 **수험표상의 시험과목(프로그램)이 동일한지 반드시 확인**하여야 합니다.

- 파일명은 본인의 "수험번호-성명"으로 입력하여 답안 폴더(내 PC₩문서₩ITQ)에 하나의 파일로 저장해야 하며, 답안 문서 파일명이 "수험번호-성명"과 일치하지 않거나, 답안 파일을 전송하지 않아 미제출로 처리될 경우 실격 처리합니다. (예 : 12345678-홍길동.xlsx).

- 답안 작성을 마치면 파일을 저장하고, '답안 전송' 버튼을 선택하여 감독위원 PC로 답안을 전송하십시오. 수험생 정보와 저장한 파일명이 다를 경우 전송되지 않으므로 주의하시기 바랍니다.

- 답안 작성 중에도 **주기적으로 저장하고, '답안 전송'**하여야 문제 발생을 줄일 수 있습니다. 작업한 내용을 저장하지 않고 전송할 경우 이전에 저장된 내용이 전송되오니 이점 유의하시기 바랍니다.

- 답안 문서는 지정된 경로 외의 다른 보조기억장치에 저장하는 경우, 지정된 시험 시간 외에 작성된 파일을 활용할 경우, 기타 통신수단(이메일, 메신저, 네트워크 등)을 이용하여 타인에게 전달 또는 외부 반출하는 경우는 부정 처리합니다.

- 시험 중 부주의 또는 고의로 시스템을 파손한 경우는 수험자가 변상해야 하며, 〈수험자 유의사항〉에 기재된 방법대로 이행하지 않아 생기는 불이익은 수험생 당사자의 책임임을 알려 드립니다.

- 문제의 조건은 MS오피스 2021 버전으로 설정되어 있으니 유의하시기 바랍니다.

- 시험을 완료한 수험자는 답안 파일이 전송되었는지 확인한 후 감독위원의 지시에 따라 문제지를 제출하고 퇴실합니다.

· 답안 작성요령 ·

- 온라인 답안 작성 절차

  수험자 등록 ⇒ 시험 시작 ⇒ 답안 파일 저장 ⇒ 답안 전송 ⇒ 시험 종료

- 문제는 총 4단계, 즉 제1작업부터 제4작업까지 구성되어 있으며 반드시 제1작업부터 순서대로 작성하고 조건대로 작업하시오.

- 모든 작업 시트의 A열은 열 너비 '1'로, 나머지 열은 적당하게 조절하시오.

- 모든 작업 시트의 테두리는 ≪출력형태≫와 같이 작업하시오.

- 해당 작업란에서는 각각 제시된 조건에 따라 ≪출력형태≫와 같이 작업하시오.

- 답안 시트 이름은 "제1작업", "제2작업", "제3작업", "제4작업"이어야 하며 답안 시트 이외의 것은 감점 처리됩니다.

- 각 시트를 파일로 나누어 작업해서 저장할 경우 실격 처리됩니다.

kpc 한국생산성본부

[제1작업] 표 서식 작성 및 값 계산 (240점)

다음은 'eBook 베스트 판매 현황'에 대한 자료이다. 자료를 입력하고 조건에 맞도록 작업하시오.

≪출력형태≫

분류코드	도서명	옮긴이	분야	출간일	판매가격	리뷰(단위:개)	열람 기간	판매가격 순위
SE-312	코스모스	홍승수	과학/공학	2020-03-24	14,850	1,316	(1)	(2)
SD-121	1퍼센트 부자의 법칙	김진아	자기계발	2023-02-06	12,000	495	(1)	(2)
LA-212	인스타 브레인	김아영	인문	2020-11-03	9,450	604	(1)	(2)
SE-322	이기적 유전자	이상임	과학/공학	2022-12-25	12,600	867	(1)	(2)
LA-231	정리하는 뇌	김성훈	인문	2022-05-18	13,860	1,008	(1)	(2)
SE-332	건강의 뇌과학	박세연	과학/공학	2023-01-11	13,500	1,125	(1)	(2)
SD-124	부는 어디서 오는가	이상미	자기계발	2021-11-25	9,450	505	(1)	(2)
LA-241	사랑의 기술	황문수	인문	2021-08-30	7,560	924	(1)	(2)
자기계발 분야 도서 수			(3)		최대 리뷰(단위:개)			(5)
과학/공학 분야 도서 판매가격 평균			(4)		도서명	코스모스	판매가격	(6)

※ 확인: 담당 / 팀장 / 부장

≪조건≫

- 모든 데이터의 서식에는 글꼴(굴림, 11pt), 정렬은 숫자 및 회계 서식은 오른쪽 정렬, 나머지 서식은 가운데 정렬로 작성하며 예외적인 것은 ≪출력형태≫를 참조하시오.
- 제 목 ⇒ 도형(평행 사변형)과 그림자(오프셋 오른쪽)를 이용하여 작성하고 "eBook 베스트 판매 현황"을 입력한 후 다음 서식을 적용하시오(글꼴-굴림, 24pt, 검정, 굵게, 채우기-노랑).
- 임의의 셀에 결재란을 작성하여 그림으로 복사 기능을 이용하여 붙이기 하시오(단, 원본 삭제).
- 「B4:J4, G14, I14」 영역은 '주황'으로 채우기 하시오.
- 유효성 검사를 이용하여 「H14」 셀에 도서명(「C5:C12」 영역)이 선택 표시되도록 하시오.
- 셀 서식 ⇒ 「G5:G12」 영역에 셀 서식을 이용하여 숫자 뒤에 '원'을 표시하시오(예 : 14,850원).
- 「H5:H12」 영역에 대해 '리뷰'로 이름정의를 하시오.

▶ (1)~(6) 셀은 반드시 **주어진 함수를 이용**하여 값을 구하시오(결과값을 직접 입력하면 해당 셀은 0점 처리됨).

(1) 열람 기간 ⇒ 코드의 네 번째 값이 1이면 '90일', 2이면 '60일', 3이면 '30일'로 표시하시오(CHOOSE, MID 함수).
(2) 판매가격 순위 ⇒ 판매가격의 내림차순 순위를 1~3까지 구한 결과값에 '위'를 붙이고, 그 외에는 공백으로 표시하시오(IF, RANK.EQ 함수, & 연산자)(예 : 1위).
(3) 자기계발 분야 도서 수 ⇒ (COUNTIF 함수)
(4) 과학/공학 분야 도서 판매가격 평균 ⇒ 단, 조건은 입력데이터를 이용하시오(DAVERAGE 함수).
(5) 최대 리뷰(단위:개) ⇒ 정의된 이름(리뷰)을 이용하여 구하시오(LARGE 함수).
(6) 판매가격 ⇒ 「H14」 셀에서 선택한 도서명에 대한 판매가격을 구하시오(VLOOKUP 함수).
(7) 조건부 서식의 수식을 이용하여 리뷰(단위:개)가 '1,000' 이상인 행 전체에 다음의 서식을 적용하시오 (글꼴 : 파랑, 굵게).

[제2작업] 필터 및 서식   80점

➡ "제1작업" 시트의 「B4:H12」 영역을 복사하여 "제2작업" 시트의 「B2」 셀부터 모두 붙여넣기를 한 후 다음의 조건과 같이 작업하시오.

≪조건≫
(1) 고급 필터 - 분야가 '과학/공학'이거나, 출간일이 '2023-01-01' 이후(해당일 포함)인 자료의 도서명, 옮긴이, 판매가격, 리뷰(단위:개) 데이터만 추출하시오.
  - 조건 범위 : 「B14」 셀부터 입력하시오.
  - 복사 위치 : 「B18」 셀부터 나타나도록 하시오.
(2) 표 서식 - 고급 필터의 결과셀을 채우기 없음으로 설정한 후 '표 스타일 밝게 9'의 서식을 적용하시오.
  - 머리글 행, 줄무늬 행을 적용하시오.

[제3작업] 피벗 테이블   80점

➡ "제1작업" 시트를 이용하여 "제3작업" 시트에 조건에 따라 ≪출력형태≫와 같이 작업하시오.

≪조건≫
(1) 출간일 및 분야별 도서명의 개수와 리뷰(단위:개)의 평균을 구하시오.
(2) 출간일을 그룹화하고, 분야를 ≪출력형태≫와 같이 정렬하시오.
(3) 레이블이 있는 셀 병합 및 가운데 맞춤 적용 및 빈 셀은 '**'로 표시하시오.
(4) 행의 총합계는 지우고, 나머지 사항은 ≪출력형태≫에 맞게 작성하시오.

≪출력형태≫

	A	B	C	D	E	F	G	H
1								
2			분야					
3			자기계발		인문		과학/공학	
4		출간일	개수 : 도서명	평균 : 리뷰(단위:개)	개수 : 도서명	평균 : 리뷰(단위:개)	개수 : 도서명	평균 : 리뷰(단위:개)
5		2020년	**	**	1	604	1	1,316
6		2021년	1	505	1	924	**	**
7		2022년	**	**	1	1,008	1	867
8		2023년	1	495	**	**	1	1,125
9		총합계	2	500	3	845	3	1,103

[제4작업] 그래프   100점

➡ "제1작업" 시트를 이용하여 조건에 따라 ≪출력형태≫와 같이 작업하시오.

≪조건≫
(1) 차트 종류 ⇒ 〈묶은 세로 막대형〉으로 작업하시오.
(2) 데이터 범위 ⇒ "제1작업" 시트의 내용을 이용하여 작업하시오.
(3) 위치 ⇒ "새 시트"로 이동하고, "제4작업"으로 시트 이름을 바꾸시오.
(4) 차트 디자인 도구 ⇒ 레이아웃 3, 스타일 1을 선택하여 ≪출력형태≫에 맞게 작업하시오.
(5) 영역 서식 ⇒ 차트 : 글꼴(굴림, 11pt), 채우기 효과(질감-분홍 박엽지)
                그림 : 채우기(흰색, 배경1)
(6) 제목 서식 ⇒ 차트 제목 : 글꼴(굴림, 굵게, 20pt), 채우기(흰색, 배경1), 테두리
(7) 서식 ⇒ 리뷰(단위:개) 계열의 차트 종류를 〈표식이 있는 꺾은선형〉으로 변경한 후 보조 축으로 지정하시오.
     계열 : ≪출력형태≫를 참조하여 표식(세모, 크기 10)과 레이블 값을 표시하시오.
     눈금선 : 선 스타일-파선
     축 : ≪출력형태≫를 참조하시오.
(8) 범례 ⇒ 범례명을 변경하고 ≪출력형태≫를 참조하시오.
(9) 도형 ⇒ '말풍선: 모서리가 둥근 사각형 설명선'을 삽입한 후 ≪출력형태≫와 같이 내용을 입력하시오.
(10) 나머지 사항은 ≪출력형태≫에 맞게 작성하시오.

≪출력형태≫

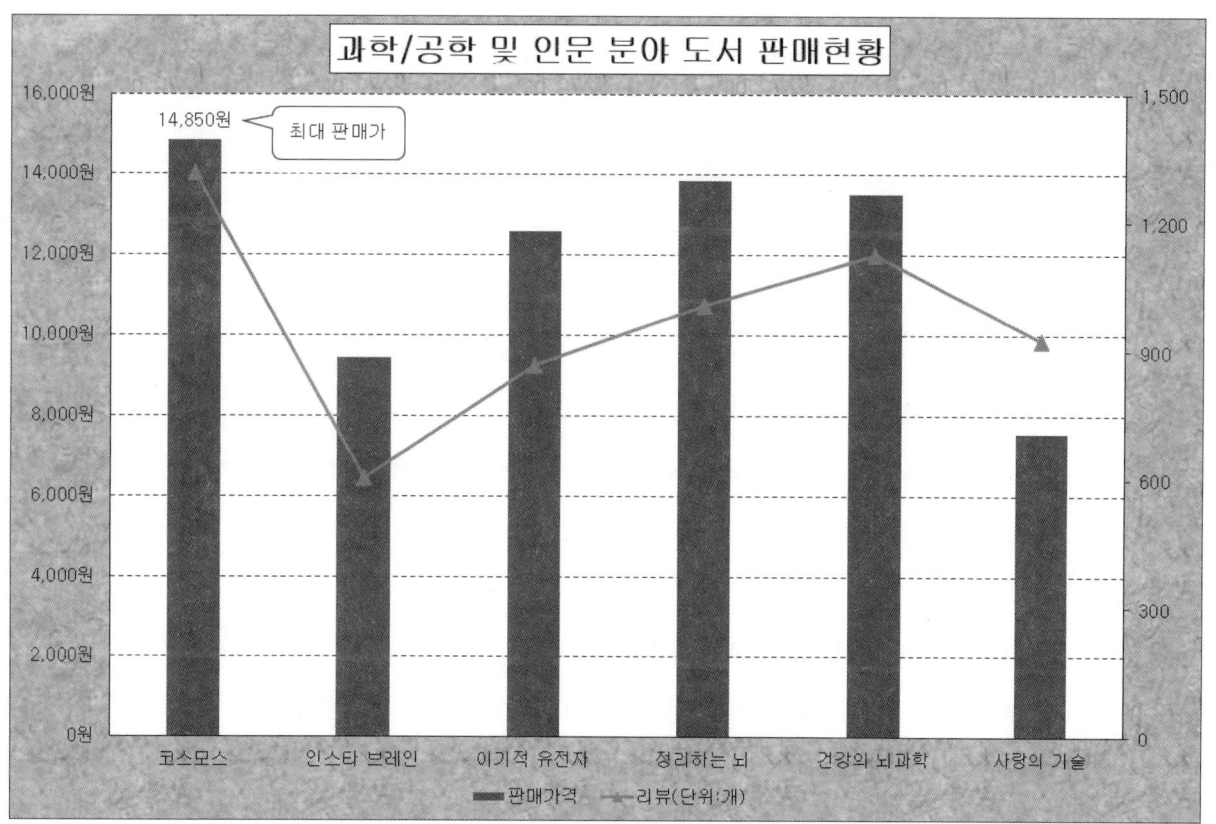

주의 ➡ 시트명 순서가 차례대로 "제1작업", "제2작업", "제3작업", "제4작업"이 되도록 할 것.

제 08 회 정보기술자격(ITQ) 출제예상 모의고사

작성 시간 / 시험 시간	채점 결과
분 / 60분	점 / 500점

과목	코드	문제유형	시험시간	수험번호	성명
한글엑셀	1122	B	60분		

MS오피스

· 수험자 유의사항 ·

- 수험자는 문제지를 받는 즉시 문제지와 **수험표상의 시험과목(프로그램)이 동일한지 반드시 확인**하여야 합니다.

- 파일명은 본인의 "수험번호-성명"으로 입력하여 답안 폴더(내 PC₩문서₩ITQ)에 하나의 파일로 저장해야 하며, 답안 문서 파일명이 "수험번호-성명"과 일치하지 않거나, 답안 파일을 전송하지 않아 미제출로 처리될 경우 실격 처리합니다. (예 : 12345678-홍길동.xlsx).

- 답안 작성을 마치면 파일을 저장하고, '답안 전송' 버튼을 선택하여 감독위원 PC로 답안을 전송하십시오. 수험생 정보와 저장한 파일명이 다를 경우 전송되지 않으므로 주의하시기 바랍니다.

- 답안 작성 중에도 **주기적으로 저장하고, '답안 전송'**하여야 문제 발생을 줄일 수 있습니다. 작업한 내용을 저장하지 않고 전송할 경우 이전에 저장된 내용이 전송되오니 이점 유의하시기 바랍니다.

- 답안 문서는 지정된 경로 외의 다른 보조기억장치에 저장하는 경우, 지정된 시험 시간 외에 작성된 파일을 활용할 경우, 기타 통신수단(이메일, 메신저, 네트워크 등)을 이용하여 타인에게 전달 또는 외부 반출하는 경우는 부정 처리합니다.

- 시험 중 부주의 또는 고의로 시스템을 파손한 경우는 수험자가 변상해야 하며, 〈수험자 유의사항〉에 기재된 방법대로 이행하지 않아 생기는 불이익은 수험생 당사자의 책임임을 알려 드립니다.

- 문제의 조건은 MS오피스 2021 버전으로 설정되어 있으니 유의하시기 바랍니다.

- 시험을 완료한 수험자는 답안 파일이 전송되었는지 확인한 후 감독위원의 지시에 따라 문제지를 제출하고 퇴실합니다.

· 답안 작성요령 ·

- 온라인 답안 작성 절차

  수험자 등록 ⇒ 시험 시작 ⇒ 답안 파일 저장 ⇒ 답안 전송 ⇒ 시험 종료

- 문제는 총 4단계, 즉 제1작업부터 제4작업까지 구성되어 있으며 반드시 제1작업부터 순서대로 작성하고 조건대로 작업하시오.

- 모든 작업 시트의 A열은 열 너비 '1'로, 나머지 열은 적당하게 조절하시오.

- 모든 작업 시트의 테두리는 ≪출력형태≫와 같이 작업하시오.

- 해당 작업란에서는 각각 제시된 조건에 따라 ≪출력형태≫와 같이 작업하시오.

- 답안 시트 이름은 "제1작업", "제2작업", "제3작업", "제4작업"이어야 하며 답안 시트 이외의 것은 감점 처리됩니다.

- 각 시트를 파일로 나누어 작업해서 저장할 경우 실격 처리됩니다.

kpc 한국생산성본부

[제1작업] 표 서식 작성 및 값 계산   240점

➡ 다음은 '**평생학습센터 온라인 수강신청 현황**'에 대한 자료이다. 자료를 입력하고 조건에 맞도록 작업하시오.

≪출력형태≫

	A	B	C	D	E	F	G	H	I	J
1									담당	팀장	센터장
2		평생학습센터 온라인 수강신청 현황						확인			
3											
4		수강코드	강좌명	분류	교육대상	개강날짜	신청인원	수강료(단위:원)	교육장소	신청인원 순위
5		CS-210	소통스피치	인문교양	성인	2023-04-03	101	60,000	(1)	(2)
6		SL-101	체형교정 발레	생활스포츠	청소년	2023-03-06	56	75,000	(1)	(2)
7		ST-211	스토리텔링 한국사	인문교양	직장인	2023-03-13	97	40,000	(1)	(2)
8		CE-310	어린이 영어회화	외국어	청소년	2023-04-10	87	55,000	(1)	(2)
9		YL-112	요가	생활스포츠	성인	2023-03-04	124	45,000	(1)	(2)
10		ME-312	미드로 배우는 영어	외국어	직장인	2023-03-10	78	65,000	(1)	(2)
11		PL-122	필라테스	생활스포츠	성인	2023-03-06	135	45,000	(1)	(2)
12		SU-231	자신감 UP	인문교양	청소년	2023-04-03	43	45,000	(1)	(2)
13		필라테스 수강료(단위:원)			(3)			최저 수강료(단위:원)			(5)
14		인문교양 최대 신청인원			(4)			강좌명	소통스피치	개강날짜	(6)

≪조건≫

○ 모든 데이터의 서식에는 글꼴(굴림, 11pt), 정렬은 숫자 및 회계 서식은 오른쪽 정렬, 나머지 서식은 가운데 정렬로 작성하며 예외적인 것은 ≪출력형태≫를 참조하시오.
○ 제 목 ⇒ 도형(대각선 방향의 모서리가 잘린 사각형)과 그림자(오프셋 오른쪽)를 이용하여 작성하고 "평생학습센터 온라인 수강신청 현황"을 입력한 후 다음 서식을 적용하시오
  (글꼴-굴림, 24pt, 검정, 굵게, 채우기-노랑).
○ 임의의 셀에 결재란을 작성하여 그림으로 복사 기능을 이용하여 붙이기 하시오(단, 원본 삭제).
○ 「B4:J4, G14, I14」 영역은 '주황'으로 채우기 하시오.
○ 유효성 검사를 이용하여 「H14」 셀에 강좌명(「C5:C12」 영역)이 선택 표시되도록 하시오.
○ 셀 서식 ⇒ 「G5:G12」 영역에 셀 서식을 이용하여 숫자 뒤에 '명'을 표시하시오(예 : 30명).
○ 「H5:H12」 영역에 대해 '수강료'로 이름정의를 하시오.

➡ (1)~(6) 셀은 반드시 **주어진 함수를 이용**하여 값을 구하시오(결과값을 직접 입력하면 해당 셀은 0점 처리됨).

(1) 교육장소 ⇒ 수강코드의 네 번째 글자가 1이면 '제2강의실', 2이면 '제3강의실', 3이면 '제4강의실'로 구하시오
    (IF, MID 함수).
(2) 신청인원 순위 ⇒ 신청인원의 내림차순 순위를 구하시오(RANK.EQ 함수).
(3) 필라테스 수강료(단위:원) ⇒ (INDEX, MATCH 함수).
(4) 인문교양 최대 신청인원 ⇒ 인문교양 강좌 중에서 최대 신청인원을 구한 후 결과값에 '명'을 붙이시오.
    단, 조건은 입력데이터를 이용하시오(DMAX 함수, & 연산자)(예 : 10명).
(5) 최저 수강료(단위:원) ⇒ 정의된 이름(수강료)을 이용하여 구하시오(SMALL 함수).
(6) 개강날짜 ⇒ 「H14」 셀에서 선택한 강좌명에 대한 개강날짜를 구하시오(VLOOKUP 함수).
(7) 조건부 서식의 수식을 이용하여 신청인원이 '100' 이상인 행 전체에 다음의 서식을 적용하시오
    (글꼴 : 파랑, 굵게).

[제2작업] 목표값 찾기 및 필터 (80점)

➡ "제1작업" 시트의 「B4:H12」 영역을 복사하여 "제2작업" 시트의 「B2」 셀부터 모두 붙여넣기를 한 후 다음의 조건과 같이 작업하시오.

≪조건≫
(1) 목표값 찾기 – 「B11:G11」 셀을 병합하고, 가운데 맞춤한 후 "인문교양 신청인원 평균"을 입력하고, 「H11」 셀에 인문교양 신청인원 평균을 구하시오. 단, 조건은 입력데이터를 이용하시오 (DAVERAGE 함수, 테두리).
– '인문교양 신청인원 평균'이 '85'가 되려면 소통스피치의 신청인원이 얼마가 되어야 하는지 목표값을 구하시오.

(2) 고급 필터 – 교육대상이 '성인'이 아니면서, 수강료(단위:원)가 '50,000' 이상인 자료의 강좌명, 개강날짜, 신청인원, 수강료(단위:원) 데이터만 추출하시오.
– 조건 범위 : 「B14」 셀부터 입력하시오.
– 복사 위치 : 「B18」 셀부터 나타나도록 하시오.

[제3작업] 정렬 및 부분합 (80점)

➡ "제1작업" 시트의 「B4:H12」 영역을 복사하여 "제3작업" 시트의 「B2」 셀부터 모두 붙여넣기를 한 후 다음의 조건과 같이 작업하시오.

≪조건≫
(1) 부분합 – ≪출력형태≫처럼 정렬하고, 강좌명의 개수와 신청인원의 평균을 구하시오.
(2) 개요 – 지우시오.
(3) 나머지 사항은 ≪출력형태≫에 맞게 작성하시오.

≪출력형태≫

A	B	C	D	E	F	G	H
1							
2	수강코드	강좌명	분류	교육대상	개강날짜	신청인원	수강료(단위:원)
3	CS-210	소통스피치	인문교양	성인	2023-04-03	101명	60,000
4	ST-211	스토리텔링 한국사	인문교양	직장인	2023-03-13	97명	40,000
5	SU-231	자신감 UP	인문교양	청소년	2023-04-03	43명	45,000
6			인문교양 평균			80명	
7		3	인문교양 개수				
8	CE-310	어린이 영어회화	외국어	청소년	2023-04-10	87명	55,000
9	ME-312	미드로 배우는 영어	외국어	직장인	2023-03-10	78명	65,000
10			외국어 평균			83명	
11		2	외국어 개수				
12	SL-101	체형교정 발레	생활스포츠	청소년	2023-03-06	56명	75,000
13	YL-112	요가	생활스포츠	성인	2023-03-04	124명	45,000
14	PL-122	필라테스	생활스포츠	성인	2023-03-06	135명	45,000
15			생활스포츠 평균			105명	
16		3	생활스포츠 개수				
17			전체 평균			90명	
18		8	전체 개수				

[제4작업] 그래프 100점

➡ "제1작업" 시트를 이용하여 조건에 따라 ≪출력형태≫와 같이 작업하시오.

≪조건≫
(1) 차트 종류 ⇒ 〈묶은 세로 막대형〉으로 작업하시오.
(2) 데이터 범위 ⇒ "제1작업" 시트의 내용을 이용하여 작업하시오.
(3) 위치 ⇒ "새 시트"로 이동하고, "제4작업"으로 시트 이름을 바꾸시오.
(4) 차트 디자인 도구 ⇒ 레이아웃 3, 스타일 1을 선택하여 ≪출력형태≫에 맞게 작업하시오.
(5) 영역 서식 ⇒ 차트 : 글꼴(굴림, 11pt), 채우기 효과(질감-분홍 박엽지)
         그림 : 채우기(흰색, 배경1)
(6) 제목 서식 ⇒ 차트 제목 : 글꼴(굴림, 굵게, 20pt), 채우기(흰색, 배경1), 테두리
(7) 서식 ⇒ 신청인원 계열의 차트 종류를 〈표식이 있는 꺾은선형〉으로 변경한 후 보조 축으로 지정하시오.
    계열 : ≪출력형태≫를 참조하여 표식(세모, 크기 10)과 레이블 값을 표시하시오.
    눈금선 : 선 스타일-파선
    축 : ≪출력형태≫를 참조하시오.
(8) 범례 ⇒ 범례명을 변경하고 ≪출력형태≫를 참조하시오.
(9) 도형 ⇒ '말풍선: 모서리가 둥근 사각형 설명선'을 삽입한 후 ≪출력형태≫와 같이 내용을 입력하시오.
(10) 나머지 사항은 ≪출력형태≫에 맞게 작성하시오.

≪출력형태≫

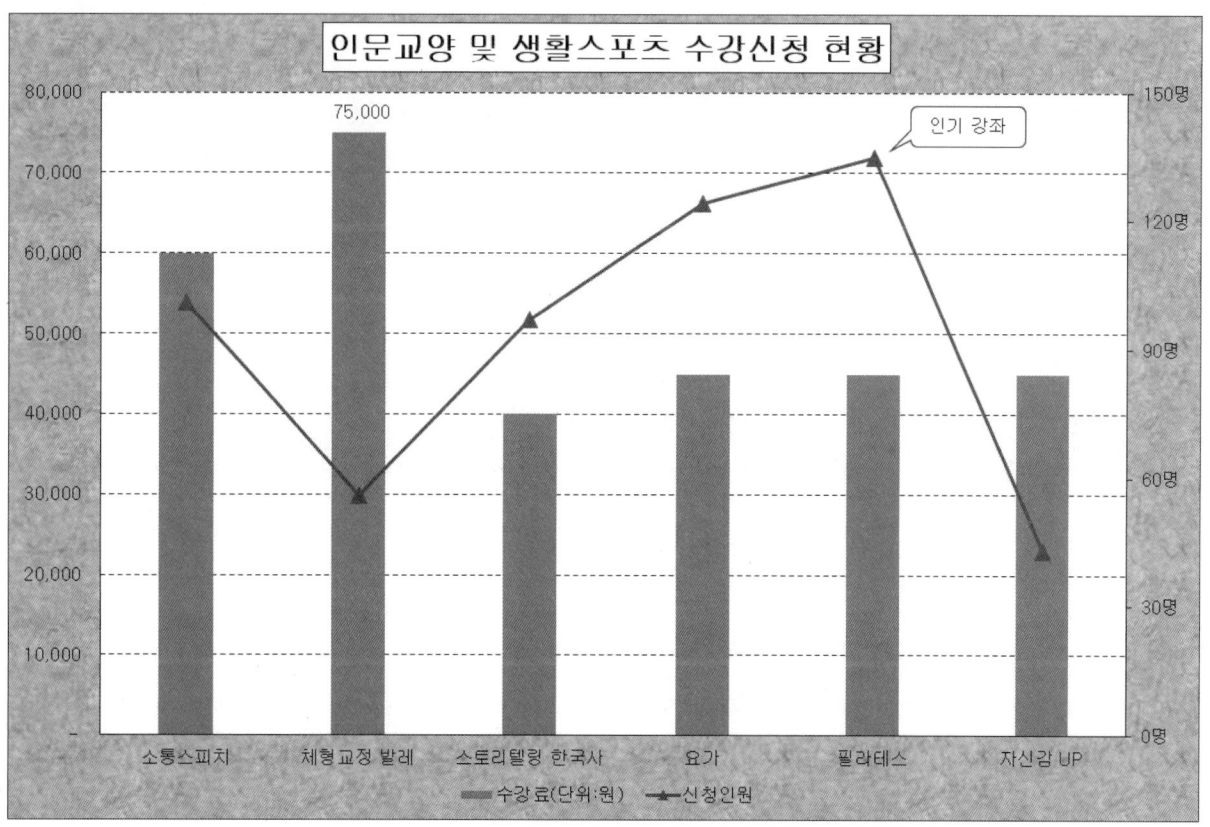

주의 ➡ 시트명 순서가 차례대로 "제1작업", "제2작업", "제3작업", "제4작업"이 되도록 할 것.

제 09 회 정보기술자격(ITQ) 출제예상 모의고사

작성 시간 / 시험 시간	채점 결과
분 / 60분	점 / 500점

과목	코드	문제유형	시험시간	수험번호	성명
한글엑셀	1122	C	60분		

MS오피스

· 수험자 유의사항 ·

- 수험자는 문제지를 받는 즉시 문제지와 **수험표상의 시험과목(프로그램)이 동일한지 반드시 확인**하여야 합니다.

- 파일명은 본인의 "수험번호-성명"으로 입력하여 답안 폴더(내 PC₩문서₩ITQ)에 하나의 파일로 저장해야 하며, 답안 문서 파일명이 "수험번호-성명"과 일치하지 않거나, 답안 파일을 전송하지 않아 미제출로 처리될 경우 실격 처리합니다. (예 : 12345678-홍길동.xlsx).

- 답안 작성을 마치면 파일을 저장하고, '답안 전송' 버튼을 선택하여 감독위원 PC로 답안을 전송하십시오. 수험생 정보와 저장한 파일명이 다를 경우 전송되지 않으므로 주의하시기 바랍니다.

- 답안 작성 중에도 **주기적으로 저장하고, '답안 전송'**하여야 문제 발생을 줄일 수 있습니다. 작업한 내용을 저장하지 않고 전송할 경우 이전에 저장된 내용이 전송되오니 이점 유의하시기 바랍니다.

- 답안 문서는 지정된 경로 외의 다른 보조기억장치에 저장하는 경우, 지정된 시험 시간 외에 작성된 파일을 활용할 경우, 기타 통신수단(이메일, 메신저, 네트워크 등)을 이용하여 타인에게 전달 또는 외부 반출하는 경우는 부정 처리합니다.

- 시험 중 부주의 또는 고의로 시스템을 파손한 경우는 수험자가 변상해야 하며, 〈수험자 유의사항〉에 기재된 방법대로 이행하지 않아 생기는 불이익은 수험생 당사자의 책임임을 알려 드립니다.

- 문제의 조건은 MS오피스 2021 버전으로 설정되어 있으니 유의하시기 바랍니다.

- 시험을 완료한 수험자는 답안 파일이 전송되었는지 확인한 후 감독위원의 지시에 따라 문제지를 제출하고 퇴실합니다.

· 답안 작성요령 ·

- 온라인 답안 작성 절차
  수험자 등록 ⇒ 시험 시작 ⇒ 답안 파일 저장 ⇒ 답안 전송 ⇒ 시험 종료

- 문제는 총 4단계, 즉 제1작업부터 제4작업까지 구성되어 있으며 반드시 제1작업부터 순서대로 작성하고 조건대로 작업하시오.

- 모든 작업 시트의 A열은 열 너비 '1'로, 나머지 열은 적당하게 조절하시오.

- 모든 작업 시트의 테두리는 ≪출력형태≫와 같이 작업하시오.

- 해당 작업란에서는 각각 제시된 조건에 따라 ≪출력형태≫와 같이 작업하시오.

- 답안 시트 이름은 "제1작업", "제2작업", "제3작업", "제4작업"이어야 하며 답안 시트 이외의 것은 감점 처리됩니다.

- 각 시트를 파일로 나누어 작업해서 저장할 경우 실격 처리됩니다.

kpc 한국생산성본부

[제1작업] 표 서식 작성 및 값 계산   240점

▶ 다음은 '**직접판매 유통업체 현황**'에 대한 자료이다. 자료를 입력하고 조건에 맞도록 작업하시오.

≪출력형태≫

	A	B	C	D	E	F	G	H	I	J
1								확인	담당	대리	과장
2			직접판매 유통업체 현황							
3										
4		관리번호	회사명	분류	소재지	설립일	반품환불	매출액(백만)	설립연도	매출액 순위
5		B2-03	도담도담	애견용품	부산	2013-05-01	3,950	198,619	(1)	(2)
6		S1-01	그린웰빙	건강식품	서울	2011-01-20	2,694	43,766	(1)	(2)
7		J1-04	그린라이프	건강식품	제주	2011-11-16	3,405	156,373	(1)	(2)
8		S2-05	마이스토어	화장품	서울	2009-12-10	4,580	643,654	(1)	(2)
9		B1-01	뉴스타	건강식품	부산	2007-01-24	500	22,896	(1)	(2)
10		S3-02	묭이월드	애견용품	서울	2011-01-24	1,220	126,100	(1)	(2)
11		J3-02	레옹샵	애견용품	제주	2007-03-03	1,587	64,817	(1)	(2)
12		S2-03	해피월드	화장품	서울	2009-10-20	409	84,540	(1)	(2)
13		평균 매출액(백만) 이상인 회사 수			(3)			최대 반품환불			(5)
14		애견용품 매출액(백만) 합계			(4)			회사명	도담도담	반품환불	(6)

≪조건≫

○ 모든 데이터의 서식에는 글꼴(굴림, 11pt), 정렬은 숫자 및 회계 서식은 오른쪽 정렬, 나머지 서식은 가운데 정렬로 작성하며 예외적인 것은 ≪출력형태≫를 참조하시오.
○ 제 목 ⇒ 도형(평행 사변형)과 그림자(오프셋 오른쪽)를 이용하여 작성하고 "직접판매 유통업체 현황"을 입력한 후 다음 서식을 적용하시오(글꼴-굴림, 24pt, 검정, 굵게, 채우기-노랑).
○ 임의의 셀에 결재란을 작성하여 그림으로 복사 기능을 이용하여 붙이기 하시오(단, 원본 삭제).
○ 「B4:J4, G14, I14」영역은 '주황'으로 채우기 하시오.
○ 유효성 검사를 이용하여 「H14」셀에 회사명(「C5:C12」영역)이 선택 표시되도록 하시오.
○ 셀 서식 ⇒ 「G5:G12」영역에 셀 서식을 이용하여 숫자 뒤에 '건'을 표시하시오(예 : 3,950건).
○ 「G5:G12」영역에 대해 '반품환불'로 이름정의를 하시오.

▶ (1)~(6) 셀은 반드시 **주어진 함수를 이용**하여 값을 구하시오(결과값을 직접 입력하면 해당 셀은 0점 처리됨).

 (1) 설립연도 ⇒ 설립일의 연도를 구하시오(YEAR 함수).
 (2) 매출액 순위 ⇒ 매출액(백만)의 내림차순 순위를 1~3까지 구하고, 그 외에는 공백으로 표시하시오 (IF, RANK.EQ 함수).
 (3) 평균 매출액(백만) 이상인 회사 수 ⇒ 매출액(백만)이 평균 이상인 회사 수를 구한 후 결과값에 '개'를 붙이시오 (COUNTIF, AVERAGE 함수, & 연산자)(예 : 3개).
 (4) 애견용품 매출액(백만) 합계 ⇒ (SUMIF 함수)
 (5) 최대 반품환불 ⇒ 정의된 이름(반품환불)을 이용하여 구하시오(MAX 함수).
 (6) 반품환불 ⇒ 「H14」셀에서 선택한 회사명에 대한 반품환불을 구하시오(VLOOKUP 함수).
 (7) 조건부 서식의 수식을 이용하여 반품환불이 '3,000' 이상인 행 전체에 다음의 서식을 적용하시오 (글꼴 : 파랑, 굵게).

[제2작업] 필터 및 서식 (80점)

➡ "제1작업" 시트의 「B4:H12」 영역을 복사하여 "제2작업" 시트의 「B2」 셀부터 모두 붙여넣기를 한 후 다음의 조건과 같이 작업하시오.

≪조건≫

(1) 고급 필터 – 소재지가 '제주'이거나, 설립일이 '2010-01-01' 이후(해당일 포함)인 자료의 회사명, 소재지, 반품환불, 매출액(백만) 데이터만 추출하시오.
 – 조건 범위 : 「B14」 셀부터 입력하시오.
 – 복사 위치 : 「B18」 셀부터 나타나도록 하시오.

(2) 표 서식 – 고급 필터의 결과셀을 채우기 없음으로 설정한 후 '표 스타일 밝게 9'의 서식을 적용하시오.
 – 머리글 행, 줄무늬 행을 적용하시오.

[제3작업] 피벗 테이블 (80점)

➡ "제1작업" 시트를 이용하여 "제3작업" 시트에 조건에 따라 ≪출력형태≫와 같이 작업하시오.

≪조건≫

(1) 설립일 및 분류별 회사명의 개수와 매출액(백만)의 평균을 구하시오.
(2) 설립일을 그룹화하고, 분류를 ≪출력형태≫와 같이 정렬하시오.
(3) 레이블이 있는 셀 병합 및 가운데 맞춤 적용 및 빈 셀은 '**'로 표시하시오.
(4) 행의 총합계는 지우고, 나머지 사항은 ≪출력형태≫에 맞게 작성하시오.

≪출력형태≫

	A	B	C	D	E	F	G	H
1								
2			분류					
3			화장품		애견용품		건강식품	
4		설립일	개수 : 회사명	평균 : 매출액(백만)	개수 : 회사명	평균 : 매출액(백만)	개수 : 회사명	평균 : 매출액(백만)
5		2007년	**	**	1	64,817	1	22,896
6		2009년	2	364,097	**	**	**	**
7		2011년	**	**	1	126,100	2	100,070
8		2013년	**	**	1	198,619	**	**
9		총합계	2	364,097	3	129,845	3	74,345

[제4작업] 그래프 100점

➔ "제1작업" 시트를 이용하여 조건에 따라 ≪출력형태≫와 같이 작업하시오.

≪조건≫

(1) 차트 종류 ⇒ 〈묶은 세로 막대형〉으로 작업하시오.
(2) 데이터 범위 ⇒ "제1작업" 시트의 내용을 이용하여 작업하시오.
(3) 위치 ⇒ "새 시트"로 이동하고, "제4작업"으로 시트 이름을 바꾸시오.
(4) 차트 디자인 도구 ⇒ 레이아웃 3, 스타일 1을 선택하여 ≪출력형태≫에 맞게 작업하시오.
(5) 영역 서식 ⇒ 차트 : 글꼴(굴림, 11pt), 채우기 효과(질감-분홍 박엽지)
              그림 : 채우기(흰색, 배경1)
(6) 제목 서식 ⇒ 차트 제목 : 글꼴(굴림, 굵게, 20pt), 채우기(흰색, 배경1), 테두리
(7) 서식 ⇒ 매출액(백만) 계열의 차트 종류를 〈표식이 있는 꺾은선형〉으로 변경한 후 보조 축으로 지정하시오.
         계열 : ≪출력형태≫를 참조하여 표식(세모, 크기 10)과 레이블 값을 표시하시오.
         눈금선 : 선 스타일-파선
         축 : ≪출력형태≫를 참조하시오.
(8) 범례 ⇒ 범례명을 변경하고 ≪출력형태≫를 참조하시오.
(9) 도형 ⇒ '말풍선: 모서리가 둥근 사각형 설명선'을 삽입한 후 ≪출력형태≫와 같이 내용을 입력하시오.
(10) 나머지 사항은 ≪출력형태≫에 맞게 작성하시오.

≪출력형태≫

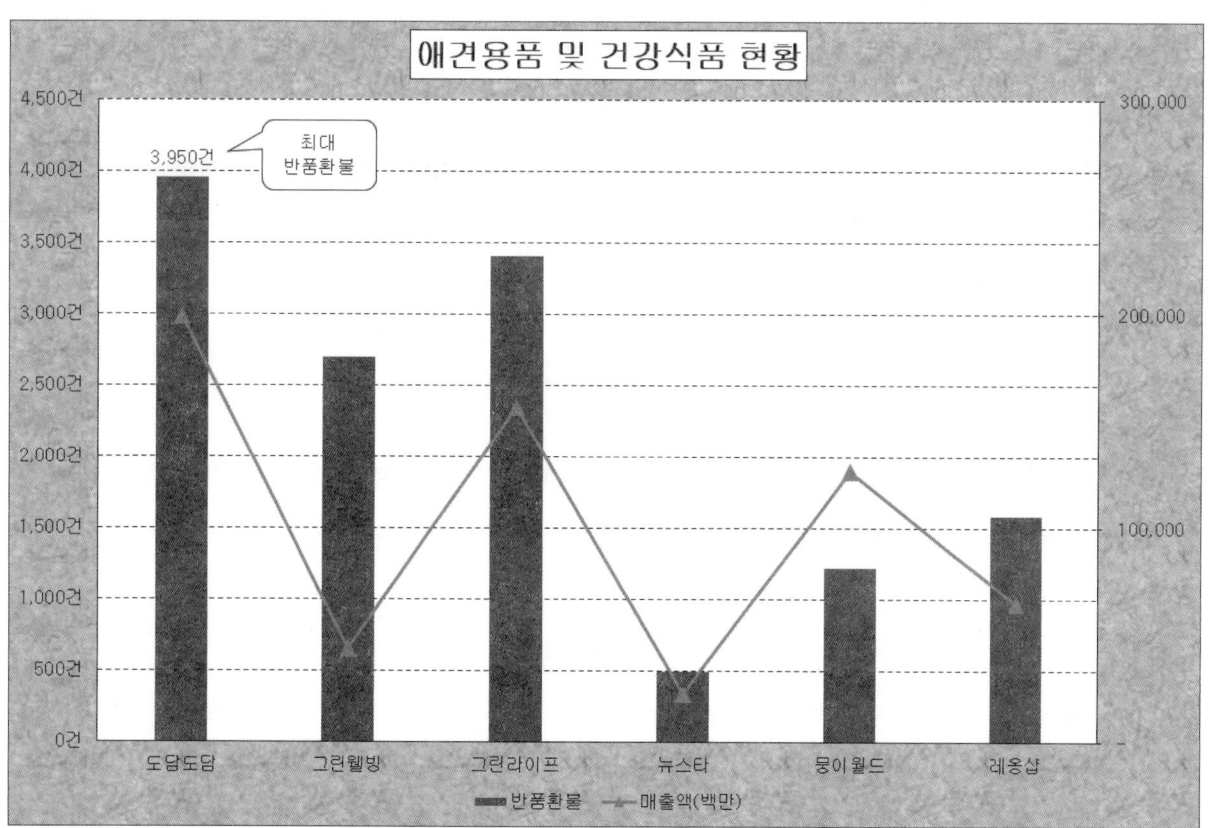

주의 ➔ 시트명 순서가 차례대로 "제1작업", "제2작업", "제3작업", "제4작업"이 되도록 할 것.

제 10 회 정보기술자격(ITQ) 출제예상 모의고사

작성 시간 / 시험 시간	채점 결과
분 / 60분	점 / 500점

과목	코드	문제유형	시험시간	수험번호	성명
한글엑셀	1122	A	60분		

MS오피스

· 수험자 유의사항 ·

- 수험자는 문제지를 받는 즉시 문제지와 **수험표상의 시험과목(프로그램)이 동일한지 반드시 확인**하여야 합니다.
- 파일명은 본인의 "수험번호-성명"으로 입력하여 답안 폴더(내 PC₩문서₩ITQ)에 하나의 파일로 저장해야 하며, 답안 문서 파일명이 "수험번호-성명"과 일치하지 않거나, 답안 파일을 전송하지 않아 미제출로 처리될 경우 실격 처리합니다. (예 : 12345678-홍길동.xlsx).
- 답안 작성을 마치면 파일을 저장하고, '답안 전송' 버튼을 선택하여 감독위원 PC로 답안을 전송하십시오. 수험생 정보와 저장한 파일명이 다를 경우 전송되지 않으므로 주의하시기 바랍니다.
- 답안 작성 중에도 **주기적으로 저장하고, '답안 전송'**하여야 문제 발생을 줄일 수 있습니다. 작업한 내용을 저장하지 않고 전송할 경우 이전에 저장된 내용이 전송되오니 이점 유의하시기 바랍니다.
- 답안 문서는 지정된 경로 외의 다른 보조기억장치에 저장하는 경우, 지정된 시험 시간 외에 작성된 파일을 활용할 경우, 기타 통신수단(이메일, 메신저, 네트워크 등)을 이용하여 타인에게 전달 또는 외부 반출하는 경우는 부정 처리합니다.
- 시험 중 부주의 또는 고의로 시스템을 파손한 경우는 수험자가 변상해야 하며, 〈수험자 유의사항〉에 기재된 방법대로 이행하지 않아 생기는 불이익은 수험생 당사자의 책임임을 알려 드립니다.
- 문제의 조건은 MS오피스 2021 버전으로 설정되어 있으니 유의하시기 바랍니다.
- 시험을 완료한 수험자는 답안 파일이 전송되었는지 확인한 후 감독위원의 지시에 따라 문제지를 제출하고 퇴실합니다.

· 답안 작성요령 ·

- 온라인 답안 작성 절차
  수험자 등록 ⇒ 시험 시작 ⇒ 답안 파일 저장 ⇒ 답안 전송 ⇒ 시험 종료
- 문제는 총 4단계, 즉 제1작업부터 제4작업까지 구성되어 있으며 반드시 제1작업부터 순서대로 작성하고 조건대로 작업하시오.
- 모든 작업 시트의 A열은 열 너비 '1'로, 나머지 열은 적당하게 조절하시오.
- 모든 작업 시트의 테두리는 ≪출력형태≫와 같이 작업하시오.
- 해당 작업란에서는 각각 제시된 조건에 따라 ≪출력형태≫와 같이 작업하시오.
- 답안 시트 이름은 "제1작업", "제2작업", "제3작업", "제4작업"이어야 하며 답안 시트 이외의 것은 감점 처리됩니다.
- 각 시트를 파일로 나누어 작업해서 저장할 경우 실격 처리됩니다.

kpc 한국생산성본부

[제1작업] 표 서식 작성 및 값 계산 240점

다음은 '**동호회 가을 여행 일정**'에 대한 자료이다. 자료를 입력하고 조건에 맞도록 작업하시오.

≪출력형태≫

	A	B	C	D	E	F	G	H	I	J
1								확인	사원	팀장	부장
2			동호회 가을 여행 일정							
3										
4		동호회코드	동호회명	여행지	구분	출발일자	참여인원	1인당 소요경비	국가	출발요일
5		C-001S	북유럽	북경	독서	2023-11-23	18	637,000	(1)	(2)
6		C-004S	우드아이	청도	목공	2023-12-28	27	823,000	(1)	(2)
7		K-002S	한글벗	성산	독서	2023-12-25	32	275,500	(1)	(2)
8		J-002M	뚝딱이	요코하마	목공	2023-12-09	26	516,000	(1)	(2)
9		C-003P	제페토	상하이	목공	2023-11-15	18	610,000	(1)	(2)
10		J-005P	행복나무	가와사키	목공	2023-12-19	27	689,000	(1)	(2)
11		K-003M	퀼트나무	마라도	공예	2023-12-09	21	310,000	(1)	(2)
12		K-001M	뜨개사랑	우도	공예	2023-11-17	36	335,500	(1)	(2)
13		목공 동호회 참여인원 합계			(3)			최대 1인당 소요경비		(5)	
14		독서 동호회의 개수			(4)			동호회명	북유럽	여행지	(6)

≪조건≫

○ 모든 데이터의 서식에는 글꼴(굴림, 11pt), 정렬은 숫자 및 회계 서식은 오른쪽 정렬, 나머지 서식은 가운데 정렬로 작성하며 예외적인 것은 ≪출력형태≫를 참조하시오.
○ 제 목 ⇒ 도형(대각선 방향의 모서리가 잘린 사각형)과 그림자(오프셋 오른쪽)를 이용하여 작성하고 "동호회 가을 여행 일정"을 입력한 후 다음 서식을 적용하시오
　　　　 (글꼴-굴림, 24pt, 검정, 굵게, 채우기-노랑).
○ 임의의 셀에 결재란을 작성하여 그림으로 복사 기능을 이용하여 붙이기 하시오(단, 원본 삭제).
○ 「B4:J4, G14, I14」 영역은 '주황'으로 채우기 하시오.
○ 유효성 검사를 이용하여 「H14」 셀에 동호회명(「C5:C12」 영역)이 선택 표시되도록 하시오.
○ 셀 서식 ⇒ 「G5:G12」 영역에 셀 서식을 이용하여 숫자 뒤에 '명'을 표시하시오(예 : 18명).
○ 「G5:G12」 영역에 대해 '참여인원'으로 이름정의를 하시오.

➤ (1)~(6) 셀은 반드시 **주어진 함수를 이용**하여 값을 구하시오(결과값을 직접 입력하면 해당 셀은 0점 처리됨).

(1) 국가 ⇒ 동호회코드의 첫 번째 글자가 J이면 '일본', C이면 '중국', 그 외에는 '한국'으로 구하시오
　　 (IF, LEFT 함수).
(2) 출발요일 ⇒ 출발일자의 요일을 예와 같이 구하시오(CHOOSE, WEEKDAY 함수)(예 : 월요일).
(3) 목공 동호회 참여인원 합계 ⇒ 정의된 이름(참여인원)을 이용하여 구하시오(SUMIF 함수).
(4) 독서 동호회의 개수 ⇒ 결과값에 '개'를 붙이시오(COUNTIF 함수, & 연산자)(예 : 1개).
(5) 최대 1인당 소요경비 ⇒ (MAX 함수)
(6) 여행지 ⇒ 「H14」 셀에서 선택한 동호회명에 대한 여행지를 구하시오(VLOOKUP 함수).
(7) 조건부 서식의 수식을 이용하여 참여인원이 '30' 이상인 행 전체에 다음의 서식을 적용하시오
　　 (글꼴 : 파랑, 굵게).

[제2작업] 목표값 찾기 및 필터   80점

➜ "제1작업" 시트의 「B4:H12」 영역을 복사하여 "제2작업" 시트의 「B2」 셀부터 모두 붙여넣기를 한 후 다음의 조건과 같이 작업하시오.

≪조건≫

(1) 목표값 찾기 – 「B11:G11」 셀을 병합하고, 가운데 맞춤한 후 "독서 동호회 참여인원 평균"을 입력하고, 「H11」 셀에 독서 동호회 참여인원 평균을 구하시오. 단, 조건은 입력데이터를 이용하시오 (DAVERAGE 함수, 테두리).
    – '독서 동호회 참여인원 평균'이 '26'이 되려면 북유럽의 참여인원이 얼마가 되어야 하는지 목표값을 구하시오.

(2) 고급 필터 – 구분이 '독서'가 아니면서, 1인당 소요경비가 '600,000' 이상인 자료의 동호회명, 출발일자, 참여인원, 1인당 소요경비 데이터만 추출하시오.
    – 조건 범위 : 「B14」 셀부터 입력하시오.
    – 복사 위치 : 「B18」 셀부터 나타나도록 하시오.

[제3작업] 정렬 및 부분합   80점

➜ "제1작업" 시트의 「B4:H12」 영역을 복사하여 "제3작업" 시트의 「B2」 셀부터 모두 붙여넣기를 한 후 다음의 조건과 같이 작업하시오.

≪조건≫

(1) 부분합 – ≪출력형태≫처럼 정렬하고, 동호회명의 개수와 참여인원의 평균을 구하시오.
(2) 개요 – 지우시오.
(3) 나머지 사항은 ≪출력형태≫에 맞게 작성하시오.

≪출력형태≫

	B	C	D	E	F	G	H
2	동호회코드	동호회명	여행지	구분	출발일자	참여인원	1인당 소요경비
3	C-004S	우드아이	청도	목공	2023-12-28	27명	823,000
4	J-002M	뚝딱이	요코하마	목공	2023-12-09	26명	516,000
5	C-003P	제페토	상하이	목공	2023-11-15	18명	610,000
6	J-005P	행복나무	가와사키	목공	2023-12-19	27명	689,000
7				목공 평균		25명	
8		4		목공 개수			
9	C-001S	북유럽	북경	독서	2023-11-23	18명	637,000
10	K-002S	한글벗	성산	독서	2023-12-25	32명	275,500
11				독서 평균		25명	
12		2		독서 개수			
13	K-003M	퀼트나무	마라도	공예	2023-12-09	21명	310,000
14	K-001M	뜨개사랑	우도	공예	2023-11-17	36명	335,500
15				공예 평균		29명	
16		2		공예 개수			
17				전체 평균		26명	
18		8		전체 개수			

[제4작업] 그래프　　　100점

➡ "제1작업" 시트를 이용하여 조건에 따라 ≪출력형태≫와 같이 작업하시오.

≪조건≫
(1) 차트 종류 ⇒ 〈묶은 세로 막대형〉으로 작업하시오.
(2) 데이터 범위 ⇒ "제1작업" 시트의 내용을 이용하여 작업하시오.
(3) 위치 ⇒ "새 시트"로 이동하고, "제4작업"으로 시트 이름을 바꾸시오.
(4) 차트 디자인 도구 ⇒ 레이아웃 3, 스타일 1을 선택하여 ≪출력형태≫에 맞게 작업하시오.
(5) 영역 서식 ⇒ 차트 : 글꼴(굴림, 11pt), 채우기 효과(질감-분홍 박엽지)
　　　　　　　　그림 : 채우기(흰색, 배경1)
(6) 제목 서식 ⇒ 차트 제목 : 글꼴(굴림, 굵게, 20pt), 채우기(흰색, 배경1), 테두리
(7) 서식 ⇒ 참여인원 계열의 차트 종류를 〈표식이 있는 꺾은선형〉으로 변경한 후 보조 축으로 지정하시오.
　　계열 : ≪출력형태≫를 참조하여 표식(세모, 크기 10)과 레이블 값을 표시하시오.
　　눈금선 : 선 스타일-파선
　　축 : ≪출력형태≫를 참조하시오.
(8) 범례 ⇒ 범례명을 변경하고 ≪출력형태≫를 참조하시오.
(9) 도형 ⇒ '말풍선: 모서리가 둥근 사각형 설명선'을 삽입한 후 ≪출력형태≫와 같이 내용을 입력하시오.
(10) 나머지 사항은 ≪출력형태≫에 맞게 작성하시오.

≪출력형태≫

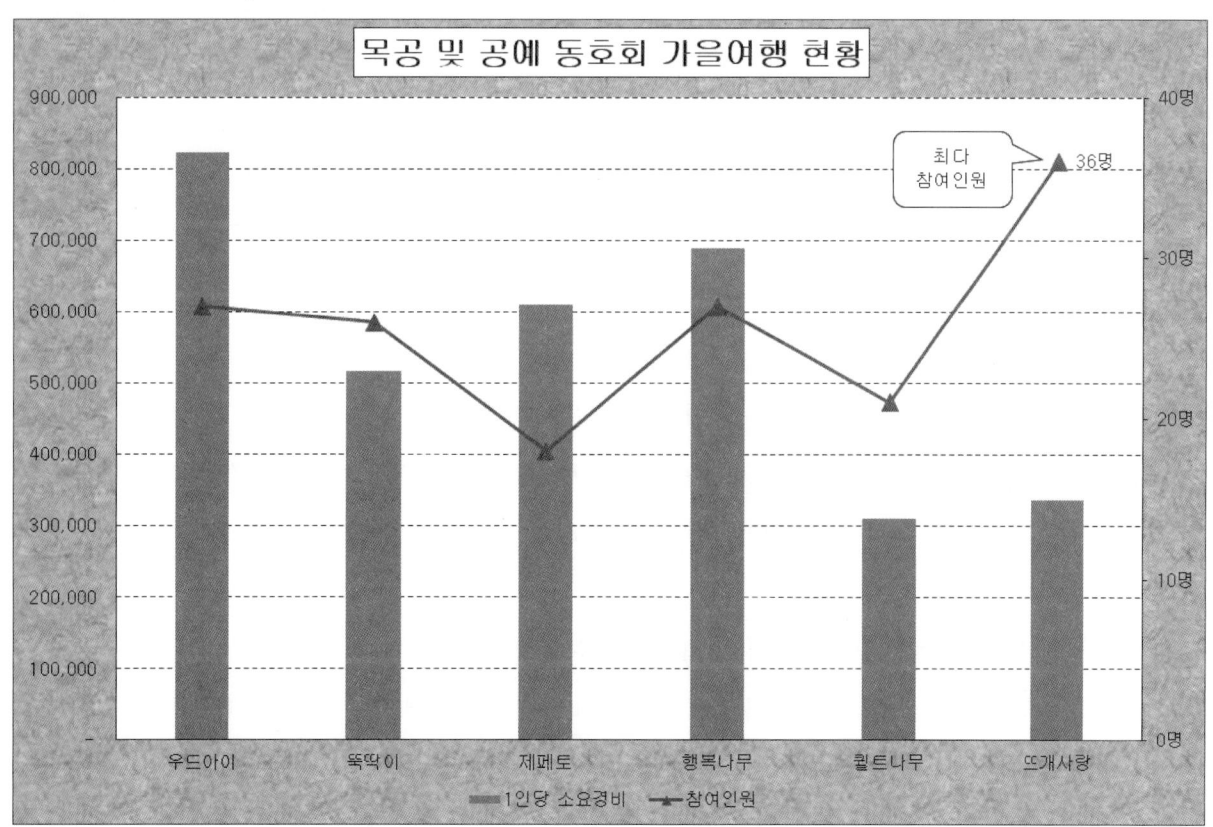

주의 ➡ 시트명 순서가 차례대로 "제1작업", "제2작업", "제3작업", "제4작업"이 되도록 할 것.

제11회 정보기술자격(ITQ) 출제예상 모의고사

작성 시간 / 시험 시간	채점 결과
분 / 60분	점 / 500점

과목	코드	문제유형	시험시간	수험번호	성명
한글엑셀	1122	B	60분		

MS오피스

· 수험자 유의사항 ·

- 수험자는 문제지를 받는 즉시 문제지와 **수험표상의 시험과목(프로그램)이 동일한지 반드시 확인**하여야 합니다.
- 파일명은 본인의 "수험번호-성명"으로 입력하여 답안 폴더(내 PC\문서\ITQ)에 하나의 파일로 저장해야 하며, 답안 문서 파일명이 "수험번호-성명"과 일치하지 않거나, 답안 파일을 전송하지 않아 미제출로 처리될 경우 실격 처리합니다. (예 : 12345678-홍길동.xlsx).
- 답안 작성을 마치면 파일을 저장하고, '답안 전송' 버튼을 선택하여 감독위원 PC로 답안을 전송하십시오. 수험생 정보와 저장한 파일명이 다를 경우 전송되지 않으므로 주의하시기 바랍니다.
- 답안 작성 중에도 **주기적으로 저장하고, '답안 전송'** 하여야 문제 발생을 줄일 수 있습니다. 작업한 내용을 저장하지 않고 전송할 경우 이전에 저장된 내용이 전송되오니 이점 유의하시기 바랍니다.
- 답안 문서는 지정된 경로 외의 다른 보조기억장치에 저장하는 경우, 지정된 시험 시간 외에 작성된 파일을 활용할 경우, 기타 통신수단(이메일, 메신저, 네트워크 등)을 이용하여 타인에게 전달 또는 외부 반출하는 경우는 부정 처리합니다.
- 시험 중 부주의 또는 고의로 시스템을 파손한 경우는 수험자가 변상해야 하며, 〈수험자 유의사항〉에 기재된 방법대로 이행하지 않아 생기는 불이익은 수험생 당사자의 책임임을 알려 드립니다.
- 문제의 조건은 MS오피스 2021 버전으로 설정되어 있으니 유의하시기 바랍니다.
- 시험을 완료한 수험자는 답안 파일이 전송되었는지 확인한 후 감독위원의 지시에 따라 문제지를 제출하고 퇴실합니다.

· 답안 작성요령 ·

- 온라인 답안 작성 절차

  수험자 등록 ⇒ 시험 시작 ⇒ 답안 파일 저장 ⇒ 답안 전송 ⇒ 시험 종료

- 문제는 총 4단계, 즉 제1작업부터 제4작업까지 구성되어 있으며 반드시 제1작업부터 순서대로 작성하고 조건대로 작업하시오.
- 모든 작업 시트의 A열은 열 너비 '1'로, 나머지 열은 적당하게 조절하시오.
- 모든 작업 시트의 테두리는 ≪출력형태≫와 같이 작업하시오.
- 해당 작업란에서는 각각 제시된 조건에 따라 ≪출력형태≫와 같이 작업하시오.
- 답안 시트 이름은 "제1작업", "제2작업", "제3작업", "제4작업"이어야 하며 답안 시트 이외의 것은 감점 처리됩니다.
- 각 시트를 파일로 나누어 작업해서 저장할 경우 실격 처리됩니다.

kpc 한국생산성본부

[제1작업] 표 서식 작성 및 값 계산 (240점)

▶ 다음은 '12월 여행 예약 현황'에 대한 자료이다. 자료를 입력하고 조건에 맞도록 작업하시오.

≪출력형태≫

	A	B	C	D	E	F	G	H	I	J
1									사원	팀장	부장
2			12월 여행 예약 현황					확인			
3											
4		예약코드	고객명	여행지	구분	예약일자	1박요금(단위:원)	예약일수	이용금액(단위:원)	비고
5		D8-33	강지우	제주도	우정여행	2023-12-21	170,000	3	(1)	(2)
6		D7-34	송희원	우도	우정여행	2023-12-18	240,000	3	(1)	(2)
7		B6-27	김지율	강릉	신혼여행	2023-12-12	300,000	3	(1)	(2)
8		B2-24	서현정	강릉	신혼여행	2023-12-26	250,000	2	(1)	(2)
9		A3-12	유승아	제주도	가족여행	2023-12-12	150,000	4	(1)	(2)
10		C5-38	조은주	우도	우정여행	2023-12-27	220,000	2	(1)	(2)
11		A1-13	백로민	제주도	가족여행	2023-12-19	120,000	5	(1)	(2)
12		B4-22	정석현	강릉	신혼여행	2023-12-05	250,000	4	(1)	(2)
13		우정여행의 1박요금(단위:원) 평균			(3)		최대 1박요금(단위:원)			(5)
14		제주도여행 예약일수 평균			(4)		고객명	강지우	예약일수	(6)

≪조건≫

○ 모든 데이터의 서식에는 글꼴(굴림, 11pt), 정렬은 숫자 및 회계 서식은 오른쪽 정렬, 나머지 서식은 가운데 정렬로 작성하며 예외적인 것은 ≪출력형태≫를 참조하시오.
○ 제 목 ⇒ 도형(평행 사변형)과 그림자(오프셋 오른쪽)를 이용하여 작성하고 "12월 여행 예약 현황"을 입력한 후 다음 서식을 적용하시오(글꼴-굴림, 24pt, 검정, 굵게, 채우기-노랑).
○ 임의의 셀에 결재란을 작성하여 그림으로 복사 기능을 이용하여 붙이기 하시오(단, 원본 삭제).
○ 「B4:J4, G14, I14」 영역은 '주황'으로 채우기 하시오.
○ 유효성 검사를 이용하여 「H14」 셀에 고객명(「C5:C12」 영역)이 선택 표시되도록 하시오.
○ 셀 서식 ⇒ 「H5:H12」 영역에 셀 서식을 이용하여 숫자 뒤에 '일'을 표시하시오(예 : 3일).
○ 「H5:H12」 영역에 대해 '예약일수'로 이름정의를 하시오.

▶ (1)~(6) 셀은 반드시 **주어진 함수를 이용**하여 값을 구하시오(결과값을 직접 입력하면 해당 셀은 0점 처리됨).

(1) 이용금액(단위:원) ⇒ 「1박요금(단위:원)×예약일수-할인금액」으로 구하시오. 단, 할인금액은 「1박요금(단위:원)×예약일수×예약코드의 마지막 글자×1.5%」로 계산하시오(MID 함수).
(2) 비고 ⇒ 예약코드의 첫 글자가 D이면 '반려견 동반', 그 외에는 공백으로 표시하시오(IF, LEFT 함수).
(3) 우정여행의 1박요금(단위:원) 평균 ⇒ 조건은 입력데이터를 이용하시오(DAVERAGE 함수).
(4) 제주도여행 예약일수 평균 ⇒ 정의된 이름(예약일수)을 이용하여 구한 결과값에 '일'을 표시하시오 (SUMIF, COUNTIF 함수, & 연산자)(예 : 1일).
(5) 최대 1박요금(단위:원) ⇒ (MAX 함수)
(6) 예약일수 ⇒ 「H14」 셀에서 선택한 고객명에 대한 예약일수를 표시하시오(VLOOKUP 함수).
(7) 조건부 서식의 수식을 이용하여 1박요금(단위:원)이 '200,000' 이하인 행 전체에 다음의 서식을 적용하시오 (글꼴 : 파랑, 굵게).

[제2작업] 필터 및 서식   80점

➡ "제1작업" 시트의 「B4:H12」 영역을 복사하여 "제2작업" 시트의 「B2」 셀부터 모두 붙여넣기를 한 후 다음의 조건과 같이 작업하시오.

≪조건≫
(1) 고급 필터 – 여행지가 '제주도'이거나, 예약일자가 '2023-12-25' 이후(해당일 포함)인 자료의 고객명, 구분, 1박요금(단위:원), 예약일수 데이터만 추출하시오.
    – 조건 범위 : 「B14」 셀부터 입력하시오.
    – 복사 위치 : 「B18」 셀부터 나타나도록 하시오.

(2) 표 서식 – 고급 필터의 결과셀을 채우기 없음으로 설정한 후 '표 스타일 밝게 9'의 서식을 적용하시오.
    – 머리글 행, 줄무늬 행을 적용하시오.

[제3작업] 피벗 테이블   80점

➡ "제1작업" 시트를 이용하여 "제3작업" 시트에 조건에 따라 ≪출력형태≫와 같이 작업하시오.

≪조건≫
(1) 예약일자 및 구분별 고객명의 개수와 1박요금(단위:원)의 평균을 구하시오.
(2) 예약일자를 그룹화하고, 구분을 ≪출력형태≫와 같이 정렬하시오.
(3) 레이블이 있는 셀 병합 및 가운데 맞춤 적용 및 빈 셀은 '**'로 표시하시오.
(4) 행의 총합계는 지우고, 나머지 사항은 ≪출력형태≫에 맞게 작성하시오.

≪출력형태≫

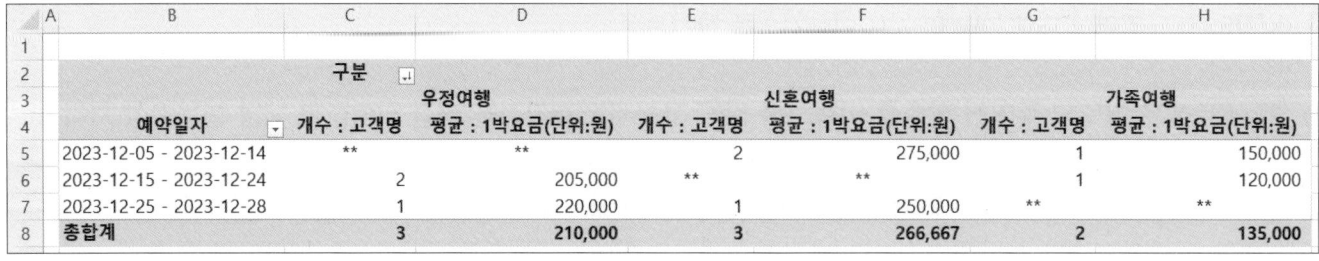

[제4작업] 그래프 100점

➡ "제1작업" 시트를 이용하여 조건에 따라 ≪출력형태≫와 같이 작업하시오.

≪조건≫
(1) 차트 종류 ⇒ 〈묶은 세로 막대형〉으로 작업하시오.
(2) 데이터 범위 ⇒ "제1작업" 시트의 내용을 이용하여 작업하시오.
(3) 위치 ⇒ "새 시트"로 이동하고, "제4작업"으로 시트 이름을 바꾸시오.
(4) 차트 디자인 도구 ⇒ 레이아웃 3, 스타일 1을 선택하여 ≪출력형태≫에 맞게 작업하시오.
(5) 영역 서식 ⇒ 차트 : 글꼴(굴림, 11pt), 채우기 효과(질감-분홍 박엽지)
      그림 : 채우기(흰색, 배경1)
(6) 제목 서식 ⇒ 차트 제목 : 글꼴(굴림, 굵게, 20pt), 채우기(흰색, 배경1), 테두리
(7) 서식 ⇒ 예약일수 계열의 차트 종류를 〈표식이 있는 꺾은선형〉으로 변경한 후 보조 축으로 지정하시오.
      계열 : ≪출력형태≫를 참조하여 표식(세모, 크기 10)과 레이블 값을 표시하시오.
      눈금선 : 선 스타일-파선
      축 : ≪출력형태≫를 참조하시오.
(8) 범례 ⇒ 범례명을 변경하고 ≪출력형태≫를 참조하시오.
(9) 도형 ⇒ '말풍선: 모서리가 둥근 사각형 설명선'을 삽입한 후 ≪출력형태≫와 같이 내용을 입력하시오.
(10) 나머지 사항은 ≪출력형태≫에 맞게 작성하시오.

≪출력형태≫

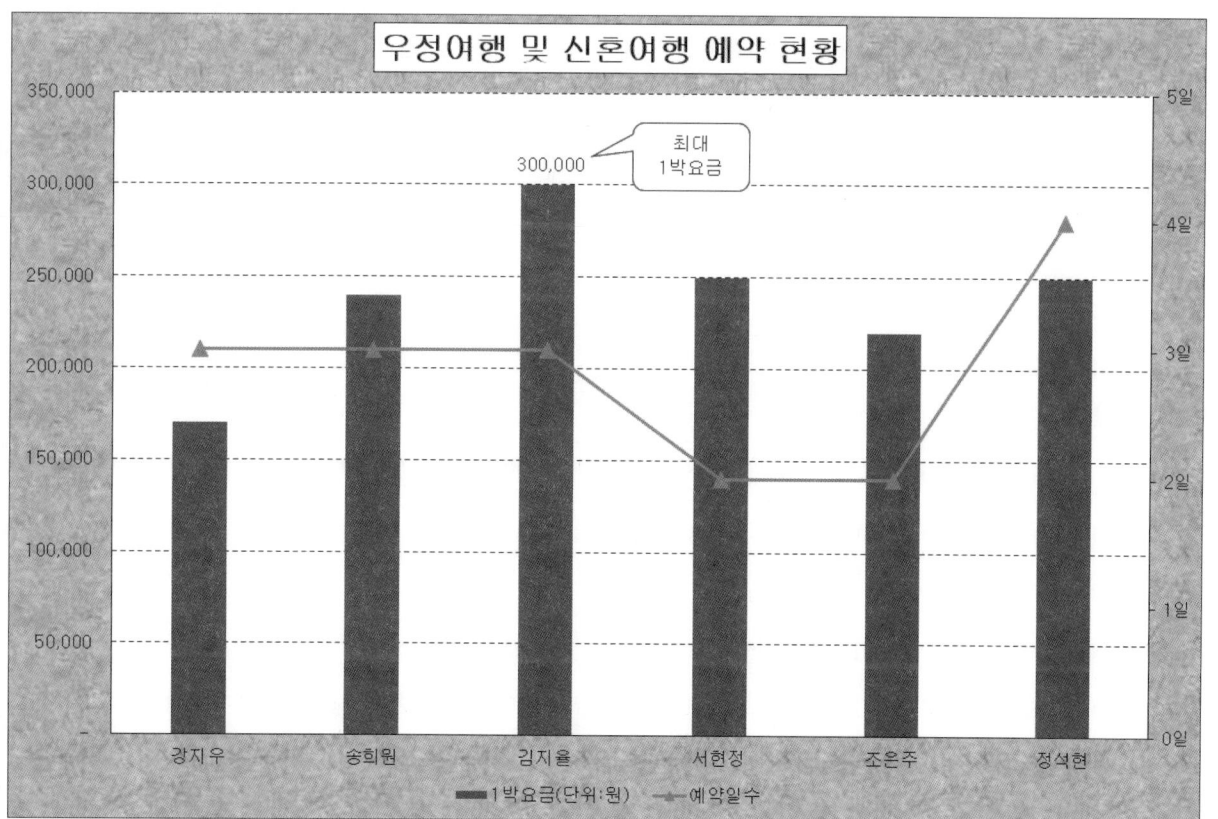

주의 ➡ 시트명 순서가 차례대로 "제1작업", "제2작업", "제3작업", "제4작업"이 되도록 할 것.

제12회 정보기술자격(ITQ) 출제예상 모의고사

작성 시간 / 시험 시간	채점 결과
분 / 60분	점 / 500점

과목	코드	문제유형	시험시간	수험번호	성명
한글엑셀	1122	C	60분		

MS오피스

수험자 유의사항

- 수험자는 문제지를 받는 즉시 문제지와 **수험표상의 시험과목(프로그램)이 동일한지 반드시 확인**하여야 합니다.
- 파일명은 본인의 "수험번호-성명"으로 입력하여 답안 폴더(내 PC\문서\ITQ)에 하나의 파일로 저장해야 하며, 답안 문서 파일명이 "수험번호-성명"과 일치하지 않거나, 답안 파일을 전송하지 않아 미제출로 처리될 경우 실격 처리합니다. (예 : 12345678-홍길동.xlsx).
- 답안 작성을 마치면 파일을 저장하고, '답안 전송' 버튼을 선택하여 감독위원 PC로 답안을 전송하십시오. 수험생 정보와 저장한 파일명이 다를 경우 전송되지 않으므로 주의하시기 바랍니다.
- 답안 작성 중에도 **주기적으로 저장하고, '답안 전송'**하여야 문제 발생을 줄일 수 있습니다. 작업한 내용을 저장하지 않고 전송할 경우 이전에 저장된 내용이 전송되오니 이점 유의하시기 바랍니다.
- 답안 문서는 지정된 경로 외의 다른 보조기억장치에 저장하는 경우, 지정된 시험 시간 외에 작성된 파일을 활용할 경우, 기타 통신수단(이메일, 메신저, 네트워크 등)을 이용하여 타인에게 전달 또는 외부 반출하는 경우는 부정 처리합니다.
- 시험 중 부주의 또는 고의로 시스템을 파손한 경우는 수험자가 변상해야 하며, 〈수험자 유의사항〉에 기재된 방법대로 이행하지 않아 생기는 불이익은 수험생 당사자의 책임임을 알려 드립니다.
- 문제의 조건은 MS오피스 2021 버전으로 설정되어 있으니 유의하시기 바랍니다.
- 시험을 완료한 수험자는 답안 파일이 전송되었는지 확인한 후 감독위원의 지시에 따라 문제지를 제출하고 퇴실합니다.

답안 작성요령

- 온라인 답안 작성 절차

    수험자 등록 ⇒ 시험 시작 ⇒ 답안 파일 저장 ⇒ 답안 전송 ⇒ 시험 종료

- 문제는 총 4단계, 즉 제1작업부터 제4작업까지 구성되어 있으며 반드시 제1작업부터 순서대로 작성하고 조건대로 작업하시오.
- 모든 작업 시트의 A열은 열 너비 '1'로, 나머지 열은 적당하게 조절하시오.
- 모든 작업 시트의 테두리는 ≪출력형태≫와 같이 작업하시오.
- 해당 작업란에서는 각각 제시된 조건에 따라 ≪출력형태≫와 같이 작업하시오.
- 답안 시트 이름은 "제1작업", "제2작업", "제3작업", "제4작업"이어야 하며 답안 시트 이외의 것은 감점 처리됩니다.
- 각 시트를 파일로 나누어 작업해서 저장할 경우 실격 처리됩니다.

kpc 한국생산성본부

[제1작업] 표 서식 작성 및 값 계산   240점

▶ 다음은 '**중국여행 호텔 예약 현황**'에 대한 자료이다. 자료를 입력하고 조건에 맞도록 작업하시오.

≪출력형태≫

	A	B	C	D	E	F	G	H	I	J
1									담당	과장	부장
2			중국여행 호텔 예약 현황					확인			
3											
4		예약코드	고객명	호텔명	지역	예약일자	1박 사용요금 (단위:원)	사용일수	호텔등급	총이용금액 (단위:원)
5		BE-821	박유림	르네상스	계림	2023-12-02	108,000	3	(1)	(2)
6		CT-141	전종서	래디언스	서안	2023-12-18	117,000	5	(1)	(2)
7		CX-823	서유란	만다린	서안	2023-12-07	195,000	2	(1)	(2)
8		CM-783	김지훈	하카타	서안	2023-12-20	257,000	4	(1)	(2)
9		CM-632	김지율	민쩡	서안	2023-11-30	180,000	3	(1)	(2)
10		KA-142	이충현	써튼	상해	2023-11-28	157,000	4	(1)	(2)
11		BH-242	안지우	오아시스	계림	2023-11-23	125,000	5	(1)	(2)
12		KD-251	주승하	상하이	상해	2023-12-01	137,000	6	(1)	(2)
13		서안지역 1박 사용요금(단위:원) 평균			(3)		최대 사용일수			(5)
14		계림지역의 호텔 수			(4)		고객명	박유림	사용일수	(6)

≪조건≫

○ 모든 데이터의 서식에는 글꼴(굴림, 11pt), 정렬은 숫자 및 회계 서식은 오른쪽 정렬, 나머지 서식은 가운데 정렬로 작성하며 예외적인 것은 ≪출력형태≫를 참조하시오.
○ 제 목 ⇒ 도형(대각선 방향의 모서리가 잘린 사각형)과 그림자(오프셋 오른쪽)를 이용하여 작성하고 "중국여행 호텔 예약 현황"을 입력한 후 다음 서식을 적용하시오
　　　　　(글꼴-굴림, 24pt, 검정, 굵게, 채우기-노랑).
○ 임의의 셀에 결재란을 작성하여 그림으로 복사 기능을 이용하여 붙이기 하시오(단, 원본 삭제).
○ 「B4:J4, G14, I14」 영역은 '주황'으로 채우기 하시오.
○ 유효성 검사를 이용하여 「H14」 셀에 고객명(「C5:C12」 영역)이 선택 표시되도록 하시오.
○ 셀 서식 ⇒ 「H5:H12」 영역에 셀 서식을 이용하여 숫자 뒤에 '박'을 표시하시오(예 : 3박).
○ 「G5:G12」 영역에 대해 '사용요금'으로 이름정의를 하시오.

▶ (1)~(6) 셀은 반드시 **주어진 함수를 이용**하여 값을 구하시오(결과값을 직접 입력하면 해당 셀은 0점 처리됨).

(1) 호텔등급 ⇒ 예약코드의 마지막 글자가 1이면 '★★★', 2이면 '★★', 3이면 '★'로 구하시오
　　　(CHOOSE, RIGHT 함수).
(2) 총이용금액(단위:원) ⇒ 사용일수가 4 이상이면 「1박 사용요금(단위:원)×사용일수×0.9」,
　　　그 외에는 「1박 사용요금(단위:원)×사용일수」로 구하시오(IF 함수).
(3) 서안지역 1박 사용요금(단위:원) 평균 ⇒ 정의된 이름(사용요금)을 이용하여 구하시오(SUMIF, COUNTIF 함수).
(4) 계림지역의 호텔 수 ⇒ 결과값에 '개'를 표시하시오. 단, 조건은 입력데이터를 이용하시오
　　　(DCOUNTA 함수, & 연산자)(예 : 1개).
(5) 최대 사용일수 ⇒ (MAX 함수)
(6) 사용일수 ⇒ 「H14」 셀에서 선택한 고객명에 대한 사용일수를 구하시오(VLOOKUP 함수).
(7) 조건부 서식의 수식을 이용하여 사용일수가 '5' 이상인 행 전체에 다음의 서식을 적용하시오
　(글꼴 : 파랑, 굵게).

[제2작업] 목표값 찾기 및 필터   80점

➡ "제1작업" 시트의 「B4:H12」 영역을 복사하여 "제2작업" 시트의 「B2」 셀부터 모두 붙여넣기를 한 후 다음의 조건과 같이 작업하시오.

≪조건≫

(1) 목표값 찾기 - 「B11:G11」 셀을 병합하고, 가운데 맞춤한 후 "계림지역 1박 사용요금(단위:원) 평균"을 입력하고, 「H11」 셀에 계림지역 1박 사용요금(단위:원) 평균을 구하시오.
　　단, 조건은 입력데이터를 이용하시오(DAVERAGE 함수, 테두리).
　　- '계림지역 1박 사용요금(단위:원) 평균'이 '120,000'이 되려면 박유림의 1박 사용요금(단위:원)이 얼마가 되어야 하는지 목표값을 구하시오.

(2) 고급 필터 - 지역이 '계림'이 아니면서, 사용일수가 '3' 이하인 자료의 고객명, 호텔명, 1박 사용요금(단위:원), 사용일수 데이터만 추출하시오.
　　- 조건 범위 : 「B14」 셀부터 입력하시오.
　　- 복사 위치 : 「B18」 셀부터 나타나도록 하시오.

[제3작업] 정렬 및 부분합   80점

➡ "제1작업" 시트의 「B4:H12」 영역을 복사하여 "제3작업" 시트의 「B2」 셀부터 모두 붙여넣기를 한 후 다음의 조건과 같이 작업하시오.

≪조건≫

(1) 부분합 - ≪출력형태≫처럼 정렬하고, 고객명의 개수와 1박 사용요금(단위:원)의 평균을 구하시오.
(2) 개요 - 지우시오.
(3) 나머지 사항은 ≪출력형태≫에 맞게 작성하시오.

≪출력형태≫

	B	C	D	E	F	G	H
1							
2	예약코드	고객명	호텔명	지역	예약일자	1박 사용요금 (단위:원)	사용일수
3	CT-141	전종서	래디언스	서안	2023-12-18	117,000	5박
4	CX-823	서유란	만다린	서안	2023-12-07	195,000	2박
5	CM-783	김지훈	하카타	서안	2023-12-20	257,000	4박
6	CM-632	김지율	민쩡	서안	2023-11-30	180,000	3박
7				서안 평균		187,250	
8		4		서안 개수			
9	KA-142	이충현	써튼	상해	2023-11-28	157,000	4박
10	KD-251	주승하	상하이	상해	2023-12-01	137,000	6박
11				상해 평균		147,000	
12		2		상해 개수			
13	BE-821	박유림	르네상스	계림	2023-12-02	108,000	3박
14	BH-242	안지우	오아시스	계림	2023-11-23	125,000	5박
15				계림 평균		116,500	
16		2		계림 개수			
17				전체 평균		159,500	
18		8		전체 개수			

[제4작업] 그래프 100점

→ "제1작업" 시트를 이용하여 조건에 따라 ≪출력형태≫와 같이 작업하시오.

≪조건≫
(1) 차트 종류 ⇒ 〈묶은 세로 막대형〉으로 작업하시오.
(2) 데이터 범위 ⇒ "제1작업" 시트의 내용을 이용하여 작업하시오.
(3) 위치 ⇒ "새 시트"로 이동하고, "제4작업"으로 시트 이름을 바꾸시오.
(4) 차트 디자인 도구 ⇒ 레이아웃 3, 스타일 1을 선택하여 ≪출력형태≫에 맞게 작업하시오.
(5) 영역 서식 ⇒ 차트 : 글꼴(굴림, 11pt), 채우기 효과(질감-분홍 박엽지)
   그림 : 채우기(흰색, 배경1)
(6) 제목 서식 ⇒ 차트 제목 : 글꼴(굴림, 굵게, 20pt), 채우기(흰색, 배경1), 테두리
(7) 서식 ⇒ 1박 사용요금(단위:원) 계열의 차트 종류를 〈표식이 있는 꺾은선형〉으로 변경한 후 보조 축으로 지정하시오.
   계열 : ≪출력형태≫를 참조하여 표식(세모, 크기 10)과 레이블 값을 표시하시오.
   눈금선 : 선 스타일-파선
   축 : ≪출력형태≫를 참조하시오.
(8) 범례 ⇒ 범례명을 변경하고 ≪출력형태≫를 참조하시오.
(9) 도형 ⇒ '말풍선: 모서리가 둥근 사각형 설명선'을 삽입한 후 ≪출력형태≫와 같이 내용을 입력하시오.
(10) 나머지 사항은 ≪출력형태≫에 맞게 작성하시오.

≪출력형태≫

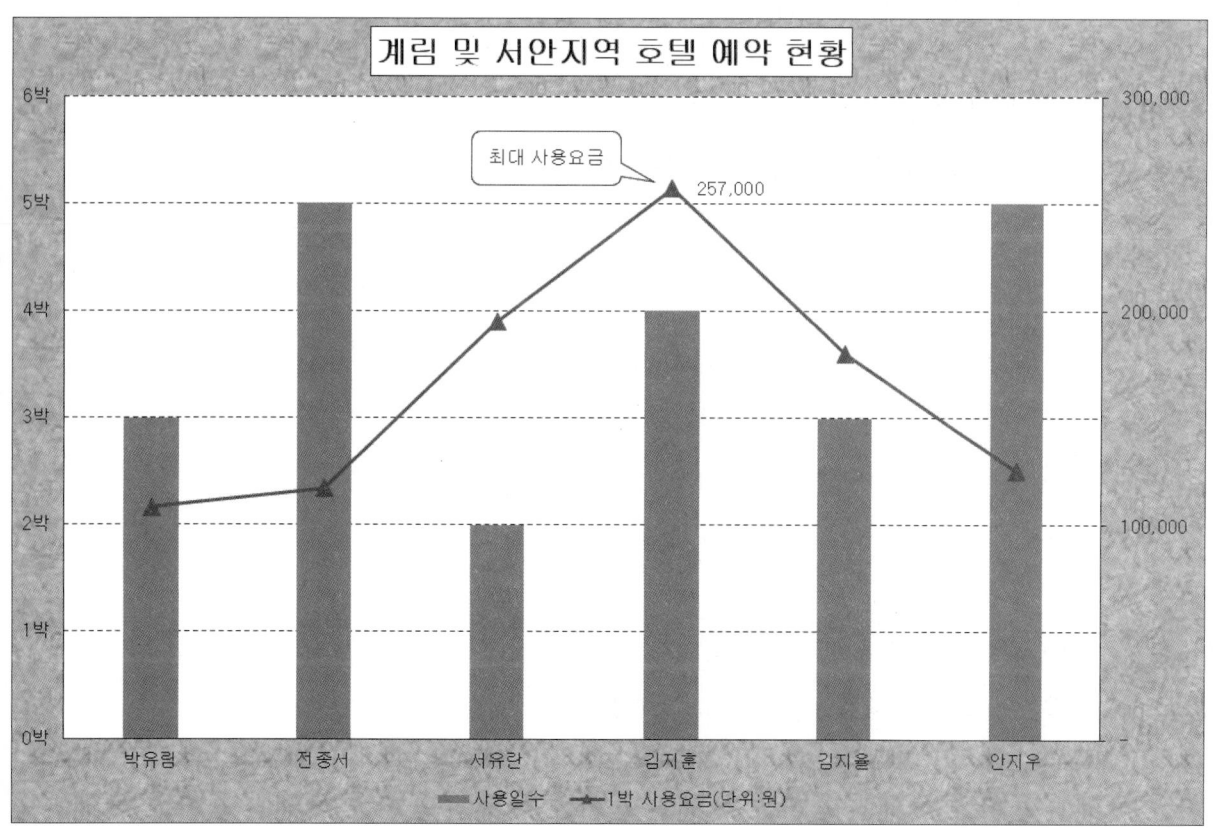

주의 → 시트명 순서가 차례대로 "제1작업", "제2작업", "제3작업", "제4작업"이 되도록 할 것.

MEMO

PART 03
최신유형 기출문제

- ☑ 제 **01** 회 최신유형 기출문제
- ☑ 제 **02** 회 최신유형 기출문제
- ☑ 제 **03** 회 최신유형 기출문제
- ☑ 제 **04** 회 최신유형 기출문제
- ☑ 제 **05** 회 최신유형 기출문제

제 01 회 정보기술자격(ITQ) 최신유형 기출문제

작성 시간 / 시험 시간	채점 결과
분 / 60분	점 / 500점

과목	코드	문제유형	시험시간	수험번호	성명
한글엑셀	1122	A	60분		

MS오피스

· 수험자 유의사항 ·

- 수험자는 문제지를 받는 즉시 문제지와 **수험표상의 시험과목(프로그램)이 동일한지 반드시 확인**하여야 합니다.
- 파일명은 본인의 "수험번호-성명"으로 입력하여 답안 폴더(내 PC\문서\ITQ)에 하나의 파일로 저장해야 하며, 답안 문서 파일명이 "수험번호-성명"과 일치하지 않거나, 답안 파일을 전송하지 않아 미제출로 처리될 경우 실격 처리합니다. (예 : 12345678-홍길동.xlsx).
- 답안 작성을 마치면 파일을 저장하고, '답안 전송' 버튼을 선택하여 감독위원 PC로 답안을 전송하십시오. 수험생 정보와 저장한 파일명이 다를 경우 전송되지 않으므로 주의하시기 바랍니다.
- 답안 작성 중에도 **주기적으로 저장하고, '답안 전송'**하여야 문제 발생을 줄일 수 있습니다. 작업한 내용을 저장하지 않고 전송할 경우 이전에 저장된 내용이 전송되오니 이점 유의하시기 바랍니다.
- 답안 문서는 지정된 경로 외의 다른 보조기억장치에 저장하는 경우, 지정된 시험 시간 외에 작성된 파일을 활용할 경우, 기타 통신수단(이메일, 메신저, 네트워크 등)을 이용하여 타인에게 전달 또는 외부 반출하는 경우는 부정 처리합니다.
- 시험 중 부주의 또는 고의로 시스템을 파손한 경우는 수험자가 변상해야 하며, 〈수험자 유의사항〉에 기재된 방법대로 이행하지 않아 생기는 불이익은 수험생 당사자의 책임임을 알려 드립니다.
- 문제의 조건은 MS오피스 2021 버전으로 설정되어 있으니 유의하시기 바랍니다.
- 시험을 완료한 수험자는 답안 파일이 전송되었는지 확인한 후 감독위원의 지시에 따라 문제지를 제출하고 퇴실합니다.

· 답안 작성요령 ·

- 온라인 답안 작성 절차

  수험자 등록 ⇒ 시험 시작 ⇒ 답안 파일 저장 ⇒ 답안 전송 ⇒ 시험 종료

- 문제는 총 4단계, 즉 제1작업부터 제4작업까지 구성되어 있으며 반드시 제1작업부터 순서대로 작성하고 조건대로 작업하시오.
- 모든 작업 시트의 A열은 열 너비 '1'로, 나머지 열은 적당하게 조절하시오.
- 모든 작업 시트의 테두리는 ≪출력형태≫와 같이 작업하시오.
- 해당 작업란에서는 각각 제시된 조건에 따라 ≪출력형태≫와 같이 작업하시오.
- 답안 시트 이름은 "제1작업", "제2작업", "제3작업", "제4작업"이어야 하며 답안 시트 이외의 것은 감점 처리됩니다.
- 각 시트를 파일로 나누어 작업해서 저장할 경우 실격 처리됩니다.

kpc 한국생산성본부

[제1작업] 표 서식 작성 및 값 계산　　240점

▶ 다음은 '**음식물 처리기 회원가 현황**'에 대한 자료이다. 자료를 입력하고 조건에 맞도록 작업하시오.

≪출력형태≫

제품코드	제품명	처리방식	등록일	소비전력(W)	무게(kg)	온라인 최저가	회원구매가	대리점
KC-182	키친슬리핏	분쇄건조형	2025-02-01	550	7.6	316,000	(1)	(2)
TS-301	싱크에스엠	싱크대내장형	2023-12-01	200	8.2	899,000	(1)	(2)
KJ-265	스마트블레드	분쇄건조형	2024-05-01	1,000	18.5	995,000	(1)	(2)
EK-177	이롭더그레블	미생물분해형	2024-10-01	60	18.0	839,000	(1)	(2)
TC-265	리쿡알이케이	분쇄건조형	2024-11-01	550	7.6	330,000	(1)	(2)
ES-120	젠풀코리아	싱크대내장형	2024-03-01	30	3.2	1,100,000	(1)	(2)
TS-320	쿠쿠씨에프디	미생물분해형	2023-07-01	130	13.5	549,900	(1)	(2)
KC-103	린콜그래비티	미생물분해형	2025-01-01	95	11.3	798,000	(1)	(2)
온라인 최저가 평균			(3)		무게가 10kg 이하인 제품 개수			(5)
분쇄건조형 최대 소비전력(W)			(4)		제품명	키친슬리핏	무게(kg)	(6)

≪조건≫

- 모든 데이터의 서식에는 글꼴(굴림, 11pt), 정렬은 숫자 및 회계 서식은 오른쪽 정렬, 나머지 서식은 가운데 정렬로 작성하며 예외적인 것은 ≪출력형태≫를 참조하시오.
- 제 목 ⇒ 도형(사다리꼴)과 그림자(오프셋 오른쪽)를 이용하여 작성하고
  "음식물 처리기 회원가 현황"을 입력한 후 다음 서식을 적용하시오
  (글꼴-굴림, 24pt, 검정, 굵게, 채우기-노랑).
- 임의의 셀에 결재란을 작성하여 그림으로 복사 기능을 이용하여 붙이기 하시오(단, 원본 삭제).
- 「B4:J4, G14, I14」 영역은 '주황'으로 채우기 하시오.
- 유효성 검사를 이용하여 「H14」 셀에 제품명(「C5:C12」 영역)이 선택 표시되도록 하시오.
- 셀 서식 ⇒ 「H5:H12」 영역에 셀 서식을 이용하여 숫자 뒤에 '원'을 표시하시오(예 : 316,000원).
- 「G5:G12」 영역에 대해 '무게'로 이름정의를 하시오.

▶ (1)~(6) 셀은 반드시 **주어진 함수를 이용**하여 값을 구하시오(결과값을 직접 입력하면 해당 셀은 0점 처리됨).

(1) 회원구매가 ⇒ 「온라인 최저가 × 0.95」를 계산하고, 반올림하여 천원 단위까지 구하시오
　　　　(ROUND 함수)(예 : 323,600 → 324,000).
(2) 대리점 ⇒ 제품코드 두 번째 글자가 S이면 '수도권', C이면 '중부권', 그 외에는 '기타'로 구하시오(IF, MID 함수).
(3) 온라인 최저가 평균 ⇒ 내림하여 백원 단위까지 구하시오
　　　　(ROUNDDOWN, AVERAGE 함수)(예 : 728,362.5 → 728,300).
(4) 분쇄건조형 최대 소비전력(W) ⇒ 조건은 입력데이터를 이용하시오(DMAX 함수).
(5) 무게가 10kg 이하인 제품 개수 ⇒ 정의된 이름(무게)을 이용하여 구한 결과값에 '개'를 붙이시오
　　　　(COUNTIF 함수, & 연산자)(예 : 1개).
(6) 무게(kg) ⇒ 「H14」 셀에서 선택한 제품명에 대한 무게(kg)를 구하시오(VLOOKUP 함수).
(7) 조건부 서식의 수식을 이용하여 무게(kg)가 '10' 이상인 행 전체에 다음의 서식을 적용하시오
　　(글꼴 : 파랑, 굵게).

[제2작업] 목표값 찾기 및 필터   80점

➡ "제1작업" 시트의 「B4:H12」 영역을 복사하여 "제2작업" 시트의 「B2」 셀부터 모두 붙여넣기를 한 후 다음의 조건과 같이 작업하시오.

≪조건≫
(1) 목표값 찾기 - 「B11:G11」 셀을 병합하고, 가운데 맞춤한 후 "분쇄건조형 제품 무게(kg) 평균"을 입력하고, 「H11」 셀에 분쇄건조형 제품 무게(kg) 평균을 구하시오. 단, 조건은 입력데이터를 이용하시오 (DAVERAGE 함수, 테두리).
　　　　　　　 - '분쇄건조형 제품 무게(kg) 평균'이 '10'이 되려면 키친슬리핏의 무게(kg)가 얼마가 되어야 하는지 목표값을 구하시오.

(2) 고급 필터 - 처리방식이 '분쇄건조형'이 아니면서 온라인 최저가가 '800,000' 이하인 자료의 제품명, 등록일, 소비전력(W), 온라인 최저가 데이터만 추출하시오.
　　　　　　 - 조건 범위 : 「B14」 셀부터 입력하시오.
　　　　　　 - 복사 위치 : 「B18」 셀부터 나타나도록 하시오.

[제3작업] 정렬 및 부분합   80점

➡ "제1작업" 시트의 「B4:H12」 영역을 복사하여 "제3작업" 시트의 「B2」 셀부터 모두 붙여넣기를 한 후 다음의 조건과 같이 작업하시오.

≪조건≫
(1) 부분합 - ≪출력형태≫처럼 정렬하고, 제품명의 개수와 온라인 최저가의 평균을 구하시오.
(2) 개요 - 지우시오.
(3) 나머지 사항은 ≪출력형태≫에 맞게 작성하시오.

≪출력형태≫

	제품코드	제품명	처리방식	등록일	소비전력(W)	무게(kg)	온라인 최저가
	TS-301	싱크에스엠	싱크대내장형	2023-12-01	200	8.2	899,000원
	ES-120	젠풀코리아	싱크대내장형	2024-03-01	30	3.2	1,100,000원
			싱크대내장형 평균				999,500원
		2	싱크대내장형 개수				
	KC-182	키친슬리핏	분쇄건조형	2025-02-01	550	7.6	316,000원
	KJ-265	스마트블레드	분쇄건조형	2024-05-01	1,000	18.5	995,000원
	TC-265	리쿡알이케이	분쇄건조형	2024-11-01	550	7.6	330,000원
			분쇄건조형 평균				547,000원
		3	분쇄건조형 개수				
	EK-177	이롭더그레블	미생물분해형	2024-10-01	60	18.0	839,000원
	TS-320	쿠쿠씨에프디	미생물분해형	023-07-01	130	13.5	549,900원
	KC-103	런클그래비티	미생물분해형	2025-01-01	95	11.3	798,000원
			미생물분해형 평균				728,967원
		3	미생물분해형 개수				
			전체 평균				728,363원
		8	전체 개수				

[제4작업] 그래프   100점

➡ **"제1작업"** 시트를 이용하여 조건에 따라 ≪출력형태≫와 같이 작업하시오.

≪조건≫
(1) 차트 종류 ⇒ 〈묶은 세로 막대형〉으로 작업하시오.
(2) 데이터 범위 ⇒ "제1작업" 시트의 내용을 이용하여 작업하시오.
(3) 위치 ⇒ "새 시트"로 이동하고, "제4작업"으로 시트 이름을 바꾸시오.
(4) 차트 디자인 도구 ⇒ 레이아웃 3, 스타일 1을 선택하여 《출력형태》에 맞게 작업하시오.
(5) 영역 서식 ⇒ 차트 : 글꼴(굴림, 11pt), 채우기 효과(질감-분홍 박엽지)
               그림 : 채우기(흰색, 배경1)
(6) 제목 서식 ⇒ 차트 제목 : 글꼴(굴림, 굵게, 20pt), 채우기(흰색, 배경1), 테두리
(7) 서식 ⇒ 온라인 최저가 계열의 차트 종류를 〈표식이 있는 꺾은선형〉으로 변경한 후 보조 축으로 지정하시오.
       계열 : 《출력형태》를 참조하여 표식(세모, 크기 10)과 레이블 값을 표시하시오.
       눈금선 : 선 스타일-파선
       축 : 《출력형태》를 참조하시오.
(8) 범례 ⇒ 범례명을 변경하고 《출력형태》를 참조하시오.
(9) 도형 ⇒ '말풍선: 모서리가 둥근 사각형 설명선'을 삽입한 후 《출력형태》와 같이 내용을 입력하시오.
(10) 나머지 사항은 《출력형태》에 맞게 작성하시오.

≪출력형태≫

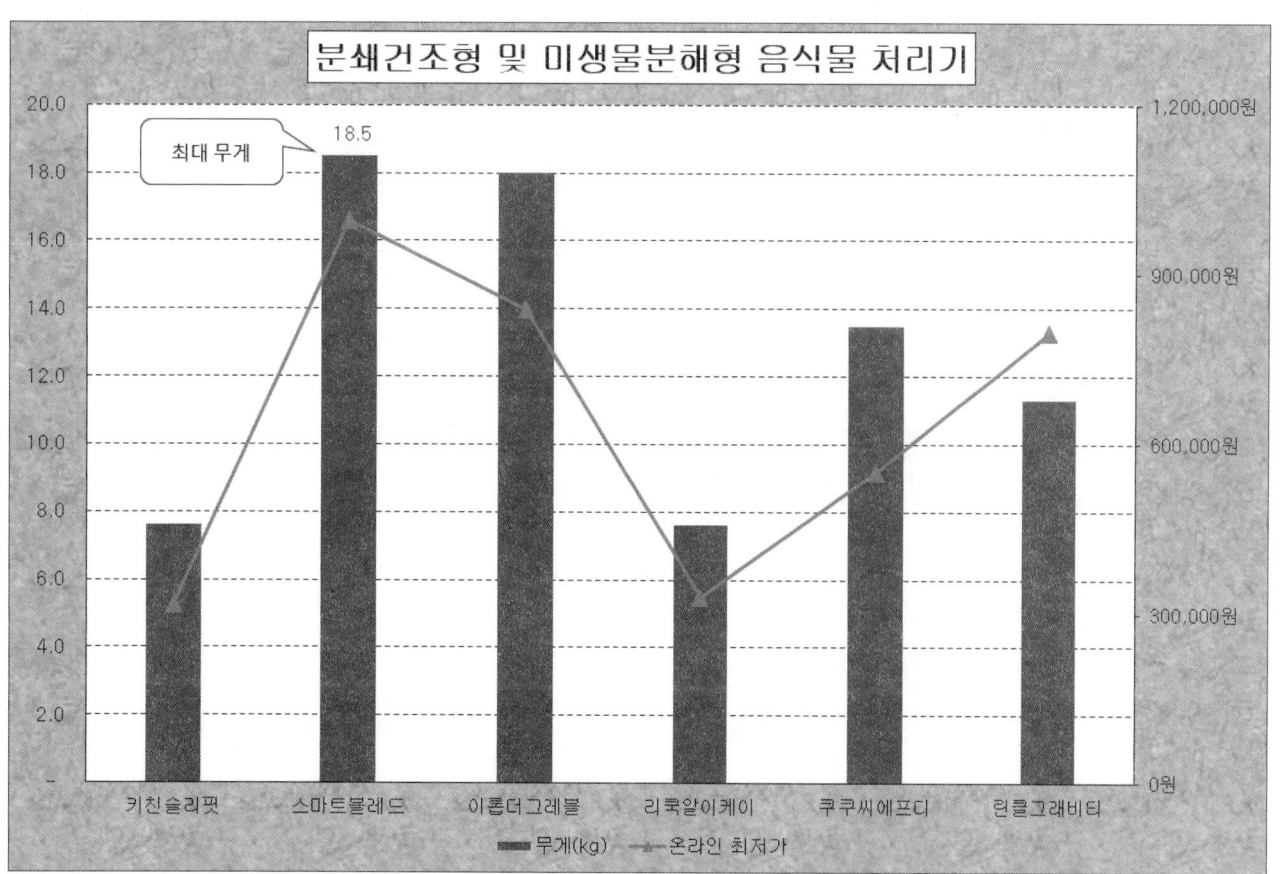

주의 ➡ 시트명 순서가 차례대로 "제1작업", "제2작업", "제3작업", "제4작업"이 되도록 할 것.

정보기술자격(ITQ) 최신유형 기출문제

과목	코드	문제유형	시험시간	수험번호	성명
한글엑셀	1122	B	60분		

MS오피스

· 수험자 유의사항 ·

- 수험자는 문제지를 받는 즉시 문제지와 **수험표상의 시험과목(프로그램)이 동일한지 반드시 확인**하여야 합니다.
- 파일명은 본인의 "수험번호-성명"으로 입력하여 답안 폴더(내 PC₩문서₩ITQ)에 하나의 파일로 저장해야 하며, 답안 문서 파일명이 "수험번호-성명"과 일치하지 않거나, 답안 파일을 전송하지 않아 미제출로 처리될 경우 실격 처리합니다. (예 : 12345678-홍길동.xlsx).
- 답안 작성을 마치면 파일을 저장하고, '답안 전송' 버튼을 선택하여 감독위원 PC로 답안을 전송하십시오. 수험생 정보와 저장한 파일명이 다를 경우 전송되지 않으므로 주의하시기 바랍니다.
- 답안 작성 중에도 **주기적으로 저장하고, '답안 전송'**하여야 문제 발생을 줄일 수 있습니다. 작업한 내용을 저장하지 않고 전송할 경우 이전에 저장된 내용이 전송되오니 이점 유의하시기 바랍니다.
- 답안 문서는 지정된 경로 외의 다른 보조기억장치에 저장하는 경우, 지정된 시험 시간 외에 작성된 파일을 활용할 경우, 기타 통신수단(이메일, 메신저, 네트워크 등)을 이용하여 타인에게 전달 또는 외부 반출하는 경우는 부정 처리합니다.
- 시험 중 부주의 또는 고의로 시스템을 파손한 경우는 수험자가 변상해야 하며, 〈수험자 유의사항〉에 기재된 방법대로 이행하지 않아 생기는 불이익은 수험생 당사자의 책임임을 알려 드립니다.
- 문제의 조건은 MS오피스 2021 버전으로 설정되어 있으니 유의하시기 바랍니다.
- 시험을 완료한 수험자는 답안 파일이 전송되었는지 확인한 후 감독위원의 지시에 따라 문제지를 제출하고 퇴실합니다.

· 답안 작성요령 ·

- 온라인 답안 작성 절차
  수험자 등록 ⇒ 시험 시작 ⇒ 답안 파일 저장 ⇒ 답안 전송 ⇒ 시험 종료
- 문제는 총 4단계, 즉 제1작업부터 제4작업까지 구성되어 있으며 반드시 제1작업부터 순서대로 작성하고 조건대로 작업하시오.
- 모든 작업 시트의 A열은 열 너비 '1'로, 나머지 열은 적당하게 조절하시오.
- 모든 작업 시트의 테두리는 ≪출력형태≫와 같이 작업하시오.
- 해당 작업란에서는 각각 제시된 조건에 따라 ≪출력형태≫와 같이 작업하시오.
- 답안 시트 이름은 "제1작업", "제2작업", "제3작업", "제4작업"이어야 하며 답안 시트 이외의 것은 감점 처리됩니다.
- 각 시트를 파일로 나누어 작업해서 저장할 경우 실격 처리됩니다.

kpc 한국생산성본부

[제1작업] 표 서식 작성 및 값 계산 240점

다음은 '2025 게임 판매 현황'에 대한 자료이다. 자료를 입력하고 조건에 맞도록 작업하시오.

≪출력형태≫

제품코드	게임명	장르	판매일자	단가	판매수량 (단위:개)	전년 판매수량	판매순위	제작사
BM-001	어쌔신	액션	2025-02-25	80,000	45	50	(1)	(2)
EM-002	배틀플레이	FPS	2025-01-09	100,000	35	30	(1)	(2)
DM-003	콜 오브 필드	FPS	2025-01-23	60,000	10	20	(1)	(2)
BM-004	문화 VI	액션	2025-01-22	70,000	3	20	(1)	(2)
DM-005	스타타이쿤	액션	2025-03-01	90,000	8	10	(1)	(2)
EM-006	리그오브	레이싱	2025-02-23	85,000	50	45	(1)	(2)
BM-007	마리오 전설	레이싱	2025-02-08	80,000	25	25	(1)	(2)
DM-008	젤다 카트	레이싱	2025-03-08	75,000	20	15	(1)	(2)
단가 전체평균				(3)		최다 판매수량(단위:개)		(5)
FPS 전년 판매수량 합계				(4)		제품코드	BM-001	판매일자	(6)

제목 영역에 결재란(담당, 팀장, 부장)이 포함됨.

≪조건≫

- 모든 데이터의 서식에는 글꼴(굴림, 11pt), 정렬은 숫자 및 회계 서식은 오른쪽 정렬, 나머지 서식은 가운데 정렬로 작성하며 예외적인 것은 ≪출력형태≫를 참조하시오.
- 제 목 ⇒ 도형(육각형)과 그림자(오프셋 오른쪽)를 이용하여 작성하고 "2025 게임 판매 현황"을 입력한 후 다음 서식을 적용하시오(글꼴-굴림, 24pt, 검정, 굵게, 채우기-노랑).
- 임의의 셀에 결재란을 작성하여 그림으로 복사 기능을 이용하여 붙이기 하시오(단, 원본 삭제).
- 「B4:J4, G14, I14」 영역은 '주황'으로 채우기 하시오.
- 유효성 검사를 이용하여 「H14」 셀에 제품코드(「B5:B12」 영역)가 선택 표시되도록 하시오.
- 셀 서식 ⇒ 「F5:F12」 영역에 셀 서식을 이용하여 숫자 뒤에 '원'을 표시하시오(예 : 80,000원).
- 「H5:H12」 영역에 대해 '전년판매수량'으로 이름정의를 하시오.

▶ (1)~(6) 셀은 반드시 **주어진 함수를 이용**하여 값을 구하시오(결과값을 직접 입력하면 해당 셀은 0점 처리됨).

(1) 판매순위 ⇒ 판매수량(단위:개)의 내림차순 순위를 구한 결과값에 '위'를 붙이시오
(RANK.EQ 함수, & 연산자)(예 : 1위).
(2) 제작사 ⇒ 제품코드 첫 번째 글자가 B이면 '블레이드', D이면 '드림', 그 외에는 '이든'으로 구하시오(IF, MID 함수).
(3) 단가 전체평균 ⇒ 내림하여 천원 단위까지 구하시오
(ROUNDDOWN, AVERAGE 함수)(예 : 87,500 → 87,000).
(4) FPS 전년 판매수량 합계 ⇒ 정의된 이름(전년판매수량)을 이용하여 구하시오(SUMIF 함수).
(5) 최다 판매수량(단위:개) ⇒ (MAX 함수)
(6) 판매일자 ⇒ 「H14」 셀에서 선택한 제품코드에 대한 판매일자를 구하시오(VLOOKUP 함수)(예 : 2025-01-01).
(7) 조건부 서식의 수식을 이용하여 전년 판매수량이 '30' 이상인 행 전체에 다음의 서식을 적용하시오
(글꼴 : 파랑, 굵게).

[제2작업] 필터 및 서식   80점

➡ "제1작업" 시트의 「B4:H12」 영역을 복사하여 "제2작업" 시트의 「B2」 셀부터 모두 붙여넣기를 한 후 다음의 조건과 같이 작업하시오.

≪조건≫
(1) 고급 필터 – 장르가 'FPS'이거나, 판매수량(단위:개)이 '40' 이상인 자료의 제품코드, 게임명, 판매일자, 판매수량(단위:개) 데이터만 추출하시오.
   – 조건 범위 : 「B14」 셀부터 입력하시오.
   – 복사 위치 : 「B18」 셀부터 나타나도록 하시오.

(2) 표 서식 – 고급 필터의 결과셀을 채우기 없음으로 설정한 후 '표 스타일 보통 6'의 서식을 적용하시오.
   – 머리글 행, 줄무늬 행을 적용하시오.

[제3작업] 피벗 테이블   80점

➡ "제1작업" 시트를 이용하여 "제3작업" 시트에 조건에 따라 ≪출력형태≫와 같이 작업하시오.

≪조건≫
(1) 단가 및 장르별 게임명의 개수와 판매수량(단위:개)의 평균을 구하시오.
(2) 단가를 그룹화하고, 장르를 ≪출력형태≫와 같이 정렬하시오.
(3) 레이블이 있는 셀 병합 및 가운데 맞춤 적용 및 빈 셀은 '**'로 표시하시오.
(4) 행의 총합계는 지우고, 나머지 사항은 ≪출력형태≫에 맞게 작성하시오.

≪출력형태≫

A	B	C	D	E	F	G	H
1							
2		장르					
3			액션		레이싱		FPS
4	단가	개수 : 게임명	평균 : 판매수량(단위:개)	개수 : 게임명	평균 : 판매수량(단위:개)	개수 : 게임명	평균 : 판매수량(단위:개)
5	30001-60000	**	**	**	**	1	10
6	60001-90000	3	19	3	32	**	**
7	90001-120000	**	**	**	**	1	35
8	총합계	3	19	3	32	2	23

[제4작업] 그래프　　　　100점

➜ "제1작업" 시트를 이용하여 조건에 따라 ≪출력형태≫와 같이 작업하시오.

≪조건≫
(1) 차트 종류 ⇒ 〈묶은 세로 막대형〉으로 작업하시오.
(2) 데이터 범위 ⇒ "제1작업" 시트의 내용을 이용하여 작업하시오.
(3) 위치 ⇒ "새 시트"로 이동하고, "제4작업"으로 시트 이름을 바꾸시오.
(4) 차트 디자인 도구 ⇒ 레이아웃 3, 스타일 1을 선택하여 ≪출력형태≫에 맞게 작업하시오.
(5) 영역 서식 ⇒ 차트 : 글꼴(굴림, 11pt), 채우기 효과(질감-파랑 박엽지)
　　　　　　　그림 : 채우기(흰색, 배경1)
(6) 제목 서식 ⇒ 차트 제목 : 글꼴(굴림, 굵게, 20pt), 채우기(흰색, 배경1), 테두리
(7) 서식 ⇒ 판매수량(단위:개) 계열의 차트 종류를 〈표식이 있는 꺾은선형〉으로 변경한 후 보조 축으로 지정하시오.
　　　　　계열 : ≪출력형태≫를 참조하여 표식(마름모, 크기 10)과 레이블 값을 표시하시오.
　　　　　눈금선 : 선 스타일-파선
　　　　　축 : ≪출력형태≫를 참조하시오.
(8) 범례 ⇒ 범례명을 변경하고 ≪출력형태≫를 참조하시오.
(9) 도형 ⇒ '말풍선: 모서리가 둥근 사각형 설명선'을 삽입한 후 ≪출력형태≫와 같이 내용을 입력하시오.
(10) 나머지 사항은 ≪출력형태≫에 맞게 작성하시오.

≪출력형태≫

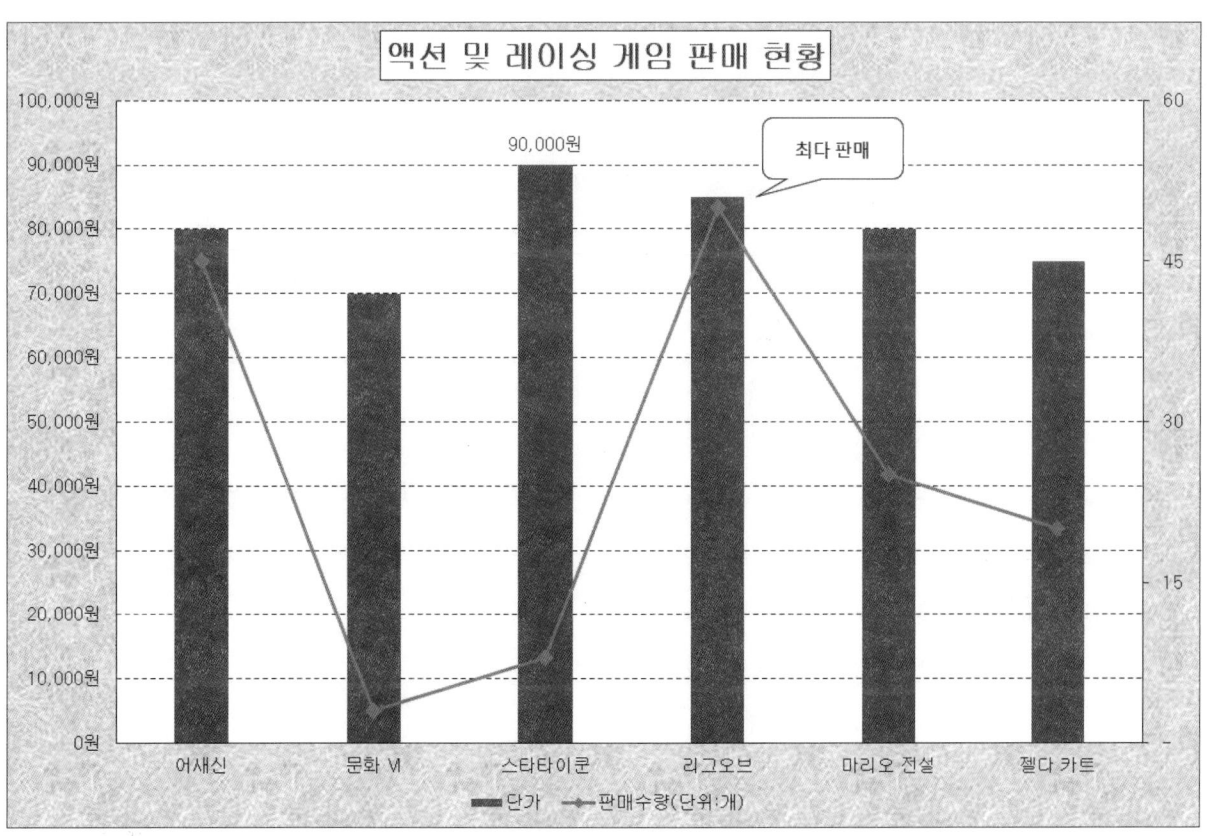

주의 ➜ 시트명 순서가 차례대로 "제1작업", "제2작업", "제3작업", "제4작업"이 되도록 할 것.

과목	코드	문제유형	시험시간	수험번호	성명
한글엑셀	1122	C	60분		

수험자 유의사항

- 수험자는 문제지를 받는 즉시 문제지와 **수험표상의 시험과목(프로그램)이 동일한지 반드시 확인**하여야 합니다.
- 파일명은 본인의 "수험번호-성명"으로 입력하여 답안 폴더(내 PC₩문서₩ITQ)에 하나의 파일로 저장해야 하며, 답안 문서 파일명이 "수험번호-성명"과 일치하지 않거나, 답안 파일을 전송하지 않아 미제출로 처리될 경우 실격 처리합니다. (예 : 12345678-홍길동.xlsx).
- 답안 작성을 마치면 파일을 저장하고, '답안 전송' 버튼을 선택하여 감독위원 PC로 답안을 전송하십시오. 수험생 정보와 저장한 파일명이 다를 경우 전송되지 않으므로 주의하시기 바랍니다.
- 답안 작성 중에도 **주기적으로 저장하고, '답안 전송'**하여야 문제 발생을 줄일 수 있습니다. 작업한 내용을 저장하지 않고 전송할 경우 이전에 저장된 내용이 전송되오니 이점 유의하시기 바랍니다.
- 답안 문서는 지정된 경로 외의 다른 보조기억장치에 저장하는 경우, 지정된 시험 시간 외에 작성된 파일을 활용할 경우, 기타 통신수단(이메일, 메신저, 네트워크 등)을 이용하여 타인에게 전달 또는 외부 반출하는 경우는 부정 처리합니다.
- 시험 중 부주의 또는 고의로 시스템을 파손한 경우는 수험자가 변상해야 하며, 〈수험자 유의사항〉에 기재된 방법대로 이행하지 않아 생기는 불이익은 수험생 당사자의 책임임을 알려 드립니다.
- 문제의 조건은 MS오피스 2021 버전으로 설정되어 있으니 유의하시기 바랍니다.
- 시험을 완료한 수험자는 답안 파일이 전송되었는지 확인한 후 감독위원의 지시에 따라 문제지를 제출하고 퇴실합니다.

답안 작성요령

- 온라인 답안 작성 절차
  수험자 등록 ⇒ 시험 시작 ⇒ 답안 파일 저장 ⇒ 답안 전송 ⇒ 시험 종료
- 문제는 총 4단계, 즉 제1작업부터 제4작업까지 구성되어 있으며 반드시 제1작업부터 순서대로 작성하고 조건대로 작업하시오.
- 모든 작업 시트의 A열은 열 너비 '1'로, 나머지 열은 적당하게 조절하시오.
- 모든 작업 시트의 테두리는 ≪출력형태≫와 같이 작업하시오.
- 해당 작업란에서는 각각 제시된 조건에 따라 ≪출력형태≫와 같이 작업하시오.
- 답안 시트 이름은 "제1작업", "제2작업", "제3작업", "제4작업"이어야 하며 답안 시트 이외의 것은 감점 처리됩니다.
- 각 시트를 파일로 나누어 작업해서 저장할 경우 실격 처리됩니다.

[제1작업] 표 서식 작성 및 값 계산 (240점)

다음은 '**서준기업 연말정산 현황**'에 대한 자료이다. 자료를 입력하고 조건에 맞도록 작업하시오.

≪출력형태≫

사원코드	사원명	부서	주민번호	소득금액	카드사용료 (단위:천원)	현금영수증 (단위:천원)	성별	소득세
AE-121	김가은	연구개발	691110-2	67,500	20,835	1,021	(1)	(2)
AC-201	신민영	연구개발	750811-2	68,500	12,500	4,500	(1)	(2)
SA-103	박성재	생산관리	770701-1	45,000	10,321	7,230	(1)	(2)
ME-103	손재석	생산관리	810910-1	38,500	10,000	5,800	(1)	(2)
AS-113	최지희	해외영업	810212-2	39,800	10,680	3,850	(1)	(2)
SA-232	유동원	연구개발	641210-1	72,500	20,320	1,500	(1)	(2)
SE-211	전영희	해외영업	780909-2	48,500	10,250	3,900	(1)	(2)
ME-102	정예원	해외영업	840512-2	35,000	7,855	5,500	(1)	(2)
해외영업부 사원 소득금액 평균			(3)		연구개발부 사원 수			(5)
최대 카드사용료(단위:천원)			(4)		사원명	김가은	부서	(6)

제목: 서준기업 연말정산 현황
결재: 사원 / 팀장 / 사장

≪조건≫

○ 모든 데이터의 서식에는 글꼴(굴림, 11pt), 정렬은 숫자 및 회계 서식은 오른쪽 정렬, 나머지 서식은 가운데 정렬로 작성하며 예외적인 것은 ≪출력형태≫를 참조하시오.
○ 제 목 ⇒ 도형(사다리꼴)과 그림자(오프셋 오른쪽)를 이용하여 작성하고 "서준기업 연말정산 현황"을 입력한 후 다음 서식을 적용하시오(글꼴-굴림, 24pt, 검정, 굵게, 채우기-노랑).
○ 임의의 셀에 결재란을 작성하여 그림으로 복사 기능을 이용하여 붙이기 하시오(단, 원본 삭제).
○ 「B4:J4, G14, I14」 영역은 '주황'으로 채우기 하시오.
○ 유효성 검사를 이용하여 「H14」 셀에 사원명(「C5:C12」 영역)이 선택 표시되도록 하시오.
○ 셀 서식 ⇒ 「F5:F12」 영역에 셀 서식을 이용하여 숫자 뒤에 '천원'을 표시하시오(예 : 67,500천원).
○ 「F5:F12」 영역에 대해 '소득금액'으로 이름정의를 하시오.

▶ (1)~(6) 셀은 반드시 **주어진 함수를 이용**하여 값을 구하시오(결과값을 직접 입력하면 해당 셀은 0점 처리됨).

(1) 성별 ⇒ 주민번호의 마지막 글자가 1이면 '남자', 2이면 '여자'로 구하시오(CHOOSE, RIGHT 함수).
(2) 소득세 ⇒ 소득금액이 46,000 이상이면 소득금액의 24%, 그 외에는 소득금액의 15%로 구하시오(IF 함수).
(3) 해외영업부 사원 소득금액 평균 ⇒ 정의된 이름(소득금액)을 이용하여 구하시오(SUMIF, COUNTIF 함수).
(4) 최대 카드사용료(단위:천원) ⇒ (MAX 함수)
(5) 연구개발부 사원 수 ⇒ 결과값에 '명'을 붙이시오. 단, 조건은 입력데이터를 이용하시오
   (DCOUNTA 함수, & 연산자)(예 : 1명).
(6) 부서 ⇒ 「H14」 셀에서 선택한 사원명에 대한 부서를 구하시오(VLOOKUP 함수).
(7) 조건부 서식의 수식을 이용하여 소득금액이 '40,000' 이하인 행 전체에 다음의 서식을 적용하시오
   (글꼴 : 파랑, 굵게).

[제2작업] 목표값 찾기 및 필터 80점

➡ "제1작업" 시트의 「B4:H12」 영역을 복사하여 "제2작업" 시트의 「B2」 셀부터 모두 붙여넣기를 한 후 다음의 조건과 같이 작업하시오.

≪조건≫
(1) 목표값 찾기 - 「B11:G11」 셀을 병합하고, 가운데 맞춤한 후 "연구개발부 사원 소득금액 평균"을 입력하고, 「H11」 셀에 연구개발부 사원 소득금액 평균을 구하시오. 단, 조건은 입력데이터를 이용하시오 (DAVERAGE 함수, 테두리).
- '연구개발부 사원 소득금액 평균'이 '70,000'이 되려면 김가은의 소득금액이 얼마가 되어야 하는지 목표값을 구하시오.

(2) 고급 필터 - 부서가 '연구개발'이 아니면서 현금영수증(단위:천원)이 '7,000' 이하인 자료의 사원코드, 사원명, 소득금액, 현금영수증(단위:천원) 데이터만 추출하시오.
- 조건 범위 : 「B14」 셀부터 입력하시오.
- 복사 위치 : 「B18」 셀부터 나타나도록 하시오.

[제3작업] 정렬 및 부분합 80점

➡ "제1작업" 시트의 「B4:H12」 영역을 복사하여 "제3작업" 시트의 「B2」 셀부터 모두 붙여넣기를 한 후 다음의 조건과 같이 작업하시오.

≪조건≫
(1) 부분합 - ≪출력형태≫처럼 정렬하고, 사원명의 개수와 카드사용료(단위:천원)의 평균을 구하시오.
(2) 개요 - 지우시오.
(3) 나머지 사항은 ≪출력형태≫에 맞게 작성하시오.

≪출력형태≫

A	B	C	D	E	F	G	H
1							
2	사원코드	사원명	부서	주민번호	소득금액	카드사용료 (단위:천원)	현금영수증 (단위:천원)
3	AS-113	최지희	해외영업	810212-2	39,800천원	10,680	3,850
4	SE-211	전영희	해외영업	780909-2	48,500천원	10,250	3,900
5	ME-102	정예원	해외영업	840512-2	35,000천원	7,855	5,500
6			해외영업 평균			9,595	
7		3	해외영업 개수				
8	AE-121	김가은	연구개발	691110-2	67,500천원	20,835	1,021
9	AC-201	신민영	연구개발	750811-2	68,500천원	12,500	4,500
10	SA-232	유동원	연구개발	641210-1	72,500천원	20,320	1,500
11			연구개발 평균			17,885	
12		3	연구개발 개수				
13	SA-103	박성재	생산관리	770701-1	45,000천원	10,321	7,230
14	ME-103	손재석	생산관리	810910-1	38,500천원	10,000	5,800
15			생산관리 평균			10,161	
16		2	생산관리 개수				
17			전체 평균			12,845	
18		8	전체 개수				

[제4작업] 그래프 100점

➡ "제1작업" 시트를 이용하여 조건에 따라 ≪출력형태≫와 같이 작업하시오.

≪조건≫

(1) 차트 종류 ⇒ 〈묶은 세로 막대형〉으로 작업하시오.
(2) 데이터 범위 ⇒ "제1작업" 시트의 내용을 이용하여 작업하시오.
(3) 위치 ⇒ "새 시트"로 이동하고, "제4작업"으로 시트 이름을 바꾸시오.
(4) 차트 디자인 도구 ⇒ 레이아웃 3, 스타일 1을 선택하여 《출력형태》에 맞게 작업하시오.
(5) 영역 서식 ⇒ 차트 : 글꼴(굴림, 11pt), 채우기 효과(질감-분홍 박엽지)
　　　　　　　그림 : 채우기(흰색, 배경1)
(6) 제목 서식 ⇒ 차트 제목 : 글꼴(굴림, 굵게, 20pt), 채우기(흰색, 배경1), 테두리
(7) 서식 ⇒ 카드사용료(단위:천원) 계열의 차트 종류를 〈표식이 있는 꺾은선형〉으로 변경한 후 보조 축으로 지정하시오.
　　　　계열 : 《출력형태》를 참조하여 표식(세모, 크기 10)과 레이블 값을 표시하시오.
　　　　눈금선 : 선 스타일-파선
　　　　축 : 《출력형태》를 참조하시오.
(8) 범례 ⇒ 범례명을 변경하고 《출력형태》를 참조하시오.
(9) 도형 ⇒ '말풍선: 모서리가 둥근 사각형 설명선'을 삽입한 후 《출력형태》와 같이 내용을 입력하시오.
(10) 나머지 사항은 《출력형태》에 맞게 작성하시오.

≪출력형태≫

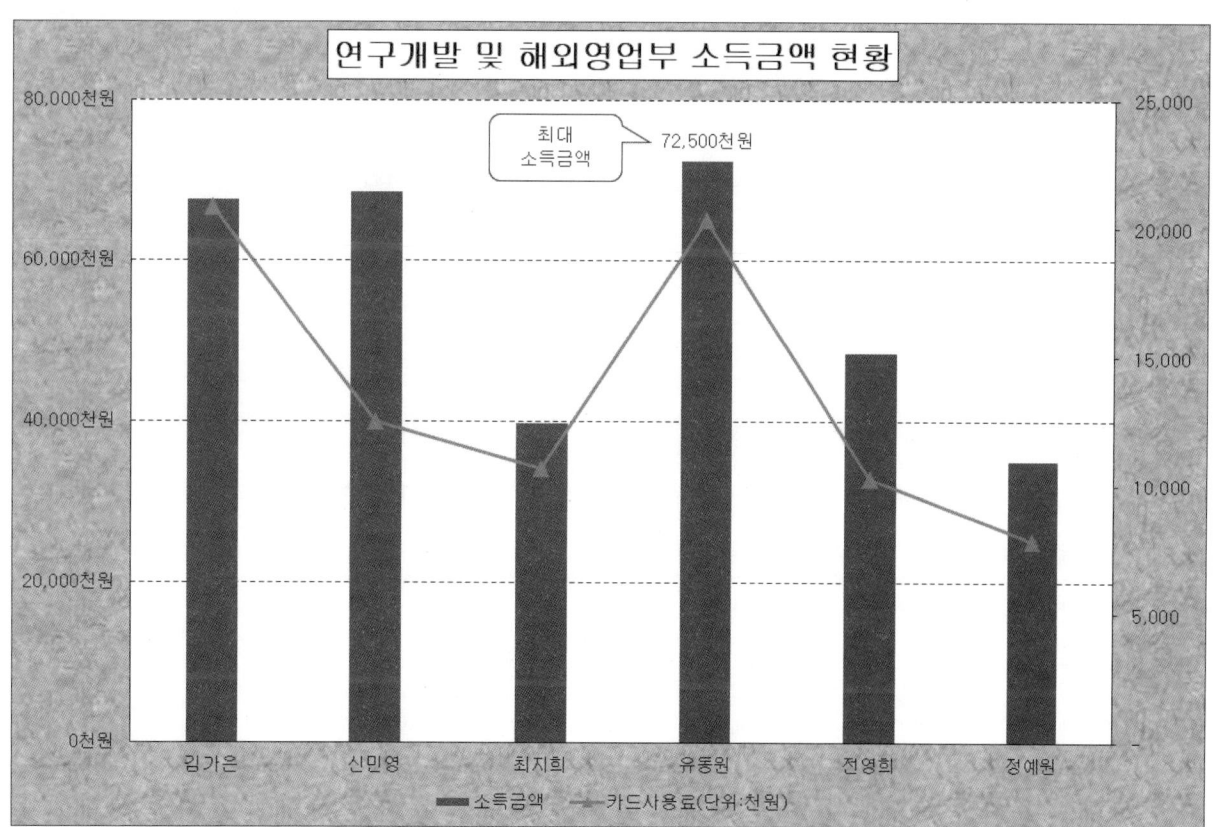

주의 ➡ 시트명 순서가 차례대로 "제1작업", "제2작업", "제3작업", "제4작업"이 되도록 할 것.

제 04 회 정보기술자격(ITQ) 최신유형 기출문제

작성 시간 / 시험 시간	채점 결과
분 / 60분	점 / 500점

과목	코드	문제유형	시험시간	수험번호	성명
한글엑셀	1122	A	60분		

MS오피스

· 수험자 유의사항 ·

- 수험자는 문제지를 받는 즉시 문제지와 **수험표상의 시험과목(프로그램)이 동일한지 반드시 확인**하여야 합니다.

- 파일명은 본인의 "수험번호-성명"으로 입력하여 답안 폴더(내 PC\문서\ITQ)에 하나의 파일로 저장해야 하며, 답안 문서 파일명이 "수험번호-성명"과 일치하지 않거나, 답안 파일을 전송하지 않아 미제출로 처리될 경우 실격 처리합니다. (예 : 12345678-홍길동.xlsx).

- 답안 작성을 마치면 파일을 저장하고, '답안 전송' 버튼을 선택하여 감독위원 PC로 답안을 전송하십시오. 수험생 정보와 저장한 파일명이 다를 경우 전송되지 않으므로 주의하시기 바랍니다.

- 답안 작성 중에도 **주기적으로 저장하고, '답안 전송'**하여야 문제 발생을 줄일 수 있습니다. 작업한 내용을 저장하지 않고 전송할 경우 이전에 저장된 내용이 전송되오니 이점 유의하시기 바랍니다.

- 답안 문서는 지정된 경로 외의 다른 보조기억장치에 저장하는 경우, 지정된 시험 시간 외에 작성된 파일을 활용할 경우, 기타 통신수단(이메일, 메신저, 네트워크 등)을 이용하여 타인에게 전달 또는 외부 반출하는 경우는 부정 처리합니다.

- 시험 중 부주의 또는 고의로 시스템을 파손한 경우는 수험자가 변상해야 하며, 〈수험자 유의사항〉에 기재된 방법대로 이행하지 않아 생기는 불이익은 수험생 당사자의 책임임을 알려 드립니다.

- 문제의 조건은 MS오피스 2021 버전으로 설정되어 있으니 유의하시기 바랍니다.

- 시험을 완료한 수험자는 답안 파일이 전송되었는지 확인한 후 감독위원의 지시에 따라 문제지를 제출하고 퇴실합니다.

· 답안 작성요령 ·

- 온라인 답안 작성 절차

  수험자 등록 ⇒ 시험 시작 ⇒ 답안 파일 저장 ⇒ 답안 전송 ⇒ 시험 종료

- 문제는 총 4단계, 즉 제1작업부터 제4작업까지 구성되어 있으며 반드시 제1작업부터 순서대로 작성하고 조건대로 작업하시오.

- 모든 작업 시트의 A열은 열 너비 '1'로, 나머지 열은 적당하게 조절하시오.

- 모든 작업 시트의 테두리는 《출력형태》와 같이 작업하시오.

- 해당 작업란에서는 각각 제시된 조건에 따라 《출력형태》와 같이 작업하시오.

- 답안 시트 이름은 "제1작업", "제2작업", "제3작업", "제4작업"이어야 하며 답안 시트 이외의 것은 감점 처리됩니다.

- 각 시트를 파일로 나누어 작업해서 저장할 경우 실격 처리됩니다.

kpc 한국생산성본부

[제1작업] 표 서식 작성 및 값 계산　　240점

▶ 다음은 '**사무실 비품 현황**'에 대한 자료이다. 자료를 입력하고 조건에 맞도록 작업하시오.

≪출력형태≫

비품코드	비품명	비품종류	최종점검일	취득가 (단위:원)	보유수량	잔존가 (단위:원)	순위	비고
CU-122	LCD모니터	컴퓨터	2025-07-21	2,957,000	26	630,000	(1)	(2)
CA-252	복합기	컴퓨터	2025-07-30	780,000	5	154,000	(1)	(2)
EA-633	소형냉장고	기타비품	2025-05-23	814,000	2	95,600	(1)	(2)
CP-162	프린터	컴퓨터	2025-07-22	1,056,000	6	200,000	(1)	(2)
BT-851	4단파일장	가구류	2025-06-24	893,000	7	72,900	(1)	(2)
BL-511	사무용의자	가구류	2025-06-09	874,000	22	49,700	(1)	(2)
BE-631	PC용책상	가구류	2025-06-18	896,000	20	230,000	(1)	(2)
EG-413	정수기	기타비품	2025-05-20	1,540,000	4	226,800	(1)	(2)
가구류 보유수량 합계			(3)		최저 취득가(단위:원)			(5)
컴퓨터의 잔존가(단위:원) 평균			(4)		비품코드	CU-122	최종점검일	(6)

제목: 사무실 비품 현황

결재 / 담당 / 팀장 / 센터장

≪조건≫

○ 모든 데이터의 서식에는 글꼴(굴림, 11pt), 정렬은 숫자 및 회계 서식은 오른쪽 정렬, 나머지 서식은 가운데 정렬로 작성하며 예외적인 것은 ≪출력형태≫를 참조하시오.
○ 제 목 ⇒ 도형(육각형)과 그림자(오프셋 오른쪽)를 이용하여 작성하고 "사무실 비품 현황"을 입력한 후 다음 서식을 적용하시오(글꼴-굴림, 24pt, 검정, 굵게, 채우기-노랑).
○ 임의의 셀에 결재란을 작성하여 그림으로 복사 기능을 이용하여 붙이기 하시오(단, 원본 삭제).
○ 「B4:J4, G14, I14」 영역은 '주황'으로 채우기 하시오.
○ 유효성 검사를 이용하여 「H14」 셀에 비품코드(「B5:B12」 영역)가 선택 표시되도록 하시오.
○ 셀 서식 ⇒ 「G5:G12」 영역에 셀 서식을 이용하여 숫자 뒤에 '개'를 표시하시오(예 : 26개).
○ 「F5:F12」 영역에 대해 '취득가'로 이름정의를 하시오.

▶ (1)~(6) 셀은 반드시 **주어진 함수를 이용**하여 값을 구하시오(결과값을 직접 입력하면 해당 셀은 0점 처리됨).

(1) 순위 ⇒ 잔존가(단위:원)의 내림차순 순위를 1~3까지 구한 결과값에 '위'를 붙이고, 그 외에는 공백으로 구하시오
　　(IF, RANK.EQ 함수, & 연산자)(예 : 1위).
(2) 비고 ⇒ 비품코드의 마지막 글자가 1이면 '구매필요', 2이면 '재점검', 3이면 공백으로 구하시오
　　(CHOOSE, RIGHT 함수).
(3) 가구류 보유수량 합계 ⇒ (SUMIF 함수)
(4) 컴퓨터의 잔존가(단위:원) 평균 ⇒ 조건은 입력데이터를 이용하시오(DAVERAGE 함수).
(5) 최저 취득가(단위:원) ⇒ 정의된 이름(취득가)을 이용하여 구하시오(MIN 함수).
(6) 최종점검일 ⇒ 「H14」 셀에서 선택한 비품코드에 대한 최종점검일을 구하시오
　　(VLOOKUP 함수)(예 : 2025-01-01).
(7) 조건부 서식의 수식을 이용하여 보유수량이 '20' 이상인 행 전체에 다음의 서식을 적용하시오
　　(글꼴 : 파랑, 굵게).

[제2작업] 필터 및 서식   80점

➡ "제1작업" 시트의 「B4:H12」 영역을 복사하여 "제2작업" 시트의 「B2」 셀부터 모두 붙여넣기를 한 후 다음의 조건과 같이 작업하시오.

≪조건≫
(1) 고급 필터 – 비품종류가 '기타비품'이거나, 잔존가(단위:원)가 '100,000' 이하인 자료의 비품코드, 비품명, 최종점검일, 보유수량 데이터만 추출하시오.
　　　　　　 – 조건 범위 : 「B14」 셀부터 입력하시오.
　　　　　　 – 복사 위치 : 「B18」 셀부터 나타나도록 하시오.
(2) 표 서식 – 고급 필터의 결과셀을 채우기 없음으로 설정한 후 '표 스타일 보통 6'의 서식을 적용하시오.
　　　　　 – 머리글 행, 줄무늬 행을 적용하시오.

[제3작업] 피벗 테이블   80점

➡ "제1작업" 시트를 이용하여 "제3작업" 시트에 조건에 따라 ≪출력형태≫와 같이 작업하시오.

≪조건≫
(1) 취득가(단위:원) 및 비품종류별 비품명의 개수와 잔존가(단위:원)의 평균을 구하시오.
(2) 취득가(단위:원)를 그룹화하고, 비품종류를 ≪출력형태≫와 같이 정렬하시오.
(3) 레이블이 있는 셀 병합 및 가운데 맞춤 적용 및 빈 셀은 '**'로 표시하시오.
(4) 행의 총합계는 지우고, 나머지 사항은 ≪출력형태≫에 맞게 작성하시오.

≪출력형태≫

취득가(단위:원)	비품종류 ↓ 컴퓨터		기타비품		가구류	
	개수 : 비품명	평균 : 잔존가(단위:원)	개수 : 비품명	평균 : 잔존가(단위:원)	개수 : 비품명	평균 : 잔존가(단위:원)
1-1000000	1	154,000	1	95,600	3	117,533
1000001-2000000	1	200,000	1	226,800	**	**
2000001-3000000	1	630,000	**	**	**	**
총합계	3	328,000	2	161,200	3	117,533

[제4작업] 그래프 100점

➡ **"제1작업"** 시트를 이용하여 조건에 따라 ≪출력형태≫와 같이 작업하시오.

≪조건≫
(1) 차트 종류 ⇒ 〈묶은 세로 막대형〉으로 작업하시오.
(2) 데이터 범위 ⇒ "제1작업" 시트의 내용을 이용하여 작업하시오.
(3) 위치 ⇒ "새 시트"로 이동하고, "제4작업"으로 시트 이름을 바꾸시오.
(4) 차트 디자인 도구 ⇒ 레이아웃 3, 스타일 1을 선택하여 ≪출력형태≫에 맞게 작업하시오.
(5) 영역 서식 ⇒ 차트 : 글꼴(굴림, 11pt), 채우기 효과(질감-파랑 박엽지)
　　　　　　　 그림 : 채우기(흰색, 배경1)
(6) 제목 서식 ⇒ 차트 제목 : 글꼴(굴림, 굵게, 20pt), 채우기(흰색, 배경1), 테두리
(7) 서식 ⇒ 잔존가(단위:원) 계열의 차트 종류를 〈표식이 있는 꺾은선형〉으로 변경한 후 보조 축으로 지정하시오.
　　계열 : ≪출력형태≫를 참조하여 표식(마름모, 크기 10)과 레이블 값을 표시하시오.
　　눈금선 : 선 스타일-파선
　　축 : ≪출력형태≫를 참조하시오.
(8) 범례 ⇒ 범례명을 변경하고 ≪출력형태≫를 참조하시오.
(9) 도형 ⇒ '말풍선: 모서리가 둥근 사각형 설명선'을 삽입한 후 ≪출력형태≫와 같이 내용을 입력하시오.
(10) 나머지 사항은 ≪출력형태≫에 맞게 작성하시오.

≪출력형태≫

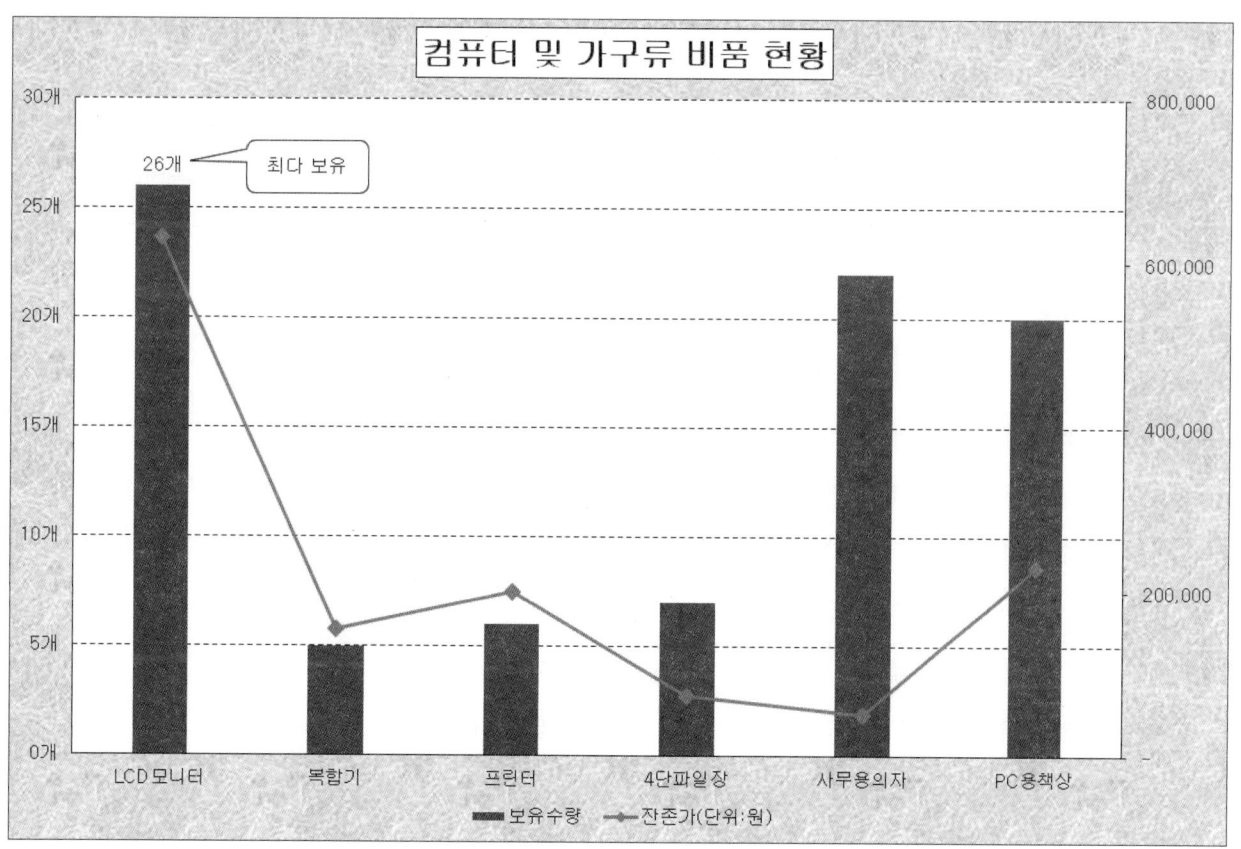

주의 ➡ 시트명 순서가 차례대로 "제1작업", "제2작업", "제3작업", "제4작업"이 되도록 할 것.

제 05 회 정보기술자격(ITQ) 최신유형 기출문제

작성 시간 / 시험 시간	채점 결과
분 / 60분	점 / 500점

과목	코드	문제유형	시험시간	수험번호	성명
한글엑셀	1122	B	60분		

MS오피스

· 수험자 유의사항 ·

- 수험자는 문제지를 받는 즉시 문제지와 **수험표상의 시험과목(프로그램)이 동일한지 반드시 확인**하여야 합니다.
- 파일명은 본인의 "수험번호-성명"으로 입력하여 답안 폴더(내 PC\문서\ITQ)에 하나의 파일로 저장해야 하며, 답안 문서 파일명이 "수험번호-성명"과 일치하지 않거나, 답안 파일을 전송하지 않아 미제출로 처리될 경우 실격 처리합니다 (예 : 12345678-홍길동.xlsx).
- 답안 작성을 마치면 파일을 저장하고, '답안 전송' 버튼을 선택하여 감독위원 PC로 답안을 전송하십시오. 수험생 정보와 저장한 파일명이 다를 경우 전송되지 않으므로 주의하시기 바랍니다.
- 답안 작성 중에도 **주기적으로 저장하고, '답안 전송'**하여야 문제 발생을 줄일 수 있습니다. 작업한 내용을 저장하지 않고 전송할 경우 이전에 저장된 내용이 전송되오니 이점 유의하시기 바랍니다.
- 답안 문서는 지정된 경로 외의 다른 보조기억장치에 저장하는 경우, 지정된 시험 시간 외에 작성된 파일을 활용할 경우, 기타 통신수단(이메일, 메신저, 네트워크 등)을 이용하여 타인에게 전달 또는 외부 반출하는 경우는 부정 처리합니다.
- 시험 중 부주의 또는 고의로 시스템을 파손한 경우는 수험자가 변상해야 하며, 〈수험자 유의사항〉에 기재된 방법대로 이행하지 않아 생기는 불이익은 수험생 당사자의 책임임을 알려 드립니다.
- 문제의 조건은 MS오피스 2021 버전으로 설정되어 있으니 유의하시기 바랍니다.
- 시험을 완료한 수험자는 답안 파일이 전송되었는지 확인한 후 감독위원의 지시에 따라 문제지를 제출하고 퇴실합니다.

· 답안 작성요령 ·

- 온라인 답안 작성 절차
  수험자 등록 ⇒ 시험 시작 ⇒ 답안 파일 저장 ⇒ 답안 전송 ⇒ 시험 종료
- 문제는 총 4단계, 즉 제1작업부터 제4작업까지 구성되어 있으며 반드시 제1작업부터 순서대로 작성하고 조건대로 작업하시오.
- 모든 작업 시트의 A열은 열 너비 '1'로, 나머지 열은 적당하게 조절하시오.
- 모든 작업 시트의 테두리는 《출력형태》와 같이 작업하시오.
- 해당 작업란에서는 각각 제시된 조건에 따라 《출력형태》와 같이 작업하시오.
- 답안 시트 이름은 "제1작업", "제2작업", "제3작업", "제4작업"이어야 하며 답안 시트 이외의 것은 감점 처리됩니다.
- 각 시트를 파일로 나누어 작업해서 저장할 경우 실격 처리됩니다.

kpc 한국생산성본부

[제1작업] 표 서식 작성 및 값 계산 (240점)

> 다음은 '2025년 급여 현황'에 대한 자료이다. 자료를 입력하고 조건에 맞도록 작업하시오.

≪출력형태≫

사원코드	사원명	부서	생년월일	기본급	상여금 (단위:만원)	직무수당 (단위:만원)	지역	나이
BG-193	강태영	관리	1978-05-24	3,965	1,981	140	(1)	(2)
SR-282	전수혁	개발	1981-11-12	3,980	750	90	(1)	(2)
SA-201	차은상	생산	1985-05-16	2,566	946	140	(1)	(2)
BN-989	지은희	개발	1972-10-23	2,534	1,599	200	(1)	(2)
BC-253	한기자	생산	1995-05-07	1,990	590	90	(1)	(2)
SR-223	김탄희	관리	1990-10-28	2,563	737	140	(1)	(2)
ST-206	유한양	개발	1992-01-03	1,860	558	120	(1)	(2)
BA-156	예선우	관리	1975-09-19	3,565	1,870	200	(1)	(2)
상여금(단위:만원) 평균			(3)		개발부 상여금(단위:만원) 합계			(5)
최대 직무수당(단위:만원)			(4)		사원명	강태영	기본급	(6)

제목: 2025년 급여 현황

결재란: 담당 / 팀장 / 본부장

≪조건≫

○ 모든 데이터의 서식에는 글꼴(굴림, 11pt), 정렬은 숫자 및 회계 서식은 오른쪽 정렬, 나머지 서식은 가운데 정렬로 작성하며 예외적인 것은 ≪출력형태≫를 참조하시오.
○ 제 목 ⇒ 도형(사다리꼴)과 그림자(오프셋 오른쪽)를 이용하여 작성하고 "2025년 급여 현황"을 입력한 후 다음 서식을 적용하시오(글꼴-굴림, 24pt, 검정, 굵게, 채우기-노랑).
○ 임의의 셀에 결재란을 작성하여 그림으로 복사 기능을 이용하여 붙이기 하시오(단, 원본 삭제).
○ 「B4:J4, G14, I14」 영역은 '주황'으로 채우기 하시오.
○ 유효성 검사를 이용하여 「H14」 셀에 사원명(「C5:C12」 영역)이 선택 표시되도록 하시오.
○ 셀 서식 ⇒ 「F5:F12」 영역에 셀 서식을 이용하여 숫자 뒤에 '만원'을 표시하시오(예 : 3,965만원).
○ 「H5:H12」 영역에 대해 '직무수당'으로 이름정의를 하시오.

▶ (1)~(6) 셀은 반드시 **주어진 함수를 이용**하여 값을 구하시오(결과값을 직접 입력하면 해당 셀은 0점 처리됨).

(1) 지역 ⇒ 사원코드의 첫 글자가 S이면 '서울', 그 외에는 '부산'으로 구하시오(IF, LEFT 함수).
(2) 나이 ⇒ 「2025-생년월일의 연도」로 구한 결과값에 '세'를 붙이시오(YEAR 함수, & 연산자)(예 : 21세).
(3) 상여금(단위:만원) 평균 ⇒ 올림하여 예와 같이 구하시오
    (ROUNDUP, AVERAGE 함수)(예 : 1,234.5 → 1,300).
(4) 최대 직무수당(단위:만원) ⇒ 정의된 이름(직무수당)을 이용하여 구하시오(MAX 함수).
(5) 개발부 상여금(단위:만원) 합계 ⇒ (SUMIF 함수)
(6) 기본급 ⇒ 「H14」 셀에서 선택한 사원명에 대한 기본급을 구하시오(VLOOKUP 함수).
(7) 조건부 서식의 수식을 이용하여 기본급이 '3,000' 이상인 행 전체에 다음의 서식을 적용하시오.
    (글꼴 : 파랑, 굵게).

[제2작업] 목표값 찾기 및 필터 80점

➡ "제1작업" 시트의 「B4:H12」 영역을 복사하여 "제2작업" 시트의 「B2」 셀부터 모두 붙여넣기를 한 후 다음의 조건과 같이 작업하시오.

≪조건≫

(1) 목표값 찾기 – 「B11:G11」 셀을 병합하고, 가운데 맞춤한 후 "관리부 사원 기본급 평균"을 입력하고, 「H11」 셀에 관리부 사원 기본급 평균을 구하시오. 단, 조건은 입력데이터를 이용하시오
(DAVERAGE 함수, 테두리).
 – '관리부 사원 기본급 평균'이 '3,400'이 되려면 강태영의 기본급이 얼마가 되어야 하는지 목표값을 구하시오.

(2) 고급 필터 – 부서가 '관리'가 아니면서 상여금(단위:만원)이 '700' 이상인 자료의 사원코드, 사원명, 기본급, 직무수당(단위:만원) 데이터만 추출하시오.
 – 조건 범위 : 「B14」 셀부터 입력하시오.
 – 복사 위치 : 「B18」 셀부터 나타나도록 하시오.

[제3작업] 정렬 및 부분합 80점

➡ "제1작업" 시트의 「B4:H12」 영역을 복사하여 "제3작업" 시트의 「B2」 셀부터 모두 붙여넣기를 한 후 다음의 조건과 같이 작업하시오.

≪조건≫

(1) 부분합 – ≪출력형태≫처럼 정렬하고, 사원명의 개수와 기본급의 평균을 구하시오.
(2) 개요 – 지우시오.
(3) 나머지 사항은 ≪출력형태≫에 맞게 작성하시오.

≪출력형태≫

A	B	C	D	E	F	G	H
1							
2	사원코드	사원명	부서	생년월일	기본급	상여금 (단위:만원)	직무수당 (단위:만원)
3	SA-201	차은상	생산	1985-05-16	2,566만원	946	140
4	BC-253	한기자	생산	1995-05-07	1,990만원	590	90
5			생산 평균		2,278만원		
6		2	생산 개수				
7	BG-193	강태영	관리	1978-05-24	3,965만원	1,981	140
8	SR-223	김탄희	관리	1990-10-28	2,563만원	737	140
9	BA-156	예선우	관리	1975-09-19	3,565만원	1,870	200
10			관리 평균		3,364만원		
11		3	관리 개수				
12	SR-282	전수혁	개발	1981-11-12	3,980만원	750	90
13	BN-989	지은희	개발	1972-10-23	2,534만원	1,599	200
14	ST-206	유한양	개발	1992-01-03	1,860만원	558	120
15			개발 평균		2,791만원		
16		3	개발 개수				
17			전체 평균		2,878만원		
18		8	전체 개수				

[제4작업] 그래프   100점

➡ "**제1작업**" 시트를 이용하여 조건에 따라 ≪출력형태≫와 같이 작업하시오.

≪조건≫

(1) 차트 종류 ⇒ 〈묶은 세로 막대형〉으로 작업하시오.
(2) 데이터 범위 ⇒ "제1작업" 시트의 내용을 이용하여 작업하시오.
(3) 위치 ⇒ "새 시트"로 이동하고, "제4작업"으로 시트 이름을 바꾸시오.
(4) 차트 디자인 도구 ⇒ 레이아웃 3, 스타일 1을 선택하여 ≪출력형태≫에 맞게 작업하시오.
(5) 영역 서식 ⇒ 차트 : 글꼴(굴림, 11pt), 채우기 효과(질감-분홍 박엽지)
              그림 : 채우기(흰색, 배경1)
(6) 제목 서식 ⇒ 차트 제목 : 글꼴(굴림, 굵게, 20pt), 채우기(흰색, 배경1), 테두리
(7) 서식 ⇒ 상여금(단위:만원) 계열의 차트 종류를 〈표식이 있는 꺾은선형〉으로 변경한 후 보조 축으로 지정하시오.
     계열 : ≪출력형태≫를 참조하여 표식(세모, 크기 10)과 레이블 값을 표시하시오.
     눈금선 : 선 스타일-파선
     축 : ≪출력형태≫를 참조하시오.
(8) 범례 ⇒ 범례명을 변경하고 ≪출력형태≫를 참조하시오.
(9) 도형 ⇒ '말풍선: 모서리가 둥근 사각형 설명선'을 삽입한 후 ≪출력형태≫와 같이 내용을 입력하시오.
(10) 나머지 사항은 ≪출력형태≫에 맞게 작성하시오.

≪출력형태≫

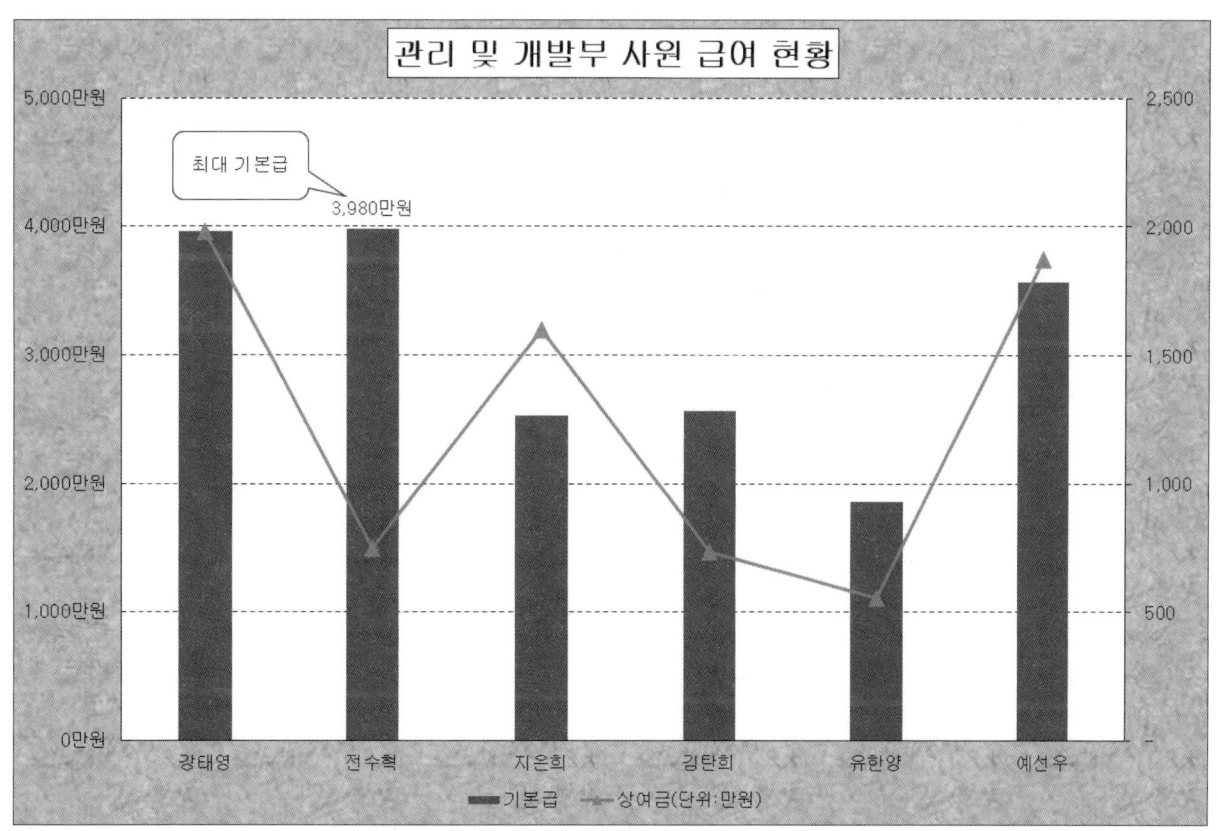

주의 ➡ 시트명 순서가 차례대로 "제1작업", "제2작업", "제3작업", "제4작업"이 되도록 할 것.

MEMO